Unterricht:
Der Zyklus von Lehren und Lernen

Soziologische und psychologische Grundlegung

Praxis der Verständigung über Lerntätigkeiten

Jürgen Grzesik

Ernst Klett Verlag für Wissen und Bildung
Stuttgart · Dresden

Herausgeber dieses Bandes: Manfred Jung

Als Ergänzung zu dem vorliegenden Band ist erschienen:
Jürgen Grzesik/Elmar Anhalt, Unterricht: Der Zyklus von Lehren und Lernen. Soziologische und psychologische Grundlegung. Praxis der Verständigung über Lerntätigkeiten.
Materialien: Quellentexte und Grafiken

Klettbuch: 928065

 Gedruckt wird auf Papier, welches aus Altpapier hergestellt wurde.

Die Deutsche Bibliothek – CIP-Einheitsaufnahme

Unterricht: Der Zyklus von Lehren und Lernen:
Soziologische und Psychologische Grundlegung;
Praxis der Verständigung über Lerntätigkeiten/
Jürgen Grzesik; Elmar Anhalt. – Stuttgart; Dresden:
Klett, Verlag für Wissen und Bildung
Hauptband verf. von Jürgen Grzesik
NE: Grzesik, Jürgen; Anhalt, Elmar
[Hauptbd.]. – 1. Aufl. – 1994
ISBN 3-12-928064-2

1. Auflage 1994
Alle Rechte vorbehalten
Fotomechanische Wiedergabe nur mit Genehmigung des Verlages
© Ernst Klett Verlag für Wissen und Bildung GmbH, Stuttgart 1994
Druck: Wilhelm Röck, Weinsberg
Übernahme der vom Autor elektronisch erfaßten Daten: Windhueter, Schorndorf
Umschlaggestaltung: Silke Nalbach, Atelier am Hasenberg, Stuttgart
Printed in Germany
ISBN 3-12-928064-2

Inhaltsverzeichnis

Hinweise für den Leser		13
Einführung		14
Teil I:	**Soziologische Grundlegung** **Das Unterrichtsgeschehen überblicken**	22
Kapitel 1:	Unterricht ist eine spezifische Form der menschlichen Informationsverarbeitung	24
Kapitel 2:	Unterricht ist ein soziales System, für das die gesellschaftliche Funktion der Qualifikation ausschlaggebend ist	28
(1)	Unterricht ist das soziale System, in dem absichtlich das gesellschaftliche Dauerproblem der Erziehung bearbeitet wird, während Sozialisation unbeabsichtigt in allen sozialen Systemen zur Lösung dieses Problems beiträgt	33
(2)	Für die absichtliche erzieherische Beeinflussung sind im Laufe der Geschichte Erziehungssysteme für besondere Aufgaben entwickelt worden	39
(3)	Unterricht hat als Teilsystem der Gesellschaft nicht nur eine "Grenze" gegenüber der Gesellschaft als ganzer, sondern auch "Grenzen" gegenüber den anderen Teilsystemen	43
(4)	Die Kommunikationsstruktur des Unterrichts hat die Form der wechselseitigen Verständigung zwischen Lehrern und Schülern über Lerntätigkeiten	46
Kapitel 3:	Im Unterricht gibt es verschiedene Formen der Verständigung über Lerntätigkeiten	52
(1)	Lehrer wie Schüler können nur momenthaft durch Verständigung aufeinander einwirken	53
(2)	Mitteilen und Verstehen müssen in gleicher Weise vom Lehrer wie vom Schüler geleistet werden, aber im Mitteilungssinn der Verständigung über die Lösung von Lernaufgaben tritt Ungleichheit auf	54
(3)	Die Verständigungen über Lerntätigkeiten müssen sich nach dem sozialen "Raum" richten, der für die Kommunikation zwischen den Eingangsleistungen und den Ausgangsleistungen zur Verfügung steht: Verständigung über den Anschluß von Lerntätigkeiten an den Entwicklungsstand - Verständigung über den Vollzug von Lerntätigkeiten - Verständigung über Resultate der Lerntätigkeit	57
Kapitel 4:	Die Verständigung über Lerntätigkeiten im Unterricht vollzieht sich in einem zirkulären Prozeß der Lösung von Lernaufgaben	65

Inhaltsverzeichnis

(1)	*Im Unterricht werden durch den sozialen Prozeß der Verständigung bei Schülern und Lehrer spezifische psychische Prozesse in Gang gesetzt*	65
(2)	*Die wechselseitige Vorgabe von Selektionskriterien ist der Mikroprozessor des Zyklus*	68
(3)	*Der Handlungszyklus ist der Makroprozessor für die Abfolge der wechselseitigen Vorgaben*	69
(4)	*Der Unterricht besteht aus dem Ineinandergreifen der Handlungszyklen von Lehrer und Schülern*	69
(5)	*Lehren und Lernen sind Problemlöseprozesse, durch deren Ineinandergreifen die zyklische Struktur der Unterrichtsphase entsteht*	70
Kapitel 5:	Der Unterricht in seiner gesamten zeitlichen Ausdehnung besteht aus der Aneinanderreihung von Phasen mit Schüleraktivitäten in verschiedenen Bereichen der menschlichen Tätigkeit, und die Anschlüsse der Phasen aneinander richten sich nach den Möglichkeiten des Lernens im jeweiligen Tätigkeitsbereich	75
Kapitel 6:	Der Lehrer muß im Unterricht die Lehrfunktion dadurch erfüllen, daß er Leistungen für den Schüler erbringt	80
Teil II:	**Psychologische Grundlegung** **Lernmöglichkeiten der Schüler verstehen**	83
Kapitel 1:	Die Verständigung über Lernmöglichkeiten des Schülers hat ihre eigene Form	85
(1)	*Die Lernmöglichkeiten der Schüler werden dem Lehrer durch Fremdverstehen und dem Schüler durch Selbstverstehen zugänglich*	85
(2)	*Der Lehrer benötigt für die Entscheidung, welche Lerntätigkeit die Schüler an ihren Entwicklungsstand anschließen sollen, Kenntnisse ihrer Lernmöglichkeiten*	88
Kapitel 2:	Für die Beobachtung des Lernens wird die Perspektive auf die gesamte menschliche Informationsverarbeitung ausgeweitet	92
(1)	*Die bisherigen Theorien des Lernens haben nur einen begrenzten und problematischen Erklärungswert für das Lernen im Unterricht: Bis ins 19. Jahrhundert hat sich die Philosophie mit dem Lernen befaßt - Die seit dem Ende des 19. Jahrhunderts empirisch arbeitende Psychologie setzt zunächst die assoziationspsychologische Tradition der Philosophie fort - Die Gestaltpsychologie entdeckt Strukturen komplexer psychischer Ganzheiten und deren Funktionen für assoziative Mikroprozesse - Die Versuche der Synthese aller bisherigen Ansätze zu einer Theorie des Lernens haben nicht zu einer konsistenten Lerntheorie geführt*	94

Inhaltsverzeichnis

(2)	*Die kognitive Wissenschaft als Theorie der gesamten menschlichen Informationsverarbeitung ist auf dem Wege zu einer konsistenten Theorie des Lernens mit einem hohen Erklärungswert für die Vielfalt der menschlichen Lernmöglichkeiten*	*100*
Kapitel 3:	Der psychische "Raum", in dem Lernen stattfindet, hat eine eigene Struktur	105
(1)	*Das Nervensystem ist der physische Ort des Lernens*	*107*
(2)	*Innerhalb des Nervensystems hat Lernen seinen Ort im Prozeß der Signalübermittlung zwischen jeweils zwei Nervenzellen, die ihrerseits Elemente vieler unterschiedlicher Netzwerke sind*	*109*
(3)	*In der menschlichen Aktivität gibt es die simultane Koordination unterschiedlicher psychischer Aktivitäten*	*116*
(4)	*In der "Linie der Zeit" folgen die simultanen Aktivitäten zu jedem Zeitpunkt aufeinander*	*121*
(5)	*Alle Möglichkeiten der Verbindung von Signalen ergeben sich aus der Vielzahl der Synapsen. Diese Möglichkeit wiederholt sich bei Verbänden von Nervenzellen jeder Größe*	*124*
(6)	*Die Dauer des Behaltens eines Aktivitätsmusters hängt von der Häufigkeit seiner Aktivierung ab*	*128*
(7)	*Die Aktivitätsmuster werden im Arbeitsgedächtnis hergestellt*	*130*
(8)	*Ein System der Gewichtung von Information als positiv oder negativ reguliert die jeweilige Aktivität des Arbeitsgedächtnisses*	*140*
(9)	*Zusammenfassung: Der Möglichkeitsraum des Lernens*	*145*
(10)	*Die Funktion, Lernmöglichkeiten der Schüler zu verstehen, stellt spezifische Anforderungen an den Lehrer*	*149*
Teil III:	**Praxis der Verständigung über Lernaufgaben Lerntätigkeiten konzipieren**	**151**
Kapitel 1:	Im Möglichkeitsraum des Lernens entscheidet der Zuschnitt der jeweiligen gesamten Tätigkeit über die Art des Gelernten und die Dauer seiner Verfügbarkeit	152
(1)	*Der Gesamtzusammenhang der Aktivitäten in einer kompletten Tätigkeit kann durch ihren wiederholten, möglichst wenig veränderten Vollzug gelernt werden*	*156*
(2)	*Eine aktualisierbare Tätigkeit kann durch Veränderungen in denjenigen Dimensionen, in denen es Variationsmöglichkeiten gibt, modifiziert werden*	*160*
Kapitel 2:	Durch Dekomposition und Komposition von Tätigkeiten kann der Möglichkeitsraum des Lernens für komplexe Lernprozesse genutzt werden	165

(1)	*Die Dekomposition einer Tätigkeit in Teiltätigkeiten erlaubt den gesonderten Vollzug und die gesonderte Veränderung von Teiltätigkeiten: Tätigkeiten können nach Bereichen im psychischen System unterschieden werden - Tätigkeiten können nach Transformationen unterschieden werden - Teiltätigkeiten können nach ihrer Stelle im Handlungsvollzug unterschieden werden*	165
(2)	*Durch Komposition von Teiltätigkeiten können Tätigkeiten jedes Komplexitätsgrades gelernt werden - Formen der Komposition sind: Aneinanderreihung; Simultanschaltung; Aufbau von Tätigkeiten mit hoher simultaner und sequentieller Komplexität*	203
(3)	*Im Möglichkeitsraum des Lernens kann faktisch nur gelernt werden durch Veränderungen der jeweils als Tätigkeit aktualisierten Gesamtaktivität*	213
Teil IV:	**Praxis der Verständigung über Lernaufgaben** **Lernaufgaben abfassen**	**215**
Kapitel 1:	Das Lernen des Schülers kann nur durch Informationen für die Selbststeuerung seiner Tätigkeiten beeinflußt werden	218
(1)	*Die durch die Lernaufgabe vermittelte Information führt nur dann zu einer Lerntätigkeit, wenn sie für den Schüler eine Störung darstellt*	219
(2)	*Für die Bearbeitung einer Lernaufgabe muß die Lernbereitschaft ständig hinreichend groß sein*	221
(3)	*Die Lernaufgabe vermittelt Information für die Selbststeuerung aller Aktivitäten des Schülers im Prozeß der Aufgabenlösung*	225
Kapitel 2:	Es gibt bis jetzt keine hinreichende Klarheit darüber, welche Informationen der Lehrer dem Schüler durch Lernaufgaben für seine Lerntätigkeiten vermitteln kann	228
Kapitel 3:	Durch Lernaufgaben kann der Lehrer beim Schüler die Selbststeuerung jeder Aktivität im Arbeitsgedächtnis in allen Stadien der Lerntätigkeit beeinflussen	236
(1)	*Lehren besteht aus der Mitteilung von Informationen an die Schüler für die Selbststeuerung ihrer Lerntätigkeiten*	236
(2)	*Die Merkmale der Lernaufgabe ergeben sich aus der Kommunikationsstruktur des Unterrichts und ihrer Funktion für das Lernen: Welche Informationen kommen für die Steuerung des Arbeitsgedächtnisses beim Vollzug einer Lerntätigkeit in Betracht? - Welche Information erhält der Schüler dafür, daß er lernbereit sein soll? - Welche psychische Repräsentationsform haben diese Informationen? - Welche Medien stehen für die Vermittlung der Lernaufgabe zur Verfügung? - Welche Natur haben die Merkmale der Versteh-*	

Inhaltsverzeichnis

	barkeit, Akzeptierbarkeit, Transferierbarkeit und Kontrollierbarkeit einer Lernaufgabe?	*242*
Kapitel 4:	Der Lehrer kann die Lernaufgaben so abfassen, daß sie verstanden, akzeptiert, in Tätigkeit transformiert werden und jedes Resultat der Tätigkeit an ihnen gemessen werden kann	*259*
(1)	*Welchem Bereich ihres Welt- oder Selbstwissens sollen sich die Schüler zuwenden? - Was ist kennzeichnend für die Gegenstandsinformation? - Nach welchen Kriterien kann die Gegenstandsinformation ausgewählt werden?*	*264*
(2)	*Welches Verfahren sollen die Schüler für die Bearbeitung eines Gegenstandes, der im Focus ihrer Aufmerksamkeit steht, wählen? - Was ist kennzeichnend für die Verfahrensinformation? - Welche Grundoperationen können unterschieden werden? - Erste Klassifikation: Universale Grundoperationen - Zweite Klassifikation: Handlungsoperationen - Dritte Klassifikation: Im Unterricht häufig auftretende komplexe Operationen - Nach welchen Kriterien kann die Verfahrensinformation ausgewählt werden?*	*278*
(3)	*Ist die Lernaufgabe für die Schüler lösbar?*	*313*
(4)	*Es können nach unterschiedlichen Gesichtspunkten Klassen von Lernaufgaben gebildet werden, es lassen sich aber nicht alle Klassen in eine einzige hierarchisch geordnete Gesamtklassifikation einordnen*	*322*
Kapitel 5:	Der Lehrer kann für jede Teiltätigkeit im Prozeß der Aufgabenlösung Hilfsaufgaben stellen	*330*
	Verstehen der Information, die in der Aufgabenstellung enthalten ist - Akzeptieren der durch die Aufgabe vermittelten Information für die Regelung der eigenen Aktivitäten - Transformieren des ersten mentalen Modells in einen Lösungsprozeß: Transformation in ein Modell, das für die Lösung geeignet ist, Transformation in ein Schema von Zielzustand und Ausgangszustand, Transformation von Ausgangszustand und Zielzustand in einen Plan des Lösungsprozesses, Behebung von Schwierigkeiten (Barrieren) im Lösungsprozeß - Ausführung des Lösungsprozesses und Kontrolle der erzielten Resultate	
(1)	*Für das Verstehen der Aufgabe können Hilfsaufgaben gestellt werden*	*345*
(2)	*Die Kalkulation der Schüler, in welchem Maße sie sich eine Aufgabe zu eigen machen, kann durch Hilfsaufgaben beeinflußt werden: Hilfsaufgaben für die Aktualisierung, Stabilisierung und Veränderung langfristiger Zielhorizonte - Hilfsaufgaben für die Kalkulierung unmittelbarer Effekte der Aufgabenlösung - Hilfsaufga-*	

	ben für die Kalkulation der Erfolgswahrscheinlichkeit der Aufgabenlösung	*354*
(3)	*Für die Transformation der Aufgabeninformation in einen Lösungsprozeß können Hilfsaufgaben gestellt werden: Aufgabenanalyse durch die Unterscheidung von Ziel- und Ausgangssituation - Allgemeiner Verlaufsplan durch die Wahl einer Hauptstrategie - Genauere Ausarbeitung des Verlaufsplanes durch die Ausarbeitung von Teilstrategien - Steuerung von exekutiven Operationen*	*364*
(4)	*Für die Kontrolle von Resultaten der Aufgabenlösung können Hilfsaufgaben gestellt werden*	*373*
Kapitel 6:	Lernaufgaben können im psychischen "Raum" der menschlichen Informationsverarbeitung auf unterschiedliche Weise aneinander angeschlossen werden	*376*
(1)	*Der Anschluß von Lernaufgaben kann nach psychischen und nach sozialen Gesichtspunkten geregelt werden*	*380*
(2)	*Für alle Ziele und bei jedem Entwicklungsstand können Lernaufgaben im psychischen System auf unterschiedliche Art aneinander angeschlossen werden*	*388*
(3)	*Es gibt komplexe Systeme des Anschlusses von Lernaufgaben*	*395*
(4)	*Bei der Regelung der Anschlüsse von Lernaufgaben sollte sich der Lehrer von einigen Prinzipien leiten lassen*	*401*
Teil V:	**Praxis der Verständigung über Lernaufgaben**	
	Lernresultate beurteilen	*404*
Kapitel 1:	Die Schüler benötigen die Fremdbeurteilung durch den Lehrer für die Selbstbeurteilung ihrer Tätigkeiten	*408*
(1)	*Sowohl die Fremdeinschätzung als auch die Selbsteinschätzung besteht aus einer Gruppe von Operationen, durch die den Lernleistungen der Schüler zusätzliche Informationen abgewonnen werden*	*408*
(2)	*Die Fremd- und Selbsteinschätzung der Lösung von Lernaufgaben ist ein notwendiger Teilprozeß des Lernens im Gesamtvollzug der Lerntätigkeit*	*423*
(3)	*Durch Rückmeldung und Beratung kann der Lehrer den Kalkül der Selbstbeurteilung einer Aufgabenlösung durch die Schüler, ihre Kalkulation der Lernbereitschaft bei neuen Aufgaben und die Entwicklung ihres Selbstkonzeptes sowie ihres Selbstwertgefühls beeinflussen: Rückmeldefunktionen mit Kontrollfunktion - Rückmeldefunktionen mit Steuerungsfunktion - Beratungsfunktionen*	*438*
Kapitel 2:	Für die Rückmeldung und die Beratung kann der Lehrer besondere Einstellungen einnehmen, sich spezielle Ziele setzen, und es stehen	

Inhaltsverzeichnis

	ihm spezifische Möglichkeiten der Beurteilung, Benotung, Belohnung/Bestrafung und Beratung zur Verfügung	443
(1)	*Die gesamte Praxis der Rückmeldung und Beratung kann durch besondere Einstellungen und Ziele gelenkt werden: Ziele für die Unterscheidung von Leistungsaspekten - Ziele für den Vergleich von Lernleistungen mit früheren eigenen Lernleistungen - Ziele für den Vergleich von eigenen Lernleistungen mit den Lernleistungen anderer Schüler in der Lerngruppe - Ziele für den Vergleich von Lernleistungen mit allgemein geltenden Standards oder selbstgesetzten Zielen (Normen, Anspruchsniveaus) - Ziele für die Erklärung des Erfolgs bzw. Mißerfolgs durch seine Zurückführung auf Ursachen - Ziele für den Vergleich von Selbst- und Fremdeinschätzung - Gesamtziel: Fähigkeit zur Selbstregulation einer möglichst realistischen differenzierten Selbsteinschätzung*	444
(2)	*Im Prozeß der Rückmeldung sind die drei Rückmeldetätigkeiten der Beurteilung, der Benotung und der Belohnung bzw. Bestrafung zu unterscheiden*	455
(3)	*Für die Beurteilung von Lernleistungen benötigt der Lehrer Beurteilungskriterien: Kriterien für die Erfüllung einer speziellen Konvention zwischen Lehrer und Schülern - Kriterien für den Sachgehalt der Leistungen - Kriterien für logische Beziehungen im Sachgehalt der Leistungen - Kriterien für die gedankliche Form der Leistung - Kriterien für die Struktur der Leistung - Quantitative Kriterien für die Aspekte des Sachgehalts, der logischen Beziehungen und des Operativen - Kriterien für die Darstellungsform - Qualitative Kriterien für den operativen Aspekt der Leistungen - Kriterien für den Vollzug des Leistungshandelns - Kriterien für die Leistungsmoral - Kriterien für die Gesamtleistung*	458
(4)	*Für das Lernen liefert die Benotung andere und weniger wichtige Informationen als die Beurteilung*	470
(5)	*Belohnung und Bestrafung sind problematische Mittel für die Beeinflussung des Lernens durch den Lehrer*	473
(6)	*Die Lehrer können in Beratungsgesprächen mit den Schülern dazu beitragen, daß die Selbstbewertungsprozesse einen Verlauf nehmen, der für das weitere Lernen günstig ist: Ratschläge bei der Selbsteinschätzung einer Lernleistung - Ratschläge für die Kausalattribution - Ratschläge für den Umgang mit dem relativen Wert einer Lernleistung je nach Bezugsnorm - Ratschläge für Schlußfolgerungen aus der resultierenden Selbsteinschätzung für das künftige Lernen - Ratschläge für die Selbstkonzeptualisierung und die Regulierung des Selbstwertgefühls*	475
Schluß		*491*

Literaturverzeichnis 492
Sachregister 502

Abbildungsverzeichnis

Abb. 1:	*Der kategoriale Raum des Unterrichts.*	*31*
Abb. 2:	*Die gesellschaftliche Funktion des Unterrichts.*	*36*
Abb. 3:	*Hierarchiestruktur der gesellschaftlichen Funktionen,* *aus:* Hermanns *1992, 267.*	*42*
Abb. 4:	*Die Kommunikationsstruktur des Unterrichts: Die Lehrer-Schüler-Interaktion.*	*67*
Abb. 5:	*Neuron. Zellkörper einer Nervenzelle mit einer Vielzahl anhaftender Synapsen. Elektronenrasteraufnahme,* *aus:* Vester *1988[15], 27.*	*110*
Abb. 6:	*Nervenfaser (Axon),* *aus:* Iversen *1988, 22.*	*110*
Abb. 7:	*Die logische Struktur eines Neurons,* *aus:* Amit *1989, 19.*	*111*
Abb. 8:	*Transmitterfreisetzung und -elimination an einer adrenergenen Synapse, nach Scheler,* *aus:* Thews/Mutschler/Vaupel *1989[3], 72*	*113*
Abb. 9:	*Wachstum der dendritischen Verzweigungen in der menschlichen Großhirnrinde nach der Geburt,* *aus:* Changeux *1984, 253*	*116*
Abb. 10:	*Die Hirnaktivität einer Versuchsperson, die eine Reihe von intellektuellen, mit Sprache zusammenhängenden Aufgaben ausführt,* *aus:* Fischbach *1992, 40f.*	*118*
Abb. 11:	*A simple information processing module,* *aus:* McClelland/Rumelhart *1986, 174.*	*119*
Abb. 12:	*Phasen des Aktionspotentials,* *aus:* Schmidt/Thews *1987[23], 24.*	*123*
Abb. 13:	*Neuronale Mustererkennung,* *aus:* Alkon *1990, 92.*	*129*
Abb. 14:	*Aufmerksamkeitserregung,* *aus:* Changeux *1984, 200.*	*131*
Abb. 15:	*Beziehungen der Formatio reticularis (schraffiert) zu auf- und absteigenden Bahnen,* *aus:* Remane/Storch/Welsch *1974[2], 108.*	*139*
Abb. 16:	*Limbisches System,* *aus:* Changeux *1984, 145.*	*143*

Abbildungsverzeichnis

Abb. 17:	Komponenten eines Begriffs, aus: Damasio/Damasio *1992, 90 f.*	*186*
Abb. 18:	Tätigkeitsstruktur.	*217*
Abb. 19:	Lehrzielmatrix von Tyler, aus: Klauer *1974, 16.*	*229*
Abb. 20:	Beispiel für eine Start- und eine Zielverzweigung, aus: Dörner *1987[3], 69.*	*371*
Abb. 21:	Vorwärtsgerichtete und rückwärtsgerichtete Kalkulation der Lösung einer Aufgabe.	*427*
Abb. 22:	Zweidimensionales Klassifikationsschema für die wahrgenommenen Ursachen von Leistungsergebnissen, aus: Weiner *1984, 270.*	*433*
Abb. 23:	Klassifikation internaler Ursachen nach den Dimensionen der Stabilität und der Steuerbarkeit, aus: Heckhausen *1980, 517.*	*433*

Bei der Ausarbeitung des Manuskriptes zu diesem Buch bin ich tatkräftig unterstützt worden. Insbesondere danke ich für genaue Korrektur und kritische Durchsicht Herrn Dr. Klaus-Ulrich Wasmuth und Herrn Elmar Anhalt, für die Gestaltung von Graphiken Herrn Elmar Anhalt und Herrn Achim Stegmann, für die vielfachen Veränderungen bis zur druckfertigen Fassung am Computer Herrn Ralf Saal und für Literaturrecherchen Herrn Detlev Arndt und Frau Regine Klopffleisch. - Für Ideen und vielfältige Hilfen bei der Gestaltung des zweibändigen Lehrwerkes für Lehrer fühle ich mich Herrn OStD Manfred Jung besonders verpflichtet.

Jürgen Grzesik
Köln, im März 1994

Hinweise für den Leser

Bei der Gestaltung des Buches habe ich berücksichtigt, daß das Lesen von sehr unterschiedlichem Interesse geleitet wird, z.B. dem Interesse an einem bestimmten Sachverhalt im Unterricht, an der unmittelbaren Verwendbarkeit für die Unterrichtspraxis, an einer möglichst genauen wissenschaftlichen Analyse eines Zusammenhanges oder einer schnellen Orientierung. Unterschiedlichen Leseabsichten kommt die Gestaltung des Buches durch unterschiedliche Zugriffsmöglichkeiten entgegen. Zusätzlich zum *Inhaltsverzeichnis*, das durchgehend als Text gelesen werden kann, und dem *Sachregister*, das den Zugriff auf die wichtigsten Bezugsstellen für alle tragenden Begriffe und Sachfragen ermöglicht, eröffnet die Gestaltung des Buches die folgenden Zugangsmöglichkeiten:

- **Teil I** enthält eine *soziologische Systemtheorie des Unterrichts* und **Teil II** eine *kognitionspsychologische Theorie des Lernens im Unterricht*. Diese beiden Teile sind grundlegend für das *Lehren*, für das dann die **Teile III bis IV** *theoretische Aufklärung und praktische Hilfen* bieten.
- **Jeder Teil** behandelt sein Thema so, daß er *für sich gelesen* werden kann, weil jedesmal *ein Aspekt am Gesamtzusammenhang des Unterrichts* in den Blick kommt.
- In **jedem Teil** gibt es Verweisungen zu den **anderen Teilen**, so daß man Zusammenhängen mit anderen Teilen nachgehen und schnell feststellen kann, wo der jeweilige behandelte Sachverhalt im Gesamtzusammenhang des Unterrichts seinen Ort hat.
- *Zu den zentralen Fragen*, die **in diesem Band** behandelt werden, gibt es einen **zweiten Band** *mit zusätzlichen Texten und Graphiken,* auf deren Grundlage die Erörterung dieser Fragen vertieft werden kann. Diese *Materialien* können als Kopiervorlagen für Lehrveranstaltungen verwendet werden. Auf sie wird im **ersten Band** durch M und die Nummer der Textgruppe verwiesen.
- Wer *am Argumentationsgang des Buches interessiert* ist, der kann diejenigen *Partien überspringen, die klein gesetzt sind*. Sie enthalten detailliertere Ausführungen aus der Literatur, die Darstellung anderer Positionen, Überleitungen, Reflexionen auf die Form der Argumentation und Klassifikationen, die nur im Bedarfsfall genau gelesen werden müssen.
- Der ganz eilige Leser kann *dem Argumentationsgang selektiv folgen*, indem er *nur den kursiven Text* liest. Dem kursiv Gesetzten kann entnommen werden, um welchen Sachverhalt es jeweils geht und was im wesentlichen über ihn gesagt wird.
- die Kopfzeile erlaubt nicht nur eine schnelle Orientierung über die behandelten Sachverhalte, sondern auch, ob es sich dabei um *theoretische Grundlagen* oder *unterrichtspraktische Aspekte* handelt.

Einführung

Wer Schüler gewesen ist oder auch selbst schon unterrichtet hat, kennt Unterricht aus eigener Erfahrung. Neben diesen persönlichen Erfahrungen gibt es allgemeine Kenntnisse, die in der langen Geschichte der Reflexion auf Unterricht und seit dem Ausgang des 19. Jahrhunderts in zunehmendem Maße auch durch experimentelle Untersuchungen erzielt worden sind. Trotz des offensichtlichen Zuwachses an Wissen reichen unsere Kenntnisse jedoch bei weitem noch nicht dafür aus, auf alle Fragen der Praxis des Unterrichts zureichende Antworten geben zu können. Da die Pädagogik aber nicht warten kann, bis dies vielleicht einmal möglich sein wird, muß sie immer wieder eine Zwischenbilanz desjenigen Wissens ziehen, das brauchbar ist für das Handeln des Lehrers. Um eine solche Zwischenbilanz geht es mir.

Ich werde mich nicht mit allen Erscheinungsformen des Unterrichts befassen, z.B. mit den Störungen durch einzelne Schüler, mit Computer-Lernprogrammen oder dem Superlearning, sondern ich konzentriere mich auf die *grundlegende, ständig wiederholbare und endlos variierbare zyklische Prozeßform von Lehren und Lernen*. Es spricht nämlich sehr viel dafür, daß jeder Unterricht aus einem Zyklus von drei unterschiedlichen *Verständigungen zwischen Lehrern und Schülern besteht: der Verständigung über die jeweiligen Lernmöglichkeiten der Schüler, der Verständigung über Lernaufgaben für die Realisierung von Lernmöglichkeiten und der Verständigung über die dabei erzielten Lernresultate*. Ich möchte zeigen, daß die Möglichkeiten und auch die Grenzen der Beeinflussung des Lernens durch Lehren in der grundlegenden Prozeßform beschlossen liegen.

In diesem Buch soll deshalb kein Überblick über alle Ergebnisse und Methoden der bisherigen Reflexion auf den Unterricht geboten werden. Es kann von ihm auch keine vollständige Sammlung von Rezepten für jede mögliche Unterrichtssituation erwartet werden. Falls es aber gelingt, ein Verständnis von den zentralen Prozessen des Unterrichts zu vermitteln, dann kann man sich ein *Bild vom Gesamtgeschehen des Unterrichts* machen, in das sowohl zahlreiche einzelne Untersuchungsergebnisse aus der wissenschaftlichen Literatur als auch die Vielzahl der einzelnen Vorkommnisse in der Praxis eingeordnet werden können. Genau in dem Maße, in dem man den *Gesamtzusammenhang des Unterrichts versteht,* kann man auch seine Möglichkeiten besser nutzen. Deshalb wird man trotz aller gebotenen Vorsicht sagen können: *Eine möglichst realistische Vorstellung vom Gesamtgeschehen des Unterrichts ist die wichtigste Voraussetzung für einen guten Unterricht*. Nur wenn der Lehrer den *Gesamtzusammenhang* des Unterrichts vor Augen hat, kann er sicher in ihm operieren.

Wer als Lehrer tätig ist, hat immer schon *Vorstellungen davon, was er selbst tun muß und wie die Schüler sich verhalten sollen*. Das kann man selbst bei Kindern beobachten, wenn sie Schule spielen. Was der Lehrer tut, hängt von solchen Vorstellungen ab, weil es kein Handeln ohne Pläne gibt. Unterrichtliche Handlungspläne werden *aber allein aus dem Wissen des Lehrers konstruiert*. Dafür kann der Lehrer ganz *unterschiedliche*

Wissenskomplexe einsetzen: sein Fachwissen, seine Menschenkenntnis, sicher auch die Erinnerungen an seine eigene Schulzeit und ganz gewiß *eine mehr oder weniger differenzierte und integrierte Auffassung vom Unterricht.* Sobald er plant und unterrichtet, hat er immer schon eine *persönliche Vorstellung und insofern eine subjektive Theorie vom Unterricht.* Welche Pläne des Unterrichts ein Lehrer tatsächlich entwerfen kann, das hängt von dieser seiner Theorie ab. Kurz: es gibt *keinen theoriefreien Unterricht, weil die Pläne für das Handeln im Unterricht nur aus Auffassungen über Unterricht konstruiert werden können.* Es gibt andererseits aber auch keinen unmittelbaren Einfluß wissenschaftlicher Theorien auf den Unterricht, weil solche *Theorien mit dem Anspruch auf intersubjektive Gültigkeit nur durch ihre Integration in die subjektiven Theorien der einzelnen Lehrer vom Unterricht handlungswirksam* werden können.

Über das *Verhältnis von Theorie und Praxis des Unterrichts* soll hier nur so viel gesagt werden, wie es mir erforderlich zu sein scheint, um einige Mißverständnisse, die sich leider allzuoft einstellen, zu vermeiden:

Die wissenschaftliche Theorie beschäftigt sich keineswegs grundsätzlich anders mit dem Unterricht als der Lehrer, der auf Unterricht reflektiert, indem er vergleicht, Gedankenexperimente macht, Unterricht plant etc. Sie sucht nur die Erkenntnisverfahren, die auch für die Bildung von subjektiven Theorien eingesetzt werden, soweit wie möglich zu verbessern, um eine Theorie mit intersubjektiver Geltung zu gewinnen. Sie erhöht insbesondere den Aufwand für die theoretische Konstruktion von Zusammenhängen, entwickelt aufwendige Methoden für die Überprüfung theoretischer Annahmen und sucht die Ergebnisse empirischer Überprüfungen so gut wie möglich auf ihre Unabhängigkeit von subjektiven Einflüssen (Objektivität), auf ihre Stabilität in Wiederholungen (Reliabilität) und auf ihren Sachbezug (Validität) hin zu kontrollieren. Die Differenz zwischen subjektiven Theorien und Theorien mit wissenschaftlichem Geltungsanspruch ist deshalb immer nur relativ. Diese Relativität schließt gar nicht so selten sogar den Fall mit ein, daß Annahmen aus subjektiven Theorien sich in der Unterrichtspraxis besser bewähren als Annahmen aus Theorien mit wissenschaftlichem Anspruch. Ich versuche deshalb, beide Formen der Theoriebildung über Unterricht miteinander zu verbinden, indem ich meine Annahmen über Unterricht wissenschaftlich zu begründen suche, aber auch nicht vor Annahmen zurückschrecke, für die es eine wissenschaftliche Begründung noch nicht gibt oder ich sie nur nicht kenne (vgl. *Gage* 1979).

Das Interesse des Praktikers und des Wissenschaftlers ist jedoch insofern unterschiedlich, als es dem Praktiker immer um die Realisierung einer konkreten Ganzheit von Unterricht geht, während der Wissenschaftler unter einem bestimmten Gesichtspunkt konstante Zusammenhänge in einer Vielzahl von konkreten Unterrichtseinheiten nachzuweisen sucht, z.B. eine universale Strukturgleichheit, hohe Wahrscheinlichkeiten für Effekte unter wiederholbaren Bedingungen, Regelmäßigkeiten in immer spezielleren Teilbereichen des Unterrichts. So öffnet sich die Schere zwischen dem Praktiker und dem Wissenschaftler aufgrund ihres unterschiedlichen Interesses und ihrer unterschiedlichen Berufstätigkeit im Verlaufe ihres Lebens immer weiter, obwohl sich beide mit dem Unterricht befassen. Das kann dazu führen, daß sie sich nicht mehr verständigen können, sich meiden oder sogar gegenseitig verachten. Das ist ein hoher und oft zu hoher Preis für den Gewinn, der sich aus der notwendigen und prinzipiell produktiven funktionalen Differenzierung der Lebensarbeit beider ergibt. - Die unterschiedliche Richtung des Interesses am Unterricht ist unaufhebbar. Deshalb muß zwischen Theorie und Praxis vermittelt werden, soll die wissenschaftliche Erforschung des Unterrichts nicht praktisch folgenlos sein. Diese praktische Vermittlung wird umso dringlicher, je mehr die wissenschaftliche Spezialisierung fortschreitet. Nur durch Zusammenarbeit von Wissenschaftlern und Lehrern wird die Arbeitsteilung für die Erschließung der komplexen Lebenswirklichkeit des Unterrichts ökonomisch.

Das Verhältnis zwischen dem Praktiker und dem Wissenschaftler wird nicht nur durch die eben angeführten objektiven Unterschiede bei der Beschäftigung mit Unterricht bestimmt, sondern vor allem durch falsche Erwartungen des einen an den anderen belastet. Der *Praktiker* darf vom Wissenschaftler keine komplette Lösung all seiner Probleme erwarten. Die Erfüllung dieser Erwartung ist nicht nur unmöglich, sondern würde ihm selbst auch die Aufgabe nehmen, für die er allein zuständig ist, nämlich die Realisierung von Unterricht. Von der Wissenschaft kann er nur eine Modellierung von Zusammenhängen im Unterricht fordern, die ihm bei seiner eigenen Reflexion auf Unterricht helfen können, von der unterrichtlichen Komplexität mehr zu verstehen. - Der *Wissenschaftler* dagegen darf beim Praktiker nicht voraussetzen, daß dieser aufgrund seiner praktischen Kompetenz auch im speziellen Untersuchungsbereich des Wissenschaftlers den Unterricht in demselben Grade aufzulösen vermag wie er. Eigene Betroffenheit vermag kontrolliertes wissenschaftsmethodisches Arbeiten nicht zu ersetzen, sondern blockiert es sogar oft. Wegen des für ihre Arbeit erforderlichen Auflösungsgrades muß die Wissenschaft auch noch um die Implementierung ihrer Ergebnisse in die Praxis bemüht sein, wie dies z. B. technologische Disziplinen für Ergebnisse der Physik und Chemie leisten. Gelingen kann die Kooperation nur bei einem hohen Maß an gegenseitigem Verständnis und der Bereitschaft, die dafür erforderliche Anstrengung auf sich zu nehmen.

Die Art und damit auch die Güte des Unterrichtens hängt dann aber von der Art und der Güte der subjektiven Theorie des Lehrers ab. Wer der Auffassung ist, daß Unterricht "entdeckend" oder "partnerschaftlich" oder "streng gelenkt" sein soll, der wird danach zu handeln suchen, falls sich nicht bei seinem Handeln andere Auffassungen in den Vordergrund schieben, über die er sich sogar oft selbst nicht im Klaren ist. *Je nach Art dieser Auffassungen wird dies einen anderen Unterricht ergeben*, was man nicht nur in der derzeitigen Praxis, sondern auch bei einem Blick in die Geschichte des Unterrichts sofort erkennt. Der jeweils andere Unterricht, z.B. in den Formen "Memorieren des Vorgetragenen", "Katechisieren (Abfragen von Wissen)", "fragend-entwickelnder Unterricht", "Diskussionsmethode", "entdeckender" oder "offener Unterricht" führt nach allem, was wir heute wissen, *in jedem Fall zu anderen Lerneffekten*. Damit ist aber zugleich schon gesagt, daß *keine Lehrmethode* für sich in Anspruch nehmen kann, *für jedes Lernen besser als jede andere* zu sein. Über *die Güte* dessen, was durch die jeweilige Methode begünstigt wird, z.B. der Erwerb von Regelwissen oder die Fähigkeit zum Anwenden von Regeln gegenüber dem Wissen von Einzelheiten oder gegenüber dem wörtlichen Reproduzieren, kann man unter vielen Gesichtspunkten streiten. *Gelernt wird* aber keineswegs nur das, worauf es diese Formen des Unterrichts jeweils besonders absehen, sondern *gelernt wird in der Gesamtheit derjenigen Tätigkeiten, die die Schüler jeweils in einem solchen Unterricht* vollziehen. Erst die Gesamtheit der psychischen Aktivitäten in diesen Tätigkeiten ergibt den hochkomplexen *differentiellen Effekt* einer Methode gegenüber einer anderen. Der *Gesamteffekt* einer Methode besteht deshalb im *Umfang und Zuschnitt der psychischen Aktivitäten*, die durch sie angeregt werden.

Wenn dies zutrifft, daß *je nach Methode spezifische Lerneffekte* möglich sind, dann sind die Konsequenzen beträchtlich: Die Suche nach einer einzigen, allein naturgemäßen Form des Unterrichts ist vergeblich, weil Unterricht sehr unterschiedlich konzipiert werden kann. Auch den Gedanken an eine Universalmethode, die sich für jedes Lernen gleich gut eignet oder gar optimal für jede Art von Lernresultaten ist, müssen wir aufgeben. Der Lehrer kann nicht mehr nach einer einzigen oder einigen wenigen methodischen Routinen unterrichten, sondern muß versuchen, *für die jeweils angestrebten Effekte aus den ihm bekannten Wegen denjenigen zu beschreiten, der ihm am günstigsten zu sein scheint.* Das schließt keineswegs aus, daß auch andere Wege zu dem angestrebten Ziel führen. Jeder Weg hat dann aber andere Nebeneffekte. Es können auch nicht mehr alle Lehrer auf eine einzige Methode eingeschworen werden, sondern sie werden in ihren subjektiven Theorien vom Unterricht u. a. auch ihre eigenen Handlungsmöglichkeiten in Rechnung stellen müssen, was zwangsläufig zu unterschiedlichen Methoden führt. - Kurz: An die Stelle irgendeiner als Königsweg gepriesenen Methode ("von der Anschauung zum Begriff", "Gruppenunterricht", "Projektunterricht" etc.) tritt für unterschiedliche Ziele und sogar für ein und dasselbe Ziel eine *Methodenvielfalt, die hochflexibel eingesetzt werden muß, wenn man die Möglichkeiten des Unterrichts nutzen will.*

Dieser Vielfalt von subjektiven Möglichkeiten widerspricht nicht, daß ich hier *ein Verständnis von jedem Unterricht und für alle Lehrer* zu vermitteln suche, weil es sich um ein Verständnis handelt, *das erst den Blick für die Vielfalt der Gestaltungsmöglichkeiten des Unterrichts öffnet.* Diese Sicht des Unterrichts ergibt sich aus einer Reflexion auf das heutige Wissen, soweit es mir zugänglich ist und unter den von mir gewählten Gesichtspunkten. Da die Arbeit des Lehrers wenig Raum für eine solche Zusammenschau vielfältiger und weit verstreuter Überlegungen und Untersuchungen läßt, ist es das Ziel dieses Buches, *zwischen wissenschaftlichen Arbeiten und der Arbeit des Lehrers zu vermitteln.* Selbstverständlich geschieht dies unter dem für Theorie und Praxis gleichermaßen unverzichtbaren Gesichtspunkt, aus dem mir bekannten Forschungsstand einen *Zusammenhang von Aussagen mit möglichst hohem Erklärungswert für den tatsächlichen Unterricht* zu gewinnen. Der Erklärungswert einer solchen Theorie zeigt sich u.a. darin, daß bisher übersehene Zusammenhänge sichtbar werden, daß Mißverständnisse ausgeräumt werden können, daß sich Scheinprobleme auflösen, daß die suggestive Kraft ideologischer Verfälschungen durch zuverlässiges Wissen gebrochen wird, und vor allem, daß *das Bild vom Unterricht einerseits differenzierter und andererseits auch zusammenhängender* wird.

Trotz der Orientierung an wissenschaftlichen Untersuchungen ist auch die von mir gebotene Theorie streng genommen meine derzeitige subjektive Theorie von Unterricht, die von jedem Leser selbst daraufhin geprüft werden muß, was er von meinen Annahmen in seine Auffassung vom Unterricht als überzeugend und praktikabel übernehmen kann. Ich kündige deshalb keineswegs ein durchgehend wissenschaftlich gesichertes, neues Verständnis von Unterricht an, sondern nur den *Versuch, einige grundlegende Zusammenhänge des Unterrichts verständlicher zu machen als dies bisher möglich war.*

Für meine Sicht des Unterrichts, die ich in diesem Buch nur in ihren Hauptzügen darstellen kann, sind *drei Annahmen* grundlegend:

(1) *Lernen* ist kein besonderer Bereich des psychischen Geschehens neben anderen, sondern es *ereignet sich mit jedem psychischen Prozeß im gesamten Bereich der menschlichen Informationsverarbeitung.* Gelernt werden kann nur *das*, aber auch zugleich ohne Einschränkung *alles, was in einer Tätigkeit tatsächlich an psychischen Prozessen auftritt*: an emotionalen Prozessen ebenso wie an Selbstregulierungen durch reflexive Operationen, an sensomotorischen Prozessen ebenso wie an Klassifikationen durch Begriffe, an genauen Unterscheidungen von Einzelheiten ebenso wie an komplexen Wissenssystemen oder auch an Verknüpfungen von Operationen aus den sensomotorischen, kognitiven und emotionalen psychischen Systemen zu relativ invarianten Einstellungen.

(2) *Lehren ist* keine einseitige Einwirkung auf Schüler, sondern *Verständigung mit ihnen über ihre psychischen Aktivitäten*, durch die sie lernen. Der Lehrer verständigt sich mit dem Schüler über seine Selbststeuerung. Je genauer sich beide über bestimmte psychische Aktivitäten verständigen können, desto genauer entspricht das tatsächliche Lernen dem beabsichtigten.

(3) *Unterricht* ist keine Anhäufung von Lehrer- und Schülervariablen, deren kausale Verknüpfung erst entdeckt werden muß, sondern er *besteht aus einer Folge von Phasen aus hochkomplexen konkreten Tätigkeiten von Lehrer und Schüler während einer bestimmten Zeit. Die Phase ist die kleinste unauflösbare Einheit des kompletten Geschehens. Jede Phase besitzt die zyklische Struktur der Verständigung über Lernmöglichkeiten, der Verständigung über die Lösung von Lernaufgaben und der Verständigung über erzielte Lernresultate.* Nicht einzelne Variablen, sondern *nur die konkrete Realisierung des gesamten Zyklus entscheidet über den Lerneffekt.*

Alle Überlegungen in diesem Buch können als eine Entfaltung dieser drei Annahmen verstanden werden. Trotzdem will ich die drei Annahmen schon jetzt soweit erläutern, daß man sich eine erste Vorstellung vom Unterricht aus meiner Perspektive machen kann.

ad 1. Will man verstehen, was sich im Unterricht abspielt, dann muß man zunächst ein möglichst genaues Verständnis davon erzielen, *wie der Mensch lernt. Es kann heute angenommen werden, daß der Mensch in jeder Tätigkeit mit jeder psychischen Aktivität in ihr lernt, weil unser Nervensystem die Möglichkeit zu haben scheint, sich jede Aktivität in allen Formen und auf allen Stufen der Informationsverarbeitung zu merken.* Ge-

Einführung 19

lernt wird so im Bereich des Sensorischen ebenso wie im Motorischen, beim Denken ebenso wie beim Vorstellen, im Bereich der Emotionen ebenso wie bei der Selbstregulation, um nur durch einige Beispiele deutlich zu machen, daß *keine psychische Aktivität vom Lernen ausgeschlossen ist. Gelernt wird dann genau in dem Maße, in dem verschiedene Aktivitäten gleichzeitig oder sukzessiv an der jeweiligen Tätigkeit beteiligt sind.* Über das Behalten scheinen zu entscheiden: *die Intensität der Aktivität selbst, das Ausmaß der gleichzeitigen Aktivierung derjenigen komplexen Zusammenhänge (Muster oder Systeme), in die diese Aktivität eingebettet ist, und das Maß der wiederholten Aktivierung.* Die kognitive Wissenschaft (cognitive science), zu der alle Disziplinen gerechnet werden, die sich mit der Verarbeitung von Informationen im Nervensystem befassen, insbesondere die Neurophysiologie und die Kognitionspsychologie, aber auch die Physik neuraler Systeme und die Computerwissenschaft, gewinnt zunehmend mehr Wissen über den ganzen Umfang der psychischen Prozesse, die an einer Tätigkeit beteiligt sind, und über die Prozesse, durch die sie behalten werden.

Es scheint so zu sein, als ob die bisherigen Untersuchungen des Lernens in der Geschichte der Lernpsychologie aus unterschiedlichen Blickwinkeln immer nur einen Teilaspekt am Gesamtprozeß des Lernens erfaßt haben, z. B. die Reiz-Reaktionsbeziehung, das Gestaltsehen aufgrund der Differenz von Figur und Hintergrund, den Transfer von Begriffen oder die stellvertretende Verstärkung im Imitationslernen, die Stereotypen von Vorurteilen und Einstellungen oder die Möglichkeiten der Selbststeuerung und Selbstkontrolle. Dagegen scheint die kognitive Wissenschaft einen Gesichtspunkt gewählt zu haben, von dem aus sich alle diese Aspekte zu dem viel größeren Zusammenhang einer *Theorie der menschlichen Informationsverarbeitung* verbinden lassen. Die alten Einsichten gehen darüber nicht verloren, aber es wird erkennbar, an welcher Stelle des Gesamtzusammenhangs der im Nervensystem ablaufenden Prozesse der Verarbeitung von Informationen sie ihren Platz haben und welchen begrenzten Erklärungswert sie für den Gesamtzusammenhang des Lernens haben.

ad 2. Auch die Einwirkung auf Lernprozesse von außen, die wir traditionell als *Lehren* bezeichnen, *ist ein Prozeß der Informationsverarbeitung. Wechselseitig und in einer für den Unterricht kennzeichnenden Abfolge findet eine Verständigung darüber statt, was der Schüler lernen kann, was er tun soll und was er durch eine solche Tätigkeit gelernt hat.* Ohne eine solche Verständigung kommt es nicht zu einer *Beeinflussung des Lernens* und gibt es infolgedessen auch keinen Unterricht. Was tatsächlich durch Lehren gelernt wird, das hängt dann davon ab, worüber man sich verständigt hat und welche Tätigkeit der Schüler aufgrund der Verständigung vollzieht.

Natürlich ist über diesen Verständigungsprozeß schon viel gesagt worden, z.B. über ihren Inhalts- und Beziehungsaspekt (*Watzlawick/Beavin/Jackson* 1974[4]), über die Konsolidierung von wechselseitigen Erwartungen (*McCall/Simmons* 1974), über verbale Instruktionen (*Grzesik* 1976a) und Rückmeldungen (*Grzesik/Fischer* 1984). Der ganze Umfang der Prozesse, der im Spiel ist, *wenn die Möglichkeiten der Informationsverarbeitung zweier Menschen zum Zweck des Lernens miteinander interagieren*, wird aber erst aus dem Blickwinkel einer Theorie der menschlichen Informationsverarbeitung sichtbar. Das heißt aber nicht, daß wir schon heute alle diese Prozesse soweit aufklären können, wie es für die Unterrichtspraxis wünschenswert wäre.

ad 3. Daß im Unterricht Lehren und Lernen zusammenspielen, ist eine Binsenwahrheit. Immer noch herrscht aber die Vorstellung eines linearen Kausalzusammenhanges vor, der von Lehrervariablen als auslösenden Ursachen über intervenierende Variablen beim Schüler zu einem Lernresultat führt. Wir kommen wahrscheinlich der Realität viel näher, wenn wir die *Tätigkeiten* sowohl des Lehrers als auch des Schülers als *komplexe psychische Aktivität* verstehen. In einer ersten Annäherung kann man *in jeder Tätigkeit* die folgenden *Komponenten* unterscheiden: (1) die *Wahrnehmung* einer äußeren und/ oder inneren Situation, (2) *Bedürfnisse, Intentionen* oder *klar vorgestellte Ziele*, (3) *ineinandergeschachtelte Pläne bis hin zu einzelnen Aufgaben*, (4) *den Vollzug einer sukzessiven Kette von Operationen* und (5) die *Rückkopplung* der Resultate aller einzelnen Aktivitäten an die zuvor wahrgenommene Situation und die zuvor entworfenen Ziele, Pläne und Aufgaben zum Vergleich. *Das Ergebnis des bei diesen Rückkopplungen vollzogenen Vergleichs* ist dann der *Ausgangspunkt für die Entscheidung über eine neue Tätigkeit*. Jede Tätigkeit ist danach *eine in sich geschlossene Einheit, die ihr Ergebnis kreisförmig auf ihren Anfangszustand zurückbezieht* und dann *eine weitere Einheit derselben Art anschließt*. Aus diesem doppelten Grunde kann man sie als *zyklische Einheit* bezeichnen.

Wenn dies auf die individuelle Tätigkeit zutrifft, dann besteht die *Interaktion zwischen Lehrer und Schüler im Unterricht* aus der "Verzahnung" mindestens zweier solcher *Zyklen, so daß der Lehrer wie der Schüler die vom anderen erhaltene Information für die Gestaltung seiner eigenen Tätigkeit verwenden kann*. Das ergibt ein ganz anderes Bild vom Unterricht als das eines Gewirrs von linearen kausalen Zusammenhängen: *Die zyklischen Tätigkeiten von Lehrer und Schülern verbinden sich zur spezifischen Form des Unterrichtszyklus*. Er hat die Form einer geschlossenen rückgekoppelten Einheit aus den Hauptkomponenten der Verständigung über Lernmöglichkeiten, über die Lösung von Lernaufgaben und über erzielte Lernresultate. Das ist die Grundeinheit des Unterrichts, an die sich endlos Einheiten derselben Form anschließen können. Das ist zugleich die spezifische Form, in der die Tätigkeiten der Schüler, d. h. ihre Situationswahrnehmung, ihre Pläne, ihre sukzessiven ausführenden Operationen und die eigene Einschätzung der Resultate ihrer Tätigkeit durch den Lehrer beeinflußt werden können. Unterricht ist nach dieser Auffassung durchgehend eine besondere Form der wechselseitigen Information, *die nur soweit zur Wirkung des Lehrens auf das Lernen führt, wie eine Verständigung zwischen Lehrer und Schülern gelingt*. Verständigung aber besagt hier, daß die Schüler wie der Lehrer die ihnen mitgeteilte Information für die Wahl von Tätigkeiten nutzen, die dem Lernen der Schüler dienen. Die Güte des Unterrichts *als erzieherische Beeinflussung* ist dann davon abhängig, wie gut dies gelingt. Die Beeinflussung kann keineswegs allein durch den Lehrer bestimmt werden, sondern sie hängt in ihrer endgültigen Qualität davon ab, was der Schüler versteht und was er daraufhin tut. Der Optimismus, daß Unterricht möglich ist, hängt ganz von der Überzeugung ab, daß zwischen Lehrer und Schüler Verständigung über die Aktivitäten des Schülers möglich ist. Wie gehaltvoll der Unterrichtszyklus ist, das hängt vom Informationsaustausch über Schülertätigkeiten ab. Er läßt sich darin mit anderen Formen der Interaktion vergleichen, z. B. der Interaktion zwischen Arzt und Patient, die aus Diagnose, Therapieplan, Therapie und Kontrolluntersuchungen besteht. *In diesem Zyklus muß der Leh-*

rer die drei Funktionen des Verstehens, des Steuerns und der Rückmeldung so gut wie möglich durch Leistungen, die er für den Schüler erbringt, erfüllen. Die Ausübung dieser drei Funktionen ist der *Inbegriff der Kompetenz des Lehrers,* weil nur das, was in sie eingeht, das Lernen des Schülers beeinflussen kann.

Nicht durch einzelne Variablen, sondern *durch das Gelingen kompletter Phasen wird darüber entschieden, welche Lerneffekte erzielt werden.* Nicht kovariierende Variablen, sondern erst *die komplette konkrete Phase mit einer Vielzahl von Wechselwirkungen und Rückkopplungen ist die kleinste, erkennbare Wirkeinheit des Unterrichts.* Das Ergebnis jeder Phase ist dann *Kriterium für den Abbruch des Unterrichts oder den Anschluß einer neuen Phase* und so fort in einem *dynamischen Prozeß von Phasenübergängen.* Kleinere Phasen können *in größere eingeschachtelt* werden, falls dies für die größeren sinnvoll ist. Die Realität des Unterrichts enthält aber auch verkürzte und verschränkte Phasen in manchmal nur schwer zu entwirrender Form.

Lernen, Lehren und Unterricht sind deshalb nicht voneinander zu trennen. Sie sind *drei Aspekte eines einzigen komplexen Zusammenhanges,* in dem mindestens zwei *psychische Systeme in den Positionen von Lehrer und Schüler über Kommunikation in einer spezifischen Weise interagieren.* Man wird deshalb in den folgenden Überlegungen immer die beiden anderen Aspekte mit im Auge behalten müssen, wenn aus Gründen der sukzessiven Abarbeitung des ganzen Komplexes vornehmlich nur von einem Aspekt die Rede ist. In der einzelnen Phase, aber auch in der Ineinanderschachtelung von Phasen unterschiedlicher Dauer bilden die drei Aspekte zusammen eine konkrete Einheit.

Zur Einführung gehört unbedingt noch meine herzliche Bitte, von diesem *Versuch, ein Modell vom Unterricht zu entwerfen,* nicht mehr zu erwarten, als billigerweise erwartet werden kann. Geboten wird keine geschlossene, endgültige Theorie, sondern ein Vorschlag zu eigener differenzierter und sinnvoller Strukturierung des Unterrichts, der wegen seiner Vorläufigkeit und der durch den Umfang des Buches bedingten Skizzenhaftigkeit auf wohlwollendes Verständnis angewiesen ist.

Teil I:
Soziologische Grundlegung
Das Unterrichtsgeschehen überblicken

Jede Einzelheit des Unterrichts hat ihren Platz in einem *Zusammenhang von gleichzeitigen und sukzessiv aufeinanderfolgenden sowie wechselseitig aufeinander bezogenen psychischen Prozessen von Lehrer und Schüler in einem begrenzten Zeitraum* (**M1, 9**). Diese komplexe psychische Interaktion bildet in jedem Augenblick eine Ganzheit, in der die einzelnen Prozesse vielfältig miteinander verflochten sind. Es ist deshalb nicht möglich, sie zu isolieren oder gar aus dem Ganzen herauszulösen. Daher ist es bisher auch nicht gelungen, die gesamte (molare) Einheit in elementare (molekulare) Einheiten, d.h. Variablen unterschiedlicher Größenordnung, aufzulösen.

Hieraus ergeben sich für jede Untersuchung des Unterrichts große Schwierigkeiten. Der Beobachter ist immer mit einer Ganzheit von Unterricht konfrontiert, auch wenn ihn nur ein mehr oder weniger komplexer Teilprozeß interessiert. Erschwerend kommt hinzu, daß ihm auch das Ganze der psychischen Prozesse einer noch so kleinen Unterrichtseinheit nie direkt zugänglich ist. Als beteiligter Beobachter, d.h. als Lehrer oder Schüler, kann er nur seine eigenen psychischen Prozesse unmittelbar beobachten, soweit sie für ihn in der Reflexion zugänglich sind. Psychische Prozesse beim anderen können nur durch eigene psychische Operationen rekonstruiert werden. Zur Beschränkung auf die eigene Psyche kommt als weitere Erschwernis hinzu, daß das zu beobachtende Ereignis meist sehr schnell vorübergeht und daß die Fähigkeiten zur reflexiven Erfassung von Individuum zu Individuum sehr differieren. Der unbeteiligte Beobachter, d.h. eine dritte, zu Lehrer und Schüler hinzutretende Person, kann sich zwar auf einen von vielen zu beobachtenden und auch in Videoaufzeichnungen wiederholbaren Befund des äußeren Verhaltens von Lehrer und Schüler stützen, er muß aber die psychischen Prozesse aus diesem äußeren Verhalten erst erschließen.

Hier soll aus der Problematik des Verhältnisses zwischen den einzelnen psychischen Prozessen und dem Ganzen des Unterrichts nur *ein Schluß* gezogen werden, *der für alle weiteren Überlegungen grundlegend ist*. Der Beobachter kann sich um eine *Prozeßbeschreibung* oder eine *Strukturbeschreibung* bemühen. - *Im ersten Fall kann er versuchen, im Ganzen einzelne psychische Prozesse zu unterscheiden.* Dann wird er von sehr komplexen Prozessen, z.B. der Verarbeitung einer Rückmeldung des Lehrers durch den Schüler, zunehmend zu weniger komplexen Prozessen gelangen. Eine vollständige Auflösung des Ganzen in elementare Prozesse wird ihm aber beim gegenwärtigen Stand des Wissens nicht gelingen. - *Der Beobachter kann aber auch das unaufgelöste Ganze zu beschreiben suchen.* Dann "stellt er das Prozessuale still" und unterscheidet er Komponenten sowie die zwischen ihnen auftretenden Zusammenhänge, z.B. die Diffe-

Theoretische Grundlagen 23

renzierung und den Zusammenhang zwischen dem sachstrukturellen Entwicklungsstand des Schülers als Input jedes Unterrichts und der Veränderung dieses Entwicklungsstandes als Output. *Das ergibt eine Strukturbeschreibung des Unterrichts.* - Daraus resultiert, daß es zwei Betrachtungsweisen ein und desselben gibt, die sich aber gegenseitig ergänzen. In aller Vorläufigkeit kann man entweder sagen: *Die Prozesse sind die konkrete Realität, an der sich Strukturen ablesen lassen,* oder: *die Strukturen sind hochabstrakte Dimensionen des tatsächlichen Gesamtgeschehens.*

In diesem **ersten Teil** des Buches stehen bei der Betrachtung des Unterrichts die Strukturen im Vordergrund des Interesses, weil er als ganzer beobachtet wird, obwohl immer wieder aufgezeigt wird, daß die Strukturen psychische Prozesse repräsentieren. In den **weiteren Teilen** des Buches werden dagegen die *psychischen Prozesse im Vordergrund* stehen, für deren Lokalisierung im Gesamtgeschehen aber immer wieder auf die im **ersten Teil** unterschiedenen Strukturen zurückgegriffen wird. *Die Strukturbeschreibung bietet Orientierung im Ganzen, die Prozeßbeschreibung erlaubt dagegen die Regulierung von einzelnen Aktivitäten.*

Wenn der Lehrer über eine Strukturbeschreibung verfügt, dann hat er ein *Schema der Ganzheit des Unterrichts* vor Augen. Dieses Schema *ermöglicht es* ihm, *den Unterricht zu überblicken.* Er weiß dann, in welchem Zusammenhang er sich bewegt und was er von den Schülern zu erwarten hat, sofern er selbst und die Schüler sich systemkonform verhalten. Ein solches Schema bietet in jedem Augenblick die Möglichkeit, in ihm *zu lokalisieren, was gerade geschieht,* z. B. die Behebung einer Verständnisschwierigkeit der Lernaufgabe, eine Zielanalyse oder die Kontrolle eines Lernresultats. Das ist besonders wichtig für die *Identifikation von Störungen im Unterrichtsverlauf* und ihre sachgerechte Behebung. Auch in turbulenten Situationen ist ein solches Schema hilfreich, weil man nicht dem jeweiligen Ereignis ausgeliefert ist, sondern es *aus der Distanz des Überblicks gelassener beurteilen und umsichtiger reagieren* kann.

Die Ganzheit des Unterrichts wird **im ersten Teil in jedem Kapitel** unter einem anderen Gesichtspunkt betrachtet. Jeder Gesichtspunkt eröffnet den Zugang zu einem Zusammenhang im Ganzen des Unterrichts. Diese Gesichtspunkte erlauben es, nacheinander und aneinander anschließend *Aspekte eines Modells des Unterrichts* zu behandeln, die im Modell gleichzeitig präsent sind und als Einheit angeschaut werden können.

In den **einzelnen Kapiteln dieses ersten Teils** werden die folgenden Perspektiven eingenommen:

1. Kapitel: Der Gesichtspunkt der wissenschaftlichen Betrachtung des historisch einmaligen Unterrichts. Unter ihm ergibt sich die Entscheidung, jeden *Unterricht als einen Prozeß der menschlichen Informationsverarbeitung* mit eigenem Zuschnitt zu verstehen.

2. Kapitel: Der soziologische Gesichtspunkt. Von ihm aus zeigt sich die Ausgrenzung des *Unterrichts als eines spezifischen sozialen Systems* aus der Gesamtgesellschaft. Diese Ausgrenzung erfolgt durch die gesellschaftliche Funktion der Qualifikation sowie durch Eingang und Ausgang in der Form von Leistungsgrenzen zu anderen Teilsystemen der Gesellschaft. Dadurch erhält der Unterricht seine Eigenständigkeit. Gleichzeitig aber bildet er so einen Teil der Gesamtgesellschaft, für die er eine unersetzbare Funktion erfüllt.

3. Kapitel: Der Gesichtspunkt der *für den Unterricht spezifischen Kommunikationsstruktur.* Unter ihm erweist sich die Kommunikation im Unterricht als Verständigung über Lernaufgaben.

Sie läßt sich untergliedern in die Verständigung über die Lernmöglichkeiten der Schüler als Voraussetzung für die Lösung von Lernaufgaben, in den Prozeß der Lösung von Lernaufgaben und in die Verständigung über die dabei erzielten Lernresultate.

4. Kapitel: Der Gesichtspunkt der *Verlaufsform*. Er führt darauf, daß die Grundstruktur des Verlaufs aus der Verbindung der drei Verständigungen zu einem Rückkopplungskreis besteht.

5. Kapitel: Der Gesichtspunkt der *sequentiellen Ordnung des gesamten Unterrichts*. Von ihm aus zeigt sich, daß die Abfolge rückgekoppelter Einheiten einer Anschlußrationalität folgen kann, die sich nach den Lernbereichen und den Lernmöglichkeiten in ihnen richtet.

6. Kapitel: Der Gesichtspunkt der Funktionen des Lehrers im Unterricht. Er führt auf die Notwendigkeit der vollen Beweglichkeit des Lehrers im gesamten "Raum des Unterrichts" für die Erzielung der drei Verständigungen.

Kapitel 1:
Unterricht ist eine spezifische Form der menschlichen Informationsverarbeitung

Unterricht ist in unserem Lebensbereich für jeden eine elementare Erfahrungstatsache. Jeder erfährt ihn aus der Perspektive des Schülers und jeder auch zumindest ansatzweise im alltäglichen Umgang mit anderen aus der Perspektive des Lehrers. Aus dieser Erfahrung erwächst zwar eine subjektive Theorie des Unterrichts, keineswegs aber ebenso selbstverständlich eine zulängliche wissenschaftliche Theorie. Jede wissenschaftliche Theorie sucht im historischen Fluß des Unterrichts nach *konstanten Zusammenhängen, die voraussagbar sind und über die ein Einvernehmen mit anderen hergestellt werden kann*. Nur in dem Maße, in dem ihr das gelingt, ist sie auch für die künftige Praxis von Unterricht von Belang, denn eine pure Beschreibung eines einmaligen Unterrichtsverlaufs wäre folgenlos. Was im Fluß des Unterrichts wiederholt auftritt und auch in jedem sonst ganz unterschiedlichen Unterricht gleich oder annähernd gleich ist, kann aber nur abstrakt sein, d.h. ein Zusammenhang, der von Fall zu Fall anders konkretisiert sein kann und nie die Fülle des konkreten Geschehens zu repräsentieren vermag. Für die bewußte Suche nach Zusammenhängen, die im Fluß der zahllosen Unterrichtsverläufe konstant bleiben, benötigt die Wissenschaft *Selektionsgesichtspunkte*, weil sie sich nicht die Zeit nehmen kann, aus der unendlichen Wiederholung statistisch zu generalisieren, sondern durch Hypothesenbildung und deren Kontrolle schneller und sicherer zum Ziel zu kommen sucht. Die Wahl eines Gesichtspunktes entscheidet dann jeweils darüber, welche Zusammenhänge betrachtet werden und in welchem Maße die Ganzheit des Unterrichts durch das Aufzeigen solcher Zusammenhänge verstehbar wird. In diesen wenigen Überlegungen steckt eine bestimmte Auffassung vom *Verhältnis zwischen der stets abstrakten Unterrichtstheorie und der stets konkreten Unterrichtspraxis.* Aus ihnen ergibt sich die Notwendigkeit, für die wissenschaftliche Darstellung des Unterrichts *einen bestimmten Gesichtspunkt zu wählen.*

Ein Lehrer kann in einem Buch über den Unterricht seine Erfahrungen mit einem einmaligen Unterrichtsablauf beschreiben und auch Ergebnisse seiner vergleichenden und generalisierenden Reflexion mitteilen. Ein Buch mit wissenschaftlichem Anspruch aber muß sich auf Ergebnisse wissenschaftlicher Untersuchungen stützen. *Die Auswahl solcher Ergebnisse soll hier unter dem übergreifenden Gesichtspunkt geschehen, daß Unterricht als Interaktion zwischen Personen ein spezifischer Prozeß der menschlichen Informationsverarbeitung* (**M3**) *ist.*

Der Ausdruck "menschliche Informationsverarbeitung" steht im umfassenden Sinne für *jede psychische Aktivität,* der immer ein *physikalisch-chemischer Prozeß im menschlichen Nervensystem* entspricht, z.B. schon bei der ersten Verarbeitung physikalischer optischer Phänomene durch das Auge. Er umfaßt *alle psychischen Prozesse im gesamten psychischen Apparat,* z.B. nicht nur die Sinneswahrnehmungen, sondern auch die Kalkulation der Motivation oder die Selbstkritik. Unterricht wird dann unter der *Annahme* betrachtet, *daß psychische Prozesse einer Person in der Rolle des Lehrers und einer oder mehrerer Personen in der Rolle des Schülers so miteinander in Beziehung treten, wie es für das soziale System des Unterrichts spezifisch ist.* Anders formuliert: Es geht um eine Form der Kommunikation, die sich deutlich von der Kommunikation in anderen sozialen Systemen, z.B. in einem bürokratischen System, einem medizinischen, einem psychotherapeutischen oder juristischen, unterscheidet. *Diese Kommunikation* (**M1**) *besteht aber aus nichts anderem als bestimmten Prozessen der Informationsverarbeitung, die von den Personen, die sich an der Kommunikation beteiligen, vollzogen werden.* Für die Wahl des Gesichtspunktes der menschlichen Informationsverarbeitung, und zwar sowohl für die intrapsychischen als auch für die interpsychischen, d.h. sozialen Prozesse, habe ich im wesentlichen die folgenden Gründe:

1. Unterricht ist eine hochkomplizierte geistige Verständigungsform (**M1, 3 u. 5**), *die es nur beim Menschen gibt, weil in der Evolution erst die psychische Ausstattung des Menschen die vielfältigen Voraussetzungen dafür bietet.* Grundlegend für jede Aussage über Unterricht muß deshalb das *anthropologische Faktum der menschlichen Psyche* sein. Alles, was sich im Unterricht abspielt, nicht nur in den Personen, sondern auch in der Kommunikation zwischen ihnen, ist von psychischer Natur. Über der heutigen Selbstverständlichkeit des Unterrichts vergessen wir leicht seine Bedeutung für die Menschwerdung jedes einzelnen. - Auf die *anthropologische Dimension* kann schlaglichtartig ein Beispiel verweisen: Wie *Eccles* berichtet, hatte selbst eine Schimpansin, die wie eine menschliche Tochter aufgezogen worden ist und einen "Wortschatz" von 130 Zeichen erworben hatte, den sie zu Ketten bis zu vier Zeichen verbinden konnte, nicht das geringste Interesse daran, ihrer Tochter diese "Sprache" beizubringen (*Eccles* 1989, 137). Sicherlich lernen Tiere in ganz bestimmten Grenzen von ihren Eltern, aber Unterricht scheint es selbst bei den am höchsten entwickelten Tieren nicht oder nur in ganz rudimentärer Form zu geben (Unterstützung bei einem Werkzeuggebrauch, etwa beim Aufschlagen von Nüssen, Verzögerung einer Tätigkeit vor den Augen des jungen Tieres). - In wie hohem Maße *jeder einzelne Mensch erst durch Unterricht zum Menschen des heutigen Entwicklungsstandes* wird, wird uns nur noch bewußt, wenn wir

Menschen begegnen oder von ihnen hören, die keine Schule besucht haben oder sich sogar dem Lernen verweigern wie autistische Kinder (vgl. *Wygotski* 1964, 5; *Bettelheim* 1990, 7). - Wird Unterricht unter dem Gesichtspunkt der menschlichen Informationsverarbeitung betrachtet, dann öffnet sich ein *Zugang zu artspezifischen psychischen Möglichkeiten des Menschen, die für den Unterricht konstitutiv sind.*

2. *Lernen* (**M3**) *scheint nach dem heutigen Kenntnisstand eine Funktion der Informationsverarbeitung im gesamten Nervensystem oder zumindest großer Teile der im Gehirn lokalisierten Teilsysteme zu sein* (s. **Teil II**). *Jede einzelne Nervenzelle scheint prinzipiell lernfähig zu sein. Genau in dem Umfang, in dem Lernen möglich ist, kann es vom Unterricht beeinflußt werden.* Dann aber ist allein der Blick auf die gesamte menschliche Informationsverarbeitung umfassend genug, den heutigen Kenntnisstand über Lernen und seine Beeinflußbarkeit im Unterricht für eine Theorie des Unterrichts zu nutzen.

Mit dem Lernen und seiner Beeinflussung befaßt sich heute eine ganze Reihe von wissenschaftlichen Disziplinen: die *Physik neuronaler Netzwerke*, die mit den Möglichkeiten der Festkörperphysik und der physikalischen Statistik Möglichkeiten der Verrechnung elektrischer Impulse in unterschiedlich verschalteten Netzwerken von Nervenzellen untersucht, die *allgemeine Biologie* als Theorie organischer Systeme, die *Neurophysiologie*, die die elektrochemischen Prozesse im Nervensystem mit ihren Funktionen, auch der Funktion des Lernens, untersucht, die *Gehirnchirurgie*, die pathologische psychische Erscheinungen zu beheben oder zu mildern sucht, die *Psychologie*, die sich heute nicht mehr nur mit Reiz-Reaktions-Verbindungen, sondern mit allen Prozessen im gesamten psychischen Apparat befaßt, die *konstruktivistische Erkenntnistheorie*, für die das Lernen Voraussetzung und Ergebnis des Erkennens ist, und die *Computerwissenschaft*, die vornehmlich mathematische Modelle des Lernens für lernfähige Maschinen konstruiert. Lernen und seine Beeinflußbarkeit ist seit den sechziger Jahren und zunehmend in den achtziger Jahren zu einem interdisziplinären Forschungsgegenstand geworden. In den neunziger Jahren bildet es weltweit einen Schwerpunkt der Forschung, wofür die Erklärung dieses Jahrzehnts zur *decade of the brain* durch den amerikanischen Senat ein forschungspolitisches Signal ist.

Alle diese Disziplinen verstehen sich als kognitive Wissenschaft (cognitive science), weil sie gemeinsam die Prozesse im Gehirn untersuchen. Jede dieser Disziplinen arbeitet mit ihren eigenen Methoden. Zwischen ihren Ergebnissen aber gibt es schon heute zahlreiche *strukturelle Entsprechungen*, z.B. zwischen der jederzeit nachvollziehbaren psychischen Selbsterfahrung, daß wir die Aufmerksamkeit von einem Aktivitätszentrum aus auf ganz unterschiedliche Informationen lenken können, etwa auf die Vorstellung von einem bestimmten Haus oder auf einen Schmerz, und dem hirnanatomischen Befund, daß von einem kleinen Verband von Nervenzellen (der formatio reticularis) aus Nervenbahnen wie die Beine einer Spinne zu allen anderen Teilen des Gehirns führen (*Changeux* 1984, 198f., s. **Teil II**). Diese Entsprechungen ergeben sich letztlich daraus, daß alle diese Disziplinen *die Prozesse zwischen Nervenzellen* in Gestalt eines elektrischen Signals in der Größe von etwa 100 mv *als Informationsübertragung* ansehen (vgl. *Palmer/Kimchi* 1986, s. **Teil II**). Oft können aber die Entsprechungen noch nicht oder nicht genau genug hergestellt werden, z.B. zwischen den beiden Motivvariablen "Hoffnung auf Erfolg" und "Furcht vor Mißerfolg", die von der Motivationsforschung angenommen werden, und den Ergebnissen der Neurophysiologie über die Regelung von Lust und Unlust im hochkomplizierten limbischen System des Gehirns. Wahr-

Theoretische Grundlagen 27

scheinlich produziert z.Zt. die Forschung noch mehr neue Fragen über die Vorgänge im Gehirn als gesicherte Antworten. Das gilt sowohl für den Mikrobereich der einzelnen Nervenzelle und ihrer Verknüpfung mit anderen Nervenzellen zu neuronalen Netzen, in dem die Forschung in den letzten Jahren mit großem Erfolg arbeitet, als auch für den Makrobereich der kompletten menschlichen Tätigkeiten, etwa bei der Verarbeitung komplexer Wissensbestände oder bei der Selbststeuerung von psychischen Aktivitäten. - So dient die Entscheidung für die Theorie der menschlichen Informationsverarbeitung dazu, die Reflexion auf den Unterricht anzuschließen an die gegenwärtige Hauptrichtung der einschlägigen Forschungen, die für lange Zeit bestimmend sein wird, wahrscheinlich sogar einen ständigen interdisziplinären Forschungsbereich konstituiert, wie es seinerzeit der Physik mit der materiellen Natur gelungen ist.

3. Nicht nur das Lernen, sondern auch *die gesamte Einheit des konkreten Unterrichts, mit der es der Lehrer ständig zu tun hat, läßt sich unter dem Gesichtspunkt der menschlichen Informationsverarbeitung betrachten, weil nicht nur die internen Prozesse bei Lehrer und Schülern, sondern auch die Kommunikationsprozesse* (**M1 u. 3**) *zwischen ihnen als spezifische Prozesse der Informationsverarbeitung verstanden werden können.* An die Stelle einer eklektischen Zusammenstellung von Ergebnissen aus einer Vielzahl von unterschiedlichen Disziplinen, die sich mit dem Unterricht befassen (Soziologie, Sozialpsychologie, Kommunikationstheorie, Entwicklungspsychologie, Lernpsychologie, Gedächtnispsychologie, Motivationspsychologie, um nur einige zu nennen), kann ein einheitliches Konzept treten, in das viele Resultate so integriert werden können, daß sich jeder *eine einheitliche Vorstellung vom Unterricht* bilden kann. Die Unterschiede im Wissensstand der einzelnen Lehrer ergäben sich dann nicht mehr aus heterogenem Partialwissen - der eine richtet sich nach der soziologischen Diskurstheorie, der andere nach einer psychotherapeutischen Konzeption usf. - sondern wären nur noch Unterschiede in der Thematisierung von Aspekten einer Gesamtvorstellung, die alle gemeinsam haben. Das hätte beträchtliche Vorteile: für die Ausbildung der Lehrer, für den Ausbau ihrer Vorstellung von Unterricht, für die Konsistenz im Handeln des einzelnen Lehrers und auch für die Verständigung unter den Lehrern.

Wenn als Gesichtspunkt für diese Darstellung des Unterrichts die menschliche Informationsverarbeitung gewählt wird, dann läßt sich über den *Zuschnitt der folgenden Überlegungen* vorab bereits folgendes sagen:

- Es können keine Auskünfte über alles und jedes im Unterricht erwartet werden, sondern es wird nur *unter dem gewählten Gesichtspunkt ein System von Zusammenhängen im gesamten Unterricht* aufgezeigt.
- Von diesen Zusammenhängen wird angenommen, daß es *ohne sie keinen Unterricht* gibt. Sie bilden einen formalen Zusammenhang, in dem jede spezielle Ausprägung des einzelnen tatsächlichen Unterrichts verortet werden kann, z.B. unterschiedliche Fächer ebenso wie Unterricht für verschiedene Entwicklungsstufen.
- Für eine solche allgemeine Theorie des Unterrichts sind die Unsicherheiten, die es für jede Theoriebildung gibt, besonders groß, weil sie sich nicht im Bereich einer einzigen Spezialdisziplin bewegt, deren Fundus von Untersuchungsresultaten und bewährten Methoden eine größere Sicherheit bietet. Sie kann *nur ein Modell ihres Gegenstandes konstruieren*, indem sie sich auf Befunde stützt, die mit ihm vereinbar sind. Soweit sich Annahmen, die sie zu ei-

nem Modell verbunden hat, noch nicht in empirischen Untersuchungen und der Unterrichtspraxis bewährt haben, hofft sie auf künftige Bewährungen.
- Dieses Modell kann dem Lehrer als *mentales Modell, d.h. als ein vorgestellter strukturierter Zusammenhang, hilfreich sein, sowohl bei der dem Unterricht vorausgehenden Planung als auch bei der begleitenden Reflexion im Unterricht selbst oder bei der nachträglichen Analyse von Unterricht.* Der Lehrer kann es sich in der Form aneignen, daß er seine bisherige subjektive Theorie von Unterricht durch die Verarbeitung des dargestellten Modells modifiziert. Deshalb verstehen sich *alle folgenden Überlegungen von vornherein nur als Anregungen zur Entwicklung einer eigenen Vorstellung von Unterricht und rechnen keineswegs mit einer kompletten Übernahme.*

Ich beginne nun die *schrittweise Ausarbeitung der Zusammenhänge dieses Modells*, indem ich zuerst von Zusammenhängen spreche, durch die die *Grenzen der Einheit des Unterrichts* festgelegt werden.

Kapitel 2:
Unterricht ist ein soziales System, für das die gesellschaftliche Funktion der Qualifikation ausschlaggebend ist

Wenn man sich Unterricht als ganzen vorstellen will, dann darf man ihn nicht nur aus der Perspektive eines Beteiligten, d.h. des Lehrers oder des Schülers, sehen, sondern muß *eine Beobachterperspektive wählen, die beide Perspektiven übergreift.* Erst wenn man in der Lage ist, sich von der personengebundenen Perspektive zu lösen, kann man den *Unterricht als soziales System* (**M1**) *beobachten und analysieren.* Lehrer- und Schülerperspektive können dann in ihrer Wechselbezogenheit behandelt werden. Mehr noch, *Unterricht kann nicht nur selbst als soziales System zum Gegenstand der Erkenntnis werden, sondern er kommt auch als Teilsystem der Gesellschaft in den Blick.* Dann zeigen sich *seine Grenzen gegenüber allen anderen sozialen Systemen*, durch die zugleich die Eigenschaften des vom Unterricht in der Gesamtgesellschaft eingenommenen sozialen "Raumes" festgelegt werden. Wenn der Lehrer nicht nur als Teil des Unterrichts agieren will, sondern aus einem Überblick über den gesamten Unterricht, dann muß er diese Perspektive einnehmen können.

Im Anschluß an *Piaget* kennzeichnet *Hermanns* (1992) die Einnahme einer solchen Perspektive als eine Dezentralisierung gegenüber der personalen Perspektive, weil aus ihr auf die personengebundene Perspektive reflektiert werden kann. Das ist die Reflexionsstufe des formalen Denkens (**M6**). Erst auf ihr wird es möglich, einzelne Zusammenhänge so zu ordnen, daß sie ein System bilden, das unabhängig von der personalen Perspektive seine eigene Ordnung besitzt. Jeder einzelne Zusammenhang hat dann seine Stelle in einem geordneten Ganzen, wie z. B. der Zusammenhang 3 + 1 = 4 im System der natürlichen Zahlen. Das System als geordnetes Ganzes ist stabil, weil es

Theoretische Grundlagen 29

aus konstanten Regeln besteht, durch die jede einzelne Operation, z. B. die Addition von 1 zu 3 vorab bestimmt ist. Soweit die Regeln befolgt werden, sind subjektive perspektivische Einseitigkeiten, Verkürzungen und Verzerrungen ausgeschlossen. Mit einzelnen Klassifikationen und Seriationen ist es jetzt nicht mehr getan, *weil ein Ganzes mit seiner simultanen komplexen Ordnung* in den Blick gefaßt und *systemanalytisch gedacht* werden muß. Diesen Zusammenhang, wonach für die Ausbildung einer Vorstellung von sozialen Systemen formales systemanalytisches Denken zwingend erforderlich ist, hat *Hermanns* (1992) aufgezeigt. Es ist ein Denken in Zusammenhängen; genauer in Mustern und dynamischen Strukturen, dem es nicht um eine Zergliederung in letzte Elemente geht, sondern das *die wechselseitigen Beziehungen in Ganzheiten* untersucht. *Alle folgenden Überlegungen über das Ganze des Unterrichts sind nur aus einer solchen Perspektive verständlich.* Nur von einer solchen Warte aus kommt das System des Unterrichts in zulänglicher Weise in den Blick.

Bei der Ausarbeitung von Zusammenhängen im Ganzen des Unterrichts schlage ich den *Weg von umfassenden Zusammenhängen zu immer differenzierteren* ein. Sie erlauben eine Abgrenzung des Unterrichts nach außen und seine zunehmende innere Differenzierung. Deshalb geht es **in diesem Kapitel** zunächst um die *Grenzen des Unterrichts als eines sozialen Systems gegenüber allen anderen sozialen Systemen der gesamten Gesellschaft*. Ich übernehme dafür im wesentlichen Annahmen aus der soziologischen Systemtheorie *Luhmanns* (1984) und einer schon von *Hermanns* (1992) geleisteten Anwendung dieser Theorie auf den Schulunterricht. **In den nächsten Kapiteln** wenden wir uns dann dem Geschehen innerhalb dieser Grenzen zu: den drei Arten der Verständigung über Lerntätigkeiten, der zyklischen Form dieses Verständigungsprozesses und der sequentiellen oder curricularen Verknüpfung solcher zyklischen Verständigungsprozesse zum Ganzen des konkreten Unterrichtsverlaufs.

Unterricht läßt sich *als soziales System* (**M1**) nicht dinglich-räumlich von anderen sozialen Systemen der Gesellschaft abgrenzen, sondern er kann aus soziologischer Perspektive als ein *allgemeiner Beziehungszusammenhang* verstanden werden, *der jedoch immer nur durch Personen realisiert wird* (*Parsons* 1964, 31f.). Ein und dieselbe Person handelt dann für eine begrenzte Zeit entweder als Lehrer oder als Schüler im Ganzen dieses Beziehungszusammenhanges. Sie verwirklicht ihn eine Zeitlang und realisiert danach wieder statt dessen andere soziale oder individuelle Beziehungszusammenhänge. Die Realisierung von Unterricht kann in ganz unterschiedlichen Formen geschehen, z.B. in der Form von Privatunterricht, von Schulunterricht, aber auch von Gelegenheitsunterricht zwischen Eltern und Kindern oder bei einer Pannenhilfe.

Der für den Unterricht kennzeichnende Beziehungszusammenhang des *sozialen Systems* ist nur so lange Realität, wie er durch psychische Prozesse realisiert wird, weil Kommunikation zwischen Personen nur durch *psychische Systeme* zustandekommt. "Erst durch Handlung wird die Kommunikation als einfaches Ereignis an einen Zeitpunkt fixiert" (*Luhmann* 1984, 227). Deshalb hat der Beziehungszusammenhang des sozialen Systems nur eine relative Selbständigkeit. Sie reicht nur soweit, wie ein solches System medial codiert ist, z.B. in Gesetzen, aber auch in Gesten und beobachtbaren Verhaltensweisen, und damit überlieferbar wird. Soweit soziale Systeme überliefert werden, sind sie für den einzelnen vorgegeben. Insofern sind die psychischen Systeme von den etablierten sozialen Systemen abhängig. Die psychischen Systeme der am Unterricht beteiligten Personen wiederum sind an *organische Systeme* gebunden. - *Die konkrete Ganzheit des Unterrichts ergibt sich erst aus Wechselbeziehungen zwischen sozialem, psychischem und organischem System, die nur durch die gleichzeitige Aktivität aller drei unterschiedlich gearteten Systeme zustandekommen.* Für das Verständnis dieses Zusammenhanges genügt es vorläufig, sich an die eigene Erfahrung zu erinnern, daß Unterricht als sozialer Prozeß nur stattfindet, wenn die organischen Prozesse möglichst störungsfrei verlaufen und die Schüler auch geistig nicht von der Lernaufgabe abschweifen (*Lewin* 1964, 14: "Aus-dem-Felde-Gehen"). Unterricht besteht somit in einer geglückten simultanen Interaktion zwischen allen drei Systemen. So ist die Unterscheidung der drei *Systeme des Sozialen, des Psychischen und des Organischen* im Ganzen des Unterrichts weder belanglos noch lediglich von wissenschaftlichem Interesse, sondern sie ist grundlegend für eine differenzierte und zugleich integrierte Betrachtung jeder konkreten Unterrichtseinheit.

Die nun folgende *Beschreibung des Unterrichts als eines sozialen Systems* beschränkt sich auf die Unterscheidung von Bezugsgrößen, die zusammen eine erste Vorstellung von der Struktur des Ganzen ergeben, in die sich alle weiteren Unterscheidungen einordnen lassen. Diese Bezugsgrößen sind nicht beliebig, sondern *Konstanten, ohne die es keinen Unterricht gibt*. Ein *erster Überblick* über die Gesamtstruktur geht einer *Darstellung der einzelnen Bezüge* voraus (**Abb. 1**).

Theoretische Grundlagen 31

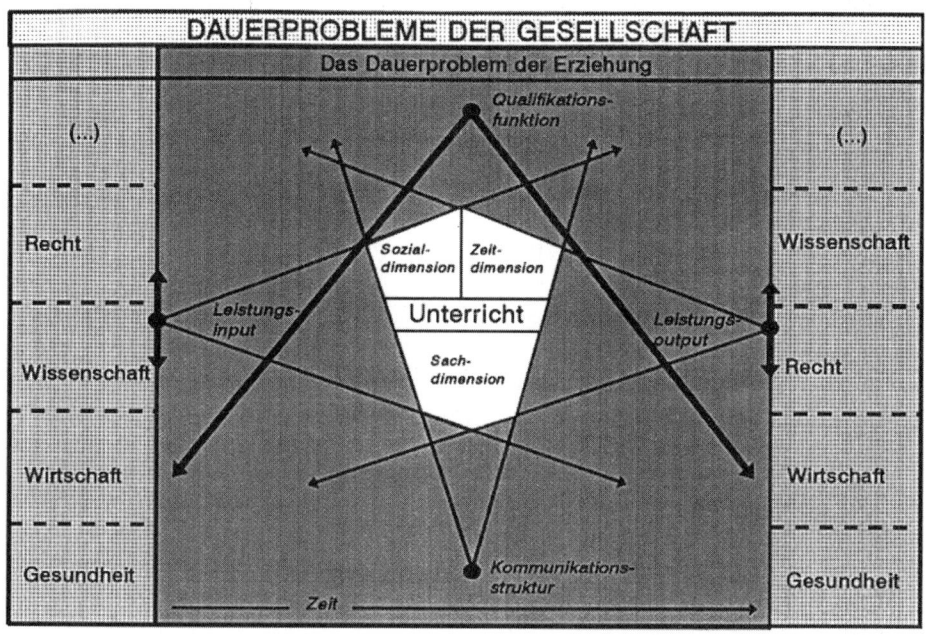

Abb. 1: Der kategoriale Raum des Unterrichts

Schematische Darstellung der Systemgrenzen des Unterrichts durch die vier Bezugsgrößen der Qualifikationsfunktion, des Leistungsinputs, des Leistungsoutputs und der Kommunikationsstruktur. Der "Raum" des Unterrichts ergibt sich daraus, daß die Perspektive jeder Bezugsgröße durch die anderen drei eingeschränkt wird, aber auch ihrerseits die anderen einschränkt. Die Perspektive ergibt sich aus den Begriffen, durch die die Bezugsgröße definiert wird. So wird z.B. die Qualifikationsfunktion "Einstellungslernen" eingeschränkt durch die Leistungsgrenze der durch die Wissenschaft verlangten Einstellungen.

Der Ausdruck "*Gesellschaft*" besagt hier nicht mehr als: *Gesamtheit aller sozialen Systeme in einer bestimmten Population von Menschen*. Der einzelne Mensch partizipiert immer nur an einer Reihe von sozialen Systemen in einer Gesellschaft, d.h. nie an "der" Gesellschaft. Dabei wird *"jeder soziale Kontakt" zwischen Menschen als soziales System verstanden*, "bis hin zur Gesellschaft als Gesamtheit der Berücksichtigung aller möglichen Kontakte" (*Luhmann* 1984, 33), und nicht nur formal organisierte und institutionalisierte Kontakte zwischen Menschen.

Während Gesellschaft als umfassende formale Grenze sich nicht verändert, gibt es innerhalb der menschlichen Gesellschaft eine Fülle von konkreten sozialen Beziehungen, die sich im Laufe der Zeit verändern. Der Terminus "Gesellschaft" ist deshalb nicht in dem Sinne umfassend, daß er die Menschen mit ihrer gesamten Realität in sich einschließt, sondern *nur insofern, als ihre Realität aus sozialen Beziehungen zwischen ihnen besteht.*

"Unterricht" ist dann ein *Teilsystem der Gesellschaft.* Seine *Grenzen* lassen sich aus soziologischer Sicht durch zwei *äußere Beziehung*en bestimmen: der Beziehung *zum Ganzen der Gesellschaft und der Beziehung zu anderen Teilsystemen der Gesellschaft.* Wieweit der Unterricht diese ihm vorgegebenen Grenzen nutzen kann, entscheidet sich durch seine *Struktur.* Durch diese Struktur bestimmt das System des Unterrichts von sich aus, *von innen,* die Grenze seiner Aktivität. Diese Grenzen jedes sozialen Systems haben für den Unterricht die folgende spezifische Form:

1. Die Beziehung des Unterrichts zum Ganzen der Gesellschaft besteht in seiner Aufgabe, *zur Lösung des Dauerproblems jeder Gesellschaft, die ständig nachwachsende neue Generation zu erziehen, beizutragen.*
2. Aus dieser Aufgabe ergibt sich für den Unterricht die *Funktion, Schüler durch Lehren zu qualifizieren.*
3. Die Beziehung des Unterrichts zu anderen Teilsystemen der Gesellschaft besteht darin, daß er *Leistungen anderer sozialer Systeme in Anspruch nimmt (Input des Unterrichts) und Leistungen für andere soziale Systeme erbringt (Output des Unterrichts).*
4. Der Unterricht erbringt dann seinen Beitrag zur Lösung des Dauerproblems der Erziehung durch die Erfüllung der Qualifikationsfunktion in der Form, daß er zwischen den Leistungen, die für ihn von anderen Teilsystemen erbracht werden, und den Leistungen, die er für andere Teilsysteme erbringen soll, durch die *Ausbildung einer spezifischen Struktur* zu vermitteln sucht. Diese Struktur besteht in der *Kommunikationsform der Verständigung zwischen Lehrer und Schüler (Sozialdimension) über Lerntätigkeiten des Schülers (Sachdimension) in der für diese Lerntätigkeiten und die Verständigungen über sie charakteristischen Zeitform (Zeitdimension).* - Während die Grenze des Unterrichts - nur dann, wenn man ihn als soziales System betrachtet -, von außen (extern) durch die Gesellschaft und die anderen sozialen Systeme bestimmt wird, wird sie von innen (intern) durch die Ausbildung der *für den Unterricht spezifischen kommunikativen Struktur* bestimmt.

Nach dem ersten Überblick über den ganzen Zusammenhang werden nun *die einzelnen Grenzen nacheinander abgeschritten.*

Bei der Beschäftigung mit den einzelnen Bezugsgrößen muß ständig im Blick bleiben, daß sie nur zusammen den Unterricht als soziales System ausmachen. Sie bilden aufgrund von Wechselbeziehungen *einen Zusammenhang von gleichzeitigen Bezügen.* Er kann *nur als ganzer realisiert oder aufgehoben* werden. Nur durch diese Bezugsgrößen ist der Unterricht als soziales System existent, weil er sich nur durch sie von seiner Umwelt unterscheidet, d.h. gegenüber allen anderen sozialen Systemen seine Identität gewinnt.

Theoretische Grundlagen 33

"Systeme sind nicht nur gelegentlich und nicht nur adaptiv, sie sind strukturell an ihrer Umwelt orientiert und könnten ohne Umwelt nicht bestehen. Sie konstituieren und sie erhalten sich durch Erzeugung und Erhaltung einer Differenz zur Umwelt, und sie benutzen ihre Grenzen zur Regulierung dieser Differenz. Ohne diese Differenz zur Umwelt gäbe es nicht einmal Selbstreferenz, denn Differenz ist Funktionsprämisse selbstreferentieller Operationen. In diesem Sinne ist *Grenz*erhaltung (boundary maintenance) Systemerhaltung.
Grenzen markieren dabei keinen Abbruch von Zusammenhängen." (*Luhmann* 1984, 35)

(1) Unterricht ist das soziale System, in dem absichtlich das gesellschaftliche Dauerproblem der Erziehung bearbeitet wird, während Sozialisation unbeabsichtigt in allen sozialen Systemen zur Lösung dieses Problems beiträgt

Jede menschliche Gesellschaft muß ständig das Problem lösen, die nachwachsenden Mitglieder der Gesellschaft so mit der Lebensform der bestehenden Gesellschaft vertraut zu machen, *daß sie diese reproduziert, d.h. in gleicher oder veränderter Form wieder herstellt.*

Dieses gesellschaftliche Problem ist in mehrfachem Sinn ein Dauerproblem. Es tritt auf:
- solange es Menschen gegeben hat und geben wird (Hominidenevolution, geschätzter bisheriger Zeitraum zehn Millionen Jahre, *Eccles* 1989),
- mit jeder Generation, genauer: mit jeder Geburt aufs neue,
- für die gesamte Dauer der Lern- und Erziehungsfähigkeit jedes Menschen, sogar für die Umkehrung der Generationenfolge, so daß der ältere durch jüngere erzieherisch beeinflußt werden kann,
- nicht nur für den Part des Lernens, sondern auch für den Part des Erziehens in vielen Augenblicken in jedem menschlichen Leben.

Dieses Dauerproblem besteht aus dem Wertproblem, d.h. der Frage, was überlieferswert und was veränderswert ist, und dem Vermittlungsproblem, d.h. der Frage, wie das für wertvoll Gehaltene überliefert werden kann und soll. Damit ist *Erziehung* eine ständige Aufgabe jeder Gesellschaft. Sie ist von anthropologischer Natur, weil die Entwicklung jedes Menschen und damit auch die Entwicklung der Menschheit nicht vollständig durch Erbinformation festgelegt ist (genetische Determination), sondern der Mensch in sehr hohem Maße erst durch Lernen (**M6**) zum Menschen wird und Lernen durch andere Menschen beeinflußt werden kann (**M9**).

"Denn das Erziehen gehört zu den elementarsten und notwendigsten Tätigkeiten der Menschen-Gesellschaft, die niemals bleibt, was sie ist, sondern sich durch Geburt, durch das Hinzukommen neuer Menschen, ständig erneuert, und zwar so, daß die Hinzukommenden nicht fertig sind, sondern im Werden. (...) Wäre das Kind nicht auch ein Neuankömmling in dieser Menschenwelt, sondern nur ein noch nicht fertiges Lebendiges, so würde Erziehung nur eine Funktion des Lebens selbst sein, in nichts anderem zu bestehen haben als jener Sorge um Erhaltung des Lebens und Training oder Einübung im Lebendigsein, die alle Tiere gegenüber ihren Jungen übernehmen. (...) Die Verantwortungen für das Werden des Kindes ist in einem gewissen Sinne eine Verantwortung gegen die Welt:

das Kind bedarf einer besonderen Hütung und Pflege, damit ihm nichts von der Welt her geschieht, was es zerstören könnte. Aber auch die Welt bedarf eines Schutzes, damit sie von dem Ansturm des *Neuen*, das auf sie mit jeder Generation einstürmt, nicht überrannt und zerstört werde." (*Arendt* 1958)

Der anthropologische Rang des Erziehungsproblems zeigt sich nicht nur in der *Zeitdimension*, sondern auch in der *Sachdimension,* denn es geht *um das Werden des Menschen durch Lernen.* Lernen ist notwendig, damit auch die neue Generation zu dem fähig wird, wozu schon frühere Generationen durch Lernen fähig geworden sind, und sie auch Neues lernt, wozu frühere Generationen nicht fähig waren. Eine radikale Reduzierung oder gar das Fehlen jeder Erziehung durch die ältere Generation, die nur in tragischen Grenzfällen der Vernachlässigung auftritt, würde schon bei der ersten jüngeren Generation zum Zusammenbruch der jeweiligen menschlichen Lebensform führen. Wir machen uns zu wenig bewußt, in welchem Maße jeder Mensch erst durch Erziehung zu demjenigen geworden ist, der er ist. Nur selten ahnen wir das Ausmaß dieses Problems, am ehesten angesichts von Extremfällen, z.B. der Berichte über Wolfskinder und den Autismus (*Malson/Itard/Mannoni* 1972; *Bettelheim* 1990, 7) oder angesichts gravierender Defizite bei einzelnen Menschen oder des Wechsels von einem politischen und wirtschaftlichen System zu einem anderen oder der kaum zu überschätzenden Bedeutung der erzieherischen Beeinflussung des Lernens in einer atemberaubend wachsenden Weltbevölkerung.

Die für alle Menschen geltende Möglichkeit der Beeinflussung des Lernens bildet die *Sozialdimension* der Erziehung. Erzieherische Beeinflussung ist in allen drei Dimensionen eine spezifische Form der Beeinflussung des anderen Menschen, die sich von allen anderen Arten der sozialen Beeinflussung unterscheidet, z.B. von der politischen oder der religiösen. Sie kann grundsätzlich in zwei Formen stattfinden: *unbeabsichtigt (nicht intendiert) und absichtlich (intendiert).*

Die nicht intendierte Beeinflussung findet statt, wenn jemand *durch Teilnahme an einer gemeinsamen Tätigkeit und durch Beobachtung lernt*, ohne daß dies von einem anderen beabsichtigt ist. Diese Form der Erziehung soll als *Sozialisation* bezeichnet werden. Sie findet in allen sozialen Systemen statt, z.B. in jedem Kaufgespräch, in Liebesbeziehungen, in einem Behördengang oder bei einem Fußballspiel in einem Stadion, und natürlich auch in der Familie, dem Kindergarten und der Schule. Der Einfluß geht hier zwar von anderen aus, es hängt aber allein von der Aktivität des Lernenden ab, wie er das, was er in dem jeweiligen System an anderen beobachtet, selbst tut und verarbeitet. Was an einem anderen langfristig beobachtet werden kann, ohne daß dieser es selbst will oder merkt, ist außerordentlich viel: seine Fröhlichkeit, seine körperliche und geistige Beweglichkeit, seine herzliche Zuwendung oder Unzugänglichkeit, seine Verläßlichkeit, eine spezielle Fähigkeit, eine Unsicherheit, ein wiederkehrender Fehler usw. Ob dies alles beobachtet und wie es verarbeitet wird, ist von Individuum zu Individuum sehr verschieden.

Gegenüber der Sozialisation als unbeabsichtigter Erziehung läßt sich jede Form der absichtlichen Erziehung als Unterricht bezeichnen. Immer wenn jemand mit der Absicht handelt, daß ein anderer etwas lernt, sucht er die allgemeine Aufgabe der Erziehung nicht durch Sozialisation, sondern durch Unterricht zu lösen. Sobald dies geschieht, wird ein eigenständiges soziales System gebildet. Unterricht findet daher keineswegs in allen sozialen Systemen statt, sondern er tritt entweder in einem komplexen sozialen System, z.B. in der Familie oder der Schule oder einem Betrieb, als Teilsystem auf oder ohne eine solche Einbettung, z.B. als Gelegenheits- oder Nachhilfeunterricht.

Unterricht ist dann die *absichtliche Beeinflussung jeder Art von Lernen*, nicht nur des Wissenserwerbs, sondern auch der Veränderung von Einstellungen, des Erwerbs von Handlungsstrategien oder der Entwicklung der Emotionalität. Als soziales System *erzieht Unterricht gleichzeitig wie jedes andere soziale System auch durch Sozialisation*. Wenn man Unterricht von der Sozialisation durch das Moment der Absichtlichkeit unterscheidet, dann ist er *eine Angelegenheit der bewußten Entscheidung einschließlich des bewußten Einsatzes von Mitteln für die Verwirklichung der Intention*. Im Unterricht ist deshalb Erziehung nicht nur eine nicht intendierte Nebenwirkung, sondern hier nimmt der Mensch die Beeinflussung des Lernens bei anderen Menschen selbst in die Hand. Anthropologisch, d.h. für die Entwicklung jedes einzelnen Menschen und der Menschheit, bedeutet dies, daß der Mensch selbst die Menschwerdung in der nächsten Generation betreibt. Unterricht ist deshalb auch ein bewußter Beitrag des Menschen zur Entwicklung des Menschengeschlechts.

Die Aufteilung der sozialen Dimension der Erziehung in Sozialisation und Unterricht hebt viele Widersprüchlichkeiten im Begriff der Sozialisation und auch zwischen Erziehung und Unterricht auf, was erst im Laufe der Überlegungen in seiner vollen Tragweite sichtbar werden wird (vgl. hierzu *Hermanns* 1992). Deshalb sollen hier nur die wichtigsten Konsequenzen angeführt werden (vgl. dazu **Abb. 2**):
- Der Begriff *"Erziehung"* wird den Begriffen der "Sozialisation" und des "Unterrichts" *übergeordnet*, weil beide als Beeinflussung des Lernens durch andere angesehen werden. Die Begriffe *"Sozialisation"* und *"Unterricht"* werden durch die Differenz von "nicht intendiert" und "intendiert" einander *nebengeordnet*.

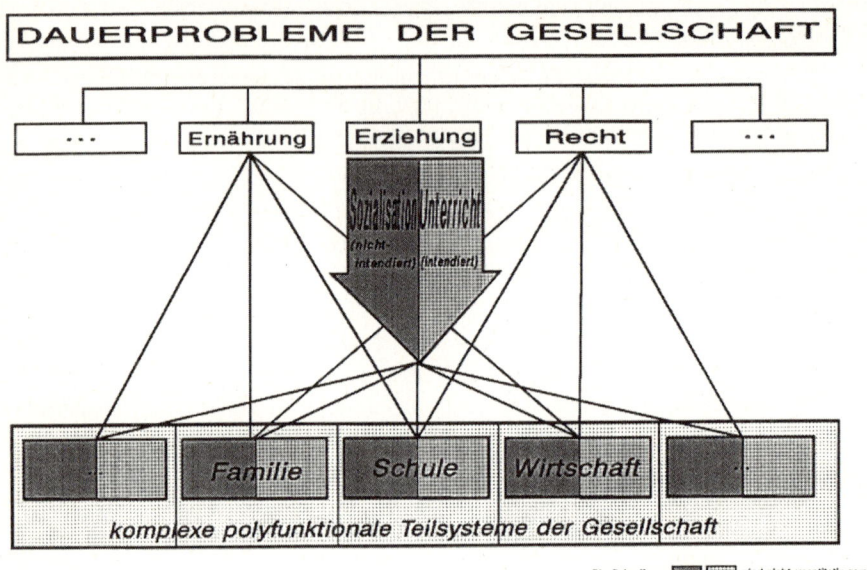

Abb. 2: Die gesellschaftliche Funktion des Unterrichts

- *Sozialisation wird als Beeinflussung jedes Lernens durch andere verstanden*, nicht nur als Einfluß auf einen bestimmten Bereich des Lernens. Sozialisation wird damit nicht eingeschränkt auf das Lernen von sozialen Rollen und Normen, sondern wird als eine Beeinflussungsmöglichkeit jeglichen Lernens durch soziale Systeme verstanden. Diese Form der Beeinflussung hat nicht nur in den frühen Lebensjahren, sondern im gesamten Lebensverlauf gegenüber der Beeinflussung in der Form des Unterrichts spezifische Vorteile, aber auch Nachteile. Durch diese Definition wird die in schulsoziologischen Publikationen häufig auftretende Verquickung der Sozialisation mit der ausdrücklichen Intention, bestimmte gesellschaftlich gewünschte Normen zu vermitteln, vermieden. Die absichtliche Vermittlung von gesellschaftlichen Normen ist nach meiner Definition Unterricht und nicht Sozialisation. Das ist leicht einsehbar, wenn das Lernen von gesellschaftlichen Normen durch das Lösen von Lernaufgaben, z.B. die Bewertung eines sozialen Verhaltens, betrieben wird. Es gilt aber auch, wenn Sozialformen, z.B. Gruppenbildung, ausdrücklich als Mittel für das Lernen sozialer Normen eingesetzt wird. Dann wird eine Sozialisationsmöglichkeit zum bewußt eingesetzten Mittel. Das verweist auf die Wechselbezüglichkeit von Unterricht und Sozialisation. Die Unterscheidung zwischen intendierter und nicht-intendierter erzieherischer Beeinflussung erlaubt es dann, zwischen Unterrichtseffekten und Sozialisationseffekten des Unterrichts zu unterscheiden. Diese Differenz wird unter dem Gesichtspunkt der Leistung eines gesellschaftlichen Systems für ein anderes (**Abschnitt 3**) und nicht unter dem Gesichtspunkt der gesellschaftlichen Funktion (**Abschnitt 2**) behandelt.

Theoretische Grundlagen 37

- Wie der Sozialisation wird auch dem *Unterricht* als intendierter Erziehung die Beeinflussung *jeder Art des Lernens* zugesprochen. Erziehung und Unterricht werden dann nicht mehr nach unterschiedlichen Bereichen des Lernens, z.B. dem Bereich der Moral im Unterschied zum Bereich der Sprachen, unterschieden. Pleonasmen wie "erziehender Unterricht" oder Dualismen wie "moralische Erziehung und Bildung" werden dadurch aufgehoben. Der Unterricht betreibt das ganze Erziehungsgeschäft, jedoch nur in der Einschränkung auf die intendierte Form.
- Es gibt natürlich die Möglichkeit, Erziehung nach anderen Merkmalen aufzuteilen als der Differenz zwischen nicht-intendiert und intendiert, z.B. nach dem Lebensalter der Educanden (frühkindliche Erziehung), nach dem gesellschaftlichen Ort (Familienerziehung), nach dem Lernbereich (Sporterziehung), nach einem Lebensbereich (Freizeitpädagogik), nach dem geographischen Ort der Erziehung (Landerziehungsheime), nach Direktheit und Indirektheit (direkte und indirekte Erziehung), nach autoritär und nicht autoritär und vielen anderen mehr. Die grundlegende Differenz von nicht-intendiert und intendiert bleibt davon unberührt, weil sie in jeder dieser *Formen der Erziehung* auftritt: Sofern Lernen in ihnen intendiert wird, hat der soziale Kontakt die Form von Unterricht, und Sozialisation findet in unterschiedlicher Weise in allen statt. Mit gutem Recht und in vollem Sinne kann man dagegen die Arten der Erziehung als *Teilsysteme der Erziehung* bezeichnen. Sie können daraufhin untersucht werden, wieweit in ihnen Unterricht, Sozialisation oder auch ein ganz anderer sozialer Kontakt auftritt, z.B. die soziale Beziehung zwischen Mitgliedern eines Vereins, die Beziehung eines gemeinsamen Vergnügens oder die Funktion der Aufbewahrung von Kindern.

Man darf von einer solchen Begriffsklärung nicht zuviel erwarten. Es genügt, wenn sie überflüssige Komplikationen auflöst, z.B. die Differenz von Erziehen und Unterrichten im Unterricht selbst. Die soziale Dimension des Dauerproblems der Erziehung erforderte diese begriffliche Klärung, weil Unterricht als soziales System, d.h. eine Form des sozialen Kontaktes, in Beziehung gesetzt werden mußte zu Erziehung und Sozialisation. Für alle weiteren Überlegungen in diesem Buch haben diese Unterscheidungen aber auch zu dem wichtigen Resultat geführt, daß *Unterricht als die intendierte Beeinflussung allen Lernens* verstanden **wird**, *und nicht nur des Wissenserwerbs* (**M1 u. 9**). Das ist der *Ansatz für die weitere Beschreibung des Unterrichts*. Erziehung durch Sozialisation wird dagegen nicht behandelt.
Erziehung ist nur ein Dauerproblem jeder menschlichen Gesellschaft neben anderen, z.B. dem Dauerproblem der Gesundheit, der Nahrungsbeschaffung, der Bewahrung des inneren und äußeren Friedens etc. In allen Fällen handelt es sich um Bedürfnisse aller Menschen, die sich aus ihrer organischen, psychischen und sozialen Natur ergeben. Sie sind aber im Laufe der Menschheitsgeschichte in einem solchen Maße differenziert worden, daß man ihnen diese Wurzel oft gar nicht mehr ansieht und sie oft nur für eine Weile in einer bestimmten Gesellschaft zum Dauerproblem werden. So hat z.B. das allgemeine gesellschaftliche Dauerproblem der Geburten heute u.a. die Gestalt der Dauerproblematik der Abtreibung. Die Bearbeitung der sozialen Probleme muß schon *vom Anfang der Menschheitsentwicklung an bis zu einem gewissen Grade nach*

Funktionen differenziert erfolgt sein, weil nicht alle Probleme in ein und demselben Handlungszusammenhang zugleich und gleich gut bearbeitet werden konnten. Deshalb gibt es keinen historischen Termin für den Beginn der funktionalen Differenzierung im Lebensfluß des einzelnen Menschen und auch zwischen verschiedenen Menschen (moderne Industriegesellschaft, erste selbständige Handwerke). Sie reicht nicht nur in die Frühzeit der Menschwerdung zurück, sondern sogar in die Frühstadien der Organismen mit ihrer organischen Differenzierung.

Betrachtet man die Geschichte der *Differenzierung im Bereich des Dauerproblems der Erziehung* selbst, dann fallen *zwei kritische Zeiten* für die Zunahme der Differenzierung auf: die Ausdifferenzierung von Unterricht aus dem häuslichen Verband mit dem *Entstehen von Schriftkulturen* und die explosionsartige Expansion des Erziehungswesens, insbesondere im Schulwesen, seit dem Ausgang des 18. Jahrhunderts bis in unsere Tage, aber auch in der Form von Kindergärten und der Sondererziehung etc., die sich parallel mit der *Entwicklung der hochgradig funktional differenzierten Arbeitswelt* vollzog. So kann man ohne Übertreibung sagen, daß sich *das heutige Ausmaß an Unterricht in den Industrienationen erst in den letzten beiden Jahrhunderten und zu einem erheblichen Teil sogar erst nach dem zweiten Weltkrieg entwickelt hat*, während vorher die Erziehung durch Sozialisation in der Familie und durch den Beruf, der mit dem Familienleben eng verbunden war, bei weitem überwog.

So gibt es nicht nur das *Problem der zunehmenden Differenzierung zwischen dem Dauerproblem der Erziehung und anderen Dauerproblemen der Gesellschaft* im Laufe der Menschheitsgeschichte, sondern auch das *Problem der zunehmenden Differenzierung im Bereich des Dauerproblems der Erziehung selbst*. In beiden Fällen findet die Differenzierung durch die Unterscheidung von Funktionen statt: Im ersten Fall aber wird *Erziehung von anderen Funktionen unterschieden*, im zweiten Fall dagegen geht es um die *Unterscheidung von Teilfunktionen im Bereich der Erziehungsfunktion selbst*. Beide Differenzen sollen hier nicht weiter berücksichtigt werden.

(2) Für die absichtliche erzieherische Beeinflussung sind im Laufe der Geschichte Erziehungssysteme für besondere Aufgaben entwickelt worden

Erst im Zuge der zunehmenden funktionalen Differenzierung im Laufe der Geschichte wird *das Problem der erzieherischen Beeinflussung des Lernens von allen anderen Dauerproblemen der Gesellschaft unterschieden und gesondert bearbeitet.* Dafür wird im Fluß des Lebensvollzugs für begrenzte Zeiten eine spezifische Kommunikation zwischen Personen herbeigeführt, deren Formen von der gesonderten Schulung im Gebrauch eines Werkzeugs bis zu den hochdifferenzierten Unterrichtsmöglichkeiten unseres heutigen Erziehungssystems vom Kindergarten bis zur Erwachsenenbildung reichen. Erziehung durch Sozialisation dagegen findet unabhängig von jeder Erziehungsabsicht in jedem sozialen System statt, auch in allen sozialen Systemen, in denen Erziehung überhaupt nicht intendiert wird.

Diesen Zusammenhang kann man so erklären, *daß für die Lösung des Dauerproblems der Erziehung die gesellschaftliche Funktion der Qualifikation zur Konstitution von Erziehungssystemen* führt. - "Qualifikationsfunktion" ist der Ausdruck für den Gesichtspunkt, daß *durch erzieherische Beeinflussung des Lernens Fähigkeiten erzielt* werden. "Konstitution" besagt: *Die Qualifikationsfunktion wird zum Bezugspunkt für die Einsetzung und Ausgestaltung von Erziehungssystemen.* Die Qualifikationsfunktion wird so zur *ersten "Grenze" für jedes Erziehungssystem*, nämlich seiner Abgrenzung gegenüber anderen sozialen Systemen und der Begrenzung des von ihm selbst zu bearbeitenden Problems. Man kann auch sagen: Sie wird zum *Sinn*, zum allgemeinen *Zweck*, zur *Aufgabe* jedes Erziehungssystems. Es gibt dann für kein anderes System als für das soziale System der Erziehung diese besondere Funktion als ausdrücklichen Bezugspunkt.

Nur der Unterricht hat ausschließlich Qualifikationsfunktion. Unterricht ist allein dazu da, die Qualifikationsfunktion zu erfüllen. Dagegen sind alle *historisch entstandenen institutionalisierten* Erziehungssysteme, auch die Schule, Mischsysteme aus Unterricht und nicht-erzieherischen Systemen und erfüllen natürlich sämtlich in unterschiedlicher Weise die Sozialisationsfunktion. Die Familie ist z.B. auch für die biologische Reproduktion der Gesellschaft und manchmal auch heute noch für die Güterproduktion da, oder der Kindergarten hat auch die Funktion der Aufbewahrung, damit Erwachsenenzeit für die Erziehung der Kinder eingespart wird. *Alle historisch entstandenen Erziehungssysteme sind als konkrete Einheiten polyfunktional auf die Lösung unterschiedlicher Dauerprobleme der Gesellschaft bezogen.*

Heute gibt es Unterricht überwiegend als Schulunterricht. Er ist dann ausgegliedert aus dem Familienverband und dem Arbeitsleben. Das Gesamtsystem des Schulunterrichts ist inzwischen in viele Teilsysteme aufgegliedert. Schulunterricht ist ein für viele Lehrer und Schüler für große Zeiträume organisiertes System. Durch diese Organisation und ihre politische und rechtliche Institutionalisierung gibt es für Schulunterricht andere Bedingungen und Erwartungen als für Unterricht außerhalb der Schule, z.B. für den Privatunterricht, den Gelegenheitsunterricht in der Familie oder den Unterricht im

Betrieb. Man kann heute nicht mehr von einem bestimmten Unterricht sprechen, ohne diese Bedingungen zu berücksichtigen.

Vom Unterricht sollen aber hier nur diejenigen Merkmale in den Blick gefaßt werden, die sowohl unter schulischen als auch unter außerschulischen Bedingungen auftreten. Die besonderen gesellschaftlichen Bedingungen, insbesondere die des Schulsystems, sollen dagegen nicht ausdrücklich zum Thema gemacht werden. Die Aufmerksamkeit konzentriert sich deshalb auf das Unterrichtsgeschehen, wie es unter allen solchen Bedingungen stattfindet. *Daher gilt das Interesse der einzelnen Unterrichtseinheit, der einzelnen Unterrichtsstunde und der größeren Einheit der Stundenreihe und dann auch noch deren Verknüpfung zu einem Curriculum, nicht aber der schulischen Organisation des Unterrichts.*

Die gesellschaftliche Funktion der Qualifikation hat sich als die erste Bezugsgröße für die Gestaltung des Unterrichts erwiesen. Für die Qualifikationsfunktion ist im einzelnen kennzeichnend:
- Die Qualifikationsfunktion ist *nur der allgemeine Problemgesichtspunkt für die intendierte Beeinflussung von Lernen* und nicht schon der Ort, an dem darüber entschieden wird, welche Qualifikationen im jeweiligen Fall angestrebt werden sollen. Das ist soziologisch eine Frage der Leistung für andere gesellschaftliche Systeme (**Abschnitt 3**).
- Die Qualifikationsfunktion umfaßt *den gesamten Horizont des für Menschen mit der derzeitigen genetischen Ausstattung Lernbaren.* Sie ist nicht von vornherein eingeschränkt, z.B. auf beruflich oder praktisch verwertbare oder kognitive Fähigkeiten. Es wird zunächst der *Horizont aller lernbaren Fähigkeiten* ohne jede Einschränkung aufgespannt.
- *Dies gilt sowohl für die Gattung als auch für den einzelnen.* Es gibt weder eine Determination dessen, was faktisch gelernt wird, im welthistorischen Maßstab noch eine Determination des faktischen Lernens durch das genetische Erbe des einzelnen im Sinne einer definitiven Festlegung seiner Lerngeschichte. Trotz des offenen und unabsehbar großen Raumes dessen, was vom einzelnen und von den vielen gelernt werden kann, ist aber *sowohl das phylogenetische als auch das ontogenetische Erbe die absolute Grenze* für diesen Raum. Hier haben so schwierige Fragen ihren Ort wie die, wieweit es ein einheitliches genetisches Erbe aller Menschen gibt, wonach alle die gleichen Qualifikationen erwerben können, und wieweit das Erbe individuell, aber auch nach ethnischen Gruppen und Rassen different ist. Die Frage der Selbstverwirklichung des einzelnen ist nicht nur ein Problem des phylogenetischen und ontogenetischen Erbes, sondern auch ein Problem der Auswahl aus der Fülle dessen, was der einzelne lernen kann, durch seine tatsächliche Lerngeschichte.
- *Der Unterricht ist jedem Schüler gegenüber durch die Qualifikationsfunktion verpflichtet.* Sie muß vor jeder Anforderung aus anderen gesellschaftlichen Systemen erfüllt werden. In dieser Hinsicht ist der Unterricht *autonom*, weil er für die Gesamtgesellschaft diese Funktion zu erfüllen hat. Er muß gegenüber Ansprüchen von zeitlich vorausgehenden und nachfolgenden Teilsystemen, aber auch gegenüber anderen Ansprüchen der Lehrer und der Schüler selbst *die Möglichkeiten des Lernens beim Schüler vertreten* und ihnen durch eine geeignete Unterrichtsstruktur zu ent-

sprechen suchen. Ansprüche der Eltern, des Schulträgers, der Wirtschaft, politischer Gruppen sind ebenso diesem Gesichtspunkt zu unterwerfen wie die persönlichen Wünsche der Lehrer und Schüler. Die Erfüllung der Qualifikationsfunktion hat Priorität vor allem anderen und fällt ganz in die Verantwortlichkeit des Unterrichts.

Unterricht erscheint so nicht mehr als eine eingeschränkte oder gar defizitäre Form von Erziehung, weil es in ihm nur um bestimmte Lernbereiche geht, z.B. nur um die Kulturtechniken, nicht aber um die zum Lesen, Schreiben und Rechnen gehörenden Einstellungen und Selbststeuerungen. Unterricht ist auch nicht in problematischer Weise auf bestimmte Methoden der erzieherischen Beeinflussung von Lernen eingeschränkt, z.B. nur auf Wissensvermittlung, während andere von ihm ausgeschlossen werden, z.B. die Anwendung von Wissen in praktischen Situationen. Unterricht schließt nicht Sozialisation aus, sondern er kann sie gleichzeitig ausüben, allerdings in den Grenzen, in denen er selbst durch die soziale Struktur seines Systems Lernen ermöglicht.

Die gesellschaftliche Funktion der Qualifikation erlaubt es so, *Erziehung in den Formen von Sozialisation und Unterricht im Ganzen der gesellschaftlichen Bezüge zu lokalisieren.* Die *Qualifikationsfunktion ist* deshalb *die Leitdifferenz für die Konstitution des Unterrichts,* auf den wir uns hier beschränken. *Zur vollen Konstitution kommt es aber erst durch das Zusammenspiel mit anderen Differenzen. Das zeigt sich z.B. daran, daß die Frage, welche Qualifikationen denn im Unterricht erzielt werden sollen, nicht allein von der Qualifikationsfunktion aus entschieden werden kann.* Sie kann nur beantwortet werden, wenn gleichzeitig berücksichtigt wird, was andere Teilsysteme der Gesellschaft vom jeweiligen Unterricht erwarten, welche Leistungen andere Teilsysteme, z.B. die Familie oder die Lehrerbildung, für ihn erbringen und welche Struktur dem Unterricht selbst dafür zu Gebote steht. Solche konkreten Entscheidungen können nur durch eine Berücksichtigung aller Grenzen des sozialen Systems angemessen gefällt werden. Vernachlässigt man die Qualifikationsfunktion, dann könnte eine vom Lehrer für ihn selbst geforderte private Hilfeleistung des Schülers gerechtfertigt sein, dann müßte man der Forderung jedes Teilsystems der Gesellschaft nach einer bestimmten Qualifikation nachgeben, ohne den Gesamtauftrag der Qualifikation zu berücksichtigen, und brauchte man weder auf den Entwicklungsstand des Schülers noch auf die Möglichkeiten der jeweiligen Schule Rücksicht nehmen. *Erst die Berücksichtigung aller vier obengenannten Gesichtspunkte ergibt eine systemspezifische Entscheidung, während jede Reduktion zu Einseitigkeiten und Verzerrungen führt. Das ist eine schwierige, aber nicht zu vermeidende "Verrechnung" mehrerer Bezugspunkte* (Hermanns 1992). *Nur eine solche Abwägung ist der Realität des Unterrichts als einem sozialen System angemessen.*

Die Priorität der Qualifikationsfunktion zeigt sich auch daran, daß andere Funktionen, die dem Unterricht und insbesondere dem Schulunterricht zugesprochen werden, von ihr abhängig sind, nicht aber ihr übergeordnet werden können und außerdem nur zusammen mit anderen *obengenannten* gesellschaftlichen Systemen zu erfüllen sind (vgl. zum folgenden *Hermanns* 1992; **Abb. 3**).

So ist die *Allokationsfunktion*, d.h. die Funktion der Zuweisung zu gesellschaftlichen Positionen, die auch als Selektionsfunktion bezeichnet wird, im Unterricht nur durch Qualifikation zu erfüllen. Qualifikation durch Selektion ergibt keinen Sinn, weil so keine Qualifikation zustandekommt und damit der Sinn von Unterricht aufgehoben würde. Außerdem kann der Unterricht nur durch Qualifikation auf die Allokation in anderen gesellschaftlichen Systemen einwirken. Die anderen gesellschaftlichen Systeme entscheiden dann nach ihren Funktionen, z.B. den Funktionen des Wissenschafts- oder des Wirtschaftssystems, über die Auswahl der vom Unterricht erzielten Qualifikationen bei der Aufnahme eines Mitglieds. Ausnahmen sind die mit Schulzeugnissen verbundenen Berechtigungen für den Eintritt in ein anderes gesellschaftliches Teilsystem, z.B. die allgemeine Hochschulreife. Auch hier gibt es aber Formen des Zusammenwirkens, z.B. den Numerus Clausus oder die Selektion in der Hochschule selbst.

Die Hierarchiestruktur der gesellschaftlichen Funktionen der Schule

- Erziehung
  - Qualifikation
    - Personalisation
      - Tradition/Innovation
    - Allokation
      - Legitimation

Die höhere Ebene ist immer das erste Selektionskriterium für die Bestimmung der nächst unteren Ebene. Zugleich gehen in die dritte Ebene die doppelten Selektionen der ersten und zweiten Ebene ein.

Abb. 3: Hierarchiestruktur der gesellschaftlichen Funktionen (Hermanns 1992, 267)

Für die *Personalisationsfunktion* gilt entsprechendes. Zur Entwicklung der Person kann Unterricht nur durch Qualifikation beitragen. Personalisation kann dagegen nicht zum übergeordneten Kriterium für Qualifikation werden, weil die Personalisationsfunktion durch Unterricht im ganzen nicht erfüllbar ist und außer ihm andere gesellschaftliche Systeme maßgeblich an ihr beteiligt sind.

Theoretische Grundlagen

So sind die *Allokationsfunktion und die Personalisationsfunktion für den Unterricht Subfunktionen der Qualifikationsfunktion, ihr eindeutig untergeordnet, aber auch zusätzliche Bezugspunkte für die Entscheidung über bestimmte Qualifikationen.* - Ohne mich auf eine weitere Erörterung der Polyfunktionalität des Unterrichts und ihrer hierarchischen Ordnung einzulassen, folge ich *Hermanns* (1992) noch darin, daß man der Personalisation die *Funktion Tradition vs. Innovation* und der Allokation die *Funktion Legitimation* unterordnen kann. *Tradition vs. Innovation* erfolgt dann im Unterricht *nur über Personalisation und Qualifikation. Legitimation bezieht sich nur auf die Allokation durch Qualifikation.* Beide stellen nur eine weitere Spezifizierung der Qualifikationsfunktion dar.

(3) Unterricht hat als Teilsystem der Gesellschaft nicht nur eine "Grenze" gegenüber der Gesellschaft als ganzer, sondern auch "Grenzen" gegenüber den anderen Teilsystemen

Unterricht fängt nie beim Punkt Null an, sondern *übernimmt Leistungen von anderen gesellschaftlichen Systemen,* und er *produziert seinerseits Leistungen für andere gesellschaftliche Systeme* (**M1**). Zur Ausdifferenzierung des Unterrichts innerhalb der gesamten Gesellschaft durch die Qualifikationsfunktion kommt jetzt die Abgrenzung gegenüber anderen gesellschaftlichen Teilsystemen durch die Übernahme und Abgabe von Leistungen hinzu. Jedes System, nicht nur der Unterricht und auch nicht nur jedes soziale System, hat diese doppelte Leistungsgrenze, weil es ohne Input und Output keine Eigenständigkeit als System erreichen kann.

"Neben der Funktionsorientierung gibt es immer auch Beziehungen zwischen Teilsystemen der Gesellschaft, für die wir den Begriff Leistung reservieren wollen. Wir argumentieren also mit Nichtidentität von Funktion und Leistung. Die Verquickung dieser beiden Aspekte beruht auf einer Verquickung von Systemreferenzen innerhalb differenzierter Systeme und muß bei sorgsamer Begriffsbildung vermieden werden. (...) Gewiß: Funktion und Leistung sind nicht unabhängig voneinander realisierbar, sind vor allem nicht unabhängig voneinander steigerbar. Aber ein Leistungstausch, wie er systemtheoretisch oft mit Input/Output-Modellen beschrieben wird, erfordert ein Eingehen auf Bedarfslagen, Normen und Gewohnheiten anderer Teilsysteme der Gesellschaft, das zur eigenen Funktion und zu deren Sub-Codes in Widerspruch treten kann." (*Luhmann/Schorr* 1979, 36)

Mit der doppelten Leistungsgrenze kommt die *Zeitdimension* ins Spiel, in der *Handlungen gewählt und in eine zeitliche Folge gebracht werden können.* Das ist eine notwendige Bedingung dafür, daß der Qualifikationsfunktion entsprochen werden kann.

"...eine Verwechslung oder Verschmelzung beider Grenzen muß im System ausgeschlossen werden. Die Differenz dieser Grenzen wird im System zur Voraussetzung einer geordneten Erfassung der sie übergreifenden System/Umwelt-Differenz. Die (gesellschaftliche - J.G.) Umwelt erscheint dann nach Maßgabe der Zeitstruktur des Systems als zerteilt in Zulieferung und Abnahme, und wenn diese Projektion irgendwie greift und Realitätsbezug findet, kann sie benutzt werden, um die Reduktion auf Handlung im System

zu stärken und den Handlungsprozeß an Hand von Umwelterfordernissen zu steuern."
(*Luhmann* 1984, 277f.)

Aus der doppelten Leistungsgrenze ergeben sich außer der Zeitstruktur auch schon Momente der Handlung. Auf der Seite des Eingangs werden von anderen sozialen Systemen *Handlungsbedingungen* vorgeliefert, z.B. von Verlagen Schulbücher, vom Baugewerbe das Schulgebäude und von der Familie das dort Gelernte, und auf der Seite des Ausgangs ergeben sich *Handlungsziele* aus den erwarteten Leistungen, z.B. in Gestalt der heute fast in allen Gesellschaften erwarteten Lesefähigkeit. In beidem ist dann der Unterricht von anderen Systemen bis zu einem gewissen Grade abhängig. Aber beide Grenzen dienen auch als Bezugsgrößen für die Auswahl von Handlungen im System selbst. Der durch diese Grenzen aufgespannte Zeitraum erlaubt somit nicht nur die *Aneinanderreihung von Handlungen in der Linie der Zeit*, sondern auch die *zeitübergreifende Regulierung der Abfolge dieser Handlungen, d.h. ihre Planung, Steuerung und Kontrolle*. Für das Problem der erzieherischen Beeinflussung werden damit schon Momente der Ausgangssituation und Momente des Ziels disponierbar. Damit zeichnet sich zum erstenmal ab, *daß Unterricht wie jedes soziale System die Struktur eines Problemlösungsprozesses besitzt.*

"Aus der Perspektive des Handlungsprozesses gibt es einerseits Bedingungen, die vorliegen müssen, damit das Handeln überhaupt in Gang kommen und reproduziert werden kann - zum Beispiel geeignete Räume, Kommunikationsmittel, Objekte, die 'behandelt' werden, motivationale Bereitschaften. All das muß *vorher* sichergestellt sein. Andererseits muß dem Handlungsprozeß eine Erwartungsstruktur unterlegt werden können, die auf *Ergebnisse* hinzielt - etwa herzustellende Werke, zu verändernde Zustände, und sei es nur: Desennuierung (Aufhebung der lästigen Langeweile - J.G.) der Teilnehmer. Etwas dieser Art muß als Zustand *nach* dem Handeln erwartbar sein. In der Orientierung an solchem Vorher und Nachher, solchen Bedingungen und solchen Ergebnissen kann die Handlungsreduktion an Selektionssicherheit gewinnen. Wenn die Umweltlage des Systems eine solche Asymmetrie stützt, wenn sie die Ergebniserwartungen honoriert und die Bedingungen liefert, kann das System durch Handeln eine Umsetzung von Input in Output vollziehen; ..." (*Luhmann* 1984, 278)

Welche Leistungsgrenzen der Unterricht jeweils hat, resultiert aus dem übergeordneten Bezugspunkt der Qualifikationsfunktion, den dafür von anderen gesellschaftlichen Systemen gebotenen Voraussetzungen und den an den Unterricht gestellten Erwartungen. Alle drei Bezugsgrößen haben ihr eigenes Recht. Sie setzen von außen "Grenzen" des Unterrichts. *Der Unterricht aber wird nur dadurch zu einem eigenständigen System, daß er die Qualifikationsfunktion und die Eingangs- und Ausgangsleistung aufeinander bezieht.* Das heißt: *Nur solche Leistungen sind für den Unterricht relevant, die entweder als Bedingungen für erzieherische Beeinflussung von Lernen in Frage kommen oder die durch Unterricht für die an ihn herangetragenen Erwartungen erbracht werden können. Durch diese Leistungen wird der Prozeß der Qualifikation als Handlungszusammenhang in seinen Bedingungen und in seinen Zielen bestimmt.* Die relative Autonomie des Unterrichts besteht in dieser Vermittlungsleistung. Sie ist aber immer problematisch, weil die Bezugsgrößen nur Möglichkeitshorizonte sind, aus denen der Unterricht selbst eine Auswahl treffen muß.

Von anderen gesellschaftlichen Systemen kommen danach *nur solche Leistungen* in Betracht, *an die der Unterricht mit erzieherischer Beeinflussung des Lernens anschließen kann.* Es sind vor allem diejenigen *Fähigkeiten, die Lehrer und Schüler in anderen gesellschaftlichen Systemen bereits erworben haben,* aber auch alle Leistungen anderer Teilsysteme, die schon erbracht worden sein müssen, wenn Unterricht beginnt.

Was aus der Fülle der für die Qualifikationsfunktion geeigneten Voraussetzungen für den jeweiligen Unterricht relevant ist, entscheidet sich dann aber erst durch die *Berücksichtigung der Erwartungen unter dem Gesichtspunkt der Qualifikationsfunktion.* Es müssen nämlich nicht nur die Eingangs- und Ausgangsleistungen auf die Qualifikationsfunktion, sondern auch die beiden Leistungen noch aufeinander bezogen werden. - *Nur solche Erwartungen kann der Unterricht sich zu eigen machen, die der Qualifikationsfunktion entsprechen und für die auch die erforderlichen Bedingungen vorhanden sind.* Aus diesen *Wechselbeziehungen* ergibt sich dann das *Resultat erklärter Ziele und einer erklärten Ausgangssituation für den Handlungszusammenhang des jeweiligen Unterrichts* (vgl. die gründliche Analyse der Wechselbeziehungen in der sozialen Systemstruktur des Schulunterrichts durch *Hermanns* 1992).

Das könnte man als eine umständliche Beschreibung eines trivialen Tatbestandes abtun, wenn diese Unterscheidungen nicht für den Unterricht grundlegend und für seine Realisierung so folgenreich wären. - So könnte z.B. heute vom Schulunterricht erwartet werden, daß er sich die *Fähigkeit, mit einem Textverarbeitungsprogramm zu arbeiten,* zum Ziel setzt, weil es für diese Fähigkeit in vielen gesellschaftlichen Systemen einen Bedarf gibt. Der Unterricht kann diese Erwartung nicht generell ablehnen, weil sie der Qualifikationsfunktion und ihren Subfunktionen der Personalisation, Allokation, Innovation und Legitimation durch Fähigkeiten entspricht. Damit ist durch Übereinstimmung zwischen einer von außen herangetragenen Erwartung und der Qualifikationsfunktion eine erste Entscheidung über den Output gefällt. Das genügt aber nicht, wenn notwendige Bedingungen dafür im Input fehlen, z.B. die Kenntnis eines Textverarbeitungsprogramms beim Lehrer oder bei den Schülern, die Fähigkeit, Texte zu schreiben und die erforderliche Ausstattung mit Räumen und Geräten. Natürlich gibt es zahlreiche solche Bedingungen, z.T. sehr subtiler Art, z.B. tief eingewurzelte Vorurteile gegen den Computer oder zu geringe Schnelligkeit beim Lernen neuer Zeichen. Kurz, trotz des geeigneten Ziels kann die Konstitution des Unterrichts bereits am unzureichenden Input scheitern, ehe es zu weiteren Abwägungen kommt, die bis zum Unterrichten notwendig sind. - Ganz anders liegen die Dinge, wenn andere gesellschaftliche Systeme vom Unterricht erwarten, daß er zu einem bestimmten Glauben, einer bestimmten politischen Entscheidung, der Bereitschaft zur Selbstaufgabe u.ä. erziehe. Dann tritt die Frage nach der Systemkonformität einer solchen Erwartung nicht erst beim Input auf, sondern schon bei der Herstellung der Beziehung zur Qualifikationsfunktion. Sind das überhaupt zu lernende Qualifikationen, und läßt sich dann ihre Beeinflussung mit der Aufgabe der erzieherischen Beeinflussung von Lernmöglichkeiten der Schüler vereinbaren? Das läßt sich mit guten Gründen verneinen, obwohl es immer wieder vom Unterricht gefordert worden ist und auch heute noch, weniger offen als verdeckt, von einzelnen Gesellschaftsgruppen verlangt wird. Falls in diesen Fällen vielleicht über die Vereinbarkeit mit der Qualifikationsfunktion noch gestritten werden kann, liegt aber die Dysfunktionalität auf der Hand, wenn der Kauf eines bestimmten Produktes, der Eintritt in eine bestimmte gesellschaftliche Gruppierung oder Gesundheit als Output des Unterrichts erwartet wird.

So haben die Eingangs- und die Ausgangsleistung für die Systembildung des Unterrichts beträchtliche Konsequenzen:

- Durch sie werden seine Beziehungen zu anderen Teilsystemen der Gesellschaft geregelt.
- Sie binden die allgemeine Qualifikationsfunktion im Input und im Output des Systems an die jeweilige Realität. Sie konkretisieren Unterricht.
- Der Unterricht wird von vorgegebenen Bedingungen und Erwartungen abhängig.
- Diesen Bedingungen gegenüber kann er seine Autonomie nur durch die Qualifikationsfunktion und seine Kommunikationsstruktur behaupten.
- Aus seiner Einspannung zwischen andere gesellschaftliche Teilsysteme und seine ursprüngliche Funktion ergibt sich seine eingeschränkte Autonomie.
- Aus der wechselseitigen Abstimmung zwischen diesen drei Bezugsgrößen ergibt sich der soziale "Raum", innerhalb dessen er sich entfalten kann. Die äußeren "Grenzen" sind gezogen.
- Weil jede Bezugsgröße nur ein Horizont von Möglichkeiten und nicht schon ein ganz bestimmter Sachverhalt ist, muß der Unterricht das Problem der Selektion aus diesen Horizonten meistern.

(4) Die Kommunikationsstruktur des Unterrichts hat die Form der wechselseitigen Verständigung zwischen Lehrern und Schülern über Lerntätigkeiten

Die Systembildung des Unterrichts ist erst abgeschlossen, wenn eine *spezifische Kommunikationsstruktur für die erzieherische Beeinflussung zwischen Bedingungen und Zielen* ausgebildet wird (**M1 u. 9**). Ohne eine zu den anderen Bezugsgrößen passende Kommunikation kann die Qualifikationsfunktion nicht erfüllt und können Eingangs- und Ausgangsleistung nicht miteinander vermittelt werden. Ohne eine Struktur der Kommunikation gibt es keine *Erwartbarkeit* der Kommunikation und damit keine *Stabilität* des Unterrichtssystems. "Kommunikation" und "Kommunikationsstruktur" gilt es deshalb zu definieren, ehe die spezifische Kommunikationsstruktur des Unterrichts zum Thema gemacht werden kann.

Kommunikation ist der Zusammenhang, durch den zwischen Personen eine soziale Beziehung hergestellt wird. Ihre elementare Form besteht *aus drei komplexen Operationen: der Auswahl einer Information, ihrer Mitteilung und dem Verständnis der Mitteilung.* Erziehung ist eine spezifische Form der Kommunikation. Deshalb gibt es keine Erziehung, ohne daß einem Educanden spezifische Informationen für seine Handlungsentscheidungen mitgeteilt und sie von ihm auch verstanden werden.

Theoretische Grundlagen 47

Während ich von vornherein die *Herstellung von Kommunikation durch psychische Operationen* (*Grzesik* 1976a, 1992², 1989, 1990) annehme, faßt *Luhmann* zunächst *nur das Moment der Selektion* in den Blick, weil es ihm um die Differenz des sozialen Systems gegenüber den psychischen Systemen als Teilen seiner Umwelt geht. Nach *Luhmann* sind die psychischen Systeme für das soziale System Umwelt (vgl. *Parsons* 1964, 31f.). Die kleinste Einheit des sozialen Systems, ihr Element, besteht dann aus drei Selektionen aus dieser Umwelt, d.h. der Auswahl von drei psychischen Möglichkeiten, die zusammen eine unzerreißbare Einheit bilden. "Kommunikation greift aus dem je aktuellen Verweisungshorizont, den sie selbst erst konstituiert, *etwas* heraus und läßt anderes beiseite." (*Luhmann* 1984, 194)

Er beschreibt dann aber die "Einheit der kommunikativen Synthese als Normalsachverhalt" (*Luhmann* 1984, 197) *als einen Zusammenhang von psychischen Operationen* und lehnt für ihn mit Recht den Begriff der Übertragung als eine untaugliche Metapher ab (*Luhmann* 1984, 193).

Ich zitiere diese Passage ausführlicher, weil sie meiner Gesamtauffassung entspricht, weil sie einen interessanten, wenn auch keineswegs problemlosen Überblick über den hochkomplexen Gesamtzusammenhang der Kommunikation bietet und weil ich meine Überlegungen über das wechselseitige Verständnis zwischen Lehrer und Schüler im Unterricht **im nächsten Kapitel** gut an sie anschließen kann, ohne umständlich den Stand der Kommunikationstheorie erörtern zu müssen.

"Die Zusammenfassung von Information, Mitteilung und Erfolgserwartung in einem Akt der Aufmerksamkeit ("des Mitteilenden" - J.G.) setzt 'Codierung' voraus. Die Mitteilung muß die Information duplizieren, sie nämlich einerseits draußen lassen und sie andererseits zur Mitteilung verwenden und ihr eine dafür geeignete Zweitform geben, zum Beispiel eine sprachliche (und eventuell lautliche, schriftliche etc.) Form (...) Die Codierung muß als operative Vereinheitlichung von Information und Mitteilung durch Alter und Ego gleichsinnig gehandhabt werden. Das erfordert eine dafür ausreichende Standardisierung. (...) Mindestvoraussetzung für das Zustandekommen von (...) Kommunikation ist natürlich: daß als Ego (Adressat - J.G.) ein System fungiert, das nicht vollständig durch seine eigene Vergangenheit determiniert ist, also überhaupt auf Information reagieren kann." (*Luhmann* 1984, 197 f.)
"Begreift man Kommunikationen als Synthese dreier Selektionen, als Einheit aus Information, Mitteilung und Verstehen, so ist die Kommunikation realisiert, wenn und soweit das Verstehen zustandekommt. Alles weitere geschieht 'außerhalb' der Einheit einer elementaren Kommunikation und setzt sie voraus. Das gilt besonders für eine vierte Art von Selektion: für die Annahme bzw. Ablehnung der mitgeteilten Sinnreduktion. Man muß beim Adressaten der Kommunikation das Verstehen ihres Selektionssinnes unterscheiden vom Annehmen bzw. Ablehnen der Selektion als Prämisse des eigenen Verhaltens. (...) Wenn wir sagen, daß Kommunikation eine Zustandsänderung des Adressaten bezweckt und bewirkt, so ist damit nur das Verstehen ihres Sinnes gemeint. Das Verstehen ist jene dritte Selektion, die den Kommunikationsakt abschließt. Man liest: Tabak, Alkohol, Butter, Gefrierfleisch usw. gefährde die Gesundheit, und man ist (als jemand, der das hätte wissen und beachten können) ein anderer - ob man's glaubt oder nicht! Man kann es jetzt nicht mehr ignorieren, sondern nur noch glauben oder nicht glauben. Wie immer man entscheidet: die Kommunikation legt einen Zustand des Empfängers fest, der ohne sie

nicht bestehen würde, aber nur durch ihn selbst bestimmt werden kann. Auf Annahme oder Ablehnung und auf weitere Reaktion kommt es daher beim Kommunikations*begriff* nicht an." (*Luhmann* 1984, 203f.)

Hieraus übernehme ich für den Begriff der Kommunikation (**M1, 3 u. 9**):
- Kommunikation ist *ein Informationsverarbeitungsprozeß, der durch mindestens zwei völlig selbständig operierende Personen* zustandekommt. Es gibt keine wie immer geartete direkte Verbindung zwischen ihnen, die unabhängig vom eigenen Operieren wäre.
- *Die eine Person wählt eine Information und konstruiert eine Mitteilung, die andere versteht die Mitteilung. Das geschieht durch Operationen, die im einzelnen einander entsprechen* (z.B. die Wahl von Sprachzeichen, von lexikalischen und grammatischen Einheiten sowohl beim Herstellen einer Mitteilung als auch beim Verstehen des Mitteilungssinnes), *aber im ganzen aufgrund der andersgearteten Tätigkeit anders gruppiert und im Hinblick auf die beiden unterschiedlichen Subjekte in vieler Hinsicht different sind.* Das sind zwei nicht nur voneinander getrennte, sondern auch unter Umständen so unterschiedliche psychische Aktivitäten, daß überhaupt keine Verständigung zustandekommt (akustische Störungen, Mißverständnisse vielfältiger Art, von einfachen Fehlern in der Wortsemantik bis zu unterschiedlichen Erwartungen, Schlüssen, konstruierten Sinnzusammenhängen (vgl. *Grzesik* 1976a, 1992^2, 1990).
- *Verstehen gibt es nur in dem Maße, in dem die beiden subjektiven Konstruktionen des Mitteilungssinns einander entsprechen*, "gleichsinnig" sind. Das ist nur in dem Maße möglich, in dem sowohl die Mitteilungsform (Codierung) als auch die mitgeteilte Information in der Gestalt von Begriffen *standardisiert und damit erwartbar* sind und in dem auch die *Verknüpfung des Standardisierten zur speziellen Mitteilungsform und dem speziellen Mitteilungssinn hinreichend ähnlich* verläuft. Standardisiert können sein: der Zeichenvorrat, das Lexikon, die Grammatik, Wissensbestände, gemeinsame Voraussetzungen und Intentionen, Denkgewohnheiten, kurz: alles schon vorher Abgestimmte, auf welche Art auch immer, in Gestalt von allgemeinen Konventionen oder subjektiven Verständigungsprozessen. - Die Ähnlichkeit der subjektiven Verarbeitung des Mitgeteilten mit der Mitteilung ist noch problematischer.
- Kommunikation kommt nur in dem Maße zustande, in dem Verstehen gelingt. *Kommunikation ist deshalb als ganze ein Zusammenhang von psychischen Operationen, der die beteiligten Individuen übergreift und der deshalb nur als ganzer, d.h. als Koordination zweier psychischer Systeme, oder gar nicht existiert.*
- Sobald Verstehen zustandekommt, ist dies bereits eine *intersubjektive Wirkung*. Sie wird jedoch *nicht allein vom Mitteilenden zustandegebracht*, sondern *das Faktum und die Art der Wirkung, die vom Mitteilungssinn ausgelöst werden, hängen auch vom Informationsverarbeitungsprozeß des Verstehenden ab.* Die Wirkung hat deshalb ihre Ursache nicht nur beim Mitteilenden, sondern zugleich auch beim Verstehenden (doppelte Verursachung), wobei beide notwendig für den Wirkungszusammenhang der Kommunikation sind. Das ist *der erste Kausalzusammenhang im komplexen erzieherischen Wirkungszusammenhang.* Er hat eine besondere Struktur.

So wird der Verstehende keineswegs vom Mitteilenden determiniert, sondern sein Tun wird *nur so weit, wie sein Verstehen dem Mitgeteilten entspricht, "mitverursacht", und auch das kommt nur durch seine eigene psychische Aktivität zustande.* Diese Möglichkeit, die eigene Realität von anderen bestimmen zu lassen, setzt aber voraus, daß der Verstehende selbst durch seine Biographie nicht vollständig determiniert ist, sondern sich bestimmen lassen kann.
- Die *Zustimmung zum Verstandenen*, d.h. das Akzeptieren des Mitteilungssinns, *und auch seine Übernahme als Grundlage für eigene Aktivitäten sind* dann *zwei zusätzliche komplizierte Prozesse der psychischen Informationsverarbeitung*, die in der erzieherischen Kommunikation als erste zur elementaren Kommunikation hinzukommen.

All dies gilt für jede Kommunikation. Für den Unterricht ist aber im Unterschied zu anderen Formen der Kommunikation die *wechselseitige Verständigung über Lerntätigkeiten* kennzeichnend, was **im nächsten Kapitel** zur Sprache kommt. Alle Möglichkeiten und Schwierigkeiten der Verständigung zwischen Lehrern und Schülern und alle Möglichkeiten und Grenzen der erzieherischen Beeinflussung, die von der Verständigung abhängen, haben hier ihren Ort. Das gilt insbesondere für die Schwierigkeit, *die für den Unterricht spezifische Differenz zwischen Lehrer und Schüler nicht nur im Wissen, sondern im Gesamtbereich der Informationsverarbeitung beim Mitteilungssinn auszugleichen*. Was dem Lehrer vor Augen steht, wenn er dem Schüler daraus etwas mitteilt, steht dem Schüler oft noch nicht vor Augen, sondern er muß es erst aus Wissensfragmenten aufbauen. Dieser Ausgleich ist nur möglich durch *zunehmende Standardisierung von Wissensbeständen, Bedingungen und Erwartungen, in besonderer Weise natürlich der Mittel der Mitteilung*, z.B. in Gestalt des gleichen Wortschatzes. *Verständigung über Lerntätigkeiten* ist deshalb keineswegs nur eine vorläufige und vorübergehende Angelegenheit, sondern *ist die grundlegende und ständige Form, in der Unterricht existiert.*

Unterricht kommt aber nicht allein durch diese Verständigung zustande, sondern erst dann, wenn zusätzlich zum Verstehen *das Verstandene akzeptiert und zur Grundlage für eigene psychische Aktivitäten* (**M5 u. 11**) gemacht wird. Auch dabei kann der Lehrer den Schüler nur durch Kommunikation beeinflussen. Das ist wiederum ein *wechselseitiger Prozeß*, in dem der Lehrer das vom Schüler Mitgeteilte zur Grundlage seiner Lehrtätigkeiten macht, während der Schüler das vom Lehrer Mitgeteilte zur Grundlage seiner Lerntätigkeiten macht. Zum Wirkungszusammenhang des wechselseitigen Verstehens kommt der *Wirkunszusammenhang zwischen dem Verstandenen als Ursache und der Aktivität des Schülers, in der er das Verstandene verarbeitet, als Wirkung* hinzu. Ohne ihn gibt es den Gesamtzusammenhang des erzieherischen Wirkens nicht. Nur wenn beide Kausalzusammenhänge aneinander anschließen, wird der *Übergang von kommunikativen psychischen Operationen zu innerpsychischen Operationen* vollzogen.

Für die Darstellung dieser Hauptprozesse im Unterricht benötigen wir nicht nur ein Verständnis von Kommunikation, sondern auch von *Kommunikationsstruktur* (**M 1 u. 9**).

Eine *Struktur* liegt nur dann vor, wenn zwischen *Elementen und Relationen* unterschieden werden kann.

Der eben in Grundzügen beschriebene Prozeß der Kommunikation ist nach Luhmann das "Element" des sozialen Systems, weil *dieses System nur durch Kommunikation prozessieren, d.h. durch den Anschluß eines neuen Elements sich erhalten kann. Das System muß die Kommunikation selbst herstellen und kann kein Element der Kommunikation im oben definierten Sinne von außen übernehmen.* Deshalb ist *Kommunikation diejenige Realität, aus der das System selbst besteht,* während es in der Funktion von der Gesellschaft und in den Leistungen von Teilsystemen der Gesellschaft abhängt. Indem wir uns der Kommunikation als dem Element des sozialen Systems zuwenden, beginnen wir die Bestimmung der "Grenze" dieses Systems von innen. Mit anderen Worten: Die Informationen aus der Funktionsbestimmung, dem Input und dem Output kann das soziale System *von sich aus nur durch Kommunikation und durch nichts anderes bearbeiten.* Das ist die einzige ihm selbst zur Verfügung stehende Verarbeitungsmöglichkeit. Es muß in jedem Augenblick nicht nur die Kommunikation produzieren, als die es allein existiert, sondern zugleich auch durch dieses Element der Kommunikation das nächste Element produzieren. So produziert und reproduziert sich dieses System selbst, es ist in diesem Sinne autopoietisch, es schafft sich selbst. Es wäre jedoch genauer, zu sagen, es folge seiner eigenen Gesetzmäßigkeit, d.h. es sei autonom, denn das soziale System verfügt über keine eigene Aktivität, sondern leiht sie sich von den psychischen und organischen Systemen.

> "Als *autopoietisch* wollen wir Systeme bezeichnen, *die die Elemente, aus denen sie bestehen, durch die Elemente, aus denen sie bestehen, selbst produzieren und reproduzieren.* Alles, was solche Systeme als Einheit verwenden, ihre Elemente, ihre Prozesse, ihre Strukturen und sich selbst, wird durch eben solche Elemente im System erst bestimmt. Oder anders gesagt: es gibt weder Input von Einheiten (in Gestalt der Kommunikation als Element - J.G.) in das System, noch Output von Einheiten aus dem System. Das heißt nicht, daß keine Beziehungen zur Umwelt bestehen, aber diese Beziehungen liegen auf anderen Realitätsebenen als die Autopoiesis selbst." (*Luhmann* 1985, 403)

Wenn an ein Element ein anderes angeschlossen wird, entsteht eine Beziehung zwischen den beiden Elementen. Wird ein solcher *Anschluß erwartbar*, dann ist eine *Kommunikationsstruktur* entstanden. Je größer die Zahl solcher Anschlüsse ist, um so komplexer ist die Kommunikationsstruktur.

> "Für eine Theorie autopoietischer Systeme stellt sich dagegen vorrangig die Frage, wie man überhaupt von einem Elementarereignis zum nächsten kommt; das Grundproblem liegt hier nicht in der *Wiederholung*, sondern in der *Anschlußfähigkeit*. Hierfür erweist sich die Ausdifferenzierung eines selbstreferentiell-geschlossenen Reproduktionszusammenhangs als unerläßlich, und erst in bezug auf ein dadurch gebildetes System lassen sich Probleme der Strukturbildung und Strukturänderung formulieren. Strukturen müssen, anders gesagt, die Anschlußfähigkeit der autopoietischen Reproduktion ermöglichen, wenn sie nicht ihre eigene Existenzgrundlage aufgeben wollen, und das limitiert den Bereich möglicher Änderungen, möglichen Lernens." (*Luhmann* 1984, 62)

"Strukturen fassen die offene Komplexität der Möglichkeit, jedes Element mit jedem anderen zu verbinden, in ein engeres Muster 'geltender', üblicher, erwartbarer, wiederholbarer oder wie immer bevorzugter Relationen. Sie können durch diese Selektion weitere Selektionen anleiten, indem sie die Möglichkeiten auf jeweils überschaubare Konstellationen reduzieren." *(Luhmann 1984, 74)*

Die Kommunikationsstruktur des Unterrichts leistet demnach die Vermittlung zwischen Input und Output durch Muster von Anschlüssen zwischen elementaren Kommunikationen. Sie besteht (1) in sozialer Hinsicht aus der spezifischen Form der Verständigung zwischen Lehrer und Schüler, (2) in sachlicher Hinsicht aus Information über Lerntätigkeiten, (3) in zeitlicher Hinsicht aus spezifischen Zeitverhältnissen der Sukzession, Gleichzeitigkeit, Dauer zwischen solchen Verständigungen sowie der Prospektion und Retrospektion in ihnen. In solchen Mustern werden die *Anteile der Kommunikationspartner* so geregelt, daß sie *wechselseitig erwartbar* sind. Erwartungen und solche Erwartungen, in denen man erwartet, daß der andere von einem selbst erwartet, daß man erwartet, was er erwartet, werden als Erwartungs-Erwartungen bezeichnet. Sie bilden eine prinzipiell endlose, aber in ihrem tatsächlichen Ausmaß durch die jeweilige Informationsverarbeitungskapazität begrenzte Verkettung. Die Kommunikation stellt zwischen Personen auf diese Weise verkettete *soziale Beziehungen* her. Gleichzeitig aber geht es um einen Mitteilungssinn und seine Verarbeitung, d.h. für den Unterricht um ein *Thema und Beiträge von Schülern und Lehrer zu ihm*. Das ist die *Sachdimension* jedes solchen Musters. Beide, die Erwartungs-Erwartungen und die Verarbeitung eines Mitteilungsinns, besitzen eine bestimmte *Zeitstruktur* im Hinblick auf die Abfolge (Sequentialität), im Hinblick auf die Gleichzeitigkeit (Simultanität) und im Hinblick auf Zeiträume (Dauer). Jede Kommunikationsstruktur besitzt diese drei Dimensionen. Sowohl der tatsächliche Ablauf als auch die vorgreifende (planende) und zurückgreifende (kontrollierende) Reflexion sind diesen Zeitdimensionen des faktischen Vollzugs unterworfen.

Damit ist die Kommunikationsstruktur diejenige Größe im sozialen System, die die *Umsetzung der gesellschaftlichen Funktion und der Leistungsdifferenzen in die Realität der Kommunikation zwischen Personen* erlaubt. Sie erreicht dies dadurch, daß sie die Aktivitäten der beteiligten Personen in einen geregelten Zusammenhang bringt. Sie koordiniert deren Handeln in den Dimensionen des Sozialen, der verhandelten Sache und der Zeit. *Auf diese Weise wird die pure Notwendigkeit zur Reproduktion für den Bestand jedes sozialen Systems in eine bestimmte wiederholbare Form gebracht.*

Faßt man das Ergebnis der vorangegangenen Überlegungen zusammen, dann besteht *Unterricht als soziales System* aus dem *Beziehungszusammenhang zwischen dem Dauerproblem der Erziehung, der Qualifikationsfunktion, der Leistungsübernahme, der Leistungsabgabe und der Kommunikationsform der Verständigung über Lerntätigkeiten.* Diese Einheit aus Bezugsgrößen ist *als System geschlossen*, was besagt, daß sie nur als Ganze oder gar nicht realisiert werden kann und daß in jedem Augenblick alle Bezugsgrößen in Beziehung zueinander stehen. Das gilt für jede realisierte Unterrichtseinheit auch dann, wenn in der Planung keineswegs alle Bezugsgesichtspunkte durch systemanalytisches Denken in Beziehung zueinander gesetzt worden sind. Sie werden dann zwangsläufig bei der Realisierung konkretisiert und in Beziehung zueinander gesetzt, im günstigen Fall systemgerecht und im ungünstigen systemwidrig, was zum momentanen Scheitern des Systems, z.B. durch Handlungsverweigerung oder Handlungsunfähigkeit wegen unzureichender Voraussetzungen, oder zu seiner Verwandlung in ein anderes System, z.B. der politischen Agitation, der Bekehrung oder der Psychotherapie, führt. - Da die Bezugsgrößen keine "massiven" Grenzen sind, sondern nur abstrakte begriffliche Strukturen, die nicht nur zueinander in Beziehung gesetzt werden können, sondern auch *mehrstufige Konkretisierungen, d.h. Spezifizierung durch Differenzierungen*, erlauben, ist Unterricht als soziales System ein *offenes System*, d.h. es ist offen für die Konkretisierung der für das System konstitutiven abstrakten Bezüge durch psychische und organische Systeme. - Unterricht ist als gesellschaftliches System nichts anderes als *eine selektive Wahrnehmung der gesellschaftlichen Umwelt unter eigenen Systembedingungen*:

"Umweltereignisse und Umweltveränderungen können dann nur noch als 'Rauschen' wahrgenommen werden, und ob sie im System Resonanz finden können, hängt von den systemeigenen Strukturen ab. Genau dies bezeichnen wir als gesellschaftliche Ausdifferenzierung oder im Resultat auch als Autonomie des Systems." (*Luhmann* 1986, 156)

Kapitel 3:
Im Unterricht gibt es verschiedene Formen der Verständigung über Lerntätigkeiten

Im Unterricht gibt es aufgrund seiner Systemnatur einen spezifischen Verständigungsbedarf. Aus der Qualifikationsfunktion ergibt sich, daß zwischen Lehrer und Schülern (Sozialdimension) über Lerntätigkeiten der Schüler (Sachdimension) in einer bestimmten Lernzeit (Zeitdimension) ein Einverständnis erzielt werden muß. Aus den Eingangsleistungen ergibt sich die Notwendigkeit einer Verständigung darüber, an welche bereits ausgebildeten Fähigkeiten die Lerntätigkeiten im Unterricht angeschlossen werden können. Aus den Ausgangsleistungen ergibt sich die Notwendigkeit der Verständigung über die angestrebten Qualifikationen. Schließlich muß eine Verständigung darüber erzielt werden, welche Lerntätigkeiten im Ausgang von schon ausgebildeten Fähigkeiten und für die angestrebten Qualifikationen vom Schüler vollzogen werden, d.h. welche einzelnen Tätigkeiten in welcher Reihenfolge aneinander angeschlossen werden.

Mit dieser Struktur wird der durch die äußeren kategorialen Begrenzungen gezogene soziale "Raum" ausgefüllt. Auf den ersten Blick scheint die Struktur selbstverständlich und gar nicht so kompliziert zu sein. Welche Probleme die Verständigungen zwischen Lehrer und Schülern aber trotzdem in sich bergen, zeigen die folgenden Punkte:

(1) Lehrer wie Schüler können nur momenthaft durch Verständigung aufeinander einwirken

Sobald ein Mitteilungssinn verstanden worden ist, ist zugleich mit dem elementaren Prozeß der Kommunikation die erste psychische Wirkung der Erziehung zustandegekommen. Hier kommt es darauf an, welche Rolle die Verständigung in diesem Zusammenhang spielt: *Nur durch Verständigung als wechselseitige Kommunikation kommt diese erzieherische Wirkung zustande, weil in ihr der soziale Prozeß der Kommunikation und die psychischen Prozesse der Mitteilung und des Verstehens des Mitteilungssinnes ein und dasselbe sind.* Da dies der Ort ist, an dem erzieherische Beeinflussung stattfindet und die Differenz und das Zusammenspiel zwischen sozialem System und psychischen Systemen meist übersehen werden, bedarf dieser Zusammenhang der Erläuterung. *Zwei Arten von Systemen überkreuzen sich im Ereignis einer Verständigung. Davon bleibt aber unberührt, daß sie ihre eigenen Elemente, d.h. hier die elementaren Einheiten der Kommunikation oder aber der psychischen Operation, nach ihren eigenen Gesetzen aneinander anschließen.* Für diese Verknüpfung ist kennzeichnend:
- Von Verständigung kann nur gesprochen werden, wenn der *jeweilige Mitteilungssinn* vom Lehrer und von den Schülern *so weit wie möglich in gleicher Weise verstanden* wird.
- Eine solche Verständigung ist kein linearer Prozeß der Mitteilung an einen anderen, sondern das Verstehen setzt viele wechselseitige Standardisierungen voraus, bis hin zur Verständigung über den jeweiligen Sachverhalt, auf den sich eine Mitteilung bezieht (*Putnam* 1991). Vom Mitteilenden wird der Sachverhalt, über den er etwas sagt, oft stillschweigend vorausgesetzt, was zu Mißverstehen führt, wenn der andere nicht darüber im Bilde ist.
- Wenn aber beide annähernd dasselbe meinen, gibt es in diesem Punkt eine momentane Identität zwischen der *Kommunikation als Element des sozialen Systems und den Operationen von Lehrer und Schüler als Elemente der beiden psychischen Systeme,* obwohl Lehrer und Schüler im übrigen unterschiedlich operieren können.
- Über die kommunikative "Brücke" kommt zwischen den psychischen Operationen von Lehrer und Schülern ein *Kausalzusammenhang* zustande, weil *die Herstellung des Mitteilungssinns durch den Lehrer als vorgängiges Ereignis die Ursache für das nachfolgende Verstehen durch den Schüler als Wirkung* ist.
- Das ist *die einzige Kausalbeziehung zwischen Lehrer und Schüler im Unterricht,* weil *die Lerntätigkeiten des Schülers nur durch Verständigung beeinflußt* werden können. Es gibt keinerlei direkte Verbindung zwischen Lehrer und Schüler, weder physische zwischen ihren organischen Systemen noch psychische in Gestalt des Austauschs von Operationen. Beide psychischen Systeme sind operativ geschlossen und sind nur in der Form der Kommunikation momenthaft und partiell miteinander verbunden.
- Erzieherische Kausalität ist deshalb nur durch die *wechselseitige Konstitution von sozialem und psychischem System* im Augenblick der Verständigung durch partielle Identität, die *Luhmann* (1984, 295) Interpenetration nennt, möglich.

- Trotz dieses Koinzidenzpunktes der Verständigung *vollziehen sich die Anschlüsse zwischen Kommunikationen von Lehrer und Schüler ebenso wie die Anschlüsse zwischen den psychischen Operationen bei ihnen selbst nach eigenen Gesetzen.* Die Kontakte zwischen den verschiedenen Systemen sind immer nur ereignis- oder momenthaft und sind für diese Systeme nur "Schnittstellen" (*Hermanns* 1992, 313).
- *Die psychischen Operationen von Lehrer und Schüler werden auf diese Weise so in das soziale System "eingespannt", daß Lerntätigkeiten durch Lehrtätigkeiten beeinflußt werden können* (s. **Abb. 4**).

"Aussichtsreicher scheint es zu sein, davon auszugehen, daß psychische und soziale Systeme in einer wichtigen Hinsicht übereinstimmen: Sie bestehen beide aus Elementen, die den Charakter von Ereignissen haben, also mit ihrem Auftreten sogleich wieder verschwinden. Im einen Fall können wir von Gedanken (hier als Operationen verstanden - J.G.), im anderen Falle von Kommunikationen sprechen." (*Luhmann* 1987, 174)

"Diese Simultanpräsenz psychischer und sozialer Elementarereignisse ist mit der These selbstreferentiell-geschlossener Systeme und sogar mit der Annahme von autopoietischen Systemen des Bewußtseins und der Kommunikation durchaus kompatibel. Denn auch wenn es auf der Ebene der Ereignisse zu einem hohen Maß an Kongruenz kommt, bleiben die Systeme ganz verschieden. Die Ereignishaftigkeit der Elemente verhindert, daß sie aneinander kleben bleiben. Die momentane Übereinstimmung löst sich immer sofort wieder auf, und im nächsten Moment kann das Bewußtsein abschweifen, etwas Nichtkommunizierbares denken, abbrechen oder pausieren, während die Kommunikationslast auf andere übergeht. Vor allem das viel untersuchte 'turn taking', der sozial regulierte Wechsel in aktiver und passiver Beteiligung an Kommunikation und die entsprechenden Unterschiede der Beanspruchung von Aufmerksamkeit und des 'cognitive tuning' sichern die Unvermeidlichkeit der laufenden Wiederherstellung der Systemdifferenz." (*Luhmann* 1987, 175)

Der Koinzidenzpunkt der Verständigung entscheidet über die Möglichkeit und die Begrenztheit der erzieherischen Beeinflussung. Jeder Einfluß muß durch dieses "Nadelöhr", anders findet er nicht statt. An ihm wird die Flüchtigkeit und die dadurch bedingte Zerbrechlichkeit des erzieherischen Einflusses offenkundig. An ihm "kreuzt sich" das Spiel von kommunikativen und psychischen Prozessen. Von ihm aus kann dieses Spiel weiter entfaltet werden. Er ermöglicht es aber, viele Phänomene der Unterrichtswirklichkeit schon daraus zu erklären, daß zwischen den psychischen Prozessen aller Beteiligten kommunikativ Verständigung erzielt werden muß.

(2) Mitteilen und Verstehen müssen in gleicher Weise vom Lehrer wie vom Schüler geleistet werden, aber im Mitteilungssinn der Verständigung über die Lösung von Lernaufgaben tritt Ungleichheit auf

Durch Verständigung wird nicht nur das soziale System des Unterrichts mit den psychischen Systemen des Lehrers und der Schüler in Beziehung gesetzt, sondern gleich-

zeitig treten auch *Lehrer und Schüler als zwei in vieler Hinsicht verschiedene psychische Systeme* in ein Verhältnis zueinander (**M9, 10 u. 11**). - Dieses Verhältnis ist durch *Wechselseitigkeit* bestimmt. Für das *Zustandekommen der Verständigung* ist keiner von ihnen dominant. Diese *Symmetrie* gibt es aber nur soweit, wie beide in gleicher Weise aufeinander angewiesen sind. Für die *Funktion der Qualifikation* dagegen sind ihre Beiträge zur Kommunikation unterschiedlich, asymmetrisch, und keineswegs reversibel im Sinne der Austauschbarkeit (vgl. dazu die sogenannte soziale Reversibilität von Aussagen des Lehrers gegenüber dem Schüler mit Aussagen der Schüler gegenüber dem Lehrer nach *Tausch/Tausch* 1973[7], 368). Die Wechselseitigkeit setzt ihrerseits voraus, daß *Lehrer wie Schüler von sich aus Verständigung wollen und sich nach Kräften um sie bemühen.* Verständigung ist danach abhängig *von gleichen und auch von unterschiedlichen psychischen Aktivitäten von Lehrer und Schüler.* Für diesen interpersonalen Aspekt der Verständigung ist im einzelnen kennzeichnend:
- *Lehrer und Schüler sind als in sich geschlossene psychische Systeme völlig gleichrangig. Sie regulieren sich selbst und sind kontingent, d.h. sie können immer auch anders handeln.* Es gibt zwischen ihnen keine direkte physische und keine psychische Kausalität, sondern nur die durch Kommunikation herstellbare soziale Kausalität. Die Reduktion dieser Beziehung auf eine statistische Korrelation zwischen vorgegebenem Reiz und gleich anschließender Reaktion ist deshalb schon für diesen kommunikativen Zusammenhang ebenso problematisch wie alle anderen Annahmen über einen direkten, nicht selbstregulierten Zusammenhang zwischen psychischen Systemen, wie z.B. "Internalisation" als räumlich vorgestellte Verinnerlichung von Normen aus dem Verhalten des anderen, oder ebenfalls räumlich vorgestellte "Einfühlung" in den anderen. Schreibt man der Person Autonomie und Freiheit zu, dann kann man psychische Systeme auch als *personale Systeme* bezeichnen, zwischen denen es nur interpersonale Kausalität über Kommunikation gibt. *Lehrer und Schüler sind in gleicher Weise autonom und frei.*
- Zwischen Lehrer und Schülern gibt es trotz ihrer personalen Selbständigkeit die *Wechselbeziehung der Verständigung*. Das besagt: *annähernde Gleichheit zwischen dem Verstehen eines Mitteilungssinnes einerseits durch den Lehrer und andererseits durch die Schüler.* Diese Gleichheit kann von keiner Warte aus direkt festgestellt werden, sondern sie wird nur in dem Maße wahrscheinlich, wie jeder den Sinn seiner Mitteilung in der weiteren Kommunikation bestätigt sieht und/oder aus beobachtbarer Befolgung als notwendige Voraussetzung erschließt. Diese Symmetrie in der Kommunikationssituation verlangt von beiden sowohl die Intention, dem anderen etwas mitzuteilen, als auch die Intention, den anderen zu verstehen. Soll die Verständigung auch nur annäherungsweise gelingen, so erfordert sie die volle Konzentration auf den anderen. In diesem grundlegenden Zusammenhang kann es die Differenz von Schüler- oder Lehrerzentriertheit überhaupt nicht geben, weil das Resultat von beiden abhängt und es für jeden vergleichbare Schwierigkeiten gibt.
- Ungestörte Kommunikation setzt voraus, daß *sowohl das Mitteilen als auch das Verstehen nicht durch übermäßige Angst behindert oder durch Unwahrhaftigkeit verzerrt* sind. Nur wenn unbehinderte und unverzerrte Kommunikation auf Dauer gestellt und damit *zuverlässig erwartbar* ist, bekommt die Verständigung diejenige

Qualität, die für die Kommunikation über Lerntätigkeiten erforderlich ist. Wechselseitiges Vertrauen in die Zuverlässigkeit des Mitteilungssinns ist notwendige Bedingung für die bestmögliche Form der jeweiligen Verständigung. Es wird sich in den **weiteren Teilen** zeigen, daß nur die allgemeine Qualifikationsfunktion und eine sorgfältige Verständigung über realistisch eingeschätzte Eingangs- und Ausgangsleistungen für Lehrer und Schüler eine angemessene Orientierung darstellen. Nur wenn beides zuverlässig erwartet werden kann, können Ängste reduziert und die für das Lernen erforderliche Wahrhaftigkeit hergestellt werden. Der Schüler muß unbedingt auf ein Verhalten des Lehrers vertrauen können, das seinen Lernmöglichkeiten angemessen ist.
- Worüber man sich verständigt, das wird durch die allgemeine Kommunikationsstruktur nicht festgelegt:

"Kommunikationssystemen steht es frei, über Handlungen oder über etwas anderes zu kommunizieren; sie müssen jedoch das Mitteilen selbst als Handeln auffassen, und nur in diesem Sinne wird Handeln zur notwendigen Komponente der Selbstreproduktion des Systems von Moment zu Moment." (*Luhmann* 1984, 227)

- Der *Mitteilungssinn der Kommunikation im Unterricht* ergibt sich erst aus dem *Zusammenspiel zwischen der Qualifikationsfunktion sowie den Eingangs- und Ausgangsleistungen*. Die reale Verbindung zwischen diesen Bezugsgrößen kann nur durch *Tätigkeiten des Schülers* hergestellt werden, *in denen er im Ausgang von seinen bisherigen Fähigkeiten die angestrebten Fähigkeiten lernt* (**M6 u. 7**). Vom Lehrer kann diese Verbindung nur geplant werden.

Das *Verhältnis zwischen Tätigkeit und Lernen* wird uns in **Teil III** beschäftigen. Hier kann soviel vorweggenommen werden, daß durch die Qualifikationsfunktion keine besondere Klasse von Tätigkeiten von anderen Klassen von Tätigkeiten unterschieden werden kann, sondern daß sie nur der Vorzugsgesichtspunkt ist, unter dem im Unterricht Tätigkeiten aller Art gesehen werden müssen. Es wird in jeder Tätigkeit gelernt, was *Dewey* (1964[3]) herausgestellt hat. Für die Wahl von Lerntätigkeiten im Unterricht kommt es dann aber darauf an, was im Unterricht im Unterschied zu außerunterrichtlichen Tätigkeiten gelernt werden soll. Der Gesichtspunkt des ökonomischen Nutzens ist dann z.B. ebenso ausgeschaltet wie der des maximalen momentanen Lustgewinns. Falls sie überhaupt in Betracht kommen, müßten sie der Qualifikationsfunktion nachgeordnet werden. Die im Generationenverhältnis verankerte Asymmetrie zwischen Lehren und Lernen wirkt sich hier so aus, daß nur über Lerntätigkeiten des Schülers und nicht etwa des Lehrers oder dritter kommuniziert wird. - *So erzwingt das System die Reduktion des Mitteilungssinns auf Lerntätigkeiten des Schülers und die Verständigung über sie*. Das heißt nicht, daß man in der Schule oder einem anderen Teilsystem der Erziehung nicht über alles mögliche sprechen und sich verständigen kann, z.B. über gemeinsame Bekannte oder die Tagespolitik. *Unterricht aber findet nur soweit statt, wie man sich darüber verständigt, was der Schüler tun soll, damit er etwas Bestimmtes lernt, was auch bei solchen Gesprächen möglich ist, wenn sie als Mittel für Lernen fungieren.*

Unterrichtspraktische Aspekte 57

(3) Die Verständigungen über Lerntätigkeiten müssen sich nach dem sozialen "Raum" richten, der für die Kommunikation zwischen den Eingangsleistungen und den Ausgangsleistungen zur Verfügung steht

Es stellt sich nun die für die Praxis entscheidende Frage, worin die Verständigung über Lerntätigkeiten im einzelnen besteht. Dafür sollen zuerst die folgenden *drei Formen der Verständigung unterschieden werden: Verständigung über den Anschluß von Lerntätigkeiten an den Entwicklungsstand, über den Vollzug von Lerntätigkeiten und über Resultate von Lerntätigkeiten.* Diese Unterscheidungen ergeben sich aus der "Einpassung" der Lerntätigkeit in das soziale System des Unterrichts.

Im Unterricht müssen sich alle Mitteilungen *auf Aspekte der Lerntätigkeiten beziehen* lassen. Welche Aspekte dies sind, das richtet sich jedoch danach, *welche Aspekte für die Beeinflussung der Lerntätigkeiten im sozialen System des Unterrichts relevant sind.* Das bedeutet: Der psychische Prozeß der Lerntätigkeit und das soziale System des Unterrichts passen nur insoweit zusammen, als sie strukturgleich sind. Wieweit sie strukturgleich sind, das zeigt sich, wenn man sich vorstellt, daß sich der *Prozeß der Lerntätigkeit zwischen die Eingangsleistung und die Ausgangsleistung des sozialen Systems des Unterrichts einspannen* läßt. Dann sind sie *erstens* strukturgleich, weil die Fähigkeiten, an die eine Lerntätigkeit anschließen kann, in den Input des Unterrichts fallen. Sie sind *zweitens* strukturgleich, weil die Fähigkeiten, die durch die Lerntätigkeit erzielt werden, in den Output des Unterrichts fallen. *Drittens* sind sie strukturgleich, weil Eingangsleistung und Ausgangsleistung durch den Vollzug der Lerntätigkeit miteinander verbunden werden, indem sie im Sinne der Qualifikationsfunktion einen (möglichst hohen) Zuwachs an Fähigkeiten hervorbringt. Sehen wir uns diese drei Entsprechungen genauer an!

1. Verständigung über den Anschluß von Lerntätigkeiten an den Entwicklungsstand

Der tatsächliche Anschluß einer Lerntätigkeit an bereits ausgebildete Fähigkeiten ist immer eine Selektion aus allen Fähigkeiten, die dem jeweiligen Schüler beim jeweiligen Entwicklungsstand zur Verfügung stehen. Der Schüler muß aus der Fülle seiner bereits entwickelten Fähigkeiten eine kleine Zahl auswählen, z.B. für eine neue Figur am Reck ganz andere als für das Verstehen eines unbekannten Textsinns. Wenn der Schüler einen Anschluß herstellen soll, den der Lehrer im Sinn hat, dann muß zwischen beiden eine Verständigung über diese Selektion stattfinden. Beide müssen annäherungsweise denselben Anschluß meinen und sich darüber verständigen können, z.B. daß im Erstleseunterricht beim Vorlesen eines bestimmten Wortes an die Kenntnis einer bestimmten Anzahl von Schriftzeichen angeschlossen werden kann oder daß für einen Vergleich mindestens einer von zwei Vergleichsgegenständen schon bekannt ist und erinnert werden kann. Diese Verständigung hat eine spezifische Struktur:

- *Der Aspekt der Lerntätigkeit*, über den man sich verständigen muß, besteht aus *individuellen faktischen Fähigkeiten* des jeweiligen Schülers zu einem bestimmten Zeitpunkt seiner Entwicklung, z.B. Fähigkeiten zur Identifikation von Materialeigenschaften, zum Vergleich von Texten, zum Übersetzen, zum Wurzelziehen.
- Über solche Fähigkeiten muß eine Verständigung erzielt werden, damit ein selektiver Zugriff auf sie möglich ist. Deshalb kann es immer nur eine Verständigung geben über *Fähigkeiten, die aktualisiert werden können*. Die Aktualisierbarkeit ist nicht nur für den Lehrer, sondern auch für den Schüler nur eine *Möglichkeit*. Deshalb kann die Wahrscheinlichkeit der Aktualisierbarkeit immer nur kalkuliert werden.
- *Für die Kalkulation der Wahrscheinlichkeit haben Lehrer und Schüler unterschiedliche Voraussetzungen*: Der Schüler hat einen direkten Zugriff auf schon realisierte Fähigkeiten durch Reflexion, der Lehrer hat zu ihnen nur Zugang, wenn der Schüler ihm eine Mitteilung über seinen Selbstbefund macht ("das kann ich") oder der Lehrer aus beobachteten Leistungen auf Fähigkeiten schließen konnte.
- *Beide können die Wahrscheinlichkeit einer individuellen faktischen Möglichkeit nur so gut kalkulieren, wie sie dazu fähig und willens sind*. Schüler machen sich oft Illusionen über ihre Fähigkeiten oder wissen nur ungefähr, was sie können. Lehrer überschätzen immer wieder die Fähigkeiten der Schüler, wenn sie wissen, daß bestimmte Fähigkeiten in ihrem Unterricht schon einmal geschult worden sind, und stehen außerdem vor dem unlösbaren Problem, für jede Lerntätigkeit einen Überblick über alle dafür erforderlichen und bei allen Schülern vorhandenen Fähigkeiten zu haben.
- Beide kennen keineswegs alle zur Verfügung stehenden Fähigkeiten, weil die meisten so im Gebrauch sind, daß man sich ihrer kaum noch bewußt ist und sie nur noch im Störfall Gegenstand der Aufmerksamkeit und damit bewußt werden.

Die Verständigung über Anschlüsse für Lernhandlungen ist mit großer Unsicherheit und etlichen Schwierigkeiten belastet. Trotzdem muß sie erfolgen. Sie kann in verschiedener Weise vonstatten gehen:

(1) Der Lehrer kann eine Lernaufgabe (**M9**) stellen, wofür er von sich aus *aufgrund seiner Erfahrungen unterstellt*, daß die Schüler die für ihre Bearbeitung erforderlichen Fähigkeiten besitzen; der Formulierung einer Lernaufgabe können zu einem früheren Zeitpunkt *Verständigungen über die Beobachtung von Schülerleistungen und wechselseitige Mitteilungen vorausgegangen* sein. Man kann eine Lernaufgabe aber auch ohne jede Verständigung *in einem blinden trial-and-error-Verfahren* stellen.

(2) Der Lehrer kann sich vor der Formulierung einer Lernaufgabe *gesprächsweise oder durch Wiederholungsaufgaben* vergewissern, ob einige spezielle Fähigkeiten für die neue Aufgabe schon vorhanden sind.

(3) Nach der Mitteilung einer Lernaufgabe können die für ihre Bearbeitung erforderlichen Fähigkeiten *ausdrücklich aktualisiert und im Grenzfall sogar erst erarbeitet* werden.

(4) Der Lehrer kann sich *an generalisierten Erwartungen*, z.B. was ein Schüler in einem bestimmten Entwicklungsstand oder in der fünften Klasse eines Gymnasiums kann (**M9**), *orientieren* (s. **Teil IV**).

Unterrichtspraktische Aspekte 59

Welche Form der Verständigung man auch wählt, das *Risiko* ist unaufhebbar, *daß der Schüler eine von ihm geforderte Lerntätigkeit nicht an bereits vorhandene Fähigkeiten anschließen kann.* Dieses Risiko ist mit jedem Lernen und mit jeder Verständigung verbunden. Jeder Anschluß setzt bei den Schülern Selektionskriterien (Suchschemata) und eine hochgradig automatisierte Aktualisierbarkeit der gesuchten Fähigkeiten oder einen hohen energiereichen Suchaufwand voraus. Beides ist für Lehrer und Schüler nur dann sicher erwartbar, wenn es sich um routinierte Tätigkeiten bzw. eine hohe Eigenaktivität des Schülers handelt. In nur reproduzierenden Tätigkeiten wird aber über den Wiederholungseffekt und leichte Varianten hinaus noch nichts gelernt. Mit dem Anspruchsniveau der Lernaufgabe steigt zugleich auch das Risiko, daß Anschlüsse nicht hergestellt werden können. Durch Verständigung kann deshalb das Risiko des Anschlusses nicht behoben, sondern nur verringert werden. Es kommt aber gar nicht so selten vor, daß es sogar erhöht wird, wenn die Schüler durch die Kommunikation fehlgeleitet werden.

Jede Kalkulation, wie wahrscheinlich die Aktualisierbarkeit einer Fähigkeit bei einem bestimmten Individuum ist, stellt eine *diagnostische Leistung, eine Einzelfallfeststellung,* dar. Zu einer solchen gehört notwendig, daß man überhaupt in der Lage ist, bestimmte Fähigkeiten zu identifizieren, z.B. die Fähigkeit, beim Gang durch eine fremde Stadt nach Richtungsänderungen zum Ausgangspunkt zurückzukehren. Zur Diagnose gehört aber auch noch, daß man im jeweiligen konkreten komplexen Fall solche Fähigkeiten erkennt. Dafür muß man ein möglichst *großes Wissen von möglichen Fähigkeiten* (**M3, 6 u. 7**) *haben und sich im Raum dieses Wissens gut bewegen können.* Hier ist der *Lehrer* gefordert, weil es professionelles Wissen ist, das man vom Schüler nicht fordern kann. Er wird sich mit dem Schüler umso besser über Fähigkeiten, an die eine Lerntätigkeit angeschlossen werden kann, verständigen können, je genauer er weiß, welche Fähigkeiten im jeweiligen Realitätsbereich gelernt werden können.

2. Verständigung über den Vollzug von Lerntätigkeiten

Zur Verständigung über den Anschluß kommt die *Verständigung über den Vollzug von Lerntätigkeit*en hinzu. Welche Lerntätigkeiten der Schüler vollzieht, kann vom Lehrer nur durch *Lernaufgaben* (**M9**) beeinflußt werden. *Jede Lernaufgabe enthält Gegenstands- und Prozeßkategorien, mit deren Hilfe der Schüler aus der Vielzahl von möglichen Tätigkeiten bestimmte Tätigkeiten auswählen kann.* Diesen Einfluß wiederum kann der Lehrer nur dadurch ausüben, daß er sich *über den Informationsgehalt einer Lernaufgabe, d.h. ihren Mitteilungssinn, mit dem Schüler verständigt.* Die Möglichkeiten, durch Lernaufgaben auf den Vollzug von Lerntätigkeiten steuernd einzuwirken, werden in **Teil IV** ausführlich erörtert. Hier geht es nur um die Einfügung dieser Verständigungsform in den Gesamtzusammenhang des Unterrichts.

Aus der Qualifikationsfunktion des Unterrichts ergibt sich die *asymmetrische soziale Beziehung, daß dem Schüler vom Lehrer Aufgaben gestellt werden, durch deren Lösung er lernen kann, was er lernen soll,* nicht umgekehrt oder wechselseitig. Unterricht unterscheidet sich darin vom autodidaktischen Verhalten, in welchem jemand dadurch lernt, daß er sich selbst Aufgaben stellt. Unterricht unterscheidet sich auch vom selbständigen Lernen, in dem für eigene Lernintentionen von anderen Informationen erfragt werden. - Zu dieser asymmetrischen Beziehung kommt die *symmetrische der Verständigung über solche Aufgaben hinzu,* weil die erste Funktion der Lernaufgabe für den Schüler darin besteht, daß er sie versteht, was ich als ihre Informationsfunktion bezeichne (*Grzesik* 1976b). Sie ist nur durch eine Symmetrie zwischen Lehrer und Schüler im Verständnis der Lernaufgabe erfüllbar. Auch in dem relativ seltenen Fall, daß der Schüler selbst den Inhalt einer Lernaufgabe definiert hat, wird erst in dem Augenblick Unterricht daraus, in dem er sich mit dem Lehrer darüber verständigt, daß diese Aufgabe von ihm selbst oder von der Lerngruppe gelöst werden soll. Diese doppelte soziale Beziehung wird erst dann zur Struktur der Kommunikation, wenn sie dauerhaft erwartet wird (**Kap. 2, Abschnitt 4**).

> "Ereignis/Struktur-Theorie und Erwartungstheorie werden zusammengeführt mit der These, daß Strukturen sozialer Systeme in Erwartungen bestehen, daß sie *Erwartungsstrukturen* sind und daß es für soziale Systeme, weil sie ihre Elemente als Handlungsereignisse temporalisieren, *keine anderen Strukturbildungsmöglichkeiten gibt.*" *(Luhmann 1984, 398)*

Lehrer und Schüler sind im Hinblick auf die Wechselseitigkeit der Verständigung über Lernaufgaben gleich, jedoch im Hinblick auf ihren Mitteilungssinn ungleich. Diese *Gleichzeitigkeit von Symmetrie und Asymmetrie* löst die von *Gaudig* ausgelösten Irritationen über die Lehrerfrage und unsachgemäße Auffassungen von symmetrischer Information auf. Wer wie *Gaudig* (1909) meint, daß es widersinnig sei, wenn der Wissende fragt und nicht der Unwissende, verkennt die didaktische Funktion der Lehrerfrage, was schon *Aebli* betont hat (*Aebli* 1983, 362; *Grzesik* 1976b). Und wer wie *Tausch/Tausch* (1973[7]) mit einer gewissen Berechtigung von reversibler Kommunikation im Hinblick auf Höflichkeit spricht, diese Reversibilität aber für die ganze Lehrer-Schüler-Beziehung fordert, ignoriert die notwendige Asymmetrie in der Lernaufgabe völlig.

Unterrichtspraktische Aspekte 61

Aus der Qualifikationsfunktion ergibt sich dann auch, welche Information im Unterricht dem Schüler vom Lehrer für seine Tätigkeiten mitgeteilt werden muß. Dadurch konkretisiert sich die *Sachdimension* der Kommunikation: *Der Schüler muß Informationen für das Lernen der vom Lehrer intendierten Qualifikationen erhalten.* Zu dieser soziologischen Bestimmung kommt die psychologische, wonach diese Information den Schüler in die Lage versetzen muß, *psychische Aktivitäten zu wählen, durch die diese Qualifikationen zustandekommen.* Alle Informationen dieser Art fasse ich im *Begriff der Lernaufgabe* zusammen. Ihr voller Sinn kann sich erst aus einer Psychologie des Lernens in **Teil II** (**M3 u.** 4) und aus der Erörterung der Verständigung über Lernaufgaben in **Teil IV** (**M9**) ergeben. Vorwegnehmend können hier nur *ihre Hauptkennzeichen* angeführt werden, um die Struktur der Verständigung aufzuzeigen:
- *Jede Lernaufgabe versucht die psychische Aktivität des Schülers durch Informationen für die Richtung der Aufmerksamkeit* zu steuern. Es sind dies zum einen *Informationen, mit deren Hilfe er wählen kann, worauf er seine Aufmerksamkeit richtet*, z.B. der Hinweis auf ein Aquarell, eine zu erinnernde Versuchsanordnung, eine Emotion, eine fiktive Person. Stets wird der Schüler dann dazu angeregt, eine *Information* so zu aktualisieren, daß sie ihm "vor Augen steht", und zwar als ein zuständlich gegebener Imformationszusammenhang (z.B. als die Vorstellung von einer Szene oder als die Definition eines Begriffs). - Zum anderen sind es *Informationen, mit deren Hilfe er wählen kann, welche Operationen er am Gegenstand seiner Aufmerksamkeit vollzieht.* Dann wird er z.B. aufgefordert zu unterscheiden, zu schreiben, nach einer bestimmten Methode zu analysieren. In der Regel wird durch eine Lernaufgabe beides mitgeteilt, z.B. in der Lernaufgabe "Ziehe aus dieser politischen Entscheidung Schlüsse auf mögliche Konsequenzen!". Diese Mitteilungen können sehr fragmentarisch sein, z.B. in den Äußerungen: "Lies weiter!", "Jetzt mußt du aufpassen!", "Dazu eignet sich ein Lineal.", "Was kommt wohl dabei heraus?". *Immer müssen diese Informationen aber vom Schüler zu einer Bestimmung des Gegenstandes der Aufmerksamkeit und des Operierens an diesem Gegenstand ergänzt werden. Anders kommt aus dem Mitteilungssinn keine psychische Operation als Element des psychischen Systems des Lernenden zustande.* Diese Ergänzung kann der Schüler aus dem unmittelbaren Kontext des Vorausgehenden und des Erwarteten oder aus den Beständen der schon langzeitig gespeicherten Information vornehmen. Erst wenn der Mitteilungssinn einer Lernaufgabe in eine oder mehrere psychische Operationen für ihre Lösung transformiert worden ist, kann von einer Lerntätigkeit im Unterricht die Rede sein. Dieser Transformationsprozeß kann über mehrere Etappen verlaufen und dem Schüler große Schwierigkeiten bereiten.
- *Verständigung über eine Lernaufgabe besagt: weitgehend gleiches Verstehen ihres Sinns, Akzeptieren des Sinns durch den Schüler und Wahl von Operationen, die dem verstandenen und akzeptierten Sinn entsprechen*, denn ohne Übernahme und Vollzug im Sinne des Mitgeteilten ist die erzieherische Beeinflussung nicht komplett. *Wenn es darauf ankommt, daß eine Lerntätigkeit im Sinne des Erziehers zustandekommt, dann muß er sich demnach mit dem Schüler auch über ihren Vollzug verständigen, und zwar über die ganze Dauer hin, vom Verstehen der Lernaufgabe über ihre Annahme bis zu ihrer Bearbeitung und Lösung.* Erst am Vollzug kann der Lehrer

vollends erkennen, ob der Schüler ihn verstanden hat. Ich bezeichne diese vier Prozesse als die informative, die motivationale, die operative und die normative Funktion der Lernaufgabe für den Schüler (*Grzesik* 1976a). Die Erfüllung dieser Funktionen ergibt den gesamten erzieherischen Wirkungszusammenhang, worauf ich in **Teil IV** näher eingehen werde. In ihm spielen die auf den Lehrer als Ursache zurückführbare Information der Lernaufgabe und ihre auf den Schüler zurückführbare Verarbeitung in unterschiedlicher Weise so zusammen, daß der Schüler tatsächlich eine Lerntätigkeit im Unterricht vollzieht. Ist auch nur einer der einzelnen Ursache-Wirkungs-Zusammenhänge auf der Seite des Lehrers oder des Schülers so defizitär, daß die Defizite im Gesamtzusammenhang nicht kompensiert werden können, dann kommt Unterricht nicht zustande, selbst wenn er als äußere Veranstaltung stattfindet.

- *Verständigung über Lernaufgaben ist* so *die kommunikative Regulierung einer psychischen Aktivität der Schüler*, und nicht Diagnose von Fähigkeiten. Sie steht aber mit ihr in Wechselbeziehungen, so daß der Lehrer von der Diagnose zur Lernaufgabe oder von der Lernaufgabe zur Diagnose übergehen kann. Der Lehrer muß immer wieder entscheiden, welche Regulierung er anstrebt. Obwohl Lehrer wie Schüler für das Gelingen der Verständigung unvertretbar gleichverantwortlich sind, hat der Lehrer noch eine übergeordnete Verantwortung für das Gelingen des ganzen Prozesses. Dafür braucht er *Wissen von psychischen Aktivitäten, die ich als Operationen und komplette konkrete Lerntätigkeiten* (**M6 u. 7**) *bezeichnet habe* (vgl. dazu genauer **Teil II** und **III**). Außerdem braucht er aber auch *Wissen davon, mit welchen Informationen er dem Schüler helfen kann, bestimmte psychische Aktivitäten zu wählen.*

3. Verständigung über Resultate der Lerntätigkeit

Der dritte Verständigungsprozeß gilt den Resultaten der Lerntätigkeiten (**M10 u. 11**). Seine Ausarbeitung wird in **Teil V** erfolgen, hier kommt es nur auf seine Position im Gesamtzusammenhang des Unterrichts an. Im sozialen System des Unterrichts hat er seinen Ort in den Ausgangsleistungen, die von anderen gesellschaftlichen Systemen in Anspruch genommen werden können (Output). Im psychischen System des Schülers ist es *die aus der Lerntätigkeit resultierende Fähigkeitsdifferenz gegenüber schon vorher gelernten Fähigkeiten.* Für diesen Sachverhalt gibt es wieder eine spezifische Sozial-, Sach- und Zeitstruktur der Verständigung. Das ist der Zusammenhang, aus dem sich die *Probleme der Leistungsfeststellung oder -erhebung, der Leistungsbeurteilung, der Leistungsbewertung und der Verarbeitung dieser Informationen durch den Schüler* ergeben.

Den Verständigungsprozeß über Lernresultate kann man insgesamt als *Rückmeldung* bezeichnen. Das verweist schon auf eine dialogische Sozialstruktur. Sehen wir sie uns genauer an:
- Von Lernresultaten des Schülers erfährt der Lehrer nur etwas, soweit *der Schüler* ihm *Resultate seines Tuns* in irgendeiner Form *über ein Medium, das körperliche (enaktiv), das bildliche (ikonisch) und vor allem das sprachliche (symbolisch), mit-*

teilt. Das ist natürlich wiederum ein sozialer kommunikativer Prozeß, der aber jetzt mit einer Mitteilung der Schüler beginnt. Er besteht aus der Verständigung über die erzielten Fähigkeiten der Schüler. Diagnose der Fähigkeiten und Lernmöglichkeiten findet daher nicht nur vor, sondern auch nach der Bearbeitung einer Lernaufgabe statt.

- Eine erste wichtige Differenz gegenüber einer vorausgehenden Diagnose ist aber dann die *Rückkopplung dieser Identifizierung von Fähigkeiten mit der vorausgehenden Lerntätigkeit und auch mit der Lernaufgabe, die die Lerntätigkeit angeregt hat.* Dieser Zusammenhang ist den Lehrern wie den Schülern bewußt: Es geht immer um einen *rückwärts gerichteten Vergleich der jeweils erzielten Resultate.* Deshalb sind schon bei der Identifikation von Resultaten bei Lehrer und Schüler unterschiedliche Erwartungen im Spiel mit Auswirkungen auf die Identifikationsleistung selbst. - Sobald aber in den Leistungen Fähigkeitsdifferenzen identifiziert sind, *entscheidet der Rückbezug über Erfolg oder Mißerfolg des vorausgehenden Unterrichts,* und zwar für den Schüler wie für den Lehrer, allerdings in ganz unterschiedlicher Weise. Die festgestellte Fähigkeitsdifferenz wird als *Effekt des vorausgehenden Unterrichts* verstanden, obwohl dies nur sehr bedingt stimmt. Daher geht es nicht nur um die Identifikation von erzielten Fähigkeiten bzw. Fähigkeitsverbesserungen, sondern auch um *Verständigungen über ihr Zustandekommen bzw. Gründe für ihr Ausbleiben.* Lehrer wie Schüler können unterschiedliche Zuschreibungen (Attribuierungen) vornehmen, die sich auf das weitere Lernen unterschiedlich auswirken, z.B. die Attribuierung des Schülers auf Flüchtigkeit, die des Lehrers aber auf eine fehlende Teilfähigkeit, die des Schülers auf unzulängliche Information durch den Lehrer, die des Lehrers dagegen auf unzulängliche Verarbeitung seiner durchaus zulänglich formulierten Lernaufgabe. In dieser Rückkopplung *wird der Unterricht selbstreflexiv, weil Lehrer wie Schüler, die selbst den Unterricht konstituieren, auf ihn reflektieren.* Diese Reflexion verlangt vom Schüler *Metakognition* in der Form, daß er auf *Lerntätigkeiten zurückschaut und sie erkennt.* Sie verlangt aber auch noch Metakognition auf den gesamten Prozeß des Unterrichts, und zwar von Lehrer wie Schüler. So dient sie dem *Lernen des Lernens* und dem *systemanalytischen Lernen.* Im ersten Fall leistet diese Rückkopplung eine Funktion für das Lernen des Schülers. Im zweiten Fall geht es um das Erkennen und die Stabilisierung des Unterrichtssystems.

- *Die Beurteilung und Bewertung setzen diese Identifikation voraus, da erst die identifizierte Fähigkeit an qualitativen oder quantitativen Maßen gemessen werden kann.* Sie sind nur dann auf die Rückkopplung angewiesen, wenn der individuelle Fortschritt beurteilt (Individualbezug) oder wenn Entstehungsbedingungen der Fähigkeitsdifferenz mildernd oder verschärfend in die Beurteilung einbezogen werden sollen. Wird die identifizierte Fähigkeit mit den Fähigkeiten anderer verglichen (Sozialbezug) oder mit einem feststehenden Qualitätsmaßstab, der in der Sache liegt oder als Gütekriterium festgesetzt worden ist (Sachbezug, Kriterienbezug), dann sind Beurteilung und Bewertung unabhängig von der Rückkopplung. Kriterien (z.B. "sorgfältig ausgearbeitet", "vollständig", "sachlich ungenau") und Wertmaße ("Mehr oder weniger als die mittlere Punktzahl", "15 sprachliche Fehler", "erster Rangplatz

= Note 'sehr gut'") werden dann direkt auf die identifizierte Leistung angewendet. Verständigungsbedarf entsteht hier allerdings für den Definitionsgehalt des Maßes und die Begründung der Wahl eines bestimmten Maßes durch den Lehrer. Es stehen Beurteilungs- und Bewertungssystem sowie ihre Anwendung zur Debatte. Wiederum ist dies ein wichtiger Lernprozeß für den Schüler und auch eine Frage der Stabilität und Effizienz des Unterrichtssystems. Der Schüler erhält in diesem Prozeß *die für Erziehung unerläßliche Rückmeldung, wieweit die erzielte Fähigkeit der durch den Erzieher intendierten Fähigkeit entspricht.* Ohne eine solche Rückmeldung weiß der Schüler nicht, ob sein Lernen den Erwartungen entspricht, und verweigert der Lehrer die Pflicht seiner Generation, über das zu Tradierende und auch über den Wert der von den Schülern erzielten Innovationen zu urteilen. Erziehen kommt dann nicht zustande, weil dem Lernen die Fremdbestätigung fehlt und der Erzieher seine Rolle nicht ausübt. Nach der Lösung einer Lernaufgabe kalkulieren die Schüler, ob sich eine Lerntätigkeit gelohnt hat. Nur wenn sie sich gelohnt hat, wird sie auch behalten, was in den Lerntheorien unter der Bezeichnung Verstärkung (reinforcement) behandelt wird. In diesem Kalkül (**M10 u. 11**) spielt die Rückmeldung des Lehrers eine wichtige Rolle (s. **Teil V**).

- Der Rückmeldeprozeß ist keineswegs damit abgeschlossen, daß die Schüler die Beurteilung und Bewertung durch den Lehrer verstehen. Unterricht kann nicht bei der Kenntnisnahme des Urteils durch den Schüler aufhören, sondern zu ihm gehört noch das *Akzeptieren oder Ablehnen des Lehrerurteils durch den Schüler ebenso wie die Beeinflussung künftiger Lerntätigkeiten durch seine Verarbeitung solcher Urteile* (**M10**). Erst wenn auch die Verarbeitung des Lehrerurteils noch zum Unterricht gerechnet wird, ist die Rückmeldung im vollen Sinne erzieherisch. Das erfordert aber eine *Verständigung über die internen Verarbeitungsprozesse sowohl des Urteils als auch der Bewertung,* die vom Lehrer stammen, durch den Schüler. Diese Auseinandersetzung mit den fremdgesetzten Normen führt beim Schüler nicht nur zu deren Kenntnis, sondern zur Ausbildung eines eigenen Beurteilungs- und Wertungssystems. Es ist ein Teil seines "Selbst" und dient der Selbststeuerung (**M11**).

Obwohl es in den Verständigungsprozessen, die ich unter dem Terminus der Rückmeldung zusammengefaßt habe, von Anfang bis Ende um Fähigkeiten geht, die der Schüler erzielt hat, handelt es sich um unterschiedliche Verständigungen mit einer eigentümlichen sozialen Dialektik und Verlaufsform: *Es muß eine Verständigung erzielt werden über Fähigkeiten des Schülers, über Urteile und Wertungen des Lehrers und über die Reaktionen des Schülers auf diese Urteile und Wertungen.* Diese soziale Dialektik, dieser sachliche Beziehungszusammenhang aus drei Stücken und dieser zeitliche Dreischritt bilden einen eigenen Komplex im Unterricht.

Natürlich stehen *diese drei Verständigungsprozesse in Zeitbeziehungen zueinander*. Es scheint zwischen ihnen eine sequentielle Ordnung zu geben (Identifikation, Beurteilung, Reaktion), aber sie kann nicht ausschließlich bestimmend sein, weil nicht alle Schritte sich einer einzigen sequentiellen Ordnung fügen, weil sie keineswegs alle stets vollständig aufeinander folgen und vor allem, weil sie in hohem Maße gleichzeitig, vielleicht sogar in einem einzigen Prozeß integriert, auftreten können. In einer Bestätigung eines Selbsturteils des Schülers durch den Lehrer sind z.B. alle anderen Verständigungen mitbetätigt.

Kapitel 4:
Die Verständigung über Lerntätigkeiten im Unterricht vollzieht sich in einem zirkulären Prozeß der Lösung von Lernaufgaben

Die Kommunikationsstruktur des Unterrichts realisiert nicht nur in jedem Moment den Beziehungszusammenhang zwischen Eingangs- und Ausgangsleistung des Systems unter der Qualifikationsfunktion, sondern dies geschieht auch in größeren *Zeitspannen von wenigen Minuten bis zu vielen Stunden.* - Die grundlegende Strukturierung jeder Zeitspanne besteht aus einer *besonders gearteten Abfolge der unterschiedenen drei Kommunikationen, durch die sich der Unterricht von allen anderen sozialen Systemen unterscheidet.* Die *elementare zeitliche Einheit des Unterrichts* besteht damit nicht aus einer einzelnen Kommunikation, sondern schon aus einer *spezifischen Sequenz von Kommunikationen* (Kommunikationsstruktur) (**M9**). - *Der gesamte jeweilige Unterrichtsverlauf in seiner vollen zeitlichen Erstreckung* besteht dann aus einer *Aneinanderreihung solcher elementaren Unterrichtseinheiten,* und da sich innerhalb jeder elementaren Unterrichtseinheit dieselbe Abfolge von Verständigungen wiederholt, die mit der Diagnose von Lernmöglichkeiten beginnt, hat der Unterricht eine *zyklische Kommunikationsstruktur.* - Die Aneinanderreihung dieser Einheiten richtet sich nach *Anschlußmöglichkeiten des Lernens.* Deshalb besitzen die curricularen *Anschlüsse lernpsychologische Anschlußrationalität,* nämlich entweder einen begründbaren Wechsel zu einem anderen Lernbereich oder zu einer anderen "Stufe" des Lernens im selben Realitätsausschnitt. - Soziales und psychisches Prozessieren spielen im Unterricht so zusammen, daß *durch jede zyklische Kommunikation eine Anschlußmöglichkeit des Lernens sozial bearbeitet wird.* Die zyklische Struktur ist die ständig wiederkehrende *konstante Kommunikationsstruktur* (**Kap. 2, Abschnitt 4**). In ihr wird *der ständig sich verändernde Prozeß des Lernens* bearbeitet.

(1) Im Unterricht werden durch den sozialen Prozeß der Verständigung bei Schülern und Lehrer spezifische psychische Prozesse in Gang gesetzt

Lernen und Lehren sind psychische Prozesse bei Schüler und Lehrer mit unterschiedlicher psychischer Anschlußrationalität (**M9**). Sie sind nur an den Stellen miteinander verbunden, an denen durch Kommunikation Verständigung hergestellt wird. Diese Verständigungen haben keine psychische, sondern soziale Anschlußrationalität. Kurz: Es werden bei jeder Verständigung *zwei Formen des psychischen Prozessierens durch eine Form des sozialen Prozessierens* "punktuell" miteinander gleichgesetzt. Deshalb ist die durch Verständigung erzielte Gleichheit gleichsam der "Trans-formationsriemen", d.h. das "auf zwei unterschiedlich große Scheiben gleich gut passende Endlosband", zwischen zwei unterschiedlich prozessierenden psychischen Systemen. Nur durch Verständigung greifen beide so ineinander, daß der Lehrer Lerntätigkeiten beim Schüler "in Gang setzt" (s. **Abb. 4**).

Diese *Systemdifferenz* verweist darauf, daß Unterricht weder ein rein psychischer Prozeß noch ein rein sozialer Prozeß ist. Das erste Mißverständnis gibt es in der Psychologie, z.B. der Reiz-Reaktionstheorie, aber darüber hinaus auch in vielen Untersuchungen der heutigen Pädagogischen Psychologie. Das zweite Mißverständnis ist in den Sozialisationstheorien der Soziologie weit verbreitet, die die Lernprozesse auf "Internalisation" reduzieren. Einige Beziehungen zwischen Lehrer und Schüler mögen dies verdeutlichen: Die Kommunikation regelt das psychische Prozessieren keineswegs Punkt um Punkt, sondern *nur an den Punkten, an denen Verständigung erzielt wird*. Diese Punkte sind gegenüber dem ganzen Umfang der beteiligten psychischen Prozesse *an Informationsgehalt außerordentlich gering*. Da für die Vermittlung dieser Information trotzdem viel und oft viel zu viel Zeit verbraucht wird (Langsamkeit der gesprochenen Sprache, Kompliziertheit der Informationsverarbeitungsprozesse für die Verständigung), müßte der Umfang der kommunikativen Prozesse sogar zugunsten von schnelleren Selbstregulierungen der Schüler so stark wie möglich reduziert werden. - Obwohl der Lehrer mit mehreren Schülern in der Verständigung Gemeinsamkeiten herstellt, können sogar *gleichzeitig, aber vor allem in den Zeiten, in denen nicht kommuniziert wird, die psychischen Prozesse der einzelnen Personen höchst different* sein. Deshalb kann sich der Lehrer, während er eine Aufgabe stellt und erst recht, wenn die Schüler eine Aufgabe lösen, in komplizierten Sachzusammenhängen, in psychischen und in unterrichtlichen Zusammenhängen bewegen. Die Schüler können je nach Fähigkeit bei der Lösung von Aufgaben sehr unterschiedliche psychische Prozesse vollziehen, weshalb im selben Unterricht sehr Unterschiedliches gelernt wird, ganz zu schweigen von Aktivitäten außerhalb der Aufgabenstellung, z.B. bei der Beobachtung des Lehrers oder in der Form von eigenen Überlegungen. Gleiche Effekte bei allen Schülern kann es deshalb nur in dem schmalen Bereich derjenigen Lerntätigkeiten geben, die durch die Kommunikation intendiert sind, und auch da sind die Effekte aufgrund der unterschiedlichen Aufgabenbearbeitung häufig noch sehr unterschiedlich. - Bei Lehrern und Schülern gibt es in den Tätigkeiten die *prinzipielle Differenz zwischen planenden Operationen, die nur innerpsychisch ablaufen, und kommunikativen Operationen, die sich in einem externen Medium manifestieren*. Es kann natürlich auch über planende Tätigkeiten kommuniziert werden, dann sind aber die Vorüberlegungen für diese Kommunikation über Planung selbst wieder Planung und deshalb innerpsychisch. *Die planenden Operationen übergreifen die kommunikativen, indem sie zurückgreifen (Retrospektion) und vorgreifen (Prospektion). Die ausgearbeiteten Pläne sind dann mit den kommunikativen Operationen, durch die sie ausgeführt werden, gleichzeitig präsent, weil sie als Entwürfe die Ausführung leiten.*

Theoretische Grundlagen 67

Schüler

Lehrer

■ beteiligte Informationen
▨ unbeteiligte Informationen

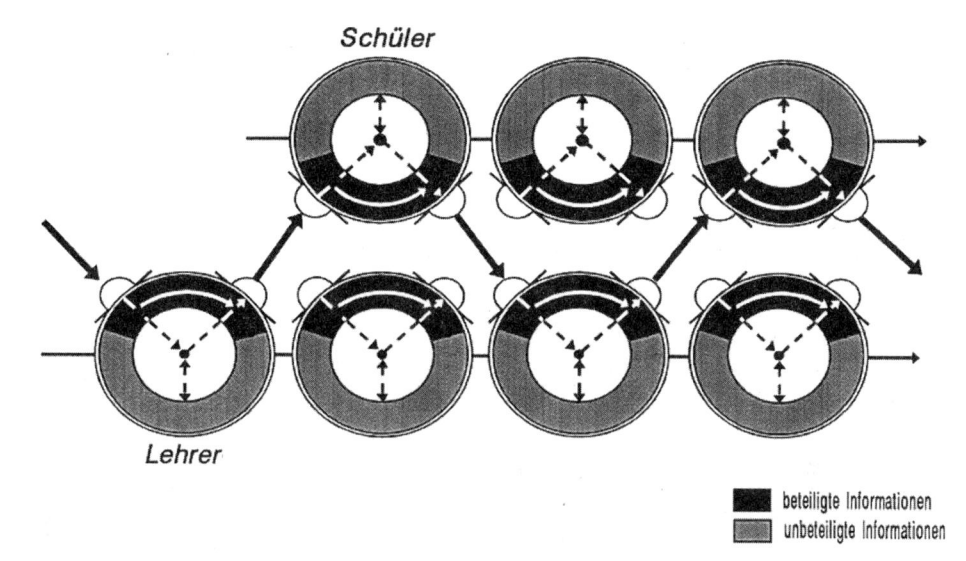

Abb. 4: Die Kommunikationsstruktur des Unterrichts (Die Lehrer-Schüler-Interaktion)

Zwischen Lehrer und Schüler gibt es punktuelle kommunikative Kontakte. Jede aufgenommene Information wird verarbeitet bis zu einer Mitteilung an den anderen. An diesen Aktivitäten ist zwar jeweils die ganze Person, aber nur ein Bruchteil der ihr zur Verfügung stehenden Information beteiligt. Zwischen den Kontakten finden weitere innerpsychische Prozesse statt, die einen Beitrag zur Kommunikation vorbereiten oder aber auch dysfunktional für den Unterricht sein können.

(2) Die wechselseitige Vorgabe von Selektionskriterien ist der Mikroprozessor des Zyklus

Die kommunikative Interaktion verläuft im gesamten Zyklus prinzipiell in einer wechselnden Vorgabe von Selektionskriterien durch den Lehrer und den Schüler für den jeweils anderen. Diesen Vorgaben entspricht beim anderen eine Selektion von psychischen Aktivitäten. Durch diese Differenz kommt es überhaupt erst zu einem fortschreitenden kommunikativen Prozeß, weil die Vorgabe des einen vom anderen für die Selektion benutzt wird (*Luhmann* 1979). Die Vorgabe von Selektionskriterien geschieht durch die Auswahl und Mitteilung einer bestimmten Information durch den einen, die Selektion in der Form von Wahlen von eigenen Operationen aufgrund der erhaltenen Mitteilungen durch den anderen. Prinzipiell kann so jeder *die Selektionen des anderen beeinflussen*. Wie gut dies gelingt, hängt aber von den Fähigkeiten des Lehrers und der Schüler ab. In dem Maße, in dem es gelingt, ist dann der eine vom anderen abhängig. - Prinzipiell kann aber jeder auch anders handeln, als es von ihm aufgrund der Vorgabe von Selektionskriterien erwartet wird. Sein Handeln ist insofern für den anderen kontingent, zufällig. *Keiner kann den anderen determinieren, sondern jeder ist frei, die ihm zugedachte Abhängigkeit einzugehen oder nicht.* Im sozialen Schematismus herrscht psychische Freiheit.

Diese Struktur wird noch dadurch kompliziert, daß das Handeln von Lehrer wie Schüler nicht nur durch die jeweilige Äußerung des anderen mitbestimmt werden kann, sondern auch durch das, was sie vom anderen dauerhaft erwarten. *Auch das beim anderen erst Erwartete beeinflußt die Auswahl von Selektionskriterien.* Wenn ein Lehrer von einer ganzen Klasse gute Mitarbeit erwartet, wird er andere Selektionskriterien für sie wählen als im umgekehrten Fall. Wenn Schüler einen anspruchsvollen Fachunterricht erwarten, werden sie andere Einstellungen wählen als im gegenteiligen Fall. Wenn andere als die erwarteten Bedingungen auftreten, entstehen Konflikte zwischen erwarteten und wahrgenommenen Bedingungen, die die bereits gefällten Entscheidungen in Frage stellen.

Jeder Vorgabe für den anderen liegen eigene Selektionen zugrunde und jeder eigenen Selektion Vorgaben des anderen. Das ergibt eine *Symbiose, die durch den Wechsel von Anrede und Antwort* zustandekommt. Jede Anrede "nötigt" zu einer Antwort mit einer gar nicht so sanften Gewalt, auch wenn der Inhalt der Antwort sehr ausweichend ist. Unterricht ist nur in dieser dyadischen Kommunikation von Lehrer und Schüler möglich (**Abb. 4**). Für die physische Präsenz und den face-to-face-Kontakt gibt es bis jetzt keine gleichwertige Alternative. Alle Versuche, den Part des Lehrers durch ein Programm zu ersetzen, sind bis jetzt an der Dürftigkeit und Starrheit der Programme im Verhältnis zu den psychischen Möglichkeiten der Kommunikation des Lehrers mit dem Schüler gescheitert.

Theoretische Grundlagen 69

(3) Der Handlungszyklus ist der Makroprozessor für die Abfolge der wechselseitigen Vorgaben

Die Abfolge der wechselseitigen Vorgaben und der Selektionen wird durch die zyklische Handlungsstruktur der Lern- und Lehrtätigkeit geregelt (s. **Teil IV**): Der *Wahrnehmung einer unbefriedigenden Situation* folgt die *Antizipation* einer befriedigenden Situation als Ziel, ein *Planen* der Überbrückung der Diskrepanz zwischen Ausgangs- und Zielsituation, eine *Realisierung des Plans in einer Folge von ausführenden Operationen* und ein *Vergleich* zwischen der erreichten Situation und der Anfangssituation. Ist der unbefriedigende Zustand behoben, wird die *Tätigkeit beendet*. Der Zyklus beginnt aber wieder mit der Feststellung, daß das erzielte Resultat noch nicht befriedigt oder eine andere unbefriedigende Situation eintritt. Für den *Handlungszyklus* ist kennzeichnend: die Regelung des ganzen Prozesses durch ein *Bedürfnis*; das *Erkennen* einer Situation, die dem Bedürfnis nicht entspricht; die antizipierende Konstruktion einer dem Bedürfnis entsprechenden Situation; die ganzheitliche Repräsentation des Prozesses der Veränderung der Ausgangssituation; *Operationen* mit dem Zweck der bedürfnisgerechten Veränderung der Situation; *Rückkopplung* des erzielten Resultats mit der Ausgangssituation unter dem Maßstab der Bedürfnisbefriedigung. Das ist nicht zufällig so, sondern hat seinen Grund in der Struktur des psychischen Systems, die wiederum der Struktur der neuronalen Aktivität unseres Organismus entspricht (**M3**). Organisches und psychisches System sind im Hinblick auf die zyklische Form der Handlung strukturgleich (vgl. dazu **Teil II**).

Ich habe in dieser Beschreibung die Annahme übernommen, daß die Grundform des psychischen Prozessierens der *Rückkopplungskreis* (**M9 u. 10**) ist. Diese Annahme haben schon 1960 *Miller/Galanter/Pribram* vertreten. Sie unterscheiden eine Testphase, in der eine Inkongruenz festgestellt wird (Test), eine Phase des Operierens, in der versucht wird, durch planende und ausführende Operationen die Inkongruenz zu beheben (Operate), eine Testphase, in der das Resultat des Operierens mit dem Resultat der ersten Testphase verglichen wird (Test) und die Beendigung dieses Prozesses (Exit). Das Akronym ergibt dann die TOTE-Einheit.

> "Eingangsenergien werden in der Prüfung (Test) mit gewissen Kriterien, welche im Organismus festgehalten sind, verglichen. Eine Reaktion erfolgt, wenn das Resultat des Tests eine Inkongruenz aufweist. Die Reaktion geht weiter, bis die Inkongruenz verschwindet, womit der Reflex zu Ende gekommen ist. Wir haben also eine Rückkopplung vom Handlungsresultat zur Testphase, eine rekursive Schleife." (*Miller/Galanter/Pribram* 1973, 33)

(4) Der Unterricht besteht aus dem Ineinandergreifen der Handlungszyklen von Lehrer und Schülern

Im sozialen System des Unterrichts müssen die psychischen Prozesse von Lehrern und Schülern so ineinandergreifen, daß beide Systeme trotz ihrer Unterschiedlichkeit gleichzeitig prozessieren können. Das ist nur möglich, wenn beide zeitlich versetzt nach

dem TOTE-Modell prozessieren, d.h. wenn einem *Testen* des einen ein *Operieren* des anderen entspricht. Das ergibt die folgende Interaktionsstruktur:
1. Der Lehrer erkennt im Zustand des Schülers und nicht in seinem eigenen eine Diskrepanz zwischen einer schon gelernten Fähigkeit und einer Fähigkeit, die gelernt werden kann (Der Schüler operiert, der Lehrer testet).
2. Der Lehrer formuliert eine Lernaufgabe, der Schüler versteht sie und akzeptiert sie als Teil seiner Situation (Der Lehrer operiert, der Schüler testet und erkennt in der Lernaufgabe eine Information, die in Spannung zu seinen Fähigkeiten steht).
3. Der Schüler sucht die Lernaufgabe zu lösen, er plant und operiert (Der Schüler operiert, und der Lehrer testet, d.h. er beobachtet ihn dabei, soweit ihm Ergebnisse der Operationen mitgeteilt werden).
4. Der Lehrer beurteilt und bewertet die von ihm getesteten Resultate der Schülertätigkeit, der Schüler versteht die Urteile und Wertungen (Der Lehrer operiert, der Schüler testet die Reaktion).
5. Der Schüler vergleicht diese Urteile und Bewertungen mit seiner eigenen Beurteilung und Bewertung, der Lehrer sucht entsprechende Äußerungen zu verstehen (Der Schüler operiert, der Lehrer testet).
6. Lehrer und Schüler stellen fest, daß die angestrebte Fähigkeit erzielt ist oder daß sie noch nicht erzielt ist (Exit oder Beginn eines neuen Durchlaufs durch die Struktur mit 2.).

In jeder Teilphase (**M9**) des Zyklus prozessieren beide *unterschiedlich, aber komplementär*. Keine Teilphase kommt ohne Verständigung zustande, aber in jeder geschieht viel mehr, als kommunikativ verhandelt wird. Jede Teilphase kann nochmals in Teilphasen mit derselben Struktur aufgegliedert werden. Alle sechs Teilphasen stellen eine soziale Verschränkung der Teilphasen Test-Operate-Test-Exit bei jedem von ihnen dar. Sie bilden die Prozeßstruktur, der die Planung und eine Bedürfnisstruktur zugrundeliegt. Alle sechs Teilphasen bilden eine auf den Beginn zurückbezogene Einheit, aus der keine von ihnen herausgenommen werden kann, ohne den gesamten Prozeß zu zerstören. Diese zirkuläre Prozeßform kann als allgemeine Struktur für den Vollzug von Lerntätigkeiten in jeder Teilphase weiter ausgebaut werden. Ohne diese konstante zirkuläre Prozeßstruktur gibt es keinen Unterricht (vgl. hierzu *Smith* 1961 und *Grzesik* 1979).

(5) Lehren und Lernen sind Problemlöseprozesse, durch deren Ineinandergreifen die zyklische Struktur der Unterrichtsphase entsteht

Durch die zyklische Kommunikation zwischen Lehrer und Schüler werden Lehrtätigkeiten und Lerntätigkeiten so miteinander verbunden, daß die Lehrtätigkeiten den Schüler zu Lerntätigkeiten (**M9 u. 10**) anregen. Der *soziale Prozeß* stellt einen Kontakt zwischen zwei unterschiedlichen *psychischen Prozessen* her. *Sie haben die Struktur der Problemlösung, aber in beiden Fällen geht es um unterschiedliche Probleme: das Lernen und das Lehren.* Erst durch das Ineinandergreifen dieser beiden Problemlösungsprozesse wird die zyklische Kommunikation zum *vollentwickelten Zyklus*. Der

Unterrichtspraktische Aspekte 71

wechselseitige Verständigungsprozeß kann dann *auf jeden Teilprozeß in der gesamten Lerntätigkeit bezogen werden*, soweit der Lehrer ihn zu unterscheiden vermag. *Auf diese Weise kann der gesamte psychische Prozeß des Lernens* (**M3 u. 6**) *im Unterricht* (**M9 u. 10**) *bearbeitet werden*.

Lernen ist Problemlösen (**M6 u. 9**), weil in einer voll routinierten Tätigkeit nur insoweit noch etwas gelernt wird, als durch Wiederholung die Behaltensdauer erhöht wird und die unvermeidliche Variation auch der routiniertesten Tätigkeit schon eine Modifikation darstellt. Wird dem Schüler eine Lernaufgabe (**M9**) gestellt, so ist diese Aufgabe für ihn ein Lernproblem, und zwar selbst dann, wenn es nur um die Reproduktion von Vokabeln oder die automatische Anwendung eines Rechenverfahrens geht, weil ihre Lösung nur in Grenzfällen so glatt verläuft, daß keine Schwierigkeiten mehr bewältigt werden müssen. Auch die Überwindung von Unlust ist eine Schwierigkeit (Barriere). Vom Grenzfall der reinen Routine bis zum Grenzfall der unlösbaren Aufgabe gibt es bei Lernaufgaben ein Kontinuum von schnell anwachsenden Schwierigkeiten. Es hat deshalb keinen Sinn, analog zur Arbeitswelt zwischen Lern*aufgaben* als Routinen und Lern*problemen* zu unterscheiden (*Dörner* 1987³). In der Praxis wird man freilich durchaus sagen können, "diese Aufgabe ist (für euch) ein Problem", während man andere für unproblematisch hält.

Lehren ist immer ein Problemlösen (**M9 u. 10**), weil es in keinem Fall sicher ist, ob der Schüler lernt, was er lernen soll, sondern Ziel, Ausgangsbedingungen und Verlauf mit Unsicherheiten behaftet, keineswegs durchgehend bekannt und deshalb schwer zu regulieren sind. Selbst die Routinen, über die jeder Lehrer verfügt, muß er von Fall zu Fall anders kombinieren und konkretisieren, damit er den tatsächlichen Gegebenheiten gerecht wird und sie nicht durch das Schema einer Routine nivelliert. Lehren ist aber nicht nur das Problem des Lehrers, *die Abfolge seines eigenen Vorgehens* zu regeln, sondern er muß durch sein Vorgehen *das Problemlösen des Schülers* regeln. Der Lehrer steht deshalb vor einem *doppelten Problem, sein eigenes Vorgehen zugleich für den Problemlöseprozeß des Schülers zu regeln*. - Daraus resultiert der spezifische Schwierigkeitsgrad des Lehrproblems, für den es natürlich in anderen Berufen Entsprechungen gibt, und zwar überall dort, wo das Handeln anderer beeinflußt werden muß. Aus dieser Struktur erwachsen die Anforderungen an den guten Lehrer und ergeben sich die Möglichkeiten des Erfolgs. Ein Lehrer, der hohen Lernerfolg anstrebt, ringt mit der Lösung des dargestellten Problems des Lernens und des Lehrens. Schlechter Unterricht und völliges Scheitern resultieren dagegen aus Defiziten in dieser doppelten Fähigkeit, die beiden Probleme gleichzeitig zu bewältigen, d.h. die erzieherische Beeinflussung so zu regeln, daß sie zu Lösungen des Lernproblems beiträgt.

Über die allgemeinen Etappen jedes Problemlöseprozesses herrscht heute eine weitreichende Übereinkunft (*Lass/Lüer* 1990), die bis zur Gestaltpsychologie zurückreicht. In der Pädagogik haben zuerst *Dewey* (1964³) und *Kerschensteiner* (1965[16]; 1963⁶) das Lernen, nicht aber das Lehren als Problemlöseprozeß verstanden. Mit der Unterscheidung mehrerer Etappen des Problemlösens ist noch nicht gesagt, daß es nur diese Etappen gibt, aber auch nicht, daß sie alle in jedem Lern-Lehrprozeß realisiert werden müssen. Selbstverständlich gibt es in der Praxis vorteilhafte Verkürzungen, gibt es Automatisierungen und gibt es auch Extremfälle, in denen dem Anschein

72   Unterrichtsphase: Zyklus aus Problemlöseprozessen des Lehrens und Lernens

nach keine Problemlösung stattfindet oder aber, ganz im Gegensatz dazu, jede Etappe selbst wieder voller Probleme steckt. - Ich unterscheide jetzt nur die *Hauptetappen im Prozeß der Lösung des Lernproblems und des Lehrproblems*, und zwar getrennt voneinander. Es ist wichtig, diese Etappen nicht als strenge Sequenz, sondern als die Aufgliederung des gesamten Problemlösungsprozesses in Teiltätigkeiten zu sehen, die zu einem beträchtlichen Teil simultan verlaufen können. Sie werden erst in den **folgenden** Teilen des Buches ausgearbeitet.

Für das *Lernproblem* können unterschieden werden:
- *Die Auffassung des Mitteilungssinns der Lernaufgabe als Problem*, das heißt: "Der Problemlöser muß sich darüber Klarheit verschaffen, daß er selbst einer zu bewältigenden Anforderung gegenübersteht. Diese Anforderung enthält im Falle des Problemlösens immer ein Ziel, das erreicht werden muß." (*Lass/Lüer* 1990, 296). Der Schüler weiß vom ersten Tag an, daß die Aufgaben, die ihm gestellt werden, ihn fordern. Er weiß auch, daß er sich ihre Lösung zum Ziel setzen muß.
- *Analyse der Problemstruktur der Lernaufgabe*, z.B. einer mathematischen Textaufgabe, das heißt: "Zunächst muß der Problemlöser die an ihn gestellte Anforderung verstehen, d.h. er muß sich über die mit dem Problem verbundene Zielsetzung im klaren werden, die Ausgangsbedingungen erkennen sowie seine Handlungsmöglichkeiten einschätzen." (*Lass/Lüer* 1991, 296). Hier geht es um die Umsetzung des Textes der Lernaufgabe in eine Problemstruktur.
- *Erkennen der Barrieren, d.h. aller Hindernisse, die der Zielerreichung im Wege stehen*, insbesondere von Defiziten in den Ausgangsbedingungen, von unzureichenden Kenntnissen über das Ziel, von fehlenden Operationen, d.h. sukzessiv für die Zielerreichung einsetzbaren Teiltätigkeiten, von emotionalen Widerständen, von behindernden Einstellungen zum Problemlöseprozeß, z.B. zu großer Hast oder zu großer Gleichgültigkeit. "Der Problemlöser muß erkennen, daß ihm für die Erreichung des Zieles nicht unmittelbar Lösungswege offen stehen bzw. Mittel zur Herbeiführung des gewünschten Ergebnisses verfügbar sind." (*Lass/Lüer* 1991, 296)
- *Entwurf eines Lösungsplanes in Gestalt einer hierarchischen (geschachtelten) Ordnung von Teilplänen für einzelne Tätigkeiten bis zu ihrer Auflösung in einer lückenlosen Kette von Teiltätigkeiten ("und dann")*. Der Lösungsplan einschließlich der in ihm eingeschachtelten Teilpläne ist eine *ganzheitliche Antizipation des Lösungsprozesses*, die aus Kategorien besteht, z.B. "eine Gliederung ausarbeiten". Er braucht keineswegs schon für die ersten Schritte komplett erstellt zu werden bis zur Auflösung in Teiltätigkeiten. Es kann schon mit der Ausführung begonnen werden, wenn auf den höheren *Hierarchieebenen* das Procedere im großen festgelegt ist. Bei der Ausarbeitung von Plänen werden ebenso wie bei ihrer Realisierung u.U. noch Barrieren entdeckt, die behoben werden müssen.
- *Vollzug der Lösung als Aneinanderreihung von Teiltätigkeiten, die vom Ausgangszustand zum Zielzustand führen*. Auch hier kann es wiederum zu eingeschachtelten Problemlöseprozessen kommen.
- *Kontrollprozesse für die erzielten Resultate, auch für die Teilresultate*. Retrospektiv und prospektiv wird der Bezug zwischen Resultaten auf der einen Seite und der Lernaufgabe sowie dem Lösungsplan hergestellt und werden die Resultate auch auf ihre sachliche Richtigkeit hin überprüft. In dieser Reflexion werden nicht nur die Er-

gebnisse, sondern auch das eigene Vorgehen zugänglich (Metakognition), was zum Lernen von Methoden, Taktiken und Strategien führt.

Für das *Lehrproblem* können die Etappen so gefaßt werden:
- Erkennen eines *Lerndefizits bzw. einer Lernmöglichkeit beim Schüler als Problem*, zu dessen Lösung man beitragen will.
- *Analyse des Lernproblems* beim Schüler in Hinblick auf die soeben angeführten Etappen und *Analyse des Lehrproblems* bis zu seiner Lösung in einer Folge von Kommunikationen von der Stellung der Lernaufgabe bis zu Formen der Beurteilung und Beratung.
- *Barrierenbewußtsein für das Lern- und das Lehrproblem*, d.h. Aufspüren der Schwierigkeiten, die beim Schüler oder beim Lehrer selbst liegen können.
- *Planung des Lösungsweges für das Lehr-Lernproblem*, d.h. Beseitigung der Hindernisse entweder durch eigene Planungsarbeit oder in der Kommunikation mit den Schülern bis hin zum Entwurf einer Sequenz von Kommunikationen für das Ineinandergreifen von Lehren und Lernen.
- *Ausführung der Sequenz von Kommunikationen*, d.h. des Unterrichts.
- Kontrollprozesse für das eigene Vorgehen, Rückbezug auf das zu behebende Lernproblem, Rückbezug auf die eigene Planung, Kontrolle der Resultate der Unterrichtseinheit durch Leistungsanalysen unterschiedlicher Art.
- Entscheidung zur zusätzlichen Bearbeitung des noch nicht behobenen Leistungsdefizits oder für die Bearbeitung einer weiteren Diskrepanz.

Diese erste Gegenüberstellung zeigt die *Strukturäquivalenz*, aber auch die gravierende *Strukturdifferenz* im Problemlöseprozeß von Lehrer und Schüler: Das Problem des Lehrers umschließt das Problem des Schülers, das Lernproblem ist dem Lehrproblem inhärent. Die beiden Problemlöseprozesse des Lehrens und des Lernens sind so gegeneinander versetzt, daß der Lehrer mit der Stellung der Lernaufgabe schon den ersten Schritt seines Lösungsprozesses vollzieht, während der Schüler erst sein Bewußtsein vom Lernproblem entwickeln kann. Die Lösung des Lehrproblems durch die Produktion von Mitteilungssinn ist abhängig von der Antizipation der Lösung des Lernproblems durch den Schüler, auf die der Lehrer keinen Einfluß hat, die er nur planend konstruieren kann. Während der Schüler in seiner Perspektive verweilen kann, muß der Lehrer die Perspektive des Schülers mit einbeziehen. Er muß das ganze System des Unterrichts in den Blick fassen, d.h. von einer höheren Reflexionsstufe aus *systemanalytisch denken*. Nicht nur das Bewußtsein von der Struktur des Lernproblems, sondern auch von den Barrieren des Lernproblems, z.B. vom Bestimmtheitsgrad der Ziele, vom Lösungsplan, vom Vollzug der Teiltätigkeiten und den Reflexionen, kurz vom gesamten Prozeß der Problembearbeitung ist bei Lehrer und Schüler prinzipiell unterschiedlich, weil es sich um zwei psychische Systeme handelt, die nur durch Kommunikation partiell Äquivalenz erreichen können (**Abb. 4**), wozu noch die für die Asymmetrie des Unterrichts spezifischen sowie die jeweiligen individuellen Unterschiede hinzukommen. Hier wird offenkundig, daß Unterricht alles andere als ein einfacher Schematismus ist: Seine Komplexität und Vielfalt ergibt sich aus der *Verschränkung zweier unterschiedlicher Problemlöseprozesse zu einem interaktiven Problemlöseprozeß von hoher Schwierigkeit*.

74 Unterrichtsphase: Zyklus aus Problemlöseprozessen des Lehrens und Lernens

Die kleinste konkrete Einheit der beiden ineinander verschränkten Prozesse der Lösung von Lehr- und Lernproblemen ist die *Unterrichtsphase* (**M9**). *Eine Unterrichtsphase läßt sich* als diejenige *Zeiteinheit* definieren, *die für die Bearbeitung einer Lernaufgabe erforderlich ist* (vgl. **Teil IV**). - Wie alle bisher unterschiedenen Einheiten ist auch ihr *Umfang relativ*, weil Lernaufgaben sehr unterschiedliche Bearbeitungszeit erfordern, weil eine Lernaufgabe in Teilaufgaben aufgeteilt und umgekehrt in eine umfassendere integriert werden kann und weil auch zur Bearbeitung einer noch so einfachen Lernaufgabe, wie der Reproduktion eines Namens, nochmals eine Hilfsphase er-forderlich sein kann. - *Die Unterrichtsphase besteht mindestens aus einem Lehr-Lern-Zyklus, größere Phasen dementsprechend aus mehreren Grundzyklen. Sie hat aber auch als ganze die zyklische Struktur der Verständigungen über Lerntätigkeiten.* Diese Verständigungen erhalten ihre angemessene Differenzierung in den Etappen des Problemlöseprozesses. - *Die Phase ist ein sozialer, d.h. hier kommunikativer, Regelkreis, in den Regelkreise von Lehren und Lernen als psychische Regelkreise eingeschachtelt sind.* Dieser Regelkreis beginnt mit dem Verständigungsprozeß über eine Lernaufgabe und endet mit der Verständigung über das Resultat und die behobene Soll-Ist-Differenz. - Nicht die einzelnen Zyklen der Verständigung, sondern die gesamte Unterrichtsphase ist die *Einheit, die für den Lehrer in der planenden Antizipation und in der Ausführung ständige Bezugsgröße ist und deshalb von ihm so gut wie möglich modelliert werden muß.* Die einzelnen Kommunikationszyklen ergeben sich aus der Struktur der Phase. Jede Unterrichtsphase erfordert deshalb einen eigenen Entwurf. - *Auch für den Schüler muß die Phase eine erwartbare und überschaubare Einheit des Unterrichts sein*, wozu er aber keineswegs denselben Auflösungsgrad wie der Lehrer erreichen muß. - An eine Phase wird eine *neue Phase angeschlossen*, wenn die Soll-Ist-Differenz in der Entwicklung der Schüler nicht zureichend aufgehoben worden ist (Fortsetzung des Regelkreises) oder wenn eine neue Soll-Ist-Differenz bearbeitet werden soll (neuer Regelkreis). Das sind nur die Hauptmerkmale der Unterrichtsphase. Was sich im einzelnen in ihr abspielt, wird in den **übrigen Teilen** des Buches erörtert.

Kapitel 5:
Der Unterricht in seiner gesamten zeitlichen Ausdehnung besteht aus der Aneinanderreihung von Phasen mit Schüleraktivitäten in verschiedenen Bereichen der menschlichen Tätigkeit, und die Anschlüsse der Phasen aneinander richten sich nach den Möglichkeiten des Lernens im jeweiligen Tätigkeitsbereich

Der Gesamtverlauf des Unterrichts, sein Curriculum (von curriculum vitae = Lebenslauf), ergibt sich aus den Möglichkeiten, *an eine Phase eine andere anzuschließen. Unterricht kann nur fortgesetzt werden durch ein neues Element seiner selbst.* Insofern ist er ein dynamisches System, das sich nach eigenen Gesetzen regelt. Dies kann in prinzipiell endloser Wiederholung geschehen. Sie wird abgebrochen, wenn das gesetzte Ziel erreicht ist oder wenn dies durch andere Systeme erzwungen wird, z.B. durch das organische System in der Form von Ermüdung, durch das psychische System durch Abdriften in Tagträume oder durch ein gesellschaftliches System, z.B. durch die Familie, wenn ihre Versorgung vorrangig ist, durch die Politik aus vielen Anlässen und sogar durch die Schule, wenn z.B. ein anderer Klassenraum aufgesucht werden muß oder ein Lehrer ausfällt. Auch hier zeigt sich wieder die hohe Labilität des Unterrichts. Über die Art des zeitlichen Fortschreitens entscheidet *der jeweilige Anschluß*. In diesem Buch geht es nur um die grundsätzlichen Möglichkeiten des Anschlusses, nicht aber um die vielfältige Problematik der Vielzahl einzelner Curricula.

Erst bei Phasenanschlüssen tritt die Zeitstruktur des Unterrichts in vollem Umfang in Erscheinung. Sie ist aber schon im Spiel, sobald es um die psychischen Operationen bei Lehrer und Schüler in der Kommunikation geht. Gleichzeitigkeit, Sukzession, Dauer, Vorgriff auf die Zukunft und Rückgriff auf das Gewesene gibt es nämlich schon in jedem *Element von Kommunikation*. Mit dem Ausbau der *Kommunikationsstruktur* nimmt nur ihre Dauer und die Komplexität der möglichen Zeitbeziehungen zu, nämlich zum einen im Zweischritt des Wechsels von Vorgeben und Selegieren bei Lehrer und Schüler und zum anderen im Dreischritt des Zyklus der größeren Einheiten der Verständigung über Lernmöglichkeiten, Lernaufgaben und Lernresultate. Aber erst beim Anschluß von Phasen, die viele solcher Zyklen in sich einschließen können und immer auch selbst diese zyklische Zeitstruktur besitzen, wird der *Zeitraum des gesamten Unterrichts* erfüllt. - Die Struktur des sozialen Systems "Unterricht" wird dann durch die Zeitstruktur der psychischen Prozesse von Lehrer und Schüler "ausgefüllt", d.h. als innerpsychisches und soziales Geschehen realisiert. Jetzt wird voll erkennbar, *daß der Unterricht eine eigene Zeitstruktur besitzt,* die *Systemzeit aus Lehr- und Lernzeit* (vgl. Hermanns 1992, 375). Sie ist in mehrfacher Hinsicht symmetrisch für Lehrer und Schüler, aber auch in mehrfacher Hinsicht asymmetrisch.

Die *Symmetrie von Lehr- und Lernzeit* resultiert aus der für Lehrer und Schüler gemeinsamen Systemstruktur des Unterrichts, nämlich der gesellschaftlichen Funktion der Qualifizierung des Lernenden durch den Lehrenden, der Differenz von Input- und Outputgrenze und ihrer Verbindung durch Kommunikation für die Erfüllung dieser Funktion. Diese Bezugsgrößen erfordern *im Element der Kommunikation ein gleichzeitiges Prozessieren von Mitteilen und Verstehen über Lerntätigkeiten*. Ohne diese *Gleichzeitigkeit* ist Unterricht nicht möglich. - Zur symmetrischen Systemzeit gehört außerdem, daß die Gleichzeitigkeit der wechselseitigen Verständigung *von Zeit zu Zeit* immer wieder hergestellt werden muß. Das geschieht *diskontinuierlich in ganz unterschiedlichen Zeitintervallen*. Daraus folgt, daß die *Dauer* des Unterrichts durch die *Folge solcher diskontinuierlichen Kontakte* bestimmt ist (**Abb. 4**). - Diese Zeitstruktur ist rigide, sie läßt *keine individuelle Varianz* zu, z.B. durch unterschiedlichen Beginn der Teilnahme des Lehrers oder des Schülers oder verzögertes Verstehen der Mitteilung, weil sie die individuelle Zeit der Beteiligten aneinander bindet. Im Hinblick auf diese Zeitstruktur sind *Lehrer und Schüler vollständig gleich*. Das bedeutet, der Unterricht beansprucht *Gegenwart und Lebenszeit von beiden* für die gesamte Dauer der Lösung einzelner Lernaufgaben, falls Unterricht nicht auf Aufgabenstellung und Resultatkontrolle beschränkt wird (vgl. z.B. das Verhältnis zwischen Arzt und Patient). Das Prozessieren des Unterrichts als Kommunikation ist nur in dieser strengen Zeitform möglich, was die freie Verfügung über Zeit rigoros einschränkt, weil beide vom jeweils anderen abhängig sind. Hieraus resultieren viele praktische Probleme, insbesondere das Problem des Aufwandes an Lebenszeit der älteren Generation für die neue, das Problem des Aufwandes an Lebenszeit der jungen Generation, das Problem der Entscheidung über die gemeinsame Zeit und das Problem der Synchronisation der Aktivitäten. *Symmetrisch ist natürlich auch noch die prinzipielle Zweckrationalität des Unterrichts*, seine *Ausrichtung auf die Zukunft der für Schüler und Lehrer zum Ziel gesetzten Lernresultate*. Unterricht hat prinzipiell eine für alle Beteiligten *auf Ziele gespannte Zeit*.

Schüler und Lehrer differieren aber schon in ihren Vorstellungen von diesen Zielen des Unterrichts. Das gilt erst recht für die weiteren *Horizonte von Vergangenheit und Zukunft der Lerngeschichte des Schülers*. Die Ziele und die weiteren Horizonte der Lerngeschichte des Schülers sind erstens *asymmetrisch aufgrund der unterschiedlichen Reflexionsebene von Lehrern und Schülern: Die Zeithorizonte des Lernens sind in die Zeithorizonte des Lehrens eingeschachtelt*. Man denke nur an den größeren Überblick über den bisherigen Unterricht und an die planende Voraussicht auf den künftigen Unterricht. Sie sind zweitens unterschiedlich im Hinblick auf die *Fähigkeit, diese Zeithorizonte zu konstruieren und auszufüllen*. Hier kommen der unterschiedliche Entwicklungsstand und die unterschiedliche individuelle Biographie, aus der die Aktivitäten im Unterricht selegiert werden müssen, ins Spiel. Wie unterschiedlich die Zeiträume von Vergangenheit und Zukunft bei Lehrern und Schülern sind, zeigt sich am deutlichsten bei ganz jungen Schülern. Die Differenz ist aber auch bei älteren unaufhebbar, obwohl sich die Diskrepanzen zunehmend verringern. - Diese gravierenden Differenzen in der Zeitdimension, deren Ausmaß sich durch genauere Analysen zeigen läßt (*Meder* 1989), treten in der Systemzeit des Unterrichts, d.h. in der für dieses soziale System spezifischen Zeitform, auf. Dazu kommt noch das problematische Verhältnis der Unterrichtsziele zu den unterschiedlichen persönlichen Zielen von Lehrer und Schüler.

Die schon im Zweck des Unterrichts aufbrechende *Asymmetrie von Lern- und Lehrzeit* verstärkt sich *in der Kommunikationsstruktur:* Der eine braucht *Planungszeit für die Mitteilung der Lernaufgabe*, der andere *Planungszeit für ihre Bearbeitung*. Der Lehrer hat während der Lösung der Aufgabe Zeit für mannigfache Aktivitäten bis zum dysfunktionalen Zeitungslesen bei einer Klassenarbeit. Der Schüler muß oft warten: auf eine Aufgabe, auf die Möglichkeit zu einem eigenen Beitrag oder auf eine Reaktion auf seine Leistung. Der Lehrer gibt den Zeittakt der Kommunikationen weitgehend vor, der Schüler kann ihn kaum nach seinen eigenen Bedürfnissen beeinflussen. Der Lehrer kalkuliert die Zeit des Schülers mit, der Schüler ist am Zeithaushalt des Lehrers nur soweit interessiert, wie er unmittelbar durch seine Kommunikation mit ihm von der Zeitgestaltung des Lehrers betroffen ist. - Die Zeitverhältnisse bei Lehrer und Schüler sind nur partiell in der Kommunikation synchronisiert, differieren aber im übrigen beträchtlich (**Abb. 4**).

Zur Unterscheidung der für den Unterricht gebrauchten Zeit gegenüber der in einer Zeiteinheit, z.B. einer Stunde Schulunterricht, sonst noch auftretenden Aktivitäten wird der *Terminus der aktiven Lehr- und Lernzeit* gebraucht. Unter diesem Terminus versucht man das Volumen der Systemzeit, vor allem aber der Lernzeit, zu messen. Als aktive Lehr- und Lernzeit muß das gesamte Zeitvolumen angesehen werden, das Lehrer und Schüler für den Vollzug von Unterricht, d.h. für die Kommunikation über Lernaufgaben, ihre Abfassung und Bearbeitung, benötigen, gegenüber der Zeit, die sie auch in der Schule für andere Dinge verwenden, z.B. für Verständigungen über die Regelung des Schulunterrichts, über außerunterrichtliche gemeinsame Aktivitäten, über persönliche Angelegenheiten oder für private Beschäftigungen. Es zählen dazu aber nicht nur die gut meßbaren kommunikativen Kontakte und die beobachtbaren Tätigkeiten, z.B. das Schreiben und der Aufbau einer Experimentalanordnung, sondern auch die kaum meßbaren inneren Auseinandersetzungen mit dem Unterricht, die das ganze Leben der Lehrer und Schüler durchziehen, und die Planung des Verhaltens im Unterrichtsverlauf selbst. Abgesehen von diesen Meßproblemen hat sich gezeigt, *daß die aktive Lernzeit hoch mit dem Lerneffekt korreliert*, was zwar naheliegt, trotzdem aber für die Vorstellung vom Lernen und für die praktische Gestaltung des Unterrichts von großer Bedeutung ist.

Die symmetrische und die asymmetrische Systemzeit des Unterrichts bestimmen selbst in den Spannen der aktiven Lehr- und Lernzeit keineswegs die gesamte Zeitgestaltung der beteiligten Personen während dieses Zeitraums, sondern nur soweit, wie ihre psychischen Aktivitäten in den Unterricht einbezogen sind. Es stehen gleichzeitig viele Möglichkeiten der Zeitgestaltung offen, z.B. in Erinnerungen, Erwartungen und Zukunftsphantasien. Trotzdem ist die Systemzeit sehr mächtig, was sich z.B. darin zeigt, daß sie individuelle Zeitformen stört und verbessert oder deformiert, z.B. den persönlichen Arbeitsrhythmus.

Eine besondere Aufgabe der Zeitgestaltung besteht in der Regelung der Anschlüsse, die im Hinblick auf den Zeitpunkt symmetrisch, aber im Hinblick auf die Zeithorizonte von Lehren und Lernen *asymmetrisch* ist. - Es gibt grundsätzlich *zwei Formen der Logik des Anschlusses* (*Anschlußrationalität*), die Logik der Selektion von Tätigkeitsbereichen der Schüler durch Unterscheidung und Wahl und die Logik der Entwicklung der Tätigkeiten.

Die Logik der Unterscheidung und Wahl von Tätigkeitsbereichen für den Unterricht ist eine gesellschaftliche (Sozialdimension). Welche Tätigkeiten überhaupt gelernt werden können, ist in jeder Gesellschaft verschieden. Wie hoch der Differenzierungsgrad von Tätigkeiten in einer bestimmten Gesellschaft ist, hängt von ihrem Entwicklungsstand ab. Er ist in einer Agrargesellschaft anders als in einer Industriegesellschaft, in einem Stadtbereich anders als in einem Landdistrikt, in einer Schriftkultur anders als in einer oralen Kultur. Eine erstmals von einem Menschen in der Geschichte der Menschheit vollzogene neue Tätigkeit, z.B. das Schleifen von Glas für optische Gläser, kann zu einer gesellschaftlichen Arbeitsteilung für unterschiedlich viele Personen führen. - Welche Tätigkeiten jeweils durch Unterricht geschult werden sollen, das ist eine *Entscheidung derjenigen, die an dieser Tätigkeit interessiert sind*. In welchem Tätigkeitsbereich ein bestimmter Schüler in einer bestimmten Zeitspanne tatsächlich etwas lernt, wird keineswegs nur von der Politik entschieden, sondern u.a. auch durch Eltern, Lehrer und die Schüler selbst. Sie alle sind *am Resultat des Unterrichts interessiert*, sie denken an irgendeine Verwendung und wünschen sich deshalb eine bestimmte Leistung von ihm. Die Wahl von Tätigkeitsbereichen, die durch Unterricht geschult werden sollen, geschieht nach Präferenzgesichtspunkten für den Verwendungszweck und ist deshalb ein Problem des Welt- und Selbstverständnisses und der Wertung. Auch wer wie *W.v.Humboldt* den Schulunterricht als eine Etappe der allgemeinen Menschenbildung zwischen Elementarunterricht und Universität ansieht, ordnet ihn eben dadurch einem Zweck unter.

Aus der Logik der Differenzierung und Wahl von Tätigkeitsbereichen ergibt sich nur, welche *Arten von Tätigkeiten vom jeweiligen Schüler gelernt werden sollen und das Ausmaß der dafür eingesetzten Unterrichtszeit*. Genau dies geschieht bei der Aufstellung eines Kanons von Fächern mit bestimmten Wochenstundenzahlen, weil sich in beidem der Grad der Wertschätzung der Tätigkeitsbereiche niederschlägt. Das ist nichts anderes als eine Aufzählung der Tätigkeiten, die man für wert und teuer hält, und deren Gewichtung. Diese beiden Dimensionen sind konstitutiv für die *Grundform des Lehrplans*, z.B in der Form der septem artes liberales in der Tradition des Mittelalters (*Dolch* 1965). Eine solche Aufzählung berücksichtigt jedoch nicht, in welcher Weise in den ausgewählten Fächern in der festgelegten Wochenstundenzahl gelernt wird. Auch *Humboldts* Unterscheidung der im Schulunterricht zu vermittelnden sprachlichen, mathematischen und geschichtlichen Kenntnisse hat diese Form. Und selbst im Profil der Pflicht- und Wahlpflichtfächer der gymnasialen Oberstufe liegt nichts anderes vor als die Angabe der in bestimmten Fächern zu belegenden Kurse.

Die Logik der Entwicklung ist eine psychologische. Sie folgt dem Gesichtspunkt, bei welchem Entwicklungsstand und in welcher Reihenfolge ein Schüler etwas lernen kann.

Theoretische Grundlagen 79

- Unter diesem Gesichtspunkt müssen *die ausgewählten und quantifizierten Tätigkeiten im Entwicklungsgang plaziert und in eine Reihenfolge gebracht* werden, z.B. die erste Fremdsprache entweder im fünften oder im dritten Schuljahr und entweder Latein vor Englisch oder Englisch vor Latein. - Unter diesem Gesichtspunkt müssen dann aber auch *innerhalb der Tätigkeitsbereiche die Lernprozesse aneinander angeschlossen* werden, z.B. erst Grammatik und dann Übersetzen oder erst semantische Einheiten und dann Grammatik und dann wiederum die Steigerungsmöglichkeiten innerhalb der Grammatik und im Bereich des Wortschatzes. - Das ist eine *Orientierung am Input, weil an bereits Gelerntes nach psychologischen Gesichtspunkten angeschlossen werden soll.* Wie angeschlossen wird, das hängt von der zugrundegelegten Psychologie ab, so hängt z.B. die Ganzheitsmethode im Erstleseunterricht (Unterscheidung von Wortbildern vor Buchstaben) von der Gestaltpsychologie ab, die analytische Methode (Buchstabenunterscheidung vor Synthese in Wörtern) dagegen von der Assoziationspsychologie und die Parallelisierung von Wortbild- und Buchstabenlernen von der Auffassung, daß die beiden Modi der ganzheitlich-bildlichen (figurativen) und der analytisch-sequentiellen (operativen) Zeichenerkennung unterschiedliche Funktionen haben, die in Wechselbeziehung zueinander stehen. Das Erkennen von Wortbildern, d.h. von Einheiten aus dem großen Zeichensatz des Lexikons, ist schneller, muß aber für jede lexikalische Einheit, d.h. die große Zahl von "Wortzeichen" im Lexikon, eigens gelernt werden. Der kleine Zeichensatz des Alphabets dagegen ist langsamer in der Identifikation, muß aber nur einmal für alle lexikalischen und grammatischen Einheiten in diesem Alphabet gelernt werden.

Die psychologische Logik der Anschlüsse ist erst vom 16. Jahrhundert an ins Spiel gekommen, als man damit begann, eine Klasse mit Anfängern und eine andere mit Fortgeschrittenen im Lateinunterricht zu bilden. Nur sehr zögernd fanden von da an psychologische Überlegungen Eingang in die Konzipierung von Unterricht, weil man sich zunächst an den sogenannten Inhalten, z.B. Sprachen, Mathematik, Physik, Biologie orientierte. Je nach psychologischer Auffassung ergaben sich dann unterschiedliche Auffassungen über die Abfolge. Sie schlagen sich nieder in *Strukturtheorien* (von *Comenius* 1960^2 bis *Roth* 1966^9). Dafür sollen nur einige Beispiele gegeben werden, während sich meine *Auffassung über die psychologische Anschlußrationalität* erst aus der Auffassung des Lernens ergeben kann, die ich in **Teil II** darstellen werde:
- induktives Anschließen, ausgehend von Fällen zu Generalisierungen unterschiedlicher Abstraktheit (von der Anschauung zum Begriff),
- deduktives Anschließen, ausgehend von Oberbegriffen zu ihrer zunehmenden Differenzierung bis zu konkreten Fällen (vom Allgemeinen zum Besonderen),
- entwicklungsstufengerechte Anschlüsse, je nach Stufentheorie (Robinsonalter, Stufe der konkreten Operationen),
- denselben Bereich mehrfach anschließen, aber auf einer höheren Stufe, d.h. z.B. differenzierter, umfangreicher, abstrakter (Spiralcurriculum),
- Aneinanderreihung von Teiltätigkeiten zu einer Gesamttätigkeit (Baustein- oder Komponentensystem),
- erst unterscheiden, dann verbinden zu größeren Zusammenhängen,
- erst Erarbeiten von Wissen und dann anwenden,

- problemlösendes Vorgehen: erst Problemformulierung, dann Reflexion auf Schwierigkeiten, dann Planen, dann Ausführen, dann Kontrollieren,
- aufbauend, in Entsprechung zu unterschiedlichen Baugesetzlichkeiten, z.B. einen netzförmig strukturierten Begriffsinhalt anders als einen Schluß von den Prämissen zur Conclusio oder die Grundrechenarten von der Addition bis zur Division,
- wiederholen in gleicher Weise oder mit Varianten.

Schon diese Aufzählung zeigt, wie schwierig und verwirrend das Problem ist. Bisher ist es nicht gelungen, die unterschiedlichen Auffassungen über die einzig richtige oder zumindestens beste Anschlußmöglichkeit miteinander zu versöhnen oder ihr Verhältnis zueinander zu klären. Man kann offensichtlich zum Zwecke des Lernens an ein und dieselbe Tätigkeit sehr unterschiedliche Tätigkeiten anschließen, weil in jeder konkreten Tätigkeit sehr viele psychische Prozesse auftreten, an die angeschlossen werden kann. Es kommt noch hinzu, *daß keineswegs nur an die unmittelbar vorausgehenden Tätigkeiten angeschlossen werden kann, sondern an alle Tätigkeiten, die schon einmal vollzogen worden sind, soweit sie noch aktualisiert werden können. Deshalb ist von vornherein eher eine Vielzahl von psychologischen Anschlußmöglichkeiten zu erwarten als eine einzige generelle*, nach der man bisher meist gesucht und die man oft genug dogmatisch behauptet hat. Trotzdem scheinen für das Lernen keineswegs alle Anschlüsse zwischen Tätigkeiten von gleichem Interesse zu sein. Ich werde zu zeigen versuchen, *daß sich eine psychologische Logik der Anschlüsse aus den Möglichkeiten der menschlichen Informationsverarbeitung ergibt*.

Kapitel 6:
Der Lehrer muß im Unterricht die Lehrfunktion dadurch erfüllen, daß er Leistungen für den Schüler erbringt

Die gesellschaftliche Funktion des Unterrichts, den Schüler durch erzieherische Beeinflussung zu qualifizieren, ist untergliedert in die beiden *Teilfunktionen des Lehrens und des Lernens*. Im Unterricht sind sie auf zwei Personen verteilt, während im Selbstunterricht beide Funktionen von ein und derselben Person erfüllt werden müssen. Für die Erfüllung beider Funktionen müssen Leistungen erbracht werden, nicht durch ein soziales System für ein anderes, sondern durch eine Person als psychisches System für eine andere oder sogar für sich selbst. *Der Lehrer kann die Lehrfunktion nur durch Leistungen für den Schüler zu erfüllen suchen. Der Schüler erbringt bei der Erfüllung der Lernfunktion Leistungen für sich selbst.* Fremdreferenz und Selbstreferenz sind kennzeichnend für diese beiden Teilfunktionen. Es ist ein besonderes Problem, ob man Schülern überhaupt und von wann an oder unter welchen Umständen die Erfüllung beider Funktionen zumuten kann. Genau in dem Maße, in dem der Schüler zum Selbstunterricht fähig ist, wird der Lehrer überflüssig.

Theoretische Grundlagen 81

Alle weiteren Überlegungen in diesem Buch werden *aus der Perspektive des Lehrers* angestellt. Es geht deshalb stets um Teilfunktionen, die der Lehrer durch Leistungen für den Schüler erfüllen muß. Ich schließe deshalb diesen **ersten Teil** mit einem ersten *Überblick über die Teilfunktionen des Lehrers* ab.

Aus der Generationendifferenz des Dauerproblems und der Einschachtelung des Lernproblems in das Lehrproblem ergibt sich, daß der Lehrer in anderer Weise für das Gesamtsystem Verantwortung hat als der Schüler: Er muß in jedem konkreten Fall des Unterrichtens das Gesamtsystem des Unterrichts neu konstituieren. Das gilt selbst dann, wenn Unterricht, wie in der öffentlichen Schule, institutionalisiert ist. *Der Lehrer muß für den Schüler primär die Funktion erfüllen, das System als System zu erhalten*, der Schüler muß erst sekundär durch Lernbereitschaft dazu beitragen.

Systemerhaltung aber impliziert: *Der Lehrer kann nicht von seinen persönlichen Zielen aus handeln, sondern nur von Zielen für das Lernen des Schülers* aus. Damit unterstellt er sich der Qualifikationsfunktion und entfremdet er sich genau in diesem Maße von allen anderen Funktionen, für die er Leistungen erbringen kann. Wenn er aber seine eigenen Ziele bestimmten Zielen im Lebensvollzugs des Schülers unterordnet, dann muß er das System des Unterrichts von einem Standpunkt aus in den Blick fassen, der beide übergreift. Er muß deshalb für den Schüler die *Leistung* erbringen, *den Unterricht zu überschauen*. Dafür muß er eine *höhere Stufe der Reflexion* einnehmen, weil es für den Schüler genügt, sich an den Mitteilungen des Lehrers zu orientieren, ohne über die Handlungen des Lehrers und das Funktionieren des ganzen Systems nachzudenken. Dafür spricht besonders die geringe Fähigkeit des jüngeren Schülers, über seine persönliche Perspektive hinauszugehen (Egozentrismus). Aber selbst dann, wenn durch Verständigung in jeder für den Vollzug von Lernhandlungen wichtigen Sache der gleiche Stand erzielt ist, müßte der Lehrer dem Schüler noch an Reflexion überlegen sein, damit er z.B. über alternative Lerntätigkeiten für dasselbe Ziel nachdenken kann. - Der Schüler dagegen handelt systemkonform, wenn er nur an seinem Lernen interessiert ist und dafür die Informationen des Lehrers nutzt. Diese Differenz gilt sogar für den autodidaktischen Unterricht, weil anders die Differenz fehlt, durch die Unterricht erst in Gang kommt. Deshalb sind alle Versuche, den Schülern den Unterricht ganz in die Hand zu geben und den Lehrer abzuschaffen, nicht nur unsinnig, sondern auch zum Scheitern verurteilt.

Innerhalb des Systems, d.h. im Kommunikationsprozeß selbst, muß der Lehrer dann *für die Verständigung über Lernmöglichkeiten die drei Funktionen erfüllen, Lernmöglichkeiten zu verstehen, Lerntätigkeiten zu initiieren und Rückmeldungen über ihre Resultate zu geben*. Das "Zahnrad", mit dem er Lerntätigkeiten in Gang zu setzen sucht, hat nur diese drei Zähne. So ist der entscheidende Prozessor des Unterrichts in der Grundstruktur sehr einfach. *Alle Teilleistungen innerhalb des Systems lassen sich diesen drei Funktionen unterordnen.*

Es kann deshalb nicht verwundern, daß Unterrichten auch ohne einen großen Aufwand an Überlegungen über das Kind und den Unterricht möglich ist, z.B. wenn eine Mutter in liebender Zuwendung *zu verstehen versucht,* welches Verlangen ihr ein Kleinkind mit noch wenig artikulierten Lauten mitteilen will, wenn sie *selbst* sein Verlangen *artikuliert*, indem sie z.B. sagt: "den Ball willst du", *damit das Kind diese Ausdrücke lernen kann*, und dann jeden Fortschritt auf diesem Wege *mit großem Lob quittiert*. Sie erfüllt dann die Funktionen des Verstehens, des Initiierens und der Rückmeldung mehr oder weniger gut durch Leistungen. Der negative Fall, daß solche Leistungen ausfallen, unzulänglich oder gar lernhemmend sind, bestätigt dies. - Die erforderlichen Leistungen erhöhen sich beträchtlich und müssen auch sehr unterschiedlich sein, wenn es sich um Unterricht in anspruchsvollen Tätigkeitsbereichen handelt oder mit problematischer Lernbereitschaft oder mit unterschiedlichen Voraussetzungen bei mehreren Schülern etc. Dann ist nicht nur das höchstmögliche Maß an *Übersicht durch Reflexion* erforderlich, sondern auch ein Höchstmaß des *Verstehens*, der Fähigkeit zur *Anregung von Tätigkeiten* und auch zur angemessenen *Reaktion*. Diese Leistungen muß jeder für den Schüler erbringen, der professionell Unterricht gibt. Das kostet Lebenszeit, erfordert Anstrengung, verlangt ein hohes Maß an Selbstentäußerung und setzt viele Fähigkeiten voraus.

Diese Funktionen bestimmen die Vielfalt der konkreten Leistungen, die von jedem, der lehrt, aufzubringen sind, und auf die hier nur ein erster Blick geworfen werden konnte.

Teil II:
Psychologische Grundlegung
Lernmöglichkeiten der Schüler verstehen

Für den Außenstehenden kann leicht der Eindruck entstehen, Unterricht beginne erst dann, wenn ein Lehrer einem Schüler eine Aufgabe stellt. Bei genauerem Hinsehen aber zeigt sich, daß *jeder Aufgabenstellung, auch der einfachsten, ein subjektives Verständnis des Lehrers vom Entwicklungsstand und den Lernmöglichkeiten der Schüler* (**M6**) *vorausgehen muß*. Selbst wenn dieses Verständnis eine summarische Unterstellung ist und nicht auf genauem Verstehen jedes einzelnen Schülers beruht, beruht es auf Informationen über die Schüler, z.B. auf einer Information über ihr Alter, über die Art der Schule, über ihre Klasse oder gar schon über ihr Interesse. Wenn im Schulunterricht eine Aufgabe gestellt wird, dann sind zusätzlich auch schon *Verständigungen über bereits Gelerntes und das jetzt Mögliche* vorausgegangen, sei es durch ein kurzes orientierendes Gespräch mit der Klasse selbst oder stellvertretend mit anderen Lehrern. Trotz der Kürze eines solchen Verständigungsprozesses kann sein Informationsgehalt für den Lehrer recht groß sein. Andererseits aber weiß jeder Lehrer, wie unsicher man häufig ist, ob das Verständnis dafür ausreicht, den Unterricht zu beginnen und durchzustehen. Im Verlauf des Unterrichts werden die Verständigungsprozesse, die einer Aufgabe zugrundeliegen, immer vielschichtiger. Trotzdem bleiben sie immer hinter einem möglichst genauen Verständnis des Könnens und der Lernmöglichkeiten weit zurück. Das gilt für einen einzelnen Schüler und erst recht für ganze Klassen. *So ist zwar ein Verständnis der Lernmöglichkeiten eine notwendige Bedingung für die Abfassung von Lernaufgaben, aber es bleibt ein ständiges Problem, ein solches Maß der Verständigung über sie zu erzielen, das für den Unterricht hinreichend ist.*

Der Lehrer kann dieses Problem nur dann bearbeiten und so gut wie möglich lösen, wenn er möglichst viel *vom Lernen* (**M2, 3, 4, 5, 6, 7 u. 11**) *versteht* und wenn er weiß, wie man die *Lernmöglichkeiten* der jeweiligen Schüler und der jeweiligen Klasse *erkennen* kann. - Der Lehrer muß dafür zunächst möglichst gut den *Bereich der Welt* kennen, in dem der Schüler jeweils lernen soll, z.B. den Bereich physikalischer oder historischer Zusammenhänge. Insofern kennt er einen Ausschnitt aus der *lernbaren Überlieferung* einer Kultur. - *Für seine Profession als Lehrer aber muß er vor allem die Möglichkeiten des Lernens in diesem Bereich kennen, und zwar die beim jeweiligen Entwicklungsstand seiner Schüler* realisierbaren Möglichkeiten. *Sein Gegenstand ist nämlich nicht die Sprache, die Mathematik etc., sondern das Lernen dieser Gegenstände durch die Schüler.* Er muß nicht nur ein sprachliches oder mathematisches Problem bearbeiten, sondern vor allem *das Problem, daß der Schüler seinen Entwicklungsstand im Bereich der Physik etc. verändert*, d.h. im jeweiligen Ausschnitt der Welt lernt. Er muß davon soviel verstehen, daß er einige Aussicht hat, die beabsichtigte Veränderung auch zu erreichen.

Zu der Verständigung über die jeweiligen Lernmöglichkeiten muß die *Verständigung über die Rollenverteilung im Unterricht* kommen, weil anders keine geregelte Kommunikation und damit keine Beeinflussung des Lernens durch Lehren möglich wäre. Sobald Unterricht tatsächlich stattfindet, ist diese Verständigung schon gelungen. Ihre scheinbare Selbstverständlichkeit darf nicht darüber hinwegtäuschen, daß sie schwierig ist und deshalb nur allzuoft nicht zustandekommt. Die Grade der Verständigung reichen hier von ganz allgemeinen wechselseitigen Unterstellungen über die Aufgabe des Lehrers und des Schülers bis zu einem reichhaltigen wechselseitigen Verständnis der in der jeweiligen Situation gespielten Rolle. Dieses vielgestaltige Verständnis umfaßt alle wechselseitigen Erwartungen im Umgang miteinander. Es muß gelernt und stabilisiert werden. *Von ihm hängt das Handeln des Lehrers wie des Schülers ab. Ohne dieses Verständnis gibt es überhaupt keine unterrichtliche Kommunikation über Lerntätigkeiten. Der Grad dieser Form der Verständigung entscheidet über den Grad, in dem diese Form der Kommunikation gelingt.*

Beide Arten der Verständigung können in gesonderten Phasen auftreten, wenn Lernmöglichkeiten oder Aspekte des Rollenspiels selbst zum Gegenstand des Unterrichts gemacht werden. Sie spielen sich aber *auch während des gesamten Unterrichtsverlaufs gleichzeitig mit den unterrichtlichen Aktivitäten* ab. Lehrer und Schüler beobachten sich wechselseitig, und zwar im schnellen Wechsel mit dem, was sie gerade tun, sobald sie von den fortlaufenden Aktivitäten nicht voll in Anspruch genommen werden. Dann haben diese die Form der wechselseitigen Sozialisation. - Nur *wenn beide Verständigungen gelingen, kann der Lehrer eine Lernaufgabe stellen, die der Schüler auch bewältigen kann.* Andernfalls erfüllt die Lernaufgabe ihre Funktion nicht. Es gelingt dann auch weder die Verständigung über ihre Behandlung noch über ihr Resultat.

Beide Formen der Verständigung sind für den Unterricht spezifisch. In beiden geht es keineswegs um die möglichst genaue wechselseitige Verständigung zwischen zwei Personen über ihre gesamte Person. *Verstanden werden muß nur, was an Lerntätigkeiten aus dem gesamten Repertoire der psychischen Möglichkeiten ins Spiel kommt und welche Rollen Lehrer und Schüler* dafür spielen. Das ist einerseits außerordentlich viel und stellt andererseits doch eine radikale Reduktion aller aktualisierbaren psychischen Aktivitäten von Schülern und Lehrern dar. Jedesmal kommt von ihren psychischen Möglichkeiten nur ein anderer Ausschnitt ins Spiel: von Entwicklungsstufe zu Entwicklungsstufe, von Fach zu Fach, von Situation zu Situation immer wieder ein neuer. Dieser Ausschnitt ist ganz und gar *systemspezifisch*. Er richtet sich nach dem Kriterium, daß von den Schülern Lernaufgaben gelöst werden müssen. In anderen sozialen Kontakten, z.B. dem gemeinsamen Spiel, der Zusammenarbeit am gleichen Gegenstand oder dem Kampf um Überlegenheit, hat der aktualisierte Ausschnitt von psychischen Möglichkeiten einen ganz anderen Zuschnitt. Diese Formen des sozialen Kontaktes treten außerhalb des Unterrichts auf, können aber durchaus auch für das Lösen von Lernaufgaben eingesetzt werden. Obwohl es im Unterricht um Lernmöglichkeiten aus dem Gesamtbereich des Lernens geht, z.B. auch aus dem Bereich der Körperhygiene oder der Neidgefühle, können sie nur im Rahmen der Möglichkeiten dieses sozialen Systems behandelt werden. Daraus resultiert die *Aspekthaftigkeit der Beziehung zwi-*

schen Lehrer und Schüler. Sie ergibt eine Distanz zur Gesamtperson selbst bei ihrer sehr genauen Kenntnis im jeweiligen Lernbereich.

In **diesem Teil** des Buches geht es um die *Verständigung über Lernmöglichkeiten der Schüler.* - Die Verständigung über die Rollen im sozialen System des Unterrichts wird hier nicht behandelt, weil sie in die Sozialisationstheorie gehört. Worüber sich Lehrer und Schüler dabei verständigen müssen, kann aber **Teil I** entnommen werden, weil es sich um ihren Part im sozialen System des Unterrichts handelt. Im **ersten Kapitel** geht es um den Verständigungsprozeß und in den **weiteren Kapiteln** um die Lernmöglichkeiten, über die Verständigung erzielt werden muß. Die Arbeit des Lehrers hängt entscheidend davon ab, was er vom Lernen der Schüler versteht. Deshalb versuche ich darzustellen, *was wir heute vom Gesamtzusammenhang des Lernens in allen Unterrichtsfächern wissen können.*

Kapitel 1:
Die Verständigung über Lernmöglichkeiten des Schülers hat ihre eigene Form

Die elementare Einheit jeder Kommunikation, auch der unterrichtlichen, besteht aus dem Zusammenhang der drei Selektionen: a) Auswahl von Information, b) Wahl einer Mitteilungsform für diese Information durch den einen, c) Konstruktion einer Möglichkeit des Verstehens durch den anderen. In wiederholtem Wechsel teilen beide dem anderen etwas mit, das dieser zu verstehen sucht. Dies gilt für die allgemeine Kommunikationsstruktur des Unterrichts, von der im **ersten Teil** die Rede war. Nun geht es um die Verstehensprozesse beim Lehrer und auch bei den Schülern, die der *Verständigung über Lernmöglichkeiten* dienen. Diese Form der Kommunikation unterscheidet sich in vieler Hinsicht von außerunterrichtlichen Kommunikationsformen, z.B. einem Small talk, einem Verkaufsgespräch oder der Mitteilung wissenschaftlicher An-nahmen in einem Vortrag. Einerseits müssen *Lehrer und Schüler in ihr unterschiedliche Ver-stehensleistungen erbringen.* Andererseits aber gelten die allgemeinen Gesetzmäßigkeiten des Fremdverstehens für den Lehrer und die des Selbstverstehens für die Schüler.

(1) Die Lernmöglichkeiten der Schüler werden dem Lehrer durch Fremdverstehen und dem Schüler durch Selbstverstehen zugänglich

Die Lernmöglichkeiten der Schüler sind dem Lehrer nur durch Fremdverstehen zugänglich. Er weiß natürlich von allgemeinen Lernmöglichkeiten aus der Theorie und auch von eigenen Lernmöglichkeiten aus der Selbstbeobachtung, aber die jeweiligen individuellen Lernmöglichkeiten seiner Schüler kann er nur dadurch ermitteln, daß er sie beobachtet. Grundlage des Verstehens fremder Lernmöglichkeiten ist deshalb die *Fremdwahrnehmung.* Wahrgenommen werden von ihm nicht nur die gesprochene und die geschriebene Sprache, sondern auch das ganze Äußere des Schülers, seine Gesamterscheinung, seine Körperhaltung, seine Bewegungen und auch seine beobachtbaren Tätigkeiten sowie das von ihm stammende Arrangement seiner Umgebung. All dies ist jedoch keineswegs wegen seiner sinnlichen Qualitäten interessant, sondern *alles sinnlich Wahrnehmbare ist nur als Medium für psychische Prozesse von Interesse*. So besteht die Aufgabe des Lehrers darin, zu *verstehen, was ihm vom Schüler absichtlich und bewußt, mehr aber unabsichtlich und nicht bewußt von seinen Lernmöglichkeiten mitgeteilt wird*.

Das Verstehen von Schüleräußerungen aller Art erfordert die *Konstruktion von psychischen Zusammenhängen zum jeweiligen Wahrnehmungsbefund*. So wird z.B. ein strahlendes Gesicht als "Freude über die gute Note" oder eine unleserliche Schrift als "große Hast wegen Zeitnot am Ende der Klassenarbeit" verstanden. Wie solche Konstruktionsprozesse im einzelnen verlaufen, ist inzwischen in vielen Untersuchungen zunehmend aufgehellt worden. Insbesondere die **in den nächsten Kapiteln** dargestellte moderne Theorie der menschlichen Informationsverarbeitung (**M3**) hat viel dazu beigetragen (vgl. *Schütz* 1974; *Geulen* 1982; *von Glasersfeld* 1987; *Grzesik* 1992[2]; 1990).

Der Verstehensprozeß ist aber keineswegs mit der Konstruktion eines psychischen Zusammenhanges zu einem einzelnen Wahrnehmungsbefund beendet, sondern die so gewonnene (besser: "hergestellte") Information wird weiter verarbeitet. Sie wird verbunden mit anderen Wahrnehmungsbefunden. Dies geschieht in hohem Maße durch automatisierte Verknüpfungs- und Generalisierungsprozesse, kann aber auch bewußt und sehr kontrolliert geschehen. So entstehen Annahmen über Regelhaftigkeiten in den psychischen Prozessen der Schüler, werden solche Regelhaftigkeiten mit anderen zu allgemeineren verbunden, kurz: Es entstehen Konzepte des Lehrers von den Lernmöglichkeiten der Schüler. Diese Wissensbestände werden so organisiert, daß man sagen kann: *Der Lehrer macht sich allmählich und immer wieder erneut ein Bild von den Lernmöglichkeiten einzelner Schüler und ganzer Klassen*. Diese "Bilder", von situationsspezifischen bis zu sehr allgemeinen, bilden die *Grundlage für die Diagnose der Lernmöglichkeiten in neuen Situationen*, weil sie die Funktion von Auffassungsschemata (Assimilationsschemata nach *Piaget*) ausüben. Bleiben sie starr und werden sie nicht ständig durch neue Befunde korrigiert, dann haben sie die *Funktion von Vorurteilen*, die sich durch keine Realitätswahrnehmung mehr revidieren lassen. Die massivsten Vorurteile über die Lernmöglichkeiten der Schüler haben die Form "du bist und bleibst ...".

Was für ein Bild der Lehrer sich macht, das hängt allein von den *Wahrnehmungsbefunden und ihrer Verarbeitung durch den Lehrer* ab. Diese Tätigkeit unterliegt aber sehr starken *Einschränkungen*: Der Lehrer kann zwar mit dazu beitragen, daß Schüler sich äußern. So verlangt er z.B. für jede Aufgabe zumindest die Mitteilung einer Lösung durch einen Schüler. Aber trotzdem bleibt er voll *angewiesen auf die tatsächlichen Äußerungen der Schüler*. - Der Lehrer kann sich noch so sehr um das Verstehen der Äußerungen seiner Schüler bemühen, zwei Grenzen machen sich immer schnell bemerkbar, die zur Verfügung stehende Zeit und die eigene Kapazität für die Verarbeitung des Beobachtetetn. Deshalb haben diese "Bilder" den Charakter von *subjektiven Theorien* über die Lernmöglichkeiten der jeweiligen Schüler, die auf sehr bruchstückhaften Beobachtungen beruhen und selten mit anderen abgeglichen werden. Dementsprechend sind sie im Verhältnis zur Realität in hohem Maße *selektiv, perspektivisch gebunden und nur in sehr begrenztem Maße kontrolliert, kurz: in hohem Maße subjektiv.*

Das *Selbstverstehen der Schüler* hat *zwei Erkenntnisquellen.* Die *innere Wahrnehmung* richtet sich auf die bereits vollzogenen Aktivitäten, soweit sie noch erinnerbar sind. So nimmt jeder Schüler wahr, wie er vorgegangen ist, welche Schwierigkeiten er hatte, worauf er stolz ist oder was ihn beschämt, welche Einsicht er gewonnen hat, mit welcher Einstellung er gearbeitet hat, wie motiviert er war und vieles andere mehr. Das Vergessen und die Flüchtigkeit der Repräsentation im inneren Bild oder dem inneren Sprechen aber begrenzen diese Möglichkeit, sich ein Bild von den eigenen Lernmöglichkeiten zu machen, von vornherein sehr stark. - In der *äußeren Wahrnehmung* sind ihm alle seine Äußerungen zugänglich, insbesondere soweit sie in einem dauerhaften Medium fixiert sind. Das ist derselbe Zugang, über den der Lehrer verfügt, und oft versteht er sich hier selbst weniger als der Lehrer ihn versteht. Durch den doppelten Zugang aber können die Schüler zunehmend ein genaueres Bild von sich selbst gewinnen als der Lehrer, sofern sie den Zuwachs an Verarbeitungsmöglichkeiten der Selbstbeobachtung nutzen (vgl. *Meyer* 1984) - Im übrigen gelten für das Selbst-verstehen dieselben Gesetzmäßigkeiten der konstruktiven Informationsverarbeitung und der Realitätserkenntnis wie beim Fremdverstehen. Subjektivität und die Gefahr der Verzerrung sind aber bei niedrigem Entwicklungsstand der Fähigkeiten für die Selbstwahrnehmung und Selbstbeurteilung noch größer als beim Fremdverstehen durch den Lehrer, obwohl es jeder Schüler nur mit sich selbst zu tun hat (vgl. dazu **Teil V**).

Die *Verständigung über Lernmöglichkeiten der Schüler* geschieht dann *explizit,* wenn Lehrer und Schüler ihre Annahmen über das, was gelernt worden ist, und das, was jetzt gelernt werden kann, miteinander abgleichen. Das geschieht im normalen Unterricht relativ selten. Auf der einen Seite ist dies berechtigt, weil sich wechselseitiges Verstehen dieser Art in hohem Maße *implizit* abspielen kann. Lehrer wie Schüler machen sich dann durch automatisierte Erkenntnisprozesse oder auch durch bewußte eigene Verarbeitung eine Bild von den jeweiligen Lernmöglichkeiten. Der Lehrer unterstellt sein Bild den Schülern, und die Schüler erwarten auch, daß die Lehrer sich ein Bild von ihnen machen, was die Lehrer wiederum von ihnen erwarten (Erwartungs-Erwartung). Lehrer wie Schüler zeigen dann durch ihr Verhalten, wieweit diese wechselseitigen Unterstellungen zutreffen oder nicht (vgl. *McCall/Simmons* 1974). So bildet sich ein hohes Maß des wechselseitigen Verstehens ohne ausdrückliche Verständigungsprozesse aus. Das ist für die Grundlast der Verständigung die ökonomischste Form. - Auf der anderen Seite aber sollte sich der Lehrer *die großen Vorteile einer ausdrücklichen Verständigung für das Lernen so oft wie möglich zunutze machen.* Er selbst erhält dann Informationen, die ihm seine Kalkulation der Lernmöglichkeiten außerordentlich erleichtern. Die Schüler lernen dabei eine zunehmend genauere Selbstwahrnehmung und eine realistischere Selbstbeurteilung ihrer Lernmöglichkeiten. Sie können dann wiederum den Lehrer zunehmend genauer informieren (vgl. **Teil IV**). In diesen Verständigungsprozessen kann sich aber auch im günstigen Fall ein *Vertrauen der Schüler in die Fähigkeit des Lehrers, ihre Lernmöglichkeiten einzuschätzen,* bilden, das die langfristige Grundlage für die Übernahme von Lernaufgaben ist (s. **Teil III**). In diesem Falle werden ausdrückliche Verständigungen keineswegs überflüssig, aber die Hauptlast der Verständigung wird dann durch eingespielte Regeln getragen, die durch kurze Signale der Zustimmung (z.B. ein Zögern als Zeichen für die Information "ich sehe diese Schwierigkeit") oder Ablehnung aktualisiert werden können.

Das Verstehen von Lernmöglichkeiten ist *primär eine Aufgabe des Lehrers*. Für das Gelingen des Unterrichts aber wird es zunehmend wichtiger, wie gut die Schüler ihre Möglichkeiten selbst verstehen. *Das höchste Ziel des selbstregulierten Lernens setzt zwingend voraus, daß die Schüler ihre Lernmöglichkeiten mindestens so gut wie der Lehrer verstehen.* Je früher sich diese Selbständigkeit entwickelt, desto besser entlastet es auch den Lehrer, der im Unterricht ja nicht nur dieses Verstehen zu leisten hat.

(2) Der Lehrer benötigt für die Entscheidung, welche Lerntätigkeit die Schüler an ihren Entwicklungsstand anschließen sollen, Kenntnisse ihrer Lernmöglichkeiten

Das Verstehen von Lernmöglichkeiten der Schüler hat eine *doppelte Ausrichtung*. Zum einen richtet es sich auf *den jeweils schon erreichten Entwicklungsstand*, d.h. auf das, was in einem bestimmten Bereich schon gelernt worden ist. Zum anderen richtet es sich auf den Horizont dessen, was die Schüler von ihrem jeweiligen Entwicklungsstand aus *als nächstes lernen können*. Beides ist oft relativ leicht. Wenn man sieht, daß ein Kleinkind sich schon an einem Gitter hochziehen kann, aber seine Beinchen zu seinem großen Ärger noch einknicken, dann sieht man, was es kann, und kann man antizipieren, was es können möchte. Entsprechendes gilt für alle Schritte, die vom jeweiligen Entwicklungsstand aus am nächsten liegen. Freilich wird es mit steigendem Entwicklungsniveau immer schwerer, das tatsächliche Können zu identifizieren und die nächstmöglichen Verbesserungen vorauszusehen, z.B. bei einem Hochleistungssportler, einem Pianisten, einem Textinterpreten oder einem Experimentalphysiker.

Sowohl die Beobachtung, was ein Schüler schon kann, als auch die Vorausschau, was er von da aus lernen kann, erfordern die *Konstruktion der jeweiligen Fähigkeit von wahrnehmbaren Indizien aus*. Der Lehrer kann von den psychischen Möglichkeiten der Schüler nur soviel erfahren, wie die Schüler ihm etwas davon mitteilen, d.h. in einem Medium, das ihnen zur Verfügung steht, äußern. Im einen Fall wird dann rückwärtsgerichtet rekonstruiert, was schon geleistet werden kann, und im anderen Fall vorwärtsgerichtet konstruiert, was wahrscheinlich geleistet werden wird. Man "sieht" im jeweiligen Fall umso mehr, je mehr man den Aufbau oder die Eigenschaften einer bestimmten Fähigkeit schon kennt. Wer schon mehrfach einen Weitsprung eines Athleten in der Zeitlupe beobachtet hat, kann auch bei der Beobachtung des schnellen Ablaufs genauer erkennen, was sich abspielt und in welche Richtungen Verbesserungen möglich sind, als ohne die Analyse in der Zeitlupe. Wer weiß, daß aus Textinformationen Schlüsse auf außertextliche Voraussetzungen und Konsequenzen gezogen werden können, erkennt solche Versuche bei seinen Schülern sofort, sieht, was noch nicht gelingt, und weiß, in welche Richtungen Verbesserungen möglich sind. Das voraussehende (antizipatorische) Konstruieren von Fähigkeiten ist schwerer als das zurückschauende, weil dafür noch

Unterrichtspraktische Aspekte 89

nicht einmal sinnliche Daten zur Verfügung stehen, sondern auch diese vorgestellt werden müssen (z.B. was ein Schüler sagen, zeichnen, schreiben können wird) und weil eine Lerntätigkeit entworfen werden muß.

Der Zusammenhang zwischen einem Können und seiner weiteren Entwicklung wäre mißverstanden, wenn man annimmt, es könne für eine bestimmte Fähigkeit, z.B. die Fähigkeit des Sägens, nur in einer Richtung eine Verbesserung geben. In Wirklichkeit eröffnet sich von jeder konkreten Tätigkeit aus, z.B. dem Sägen mit einer Laubsäge, ein *Möglichkeitshorizont der weiteren Entwicklung*:

- Wenn ein Kind mit einem Laubsägeblatt mittlerer Stärke zum ersten Mal ein Stück Dreimillimeter-Sperrholz gesägt hat, gibt es *Verbesserungsmöglichkeiten der Tätigkeit selbst*, z.B. in den folgenden Richtungen: feinere und grobere Sägeblätter, unterschiedliche Sperrholzdicken, Schnittführung, Gleichmäßigkeit, Schnelle (Blatterhitzung), Ausdauer, Einspanntechnik u.a.m. Das ist z.B. bei sprachlichen und mathematischen Fähigkeiten nicht anders, und es gibt auch keinen Grund, über den Schwierigkeitsgrad von handwerklichen Fähigkeiten herablassend zu urteilen. Wie viele gibt es, die nicht sägen können, oder es auch dann kaum lernen würden, wenn sie es wollten.
- Zu den Verbesserungsmöglichkeiten der Tätigkeit selbst kommt die Möglichkeit hinzu, *eine Tätigkeit mit anderen Tätigkeiten, die in derselben Zeit ablaufen, zu komplexeren Tätigkeiten zu verbinden.* Dieser Möglichkeitshorizont ist beim Sägen nicht groß, weil man gleichzeitig mit der kontinuierlichen motorischen Tätigkeit, die große Aufmerksamkeit erfordert, nicht mehr viel zu gleicher Zeit tun kann. Wenn man trotzdem gleichzeitig den weiteren Verlauf der Arbeit plant, sich allzusehr mit der kritischen Kontrolle des bisherigen Schnitts beschäftigt oder sich sogar mit einem anderen unterhält, geht das weitere Sägen, ehe man sich's versieht, im doppelten Sinne schief. Dasselbe gilt, wenn z.B. ein gut automatisiertes Autofahren damit verbunden wird, Kassetten einzulegen, ein Gespräch zu führen oder Überlegungen anzustellen, es sei denn, es gelingt durch erhöhte Konzentration, die verschiedenen Tätigkeiten in ein und derselben Zeitspanne zu verschränken. *In den hochkomplexen geistigen Fähigkeiten wird dagegen der Möglichkeitshorizont des Verbundes einer Tätigkeit mit anderen Teiltätigkeiten sprunghaft größer.* Müssen z.B. einige Sätze eines unbekannten Autors gelesen werden, z.B. bei einer Klausur oder einem wissenschaftlichen Text, dann wäre ein Erstkläßler schon mit der Entzifferung der Buchstaben überfordert, aber ein geübter Leser kann gleichzeitig mit schwierigen Identifikationen in einer schlechten Handschrift schon zahlreiche Urteile fällen, die vom verwendeten Lexikon bis zu geistigen Horizonten oder weltanschaulichen Überzeugungen des Autors reichen. *Der gleichzeitige Verbund von Teiltätigkeiten zu komplexeren Tätigkeiten, entweder strikt gleichzeitig oder in sehr schneller zeitlicher Folge, ist eine wichtige Entwicklungsmöglichkeit zu höheren Leistungen.*
- Geht man von einer Tätigkeit, z.B. dem Laubsägen, zu ähnlichen Tätigkeiten über, z.B. zu allen anderen Arten des Sägens (Eisensägen, Motorsägen etc.), dann ist der *Möglichkeitshorizont der partiell äquivalenten Tätigkeiten* außerordentlich groß. Es kann nämlich zwischen Tätigkeiten viele Entsprechungen geben. Sie liegen auf allen

Ebenen des Wissens von diesen Tätigkeiten bis zu Ähnlichkeiten auf hohem Abstraktionsniveau, z.B. Ähnlichkeiten des Sägens mit allen spanabhebenden Verfahren, wie dem Feilen, Hobeln, Fräsen oder Meißeln mit dem Stemmeisen. Die Abstraktionshöhe ist besonders hoch bei Verfahren mit Leerstellen, wie Gesetzen, Regeln, Algorithmen, Taktiken, Strategien, z.B. der Regel: "Hände immer hinter dem spanabhebenden Werkzeug!"
- Auch der *sinnvolle Anschluß anderer Tätigkeiten an vorangehende* eröffnet einen eigenen Möglichkeitshorizont von Tätigkeiten. Dies ist z.B. der Fall, wenn für die Herstellung eines Schubladenknopfes nacheinander verschiedene Möglichkeiten der Materialbearbeitung bis hin zum Lackieren eingesetzt werden oder bei der Ausarbeitung eines Referates eine u.U. sehr große Zahl von Teiltätigkeiten aneinander angeschlossen werden muß. Selbst wenn alle Teilfähigkeiten dafür schon gelernt sind, muß noch die Regulierung ihrer Verbindung zu einer bis dahin unbekannten komplexen Tätigkeit gelernt werden. Es muß geregelt werden, wann welche Teiltätigkeiten aufeinander folgen. Das ist keineswegs nur eine Frage der sachlichen Zweckmäßigkeit, sondern auch von Kraft, Wichtigkeit, Zeit, auch Lust und Laune.

Betrachtet man nicht nur den von einer einzigen Teiltätigkeit sich eröffnenden Möglichkeitshorizont für den Anschluß von anderen Tätigkeiten, sondern geht man vom jeweiligen Entwicklungsstand aus, dann sieht man, wie ungeheuer groß der *Umfang der Lernmöglichkeiten zu einem solchen Zeitpunkt* ist. Von jedem momentanen Entwicklungsstand aus eröffnet sich der *Möglichkeitsraum für sehr verschiedene Entwicklungsrichtungen des einzelnen Schülers*. Durch die ständige Wiederholung solcher Weichenstellungen ergibt sich die Dynamik seiner tatsächlichen individuellen Entwicklung gegenüber der Vielzahl anderer, nicht realisierter Möglichkeiten. Die manifeste *tatsächliche Entwicklung* verstellt den Blick auf die Vielzahl der *Entwicklungsmöglichkeiten*. Sie werden uns oft nur bewußt, wenn wir ausgeprägte Alternativen haben, oder auch, wenn wir an eigene Entwicklungsmöglichkeiten in anderen Kulturen, Zeiten oder in einem anderen Elternhaus denken. Natürlich kann der Lehrer nicht bei jedem Anschluß einer Schülertätigkeit den ganzen Möglichkeitshorizont ausleuchten. Der Horizont der jeweiligen Lernmöglichkeiten wird im systemischen Zusammenhang des Unterrichts sowohl durch die Ziele als auch durch die Kommunikationsstruktur, besonders unter schulischen Bedingungen, radikal eingeschränkt.

Der Lehrer kann im Unterricht nur in dem Maße auf das Lernen der Schüler Einfluß nehmen, in dem er weiß, was an den Aktivitäten der Schüler in welcher Richtung verändert werden kann. *Die Schüler aber tragen in doppelter Weise durch das Verstehen ihrer eigenen Lernmöglichkeiten zum Gelingen der Beeinflussung durch den Lehrer bei.* Zum einen müssen sie wissen, wo sie in ihrem Bestand an Fähigkeiten anschließen können und welche Tätigkeit aus ihm konstruierbar ist. Das gelingt nur so gut, wie sie ihre eigenen Möglichkeiten im jeweiligen Bereich verstehen. Zum anderen können sie durch zunehmend genauere Mitteilungen an den Lehrer über ihre Lernmöglichkeiten ihrerseits dazu beitragen, daß der Lehrer sie besser versteht. Je mehr dies geschieht, umso höher wird der *Grad der Verständigung über Lernmöglichkeiten*.

Die Verständigung über Lernmöglichkeiten ist *an keine feste Phase des Unterrichts gebunden*. Sie findet im gesamten Kommunikationsprozeß des Unterrichts statt: vor der Verständigung über eine Lernaufgabe, während der Lösung einer Lernaufgabe und auch während der Verarbeitung von Rückmeldungen des Lehrers über erzielte Leistungen. Die üblichen Leistungskontrollen sind nur singuläre Diagnoseanlässe, deren Bedeutung für das Verstehen von Lernmöglichkeiten keineswegs überschätzt werden darf.

Um in jedem Fall die Lernmöglichkeiten seiner Schüler abschätzen zu können, benötigt der Lehrer aus mehreren Gründen *allgemeines Wissen von den Lernmöglichkeiten aller seiner Schüler*: Er braucht ein Wissen, das er *für das Verstehen jedes Schülers in jeder seiner Klassen, d.h. in jedem Entwicklungsstand,* verwenden kann. Dieses Wissen darf nicht auf ein einzelnes Fach begrenzt sein, sondern muß *für alle Lernbereiche gültig* sein. Es muß ihn in die Lage versetzen, sowohl *dem einzelnen bei einer ganz persönlichen Schwierigkeit zu helfen* als auch *für das kollektive Subjekt der Lerngruppe geeignete Lernaufgaben zu stellen*. Es muß ein gemeinsames Wissen aller Lehrer sein, damit sie sich *untereinander verständigen* können und damit sich auch *jeder Schüler mit seinen vielen Lehrern verständigen* kann.

Aus diesen Gründen mache ich **in den nächsten Kapiteln** den Versuch, dem Lehrer ein Wissen von Lernmöglichkeiten zu vermitteln, das seinen Zwecken so gut wie möglich entspricht. Es wird dies ein *allgemeines Wissen vom psychischen "Raum" der Lernmöglichkeiten jedes Menschen* sein. Wenn der Lehrer diesen "Raum" überschaut und "sieht", in welchen Richtungen Entwicklung durch Lernen möglich ist, dann besitzt er einen *"Orientierungsrahmen", in dem er sich in jedem einzelnen Fall für eine bestimmte Richtung des Lernfortschritts entscheiden kann*. Dieses allgemeine Wissen verschafft ihm die notwendige Beweglichkeit, die jeweiligen Lernmöglichkeiten seiner Schüler für die Entwicklung der von ihm angestrebten Fähigkeiten zu nutzen. Nicht die feste Programmierung der Anschlüsse von Lerntätigkeiten für bestimmte Lernziele, sondern umgekehrt der offene Raum für zahlreiche Anschlüsse verleiht ihm die Flexibilität, die Dynamik der Entwicklung des einzelnen so gut wie möglich zu fördern. Anders als durch diese Flexibilität ist die Problematik der großen Zahl der Schüler und die ständige Veränderung der Anschlußmöglichkeiten durch das Lernen selbst nicht zu bewältigen.

Kapitel 2:
Für die Beobachtung des Lernens wird die Perspektive auf die gesamte menschliche Informationsverarbeitung ausgeweitet

In diesem Kapitel beginne ich mit einer Darstellung des Lernens, die dem Lehrer bei seinen Entscheidungen über den Fortgang des Lernens als Orientierung dienen soll. Ich mache den Versuch, den heutigen Stand der Erforschung des Lernens in mehreren Disziplinen, nämlich der allgemeinen Biologie, der Neurophysiologie, der Physik neuronaler Netzwerke, der Entwicklungspsychologie, der konstruktivistischen Erkenntnistheorie, der Schematheorie, der Kybernetik, der Gedächtnispsychologie und verschiedener Forschungsgebiete der kognitiven Psychologie zu einem einheitlichen Bild zusammenzufassen. Das ist nichts weniger als der *Versuch einer integrativen Theorie des Lernens beim heutigen Kenntnisstand.*

Gegen einen solchen Versuch sprechen viele Gründe. Die wichtigsten von ihnen lauten: Für eine solche integrative Theorie ist es noch viel zu früh, weil die Forschungsergebnisse in den einzelnen Disziplinen noch zu widersprüchlich oder aber noch nicht hinreichend gesichert sind. Für eine integrative Theorie gibt es keine brauchbare wissenschaftliche Methode. Jede integrative Theorie ist selbst wiederum nur eine bestimmte Sicht der Zusammenhänge und keineswegs eine Totaltheorie. Jeder Versuch einer Integration wird in kurzer Zeit schon wieder überholt. Eine Integration aller bereits erzielten Ergebnisse ist schon heute nicht mehr möglich, weil sie bereits unübersehbar sind, von einem einzelnen nicht mehr überblickt und schon gar nicht auf begrenztem Raum dargestellt werden können. Jede Zusammenschau ist viel zu spekulativ und führt auch zwangsläufig zu gravierenden Verkürzungen des heutigen Forschungsstandes, weil die heutige Forschungslage keineswegs in all ihren Verästelungen dargestellt werden kann. Man vergleiche dazu nur die "Neurophysiologie des Gedächtnisses" von *Markowitsch* von 1992 mit einer Bibliographie von 210 (!) eng bedruckten Seiten.

Für eine wissenschaftliche Theorie des Lernens treffen fast alle diese Einwände zu. Deshalb gibt es auch seit den Synopsen aller bis dahin aufgestellten Theorien des Lernens nach dem zweiten Weltkrieg (z.B. *Bower/Hilgard* Bd.I: 1983[5]; Bd.II: 1984[3]; 1. Aufl.: *Hilgard/Bower* 1948[1] oder *Gagné* 1965[1]) keinen Versuch einer Gesamtdarstellung der Forschungsergebnisse zu diesem Gegenstand mehr. Noch schlimmer, die Reichweite der Untersuchungsmethoden ist immer noch sehr begrenzt, und die Sicherheit und Vergleichbarkeit der Methoden läßt noch viel zu wünschen übrig. - Wenn ich trotzdem einen solchen Versuch wage, dann muß ich entweder sehr leichtsinnig sein oder aber gewichtige Gründe dafür haben. Mein Hauptgrund ist praktischer Natur.

Die Theorie des Unterrichts muß wieder den *Anschluß an die Entwicklung der Theorie des Lernens* gewinnen, und *der Lehrer darf nicht länger der Ungeklärtheit der Beziehungen zwischen einer beträchtlichen Zahl unterschiedlicher Erklärungsversuche für Lernen ausgesetzt bleiben.* Deshalb muß die Diskussion einer für den Unterricht brauchbaren Theorie des Lernens selbst unter den ungünstigsten Bedingungen fortgesetzt werden. - Ganz so verzweifelt, wie es auf den ersten Blick hin scheint, ist nun aber die wissenschaftliche Situation nach meiner Kenntnis keinesfalls. Ganz im Gegenteil: *Die Zahl der Entsprechungen zwischen Ergebnissen unterschiedlicher Disziplinen wird immer größer,* z.B. zwischen gehirnanatomischen, neurophysiologischen und kognitionspsychologischen Ergebnissen zum Arbeitsgedächtnis, der für Lernen und Lehren ausschlaggebenden Instanz für die gelenkte vollbewußte Verarbeitung von Information. Und au-

Theoretische Grundlagen 93

ßerdem: *Auch die Zahl der in vielen Untersuchungen unterschiedlicher Art vielfach bestätigten und deshalb als gesichert anzusehenden Befunde ist schon beträchtlich und wächst ständig.*

Ein persönliches Wort sei mir erlaubt: Ich hoffe, den Leser mit der Faszination des Gedankens anzustecken, daß die von *Herbart* herbeigesehnte psychologische Grundlage für rational geregelte pädagogische Einwirkungen endlich in Sicht ist, ohne daß eine deterministische pädagogische Technik befürchtet werden muß. Die Paradoxie zwischen deterministischer Einwirkung und freier Person würde sich dann als ein Produkt abstrakter Entgegensetzung erweisen, das der Prüfung nicht standhält.

In diesem Kapitel geht es darum, einen Gesichtspunkt für die integrative Betrachtung zu finden. Die Wahl einer Beobachterperspektive entscheidet nämlich darüber, was vom Lernen "zu Gesicht kommen kann". Der Beobachtungsraum hat einen ganz anderen Zuschnitt, wenn man eine Person von außen daraufhin beobachtet, welche Verhaltensreaktionen sie auf bestimmte vorgegebene sensorische Reize hin zeigt (Stimulus-Response-Theorie), oder die Beobachtung sich auf gestalthafte Zusammenhänge in der Wahrnehmung und im Denken konzentriert (Gestaltpsychologie) oder die Genese operativer psychischer Systeme in den Blick gefaßt wird (*Piagets* Genfer Konstruktivismus) oder der Beobachter sich den Prozeß zum Gegenstand macht, in dem eine Person andere Menschen beobachtet (Imitationslernen; sozial-kognitive Lerntheorie). *So hat auch die Theorie der menschlichen Informationsverarbeitung ihre eigene Beobachterperspektive.* Sie scheint mir so umfassend zu sein, daß sie die bisher in der Psychologie des Lernens bezogenen Perspektiven zu umgreifen vermag. Ganz sicher hat aber auch sie trotz ihrer Weite spezifische Grenzen der Erklärungsleistung, die zum Teil schon jetzt sichtbar sind, in der weiteren Entwicklung der Forschung aber deutlicher hervortreten werden. Die von der Theorie der Informationsverarbeitung bezogene Perspektive zeichnet sich klar ab, wenn man sie *zu den bisher bezogenen Perspektiven der Theorie des Lernens in Beziehung setzt*. Das soll in einem kurzen historischen Aufriß geschehen.

(1) Die bisherigen Theorien des Lernens haben nur einen begrenzten und problematischen Erklärungswert für das Lernen im Unterricht

Bis ins 19. Jahrhundert hat sich die Philosophie mit dem Lernen befaßt

Der Begriff des Lernens tritt in Europa zunächst in der Philosophie auf, und zwar schon bei den Vorsokratikern. Über Lernen wird nachgedacht im Zusammenhang mit dem *Problem des Erkennens, d.h. des Wissenserwerbs, und der Einübung praktischer Tätigkeiten*. Was jeweils über das Lernen gesagt wird, ist vor der experimentellen Psychologie Ergebnis der Selbst- und Fremdwahrnehmung des einzelnen Denkers. Die größte Auswirkung auf die Pädagogik hat aus der Geschichte der Philosophie nicht *Platons* Theorie der Wiedererinnerung, das "Wiederaufnehmen uns schon angehöriger Erkenntnis" (*Lorenz/Schröder* 1980, 242), sondern *Lockes* Theorie der "Ideenverknüpfung durch Zufall oder Gewöhnung ('owing to chance or custom')" (*Stäcker* 1978, 548) in *Lockes* "Essay conc. human understanding" im Bereich des Denkens, des Handelns und der Bewegungen gehabt. Beide Denker sind aber nicht primär an den Prozessen des Lernens interessiert, sondern *an der prinzipiellen Frage nach dem Ursprung der Geltung unseres Wissens*. Es geht ihnen nicht in erster Linie um das Geschehen, in dem Wissen zustandekommt, sondern um den Aufweis der Grundlage für sicheres Wissen. Kontrovers ist dabei, ob das Wissen (die Universalien) der Sinneserfahrung vorausgehe oder aus ihr hervorgehe. *Plato* spricht in der Form eines Mythos von dem vorgeburtlichen Anschauen der Ideen, an die der Mensch sich angesichts der sinnlichen Erscheinungen wiedererinnert (Anamnesistheorie). *Locke* dagegen sieht in den Sinneserfahrungen (sensations) die einzige Quelle der Erkenntnis, aus der sich die Ideen und deren Verknüpfungen ergäben. Psychische Prozesse dienen beiden nur zur Begründung für ihre erkenntnistheoretische Position, mit der sie wiederum ihre Metaphysik begründen. *Lockes* Auffassung ist von *Comenius, Rousseau, Herbart* und den *Herbartianern* wohl hauptsächlich deshalb in die Pädagogik übernommen worden, weil sie die einzige Theorie war, die *Lernen als einen kontinuierlichen Prozeß der Verarbeitung von Sinneserfahrungen (empiristischer Sensualismus)* ansah, der erzieherisch beeinflußt werden kann. Die Einflüsse, die von *Platons* Auffassung ausgegangen sind und mit dem Stichwort "Mäeutik" angedeutet werden können, sind weniger offensichtlich und können deshalb hier nicht aufgezeigt werden.

Die seit dem Ende des 19. Jahrhunderts empirisch arbeitende Psychologie setzt zunächst die assoziationspsychologische Tradition der Philosophie fort

Erst beim Übergang vom 19. ins 20. Jahrhundert wird Lernen zum Gegenstand der damals aus der physiologischen Theorie der Sinnesempfindungen entstehenden *empirisch arbeitenden Psychologie*. Sie versuchte sich von der Fixierung auf philosophische Prinzipienfragen zu lösen und den faktischen psychischen Prozessen zuzuwenden. Es ging ihr dabei aber darum, eine allgemeine, d.h. für jedes Lernen geltende, Naturgesetzmäßigkeit zu finden. In ihren Untersuchungen, stellvertretend sei die Untersuchung von *Ebbinghaus* (1971) "Über das Gedächtnis" von 1885 genannt, scheint sich die assoziative Auffassung *Lockes* prinzipiell zu bestätigen. *Ebbinghaus* (1971) beginnt das Vorwort zu seiner Schrift mit den aufschlußreichen Sätzen:

> "Die Bemühungen, für die mächtigen Hebel der exakten Naturforschung, Experiment und Zählung, auch in der Welt der psychischen Vorgänge geeignete Angriffspunkte zu gewinnen, sind bisher wesentlich auf das große Gebiet der Sinnesempfindungen und die psychologische Zeitmessung beschränkt geblieben. Mit den Untersuchungen, deren Methode und vorläufige Resultate ich im folgenden mitteile, habe ich versucht, einen Schritt weiter in das Innere des psychischen Geschehens zu tun und die Erscheinungen des Gedächtnisses im weitesten Sinne (das Aufnehmen und Behalten, die Assoziationen und Reproduktionen von Vorstellungen) einer experimentellen und messenden Behandlung zu unterwerfen."

Die *Assoziationspsychologie* blieb weiter bestimmend. Hervorragende Beispiele dafür sind *Edward Lee Thorndike* mit seiner Theorie der Assoziation, d.h. der Verknüpfung (bond) oder Verbindung (connection) zwischen Sinneseindrücken und Handlungsimpulsen (von 1898 an), *Pawlow* mit seiner Entdeckung des gelernten bedingten Reflexes als einer Abwandlung des unbedingten, angeborenen Reflexes (beginnend 1899) und *Skinner* mit seiner Theorie der Verhaltensverstärkung, der sogenannten operanten Konditionierung (1930 beginnend und bis in die sechziger Jahre beherrschend). Obwohl sich Mitte der sechziger Jahre die Sichtweise so radikal geändert hat, daß man von der *kognitiven Wende* spricht, spielt auch heute das Assoziative in den Theorien des Lernens noch eine wichtige Rolle. Wenn nicht alles täuscht, ist nämlich *der Grundprozeß der Informationsverarbeitung durch die einzelne Nervenzelle und auch durch Verbände von Nervenzellen im statistischen Sinne assoziativ, weshalb von assoziativen Netzwerken bzw. Speichern die Rede ist* (**M3**). Was durch die Verknüpfung von Nervenzellen zu Netzen an Informationsverarbeitung möglich wird, zeigt sich erst seit einigen Jahren in Untersuchungen der Physik, Mathematik, Psychologie und der Computerwissenschaft zur Informationsverarbeitung durch neuronale Netzwerke. Von dieser *Prozeßform im Mikrobereich* unterscheidet sich aber die Prozeßform der *psychischen Prozesse im Makrobereich des Vollzugs kompletter Tätigkeiten* (**M6**), wie sie der Reflexion auf das eigene Tun zugänglich sind. Diese Prozesse werden in assoziationspsychologischen Untersuchungen zwar auch zur Kenntnis genommen. Sie werden aber nicht als Zusammenhänge eigener Art anerkannt und untersucht. Für den Stellenwert der Assoziation im heutigen Verständnis des Lernens (**M6**) ist es wichtig, die Haupteigenschaften des Assoziativen im Auge zu behalten:
- Assoziation besagt immer *Verknüpfung*, d.h. Verbindung von Unterschiedenem.
- Verknüpft werden *psychische Einheiten*. Je nach Theorie werden diese psychischen Einheiten unterschiedlich definiert als: Ideen, Vorstellungen, Reize und Reaktionen, sinnlose Silben, Fälle eines Begriffs etc.
- Es werden auch *Arten von Verknüpfungen* unterschieden (im folgenden nach *Stäcker* 1978, 550). *Mill* hat 1829 die bis dahin unterschiedenen zusammengefaßt: "Assoziation tritt ein bei: 1. Kontiguität (d.h. Nähe - J.G.) in der Zeit; 2. Kontiguität im Raum; 3. Beziehung von Ursache und Wirkung, Mittel und Zweck, Ganzes und Teilen; 4. Kontrast oder Ähnlichkeit; 5. gleicher Kraft oder verschiedenen Kräften, die auf ein Objekt gerichtet sind; 6. Objekten, die Zeichen und Bezeichnetes sind;

7. Objekten, die zufällig gleichklingend benannt sind." Er vereinigt diese Gesetze in zwei: "Law of Simultaneity" und "Law of Resemblance or Affinity", die er noch einmal zusammenfaßt im "Law of Redintegration": "Thoughts which have once coexisted in the mind are afterwards associated". - *Hume* hatte 1739/40 nur die folgenden drei Verknüpfungsarten unterschieden: Ähnlichkeit ("resemblance"), Kontiguität ("contiguity in time or space") und Ursache-Wirkung ("cause, effect"). Diese Differenz verweist auf das Problem, ob nicht zwischen der Grundmöglichkeit der assoziativen Verknüpfung und sehr verschiedenen Arten der Verknüpfung unterschieden werden muß. Es könnte dann sehr viele verschiedene Verknüpfungsarten geben.
- Die Verknüpfung erfolgt nicht nur willkürlich und bewußt, sondern auch unwillkürlich und unbewußt *nach einer allgemeinen Gesetzmäßigkeit.*
- *Lernen* besteht dann in *der Verstärkung derjenigen Verknüpfungen, die mit einem Lustgefühl verbunden sind.* Das gilt freilich nur für assoziative Verbindungen, sofern sie modifizierbar sind und nicht als Reflexe, Instinkte oder angeborene Fähigkeiten unverändert bleiben (**M6**)
- Die Assoziationspsychologie orientiert sich primär an der *Struktur des Reflexes*, d.h. der gesetzmäßigen Verbindung zwischen beobachtbarem Reiz und beobachtbarer Reaktion. Insofern ist sie eine Verhaltenstheorie. Sie nimmt aber in zweiter Linie an, daß auch alle Prozesse zwischen beobachtbarem Reiz und beobachtbarer Reaktion wiederum assoziative Verbindungen sind und auch in irgendeiner Form als *physische Prozesse* gemessen werden können.

Ich verzichte an dieser Stelle auf eine Auseinandersetzung mit der assoziations-psychologischen Auffassung des Lernens und auch auf die Darstellung der bis heute andauernden Auseinandersetzung innerhalb der Psychologie, weil dies in den weiteren Überlegungen geschieht, soweit es mir für die Klärung des jeweiligen Zusammenhangs hilfreich zu sein scheint.

Die Gestaltpsychologie entdeckt Strukturen komplexer psychischer Ganzheiten und deren Funktionen für assoziative Mikroprozesse

Die Gestaltpsychologie verändert die Beobachterperspektive entschieden. Sie beobachtet nicht mehr von außen angeborene Reflexe und die Veränderungen bei elementaren reflexhaften Reiz-Reaktionsbeziehungen. Statt dessen *erschließt sie aus beobachtbaren komplexen Tätigkeiten, insbesondere dem Wahrnehmen und dem Problemlösen, innere Ganzheiten figurativer und operativer Art.* So durchbricht sie die Beschränkung auf die Außenperspektive *durch Schlüsse auf innere Ganzheiten.*

Solche Ganzheiten sind z.B. die von einem Wahrnehmungshintergrund abgehobene Figur, Wissenskomplexe in Form einer Gruppe von Begriffen aus übergeordnetem und untergeordneten Begriffen oder die beim Problemlösen auftretenden Pläne in Gestalt von antizipierenden Schemata. Operationen sind z.B. das Gruppieren, das Umordnen, das Strukturieren, das Aufteilen eines Ganzen in Teile. *Selz setzt den Begriff der Operation an die Stelle des Begriffs "Reaktion" im Reiz-Reaktions-Schema*:

"Wir bezeichnen die spezifischen Reaktionen, welche allein oder mit anderen zusammen zur Lösung einer Aufgabe dienen, als Operationen, und zwar werden je nach der Aufgabe intellektuelle Operationen oder motorische Operationen (Bewegungen) oder Operationen beider Art stattfinden." (*Selz* 1924, 10)

Operiert wird an vorgestellten Ganzheiten, z.B. bei der Unterscheidung und Addition von Winkeln in einem Dreieck, und die Operationen werden durch eine Ganzheit gelenkt, z.B. die soeben angeführten intellektuellen Operationen durch ein *antizipierendes Schema der Winkelsumme* oder die motorischen Operationen eines Werkzeuggebrauchs von einem zielgerichteten Plan für die gesamte Tätigkeit. So bestimmen die *Ganzheiten des vorgestellten Gegenstandes und des Aufgabenschemas*, welche Operationen vollzogen werden. Ganzheiten sind sowohl im Bereich, auf den sich die Aufmerksamkeit richtet, als auch in der Aktivität, die sich auf diesen Bereich richtet, die Ausgangsgrößen. Die Aktivität vermittelt nur zwischen Ganzheiten. Die Gestaltpsychologie stellt diese Sicht der psychischen Prozesse ausdrücklich der assoziationspsychologischen Sicht gegenüber. Sie bestreitet ihr gegenüber aber nur die Ausschließlichkeit der Geltung der von ihr angestellten Annahmen, bestätigt dagegen ausdrücklich deren Geltung für diejenigen Mikroprozesse, die den von ihr angenommenen *Makroprozessen der Operationen an Ganzheiten und im Rahmen von Ganzheiten untergeordnet sind* (**M2**).

"Die Analyse der Operationen der determinierten Komplexergänzungen (z.B. die Ergänzung des Begriffes "Jagd" durch den nebengeordneten Begriff "Fischerei" - J.G.) zeigt einen Irrtum der klassischen Assoziationspsychologie auf, welcher ihr die Entdeckung der richtungsgebenden Faktoren im Denkverlauf außerordentlich erschwerte. Sie betrachtete die Verlaufsglieder als *heterogene* (gänzlich verschiedenartige), nur assoziativ verknüpfte Vorstellungen, (...)
Die Untersuchung der tatsächlichen Vorgänge ergibt aber auch für die rein reproduktiven Abläufe intellektuellen Geschehens ein ganz anderes Bild. So verhalten sich, wie wir sahen, Ausgangs- und Enderlebnis, Zielbewußtsein und Lösungsbewußtsein beim Besinnen nicht wie heterogene Vorstellungen, sondern wie das Schema oder unausgefüllte Blankett eines zu reproduzierenden Komplexes zu dem vollständig aktualisierten Komplex (...).
Der zu reproduzierende Komplex ist also durch seine schematische Antizipation im Zielbewußtsein selbst hinreichend bestimmt, um der Operation der Komplexergänzung die ausschließliche Richtung auf zielgemäße Komplexe vorzuschreiben. Hieraus ergibt sich die *richtunggebende Bedeutung der schematischen Antizipationen*. Diese Bedeutung ist umso größer, als alle determinierten intellektuellen Operationen, nicht nur die der Komplexergänzung, von solchen schematischen Antizipationen geleitet sind. Versuche haben gezeigt, mit welcher außerordentlichen Feinheit die intellektuellen Vorgänge überall den geringsten Unterschieden der Antizipation ihres Erfolges entsprechen.
Die intellektuellen Grundoperationen wie z.B. Komplexergänzung, Abstraktion oder Kombination können durch die Unterschiede der Antizipation eine mannigfaltige Spezialisierung erfahren, so daß wir ein dem System unserer Bewegungen an Reichtum der Differenzierung nicht nachstehendes System einfacherer und zusammengesetzter intellektueller Operationen erhalten." (*Selz* 1924, 13f.)

Auch der *Beitrag der Gestaltpsychologie* zum Verständnis des Lernens kann hier nicht erörtert werden, wird aber in den weiteren Überlegungen eine wichtige Rolle spielen, wenn es um ganzheitliche psychische Zusammenhänge geht, z.B. um mentale Modelle von Sachzusammenhängen ebenso wie um die Repräsentation von Gesamtsituationen durch Emotion oder um den Gesamtplan für einen Problemlöseprozeß. Hier sollen nur die für das Verständnis des Lernens wichtigsten Züge herausgehoben werden:

- Die Gestaltpsychologie hat den Bann der Verengung des Blickfeldes auf die Außenansicht der reflexhaften Reiz-Reaktionsverbindung durchbrochen und den *Blick für die Vielfalt der geistigen Prozesse geöffnet, die gelernt werden müssen*.
- Dabei ist es ihr erstmals gelungen, zu zeigen, daß im Wahrnehmungs- und Denkprozeß *Ganzheiten, wie wahrgenommene Figurationen, Wissensstrukturen und antizipative Schemata, Regelungsfunktion haben für Operationen, wenn etwas Neues gelernt werden soll*. Damit haben sie dem aufsteigenden Prozeß von einzelnen Assoziationen zu komplexen Assoziationen einen absteigenden integrativen Prozeß gegenübergestellt, ohne schon Zusammenhänge zwischen beiden erkennen zu können.
- Sie hat *zum erstenmal einerseits eine Differenz und andererseits die Vereinbarkeit zwischen assoziativen Mikroprozessen und dem komplexen Problemlöseprozeß als geistigem Makrogeschehen erkannt*. Es kann heute angenommen werden, daß die physiologischen Mikroprozesse in Neuron und neuronalen Netzen assoziativen Gesetzmäßigkeiten gehorchen, während der Makroprozeß der vielfältigen Verarbeitung von Information zwischen sensorischem Input und motorischem Output, die Form des Problemlösens besitzt. Was in solchen Problemlöseprozessen im großen auftritt, z.B. ein Ziel, ein Plan, eine Kette von Operationen, wird durch Mikroprozesse realisiert.
- Ihre Sicht ist aber dadurch begrenzt, daß sie immer nur einzelne Problemlöseprozesse untersucht. So bleibt ihr verborgen, wie die von ihr beobachteten Ganzheiten der Gestalten, der Wissensnetze und der antizipierenden Schemata entstehen. Es fehlt eine Theorie der psychischen Entwicklung. Sie erkennt auch nicht die Einbettung dieser Prozesse in den Gesamtprozeß des psychischen Apparates. Und von der Vielfalt geistiger Operationen ist erst ein kleiner Bruchteil in ihr Gesichtsfeld geraten.

Die Versuche der Synthese aller bisherigen Ansätze zu einer Theorie des Lernens haben nicht zu einer konsistenten Lerntheorie geführt

Aus dem Bewußtsein der Unzulänglichkeit jeder einzelnen bis dahin entwickelten Theorie des Lernens wurde in den fünfziger und sechziger Jahren gleich mehrfach der Versuch gemacht, die einzelnen Ansätze zu einer möglichst kompletten Theorie des Lernens zu verbinden. Dies geschah entweder durch eine *Aufzählung und lose Verbindung unterschiedlicher Theorien des Lernens* (**M2**) oder mit der Hilfe eines *einigenden Prinzips*.

Ein Beispiel für die erste Form ist die zweibändige Sammlung "Theorien des Lernens" von *Hilgard* und *Bower* (*Bower/Hilgard* Bd. I: 1983^5, Bd. II: 1984^3; 1. Auflage: *Hilgard*

Bower 1948). In instruktiver Weise werden von den beiden Autoren 16 Theorien des Lernens dargestellt, vom bedingten Reflex *Pawlows* über das operante Konditionieren *Skinners* bis zur sozial-kognitiven Lerntheorie *Banduras* oder zur kybernetischen Informationstheorie. Obwohl jeder Ansatz einen gewissen Beitrag zur Klärung des Problems des Lernens leistet, gibt ihre Summe keineswegs einen zusätzlichen Erkenntnisgewinn, sondern bleibt das Problem ihrer Vergleichbarkeit oder Vereinbarkeit ungelöst. Der Leser wird statt dessen eher verwirrt und dem Gefühl überlassen, daß das Bemühen jedes einzelnen Ansatzes, den ganzen Prozeß des Lernens zu erklären, vergeblich war. Das hat sicher nicht wenig dazu beigetragen, daß eine resignative Einschätzung der Lernpsychologie heute weit verbreitet ist.

Ein Beispiel für die zweite Form, und zwar das wohl bekannteste und sicher auch verdienstvollste, ist die Synthese von acht Lernarten in *Gagnés* "Bedingungen des Lernens" von 1965 und in einer weniger konsequenten revidierten Fassung von 1977. Er unterscheidet in der früheren Fassung acht grundlegende Lernformen, die er auch Typen nennt: 1. Signallernen, 2. Reiz-Reaktions-Lernen, 3. Kettenbildung, 4. Sprachliche Assoziationen, 5. Das Lernen multipler Diskriminationen, 6. Begriffslernen, 7. Regellernen, 8. Problemlösen. - Er nimmt dann an, daß jede von ihm angeführte Lernart die Resultate aller vorher genannten voraussetze. Diese Annahme scheint dem Befund zu entsprechen, daß die zunehmende Komplexität der psychischen Aktivitäten durch eine zunehmend größere Zahl von Teilfähigkeiten zustandekommt, so daß z.B. schon am Wortgebrauch mehrere Teilfähigkeiten beteiligt sind, von der Wahrnehmung der Gestalt der Zeichen bis zur Identifizierung des Wortbildes und von ersten Bedeutungszuweisungen bis zu differenzierten Bedeutungszuweisungen im Satzkontext und in weiteren Kontexten. Das von *Gagné* behauptete strikte Aufbaugesetz der acht Lernarten aufeinander kann aber nur stimmen, wenn man das *assoziative Prinzip der zunehmenden Komplexität durch Verknüpfungen von Verknüpfungen* zugrundelegt, was bei *Gagné* unausgesprochen, aber vielfach erkennbar, der Fall ist. Daß dies nicht die einzige Gesetzmäßigkeit der Verbindung von psychischen Aktivitäten sein kann, haben schon die Gestaltpsychologen gezeigt, die von *Gagné* bezeichnenderweise nicht berücksichtigt werden. Aber auch *Gagné* selbst ist sich dieser Grenze bewußt, wenn er sagt:

> "Die Generalisierungsmöglichkeiten, die Begriffslernen bietet, gehen weit über die *Reizgeneralisierung* hinaus, die ein grundlegendes Merkmal des S-R-Lernens ist. Natürlich ist dieses Merkmal in den Gliedern der Ketten, die für den Aufbau oder die Mobilisierung eines Begriffs eine Rolle spielen, noch gegenwärtig. Aber es ist in seinem Umfang durch die physikalischen Ähnlichkeiten von Dingen oder Ereignissen begrenzt. Auf Grund von Begriffen zu generalisieren, ist dagegen nicht durch physikalische Ähnlichkeit begrenzt." (*Gagné* 1969, 113)

Eine Erklärung für diese Differenz aber vermag er nicht zu geben.

So machen diese Synopsen heute den Eindruck sehr ambitionierter, kenntnisreicher, aber doch gegenüber dem Gesamtphänomen des Lernens recht hilfloser Bemühungen.

(2) Die kognitive Wissenschaft als Theorie der gesamten menschlichen Informationsverarbeitung ist auf dem Wege zu einer konsistenten Theorie des Lernens mit einem hohen Erklärungswert für die Vielfalt der menschlichen Lernmöglichkeiten

Erst eine radikale Veränderung der Beobachterperspektive führte zur Überwindung dieser Krise. Sie besteht in der schon seit den zwanziger Jahren von *Piaget* und auch von *Wygotski* vollzogenen und erst in den sechziger Jahren auf breiter Front unternommenen *Ausdehnung des Blickfeldes auf den Gesamtzusammenhang der menschlichen Informationsverarbeitung* (**M3**): Jetzt werden *alle psychischen Prozesse im gesamten Nervensystem* in den Blick gefaßt, die sensorischen wie die motorischen, die kognitiven wie die affektiven, die vorstellungsmäßigen (figurativen) wie die operativen (transformierenden), die aktuellen im Arbeitsgedächtnis wie ihre Speicherung im Langzeitgedächtnis, die kurzfristigen wie die langfristigen, die Regularien dieser Prozesse und nochmals die Regelung dieser Regularien, der Aufbau von Informationssystemen, die hierarchisch geordnet sind, etc. - Es werden *alle Möglichkeiten des Zugangs zu diesen Prozessen genutzt*, die Beobachtung von außen ebenso wie die Selbstbeobachtung (Introspektion), naturwissenschaftliche Untersuchungen des Nervensystems (Neurophysiologie) ebenso wie psychologische Untersuchungen von Reaktionen unter bestimmten Bedingungen, mathematische Modellierung statistischer Gesetzmäßigkeiten in neuronalen Netzwerken ebenso wie Computersimulationen. - Alle Prozesse im gesamten Nervensystem werden als *Informationsverarbeitungsprozesse* verstanden. Sie beginnen schon im Bereich der Wahrnehmung und der körperlichen Bewegung (Sensomotorik) und setzen sich fort bis zu den höchsten Formen der intelligenten Verarbeitung. - Diese neue Sicht hat sich nicht nur bis heute immer weiter durchgesetzt, sondern sie scheint sogar bis jetzt lediglich die erste Phase für eine lange Forschungsgeschichte eingeleitet zu haben. Man kann deshalb mit gutem Recht im Sinne von *Kuhn* von einem *neuen Paradigma der Forschung* sprechen (*Marc De Mey*: The Cognitive Paradigm, 1982). Dieser Einheit der Sicht tun unterschiedliche Bezeichnungen keinen Abbruch, z.B. kognitive Wissenschaft (cognitive science), Gehirnwissenschaft, Konstruktivismus. Jede von ihnen *akzentuiert* lediglich *einen bestimmten Aspekt dieses neu zugeschnittenen Beobachtungsraumes*. Als umfassende Bezeichnung für alle diese Untersuchungen, die längsschnitthaften (evolutionären und ontogenetischen) und die querschnitthaften (Beobachtungszeitraum innerhalb eines Experiments), die kognitiven und die emotionalen etc., eignet sich wahrscheinlich am besten der Terminus "*Wissenschaft der menschlichen Informationsverararbeitung*" (**M3**). Durch ihn wird die mißverständliche Einschränkung auf das Kognitive vermieden und wird das *gesamte nervlich-psychische Geschehen zum Beobachtungsraum*. Die Auseinandersetzungen um den wissenschaftlichen Status dieser Sicht bestätigen eher den paradigmatischen Rang, als daß sie ihn in Frage stellten.

Inzwischen gibt es eine unübersehbar große Zahl von Untersuchungen, die dieser neuen Sicht zugerechnet werden können. Sie lassen sich einerseits nach einer sehr großen, immer noch schwer zu überschauenden Zahl von Untersuchungsrichtungen bündeln, andererseits aber auch einer *überschaubaren Zahl von Untersuchungsbereichen* zuordnen. Sie ergeben zusammen bereits *eine erste "Landkarte" (Topologie) des ganzen psychi-*

schen Systems mit seinen Prozessoren und seinen Speicherungsmöglichkeiten. Die wichtigsten Untersuchungsbereiche scheinen mir zu sein: 1. das Erkennen in seinem ganzen Umfang: von den sensorischen Prozessen, insbesondere den visuellen, über alle Grade der Generalisierung (Prototypen, Schemata, Begriffe) bis zu komplex vernetzten und hierarchisch geordneten Wissenssystemen, nicht nur sachspezifischer, sondern auch werthafter Art; 2. die Repräsentationsform des inneren Bildes; 3. die Repräsentationsform der inneren lautlichen und visuellen Sprache; 4. die Emotionalität als Repräsentation einer Ganzheit von äußerer und/oder innerer Information; 5. die festen Formen der Verknüpfung verschiedener Informationen (Vorurteile, Einstellungen, subjektive Konzeptionen von Welt und Selbst, Taktiken, Strategien etc.); 6. die Prozesse der Selbststeuerung (die Entstehung des Handelns aus einer Störung, die als Ist-Soll-Diskrepanz interpretiert wird, Aufmerksamkeitslenkung durch die Handlung, moralische Entscheidungen, Selbsterziehung etc.); 7. die Aktivierungsform des Arbeitsgedächtnisses; 8. die Speicherungsmöglichkeiten des Langzeitgedächtnisses; 9. das Problemlösen als komplette Handlungsform mit der planenden und kontrollierenden Regulation einer Abfolge von ausführenden Operationen; 10. langfristige Entwicklungen in allen Teilsystemen des psychischen Apparates während der gesamten Lebenszeit.

Befunde aus allen Untersuchungsbereichen stützen immer mehr die Annahme, daß *Lernen wahrscheinlich im gesamten Nervensystem, d.h. letztlich durch die gleichzeitige Aktivierung zweier miteinander verbundener Nervenzellen stattfindet* (**M3 u. 6**). Sobald diese wiederholt geschieht, ändert sich das elektrische Potential der beiden Zellen (bzw. ganzer Zellverbände) so, daß für ihre gleichzeitige Aktivierung zunehmend weniger Signale von anderen Zellen (elektrolytisch erzeugte Aktionspotentiale von 100 mV) erforderlich sind; kurz: Sie werden schneller mitaktiviert und selbst aktiv. Aus gleichzeitigen und aufeinanderfolgenden Prozessen dieser Art entwickelt sich das riesige Gebäude des Gelernten in jedem von uns (im gesamten neuronalen und psychischen System).

Die *Ausweitung der von Assoziationspsychologie und auch noch der von der Gestaltpsychologie bezogenen Perspektive auf die langfristige Genese und auf die jeweiligen Prozesse im gesamten psychischen Apparat* ist von *Piaget* durch seine *genetische Betrachtung der psychischen Prozesse und seine Untersuchungsart der Evokation von Reaktionen (z.B. Umschüttversuch) und der Befragung der Probanden (sogenannte klinische Methode)* geleistet worden. Seine Aussagen über die Entwicklung hat er durch den Vergleich von Augenblicksuntersuchungen zu unterschiedlichen Terminen gewonnen. So setzt sich seine *Längsschnittuntersuchung aus Querschnittuntersuchungen* zusammen (*Aebli* 1963, *Grzesik* 1969). Deshalb hat er, obwohl er *die entwicklungspsychologische Längsschnittbetrachtung favorisierte*, in allen von ihm untersuchten Entwicklungssträngen überaus wichtige *Beiträge zur Aufklärung unterschiedlicher Bereiche der jeweiligen psychischen Aktivität* geleistet, z.B. zum inneren Bild, zum moralischen Urteil, zum Zeitbewußtsein, zum reflexiven Bewußtsein, zur Sprache, zum Begriffslernen (vgl. *Kutzner* 1991), zum systemischen Denken (vgl. *Hermanns* 1992). In ihnen zeichnet sich schon *ein sehr differenziertes Bild der ständigen Struktur des gesamten psychischen Systems* ab.

Es sind die zahlreichen Befunde seiner *klinischen Methode*, durch die *Piaget* seine Theorie der psychischen Vorgänge stützen kann. Die behavioristische Assoziationstheorie hat nur den Zusammenhang zwischen Anfangsverhalten (Reiz) und Endverhalten (Reaktion) korrelationsstatistisch berechnet und für die zwischengeschalteten Prozesse (intervenierende Variablen) dieselbe Gesetzmäßigkeit angenommen, da sie die psychischen Prozesse selbst nicht für wissenschaftsfähig hielt, weil sie der intersubjektiven Beobachtung nicht zugänglich sind (black box). *Piaget* hat dagegen keine korrelationsstatistischen Untersuchungen der S-R-Beziehung vorgenommen, sondern aus der Lösung einer Aufgabe, z.B. "Wovon gibt es mehr, von den roten Würfeln oder den blauen?" genauso wie die Gestaltpsychologen die für die Lösung erforderlichen Prozesse erschlossen. Ihm ging es nicht um immer neue Belege für eine vorab angenommene allgemeine Gesetzmäßigkeit (Assoziationsgesetze), sondern um die *möglichst differenzierte Beschreibung von psychischen Verarbeitungsprozessen in ihrer Qualität und Funktion*. Sie wurden ihm zugänglich durch den *Rückschluß des Beobachters von den* Äußerungen der Probanden auf die ihnen zugrundeliegenden psychischen Prozesse. Dafür hat er eine außerordentlich große Zahl von unterschiedlichen Aufgaben ausgedacht, weit mehr als die Gestaltpsychologen. Ihn leitete dabei aber auch eine theoretische *Annahme*, nämlich die, daß die Assimilation der Welt *vom operativen konstruktiven Charakter aller psychischen Prozesse* abhänge. Aus seiner Sicht sah die Frontstellung so aus:

> "Die Abbildtheorie wird sich also vor allem auf die figurativen Funktionen berufen: auf die Rolle der Wahrnehmung als Ursprung der physikalischen Erkenntnis, und auf die Rolle der Versuchsanordnungen, die dazu dienen, die perzeptiven Gegebenheiten auszudrücken oder zu erhalten, eine Funktion, die im klassischen Empirismus vor allem dem Bild und im logischen Empirismus der Sprache zuerkannt wird. Die Assimilationstheorie dagegen legt den Akzent auf die operativen Funktionen von der Handlung bis hin zur eigentlichen Operation." (*Piaget/Inhelder* 1979, 508f.)

Von der Assimilationstheorie aus öffnete sich der *Reichtum der inneren Welt sowohl im Längsschnitt der Entwicklung als auch im Querschnitt der ständigen Leistungen*. Davon vermitteln die beiden folgenden Zitate einen kleinen, aber konzentrierten Eindruck. Sie bedürften freilich eines umfangreichen erklärenden und auch ergänzenden Kommentars, z.B. zu "logisch-mathematische Operationen" (z.B. die Klasseninklusion oder die multiplikative Zuordnung von Klassen) der leider hier nicht geboten werden kann:

> "(...) die einwirkenden Handlungen koordinieren sich nach operatorischen Strukturen, die sich zunächst nur in Abhängigkeit von der Handhabung der Objekte bilden; und die Gesetze des Objekts werden nur durch die Zwischenstufe dieser operatorischen Strukturen entdeckt und aufgestellt, die allein das In-Beziehung- oder In-Entsprechung-Setzen, die ordinalen Abschätzungen oder die Messungen, Klassifikationen oder die propositionellen Strukturierungen, usw. ermöglichen. Die Objektivität ergibt sich also aus einem zunehmenden Erwerb, der hervorgeht aus der Zusammenarbeit von Erfahrung und logisch-mathematischen Operationen, (...)" (*Piaget/Inhelder* 1979, 507f.)
> "Seit den bescheidensten Anfängen der intellektuellen Entwicklung hat sich diese Rolle der operativen Funktionen bei der Strukturierung der figurativen Aspekte der Erkenntnis

Theoretische Grundlagen 103

als wirksam erwiesen (...). Gewiß besteht dieser logisch-mathematische Rahmen nicht in einem reflexiven Wissen, davon kann keine Rede sein, und er beschränkt sich im vorliegenden Fall auf räumliche Operationen oder elementares In-Entsprechung-Setzen. Doch diese sind nicht weniger logisch-mathematisch und führen zur Bildung von eigentlich deduktiven Begriffen wie der Erhaltung von Längen, von Oberflächen, von numerischer Äquivalenz, usw. (...). Insgesamt zeigt die Untersuchung der Bilder als höherer Form der figurativen Werkzeuge zunächst, daß die Repräsentation des wahrgenommenen oder wahrnehmbaren Gegebenen für sich allein keine Erkenntnis bildet und daß sie zu einer solchen nur wird, wenn sie sich auf das operatorische Verständnis der Transformationen stützt, die das Gegebene erklären. Diese Untersuchung zeigt aber auch, daß, wenn einmal die funktionelle Interaktion des Figurativen und des Operativen gesichert ist, die symbolische Rolle des Bildes durchaus nicht zu vernachlässigen ist, wie es die übertriebenen Reaktionen gegen den klassischen Assoziationismus hätten glauben machen können: indem das Bild eine subtilere Untersuchung der 'Zustände' ermöglicht und sogar die figurale Antizipation der 'Transformationen' erleichtert, trotz des irreduktiblen statischen Charakters dieser Figuration, stellt es ein unentbehrliches Hilfsmittel dar für das Funktionieren des Denkens gerade auch in seiner Dynamik, unter der Bedingung allerdings, daß es dieser operatorischen Dynamik ständig untergeordnet bleibt, die es nicht zu ersetzen vermag und für die es niemals etwas anderes darstellt als den symbolischen und, je nach dem einzelnen Fall, mehr oder weniger verzerrenden oder genauen Ausdruck." (*Piaget/Inhelder* 1979, 509f.)

Auf diese Weise hat *Piaget* die Enge der Fixierung auf den reflexhaften Zusammenhang überwunden und *den Blick für die komplexen konstruktiven Prozesse der menschlichen Informationsverarbeitung geöffnet* (**M3 u. 6**). Auch die Gestaltpsychologie ist nämlich it der Annahme von antizipierenden Schemata beim Problemlösen noch im Bann des Reflexbogens zwischen Reiz (Aufgabe) und Reaktion (Antwort, Lösung) geblieben. Sie wagte nur einen kleinen Sprung in die *Innerlichkeit der psychischen Prozesse* durch den Schluß auf notwendige innere Voraussetzungen für die Aufgabenlösung. Erst *Piaget* hat den Vorhang vor der *Fülle der geistigen Prozesse zwischen sensorischem Input und motorischem Output, zwischen Aufgabe und Reaktion* ganz aufgerissen. - *Piaget* hat damit zugleich auch die Perspektive der Philosophie aufgebrochen, die sich für das Lernen nur in allgemeinsten Zusammenhängen im voll entwickelten Menschen, z.B. im Erkenntnisprozeß und in der moralischen Entscheidung, interessiert, indem er den Zugang öffnete zum Reichtum der tatsächlichen Prozesse im Augenblick und auch zur langfristigen Genese dieser Prozesse.

Auch heute noch steht *Piagets Theorie der Entwicklungsphasen der Intelligenz im Vordergrund des Interesses* der wissenschaftlichen Diskussion. Dagegen wird der Versuch *Aeblis*, das Interesse auf *das ständige Problem der Entwicklung, das Lernen*, umzulenken, aus dem Jahre 1963 erst in letzter Zeit voll aufgegriffen (*Klahr* 1984; *Case* 1985; *Grzesik* 1988; 1992²; *Kutzner* 1991; *Hermanns* 1992). Wenn es aber schon von Geburt an einen Grundprozeß des Lernens gibt, dann könnten die von *Piaget* aufgezeigten Entwicklungsphasen am Ende nichts anderes als *Stufen im fortschreitenden Lernprozeß* sein. *Das Fortschreiten ergäbe sich dann aus dem wiederholten Gebrauch der allgemeinen Möglichkeiten der Informationsverarbeitung im psychischen Apparat des Menschen für die Herstellung spezieller Zusammenhänge zwischen Informationen,* d.h. durch den allgemeinen "Regulator" von Assimilation und Akkomodation mit dem Ziel des Gleichgewichtes (*Piaget* 1976, 29). Durch diese Gesetzmäßigkeit ergäbe sich dann auch das *relativ gleichzeitige Auftreten der Entwicklungsstufen bei allen Menschen*. Piaget selbst bietet für diese Annahme der *Entstehung allgemeiner Phasen der Entwicklung durch das wiederholte Prozessieren des bei allen Menschen gleichen psychischen Apparates* wichtige Ansätze: die Veränderung von schon erworbenen Assimilationsschemata durch Operationen, die sie neuen Informationen anpassen (akkomodieren), der Anlaß für solche Veränderungen der bereits ausgebildeten Assimilationsschemata im kognitiven Konflikt, die Lösung dieses Konflikts als Problemlösen, die Progression von Differenzieren und Integrieren, der Ausbau bereichsspezifischer kognitiver Systeme, z.B. des Zahlsystems, des Raumsystems, des Zeitsystems, aber auch der Erwerb von speziellen Wissenskomplexen.

Die sogenannte kognitive Wissenschaft *verlagert das Interesse Piagets an der langfristigen Genese auf das Funktionieren psychischer Verarbeitungsformen im jeweiligen Augenblick der Untersuchung bei erwachsenen Versuchspersonen*. Jetzt kommt *die ganze Fülle bereichsspezifischer Verarbeitungsformen* in den Blick, z.B. das Textverstehen, das Bildverstehen, das Schreiben von Texten, aber auch die grundlegenden psychischen Systeme, wie z.B. das System des inneren Bildes oder das System des Problemlösens. Es sieht so aus, als ob die kognitive Wissenschaft hauptsächlich erst da ansetzt, wo *Piaget* die für alle Menschen gleiche Entwicklung der Intelligenz als abgeschlossen ansieht, auf der Stufe der formalen Operationen in der Pubertät. Dem entspricht bei *Piaget*, daß nach der höchsten Entwicklungsstufe alle vorausgehenden Etappen der Entwicklung samt ihren spezifischen Beschränkungen (z.B. Egozentrik) während des ganzen Lebens ständig zur Verfügung stehen und der einzelne in vielen Realitätsbereichen entweder über eine solche Etappe nicht hinauskommt oder auf sie zurückfällt.

Piaget und die kognitive Psychologie, die heute eine Teildisziplin im interdisziplinären Verbund der Wissenschaft von der menschlichen Informationsverarbeitung ist, sind nicht nur in der Perspektive und den Untersuchungsbereichen eng miteinander verbunden, sondern auch in der *Forschungsgeschichte*. Die Rezeption *Piagets* in den USA ist nämlich zu erheblichem Maße erst gleichzeitig mit der Abwendung von der behavioristischen S-R-Theorie in den sechziger Jahren erfolgt. Die wissenschaftsgeschichtlich interessante Frage, wieweit dies selbständig zur Überwindung der Grenzen der behavioristischen S-R-Theorie geschah oder durch *Piagets* Anregung, ist für den Fortschritt der Wissenschaft von ganz untergeordnetem Interesse, während die überaus fruchtbare Beziehung zwischen *Piaget* und der kognitiven Wissenschaft in den USA kaum hoch genug veranschlagt werden kann. Noch heute sind *Piagets* Beiträge zur entwickelten Intelligenz, z.B. zum inneren Bild, zur begrifflichen Informationsverarbeitung, (*Kutzner* 1991), zur systemischen Kombination von Operationen (*Hermanns* 1992), zum Zusammenhang von Reflexion und Bewußtsein, um nur einige zu nennen, nicht hinreichend aufgearbeitet. Auf der anderen Seite hat die kognitive Wissenschaft durch eigene Untersuchungen nicht nur viele Bestätigungen für Annahmen von *Piaget* geliefert, sondern auch den Horizont deutlich über *Piagets* Horizont, der durch das Interesse an der Genese begrenzt war, ausgeweitet. Inzwischen werden durch alle beteiligten Disziplinen Schritt für Schritt neue Zusammenhänge aufgewiesen, z.B. Möglichkeiten der mentalen Modellierung komplexer Informationszusammenhänge, Funktionen der aktiven

Theoretische Grundlagen 105

Informationsverarbeitung durch das Arbeitsgedächtnis oder Funktionen der Bewertung von Informationen aller Art.

Aus meiner Perspektive ist die Entwicklung der Psychologie bis heute zu diesem Punkt fortgeschritten. Der gegenwärtige Forschungsstand der kognitiven Wissenschaft, insbesondere der kognitiven Psychologie, ist deshalb die Basis für den nun folgenden Versuch, den *"Raum" der Lernmöglichkeiten des Menschen zu umreißen und zu strukturieren*. Aus dem Gesichtswinkel der Beobachtung der gesamten menschlichen Informationsverarbeitung wird der "Raum", in dem gelernt werden kann, durch die *Architektur des psychischen Apparates, d.h. durch die räumlichen Dimensionen, in denen psychische Aktivitäten stattfinden können, die Verteilung der verschiedenen Aktivitäten in ihm* und die Beziehungen in ihm festgelegt. Nach dem heutigen Stand der Gedächtnispsychologie "kann nur eine integrative, das Gesamtgehirn einbeziehende Betrachtungsweise den Vorgängen der langfristigen Informationsverarbeitung gerecht werden" (*Markowitsch* 1992, 238). Um diese räumliche Gestalt des psychischen Apparates geht es **im dritten Kapitel**.

Kapitel 3:
Der psychische "Raum", in dem Lernen stattfindet, hat eine eigene Struktur

Aus der Perspektive der Wissenschaft von der menschlichen Informationsverarbeitung werden immer deutlicher die *Dimensionen des Realitätsbereiches* sichtbar, *in dem sich Lernen abspielt*. Dieser Bereich wird insgesamt *definiert durch die Struktur des Nervensystems (alle durch Nervenfasern hergestellten Verbindungen zwischen Nervenzellen) und durch die Prozesse, die sich in den Nervenzellen und Nervenbahnen abspielen können* (**M3**).

Soweit ich die Forschungslage überschaue, schließen sich die zahlreichen neuroanatomischen und neurophysiologischen Befunde noch keineswegs zu einer konsolidierten Gesamttheorie des Lernens zusammen. Die Übereinstimmungen in grundlegenden Fragen, z.B. über das Nervensignal und den Ort des Lernens an den Kopplungsstellen (den Synapsen) zwischen der signalleitenden Faser einer Nervenzelle (dem Axon) und einer signalempfangenden Faser einer anderen Zelle (der Dendrite), sind gegenwärtig jedoch schon so groß, daß sich erste Zusammenhänge einer solchen Theorie erkennen lassen. Der naheliegende Einwand, daß die meisten Befunde aus der Untersuchung von Tieren (Schnecken, Ratten, Kaninchen, Affen) stammen, ist deshalb nicht völlig entwaffnend, weil es ganz offenkundig universale Gesetzmäßigkeiten der Nervenaktivitäten gibt und weil auch Befunde über den spezifischen Bau des menschlichen Nervensystems vorliegen. Wo solche Befunde noch fehlen, gibt es einen großen Bereich, über den durch den Vergleich von Aussagen mehrerer Disziplinen neue Aussagen möglich werden. Gehirnmedizin, Kognitionspsychologie und Computerwissenschaft haben zusammen mit der Neurobiologie (Neuroanatomie und Neurophysiologie) Befunde erzielt, die sich gegenseitig bestätigen oder miteinander vereinbar sind oder sich ergänzen oder weiterführende Schlußfolgerungen erlauben, z.B. über das Arbeitsgedächtnis, seine konstante Informationsverarbeitungskapazität, seinen Zugriff auf die automatisierten und bewußt Informationen in allen Bereichen des Gehirns, seine Steuerung durch Bewertungssysteme, seinen Energieverbrauch und vieles andere mehr. Was man auf dieser Grundlage heute über Lernen sagen kann, ist zunächst wie jede wissenschaftliche Aussage hypothetisch. *Alles, was ich im folgenden über Lernen* (**M6**) *sage, steht deshalb unter dem generellen Vorbehalt einer vorläufigen Annahme aufgrund der mir bekannten Befunde und Theorien.*

Für eine solche Betrachtungsweise muß man sich vorstellen, daß die *Verbindungen zwischen den Nervenzellen einen dreidimensionalen Raum, hauptsächlich den des Schädels,* ausfüllen. - Diese Vorstellung aber muß noch durch eine "vierte Dimension" erweitert werden. Zu den räumlich vernetzten Nervenzellen kommt nämlich noch die *Dimension der chemischen Veränderungen in den vernetzten Nervenzellen,* die in dem Maße entstehen, in dem sie *aktiviert* werden. - *Lernen als Veränderung durch Aktivität findet vielleicht im gesamten Nervensystem statt, sicher aber im Gehirn oder zumindest in sehr großen Teilen des Gehirns.* Die Möglichkeiten des Lernens sind dann ebenso abhängig von den dort zur Verfügung stehenden *Verbindungen zwischen den Nervenzellen aus Nervenfasern* wie von den *elektro-chemischen Prozessen,* die sich in ihnen abspielen und zur Veränderung elektro-chemischer Potentiale führen. Durch beides werden die *unterschiedlichen Arten von Lernresultaten und das Behalten* bestimmt. Es spricht aber heute schon sehr viel für eine ganz allgemeine Annahme über den Ort des Gedächtnisses: *Dort, wo eine bestimmte Aktivität im Gehirn stattfindet, wird sie auch gespeichert. Wenn die aktivierten Netze von Nervenzellen zugleich auch der Ort des Gedächtnisses sind, weil diese Aktivität wieder aktualisiert werden kann, dann gibt es keine gesonderten Speicher für Resultate der Aktivität, z.B. für Wissensbestände.*

Noch vor wenigen Jahren hat man für die Bezeichnung der materiellen Substanz der Lernresultate gern das Bild der Spuren gebraucht. Die Metapher der Spur stammt vom Einritzen von Schriftzeichen und der Vorstellung vom Menschen als einer geglätteten, d.h. von Schriftzeichen noch leeren, Wachstafel (tabula rasa), z.B. bei *Locke,* und hat sich bis in unsere Tage erhalten (so z.B. bei *van Parreren* 1972). An die Stelle dieses Bildes ist heute das Bild von unterschiedlich hohen Trassen, die durch aufaddierte Beträge entstanden sind, getreten (z.B. bei *McClelland/Rumelhart/PDP Research Group* 1986). Dem Bild der Trasse aber liegt der neurologische Befund *unterschiedlich großer elektrochemischer Potentiale in den Nervenzellen,* die durch Addition (verrechnen, computare) wiederholter Erregungen der einzelnen Zellen eines Nervenverbandes (neuronales Netzwerk) zustandegekommen sind, zugrunde. Man kann sich diese Potentiale bildlich so vorstellen, daß über dem Grundriß eines Netzes von Nerven sich Strukturen von (aufaddierten) Potentialen unterschiedlicher Höhe bilden, die zusammen eine Oberfläche in der Form eines Reliefs bilden. *Das ergibt über jedem Netz aus*

Theoretische Grundlagen 107

räumlich verteilten Nervenzellen einen imaginären Raum, den "Raum" der möglichen Lernresultate.

Über einige *Zusammenhänge in diesem Informationsraum* der Nervennetze und der in ihnen sich abspielenden informationsverarbeitenden Prozesse gibt es schon ein hohes Maß der Übereinstimmung. Die Zusammenschau zu einem Gesamtraum, die ich versuche, ist aber in mehrfacher Hinsicht neu und beim gegenwärtigen Stand der Forschung auch noch sehr riskant. Es sind keineswegs schon alle Zusammenhänge der Informationsverarbeitung so gut bekannt, daß sie sich räumlich darstellen ließen. Ich gehe das Risiko ein, *ein wahrscheinlich noch vorläufiges, ganz sicher unvollständiges und natürlich auch in Zukunft revisionsbedürftiges Modell* zu konstruieren. Dazu veranlaßt mich die Überzeugung, daß *schon beim heutigen Stand der Forschung die allgemeinen Aspekte des Lernprozesses und auch die konkreten Möglichkeiten des Lernens nur dann angemessen eingeschätzt werden können, wenn man ihren Ort im Gesamtraum der menschlichen Informationsverarbeitung aufzeigen kann.*

Deshalb unternehme ich **in diesem Kapitel** das Wagnis einer Konstruktion der *allgemeinen Aspekte des Lernraumes*, ehe ich **im nächsten Kapitel** auf die einzelnen Möglichkeiten des Lernens in diesem Raum eingehe. Dieses Vorgehen ist aber keineswegs nur zweckmäßig für eine Gesamtvorstellung des Lehrers, sondern entspricht der *unbezweifelbaren Räumlichkeit nicht nur des Nervensystems, sondern auch des psychischen Systems, das an die Räumlichkeit des Nervensystems "gebunden" ist* und auch selbst eine spezifische Räumlichkeit der Informationsverarbeitung besitzt.

(1) Das Nervensystem ist der physische Ort des Lernens

Lernen ist wahrscheinlich eine Funktion aller Organismen oder zumindest der tierischen, durch die sie sich bis zu einem Grade Veränderungen in ihrer Umgebung anpassen können. Die Lernfunktion wird durch die jeweilige Art von Lebewesen und auch durch das jeweilige Individuum einer Art in unterschiedlichem Maße erfüllt. *Die Funktion besteht in der Anpassung an Veränderungen der Umwelt durch eigene Veränderungen für die übergeordnete Funktion der Selbsterhaltung.* Es kann dies z.B. eine Anpassung an eine Veränderung des Nahrungsangebotes sein, aber auch eine Anpassung des einzelnen Exemplars an die Artgenossen, unter denen es aufwächst, und beim Menschen handelt es sich um Anpassungen an alle Gegebenheiten seiner Umwelt und aller jeweiligen Gegebenheiten bei sich selbst. Das Ausmaß der Lernfähigkeit steigt von den niederen Arten der Lebewesen an bis zu den Säugetieren, hier wieder bis zu den Primaten (Herrentieren) und innerhalb dieser Gruppe nochmals in einem ganz außergewöhnlich großen und qualitativ überraschenden Sprung vom Niveau der Halbaffen und Affen zu dem des Menschen.

Dieses Ansteigen manifestiert sich auch im *Umfang des Nervensystems, insbesondere im Volumen bzw. Gewicht des Gehirns* (Changeux 1984, 56f.), vor allem aber in der *Organisiertheit, d.h. hier der Komplexität der Verbindungen zwischen den Nervenzellen.*

Lernen ist damit ein Gegenstand der Biologie, soweit es eine Eigenschaft der Organismen ist. So sagt *Maturana*:

> "Lernen als Prozeß besteht in der Transformation des Verhaltens eines Organismus durch Erfahrung, und zwar auf eine Weise, die direkt oder indirekt der Erhaltung seiner basalen Zirkularität (seiner Selbsterhaltung - J.G.) dient" (*Maturana* 1985, 60).

Lernen, als Funktion aller Organismen, besteht aus einer Veränderung in irgendeinem Bereich ihrer Reaktionsmöglichkeiten auf die Umwelt. Diese Veränderung wird durch das Lebewesen selbst geleistet. Das Lebewesen modifiziert sich selbst, Lernen ist ein autopoietischer Prozeß (**M3 u. 6**). *Das geschieht beim Menschen sowohl autonom (selbstgesetzlich) als auch intendiert (absichtlich).* - Lernen ist kein stofflicher Austausch mit der Umwelt, d.h. kein materieller physikalischer oder chemischer Austauschprozeß mit ihr. Nur die Aktivität der Nervenzellen wird durch Zellstoffwechsel ermöglicht. Direkter Energielieferant für sämtliche Stoffwechselprozesse in der Nervenzelle ist die Glukose, d.h. Traubenzucker, bei deren "Verbrennung" freiwerdende Energie in Form von Adenosintriphosphat (ATP) fixiert wird. Die Aktivität selbst besteht aber in elektrischen Impulsen, die die *Funktion einer Information* haben, z.B. der Information einer motorischen Nervenzelle an eine Muskelfaser, sich zusammenzuziehen.

> "Auch die neurobiologische Information besitzt kein organisch-materielles Substrat, sondern besteht in den dynamischen Mustern der im Trägerorgan Gehirn ablaufenden kodierten Erregungsprozesse, also in Signalkonfigurationen oder Symbolstrukturen, die man im technischen Sprachgebrauch als Programm bezeichnet." (*Seitelberger* 1984, 177)

Das Nervensystem hat als informationsverarbeitendes System *nur durch die Sinnesreize direkten physikalischen oder chemischen Kontakt* mit der Umwelt, d.h. z.B. durch Schallwellen (akustisch), Lichtwellen (visuell), chemische und physikalische Beschaffenheiten der Luft und der Nahrung (olfaktorisch), Temperatur und mechanische Beschaffenheiten der Gegenstände (taktil). Das Nervensystem hat mit dem eigenen Organismus Kontakt durch die *inneren Reize* seiner physischen Bedürfnisse aller Art und ihrer Befriedigung (proprizeptive Information). Dafür ist unser ganzer Körper das Wahrnehmungsfeld, sein Ernährungszustand, seine Temperatur, seine Sexualität, seine Schmerzen und seine Lust. *Wie das Nervensystem diese Sinnesreize als Information verarbeitet und was es davon behält, ist allein seine Leistung* (*von Glasersfeld* 1987). *Es wird demnach kein Lernresultat stofflich übermittelt, sondern jedes Lernresultat ist selbstproduziert (ein autopoietisches Produkt).* - Diese Selbständigkeit gilt nicht nur für das Nervensystem als Ganzem gegenüber seiner Umgebung, sondern auch für die einzelne *Nervenzelle, die kleinste Einheit des Nervensystems, gegenüber allen anderen Nervenzellen desselben Systems*. Die einzelne Nervenzelle hat wie das gesamte Nervensystem und wie der gesamte Organismus alle Eigenschaften eines lebenden Systems, denn sie ist nach *Maturana* eine

> "selbständige, integrierte, selbstreferentielle (auf sich selbst bezogene - J.G.), metabolische (den Stoffwechsel betreffende - J.G.) und genetische (durch Erbinformation naturgesetzlich bestimmte - J.G.) Einheit" (*Maturana* 1985, 40).

(2) Innerhalb des Nervensystems hat Lernen seinen Ort im Prozeß der Signalübermittlung zwischen jeweils zwei Nervenzellen, die ihrerseits Elemente vieler unterschiedlicher Netzwerke sind

Dies gilt wahrscheinlich für alle Nervenzellen, obwohl wir heute noch nicht wissen, ob tatsächlich alle Nervenzellen am Lernprozeß beteiligt sind. Es scheint aber sicher zu sein, *daß in allen unterschiedlichen Vernetzungen von Nervenzellen im Nervensystem, z.B. den motorischen, den kognitiven, den emotionalen und den selbstregulierenden Systemen, durch die an Ort und Stelle stattfindende Signalübertragung zwischen Nervenzellen gelernt wird und nicht etwa nur in besonderen Bereichen des Nervensystems.*

Es sprechen schon viele neurophysiologische Befunde dafür, daß *Lernen eine Veränderung im Prozeß der Signalübertragung zwischen den einzelnen Nervenzellen, d.h. eine Zwei-Körper-Wechselwirkung, ist (s. z.B. Eccles 1989; Arbib 1989; Rahmann/Rahmann 1988; Palm 1988, 498f.).* Diese Veränderung wird dadurch erzeugt, daß *eine Nervenzelle eine andere durch die Freisetzung von Transmittern erregt.* Die Veränderung besteht dann darin, daß in der erregten Zelle und in der erregenden Zelle chemische Veränderungen stattfinden. Aufgrund dieser Veränderungen, von denen erst einige bekannt sind, genügt eine geringere Zahl von eintreffenden Signalen für die Erreichung des Schwellenwertes bei beiden Zellen, über dem sie "feuern", d.h. ihr eigenes Signal aussenden. Sie könnten dann leichter erregt, d.h. zusammen durch Signale von anderen Nervenzellen aktiviert, werden. Wenn dies zutrifft, dann besteht *jeder komplexe Lernprozeß aus einer Vielzahl solcher Veränderungen bei einer sehr großen Zahl verschiedener Nervenzellen. Die molekularen Prozesse zwischen den Nervenzellen entscheiden dann darüber, was gelernt und behalten wird.* Es lohnt deshalb, sich vom *Ort dieses Vorgangs* und von der *Art des Geschehens* eine Vorstellung zu bilden, auch wenn eine solche Vorstellung keineswegs die Fülle der bis jetzt schon von der Anatomie unterschiedenen Teile des Nervensystems und der von der Physiologie nachgewiesenen Funktionen enthalten kann.

Abb. 5: Neuron

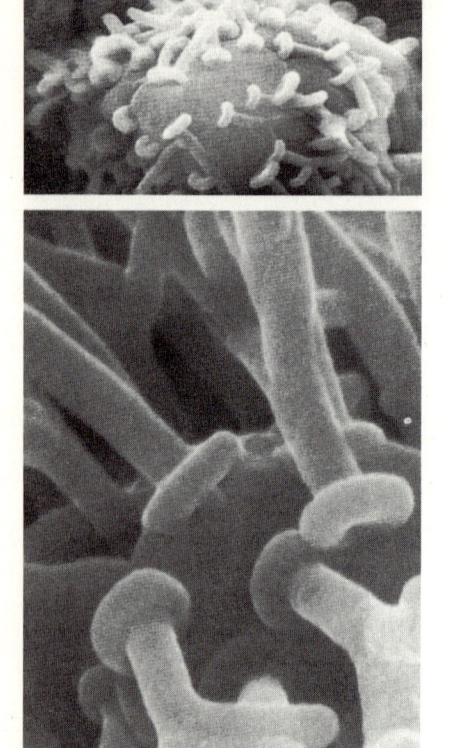

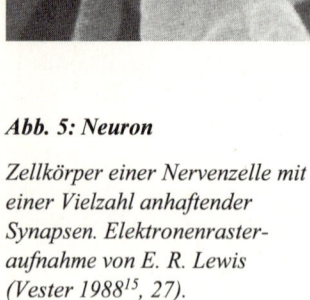

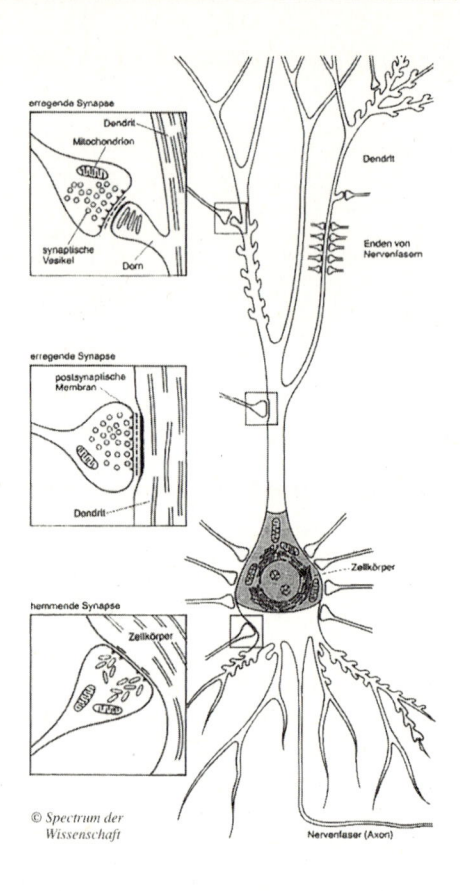

Zellkörper einer Nervenzelle mit einer Vielzahl anhaftender Synapsen. Elektronenrasteraufnahme von E. R. Lewis (Vester 1988[15], 27).

Abb 6: Nervenfaser (Axon)

aus: L. L. Iversen. Die Chemie der Signalübertragungen im Gehirn. In: Spektrum der Wissenschaft, November 1979.

Theoretische Grundlagen 111

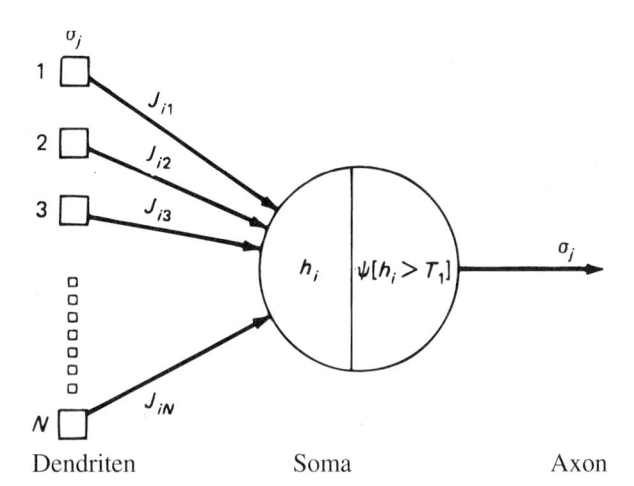

Abb. 7: Die logische Struktur eines Neurons (Amit 1989, 19; ergänzt durch die Bezeichnungen "Dendriten", "Soma" und "Axon"). © Cambridge University Press

Dendriten   Soma   Axon

Die *räumliche Verbindung zwischen Nervenzellen* wird auf die folgende Weise hergestellt (s. **Abb. 6**): der Zellkörper (das Soma) jeder Nervenzelle hat nur eine "Ausgangsfaser" (das Axon). Das Axon verzweigt sich in viele "Äste", die zu anderen Nervenzellen führen. Jede Nervenzelle hat außerdem eine Vielzahl von "Eingangsfasern" (Dendriten). Ein "Ast" eines Axons einer Nervenzelle kann die Verbindung zu einer anderen Nervenzelle dadurch herstellen, daß er sich bis zu einem Dendriten einer anderen Nervenzelle oder aber direkt bis zu ihrem Soma erstreckt. Auf diese Weise kann eine Nervenzelle des zentralen Nervensystems (ein Interneuron zwischen sensorischen und motorischen Systemen) Signale von 1.000 bis 10.000 anderen Nervenzellen empfangen. Die Nervenzelle "verrechnet" dann die gleichzeitig eintreffenden Signale, d.h. sie addiert sie. *Sobald ein bei allen Nervenzellen gleicher Schwellenwert erreicht ist, "feuert" sie, d.h. sie schickt ihr einziges Ausgangssignal über ihr Axon zu anderen Zellen.* Hält die über dem Schwellenwert liegende Erregung durch andere Zellen an, dann "feuert" sie nach einer Pause, die die zwei- bis dreifache Länge des Signals (Refraktärzeit) besitzt, wiederholt usf., d.h. die Häufigkeit (Frequenz) des Signals wächst.

Eine Nervenzelle stellt aber nicht nur Verbindungen zwischen anderen Zellen her, von denen sie Signale erhält und an die sie ihr Signal abgibt, sondern *es gibt auch Verbindungen zwischen dem Axon und den Dendriten derselben Nervenzelle.* Dann wird die Ausgangsinformation wieder in die Zelle selbst eingespeist (*Nauta/Feirtag* 1990a).

Ein "Ast" eines Axons ist mit einer Dendriten einer anderen Zelle jedoch nicht fest verbunden, sondern nähert sich ihr mit einer Ankopplungsstelle, einem synaptischen Knopf (oder Kopf), nur bis auf einen schmalen Spalt von 10-20 Nanometer (1 Nanometer = 1000 Millionstel Meter = 1 Milliardstel Meter) der Kopplungsstelle der Dendrite, die aus einer kleinen Abzweigung, einem Dorn, besteht und ebenfalls einen synaptischen Knopf besitzt. Entsprechendes gilt für die Verbindung mit dem Soma. *Das ganze Kopplungsorgan bezeichnet man dann als Synapse.* In ihr kommt die Außenmembran, die jede Zelle einschließlich ihres Axons und ihres Dendriten umschließt, der Membran einer anderen Nervenzelle so nahe, daß eine Signalübermittlung zwischen ihnen stattfinden kann.

Die Signalübertragung im synaptischen Spalt ist im einzelnen sehr kompliziert, hat aber im ganzen die folgende Form: *Sobald eine Zelle "feuert", wird das Aktionspotential ihres Signals von 100 mV über ihr Axon bis zu einem synaptischen "Knopf" an einer Dendrite oder dem Soma einer anderen Nervenzelle geleitet.* Dort löst sie die Ausschüttung eines Überträgerstoffes (Transmitter), der in Bläschen im synaptischen Knopf des Axons gespeichert ist, durch die präsynaptische Membran hindurch in den synaptischen Spalt aus. Die Transmittermoleküle diffundieren innerhalb einer knappen Millisekunde über den Spalt zur Membran hinter dem Spalt (der postsynaptischen Membran). Die Poren der postsynaptischen Membran sind im Ruhezustand mit hochspezialisierten Rezeptormolekülen besetzt, die die Poren verschließen. Sobald Trans-mittermoleküle und Rezeptormoleküle miteinander reagieren, wird die Raumstruktur des Rezeptors so verändert, daß sich die Poren öffnen. Jetzt können positive Natriumionen, die sich in hoher Konzentration außerhalb der Nervenzellen und daher auch im synaptischen Spalt befinden, durch die postsynaptische Membran in diese Zelle einströmen. Dadurch wird das Ruhepotential von etwa -70 mV bis in die Nähe von +30 mV verändert. So entsteht in der postsynaptischen Zelle das gleiche Aktionspotential wie in der präsynaptischen Zelle. Das elektrische Signal, das die Differenz des elektrischen Potentials zwischen dem Inneren und dem Äußeren kurzzeitig aufhebt (Depolarisation), wird so über einen chemischen Transmitter von einer Zelle zu einer anderen übertragen.

Wird nun eine Zelle in kurzem Abstand hintereinander mehrfach auf diese Weise erregt, dann *dauert ihre Erregung noch lange an, wenn die aktuelle Erregung längst beendet ist*. Man spricht deshalb von einer *Langzeitpotenzierung* (engl. Kürzel: LTP). Dabei finden *chemische Veränderungen in der postsynaptischen Zelle* statt, aufgrund derer sie bei einer späteren Aktivierung früher den Schwellenwert für ihr eigenes Signal erreicht als vorher.

Theoretische Grundlagen 113

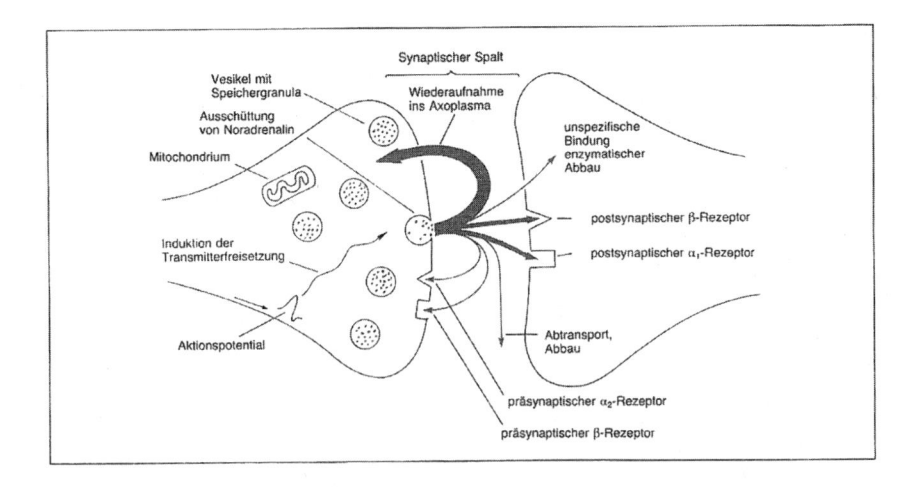

Abb. 8: Transmitterfreisetzung und -elimination an einer adrenergen Synapse, *nach Scheler aus: Thews/Mutschler/Vaupel, Anatomie, Physiologie, Pathophysiologie des Menschen. 4. Auflage.* © *Wissenschaftliche Verlagsgesellschaft mbH, Stuttgart 1991.*

Lernen scheint also physiologisch aus einem elektrochemischen Prozeß zu bestehen, durch den die aufnehmende und die abgebende Zelle schon bei geringerer Eingangsinformation aktiv wird: Jede Zelle wird erst aktiv, wenn die Summe der Eingangsinformationen einen feststehenden und bei allen Neuronen gleichen Schwellenwert überschreitet. Wenn eine Zelle aber schon ein gewisses Potential "angesammelt" hat, dann benötigt sie für ihre Aktivität nur eine Summe der Eingangsinformation, die um diesen Betrag niedriger liegt. So können sehr große Komplexe von Nervenzellen durch geringe Information aktiviert werden. Im Anschluß an *Hebb* beschreibt *Changeux* diesen komplizierten und noch keineswegs voll aufgeklärten Zusammenhang ganz allgemein so:

"Die 'wiederholte gleichzeitige Erregung' zweier Zellen verändert die Leistungsfähigkeit ihrer gemeinsamen Synapsen. *Die Zusammenarbeit zweier Zellen schafft in ihren Kontaktstellen eine erhöhte Bereitschaft zur Zusammenarbeit.*" (*Changeux* 1984, 184)

Eccles faßt das Ergebnis der Stimulierung einer Nervenzelle so zusammen:

"(...) daß die Synapsen auf etwa das Doppelte verstärkt waren und es über zehn Stunden lang blieben. Man erkannte sofort, daß diese lange Dauer der synaptischen Verstärkung ein ausgezeichnetes synaptisches Modell des Gedächtnisses bot. Es war, als würde sich die Synapse ihrer Aktivierung 'erinnern'. Synapsen auf den tieferen Ebenen des Gehirns zeigen nicht diese *Langzeitpotenzierung* (LTP), wie man sie nannte. Von noch größerer Bedeutung für ein Modell des Gedächtnisses war die Entdeckung, daß LTP nicht allein nach der konditionierenden tetanischen Stimulierung (...) auftrat. Neben dieser *homo-synaptischen* LTP gab es auch eine LTP anderer Synapsen auf dem gleichen Neuron, die während des konditionierenden Tetanus sehr viel weniger stark aktiviert worden waren.

Wir können dies als *heterosynaptische* LTP bezeichnen. Synapsen, die während des konditionierenden Tetanus nicht aktiviert wurden, waren dagegen nicht potenziert. Diese heterosynaptische LTP ist von besonderer Bedeutung für den Versuch, eine Theorie des Lernens und des Gedächtnisses für die Großhirnrinde aufzustellen. Lernen bedeutet nicht bloß, sich an einen ursprünglichen intensiven Stimulus zu erinnern. Wichtiger ist, daß man sich an die damit verknüpften Erfahrungen erinnert." (*Eccles* 1989, 247)

Wenn die Annahme stimmt, daß die Aktivität in der Synapse ausschlaggebend für Lernen ist, dann ergibt sich daraus die außerordentlich weitreichende Konsequenz, daß *an allen Stellen, an denen eine Nervenzelle an eine andere Informationen weiterleitet, prinzipiell die Möglichkeit bestehen kann, daß gelernt wird.* Von der nicht mehr vorstellbaren, sondern nur noch ungefähr zu ahnenden Zahl dieser Möglichkeiten geben die folgenden Schätzungen wenigstens die Größenordnung: Der Durchmesser des Zellkörpers einer Nervenzelle in der menschlichen Großhirnrinde beträgt etwa zwischen 0,01 und 0,12 mm. Die Schätzungen der Zahl der Nervenzellen des menschlichen Nervensystems schwanken zwischen 10 Milliarden und mehr als 100 Milliarden. Die Zahl der Synapsen wird nur in Billionen angegeben. Dem Neuroanatomen zeigt sich das folgende Bild:

"Ein zufällig ausgewählter Abschnitt des Kortex enthält eine außerordentlich große Menge von Synapsen - ein Kubikmillimeter etwa sechshundert Millionen. Danach befinden sich in der Großhirnrinde des Menschen zwischen 1014 bis 1015 Synapsen. Diese Synapsen liegen an axonalen und dendritischen Endigungen, an Zellkörpern, die auf den ersten Blick unauflöslich miteinander verflochten zu sein scheinen - ein 'Dschungel', in dem sich an jedem beliebigen Punkt Hunderte, ja Tausende von Ästen der verschiedensten Bäume ineinander verschlingen (...). Dank des Elektronenmikroskops lassen sich auch noch die letzten Ästchen und Blätter unterscheiden, aber da sie einander gleichen, läßt sich sehr schwer feststellen, zu welchem Stamm sie gehören." (*Changeux* 1984, 72)

Wenn das Nervensystem als ganzes der Ort des Lernens ist und prinzipiell an jeder Synapse etwas Spezifisches gelernt werden kann, dann bildet *die Gesamtheit der jeweils vorhandenen Synapsen die erste Grenze des Bereiches, in dem Lernen möglich ist.* - Von der *jeweiligen Zahl* der Synapsen muß gesprochen werden, weil sich zwar die Zahl der Nervenzellen nach der Geburt nach der vorherrschenden Meinung nicht mehr erhöht, aber die Zahl der Synapsen während der Lebensdauer nicht konstant ist. Sie wächst schubweise, besonders in den ersten drei Lebensmonaten, möglicherweise aber im gesamten Lebensverlauf (**Abb. 9**). Die jeweilige Zahl der Synapsen und auch der Zellen reduziert sich aber ständig durch Absterben, soweit Synapsen nicht in Anspruch genommen werden (*Changeux* 1984). - Ich wähle für diesen Bereich den Ausdruck *Möglichkeitsraum des Lernens.* Er wird verwendet für *diejenigen Dimensionen im dreidimensionalen physikalischen Raum des Gehirns, die zusammen die Grenzen für die Vielfalt des Lernbaren bilden.* Das ergibt eine erste Vorstellung vom Zuschnitt und Umfang des Lernbaren. Ich spreche von Möglichkeitsraum, wenn es um die äußerste denkbare Ausdehnung des Bereiches geht, in dem gelernt werden kann, nämlich um die *Gesamtheit der lernfähigen Synapsen, über die ein Mensch jeweils verfügt.* Seine Grenzen aber sind nur die ersten Anhaltspunkte für das Ausmaß des tatsächlichen Lernens.

Nur wenn man weiß, daß *Lernen im Mikrobereich der neuronalen Prozesse* seinen Ort hat, d.h. dem Bereich der Moleküle, Atome und Energiequanten, kann man sich eine *angemessene Vorstellung vom ungeheuren Raum der menschlichen Lernmöglichkeiten* machen. - Schon hier zeigt sich, wie rigoros die Reduktion der Behavioristen ist, wenn sie die tatsächlichen Lernprozesse auf Reiz-Reaktionsverknüpfungen im beobachtbaren Verhalten einschränken. Auch dann, wenn die psychischen Prozesse nicht nur als Verhaltensverknüpfungen gedacht werden, sondern als Vorstellungsverknüpfungen, bleibt der Auflösungsgrad in Vorstellungen weit hinter dem Auflösungsgrad in Synapsen zurück. - *Alle Möglichkeiten des Lernens liegen innerhalb dieses Raumes.* Alles deutet aber auch darauf hin, daß es keineswegs nur die von der klassischen Assoziationspsychologie einheitlich für die gesamte Psyche angenommenen Assoziationsgesetze gibt, sondern sehr *unterschiedliche Möglichkeiten der Koordination von Aktivitäten der Nervenzellen. Jeder Form der Koordination entsprechen psychische Aktivitäten, z.B. die Aktivierung eines inneren Bildes von einem Gebrauchsgegenstand oder eines Gefühls der Freude über einen Kauf. Deshalb eröffnen sich mit jeder Form der Koordination von Nervenzellen neue Möglichkeiten für komplexe psychische Einheiten.* Diese Einheiten sind aber nicht mehr molekular, sondern molar, d.h. Ganzheiten mit einer spezifischen inneren Organisation. Sehen wir uns die bis jetzt bekannten oder zumindest wahrscheinlichen Möglichkeiten der Koordination nacheinander an!

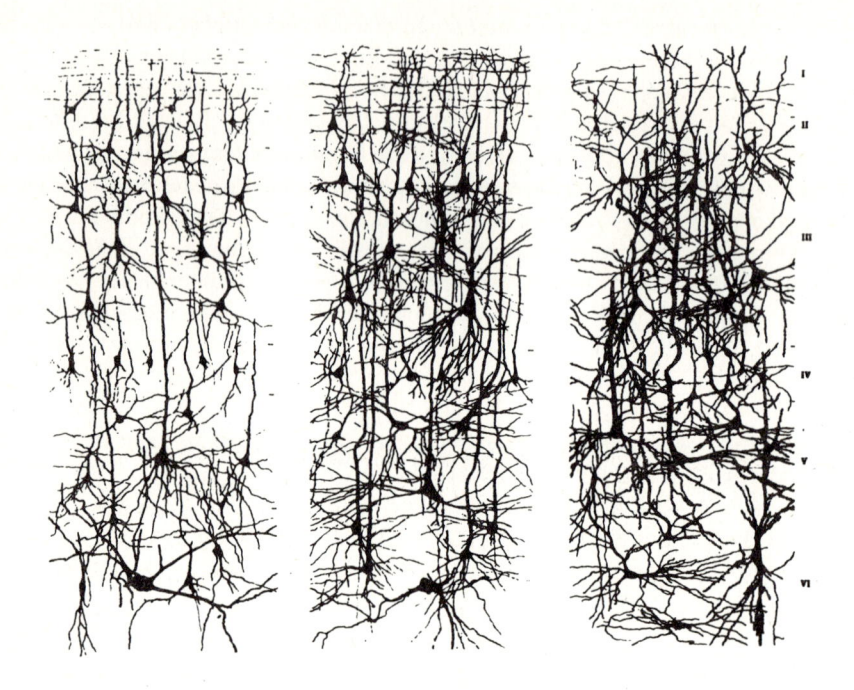

116   Signalübermittlung zwischen Nervenzellen als Ort des Lernens

Abb. 9: Wachstum der dendritischen Verzweigungen in der menschlichen Großhirnrinde nach der Geburt. Von links nach rechts: Kind von drei, fünfzehn und vierundzwanzig Monaten. Die Schnitte stammen aus dem oberen Bereich des Schläfenlappens und wurden nach der Golgi-Methode gefärbt (nach Conel 1947, 1955, 1959, in: Altmann 1967) (aus: Changeux S. 253). © 1984 by Rowohlt Verlag GmbH, Reinbek

(3) In der menschlichen Aktivität gibt es die simultane Koordination unterschiedlicher psychischer Aktivitäten

Es ist heute nachweisbar, daß *bei jeder noch so kleinen Tätigkeit, z.B. beim Bewegen einer Hand oder bei einem kurzen Gruß, in jedem Augenblick unterschiedliche Teile des Nervensystems gleichzeitig aktiv sind.* Die Gleichzeitigkeit und die unterschiedliche Stärke von verschiedenen Aktivitäten kann auf dem Bildschirm eines Computers in Farbstufen sichtbar gemacht werden. Es gibt inzwischen mehrere solcher bildgebenden Verfahren. Eines davon, die Positronen-Emissions-Tomographie (PET), hat die folgende Form: Man gibt Glukose einen radioaktiven Marker (z.B. das radioaktive Xenon-133) bei, der sich an sie bindet, ohne ihre Funktion zu beeinträchtigen, und injiziert die Glukose in die Blutbahn. Wo im Gehirn der größte Verbrauch an Glukose herrscht, weil es dort aktiv ist und weil Glukose der einzige Energielieferant für seine Aktivität ist, konzentriert sich auch der radioaktive Stoff. Er wird mit 254 Detektoren gemessen. Jeder dieser Detektoren mißt die Radioaktivität auf einer noch viel zu großen Fläche von einem Quadratzentimeter des Schädels. Die Kernspintomographie erlaubt inzwischen viel genauere Messungen der aktiven Nervennetze in sehr "feinen Schnitten" des Gehirns. Der Computer transformiert die gemessene Radioaktivität in Farbwerte, was ein Raster von Farbwerten auf dem Bildschirm ergibt (Ideographische Methode; *Lassen/Ingvar/Skinhoj* 1988). Diese Meßergebnisse erlauben den folgenden Schluß:

> "So unvollständig die vorliegenden Ergebnisse auch sein mögen, sie lassen den sicheren Schluß zu, daß jedes Verhalten und jede Empfindung auf die innere Mobilisierung eines topologisch definierten Komplexes von Nervenzellen zurückzuführen ist, eines Netzwerks, das speziell diesem Verhalten oder dieser Empfindung zugeordnet ist. Die 'Geographie' des Netzes entscheidet weitgehend über die Besonderheit der Funktion. Das Beispiel des Orgasmus oder der Gefühle zeigt, daß die an einer solchen Empfindung beteiligten Neuronen gleichzeitig mehreren Zentren angehören: dem Hypothalamus, dem limbischen System und auch der Großhirnrinde (...). Bei der Grille brachte der Übergang zum Handeln ein Netz von lediglich einigen Dutzend oder hundert Neuronen ins Spiel. Beim Menschen setzt die einfachste motorische Operation die Aktivität riesiger Nervenzellenverbände auf verschiedenen Ebenen gleichzeitig voraus." (*Changeux* 1984, 160)

> "But, as Helmholtz argued and as I have tried to show in this book, there are also many benign unconscious processes that underlie perception and cognition. Their existence implies that different mental processes occur in parallel: different processors operate in the mind at the same time.

> These parallel processors control the events that occur simultaneously when we talk or walk, or walk and talk. They also cope with the hierarchical organization of skills. To understand discourse, for instance, there are separate processors for identifying speech sounds, recognizing words, parsing grammatical structure, constructing a representation of meaning, and making inferences. Each of these activities calls for an exquisite timing and interrelation with the others. The processors must operate together like workers on a factory production line that takes in the speech waveform as the raw material and transforms it into the finished product of comprehension." (*Johnson-Laird* 1988, 254)

Hier interessiert zunächst allein das Faktum der Gleichzeitigkeit, das *synchrone parallele Prozessieren* im Nervensystem. ('parallel distributed processing', *McClelland/Rumelhart/PDP Research Group* 1986). Nur was räumlich unterschieden ist, kann gleichzeitig sein, z.B. das Aus- und Einatmen zweier Menschen. *Die ungeheure Zahl der räumlich unterschiedlich positionierten Nervenzellen eröffnet deshalb den Möglichkeitsraum der gleichzeitigen Aktivitäten des Nervensystems.*

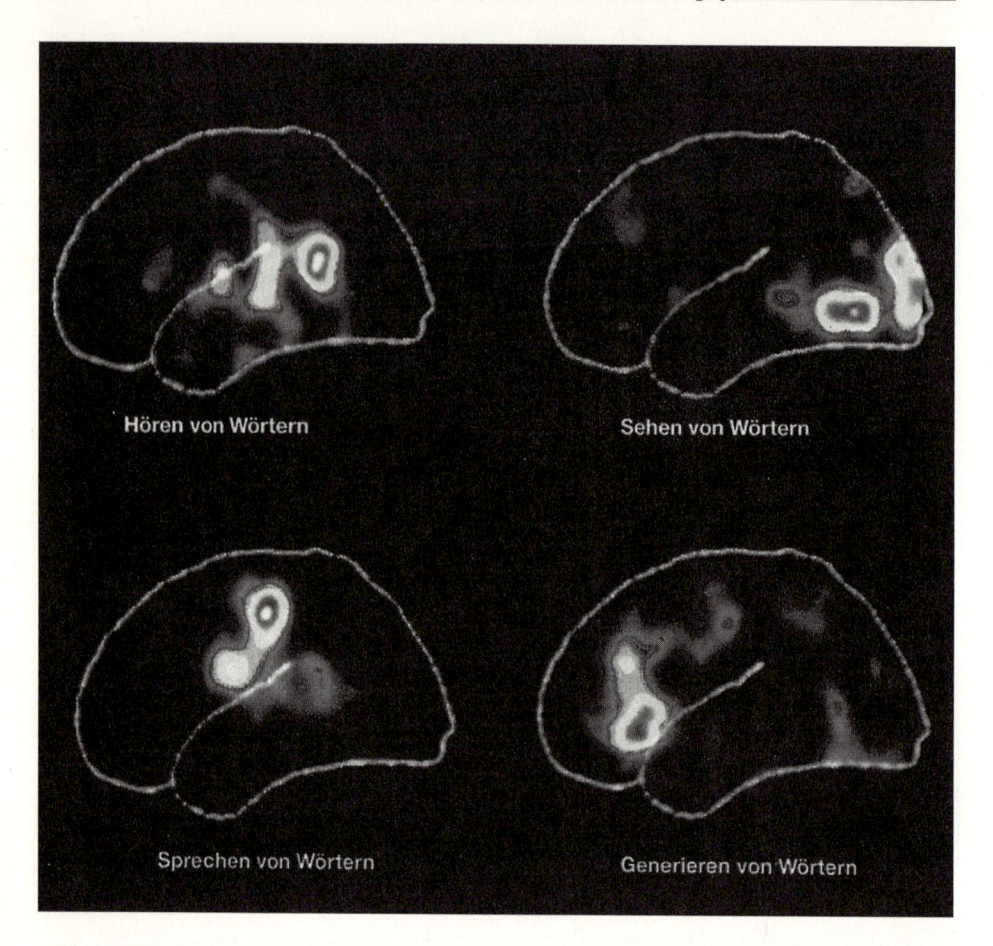

118 Simultane Koordination unterschiedlicher psychischer Aktivitäten

Abb. 10: Die Hirnaktivität einer Versuchsperson, die eine Reihe von intellektuellen, mit Sprache zusammenhängenden Aufgaben ausführt. Aktive Bereiche sind stärker durchblutet (gelb und rot); sie wechseln je nach der zu bewältigenden Aufgabe. Erfaßt wurden sie mittels eines modernen bildgebenden Verfahrens, der Positronen-Emissions-Tomographie, (PET). Die Aufnahmen fertigte Marcus Raichle von der Medizinischen Fakultät der Washington-Universität in Saint Louis (Missouri) an (Fischbach 1992, 40f.).

Der Verband von unterschiedlich vielen Nervenzellen (Modul oder neuronales Netzwerk), nicht die einzelne Synapse, ist dann die Einheit, der eine psychische Regung entspricht, weil keineswegs jedes synaptisch vermittelte Signal die Aktivität der empfangenden Zelle auslöst, sondern ihre Aktivität erst dann ausgelöst wird, wenn sie von zahlreichen anderen Zellen angeregt wird (vgl. eine einfaches Modell eines solchen Netzwerkes in **Abb. 11**). Erst aus einer großen Zahl solcher Verbände ergibt sich ein komplettes Verhalten.

Theoretische Grundlagen 119

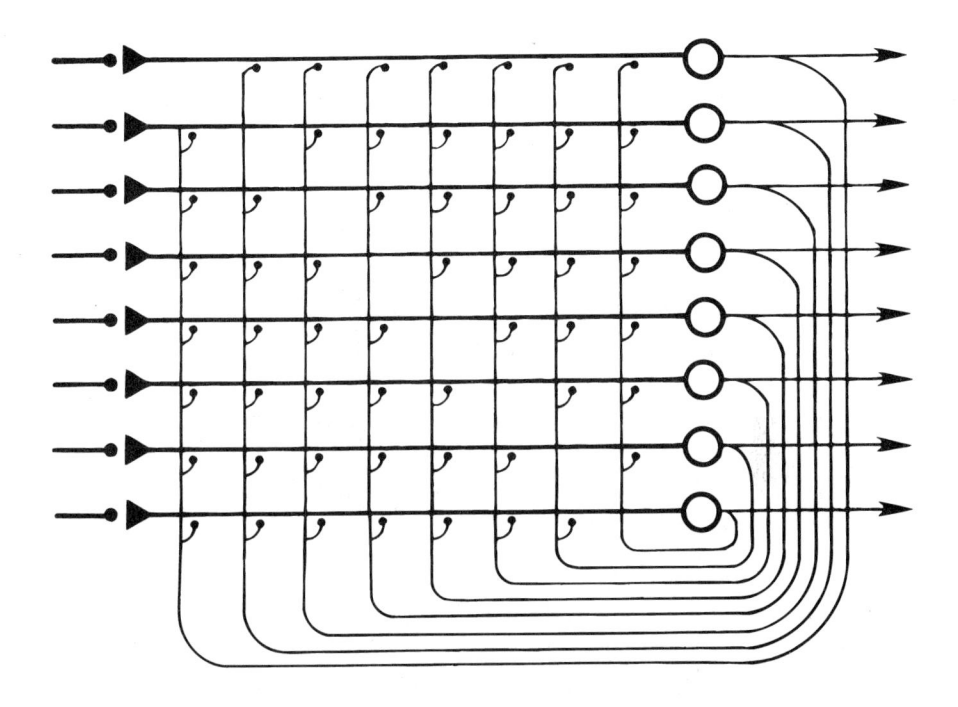

Abb. 11: A simple information processing module*, consisting of eight processing units. Each unit receives inputs from other modules (indicated by the single input impinging on the input line of the unit from the left; this can stand for a number of converging input signals from several units outside the module) and sends outputs to other modules (indicated by the rightward output line from each unit). Each unit also has a modifiable connection to all the other units in the module, as indicated by the branches of the output lines that loop back onto the input lines leading into each unit (McClelland/Rumelhart/PDP Research Group 1986, Vol. 1, 174).*

Die Gleichzeitigkeit aber zerstört die Ausschließlichkeit der Vorstellung der Behavioristen, daß alle psychischen Aktivitäten aus einer Kette von nacheinander auftretenden Reizen und Reaktionen oder welcher psychischen Einheiten auch immer bestehe. In der Gleichzeitigkeit des Prozessierens wird heute allgemein ein Hauptgrund für die ungeheure Größe der Kapazität der menschlichen Informationsverarbeitung gesehen. Diesen Vorteil sucht man in mehreren Industrienationen für eine neue Generation von Computern zu nutzen. Diese Rechner prozessieren nicht mehr nur linear, was übrigens der Computer tausendfach schneller kann als der Mensch, sondern sie besitzen eine große Zahl von parallel arbeitenden Prozessoren.

Die Möglichkeit des gleichzeitigen Prozessierens geht letztlich auf die Einheit des Organismus zurück, weil sie ohne Koordination für die jeweilige Gesamtaktivität (Lesen, Laufen, Träumen) *nicht möglich ist.* Wie vielfältig diese Notwendigkeit der Koordination im psychischen System realisiert ist, wird sich in den nächsten Abschnitten zeigen, soweit wir heute schon solche einheitsstiftenden Größen erkennen können. *Aus dem grundlegenden Faktum der Simultanität ergeben sich aber auch schon grundlegende Konsequenzen für das Lernen.*

Für das Lernen ergibt sich aus der Simultanität der allgemeine Schluß, *daß genau in dem Maße gleichzeitig gelernt werden kann, in dem Nervenzellen gleichzeitig aktiv sind.* Konkret eröffnet das die Möglichkeit, *daß die komplette jeweilige Aktivität eines Menschen gelernt wird, d.h. alles, was gleichzeitig in ihm aktiv ist, die ganze denkende, sprechende, fühlende, gestikulierende, engagierte, selbstkontrollierte etc. Person*, z.B. beim Sprechen mit einem anderen. Damit ist *die konkrete Einheit des Lernens* nicht eine Kette von Reiz-Reaktionsverbindungen und auch nicht nur der kognitive Prozeß bestimmter Denkoperationen oder des Problemlösens, sondern *die gesamte reale Einheit der psychischen Aktivität in der jeweiligen Zeitspanne. Mit anderen Worten: Lernen ist ein Prozeß der Totalität der Psyche, soweit sie in der jeweiligen Tätigkeit aktiv ist*, woraus sich viele Konsequenzen ergeben. - Was aus einer solchen Aktivität behalten wird, das hängt von weiteren Bedingungen ab, von denen gleich gesprochen wird. Aber *das (synchron) Aktivierte bildet allein die gesamte Information, aus der dasjenige stammt, was behalten wird.* Potentiell aber kann die gesamte Information der totalen Aktivität behalten werden und faktisch wird aus einer einzelnen momentanen Aktivität manchmal sehr viel und sehr unterschiedliches behalten, wie wir es von sehr eindringlichen einmaligen Erfahrungen kennen. Dieser überaus folgenreiche Tatbestand wird im weiteren Gang der Überlegungen durch zahlreiche weitere Befunde in großer Konsistenz erhärtet.

Die Mikroeinheiten der synaptischen Aktivität können durch das Bewußtsein, das wir von unseren Aktivitäten haben, nicht unterschieden und deshalb auch nicht beeinflußt werden. Was sich hier abspielt, liegt unterhalb der Schwelle dessen, was uns bewußt werden kann (subsymbolisch). Dasselbe gilt für ihre Verknüpfung in Netzwerken. Unterscheidbar und beeinflußbar sind erst die in einer Tätigkeit auftretenden Wahrnehmungen, Urteile, Gefühle etc., und veränderbar sind erst die aufeinander folgenden kompletten Tätigkeiten. *Die konkrete Grundeinheit des Lernens des Menschen ist deshalb die komplette Tätigkeit jeglicher Dauer und nicht die einzelne synaptische Aktivität oder das Netzwerk.* Strenger: *Wenn die einzelne Synapse die kleinste Einheit des Lernens ist und wenn für jede unterscheidbare psychische Regung ein Nervenverband zuständig ist, dann bilden erst die jeweils simultan und natürlich auch sequentiell aktiven Nervenzellen in einer kompletten konkreten Tätigkeit die für das Lernen entscheidenden Einheiten.*

Trotz ihrer Komplexität ist aber jede Tätigkeit nur ein sehr geringer Bruchteil aus der Gesamtheit der einem Individuum möglichen Aktivitätskombinationen. *Daher ist der Zuschnitt der gesamten Tätigkeit im jeweiligen Augenblick die entscheidende Größe für das Lernen des Menschen.* Allein die Art der Tätigkeit, d.h. alles, was in ihr an Information aktiviert wird, ist bestimmend dafür, was gelernt wird.

Theoretische Grundlagen 121

Lernen ist also nichts Peripheres, am Rande noch Hinzukommendes, sondern etwas Existentielles, das den ganzen Menschen betrifft. Das Ausmaß *dessen, was gleichzeitig gelernt werden kann, hängt von den Verknüpfungsmöglichkeiten im gesamten psychischen System ab.* Das, was tatsächlich gelernt wird, hängt davon ab, was jeweils aktiviert wird. Die Beschäftigung mit diesen Verknüpfungsmöglichkeiten wird zeigen, wie reduktiv viele der bisherigen Theorien vom Lernen und Lehren gewesen sind.

(4) In der "Linie der Zeit" folgen die simultanen Aktivitäten zu jedem Zeitpunkt aufeinander

Zur Simultanität kommt die *Sequentialität* der gesamten Aktivität hinzu, es ist aber eine *Sequentialität im gesamten Möglichkeitsraum des Simultanen.* So wird der Möglichkeitsraum zum Zeit-Raum aus Gleichzeitigem und Aufeinanderfolgendem.

Das *Fortschreiten in der Linie der Zeit* ist im Mikrobereich des Nervensystems leichter zugänglich als die gleichzeitige Aktivierung unterschiedlicher Verbände von Nervenzellen in verschiedenen Regionen des Gehirns, weil die *Aktivität jeder Nervenzelle aus dem Prozeß besteht, eine große Zahl von Signalen zu empfangen und ein einziges Signal zu senden.* Grundsätzlich könnte so jede Nervenzelle mit ihrem Prozessieren an jede andere anschließen, weil jede Zelle ihr Signal an eine andere vermittelt, und zwar direkt über ihr Axon, das bis zu 30 Zentimeter lang sein kann - eine außerordentliche Länge bei einem Zellkörper von einigen Mikrometern. Realiter gibt aber jede Nervenzelle ihr Signal nur an eine begrenzte Zahl von Nervenzellen (an einige wenige bis zu hunderten) ab. Welche Verbindungen hergestellt werden, liegt innerhalb des Aufbaus des Gehirns z.T. schon bei der Geburt fest, entwickelt sich aber erst im Laufe des Lebens (s. **Abb. 9**). Dies ist ein sehr komplexes Problem, für das es schon interessante Befunde gibt, aber auch noch viele offene Fragen. *Die gesamte jeweilige Aktivität von einem Augenblick zum anderen kann nur aus solchen Signalen einzelner Nervenzellen bzw. komplexer Netzwerke an andere bestehen.* Dies gilt dann auch für diejenigen *Prozesse, die ihrerseits regeln, welche Nervenzellen gleichzeitig und nacheinander aktiviert werden.* Da die gesamte jeweilige konkrete Tätigkeit aus solchen Prozessen besteht, lohnt es sich für die weiteren Überlegungen, zusätzlich zur Signalübertragung an der Synapse die Leitung des Signals von Nervenzelle zu Nervenzelle etwas genauer in den Blick zu fassen. Dieser Prozeß verläuft *zwischen allen Nervenzellen in völlig gleicher Weise* ab. Auch so komplexe psychische Prozesse wie eine Änderung der Meinung über einen Bekannten oder eine Korrektur am Selbstbild bestehen neurophysiologisch aus einem Zusammenhang von Neuronen, die gleichzeitig und nacheinander prozessieren. *Changeux* stellt in Übereinstimmung mit allen anderen Autoren diesen Prozeß so dar:

> "Nerven und Nervenzellen besitzen also die doppelte Eigenschaft, auf Elektrizität zu reagieren und Elektrizität zu erzeugen, das heißt als Sender und Empfänger in einem elektrischen Kommunikationssystem zu dienen. (...) Nach den Worten von Du Bois-Reymond handelt es sich um eine 'Negativwelle', die im Soma (genauer: am Axonhügel des Zell-

körpers - J.G.) des Neurons entsteht und mit gleichbleibender Amplitude (Höhe der elektrischen Welle - J.G.) durch das Axon wandert, wobei sie stets langsamer als der Schall ist. Die Dauer dieses 'Impulses', dieser 'Nervenerregung', beschränkt sich an jeder Stelle auf eine oder ein paar Millisekunden. Seine Geschwindigkeit liegt zwischen 0,1 Meter pro Sekunde bei bestimmten Quallenarten, also sehr primitiven Tieren, und mehr als 100 Metern pro Sekunde in einigen Axonen von Säugetieren.(...)
Die Dauer des einzelnen Nervenimpulses unterliegt keinen Schwankungen. Auf ihn folgt eine Refraktärphase (Phase, in der die Nervenzelle unempfindlich ist für Erregungen - J.G.), die für eine ausreichende Dauer des Impulses sorgt und zwei aufeinanderfolgende Impulse durch eine Pause von einigen Millisekunden Länge trennt. Auch die Amplitude der Impulse (Höhe der elektrischen Welle - J.G.) - einige Zehntelvolt - ist unveränderlich. Ganz gleich, wo die Nervererregung gemessen und wie sie hervorgerufen wird, sie zeigt immer die gleiche Impulsform. Die Kommunikation innerhalb des Nervensystems wird von einem System sehr gleichförmiger, ja universeller elektrischer Impulse getragen. Insoweit sind die ausgesandten Signale lediglich die Zeichen und Pausen eines sehr einfachen Morsealphabets.
Die Nervenmaschine funktioniert also dank eines Systems elektrischer Impulse, die sich manchmal bis zu einem Meter weit ausbreiten, ohne an Stärke zu verlieren. (...)
Im Ruhezustand steht die Membran (fünf bis zehn Nanometer dicke Lipiddoppelschicht mit einem äußeren und inneren Proteinfilm, die die gesamte Nervenzelle so gegen außen abgrenzt, daß sie als Diffusionsschranke wirkt - J.G.) also 'unter Spannung'. Ionenpumpe und Zellatmung sorgen ständig für ein 'elektrochemisches' Potential zwischen den beiden Seiten der Membran. Dieses Potential kann *nach Belieben* dazu verwendet werden, Nervenimpulse zu erzeugen. (...)
Ausgelöst wird der Nervenimpuls durch die Öffnung der Membran für Natriumionen. (...) Die Wanderung der Natriumionen erzeugt einen elektrischen Strom und infolgedessen eine Veränderung des Potentials. Für die Dauer mindestens einer Zehntel Millisekunde wird das Nervensignal ausgelöst. Das elektrische Potential ändert sein Vorzeichen und erreicht infolge des veränderten Konzentrationsgefälles einen Wert von +20 Millivolt. Die Amplitude der Reaktion erreicht sofort ihren Maximalwert: etwa 100 Millivolt. Dann schließen sich die Kanäle für die Natriumionen wieder (und die Kanäle für Kaliumionen öffnen sich vorübergehend). Das Membranpotential kehrt zum Ruhewert zurück, der Impuls endet. Er hat ungefähr eine Millisekunde gedauert. Das Nervensignal hat die Form einer einzigen Welle, die sich selbsttätig ausbreitet." (*Changeux* 1984, 98f.)

Theoretische Grundlagen

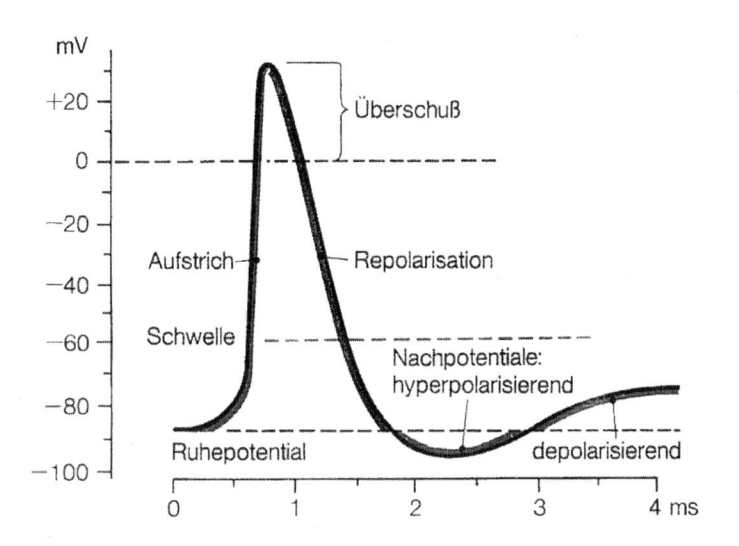

Abb. 12: Phasen des Aktionspotentials.
Zeitverlauf eines Nervenaktionspotentials (...) (Schmidt/Thews 1987[23], 24).

Selbst die kleinsten unterscheidbaren Gesamtaktivitäten, etwa der Druck auf eine Computertaste, besteht aus einer Vielzahl von einzelnen Signalübertragungen, die gleichzeitig ablaufen, und stets geschieht dies auch schon in etlichen sequentiellen Schritten. Bei jeder Änderung der Gesamtaktivität wiederholt sich die Selektion von gleichzeitigen Aktivitäten aus allen möglichen Aktivitäten von Nervenzellen. Für die kleinsten konkreten Prozeßeinheiten, die in Experimenten unterschieden werden können, etwa den Augensprung beim Lesen innerhalb einer Zeile (Saccade) oder die Unterscheidung zweier Farben, scheint schon eine relativ lange Zeit, nämlich etwa 230 Millisekunden, erforderlich zu sein. Das verweist darauf, daß in ihnen nicht nur viele gleichzeitige Signale, sondern auch viele aufeinanderfolgende miteinander verbunden sind. *So bewegt sich die Gesamtaktivität des psychischen Systems dynamisch von einer konkreten Einheit seiner Gesamtaktivität, die aus einer Kombination von Teilaktivitäten besteht, zur nächsten, die aus einer anderen Kombination von Teilaktivitäten besteht.*

Für das Lernen folgt aus dieser Dimension: *Gelernt wird in der gesamten fortschreitenden Aktivität in allen an jedem Schritt beteiligten Aktivitäten.* Art und Umfang des Lernens sind abhängig von der *Art und dem Umfang der jeweils aktivierten Bereiche des Nervensystems.* Deweys Motto 'learning by doing' gilt fundamentaler, als er es gemeint hat, aber dann kommt auch alles auf die *Art der Gesamt- und Teilaktivitäten* an. Für die Richtung des Prozesses ist ausschlaggebend, *welche Tätigkeit jeweils an die vorausgehende angeschlossen wird.* Auch die Anschlüsse werden gelernt. Wird assoziativ verknüpft, so daß z.B. von einer Erinnerung zur nächsten in zeitlicher Nähe fortgeschritten wird, dann wird diese Art der Verknüpfung gelernt statt der systematischen Suche nach geeigneten Beispielen oder einer anderen Verknüpfung. *Der Möglichkeitsraum jedes weiteren Lernens ändert sich ständig durch jede vollzogene Tätigkeit.*

*Was jeweils aus den Gesamtmöglichkeiten der psychischen Aktivitäten tatsächlich aktiviert wird, das hängt allein von d*er *Aktivität der Aufmerksamkeit ab, ihrem Intensitätsgrad, ihrer Richtung und den von ihr eingesetzten Verarbeitungsmöglichkeiten.* Sie ist diejenige Aktivität, die über die Differenz zwischen Ruhe und Aktivität im Nervensystem letztlich entscheidet. Sie bestimmt, *was aus dem Langzeitgedächtnis aktiviert wird, was Inhalt der aktuellen Verarbeitung, des sogenannten Arbeitsgedächtnisses, wird.*

(5) Alle Möglichkeiten der Verbindung von Signalen ergeben sich aus der Vielzahl der Synapsen. Diese Möglichkeit wiederholt sich bei Verbänden von Nervenzellen jeder Größe

Die Verknüpfungen bestehen aus *unterschiedlichen Simultan- und Sequenzschaltungen von Nervenzellen.* Allein durch solche Schaltungen können unterschiedliche *gleichzeitige und sequentielle Aktivierungen* hergestellt werden. Während *Fodor* noch 1983 behauptete, daß die Verknüpfungen in den sensorischen und motorischen Systemen zwar weitgehend bekannt seien, aber für das zentrale Nervensystem nur von einer "universal connectivity" gesprochen werden könne, zeichnen sich heute schon etliche Verknüpfungsformen ab. Sie beruhen wahrscheinlich letztlich alle auf der *Grundmöglichkeit der einzelnen Nervenzelle, zahlreiche voneinander unterschiedene Signale aufzunehmen, sie zu einem einzigen zu verrechnen (computare) und dieses eigene Signal an andere Nervenzellen als ein von allen anderen unterschiedenes Signal zu leiten oder in einer Schleife wieder an sich selbst.* Diese Möglichkeit gibt es dann auch bei Verbänden von Nervenzellen jeder Größe (vgl. **Abb. 6, 7** und **10**).

Diese Struktur des Nervensystems erlaubt die folgenden *Möglichkeiten der Informationsverarbeitung: das Erkennen von Differenzen, die vergleichende Verarbeitung des zuvor durch andere Zellen Unterschiedenen zu einer neuen Differenz für andere Zellen und die Rückkopplung des Resultats an eine vorausgehende Information.* Diese Grundstruktur tritt in der Informationsverarbeitung auf jeder Stufe der Komplexität auf: Ich lese z.B. in der Zeitung *unterschiedliche* Nachrichten über eine politische Partei in mehreren Artikeln, ich *verbinde* sie zu einem Urteil über den augenblicklichen Zustand dieser Partei, das ich jemandem mitteile, und sehe durch dieses Urteil *ein früher von mir gefälltes Urteil entweder bestätigt oder in Frage gestellt.* Mit der Grundstruktur der neuronalen Informationsverarbeitung ist das Problem der *psychischen Basisoperationen* verbunden. Die Feststellung von Gleichheiten als Basis für Generalisierungen und von Ungleichheiten als Basis von Relationen, wie Ursache und Wirkung, Mittel und Zweck, gehören sicher dazu. Ich komme später darauf zurück.

Die entscheidenden neuronalen Einheiten für psychische Einheiten sind miteinander verknüpfte Nervenzellen mit einer gemeinsamen Ausgangsinformation. Jede Verbindung einer gewissen Zahl von Neuronen bezeichnet man heute allgemein als neuronales

Netzwerk (**M3**). Man spricht auch von Verbänden, Bündeln, Systemen, Modulen, Mustern. Sie repräsentieren nach heutiger Auffassung erfahrbare psychische Einheiten, z.B. die Wahrnehmung einer Berglandschaft, eine Vorstellung von der eigenen Wohnung, den Begriff "Katalysator", die Norm "Nächstenliebe", die Emotion "Zuneigung", das Ziel "Brief an einen Freund schreiben", den "Plan einer Reise" und vieles andere mehr. Daß es solche Verbindungen in unterschiedlichen Formen gibt, dafür gibt es viele Belege aus der anatomischen Untersuchung mit Hilfe des Elektronenmikroskops, aus direkten Messungen an Nervenzellen, aus Ausfallerscheinungen, z.B. der Sprache (Aphasien), und elektrischen Reizungen bestimmter Gehirnpartien bei chirurgischen Eingriffen, aus Rückschlüssen aus psychologischen Versuchsanordnungen etc. Am deutlichsten zeigen sie sich bis jetzt auf den bildgebenden Verfahren, die zu immer feineren "Schnitten" mit immer größerer Auflösung in der Lage sind (Kernspintomographie). Dagegen ist es noch nicht gelungen, einzelne über mehrere Regionen des Gehirns verteilte Netzwerke exakt als Verknüpfung bestimmter Neuronen zu identifizieren. Das liegt an der unerhörten Vielzahl solcher Netze in der Größenordnung von Milliarden und ihrer meist selbst für das Elektronenmikroskop noch unauflösbaren Verwobenheit. Trotzdem sollte man versuchen, sich eine Vorstellung von der einen oder anderen Form der Vernetzung zu machen, durch die bestimmte Möglichkeiten der Informationsverarbeitung realisiert werden, weil sich daraus auch bei aller Vorsicht schon wichtige Schlüsse für Möglichkeiten des Lernens und Lehrens ziehen lassen.

Die Zahl der Nervenzellen, ihre räumliche Verknüpfung und ihre Verbindung können in solchen Netzwerken offensichtlich sehr unterschiedlich sein. Es können wenige Zellen in der Weise zu einer Kaskade verbunden sein, daß sie "über wenige synaptische Schritte wieder auf das Ausgangsneuron zurückführen" (*Braitenberg/Schütz* 1990, 191). Es können feldartige Verteilungen aus Hunderten oder Tausenden von Zellen an einer Stelle sein. Es ist aber auch möglich, daß Nervenzellen aus ganz unterschiedlichen Bereichen des Gehirns miteinander vernetzt sind. Die angeführten Beispiele zeigen nur, daß das Ineinanderwachsen solcher Netze zu den verwickeltsten Formen führen kann. Aus der Vielzahl der Möglichkeiten sind jedoch während der Evolution des Gehirns bestimmte Auswahlen getroffen worden. Zu einer ersten Vorstellung der räumlichen Form können die folgenden Zitate beitragen:

> "Das menschliche Gehirn stellt sich dar als ein Gebilde aus Milliarden ineinander verwobener neuronaler 'Spinnetze', in denen Myriaden elektrischer Impulse 'knistern' und kreisen, die hier und da mit einer großen Vielfalt chemischer Signale in Verbindung treten." (*Changeux* 1984, 165) - "Das geistige Objekt läßt sich gleichsetzen mit einem körperlichen Phänomen, das durch die wechselseitige und vorübergehende (sowohl elektrische wie chemische) Aktivierung einer großen Population, eines 'Verbunds' von Neuronen zustande kommt, die über mehrere genau lokalisierte Rindenfelder verteilt sind. Dieser Verbund, der mathematisch als Netzwerk beschrieben werden kann, ist 'diskret', geschlossen und autonom, aber nicht homogen. Er besteht aus Neuronen, die unterschiedliche Singularitäten besitzen und die ihren Platz im Lauf der embryonalen und postnatalen Entwicklung einnehmen. Die Identität einer inneren Repräsentation wird dabei durch das 'Mosaik' (das Netzwerk - J.G.) der Singularitäten und durch den Aktivitätszustand (Zahl und Häufigkeit der darin zirkulierenden Impulse - J.G.) festgelegt." (*Changeux* 1984, 179) - "Die

einzelne Nervenzelle hat dann die "Fähigkeit, mittels der Synapsen Tausende abgegrenzte, individuelle Verbindungen zu anderen Zellen herzustellen. Die Konvergenz der Dendriten und die Divergenz durch die Verzweigung des Axons sorgen für eine *Kombinationsvielfalt der Vernetzung*, die nicht mehr einfach die Zelle, sondern das ganze 'Neuronensystem' betrifft. Die selektive Stabilisierung wirkt auf der Ebene ganzer Zellverbände. Durch die Eigenschaft von Konvergenz und Divergenz kommt auch, (...) eine *Kombinatorik der Nervenaktivitäten* zustande." (*Changeux* 1984, 309)

Alle drei Zitate vermitteln eine Vorstellung davon, *wie die einzelne Nervenzelle unmittelbar und mittelbar Mitglied in Tausenden von neuronalen Netzwerken sein kann*, die sich über weite Areale des Gehirns erstrecken können. Das ist die *räumliche, die topologische Vernetzung der "festen" Verbindungen der Nervenzellen, die die Verbindung und Verknüpfung unterschiedlicher Arten des Gelernten erlaubt*. - Die beiden ersten Zitate aber verweisen auch auf die Dimension der *unterschiedlichen Aktivitätszustände innerhalb der räumlichen "Leitungen" eines solchen Netzes*. Das ist die zu der topologischen Vernetzung hinzukommende Dimension, in der Lernen faktisch stattfindet und auch *unterschiedlich in ein und demselben Netz Information hierarchisch geordnet werden kann*.

"Erstens zeichnet sich die zerebrale Maschine dadurch aus, daß an der inneren Datenverarbeitung zwei Systeme mitwirken: einerseits die topologische Kodierung der Verknüpfungen, die durch das Neuronennetz bestimmt werden, andererseits die Kodierung durch das Muster von elektrischen Impulsen und chemischen Signalen." (*Changeux* 1984, 166)

"Allen neueren Modellannahmen (des Gedächtnisses - J.G.) ist eigen, daß sie die Verwobenheit zwischen Hirnregionen betonen (...). Information wird nicht mehr als von bestimmten Einzelorten abrufbar betrachtet, sondern als durch das Zusammenwirken von eng verquickten Systemen repräsentiert betrachtet." (*Markowitsch* 1992, 237)

Wenn zwei Neuronen aus unterschiedlichen Teilen des Gehirns, z.B. aus dem Bereich des Sehens (Sehrinde) und aus dem Bereich des Fühlens (Limbisches System) verbunden werden, dann können sie außerdem unterschiedliche Aktivitätszustände haben, d.h. ihr spezifisches Signal mit unterschiedlicher Häufigkeit (Frequenz) senden. *Das bedeutet für den Möglichkeitsraum des Lernens, daß die Zahl der möglichen Verknüpfungen in Gestalt der Synapsen mit der Zahl der möglichen Aktivitätszustände multipiziert werden muß*. Während schon die Lokalisierung des Lernens in den Synapsen eine außerordentliche Ausdehnung des Möglichkeitsraumes des Lernens über begrenzte Speicher hinaus bedeutet, eröffnet sich erst *durch die Dimension der Aktivitätszustände die unausdenkbar große Zahl möglicher Aktivitäten, die vollzogen und stabilisiert werden können*. So ist es nach Computersimulationen denkbar, daß ein und dasselbe neuronale Netz in Mustern aus Aktivitätszuständen unterschiedlicher Neuronen folgende Informationen gleichzeitig zu speichern und nach Bedarf getrennt abzugeben vermag: Information über einzelne Fälle, über Prototypen, über Begriffe und über Namen für die Begriffe (*McClelland/Rumelhart/PDP Research Group* 1986).

Die räumliche Vernetzung ist bis zu den postnatalen Schüben des Dendriten- und Synapsenwachstums wahrscheinlich genetisch determiniert, weil sie vom Wachstum der Nervenzellen und ihrer dendritischen und axonalen Fasern abhängt (vgl. **Abb. 11**).

"Das Nervensystem ist eines der wenigen Organe unseres Körpers, dessen Zellbestand schon bei der Geburt vorliegt. Kein zerstörtes Neuron kann ersetzt werden. Allerdings zeigen Axone und Dendriten auch beim Erwachsenen noch eine erstaunliche Regenerationsfähigkeit. Nach einer Läsion bilden sich neue Wachstumskegel und dringen in die Gebiete ein, die zuvor von den zerstörten Nerven besetzt waren. Diese Möglichkeit der funktionellen Wiederherstellung ist in der Jugend sehr ausgeprägt und wird im Alter zunehmend geringer." (*Changeux* 1984, 353)

"Die durchschnittlich 10 000 (oder mehr) Synapsen pro Neuron bilden sich nicht auf einen Schlag, sondern entstehen in aufeinanderfolgenden Wellen über einen Zeitraum, der beim Menschen von der Geburt bis zur Pubertät reicht. Zu jeder dieser Wellen gehört wahrscheinlich eine vorübergehende Redundanz und dann die selektive Stabilisierung. Es folgt also eine Reihe entscheidender Phasen aufeinander, in denen die Nervenaktivität ihre regulative Wirkung entfaltet. Berücksichtigt man, daß das Wachstum der axonalen und dendritischen Verzweigungen zu den angeborenen Eigenschaften gehört und daß die selektive Stabilisierung darüber entscheidet, welche Verzweigungen beibehalten werden, so folgt daraus, daß sich die angeborenen und erworbenen Faktoren nur durch eine Untersuchung auf synaptischer Ebene voneinander trennen lassen. Erschwert wird diese Analyse dadurch, daß Wachstum und Epigenese eng miteinander verwoben sind und sich mehrfach ablösen. Zwar entsteht der Eindruck, daß durch die 'Unterweisung' der Umwelt die Ordnung im System ständig zunimmt, doch wenn die Theorie richtig ist, so wirkt die (spontane oder evozierte) Aktivität lediglich auf Neuronennetze ein, die schon vor jeder Interaktion mit der Außenwelt vorhanden sind. Die Epigenese entfaltet ihren selektiven Einfluß an synaptischen Strukturen, die bereits angelegt worden sind. Lernen heißt, einige präexistente Synapsenkombinationen zu stabilisieren und andere auszusondern." (*Changeux* 1984, 309)

Zu den räumlichen Verbindungen kommen so die unterschiedlichen Aktivitätsmuster hinzu, die in ihnen hergestellt und durch Wiederholung stabilisiert werden können. Sie wirken an der Selektion der "festen Leitungen" mit und bilden in ihnen einen eigenen zusätzlichen Raum, den nicht angeborenen, sondern variablen Raum des Lernens. Er ist von der jeweiligen Umwelt und auch von den Selbsterfahrungen abhängig.

Erworben werden damit vernetzte Aktivitätsmuster, d.h. die in den jeweils vorhandenen lokal ausgebreiteten Neuronennetzen auftretenden unterschiedlichen Gesamtmuster. Sie sind das neuronale Äquivalent zu allen erfahrbaren psychischen Einheiten des Gelernten, von einzelnen Wahrnehmungen bis hin zu Strategien der Selbstkontrolle.

(6) Die Dauer des Behaltens eines Aktivitätsmusters hängt von der Häufigkeit seiner Aktivierung ab

Bei Bedarf zu aktualisierende Aktivitätsmuster kommen nicht nur dadurch zustande, daß gleichzeitige und sequentielle Aktivitäten miteinander verbunden werden, sondern *es muß hinzukommen, daß dies wiederholt in gleicher Weise geschieht* (**M2, 3 u. 6**). Bei der Wiederholung dürfen gewisse *Toleranzen für Abweichungen von der Gleichheit* nicht überschritten werden. Anderenfalls zerfällt das Muster wieder. Die Zahl der für die Stabilisierung eines Musters erforderlichen Wiederholungen ist wahrscheinlich *für unterschiedlich komplexe Informationen unterschiedlich*.

Für das Lernen bedeutet das im ganzen: *Es können komplette Tätigkeiten von unterschiedlicher Dauer gelernt werden, wenn sie hinreichend oft und mit tolerablen Abweichungen vollzogen werden.*

Die Wiederholung dient zunächst in doppelter Weise dazu, die Fülle der jeweils aktivierten Information zu reduzieren: einmal *für die Aussonderung des Unwichtigen und* zum anderen *für die Verknüpfung von Information zu allgemeinen Mustern* aller Art. Die erste Selektion erfolgt dadurch, daß die Synapsen nur diejenige Aktivität, die durch vielfältige gleichzeitige oder sequentielle Anregungen zustandekommt, speichern. *Schwache und einzelne oder seltene Anregungen fallen damit heraus.* Die zweite Selektion erfolgt dadurch, daß schon von den sensitiven Außenflächen unseres Körpers an *zwischen Hintergrund und Figur, d.h. zwischen ungeordneten Informationen (Rauschen) und geordneter Information (Mustern, pattern), in allen Stufen der Verarbeitung unterschieden wird.* Auf jeder Stufe wird dann eine ganze Klasse von Informationen ersetzbar durch eine einzige Information (z.B.: alle bekannten Menschen durch den Begriff und die Bezeichnung "Mensch"). *Selektion in der Zeit findet damit sowohl durch das Behalten als auch durch die Verarbeitung zu allgemeineren Mustern statt.* Durch diese Informationsreduktion kann sich der Mensch in der außerordentlichen Komplexität und Veränderlichkeit seiner Umwelt behaupten, weil sie durch stabile Erwartungen prognostizierbar wird, *Veränderung und Stabilisierung stehen so in einem ständigen Wechselprozeß.*

Für jedes konkrete Lernen müssen alle von mir bisher unterschiedenen Dimensionen des Möglichkeitsraumes des Lernens gleichzeitig in Anspruch genommen werden, weil erst durch diese Dimensionen *eine räumlich integrierte Einheit der jeweiligen Aktivität* gebildet wird. Somit hat sich für jede konkrete Tätigkeit, d.h. für die Gesamtaktivität in einer bestimmten Zeitspanne und mit einem bestimmten Zuschnitt, die durch den Raum ermöglichte *Simultanität* vieler psychisch-neuronaler Aktivitäten als konstitutiv erwiesen. - Die Kapazität des Nervensystems ist aber trotz seiner außerordentlichen internen Dimensionen längst nicht groß genug, um alle in jeder konkreten Aktivität auftretenden Informationen zu behalten. Es verwendet deshalb den *Parameter der Zeit* und andere Begrenzungen der Informationsverarbeitung wie die *selektive Wahrnehmung*, um irrelevante Information auszufiltern. *Aus der Simultanität und der Sequentialität der nervlichen Aktivität ergibt sich so zusammen das aus der Fülle der jeweiligen Information Behaltene, Gelernte. Sie bilden zusammen ein Selektionsinstrument.*

Theoretische Grundlagen 129

Abb. 13: Neuronale Mustererkennung. Das von D.L. Alkon entworfene künstliche mustererkennende System operiert nach Regeln, die auch in biologischen Systemen gelten. Zu erkennen wäre hier ein rudimentäres "a" (oben). Die an der Mustererkennung beteiligten Elemente einer Schicht werden stärker gewichtet als die anderen - ihre Erregbarkeit steigt. Das synaptische Gewicht drückt sich in der Höhe der Elemente innerhalb einer Schicht aus. Die Signale eines Elements werden konvergierend auf ein Element der nächsten Schicht übertragen. Durch Verstärkung werden solche Neuronen gekoppelt, die auch bei unvollständiger Mustervorgabe darauf ansprechen sollten. Aus: Daniel L. Alkon. Gedächtnisspuren in Nervensystemen und künstliche neuronale Netze. In: Spektrum der Wissenschaft, September 1989.

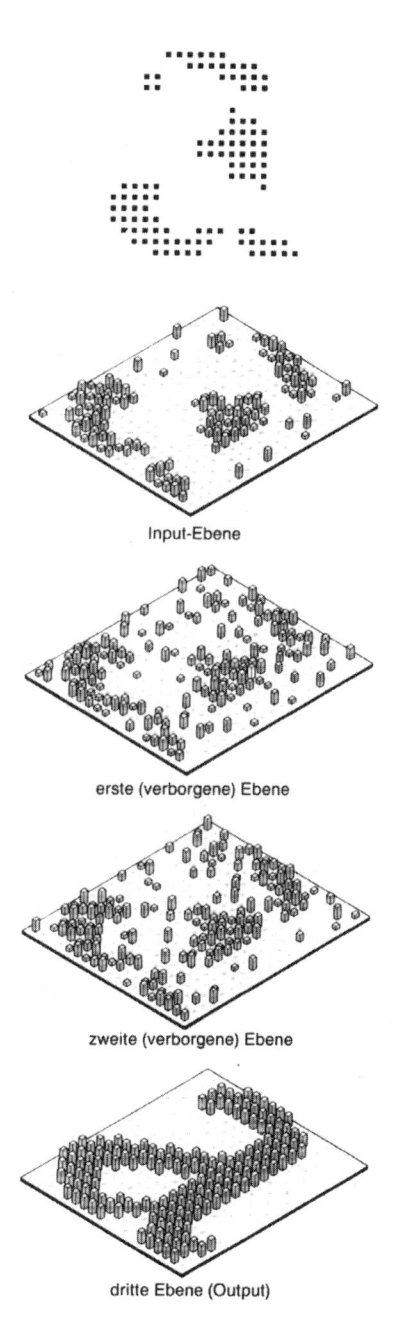

© *Spektrum der Wissenschaft*

(7) Die Aktivitätsmuster werden im Arbeitsgedächtnis hergestellt

Die Herstellung dauerhafter Aktivitätsmuster ist nur in demjenigen eng begrenzten Bereich des gesamten Nervensystems möglich, *der jeweils durch Aufmerksamkeit aktiviert wird.* Dazu gehört auch, was zwar nicht im Focus der Aufmerksamkeit liegt, aber im focussierten Bereich mitaktiviert wird. Wegen der *Differenz der Aktivierung gegenüber dem Ruhezustand der jeweiligen Neuronen* kann der Bereich der Aufmerksamkeit mit Recht als eine spezifische Form des Behaltens, d.h. des Gedächtnisses angesehen werden. Weil dieses Behalten nur für die kurze Dauer der Aufmerksamkeitszuwendung erforderlich ist, kann dieses Gedächtnis als kurzzeitig bezeichnet werden. Und weil in ihm *Informationen verarbeitet, d.h. Muster hergestellt* werden, kann dieser kurzzeitigen Aktualisierung das Attribut der Arbeit zugeschrieben werden. Das ergibt insgesamt die Bezeichnung des *kurzzeitigen Arbeitsgedächtnisses* (vgl. *Arbinger* 1984, 40; **M3 u. 6**).

Im Unterschied zu dem bis jetzt umrissenen gesamten Möglichkeitsraum des Lernens *stellt das Arbeitsgedächtnis den jeweils aktualisierten Ausschnitt aus ihm her. Es reduziert den gesamten Möglichkeitsraum auf den Raum der jeweils real zur Verfügung stehenden Information.* Damit leistet es die *entscheidende Selektion für das Lernen des jeweiligen Menschen.* Für diese *Begrenzung des faktischen Lernraumes* sind die folgenden, gut gesicherten Eigenschaften des Arbeitsgedächtnisses kennzeichnend:

1. Die Aufmerksamkeit kann *nur relativ wenige Einheiten (chunks) gleichzeitig präsent* halten. Für Silben, Wörter oder Zahlen liegt seine Kapazität im Sinne von Gedächtnisspanne im Durchschnitt der Befunde zahlreicher Untersuchungen in der Größenordnung von etwa 7 + oder - 2 Einheiten (*Miller* 1956, *Arbinger* 1984, 34). Das ergibt ein erstes Maß der Gesamtkapazität, wobei durchaus die Grenze der Kapazität schon bei drei oder vier Einheiten liegen kann. Andererseits kann die Kapazität unter besonders günstigen Bedingungen auch 10 Einheiten umfassen.

Wieviel Information tatsächlich präsent ist, entscheidet sich erstens durch den *Informationsgehalt der jeweils aktualisierten Einheit* selbst. Er ist z.B. bei Wortbildern oder Wortlauten größer als bei Silben oder Buchstaben. So kann eine einzige Einheit sehr viele einzelne Einheiten repräsentieren, die bei Bedarf jede für sich eine Einheit im Arbeitsgedächtnis bilden können. Wenn man sich z.B. Begriffsnamen, wie "Romantik", ins Arbeitsgedächtnis ruft, dann ist keineswegs der gesamte dazu gespeicherte Begriffsinhalt im Augenblick präsent. Man kann aber mit dem momentan gemeinten Sinn operieren und bei Bedarf andere Bestandteile des Begriffs durch schnellen Wechsel der "Füllung" der Kapazität des Arbeitsgedächtnisses vergegenwärtigen.

Der Informationsgehalt hängt zweitens davon ab, ob es sich um *diskrete oder um in einer Vorstellung miteinander verbundene Sachverhalte* handelt. Vorstellungen enthalten bildhafte (figurative) Gegebenheiten, z.B. die Ansicht eines Hauses, verschiedene Werkzeuge auf der Werkbank, den Graph einer Funktion oder eine Tabelle. Eine solche Gegebenheit füllt in der Regel den Bereich der jeweiligen Aufmerksamkeit vollständig aus. Sucht man eine zweite Einheit hinzuzunehmen, z.B. zum Haus die entferntere Kirche, dann gelingt dies mit einiger Mühe entweder in einer stark schematisierenden

Theoretische Grundlagen 131

Form unter großen Verlusten von Details oder durch Verschmelzung zu einer einheitlichen Vorstellung. Auch hier darf nicht übersehen werden, daß die genauere Vergegenwärtigung nur durch die Auflösung einer bildhaften Einheit in kleinere bildhafte Einheiten, z.B. in Türgriff und Türform bei einem Portal möglich ist, was nur durch einen schnellen Wechsel des tatsächlich im Augenblick präsenten Inhalts des Arbeitsgedächtnisses zu bewerkstelligen ist.

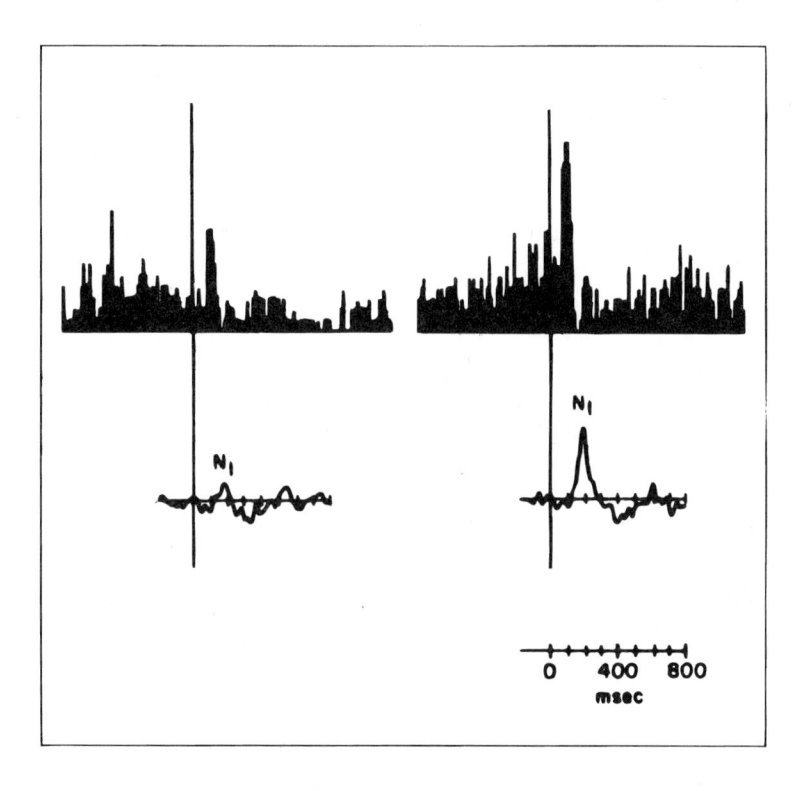

Abb. 14: Aufmerksamkeitserregung

Die Wirkung der durch einen Lichtblitz hervorgerufenen Aufmerksamkeit auf die Aktivität einzelner Neuronen im Kortex (seitlich hinten) eines Affen (Diagramme oben) und auf die im gleichen Bereich gemessenen evozierten Potentiale beim Menschen (Diagramme unten). Links ein unaufmerksamer, rechts ein aufmerksamer Proband. Die Ausrichtung der Aufmerksamkeit vergrößert die Amplitude der evozierten Reaktion und verbessert das "Signal-Rausch-Verhältnis". In den oberen Diagrammen entspricht jeder senkrechte Balken einer bestimmten Impulsfrequenz (nach Hilyard 1981) (aus: Changeux, S. 206). © 1984 by Rowohlt Verlag GmbH, Reinbek.

Drittens hängt der Informationsgehalt vom *Kontext* ab, in dem die Einheit jeweils steht, z.B. von der Position in einer Begriffspyramide, vom Ort in einer bildhaften Oberfläche, von der Position in einer ganzen Theorie. Obwohl der Kontext selbst nicht präsent ist, schon gar nicht in einer großen Auflösung, ist mit dem präsenten Sachverhalt ein allgemeines Bewußtsein von ihm verbunden.

> "In the terms I am proposing to use, the operator learns to increase the bits per chunk." - "The operator recodes the input into another code that contains fewer chunks with more bits per chunk." (*Miller* 1956, 93)

> "Der Kurzzeitspeicher verfügt über eine begrenzte Kapazität, die sich, gemessen mit der Technik der Gedächtnisspanne, auf etwa sieben 'Einheiten' (beim Erwachsenen) beläuft. Diese Einheiten ('chunks') können hinsichtlich der in ihnen enthaltenen Informationsmenge und hinsichtlich ihrer internen Struktur recht unterschiedlich sein. Was letztlich als Einheit zusammengefaßt wird, ist weitgehend abhängig von dem im Langzeitspeicher verfügbaren Wissen. Durch diese Möglichkeit des 'chunking' läßt sich die im Kurzzeitspeicher verfügbare Informationsmenge um ein Vielfaches steigern." (*Arbinger* 1984, 49)

> "One idea (...) is that practice can enable a learner to organize the elements of a task into ever larger units or 'chunks'. Chess novices, for instance, have difficulty in remembering the details of a chess position if they are allowed to examine it for only a few seconds. Yet, after the same brief exposure, chess masters recall the position of each piece. They have developed an enormous memory for chess positions, stored in 'chunks' that correspond to meaningful relations between pieces. They have built up some 50,000 chunks, Simon estimates, as a result of years of experience. The larger the scope of a chunk - that is, the more pieces it includes - then the rarer its occurrence in games. A new chunk of a larger size can be formed only out of occurrences of the patterns making up its constituents. Newell and Rosenbloom use productions to simulate the growth of chunks, and, as they point out, the occasions for such learning become rarer and rarer as the size of the chunks grows larger and larger. The inevitable slowing down of the rate of learning may account for the power law." (*Johnson-Laird* 1988, 170)

2. Die Aufmerksamkeit kann sich *auf jede Information im gesamten Nervensystem richten*, auf eine schmerzende Körperstelle, ein Geräusch, ein Unbehagen, einen Gedanken, eine geplante Fahrtroute, ein Beispiel, den allgemeinsten Begriff zu einem Beispiel etc. Sie hebt einen Ausschnitt der momentanen sensomotorischen oder der langfristig gespeicherten episodischen oder begrifflichen Information ins Bewußtsein, indem sie die entsprechenden Netzwerke aktiviert, d.h. durch die ihnen zugeleiteten Signale zum "Feuern" bringt (**Abb. 14**).

Dieser Zugriff ist schnell und direkt, weshalb er im gesamten Nervensystem "von einer Ecke zur anderen" springen kann.

> "Bei Bewußtsein sein heißt also, daß die Gesamtaktivität der Neuronen des Kortex und, allgemeiner, des Gehirns einem Regulationsprozeß unterworfen wird. Verantwortlich sind ein paar kleine Neuronenkomplexe im Hirnstamm, die durch die Divergenz ihrer Axone und ihren überallhin reichenden Einfluß eine globale Wirkung entfalten. Die

einheitliche Regulierung der Wachzustände beruht auf einer anatomischen und chemischen Organisation von großer Einfachheit." (*Changeux* 1984, 194)
"Die Steuerung der Aufmerksamkeit ist noch immer ein kontrovers diskutiertes Forschungsgebiet der kognitiven Psychologie (vgl. etwa *Broadbent*, 1982; *Lambert*, 1985; *Neumann*, 1985) (...).
Die Fähigkeit des Menschen, seine Aufmerksamkeit auf spezifische Reizeigenschaften zu konzentrieren, ist unstrittig. Wir können dabei die Reize, auf die wir uns konzentrieren wollen, fast beliebig wählen. Die Farbe Rot, das gelbe Taxischild oder ein bestimmtes Schriftbild können Gegenstand unserer Aufmerksamkeitskonzentration sein. Das Resultat besteht stets darin, daß die Reize, auf die die Aufmerksamkeit gerichtet ist, bei ihrem Auftreten schneller verarbeitet werden, als wenn die Aufmerksamkeit nicht auf sie gerichtet gewesen wäre." (*Hoffmann* 1988, 196)

3. *Durch die Aufmerksamkeit werden Informationen bewußt, von denen aus gleichzeitig in ihrem "Umfeld" weitere große Komplexe von Informationen mitaktiviert werden, aber nur schwach oder gar nicht bewußt sind.* Habe ich z.B. im Zentrum der Aufmerksamkeit die Absicht: "Ich muß die Wohnungstür aufschließen", dann aktiviert diese Information sensorische und motorische Systeme, deren Aktivität mir nur so schwach oder gar nicht bewußt ist, daß ich mich schon kurz danach nur noch bruchstückhaft oder gar nicht an sie erinnern kann. - Im "Lichtkegel" der Aufmerksamkeit kann deshalb ein Unterschied gemacht werden zwischen dem, *was bewußt aktiviert und was automatisch aktiviert wird*. Das Vollbewußte steht im Zentrum des Lichtkegels, zur Peripherie hin nimmt der Grad der Bewußtheit ab. Die Kapazität für Vollbewußtes im Arbeitsgedächtnis wird *so um das vergrößert, was gleichzeitig mit dem bewußt Aktivierten sich von selbst einstellt.* Die Kapazität des Bewußten wird davon aber nicht in Anspruch genommen. So sind hochkomplexe Leistungen möglich, ohne daß alles bewußt wäre, ja es ist sogar das *Kennzeichen hochkomplexer Leistungen, daß der Anteil der nicht oder nur wenig bewußten Automatismen besonders hoch ist.* Für die relativ komplexe Leistung, einen eigenen Text am Computer zu schreiben, bedeutet dies z.B., daß die gesamten Fähigkeiten, einen Schrifttext zu produzieren, gleichzeitig mit den Fähigkeiten, am Gerät mit einem Schreibprogramm zu arbeiten, autonom aktiviert werden, während die Aufmerksamkeit sich auf den Vollzug eines Gedankens konzentriert. - Dieser Zusammenhang spricht dafür, daß das Arbeitsgedächtnis nicht scharf begrenzt ist, sondern daß *zugleich mit dem bewußt Aktivierten anderes mit-aktiviert wird, das mit ihm verbunden ist* (vgl. **Abschnitt 2**; *Eccles* 1989, 247). Es gibt anscheinend verschiedene Grade der Aktivierung. Dementsprechend gibt es keine scharfe Grenze zwischen bewußt und unbewußt, sondern nimmt das Bewußtsein vom jeweiligen Zentrum der Aufmerksamkeit zur Peripherie hin ab. Durch Verschiebungen des Aufmerksamkeitszentrums können auch nicht bewußte Aktivitäten bewußt gemacht werden, indem ich z.B. den Schlüsselbund nach dem Öffnen der Haustür nicht automatisch irgendwohin lege, sondern ihn kontrolliert an einem bestimmten Platz deponiere.

> "Veiled controlled processes are described by *Shiffrin and Schneider* (1977) as operations that are difficult to perceive through introspection, are not easily modified through instructions, and take place quickly (...). Such processing, I argue, is relatively efficient in the use of attentional capacity in comparison to controlled processes which are readily

available to conscious evaluation (e.g., rehearsal). (...) I will use the terms "automatic" and "relatively automatic" to refer to operations that require relatively little processing capacity, thus not distinguishing among processes that are truly automatic and those unconscious, veiled controlled processes that require some minimal effort for their execution." (*Bjorklund* 1985, 120 f.)

Auch das Automatisierte, das im Arbeitsgedächtnis mitaktualisiert wird, ist ein Raum des Lernens. Hier lernt der Mensch ohne voll bewußte Aktivität wahrscheinlich genau in dem Maße, in dem eine Aktualisierung stattfindet. Die automatisierte Aktivität wird durch ihre Inanspruchnahme "aufgefrischt" (Verstärkung einer sich mit der Zeit abschwächenden Langzeitspeicherung), und Abweichungen vom Bisherigen werden entweder als unerheblich für das Muster toleriert, oder sie führen bei starken Abweichungen von selbst zu Musteränderungen. So ist es durchaus vorstellbar, *daß im Arbeitsgedächtnis gleichzeitig Lernen durch bewußte Aktivität und Lernen durch unbewußte oder gering bewußte automatische Aktivität stattfindet.*

4. Im Arbeitsgedächtnis richtet sich die Aufmerksamkeit auf irgendeine im jeweiligen Augenblick als Zustand festgehaltene Information, z.B. beim Lesen auf einige Wörter, die nach einem Augensprung in einer Augenrast wahrgenommen werden. *Das Arbeitsgedächtnis kann aber zugleich an der so aktivierten Information auch Veränderungen vornehmen.* Zwei Farben können unterschieden werden, zwei Begriffe lassen sich vergleichen, ein sprachlich formulierter Begriffsinhalt kann in ein graphisches Netzschema transformiert werden, eine plötzliche Angst läßt sich dämpfen, Unlust kann verringert werden etc. Kurz: *An der vergegenwärtigten Information* können *Operationen aller Art ausgeführt werden. Die Aufmerksamkeit ist immer eine doppelte Aktivität, sie aktiviert einen Bestand an Information, und sie aktiviert gleichzeitig Möglichkeiten des Zugriffs auf diese Information.*

Die Aufmerksamkeit ist dasjenige System in unserem psychischen Apparat, das es fertigbringt, daß *ein Teil der gespeicherten Information durch einen anderen Teil der gespeicherten Information bearbeitet wird.* Man unterscheidet gern diese beiden Teile der Information durch die Bezeichnungen "deklaratives Wissen" und "prozedurales Wissen". Jeder Begriff, z.B. Landschaft, PKW oder Konsum, ist allem Anschein nach deklaratives Wissen, das man analysieren oder miteinander verbinden kann. Man kann aber auch dieses Wissen dazu verwenden, einen Sachverhalt zu identifizieren oder ihn mit anderen in einer Klasse von ähnlichen Sachverhalten zu vereinigen. Dann ist dieses Wissen offenbar operativ oder prozedural. Strategien, Taktiken, Algorithmen sind Wissen von Prozeduren, das im Vollzug operativ wird. Andererseits kann ich dieses prozedurale Wissen wie deklaratives Wissen behandeln, wenn ich die Prozeduren nicht vollziehe, sondern als Strukturen mir vorstelle und z.B. miteinander vergleiche. *Es könnte deshalb sein, daß die Unterscheidung zwischen "deklarativ" und "prozedural" nur die momentane Funktion des Wissens betrifft, nämlich entweder den Modus der zuständlichen Vergegenwärtigung oder den Modus des Vollzugs,* daß es sich aber nicht um zwei getrennt voneinander gespeicherte Wissensarten handelt. Die Transformation von einem Modus in den anderen wäre dann aber selbst eine operative Leistung mit spezifischen Schwierigkeiten.

Theoretische Grundlagen 135

Für die funktionale Differenz spricht auch der *Richtungssinn der Aufmerksamkeit*. Die Aufmerksamkeit *richtet* sich auf die zu bearbeitende Information und *vollzieht* die bearbeitende Information. Sucht man z.B. nach einem Beispiel für die Begründung der Behauptung "Er war immer schon sehr risikobereit", dann wandelt man diese zuständliche Information in ein Suchschema um. Mit ihm tastet der Strahl der Aufmerksamkeit die Erinnerung ab, bis er auf ein Beispiel trifft. Dafür muß die deklarative Information in eine prozedurale umgewandelt werden, nämlich in die Operation: "Suche im Langzeitgedächtnis nach einem Fall für die allgemeine Behauptung 'X war risikobereit'!" Wie immer diese Operation tatsächlich beschaffen sein mag, wahrscheinlich als Vergleichsoperation zwischen Mustern, sie übt die selektive Funktion des Arbeitsgedächtnisses aus. Sobald die deklarative Information als Suchschema fungiert, liegt sie nicht mehr im Licht des Aufmerksamkeitsstrahls, sondern wird sie an der "Quelle des Lichtstrahls" für die Suche des Beispiels eingesetzt. *Wenn diese Beschreibung stimmt, dann kann man davon sprechen, daß in jedem Akt der Aufmerksamkeit eine Information thematisiert wird und eine andere Information für die Thematisierung in Gebrauch genommen wird.* Die thematisierte Information ist vollbewußt, die im Gebrauch befindliche aber nur soweit mitbewußt (mitgängig, wie *Heidegger* sagt), daß sie durch eine nachträgliche reflexive Thematisierung voll bewußt werden kann. *Sartre* demonstriert diese beiden Modi des Bewußtseins am Beispiel des Zählens von Streichhölzern. Wer Streichhölzer zählt, thematisiert die Zahl der Streichhölzer. Er weiß aber auch nachträglich, daß er gezählt hat. Bewußtsein ist nach *Sartre* deshalb immer Bewußtsein von etwas und zugleich Bewußtsein von sich selbst als Bewußtsein von etwas (*Sartre* 1952, 31). *So hat die Aufmerksamkeit nicht nur einen Richtungssinn, sondern auch eine reflexive, d.h. auf sich selbst rückbezogene, Struktur.*

Man sollte deshalb bei der Vorstellung bleiben, daß das Arbeitsgedächtnis *zwei Komplexe von Information aktuell so einander zuordnet, daß der eine die zu bearbeitende zuständliche Information ist und der andere die bearbeitende prozessuale.*

> "For example, *Case et al.* (1982) proposed that short-term memory can be conceptualized in terms of storage space and operating space. Storage space refers to the hypothetical amount of space an individual has available for storing information. Operating space refers to the hypothetical amount of space an individual has available for performing mental operations. *Total processing space* is used to refer to the sum of storage and operating space or an individual's total central processing resources." (*Bjorklund* 1985, 119; vgl. *Hoffmann* 1988, 196)

Man kann dann das Arbeitsgedächtnis mit einer Spinne vergleichen. Wie eine Spinne steht es über den Spinnennetzen aus Neuronen. Wie die Beine der Spinne sind seine vielen Bahnen zu allen Bereichen des Gehirns in einem einzigen Körper verbunden, dem Zentrum, das die Richtung der Aufmerksamkeit steuert, indem es zuständliche (deklarative) und operierende (prozessuale) Information ("verschiedene Beine") miteinander verbindet. Der Körper kann jedes seiner Beine einmal hierhin setzen und einmal dorthin. Dem würde entsprechen, daß einmal die einen und ein anderes Mal die anderen Nervenbahnen aktiviert werden können. Jedes Bein wird nicht nur an eine bestimmte

Stelle gesetzt, sondern es meldet auch mit allen anderen an den Körper zurück, was es an der jeweiligen Stelle antrifft. Es scheint tatsächlich ein solches "Organ" im Gehirn zu geben, das Operationen, z.B. das Vergleichen, auf Information richtet, z.B. auf Wahrgenommenes:

> "Seine *vergleichende Funktion* kann das Gehirn nur mit intaktem Stirnlappen erfüllen. Ich habe bereits darauf hingewiesen, wie wichtig die *Aufmerksamkeit* für den Dialog ist, den das Gehirn unaufhörlich mit der materiellen und sozialen Außenwelt unterhält. Da kann es kaum überraschen, daß die Lotsenfunktion des frontalen Kortex (der Gehirnlappen mit seiner Funktion, durch Vergleiche zu suchen - J.G.) vom Kern A_{10} des Hirnstamms (Zentrum der Aufmerksamkeit - J.G.) gesteuert wird, der das Dopamin enthält (vgl. *Changeux* 1984, 193 - J.G.) und von dem im Zusammenhang mit der Regulierung der Aufmerksamkeit bereits die Rede war. Wenn bei einer Ratte dieser Kern operativ entfernt wird, scheitert sie im verzögerten Reaktionstest, als hätte sie keinen Stirnlappen mehr. Der Kern A_{10} fungiert also als 'Regulator' des Stirnlappens; er richtet die Aufmerksamkeit auf diese Gehirnregion aus und ermöglicht ihr unter anderem, ihre Aufgabe als Vergleichsmechanismus zu erfüllen." (Changeux 1984, 205f.)

Wenn die Generalthese vom Lernen durch jede Aktivität stimmt, *dann lernt der Mensch nicht nur das, worauf sich seine Aufmerksamkeit richtet, sondern auch durch den operativen Gebrauch von Information, und zwar lernt er genau die Operationen, die er vollzieht*. Der Gebrauch ergäbe dann eine andere Qualität des Gelernten als das Thematisieren. Dies könnte die grundlegende Konstellation sein für die Differenz zwischen Theoretisieren und Praktizieren, zwischen "Wissen daß" und "Wissen wie", zwischen Betrachten und Tun, für die wechselseitige Transformation von Wissen in Tun und umgekehrt sowie für die spezifischen Schwierigkeiten, die mit dieser Transformation verbunden sind.

5. *Diese doppelte Aktivierung bedarf ihrerseits der Lenkung, damit sie weiß, welche Operation sie an welchem Sachverhalt vollziehen soll.* Für diese gleichzeitige Aktivierung gibt es offensichtlich wiederum *regulierende Systeme*. Sie erlauben es z.B., den Vollzug einer Tätigkeit laufend zu kontrollieren, einen noch nicht vollendeten Satz gleichzeitig zu kritisieren, das eigene Tun schon während der Ausführung an einer ethischen Norm zu messen. Es sind dies diejenigen *Systeme, durch die der Mensch seine Aktivität selbst lenkt, d.h. die höchsten in der Evolution bis jetzt entwickelten Regularien des selbstregulierten Organismus*. Sie müssen der Funktion der *Systemerhaltung* dienen. Systemerhaltung besagt Erhaltung des eigenen organischen und psychischen Lebens in der jeweils angestrebten Form. Alle Regularien, die dem dienen, regeln die Aufmerksamkeit. Systemerhaltung besagt dann aber Erhaltung meiner selbst, so wie ich mich selbst sehe. Dieses Selbstverständnis kann im Grenzfall einen höheren Rang haben als die Erhaltung meines Organismus. *Regularien dieser Art müssen die höchste Stufe der Informationsverarbeitung sein, weil sie einen Zugriff auf alle anderen Informationen haben müssen.* Solche Regularien sind z.B. Lebensziele oder allgemeinere Normen des Handelns. Sie müssen in der Lage sein, alle anderen Informationen zu verbinden. *Das können sie nur dadurch, daß sie die Aufmerksamkeit lenken, indem sie regeln, welche*

Information jeweils Gegenstand der Aufmerksamkeit sein soll und welche Information für seine Verarbeitung eingesetzt wird.

Auch diese Regularien haben neurophysiologisch die Form von neuronalen Netzwerken. Sie sind als mehr oder weniger hierarchisch geordnete Systeme organisiert. Möglicherweise sind sie nichts anderes als *die höheren bis höchsten Generalisierungen (Muster) des Welt- und Selbstkonzepts*, die auf alle anderen Informationen, den sensorischen Input von Welt und Selbst ebenso wie auf das jeweils vorhandene Welt- und Selbstverständnis (die etablierten Welt- und Selbstsysteme) angewendet werden können. Sie regeln in der Hierarchie von oben (top-down), während die jeweilige Eingangsinformation von unten (bottom-up) regulierend wirkt. Auf welcher Höhe der hierarchischen Organisation sich dies abspielt, ist sehr unterschiedlich, weil die Eingangsinformation selbst schon ein allgemeines Regulativ sein kann, z.B. eine soziale Norm oder eine Einstellung. Durch diese *Systeme der Selbstregulation* wird geregelt, welche Information auf welche angewendet wird. Das geschieht durch die Aktivierung der entsprechenden Neuronenverbände.

Diese Regularien regeln aber auch die Schnelligkeit des Informationsverarbeitungsprozesses, d.h. die Zahl der Prozesse pro Zeiteinheit. Mit dem Umfang der aktivierten Neuronenverbände und der Zahl der Aktivierungen wächst der Energiebedarf. *Die erhöhte Energiezufuhr wird als Anstrengung* und *die größere Zahl von Aktivierungen in einer Zeiteinheit als Intensität* erfahren. Weniger komplexes und langsameres Prozessieren verringert dementsprechend Anstrengung und Intensität.

Diese Systeme des Selbst, für deren Existenz und regulative Funktion es viele Belege gibt, sind keineswegs angeboren, sondern werden wahrscheinlich im System des Arbeitsgedächtnisses so gelernt, daß es die häufig gelungenen Regelungen, die die jeweiligen Bedürfnisse am besten befriedigt haben, behält und sofort wieder für weitere Regelungen nutzt. *So entwickeln sich auch die höchsten Regularien des Menschen, die Systeme des Selbst, erst durch Lernen.*

> "Nach einer anderen Auffassung beinhaltet 'Aufmerksamkeit' etwas ganz anderes als einen Filtermechanismus. Sie stellt nichts anderes dar als eine generelle Begrenzung unserer Kapazität, Information zu verarbeiten. So konnten z.B. Shiffrin und Schneider (1977) auf dem Hintergrund einer Unterscheidung von automatischer und kontrollierter (d.h. Kapazität bzw. 'Aufmerksamkeit' erfordernder) Verarbeitung von Information zeigen, daß der Punkt, an dem Aufmerksamkeit 'ins Spiel kommt', sehr stark lernabhängig ist, d.h. auch nicht an einer festen Stelle in das Informationssystem eingebaut ist." (*Arbinger* 1984, 42)

> "Immerhin zeigten diese Arbeiten, welche entscheidenden Regulationsfunktionen den Kernen im Hirnstamm zufällt. Hier regulieren dopaminerge Neuronen die Aufmerksamkeitsorientierung; dort steuern cholinerge Neuronen die Benutzung des visuellen Kanals. Sie unterwerfen die Austauschprozesse zwischen Gehirn und Außenwelt einer sehr selektiven Kontrolle und sorgen für den ständigen Dialog zwischen der inneren Entfaltung der Gedanken und der für sie äußerlichen Wirklichkeit. Andere noch nicht genau ermittelte Neuronengruppen sind für die 'innere' Ausrichtung der Aufmerksamkeit auf ein Gedächt-

nisbild oder ein Konzept verantwortlich. Man kann davon ausgehen, daß sie mit ihren Regeln, ihrer 'Grammatik', die Operationen prägen, die mit den geistigen Objekten vorgenommen werden, die Art ihrer Verknüpfung und natürlich ihren Austausch mit der Umwelt. (...) Die verschiedenen Neuronengruppen der Formatio reticularis empfangen Signale von den Sinnesorganen. Sie stehen in Verbindung mit den Gehirnnerven und haben direkten Kontakt zur Außenwelt. In Einschätzung dessen, was 'draußen' geschieht, schalten sie einmal ganze Gehirnregionen ein oder aus, dann wieder genau lokalisierte Rindenfelder oder auch bestimmte Punkte auf ihnen. Diese Hirnstammkerne analysieren keine Einzelheiten - das besorgt die Großhirnrinde - , aber sie regulieren die Kanäle, die die Analyse ermöglichen. Sie sind gewissermaßen die 'Lotsen' oder - wem das Bild lieber ist - die Klaviaturen und Register der 'großen Kortexorgel', die für die Produktion und Verknüpfung der im Augenblick adäquaten geistigen Objekte sorgen. Diese Lotsen (die durch die Hirnstammkerne geleistete Bahnung für Verknüpfungen - J.G.) können dem Organismus die ihm eigene Selbständigkeit nur dann verschaffen, wenn die Hirnstammneuronen auch erfahren, welche Operationen die Großhirnrinde mit den geistigen Objekten ausführt, genauer: wenn es Bahnen gibt, die vom Kortex zum Hirnstamm zurückkehren. Diese Rückmeldungen schließen die Schleife. Damit wird die Gegenüberstellung von Außenwelt und Innenwelt möglich. Das fertige Regu-lationssystem mißt und bewertet Resonanzen und Dissonanzen zwischen Konzepten und Perzepten. Es wird zum Wahrnehmungsmechanismus der geistigen Objekte, zur 'Überwachungsinstanz' ihrer Verbindungen. Die verschiedenen Neuronengruppen der Formatio reticularis informieren sich gegenseitig über ihr Vorgehen. Sie bilden ein 'System' hierarchisch und parallel geordneter Bahnen, die in ständiger und wechselseitiger Verbindung mit den anderen Gehirnstrukturen stehen. Dadurch kommt es zur Integration der Zentren. Aus dem Zusammenspiel dieser verzahnten Regulationsprozesse erwächst das Bewußtsein." (*Changeux* 1984, 201f.)

"1977 (*Popper/Eccles*, 472) habe ich die Hypothese entwickelt, der selbstbewußte Geist registriere nicht bloß passiv die neuronalen Ereignisse, sondern habe eine aktive Suchfunktion, wie es Jung (1978) mit dem Scheinwerfervergleich zum Ausdruck bringt. Potentiell liegt ständig die Gesamtheit der komplexen neuronalen Prozesse vor ihm ausgebreitet, und aus dieser unabsehbaren Menge von Leistungen im Liaison-Hirn (das der inneren Wahrnehmung zugängliche Gehirn - J.G.) kann er, je nachdem, worauf seine Aufmerksamkeit, seine Vorliebe, sein Interesse oder sein Drang sich richten, eine Auswahl treffen, indem er bald dieses, bald jenes sucht und die Ergebnisse der Ablesungen aus vielen verschiedenen Feldern des Liaison-Hirns miteinander verknüpft. Auf diese Weise vereinheitlicht der selbstbewußte Geist die Erfahrung. (...) Außerdem können solche neuronalen Muster, die häufig aktiviert werden, zu einer Langzeitpotenzierung von Synapsen führen (...), durch die die neuronalen Schaltungen stabilisiert würden. Auf diese Weise würden die Gedächtnisspeicher in der Großhirnrinde entstehen, die der Einheit des Selbst eine dauerhafte Einheit geben. Ohne ein solches Gedächtnis wäre eine Erfahrung der Einheit nicht möglich." (*Eccles* 1989, 328)

Theoretische Grundlagen 139

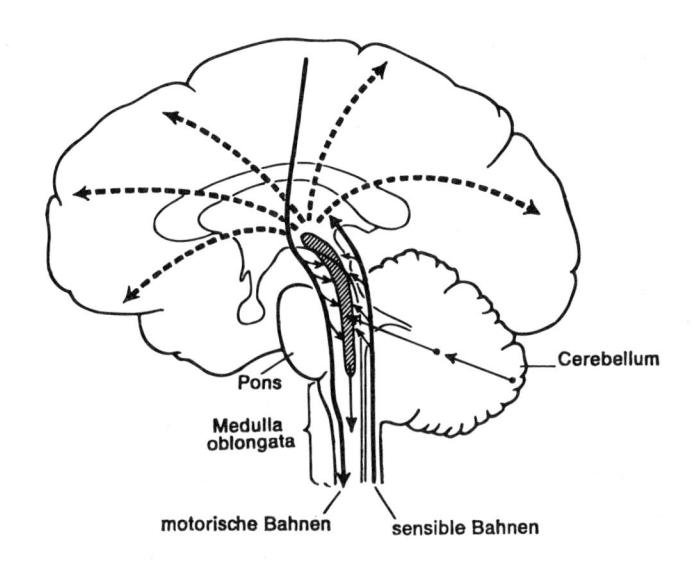

Abb. 15: Beziehungen der Formatio reticularis (schraffiert) zu auf- und absteigenden Bahnen. Gestrichelte Pfeile: unspezifische Projektion von Sinneseindrücken auf den Cortex (z.B. Weckwirkung) (aus: Remane/Storch/Welsch, Kurzes Lehrbuch der Zoologie, 1974², 112), © Gustav Fischer Verlag, Stuttgart.

Wenn nur in demjenigen Bereich des psychischen Apparates gelernt wird, der gerade aktiv ist, dann *entscheidet letztlich die Regulation des Arbeitsgedächtnisses darüber, was gelernt wird.* Diese Regulation ist nichts anderes als die Selbstregulation der menschlichen Existenz. Es kann keine Rede davon sein, daß sie uns schon ganz durchsichtig ist, weder physiologisch noch psychologisch. Es gibt aber in beiden Wissenschaften Befunde, die miteinander vereinbar sind und wichtige Strukturen und Funktionen erkennbar werden lassen. Im gegenwärtigen Zusammenhang sind es Aussagen über das *System der Formatio reticularis und des kurzzeitigen Arbeitsgedächtnisses. Die Formatio reticularis scheint physiologisch die selektive und verknüpfende Funktion zu erfüllen, die sich in den psychologischen Untersuchungen zur Kapazität und Funktion des Arbeitsgedächtnisses abzeichnet* (**Abb. 15**).

Das *System der Formatio reticularis* hat sein Zentrum im Hirnstamm. Das Zentrum besteht selbst aus mehreren Neuronengruppen, deren Funktion erst zum Teil bekannt ist. Dieses Zentrum verbindet aber über Bahnen Informationen aus den verschiedenen Bereichen des Gehirns. Dreierlei scheint mir für das Verständnis des Arbeitsgedächtnisses aufschlußreich und hinreichend gesichert zu sein: 1. Es gibt ein angeborenes System von festen Nervenbahnen, dessen Struktur in einem Zentrum Schaltungen zwischen unterschiedlichen Teilen des Nervensystems mit seinen verschiedenartigen Informationen erlaubt. So werden z.B. Inputs aus den zu den Sinnesorganen führenden Bahnen in einen diffusen Inputstrom, der zur Großhirnrinde geführt wird, transformiert, oder der Muskeltonus, d.h. eine Größe im motorischen System, kontrolliert. - 2. Dieses System ist selbst in der Lage, Teile des Gehirns zu aktivieren, ist aber andererseits zu klein, um selbst Information verarbeiten zu können. - 3. Was jeweils aus den gesamten Verknüpfungsmöglichkeiten tatsächlich verknüpft wird, das scheint von anderen Systemen abzuhängen, die mit dem Zentrum verbunden sind und in einem komplizierten Zusammenspiel auswählen, was aktiviert werden soll. Das *limbische System* scheint die *Gesamtinformation über die Verfassung des Gesamtsystems in der Form von Emotionen und von Lust-Unlust-Affekten* bereitzustellen (*Miller* 1990), und das Kleinhirn scheint die entsprechenden aktivierenden oder hemmenden Impulse beizusteuern. - Verknüpfung und Aktivierung, beides aber nur aufgrund der Entscheidung durch andere Systeme, können danach auch für die psychische Seite der Medaille, das Arbeitsgedächtnis, als gesichert angesehen werden.

Auch im Netzwerk der Formatio reticularis wird genau das gelernt, was es tut, nämlich die Regelung der Zusammenarbeit der anderen Netzwerke. Mit anderen Worten: Bei der Lenkung der Aufmerksamkeit *wird vom Kleinkind an bis ins hohe Alter ein zunehmend komplexeres System von Regeln für die Regulation der Aufmerksamkeit gelernt oder auch wieder verlernt und zerstört. So ist die Regulation der Aufmerksamkeit selbst ein Resultat der für jedes neuronale Netzwerk geltenden Lerngesetze.*

Der reale Raum des Lernens wird so selbst reguliert, jedoch durch gelernte Regularien, und durch jede vollzogene Regulation wird wieder gelernt (vgl. *Piaget* 1976, 29). Die Selbststeuerung aber muß in irgendeiner Weise ausgelöst werden. Davon muß jetzt noch die Rede sein, weil hier der *alles entscheidende Ansatzpunkt nicht nur für den Einfluß der Außenwelt, sondern auch für die Beeinflussung des Schülers durch den Lehrer* liegt.

(8) Ein System der Gewichtung von Information als positiv oder negativ reguliert die jeweilige Aktivität des Arbeitsgedächtnisses

Wenn die Regulation der Aufmerksamkeit für den realen Ausschnitt des Lernens aus dem gesamten Raum des möglichen Lernens maßgeblich ist, dann erhebt sich die *Frage, wodurch die jeweilige Regulation der Aufmerksamkeit denn in Gang kommt. Die generelle Bereitschaft zur Selbstregulation, das "Anwerfen des Motors", findet spätestens mit der Geburt und auch bei jedem Aufwachen an.* Es wird nicht von außen, sondern durch ein im Organismus selbst auftretendes Bedürfnis gesteuert. Dieses Bedürfnis besteht genauer aus einem Defizit gegenüber einem Sollzustand, das der Organismus zu beheben sucht, um sich selbst zu erhalten. Diese Selbsterhaltung bezieht sich keineswegs nur auf Sein oder Nichtsein, sondern auf die *Erhaltung des ganzen organischen und psychischen Systems in der Form, die wir jeweils für erhaltenswert erachten.* Was Defizit ist, ergibt sich aus dem erkennenden und dem an einem Soll orientierten gewichtenden jeweiligen Selbstverständnis (kognitives und evaluatives Selbstkonzept). Daher ist schon der Beginn jeder Aktivität selbstreguliert. Durch die Einschätzung einer Information als defizitär entsteht ein Ungleichgewicht, das durch Aktivität ausgeglichen werden muß. *Welche Richtungen dann aber die Aufmerksamkeit einschlägt, hängt von dem jeweils antizipierten Sollzustand ab, den das psychische Sy-*

stem zu erreichen sucht. Lernen erweist sich auch in dieser Hinsicht als eine Eigenaktivität des psychischen Systems. Die Art der jeweiligen Lernaktivität durch Selbstregulation aber hängt von der jeweils aktuellen Bedürfnislage des Menschen ab.

Einige Hinweise auf den Prozeß des Aufwachens sind geeignet, die Differenz zwischen Inaktivität und Aktivität des Selbstregelungssystems bewußt zu machen. Sie besteht aus dem Unterschied zwischen spontanen, unbewußten und ungeregelten Prozessen im Tiefschlaf auf der einen Seite und all den Selbstregelungsprozessen, von denen bis jetzt die Rede gewesen ist, auf der anderen Seite. Die folgenden Aussagen von *Changeux* passen zu dem, was über das Arbeitsgedächtnis und seine Regularien gesagt worden ist:

> "Erste Feststellung: Während des Tiefschlafs befinden sich die Neuronen nicht in einem elektrischen Ruhezustand. Vielmehr zeigen sie eine heftige Spontanaktivität, meist in Form regelmäßiger Impulsbündel, die sich mit den Gipfeln der langsamen Deltawellen decken. Mit dem Aufwachen verschwinden diese Impulsbündel. Sie werden desynchronisiert, und die Häufigkeit der einzelnen Impulse sinkt. Zweite Beobachtung: Es ist möglich, während des Tiefschlafs eine Reaktion der Neuronen in der Sehrinde zu messen, wenn man ein Lichtsignal in ein künstlich offen gehaltenes Auge gibt. Die Frequenz des aufgefangenen Impulses ist jedoch im allgemeinen niedriger als im Wachzustand. Außerdem ist sie vermischt mit einer starken Spontanaktivität. Der Wachzustand des Kortex verbessert das Signal-Rausch-Verhältnis, er verstärkt Kontraste und versetzt die Zellen in einen Zustand 'gesammelter Aufmerksamkeit', der Erwartung einer Interaktion mit der Außenwelt, er verschafft so jedem Neuron die Möglichkeit, seine Singularität auszudrücken, an der Bildung der bewußten Perzepte mitzuwirken und sich in einen Neuronenverband zu integrieren." (*Changeux* 1984, 192f.)

Wachsein ist demnach identisch mit dem *"Anspringen" des Regulationsmechanismus des Arbeitsgedächtnisses*. Die organischen Gründe dafür sind in unserem Zusammenhang nicht von Interesse. Die Aktivitäten im Tiefschlaf sind wahrscheinlich zwar auch für das Lernen nicht ganz unbedeutend, aber sicher nur von geringer Bedeutung. Die Auseinandersetzung mit der Umwelt jedoch setzt erst mit dem Wachzustand und vielleicht auch schon in der ihm vorausgehenden Phase des Träumens ein. Mit dem Aufwachen beginnt dann ganz unbezweifelbar das *Lernen durch selbstgeregelte Aktivität*.

Was aber bestimmt denn die jeweilige Richtung der Selbstregulungen des psychischen Systems? Der Einsatz von gelernten Regulationen der Aufmerksamkeit setzt etwas voraus, das diesen Einsatz auslöst. Das kann nicht nur der allgemeine Auslöser des Wachzustands sein. Es ist ein *Defizit im Bereich eines Bedürfnisses. Dieses Defizit kann von Fall zu Fall anders sein und auch andere Regulation erfordern*. Zugleich aber muß dieser spezielle Auslöser eines Defizits im Bereich eines Bedürfnisses so *bedeutsam* sein, daß das psychische System dieser Information im Augenblick den Vorzug vor sämtlichen Informationen gibt, die ihm zur Verfügung stehen. *Es muß eine spezielle Information sein, die eine Bearbeitung vor allen anderen Informationen verlangt*. Eine solche Information kann *nur im Arbeitsgedächtnis auftreten, sie wird im Zentrum der Aufmerksamkeit stehen und deshalb voll bewußt sein*.

Das wache Aufmerksamkeitszentrum lenkt zunächst aufgrund von wechselnden inneren oder äußeren Anreizen die äußere und innere Wahrnehmung, ohne mit einer Bearbeitung der durch sie zur Verfügung gestellten Information einzusetzen. Das geschieht z.B. in Tagträumen. Eine Bearbeitung setzt erst dann ein, wenn eine Information auffällt. *Auffällig sind aber solche Informationen, die stören, schmerzen, Unlust erzeugen, also in irgendeiner Hinsicht im Verhältnis zu einem Bedürfnis defizitär sind. Sie müssen bearbeitet werden, damit die Störung, der Schmerz, die Unlust, das Defizit behoben werden* (**M 3, 4, 5 u. 6**). Es muß deshalb *ein psychisches System* geben, *das in der Lage ist, eine Information als negativ oder positiv zu markieren.* Nur auf diese Differenz kommt es für die Selektion derjenigen Information an, die zuerst bearbeitet werden muß. Sie hat sicher Skaleneigenschaften, weil Grade und damit Differenzen zwischen dem mehr oder weniger Störenden möglich sind. Dieser notwendigen Möglichkeit der Gewichtung gegenüber ist es zweitrangig, ob man *beim Menschen von einer Lust-Unlust-Differenz, von einem Bedürfnissystem, einem Wertsystem, einem System der negativen und positiven Affekte oder einem System der Motivation sprechen soll.* Es gibt gute Gründe dafür, daß diese Ausdrücke *Bezeichnungen für unterschiedliche Aspekte ein und desselben, aber hochkomplexen und kompliziert konstruierten Gewichtungssystems* sind. *Es muß Zugang zu allen bewußtseinsfähigen Informationen haben und muß die negativ-positiv-Bilanz aufstellen, damit das Regulationssystem der Aufmerksamkeit ein Kriterium für die Lenkung der Aufmerksamkeit bekommt.*

Dieser Argumentation aus der Logik der psychischen Selbstregulation entspricht tatsächlich ein System des psychischen Apparates, das neuroanatomisch als das *limbische System* bezeichnet wird. Dieser Namen geht letztlich auf *Broca* zurück. "Vor etwas mehr als einem Jahrhundert beobachtete *Pierre Paul Broca*, daß auf der medialen Fläche der Hirnhemisphäre ein fast geschlossener Ring den freien Rand der Großhirnrinde bildet." Er nannte ihn "den großen Saumlappen", wovon in der heutigen Bezeichnung noch der Wortsinn von "Saum", "Kante", lateinisch "limbus", erhalten geblieben ist (*Nauta/Feirtag* 1990, 134). Dieser Ring hat auf beiden Seiten des Gehirns ein besonderes Organ, den Hippocampus.

Theoretische Grundlagen 143

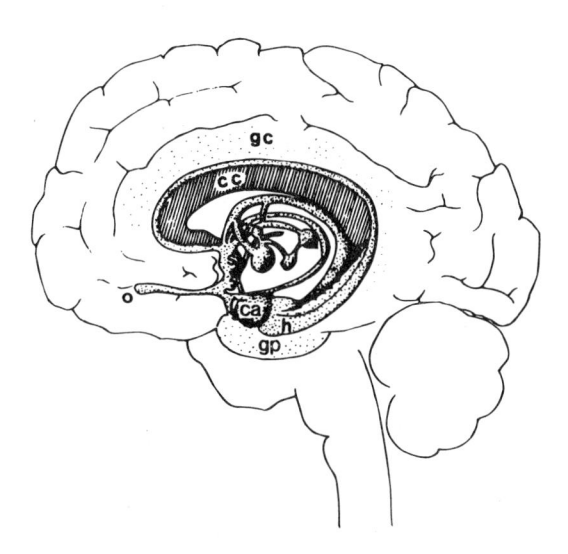

Abb. 16: Limbisches System. *Dieses von den primitiven Säugern geerbte komplexe Gebilde aus Kernen und Nervenbahnen, das vielfältig mit dem Hypothalamus, dem Hirnstamm und natürlich dem Neokortex vernetzt ist, nimmt an der Entstehung der Gefühle und der mit ihnen zusammenhängenden Verhaltensweisen teil. Daher die Bedeutung, die ihm Autoren wie MacLean (1952, 1970) oder Koestler (1968) zuschreiben. S: Septum pelludicum; CA: corpus amygdaloideum; H: Hippocampus; GC: Gyrus cinguli; GP: Gyrus parahippocampalis (Changeux, S. 145).* © *1984 by Rohwohlt Verlag GmbH, Reinbek.*

Das limbische System scheint durch emotionale positiv-negativ-Gewichtung Einfluß auf das Lernen zu nehmen. Vielfältige Befunde sprechen nämlich zum einen dafür, daß der Hippocampus im limbischen System darüber entscheidet, was aus dem Kurzzeitgedächtnis ins Langzeitgedächtnis übernommen wird:

"Zum einen lassen sie vermuten, daß der Hippocampus ein Türhüter ist, der die Fähigkeit des Gehirns verkörpert, Dinge dem Langzeitgedächtnis zu übergeben. Der stichhaltigste Einzelbeleg hierfür tauchte in den fünfziger Jahren auf, als ein neurochirurgisches Verfahren, das eigentlich der Behandlung sonst unheilbarer Epilepsieformen dienen sollte, zufällig aufzeigte, daß die Entfernung des Hippocampus auf beiden Seiten des menschlichen Gehirns eine Störung nach sich zieht, die man heute hippocampale Amnesie nennt: Der Patient behält zwar die jeweiligen Erinnerungen im Gedächtnis, die er lange vor der Operation ansammelte, vermag jedoch keine neuen zu speichern. Wenn er beim Lesen an das untere Ende einer bedruckten Seite kommt, kann er sich vielleicht schon nicht mehr an das erinnern, was er gerade erst oben auf dieser Seite gelesen hat." (*Nauta/Feirtag* 1990, 134 f.)

Zum anderen sprechen auch viele Befunde dafür, daß das limbische System das System der Emotionalität ist. Damit scheinen *Speicherung im Langzeitgedächtnis und Emotionalität von ein und demselben System abhängig zu sein,* das eine homogene Einheit ist, "eine Art Strang, in dem nicht die winzigste Faser durchtrennt, zerrissen, verschoben oder entfernt werden darf, ohne daß das Ganze ernsten Schaden nimmt." (*Diderot* in *Changeux* 1984, 144f.)

> "(...) so muß man folgern, daß das limbische System einen entscheidenden Einfluß auf die Einstellung des Organismus gegenüber seiner Umwelt (und sicher auch gegenüber sich selbst - J.G.) ausübt. In diesem Zusammenhang läßt sich auch die hippocampale Amnesie analysieren. Vielleicht versieht das Gehirn vorübergehende Ereignisse mit einem affektiven Wert - einem Grad der Bedeutsamkeit - , und vielleicht trägt eben diese Zuweisung dazu bei, Dinge erinnerungswürdig zu machen." (*Nauta/Feirtag* 1990, 136)

Dieser Gewichtung muß jede Gesamtaktivität zugänglich sein. Das ist aber beim Hippocampus, einem Teilsystem des limbischen Systems, der Fall. Er ist ähnlich wie die Formatio reticularis mit allen Gehirnregionen verbunden und kann sie zu komplexen Ganzheiten, den jeweils bedeutsamen Kontexten, verschalten (**M 3**).

> "The central idea (...) is that global cell assemblies can be selected during learning, and subsequently used during performance if they establish resonant circuits entrained to the rhythm of a general oscillator situated outside the main part of the cerebral cortex. This neural oscillator is identified as the hippocampus, and the neural oscillations are the hippocampal theta rhythm." (*Miller* 1990, 32)

Der Zusammenhang zwischen dem emotionalen *Kriterium für positiv und negativ* und dem Lernen ist von kaum zu überschätzender Bedeutung. Hier kann nur auf die Hauptkonsequenzen verwiesen werden.

1. Jede Regulation der Aufmerksamkeit *dient dazu, einen als negativ empfundenen Zustand zu beheben oder einen als positiv angesehenen anzustreben*. Aktivitäten können deshalb sowohl von einem faktischen oder in Zukunft für möglich gehaltenen Zustand ausgehen, der als negativ eingeschätzt wird, als auch von antizipierten zukünftigen Zuständen, die als positiv angesehen werden, und von beidem zugleich. Hierin liegt die Dialektik des Antriebs für bestimmte Tätigkeiten. Hier haben Einseitigkeiten in der pädagogischen Diskussion ihren Ort, wie die, daß nur der Erfolg zum Lernen motiviert (**M5 u. 10**). Hier läßt sich aber auch bruchlos die ganze wichtige Diskussion um Erfolgszuversichtliche und Mißerfolgsängstliche und den mittleren Schwierigkeitsgrad von Aufgaben einfügen (**M9**).

2. Jede Regulation der Aufmerksamkeit *geht von einem Ausgangszustand aus*, der als unbefriedigend angesehen wird, und *gewichtet jedes Resultat*, ob es dem gewünschten Zustand näher bringt, was als Befriedigung erlebt wird. Jede derartige Aktivität ist deshalb ein Rückkopplungsprozeß mit Ist-Soll-Vergleich unter dem Kriterium des positiven Nettogewinns in der Lust-Unlust-Bilanz. Wie dieser positive Gewinn auch bei momentanem oder häufigem Mißerfolg zu erzielen ist, ist das Hauptproblem beim Lernen. Er kann bei unvermeidbaren Mißerfolgen nur erzielt werden durch Aufrechnung mit anderen "Erträgen", z.B. "Zuwendung" oder "Bestätigung der Zähigkeit" oder "Erfolge in anderen Bereichen" (**M5 u. 10**).

3. Weil *Lernen immer eine Veränderung mit der Tendenz zur Verbesserung* ist, ist der Ausgangspunkt immer negativ, d.h. er wird gegenüber dem Angestrebten niedriger eingestuft. Deshalb ist *mit dem Lernen immer ein gewisses Maß an Angst verbunden, eine*

bis dahin positiv bewertete Sicherheit zu verlieren, ohne des Erfolgs schon sicher zu sein (**M4, 5, 9, 10 u. 11**). Gleichzeitig verbindet sich mit ihm aber auch die *Hoffnung auf eine Behebung des als unzulänglich empfundenen Zustands*. Die mit dem Risiko des Lernens unvermeidlich verbundene Angst muß so gering sein, daß die Aktivität selbst nicht beeinträchtigt oder sogar blockiert wird. Das ist nur dadurch zu erreichen, daß der Grad der Veränderung in Entsprechung zum Grad der Angst dosiert wird (je geringer die Angst, desto größer der Mut zur Veränderung) und daß alle zusätzlichen Quellen für Angst, insbesondere gegenüber der Situation, in der gelernt wird, und vor den Folgen sowohl beim Mißlingen als auch beim Gelingen des Lernprozesses, so weit wie möglich ausgeschaltet werden.

4. Jede Regulation der Aufmerksamkeit für die Erreichung eines Zieles ist immer dann *Problemlösen*, wenn jedesmal eine noch nicht bekannte Folge von Aktivitäten konstruiert werden muß. Sie ist umso mehr Problemlösen, je neuartiger diese Folge ist und je mehr gerade deshalb in ihr gelernt wird. Daher hat *Lernen grundsätzlich Problemlösecharakter* (**M6 u. 9**).

5. *Die Lust-Unlust-Bilanz ist der letztinstanzliche Prozessor für jede Input-Output-Differenz eines Problemlöseprozesses und damit für das Lernen.* Ihm sind alle Regularien und alle von ihnen wiederum regulierten Informationsverarbeitungsprozesse letztlich untergeordnet. - Umgekehrt aber ist die Lust-Unlust-Bilanz durch die Ergebnisse all dieser Prozesse beeinflußbar, d.h. daß auch die Arten und das Bilanzieren von Lust und Unlust im limbischen System gelernt werden.

6. Die Allverbundenheit der Emotionalität mit jedem bewußtseinsfähigen Informationsverarbeitungsprozeß bedeutet eine *Parallelität von Emotionalität und Kognition bis in die einzelnen Neuronennetze hinein* und womöglich bis zu den einzelnen Neuronen. Dies kann zwischen emotionaler und kognitiver Information zu Störungen in der Form von Verwechslungen und Vermischungen der Regulationssysteme führen (Emotionalisierung des Denkens oder Rationalisierung des Fühlens).

(9) Zusammenfassung: Der Möglichkeitsraum des Lernens

Ziel **dieses Kapitels** war es, eine erste Vorstellung vom neuronalen und psychischen "Raum" zu gewinnen, in dem Lernen stattfinden kann. Es soll deshalb abschließend der Versuch gemacht werden, *die acht unterschiedenen "Dimensionen" dieses Möglichkeitsraumes des Lernens in einer Gesamtvorstellung zu vereinen* (**M3 u. 6**).

Das *einheitsstiftende Moment für den gesamten Raum des Lernens* scheint "*Aktivität*" zu sein. Ohne spezifische Aktivitäten des neuronal-psychischen Systems findet kein Lernen statt.

Psychologisch entspricht der jeweiligen Gesamtaktivität des Nervensystems die jeweilige operative Einheit des psychischen Systems. Eine solche operative Einheit ist z.B. das Identifizieren eines Buchstabens als "großes Em" ebenso wie ein Verständnis des Ausdrucks "kategorischer Imperativ". In beiden Fällen handelt es sich um eine *psychische Gesamtaktivität von einer gewissen Dauer*, die ihrerseits wieder aus gleichzeitigen und auch sequentiellen Teilaktivitäten besteht, z.B. bei der Buchstabenidentifikation aus Formwahrnehmungen, aus dem Kategorisieren der Art des Zeichens und aus Operationen des mündlichen Sprechens, oder beim Ausdruck "kategorischer Imperativ" ebenfalls aus Buchstaben- oder Wortidentifizierungen und von Fall zu Fall sehr unterschiedlich vielen definierenden Operationen. - Daraus resultiert, daß eine Operation *sehr unterschiedlich komplex* sein kann. - Es scheint aber *unmöglich* zu sein, *elementare, d.h. nicht mehr teilbare, operative Einheiten zu benennen*, weil jede Operation wiederum in Teiloperationen aufgegliedert werden kann. So kann z.B. die Gesamtaktivität der transmodalen Transformation des geschriebenen "a" in das gesprochene "a" nochmals in Teiloperationen aufgegliedert werden, z.B. die Einnahme der passenden Abstandes zum Blatt, die Artikulation als Laut oder die Kategorisierung als "ein a". *Jede von ihnen erfordert wieder eine Gesamtaktivität, wenn sie nacheinander vollzogen werden.* Die Auflösbarkeit komplexer Operationen in aufeinanderfolgende Aktivitäten stößt dann aber bald an ihre Grenze, ohne daß man wirklich elementare Operationen erreicht hätte. - So ergibt sich neurologisch und psychologisch die Situation, daß wir es in jedem Augenblick zwar mit einer Gesamtaktivität des physisch-psychischen Systems zu tun haben, jedoch in jedem Augenblick nur mit einem sehr kleinen Ausschnitt aus dem gesamten Potential der Aktivierungsmöglichkeiten.

Wenn aber Lernen nur in den jeweils nacheinander vollzogenen Operationen und den entsprechend aktivierten neuronalen Netzwerken stattfindet, dann wird sein Umfang bestimmt durch die Grenzen des jeweiligen Ausschnitts, die man auch als das *Format oder* den *Zuschnitt der jeweiligen Aktivität* bezeichnen kann. Die **in diesem Kapitel** unterschiedenen *acht "Dimensionen"* bestimmen zusammen den Zuschnitt der jeweiligen *Aktivität*.

1. *In eine Aktivität kann nur Information einbezogen werden, die im gesamten neuro-psychischen System zur Verfügung steht.* Die Information kann aus den sensorischen Speichern stammen, die nur für sehr kurze Zeit Information speichern können, oder aus dem Langzeitgedächtnis, das sich wahrscheinlich so weit ausdehnt, wie die synaptischen Kopplungen zwischen Nervenzellen im gesamten Nervensystem Information "gespeichert" haben.

2. *Es stehen für eine Aktivität nur diejenigen Teilaktivitäten zur Verfügung, die mit Ausnahme der angeborenen bereits selbst gelernt worden sind.* Im jeweiligen Fall ist nur das aktivierbar, was selbst bereits durch Aktivität, und zwar wiederholte, entstanden ist. Wiederholte Aktivierung einer Teilaktivität findet auch dann statt, wenn sie nicht allein, sondern im Verband mit anderen Teilaktivitäten auftritt. Je besser eine Teilaktivität gelernt worden ist, desto leichter kann sie reaktiviert werden, weil die Aktivierung eines Aktivitätsmusters in einem neuronalen Netzwerk schon gelingt, wenn nur ein Teil dieses Netzwerkes erregt wird.

3. *In einer Aktivität können simultan Teilaktivitäten reaktiviert werden, die in sehr unterschiedlichen Regionen des neuro-psychischen Systems und auf sehr verschiedenen Ebenen ihrer hierarchischen Organisation ihren Ort haben.* So können z.B. beim Schreiben des Wortes "neuronales Netzwerk" gleichzeitig die motorischen Aktivitäten der Bedienung eines Computermanuals, die visuellen der Kontrolle des Resultats am Bildschirm, das Wortbild und auch der Begriff aus unterschiedlichen Orten in der Architektur des Gehirns aktiviert werden. Der Begriff "neuronales Netzwerk" liegt aber insofern auf einer hohen Ebene der Wissensspeicherung, weil ihm andere Begriffe, z.B. "Neuron", untergeordnet sein können, denen wiederum andere Begriffe, z.B. "Axon", untergeordnet sind usf., natürlich nur, wenn alle

diese Begriffe gelernt und auch als Teile eines Ganzen geordnet worden sind. - Das Gehirn kann seine Information in einem ungeheuren Maße parallel aktivieren. Bildlich gesprochen, es kann in jedem Augenblick *eine Aktivität aus derjenigen Information gebildet werden, die in einer Schnittebene des Informationsraumes aus topologisch und hierarchisch verteilter Information liegt.* Diese Parallelität steigt mit der zunehmenden Verknüpfung unterschiedlicher Informationen und ihrer zunehmenden Unterordnung unter übergreifende Regularien. Sie hängt also auch vom vorgängigen Lernen ab. So erlaubt die Simultanität eine *zunehmende Komplexität der Aktivität im jeweiligen Augenblick.* Auf diese Weise können viele nacheinander gelernte Aktivitäten gleichzeitig aktiviert werden. Damit kann der Ausschnitt dessen, was im Augenblick aus der gesamten zur Verfügung stehenden Information aktiviert werden kann, durch Lernen zunehmend größer werden.

4. *Die Komplexität des Ausschnittes einer Aktivität aus der Gesamtmenge der zur Verfügung stehenden Aktivitäten wird auch durch die Schnelligkeit des Wechsels der Aktivitäten, d.h. durch die Nutzung der sequentiellen Verknüpfung mitbestimmt.* - Was einmal sequentiell aktiviert worden ist, wird in einem solchen Maße auch *simultan aktivierbar, wie es aufgrund von Wiederholungen automatisch und weitgehend unbewußt vollzogen werden kann.* Umgekehrt können simultan vollzogene Aktivitäten in einem solchen Maße auch sequentiell vollzogen werden, *wie sie in sequentiell vollziehbare Operationen auflösbar sind.* - Was in hochkomplexer Weise simultan aktivierbar ist, kann *im schnellem Wechsel der Aktivitäten* aufeinander folgen. Bildlich gesprochen, es kann ein solcher Wechsel sprunghaft *von einer Schnittebene im Raum der zur Verfügung stehenden Information zu irgendeiner anderen Schnittebene erfolgen, sofern eine Beziehung zu ihr durch eine übergeordnete Information hergestellt wird.* Diese übergeordnete Information muß einen geringen Teil der Information der nächsten Schnittebene enthalten, damit sie diese aktivieren kann. Der schnelle unorganisierte (assoziative) und der organisierte (topologisch und hierarchisch geordnete) Wechsel zu einer ganz anderen Gesamtaktivität sind so erklärbar. Die Anschlußmöglichkeiten einer Gesamtaktivität an eine andere sind deshalb außerordentlich groß.- Auch diese Möglichkeiten, Aktivitäten aneinander anzuschließen, sind gelernt und werden durch Lernen verändert, und zwar zu starren Gewohnheiten oder zu hochflexiblen Übergängen.

5. *Die simultane und die sequentielle Aktivierungsmöglichkeit ergeben erst zusammen den jeweiligen räumlichen Zuschnitt der Gesamtaktivität.* Wie komplex die jeweilige Gesamtaktivität sein kann, das hängt davon ab, was bereits gelernt worden ist, und ihre Komplexität bestimmt wiederum, welche Teilaktivitäten verstärkt und welche neuen dazugelernt werden. Was jeweils gelernt wird, besteht deshalb aus dem *Produkt zwischen dem Umfang der simultanen Aktivitäten und der Schnelligkeit ihrer Aufeinanderfolge.* - Beide zusammen eröffnen aber auch erst den Raum für komplexe Tätigkeitsstrukturen, z.B. mit simultan zu anderen Aktivitäten verlaufenden Planungs- und Kontrollprozessen, mit der Möglichkeit des Vergleichs zwischen gleichzeitig Präsentem und Aufeinanderfolgendem in Rückkopplungsschleifen oder mit der Möglichkeit der Bearbeitung und Stabilisierung von Mustern der Gesamtaktivität.

6. Behalten wird keineswegs jede Gesamtaktivität, sondern *es bleiben nur diejenigen Aktivitäten aus den einzelnen Gesamtaktivitäten für längere Zeit wieder aktivierbar, die wiederholt auftreten.* Intensität und Häufigkeit der Impulse sind ausschlaggebend dafür, ob überhaupt eine bestimmte Aktivität zustandekommt, wie lange und wie leicht sie wieder aktiviert werden kann. Entscheidend ist, ob der Schwellenwert für die Aktivität (das Feuern) eines neuronalen Netzwerkes überhaupt erreicht wird, ob der ständige Verlust an elektrischem Potential ausgeglichen wird und ob der Schwellenwert durch Erhöhen des eigenen elektrischen Potentials

des neuronalen Netzwerkes schon durch relativ wenige Impulse erreicht werden kann. So ist das, was an Aktivitäten jeweils zur Verfügung steht, keineswegs zu irgendeinem Zeitpunkt für die gesamte Lebenszeit gesichert, sondern unterliegt seine Dynamik dem unerbittlichen Gesetz der Wiederholung von Aktivitäten.

7. Da keineswegs das ganze neuro-psychische System ständig in dem Maße aktiv ist, daß in ihm überall gelernt wird, *hängt es allein von der Aktivierung durch das Arbeitsgedächtnis ab, was tatsächlich gelernt wird.* Das Arbeitsgedächtnis ist nichts anderes als eine unspezifische, d.h. selbst nicht über bestimmte Informationen verfügende, Aktivierung. Durch seine Signale aktiviert es einen "Ausschnitt" aus der zur Verfügung stehenden Gesamtaktivität so, daß die dort lokalisierten spezifischen Aktivitäten in Aktion treten können. In diesem Sinne der Auslösung anderer paralleler und serieller Aktivitäten ist es der zentrale Prozessor. - Seine vollständige Kapazität ('total processing space' *Case et al.* 1982, zit. von *Bjorklund* 1985, 119) besteht aus einem Speicher für Information, auf die sich die Aufmerksamkeit richtet ('storage space' *Case et al.* 1982 s.o.) und aus einem Speicher für Information über die Operationen, die an der Information, die durch die Aufmerksamkeit in den Blick gefaßt ist, vollzogen werden ('operating space' *Case et al.* 1982, s.o.). Es könnte also sein, daß das Arbeitsgedächtnis das System ist, das über den Modus entscheidet, ob Information als zuständlicher Komplex vor dem inneren Auge steht oder ob sie operativ fungieren soll. - Beide Aktivierungen, die des 'storage space' und die des 'operating space', sind nur in demjenigen Teil voll bewußt, der für die Aktivierung leitend ist. Er ist bewußt, weil er der reflexiven Kontrolle unterliegt. Alles andere, was dann für die Ausführung der Aktivität in Anspruch genommen wird, ist nicht voll bewußt, d.h. es wird nicht reflexiv kontrolliert, weshalb man sich auch oft nicht daran erinnern kann, ob man es getan hat oder nicht. Es ist zwar im Gebrauch, wird aber nicht thematisiert. Es wird nicht bewußt gesteuert, sondern steht automatisch zur Verfügung. Das Arbeitsgedächtnis aktiviert so nicht gleichmäßig, sondern auf der Skala zwischen hell Bewußtem und voll Kontrolliertem bis zu völlig Unbewußtem ganz außerhalb jeder Kontrolle und vielen Zwischenstufen der Bewußtheit. So kommt zur Differenz zwischen 'storage space' und ' operating space' die Differenz zwischen "bewußt" und "unbewußt" hinzu, zwischen denen das Arbeitsgedächtnis dadurch wählen kann, daß es den Brennpunkt der Aufmerksamkeit verschiebt. - Je mehr bereits gelernt worden ist, desto größer ist die Kapazität des Arbeitsgedächtnisses für automatisierte Aktivitäten im 'total processing space' und desto höher ist die Stufe der Regulierung, der andere Aktivitäten untergeordnet sind und auf die sich die bewußte Steuerung beschränken kann. - Neu gelernt wird dann genau in dem Grade, in dem Information in den vier Modi (storage/operating; bewußt/nicht bewußt) aktiviert wird. Nur in diesem aktuellen Ausschnitt aus der Gesamtinformation des physisch-psychischen Systems wird gelernt.

8. *Welchen Ausschnitt aus der Gesamtinformation das Arbeitsgedächtnis aktivieren soll, wird seinerseits reguliert durch das Bedürfnissystem des neuro-psychischen Systems.* Dieses System hat Zugang zur gesamten zur Verfügung stehenden Information, es erkennt Defizite gegenüber angeborenen und gelernten Bedürfnissen aller Art, z.B. nächstliegenden Zielen oder Normen, wie Wahrhaftigkeit oder Ehre, und regelt dann die Ausrichtung des Arbeitsgedächtnisses für die Verringerung dieser Defizite. So entscheidet letztlich die jeweilige Bedürfnislage über den Zuschnitt der durch das Arbeitsgedächtnis aktualisierten Aktivität aus allen zur Verfügung stehenden Aktivitäten. Sie entscheidet deshalb auch über den Zuschnitt dessen, was gelernt wird.

Unterrichtspraktische Aspekte 149

Diese Auffassung, daß Lernen allein bestimmt wird vom Zuschnitt der jeweiligen Aktivität innerhalb der soeben noch einmal umrissenen Grenzen, könnte man als Grundlage einer *operativen Lerntheorie* bezeichnen. Diese Lerntheorie hätte dann im einzelnen zu zeigen, wie durch das Zusammenspiel (den Rückkopplungskreis) der beiden Prozessoren "Bedürfnis" und "Arbeitsgedächtnis" ganz *bestimmte Klassen von Lernresultaten* erzielt werden können, z.B. sprachliche, Einstellungen, Werkzeuggebrauch, mathematische Verfahren, Handlungsalgorithmen, Angstregulation, Welt- und Selbstwissen der verschiedensten Arte, Zielplanung, Management von Krisen in verschiedenen Lebensbereichen etc. Das kann natürlich hier nicht geleistet werden. Ansatzweise habe ich es für das Lernen von Begriffen und das Lernen des Textverstehens versucht (*Grzesik* 1992[2] und 1990).

Es muß aber eine Vorstellung davon vermittelt werden, *wie die Schüler im Unterricht durch das, was sie tun, lernen können, was sie lernen sollen.* Das soll in **Teil III** geschehen.

(10) Die Funktion, Lernmöglichkeiten der Schüler zu verstehen, stellt spezifische Ansprüche an den Lehrer

Jedes Fremdverstehen ist eine hochkomplexe geistige Leistung mit dem entsprechenden Grad der Anstrengung. Beim Verstehen von Lernmöglichkeiten der Schüler ist das *Anspruchsniveau der Verstehensleistung* durch die folgenden Besonderheiten charakterisiert:

1. Es genügt nicht, sich ein möglichst stabiles Bild des anderen zu machen, sondern es kommt entscheidend darauf an, *das jeweilige Bild mit dem Lernfortschritt dynamisch zu verändern.*

2. Die Antizipation von Lernmöglichkeiten vom jeweiligen Entwicklungsstand aus erfordert die *Fähigkeit, in Möglichkeiten zu denken, deren Realisierbarkeit nicht sicher prognostiziert werden kann.* Konstruktive Phantasie mit hoher Risikobereitschaft ist erforderlich.

3. Der Lehrer muß sich *hineindenken in einen Entwicklungsstand und in Entwicklungsmöglichkeiten auf einem ganz anderen Niveau als dem seinen.* Dazu muß er die egozentrische Übertragung der eigenen Perspektive auf den Schüler überwinden. Er macht es sich zu leicht, und er verfehlt die Realität, wenn er den Schüler an den Möglichkeiten des Erwachsenen mißt, die er von sich selbst kennt. Die Sache wird noch schlimmer, wenn er Wünsche auf den Schüler überträgt, die er selbst nicht erfüllen kann. Die Dezentralisierung seiner eigenen Perspektive fordert von ihm eine von Wünschen und parteiischen Emotionen möglichst freie rationale Konstruktion.

4. An die Stelle der Zuwendung zur Gesamtperson des Schülers muß die *Konzentration auf sein Lernen in einem Sachbereich* treten. Das ist eine Spezifizierung, die keineswegs leicht durchzuhalten ist. Andererseits aber wird er von emotionalen Bindungen an und

Verantwortlichkeit für die Gesamtperson aller seiner Schüler entlastet, weil seine soziale Beziehung zu ihnen in dieser Weise spezifiziert ist.

5. Die Emotionalität des Lehrers muß sich auf eben diesen Bereich spezifizieren, d.h. *zu einem intensiven Interesse an den jeweiligen Lernfortschritten der Schüler* werden. Dieses Interesse ist das spezifische Motiv für die erforderlichen Verstehensleistungen.

6. Während die Spezifizierung auf Lernen weniger komplex ist als das Verstehen der gesamten Person, wird diese reduzierte Leistung andererseits durch die Zahl der Schüler multipliziert. Um diese Komplexität bewältigen zu können, muß der Lehrer für differentielles Verstehen *Ersatzstrategien* einsetzen, soweit eine genaue Diagnose des einzelnen nicht möglich ist. Er kann z.B. allen probeweise denselben Entwicklungsstand und dieselben Lernmöglichkeiten unterstellen und nur die Abweichungen behandeln. Er kann auch von Einzelbeobachtungen bei einem Schüler hypothetisch Generalisierungen vornehmen, im vollen Bewußtsein ihrer Problematik. Er kann in vielen Fällen das Selbstverstehen von Schülern zur Grundlage dafür machen, sie besser zu verstehen. Er kann mit seiner "Aufmerksamkeit" sehr schnell von einem Schüler zum anderen wechseln (vgl. zum "attentionalen Alternieren" *Markowitz* 1986). Er kann sich aber auch mit dem Instrument der Lernaufgabe (**M9**) darüber informieren, auf welchem Niveau sich seine Schüler bewegen können (vgl. **Teil III**).

Das Verstehen der Lernmöglichkeiten der Schüler ist nach all dem immer eine so anspruchsvolle Funktion, daß jedes tatsächliche Verstehen auch bei größtem Einsatz hinter einer vollständigen Erfüllung dieser Funktion weit zurückbleiben wird. Ein hohes Maß der Erfüllung der Verstehensfunktion des Lehrers fordert deshalb von jedem höchstmögliche Intelligenz und höchstes Engagement.

In ganz bestimmten Grenzen ist *Liebe ein funktionales Äquivalent für den kognitiven Prozeß des Verstehens*. Sie erkennt an, was der andere tut, und stützt so seine Aktivität. Sie vermag aber nicht Lernmöglichkeiten zu unterscheiden und ist daher auch nicht imstande, die Schüler zur Wahrnehmung bestimmter Lernmöglichkeiten anzuregen. Dazu ist professionelles Verständnis von Lernmöglichkeiten die notwendige Voraussetzung. Daher genügt Liebe nur soweit, wie der Schüler selbst seine Lerntätigkeiten optimal zu steuern vermag. Entsprechendes gilt für das *Vertrauen* in das, was Schüler von sich aus tun, oder für *positive Erwartungen*. - In ganz bestimmten Grenzen ist auch *Autorität ein Äquivalent zum Verstehen*, nämlich genau in dem Maße, in dem der Schüler seine Tätigkeiten von ihr abhängig macht, z.B. durch Nachahmung oder aus Pflichtgefühl. Sie kann aber nicht das genaue Verständnis der psychischen Prozesse ersetzen. - Bei jedem Lehrer wird man eine *Mischung von Verstehen, Liebe, Vertrauen, positiver Erwartung und Autorität* antreffen. Der gute Lehrer wird die funktionalen Äquivalente gemäß ihrer Reichweite einsetzen, d.h. immer dann, wenn die andere Möglichkeit nicht ausreicht. Auch das ist bis zu einem gewissen Grade bewußt steuerbar.

Teil III:
Praxis der Verständigung über Lerntätigkeiten
Lerntätigkeiten konzipieren

Ehe Lernaufgaben gestellt werden können, müssen Tätigkeiten in den Blick gefaßt werden, die die Schüler vollziehen sollen, denn Lernaufgaben sind nichts anderes als "Auslöser" von Lerntätigkeiten. Damit die Schüler auch tatsächlich lernen, was sie lernen sollen, müssen diese Tätigkeiten so konzipiert werden, daß sie den jeweiligen Lernmöglichkeiten für die jeweiligen Ziele möglichst gut entsprechen. So *vermittelt die Konzeption von Lerntätigkeiten zwischen dem Verstehen von Lernmöglichkeiten und der Abfassung von Lernaufgaben.*

Das alles entscheidende Problem für das Lernen im Schulunterricht kann dann in die Frage gefaßt werden: Wie können durch eine Abfolge kompletter Tätigkeiten wohlorganisierte systemisch vernetzte Informationszusammenhänge entstehen, die langfristig behalten werden und als Kompetenzen in vielen Situationen aktualisiert werden können? Die Antwort wird lauten: Das gelingt nur dann, wenn die angestrebten Informationszusammenhänge in einer Abfolge von kompletten Tätigkeiten so auftreten, daß sie mit jeder Tätigkeit so lange verbessert werden, bis sie in jeder Situation zur Verfügung stehen, in der sie gebraucht werden können. Mit anderen Worten: Aus den konkreten Tätigkeiten müssen die möglichst stabilen und möglichst flexibel verwendbaren Kompetenzen immer besser "herausgemeißelt" werden. "Herausmeißeln" aber heißt im wesentlichen: sie überhaupt einmal realisieren, entweder gleich als ganze oder nach und nach aus Stücken; sie umgekehrt wieder in Teile, Komponenten, Unterschiede, Teilbeziehungen etc. aufgliedern; reflexiv ihre Struktur und die Verfahren zu ihrer Herstellung erarbeiten; sie einbinden in Zusammenhänge, in denen sie typischerweise auftreten; sie selbständig einsetzen bei der Bearbeitung neuer Aufgaben unterschiedlicher Art; sie unter ungewöhnlichen Bedingungen aktivieren; sie auch langfristig pfleglich von Zeit zu Zeit wieder einmal aktivieren; neurophysiologisch kurz: ihre volle Funktionsfähigkeit als spezifisches Netzwerk herstellen und erhalten; psychologisch kurz: sie als ein stabiles psychisches System ausbilden.

Kapitel 1:
Im Möglichkeitsraum des Lernens entscheidet der Zuschnitt der jeweiligen gesamten Tätigkeit über die Art des Gelernten und die Dauer seiner Verfügbarkeit

In diesem Teil geht es um das Problem, wie man den Möglichkeitsraum des Lernens durch den Zuschnitt von Tätigkeiten möglichst gut nutzen kann. Es genügt nicht, daß die Schüler irgendetwas tun, d.h. in einen blinden Aktivismus verfallen und kostbare Lebenszeit vergeuden. Man kann auch nicht darauf vertrauen, daß "Gutes" und "Nützliches" gelernt würde, wenn die Schüler nur irgendetwas tun, was ihnen tatsächlich oder auch nur nach der Vorstellung einiger Lehrer Spaß macht, sondern *die gesamte jeweilige Aktivität sollte für möglichst große Lerneffekte konstruktiv genutzt werden*.

Für diesen Zweck kann man sich keiner der bisher entwickelten Lerntheorien anvertrauen, z.B. dem operanten Konditionieren *Skinners* oder dem Imitationslernen *Banduras*, und auch nicht einer puren Kombination zwischen einigen von ihnen (**M2**). Das Problem der Wahl und des Anschlusses von konkreten Gesamtaktivitäten ist nur *unter dem operativen Gesichtspunkt* (**M6**) *zu lösen, wonach sich jede Tätigkeit in Teiltätigkeiten aufgliedern läßt, die selbständig vollzogen werden können, und umgekehrt sich auch jede Tätigkeit aus solchen Teiltätigkeiten zusammensetzt.* - Sobald eine Teilaktivität selbständig vollzogen wird, z.B. die Wahl eines passenden Wortes, wird sie ergänzt zu einer Gesamtaktivität. Nur soweit eine solche Auflösung möglich ist, können Aktivitäten sequenziert werden. Nur in dem Maße, in dem im Möglichkeitsraum des Lernens sich durch Kombination und Aufgliederung überhaupt Gesamtaktivitäten bilden lassen, kann Lernen durch konkrete Tätigkeiten erfolgen, und damit erst faktisch vollzogen werden. Und *nur durch einen sehr geschickten Zuschnitt solcher kompletten konkreten Aktivitäten kann man versuchen, sich einer optimalen Nutzung des Möglichkeitsraumes des Lernens zu nähern.* - Daß an die Stelle von monistischen Lerntheorien und linearen Phasenmodellen (**M2 u. 8**) eine Konzeption des Lernens treten muß, die der ganzen Vielgestaltigkeit der menschlichen Informationsverarbeitung gerecht wird, dafür zeugt das folgende Zitat *Johnson-Lairds* genauso wie für den begrenzten Stellenwert, den die bisher von der Lernpsychologie erzielten Befunde in einer solchen umfassenden Konzeption haben.

"But what is learning? Everyone is familiar with it, but it is difficult to define. It is normally a relatively permanent change that occurs when, as a result of experience, you become able to do it better. You can learn facts such as a person's name, general concepts and principles such as the theory of relativity, and habits and skills such as driving. Learning also occurs in various regimes. You can learn how to open a lock as a result of trial and error; you can learn how to use a word processor as a result of following instructions; you can learn how to ski by imitating your instructor.
Once you have some internal model of what ought to happen, you can learn by practising the skill until your performance converges on the desired model. You begin by paying attention to what you are trying to do, but as you grow more practised, you need to moni-

tor only the trickier parts of performance. Many skills become so automatic that you can perform them without conscious attention at all. As the philosopher Alfred North Whitehead wrote:
It is a profoundly erroneous truism ... that we should cultivate the habit of thinking what we are doing. The precise opposite is the case. Civilization advances by extending the number of important operations which we can perform without thinking about them.
What automatic performance shows is that the brain can do different things in parallel: one part is devoted to the skill whilst another part mediates conscious experience."
(*Johnson-Laird* 1988, 129f)

Die Auffassung, daß der Gesamteffekt des Lernens von der Art des Zuschnitts kompletter Tätigkeiten abhängt, bricht mit der Illusion, man könne eine Teilaktivität, z.B. das Verstehen eines Wortes, die Anwendung einer Regel, eine Einstellung oder ein Motiv, *unter speziellen Bedingungen ganz für sich lernen, ohne daß dabei der ganze psychische Apparat mit einbezogen wäre.* Andererseits scheint es für den Lehrer schwer zu sein, die Gesamtaktivität im Blick zu haben, wenn die Verbesserung einer Teilaktivität angestrebt wird, indem er z.B. beim Vokabellernen zugleich daran denkt, daß auch Einstellungen, Selbstregulierungen u.a.m. gelernt werden.

Ein Blick auf *selbständiges Lernen* zeigt, daß es immer nur um die jeweilige Gesamtaktivität geht, sei es beim Lernen des Fahrradfahrens, beim Verschlingen eines neuen Buches oder beim Lernen des Umgangs mit einem neuen Gerät, z.B. dem Computer: *der Lernende reguliert seine Gesamtaktivität durch ein bestimmtes Interesse*, denkt aber keinen Augenblick daran, was er dabei im einzelnen an Fertigkeiten trainiert oder an Einsichten gewinnt. Statt dessen setzt er sich Ziele, spekuliert er über ihrer Erreichbarkeit, malt er sich aus, was er machen will, testet er, ob er Lust dazu hat, antizipiert er seine Positionen und Einstellungen, kurz: *er instrumentiert seine kompletten Tätigkeiten.* Entsprechendes gilt für die Ausführung: In welcher Weise auch immer ein Kind das Fahrrad in die Hand nimmt: wenn es fahren lernen will, ist es mit all seinen Sinnen beim Aufsteigen, beim Bremsen etc., es intendiert diffus zu fahren, ist mehr oder weniger erregt, versucht etwas, korrigiert sich etc. Man muß sich nur ernsthaft mit Kindern über ihre jeweiligen Aktivitäten unterhalten, dann erfährt man eine Menge über ihre Gefühle, ihre Ziele, die Stärke ihres Willens, ihre wirklichen oder eingebildeten Schwierigkeiten. Wir wissen es auch von unserem eigenen Lernen: welcher Student schlägt erst einmal das Buch auf und wartet dann auf eine externe Verstärkung oder sucht sich einen anderen Studenten, um durch dessen Beobachtung zu lernen? Jeder Student organisiert, zumindest zeitweise, seine Tätigkeiten so, daß möglichst viel dabei herauskommt, z.B. eine gut bewertete Hausarbeit.

Und beim selbständigen Lernen kommen dann auch *alle Möglichkeiten der Tätigkeitsregulierung* von selbst ins Spiel, ohne daß man sich dessen bewußt ist. Natürlich wird die gerade zum erstenmal versuchte Vollbremsung des Fahrrades mit Begeisterung *wiederholt*. Natürlich *modifiziert* man bereits beherrschte Tätigkeiten, häufig allerdings viel zu früh und viel zu oft. Natürlich *gliedert man eine gerade neu gelernte Tätigkeit in eine komplexere Tätigkeit* ein, die Vollbremsung z.B. in riskante Fahrradspiele mit anderen. Natürlich *gliedert man Tätigkeiten, die noch nicht automatisch funktionieren, aus*, z.B. das Buchstabieren eines Fremdwortes, ehe man weitermacht. Und natürlich *strukturiert der selbständig Lernende seine Tätigkeiten auch um*, indem er z.B. die Reihenfolge anders regelt, den Rhythmus verändert, eine andere Einstellung bezieht, die Zielstruktur weiter ausbaut, die Motivation anders zusammensetzt etc. Das kann spielerisch geschehen oder mit der erklärten Zielsetzung eines Profis, sein Können zu verbessern.

Selbständiges Lernen ist danach zuallererst *Tätigkeitsregulation*. Der Lernende setzt die Regularien ein, über die er schon verfügt, z.B. senso-motorische Koordinationen von Wahrnehmung und Greifen beim Fangen eines Balles oder einen Algorithmus von alternativen Aktivitäten beim Beschaffen wissenschaftlicher Literatur. Er bildet aber auch neue Regularien im Bereich der schon bekannten Regularien, z.B. die Wahl eines kräftesparenden Winkels bei der Führung einer Schaufel oder eine Organisation der Ablage von Vorgängen, die Zeit und Kraft spart; andererseits faßt er Teilregularien zusammen in übergeordnete Regularien, z.B. in die Regel, bei der Gartenarbeit die unvermeidlichen Wege zum Holen von Gerät etc. möglichst für mehreres zu nutzen, oder die Regel, Tag für Tag die Arbeit so zu verteilen, daß die schwere Arbeit in den Zeiten getan wird, in denen die größte Energie zur Verfügung steht. So ist das selbständige Lernen nicht nur Regulation von Tätigkeiten durch bekannte Regeln, sondern zugleich auch *Lernen von Systemen der Tätigkeitsregulation mit immer höherer Ordnung*. Wenn man der Auffassung ist, daß das neuro-psychische System von Anfang an selbstreguliert ist und Lernen in erster Linie darin besteht, die Selbstregulation zu verbessern, dann ist die *Tätigkeitsregulation sogar der primäre Bereich des Lernens*. Diese Auffassung stützt sich auf die Annahme, daß *die jeweils obersten bewußten Aktivitäten in der komplexen Tätigkeit Selbstregularien sind*. *Piaget* und *Johnson-Laird* stimmen darin überein, der eine, weil es ihm um die Grundmechanismen der Intelligenzentwicklung geht, und der andere, weil es ihm um die Grundmechanismen der menschlichen Informationsverarbeitung geht. Wahrscheinlich kommt Intelligenzentwicklung durch menschliche Informationsverarbeitung zustande (**M3 u. 6**).

"... die automatischen Regulierungen haben nicht ohne weiteres eine Bewußtwerdung zur Folge, während die aktiven Regelungen eine solche auslösen und folglich die Ursache für eine Vorstellung oder Verbegrifflichung der materiellen Aktionen sind. Solche Regulierungen werden einer Lenkung höherer Instanz untergeordnet, was einen Ansatz zu einer Regulierung im zweiten Grad darstellt.
Daraus ergibt sich ein neues Prinzip für die Klassifizierung der Regulierungen in einer hierarchischen Ordnung: einfache Regulierungen, Regulierungen von Regulierungen usw. bis zu den Selbstregulierungen mit Selbst-Organisation, die imstande sind, ihr ursprüngliches Programm durch Differenzierung, Vervielfachung und Koordinierung der zu erreichenden Ziele und durch Integrierung der Untersysteme zu verändern und zu bereichern." (*Piaget* 1976, 28)

"Umgekehrt versteht es sich jedoch von selbst, daß das höhere System jetzt einen Regulator darstellt, der auf die Regulierungen der niedrigeren Stufe eine lenkende Wirkung ausübt. Das gilt für alle Stufen, überall wo eine 'Reflexion' eingreift, stellt diese durch ihre Reflexionsnatur eine Regelung 'über' früher Erworbenes dar: die 'Reflexion' ist somit der Prototyp einer Regulierung von Regulierungen, weil sie selbst ein Regulator ist und das reguliert, was durch die früheren Regulierungen ungenügend reguliert wurde."(*Piaget* 1976, 43)

Demzufolge ist der einzige Regulator, den wir den kognitiven Regulierungen zuschreiben können, ein innerer Regulator. Da ihre Programmierung nicht erblich ist, bleibt (für die Bestimmung des inneren Regulators - J.G.) nur ein Rückgriff auf die gegenseitigen Erhaltungen, die mit dem funktionellen Prozeß der Assimilation verbunden sind. Das hat eine beunruhigende Ähnlichkeit mit einem Zirkelschluß, denn der Zyklus der Interaktionen wäre damit sowohl Ursache als auch Ergebnis der Regulierungen. Doch in jedem biologischen und kognitiven System muß man das Ganze als ursprünglich charakterisieren; es geht nicht aus der Verbindung der Teile hervor, sondern die Teile gehen durch Differenzierung aus ihm hervor. Das Ganze weist deshalb eine Kohäsionskraft, also die Eigenschaft der Selbsterhaltung auf, durch die es sich von den nicht-organischen physikochemischen Ganzheiten unterscheidet." (*Piaget* 1976, 29f.)

"Hence, in general terms, learning is the construction of new programs out of elements of experience. It follows that you cannot learn anything unless you already have some abilities, because programs cannot be constructed out of thin air. The methods of construction themselves must be a special program, or suite of programs, that take experience as input and build or modify programs governing performance. A program that learns may itself have been learned - you can learn to learn, but then that learning would depend on another program, and so on. Ultimately, learning must depend on innate programs that make programs.
Only a small set of procedures needs to be innate before there exists a basis for constructing any possible program. This conclusion follows because only a small number of building blocks are needed to construct a universal Turing machine, i.e. a device that can compute anything that is computable." (*Johnson-Laird* 1988, 133)

Durch gelernte Regularien regelt der Lernende dann selbst die Wiederholung kompletter Tätigkeiten, ihre Modifikation, ihre einfache Komponierung und Dekomponierung und vor allem die innere Strukturierung jeder Tätigkeit. Je komplexer die Tätigkeiten sowohl in ihrer simultanen als auch in ihrer sequentiellen Struktur werden, desto wichtiger wird die innere Strukturierung. Man denke an die Lösung jeder größeren Aufgabe. Solche Tätigkeiten kommen nur zustande, wenn sie als Ganze konzipiert werden. Das kann immer weniger durch die einfache Wiederholung, durch partielle Modifikationen, durch Komponierung und Dekomponierung geschehen, sondern sie müssen mit zunehmender Komplexität zunehmend durch geordnete Systeme von übertragbaren Regularien jeweils neu konstruiert werden. Gelernt werden dabei vor allem neue Kombinationsmöglichkeiten von Regularien. Darin liegt der hohe Lerneffekt komplexer Tätigkeiten.

Wenn *nur durch die Variation des Zuschnitts und der Verbindung von kompletten Tätigkeiten* gelernt werden kann, dann kommt es für den Lehrer darauf an, zu wissen, *welche Variationsmöglichkeiten ihm dafür zu Gebote stehen,* denn nur durch die Anregung zu einer bestimmten Tätigkeit und durch ihre Anschlüsse an vorausgehende und folgende kann er beeinflussen, was gelernt wird. Wenn er Variationsmöglichkeiten im Zuschnitt und in der Abfolge kennt, dann kann er *für das Lernen in jedem Realitätsbereich die geeigneten Varianten wählen und miteinander kombinieren.* Jede Variante einer Tätigkeit oder eines Tätigkeitsanschlusses ist dann zugleich ein *Ansatzpunkt für die Beeinflussung des Lernens*. **In diesem Kapitel** geht es um Verbesserungen ein und derselben Tätigkeit. **In Kapitel 2** wird dann die Nutzung von Lernmöglichkeiten, die durch Dekomposition und Komposition von Tätigkeiten zustandekommen, behandelt, bis hin zu ihrer Kombinatorik in hochkomplexen Tätigkeiten.

(1) Der Gesamtzusammenhang der Aktivitäten in einer kompletten Tätigkeit kann durch ihren wiederholten, möglichst wenig veränderten Vollzug gelernt werden

Sobald eine Tätigkeit erstmals vollzogen worden ist und eine Verbesserung nicht erforderlich ist, kann ihre künftige Aktualisierbarkeit durch wiederholten Vollzug gesichert werden. *Das ist der ganz elementare Tatbestand des Übens* (**M3 u. 6**). - Keine erneute Aktualisierung entspricht aber genau den vorausgehenden Vollzügen. Das gefährdet wahrscheinlich nicht die Bildung eines stabilen Musters, solange nicht bestimmte Toleranzen überschritten werden, ja, es erweitert sogar den Spielraum der erneuten Aktualisierbarkeit um Zonen mit geringerer, aber für besondere Aktualisierungen doch hinreichender Aktivität. - Auch für komplexe Tätigkeiten wird gelten, *daß anfangs eine relativ kurze Zeitdistanz zwischen den Wiederholungen liegen sollte, die sich dann schnell vergrößern kann*, was *Ebbinghaus* (1971) für das Memorieren einzelner Silben genau berechnet hat, jeder aber aus eigenen Erfahrungen mit dem Schwimmen ebenso wie mit dem Schreiben von Briefen etc. bestätigen kann. Man wird für komplexe Tätigkeiten aber keine genauen Zahlen ermitteln können, weil für die verschiedenen Komponenten die Wiederholungsraten wegen ihrer Teilhabe an anderen Tätigkeiten sehr verschieden sind. Bei komplexen Tätigkeiten ist die Wiederholungshäufigkeit schon während der Prozedur, die für das erste Gelingen erforderlich ist, in jedem Fall beträchtlich. - Die Wiederholung allein tut es aber keineswegs, sondern es kommt alles darauf an, daß auch im Wiederholungsfalle ein Höchstmaß an Aktivität mobilisiert wird. Das kommt nicht nur dem jeweils intendierten Zusammenhang zugute, sondern dem gesamten Format, in dem er ausgeführt wird, seiner Emotionalität, seiner reflexiven Kontrolle, seiner Integration in das Selbstkonzept, kurz: der gesamten Ausstattung einer Tätigkeit (vgl. hierzu *Palm* 1990).

Gelernt wird nämlich auch in der einfachen Wiederholung die *Gesamtheit der simultan und sequentiell vollzogenen Aktivitäten*. Bei einer einfachen Schwimmbewegung wird viel mehr gelernt als eine senso-motorische Koordination. Was zusätzlich dazu simultan gelernt wird, hat oft viel größere Übertragungsmöglichkeiten als die intendierte und die beobachtbare Aktivität. - So besteht u.a. jede Gesamtaktivität aus einem *doppelten Prozessieren*, einem *zugrundeliegenden Prozeß*, z.B. dem Niederschreiben eines Satzes, und einem *reflexiven Prozeß*, z.B. der simultanen Kontrolle des Niederschreibens (exekutive Kontrolle) im Blick auf die Zeichenwahl, den gemeinten Sinn, die Wortwahl, die Grammatik, die Verstehbarkeit für andere und die situative Angemessenheit. - Beide Formen des Prozessierens, das zugrundeliegende wie auch das reflexive, bestehen wiederum aus zweierlei, nämlich aus einem *Operieren und aus einem zuständlich fixierten Sachverhalt*, an dem operiert wird. So wird z.B. das Einschlagen eines Nagels von Zeit zu Zeit fixiert für die reflexive Kontrolle des zum Gegenstand gemachten Prozesses, oder die Konstruktion einer unbekannten Straßenverbindung im inneren Bild einer Stadt (cognitive map) wird reflexiv mehrfach daraufhin kontrolliert, ob eine angenommene Verbindung stimmen kann. - An der kompletten Tätigkeit sind Aktivitäten in allen Graden der Bewußtheit beteiligt, von *voll automatisierten, kaum bewußten, reflexhaften bis zu den erstmalig vollzogenen, voll bewußten und selbstgesteuerten*, z.B. beim Niederschreiben eines Satzes das voll bewußte innere Sprechen, während alles andere, sowohl in der Senso-Motorik des Schreibens als auch in der Kontrolle des Schreibens, automatisch verläuft. Das volle Bewußtsein beschränkt sich im ständigen Fluß der Aktivitäten auf die für den Fortgang der Tätigkeiten wichtigsten Stellen, z.B. auf das jeweils folgende Wort, auf einen Schreibfehler, eine unpassende Wortwahl oder eine Unstimmigkeit im ganzen Satzsinn. - Aus der Ganzheit der Tätigkeit ergibt sich so für das *Lernen in ein und derselben durch Wiederholung stabilisierten Tätigkeit*:

- Gelernt werden können *nur* die Aktivitäten, die in ihr auftreten.
- Gelernt werden können *alle* Aktivitäten, die gleichzeitig und sequentiell in ihr auftreten.
- Soll *eine Tätigkeit als Ganze* gelernt werden, dann muß sie auch als Ganze befriedigen und so lange wiederholt werden, bis sie als einzelne und im Verbund mit anderen Tätigkeiten jederzeit vollzogen werden kann. Sie muß dann als komplettes Muster vollzogen und stabilisiert werden. Dazu ist erforderlich:
1. Die ganze Tätigkeit muß möglichst *schon beim ersten Mal in der Form vollzogen werden, in der sie gelernt werden soll*. Bei einer zu starken Veränderung oder gar mehrfachen Veränderungen während des wiederholten Vollzugs brechen die schon begonnenen Stabilisierungen eines Musters wieder zusammen. Das vorausgehende Lernen war dann zumindest umsonst oder stört sogar den nachfolgenden Prozeß, wenn die Stabilisierung schon weit fortgeschritten war.
2. *Verändert werden kann aber bei den Wiederholungen die Schnelligkeit des Vollzugs*. Beginnt man mit einem bewußten Vollzug, der so langsam ist, daß er bewältigt werden kann, z.B. beim erstmaligen Einlegen des ersten Ganges in der Fahrschule, dann kann das Tempo mit dem Fortschreiten der Stabilisierung und der damit verbundenen Automatisierung gesteigert werden. Eine Verlangsamung sollte allerdings ebenso wie die Beschleunigung die Qualitäten des Vollzugs selbst möglichst wenig beeinträchtigen. Daher ist die Verlangsamung durch den Lehrer ebenso wichtig wie wohldosierte Forderungen, zu beschleunigen.
3. Bei der Wiederholung kann eine *Gewöhnung, d.h. zunehmende Ignorierung unzugehöriger Informationen*, stattfinden, z.B. die Gewöhnung an einen Lärmpegel. Durch die Automatisierung der Ausschaltung irrelevanter Information wird diejenige Informationsverarbeitung, die Aufmerksamkeit erfordert, entlastet.
4. Bei der Wiederholung kann auch eine *Toleranz für Variationen in den für die Tätigkeit relevanten Bereichen* stattfinden, z.B. Einbeziehung einer Funktionstaste auf der Computer-Tastatur in das Zehnfingersystem.

5. Wenn *eine Tätigkeit von Anfang an oder nach wenigen Vollzügen gleichzeitig mit anderen und in einer Folge mit anderen*, z.B. der Anschlag für "a" auf der Schreibmaschine zugleich mit einem Wort- und Satzsinn und in der Zeichenfolge von "als", vollzogen wird, dann kann sie von Anfang an oder sehr bald zugleich mit anderen Teiltätigkeiten in einer Gesamttätigkeit gelernt werden. Mindert dies aber ihre Qualität und nicht nur ihr Tempo, dann muß sie allein trainiert werden. Auf diese Weise können sich ganzheitliches und analytisches Vorgehen so ergänzen, daß die Stabilisierung einer qualitativ gleichbleibenden Teiltätigkeit im Verbund mit anderen gelernt wird.

6. *Beim Lernen im Verbund mit anderen Tätigkeiten* wird die gesamte Teiltätigkeit nicht nur wiederholt, sondern *werden auch die für sie spezifischen Verbindungen mit anderen Teiltätigkeiten* hergestellt und wiederum durch Wiederholung gefestigt. Daraus resultiert dann das Maß ihrer Brauchbarkeit, d.h. die Sicherheit und Schnelligkeit ihrer Aktualisierung in solchen Verbindungen.

- Dies alles gilt für komplette Tätigkeiten jeder simultanen und sequentiellen Komplexität. *Es können* deshalb *auch sehr umfangreiche Tätigkeiten durch ihren vollständigen und wiederholten Vollzug gelernt werden*, z.B. eine umfangreiche Tanzfigur durch einen versierten Tänzer oder ein Procedere bei Verhandlungen zwischen zwei Politikern oder das Dirigieren einer Symphonie ohne Partitur. Das gelingt aber nur, wenn diese Tätigkeit schon in solchem Maße bekannt ist, daß das Neuartige bereits beim erstenmal oder sehr bald bewältigt werden kann. Anderenfalls müssen bis dahin noch nicht gelernte Teiltätigkeiten gesondert gelernt werden.
- *Je stärker eine neue komplexe Tätigkeit von den bereits gelernten Tätigkeiten abweicht, desto weniger eignet sie sich dazu, als ganze gelernt zu werden*, z.B. ein mathematisches Beweisverfahren durch einen Arzt oder die Diagnose einer bestimmten Krankheit durch einen Mathematiker. Es ist dann nämlich nicht möglich, die gesamte Tätigkeit möglichst schon beim ersten Mal so zu vollziehen, daß sie nur durch Wiederholung stabilisiert werden muß.
- Der Vorteil, daß eine komplette Tätigkeit als Ganze gelernt wird, hat zugleich den *Nachteil, daß sie nur als Gesamttätigkeit und nur mit relativ geringen Toleranzen für Abweichungen gelernt wird*. Würde nur auf diese Weise gelernt, dann führte dies zu einem festen Bestand an Tätigkeiten, aus dem jeweils eine Tätigkeit gewählt werden müßte. Ein solches Lernen ergibt eine große Handlungssicherheit, wie sie bei vielen häuslichen und beruflichen Tätigkeiten beobachtet werden kann. Diese Sicherheit steht der Zuverlässigkeit angeborener Reflexe kaum nach. Sie wird zwar nicht durch einen bestimmten Reiz determiniert, besitzt aber durch Toleranzen eine hohe Adaptivität und wird u.U. lebenslang so stabilisiert, daß das Repertoire der Tätigkeiten im hohen Alter nur noch aus solchen Aktivitäten besteht. Ein solches Lernen führt aber auch zu einer Rigidität, die die Anpassung an neue Verhältnisse ausschließt, sobald sie nicht durch das Repertoire der gelernten Tätigkeiten geleistet werden kann. Auch darin entspricht sie einem überwiegend genetisch determinierten und nicht durch Interaktion mit Welt und Selbst gelernten Verhalten, das wir bei den Tieren gewöhnlich dem "Instinkt" zuschreiben. Es kann keine Frage sein, daß wir einen großen Teil unseres alltäglichen Lebens durch Tätigkeiten bestreiten, die nicht

verbessert werden müssen, nur geringe Toleranzen besitzen und sehr zuverlässig funktionieren, z.B. das Gehen auf Treppen. Sie können auf diese Weise gelernt worden sein, daß sie von Anfang an als Ganze vollzogen worden sind, z.B. das Ein- und Ausschalten eines Lichtschalters, das Öffnen und Schließen einer Schublade. Auch verhältnismäßig einfache Tätigkeiten sind aber häufig nicht auf diese Weise, sondern in einem komplizierteren Prozeß gelernt worden, z.B. das Zubinden von Schuhen, das Fahrradfahren oder das Lenken eines Autos, das Telefonieren, das Einkaufen etc.

- Das Lernen kompletter Tätigkeiten durch ihren vollständigen Vollzug von Anfang an verdeckt, daß dem erstmaligen Vollzug immer schon Tätigkeiten vorausgegangen sind, bis hin zu den angeborenen spontanen und reagierenden Aktivitäten, aus deren Modifikation und Verbindung alle Tätigkeiten entstehen. Daher kann man von dieser Art des Lernens nur und immer dann sprechen, *wenn der jeweilige Entwicklungsstand den kompletten Vollzug schon beim erstenmal erlaubt.*

- Das Lernen von Gesamttätigkeiten auf jedem Niveau ist nur dann sinnvoll, *wenn sie als ganze genügend oft wiederholt werden können*. Das aber ist umso zeitaufwendiger, je umfangreicher die Zeitdauer einer Tätigkeit ist. Die Gelegenheiten zur Wiederholung werden dann auch in der Regel immer seltener. Außerdem nimmt der Bedarf an Tätigkeiten entsprechend zu ihrer Komplexität und ihrem Zeitbedarf ab. Aus diesen Gründen wird diese Art des Lernens mit zunehmendem Umfang der Tätigkeit unökonomisch. Dann muß anders gelernt werden (s. **Abschnitt 3f.**).

- Diese Form des Lernens hat vor allem ihren Ort in der familiären und anderweitigen außerschulischen Sozialisation und dem dort stattfindenden Unterricht, aber auch im selbständigen Lernen und in Berufen mit stark standardisierten Vorgängen. Auch im Schulunterricht wird in einem kaum zu überschätzenden Maße durch Wiederholung von Teiltätigkeiten gelernt. Aber der Schulunterricht ist, je weiter er fortschreitet, desto weniger für diese Art des Lernens geeignet, insbesondere weil sie zuviel Zeit kostet, weil für große Einheiten der Zeitrahmen der Unterrichtsstunde zu eng ist und weil bei dieser Art des Lernens die individuellen Unterschiede des Lernfortschritts in einer Lerngruppe nivelliert werden.

Es wird sich zeigen, daß die Ganzheitlichkeit komplexer Tätigkeiten nicht nur für den kompletten Vollzug der angestrebten Tätigkeit von Anfang an, sondern auch für alle anderen Formen des Lernens maßgeblich ist. Man kann sie in unterschiedlicher Weise nutzen, wenn man die Lernmöglichkeiten des Menschen nicht brachliegen lassen will. Für die in **diesem Abschnitt** behandelte Form des Lernens aber gilt: Die außerordentliche Fähigkeit des Menschen, *immer neue hochkomplexe Tätigkeiten erstmalig zu vollziehen und dann zu stabilisieren,* ist durch nichts anderes begrenzt als durch die Kombinationsmöglichkeiten für simultane und sequentielle Aktivitäten, die es im gesamten Möglichkeitsraum des Lernens für die jeweilige Gesamtaktivität gibt, wie er **im vorausgehenden Kapitel** umrissen worden ist, und die Schwierigkeit, hochkomplexe Tätigkeiten durch Wiederholung zu stabilisieren.

Diese Form des Lernens hat ihren Ort in der familiären und sonstigen außerschulischen Sozialisation und dem dort stattfindenden Unterricht, aber auch im selbständigen Lernen und in Berufen mit stark standardisierten Vorgängen. Auch im Schulunterricht wird in einem kaum zu überschätzenden Maße durch Wiederholung von Teiltätigkeiten gelernt. Aber der Schulunterricht ist, je weiter er fortschreitet, desto weniger für diese Art des Lernens geeignet, insbesondere weil sie zuviel Zeit kostet, weil für große Einheiten der Zeitrahmen der Unterrichtsstunde zu eng ist und weil bei dieser Art des Lernens die individuellen Unterschiede des Lernfortschritts in einer Lerngruppe nivelliert werden.

(2) Eine aktualisierbare Tätigkeit kann durch Veränderungen in denjenigen Dimensionen, in denen es Variationsmöglichkeiten gibt, modifiziert werden

Eine erste Form, die Ganzheit der Tätigkeit durch Variation zu ändern, besteht darin, daß *eine schon beherrschte Tätigkeit in einzelnen Dimensionen der Aktivität modifiziert* wird. Das ist auf die Weise möglich, daß *entweder autonom eine Anpassung an andere Gegebenheiten vollzogen wird* ("quasi-automatische Regulierungen", *Piaget* 1976, 28) *oder durch bewußte Selbstregulierung* ("aktive Regelung", *Piaget* ebd.) *die Veränderung vorgenommen wird, oder aber durch beides zugleich* (**M3 u. 6**). Dies spielt sich z.B. ab: beim Wechsel auf ein neues Auto, beim Lernen neuer Schriftzeichen oder Computerbefehle, bei der Veränderung eines Begriffs bei seinem Gebrauch (*Grzesik* 1992², 68f.), bei der Beschleunigung einer Tätigkeit, beim Lesen eines handgeschriebenen Textes, beim Einkauf in einem neuen Ferienort, bei der Auswertung eines neuen wissenschaftlichen Textes (noch unbekannte Versuchsanordnung, unbekannte Zeichen, neue Termini etc. bei sonst geläufiger Form der hochautomatisierten Erarbeitung des Textsinns). Wenn die autonome Anpassung an ein neues Auto nicht an jeder Stelle gelingt, weil es z.B. eine andere Wischerbedienung gibt, muß neu gelernt werden, beim Wischer entweder durch Versuch und Irrtum oder mit der Hilfe einer Bedienungsanweisung. Dann werden entweder Lücken im Aktionsschema geschlossen, wenn eine bestimmte Regulierung dafür vorhanden ist (positive Reaktion), oder es werden fehlerhafte Bestandteile im Aktionsschema getilgt (negative Reaktion) oder interagieren negative und positive Reaktion zusammen, z.B. bei einer Verbesserung.

> "Die Lücke wird (...) eine Störung, wenn es sich um einen nicht vorhandenen Gegenstand oder die Bedingungen einer Situation handelt, die notwendig wären, um eine Aktion durchzuführen, oder etwa um das Fehlen einer Kenntnis, die unentbehrlich wäre, um ein Problem zu lösen. Die Lücke als Störung ist somit immer von einem bereits aktivierten Assimilationsschema abhängig, und der entsprechende Regulierungstyp enthält dann ein positives Feedback, das die assimilierte Tätigkeit dieses Schemas weiterführt." (*Piaget* 1976, 26)

> "Das negative Feedback besteht, wie sein Name schon zum Ausdruck bringt, in einer Korrektur durch Unterdrückung, ob Hindernisse beseitigt oder Schemata verändert werden müssen, indem eine Bewegung zugunsten einer anderen ausgeschaltet wird, indem ihre Kraft und ihre Ausdehnung vermindert werden usw." (*Piaget* 1976, 31)

Die Modifikation einer Tätigkeit besteht aber nicht nur aus Veränderungen in Gestalt und Ausfüllung von Lücken und der Korrektur von einzelnen Aktivitäten, sondern auch aus Wiederholungen. Nach *Piaget* bilden diese drei Vorgänge zusammen den "Mecha-

Unterrichtspraktische Aspekte 161

nismus" der Anpassung eines Assimilationsschemas (Akkomodation). Sie sind für ihn nichts weniger als der allgemeine Regulator der Entwicklung, der zu einem "konstruktiven Fortschritt" (*Piaget* 1976, 32) führt.

"Von ihrem Mechanismus her bringt jede Regulierung zwei entgegengesetzt gerichtete Prozesse ins Spiel: Der eine ist retroaktiv, er führt vom Ergebnis einer Aktion zu ihrer Wiederholung, und der andere proaktiv, er führt zu einer Korrektur oder zu einer Verstärkung (sachgerechter: Vervollständigung der assimilierenden Tätigkeit - J.G.)." (*Piaget* 1976, 31)

Beim Vollzug einer Tätigkeit fehlt etwas (ein passendes Wort, ein Werkzeug) und muß hinzugefügt werden, es läuft etwas nicht wie gewünscht und muß rückgängig gemacht und in veränderter Form vollzogen werden. Stets geht es darum, eine komplette Tätigkeit nicht nur zu wiederholen, sondern in partiell veränderter Form zu wiederholen. Das geschieht tagtäglich in ungezählt vielen, kaum bemerkten Fällen, wird aber häufig auch bewußt vollzogen, z.B. beim Verschreiben oder beim Verwechseln zweier Handgriffe. *Im Fluß der Tätigkeit treten unkontrolliert unpassende Automatismen auf, was dazu zwingt, die Tätigkeit nachzuregulieren. Dieses Nachregulieren kann aber auch bewußt zur Verbesserung von Tätigkeiten eingesetzt werden*, z.B. beim Trainieren einer Sportart oder beim Üben eines Musikstückes, aber auch beim Schreiben eines Textes. Eine so verstandene Modifikation kann als eine Bearbeitung einer Gesamttätigkeit verstanden werden. Folgen mehrere Bearbeitungen aufeinander, dann wird daraus ein dynamischer Prozeß, in dem eine Gesamttätigkeit wie eine Plastik aus einer ersten groben Form herausgearbeitet wird. Besonders gut läßt sich das bei kleinen Kindern und bei Meisterschülern beobachten. Es ist aber eine generelle Möglichkeit des Lernens, die in bestimmten Fällen günstig ist.

Im Rahmen der gesamten menschlichen Informationsverarbeitung scheinen für den Fall der partiellen Veränderung einer kompletten Tätigkeit durch Modifikation die folgenden Möglichkeiten des Lernens zu bestehen:
- *Liegt die Veränderung innerhalb der Toleranzen des schon stabilisierten Musters einer Tätigkeit, dann kann sich bei entsprechender Häufigkeit ihrer Wiederholung eine Veränderung des Musters autonom und in einem fließenden Prozeß einstellen, ohne daß das erste Muster zusammenbricht.* Die Veränderung vollzieht sich dann unmerklich, weil sich die Differenz nur bei relativ langfristigem reflexivem Vergleich zeigt, falls sie überhaupt erkennbar ist. Hierhin gehören wahrscheinlich alle *nichtintendierten Lernprozesse in einer veränderten Umgebung*. Zur Umgebung gehören alle sensorisch-motorisch zugänglichen Bereiche, nicht nur die dinglichen, sondern auch die sozialen, nicht nur die originären, sondern auch die medial vermittelten. Auf diese Weise wirken sich die ständige Umgebung des Kulturkreises, der historische Stand einer Kultur, das Milieu, das Elternhaus, der Freundeskreis, die Art der Schule, kurz alles, was in der Umgebung *häufig oder sogar mit bestimmter Regelmäßigkeit* wahrgenommen wird, aus. Zu der veränderten Umgebung muß aber zugleich *ein positiver Nettogewinn in der Bilanz von Gratifikation und Sanktion* für die Anpassung treten, damit sich der Organismus die von ihm vollzogene Anpassung auch merkt. In der Regel sorgt die Umgebung auch für diesen Effekt durch externe

Verstärkungen, z.B. durch die Berechtigung zur Teilnahme an sozialen Beziehungen, durch Anerkennung, Liebe, Berufserfolg etc. Das Ausmaß dieses Lernens kann kaum überschätzt werden, weil es bei jeder Tätigkeit vielfältig stattfinden kann, weil dazu keine besonderen erzieherischen Maßnahmen erforderlich sind und weil von ihm das Existieren in der veränderten Umgebung abhängt. Diese Veränderungen gehen ohne merkbare Anstrengung vonstatten, solange ihr Ausmaß für den jeweiligen Menschen nicht zu groß ist. Bei größeren Veränderungen, schon bei einer Reise in ein unbekanntes Gebiet, ist aber die Anstrengung deutlich spürbar bis zu extremen Belastungen bei starken Veränderungen der Umgebung, z.B. beim Wechsel auf einen anderen Arbeitsplatz oder beim Wechsel des politischen und wirtschaftlichen Systems. Diese Art der Modifikation findet natürlich auch im Schulunterricht selbst statt. Sie ereignet sich dort in den Tätigkeiten, die "neben" dem Unterricht stattfinden, in Pausen, Wartezeiten auf einen Aufruf, bei Nebenbeschäftigungen aller Art, mit denen ein sehr großer Teil der Unterrichtsstunden angefüllt ist. In der sogenannten "aktiven Lernzeit", die für die Lösung von Lernaufgaben verwendet wird, tritt sie aber nur in denjenigen Aktivitäten auf, die der absichtlichen Gestaltung von Tätigkeiten untergeordnet sind.

- Die Veränderung kann auch durch *bewußte Modifikation einer Tätigkeit* erfolgen. Dann konzentriert sich die Aufmerksamkeit während des Vollzugs der Gesamttätigkeit auf die zu verändernde Aktivität, z.B. auf die folgenden Einstellungsänderungen beim Autofahren: fahre kontrolliert statt automatisch, rücksichtsvoll statt aggressiv, zügig statt träumend. Eine solche Modifikation kann *von außen angeregt werden, z.B. von einem Mitfahrer, oder selbstinduziert sein, kommt aber häufig durch das Zusammenspiel beider zustande.*
- Von außen kann man die bewußte Veränderung einer Tätigkeit des anderen nur dadurch anregen, *daß man externe Bedingungen der Tätigkeit ändert, daß man eine veränderte Tätigkeit vormacht oder eine Information für die Selbstregulierung gibt oder mehrere dieser Möglichkeiten zugleich* nutzt. Letzteres geschieht z.B., wenn für die Behebung einer Reifenpanne ein freundlicher Helfer einen neuartigen Wagenheber benutzt, wenn er die Handhabung vormacht und gleichzeitig verbal erläutert, was dabei zu beachten ist (Information für die Selbstregulierung). Jede der drei von außen gegebenen Informationen führt aber nur dann zu einer Veränderung, wenn sie umgesetzt wird in eine *Selbstregulierung* und diese Umsetzung auch gelingt. Die Selbstregulierung muß alle drei Formen der Information so verarbeiten, daß eine Modifikation der Tätigkeit zustandekommt. Dafür können u.U. die drei Informationen zusammen für den Betreffenden schon viel zu komplex sein, kann ihre Verarbeitung an ihrer Ungenauigkeit scheitern oder aber auch an ihrer Unzweckmäßigkeit für den Modifikationsprozeß. Entscheidend für den Effekt solcher Anregungen sind die Verarbeitungsmöglichkeiten des Lernenden. Sobald nicht nur eine autonome Verarbeitung von Umgebungsinformationen stattfindet, tritt das Problem auf, welche Information der Lehrende auswählt und wie der Lernende sie verarbeitet.

Unterrichtspraktische Aspekte 163

- *Die Art der Information muß abgestellt sein auf den Teil der Tätigkeit, der verändert werden soll.* Sollen z.B. die Konsequenzen einer Tätigkeit als stellvertretende Verstärkung fungieren (*Bandura* 1979), dann muß glaubhaft über sie informiert werden. Soll die Schnelligkeit oder Geschicklichkeit eines senso-motorischen Prozesses erhöht werden, dann müssen Informationen für diesen Prozeß aus einem modellierten Prozeß ablesbar sein oder verbal vermittelt werden. Geht es um eine umsichtige Planung, dann muß darüber kommuniziert werden.
- *Für die selbstinduzierte Veränderung gilt Entsprechendes,* nur daß der Lernende hier von sich aus derartige Informationen finden muß, z.B. aus der Differenz zu einem selbstgesetzten Ziel, durch Vergleich mit anderen oder durch Ausprobieren von Veränderungsmöglichkeiten. An die Stelle des Außenverhältnisses der erzieherischen Beeinflussung tritt dann das Innenverhältnis der Selbsterziehung.

Durch alle diese Möglichkeiten kann eine Tätigkeit Zug um Zug verändert werden. Die Reihenfolge der Veränderungen ist dabei von großer Bedeutung, weil jede Veränderung einen Eingriff in den Gesamtzusammenhang der Tätigkeit darstellt. Die Zusammenhänge sind beim Training eines Leistungssportlers andere als im Meisterkurs eines Pianisten, bei der Verbesserung eines mathematischen Lösungsverfahrens andere als bei der Überarbeitung einer betriebswirtschaftlichen Bilanz.

Die kontinuierliche Umgestaltung ein und derselben Tätigkeit, z.B. des Spielens einer Tonleiter auf der Geige oder der Addition von Brüchen, ist einerseits *zeitsparend*, weil ja nur bestimmte variable Eigenschaften einer Tätigkeit verändert werden müssen. Sie ist andererseits *zeitraubend*, weil für jede einzelne oder einige wenige Veränderungen wieder die gesamte Tätigkeit vollzogen werden muß. Dieses Lernen ist deshalb *geeignet für Tätigkeiten von relativ kurzer Dauer, die man entweder nicht mehr in sukzessive Teiltätigkeiten auflösen kann oder deren Auflösung für die gesamte Tätigkeit nachteilig wäre.* Das gilt nicht nur für den senso-motorischen Bereich (Fertigkeiten), sondern auch für geistige Operationen, wie die Berechnung des Rauminhaltes eines Zylinders oder die Herstellung der Beziehung zwischen Wortsinn und übertragenem Sinn in einem metaphorischen Ausdruck. Für die Stabilisierung der gesamten Tätigkeit kann dann ein *Verlaufsschema* zur Hilfe genommen werden, z.B. das von *Wertheimer* angeführte Verlaufsschema für die Rückführung der Berechnung des Flächeninhalts des Parallelogramms auf die des Rechtecks: "Füge das auf der einen Seite weggenommene rechtwinklige Dreieck auf der anderen Seite hinzu und berechne dann den Flächeninhalt des entstandenen Rechtecks!" (*Wertheimer* 1964[2]) - Für hochkomplexe Tätigkeiten eignet es sich nur, wenn Verbesserungen eben dieser Tätigkeit erzielt werden sollen.

Stets geht es darum, *eine* solche *Tätigkeit in wiederholten Vollzügen in mehreren veränderbaren Dimensionen als ganze zu optimieren.* Man kann dies bildhaft als einen Gestaltungsprozeß ansehen, durch den die Gestalt der Tätigkeit allmählich verändert wird. Als veränderbare Dimensionen der Tätigkeit lassen sich u.a. unterscheiden:
- *Zeitdimension* (Schnelligkeit, Häufigkeit, Dauer, Takt, Rhythmus, Beschleunigung, Verlangsamung u.a.m.)

164   Modifikation von Tätigkeiten durch Nutzung von Variationsmöglichkeiten

- *Stärkedimension* (Intensität, stärkerer oder geringerer Krafteinsatz, Lautstärke der gesprochenen Sprache, Stärke einer Emotion u.a.m.)
- *Prägnanzdimension* (Klarheit, Genauigkeit, Schärfe u.a.m.)
- *Reihenfolgedimension* (ökonomische Ordnung der Teilschritte, z.B. eine Reihenfolge von Griffen oder die günstigste Reihenfolge von Rechenoperationen, Steigerung, Abschwächung, Zuspitzung)
- *Simultanitätsdimension* (z.B. Abstimmung zwischen Sinn und Ausdruck beim Vorlesen eines Verses, Koordination von Körperbewegungen oder Balance zwischen Ausführung und reflexiver Kontrolle durch ein Schema des Verlaufs)
- *Akzentuierungsdimension* (z.B. Focus des Nachdrucks beim Argumentieren, Zentrum der Aufmerksamkeit)
- *Anstrengungsdimension* (unterschiedliche Dosierung, äußerste Anstrengung, entspannt, locker u.a.m.)
- *Emotionale Dimension* (ernst, heiter, finster u.a.m.)
- *Einstellungsdimension* (verkrampft, gelöst, konzentriert, affirmativ, kritisch u.a.m.)
- *Zieldimension* (nah, weiter, genau, ungefähr, fest, variabel u.a.m.)

Eine vollständige Klassifikation von Dimensionen kann es nicht geben, weil jede Tätigkeit sehr viele und auch spezifische Merkmalsdimensionen besitzt. Für diesen Sachverhalt genügt es, an Kriterien von Preisrichtern zu denken, wie sie für die Beurteilung von Arbeitstätigkeiten oder für die Beurteilung von Schülerleistungen verwendet werden (vgl. dazu **Teil V**). Stets geht es dabei um Merkmalsdimensionen von Tätigkeiten, d.h. Merkmale, in denen Grade unterschieden werden können (**M10**). Die Vielfalt solcher Merkmalsdimensionen verweist auf die Vielfalt der Veränderungsmöglichkeiten einer komplexen Tätigkeit. Entsprechendes gilt für fehlende Teile eines Aktionsschemas, die gar nicht erst aufgelistet werden können.

Die Nachregulierung oder die systematische Veränderung von Dimensionen einer Gesamttätigkeit bilden eine mächtige Möglichkeit des Lernens. Sie eignet sich aber wahrscheinlich am besten für das selbständige Lernen und für das Training einzelner Schüler. Das zeigt sich z.B. beim Leistungssport, beim Lernen eines Instruments oder beim Erwerb handwerklicher Fähigkeiten. Im schulischen Lernen stößt sie an die Grenzen von vorgegebenen Zeiteinheiten, lassen sich Tätigkeiten längerer Dauer nur schwer bei einzelnen oder ganzen Gruppen schulen und gibt es zu wenig Kontinuität für die gezielte allmähliche Umgestaltung. Sie kann dort aber voll genutzt werden für die Optimierung kleinerer Einheiten, z.B. für Verfahren der grammatischen Satzanalyse, für Rechenverfahren, für den Vortrag eines Gedichtes, für die Analyse eines Diagramms u.v.a.m. Besonders wichtig ist sie hier bei neuen, besonders schwierigen Operationen von hoher Abstraktheit. Auch der sorgfältige Gebrauch genauer Termini gehört hierhin. Schon vor einiger Zeit Gelerntes kann durch Nachregulierungen verbessert werden. Durch die Gelegenheit zu Nachregulierungen bei oder gleich nach dem ersten Vollzug und durch die gezielte Ausfüllung von Lücken und Veränderungen in einzelnen Dimensionen kann die Qualität der Gesamttätigkeit beträchtlich gesteigert werden. Es entsteht danach freilich das Problem der Stabilisierung der modifizierten Gesamttätigkeit (s. **Abschnitt 1**).

Kapitel 2:
Durch Dekomposition und Komposition von Tätigkeiten kann der Möglichkeitsraum des Lernens für komplexe Lernprozesse genutzt werden

(1) Die Dekomposition einer Tätigkeit in Teiltätigkeiten erlaubt den gesonderten Vollzug und die gesonderte Veränderung von Teiltätigkeiten

Die *Dekomposition einer Tätigkeit in Teiltätigkeiten* eröffnet weitere, besonders mächtige Möglichkeiten des Lernens: *Teiltätigkeiten können gesondert verbessert werden, und aus unterschiedlichen Teiltätigkeiten kann man "mit einem Schlag" eine neue Gesamttätigkeit kombinieren.* So kann man z.B. beim Lernen des Fahrradfahrens die Handhabung der Bremsenzüge, die Einschaltung des Dynamos oder das Aufpumpen der Reifen, das Auf- und Absteigen, das Bremsen und das Fahren mit einer Hand gesondert verbessern. Andererseits kann man für die Bewältigung einer neuen Situation, z.B. eines erstmaligen Umzugs, einer ungewöhnlichen Reise, einer neuen Arbeitstätigkeit oder eines Buches aus einem neuen Fachgebiet, durch die Kombination schon bekannter Teiltätigkeiten eine noch nie vollzogene Gesamttätigkeit zustandebringen. *Die Dekomponierbarkeit von Gesamttätigkeiten ist dann die Voraussetzung für die Komponierbarkeit neuer Gesamttätigkeiten.* Die Dekomposition hat deshalb eine doppelte Funktion, die der *Trainierbarkeit von Teilfähigkeiten* und die des *Aufbaus neuer Gesamttätigkeiten.* Wie eng beide zusammenhängen, zeigt z.B. die Möglichkeit, daß eine bis dahin unbekannte Teiltätigkeit gesondert gelernt und dann mit anderen bekannten Teiltätigkeiten zu einer neuen Gesamttätigkeit verbunden werden kann, z.B. indem eine Teilsprache einer Fremdsprache (etwa Englisch für Banker) zuerst in einem Intensivkurs gelernt wird, ehe sie auf einer Fachkonferenz zusammen mit vielen anderen Teiltätigkeiten in einer Diskussion verwendet wird.

Die beiden Beispiele für Gesamttätigkeiten, das Fahrradfahren und die Beiträge zu einer Diskussion auf einer Fachkonferenz, mit ihren Teiltätigkeiten, z.B. dem Bremsen bzw. dem Gebrauch einer Fachsprache, zeigen einerseits, *daß eine Unterscheidung zwischen Gesamttätigkeit und Teiltätigkeit prinzipiell möglich ist, und es sieht so aus, als ob diese Differenz bei jeder Tätigkeit auftritt, und zwar sogar mehrfach ineinandergeschachtelt,* z.B. bei einem Kauf, beim Bezahlen und nochmals beim Suchen einer bestimmten Münze. Andererseits scheint es schwer zu sein, diese Differenz zu fassen. Deshalb gilt ihr nun für eine ganze Weile unsere Aufmerksamkeit.

Werfen wir zuerst einen Blick auf ihr Verhältnis zu den bis jetzt unterschiedenen Möglichkeiten des Lernens durch möglichst genaue Wiederholung einer Gesamttätigkeit oder durch die Wiederholung der in einzelnen Dimensionen veränderten Gesamttätigkeit. *Diese beiden Möglichkeiten werden darin überboten, daß bei komplexen Tätigkeiten durch Dekomposition und Komposition entweder statt der gesamten Tätigkeit ökonomisch nur eine Teiltätigkeit gezielt und intensiv verbessert wird oder neue Gesamttätigkeiten jeder Komplexität schon beim ersten Mal durch die Verknüpfung von* bekannten Teiltätigkeiten vollzogen werden können, soweit die erforderlichen Teiltätigkeiten dafür vorhanden sind und ihre Kombination auf Anhieb gelingt. *In beiden Fällen ist für die Veränderung selbst keine Wiederholung der Gesamttätigkeit erforderlich*, wohl aber für die Integration einer Teiltätigkeit und auch zur Stabilisierung einer neu konstruierten Gesamttätigkeit. In beiden Fällen verringern dann aber alle bereits aktualisierbaren Teiltätigkeiten drastisch den Wiederholungsbedarf. Deshalb sind beide Möglichkeiten *viel schneller* als die vorausgehenden. *Der Lerneffekt der Komposition übertrifft den der Dekomposition nochmals in unerhörtem Maße, denn erst sie erlaubt die sofortige Bewältigung vielfältig veränderter Situationen*, soweit das notwendige Repertoire an Teiltätigkeiten und Kombinationsfähigkeiten für sie vorhanden ist. Als Beispiel dafür mag das Schachspiel dienen, bei dem aus einer begrenzten Zahl von Zugmöglichkeiten eine außerordentlich große Zahl von Zugkombinationen hergestellt und behalten werden kann.

Ein Anlaß für die Ausgliederung einer Teiltätigkeit ist ein *Defizit* in einer Gesamttätigkeit (**M3 u. 10**). Wenn es nicht durch erneuten Vollzug der gesamten Tätigkeit (s. **Abschnitt 2**) schnell behoben werden kann, dann kann die defizitäre Teiltätigkeit, z.B. die Aussprache eines Wortes oder ein Rechenschritt, ausgegliedert und gesondert durch Wiederholung und dimensionale Veränderungen geschult werden. Das erleichtert die Konzentration auf die Schwachstelle und ist weniger zeitaufwendig als die Wiederholung der Gesamttätigkeit. Durch den zusätzlichen Prozeß der Rückgliederung in den Gesamtkontext der Tätigkeit kann sich die Verbesserung der Teiltätigkeit auch auf andere Teiltätigkeiten auswirken, die durch das Defizit ebenfalls in Mitleidenschaft gezogen worden waren (Verzögerung, unzweckmäßige Anschlüsse etc.). Der Zusammenhang einer Teiltätigkeit mit anderen muß deshalb bei der Entscheidung über ihre Ausgliederung mitberücksichtigt werden.

Ein anderer Anlaß ist das *Ausbleiben des gesamten Vollzugs* einer Gesamttätigkeit oder die *Vorsorge*, ein solches Versagen zu vermeiden. Wiederum wird ein Defizit, ein tatsächliches oder ein erwartetes, zum Anlaß, zunächst einige Teiltätigkeiten zu schulen und erst dann die Gesamttätigkeit zu vollziehen. Entscheidend ist hier die Frage, welche Teiltätigkeiten man ausgliedert, da für jede Gesamttätigkeit immer schon etliche Teiltätigkeiten beherrscht werden. Soll z.B. eine neue Tätigkeit aus Teiltätigkeiten, die aus unterschiedlichen Bereichen stammen, z.B. für eine Berechnung des wirtschaft-lichen Ertrages eines Kontinentes die Kenntnis der Einwohnerzahl, seiner Fläche und der Form der Bewirtschaftung in zwei historischen Epochen, konstruiert werden, dann kann durch deren Aktualisierung die neue Kombinationsleistung erheblich entlastet werden.

Ausschlaggebend für die Mächtigkeit dieser beiden Möglichkeiten ist das Ausmaß der "Teilbarkeit" von Gesamttätigkeiten. Der Gesamtzusammenhang der jeweiligen menschlichen Aktivität kann natürlich nicht in Teile zerlegt werden wie materielle Gegenstände. Es muß aber *Einheiten* geben, *die soweit unabhängig voneinander sind, daß sie einzeln ausgegliedert und auch auf neue Weise miteinander verknüpft werden können*. So können z.B. die Wörter eines Satzes in vielen anderen Sätzen gebraucht werden, kann ein Argument aus einem Argumentationszusammenhang in einen anderen überwechseln, können wir die Orientierung in einer fremden Stadt aus vielen schon

Unterrichtspraktische Aspekte 167

bekannten Teiltätigkeiten zusammenbauen. Ohne diese Voraussetzung wäre der außerordentlich schnelle Wechsel im Zuschnitt der menschlichen Gesamtaktivitäten nicht möglich. Ich beschäftige mich deshalb in **diesem Abschnitt** zuerst mit dem *Problem und den Möglichkeiten der Dekomposition*, ehe ich mich im **nächsten Abschnitt** der *Komposition* zuwende.

Das *Problem der Dekomposition* von Tätigkeiten in Teiltätigkeiten erstreckt sich von dem einen Extrem der radikalen Elementarisierung bis zum anderen Extrem der Unterscheidung und Sequenzierung von Tätigkeiten mit höchstmöglicher Komplexität. Beim ersten Extrem geht es um die Frage der Auflösbarkeit einer Tätigkeit in kleinste, nicht mehr teilbare Einheiten, und beim anderen Extrem um die Frage des bestmöglichen Zuschnitts und der bestmöglichen Reihenfolge von Tätigkeiten für die Lösung einer hochkomplexen Aufgabe. Diese Spanne reicht von den angeborenen spontanen und reaktiven Aktivitäten, d.h. den urprünglichen Reflexen, bis zu lebenslangen Aufgaben.

Wenden wir uns zuerst dem *Extrem der Elementarisierung* (vgl. **Teil IV, Kap. 4.2**) zu! Die folgende Grenzziehung verhilft uns dazu, *das Extrem der Elementarisierung aus unseren Überlegungen auszuschalten: Von Dekomposition sollte nur im Blick auf nacheinander vollziehbare Einheiten* gesprochen werden und nicht im Blick auf alle gleichzeitig auftretenden Merkmale einer Aktivität, weil sich im Blick auf eine Tätigkeit außerordentlich viel unterscheiden läßt, was nicht sequentiell vollzogen werden kann, sondern immer nur zugleich mit anderem das Ganze einer Aktivität bildet. So kann ich mich zwar mit großer Freude an einen gelungenen Abend erinnern, nicht aber die Freude, den gelungenen Abend und das Erinnern nacheinander vollziehen. Wenn es aber bei jeder Dekomposition um die *Sequenzierbarkeit in selbständig vollziehbare Tätigkeiten* geht, dann müssen diese *Teiltätigkeiten im Falle ihrer Sequenzierung selbst wiederum Gesamttätigkeiten sein.* Wir werden uns gleich damit beschäftigen müssen, den scheinbaren Widerspruch, daß Teiltätigkeiten Gesamttätigkeiten sein können, aufzulösen. Zunächst aber gilt es festzuhalten, daß von vornherein alle Konzeptionen ausgeschlossen bleiben, die die Ganzheit jeder menschlichen Aktivität in einer noch so kleinen Zeitspanne auf Größen zurückführen, die man zwar bei der Beobachtung von menschlichen Tätigkeiten als Merkmale des Ganzen oder als nebengeordnete Teile unterscheiden kann, die aber nicht nacheinander vollzogen werden können, sondern lediglich als abstrakte Reflexionsergebnisse nacheinander vorstellbar sind. Werden *die in der Abstraktion unterschiedenen Teile außerdem noch als nicht weiter zurückführbar und grundlegend für die Gesamtaktivität* bezeichnet, dann handelt es sich um den *Versuch der Elementarisierung.* Ich halte es nicht nur aus vielen Gründen für sachlich unmöglich, den Gesamtzusammenhang jeder menschlichen Aktivität auf nicht mehr teilbare, allem anderen zugrundeliegende Elemente zurückzuführen, sondern halte die Frage der Elementarisierung auch für völlig irrelevant für die Praxis von Lernen und Lehren. Statt dessen lassen sich *in der psychischen Realität Gesamttätigkeiten nur in Teiltätigkeiten aufgliedern, die selbst Gesamttätigkeiten sein können.* Ich verwende deshalb nicht den Begriff der elementaren Einheit, sondern statt dessen den Begriff der *Dekomposition von Tätigkeiten in Teiltätigkeiten.* Dann ist aber die Differenz zwischen Gesamttätigkeit und Teiltätigkeit keine substantielle, keine absolute, sondern eine relative. Was Gesamttätigkeit ist und welche anderen Tätigkeiten ihr eingegliedert sind, hängt von den grundsätzlichen Möglichkeiten, von den gelernten Tätigkeiten und von der jeweiligen Situation ab. Was eben noch Gesamttätigkeit war, kann im nächsten Augenblick Teiltätigkeit sein, z.B. das erste Ausprobieren eines neuen Gerätes und seine darauffolgende Verwendung im Zusammenhang einer komplexeren Tätigkeit. Was eben noch Teiltätigkeit war, kann im nächsten Augenblick Gesamttätigkeit sein, z.B. das Drehen des Halses beim Fahrbahnwechsel und eine danach bei einer Rast vollzogene Halsgymnastik. Welchen Zuschnitt die jeweilige Tätigkeit hat, ist danach ausschließlich eine pragmatische Frage, d.h. abhängig von der jeweiligen Handlungssituation.

Das dem Elementaren gegenüberstehende *Extrem höchster Komplexität* ist in diesem Zusammenhang weniger problematisch. Es kann zwar nicht durch eine genau bestimmbare Grenze aus den weiteren Überlegungen ausgeschlossen werden, weil Gesamtaktivitäten höchster Komplexität immer auch aus sequenzierbaren Tätigkeiten bestehen, die selbst wiederum so komplex sind, daß auch sie aus aufeinanderfolgenden Tätigkeiten bestehen, und so fort. Aber für das Lernen ist dieses Maximum ebenfalls nicht von Interesse, weil sich bei solchen Aktivitäten, z.B. der Ausarbeitung eines Lebenswerks von höchstem kulturellen Rang, nur potenziert wiederholt, was sich bei Gesamtaktivitäten weit geringerer Komplexität, z.B. in normaler Berufstätigkeit, ebenfalls abspielt: die Kombination zahlreicher Teiltätigkeiten zu einer Gesamttätigkeit von hoher simultaner und sequentieller Komplexität. Es kommt hinzu, daß schon weit vor den Höchstformen der menschlichen Tätigkeit, denen wir gern das Attribut des Schöpferischen zuerkennen, nur noch selbstgesteuert gelernt werden kann, weil der Unterricht, zumal der Schulunterricht, gar nicht die Bedingungen für ein so schnelles und komplexes Lernen bieten kann. Das gilt z.B. schon in hohem Maße für den Unterricht und das Selbststudium im Hochschulstudium. - Den Möglichkeiten der Kombination von Teiltätigkeiten zu komplexen Tätigkeiten im Rahmen des Schulunterrichts aber gilt der **nächste Abschnitt**. - Kehren wir deshalb zur Frage der Dekomposition zurück, um nun nicht mehr durch negative Abgrenzung, sondern positiv zu zeigen, worin sie besteht.

Möglichkeiten der Dekomposition und ihre Funktion für das Lernen müssen sich an jeder Tätigkeit zeigen lassen. Ich wähle den Kauf von Schuhen und eines wissenschaftlichen Buches. Beide Tätigkeiten sind gelernt, das Kleinkind kann sie nicht vollziehen, und mancher lernt beide nicht so gut, daß die für einen solchen Kauf maßgeblichen Zwecke hinreichend erfüllt werden. Beide werden in der Regel nicht im Schulunterricht gelernt, sondern selbständig und durch Gelegenheitsunterricht.

Die Gesamttätigkeit des *Schuhkaufs* setzt ein mit der Feststellung eines Bedarfs. Er wird spezifiziert zu einer Zielvorstellung, z.B. "winterfester, halbhoher, bequemer Wanderschuh mit Fußbett". Es folgen Überlegungen zur Wahl von Zeit und Ort des Kaufs. Zielsetzung und die Entscheidung für ein Geschäft sind die Voraussetzungen für den Gang zum Geschäft und den Beginn des Kaufvorgangs. Nun folgen Suchtätigkeiten, Identifikationen nach den Zielkriterien, Fragen an die Verkäuferin, Vorwahlprozesse, Probierhandlungen, Kontrollhandlungen der

Theoretische Grundlegung 169

Probierhandlungen, Vergleich zwischen Alternativen, Aufnahme zusätzlicher Kriterien, Aufgabe eines ursprünglichen Kriteriums. Überschlagen aller Kriterien, natürlich auch des Preises, für die Kaufentscheidung. Dann folgt die Abwicklung des Tausches Geld gegen Schuhe. Zwischen diesen "Haupttätigkeiten" gibt es noch ein lebhaftes Spiel innerer Tätigkeiten. So kann z.b. die freudige Reaktion auf einen bildschönen Schuh abgelöst werden von der selbstkritischen Aufforderung, auf die gute Paßform zu achten, oder der erste angenehme Gang kann mit besonderen Bewegungen für den Test auf Druckstellen und mit Überlegungen über den Gebrauchswert auf die Probe gestellt werden.

Der *Kauf eines wissenschaftlichen Buches* hat nicht nur dieselbe allgemeine Verlaufsstruktur, sondern besteht auch zu einem erheblichen Teil aus denselben Teiltätigkeiten. Nicht nur die Abwicklung des Tausches Geld gegen Buch, sondern auch das abschließende Überschlagen aller Kriterien für und gegen den Kauf, der Blick auf das Preisschildchen, die Entscheidung über Zeit und Ort des Kaufs u.v.a.m. können gleich sein. Für den anderen Kaufgegenstand sind aber auch andere Tätigkeiten zu aktivieren, z.B. sind Vor-und Nachteile des Kaufs gegenüber ganzem oder teilwesem Kopieren abzuwägen, muß kalkuliert werden, welche Erwartungen das Buch erfüllen kann, kommen Prinzipien für den Umfang des Bücherkaufs ins Spiel u.v.a.m.

Wie diese beiden Tätigkeiten bestehen alle Tätigkeiten aus Teiltätigkeiten, die Stück um Stück gelernt werden mußten. Selbst bei hoher Kompetenz können aber Fehlkäufe zustandekommen, weil entweder eine bekannte Tätigkeit nicht eingesetzt worden ist oder eine neue Tätigkeit erforderlich gewesen wäre, aber nicht gelernt worden ist. So müssen z.B. Techniken des selektiven Lesens entwickelt werden, die in kürzester Zeit möglichst viel Information über ein Buch ergeben, oder es müssen Kenntnisse über neue Material- und Verarbeitungsqualitäten gelernt werden. - *Jede Tätigkeit besteht so nicht nur aus gelernten Teiltätigkeiten, sondern beim Vollzug jeder Tätigkeit, die nicht bis zum äußersten automatisiert ist, d.h. bis auf die bewußte Auslösung der Gesamtaktivität ("Hebe den auf dem Boden liegenden Gegenstand auf!") ohne bewußte Kontrolle abläuft, können auch neue Teiltätigkeiten gelernt werden.*

Wie stark aber läßt sich *eine Tätigkeit in Teiltätigkeiten auflösen*? Diese Frage stellt sich in der Praxis des Lernens und des Unterrichts in der Regel überhaupt nicht, weil die Differenzierung in Teiltätigkeiten immer nur in einem Grade erforderlich ist, der für das Gelingen der Gesamttätigkeit hinreicht. Wenn ein Kind schon ein kleines "a" einigermaßen in einem Zug schreiben kann, dann wird man es tunlichst nicht das "a" aus einem Bogen und einem senkrechten Strich zusammensetzen lassen, oder wenn ein Schluß zutreffend ist, dann brauchen die Prämissen nicht mehr gesondert analysiert zu werden. Selbst dieser Grad der Auflösung würde aber noch lange nicht zu den kleinsten sequentiell zu vollziehenden Einheiten führen, z.B. zu dem Kalkül für den ungeheuren Entschluß eines Kleinkindes, den ersten Schritt ohne Sicherung zu tun, für den es lange intensiv lernen muß und zu dem es auch unmittelbar vor der Entscheidung noch viel Zeit braucht. Dasselbe gilt für die Überlegungen nach einem ersten Sturz mit dem Fahrrad. - *In der Praxis geht es für den schnellen Fortschritt des Lernens in der Regel nur um möglichst komplexe Gesamttätigkeiten, deren Zusammensetzung aus Teiltätigkeiten man der Selbstregulierung überläßt.* Nur soweit die komplexen Tätigkeiten nicht gelingen, muß man auf Teiltätigkeiten zurückgehen, z.B. bloß auf die Beinbewegungen beim Schwimmenlernen, während der Oberkörper vom Vater über Wasser gehalten wird.

Gelingt auch dies nicht nach hinreichendem Training, dann muß man noch einmal in Teiltätigkeiten auflösen, z.B. in Bewegungen nur eines Beines auf dem Trockenen. Genügt auch das nicht, kommt man fast schon an die Grenze des Pathologischen, das weitere Aufgliederungen erfordern kann. Kurz: *Die Möglichkeit der Aufgliederung in Teiltätigkeiten reicht sicher viel weiter, als sie für das möglichst schnelle Lernen hochkomplexer Tätigkeiten vom jeweiligen Entwicklungsstand aus sinnvoll ist.*

Aber auch das theoretische Interesse an der Frage nach der Auflösung in Teiltätigkeiten kann befriedigt werden. - Die kleinsten experimentell unterscheidbaren Teiltätigkeiten benötigen eine dem ersten Anschein nach *sehr kleine, in Wirklichkeit aber beträchtliche Zeitdauer* (**M3 u. 6**). Sie scheint zwischen 200 und 400 Millisekunden für eine selektive Wahrnehmung, z.B. Wahrnehmung eines bewegten Objektes als Auto, zu liegen (*Hoffmann* 1983, 16), bei 687 ms im Mittel für die Benennung eines dargebotenen Objektes als Brot und 1172 ms im Mittel für die Benennung eines dargebotenen Objektes als Flaschenöffner (*Hoffmann* 1986, 85). - Es muß angenommen werden, daß *für jede noch so kleine Teilaktivität die gesamte Grundstruktur des psychischen Systems als Prozeßstruktur aktiviert* wird, d.h. mindestens eine zuständliche Ausgangsinformation, ihre Bewertung und die Bearbeitung der Ausgangsinformation bis zur Erfüllung der bei der Bewertung festgestellten Differenz gegenüber einer Aufgabe. Sicher gehören dazu sensorische und motorische Komponenten, z.B. in der Form des inneren Sprechens, eine sich schnell ändernde emotionale Gesamtrepräsentation der Aktivität und Regularien, die die Bewertungsdifferenz in eine Sequenz von Operationen umsetzt u.a.m. Wie immer die Gesamtstruktur des psychischen Systems im einzelnen aussehen mag, sie besteht aus dem *unzerreißbaren Zusammenhang, in dem jede Gesamtaktivität prozessiert*. - Was jeweils in dieser Prozeßstruktur im einzelnen aktiviert wird, muß aus der gesamten im Nervensystem zur Verfügung stehenden Information stammen, ist aber das *Ergebnis von sehr radikalen Selektionen*. Diese Selektionen kommen auf die Weise zustande, daß das Arbeitsgedächtnis einen minimalen Bruchteil der Gesamtinformation aktiviert. *Es gibt deshalb genauso viele unterschiedliche Teiltätigkeiten, wie sie ein Individuum jeweils für seine Prozeßstruktur aus der Gesamtheit der ihm zur Verfügung stehenden Information "herausschneiden" könnte.* Während die *Gesamtstruktur des psychischen Systems als Makroprozessor in jeder kompletten konkreten Aktivität konstant* bleibt, *sorgt das Arbeitsgedächtnis als Mikroprozessor* für die *jeweilige Aktualisierung von Aktivitäten innerhalb dieses "Rahmens"*. Angesichts der ungeheuren Fülle der aktualisierbaren Information und des ständigen Flusses der Information im Arbeitsgedächtnis mit der Möglichkeit, einige Einheiten ganz kurzzeitig für eine Transformation simultan zu vergegenwärtigen, braucht man keinen weiteren Gedanken mehr darauf zu verschwenden, wie groß die jeweils mögliche Zahl von Gesamtaktivitäten ist. Sie kann sich in den angegebenen Größenordnungen von Millisekunden von "Augenblick zu Augenblick" ändern. - Zu dieser ungeheuer schnellen dynamischen Folge von Gesamttätigkeiten kommt noch die Dimension der simultanen automatisierten Teiltätigkeiten hinzu. Denn *in jeder Gesamttätigkeit von geringster, d.h. nicht mehr aufteilbarer, Zeitdauer können zahlreiche Teiltätigkeiten, die auch sequentiell als Gesamttätigkeiten auftreten können, automatisiert ablaufen*, z.B. die Steuerung durch die zuvor ausdrücklich gewählte Einstellung: ganz genau zu arbeiten. *So ist die kleinste zeitlich unterscheidbare Einheit selbst eine Gesamttätigkeit von ungeheurer Komplexität.*

Durch diese theoretischen Annahmen wird die Behauptung der praktischen *Bedeutungslosigkeit der Frage nach der Auflösbarkeit in kleinstmögliche Tätigkeiten* nicht nur gestützt, sondern ihre Sinnlosigkeit erst im ihrem ganzen Umfang offenkundig. Geht man darüber hinaus noch auf "Elemente" innerhalb der Einheit der Tätigkeit zurück, dann ist dies erst recht unsinnig, da nicht ersichtlich ist, ob solche "Elemente" überhaupt selbständige reale Größen sind und wie sich jede Gesamttätigkeit aus ihnen zusammensetzen soll. - Als *die grundlegende und durch alle Grade der Komplexität sich durchhaltende Realität* kann dagegen *die zeitlich erstreckte und ganzheitliche jeweilige Gesamtaktivität des Menschen* angesehen werden, wie sie sich auf bildgebenden Verfahren für die Erfassung der aktiven Teile des Gehirns während einer bestimmten Tätigkeit darstellt. Das wird gestützt durch vielfältige Befunde, z.B. aus *Piagets* "klinischen" Untersuchungen und vielen Messungen der experimentellen Psychologie.

Wenn diese Beschreibung der Sachlage zutrifft, dann ist die *Wahl von Bezeichnungen für die Einheiten, die sich durch Dekomposition ergeben,* von nachrangiger Bedeutung. Trotzdem muß sie zur Vermeidung von Mißverständnissen geklärt werden. Zwei Sachverhalte sind für die folgenden Überlegungen über die Terminologie ausschlaggebend: erstens die *ganzheitliche Struktur jeder menschlichen Gesamtaktivität* und zweitens die *Wiederholung dieser Struktur auf jeder Stufe der Komplexität.* Diesen Zusammenhang kann man sich als *Einschachtelung von kleineren Einheiten in eine größere mit derselben Struktur* vorstellen. Sachgerechter ist aber wahrscheinlich die Vorstellung, daß *die jeweilige Gesamtaktivität als Ganze "abgelegt" wird. Dann ist jede Gesamtaktivität mit jeder früheren und späteren vereinbar, was die Eingliederung von Gesamtaktivitäten in andere erlaubt.* Für diesen Zusammenhang habe ich mich bisher mit Bedacht der beiden Ausdrücke "Gesamttätigkeit" und "Teiltätigkeit" bedient. Diese Wahl kann nun im Rückblick auf den dargelegten Sachzusammenhang genauer als bisher gefaßt werden.

Zwischen den Begriffen "Gesamttätigkeit" und "Teiltätigkeit" gibt es nur einen relativen Unterschied in der Komplexität, keinen in der Tätigkeitsstruktur. Was in einem Augenblick noch Gesamttätigkeit war, kann im nächsten Teiltätigkeit sein, wenn sich die leitende Absicht, der Informationsgehalt des höchsten Regulativs, ändert. So kann auch jede hochkomplexe Gesamttätigkeit im nächsten Augenblick Teil einer noch komplexeren sein. Für das Begriffspaar ist danach nicht nur der relative Grad der Komplexität kennzeichnend, sondern auch noch die Beziehung der *Inklusivität* des einen im anderen. - Denselben Sinn kann man den beiden Ausdrücken "*Gesamtaktivität*" und "*Teilaktivität*" zuschreiben. Sie akzentuieren jedoch mehr das Akti-vitätsmoment, weniger dagegen die Tätigkeitsstruktur. Aus diesem Grunde ziehe ich für diesen Zusammenhang den Tätigkeitsbegriff dem Aktivitätsbegriff vor.

Es gibt dann noch die Möglichkeit, im Hinblick auf das jeweilige Ganze nur von *Tätigkeit* zu sprechen und im Hinblick auf die inklusiven, aber auch sequenzierbaren Aktivitäten von *Operation* (vgl. die Unterscheidung von "Operator" für die Struktur der umfangreicheren Aktivität, z.B. für das "allgemeine Handlungsprogramm 'Schreibtischlampe ausschalten'", und "Operation" für die "meist zahlreichen Realisierungsmöglichkeiten eines Operators" bei *Dörner* 1987[3], 15f.). Das ändert am Sachzusammenhang prinzipiell nichts, akzentuiert jedoch die *Differenz zwischen der Gesamtstruktur einer menschlichen Aktivität und der innerhalb dieser Prozeßstruktur jeweils vom Arbeitsgedächtnis aktualisierten Information*, z.B. die Konstruktion eines Satzsinnes im Zusammenhang, einen Text zu verstehen. *Der Terminus "Operation" eignet sich am besten für die Dekomposition von Tätigkeiten*, weil er einerseits jeden Grad der Auflösung in selbständig zu steuernde Aktivitäten, z.B. bis zum Augensprung beim Lesen (Saccade), erlaubt, andererseits aber nicht elementaristisch bis auf "letzte", nicht mehr als selbständige Aktivitäten erfahrbare Einheiten zurückgeht, z.B. sensorische Reize oder das Icon als kleinste Vorstellungseinheit. Dies entspricht dem Begriff "Operation" bei *Maturana* und dem Begriff "Operieren" bei *Piaget* mit der höchsten Form der in einem System voll beweglichen (reversiblen etc.) Operation.

> "The basic operation that an observer performs in the praxis of living is the operation of distinction. In this operation an observer brings forth a unity (an entity, a whole) as well as the medium in which it is distinguished, including in this latter aspect all the operational coherences which make the distinction of the unity possible in his or her praxis of living." (*Maturana* 1990, 58)
>
> "Um zu dem wirklichen Mechanismus der Intelligenz zu gelangen, muß man also die natürliche Einstellung des Bewußtseins auf den Kopf stellen und den Standpunkt der Handlung selbst wieder einnehmen. Dann erst erscheint die Bedeutung jener innerlichen Tätigkeit, welche ein Operieren darstellt, in ihrem vollen Licht. Und erst dadurch drängt sich auch die Kontinuität auf, welche die Operationen mit der wirklichen Tätigkeit als Ursprung und Nährboden der Intelligenz verbindet. Nichts ist geeigneter, diese Perspektive zu beleuchten, als die Betrachtung jener Sprache - einer Sprache noch, aber rein intellektuell, durchsichtig und von den Täuschungen der anschaulichen Vorstellung befreit - nämlich der mathematischen Sprache. In irgendeinem mathematischen Ausdruck, zum Beispiel ($x^2+y=z-u$), bezeichnet jedes Glied letzten Endes eine Handlung: das Zeichen = drückt die Möglichkeit einer Substitution aus, das Zeichen + eine Verbindung, das Zeichen - eine Trennung, das Quadrat x^2 die x-malige Erzeugung von x und jeder der Werte u, x, y und z die Handlung, eine bestimmte Anzahl von Malen die Einheit zu reproduzieren. Jedes dieser Symbole bezieht sich also auf eine Handlung, die wirklich sein könnte, von der mathematischen Sprache aber nur abstrakt, als verinnerlichte Tätigkeit, d.h. als Operation des Denkens bezeichnet wird." (*Piaget* 1966[2], 38f.)

Diese Überlegungen zeigen deutlich, daß es schwer ist, das in den Blick gefaßte dynamische Verhältnis mit den zur Verfügung stehenden Begriffen zu fassen. Das liegt freilich auch daran, daß wir das Verhältnis auch selbst noch nicht genau genug kennen. Vielleicht ist es sogar eine *Wechselbeziehung*, so daß z.B. *die Identifizierung eines Wortsinns sowohl Operation in der Tätigkeit des Satzverstehens* sein kann als auch *die Konstruktion eines Satzsinns Operation in der Tätigkeit des Verstehens eines Wortsinns*.

Theoretische Grundlegung 173

Wogegen sich noch unsere an der Wahrnehmung der Dingwelt orientierte Logik der Substanzbegriffe (ein Apfel ist keine Birne) sträubt, das scheint im schnellen Wechsel der psychischen Aktivitäten durchaus möglich zu sein: Die kleinere Einheit wird in eine größere eingeschlossen und - horribile dictu - die größere wird zum Teil der kleineren, indem sie für sie eine Funktion erfüllt.

Diese theoretischen Überlegungen haben die unmittelbare Konsequenz für die Praxis des Lernens und damit natürlich auch des Unterrichts, daß *die Oszillation, das Schaukeln, zwischen umfassenden und inklusiven Tätigkeiten ein wichtiges Prinzip für schnellen Lernfortschritt* ist. So schaukeln wir z.B. hin und her: zwischen einem Plan, etwas aufzuräumen, und den einzelnen Such- und Ordnungsaktivitäten, zwischen dem jeweiligen Vorverständnis eines wichtigen Briefes und der genauen Aufnahme von Details, zwischen weitfristigen umfassenden und inklusiven nahfristigen Zielen, zwischen einer großen Aufgabe und den vielen kleinen Schritten zu ihrer Lösung, - von den Unterbrechungen ganz zu schweigen. Wenn wir dieses Spiel in Gang setzen, dann entwickeln wir diejenige Dynamik der Aktivität, die unseren psychischen Möglichkeiten am besten entspricht und in der wir am meisten lernen, weil wir *die ganze Spannbreite zwischen der von uns jeweils realisierbaren Makrosteuerung und Mikrosteuerung nutzen*. Das kann man sich selbst und auch für die Schüler zu einer allgemeinen Maxime machen.

Es wäre aber für die Praxis sicher auch ein Überblick über eine große Zahl von Teiltätigkeiten von großem Nutzen, zumindest eine Unterscheidung von verschiedenen Arten von Aktivitäten, eine Klassifikation. Sämtliche menschlichen Tätigkeiten zu klassifizieren, ist nach allem, was bis jetzt gesagt worden ist, völlig unmöglich. Dagegen spricht nicht nur, daß ihre Zahl im schnellen Wechsel schon in kürzeren Zeitspannen außerordentlich groß ist, sondern auch der historische Wandel der Tätigkeiten.

Vielleicht ist es aber möglich, wenigstens *häufig wiederkehrende Operationen* zu klassifizieren. Eine Möglichkeit besteht vielleicht auch darin, *in einem begrenzten Tätigkeitsbereich Klassen von Operationen* (**M6**) *zu unterscheiden*.

Ich habe dies für die Operationen, die für jede Art des Begriffslernens erforderlich sind, versucht (*Grzesik* 1992[2]). Das ergab eine verhältnismäßig kleine und als Gruppe überschaubare Zahl von zehn Operationen:
- die aufgabengeleitete Diskrimination von kritischen Merkmalen an einem Fall
- die Generalisierung der an einem Fall unterschiedenen kritischen Merkmale
- die Verknüpfung von Begriffen für die Definition eines neuen Begriffs, die reflexive Verarbeitung des Begriffsinhalts
- die Anwendung eines Begriffs zur Identifikation von Fällen
- Verknüpfung eines Begriffsnamens mit einem Begriff
- Transponierung des Begriffsinhalts von einem Medium in ein anderes
- Fremdbestätigung der Geltung eines Begriffs
- Integration eines Begriffs in einen theoretischen Zusammenhang
- Integration eines Begriffs in die bereits ausgebildete kognitiv-affektive Struktur des Schülers.

Man sieht sofort, daß es hier nicht um eine Auflösung in möglichst kleine operative Einheiten geht, sondern um schon relativ komplexe Operationen, die in der Praxis unterschieden werden können. Damit ist zugleich verbunden, daß man sich über die Zweckmäßigkeit der von mir vorgenommenen Abgrenzung solcher Einheiten streiten kann und auch streiten sollte.

Ich habe auch versucht, die beim Textverstehen auftretenden Operationen zu Klassen zusammenzufassen (*Grzesik 1990*). Das ergab wegen der Komplexität der Gesamttätigkeit des Verstehens schon eine sehr große Zahl von Operationen, z.B. die transmodale Transformation von Schriftzeichen in Lautzeichen oder das Schließen auf eine sachlich notwendige Voraussetzung. Sie lassen sich allerdings auch in einige Hauptklassen zusammenfassen:

- Operationen vor Beginn des Lesens (z.B. eine Leseabsicht definieren)
- Decodierung subsemantischer Information eines Textes (z.B. Identifizieren einer Klasse von häufig auftretenden Vokalen)
- Recodierung der Wort- und Satzsemantik (z.B. Zuordnung zu einem Organisationskern)
- Repräsentation von Textinformation im Modus des inneren Bildes (z.B. Konkretisieren einer dargestellten Person durch die Erinnerung an eine bestimmte Person)
- Gewinnung impliziter Information aus der Wort- und Satzsemantik (z.B. Klassifikation einer Reihe von Sätzen als "Argumente")
- Schlußfolgerungen (z.B. Erschließung von Konsequenzen)
- Generierung ästhetischer Information (z.B. Spannung), Textkritik (z.B. Wahrheitskritik)
- Metakognition (z.B. Reflexion auf die subjektiven Deutungen einer Metapher).

Diese beiden Klassifikationen zeigen, daß Operationen im Bereich einer psychischen Funktion klassifiziert werden können (z.B. statt begriffsbildender Operationen auch die Operationen im Modus des inneren Bildes, wie das Zoomen oder der Perspektivenwechsel, oder Operationen in einem Realitätsbereich). Ich habe auch an Unterrichtsprotokollen nachgewiesen, daß im Unterricht solche Operationen tatsächlich auftreten. Welchen Bereich man für eine Klassifikation wählt, hängt ganz vom jeweiligen Interesse ab, z.B. dem Interesse an Spezialoperationen in der Industriebuchführung oder an Operationen in der Differentialrechnung oder bei der Diagnose einer bestimmten Krankheit.

In diesem Buch ist es aber unzweckmäßig, Operationen in bestimmten Realitätsbereichen zu klassifizieren. *Statt dessen fordert eine allgemeine Theorie des Unterrichts Klassifikationen in jedem Realitätsbereich.* Solche Operationenklassen kann man *nur aus der ständigen Struktur der menschlichen Aktivität* gewinnen. Diese Struktur ist jeweils nur im Arbeitsgedächtnis aktiv. *Deshalb kann jede komplette Aktivität des Arbeitsgedächtnisses nach Unterschieden in verschiedenen Dimensionen der Aktivierung klassifiziert werden.* Wohlgemerkt, es werden dann komplette Einheiten nur nach bestimmten Momenten unterschieden. Ich sehe drei Dimensionen des aktiven Arbeitsgedächtnisses, die eine Klassifikation erlauben: 1. Der *Repräsentationsmodus der zuständlichen Information* in einer Aktivität. Hier werden Operationen nach der unterschiedlichen Position ihrer Ausgangsinformation im psychischen System unterschieden, z.B. eine *Vorstellung* der Brandung des Atlantiks von einer bestimmten *Strategie* für das Baden in der Brandung. 2. Die Art der an der repräsentierten Information ausgeübten *Transformation*. Hier wird die zuständliche Information durch eine bestimmte operative Aktivität verarbeitet, z.B. mit einer anderen *verglichen* oder durch eine Beschreibung *aus dem Modus des inneren Bildes in den der Sprache transformiert.* 3. Die *Position im Gesamtzusammenhang der Tätigkeitsstruktur,* d.h. der Handlung. Hier geht es darum, ob ein *Ziel* ausgearbeitet oder eine *Folge von Gesamttätigkeiten (Operatoren) geplant* oder ein *emotionaler Widerstand (Barriere)* überwunden werden soll.

Die Zahl der Klassen in jeder der drei Klassifikationen ist relativ klein und durch ihren sachlichen Zusammenhang überschaubar. - Jede der drei Klassifikationen kann für sich verwendet werden und genügt dann u.U. schon für eine Identifikation und Verständigung über die jeweilige Operation. - Zu einer genauen Identifikation und einer sicheren Verständigung können aber die drei Klassifikationen auch gemeinsam eingesetzt werden. Es kann dann z.B. eine Operation dadurch bestimmt werden, daß eine chemische Reaktion wahrgenommen (senso-motorisch) und ihre Eigenschaften begrifflich gefaßt werden sollen (Transformation), und zwar als Analyse einer Bedingung, die für die gesamte Aufgabe der qualitativen Analyse eines neuen Stoffes identifiziert werden muß (Position im Handlungszusammenhang). - Da jede Klasse der drei Klassifikationen mit jeder Klasse aus den beiden anderen kombiniert werden kann, einschließlich der Differenzierungsmöglichkeiten in jeder Klasse, ergibt dies schon eine sehr große Zahl von Operationenklassen.

Mit der Hilfe solcher Begriffe kann der Lehrer überlegen, *wie er seine Aufgaben für die Lenkung von Schülertätigkeiten ansetzt* (**M9**), indem er z.B. ein mentales Modell von der Funktionsweise einer Parallelschaltung anstrebt. Er kann sogar diese Begriffe selbst für die Formulierung von Lernaufgaben benutzen, indem er z.B. formuliert: "Wir haben uns jetzt eine *Vorstellung* von einem gestrigen Ereignis gebildet. *Analysiert* jetzt dieses Ereignis mit der Hilfe eurer *Kenntnisse* von der Willensbildung in einer parlamentarischen Demokratie!"

Klassifikation von Tätigkeiten nach Bereichen im psychischen System

1. Tätigkeiten können nach Bereichen im psychischen System unterschieden werden

Die selektive Focussierung der Aufmerksamkeit, z.B. auf ein Geräusch oder auf eine betäubende seelische Erschütterung, ist eine Dimension des Zuschnitts einer Tätigkeit. Je nachdem, auf welchen Bereich des psychischen Systems sich die Aufmerksamkeit richtet, kommt eine andere Tätigkeit zustande. Am jeweiligen Gegenstand der Aufmerksamkeit können dann durch seine Verarbeitung (Transformationen) Veränderungen vorgenommen werden. Mit anderen Worten: Es wird etwas gelernt. Ich unterscheide eine Reihe solcher Möglichkeiten ohne Anspruch auf Endgültigkeit der Abgrenzung und Vollständigkeit der Tätigkeitsklassen. Es genügt, wenn die Möglichkeit solcher Unterscheidungen akzeptiert und in der Praxis genutzt wird. Die folgenden Tätigkeiten können nach dem von ihnen focussierten Bereich unterschieden werden: 1. *senso-motorische Tätigkeit*en, z.B. den Kugelschreiber aus der Tasche holen, 2. *Vorstellungen von einmaligen Begebenheiten und bestimmten Lokalitäten,* z.B. eine Vorstellung vom Rheintal in Oberwesel von der Terrasse der Burg aus, 3. *Prototypen* für einen Begriff, z.B. für "LKW" oder für "Regel", 4. *Mentale Modelle als Schemata von abstrakten Zusammenhängen,* z.B. vom Grundriß einer Stadt oder einem Netzplan, 5. *Zeichen bzw. Zeichenzusammenhänge,* z.B. sprachliche, mathematische, Legenden geographischer Karten, 6. *Begriffe und Begriffszusammenhäng*e, z.B. "Motivation", "Unterrichtsziel" oder "Kosmos", 7. *Systeme des psychischen Systems selbst,* z.B. das Bewertungssystem für Konsequenzen des Leistungshandelns oder für soziale Beziehungen, 8. *Einstellung*en, z.B. zu einer bestimmten Arbeit, 9. *Selbstregulative,* z.B. die bei der Ausarbeitung eines Vertrags oder zur Regulierung der Arbeitsintensität.

a) Senso-motorische Tätigkeiten, z.B. Weitsprung.
In senso-motorischen Tätigkeiten *konzentriert sich die Aufmerksamkeit auf Körperbewegungen*, z.B. das Aufheben eines Gegenstandes, das Abtrocknen von Geschirr, die Blickbewegungen beim Autofahren, das Führen eines Geigenbogens, das Ziehen einer Linie, die Artikulation eines Satzes, Gesten und Gebärden. Alle anderen gleichzeitig aktualisierten psychischen Möglichkeiten werden dazu in Anspruch genommen, eine bestimmte Körperbewegung zu vollziehen, z.B. Einstellungen und Affektregulierungen. Von allen psychischen Möglichkeiten kommt in einem solchen Augenblick nur das ins Spiel, was für den Vollzug der jeweiligen Körperbewegung erforderlich ist. Sie können deshalb auch nur in diesem Maße mitgelernt werden. Bei voller Konzentration auf eine Körperbewegung kann die Kapazität des Arbeitsgedächtnisses von der senso-motorischen Koordination weitgehend in Anspruch genommen sein, z.B. beim Einfädeln eines Fadens in ein kleines Nadelöhr. Je höher der Automatisierungsgrad ist, desto mehr Raum bleibt für andere Aktivitäten, z.B. zum Träumen beim Kartoffelschälen. Der Raum für andere Aktivitäten bleibt aber stets durch den für die körperliche Tätigkeit beanspruchten Speicherraum im Arbeitsgedächtnis begrenzt.

Grundlegend für alle senso-motorischen Tätigkeiten ist eine *dem menschlichen Körper mögliche Bewegungsfolge.* Die körperlichen Möglichkeiten des Menschen generell und des einzelnen Menschen im jeweiligen Augenblick bestimmen die Variationsmöglichkeiten: der *Art* von körperlichen Tätigkeiten, ihrer *Anschlüsse* und ihrer *Zeitform,* d.h. ihrer Schnelligkeit bzw. ihres Bedarfs an linearer Zeit, ihres Rhythmus, ihrer Gleichzeitigkeit, ihres Anfangs und Endes, ihrer Unterbrechungen und Wiederholungen. Sie können als komplette Einheiten automatisiert werden, die nur noch *durch ein Ziel und eine allgemeine Information über die für die Erreichung des Ziels erforderliche Aktivität gesteuert* wird ("schließe die Autotür! Tu dies schnell! Stecke den Schlüssel in die Tasche! kontrolliere bewußt mit der Hand, ob der Schlüssel sich an seinem Platz befindet!). Die Automatisierung erlaubt eine Schnelligkeit und Koordination, die bewußt nicht möglich wäre.

Der für die Erreichung des jeweiligen Ziels entscheidende motorische Verlauf ist aufs engste gekoppelt mit sensorischen Leistungen, die ihn ständig lenken und kontrollieren. Auch diese Kopplungen sind wegen der erforderlichen Schnelligkeit automatisiert. - Im Nervensystem sind die sensorischen und motorischen Netzwerke und Bahnen genau lokalisierbar und bis jetzt am besten erforscht (**M3 u. 6**). Sensorische und motorische Systeme sind durch assoziative Zentren direkt verbunden. Alle Ausgangsinformationen dieser Systeme an den Cortex können durch das Arbeitsgedächtnis direkt erreicht werden.

Die senso-motorischen Einheiten können bewußt reguliert werden, indem sie verlangsamt/beschleunigt, intensiviert/abgeschwächt, in Teilbewegungen aufgeteilt oder zu neuen Bewegungen kombiniert werden, soweit dies der Bewegungsapparat und seine Steuerung zulassen. Planung und Kontrolle geschehen soweit bewußt, wie sie nicht automatisiert sind. Die Bewußtheit kann den automatischen Ablauf beeinträchtigen oder sogar unterbrechen, sobald sie soviel Kapazität benötigt, daß für die automatischen Prozesse nicht mehr genug übrigbleibt. Andererseits führt eine zu geringe bewußte Kontrolle dazu, daß senso-motorische Automatismen weiterlaufen, obwohl dies dem geplanten Verlauf nicht entspricht.

Bei der Automatisierung von senso-motorischen Tätigkeiten kommt daher alles darauf an, das Verhältnis von automatischem Verlauf und bewußter Steuerung so zu gestalten, daß die bewußte Steuerung möglichst minimiert wird, aber die für den Bewegungsablauf unbedingt notwendigen Impulse sicher und zeitgerecht gegeben werden. Alles, was diesen Bewegungsablauf stören könnte, muß durch Gewöhnung soweit in seinem Signalwert gemindert werden, daß es keinen Einfluß auf ihn nehmen kann. Auf diese Weise werden solche Bewegungsabläufe so stark stabilisiert, daß sie auf eine nicht vorgesehene Änderung nicht reagieren. Diese Stabilisierung kann den Organismus aber auch gefährden. Aus dem Zusammenspiel von Automatismen und Steuerung ergeben sich Ganzheiten, in denen viele einzelne senso-motorische Prozesse so organisiert sind, daß sie als komplette Einheiten zur Verfügung stehen.

Die Differenzierungs- und Steigerungsmöglichkeiten senso-motorischer Tätigkeiten sind trotz des ständigen Vorranges dieser Tätigkeiten vor allen anderen in der gesamten Geschichte der Menschheit immer noch nicht ausgereizt, wofür die Entwicklung der Sportarten das beste Beispiel ist, obwohl wir uns anscheinend asymptotisch den Grenzen dessen nähern, was der menschliche Organismus zu leisten vermag, ohne daran zugrundezugehen oder schweren Schaden zu nehmen.

b) Vorstellungen von einmaligen Begebenheiten und bestimmten Lokalitäten, z.B. Ausbruch des Zweiten Weltkrieges oder das Parthenon in Athen.
Jederzeit können wir uns an einmalige Begebenheiten oder einen bestimmten Ort aus unserem Leben erinnern. Sie stehen uns mehr oder weniger deutlich vor dem inneren Auge. Da diese Wahrnehmungen selbst zur Vergangenheit gehören, haben wir nur noch eine *Vorstellung* (**M3 u. 6**) von ihnen. Solche Vorstellungen sind langfristig verfügbar. Man nimmt für sie eine besondere Speicherungsform des Langzeitgedächtnisses an, das episodische Gedächtnis (*Hussy* 1984, 98). Wir können Vorstellungen aktualisieren, indem wir unsere Aufmerksamkeit auf eine solche Begebenheit richten, z.B. auf einen Besuch bei einem Kranken oder auf einen eigenen Unfall. Die Vorstellung von einer einmaligen Begebenheit oder einem bestimmten Ort ist keine mechanische objektive Widerspiegelung, sondern sie ist das Resultat subjektiver Verarbeitungsprozesse. Diese Verarbeitung ist keineswegs auf die Zeit der Begebenheit beschränkt, sondern findet nie ein absolutes Ende.

"Die Vorstellung ist keine ursprüngliche Tatsache, wie es die Assoziationspsychologie lange Zeit angenommen hat. Sie ist [...] eine aktiv entworfene Kopie, und nicht eine Spur oder ein sinnlicher Niederschlag wahrgenommener Gegenstände. Sie ist also innere Nachahmung und setzt die Akkomodation (Veränderung - J.G.) der Schemata der Wahrnehmungstätigkeit fort (im Gegensatz zur Wahrnehmung als solcher), ..." (*Piaget* 1966[2], 142)

Was wir uns vorstellen, ist aber *für das Arbeitsgedächtnis eine Ausgangsgegebenheit*, weil wir uns der Aktivitäten, die zu der Vorstellung geführt haben, nicht bewußt sind. Wir können hinter die durch unsere Aktivität gebildete Vorstellung nicht mehr zurück auf noch nicht kategorisierte und selegierte Information.

Für Vorstellungen in diesem Sinne ist im einzelnen kennzeichnend: Sie sind immer eine außerordentlich starke *Reduktion* der ursprünglichen Information, so z.B. Vorstellungen von einem nur einmal gesehenen Menschen. - Mit der Zeit *verblassen* sie zu schemenhaften Gebilden, d.h. es tritt weiterer Informationsverlust ein. - Von einer Gegebenheit oder einer Lokalität gibt es nicht eine feste einzelne Vorstellung, sondern ein *Spiel von Vorstellungen unterschiedlichen Umfangs*, wie geringfügig das Erinnerte auch ist. Eine bestimmte Vorstellung, z.B. von einem bestimmten Moment im Krankenhaus, läßt sich deshalb nur relativ kurz festhalten. - Jede Vorstellung ist trotzdem eine *bildhafte (figurative) Einheit, die den Umkreis an Information, auf die sich die Aufmerksamkeit richtet, im jeweiligen Augenblick ausfüllt*. - Vorstellungen scheinen *unterschiedliche Ausschnitte aus der jeweiligen Gesamtinformation* zu sein, z.B. das Gesicht des Arztes gleichzeitig mit dem, was er sagt, gleichzeitig mit der eigenen körperlichen Lage, mit dem eigenen Gefühl etc., und doch kann man sich dies alles auch gesondert vorstellen. - Wir stellen uns keineswegs nur vor, was wir gesehen oder gehört haben, sondern auch, was wir gefühlt, gewollt, gehofft, gedacht haben, kurz: *jede Art von Information* aus einer früheren einmaligen Gesamtinformation kann in einer Vorstellung aktualisiert werden. Auch Erinnerungen an Gelesenes und an eigene Überlegungen gehören dazu. - Der Grad der Genauigkeit einer Vorstellung, ihr *Auflösungsgrad*, kann variiert werden, z.B. von der ersten flüchtigen Erinnerung an eine Stimmung bis zur höchstmöglichen Intensität ihrer Aktualisierung. Die Grenzen der Genauigkeit sind aber meist sehr schnell erreicht. In besonderen Situationen, z.B. auch im Traum, kann der Auflösungsgrad viel größer sein. - Vorstellungen haben die folgenreiche Eigenschaft, daß sie nur in der Innerlichkeit des einzelnen Menschen auftreten. Nur ihre begriffliche Beschreibungen können sprachlich oder graphisch dargestellt werden, sie selbst können aber nicht anderen vermittelt werden. Sie sind individuell, d.h. von Individuum zu Individuum unterschiedlich, auch wenn sie sich auf ein und dasselbe beziehen.

Die *Zahl* der jeweils willkürlich zur Verfügung stehenden Vorstellungen scheint grenzenlos zu sein. Es sieht so aus, als könnten wir die gesamte "Landschaft" der Information von einmaligen Begebenheiten, die jemals aktuell gewesen ist, wie mit einem Scheinwerfer abtasten und unterschiedlichste Ausschnitte in ihr beleuchten. - Sobald der Sachverhalt nicht für die Wahrnehmung präsent ist, treten Vorstellungen an die Stelle von Wahrnehmungen. Sie bilden deshalb die *primäre Grundlage für die Aktivitäten des Arbeitsgedächtnisses*. Wie fundamental Vorstellungen für unsere Informationsverarbeitung sind, zeigt sich z.B. daran, wieviel aus dem eigenen Leben erzählt wird und wie schnell wir auch bei sehr allgemeinen Erörterungen auf Beispiele aus unserer eigenen Erfahrung zurückgreifen. - Wenn Vorstellungen aktualisiert werden, werden sie nicht verändert, sondern wird die zur Verfügung stehende Information nur durchmustert. Erst wenn wir uns mit einer Vorstellung beschäftigen, finden Veränderungen (Transformationen) statt, z.B. durch eine emotionale Reaktion auf eine Vorstellung.

c) Prototypen, z.B. französische Revolution für eine Klasse von Revolutionen oder den "Michael Kohlhaas" von *Heinrich von Kleist* für die Textklasse "Novelle".
Eine Zwischenstellung zwischen Vorstellungen und Begriffen scheinen Prototypen einzunehmen, z.B. ein bestimmter Mensch als Prototyp für Alkoholiker, ein Hai als Prototyp für Raubfisch, nicht aber eine Forelle, oder eine Löwin als säugendes Raubtier, nicht aber ein Wal. Prototypen sind *Vorstellungen von einzelnen Gegebenheiten, die als "typische Repräsentanten eines Begriffs"* (Hussy 1984, 82; vgl. *Grzesik* 1992², 132) fungieren, weil sie sich unter allen bekannten Fällen dieses Begriffs dadurch auszeichnen, daß sie uns als erste einfallen, weil sie in der Erfahrung häufig als Beispiel aufgetreten sind. Daher gilt für sie zunächst alles, was auch für Vorstellungen von Einzelheiten gilt. Ihre *Herauslösung aus dem Kontext der Biographie*, d.h. aus dem Fluß der eigenen Aktualisierungen zu einer bestimmten Zeit und an einem bestimmten Ort, ist aber offenkundig. Es kommt jetzt nicht mehr auf die Position der Gegebenheit im eigenen Lebensverlauf an, sondern nur noch auf ihre *Beispielhaftigkeit innerhalb einer Klasse von Fällen eines bestimmten Begriffs*. Prototypen können die Repräsentationsfunktion für einen Begriff deshalb besonders gut erfüllen, weil an ihnen die für den Begriff *ausschlaggebenden Merkmale* (kritische oder relevante Merkmale) be-

sonders ausgeprägt sind. Die Vorstellung eines Prototyps ist deshalb schon so *schematisiert*, daß die für den Begriff relevanten Merkmale besonders hervortreten, z.B. das Gebiß eines Haifischs oder das Gesäuge einer Löwin. Diese schematische *Reduktion der Merkmale von Vorstellungen einer einmaligen Gegebenheit zu einem Prototyp ergibt sich aus ihrem engen Zusammenhang mit dem Begriff, für den er exemplarisch ist.*

Die Aktualisierung von Prototypen durch das Arbeitsgedächtnis ist deshalb von großer Bedeutung für das Lernen von Begriffen und jede Form der Arbeit mit Begriffen. Sie sind *bevorzugte, schnell aktualisierbare, vorstellbare, schematische Beispiele für den abstrakten Begriff.*

d) Mentale Modelle als Schemata von abstrakten Zusammenhängen, z.B. von einem Zusammenhang in der Optik oder vom Aufbau eines Raumes.
Schon der Prototyp ist ein Beispiel dafür, daß der Übergang von der Vorstellung einer einmaligen konkreten Begebenheit zum abstrakten Begriff fließend ist. *Die Vorstellung eines abstrakten Zusammenhangs kann als mentales Modell bezeichnet werden.* So kann z.B. vorgestellt werden:
- die Struktur der Straßen einer Stadt, was als *kognitive Karte* (cognitive map) bezeichnet wird,
- die hierarchische oder netzförmige Struktur eines Begriffszusammenhanges (die logische Ordnung des Begriffsbaums oder der Begriffspyramide, die aus über- bzw. untergeordneten sowie nebengeordneten Begriffen besteht),
- sachspezifische Zusammenhänge zwischen Begriffen, z.B. zwischen "Ursache" und "Wirkung" oder zwischen "Ware", "Grenzübertritt" und "Geld" im Begriff "Zoll", was als *"aktives strukturelles Netz"*, als *"Wissensstruktur"*, als *"logische oder semantische Beziehungen zwischen Knoten"* (*Norman/Rumelhart* 1978, 51) bezeichnet wird,
- der *begriffliche Zusammenhang eines bestimmten Sachbereichs*, was z.B. als *Geschichtengrammatik* (story-grammar) oder als *Drehbuch* (restaurant-script) oder ganz allgemein als *mentales Modell*, z.B. einer elektrischen Schaltung, eines industriellen Netzplanes oder eines Zusammenhanges von Textsinn, bezeichnet wird.

Stets handelt es sich bei mentalen Modellen um die *bildliche (figurative) Form*, in der Information im Arbeitsgedächtnis aktuell sein kann. Stets ist *die Information selbst* aber nicht mehr diejenige einer einzigen konkreten Gegebenheit, sondern *die einer abstrakten Struktur einer singulären Gegebenheit oder einer allgemeinen begrifflichen Repräsentation für eine Klasse von Gegebenheiten. So ist im Schema die figurative Form der Vorstellung mit der abstrakten Form des Begriffs verbunden*, wie es schon *Kant* gesehen hat und was von *Piaget* in seiner empirischen Untersuchung der Entwicklung des inneren Bildes beim Kinde in sehr differenzierter Weise nachgewiesen worden ist. Die bildliche Form aber entspricht jetzt nicht mehr den räumlichen und zeitlichen Dimensionen einer konkreten Begebenheit, sondern *dient als Medium für die innere Darstellung eines begrifflichen Zusammenhangs*. Die bildliche Form erlaubt eine *analoge simultane symbolische Darstellung eines abstrakten Zusammenhangs*, eine

Unterrichtspraktische Aspekte 181

Funktion, die *Kant* der Einbildungskraft zuschreibt, während die sprachliche Form die digitale Darstellung ermöglicht. Drei Textstellen von *Kant* und *Piaget* sollen nur darauf verweisen, daß diese beiden Autoren die Hauptquellen für diese Auffassung des Schematismus unserer geistigen Tätigkeit sind (**M6**). Diese Sicht wird durch empirische Untersuchungen der kognitiven Theorie des mentalen Modells (*Johnson-Laird* 1983; 1991) immer differenzierter ausgearbeitet.

"Das Schema ist an sich selbst jederzeit nur ein Produkt der Einbildungskraft; aber indem die Synthesis der letzteren keine einzelne Anschauung, sondern die Einheit in der Bestimmung der Sinnlichkeit allein zur Absicht hat, so ist das Schema doch vom Bilde zu unterscheiden. So, wenn ich fünf Punkte hinter einander setze . . . . . , ist dieses ein Bild von der Zahl fünf. Dagegen, wenn ich eine Zahl überhaupt nur denke, die nun fünf oder hundert sein kann, so ist dieses Denken mehr die Vorstellung einer Methode, einem gewissen Begriffe gemäß eine Menge (z.E. Tausend) in einem Bilde vorzustellen, als dieses Bild selbst, welches ich im letzten Falle schwerlich würde übersehen und mit dem Begriff vergleichen können. Diese Vorstellung nun von einem allgemeinen Verfahren der Einbildungskraft, einem Begriff sein Bild zu verschaffen, nenne ich das Schema zu diesem Begriffe." (*Kant* 1956, 189)

"Die Evolution der Bilder nimmt in der Tat eine Zwischenposition ein zwischen der Entwicklung der Wahrnehmung und der Entwicklung der Intelligenz." (*Piaget/Inhelder* 1979, 466)

Wenn sich die Aufmerksamkeit auf ein mentales Modell (im Sinne *Piagets* ein hochgradig kognitiv organisiertes inneres Bild) richtet, dann kann sie in dieser Form *Informationszusammenhänge aller Art auf jedem Abstraktionsniveau, d.h. auf jedem Niveau der hierarchischen Speicherung aktualisieren.* Diese Information steht ihr in der Weise simultan zur Verfügung, daß die Gesamtstruktur in einer einzigen Aktivität überschaut und sie auch in ihren Teilstrukturen durch unterschiedliche Aktivitäten durchmustert werden kann. Damit ist wahrscheinlich das *Maximum an Information* erreicht, *das sich das Arbeitsgedächtnis vergegenwärtigen kann.* - Wenn es ihm auf diese Weise gelingt, aus der gespeicherten Information mentale Modelle zu bilden und zeitweise stabil zu halten, dann können diese *wiederum bearbeitet werden*.

e) Zeichen bzw. Zeichenzusammenhänge, z.B. eine mathematische Formel oder die Legende einer Karte.
Unsere schriftsprachlichen Zeichensysteme sind sehr späte Resultate der Evolution des Menschen, die möglicherweise schon vor zehn Millionen Jahren begann. Ihnen sind die lautsprachlichen und gestischen vorausgegangen, deren Ursprünge für uns immer verborgen bleiben werden. Zeichensysteme haben aber eine *prinzipiell andere Form als das Bild, und sie leisten deshalb auch eine andere Form der Repräsentation.* Zeichensysteme können nämlich keinen simultanen Zusammenhang von Information als ganzen medial vermitteln, sondern sie können Information nur durch ein *sukzessives Durchschreiten* eines solchen simultanen Zusammenhangs von *einem unterschiedenen Sachverhalt zum nächsten darstellen und mitteilen.* Sie sind deshalb das *am besten geeignete Medium für begriffliche Unterscheidungen und ihre Verknüpfung.*

"Die Sprache, in ihrem wirklichen Wesen aufgefasst, ist etwas beständig und in jedem Augenblicke Vorübergehendes. Selbst ihre Erhaltung durch die Schrift ist immer nur eine unvollständige, mumienartige Aufbewahrung, die es doch erst wieder bedarf, dass man dabei den lebendigen Vortrag zu versinnlichen sucht. Sie selbst ist kein Werk (Ergon), sondern eine Thätigkeit (Energeia). Ihre wahre Definition kann daher nur eine genetische seyn. Sie ist nemlich die sich ewig wiederholende Arbeit des Geistes, den articulierten Laut zum Ausdruck des Gedanken fähig zu machen. Unmittelbar und streng genommen, ist dies die Definition des jedesmaligen Sprechens; aber im wahren und wesentlichen Sinne kann man auch nur gleichsam die Totalität des Sprechens als die Sprache ansehen." (*Humboldt* 1963, 418)

"Das Bedürfnis eines Begriffs und seine daraus entstehende Verdeutlichung muss immer dem Worte, das bloss der Ausdruck seiner vollendeten Klarheit ist, vorausgehen." (*Humboldt* 1963, 398)

"Die Sprache ist das bildende Organ des Gedanken. Die intellectuelle Thätigkeit, durchaus geistig, durchaus innerlich und gewissermassen spurlos vorübergehend, wird durch den Laut in der Rede äusserlich und wahrnehmbar für die Sinne. Sie und die Sprache sind daher Eins und unzertrennlich von einander. Sie ist aber auch in sich an die Nothwendigkeit geknüpft, eine Verbindung mit dem Sprachlaute einzugehen; das Denken kann sonst nicht zur Deutlichkeit gelangen, die Vorstellung nicht zum Begriff werden. Die unzertrennliche Verbindung des Gedanken, der Stimmwerkzeuge und des Gehörs zur Sprache liegt unabänderlich in der ursprünglichen, nicht weiter zu erklärenden Einrichtung der menschlichen Natur." (*Humboldt* 1963, 426)

Alphabetische Systeme von Laut- und Schriftzeichen können durch Kombination eine unbegrenzt große Zahl von unterscheidbaren Einheiten für Begriffe bilden. Sie sind deshalb von den bis jetzt entwickelten Zeichensystemen am besten für die Vermittlung von begrifflicher Information geeignet. Nur mittelbar, entweder durch Begriffe mit bildlichem Inhalt oder durch die aus Zeichen und Begriffen sukzessiv entwickelten Zusammenhänge eines Textganzen können sie in gewissem Grade auch wie Bilder Informationen symbolisch repräsentieren (*Eco* 1987). - Zeichen erlauben zwar genaue Unterscheidungen, sie repräsentieren aber direkt weniger Information als das innere Bild und sind beim Menschen (im Unterschied zum Computer) ein sehr langsames Medium, weil sie nur nacheinander gebraucht werden können und der Mensch für ihre sensomotorische Repräsentation viel Zeit braucht. Über die Speicherung von Sprachzeichen wissen wir noch wenig. Es verdichten sich aber immer mehr die Anzeichen dafür, daß es keineswegs ein einziges oder einige wenige Sprachzentren gibt, sondern daß die sprachliche Information *über viele Teile des Gehirns verteilt* ist und *die nachgewiesenen Zentren nur Steuerungs- bzw. Verknüpfungsfunktion* haben (*Damasio/Damasio* 1992).

Obwohl Zeichensysteme immer nur zusammen mit Begriffen im Gebrauch sind, müssen sie selbst auch thematisiert, d.h. zum *Gegenstand der Aufmerksamkeit gemacht* werden. Dies geschieht notwendig, wenn sie gelernt, geplant und kontrolliert werden, und keineswegs nur in der wissenschaftlichen Reflexion auf sie. Es können dann die einzelnen Zeichen (Phoneme/Grapheme), ihre Verknüpfungsformen zu kleinen Einheiten (Morpheme/Wörter), ihr Lexikon, ihre Grammatik und ihre Funktionen im Gebrauch gesondert von der begrifflichen Information zum Gegenstand gemacht und bearbeitet werden.

f) Begriffe und Begriffszusammenhänge, z.B. das *Ohmsche* Gesetz oder ein Lehrbuchtext.
Die langfristig gespeicherte Information besteht allem Anschein nach aus *Begriffen und Begriffszusammenhängen, die durch kognitive Operationen gebildet worden sind* (vgl. hierzu *Grzesik* 1992²; **M3 u. 6**). Wie die Fülle der episodischen Information gespeichert ist, kann noch nicht erklärt werden. So ist z.B. umstritten, ob vorstellbare Episoden überhaupt als Ganze gespeichert sind oder jedesmal aus Teilinformationen zusammengesetzt werden. Auch darüber, wie die ungeheure Fülle der von jedem Menschen in jedem Augenblick aktualisierbaren Begriffe tatsächlich gespeichert sind, wissen wir noch so gut wie nichts, obwohl wir eine *Speicherung von generellen Merkmalen* in physikalischen assoziativen neuronalen Netzwerken simulieren können. Über ihre psychische Natur wissen wir wesentlich mehr durch die philosophische Reflexion seit der griechischen Antike, die am Ende des 19. Jahrhunderts in die Denkpsychologie eingemündet ist, und die Kognitionspsychologie. Hier kann nur der Versuch gemacht werden, einige *Züge der Aktualisierung von Begriffen im Arbeitsgedächtnis* hervorzuheben:

- Begriffe werden *für die Unterscheidung von Sachverhalten in Vorstellungen jeder Art* aktualisiert. Wir beschreiben dann z.B. eine in der Vorstellung präsente aufregende Begebenheit, die Eigenschaften eines Menschen oder die Teile und Funktionen einer Maschine. Die Begriffe sind dann *im Gebrauch,* d.h. sie werden *zur Identifikation von Sachverhalten angewendet.* Sie sind in dem dazu erforderlichen Grade bewußt. Trotz richtigen Gebrauchs sind sie aber oft schon kurz danach nicht mehr erinnerbar, wenn auf sie nicht reflektiert worden ist.
- Begriffe müssen keineswegs immer als dieselben aktualisiert werden, sondern sie werden je nach Verwendungszweck *in sehr unterschiedlichem Zuschnitt, mit sehr unterschiedlichem Bestimmungsreichtum, in sehr unterschiedlicher Klarheit und Schärfe* aktualisiert, z.B. der mathematische Begriff "Funktionsgleichung" oder der literaturwissenschaftliche "Metapher". Sie scheinen nicht als feste Größen gespeichert zu sein, sondern *jede Aktualisierung scheint ein bestimmter Ausschnitt aus einem vielverzweigten Zusammenhang von Information zu sein.* Das schließt die Aktualisierung genau definierter Begriffe in bestimmten Situationen nicht aus.
- Jeder Begriff ist gegenüber einer Vorstellung eine Reduktion auf bestimmte Merkmale, die aber in vielen Vorstellungen auftreten, z.B. "Flußdelta" oder "Expressionismus". Er repräsentiert daher nicht eine einzelne Gegebenheit, sondern ist *abstrakt und allgemein.* Als eine solche Gegebenheit ist er eine rein mentale Größe, für die es keine einzelne konkrete Entsprechung gibt.
- Begriffe können auch gesondert zum Gegenstand gemacht werden, indem man festlegt, welche Information zu ihnen gehört, indem man sie vergleicht, ihre Brauchbarkeit diskutiert etc, indem man z.B. Definitionen des Begriffs "Lernen" analysiert und miteinander vergleicht. Die begriffliche Information steht dann entweder *im Medium eines mentalen Modells oder aber im Medium einer sprachlichen Definition vor Augen.* Pur kann sie nicht vergegenwärtigt werden.

- Begriffe sind allem Anschein nach nicht an einem einzigen Ort gespeichert, sondern im Gehirn *räumlich verteilt und hierarchisch geordnet*. Welche *Ordnungssysteme* es tatsächlich gibt, ist noch wenig geklärt. Es scheint aber der *systemische Verbund*, wonach der einzelne Begriff durch seinen Ort in einem Gesamtzusammenhang definiert ist, z.B. der Zahlbegriff "vier" durch seinen Ort im System der Zahlen, von großer Bedeutung zu sein. Schon der einzelne Begriff ist aber ein Verbund von Begriffen, weshalb dann wiederum der Zusammenhang zwischen solchen Systemen aus Information zum Problem wird. (*Grzesik* 1992[2]). Die Tendenz zu höherer Ordnung scheint aus ökonomischen Gründen für jede Speicherung von Information zu gelten (*von Glaserfeld* 1987). Für die Vergegenwärtigung von Begriffen scheint deshalb eine Aktualisierung des jeweiligen Systems von großer Bedeutung zu sein (*van Parreren* 1972[2]).

g) Systeme des psychischen Systems selbst, z.B. eine soziale Einstellung oder ein Selbstkonzept.
Alle sechs bisher unterschiedenen Repräsentationsformen, denen sich die Aufmerksamkeit zuwenden kann, haben sowohl *Sachverhalte der Welt als auch des Selbst* zum Inhalt. So bilden wir z.B. Vorstellungen sowohl von einem Gebirgspanorama, das wir gesehen haben, als auch von uns selbst beim Anschauen des Gebirgspanoramas, z.B. von unserer Position, unserem Wohlbefinden und unserem Gefühl. Die jeweils zur Verfügung stehende Gesamtinformation, sowohl die *direkte Weltinformation als auch die reflexive Selbstinformation,* kann in diesen Formen präsent werden. Diese Repräsentationsformen sind nämlich die Formate für *jedwede Erkenntnis*.

Während die Bereiche der Welt, auf die sich die Aufmerksamkeit richten kann, zahllos sind, sind die Hauptbereiche des Selbst nur von geringer Zahl. Es sind diejenigen *Systeme des psychischen Apparates, die gesondert zum Gegenstand der Aufmerksamkeit gemacht werden können,* indem man sich z.B. ganz auf das System des Gehörs oder gar nur eines Ohrs konzentriert. Daß sich die Aufmerksamkeit allen Systemen des psychischen Systems zuwenden kann, ist durch Selbstbeobachtung jederzeit zu prüfen, wenn man z.B. kontrolliert, ob man Durst hat oder wie man sich fühlt. Die Philosophie versuchte bis ins 19. Jahrhundert hinein, diesen Selbstbefund in eine Vermögenstheorie zu fassen, indem man z.B. die Vermögen der Sprachkraft, der Geisteskraft und der Einbildungskraft unterschied (*Wilhelm von Humboldt*). Erst in den letzten Jahrzehnten führen die Befunde der Psychologie und der Neurophysiologie zunehmend zu einer genaueren Identifizierung unterscheidbarer Systeme. Eine Darstellung des Standes dieser Forschung ist freilich hier ausgeschlossen. Ich kann nur auflisten und mit einigen Hinweisen versehen, auf welche Systeme sich nach meiner Kenntnis der Forschungslage die Aufmerksamkeit gesondert richten kann:

- *Sensorische Systeme* sind: Gesichtssinn, Gehör, Geruch, Geschmack, die Sinne der Haut. Sensorische Information besteht meist aus Informationen mehrerer Sinne zugleich (Synästhesien). Es ist aber durchaus möglich, sich auf einen Sinn zu konzentrieren, z.B. auf die Temperatursensoren in einer angefeuchteten Fingerspitze, die in den Wind gehalten wird.

Unterrichtspraktische Aspekte 185

- *Motorische Systeme* steuern Körperregionen. Ihre Steuerungszentren sind in der Großhirnrinde in der Form der rechten und der linken Hälfte des Körpers angeordnet. Sie sind über assoziative Speicher eng mit den sensorischen Systemen verbunden. Die Aufmerksamkeit kann sich auf jeden Bereich der willkürlich steuerbaren Motorik konzentrieren, z.B. auf die Bewegung eines Fingergliedes oder einer Augenbraue.
- *Kognitive Systeme* sind sämtliche im Langzeitgedächtnis gespeicherten Wissenskomplexe. Zu ihnen gehören: alle episodischen Bestände der Biographie, alle hierarchischen Verarbeitungen episodischer Daten in der Form von Begriffen und Regeln und alle erworbenen Bestände an allgemeinem Welt- und Selbstwissen. Dieses Wissen ist nicht beliebig verteilt, sondern zu systemisch geordneten Verbänden zusammengefügt, z.B. zu dem System der natürlichen Zahlen oder dem System des Wissens von eigenen Fähigkeiten oder Systemen des Vorgehens, z.B. in einer Diskussion oder einer Verhandlung. Diese Wissensbestände sind nochmals verbunden zu komplexen subjektiven Theorien der Welt und des Selbst (Weltsichten, Selbstkonzepten). Weil es sich stets um das Erkennen von Welt und Selbst handelt, spricht man auch vom "epistemischen Gedächtnis".

Abb. 17: Komponenten eines Begriffs. (siehe S. 186) © Spektrum der Wissenschaft

186 Klassifikation von Tätigkeiten nach Bereichen im psychischen System

© Spektrum der Wissenschaft

Abb. 17: Komponenten eines Begriffs

Das Gehirn speichert begriffliche Konzepte in Form von quasi schlummernden Aufzeichnungen. Werden diese reaktiviert, können sie die unterschiedlichen Empfindungen und Handlungen wachrufen, die mit einem bestimmten Objekt oder einer Kategorie von Objekten zusammenhängen. Zum Beispiel kann eine Kaffeetasse nicht nur visuelle und taktile Darstellungen ihrer Form, Farbe, Oberflächenbeschaffenheit und Wärme hervorrufen, sondern auch den Geruch und Geschmack von Kaffee sowie den Weg, den Hand und Arm zurücklegen müssen, um die Tasse vom Tisch an die Lippen zu führen. Obwohl all diese Repräsentationen in unterschiedlichen Hirnregionen reaktiviert werden, geschieht ihre Rekonstruktion nahezu gleichzeitig. Aus: A. R. Damasio und H. Damasio. Sprache und Gehirn. In: Spektrum der Wissenschaft, November 1992.

- *Das System der Emotionen* besteht aus den aktualisierbaren momentanen Gefühlen und den langfristigeren Stimmungen. Emotionen sind allem Anschein nach autonome Reaktionen auf die jeweilige sensorische, motorische, kognitive und evaluative (werthafte) Gesamtinformation. Sie sind deshalb nicht willkürlich aktualisierbar, wohl aber durch Veränderungen der zugrundeliegenden Information beeinflußbar. Wir können aber die Aufmerksamkeit gesondert auf unsere Gefühle und Stimmungen richten und nicht nur auf die zugrundeliegenden Informationen. Aufgrund der ganzheitlichen Natur der Emotionen ist die Nebenordnung und Überordnung zwischen ihnen längst nicht so klar wie zwischen scharf unterschiedenen begrifflichen Informationen. Sie überlagern sich und vermischen sich. Es gibt deshalb auch gemischte Gefühle, z.B. in der Form von gleichzeitigen gegensätzlichen Emotionen oder auch einer aufblitzenden Freude in einer schwer lastenden dunklen Stimmung. Das System der Emotionen ist wie jedes andere psychische System ein aus angeborenen emotionalen Reaktionen entwickeltes subjektives System.
- *Evaluative Systeme* bestehen aus bereichsspezifischen Bewertungen, zwischen denen es hierarchische Ordnungen gibt. Bewertungen können sich auf jeden Ausschnitt der gesamten übrigen Information beziehen, der sensorischen, motorischen, kognitiven, emotionalen und selbstregulativen. Sie repräsentieren aber nicht wie die Emotionen zwingend die jeweilige Gesamtinformation, sondern können sich hoch-differenziert auf Einzelinformationen, z.B. ein Merkmal, beziehen. Im jeweiligen Augenblick wird aber aus allen aktuellen Wertungen ein Gesamtkalkül der positiven und negativen Gewichtungen gebildet, der mit der Emotion interagiert. Bewer-tungen, ihre Beziehungen zueinander und ihr jeweiliger Kalkül können gesondert zum Gegenstand der Aufmerksamkeit werden.
- *Motive* sind nicht rückblickende, sondern vorwärtsblickende Bewertungen von Schätzungen künftiger Zustände. Was prospektiv positiv oder negativ bewertet wird, entscheidet über die Auslösung von Aktivitäten. Die prospektiven Wertungen sind eine Anwendung der in retrospektiven Kontrollen gebildeten Bewertungen. Sie kalkulieren im voraus den Gewinn und Verlust. Das Resultat des jeweiligen Kalküls löst die nächste Tätigkeit aus. In der Tiefe der Zukunft und der Breite der bewerteten Bereiche bilden sich Systeme von aktualisierbaren Motiven, die wiederum selbst zum Gegenstand der Aufmerksamkeit werden können.
- *Einstellungen* haben die Form eines Verbundes aus sensorischen, kognitiven, emotionalen, evaluativen und motorischen Informationen. Dieser Verbund regelt die Reaktion auf einen wahrgenommenen Sachverhalt, z.B. ein Verzögern der Reaktion bei allen unangenehmen Eindrücken. Die Reaktion erfolgt dann stets autonom mit der Schnelligkeit und Sicherheit eines Reflexes. Man kann deshalb die Einstellung als eine gelernte Kurzschaltung zwischen Wahrnehmung und Reaktion ansehen. Eine bewußte reflexive Regulierung wird von ihr ausgeschaltet. Einstellungen können für die Reaktion auf jede Klasse von Gegebenheiten gelernt werden, z.B. für die Reaktion auf Kleinkinder, auf mathematische Aufgaben, auf Alkohol oder auf eine andere Rasse. Sie können ausdrücklich zum Gegenstand der Aufmerksamkeit gemacht und dann auch auf ihre Komponenten hin analysiert werden. Ihre langfristige Stabilisierung, ihre Komplexität, ihre autonome Selbstverständlichkeit und ihre

emotionalen und wertenden Komponenten machen sie aber auch in hohem Maße resistent gegen Veränderungen (*Six/Schäfer* 1985).
- *Regulative Systeme* bestehen aus Regularien für die Zusammensetzung und Abfolge von Tätigkeiten. Es gibt bereichsspezifische und bereichsübergreifende Regularien, z.B. Regelungen für den Umgang mit einem bestimmten Freund und Regelungen für den Umgang mit jedem Menschen. Ihre Klassifikation ist problematisch, z.B. die Unterscheidung von Taktiken (zweckbestimmte, relativ kurzfristige Wahl des Vorgehens), Strategien (langfristige Ziel-Mittel-Pläne) und Heurismen (Verfahrensweisen für die Lösung komplexer Probleme). Solche Regelungen können zueinander in hierarchische Abhängigkeiten gestellt werden, so daß übergeordnete untergeordnete regeln. Dies geschieht in jeder Tätigkeit, z.B. bei einer Beschreibung, die nach einem übergeordneten Gesichtspunkt gegliedert ist. Die vom jeweiligen Menschen zu aktualisierenden Regularien können als spezifische Wissensbestände (oft als heuristisches Wissen bezeichnet) gesondert zum Gegenstand der Aufmerksamkeit gemacht werden. Da sie aber primär im Gebrauch sind, können sie nur durch reflexive Arbeit in aktualisierbare Wissensbestände transformiert werden. Sie sind deshalb nicht leicht zugänglich und auch nicht leicht zu verändern.

Diese Repräsentationen beziehen sich auf jeden Realitätsbereich der Welt und des Selbst. Jeder Mensch bildet subjektive Theorien von der Welt und von sich selbst (Welt- und Selbstkonzepte). Sie bestehen alle aus *systemisch, d.h. netzförmig und hierarchisch, organisierter Information*. Auf diese Information kann das Arbeitsgedächtnis nach Belieben, aber nur in den soeben unterschiedenen "Formen" selektiv zugreifen. Es kann willkürlich von einer Form zur anderen wechseln, z.B. von der Feststellung eines eigenen Versprechers zur Analyse einer Wertung als Grund für die phonologische Interferenz.

2. Tätigkeiten können nach Transformationen unterschieden werden

Die *zweite Klassifikation* unterscheidet *Transformationen, die an einem aktualisierten Informationsbestand ausgeführt werden können*. Diese Möglichkeiten, Informationen zu transformieren, stehen dem Arbeitsgedächtnis *ständig zur Verfügung*. Es spricht viel dafür, daß alle Transformationsmöglichkeiten sich aus den *Unterscheidungs- und Verknüpfungsmöglichkeiten* ergeben, die mit dem psychischen Apparat *von Anfang an* gegeben sind. Gegeben sind die unterschiedlichen neuronalen Systeme zumindest der Sinneswahrnehmung, der Bewertung, der Kategorisierung und der Motorik sowie die festen Bahnen zwischen ihnen für ihre Verknüpfung. Gegeben ist aber auch die ungeheure Differenz von zahlreichen Synapsen mit Eingangsinformation an jeder Zelle und ihre Verknüpfung zu einer einzigen Ausgangsinformation, was sich endlos für Zellverbände jeder Komplexität wiederholt. Diese Verbindungen werden weitgehend erst durch Lernen stabilisiert. Mit der Zunahme dessen, was unterschieden und verknüpft werden kann, wächst nicht nur ihre Mächtigkeit, sondern sicher auch ihre Qualität. So nimmt z.B. *Piaget* an, daß die Differenz zwischen Wahrnehmung und verzögerter

Unterrichtspraktische Aspekte 189

Nachahmung der Wahrnehmung in Form der Vorstellung der Ursprung für die semiotische Differenz ist zwischen Bezeichnetem und Bezeichnendem, d.h. dem Symbol oder Zeichen (*Piaget* 1969, 191f.). Die Unterscheidung von Festhalten und Loslassen mit der Hand ist eben qualitativ eine ganz andere als die Unterscheidung zwischen einer konditionalen und einer konzessiven Relation. Das entspricht der vielfach nachgewiesenen Entwicklung der Mächtigkeit des Arbeitsgedächtnisses. Mit jeder neuen Möglichkeit der *Reflexion* auf bereits vollzogene Tätigkeiten gibt es neue Möglichkeiten der Unterscheidung, z.B. der Unterscheidung zwischen den beiden Modalitäten "Realität" und "Möglichkeit". Für diese Unterscheidung muß man sich schon aus dem Bann der jeweiligen Realität dadurch lösen können, daß man sie betrachtet und mit anderen nur vorgestellten Geschehnissen in Beziehung setzt.

Ich stelle nun eine Reihe von Transformationen zusammen, die sich m.E. heute unterscheiden lassen. Vollständigkeit und volle Aufklärung ihrer Ordnung sind noch nicht möglich. - Man darf sich wahrscheinlich das Arbeitsgedächtnis nicht als einen Prozessor vorstellen, der selbst über diese Transformationsmöglichkeiten verfügt. Das Arbeitsgedächtnis scheint nur derjenige erstaunlich kleine Teil des gesamten Nervensystems zu sein, der Unterscheidungen und Verknüpfungen, die in einem Bereich des Nervensystem möglich sind, aktiviert. Das geschieht wahrscheinlich in der Weise, daß er nicht nur die Information aktiviert, auf die sich die Aufmerksamkeit richtet, sondern mit ihr auch die Information verknüpft, die man auf die erste anwenden kann, z.B. einen Namen, einen Begriff, eine Regel, ein Verfahren, einen Wertbegriff etc.

a) Einen Sachverhalt von anderen Sachverhalten unterscheiden. - Die *Operation, etwas von anderem zu unterscheiden*, kann das Arbeitsgedächtnis ständig aktualisieren (zur fundamentalen Bedeutung dieser Operation vgl. *Luhmann* 1988, *Deleuze* 1992). Diese Operation kann wie alle folgenden auf jede Information, auf die sich die Aufmerksamkeit richten kann, angewendet werden. So unterscheiden wir z.B. beim Wahrnehmen einen Gegenstand von seiner Umgebung oder in der Reflexion auf uns selbst eine Selbstbeurteilung von dem Verständnis, das andere von uns haben. Stets schreiben wir dann einem Sachverhalt etwas zu, was allem anderen im Horizont der Aufmerksamkeit *nicht* zugeschrieben wird, z.B. für das Ziel des Fahrbahnwechsels ein von hinten herannahendes Auto von allem anderen, das sich von hinten nicht nähert.

Die *Operation der Differenzierung* ist schon *vielfältig* am Werk, wenn wir in der diffusen Information, die uns im wachen Zustand stets zur Verfügung steht, *einen Gegenstand von seiner Umgebung unterscheiden*, d.h. überhaupt erst zum Gegenstand der Aufmerksamkeit machen, z.B. eine uns entgegenkommende Person oder aber einen Gedanken, an den wir uns erinnern. Differenzierung wird deshalb von vielen als die grundlegende Operation der gesamten menschlichen Informationsverarbeitung angesehen, z.B. von *Maturana* und *Luhmann*. Sobald ein Gegenstand von einer Umgebung unterschieden wird (Differenz von Figur und Grund), kann das Differenzierungsspiel weitergehen, indem nun der Gegenstand seinerseits zum Grund wird für die Unterscheidung eines Sachverhaltes an ihm, z.B. eine Person zum Grund für die Konzentration auf ihr Gesicht, dieses zum Grund für die Beobachtung der Augen und so weiter. Es kann aber auch ein Gegenstand zugleich von seiner Umgebung und *von ei-*

nem anderen Gegenstand unterschieden werden. Ja, die *Differenz zwischen zwei Gegenständen* kann *ihrerseits wieder als Differenz* behandelt werden, wenn wir z.B. sagen: "Der Unterschied zwischen den Ländern auf der nördlichen Hälfte des Globus und der südlichen (1. Differenz) unterscheidet sich in vieler Hinsicht (3. Differenz) vom Unterschied zwischen westeuropäischen und osteuropäischen Ländern (2. Differenz)." An einem solchen komplexen Beispiel sieht man besser als an einer Unterscheidung von Figur und Grund in der visuellen Wahrnehmung, daß *in ein und derselben Unterscheidung vielfältige Unterscheidungen simultan* vorgenommen werden, weil wir uns dessen in der Wahrnehmung nur noch in Zweifelsfällen bewußt werden. Die Operation der Differenzierung ist also nie eine einzige Operation, sondern eine multiple oder komplexe, die aus einer *komplizierten Vernetzung und hierarchischen Einschachtelung vieler einzelner Differenzierungen* besteht. - Auf diese Weise wird aus der Gesamtheit der einem Menschen zur Verfügung stehenden Information immer das abgegrenzt, worauf sich die Aufmerksamkeit jeweils richtet.

Die Differenz zwischen Helligkeit und Dunkelheit ist ein Unterschied *im Bereich der Intensität des Lichtes*, die Unterscheidung von blau und rot eine Unterscheidung *im Bereich der Farbe*. So scheint *die Unterscheidung ihrerseits stets eine Gemeinsamkeit vorauszusetzen*. Selbst die jeweils erste Unterscheidung von Gegenstand und Umgebung setzt ein Ganzes voraus, in dem dieser Unterschied gemacht werden kann. - Wahrscheinlich kann man dies damit erklären, daß *jede Unterscheidung nur innerhalb des Ganzen der aktuellen Information möglich* ist. Das Ganze der aktualisierten Information aber hängt einerseits von den Grenzen des Arbeitsgedächtnisses für aktualisierbare Information (seinem "Lichtkegel") ab, zum anderen aber davon, wohin dieser "Lichtkegel" gelenkt wird. Das Ganze der aktualisierten Information ist damit zum einen bestimmt durch eine *Ganzheit, die durch die Struktur des Arbeitsgedächtnisses als einem Teil des psychischen Apparates vorgegeben ist,* und zum anderen durch diejenige *Information, die jeweils bestimmt, welche Ganzheit durch den "Lichtkegel" des Arbeitsgedächtnisses aufgesucht werden soll*. Differenzierung ist demnach keineswegs beliebig möglich, sondern *nur innerhalb des jeweils durch eine Information bezeichneten und durch das Arbeitsgedächtnis aktivierten Ausschnitts aus der gesamten zur Verfügung stehenden Information*. Differenzierung ist deshalb nie ein absoluter Anfang, sondern stets nur eine Operation innerhalb der jeweiligen Ganzheit der Aktivität des psychischen Systems.

Von besonderer Bedeutung für die Selbst- und die Fremdregulierung der Aufmerksamkeit ist noch, daß wahrscheinlich auch die *Ausrichtung des Arbeitsgedächtnisses durch Vergleichsprozesse geregelt* wird. Die lenkende Information besteht nämlich aus einer Information für den Bereich, auf den die Aufmerksamkeit gerichtet werden soll, und außerdem aus einer Information über eine Kategorie, innerhalb derer nach einer Differenz gesucht werden soll (die Differenz zwischen blau und rot innerhalb der Kategorie "Farbe"). Die Operation der Differenzierung kommt erst in dem Augenblick zustande, in dem *der Vergleich zwischen der Suchinformation und der Information, die das Arbeitsgedächtnis abtastet, positiv* ausfällt.

Die Mächtigkeit dieser Operation für das Lernen ergibt sich danach aus der Gleichzeitigkeit sehr vieler Unterscheidungen (*Simultanität*), aus ihrer Bündelung und Staffelung für eine komplexe Unterscheidung, z.B. für das Wiedererkennen eines lange nicht gesehenen Menschen (*Serialität und Hierarchie*), aus ihrer unbegrenzten Wiederholbarkeit auf den jeweils ausgegrenzten Bereich (*Rekursivität*) und aus der Möglichkeit, sie auf jede zur Verfügung stehende Information durch die Lenkung der Aufmerksamkeitsrichtung anzusetzen (*Universalität im Arbeitsgedächtnis*).

b) Zwischen unterschiedenen Sachverhalten Gleichheiten erkennen (Konstruieren einer Äquivalenz und Generalisieren durch Vergleich). - Die Feststellung, daß zwei Sachverhalte *im Hinblick auf bestimmte Merkmale* (einzelne qualitative oder quantitative Eigenschaften oder Strukturen aus solchen Eigenschaften) *gleich* sind, setzt voraus, daß *beide Sachverhalte voneinander unterschieden* worden sind und daß es einen *Gesichtspunkt* in Gestalt einer Kategorie gibt, unter dem eine Gleichheit festgestellt werden kann. Für die Feststellung einer Äquivalenz benötigt man genauso wie für die Feststellung einer Differenz ein tertium comparationis. Zwei Sachverhalte sind z.B. unter dem Gesichtspunkt des Gewichts, der Farbe "blau" oder der Neuigkeit gleich. Hat man bei einem Sachverhalt festgestellt, daß er z.B. die Farbe "blau" besitzt, dann kann bei einem anderen durch Vergleich festgestellt werden, daß an ihm ebenfalls die Farbe "blau" auftritt.

Wird diese Vergleichsoperation für mehrere Sachverhalte vollzogen, dann entsteht *eine Klasse von Sachverhalten, die in der gewählten Hinsicht gleich sind*. Die gesamte Klasse wird repräsentiert durch einen Begriff, z.B. "Tier", "Gedanke", "Hoffnung" (vgl. zu dieser Operation des Begriffslernens Grzesik 1992²). Es findet dann die *Generalisierung der Zuschreibung eines Merkmals* statt, z.B. "Alle Mitglieder der Familie X sind sehr stolz". Wird diese Generalisierung nicht ausdrücklich auf eine bestimmte Anzahl von Fällen beschränkt, dann ist sie *offen für eine beliebige Zahl von Fällen*. So leistet die Operation der Generalisierung einerseits die Bildung einer Klasse von bestimmten Fällen mit einem gleichen Merkmal, andererseits setzt sie einen *Vergleichsmaßstab* voraus, der in jedem Schritt der Generalisierung auf einen neuen Fall und auch für alle weiteren möglichen Fälle der Generalisierung konstant gehalten wird.

So besteht auch die Feststellung einer Äquivalenz und deren Wiederholung in der Generalisierung bei genauerem Hinsehen nicht aus einer einzelnen Operation, sondern aus einer Gruppe von Operationen innerhalb des Gesamtzusammenhangs der menschlichen Informationsverarbeitung.

Es sieht so aus, als ob den beiden Gruppen von Operationen für Differenz und Äquivalenz im Nervensystem die *Verschaltungsmöglichkeiten sowohl zwischen den Nervenzellen als auch zwischen neuronalen Netzwerken mit den in ihnen aufgebauten hierarchisch geordneten Informationszusammenhängen* entsprechen. Diese Verschaltungen fänden dann keineswegs nur an einer einzigen Stelle im Nervensystem statt, sondern *überall dort, wo solche Informationszusammenhänge hergestellt werden*. Sie würden durch das Arbeitsgedächtnis nur in der Weise hergestellt wie eine Masche oder ein Strickmuster durch die Führung einer Nadel. Nicht die Nadel, sondern der Faden und die Lenkung der Nadel bestimmen die Art der Masche und des Musters.

Man kann die Äquivalenzoperation wie die Differenzoperation auf alle Sachverhalte anwenden, auf die sich die Aufmerksamkeit zu richten vermag. Ob dies aber zur Feststellung einer Äquivalenz und zu deren Generalisierung auf weitere Fälle führt, das hängt davon ab, *welche Vergleichsgesichtspunkte schon zur Verfügung stehen* und ob die jeweils durch die Aufmerksamkeit bewußt gemachten *Sachverhalte* mit ihnen auch *vergleichbar* sind.

c) *Zwischen festgestellten Gleichheiten in unterschiedenen Sachverhalten graduelle Differenzen feststellen (Graduieren durch Vergleich),* z.B. jüngere und ältere Kinder oder die graduellen Differenzen in den Pferdestärken bei Ottomotoren. - Zur Äquivalenzoperation, die feststellt, daß unterschiedliche Sachverhalte ein gleiches Merkmal besitzen, z.B. "Länge" oder "Konsistenz", muß hier noch eine Differenzoperation hinzutreten, die wiederum *im Gleichen Unterschiede* feststellt, z.B. "niedrige" vs. "hohe Konsistenz". Qualitative Unterschiede, wie z.B. "rot" und "blau", können physikalisch quantitative Unterschiede, wie z.B. Wellenlängen, sein. Deshalb gilt für die *gra-duierende Operation* dasselbe wie für die beiden Operationen der Herstellung einer Äquivalenz und der Herstellung einer Differenz, aus denen sie besteht.

d) *Zwischen Sachverhalten in verschiedenen Bereichen Strukturgleichheiten erkennen (Bildung von Analogien als Strukturäquivalenzen durch Vergleich)*, z.B. zwischen dem Planetensystem und dem Atom oder zwischen einem Fischernetz und einem Neuronenverband. - Wiederum geht es um die Konstruktion von Differenzen und Äquivalenzen durch Vergleich. - Der Unterschied, um den es in dieser Operation geht, hat aber die Größenordnung einer *Bereichsdifferenz*, z.B. zwischen den weit voneinander entfernt liegenden Bereichen, zu der auf der einen Seite die Spinne gehört und zu dem auf der anderen Seite das Arbeitsgedächtnis gehört (Tierart und Teilsystem des Nervensystems). - Die Gleichheit erstreckt sich auf eine *Struktur*, z.B. die Struktur aus Spinnenkörper bzw. neuronalem Schaltzentrum und Beinen bzw. Bahnen für Aktivierung und Rückmeldung (vgl. z.B. die Analogie zwischen Planetenbahnen und Bewegungen der Elementarteilchen im Atom im Niels-Bohrschen Atommodell), nicht aber nur zum Teil auf die durch die äquivalenten Relationen verbundenen Elemente. - Für die Feststellung der gleichen Struktur ist eine *identische Strukturvorstellung* die Voraussetzung. Sie ist abstrakter und allgemeiner als die Struktur in den verglichenen Fällen.

Die *Besonderheit der Strukturanalogie* liegt in folgendem: Die "Entfernung" zwischen den verglichenen Bereichen ist so groß, daß sie *in keinem sachlichen Zusammenhang miteinander* stehen. Für die Aufhellung einer Struktur in einem Sachbereich kann deshalb die Übertragung einer komplexen Struktur aus einem ganz anderen Sachbereich einen überraschenden und schnellen Gewinn bringen. Die *Komplexität des Gleichen*, d.h. der Strukturen, kann sehr groß sein, bis zum Maximum einer Weltformel. Die für den Vergleich erforderliche Strukturvorstellung muß *noch abstrakter sein als die miteinander verglichenen*. Aus diesen Gründen ist die Operation der Strukturanalogie *schwierig*, sie eignet sich aber dazu, eine Struktur wie die des Arbeitsgedächtnisses *modellhaft vorstellbar und darstellbar* zu machen. Sie hat deshalb *heuristische und didaktische Funktion*. Wegen der Abstraktheit der Entsprechungen ist sie aber keineswegs unproblematisch, weil sehr leicht *Verwechslungen zwischen den relevanten Vergleichs-*

merkmalen und den vielen irrelevanten auftreten können (z.b. in Gestalt der falschen Äquivalenz: "Wie die Spinne ihren Körper weiterbewegt, so bewegt sich auch das neuronale Zentrum des Arbeitsgedächtnisses.").

Wenn diese Beschreibung zutrifft, dann setzt die Strukturanalogie die Möglichkeit von *Schaltungen zwischen hochkomplexen Informationen in sehr verschiedenen Regionen des Gehirns und auf hohen Hierarchiestufen der gespeicherten Information* voraus. Genau das aber vermag das Arbeitsgedächtnis gemäß seiner Struktur und Funktion allem Anschein nach zu leisten.

e) Zwischen unterschiedenen Sachverhalten Beziehungen herstellen (Relationieren durch Vergleich), z.B. Kausalbeziehungen zwischen den Relaten "Ursache" und "Wirkung". - Die absolute und die graduelle Differenz (1. und 3.) bilden die Voraussetzungen für Relationen aller Art. *Relationen bestehen aus spezifischen Beziehungen zwischen unterschiedlichen Sachverhalten in einer bestimmten Sachdimension.* Stets kommt deshalb zur Differenz die *Kategorisierung der Beziehung* innerhalb der *übergreifenden Kategorie der jeweiligen Sachdimension* hinzu. So wird z.B. die Differenz zwischen Nagel und Bild erst durch das Ziel, ein Bild aufzuhängen, zur instrumentellen Beziehung zwischen Mittel und Zweck. Die Kategorien für die Sachdimension und der ihr impliziten Beziehung müssen schon zur Verfügung stehen, wenn zwischen differenten Sachverhalten eine bestimmte Beziehung hergestellt wird.

Wiederum haben wir es mit einer Gruppe von Operationen zu tun, deren Eigenart sowohl durch ihren Ort im Gesamtsystem der menschlichen Informationsverarbeitung (Relationen statt Elemente) als auch durch eine hierarchische Ordnung der Information bestimmt ist. Sie tragen zur Verarbeitung der jeweils im Arbeitsgedächtnis präsenten zuständlichen Information bei. - Ohne den Anspruch auf strenge Systematik und Vollständigkeit liste ich *Kategorien für Beziehungen und Sachdimensionen* auf:

- über, unter, neben, zwischen (räumliche Relationen)
- später, früher, gleichzeitig (zeitliche Relationen)
- schneller, freundlicher, älter etc. als ... (komparative Relation)
- und dann (serielle Relation)
- einschließendes "oder" (kumulative Relation)
- ausschließendes "oder" (Entscheidungsrelation)
- ist Fall von ... bzw. ist Oberbegriff von ... (hierarchische Relation)
- a verhält sich zu b wie b zu a (korrelative Relation)
- ab = ba (reziproke Relation)
- Wenn a, dann b (notwendige Bedingung oder Implikation) in den Formen von Grund und Folge (logische Relation), Ursache und Wirkung (Kausalrelation), Mittel und Zweck (Handlungsrelation), Argument und Wert (funktionale Relation)
- etwas ist unter einem Gesichtspunkt zugleich a und nicht a (Widerspruchsrelation), z.B.: etwas ist unter dem Gesichtspunkt "Aggregatzustand" zugleich fest und flüssig
- a+b=c; c-b=a (reversible oder inverse Relation, d.h. -b ist revers zu +b)

f) Eine Information von einer Zeitform in eine andere transponieren (temporale Transformation), z.B. Zeitschätzungen in Uhrzeit oder historische Zeitspannen in durchschnittlicher Lebenszeit.

Ein und dieselbe Information kann durch eine Operation so verändert werden, daß sie von einer Erwartung zu einer gegenwärtigen Realität oder zu einem Gewesenen wird. Gewesenes kann aber auch wieder als Zukünftiges antizipiert oder Zukünftiges bereits als eingetretener Zustand behandelt werden (Futur II). Die *Herstellung einer Beziehung zwischen einer Information und einer Zeitbestimmung ist offensichtlich frei verfügbar.* Entsprechendes gilt für die Zuschreibung von Zeitpunkt, Zeitdauer Vorzeitigkeit, Nachzeitigkeit und Gleichzeitigkeit.

Für diese Operation ist wahrscheinlich kennzeichnend, daß Vergleichsoperationen im System der Zeit (genauer: dem System der Aktualität, z.B. "jetzt nicht gegeben, aber vorher gegeben) mit Vergleichsoperationen in einem Sachbereich (z.B. der Ölmenge im Tank) wiederum miteinander verglichen werden. Für die Komplexität und Schwierigkeit der Konstruktion dieser Gruppe von Operationen spricht, daß die Zuordnung von Zeit- und Sachinformation erst relativ spät gelingt und anscheinend auch im Alter häufig wieder relativ früh defizient wird. Das sind freilich nur Indizien für die Annahme, daß auch jedes Zeitbewußtsein aus Vergleichsprozessen differenzierender, gleichsetzender und relationalisierender Art entsteht. Es verbietet sich hier, auch nur den Ansatz für eine operative Theorie der Zeit zu entwickeln (vgl. die Untersuchung der Entwicklung des Zeitbegriffs von *Piaget* 1955; s.a. *Meder* 1989 und *Grzesik* 1961).

g) Eine Information von einem Modus in einen anderen transponieren (modale Transformation), z.B. vom Modus der Möglichkeit in den der Unmöglichkeit oder vom Modus der Wirklichkeit in den des Wunsches.

Ein und dieselbe Information kann durch eine Operation so verändert werden, daß ihr *Realität, Potentialität oder Irrealität* zugeschrieben wird. Auch das System der Modalitäten (*Piaget* 1972, 240f.) scheint im Laufe der Entwicklung jedes Menschen erst allmählich konstruiert zu werden, was man an den Schwierigkeiten der Schüler mit den Modi beobachten kann. Während sich die Differenz zwischen real und potential aus der Differenz zwischen Wahrnehmung und Vorstellung zu entwickeln scheint, scheint der Modus der Irrealität eine Verbindung zwischen beiden zu sein, nämlich die *Negation der Potentialität einer Realität.* Der Ausgangspunkt der Entwicklung scheint die Konstruktion der Permanenz des Gegenstandes in der Wahrnehmung durch das Kleinkind zu sein (*Piaget* 1974). Daher folgt auch später stets zuerst die Konstruktion des Realitätsmodus für jede Information (naive Weltsicht). Die beiden anderen Modi werden nur mit Mühe dazugelernt und bleiben oft lebenslang defizient, wofür die Schwierigkeiten mit dem *Konditionalis, in dem alle drei Modi auch noch mit der Implikation verschränkt sind* ("Wenn ich reich wäre, würde ich ..."), bezeichnend sind.

h) Eine Information von einem Medium in ein anderes transponieren (mediale Transformation), z.B. von einem inneren Bild in eine graphische Darstellung oder von einer Form des Diagramms in eine andere.

Menschliche Information ist *immer an ein Medium gebunden*, deshalb gibt es als Veränderung nur die Transponierung in ein anderes Medium. Jede Transponierung erfordert aber eine *Umstrukturierung der Information nach den Anforderungen des anderen Mediums*. Selbst dann, wenn man Gleichheit der Information herzustellen sucht, z.B. bei einer Übersetzung oder einem Diagramm, sind diese Umstellungen so gravierend, daß

Unterrichtspraktische Aspekte 195

man nicht nur von einer Transposition, sondern auch von einer Transformation der Information sprechen muß (s. hierzu *Grzesik* 1992², 73f., 148f. u. 1990, 319f.). - Als Medien stehen für solche Transformationen zur Verfügung:

- das innere und äußere Bild in allen Graden der Schematisierung
- die innere und äußere Sprache als Lautsprache und als Schriftsprache
- die Musik
- alle Formen der Körpersprache.

Für jede dieser Grundmöglichkeiten der medialen Repräsentation gibt es Unterformen, und alle können miteinander verbunden werden (Multimedialität), weil sie simultan zu realisieren sind, wovon z.b. das Fernsehmedium extremen Gebrauch macht.

Grundlegend für die Beziehung zwischen einer Information und ihrem Medium ist die semiotische Relation, daß *etwas für etwas* stehen kann, ein *Symbol (analog) oder Zeichen (digital) für ein Bezeichnetes (Signifikant und Signifikat)*. Das ist die spezifische Differenz zwischen einem stellvertretenden Sachverhalt und demjenigen Sachverhalt, den er vertritt. Die Fähigkeit zur Konstruktion der semiotischen Relation entwickelt sich nach *Piaget* aus der verzögerten inneren Nachahmung einer Wahrnehmung in der Form einer Vorstellung. Dies geschieht etwa in der zweiten Hälfte des zweiten Lebensjahres (*Piaget/Inhelder* 1979). Die Vorstellung steht dann für eine Wahrnehmung. Hieraus entwickelt sich das Symbolspiel, in dem z.B. ein Holunderast eine Flöte vertritt. Die semiotische Relation ist nicht auf die oben unterschiedenen Medien beschränkt, sondern sie ist so universal, daß jeder Bewußtseinsinhalt zum Zeichen für einen anderen werden kann (*Eco* 1987).

Die Mächtigkeit der medialen Transformation für das Lernen besteht darin, daß die Information aktiv im neuen Medium codiert werden muß, daß dies zugleich eine Wiederholung darstellt, daß aber auch durch die erforderliche Umstrukturierung die Information flexibel wird und daß die unterschiedlichen Medien eine unterschiedliche und doppelte Stütze für die jeweilige Information darstellen.

i) Eine Information in einem bestimmten Grad als positiv oder negativ bewerten (axiologische Transformation), z.B. in der Form einer Rangordnung von Tätigkeiten oder von Noten für Leistungen.

Jede Information kann durch den *Vergleich mit einem Bedürfnis* als positiv oder negativ bewertet werden, und zwar in sehr unterschiedlichem Grad. *Eine bestimmte Information,* z.B. ein Hungergefühl oder ein als angenehm empfundener Sommerabend, wird *mit Maßstäben für befriedigte Bedürfnisse verglichen*. Aus dem jeweiligen *Kalkül zwischen solchen Maßstäben*, d.h. aus der jeweiligen Bedürfnislage, ergibt sich dann der Wert der Information, so daß z.B. das Hungergefühl als positiv bewertet werden kann, weil das Hungern einem Bedürfnis entspricht, das höher rangiert als Sättigung, und der durch das Gefühl des Angenehmen repräsentierte Zustand negativ, weil er als Schwäche interpretiert wird.

Der *Vergleich der jeweils aktuellen Information mit dem Bedürfnissystem* findet in jedem Organismus statt. Der jeweilige *emotionale Zustand* ist allem Anschein nach eine *ganzheitliche Repräsentation der jeweils aktuellen Information*, die den *Vergleich der vielfältigen aktualisierten Information mit dem Bedürfnissystem* erst möglich macht. Emotionalität und Bewertungssystem sind zwar zwei verschiedene psychische Systeme, was sich daran zeigt, daß die Bewertung bestimmter Emotionen nicht nur zwischen verschiedenen Individuen, sondern auch beim einzelnen variiert. Sie sind aber eng miteinander verbunden, was sich daran zeigt, daß jeder seine Emotionen in positive und negative einteilt (Der eine liebt die Gefühle, die mit neuen Aufgaben verbunden sind, der andere haßt sie wie die Pest. So reflektieren wir auf unsere Gefühle wiederum mit positiven und negativen Gefühlen). Beides läßt sich nicht nur introspektiv beobachten, sondern ist auch neurophysiologisch begründbar.

Beim Menschen entwickelt sich nicht nur die jeweils aktualisierbare Information, sondern *auch das Bedürfnissystem in außerordentlichem Maße durch Lernen*. Auch die Information dieses Systems ist allem Anschein nach topologisch nach den verschiedenen Regionen des psychischen Systems, z.B. den Regionen der motorischen oder der sensorischen Systeme, und hierarchisch organisiert. Es gibt deshalb *Arten von Werten und Ordnungen von Werten*. Im Augenblick aber entscheidet über den jeweils zugeschriebenen Wert immer ein *Kalkül*, der selbst wiederum nach gelernten Regularien abläuft. *Mit jeder Wertung* wird deshalb nicht nur augenblickliche Information verarbeitet, sondern *wird auch durch Wiederholung und Veränderung gelernt*.

j) Regulierung der Anschlüsse der Operationen durch die höchsten der jeweils für einen Bereich der Informationsverarbeitung zur Verfügung stehenden Regularien (Selbstregulierung durch ein System von Regularien), z.B. durch die Selbstregelung "nicht alles auf einmal" bei Panik oder durch die Regelung der Arbeitstätigkeiten in einem größeren Zeitraum.

Die Regulation der Abfolge der menschlichen Aktivitäten muß bis in die kleinsten sequentiell aneinander angeschlossenen Einheiten *simultan mit deren Vollzug* sein. Trotzdem entwickelt sie sich als ein *eigenes System aus "quasi-automatischen Regulierungen und aktiven Regelungen*" (*Piaget* 1976, 28). Der aktiven Regelungen sind wir uns reflexiv bewußt, wenn wir unsere Aktivitäten bewußt planen und durch "Antriebsregulation" und "Ausführungsregulation" (*Hacker* 1978[2], 58f.) in die Tat umsetzen.

Für alle Regulierungen gilt, daß "ihre Programmierung nicht erblich ist", d.h. gelernt werden muß (*Piaget* 1976, 29). Daher trägt jede Regulierung der Ausrichtung des Arbeitsgedächtnisses auf eine bestimmte zuständliche Information und auch die Regulierung der Verarbeitung dieser Information zum Lernen bei. Gelernt wird hier, *wie diese Ausrichtungen des Arbeitsgedächtnisses und die Aktivitäten in ihm aufeinander folgen*. Diese Regularien können sehr verschiedene Gestalt haben. Letztlich reguliert jedes Allgemeinere das weniger Allgemeine, weil es ihm hierarchisch übergeordnet ist. Ich nenne deshalb nur einige besondere Möglichkeiten:

Unterrichtspraktische Aspekte 197

- Taktiken, z.B. eine unangenehme Angelegenheit auf später vertagen ("Darüber müssen wir noch einmal sprechen.")
- Rituale, z.B. Begrüßungsrituale
- Strategien, d.h. relativ allgemeine Regeln für das Vorgehen in größeren Handlungszusammenhängen, z.b. eine Verhandlungsstrategie oder eine Strategie für den Einkauf oder eine Strategie für die Lösung von Personalproblemen oder eine Strategie für die Bearbeitung von Schulaufgaben
- Verfahren, d.h. genauere Festlegungen für das Procedere, z.b. ein juristisches Verfahren oder ein Verfahren für die Lösung einer bestimmten Rechenaufgabe oder ein Verfahren zur Herstellung eines bestimmten Produktes
- Netzplanung für die zeitliche Koordination vieler Aktivitäten, z.b. beim Bau eines Hauses
- Lebensplanung in Gestalt der Festlegung der Abfolge von Aktivitäten in einem Lebensabschnitt.

Obwohl Regularien keineswegs nur die Aktivitäten innerhalb der jeweils aktualisierten Information regeln, z.b. beim Auffahren auf eine Autobahn, sondern auch die Abfolge der Gesamtaktivitäten, und zwar einer unbegrenzt großen Zahl auf sehr unterschiedlichem Abstraktionsniveau, müssen sie, automatisch oder bewußt, simultan mit den Aktivitäten selbst aktiviert werden und können sie in konkreten Tätigkeiten ausgearbeitet werden.

k) Informationen jeder Art und jedes Komplexitätsgrades durch die Anwendung aller Arten der Transformation identifizieren und verarbeiten (Identifikation und Integration), z.B. bei der Bearbeitung eines Themas.

Auf jede neue Information können prinzipiell *alle Möglichkeiten eines psychischen Systems* eingesetzt werden, *soweit sie in einer bestimmten Zeit aktualisierbar sind*, z.B. auf einen kontinuierlich vermittelten Vortrag über geraume Zeit, alles, was in das Arbeitsgedächtnis während der Zeitdauer des Vortrags "hineinpaßt". Welche Verarbeitung der einlaufenden akustischen Zeicheninformation stattfindet, das hängt entscheidend davon ab, welche *Selektion* der Verarbeitung für die knappe Kapazität des Arbeitsgedächtnisses vorgenommen wird, z.B. unter welchen Gesichtspunkten ein Vortrag aufgenommen wird. Gelernt wird deshalb bei der Identifikation und Integration nur im Maße dieser Aktivierung. Das gilt nicht nur für einen Vortrag, sondern auch für ein neues Bild, eine neue Bekanntschaft etc.

Bei der Identifikation hochkomplexer Information wird deshalb genau in dem Maße gelernt, *in dem es dem Subjekt gelingt, Information zu konstruieren und weiter zu verarbeiten*, und zwar sowohl durch wiederholten Vollzug als auch durch neuen. Die Identifikation und Integration hochkomplexer Information kann deshalb *in kurzer Zeit zu einer sehr großen Zahl simultaner und sequentieller Transformationen* führen. Der hohe Lerneffekt solcher multiplen Transformationen bei der "Aufnahme" kompletter Informationen darf auf keinen Fall mit der Frage der didaktischen Zweckmäßigkeit solcher komplexen Identifikationen und Verarbeitungen verwechselt werden. *Diese Form der Transformation muß der Entwicklung derjenigen Fähigkeiten, die für die Verarbeitung komplexer Information erforderlich sind, folgen*, dann wird von einem bestimmten Entwicklungsstand an in sehr vielen Fällen sogar die Information eines Vortrags gegenüber derjenigen Information, die durch ein gutes Buch vermittelt wird, nicht komplex genug sein.

l) Ordnen von identifizierten Informationen zu systemischen Zusammenhängen (Systembildung durch rekursive Anwendung von Operationen auf Operationen), z.B. durch die Ausarbeitung einer dezimalen Gliederung oder durch einen erneuten Vergleich des Resultats eines Vergleichs.

Diese Transformation ist das Pendant zur Identifikation. Beide, Identifikation und Systembildung, sind komplexe Konstruktionsprozesse. Im ersten Falle überwiegt die Integration in schon entwickelte Systeme, im zweiten müssen solche Systeme erst selbst entwickelt werden.

Systeme gelernter Information sind *bereichsspezifische Ordnungszusammenhänge*, z.B. das Zeitsystem des Stundenplans eines Schülers oder das politische System der repräsentativen Demokratie. Sie sind mehr als eine Akkumulation von Information, weil *jede Information, z.B. die Organisation einer bestimmten Bundestagswahl, vollständig oder wenigstens annäherungsweise aus der Struktur eines Systems konstruiert* werden kann, z.B. aus dem System der repräsentativen Demokratie.

Die Systembildung von gelernter Information wird durch den topologischen und hierarchischen Zusammenhang des psychischen Systems ermöglicht. So ist jede Klassifikation schon ein kleines System, erst recht aber die Herstellung einer Ordnung zwischen Klassifikationen, d.h. die Bildung einer Taxonomie, z.B. durch die Relationierung "größer als". Die Struktur eines Systems ergibt sich aus der *Kombination von Operationen aus Regionen und Hierarchien der Information im Nervensystem*. So können nicht nur *Systeme für Informationen der Welt*, sondern auch *Systeme für Informationen des Selbst* gebildet werden, z.B. Einstellungen oder Selbstkonzepte.

Die Überlegungen über Möglichkeiten der Systembildung in der menschlichen Informationsverarbeitung stehen erst an ihrem Anfang. *Piagets* Überlegungen zu einer "Logik der Totalitäten" (1966[2], 41), die in einer Theorie der "operativen Gesamtsysteme" (1966[2], 42) des formalen Denkens mit absolutem Gleichgewicht münden, bedürften dazu einer kritischen Verarbeitung und Verbindung mit Theorien neuronaler Netzwerke. Auch auf dieses Problem kann ich nicht näher eingehen. Für die Praxis des Lernens und Lehrens scheint mir aber der Gedanke, daß *systemische Zusammenhänge die höchste Ordnungsform menschlicher Information* zu sein scheinen, von größter Wichtigkeit. Wenn Information in einen systemischen Zusammenhang transformiert worden ist, dann können *solche Zusammenhänge als Ganze aktualisiert* werden, dann kann *in solchen Zusammenhängen voll beweglich operiert werden, ohne daß man im voraus alle Zustände des Systems kennen muß*, dann ist wahrscheinlich die *Informationsform mit größtmöglicher Stabilität* erreicht, und dann läßt sich die Fülle der Information aus einer Vielzahl von Bereichen im Gesamtraum der Lernmöglichkeiten des Menschen in Systemen organisieren, die *voneinander unterscheidbar* bleiben.

m) Umordnen eines systemischen Zusammenhangs von Informationen in einen anderen systemischen Zusammenhang (Transformation eines Systems von Information in ein anderes), z.B. aus einem räumlichen in einen sequentiellen zeitlichen Zusammenhang. Die menschliche Informationsverarbeitung verfügt über die mächtige Möglichkeit, *systemisch geordnete Information in eine andere systemische Ordnung zu überführen*, wie z.B. die Transformation der natürlichen Zahlen vom Dezimalsystem in das binäre System. Diese Möglichkeit kann auch im schulischen Lernen schon auftreten, freilich nur in kleinem Umfang.

Wenn dies möglich ist, dann wird mit dem Systemvergleich der Prozeß der Informationsverarbeitung auf einer *weiteren Stufe der Komplexität* fortgesetzt. Es sprechen viele Gründe dafür, daß dies *die höchste Stufe der Komplexität sein könnte, die durch operative Transformationen des menschlichen Geistes erreicht werden kann*.

Die von mir unterschiedenen dreizehn Operationen lassen sich gruppieren nach *kognitiven, temporalen, modalen und medialen Transformationen und nach Anschlußregulierungen*. Alle nutzen die sequentielle und hierarchische Ordnung der psychischen Aktivität.

Alle diese Operationen kann der Lernende von sich aus oder aufgrund einer Anregung des Lehrenden vollziehen, weil dies jedem Schüler prinzipiell möglich ist. Sie bleiben aber keineswegs im Laufe der Entwicklung konstant, sondern ihre Komplexität nimmt mit dem Zuwachs an Information durch Lernen zu.

3. Teiltätigkeiten können nach ihrer Stelle im Handlungsvollzug unterschieden werden

Die *dritte Klassifikation* bezieht sich auf die *Position der Teiltätigkeiten in der Handlungsstruktur jeder Gesamttätigkeit*. Die Teiltätigkeiten dieser Dimension treten bei automatisierten, d.h. reflexhaft vollzogenen, Gesamttätigkeiten nicht auseinander, d.h. sie werden weder bei einem selbst noch bei anderen als aufeinanderfolgende Aktivitäten wahrgenommen. Ihre volle Differenzierung findet dagegen in schwierigen komplexen Problemlöseprozessen statt. Dann müssen sie soweit wie möglich gesondert eingesetzt werden, damit die Komplexität der Gesamttätigkeit abgearbeitet werden kann. Für diesen Sachverhalt der Dissoziation der kompletten Tätigkeitsstruktur braucht man sich nur einige Beispiele zu vergegenwärtigen, die beim jeweiligen Entwicklungsstand den Charakter eines schwierigen Problems haben, von dem geplanten Spiel der Kinder bis zur Planung einer Rheinbrücke, von den ersten sprachlichen Äußerungen bis zur Ausarbeitung umfangreicher Schriftstücke, von der Selbstregelung des Spielens zwischen Geschwistern bis zum Entwurf eines Pakets von Sozialgesetzen. Im Anschluß an den gegenwärtigen Stand der Theorie des Problemlösens (*Dörner* 1987[3]; *Brander/Kompa/Peltzer* 1985; *Stäudel* 1987) lassen sich in diesem Prozeß einige Teiltätigkeiten unterscheiden. Sie treten auch bei der Lösung einer Lernaufgabe auf, weil sie prinzipiell als Problem für den Schüler verstanden werden kann (**M9**). Sie wird deshalb hier nur summarisch aufgeführt (s. **Teil III**).

a) Entwicklung eines Problembewußtseins. – Ein Problembewußtsein stellt sich erst ein, wenn eine Tätigkeit nicht prompt vollzogen werden kann. Es ist deshalb nichts anderes als das *Bewußtsein einer Störung*. Das Bewußtsein einer Störung stellt sich keineswegs für sich und auch nicht immer in einem Augenblick ein, sondern es entwickelt sich zugleich mit der zunehmend genaueren *Identifizierung der Störung* in seinem ganzen Ausmaß oft erst allmählich und mit unterschiedlicher Intensität. Die Entwicklung eines Problembewußtseins ist deshalb schon der Beginn der Lösung des Problems. So kann die Entwicklung eines angemessenen Problembewußtseins selbst schon ein Problem sein, das wiederum durch fremde oder eigene Einflüsse gelöst werden muß.

b) Unterscheidung von gegebenem Ausgangszustand und angestrebtem Zielzustand (Problemanalyse). – Diese Unterscheidung kann in vielen Fällen sehr schnell vorgenommen werden, z.B. bei der Suche nach passendem Geld im Portemonnaie (Mittel) für die Bezahlung eines Betrags (Ziel). Es kann aber auch eine ausdrückliche Ausgangs- und Zielanalyse erforderlich sein, z.B. bei einer mathematischen Textaufgabe. Durch diese Transformation wird die vorhandene Information nicht nur in Bestandteile aufgelöst, sondern auch schon in die Zeitdimension übertragen. Erst nach dieser Transformation kann ein Schema für den Prozeß der Problemlösung ausgearbeitet werden.

c) Identifikation von Barrieren für die Ausarbeitung eines Schemas des Lösungsprozesses. – Besonders bei komplexen Problemen muß für die Störstellen im Problemlösungsprozeß selbst wieder ein Problembewußtsein entwickelt werden. Anderenfalls treten die Schwierigkeiten erst später auf, was sehr folgenreich sein kann. Solche Störstellen können vor allem auftreten in den Zielen (z.B. Unbestimmtheit) in den Ausgangsbedingungen (z.B. Unvollständigkeit) in der Folge der Operationen zwischen Ausgangs- und Zielzustand (z.B. fehlende Kenntnis einer Operation, Reihenfolgeprobleme). Sie können aber auch in allen anderen Bereichen der Gesamttätigkeit der Lösung des Problems auftreten, z.B in der Planungskapazität (z.B. knappe Zeit für Planung), in der subjektiven Verfassung (z.B. durch zu große Erregung unkonzentriert), in der eigenen Bedürfnislage (z.B. konkurrierende Bedürfnisse) oder in äußeren Störungen. Die Probleme, die sich aus Veränderungen des Problems selbst und Veränderungen beim Problemlöser (z.B. Vergessen) in der Dynamik des Problemlösungsprozesses ergeben, sind damit noch nicht berücksichtigt. - Die identifizierten Barrieren können für ihre Überwindung eigene Problemlöseprozesse erfordern.

d) Planung des Problemlöseprozesses. - Die Entwicklung eines Schemas des Lösungsprozesses geschieht zwar schon bei der Identifikation und partiellen Bewältigung von Barrieren, besteht aber aus eigenen konstruktiven Tätigkeiten. Dazu gehören insbesondere: die Aufgliederung des gesamten Prozesses in Etappen durch Teilziele, die unterschiedlich genaue Ausarbeitung von Teilplänen für bestimmte Teilziele, die mediale Transformation von Teilplänen (etwa in einen graphischen Netzplan), die Ausarbeitung von Sonderplänen, z.B. Materialplänen oder Zeitplänen. Die Planungstätigkeit kann prinzipiell den konkreten Verlauf des Lösungsprozesses selbst nicht vollständig antizipieren. Sie kann die Komplexität und damit die Schwierigkeit dieses Prozesses aber genau in dem Maße reduzieren, in dem sie Operationen virtuell vollziehen kann, die dann auch tatsächlich vollzogen werden müssen, z.B. Entscheidungen über den Anschluß von Operationen. Die Planung ist natürlich selbst ein reales Operieren, während die geplanten Aktivitäten den Möglichkeitsmodus haben. Sie nutzt aber den wesentlich schnelleren Modus des höheren Abstraktionsniveaus von Begriffen und des Vorstellens des Möglichen gegenüber dem wesentlich langsameren Modus der konkreten Exekution der gedachten und vorgestellten Tätigkeiten.

e) Ausführung des Planes durch eine Abfolge von Operationen, die vom Ausgangs- zum Zielzustand führen. - Die Ausführung erfolgt keineswegs immer kontinuierlich, sondern wird selbst immer wieder von anderen Teiltätigkeiten unterbrochen, z.B. durch die Nachregulierung einer nachlassenden Motivation, d.h. durch die Überwindung einer subjektiven Barriere. Andererseits kann mit der Ausführung schon begonnen werden, soweit dies vor der Inanspruchnahme anderer Teiltätigkeiten schon möglich ist, z.B. Zurechtlegen von Werkzeugen, ehe man sie braucht. Auch bei der Ausführung gibt es keine strikte zeitliche Ordnung, sondern kommt es allein darauf an, daß die erforderlichen Anschlüsse zu gegebener Zeit möglich sind, z.B. der Einsatz eines schon vorher bereitgelegten Werkzeugs oder das Einsetzen eines schon vorher produzierten Abschnittes in einen Text.

f) Die Kontrolle der Güte des Lösungsprozesses. - Natürlich gibt es Endkontrollen der Lösung eines Problems bzw. des Resultats der Bearbeitung einer Lernaufgabe. Die Kontrolle ist aber ebenso wie alle anderen Teiltätigkeiten eine ständig zur Verfügung stehende Tätigkeitsform. Stets wird jetzt nicht wie bei der Planung vorwärts (prospektiv) eine Abfolge von Tätigkeiten entworfen, sondern wird rückwärts (retrospektiv) das jeweils erzielte Ergebnis mit dem zuvor festgelegten Hauptziel, mit Teilzielen, mit einzelnen Gütenormen, mit den jeweiligen Ausgangszuständen und mit den Plänen verglichen.

Die *Ökonomie* des gesamten Prozesses der Bearbeitung einer Lernaufgabe, d.h. seine Zweckmäßigkeit für die Erreichung des Ziels, insbesondere seine Schnelligkeit und Zuverlässigkeit, hängt davon ab, ob die für die Problemlösung zur Verfügung stehenden Tätigkeitsformen so eingesetzt werden, wie es ihrer Funktion entspricht. Es kann so z.B. ebenso ein Übermaß wie ein Defizit an Planung geben. Der Lernende, und natürlich auch der Lehrende, müßten jeweils möglichst schnell erkennen, welche Tätigkeit am besten als nächste für die Bearbeitung einer Lernaufgabe aktiviert wird. Oft genügt es für den glatten Ablauf des Lösungsprozesses, lediglich eine fehlende Operation zu erarbeiten oder nur ein erstes Teilziel in den Blick zu fassen. - Nach allgemeinen Lerngesetzen ergeben sich aus solchen Entscheidungen übertragbare hierarchische Ordnungen von Regelungen für Problemlöseprozesse.

Alle drei Klassifikationen haben den praktischen Sinn, daß der Lehrer im Fluß der Aktivitäten des Schülers Teiltätigkeiten unterscheiden und sich auch über sie mit dem Schüler verständigen kann. Der Lehrer kann sich mit der Hilfe dieser Unterscheidungen den diffusen Eindruck von der jeweiligen Aktivität des Schülers wenigstens soweit transparent machen, daß er sinnvoll auf sie zu reagieren vermag. Was die drei Klassifikationen für diesen Zweck leisten können, hängt natürlich davon ab, wieweit sie der tatsächlichen Struktur der Gesamttätigkeit entsprechen. Ihr praktischer Orientierungswert aber ist wichtiger als Einzelfragen wie die nach der Genauigkeit einzelner Unterscheidungen oder auch nach der Vollständigkeit der unterschiedenen Klassen.

Für die Unterscheidung einer Teiltätigkeit genügt es in der jeweiligen Situation oft, sich *nur einer Klassifikation* zu bedienen. Ist es z.B. klar, daß es um eine Regel geht, dann kann man sich auf Operationen konzentrieren, die jeweils für die Verbesserung dieser Regelkompetenz geeignet sind, z.B. auf ihre Transformation in ein anderes Medium. Haben die Schüler bereits mit der Aufgabenlösung begonnen, dann genügt es z.B., sie auf eine Kontrollmöglichkeit aufmerksam zu machen. Man kann sich aber für die genaue Bestimmung und Verständigung über Teiltätigkeiten auch *zweier oder gar aller drei Klassifikationen* bedienen. So kann man z.B. durch eine Verständigung vor einem gemeinsamen Kauf viele Mißverständnisse im Geschäft vermeiden, wenn klar ist, welchen Zwecken ein Kleidungsstück dienen soll (Ziel), an welche Art von Kleidungsstück man dafür denkt (Bereich), in welche Abteilung welches Geschäftes man gehen will (Ausgangszustand für den Kauf), welche Qualitäten man nacheinander untersuchen will (Art und Folge der zur Kaufentscheidung führenden Operationen) und gegen welche eigenen Schwächen man sich wappnen will (Kontrollen).

Da *jede Teiltätigkeit aus einer der drei Klassifikationen mit jeder Teiltätigkeit aus den beiden anderen kombiniert* werden kann, reichen die drei Klassifikationen für die Identifikation einer sehr großen Zahl von unterschiedlichen Teilfähigkeiten aus. Nimmt man noch weitere Unterscheidungen in den einzelnen Klassen hinzu, dann besteht sicher kein Mangel an *Unterscheidungskriterien für diejenige Teiltätigkeit, um die es jeweils geht*. Genau dies ist aber für das Verstehen der Lerntätigkeiten der Schüler und die Verständigung über sie erforderlich. In der Realität werden sicher nicht alle Unterscheidungen gleich stark in Anspruch genommen. Wahrscheinlich aber wäre es oft hilfreich, seltener gebrauchte Unterscheidungen einzubeziehen. Ich vermute u.a., daß grobe Bereichs- und Verfahrensbezeichnungen vorherrschen, aber für die Steuerung der Aufgabenlösung kaum Unterscheidungen von Teiltätigkeiten des Handlungsprozesses im Gebrauch sind. Es könnte deshalb sein, daß eine ökonomischere Nutzung aller unterscheidbaren Teiltätigkeiten auch zu höheren Effekten im Unterricht führt.

Eine Auseinandersetzung mit behavioristisch orientierten Klassifikationen ist hier nicht möglich. Ich verweise nur auf die bekanntesten Klassifikationsversuche: *Guilford* (1976) klassifizierte alle Formen der Intelligenz durch ihren intersubjektiv zu beobachtenden Bereich ("Inhalt"), das ebenfalls intersubjektiv beobachtbare Resultat ("Produkt") sowie die zwischen beiden vermittelnde und nur erschließbare Aktivität ("Operation"). Dem Inhalt entspricht in meinem Klassifikationsversuch die zuständliche Information, der sich die Aufmerksamkeit zuwendet. Der Operation zusammen mit ihrem Produkt entspricht die Transformation in einen anderen Zustand, z.b. das Erkennen einer Differenz durch Vergleich. - *Tyler* (1973, vgl. *Klauer* 1974, 15f.) unterscheidet nur zwischen sehr globalen Sachbereichen, z.B. "Ernährung", und sehr komplexen sogenannten Verhaltensaspekten, z.b. der "Fähigkeit zu untersuchen und über Ergebnisse der Untersuchung zu berichten". Diese Unterscheidungen sind so komplex, daß sie für die Unterscheidung von Aktivitäten des Arbeitsgedächtnisses ungeeignet sind. - *Bloom* (1976[5]) unterscheidet zwischen sehr komplexen kognitiven Operationen nach zunehmender Komplexität, z.B. zwischen "Anwendung", "Analyse" und "Synthese" als "intellektuellen Fähigkeiten und Fertigkeiten". Diese Unterscheidungen beschränken sich auf Transformationen, das heißt, der Bereich, auf den sie sich beziehen, bleibt ebenso unbestimmt wie ihr Ort im Handlungszusammenhang. Außerdem aber sind sie auch als psychologische Unterscheidungen problematisch und ist es unmöglich, zwischen ihnen generell einen Unterschied im Grad der Komplexität festzustellen, weil z.B. eine Anwendung komplexer sein kann als eine Analyse und eine Analyse komplexer als eine Synthese. - Wie in den angeführten Fällen kann bei jeder Klassifikation gezeigt werden, worauf sie sich im psychischen System bezieht. Außerdem kann erörtert werden, ob sie psychologisch vertretbar ist und ob sie für einen bestimmten Zweck, z.B. für die Unterscheidung von Teiltätigkeiten, geeignet ist.

(2) Durch Komposition von Teiltätigkeiten können Tätigkeiten jedes Komplexitätsgrades gelernt werden

Komposition steht in einer Wechselbeziehung zur Dekomposition: *Nur soweit, wie Dekomposition einer Tätigkeit in Teiltätigkeiten möglich ist, können durch deren Kombination wiederum neue Tätigkeiten gebildet werden.* Erst wenn eine Teiltätigkeit für sich zur Verfügung steht, z.B. die Identifikation von Nebensätzen ersten und zweiten Grades, kann sie mit anderen Teiltätigkeiten zu einer Gesamttätigkeit verbunden werden, z.B. die Identifikation von Nebensätzen ersten und zweiten Grades zusammen mit Teiltätigkeiten für die Analyse des dramatischen Stils *Heinrich von Kleists* oder für die Zeichensetzung. Durch die Ausdifferenzierung aus einer Gesamttätigkeit, z.B. aus dem Satzverstehen ohne grammatische Reflexion, wird eine Teiltätigkeit frei verfügbar und kann sie nun mannigfache Verbindungen mit anderen Teiltätigkeiten eingehen. *Je größer das Repertoire eines Menschen an frei verfügbaren Teiltätigkeiten ist, desto mannigfaltiger sind die Kombinationsmöglichkeiten für neue Tätigkeiten.*

Beim Lernen durch Kombination handelt es sich offensichtlich um eine Form des *Transfers im Sinne des Gebrauchs schon gelernter Teiltätigkeiten* für die Konstruktion einer neuen Tätigkeit. Komplette Teiltätigkeiten sind die identischen "Elemente" in der Form von *Teilen* der Gesamttätigkeit, und die Subsumtion eines neuen Falles unter eine allgemeinere Fähigkeit (Aktualisierung von Begriffs- oder Regelwissen) oder umgekehrt die Aktualisierung eines bekannten Falles für eine neue Regel sind nur Sonderfälle der Verknüpfung von Teiltätigkeiten zu Gesamttätigkeiten. Im Zentrum der bewußten Aufmerksamkeit steht dabei die Neukombination. Die dafür gebrauchten Teilfähigkeiten stehen aber nur dann zur Verfügung, wenn sie ihrerseits vorher mit bewußter Aufmerksamkeit vollzogen worden sind, d.h. thematisch waren. Daher stehen die allmähliche Automatisierung, Modifizierung und Ausgliederung von Teiltätigkeiten mit der Komposition auch in der *Wechselbeziehung von Thematisierung und Gebrauch*. Das eine ist ohne das andere nicht möglich, beide können sich gegenseitig nur in einem Wechsel mit Augenmaß optimal "hochschaukeln", d.h. komplexer und leistungsfähiger werden. Die Thematisierungen müssen Gelerntes so in Gebrauch nehmen, daß es sicher stabilisiert wird, und das Thematisierte muß umgehend in den Gebrauch genommen werden.

Durch die Komposition von Teiltätigkeiten können *am schnellsten neue komplexe Tätigkeiten gelernt* werden. Alle Möglichkeiten der simultanen und sequentiellen Verknüpfung von Teiltätigkeiten können bei neuen Aufgabenstellungen augenblicklich genutzt werden, das geschieht in extremem Maße bei einem Berufswechsel, in einer Notsituation, beim Hausbau oder bei einer Emigration. Voraussetzung dafür ist nur, daß die Teiltätigkeiten frei verfügbar sind und daß ihre Kombination gelingt. *Gelernt wird dann allerdings auch nur die neue Kombination, soweit sie selbst wiederum so stabilisiert wird, daß sie jederzeit wiederholbar ist.* Damit ist klar, daß dieses Lernen selten rein auftritt, sondern in der Regel mit den anderen bisher unterschiedenen Formen des Automatisierens, des Modifizierens und des Ausgliederns von Tätigkeiten. Außerdem ist klar, daß nicht alle erforderlichen Verknüpfungen auf Anhieb gelingen, weil auch sie operativ hergestellt werden müssen, wofür die Anstrengung in solchen Situationen, die allmähliche Bewältigung des neuen Zuschnitts eines Tätigkeitsbereiches und auch die Entwicklung von Fähigkeiten für Umstellungen durch wiederholte Umstellungen sichere Indizien sind. Extreme Wechsel des Tätigkeitsbereiches, wie sie z.B. in manchen Berufskarrieren vorkommen, bieten deshalb einerseits die Chance, so schnell wie möglich zu lernen, aber nur dann, wenn die anderen Möglichkeiten der Veränderung von Tätigkeiten genutzt werden. Andererseits bergen sie aber auch die Gefahr in sich, daß zwar Fähigkeiten des Wechselns gelernt werden, aber sonst nicht viel, falls die anderen Möglichkeiten des Lernens nicht hinreichend genutzt werden. Der schnelle Wechsel ist deshalb auch kein Wundermittel, sondern hat wie alle anderen Möglichkeiten nur spezifische Effekte.

Diese schnelle Kombination neuer Gesamttätigkeiten wird oft durch das Leben erzwungen, weil das physische Überleben oder die Erhaltung oder Gewinnung der gewünschten Lebensform davon abhängen. Natürlich ist dazu große ungewohnte und oft nur widerwillig ertragene Anstrengung erforderlich, bis über die Schmerzgrenze hinaus, d.h. Streß, Unsicherheit, Angst und die Schmerzen der Erschöpfung sind zu ertragen. Es kann deshalb überhaupt nicht die Rede davon sein, daß in Extremsituationen nicht viel gelernt werde, sondern Lernen optimal nur in angenehmen und angstfreien Situationen möglich sei (Suggestopädie, Superlearning). Schon die Intensität und die Dauer der Aktivitäten in Extremsituationen sprechen dagegen. Andererseits aber ist in solchen

Theoretische Grundlegung 205

Lebenssituationen auch ein Scheitern möglich, besonders dann, wenn das Repertoire der erforderlichen Teiltätigkeiten nicht ausreicht (vgl. dazu *Bettelheim* 1982). Manche suchen solche Situationen sogar trotz Risiko und Belastung wegen ihres hohen Ertrags an Erfahrungen bewußt auf.

Soweit die Komposition von Teilfähigkeiten durch Lebenssituationen, insbesondere in der Familie, in Notzeiten und im Berufsleben, veranlaßt wird, können *höchst problematische Tätigkeitsformen* gelernt werden, die andere als Fehlverhalten oder Deformation normalen menschlichen Verhaltens wahrnehmen. Auf der anderen Seite können durch bewußte Selbststeuerung des Verhaltens in einer neuen Situation und auch durch bewußte erzieherische Beeinflussung der eigenen Aktivitäten *hochgradig geordnete komplexe Tätigkeiten* aufgebaut werden. Es gibt natürlich auch den umgekehrten Fall der durch bewußte Einflüsse entstehenden Fehlbildung und ihrer Korrektur durch Lebenssituationen. *Selbsterziehung und Fremderziehung aber müßten sich die innere Differenzierung der jeweils schon aktualisierbaren Tätigkeiten ebenso zum Ziel machen wie die Kombination von Teiltätigkeiten zu Gesamttätigkeiten hoher und höchster Komplexität.* Dann geht es nicht nur um die Entwicklung von Teiltätigkeiten im Sinne von ständig zu aktualisierenden Kompetenzen, sondern um deren Verknüpfung zu wohlgeordneten Gesamttätigkeiten. Das ist nichts anderes als das Ziel der *ständigen Kultivierung* der höchsten menschlichen Tätigkeitsformen. *Das Repertoire an Verknüpfungsmöglichkeiten für hochgradig geordnete komplexe Tätigkeiten ist dann aber der Inbegriff einer hochentwickelten Persönlichkeit.*

Welchen *Zuschnitt* dieses Repertoire hat, ist eine Sache der Geschichte jedes menschlichen Individuums und damit zugleich der Geschichte der Menschheit. Hier hat die von *Dilthey* erkannte Historizität jedes Ziels der Erziehung ihren Ort (*Dilthey* 1961[3], 167f.). Deshalb muß jeder Zuschnitt begründet sein und letztlich subjektiv verantwortet werden. Dieses Problem soll in diesem Buch nicht behandelt werden.

Für die *Kultivierung von Höchstformen der menschlichen Tätigkeiten* lassen sich daher allgemein nur noch Verknüpfungsmöglichkeiten zwischen Teiltätigkeiten aufzeigen. In welcher Weise bereits entwickelte Teiltätigkeiten tatsächlich verknüpft werden, ist dann eine Frage der jeweiligen historischen Entscheidung sowohl des selbständigen als auch des gelenkten Lernens. Ich unterscheide nun einige *Verknüpfungsmöglichkeiten von Teiltätigkeiten*, wiederum ohne eine strenge Ordnung und ohne den Anspruch auf Vollständigkeit.

a) Aneinanderreihung
Die *Und-dann-Verknüpfung* scheint die einfachste bewußt herstellbare Beziehung zwischen Teiltätigkeiten zu sein. Sie stellt die pure sequentielle zeitliche Ordnung zwischen Teiltätigkeiten her. Sehr wahrscheinlich ist sie in der Entwicklung jedes Menschen die früheste und während des ganzen Lebens die einfachste Form der Ordnung. Dafür spricht, daß alle Tätigkeiten mit senso-motorischen Anteilen notwendig diese Verknüpfungsform haben, weil alle körperlichen Bewegungen im Kontinuum von Raum und Zeit stattfinden. Körperlich sind auch alle physischen Medien für geistige Prozesse, wie

das Sprechen, Schreiben, Singen etc. Die Und-dann-Folge ist aber keineswegs auf Körperbewegungen beschränkt, sondern sie ergibt sich generell für psychische Aktivitäten aus der seriellen Selektivität des Arbeitsgedächtnisses. Auch ganz innerlich vollzogene Gesamtaktivitäten folgen aufeinander, z.B. Erinnerungen, Träume, Gefühle oder Gedanken. Andere Formen der Verknüpfung, z.B. die Beziehungen zwischen simultanen Punkten in einem Raum oder die Verbindungen zwischen Begriffsbestimmungen, werden sehr oft auf diese einfache Form der Und-dann-Folge reduziert. Das gilt nicht nur für Schüler bis etwa zum zwölften Lebensjahr, sondern immer dann, wenn auf Anhieb noch keine kompliziertere Ordnung hergestellt werden kann. So kommen z.B. oft erst einmal Auflistungen von Persönlichkeitsmerkmalen zustande, ehe man Beziehungen zwischen ihnen entdeckt.

b) Simultanschaltung durch springende Aufmerksamkeit zwischen unterschiedlichen Tätigkeiten

Tätigkeiten, die bereits einzeln vollzogen werden können, lassen sich in der Weise *simultan vollziehen*, daß *die bewußte Aufmerksamkeit ständig von einer zur anderen hinüberwechselt*. Die bewußte Aufmerksamkeit steuert dann immer nur eine Tätigkeit, während die anderen automatisch mitlaufen. Dies geschieht z.B. während des Sprechens in der Form des Wechsels der Aufmerksamkeit vom Gegenstand des Sprechens zur Wahl eines Ausdrucks, zur Kontrolle von Fehlern oder zur Beobachtung des Adressaten, während das Sprechen ununterbrochen weiterläuft. Für das kontinuierliche Sprechen werden dann gleichzeitig mit den anderen Aktivitäten ein Mitteilungssinn und auch eine Mitteilungsform gewählt, beide werden kontrolliert, und man paßt sich den Reaktionen des Adressaten an.

Diese Möglichkeit hat ihre Grenze in der *begrenzten Kapazität des Arbeitsgedächtnisses für bewußte Prozesse*, der "Enge des Bewußtseins", von der schon *Herbart* gesprochen hat. Sie nutzt aber die Eigenschaft des psychischen Systems, daß *automatisierte Prozesse eine Zeitlang unkontrolliert laufen* können. - Daß auch diese Spanne begrenzt ist, kann jeder beim Autofahren erfahren, wenn er gleichzeitig etwas anderes tut, z.B. eine Kassette einlegt, ein Problem bedenkt oder selig dahinschwebt. Die *Differenz zwischen der bewußt kontrollierten und der unkontrollierten Tätigkeit* besteht darin, daß die unkontrollierte auf Veränderungen nur soweit reagieren kann, wie auch diese schon in den Automatismus mit einbezogen sind. Die verbleibende Unsicherheit vor unerwarteten Veränderungen kann man durch eine Verringerung der Geschwindigkeit der automatisierten Tätigkeit auszugleichen suchen, nicht nur beim Autofahren, sondern z.B. auch beim Gehen. Bei Unfällen auf der Autobahn kommt es zu Staus auf der anderen Fahrbahn, weil die doppelte Aktivität des Beobachtens und Fahrens regelmäßig zu Geschwindigkeitsverminderungen führt. Auch die *Gesamtkapazität für die Zahl der parallel geschalteten unterschiedlichen Tätigkeiten* ist offensichtlich begrenzt. Man unterhalte sich einmal beim Autofahren auf glatter Strecke intensiv, lade gleichzeitig den Kassettenrecorder und ärgere sich vielleicht noch über einen anderen Verkehrsteilnehmer. - Diese Grenzen lassen sich nur durch den *möglichst schnellen Wechsel der Aufmerksamkeit* erweitern, was wiederum seine absolute Grenze in der Zeit hat, die der psychische Apparat für einen solchen Wechsel braucht, d.h. in einigen hundert Millisekunden.

Die Mächtigkeit dieser Möglichkeit, eine neue komplexe Tätigkeit zu vollziehen, hängt von der Komplexität der bereits automatisierten Teiltätigkeiten ab. Wer ein routinierter Autofahrer ist, den Kassettenrecorder im Schlaf lädt, seine tausendfach wiederholte Meinung sagt und auch einen großen Ärger mühelos besänftigen kann, der hat noch Kapazität für weitere simultane Tätigkeiten. Daß dieses Lernen für die Lebensbewältigung von hoher Bedeutung ist, kann keine Frage sein. Der Schüler kann nur hohe Kompetenz in einem Lernbereich erzielen, wenn er in hohem Maße zu Simultanschaltungen dieser Art in der Lage ist, z.B. bei der Ausarbeitung eines Aufsatzes oder der Durchführung eines Experimentes.

c) Simultanschaltung von untergeordneten automatisierten Tätigkeiten
Sind Tätigkeiten *hierarchisch simultan* geschaltet, dann kann sich die bewußte *Aktivität auf der obersten Hierarchieebene oder fluktuierend auf den oberen* aufhalten, während alles untergeordnete automatisch abläuft. Während ich z.B. diesen letzten Satz auf dem Computer geschrieben habe, hatte ich nur das Bild der hierarchischen Ordnung mit der Differenz von bewußter Aktivität und nichtbewußter automatisierter Aktivität vor dem inneren Auge. Alles andere verlief reibungslos automatisch: Das Zehnfingersystem für die Schriftzeichenfolge (bis auf einen erst nachträglich gemerkten Fehler), die Wortwahl und der Satzbau, und auch das Ablesen des Sachzusammenhanges der Hierarchie am inneren Bild von oben nach unten. Alle diese Aktivitäten, und natürlich noch viele implizite andere, sind freilich einzeln in unterschiedlichsten Zusammenhängen gelernt, bis sie sich zur Transformation dieser Vorstellung in eine Zeichenfolge, die dem Computer eingegeben wird, verbinden und alle sich allein dem gedanklichen Zusammenhang unterordnen lassen. Dasselbe gilt für die Analyse eines Textes unter einem Gesichtspunkt ebenso wie für die Durchführung eines mathematischen Beweises.

Durch diese Form der hierarchischen Unterordnung von automatisierten Tätigkeiten unter bewußte läßt sich *die Kapazität des Arbeitsgedächtnisses zunehmend für hochkomplexe simultane Tätigkeiten ausweiten*. Über den Grad der Komplexität entscheidet die Tiefe der hierarchischen Staffelung oder, anders formuliert: die *Höhe der Hierarchieebene, auf der sich die bewußte Aktivität bewegen kann*, ohne die untergeordneten Aktivitäten kontrollieren zu müssen.

d) Aufbau von Tätigkeiten mit hoher simultaner und sequentieller Komplexität
In jedem Lebensbereich führt Lernen dazu, daß *zunehmend komplexere Tätigkeiten in eigener Regie* (selbstgeregelt) vollzogen werden können. Dieses Lernen erfordert oft viel Lebenszeit, und es kann bis ins hohe Alter zu Steigerungen der Komplexität führen. Auf dem Wege vom ersten Bau einer Brücke mit einem Märklinbaukasten bis zur selbständigen Konstruktion einer neuartigen Brücke oder vom ersten Brief bis zur selbständigen Abfassung von Verträgen muß viel gelernt werden. In jeder Entwicklung eines Menschen gibt es Ansätze für eine große Zahl solcher Wege. Auf vielen Wegen

werden auch einige Schritte getan, indem man z.B. eine Sportart betreibt. Aber die meisten Möglichkeiten, zunehmend komplexere Tätigkeiten einer bestimmten Art zu entwickeln, werden erst gar nicht wahrgenommen, viele andere Entwicklungen stagnieren an einem bestimmten Punkt, und oft fällt man sogar hinter bereits erreichte Komplexitätsgrade schnell wieder zurück. Wer schreibt z.B. noch einmal in seinem Leben ein Schriftstück im Umfang einer Examensarbeit?

Jede Tätigkeit von höherer Komplexität erfordert *neues Lernen in Gestalt einer erstmaligen Verknüpfungsform bereits aktivierbarer Tätigkeiten.* Vielleicht besteht dann das Neue nur im Umfang der zu bewältigenden Information oder in der Dauer, über die sich eine Tätigkeit erstreckt. Jedes neue Moment aber kann schon dazu führen, daß die neue Tätigkeitsform nicht gelingt und damit nicht gelernt wird. Von anderen und auch von sich selbst weiß man, daß manchmal eine neue Arbeit unerwartet nicht gelingt und daß man erst durch genaue Analyse der neuen Züge einer Tätigkeit entdeckt, zu welchem Lernen der Betreffende nicht in der Lage war.

Mit der steigenden Komplexität wird es zunehmend schwerer, die erforderliche Lebenszeit schon allein für den Vollzug einer Tätigkeit und erst recht für die Entwicklung und Voraussetzungen dafür aufzubringen. Man denkt deshalb bei komplexen Tätigkeiten auch zuerst an anspruchsvolle Berufstätigkeiten. In Wirklichkeit aber ist die *Schule heute der erste Ort, an dem durch langfristiges Lernen die Fähigkeit entwickelt wird, spezifische komplexe Tätigkeiten selbst zu regeln,* z.B. eine komplizierte mathematische Aufgabe zu lösen oder ein Referat über ein Buch zu schreiben. Die Familie ist heute weniger denn je dazu in der Lage, weil sie spezifische Fähigkeiten weder kontinuierlich entwickeln noch in ihrem Lebensbereich und Zeitbudget den Raum für ihren Vollzug bieten kann.

Die Entwicklung komplexer Tätigkeitsstrukturen ist so vielfältig, und wir wissen noch so wenig von den tatsächlichen Prozessen, daß jeder Versuch einer Klassifikation zum Scheitern verurteilt wäre. Die Vielfalt ergibt sich daraus, daß die Aufgaben *je nach Lebensbereich spezifisch und auch unterschiedlich umfangreich* sind. Ich verweise deshalb nur auf einige allgemeine Möglichkeiten des Aufbaus komplexer Tätigkeiten, die im schulischen Lernen wahrscheinlich ein größere Rolle spielen.

Erstens: Mehrere nacheinander gelernte Tätigkeiten können zu einer komplexen Tätigkeit verbunden werden. Kann man z.B. beim Erlernen des Schreinerhandwerks mit der Kreissäge arbeiten, Bretter miteinander verzinken, Leisten fräsen, lackieren, einen Entwurf ausarbeiten, passendes Material auswählen und etliches andere mehr, dann kann man sich an den Bau eines Schubladenschrankes wagen. - Hat man schon Texte verschiedener Art zu verstehen versucht und dabei sich auch schon um ein Verständnis von Metaphern und Bildern bemüht, dann wird das Verstehen einer kleineren Parabel möglich. Hat man im Unterrichtsgespräch einen bestimmten Sachzusammenhang erörtert und hat man früher schon einmal eine bestimmte Form des Diagramms und auch ein Verfahren der Gliederung kennengelernt, dann kann man den Sachzusammenhang so darstellen, daß man die Vorteile des Diagramms und der Ordnung des Schriftmediums dafür nutzt.

Aufbau von Tätigkeiten mit hoher simultaner und sequentieller Komplexität 209

Entscheidend für das Gelingen der komplexen Tätigkeit ist erstens, daß *die erforderlichen Teiltätigkeiten tatsächlich und nicht nur vermeintlich zu Verfügung stehen*, und zweitens, daß einem einfällt, was man an *Teiltätigkeiten aus den verschiedensten Gebieten* einsetzen kann. - Für die Aktualisierbarkeit der erforderlichen Teiltätigkeiten ist deren vorausgehende weitgehende Konsolidierung nötig, anderenfalls müssen sie während der Bewältigung der neuen Aufgabe noch zusätzlich gelernt werden, z.B. eine bis dahin unbekannte Fachsprache bei der Anfertigung eines Referats. Man darf sich auch nicht täuschen über die Aktualisierbarkeit, z.B. durch die Verwechslung zwischen kennen und "können" (thematisieren/gebrauchen). - Bei der Suche von Tätigkeiten aus anderen Bereichen muß nach analogen Aktivitäten gesucht werden, indem man z.B. die Reinigung der Schaufeln auf dem Bau als notwendige Bedingung für ihre weitere Brauchbarkeit überträgt auf die Reinigung von Pinseln oder das Aufräumen in einem Büro. In diesem Beispiel ist neben vielen unterschiedenen Fällen aus den unterschiedlichsten Branchen in allen die allgemeine Regel gleich, daß notwendige Voraussetzungen für die Wiederaufnahme einer Tätigkeit sichergestellt werden müssen.

Die Mächtigkeit dieses Lernens ergibt sich aus den *Kombinationsmöglichkeiten von Tätigkeiten* und besteht darin, daß *auf Anhieb eine noch nie vollzogene Kombination* konstruktiv hergestellt werden kann. Da diese Kombination durch bewußte Regelung hergestellt werden muß, ist dieses Lernen schwierig, anstrengend und riskant. Man wird es sich selbst und anderen immer nur wohldosiert zumuten können und die übrigen Belastungen möglichst gering halten müssen. Das ist z.B. in der Schule der Fall, wenn eine neue Aufgabe ohne ausdrücklichen Notendruck, in spannungsfreier sozialer Situation und mit sicher zu erwartenden Hilfen selbständig bearbeitet wird. Das gilt z.B. für freiwillige Ausarbeitungen oder auch für eine Jahresarbeit mit selbstgewähltem Thema. Auch ein gut arrangierter Projektunterricht kann dies leisten. Nur die Härte des Lebens erzwingt beides: unter extremer äußeren Belastung extreme Neukonstruktionen. Die Nutzung der *Kombinatorik* von Tätigkeiten verbindet die maximale Aktivierung bereits gelernter Tätigkeiten mit dem größtmöglichen Zugewinn ihrer Kombination und sicher auch ihrer Modifikation.

Zweitens: Die allmähliche Anreicherung von Tätigkeiten durch neue Aktivitäten ist eine schonendere, aber auch ein weniger schnelles Verfahren, die Komplexität von Tätigkeiten zu steigern. Sie tritt vor allem in langfristigen Prozessen auf, in denen eine Tätigkeit nur von Zeit zu Zeit wieder vollzogen wird. Zu einer Anreicherung kommt es dann auch nur, wenn die Integration neuer Teiltätigkeiten bewußt und vielfältig kontrolliert vorgenommen wird, weil eine einmalige wenig kontrollierte Anreicherung schnell wieder vergessen wird. Dies gilt z.B. für die Steuererklärung, für gelegentliche Museumsbesuche, für Reisen, für die vielen sprunghaften Aktivitäten in jungen Jahren und leider auch für viele Aktivitäten im Schulunterricht.

Ansätze zum Ausbau einer Tätigkeit gibt es bei jeder Wiederholung. Man darf sich nur nicht mit der bloßen Wiederholung begnügen, sondern man muß *Verbesserungsmöglichkeiten wahrnehmen* und sie auch, soweit wie möglich, in die Tat umsetzen. Das ist nichts anderes als eine Form der allmählichen Kultivierung jeder Tätigkeit. Sieht man selbst keine Verbesserungsmöglichkeiten, dann muß man jede Anregung von anderen annehmen, sei es durch die Beobachtung ihres Verhaltens, Aufnahme der von ihnen kommenden Kritik oder durch die Annahme der angebotenen Hilfe. Wer lernen will, dem ist jeder Anlaß zu einer einsichtigen Verbesserung wichtiger als jede Form der Selbstbewahrung oder des Prestiges. Die Selbstwahrnehmung und die Fremdwahrnehmung von Möglichkeiten, eine Tätigkeit einzubauen, sind keineswegs so häufig, weil dafür anspruchsvolle Leistungen erbracht werden müssen. Sie sind deshalb für jeden, der lernen will oder anderen zum Lernen verhelfen will, Kostbarkeiten, auch wenn sie der Eitelkeit weh tun. Da es ganz unmöglich ist, daß jedesmal jemand zur Stelle ist, der eine Verbesserung anregt, kommt alles auf die ständig wirksame eigene *Einstellung an, eine Verbesserung durch einen Ausbau von Tätigkeiten zu wollen.*

Eine Auflistung der Anreicherungsmöglichkeiten ist nicht möglich. Einige *Beispiele* müssen genügen: Man kann zusätzliche Kontrolltätigkeiten einfügen, z.B. beim Spurwechsel auf der Autobahn, bei Rechenaufgaben, beim Umgang mit Schlüsseln. Man kann die Arbeit mit einem Schreibprogramm so lernen, daß man allmählich, z.B. nach Bedarf, eine Arbeitsmöglichkeit nach der anderen hinzunimmt. Man kann eine beobachtete Umgangsform in das Repertoire der eigenen Umgangsformen übernehmen. Man kann das Pflegekonzept für ein bestimmtes Gerät oder auch den eigenen Körper anreichern. Man kann in einem Arbeitsgebiet eine neue Kompetenz, z.B. Führungsmöglichkeiten, allmählich erweitern. Man kann die Ökonomie der täglichen Arbeit durch Verlagerung von Tätigkeiten in eine andere Zeit nutzen.

Ihre Mächtigkeit kann diese Möglichkeit des Lernens nur entfalten, wenn *kontinuierlich und über lange Zeit* die sich bietenden Möglichkeiten zur Anreicherung einer Tätigkeit voll genutzt werden. Dazu kann man es sich z.B. zur Maxime machen, jede Tätigkeit in der zur Verfügung stehenden Zeit und unter den gegebenen Bedingungen so fachgerecht wie möglich auszuführen, oder auch: jeden Vorgang jeweils so weit zu "erledigen", wie es die Umstände zulassen. Man kann aus jeder Tätigkeit *Schlüsse* ziehen und *Vorsorge* treffen für das erneute Auftreten einer Tätigkeit, z.B. durch den Zukauf von Werkzeug, durch das Abheften von Plänen, durch die Einführung einer neuen Ordnung des Materials und vieles mehr. Die häufig zu beobachtende Erscheinung, daß jemand in einem Tätigkeitsbereich hoch kompetent ist, in einem anderen aber unglaublich inkompetent, beruht in der Regel darauf, daß diese Tätigkeit möglichst vermieden oder nur ganz widerwillig vollzogen wird. Das ist identisch mit Lernunwilligkeit. Erstreckt sich Lernunwilligkeit auf alle Tätigkeitsbereiche, dann braucht man sich nicht über die immer weiter auseinanderklaffende Schere der Entwicklung eines solchen Menschen gegenüber einem anderen, der in jedem Bereich seines Lebens hoch aktiv ist, zu wundern.

Drittens: Die Kombinatorik sachbezogener Aktivitäten ist der Selbst- und Fremdbeobachtung anscheinend leichter zugänglich als die Kombinatorik der Teiltätigkeiten der Handlung, weil es für die letztere der Selbstreflexion auf die eigene Aktivität bedarf. Die Kombination der Teiltätigkeiten der Handlung kann aber zur Steigerung der Komplexität von Tätigkeiten beträchtlich beitragen, weil durch sie *die Regularien der Tätigkeit selbst komplexer* ausgebaut werden können. Das ist aber der *Komplexitätsgrad der Problemlösekompetenz.*

Aufbau von Tätigkeiten mit hoher simultaner und sequentieller Komplexität

In **Abschnitt 3** sind einige *Arten der Problemlösetätigkeiten* unterschieden worden, z.B. die Ziel- Bedingungs- und Barrierenanalyse innerhalb der Aufgabenanalyse, die Planungstätigkeiten und die Kontrolltätigkeiten. - Die Komplexität dieser Tätigkeiten wächst mit den Wiederholungen und hierarchischen Einschachtelungen (z.B. Regulieren des Maßes der Regulierung bestimmter Kontrollen eines Schriftsatzes) dieser Tätigkeiten während des gesamten Prozesses der Aufgabenbearbeitung. Die resultierende Abfolge von Tätigkeiten, die zur Lösung eines Problems führt, ist eingebettet in vorausgehende, intermittierende, nachfolgende und gleichzeitige Tätigkeiten dieser Art. Wir beginnen gerade erst zu begreifen, daß es hier ganz andere Ordnungen gibt als lineare Taktiken und Strategien. Die *Problemlösekompetenz* ist offensichtlich primär bereichsspezifisch, dann aber auch in bestimmten Grenzen übertragbar. Sie besteht aus Hierarchien von Regularien, die zu einem Resultat führen, z.B. zur Diagnose jedes Ausfalls einer komplizierten Maschine, zur Bearbeitung eines wissenschaftlichen Problems oder zur Regelung eines sozialen Konflikts.

Die Mächtigkeit dieses Lernens besteht darin, daß für ein neues Problem eine *bis dahin noch nicht gelernte Kombination von Regularien* hergestellt werden kann. Wer dies in einem bestimmten Bereich oder gar in mehreren Bereichen häufig macht, lernt wiederum auf höheren Stufen die *Regulation von Regularien für die Lösung von Problemen*. Das ist eine Kompetenz, die sich vom Aufbau und der Anreicherung von komplexen Tätigkeiten darin unterscheidet, daß sie ihrerseits *komplexe Tätigkeiten in einem bestimmten Bereich oder sogar in mehreren Bereichen generieren* kann. Die Reichweite dieser Kompetenz ist deshalb größer als die der beiden anderen.

Viertens: Die Übertragung komplexer Tätigkeitsstrukturen in einen neuen Tätigkeitsbereich erlaubt es, in kürzester Zeit komplette Tätigkeitsbereiche zu lernen, falls die erforderlichen Teiltätigkeiten nicht erst aufwendig erlernt werden müssen. Diese Möglichkeit gibt es sowohl für komplexe Tätigkeiten in einem Sachbereich als auch für komplexe Problemlösetätigkeiten auf jedem Niveau der Regulierung, z.B. die Übertragung von Techniken des Sprachenlernens oder der Regelung von Emotionen beim Problemlösen. Wie alle anderen Möglichkeiten der Komposition von Teiltätigkeiten kommt auch die Übertragung kompletter Arrangements nicht rein vor, sondern es sind meist nur Teilkomplexe übertragungsfähig, z.B. die Abwicklung eines Kaufvorgangs, und müssen außerdem andere Kompositionsmöglichkeiten in Anspruch genommen werden. Die inzwischen häufig gemachte Erfahrung, daß Manager, die *in einem* Konzern eine Krise erfolgreich gemeistert haben, danach keineswegs die Hoffnung eines *anderen* Konzerns auf ihre Fähigkeit erfüllen, weil die Arbeitsbedingungen (Organisation der Zuarbeit, Struktur des Konzerns etc.) zu verschieden sind, ist ein Indiz für die Problematik einer solchen Übertragung. *Je komplexer Handlungszusammenhänge sind, desto mehr unterscheidet sich ihr Zuschnitt von anderen Handlungszusammenhängen vergleichbarer Komplexität.*

Übertragbar sind *Sachbereichsstrukturen*, die durch eine Abfolge von Transformationen in einem Handlungskontext den Vollzug einer komplexen Tätigkeit erlauben. Übertragbar sind auch *Verfahrensstrukturen*, d.h. Abfolgemuster für Transformationen, denen man beim Aufbau einer Tätigkeit in einem bestimmten Bereich folgen kann. Übertragbar sind schließlich *Problemlösestrukturen*, die in einen Problemlöseprozß umgesetzt werden können. - Die Nähe oder Ferne zwischen den Bereichen, zwischen denen die Übertragung stattfindet, entscheidet über die Wahrscheinlichkeit des Gelingens und über den Lerngewinn aus einem Übertragungsprozeß, weil sie das Maß der Anpassungserfordernisse bestimmen. Kann die Struktur ganz beibehalten werden, wie bei einer neuen Additionsaufgabe, dann ist dies ein ganz *naher Transfer*, sein *Lerneffekt* aber *gering* (trivialer Transfer). Muß die Struktur geändert werden, wie bei einer Textaufgabe, dann ist dies ein *mittlerer Transfer*, sein Gelingen nicht mehr so wahr-scheinlich und sein *Lerneffekt u.U. schon beträchtlich*. Muß eine Übertragung in einen weit entfernten Lebensbereich vorgenommen werden, z.B. bei Schülern von einem Schulfach auf eine private Beschäftigung, dann ist das ein *weiter Transfer*. Sein Gelingen auf Anhieb ist sehr unwahrscheinlich, aber der *Lerneffekt* im positiven Fall auch *beträchtlich*.

Die Mächtigkeit dieser Möglichkeit des Lernens hängt vom *Komplexitätsgrad und vom Neuigkeitsgrad* der Tätigkeit, auf die eine Tätigkeitsstruktur übertragen wird, ab. Der Lerneffekt wird groß sein, wenn die Unterschiede durch Umstrukturierung der bekannten Struktur bewältigt werden können. Die Flexibilität von Tätigkeitsstrukturen ist aber keineswegs so groß, daß dies immer ohne zusätzliche Fähigkeiten gelingt, z.B. beim Wechsel aus der physikalischen Grundlagenforschung in die Geschäftsführung eines wissenschaftlichen Verlags oder von der Politik in die Wissenschaft bzw. umgekehrt. Auch im viel kleineren Maßstab, z.B. vom Verstehen eines literarischen Textes zum Verstehen eines wissenschaftlichen, sind solche Strukturtransferierungen schon sehr schwer. Sie wären z.B. denkbar in der Form der Übertragung von Gliederungsverfahren, von semantischen Kontextanalysen oder der Untersuchung von Formen des metaphorischen Schreibens. Es ist deshalb nicht generell zu entscheiden, ob diese Kompositionsform schneller zu umfangreichen Effekten führt als die anderen. Wahrscheinlich kann sie ihre höchsten Wirkungen nur im Verbund mit ihnen erzielen.

Wenn *alle Kombinationsmöglichkeiten von Tätigkeiten* in einem Bereich in hohem Maße genutzt werden, dann bekommt diese Tätigkeit die spezifische Form der *Aktivität eines Experten*. Für den Experten sind im jeweiligen Tätigkeitsbereich alle Kombinationen möglich und wird jede Eventualität gemeistert, soweit dafür schon Tätigkeiten entwickelt sind. - Die *bewußte Regelung* kann sich dann auf die *Aktivierung komplexer Teiltätigkeiten* beschränken, weil deren Vollzug, einschließlich der Kombinationen, die für sie erforderlich sind, weitergehend automatisiert ist (*Hacker* 1987). - Der Überblick von hoher Reflexionsebene über den Tätigkeitsbereich macht umsichtig. Diese Umsicht wiederum gibt Sicherheit und Gelassenheit. - Die Grenzen und auch die Gefährdungen einer solchen Form der menschlichen Aktivität ergeben sich daraus, daß sie nicht die gesamte Aktivität des Menschen ausmacht, sondern selbst nur ein aktueller Ausschnitt aus dem Gesamtzusammenhang der aktivierbaren Tätigkeiten darstellt. So können z.B. Wertungen und Einstellungen von einer solchen Expertentätigkeit auf andere Tätigkeitsbereiche übertragen werden, ohne daß dort die Voraussetzungen für sie bestehen. - Das Gegenbild zur höchstmöglichen Nutzung der Kombinationsmöglichkeiten kann mit wenigen Strichen gezeichnet werden: Hastig aneinandergereihte Aktivi-

Aufbau von Tätigkeiten mit hoher simultaner und sequentieller Komplexität 213

täten herrschen vor. Die Reflexionsebene ist niedrig. Planungs- und Kontrolltätigkeiten haben einen geringen Umfang und sind kaum gestaffelt. Bei der kleinsten Störung entsteht Unsicherheit und Streß bis zur Panik oder Blockade. Neukombinationen sind entweder nicht möglich oder führen zu wirren Aktivitäten. Von naturhafter Selbstverständlichkeit, Umsicht und Gelassenheit kann keine Rede sein. - So steht der in allen Dimensionen entwickelten "vollplastischen" Tätigkeit die wenig entwickelte "flache" Tätigkeit gegenüber.

(3) Im Möglichkeitsraum des Lernens kann faktisch nur gelernt werden durch Veränderungen der jeweils als Tätigkeit aktualisierten Gesamtaktivität

In allen Abschnitten dieses Kapitels ging es um Veränderungen von Tätigkeiten. Dazu hatten die Überlegungen geführt, daß nur in den aktivierten Teilen des Nervensystems gelernt wird, dort aber im ganzen Umfang der einmaligen und wiederholten Aktivierung. Daraus folgt, daß die jeweilige Gesamtaktivierung darüber entscheidet, was aus den gesamten Lernmöglichkeiten realisiert wird. Die Veränderungen der jeweiligen Tätigkeit gegenüber früheren sind dann identisch mit Lernen. Die Umkehrung dieser Auffassung lautet: *Man kann nicht in irgendeinem Bereich der kompletten konkreten Tätigkeit nicht lernen.* Auch der kleinste Nebengedanke, die mißmutige Stimmung, der kleinste Schimmer Hoffnung, eine geschickte Veränderung eines Planes gehören zum dynamischen Prozeß des Lernens der gesamten Person. Sie verstärken eine schon bestehende Tendenz der Entwicklung aktualisierbarer Bestände oder aber verändern sie in einem ständigen Driften.

Alle von der Lernpsychologie bisher unterschiedenen Lernarten sind nur Teilprozesse in der Totalität des Lernens, und zwar von ganz unterschiedlicher Art. Die externe Verstärkung z.B. ist nur ein Teilprozeß im gesamten Prozeß der Selbst- und Fremdbewertung. Dieser wiederum ist nur ein Rückkopplungsprozeß im Gesamtzusammenhang der Handlungsregulation. Daher kommt alles auf die "Gesamtausstattung" der jeweiligen Tätigkeit an und ihre zunehmende Ausgestaltung zu immer "reichhaltigeren" Tätigkeiten durch die Veränderung derjenigen Tätigkeiten, die schon vollzogen werden können.

Für die Veränderung kompletter Tätigkeiten aber gibt es, wie ich zu zeigen versucht habe, mindestens die folgenden unterschiedlichen Möglichkeiten:

- *Stabilisieren* - Durch Wiederholungen einer erstmalig vollzogenen Tätigkeit kann ihre Aktualisierbarkeit stabilisiert werden.
- *Verlangsamen und beschleunigen* - Eine Tätigkeit kann schon beim erstmaligen Vollzug oder auch erst nach einem erstmaligen unzureichenden Vollzug zunächst langsam und dann zunehmend schneller vollzogen werden, und das bis zur gewünschten Reibungslosigkeit und Schnelligkeit.
- *Sukzessive Verbesserung einzelner Dimensionen* - Eine Tätigkeit kann dadurch verbessert werden, daß im wiederholten Vollzug einzelne variable Größen nacheinander verändert wer-

den, z.B. die Intensität, die senso-motorische Koordination, die bewußte Kontrolle oder das Ausmaß der unkontrollierten Automatismen.
- *Ausgliedern und Sonderbehandlung einer Teiltätigkeit* - Aus einer Gesamttätigkeit kann eine Teiltätigkeit ausgegliedert, gesondert verändert und dann wieder in die Gesamttätigkeit eingegliedert werden.
- *Simultane Verknüpfung mehrerer Tätigkeiten durch das Springen der Aufmerksamkeit von einer zur anderen* - Aus mehreren schon beherrschten Teiltätigkeiten kann dadurch eine simultane komplexe Tätigkeit werden, daß sich die Aufmerksamkeit jeweils nur auf eine konzentriert, z.B. besteht das Autofahren aus dem Beobachten der Fahrbahn, dem Bedienen des Autos, dem Hören des Radios und dem Gespräch mit anderen, lauter Tätigkeiten, in denen die Aufmerksamkeit selbst wiederum von einer Teiltätigkeit zur anderen springt, während man die anderen der automatischen Regelung überläßt.
- *Einfügen einer neuen Teiltätigkeit als simultanen Automatismus in eine Gesamttätigkeit* - Eine Tätigkeit kann dadurch verändert werden, daß in ihren sequentiellen Ablauf bewußt Teiltätigkeiten eingegliedert werden, die dann durch Automatisierung simultan vollzogen werden können, z.B. Kontrolltätigkeiten, Taktiken oder ein neuer Computerbefehl.
- *Aufbau einer neuen Tätigkeit durch sequentielle und simultane Verknüpfung von Teiltätigkeiten zum System einer neuen Gesamttätigkeit* - Aus Tätigkeiten jedes Komplexitätsgrades können Tätigkeiten von höherer Komplexität gebildet werden, wenn man eine größere Zahl von ihnen entweder aneinanderreiht oder als simultane Automatismen einbaut. Diese Steigerung der Komplexität neuer Tätigkeiten ist begrenzt durch die Kapazität der jeweiligen Aktualisierung durch das Arbeitsgedächtnis und durch die Kapazität für die Regelung der Abfolge solcher Aktivierungen in einer Gesamttätigkeit. Beispiele für diese Veränderung: die Entwicklung der Schreibfähigkeit von kleinen Texten bis zu sehr umfangreichen Texten oder die Entwicklung der Personalführungsfähigkeit.
- *Analoge Übertragung komplexer Tätigkeitsstrukturen auf einen neuen Tätigkeitsbereich.* - Die neue Tätigkeit kommt hier durch die Übertragung von Regelungen für den Aufbau von Tätigkeiten zustande. Dies geschieht z.B. beim Übergang von einem Studiengang zu einem anderen oder bei einem Wechsel des Arbeitsplatzes.

Teil IV:
Praxis der Verständigung über Lerntätigkeiten
Lernaufgaben abfassen

Wer unterrichtet, muß dem Schüler Aufgaben stellen, damit dieser eine Tätigkeit vollzieht, in der er lernt, was er lernen soll (**M6** u. **7**). Das ist die einfachste Fassung des Zusammenhangs, um den es **in diesem Teil** des Buches geht. Ich wähle den Terminus *"Lernaufgabe" für alle Mitteilungen des Lehrers an Schüler über das, was sie zum Zweck des Lernens tun sollen. Genauer: Die Lernaufgabe besteht aus einer Information für die Selbststeuerung einer Tätigkeit des Schülers, von der der Lehrer bestimmte Lerneffekte erwartet.* Die entscheidende Funktion der Lernaufgabe besteht demnach darin, *daß der Schüler mit ihrer Hilfe eine Tätigkeit konstruieren und vollziehen kann, die mehr oder weniger von bereits gekonnten Tätigkeiten abweicht*, weil nur in einer solchen Tätigkeit Neues gelernt werden kann. In diesem Sinne sind *Lernaufgaben konstitutiv für Unterricht*: Sie kommen nicht nur mehr oder weniger oft im Unterricht vor, sondern *durch sie kommt Unterricht erst zustande*. Diese grundsätzliche Bedeutung sieht auch *Krumm*, wenn er sagt:

"Jeder Lehrer konfrontiert im Laufe eines Schultages seine Schüler direkt oder indirekt mit einer großen Zahl von Aufgaben, Fragen, Anweisungen. Man kann Unterricht als den systematischen Versuch betrachten, Schüler zu befähigen, Aufgaben unterschiedlichster Art zu bewältigen" (*Krumm* 1985, 102).

Der Terminus "Lernaufgabe" stammt aus psychologischen Arbeiten (*Seel* 1981, *Krumm* 1985), in denen Lernen als der grundlegende Prozeß des Unterrichts angesehen wird und *Lehren als Beeinflussung des Lernens durch Lernaufgaben*. In der älteren Didaktik steht an der Stelle der Lernaufgabe die "Lehrerfrage" (*Bloch* 1969) und in der Verhaltenstheorie das "Lehrerverhalten" (z.B. *Gage* 1979; *Grell* 1974[3]). Für die wichtigste und häufigste Form der Lernaufgabe, die verbal codierten Informationen, habe ich aus der Psychologie den Ausdruck "verbale Instruktion" übernommen (*Grzesik* 1976a). Ich habe mich jetzt für die Bezeichnung "Lernaufgabe" entschieden, weil sie historisch unbelastet ist und den Tatbestand, um den es geht, treffend und umfassend zum Ausdruck bringt.

Mir geht es bei der ganzen folgenden Erörterung der Lernaufgabe nicht um eine historische Betrachtung ihrer bisherigen Behandlung in der Didaktik und der Psychologie, sondern auf der Basis des heutigen Wissensstandes einerseits um *grundlegende* und andererseits um möglichst *konkrete* Antworten auf die Frage: "*Wie kann das Lernen des Schülers durch den Lehrer beeinflußt werden?*"

Die *grundlegende Antwort* wird lauten: *"Die Beeinflussung ist nur möglich durch Verständigungen zwischen Lehrer und Schüler* (**M1**) *über die durch den Schüler zu leistende Selbststeuerung der eigenen Aktivitäten"*. Anders als über eine solche Verständigung kann der Lehrer überhaupt keinen Einfluß ausüben. Sein Einfluß hängt dann aber allein davon ab, *über welche Art der Selbststeuerung des Schülers beide ein Einverständnis erzielen*. In diesem Zusammenhang muß auch die Antwort auf die Frage gesucht werden, wie erzieherische Beeinflussung überhaupt zustandekommt. Als Kommunikation zwischen psychischen Systemen hat sie nicht die Form einer linearen naturkausalen Beeinflussung von Schülervariablen durch Lehrervariablen, wie es von der analytischen empirischen Erziehungstheorie angenommen wird. Statt dessen besteht sie aus konstruktiven Leistungen von Lehrer und Schüler, durch die sie sich *kommunikativ auf der reflexiven Ebene über die Selbststeuerung* von *Tätigkeiten des Schülers verständigen*. – Die *konkreten Antworten* werden darin bestehen, so genau wie möglich zu zeigen, *über was alles Lehrer und Schüler sich verständigen können, damit der Schüler selbst steuern kann, was er durch das Arbeitsgedächtnis jeweils für die Realisierung eines bestimmten Teils des Handlungsvollzuges aktiviert*.

Da die *Beeinflussung des Lernens durch den Lehrer in ihrem gesamten Ausmaß* behandelt werden soll, gehören *alle Möglichkeiten des Lehrers* dazu, *dem Schüler Informationen für seine Selbststeuerung mitzuteilen*: das Schweigen ebenso wie das Vortragen, die Anregung der Motivation ebenso wie der Impuls für eigenes Denken, die Vorgaben für selbständiges Entdecken ebenso wie die möglichst genaue Steuerung der Aufmerksamkeit von einer Aktivität zur anderen, das Vormachen ebenso wie die ausführliche Erklärung, die wortlose Geste ebenso wie eine genau formulierte Anweisung, die einzelne Information ebenso wie die Ordnungen zwischen vielen Informationen, die jeweilige Verständigung ebenso wie langfristige Vereinbarungen, die ausführlichen ebenso wie die verkürzten etc. Diese ungeordnete Aufzählung soll nur darauf verweisen, wie vielfältig die Möglichkeiten des Lehrers sind, dem Schüler Informationen für seine Selbststeuerung zu vermitteln. Diese vielfältigen Möglichkeiten in einen überschaubaren geordneten Zusammenhang zu bringen, ist das Ziel aller Überlegungen **dieses Teils**.

Der gesamte Prozeß der Beeinflussung des Lernens läßt sich in die folgenden Teiltätigkeiten gliedern:
1. *Die* Abfassung *von Lernaufgaben durch den Lehrer mit der Wahl der in ihnen enthaltenen Information und einer für sie geeigneten Mitteilungsform,*
2. *das* Verstehen *des Mitteilungssinns der Lernaufgabe durch den Schüler,*
3. *das* Akzeptieren *des Mitteilungssinns durch ihn,*
4. *der* Entwurf *einer Tätigkeit durch den Schüler auf der Grundlage des Mitteilungssinns, der in Teiltätigkeiten aufgegliedert werden kann, insbesondere in die Aufgabenanalyse, die Behandlung von Barrieren für die Lösung der Aufgabe und die Planung des Lösungsweges,*
5. *die* Ausführung *der geplanten Operationen und*
6. *die* reflexive Kontrolle *der gesamten Aufgabenlösung.*

Theoretische Grundlagen 217

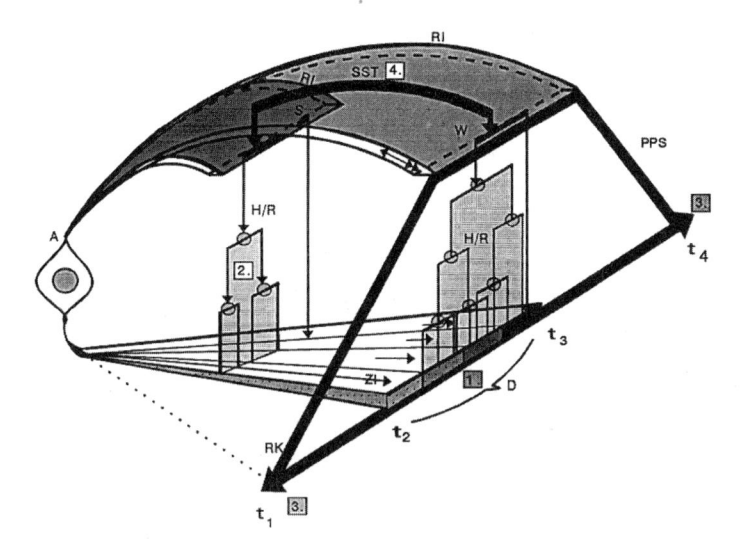

A	– Aktualisierungs-, Aufmerksamkeitszentrum
SST	– Selbststeuerung
S	– Selbstbezug durch reflexive Verknüpfung von Information von eigenen Aktivitäten
W	– Weltbezug durch reflexive Verknüpfung von sensomotorisch vermittelter Information (physische Welt und in Zeichen objektivierte geistige Welt)
ZI	– zugrundeliegende Intention
RI	– reflexive Intention
RK	– retrospektive Kontrollprozesse } Handlung
PPS	– prospektive Planungs- und Steuerungsprozesse } Handlung
D	– Differenzierung/Integration
H/R	– Hierarchie oder Regelung der Regelung
t1 - t4	– Zeitachse

1. zusätzlicher Gegenstand der Aufmerksamkeit (Vorstellung)
2. eine auf diese gerichtete Operation (Verfahren)
3. in einem Bereich der Handlung
4. mit einer Kontrolle

Abb. 18: Tätigkeitsstruktur

Dies ist der Versuch einer schematischen Modellierung, die zwar die vier unterschiedenen Größen vereint, nicht aber der gehirnanatomischen Struktur entspricht und auch nicht den von jedem an sich selbst zu beobachtenden psychischen Zusammenhang abzubilden sucht. Unsere Aufmerksamkeit richtet sich auf etwas, das wir im Modus der Vorstellung vor Augen haben, z.B. die Erinnerung an das Aussehen zweier lange Zeit nicht gesehenen Menschen [1]; wir vollziehen eine Operation an der zuständlich vor Augen stehenden Information, z.B. einen Vergleich der Haarfarbe mit dem Ergebnis einer neuen Information [2]; dies geschieht im Gesamtzusammenhang einer Handlung, z.B. einer Vorüberlegung für ein Gemälde [3]; es wird gelenkt von übergeordneten Regularien, z.B. von einer etablierten Vorgehensweise bei der Vorbereitung von Personendarstellungen [4].

Ich wähle für die Darstellung dieses Zusammenhangs den folgenden Gang: von der grundsätzlichen Frage nach der Beeinflußbarkeit des Lernens durch die Selbst- und Fremdsteuerung von Tätigkeiten (**Kap. 1**) über einen kurzen Blick auf die bisherige Behandlung des Problems (**Kap. 2**), zur eigenen Beschreibung des gesamten Prozesses der Steuerung von Lerntätigkeiten durch eine Lernaufgabe im Sinne einer Gesamtdefinition (**Kap. 3**), der dann Erläuterungen und Hilfsmittel für die Abfassung jeder Art von Lernaufgaben durch den Lehrer folgen (**Kap. 4**), ergänzt durch Hilfsaufgaben für den Lösungsprozeß (**Kap. 5**) bis zur Rolle der Lernaufgabe im zyklischen und curricularen Verlauf des gesamten Unterrichts (**Kap. 6**).

Kapitel 1:
Das Lernen des Schülers kann nur durch Informationen für die Selbststeuerung seiner Tätigkeiten beeinflußt werden

Die Selbststeuerung des Arbeitsgedächtnisses (**M3** u. **6**) aktiviert folgende Informationen: 1. die *zuständliche Information*, auf die sich die Aufmerksamkeit richtet, 2. die *Prozeßinformation*, die auf die zuständliche angewendet wird, 3. die *Information für die Entscheidung, in welchem Teil der Handlung das Arbeitsgedächtnis prozessiert, in der Planung, der Ausführung oder der Kontrolle*, und 4. die *Information, die selbst reguliert*, daß alle diese Informationen im Arbeitsgedächtnis aktiviert werden (vgl. **Teil II, Kap. 3**; s. **Abb. 18**). Das läßt sich im Hinblick auf die Struktur des Arbeitsgedächtnisses beschreiben als *Gegenstand der Aufmerksamkeit, als Verfahren, als Art der Problemlösungsaktivitäten und als die Steuerung durch ein übergeordnetes Regulativ*. Diese verschiedenen Informationsarten bilden deshalb zusammen die Struktur der Gesamtaktivität.

Wenn die *Fremdsteuerung nur über Selbststeuerung* möglich ist, dann müßte sie aus *Information für einen oder mehrere dieser vier Bereiche* bestehen, *damit der Schüler eine Gesamttätigkeit konstruieren kann*. Er kann das *Muster ergänzen, das zu der Information gehört, die durch die Lernaufgabe bezeichnet wird*. Sagt der Lehrer z.B.: "Macht zuerst eine Inhaltsangabe", dann gibt er eine Prozeßinformation. Die zuständliche Information, d.h. der Text, der verarbeitet werden soll, liegt bei einer solchen Aufgabe in der Regel schon vor. Der Begriff "Inhaltsangabe" in der Prozeßinformation bezeichnet aber nur das erwartete Resultat, durch das aber ein bereits entwickeltes leitendes Schema für den gesamten Prozeß aktiviert werden kann. Da ein solches Schema keinen strengen Verlaufsplan für jeden Text enthalten kann, müssen alle Details des konkreten Verlaufs vom Schüler konstruiert werden. Sehen wir uns diesen Zusammenhang genauer an.

Theoretische Grundlagen 219

(1) Die durch die Lernaufgabe vermittelte Information führt nur dann zu einer Lerntätigkeit, wenn sie für den Schüler eine Störung darstellt

Es spricht viel für die Annahme, *daß wir nur dann unsere Aktivität ändern oder überhaupt erst eine bewußte Aktivität entfalten, wenn eine Störung der laufenden Aktivität auftritt* (**M3, 4, 5** u. **6**). Die Lernaufgabe stört noch in dem zusätzlichen Sinne, daß die Störung nicht allein durch aktivierbare Tätigkeiten behoben werden kann, sondern *daß dazu diese Tätigkeiten auch noch verändert werden müssen*. Es kann sich dabei um eine *Störung im Gegenstand der Aufmerksamkeit, im Prozeß der Operationen, im Handlungsablauf oder in den Selbstregelungssystemen* handeln. Jede Störung ist freilich nur eine wahrgenommene, d.h. eine Information, die das psychische System selbst generiert hat, so daß es z.B. gestört sein kann, obwohl es keinen objektiven Grund dafür gibt, oder es sich selbst stören kann, d.h. von sich aus und absichtlich. Das setzt voraus, daß jede Aktivität von einer freilich sehr unterschiedlich ausgeprägten "Beobachtung" dieser Aktivität begleitet ist. *Das psychische System scheint nämlich prinzipiell reflexiv zu sein*, d.h. in jeder Aktivität zugleich auf etwas und auf sich selbst bezogen (s. **Abb. 18**; vgl. *Sartre 1952, 31*: "Anders ausgedrückt ist jedes setzende Bewußtsein vom Objekt zu gleicher Zeit nicht-setzendes Bewußtsein von sich selbst", vgl. *Flavell 1984, 23f.* zum Begriff "Metakognition").

Hier ist aber nicht der Ort, eine Theorie der Störung des psychischen Systems zu entwickeln. Sie müßte alle Formen umfassen, über die bis jetzt nachgedacht worden ist: die sokratische Ironie, das sokratische Fragen (Mäeutik), die gewaltsame "Umwendung" von den sinnlichen Erscheinungen zu den Ideen in *Platons* Höhlengleichnis, die Funktion von Idealen, die Umstrukturierung zu einer guten Gestalt, den "fruchtbaren Moment" nach *Copei*, *Festingers* kognitive Dissonanz zwischen Meinungen, *Piagets* kognitiven Konflikt als Motor für die Intelligenzentwicklung, *Deweys* und *Kerschensteiners* Auffassung von der Rolle des Problembewußtseins, der lernfördernde Effekt von Fragen (mathemagener Effekt) nach *Rothkopf*, die durch Kontrollprozesse ermittelten Störungen nach *Flavell*, *Maturanas* Begriff der Störung des selbstregulierten organischen Systems, *Makarenkos* Explosionsmethode, die Bedrohlichkeit einer Veränderung in der Organisation des Selbst nach *Rogers* u.a.m (vgl. auch *Berlyne* 1981[3], *Ehlich 1986, Jüngst 1985*). Wenn die Störung grundlegend für Lernen ist, *dann muß die Lernaufgabe Information enthalten, durch die eine Störung der schon aktivierten Tätigkeitsmuster hervorgerufen wird, bei deren Behebung der Schüler lernt, was er lernen soll.*

1. Daß wir *bei der ständigen Aufmerksamkeit auf unsere Umgebung und auf uns selbst einen Zustand wahrnehmen, der uns stört*, ist eine ständig wiederkehrende Erfahrung: Wir bemerken ein schnell von hinten herankommendes Auto, ein körperliches Bedürfnis regt sich, wir werden etwas gefragt, ein Gesicht fällt uns auf, wir stoßen an etwas an, wir verstehen etwas nicht. Diese Störung ist nichts anderes als *ein Sachverhalt, dem wir uns unwillkürlich oder willkürlich zuwenden, weshalb er oft ganz plötzlich im Zentrum unserer Aufmerksamkeit steht*. Ohne daß wir etwas dazu tun, wird er dann vom psychischen System gegenüber der Fülle der ihm zur Verfügung stehenden Informationen für

so *bedeutsam* gehalten, daß es ihm die volle Aufmerksamkeit zuwendet. Wir können aber auch absichtlich unsere äußere und innere Wahrnehmung über ein Beobachtungsfeld gleiten lassen, damit wir etwas Störendes merken, z.B. beim Korrekturlesen oder bei der Kontrolle der Zähne auf Schmerzfreiheit. In beiden Fällen *reagiert das psychische System autonom, in der Form einer plötzlichen Aufmerksamkeitsfixierung. Im ersten Fall geschieht dies ungesteuert, d.h. automatisch, im zweiten selbstgesteuert, d.h. gelenkt durch ein bewußtes Suchschema*, stets aber bedingt durch ein Bedürfnis.
2. Daß eine *Störung im Vollzug von Operationen* auftritt, geschieht ebenfalls außerordentlich oft: Wir bemerken eine Abweichung bei der Lenkung des Autos, wir merken gerade noch rechtzeitig die falsche Einschätzung einer Treppenstufe, wir verhaspeln uns bei einer Antwort, wir beobachten in uns eine ärgerliche Reaktion auf ein bekanntes Gesicht, wir sind bestürzt über unsere Ungeschicklichkeit, wir merken die Hilflosigkeit, etwas nicht zu verstehen. Daß jedes Bemerken einer Störung einen Kontrollprozeß und damit Reflexion voraussetzt, sieht man bei Störungen im eigenen Operieren deutlicher als bei der Zuwendung der Aufmerksamkeit zu störenden Zuständen, weil ohne hinreichende Kontrolle das erwartete Resultat der jeweiligen Operationen ausbleibt.
3. Eine *Störung im Handlungsablauf* tritt immer dann auf, wenn die glatte Zielerreichung behindert ist, wenn wir z.B. nach einem passenden Wort erst suchen müssen, nicht sofort wissen, wie es weitergehen soll, erst einmal genauer planen müssen, vielleicht sogar das Ziel selbst sich als unerreichbar erweist. Störungen in diesem Sinne umfassen viel mehr als die wenigen von *Dörner* aufgezählten kognitiven Barrieren im Problemlösungsprozeß: das Fehlen einer Operation zwischen Anfangs- und Zielzustand, die Unbekanntheit der Reihenfolge der erforderlichen Operationen zwischen ihnen und die Unbestimmtheit von Anfangs- und Zielzustand (*Dörner* 1987[3], 12f.). Sie können auch in Vorurteilen, behindernden Einstellungen, der störenden affektiven Besetzung eines Gegenstandes oder einer Aktivität sowie in unzulänglicher Reflexion beim Planen liegen.
4. Eine *Störung der jeweils höchsten Regularien* wird seltener erfahren. Entweder tritt sie tatsächlich bei guter Organisation weniger oft auf, oder wir haben uns gegen ihre Wahrnehmung stark abgeschirmt (Immunisierung durch Gewöhnung und bewußtes Verleugnen). Solche Störungen können sein: Widersprüchlichkeiten in unseren Welt- und Selbstkonzepten (kognitive Konflikte oder Dissonanzen), Wertkonflikte (z.B. moralische Dilemmata, Präferenzprobleme bei Entscheidungen aller Art, Selbstwertkonflikte), extreme Ausschläge oder zu niedriges Niveau der Lust-Unlust-Bilanz, Störungen in der Regelung unserer physischen Bedürfnisse, emotionale Spannungen (Unbehagen, gemischte Gefühle, Angst), Anpassungsprobleme an eine neue Lebenssituation, grundsätzliche und lang anhaltende Zweifel an der Fähigkeit zur Lebensmeisterung. Diese Störungen können ganz *unterschiedliche Grade* haben, von geringfügigen momentanen bis zu schwerwiegenden Strukturkrisen (*Epstein* 1984[2]; *Rogers* 1979[3]). Stets handelt es sich um *allgemeine und allgemeinste Regularien unserer Aktivität*. Deshalb steht in jedem Fall ein Stück der eigenen Stabilität auf dem Spiel.

Alle Arten von Störungen können ungewollt auftreten, dann "überfallen" sie uns. Sie werden uns dann plötzlich bewußt und entstehen im ständigen Strom der Aktivitäten oft ganz unerwartet. - Wir können aber auch Störungen *selbst induzieren*, indem wir Tätigkeitsbereiche aufsuchen, in denen mit Störungen der einen oder der anderen Art zu

Theoretische Grundlagen 221

rechnen ist, z.B. Bergsteigen, Personalführung, Wissenschaft. Entsprechendes gilt für Ziele, die wir uns setzen, für Fragen, die wir aufwerfen, Probleme, die wir ausdenken. Auch sie stören den reibungslosen Verlauf unserer Aktivitäten. Auf diese Weise nötigen wir uns selbst zur Veränderung.

Jede Störung betrifft zwar immer nur einen mehr oder weniger großen Bereich des psychischen Systems, ist aber trotzdem eine Angelegenheit des gesamten Systems, sobald es seine Möglichkeiten einsetzt, sie zu beheben. Die Wahrnehmung einer Störung ist zugleich ein *reflexiver Erkenntnisprozeß* (*Filipp* 1984[2]) und eine *reflexive Gewichtung eines Grades der Unlust* auf der Lust-Unlust-Skala. In dieser Selbstwahrnehmung wendet sich das psychische System auf sich selbst zurück, auch auf seine höchsten Regularien, und beginnt mit einer "Selbstreparatur". Daher ist die Wahrnehmung einer Störung der Ansatzpunkt für eine bewußte Selbststeuerung (Ansatzpunkt der Akkomodation in der sonst störungsfrei verlaufenden Assimilation nach *Piaget*).

Da für die Behebung der als Störung gewichteten Information Tätigkeiten erforderlich sind, durch die ein möglichst ungestörter Verlauf hergestellt wird, ist *jede Störung einer Tätigkeit zugleich der Ansatzpunkt für Lernen* (**M3, 4 u. 6**). Allerdings nur der Ansatzpunkt, denn der *Lernertrag* besteht nur aus der *Differenz der für die Behebung der Störung vollzogenen Tätigkeiten gegenüber früheren und deren Stabilisierung durch Wiederholung*. Wenn es stimmt, daß wir nur auf Störungen durch veränderte Aktivitäten reagieren, dann sind sie allerdings *notwendige Bedingungen für Lernen*. Dafür spielt es dann auch gar keine Rolle, ob diese Störungen von außen induziert sind oder selbstinduziert sind. *Lernaufgaben haben* daher *unumgehbar für den Schüler die Eigenschaften einer Störung*, und dies *umso mehr, je anspruchsvoller sie sind*.

(2) Für die Bearbeitung einer Lernaufgabe muß die Lernbereitschaft ständig hinreichend groß sein

Sobald etwas als störend gewichtet ist, tendiert das psychische System zur Behebung der Störung, um das durch die Störung entstandene Übermaß an Unlust abzubauen. Für die Realisierung dieser Tendenz muß aber eine *Bereitschaft für geeignete Aktivitäten* aufgebaut werden. Diese Bereitschaft für Aktivitäten *zur Behebung der Störung ist ein eigener hochkomplexer Zusammenhang* (**M4 u. 6**). Sobald eine Störung nur durch eigene Veränderung behoben werden kann, ist sie eine *notwendige Bedingung für Lernen*. Bei der Selbstregulierung des Lernens kommt dann alles darauf an, *welches Maß an Veränderung der Aktivität man auf sich nimmt*, da der Lerngewinn der Differenz gegenüber früheren Aktivitäten entspricht. *Daher ist das Maß der Bereitschaft zur Behebung von Störungen durch Veränderungen in der eigenen Aktivität nichts anderes als das Maß der Lernbereitschaft.*

222   Lernbereitschaft als Voraussetzung für die Bearbeitung einer Lernaufgabe

Das Ausmaß der Lernbereitschaft scheint grundlegend und langfristig davon abhängig zu sein, *wieweit die Stabilität des Selbstkonzeptes* (**M11**) *durch Lernen nicht gefährdet wird* (s.a. **Teil V**). Die Stabilität des Selbstkonzeptes oder des Selbstbildes, das aus generalisierten Selbsterfahrungen besteht, scheint für die Bestandserhaltung des psychischen Systems das allerhöchste Gewicht zu haben (*Rogers* 1979[3]; *Epstein* 1984[2]; *Stahlberg/Osnabrügge/Frey* 1985, 79f.). Alles, was das etablierte Selbstverständnis bestätigt, wird zunächst positiv gewichtet, alles, was es in Frage stellt, dagegen zunächst negativ. Neues, das dem Selbstverständnis entspricht, wird deshalb ohne Widerstand gelernt. Gegenüber Neuem, das ihm nicht entspricht, ist dagegen das Selbstkonzept *aufgrund seiner Tendenz zur Erhaltung der bereits erzielten Stabilität* prinzipiell *lernhemmend*. Sobald Lernen als Veränderung Etabliertes in Frage stellt, muß diese Hemmung überwunden werden. Das kann jeder an sich selbst und an anderen beobachten.

Diese Stärke der Lernhemmung ist allerdings davon abhängig, auf welche Bestände der Selbsterfahrung sich das Selbstverständnis und vor allem das Selbstwertgefühl stützen. Handelt es sich nur um Veränderungen in Bereichen, die für das Selbstverständnis nicht zentral sind, dann ist die Hemmung niedrig. Werden aber für wesentlich gehaltene Bestände in Frage gestellt, z.B. grundlegende Wertungen, bisher erfolgreiche Taktiken, mühsam errungene Wissensbestände, hochstabile Einschätzungen der eigenen Fähigkeiten, dann ist die Hemmung so stark, daß sie jede verändernde Aktivität blockieren kann. Es werden dann alle möglichen Strategien gewählt, die verändernde Aktivität (etwa die Umstellung von der Schreibmaschine auf den Computer, die Beschäftigung mit mathematischen Zusammenhängen, das Lesen theoretischer Texte oder eine neue Form des Umgangs mit Disziplinarproblemen in der Schule) zu meiden. Das hat die *Konsequenz der zunehmenden kontrafaktischen Stabilisierung des Selbstkonzeptes*, weil sich die Realität, und sei es nur das eigene Alter, unweigerlich ändert. Der Altersstarrsinn, die Erscheinungen bei politischem Systemwechsel oder die starren beruflichen Routinen sind offenkundige Erscheinungsformen der Selbstbewahrung gegenüber einer Veränderung der Aktivitäten. - Es gibt allerdings eine Möglichkeit, diese Lernhemmung zu minimieren. Sie besteht darin, *das Selbst so zu definieren, daß es sich selbst als ständig Lernendes versteht*. Dies geht sicher nicht für den gesamten Bestand des Selbst, weil dann jede Identität aufgehoben wäre, aber es ist möglich für bestimmte Bereiche und längerfristig auch für die Tolerierung von Veränderungen des gesamten Selbstverständnisses. Was von vornherein als veränderbar angesehen wird, braucht nicht gegen Veränderung verteidigt zu werden.

Lernbereitschaft ist sicher ein langfristiges Phänomen. Trotzdem ist die jeweilige Lernbereitschaft ein Entwicklungsprodukt, das aus einer angeborenen Tendenz zu Aktivität bei Störungen und diffuser Neugier erst durch Lernen entwickelt, d.h. spezifiziert und verstärkt, wird oder im negativen Extremfall bis zur Verweigerung jeder Aktivität verkümmert, wie *Bettelheim* (1989, 65f.; 135f.) Fälle von Autismus beschreibt. Jede Lernbereitschaft ist deshalb auch weiterhin durch Lernen veränderbar, zum Positiven ebenso wie zum Negativen. *Das Lernen der Lernbereitschaft aber spielt sich beim Vollzug jeder Tätigkeit im vorausgehenden und nachfolgenden Kalkül jeder Aktivität* ab.

Theoretische Grundlagen 223

Die langfristige Lernbereitschaft ist nichts anderes als das jeweilige Resultat der bis dahin vollzogenen Kalküle für die Bereitschaft, aktiv zu werden.

Über die Struktur dieser Kalküle hat die Theorie der Leistungsmotivation bis jetzt die interessantesten Aufschlüsse geliefert. Der Kalkül vor der Übernahme der Lernaufgabe (**M5**) wird **im 3. Kapitel**, und der Kalkül nach der Bearbeitung der Aufgabe (**M10 u. 11**) wird **in Teil V** ausführlich behandelt. Man darf aber nicht vergessen, *daß die momentane Kalkulation der Leistungsbereitschaft eingebunden ist in die gesamte Aktivitätsregulation, von den physischen Bedürfnissen bis hin zu transzendenten Bedürfnissen*, z.B. der Gottgefälligkeit des Calvinisten oder der Aufgabe jeder Aktivität in einer meditativen Religiosität. Sie ist auch nicht zu trennen vom Interesse an Aktivitäten in bestimmten Bereichen, das oft verdinglichend als Sachinteresse bezeichnet wird, aber primär ein Interesse an der Ausübung bestimmter kompletter Aktivitäten ist. Jeder antizipierende und positiv bewertete Zustand ist ein Bedürfnis, und jede Klasse solcher Zustände ist ein generalisiertes Bedürfnis. Vorblickend und rückblickend wird stets die gesamte Bedürfnislage kalkuliert (natürlich meist in verkürzter und weitgehend automatisierter Form), und zwar mit Hilfe der individuell ausgebildeten Bedürfnissysteme, die aus netzförmig und hierarchisch organisierten generalisierten Bedürfnissen bestehen.

Vorblickend auf eine Tätigkeit werden nach dem gegenwärtigen Stand der Motivationstheorie (*Heckhausen* 1980; *Weiner* 1984; *Kuhl* 1983) vor allem (ohne Anspruch auf Vollständigkeit) die folgenden Größen in den Kalkül einbezogen: 1. wie schwierig die Tätigkeit zu sein scheint, 2. ob ihr Gelingen vom Zufall abhängig ist, 3. ob man zu ihrem Vollzug fähig ist und 4. welches Maß an Anstrengung erforderlich ist. Je nachdem, ob bei einem Individuum langfristig die Mißerfolgsängstlichkeit oder die Erfolgszuversicht überwiegt, wird aus diesen Größen 1. ein unterschiedlicher Kalkül der Erfolgswahrscheinlichkeit, d.h. des Risikos, aufgestellt. Dazu kommt 2. ein Kalkül der durch den Erfolg ausgelösten Affekte von Scham oder Stolz und 3. ein Kalkül der Konsequenzen an Sanktionen oder Gratifikationen und weiterreichenden Zielen, die zusammen den Wert von Erfolg bzw. Mißerfolg ausmachen. *Daraus resultiert insgesamt eine Setzung des Anspruchsniveaus* der Tätigkeit, d.h. der angestrebten Güte, die dann das *Maß der Anstrengungsbereitschaft* bestimmt. - *Rückblickend* geschieht dasselbe, nur daß jetzt vom Resultat der Tätigkeit ausgegangen wird. Nach dem Vollzug einer Tätigkeit wird durchkalkuliert, ob sich die Erwartungen erfüllt haben und damit der Wahrscheinlichkeits- und der Wertkalkül aufgegangen sind oder nicht (s. **Teil V**). - Der Vergleich der vorausgehenden und der nachfolgenden Kalküle ergibt diejenige Information über sich selbst, die behalten wird. Sie besteht aus Informationen zu allen Variablen und der Nettobilanz von Lust und Unlust. Das ist der *Beitrag, den jede einzelne Kalkulation der Bereitschaft für eine langfristige Lernbereitschaft leistet.*

Welche Aktivitäten der einzelne jeweils bei einer Störung wählt, hängt vom *Zusammenspiel zwischen der langfristigen Lernbereitschaft als etablierter Größe und den momentanen Kalkülen für die einzelnen Aktivitäten* ab. Auch wer in höchstem Maße auf Lernen aus ist, wird jeweils kalkulieren, welche Aktivitäten er sich zumutet. Er muß stets zwischen verschiedenen Möglichkeiten der Tätigkeit wählen und muß dabei mit seinen Ressourcen rechnen. Beim jungen Menschen aber muß sich erst eine hohe

Lernbereitschaft stabilisieren. Das gelingt nur bei einer möglichst ungestörten Persönlichkeitsentwicklung, von der hier nicht gehandelt werden kann (*Erikson* 1976[6]; *Epstein* 1984[2]; *Eysenck/Eysenck* 1983). Soviel aber scheint gewiß zu sein: *Lernbereitschaft ist keine partikulare Größe im psychischen System, sondern ein vitaler, d.h. das ganze Leben betreffender, Kalkül*. Nicht nur die Zunahme im Laufe des Lebens, sondern auch abnehmende Lernbereitschaft, je nach der Entwicklung des Selbstverständnisses, zeugen davon.

Die Kalkulation der Lernbereitschaft findet keineswegs nur bei einer vollbewußten Störung statt, sondern *simultan und fließend, weitgehend automatisiert und nicht bewußt während der gesamten Aktivität bis zur Behebung der Störung oder bis zur Aufgabe ihrer Bearbeitung*. Sobald die Veränderung einer Variablen im Kalkül bewußt wird, z.B. eine unerwartete Schwierigkeit oder das Nachlassen der Energie, ändert sich auch die gesamte Höhe der Lernbereitschaft. *Beim selbstgesteuerten Lernen ist deshalb eine ständige Regulierung der Lernbereitschaft erforderlich*. Diese Regulierung geschieht durch nichts anderes als durch eine Beeinflussung der Variablen des Kalküls, z.B. durch eine Veränderung der Anstrengungsbereitschaft, durch die Wahl einer Teilaufgabe mit anderem Schwierigkeitsgrad, durch die Erhöhung der in Aussicht genommenen Selbstbelohnung oder die Senkung des Anspruchsniveaus der Tätigkeiten.

Alle Prozesse der Regulierung der Lernbereitschaft (**Teil II**) laufen *im Arbeitsgedächtnis* (**M3** u. **6**) ab, entweder automatisch oder durch bewußte Aufmerksamkeitslenkung. Aktiviert wird ein Verbund von Informationen zwischen dem limbischen System als komplexem "Wertregulator" und dem Neokortex als "kognitivem Regulator". Der durch solche Prozesse jeweils hergestellte *Gesamtkalkül ist im Hinblick auf die in den Blick gefaßten und miteinander verbundenen Größen kognitiv und im Hinblick auf die positive bzw. negative Gewichtung evaluativ und affektiv*. Ein solcher Gesamtkalkül kann vor oder nach einer Aktivität gesondert aufgestellt und sogar sehr extensiv durchgespielt werden. Er kann aber auch fast unbemerkt simultan mit der Aktivität ablaufen, wie dies nicht nur bei notorischen oder gar rauschhaften Lernern, sondern auch bei Durchschnittsmenschen auf weite Strecken dynamischer Lerntätigkeit, z.B. beim Lernen der Muttersprache oder im Studium, der Fall ist.

(3) Die Lernaufgabe vermittelt Information für die Selbststeuerung aller Aktivitäten des Schülers im Prozeß der Aufgabenlösung

Zur Selbstregulierung der Lernbereitschaft kommt die *Regulierung der Aktivitäten selbst. Die Wahrnehmung einer Störung ist die Ausgangsaktivität für jede Regulierung von Tätigkeiten.* Sie wird *durch die nachfolgenden Aktivitäten bearbeitet, und zwar potentiell durch alle dafür aktualisierbaren psychischen Möglichkeiten.* Was möglich ist, hängt vom Ausmaß des Gelernten im psychischen Apparat ab, vor allem vom Grad seiner Organisiertheit, von dem die Möglichkeit des Zugriffs auf Einheiten unterschiedlicher Komplexität abhängt. Die ungeheure Beweglichkeit des *Arbeitsgedächtnisses,* seine *schnelle Folge der Verknüpfung von Zustand und Operation unter Leitung von Selbstregulationen* scheint jedem Versuch zu spotten, sie zu beeinflussen (**M3 u. 6**). Trotzdem kann die Klassifikation von Teiltätigkeiten aus **Teil III** die Grundlage für Überlegungen über ihre Steuerung bilden.

Die Bereiche, in denen die Regulierung stattfindet, sind nicht nur die Welt-, sondern auch die Selbstwahrnehmung. In ihnen wird etwas zum Gegenstand gewählt, und an dem Gewählten wird operiert. - Dieses Operieren an einem Gegenstand der Aufmerksamkeit wird reguliert *in der Prozeßstruktur des psychischen Systems, d.h. der Bearbeitung einer Störung als Problem.* Diese Prozeßstruktur reicht *von reflexhaften automatisierten Behebungen der Störung bis hin zu hochkomplexen, intensiv durchdachten Problemlöseprozessen,* in denen alle Teiltätigkeiten der Handlung gesondert vollzogen oder gar selbst wieder zu komplizierten problemlösenden Handlungen ausgebaut werden. Sehen wir uns diesen Zusammenhang genauer an! Er ist *grundlegend für alle weiteren Überlegungen über Lernaufgaben.* Wenn nämlich Lehren nur über die Selbststeuerung des Lernenden realisiert werden kann, dann können *nur die durch den Schüler regulierbaren Größen durch Information des Lehrers beeinflußt* werden.

Wenn beim Auftreten einer Störung sofort Aktivitäten gewählt werden können, dann verläuft die Selbststeuerung fast wie ein Reflex, d.h. wie eine unwillkürliche automatische Reaktion, die von einem Reiz ausgelöst wird (z.B. Augenlidreflex, Kniesehnenreflex etc.). Sie ist zumindest so schnell, als ob sie ein *angeborener Reflex* wäre. Das ist z.B. beim Auftreten physischer Bedürfnisse, die mit bekannten Aktivitäten befriedigt werden können, der Fall. Es gilt aber auch für alle gelernten Problemlösestrategien, z.B für Strategien der Orientierung in einer fremden Stadt, das Überschlagen von Kosten, das Lesen einer Straßenkarte, die Bedienung eines neuen Autos, die kurze Verständigung über einen Termin. *Die Differenz der neuen Tätigkeit gegenüber den schon gelernten Tätigkeiten ist dann so gering, daß sie ohne Verzögerung bewältigt werden kann.* Es geht dann nur darum, in aktualisierbaren Schemata Leerstellen durch konkrete Details auszufüllen, z.B. in das Schema eines Straßenverlaufs Veränderungen einer Verkehrsführung aufgrund einer Baustelle einzutragen oder bekannte Teiltätigkeiten in eine neue Reihenfolge zu bringen, z.B. den Gang durch eine Straße auch umkehren zu können. In diesem Fall treten die einzelnen Aktivitäten innerhalb des Arbeitsgedächtnisses nicht merkbar auseinander. Es genügt für die Auslösung der Selbstregulierung, *die Aufmerksamkeit nur kurz auf den als Störung empfundenen Zustand zu lenken oder dies in kurzen Abständen so lange zu wiederholen, bis die Störung behoben ist*. Dann läuft das Testen und Operieren in so schnellem Wechsel, daß sich weder das Analysieren der Ausgangssituation von ihrer Wahrnehmung noch das Planen der Reaktion vom Reagieren selbst unterscheiden lassen. Die Regulierung der Aktivitäten macht deshalb auch keine besondere Mühe. Auf diese Weise *lenken wir* unsere Schritte von einer nicht mehr gewünschten Position zur nächsten gewünschten, unser Autofahren von einem Streckenabschnitt zum nächsten, unsere Augen über den Text in Augensprüngen. Wir wickeln aber auch unseren Weg durch ein gut eingechecktes Tagesprogramm mit anspruchsvollen Tätigkeiten weitgehend so ab. Je vertrauter uns ein Tätigkeitsbereich ist, umso reibungsloser laufen die Tätigkeiten. Sie gewinnen eine Sicherheit und Geläufigkeit, die wir am Picken des Vogels und an allen anderen Reaktionen der Tiere bewundern.

Stockt der Aktivitätsfluß, wenn eine Störung behoben werden soll, dann kann er häufig nach einigen Pendelschlägen von *Versuch und Irrtum* wieder in Gang kommen, z.B. bei der Suche des Ärmelloches beim Mantelanziehen, bei einem Versprecher, bei einem Verlesen, bei einem unpassenden Ausdruck, beim Versuch einzuschlafen. Die Selbststeuerung bekommt hier schon den Charakter einer *Kontrolle eines Automatismus* durch die Anweisung "Gehe noch einmal an die Störungsstelle zurück!" oder besser: "Gehe etwas vor die Störung zurück!", *weil die Störung eines Automatismus meist nicht durch eine Fixierung der Aufmerksamkeit auf die Störstelle behoben werden kann*.

Ganz anders aber ist die Situation, wenn sich die für die Behebung einer Störung erforderlichen Aktivitäten nicht wie von selbst einstellen. *Jetzt muß die Selbststeuerung die Aufgabe übernehmen, eine geeignete Folge von Tätigkeiten zu konstruieren*. Je mehr diese Tätigkeiten von den bisher vollzogenen abweichen, umso mehr wird gelernt. Je stärker sie abweichen, umso mehr müssen die *Hilfstätigkeiten der Analyse, der Planung und der Kontrolle* in Anspruch genommen werden, damit eine neue Folge von z.T. neuen Tätigkeiten zustandekommt, die zur Behebung der Störung führt. *Wer dies nicht selbst zustandebringt, kann diese neue Form der Aktivität nicht selbst lernen*. Der Umfang dessen, was man beim jeweiligen Entwicklungsstand an Neuem bewältigen kann, hängt davon ab, wieweit man selbst oder mit der Hilfe anderer jeweils nutzt, was es an Kombinationsmöglichkeiten von Tätigkeiten aus unterschiedlichen Gegenständen der Aufmerksamkeit, aus Operationen an ihnen und aus den unterschiedlichen Aktivitäten beim Problemlösen gibt (s. **Teil II, Kap. 3; Teil III Kap. 4; in diesem Teil Kap. 3**).

Daraus ergibt sich der folgende *Aufriß des Lernens durch Selbststeuerung*:
1. Die Aufmerksamkeit muß auf bemerkte Störungen gelenkt werden, oder sie muß zur Suche von Defiziten gegenüber selbstgesetzten Normen eingesetzt werden. *Wird eine Störung (ein Fehler, ein Unbehagen, ein Schmerz, ein Stocken, eine Diskrepanz gegenüber einem gewünschten Zustand) bemerkt, dann ist die Aufmerksamkeit meist noch nicht genau auf sie konzentriert. Sie muß deshalb auf die Störstelle gelenkt werden, eventuell in einem mehrfachen Nachstellen, bis diese Stelle im Zentrum der Aufmerksamkeit liegt und der Auflösungsgrad im Brennpunkt des Arbeitsgedächtnisses so groß ist, daß sie möglichst genau gesehen werden kann. Bemerke ich z.B. eine*

diffuse Differenz zwischen einem Originalgemälde und einer Kopie, etwa beim Übergang von Figur und Grund, dann muß der Bildausschnitt so gewählt werden, daß Differenzen im Pinselstrich, in Farbpigmenten etc. erkennbar werden. - Wird Lernen intendiert, dann müssen alle Möglichkeiten genutzt werden, Defizite zu erzeugen, um Problemlöseprozesse anzuregen, indem alle möglichen Maßstäbe an das jeweils Bewußte herangetragen werden. Das ist die seit alters bemerkte Fähigkeit, Fragen zu stellen, Probleme zu sehen, Schwierigkeiten zu erkennen.

2. Die Einstellung der Aufmerksamkeit auf die Störstelle muß stabilisiert werden, damit eine weitere Bearbeitung möglich wird. *Die Stabilisierung gelingt nur durch wiederholte Aktualisierung, bis ein hinreichend genaues und aktualisierbares Bild der Störstelle erzielt ist, das auch bei der Bearbeitung noch verstärkt wird. Zur Stabilisierung können verschiedene Operationen beitragen: die Transformation in andere sprachliche Mittel, der Perspektivenwechsel und die Distanz ("drumherumgehen"), die bewußte Vergewisserung, das Zurückkommen nach kurzem Abschweifen etc. Geschieht dies nicht, dann entgleitet die Störstelle aus dem Horizont des Arbeitsgedächtnisses, falls sie sich nicht von sich aus bemerkbar macht, und kann deshalb nicht bearbeitet werden.*

3. Es muß der Tendenz widerstanden werden, die Störung als geringfügig zu ignorieren oder durch einen geläufigen Automatismus zu reagieren. *Diese für die Ökonomie der psychischen Aktivitäten in anderen Fällen wichtige Tendenz verhindert aber Tätigkeiten mit höherem Lerneffekt. Das Leichtnehmen von Störungen bzw. Problemen steht dem Lernen im Wege. Statt dessen erfordert Lernen das Ernstnehmen und die Bereitschaft zur Auseinandersetzung mit Störungen.*

4. Über das Ausmaß der Beschäftigung mit der Störung muß durch die Wahl von einzelnen Tätigkeiten des Problemlösens entschieden werden. *Aus der Dialektik, dem Hin und Her zwischen Ziel-, Bedingungs- und Prozeßanalyse, ergibt sich ein erster Umriß des Ausmaßes, in dem die Störung bearbeitet werden soll.*

5. Bei der ersten Planung sollten dann möglichst ganzheitliche, d.h. bildhafte Repräsentationsmöglichkeiten (Vorstellungen, mentale Modelle) der Störstelle, möglichst allgemeine Zielvorstellungen oder abstrakte Normen und möglichst globale Operationen (Operatoren, d.h. schon relativ komplexe Teiltätigkeiten, wie "Addieren" oder "Löten") eingesetzt werden. *Nur auf diese Weise zeigt sich, in welchem Umfang die Störung jeweils bearbeitet werden soll. Erst innerhalb fester Umrisse, d.h. der Etablierung eines systemhaften Zusammenhangs kann weiter operiert werden.*

6. Innerhalb der durch die globale Planung gezogenen Grenzen können Teilpläne ausgearbeitet werden, falls ein globaler Plan nicht genügt. *Für den Gang in ein anderes Zimmer genügt in der Regel ein globaler Plan, für eine Fahrtroute zu einem unbekannten Ort braucht man aber in der Regel außerdem Teilpläne für einzelne Strecken mit unterschiedlicher Auflösung. Daraus ergibt sich u.U. eine mehrfach gestufte hierarchische Ordnung der Pläne.*

7. Innerhalb der Pläne kann dann aus allen Kombinationsmöglichkeiten des psychischen Apparates eine Sequenz von Operationen hergestellt, d.h. geplant und ausgeführt, werden. *Die Auswahl richtet sich stets nach Teilzielen. Die feinsten Teilziele*

steuern unmittelbar die Aktivierung der für die Erreichung der weitergesteckten Ziele erforderlichen Automatismen.
8. Zu den Planungstätigkeiten und den ausführenden Tätigkeiten müssen ständig *Kontrolltätigkeiten* kommen. Sie stellen immer wieder Störungen fest und lösen dann inklusiv bis in die feinsten Aktivitäten Problemlösungsprozesse derselben Struktur aus. So werden z.B. die Verbesserungsmöglichkeiten eines Textverarbeitungsprogramms bei der Arbeit am Computer ständig genutzt oder werden im Gespräch ständig Korrekturen vorgenommen. Stets begleitet eine möglichst intensive Kontrolle den laufenden Prozeß. Auf diese Weise geschieht eine reflexive Kontrolle aller als Automatismen einsetzbaren Möglichkeiten des psychischen Apparates. Sobald keine automatische Regelung mehr möglich ist, setzt wieder eine bewußte Bearbeitung der Störung ein.

Der Lehrer muß nun seine Informationen so auf die Selbststeuerungsmöglichkeiten des Schülers abstellen, daß dieser die ihm vermittelten Informationen zu kompletten Tätigkeiten ausbauen kann, die bis zu einem gewissen Grade den Erwartungen des Lehrers entsprechen. Um diesen Prozeß geht es **in den nächsten Kapiteln. Im folgenden Kapitel** wird die bisherige Behandlung der Beeinflussungsmöglichkeiten des Lehrers nur unter dem Gesichtspunkt betrachtet, wieweit sie dieser Auffassung von der Beeinflussung der Schüler durch den Lehrer entspricht. Das ergibt die Grundlage für eine *Definition der Lernaufgabe, die den weiteren Überlegungen zugrundegelegt wird. In den Begriff der Lernaufgabe werden alle Möglichkeiten des Lehrers einbezogen, die ihm für die Anregung von Lerntätigkeiten zu Gebote stehen.*

Kapitel 2:
Es gibt bis jetzt keine hinreichende Klarheit darüber, welche Informationen der Lehrer dem Schüler durch Lernaufgaben für seine Lerntätigkeiten vermitteln kann

Die Lernaufgabe ist erst in jüngerer Zeit zum Gegenstand der Unterrichtsforschung gemacht worden. Das Grundproblem der Lernaufgabe ist früher in der Didaktik auf die Lehrerfrage reduziert worden (vgl. *Bloch* 1969; *Grzesik* 1976a; *Aebli* 1983, 326f.). Die Unterrichtsforschung war bisher an der Lernaufgabe kaum interessiert. Im Vordergrund stand für sie die experimentelle Prüfung von Effekten zahlreicher Lehrervariablen, vorwiegend aus dem Bereich seines sozialen Verhaltens, wie Wertschätzung, emotionale Wärme und Zuwendung (*Tausch/Tausch* 1973[7], 162) und weniger aus dem Bereich der Information über Gegenstände und Verfahren, von den Handlungaktivitäten und Selbstregulierungen ganz zu schweigen. In den siebziger Jahren galt das Interesse von Didaktik und Unterrichtsforschung vor allem der Selbständigkeit des Schülers, die vor der "autoritären Repression" durch die Steuerung des Lehrers geschützt werden mußte (Stichworte: entdeckendes Lernen, humanistische Methoden, offener Unterricht, Entschulung, sozial-integrativer Unterricht), und der sozialen Interaktion zwischen den Schülern in Diskussionen und Gruppenarbeit.

Theoretische Grundlagen 229

Im deutlichen Gegenzug zu dieser Entwicklung ist schon seit einigen Jahren in der amerikanischen Unterrichtsforschung ein neues Interesse an 'direct instruction' (im Gegensatz zu Formen der indirekten Unterweisung) wach geworden. Diese Richtung wirkt sich jetzt erst in der deutschen Unterrichtsforschung aus, und das auch nur sehr zögernd und mit wenig sichtbarem Erfolg.

Ich greife im folgenden solche Beiträge auf, die mit meinen Überlegungen in Beziehung gesetzt werden können, weil in ihnen *Teilprobleme der Lernaufgabe behandelt werden*.

Erläuterung zum Gebrauch einer zweidimensionalen Tabelle bei der Darstellung von Lehrzielen für einen High-School-Kursus in Biologie

		Verhaltensaspekt der Lehrziele					
Inhaltsaspekt der Lehrziele		1. Verständnis wichtiger Fakten und Prinzipien	2. Vertrautheit mit verläßlichen Informationsquellen	3. Fähigkeit, Daten zu interpretieren	4. Fähigkeit, Prinzipien anzuwenden	5. Fähigkeit, zu untersuchen und über Ergebnisse der Untersuchung zu berichten	6. Umfassende und reife Interessen	7. Soziale Einstellungen
A. Funktionen des menschlichen Organismus								
	1. Ernährung	X	X	X	X	X	X	X
	2. Verdauung	X		X	X	X	X	
	3. Kreislauf	X		X	X	X	X	
	4. Atmung	X		X	X	X		
	5. Fortpflanzung	X	X	X	X	X	X	X
B. Nutzung von pflanzlichen und tierischen Naturschätzen								
	1. Energie-Verhältnisse	X		X	X	X	X	X
	2. Pflanzen- u. Tierwachstum bedingende Umweltfaktoren	X	X	X	X	X	X	X
	3. Abstammung und Vererbung	X	X	X	X	X	X	X
	4. Nutzung des Landes	X	X	X	X	X	X	X
C. Evolution und Entwicklung		X	X	X		X	X	X

Abb. 19: Lehrzielmatrix von Tyler (1973, S. 57); aus: Klauer 1974, 16

Über die *Hauptstruktur der durch jede Lernaufgabe vermittelten Information gibt es einen hohen Grad der Übereinstimmung*: Jede Aufgabe, z.B. die Aufgabe "Bestimme das Volumen des Zylinders v = 2 cm, h = 5 cm", enthält eine Gegenstandsvariable ("Zylindervolumen") und eine Variable, durch die die geforderte Behandlungsart des Gegenstandes ("Bestimme mit v = 2 cm, h = 5 cm") zum Ausdruck gebracht wird. - *Merrill/Boutwell* (1973) z.B. unterscheiden zwischen der 'content dimension' und der 'behavior dimension' der Aufgabe. Die erste teilen sie auf in die Inhaltsklassen 'pair associate', 'concept', 'principle', 'problem', die zweite in die Verhaltensklassen 'discriminated recall', 'classification', 'rule using', 'higher rule using' (vgl. die Klassifikationen von Tätigkeiten in **Teil III, Kap. 4**). *Die Gegenstands- und Verfahrensinformation ist tatsächlich in Lernaufgaben durchgängig unterscheidbar.*
Klauer (1974, 45 u. 69) definiert die Lernaufgabe so:

> "Der Lehrinhalt ist identisch mit dem, was bislang als Inhaltskomponente bezeichnet wurde. Es handelt sich also um Gegenstände, mit denen der Lernende etwas tun können soll, oder um die Struktur, die der Lernende internalisieren soll. ... Fügt man demnach zum Lehrinhalt hinzu, was der Lernende damit anfangen können soll, so erhält man den Lehrstoff. Der Lehrstoff ist identisch mit einer Aufgabenklasse. Aufgaben haben eine S-Komponente und eine R-Komponente. Das geforderte Verhalten bildet die R-Komponente (response - J.G.). Die S-Komponente (stimulus - J.G.) wird auf der Grundlage der Inhaltsstruktur unter Berücksichtigung des geforderten Verhaltens bestimmt."

Diese Definition entspricht der von *Merill/Boutwell*, weicht aber von der üblichen Wortbedeutung von Lehrstoff, wonach er von gegenständlicher Natur ist, so sehr ab, daß es unzweckmäßig ist, "Lehrstoff" und Aufgabenklasse gleichzusetzen. Gemeint ist eine *Aufgabe*, die der Schüler lösen soll, oder aber die *Kompetenz zur Lösung einer bestimmten Klasse von Aufgaben*, die er als Ziel erreichen soll. Von Interesse aber ist, daß *Klauer die Gleichheit der Grundstruktur der Lernaufgabe mit der Grundstruktur der behavioristischen Lehrzielformulierung* betont, worauf er ausführlich verweist, indem er den durch *Tyler* in einer zweidimensionalen Matrix verknüpften Inhalts- und Verhaltensaspekt von Lehrzielen für die Definition von Aufgabenklassen verwendet (*Klauer* 1974,16).

So sind nach ihm Aufgaben und Ziele nur durch das Tempus unterschieden, indem die Lösung von Aufgaben in der Gegenwart geschieht, andererseits bei Zielen die Fähigkeit zur Lösung einer Aufgabenklasse in der Zukunft als erreicht gedacht wird (Futur II der Ziele nach *A. Schütz* 1974). Dann wäre aber die Lösung von Aufgaben einer bestimmten Art nichts anderes als das, *was gelernt werden soll*, eine Identität, die Klauer wohl zu dem Versuch veranlaßt hat, Lehrziele durch Aufgabenklassen zu definieren.

> "Danach führt die genaue Beschreibung der S-Komponente und der R-Komponente zur Bildung von Aufgabenklassen." (*Klauer* 1974, 54)

Ziele und Aufgaben unterscheiden sich aber nicht nur im Tempus. Schott nähert sich dem Problem, indem er den Zusammenhang zwischen Lehrziel, Lernaufgaben und Überprüfungsaufgaben untersucht:

> "Lernaufgaben sollen das Erreichen eines Lehrzieles bewirken. Überprüfungsaufgaben kontrollieren, ob dies gelungen ist. Entsprechend ist die Validität sowohl von Lernaufgaben als auch von Überprüfungsaufgaben in bezug auf das Lehrziel bei einem Lehrgang von entscheidender Bedeutung." (*Schott* 1985, 151)

Theoretische Grundlagen 231

Im Inhalts- und im Verhaltensaspekt unterscheiden sich Aufgaben nach *Schott* in den beiden voneinander unabhängigen *Dimensionen der Komplexität und des Abstraktionsniveaus der begrifflichen Fassung*. Dieser Unterschied ist für die Bildung von Aufgabenklassen ebenso wichtig wie für die Abfassung und Bearbeitung einzelner Aufgaben. Komplexität und Abstraktionsniveau sind nämlich wichtige Dimensionen des Schwierigkeitsgrades und der Verständlichkeit der Aufgabe für den Schüler und können auch bei der Abfassung einer Aufgabe durch den Lehrer gesondert beachtet werden (*Schott* 1985, 152; s.a. *Grzesik* 1976a). So kann man im Hinblick auf die Komplexität der Maxime folgen: "Reduziere den Gegenstand auf den für die angestrebte Bearbeitung unbedingt erforderlichen Umfang!" und im Hinblick auf das Abstraktionsniveau der Maxime: "Bezeichne den Gegenstand nicht allgemein, sondern so genau wie möglich!" Diese beiden Dimensionen haben aber bei der *Abfassung von Lehrzielen die Funktion, den Umfang einer Kompetenz und das Niveau ihrer Beschreibung festzulegen*, z.B. der Kompetenz, Texte zu verstehen, auf dem Niveau der Beschreibung allgemeiner textverstehender Operationen.

Schott verweist außerdem zu Recht darauf, daß ein Lehrziel nicht durch Begriffs- und Sachanalyse (*Schott* 1985, 155) in eine Aufgabenmenge transformiert werden kann, weil das Lernen ein psychischer Prozeß ist, nach dem sich die Lernaufgaben zu richten haben. Es gibt dann aber auch keine Möglichkeit, für die in einem Lehrziel angegebene Fähigkeit ein "Aufgabenuniversum" festzulegen, es sei denn man könnte in einem Lernprogramm die Abfolge der Lernaufgaben für ein bestimmtes Ziel genau festlegen, was *Schott* versucht. Schon der sogenannte Verhaltensteil der Lernaufgabe spricht dagegen, daß aus einem Lehrziel durch Sachanalyse Aufgaben zu gewinnen sind. Im Laufe des Lernprozesses treten ganz andere Verhaltensweisen auf als im schließlich gelernten Endverhalten, es sei denn man wiederholt immer nur ein und dasselbe. Aufgaben lassen sich deshalb nur *aus dem Prozeß des Erwerbs einer zum Ziel gesetzten Fähigkeit* gewinnen, und zwar nur durch Entwurf von Zielen und durch die empirische Ermittlung von Tätigkeiten, die zu den angestrebten Fähigkeiten führen. Kontentvalidität, d.h. inhaltliche Entsprechung, zwischen Aufgaben und Lehrzielen kann deshalb *nie eine nur sachlogische Beziehung, sondern muß auch eine psychologische sein*. *Schott* sucht dem dadurch Rechnung zu tragen, *daß nach seiner Auffassung zwischen dem Anfangszustand eines Inhaltes bei der Aufgabenstellung und dem Endzustand des Inhaltes bei der Aufgabenlösung eine Operation des Schülers vermittelt*, z.B. "vergleichen". Das ist ein Schritt in die richtige Richtung, allerdings nur ein erster, denn für anspruchsvolle Ziele entsteht das Problem, wenigstens die Hauptoperationen zu benennen, die für die Erreichung des Ziels erforderlich sind, insbesondere dann, wenn es auch verschiedene Aufgabenlösungen gibt.

> Mit diesem Problem hat sich *Macke* befaßt. Er unterscheidet zwischen den Operationen und den Zuständen, "auf die die Operationen einwirken können, die bewegt, sortiert, geordnet, zusammengefaßt usw. werden können." (*Macke* 1978b, 299) Für den Lernprozeß kommt er folgerichtig zu dem Schluß:

> "Die Lerntätigkeit wird dann nämlich faßbar als eine Abfolge von Operationen und eine Abfolge von Zuständen, an die die Operationen angreifen und/oder die sie erzeugen." (*Macke* 1978b, 300)

Bei seinem Versuch, den Inhaltsbereich der Winkellehre mit den für sein Erlernen erforderlichen Operationen in einer zweidimensionalen Matrix zu verknüpfen, sieht er sich jedoch mit bezeichnenden Schwierigkeiten konfrontiert:

> "Die vorläufige Analyse von 'Musterlösungen' für eine Reihe von Aufgaben mittels dieser Matrix zeigte nun, daß zum einen die zu beherrschenden Operationen beim Lösen von Aufgaben vom Schüler mit einer recht großen Zahl unterscheidbarer informativer Sche-

mata zu verknüpfen sind und daß zum anderen die Mehrzahl der in den Lehrbüchern gegebenen Aufgaben selbst bei Wahl des kürzesten Lösungsweges und bei Definitionen relativ großer Teilschritte die Verkettung einer beträchtlichen Zahl von Operationen verlangt." (*Macke* 1978b, 302)

Macke hat sich nicht nur auf wenige allgemeine Klassen von Operationen beschränkt, sondern versucht, die Operationen in einem bestimmten Lernbereich, nämlich der Winkellehre, zu klassifizieren. Dabei hat er aber noch keineswegs die menschliche Informationsverarbeitung in ihrer ganzen Komplexität im Blick, z.B. die planenden Operationen oder die automatisierten simultanen. Trotzdem zeigt schon sein Versuch, daß es selbst bei verhältnismäßig einfachen Aufgaben mit unseren heutigen Mitteln unmöglich ist, sämtliche zum Gegenstand gemachten Sachverhalte und sämtliche an ihnen vollzogenen Operationen durch eine Mikroanalyse zu erfassen. Daraus ergibt sich der wichtige Schluß, daß *eine Feinsteuerung von Operationen in einem solchen Maße der Auflösung der Tätigkeit durch Lernaufgaben nicht geleistet werden kann*. Das war nach unseren Überlegungen zur Elementarisierung und den kleinsten Einheiten der Gesamtaktivität (s. **Teil III Kap. 4**) auch nicht zu erwarten. Die Praxis der Aufgabenstellung im Schulunterricht bezieht sich auch keineswegs auf die mit jedem Lösungsschritt an bestimmten Sachverhalten zu vollziehenden einzelnen Operationen, sondern *jede Aufgabe ist nur ein sehr allgemeines begriffliches Schema von unterschiedlichem Abstraktionsgrad, das einerseits regelt, andererseits aber offenläßt, welche Operationen an welchen Zuständen im einzelnen vollzogen werden sollen*. Für die Abfassung von Lernaufgaben werden deshalb stets *verhältnismäßig allgemeine Kategorien* benutzt. Der Schüler muß dann selbst die so allgemein kategorisierten, immer schon hochkomplexen Aktivitäten aktualisieren. Das verweist darauf, daß die *Lernaufgabe nur indirekt über allgemeine Informationen für die Selbststeuerung Aktivitäten zu regulieren vermag*. Und selbst dies kann sie *nur durch fragmentarische Information für das Gesamtmuster einer Aktivität*. Das gilt selbst für genaueste Anweisungen (vgl. dazu die chronischen Schwierigkeiten mit Gebrauchsanweisungen). Daraus ergeben sich viele Konsequenzen für die Abfassung von Lernaufgaben, z.B. die, daß der Lehrer geduldig seine Möglichkeiten der Mitteilung einsetzen muß, bis die notwendigen Aktualisierungen gelingen. - Wenn die Formulierung von Aufgaben gegenüber den einzelnen Prozessen schon allgemein ist, dann wird *die Klassifikation von Aufgaben* auf einem noch höheren Abstraktionsniveau liegen müssen als die Aufgaben selbst, besonders wenn es sich um sehr komplexe Gegenstände und komplexe Gruppierungen von Operationen handelt, wie z.B. bei der Rezeption von Texten (*Grzesik* 1990) oder bei mathematischen Textaufgaben.

Für die weiteren Überlegungen ist auch noch von besonderer Bedeutung, daß von *Macke* Aufgabenlösungen, nach *Guilford* "Produkten", dieselbe Grundstruktur zugeschrieben wird wie von *Merrill/Boutwell* den Aufgaben und von *Tyler* den Lehrzielen. Ziele, Aufgaben und Aufgabenlösungen stimmen nämlich darin überein, daß es bei allen um die psychische Aktivität geht, die allein im Arbeitsgedächtnis realisiert wird, weshalb in allen die Hauptstruktur von Zustand und Operation auftritt. Sie unterscheiden sich dann aber sehr entschieden in der *Art der Repräsentation* psychischer Aktivitäten: Ziele antizipieren aktualisierbare, d.h. bereits stabilisierte psychische Aktivitäten, *Aufgaben generalisieren die psychischen Aktivitäten, die für den erstmaligen Erwerb und die Stabilisierung der zum Ziel gesetzten Aktivität erforderlich sind*, und *Aufgabenlösungen* sind Repräsentationen von Zwischenergebnissen auf dem Weg zu einem Ziel. *So haben Ziele, Aufgaben und Aufgabenlösungen einen unterschiedlichen Bezug zum realen Prozeß der Lerntätigkeit*. Alle drei sind ihm gegenüber in hohem Grade selektiv, fassen den jeweiligen Aspekt in Kategorien und vermitteln ihn medial. Aus der Beobachterperspektive zeigt sich beides, die gleiche Hauptstruktur von Lernaufgaben, Aufgabenlösungen und Zielen, aber auch die beträchtlichen Differenzen.

Theoretische Grundlagen 233

Ich habe in einer Studie zur "Verbalen Instruktion" (*Grzesik* 1976a) die Problematik der Beziehung zwischen Gegenstand und Behandlungsart in der Lernaufgabe ebenso erörtert wie Probleme des Begriffsgebrauchs in der Aufgabenstellung und die von der Aufgabe erfüllbaren Funktionen. Diese Untersuchung beschränkte sich aber auf den *Informationsgehalt von Lernaufgaben und ihre Funktionen für den Lernenden (informative, motivationale, operative, normative Funktion)*, ohne den Prozeß der Lösung von Aufgaben durch den Schüler einzubeziehen. Ich übernehme in den weiteren Überlegungen die Resultate dieser Studie, indem ich sie in den viel weiteren Zusammenhang des Lernens und des Unterrichts einordne, den ich hier entwickelt habe. Die in dieser Studie geführte Auseinandersetzung mit Auffassungen über die Lehrerfrage, die zu kurz greifen, z.B. über enge und weite Fragen, über Frage-, Aufforderungs- oder Aussageform und die Fremdbestimmung, rolle ich aber hier nicht noch einmal auf.

Auch zur Frage der Klassifikation von Lernaufgaben liegen Untersuchungen vor. Die Beziehung "Gegenstand-Behandlungsart" erlaubt eine zweifache Klassifikation von Lernaufgaben. Die Gegenstände können nach *Lernbereichen* aufgegliedert werden, die Behandlungsarten nach *Lernarten*. So sind z.B. im Deutschunterricht *Texte* und auch die *deutsche Sprache* unterschiedliche Lernbereiche, bei deren Behandlung *Begriffe* gebildet, *Regeln* gelernt und *Techniken* eingeübt werden können.

Es ist nun bezeichnend, daß die meisten Untersuchungen *für die Klassifikation von Aufgaben allgemeine Verhaltensbegriffe verwenden*, z.B. die von *Gagné* unterschiedenen Begriffe für Lernarten, etwa multiple Diskrimination, Begriffslernen und Regellernen (*Merrill/Boutwell* 1973; *Macke* 1978a/b; *Eigler* 1978) oder die Taxonomie des Wissens sowie der intellektuellen Fähigkeiten und Fertigkeiten von *Bloom* u.a. Auch hier spielt offensichtlich wieder die Strukturähnlichkeit von Zielen, Aufgaben und Aufgabenlösungen eine Rolle. Es liegt auf der Hand, daß für das Lernen von Begriffen andere Aufgaben gestellt werden müssen als für das Memorieren von sprachlichem Material und daß für den Wissenserwerb andere Aufgaben erforderlich sind als z.B. für das Anwenden von Prinzipien. Trotzdem stellt sich die Frage, ob die für die Klassifikation von allgemeinen Lernarten bzw. Lernresultaten geeigneten Begriffe nicht zu allgemein sind für die Klassifikation von Aufgaben. *Aufgaben bestehen zwar immer aus relativ allgemeinen Begriffen, diese Begriffe müssen aber andererseits so konkret sein, daß sie durch tatsächliche Lösungen (Antworten, Beiträge) respezifiziert werden können* (Luhmann 1990[10], 329). Außerdem ist es problematisch, ob das *Ordnungsprinzip der notwendigen Bedingung (Gagné)* jeder Lernart für die nächste, das *Ordnungsprinzip der zunehmenden Komplexität (Bloom 1976[5]) oder auch des Abstraktionsniveaus* als Prinzipien für die Ordnung von Aufgaben geeignet sind. Die *Suche nach einer allgemeinen Klassifikation* ist sicher vergeblich, weil es keine Klassifikation für alle Zwecke geben kann. So ist es doch etwas ganz anderes, Aufgaben nach ihrem Schwierigkeitsgrad zu ordnen als nach dem Prinzip der Anschlußmöglichkeiten. Hierarchien bzw. Taxonomien eignen sich bis zu einem gewissen Grade für eine Ordnung von Schwierigkeitsgraden, aber nur sehr bedingt für die Ordnung der Abfolge von Aufgaben. Allen Klassifikationen des Verhaltens in einer Dimension fehlt der Anschluß an die Vielgestaltigkeit der psychischen Operationen bei der Lösung von Lernaufgaben.

Die *Klassifikation der Gegenstandskomponente* von Aufgaben kann bereichsunabhängig erfolgen. Man versucht dann, Sachverhalte zu klassifizieren, die in allen Sachbereichen vorkommen, z.B. Relationen oder Begriffe (*Merrill/Boutwell* 1973; *Klauer* 1974, 112f.). Man kann aber auch Inhalte eines bestimmten Gegenstandsbereichs zu klassifizieren suchen, z.B. der Winkellehre (*Macke* 1978b, 300f.). - Hier stellt sich zunächst das Problem der Analyse des Gegenstandsbereichs. Es bietet sich das Mittel der Strukturanalyse an. Einige Möglichkeiten der Strukturanalyse von Inhalten hat *Klauer* unter dem Terminus der Mikroanalyse zusammengefaßt (*Klauer* 1974). Für eine Klassifikation braucht man dann einen Gesichtspunkt, z.B. den Gesichtspunkt des Umfangs des Inhaltes (Wort, Phrase, Satz ...). Die größten Schwierigkeiten für eine Klassifikation der Inhalte entstehen aber aus der Tatsache, daß es keineswegs nur ursprüngliche Inhalte, etwa im Sinne eines sensorischen Inputs, gibt, sondern daß die Verarbeitung der ursprünglichen Information selbst wieder einen Inhalt für weitere Verarbeitungsprozesse darstellt, so daß es Inhalte 2., 3. usw. Ordnung gibt (vgl. z.B. den Anschluß an vorangehende Aufgabenlösungen des Schülers, bei dem man auch von konditionaler Anschlußrationalität oder "antwortsensitiven Aufgaben" spricht).

Es gibt auch Untersuchungen zum Auftreten von Fragen *unterschiedlichen taxonomischen Niveaus*, z.B. von Wissens- und Problemfragen und ihrer Konkordanz mit dem kognitiven Niveau von Schülerantworten (*Klinzing/Klinzing-Eurich* 1982). - Lernaufgaben können auch nach der Verständlichkeit ihrer begrifflichen und sprachlichen Fassung klassifiziert werden (*Grzesik* 1976a und 1990; *Klinzing/Klinzing-Eurich* 1982).

Für den Unterricht als Prozeß ist die *Abfolge von Aufgaben* konstitutiv. Sie wird in sehr globaler Form von allen linearen Phasentheorien geregelt. Es müssen dann z.B. Problemaufgaben, Übungsaufgaben und Anwendungsaufgaben aufeinander folgen. Problematisch ist in unserem Zusammenhang, ob die tatsächliche Abfolge von Aufgaben diesen allgemeinen Verlaufsschemata überhaupt entspricht, d.h. ob Aufgaben nicht auf einem niedrigeren Abstraktionsniveau liegen und deshalb allenfalls Untereinheiten dieser Phasen konstituieren, ob ihre Aufeinanderfolge nicht sehr unterschiedlichen Prinzipien gehorchen kann und welche Formen der Aufgabensequenz tatsächlich im Unterricht auftreten. *Eigler* (1981) vermutet auf der Grundlage experimenteller Befunde, daß die Abfolge von Lehrbedingungen "selbstspezifische Effekte" hat, weshalb die Abfolge von der jeweiligen Zielvorstellung abhängig gemacht werden müsse, welche kognitive Struktur gefördert werden soll. Dann müsse aber Abschied genommen werden von jeder Form der Universalmethode (für jeden Unterricht, für den Unterricht in einem bestimmten Lernbereich und sogar für eine bestimmte Lernart, z.B. das Begriffslernen). Dafür sei eine "taxonomy of task variables" erforderlich (*Eigler* 1978), durch die die Art der aufeinanderfolgenden Aufgaben klassifiziert werden kann. Bei *Merrill/Boutwell* (1973) liegt ein Ansatz dafür vor. Sie unterscheiden zwischen der Präsentationsform der Aufgabe selbst ('presentation form'), den Beziehungen zwischen den ihr untergeordneten Teilaufgaben ('interdisplay relations') und den der Aufgabe vorausgehenden Lernhilfen ('mathemagenic information'). Ohne die Vor- und Nachteile dieser Klassifikation analysieren zu müssen, kann ich *Eigler* darin zustimmen, daß für eine genauere Untersuchung der Beziehungen zwischen Prozeß und Produkt des Unterrichts, die über globale Merkmale der Lehr-Lernbedingungen einer sehr allgemeine Methode (Diskussionsmethode, "advance organizer", entdeckendes Lernen) hinauskommen will, eine Klassifikation von qualitativen Aufgabenvariablen, d.h. der durch Aufgaben benannten Gegenstände und Verfahren, zwingend erforderlich wäre. Erst unter diesen Voraussetzungen könnten differenziertere Hypothesen gebildet werden von folgender Form:

Bei Lernaufgaben mit der Struktur a lernen Lerner mit den Eingangsbedingungen d, f, g bei der Abfolge der task variables m gegenüber der Abfolge von task variables n die Lernresultate x, y, z (vgl. *Eigler* 1978, 285).

Die Aufgabenfolge kann sich aber auch nach *Sachbeziehungen* richten. So können u.a. die folgenden Anordnungen auftreten: kausal, funktional, historisch, genetisch, topisch, logisch (*Heun* 1965).

Zum *Effekt der Lernaufgabe* liegt eine größere Zahl von Untersuchungen mit unterschiedlichen Fragerichtungen vor. Eine Untersuchungsrichtung befaßt sich mit dem *Effekt von Fragen auf das Behalten von Textinformation* (recall-test). Die gehäuften Untersuchungen in diesem begrenzten

Lernbereich und für einen relativ elementaren Lerneffekt zeigen neben unterschiedlichen Effekten, daß sich Fragen in allen untersuchten Fällen positiv auf das Lernen auswirken (mathemagener Effekt). Dies verweist auf eine Erklärungsmöglichkeit, mit der ich mich eingehend befassen werde: Fragen *intensivieren die Informationsverarbeitung im Arbeitsgedächtnis durch eine Erhöhung der Aufmerksamkeit*, und zwar nicht nur derjenigen eng begrenzten Information, auf die sich der Inhalt der Frage richtet.

Für das *Behalten von Textinformation* sind Fragen *lernerleichternd für solche Textinformationen, die Gegenstand der Fragen sind*, gegenüber der Textrezeption ohne Fragestellungen, z.B. wer-wie-was-Fragen nach Sätzen, Rückfragen oder Zusammenfassungen (*Rothkopf* 1966; 1976). Dieses erwartungsgemäße und insofern triviale Resultat läßt sich aber durch Funktionen, die die Frage als Lernaufgabe offenbar in hohem Maße zu erfüllen vermag, erklären: die Mobilisierung der geistigen Aktivität (mathemagenes Verhalten) (*Rothkopf* 1966), die retentionale (zurückgreifende) und protentionale (vorgreifende) Selektion beim Prozeß des Lesens (*Rickards* 1976), die Aufmerksamkeitslenkung oder -focussierung durch genaues Beobachten (*Rosenthal/Zimmermann* 1978; s. hierzu auch die Metaanalyse *Klauers* zum aufmerksamkeitslenkenden Effekt von "allgemeineren Anweisungen oder einer Liste von Lehrzielen" 1981), der Effekt von a-priori-Fragen, d.h. spezifischen oder allgemeinen Fragen, auf die keine Antwort erwartet wird, vor der eigentlichen Aufgabenstellung nach *Wittrock/Lumsdaine* (1977) und die Funktion eines abstrakten Assimilationsschemas (*R.C. Anderson* 1978). Weniger trivial, aber auch problematischer ist die Hypothese, daß Fragen auch l*ernerleichternd sind für diejenigen Textinformationen, die selbst nicht Gegenstand der Fragen sind* (*Rothkopf* 1966), aber natürlich mitgelesen werden, was wiederum für eine allgemeine Aktivierung spricht.

Große Übereinstimmung scheint über den *Effekt der Frage vor oder nach der Information, auf die sie sich bezieht, zu bestehen. Eine Erhöhung des Lerneffekts tritt in beiden Fällen auf*. Man wird allerdings berücksichtigen müssen, daß in den Versuchsanordnungen die Information, der die Frage vorausgeht oder folgt, kaum die Kapazität einer Füllung des Kurzzeitgedächtnisses überschreitet. Die Frage der Lernerleichterung durch Fragen bei der Textrezeption ist noch keineswegs hinreichend geklärt. Wie überall in der Unterrichtsforschung zeigen sich nicht nur die Grenzen eines univariablen Querschnittsexperimentes (s. die Kritik *Ladas'* von 1973), sondern auch die Abhängigkeit des Effekts von anderen Variablen, insbesondere von den Fähigkeiten der Schüler und der Art und Weise, wie die Fragen präsentiert werden (vorgegeben, selbst gestellt etc.) (*Prosser* 1978).

Ob allerdings eine bestimmte Art der Fragen gegenüber anderen Fragen effektiver ist, wird sich kaum ohne Rücksicht auf andere Faktoren entscheiden lassen. Nach *Gage* (1979, 59) gibt es noch keine tragfähigen empirischen Befunde, die dafür sprechen, daß Lehrer in stärkerem Maße anspruchsvollere Fragen stellen sollten als bisher. *Faw/Walter* (1976, 712) konnten allerdings zeigen, daß während der Prosalektüre "eingestreute Fragen anspruchsvollerer Art wirkungsvoller sind als reine Wissensfragen." Die schulische Interaktionssituation scheint aber generell für anspruchsvolle Fragen nicht günstig zu sein. Die Ergebnisse von *Hoetker/Ahlbrand* (1969) zeigen, daß zwischen Unterrichtsprotokollen um die Jahrhundertwende und Protokollen ihrer Zeit die Häufigkeit der Fragen, die sich auf ein Erinnern an frühere Information oder auf die Wiederholung schon geübter Antworten abzielen, nicht abgenommen hat und dementsprechend die Häufigkeit von Fragen, die Schüler zur Meinungsäußerung, Beurteilung, Schlußfolgerung etc. auffordern, gleichbleibend gering ist. Nach *Smith/Mieux* (1962) sind immer noch 2/3 der Lehrerfragen auf das Reproduzieren oder Berichten von bekannten Informationen gerichtet, während rund 1/3 komplexere Fragen ausmacht, die vom Schüler fordern, Vergleiche anzustellen, Schlüsse zu ziehen, Erklärungen zu entwickeln etc. (Beide Angaben in: *Nuthall/Snook* 1977, 59). Bei all diesen Untersuchungen geht es primär darum, aufzuweisen, welche Wirkungen die Frage auf den

Lernprozeß, insbesondere das Behalten von Information und die Motivation, auszuüben vermögen. Dagegen spielt die Art der Fragen und erst recht ihre Abfolge noch kaum eine Rolle.

Kapitel 3:
Durch Lernaufgaben kann der Lehrer beim Schüler die Selbststeuerung jeder Aktivität im Arbeitsgedächtnis in allen Stadien der Lerntätigkeit beeinflussen

Jetzt geht es darum, wie Lernaufgaben *abgefaßt, verstanden, akzeptiert, in Tätigkeit transformiert* und ihre Resultate vom Schüler *kontrolliert* werden können. Für jeden dieser Teilprozesse soll der *ganze Horizont der Möglichkeiten* aufgespannt werden, aus dem jede vom Lehrer gestellte und vom Schüler bearbeitete Aufgabe ausgewählt werden muß, soweit dies heute möglich ist. Kurz: Es geht um die *Steuerung der Lerntätigkeiten der Schüler durch den Lehrer, in der ganzen Breite der konkreten Möglichkeiten.* Ich beginne **in diesem Kapitel** mit einem Aufriß des Problems und einer eigenen Definition der Lernaufgabe.

(1) Lehren besteht aus der Mitteilung von Informationen an die Schüler für die Selbststeuerung ihrer Lerntätigkeiten

Die pädagogische Diskussion seit der Reformpädagogik zu Beginn dieses Jahrhunderts hat dazu geführt, daß viele mit dem Wort "Steuern" negative Begriffe assoziieren, z.B. "lehrerzentriert", "fremdbestimmt", "Macht", "programmierter Unterricht", "Verschulung", "Frontalunterricht", "Fragend-entwickelnder Unterricht", kurz: alles, was der sogenannte progressive Lehrer nicht will. Bei der schroffen Entgegensetzung von "lehrerzentriertem" und "schülerzentriertem" Unterricht wird dann aber sehr oft übersehen, daß auch der freieste, und damit für den Schüler offenste Unterricht nicht ohne Steuerung auskommt, weil *ohne irgendeine Art von Steuerung überhaupt kein Unterricht stattfindet,* da dann die erzieherische Kommunikation (**M1**) aufgegeben worden wäre (vgl. **Teil I**). Für die Praxis des Unterrichts relevante Unterschiede ergeben sich deshalb allein aus der *Art der Steuerung.*

In der folgenden Definition des *schülerorientierten Unterrichts* z.B. wird die *Steuerung* stillschweigend vorausgesetzt. Ausdrücklich genannt werden nur *Einstellungen* des Lehrers zum Schüler, die sich entweder aus dem Faktum der nicht zu umgehenden Selbststeuerung des Schülers zwingend ergeben oder für den rücksichtsvollen Umgang in jedem Unterricht selbstverständlich sein sollten.

Theoretische Grundlagen 237

"Ich selbst verstehe unter schülerorientiertem Unterricht *eine Lernsituation, in der die Bedrohung für das Selbst auf ein Minimum reduziert und differenzierte Wahrnehmung des Erfahrungsfeldes gefördert wird.*
Dies wird angestrebt
- indem der Lehrer die Schüler als Personen akzeptiert, und zwar so, wie sie sind;
- indem er ihnen - ohne Verdammung und Beurteilung - erlaubt, ihre Gefühle und Einstellungen auszudrücken;
- indem er die Lerntätigkeit *mit* ihnen, statt *für* sie plant;
- indem er im Klassenzimmer eine Atmosphäre schafft, die relativ frei ist von emotionalem Druck und von Spannungen zwischen Lehrer und Schülern.

Die Folge dieses Unterrichts wird aller Wahrscheinlichkeit nach eine Zunahme selbstgelenkten Lernens sein, ebenso wie eine Steigerung des gegenseitigen Akzeptierens unter den Schülern selbst." (*Einsiedler* 1976, 18f.)

Auch die Konzeption des *entdeckenden Lernens* kommt als Unterricht nicht ohne Steuerung aus (*Einsiedler* 1981, 125). Selbst dann, wenn die fragende Erschließung eines Sachverhaltes allein vom Schüler geleistet werden soll, muß dafür zuvor das Fragen trainiert werden und muß der Lehrer es natürlich auch fertigbringen, daß ein geeigneter Sachverhalt gewählt wird. In einem solchen Training aber, d.h. in einem Unterricht, der dem selbständigen Fragen vorausgeht, gibt man den Schülern nach *Suchmann* "ein umfassendes Schema von Fragen" an die Hand, "das ihnen hilft, eine Zielsequenz auszumachen, auf die hin das Fragen im Interesse einer maximalen Wirksamkeit gelenkt werden soll." (*Suchmann* 1973, 252; *Oerter* 1973). In *Gaudigs* Demonstrationsstunden bestand die Selbständigkeit der Schüler sogar nur in der Anwendung eines zuvor gelernten und von der heutigen Warte aus gesehen dürftigen und ganz stereotyp eingesetzten Frageschemas von "W-Fragen" (*Gaudig* 1909).

Die von mir vertretene Auffassung, daß *alles Lehren nur aus Information für die Selbststeuerung des Schülers* besteht, ist so radikal, daß sie mühelos die extremsten Formen des schülerzentrierten Lernens zu umfassen vermag. Sie sucht nämlich *alle Bedingungen für die Selbststeuerung im Gesamtzusammenhang des psychischen Systems* zu berücksichtigen, während in den verschiedenen Konzepten des sogenannten schülerzentrierten Unterrichts jeweils nur einige dieser Bedingungen berücksichtigt werden. Für viele Situationen des Unterrichts aber geben diese Konzepte überhaupt keine Auskunft, weil es mit der angemessenen Einstellung des Lehrers und der Aufforderung zum selbständigen Fragen gar nicht getan ist, sondern möglichst behutsam, aber gut überlegt, mit viel Sachkompetenz und psychologischem Verständnis gesteuert werden muß. Welche Informationen gibt man z.B. einem Kleinkind für die Steuerung seiner Beobachtungen einer Spinne und die Schulung eines angemessenen Verhaltens zu ihr? Wie informiert man einen Erstkläßler für seine ersten Schreibversuche oder einen Studenten für die Ausarbeitung einer Diplomarbeit im Zeitdruck einer Sprechstunde? Natürlich sind Überlegungen wie die von *Einsiedler* und *Suchmann* durchaus interessant, wenn man sie unter dem Gesichtspunkt auswertet, um *welche Information für die Selbststeuerung des Lernens* es ihnen geht. Aber man kann sie doch nicht ernsthaft als eine Alternative oder gar einen vollständigen Ersatz für jede Form des herkömmlichen Unterrichts ansehen. Sie akzentuieren nur bestimmte Aspekte des Unterrichts, die nur in einem Zerrbild des alltäglichen Unterrichts überhaupt nicht auftreten. Man sollte aber auch nicht unterschlagen, daß selbstgesteuertes Lernen auch in Lebenssituationen stattfindet, in denen ganz andere Bedingungen für Handeln gegeben sind als die von *Einsiedler* und *Suchmann* genannten. Wird nicht auch in sehr druckvollen und wenig schonenden Situationen, z.B. vor einem Examen oder in echten Notsituationen, gelernt, und zwar genau in dem Maße, in dem die unangenehmen oder gar feindlichen externen Bedingungen selbständig für möglichst große Lernerträge genutzt werden? Und muß nicht auch das "Selbst" durch Unterricht zumindest partiell verändert werden und nicht nur vor ihm verschont bleiben, wenn es z.B. um die Veränderung von Einstellungen zu anderen oder eines unrealistischen Selbstkonzepts geht? Ich halte deshalb den Ausdruck "schülerzentrierter Unterricht" für eine unbrauchbare Tautologie, weil jeder Unterricht, der diesen Namen verdient, seine begrenzten Möglichkeiten ausschließlich für den Lernfortschritt der Schüler einsetzen muß. Wenn man dies akzeptiert, dann kann der Streit beginnen, welche Form des Unterrichts dafür mehr oder weniger leistet. Nur in dem Maße, in dem ein Lehrer den Schüler versteht und in dem er ihn zu Lerntätigkeiten und zur Reflexion auf ihren Wert anregt, wird er seiner Funktion gerecht. Streiten kann man heute nicht mehr um den allein richtigen oder besten Weg der Steuerung, sondern nur noch über die Vor- und Nachteile der verschiedenen bis jetzt entdeckten Formen der Steuerung. Auf diese Unterschiede aber kommt es dann an, z.B. auf die Frage, worin sich die Steuerung im Englischunterricht in einer Sonderschule von der Steuerung im Unterricht als zweiter Fremdsprache nach Latein an einem Gymnasium unterscheiden sollte. Hier liegen die humanen, d.h. für Wohl und Wehe des jeweiligen Schülers entscheidenden, Fragen, und nicht in der Entscheidung für oder gegen eine reduktive Auffassung von Unterricht, die in der hochkomplexen und vielfältigen Realität des Unterrichts nur einen begrenzten Bereich aufzuklären vermag, aber wider besseres Wissen absolut gesetzt wird. Abstrakte absolute Entgegensetzungen, z.B. zwischen Frontal- und Gruppenunterricht oder lehrerzentriert und schülerzentriert, führen nur zu starren Vorurteilen und fruchtlosem Streit. Statt dessen müssen wir uns den optimalen realisierbaren Möglichkeiten des jeweiligen Unterrichts immer mehr zu nähern suchen.

Unter dem von mir gewählten *Gesichtspunkt, Lehren als Information für die Selbststeuerung des Lernenden anzusehen, können einige Probleme behandelt werden, in denen auch die traditionellen Fragen ihren Ort* haben.
- *Welche Information braucht der Schüler für seine Selbststeuerung, damit er* ohne jede weitere Hilfe selbständig Lerntätigkeiten vollziehen *kann? Welche Information braucht er z.B. für die Aktualisierung einer automatisierten Fertigkeit (s. Hacker 1987)? Welche Information braucht er dagegen für die selbständige Konstruktion einer neuen Tätigkeit mit einem bestimmten Lernzuwachs? Welche Rolle spielen "hochinformative bereichsspezifische Signale höherer Ordnung, Vorsignale und hierarchisch verdichtete Programme" (Hacker 1987, 91) für beide Fälle, d.h. sowohl für die Aktualisierung von automatisierten Fertigkeiten als auch für die "kreative" Konstruktion neuer Tätigkeiten?*
- *Welche Informationen braucht der Schüler* für die erste Realisation einer Tätigkeit, die er nicht mit der ihm zur Verfügung stehenden Information selbständig konstruieren kann, sondern nur mit einem hohen oder gar äußersten Maß an zusätzlicher

Information durch den Lehrer? *Es kann sich hier um einen ganz geringen Lernfortschritt bei einem Lernbehinderten, um die Nutzung der Entwicklungsmöglichkeiten im Durchschnitt einer Lerngruppe oder um möglichst schnelle Fortschritte bei einem einzelnen handeln. Immer aber geht es darum, mit äußerster pädagogischer Anstrengung den Vollzug einer Tätigkeit überhaupt erst einmal zu ermöglichen, damit er dann allmählich verbessert und konsolidiert werden kann. Stets ist dann der neue Schritt für die Möglichkeiten des Lernenden schwer, weshalb die Fähigkeiten des Lehrers besonders gefordert sind.*

- *Wie muß die Information beschaffen sein, damit der Schüler sie* verstehen kann? *Es scheint paradox zu sein, daß der Schüler für eine Tätigkeit, die für ihn neu ist, die Information, durch die er sie steuern, d.h. letztlich "identifizieren" kann, schon besitzen muß. Erklärbar aber ist dieses Paradox aus der hierarchischen Ordnung der Information, die es erlaubt, mit bekannten allgemeinen Kategorien eine noch unbekannte konkrete Tätigkeit zu konstruieren.*

- *Welche Information benötigt der Schüler, damit er die Aufgabe* akzeptiert? *Motivierende Anregungen, die vor der Aufgabenstellung gegeben werden, z.B. Hinweise auf ihre Bedeutung, die durch sie zu erreichenden Ziele und die Notwendigkeit zum vollen Einsatz etc., haben sich wider Erwarten in einigen Untersuchungen als nicht motivierend erwiesen, weil die Schüler daraus den Schluß gezogen haben, daß die Aufgabe wohl recht bedenklich sein müsse, wenn der Lehrer sich so um ihre Bearbeitung sorge. Und tatsächlich war der Aufwand der Lehrer immer dann besonders groß, wenn sie ein schlechtes Gewissen wegen der Schwierigkeit der Aufgabe hatten (Brophy/Rohrkemper/Rashid/Goldberger 1983).*

- *Wie muß die Information beschaffen sein, damit der Schüler sie* in eine volle konkrete Tätigkeit umsetzen *kann? Was für alle Aufgaben gilt, ist schon recht gut an mathematischen Textaufgaben untersucht worden. Die Textsemantik, z.B. eine konkrete Situation an einer Tankstelle, muß transformiert werden in ein mathematisches Schema, und dieses Schema muß wiederum transformiert werden in eine Abfolge von Rechenroutinen (Arbinger 1985; Jüngst 1978; Aebli/Ruthemann 1987). Die Information der Aufgabe muß so in ein Ziel-Bedingungs-Schema und eine Folge von Operationen umsetzbar sein, d.h. aus ihr muß eine Handlungsstruktur und eine Folge von Aktivitäten des Arbeitsgedächtnisses (Operationen an Zuständen) konstruierbar sein. Dafür muß der Lernende sich die Aufgabeninformation "zurechtlegen" können, d.h. er muß sie durch "Dekodieren oder durch Drehungen im Bezugssystem" (Hacker 1987, 91), durch Transformation und Sequenzierung etc. so umbauen können, daß er handeln kann.*

- *Zu welchen* Positionen des Arbeitsgedächtnisses und der Handlung *benötigt der Schüler jeweils Information, damit er eine komplette Tätigkeit konstruieren kann, und wie wirkt es sich aus, wenn er für bestimmte Positionen nur bruchstückhaft informiert wird? Die Weite und Enge einer Aufgabe entscheiden sich wahrscheinlich nicht nur durch den Allgemeinheitsgrad der Kategorien der Lernaufgabe, sondern grundlegender dadurch, welche Positionen der Handlung und des Arbeitsgedächtnisses durch sie unbestimmt bleiben. Ein Blick auf die Möglichkeiten, den Schülern nur einen Gegenstand vor Augen zu stellen, z.B. einen Bergkristall oder eine geolo-*

gische Karte, oder nur eine Operation anzugeben, z.B. *"bastelt!"*, oder nur ein Ziel zu nennen, z.B. *"das nächste Sportfest gewinnen"*, genügt, um zu sehen, wie wichtig dieses Problem ist.
- Welche Information benötigt der Schüler für die *Steuerung der Selbstkontrolle bei der Lösung der Aufgaben*? Die Planung (prospektives Schema der Operationenfolge) und die Kontrolle (retrospektive Verfahren der Prüfung der Operationen) der Aufgabenlösung werden vom Lehrer bei der Aufgabenstellung in aller Regel nicht gesondert beachtet.

"Verarbeitungsziele können (...) sehr unterschiedlich sein. So geht es oft in der Mathematik darum, möglichst schnell eine Zahl als genaues Resultat oder aber bloß einen Schätzwert zu erreichen, und bei anderen Aufgaben steht das Herausfinden eines Algorithmus im Vordergrund. Eine reine Wissensaneignung erfordert andere Verarbeitungsstrategien als solche, um zu einer eigenen Schlußfolgerung zu gelangen. Diese Feststellungen sind bereits auch Allgemeingut der Unterrichtsmethodik. Dennoch schenkt beispielsweise der Schüler der Zielanalyse einer Aufgabe vor Lösungsbeginn wenig Aufmerksamkeit. Dies führt zu einem Versuch- und Irrtum-Verhalten beim Einsatz von Lösungsstrategien (*Kaiser* 1984), was die Verarbeitungskapazität stark überlastet." (*Baeriswyl* 1989, 194f.)

*Vollends außerhalb des Blickfeldes liegt aber meist die Regelung der problemlösenden Aktivitäten, für die der Schüler besonders dringend Information braucht. Das hat sich in Untersuchungen zum Problemlöseverhalten gezeigt (*Aebli/Ruthemann 1987; Kluwe *1982).*
- *Wie wirkt sich die* Position der Aufgabe im Gesamtzusammenhang des Unterrichts, d.h. ihre Anschlüsse nach rückwärts und nach vorwärts, die langfristige Gewöhnung an Aufgabenstellungen, das Faktum der Lerngruppe und die Struktur des Curriculums, *auf die Art der für den Schüler erforderlichen Information und auf die Art der Mitteilungsform aus?* Hier geht es nicht nur um den Bezug der Lernaufgabe auf eine einzelne Lerntätigkeit, sondern um ihre Bezüge zum gesamten sozialen System des Unterrichts. Die Information der einzelnen Lernaufgabe und die Mitteilungsform in der realen Unterrichtssituation sind in einem hohen Maße von ihnen abhängig.
- *Braucht der Schüler* für unterschiedliche Arten von Tätigkeiten auch unterschiedliche Informationen? Problematisch ist hier z.B., ob die Aufgabenstellungen im Mathematikunterricht andere sind als im Musikunterricht und worin die Unterschiede bestehen. Die Art der erforderlichen Information kann aber auch vom Zuschnitt der an einer Tätigkeit beteiligten Informationen aus verschiedenen Teilen des psychischen Systems abhängen, der z.B. für das Lernen einer manuellen Fertigkeit ein anderer ist als für das Lernen des Verstehens von Texten.
- *Wie kann die Information der Aufgabe auf den* Entwicklungsstand der jeweiligen Schüler *abgestimmt werden, d.h. auf diejenigen Möglichkeiten zur Selbstregulation, über die sie schon verfügen, damit überflüssige genaue Information vermieden werden kann.*
- In welcher Weise lassen sich umfangreichere und langfristigere Aufgaben mit schneller zu bearbeitenden Aufgaben oder Hauptaufgaben mit Hilfsaufgaben *zu geordneten Aufgabengefügen kombinieren?*

Theoretische Grundlagen 241

Der mit diesen Fragen aufgespannte Problemhorizont ist wesentlich differenzierter als die bisher im Vordergrund stehenden Gegensätze zwischen engen und weiten Fragen, zwischen Fremdbestimmtheit durch den Lehrer und Selbstbestimmung durch den Schüler, zwischen der sprachlichen Form der Frage und anderen sprachlichen Formen, wie Aufforderung oder Impuls, zwischen strenggeordneten Aufgabenfolgen (Steuerungsalgorithmen) oder ungeordneten, auf die schon ablaufenden selbständigen Tätigkeiten der Schüler bezogenen Informationen.

Im vollen Bewußtsein der Problematik nicht nur der Realität der Lernaufgabe selbst, sondern auch der bisherigen Reflexion auf sie wage ich eine *erste Kennzeichnung meiner Grundannahme über die Funktion der Lernaufgabe,* ehe ich sie im einzelnen erörtere:

Lernaufgaben enthalten stets *Information, die der Schüler für die Steuerung des Arbeitsgedächtnisses während des gesamten Verlaufs der Aufgabenbearbeitung einsetzen kann.* Das Arbeitsgedächtnis des Schülers ist vom *ersten Verstehen der Information der Lernaufgabe bis zum Ende ihrer Bearbeitung durch die Kontrolle des letzten Resultats nicht nur ständig in Aktion, sondern die von ihm aktualisierte Information wechselt auch in schneller Folge.* Dies geschieht innerhalb der Prozeßform der Handlung. *Die Vielfalt der Aktivitäten ergibt sich danach aus der Verbindung der beiden Prozessoren des psychischen Systems, nämlich des Arbeitsgedächtnisses und der Handlung. Das Arbeitsgedächtnis agiert innerhalb des Prozeßsystems der Handlung. Andererseits kommt jede Handlung, d.h. jeder Gesamtvollzug des psychischen Systems, in allen unterscheidbaren Etappen nur durch die Aktivitäten im Arbeitsgedächtnis zustande.* Das Arbeitsgedächtnis prozessiert als Mikroprozessor der Handlung. Die Ergebnisse der Vergleichsprozesse der Handlung regulieren die Aktivitäten des Arbeitsgedächtnisses. Die Ergebnisse der Aktivitäten des Arbeitsgedächtnisses verändern wiederum die Grundlage für die Vergleichsprozesse der Handlung. Beide Prozessoren zusammen bilden einen *Rückkopplungskreis.*

Die folgende Darstellung des Steuerungsprozesses durch Lernaufgaben folgt den Hauptetappen dieses Prozesses mit ihren spezifischen Aktivitäten:
- dem *Abfassen* mit der *Wahl von Informationen und ihrer Mitteilungsform* durch den Lehrer,
- dem *Verstehen* mit den *sachlichen und sprachlichen Verstehensmöglichkeiten* der Schüler,
- dem *Akzeptieren* mit der Kalkulation der Entscheidung für oder gegen die Übernahme der Lernaufgabe,
- dem *Transformieren in Tätigkeiten* und
- den *immer wieder eingeschobenen Etappen der Selbstkontrolle* der jeweils erzielten Resultate all dieser Prozesse des Schülers.

Allen Etappen aber ist gemeinsam, daß es um die Lernaufgabe geht. Deshalb versuche ich zuerst eine *Gesamtdefinition*, ehe ich auf die Etappen des Steuerungsprozesses im einzelnen eingehe.

(2) Die Merkmale der Lernaufgabe ergeben sich aus der Kommunikationsstruktur des Unterrichts und ihrer Funktion für das Lernen

Wie stets bei Begriffen von komplexen Sachverhalten gibt es auch über die Definition des Begriffs der Lernaufgabe keinen Konsens. Ich charakterisiere die Definitionslage durch zwei ausgewählte Definitionen, ehe ich eine eigene Definition in Form einer genauen Beschreibung vorlege.

"1. Lernaufgaben sind immer *Umgebungszustände* (Umgebungssituationen, Konstellationen von Umgebungszuständen). Sie befinden sich außerhalb des lebendigen Systems Individuum. Das Individuum erreichen Informationen über diese Umgebungszustände.
2. Lernaufgaben umfassen im allgemeinen neben konkret-physikalischen Umgebungszuständen als spezielle Klasse von Umgebungszuständen auch *sprachliche Anweisungen* (schriftliche und/oder mündliche), die meist sichern sollen, daß der Lernende die Lernaufgaben auch tatsächlich zum Erreichen der gesetzten Lernziele einsetzt.
3. Lernaufgaben können unterschiedliche Eigenschaften haben, zum Beispiel können sie *unterschiedlich komplex* sein - einfache Rechenaufgaben sind ebenso Lernaufgaben wie umfangreiche Experimentalanordnungen oder Problemsituationen, falls sie im Lehr-Lern-Zusammenhang funktional und im Hinblick auf intendierte Ziele eingesetzt werden.
4. Lernaufgaben sind dann und nur dann für den Lernenden eindeutig einzuordnen und erfaßbar, wenn der *Bezug zum gemeinten Lernziel* deutlich ist. Lernaufgaben als Umgebungszustände sind immer nur sinnvoll zusammen mit Aussagen über die erwünschten Zustände der kognitiven Struktur, die mit ihrer Hilfe erreicht werden sollen.
Für den Lernenden sind Lernaufgaben diejenigen Umgebungsbedingungen, auf die er seine Lerntätigkeit ausrichtet, um in aktuellen Konstruktionsprozessen jene Konstruktionen zu erstellen, die er dauerhaft in seine kognitive Struktur integrieren soll. Deshalb müssen Lernaufgaben folgende *Bedingungen* erfüllen:
1. Lernaufgaben müssen die *relevanten Kodes* des gegebenen Anfangszustandes der individuellen kognitiven Struktur aktualisieren.
2. *Lernaufgaben müssen genau die Lerntätigkeit des Lernenden induzieren, die zur Konstruktion derjenigen Schemata führt, die als Kodes dauerhaft verfügbar sein sollen.*
3. Lernaufgaben müssen durch präzise Angabe des Lernziels dem Lernenden zugleich auch *Hilfestellung bei der Steuerung seiner Lerntätigkeit* geben und ihm *Rückmeldung*

Theoretische Grundlagen 243

darüber vermitteln, inwieweit der gewünschte Zustand seiner kognitiven Struktur erreicht ist.
Aus der Sicht des Lernenden stellt sich Lernen also dar als der Versuch, mittels auf Lernaufgaben gerichteter Lerntätigkeit den Übergang von Anfangszustand (Z_A) der kognitiven Struktur zum gesetzten Zielzustand (Z_E) zu bewältigen; in der auf Lernaufgaben gerichteten aktuellen Lerntätigkeit muß der Lernende jene aktuellen Konstruktionsprozesse bewältigen, die zur Ausbildung der intendierten Schemata und zu deren dauerhaften Integration in das betreffende Kodesystem der kognitiven Struktur führen." (*Macke* 1978a, 213f.; ähnlich *Seel* 1981, 8 und *Jüngst* 1985, 277)

Alle wesentlichen Momente dieser Definition der Lernaufgabe halte ich für zutreffend: die Informationsfunktion (*Grzesik* 1976a, 36f.), den Bezug auf Lerntätigkeiten, die Einbeziehung der vom Lehrer vorgegebenen Bedingungen in ihrem vollen Umfang, der Hinweis auf den u.U. sehr komplexen Informationsgehalt, die prinzipielle Zielabhängigkeit, die Abhängigkeit von der beim Lernenden schon aktualisierbaren Information, ihre operative Funktion für die Konstruktion von Lerntätigkeiten (*Grzesik* 1976a, 92f.) und ihre normative Funktion für die Selbststeuerung von Lerntätigkeiten (*Grzesik* 1976a, 109f.). - Statt von "kognitiver Struktur" spreche ich jedoch von der "Informationsverarbeitung durch das ganze psychische System". Daraus ergeben sich wichtige Konsequenzen. So wird z.B. der Zusammenhang zwischen Zielen und Lernaufgaben keinesfalls einfach als Identität zwischen der im Ziel antizipierten und der realisierten Aufgabenlösung angesetzt werden können. Nur für die grundsätzliche Veränderung, die durch eine Lernaufgabe bewirkt wird, kann die von *Jüngst* gewählte Formulierung der "Transformation eines Ausgangszustandes in einen lehrzielentsprechenden Folgezustand" übernommen werden (*Jüngst* 1985, 277). Damit ist aber über die in der Realität auftretenden vielfältigen Beziehungen zwischen ausdrücklich formulierten Zielen und Aufgabenlösungen als tatsächlichen Effekten von Aufgaben noch nichts gesagt.

Die zweite Definition lautet:

"Den Schülern werden im Unterricht ständig Aufgaben der verschiedensten Art gestellt. Aber bei weitem nicht alle sind Lernaufgaben. Was ist für sie *kennzeichnend*?
1. Lernaufgaben zielen einen *Widerspruch* an zwischen dem, was bereits angeeignet ist, und dem, was neu angeeignet werden soll. Sie gehen also über das hinaus, was der Lernende schon beherrscht und zur Aufgabenbewältigung nur zu aktualisieren braucht.
2. Lernaufgaben sind *Repräsentanten einer Aufgabenklasse*. Bei ihrer Lösung geht es um die Aufdeckung allgemeiner Merkmale und Zusammenhänge, um das Wesen oder Lösungsprinzip und entsprechende allgemeine Lösungsverfahren. Ihre Bewältigung bzw. Aneignung schafft die Voraussetzungen für das Lösen vielfältiger konkreter Aufgaben (als Erscheinungsformen einer mehr oder weniger umfangreichen Aufgabenklasse).
3. Lernaufgaben machen die Analyse der *Anforderungen* und ihre *Bewertung*, bezogen auf die subjektiven Voraussetzungen, notwendig. So wird die Herausarbeitung dessen, was eigentlich angeeignet werden muß, was neu ist, möglich.
Lernaufgaben können nicht einfach vorgegeben werden. Die Schüler müssen sie vielmehr - unter Führung des Lehrers - selbst bilden. Das geschieht in Anforderungssituationen, die das Bemühen um Lösung hervorrufen. Der Prototyp solcher Anforderungssituationen ist die Problemsituation." (*Lompscher* 1985, 54)

Diese Definition entspricht nicht nur in hohem Maße der Definition von *Macke*, sondern sie läßt sich auch mühelos in meinem Sinne interpretieren. Dazu müßte man nur einiges genauer definieren, z.B. ob auch die Stabilisierung durch Wiederholung ein Lerngewinn ist, worin die Charakteristika der Lernaufgabe gegenüber anderen Aufgaben bestehen, wie das Verhältnis zwischen

"Führung" und "selbst bilden" aussieht und inwiefern die Problemsituation der Prototyp für sie ist. Beide Definitionen schließen extreme Mißverständnisse wie die Verwechslung von Erkundungsfrage und didaktischer Frage durch *Gaudig* oder den Irrglauben, ein Impuls sei weniger fremdbestimmend als eine Frage, aus. Trotzdem fehlt bei *Macke* und *Lompscher* eine plausible, d.h. theoretisch befriedigende und für die Praxis hilfreiche, Erklärung für ihre Beschreibung der Lernaufgabe.

Die folgende *eigene Definition der Lernaufgabe* ergibt sich aus meinen *bisherigen Annahmen über den Unterricht und über das Lernen*. Sie soll einen Überblick über den Zusammenhang derjenigen *Merkmale* geben, *die jeder Lernaufgabe zugeschrieben werden können*. Diese Beschreibung der allgemeinen Struktur jeder Lernaufgabe wird abhängig gemacht von ihrer *Funktion, dem Schüler Information für die Steuerung seines Arbeitsgedächtnisses im Kontext der Handlung zu liefern* (**Abb. 18**). Aus dieser Funktion ergeben sich die folgenden Definitionsprobleme der Lernaufgabe, auf die **in diesem Abschnitt** eine *erste Antwort* gegeben wird, während **im** anschließenden **4. Kapitel** gezeigt wird, wie *der Lehrer die allgemeinen Möglichkeiten der Lernaufgabe* nutzen kann:

1. Welche Informationen kommen für die Steuerung des Arbeitsgedächtnisses beim Vollzug einer Lerntätigkeit in Betracht?

2. Welche Information erhält der Schüler dafür, daß er lernbereit sein soll?

3. Welche psychische Repräsentationsform haben diese Informationen?

4. Welche Medien stehen für die Vermittlung der Lernaufgabe zur Verfügung?

5. Welche Natur haben die pragmatischen Eigenschaften der Verstehbarkeit, der Akzeptierbarkeit, der Transformierbarkeit und der Selbstkontrollierbarkeit einer Lernaufgabe?

1. Welche Informationen kommen für die Steuerung des Arbeitsgedächtnisses beim Vollzug einer Lerntätigkeit in Betracht?

Die dem Schüler durch die Lernaufgabe vermittelte Information muß ihn in die Lage versetzen, aus ihr *eine komplette Aktivität des Arbeitsgedächtnisses an einer bestimmten Stelle des gesamten Vollzugs einer Lerntätigkeit* zu machen, in der Regel aber eine mehr oder weniger lange Folge solcher Aktivitäten in einer Lerntätigkeit von längerer Dauer (**Abb. 18**). *Wie muß diese Information beschaffen sein?*

Die Information muß es dem Schüler erlauben, *mindestens eine Stelle im Muster der gesamten Handlung* zu bestimmen, z.B. den *Gegenstand*, auf den sich die Aufmerksamkeit und eine oder mehrere Operationen richten sollen (Ölquellen, ein Bild, eine Tabelle, das innere Bild eines Stadtplans, einen Text) oder das *Ergebnis*, das durch die Aufgabe erzielt werden soll (die Kenntnis der Exportgüter eines Landes, die Kenntnis der Merkmale des Malstils einer Kunstrichtung, die Fähigkeit zum Ablesen eines Wertes aus einer Tabelle, das Finden eines bestimmten Weges oder die Anwendung einer Dramentheorie). Der Schüler muß dann aber zu dem Gegenstand der Aufmerksamkeit oder dem Ergebnis, die durch die Lernaufgabe bezeichnet worden sind, *alles andere aus eigenen Stücken hinzufügen*, z.B. bei gegebenem Ergebnis die Art der Gegenstände und die Art und Abfolge der einzusetzenden Operationen. Solche selbständigen Ergänzungen werden vom Lehrer im wirklich entdeckenden Unterricht oder bei einer Anwendung bereits

Unterrichtspraktische Aspekte

ausgebildeter Kompetenzen auch angestrebt. In den meisten Fällen aber benötigt der Schüler für die Herstellung des Musters einer Handlung mehr als die Information für die Identifikation einer einzigen Position in der Struktur einer Lerntätigkeit. Ja, je größer der Neuigkeitswert und damit der Lernertrag einer Handlung ist, desto größer ist in der Regel der Informationsbedarf des Schülers für ihre Konstruktion.

Jeder Lehrer macht doch immer wieder die Erfahrung, daß Schüler Aufgaben, deren Bearbeitung er für ziemlich sicher gehalten hat, keineswegs bearbeiten können, sondern noch beträchtliche zusätzliche Informationen brauchen. Es gehört aber auch zu den pädagogischen Erfahrungen, daß Tätigkeiten, die für einen bestimmten Entwicklungsstand als sehr schwer gelten, bei guter Information doch gelöst werden können. Deshalb enthalten die Lernaufgaben in der Regel schon sofort mehr als eine Information zu nur einer Position der Tätigkeitsstruktur. Selbst bei einer Reproduktionsaufgabe, z.B. der Aufgabe "Welche Satzteile könnt ihr schon im erweiterten Satz unterscheiden?", erhält der Schüler nicht nur eine Information für den Gegenstand der Zuwendung des Arbeitsgedächtnisses ("erweiterter Satz"), sondern auch noch eine Information für die Zuwendung zu einem Aspekt dieses Gegenstandes ("Satzteile") und eine Information für das Operieren am Gegenstand der Zuwendung ("Unterscheiden"). Die Orientierung an der Tätigkeitsstruktur erlaubt es, *fünf Hauptklassen der Information in Lernaufgaben* zu unterscheiden. Sie werden hier nur kurz angeführt, während sie **im nächsten Kapitel** im einzelnen erörtert werden:

Erste Hauptklasse der Aufgabeninformation: Alles im Realitätsbereich der Welt und des Selbst, was zum Gegenstand der Aufmerksamkeit gemacht werden kann

Es gibt hier keineswegs eine Einschränkung auf das sinnlich oder innerlich Wahrnehmbare, sondern sämtliche Informationen von der Welt und unserem Selbst, auch höchst abstrakte und komplexe Resultate von vielfältigen Verarbeitungsprozessen, können zum Gegenstand der Aufmerksamkeit werden: z.B. eine Gesetz, eine Theorie, die Motivation eines anderen, eine eigene Vorgehensweise oder eine Auffassung von sich selbst. Aus der Welt oder dem Selbst können beliebige "Stücke herausgeschnitten" werden: Personen, Personengruppen, Gesellschaften, Texte, Häuser, in endloser Zahl und in allen möglichen Abgrenzungen. Die Information über den Gegenstand der Aufmerksamkeit "zerschneidet" *die gesamte zur Verfügung stehende Information* in der Weise, daß sie radikal unterscheidet zwischen dem kleinen Ausschnitt, auf den sich die Aufmerksamkeit richten soll und allem übrigen, das dann außerhalb der Aufmerksamkeit liegt. Durch die Information über den Gegenstand der Aufmerksamkeit werden die Schüler in die Lage versetzt, eine Selektion aus dem ungeheuren *Fundus der von ihnen gespeicherten Informationen* vorzunehmen. Es geht dann z.B. nur um den Graph einer Funktion oder nur um einen Konflikt zwischen zwei Parteien und um nichts anderes in der Welt oder bei sich selbst.

Eine häufig auftretende Spielart der Gegenstandsbestimmung ist die *Staffelung von Gegenstandsinformation*, durch die man sich allmählich dem Gegenstand nähert, an dem operiert werden soll. Als Beispiel sei genannt: "Welche Folgerungen lassen sich aus dem *letzten Satz des dritten Abschnittes unseres Textes* ziehen?" Die Tiefe dieser Staffelung hängt von der Vorinformation ab, über die die Schüler schon verfügen. Im äußersten, ökonomischsten Fall kann sogar ganz auf eine Gegenstandsinformation verzichtet werden, weil der Schüler schon weiß, um welchen Gegenstand es geht. Falls dies aber fälschlicherweise vorausgesetzt wird, treten Mißverständnisse auf. Umgekehrt wird die Gegenstandsinformation für differenzierte Zugriffe in komplexen Realitätsbereichen oft sehr tief gestaffelt, zumal dann, wenn der Weg nicht durch bereichsspezifische Bezeichnungen verkürzt werden kann.

Zweite Hauptklasse der Aufgabeninformation: Alle Operationen, durch die ein Gegenstand der Aufmerksamkeit bearbeitet werden kann

Am Gegenstand der Aufmerksamkeit kann z.B. etwas unterschieden werden, er kann mit einem anderen verglichen werden, man kann das innerlich Vorgestellte in eine sprachliche Darstellung transformieren, man kann aus der Beobachtung eines lebhaften Feilschens die quantitativen Beziehungen zwischen den genannten Preisen herauslesen, man kann die wahrgenommenen Buchstaben eines Textes in Sprachlaute übertragen (intermodale Transformation), man kann prüfen, ob ein Sachverhalt einem bestimmten Begriff, z.B. "antizyklische Geldpolitik" entspricht. Für einzelne Aktivitäten des Arbeitsgedächtnisses wird meist durch die *Nennung von recht elementaren Operationen informiert*. Es geht dann z.B. um die Feststellung von Unterschieden oder Gemeinsamkeiten, von Relationen der Zeit, des Raumes, der Kausalität bzw. der Zweck-Mittel-Relation, der Über- und Unterordnung, des Ranges etc. In Lernaufgaben werden aber auch Informationen für sehr komplexe *Verfahren* vermittelt, die aus vielen einzelnen Aktivitäten bestehen könne, z.B. Beweisen, Interpretieren, Begründen, Ableiten oder Übertragen komplexer Strukturen (Analogie als Strukturtransfer). Stets geht es hier um *Information für eine Aktivität, durch die einer anderen Information, die im Brennpunkt der Aufmerksamkeit steht, eine bestimmte Information abgewonnen werden kann oder durch die sie in einen anderen Modus transformiert* wird.

Dritte Hauptklasse der Aufgabeninformation: Für die Konstruktion von Lerntätigkeiten können auch Informationen über angestrebte Ergebnisse vermittelt werden

So können Eigenschaften eines Werkstückes, einer schriftlichen Darstellung, einer Skizze, eines Untersuchungsresultats, einer Körperbewegung bei Sport und Tanz, einer musikalischen Darstellung etc. benannt werden, deren Realisierung erreicht werden soll. Informiert wird dann über erwartete Resultate der Lerntätigkeit, von einzelnen Merkmalen bis zur kompletten Vorgabe des Ergebnisses, z.B. beim Vormachen oder bei der Vorgabe eines Musters oder eines Gesetzes. Es kann so auch darüber informiert werden, in welcher Dimension einer Tätigkeit eine Veränderung welcher Art und welchen Grades erwartet wird. Worauf auch immer sich die Information bezieht, stets wird dann über das Ende der jeweiligen Tätigkeit oder einen noch darüber hinausgehenden Zustand informiert.

Vierte Hauptklasse der Aufgabeninformation: Die Schüler können auch über einen Ausgangszustand informiert werden

Das geschieht entweder dadurch, daß er in eine bestimmte Umgebung geführt oder in eine bestimmte Situation gebracht oder beides ihm beschrieben wird. Der Unterschied zur ersten Klasse von Informationen über einen Gegenstand der Zuwendung ist nur relativ. Hier wie dort wird die Aufmerksamkeit auf eine Gegebenheit gelenkt, an der operiert werden soll, und in beiden Fällen bedeutet dies eine radikale Selektion aus allen möglichen Gegenständen der Aufmerksamkeit. Hier aber wird die Aufmerksamkeit noch nicht auf einen ganz bestimmten Gegenstand oder sogar einen gar nicht auf den ersten Blick erkennbaren Aspekt des Gegenstandes, z.B. seine chemische Zusammensetzung oder seinen Rauminhalt oder eine implizite Tendenz, geführt, sondern diese Selektionsleistung wird noch dem Schüler überlassen. Je suggestiver die Information aber ist, d.h. je mehr Verweisungen es in ihr auf den jeweils relevanten Aspekt gibt, desto mehr schmilzt diese Differenz dahin, so daß man diesen Fall auch als Sonderfall der ersten Hauptklasse behandeln kann.

Fünfte Hauptklasse der Aufgabeninformation: Die Schüler können durch eine Lernaufgabe auf eigene Tätigkeiten und deren Bearbeitung verwiesen werden

So kann man sie z.B. auffordern, in der ihnen gestellten Aufgabe zwischen dem Gegenstand und dem Verfahren, das auf ihn angewendet werden soll, zu unterscheiden. Man kann sie eine

Bedingungs- oder Zielanalyse machen lassen. Man kann sie zur Aufgliederung eines Gesamtplanes in Teilpläne anregen u.v.a.m. - In jedem Fall regt man sie dann *zur Reflexion auf ihre eigenen Aktivitäten* und zu ihrer *bewußten Kontrolle oder Steuerung* an. Für solche Selbstregulationen kann auch wieder über Zielzustände, z.B. die Güte eines Planes, oder Ausgangszustände, z.B. eine falsche Operation, informiert werden. - In diesem Fall enthält die Lernaufgabe Informationen für ein Prozessieren des Arbeitsgedächtnisses und des Handelns, das sich auf ein anderes Prozessieren des Arbeitsgedächtnisses und des Handelns richtet. Man gibt den Schülern *Informationen für die Regulierung der Regelung ihrer Aktivitäten*. Das ist die Steuerung desjenigen Prozesses, in dem das psychische System *seine Prozeßmöglichkeiten auf seine eigenen Prozesse anwendet*. Deshalb kommen auf dieser Metaebene wieder alle bisher unterschiedenen Klassen von Informationen ins Spiel. Die Schüler werden jetzt informiert für die eigene Regulierung der Regulation ihrer Tätigkeiten, während sie bis jetzt nur Information für die direkte Regulation einer Tätigkeit bekommen haben.

Die Beziehungen zwischen diesen fünf Arten der Information sind für den Informationsgehalt der jeweiligen Lernaufgabe ausschlaggebend. Das gilt sowohl für den Fall, daß den Schülern Informationen zu mehreren Positionen vorgegeben werden, als auch für den Fall, daß sie sie ergänzen müssen. Entscheidend für die Steuerungsfunktion ist stets, in welchem *Verhältnis* die vorgegebene Information *zum Gesamtbedarf des jeweiligen Schülers an Information für die Konstruktion einer Tätigkeit* steht. - Sehen wir uns die Beziehungen zwischen den Positionen etwas genauer an:

Für eine Beeinflussung von Lerntätigkeiten durch eine Lernaufgabe ist *mindestens eine Information aus einer der ersten vier Klassen* erforderlich. Der Schüler kann und muß dann von ihr aus eine mehr oder weniger komplexe konkrete Tätigkeit konstruieren. In den drei übrigen Positionen aber ist er in diesem Fall *frei, nämlich in jeweils drei Positionen der folgenden vier: in der Wahl eines Ausgangszustandes, eines Gegenstandes, einer Operation und eines Zieles der Aufgabelösung.* Die Art dieser Freiheit und ihr Grad hängen allerdings von den Wahlmöglichkeiten in den verbleibenden drei Positionen ab. In jeder Position gibt es nur Möglichkeiten, die die *Art der Position* zuläßt, und diese werden wiederum begrenzt durch die *Informationsbestände*, die dem Betreffenden dafür jeweils *zur Verfügung stehen*. Das ergibt die folgenden vier Möglichkeiten: (1) Wird der Schüler nur über ein *Ziel*, d.h. ein angestrebtes Resultat, informiert, dann muß bzw. kann er alles wählen, was zur Erreichung des Zieles erforderlich ist, Ausgangszustände, Gegenstände, Operationen und auch alle Formen ihrer Verknüpfung zu einer kompletten Lerntätigkeit. - (2) Wird der Schüler über ein *Verfahren* informiert, dann kann er alle Ausgangszustände und Gegenstände wählen, auf die dieses Verfahren angewendet werden kann. Die Ziele können dann innerhalb des Bereichs variieren, in dem mit dem Verfahren Resultate erzielt werden können. Besteht die Verfahrensinformation aus einem Algorithmus, d.h. einem Entscheidungsbaum für alternative Operationen, dann ist der Verlauf der Lerntätigkeit schon soweit festgelegt, daß für seine Regelung, z.B. für Planungsarbeit, nicht mehr viel zu tun ist. - (3) Wird der Schüler nur über einen *Gegenstand* für die Zuwendung der Aufmerksamkeit informiert, dann bleibt es ihm freigestellt, jedes brauchbare Verfahren anzuwenden, jedes durch diese Verfahren erreichbare Ziel anzustreben und seine Tätigkeiten nach Belieben auszubauen. - (4) Wird der Schüler nur über eine *Ausgangsgegebenheit* (einen Zustand, eine Situation, eine Szene) informiert, dann ist er im Ziel, in der Wahl seines Gegenstandes in der Ausgangsgegebenheit und in den Operationen frei.

Mit der Entscheidung darüber, zu welchen Positionen die Lernaufgabe Information enthält, entscheidet der Lehrer über den *Zuschnitt des Freiraumes, den er dem Schüler für die eigene Gestaltung seiner Tätigkeiten überläßt*. Die Freiheiten sind dann schnell so groß, daß er selbst bei sehr genauer Kenntnis des Schülers keine bestimmte Tätigkeit erwarten kann. - Alle bisher in der Pädagogik aufgetretenen *Formen der Minimierung des Einflusses durch Lernaufgaben* sind Spielarten der Information über nur eine Position: *Rousseau* entscheidet sich aus vielen Gründen für Ausgangsgegebenheiten bzw. bestimmte Gegenstände (Erziehung durch die Dinge), *Montessori* entscheidet sich aus ähnlichen Gründen wie *Rousseau* für didaktisches Material. Das entdeckende Lernen möchte am liebsten alle vier Positionen dem Schüler überlassen, gibt aber doch meist eine Ausgangsgegebenheit (eine Werkstatt, eine Bibliothek) oder bestimmte Gegenstände vor. In Wirklichkeit kommen sie aber alle nicht umhin, auch die anderen Positionen mit ins Spiel zu bringen, z.B. außer Gegenständen Ziele und bestimmte Operationen (in einem Beispiel *Rousseaus* z.B. das Ziel, aus dem Wald wieder herauszufinden, und die Operationen, sich am Stand der Sonne orientieren zu können). Das wird sich im weiteren deutlich zeigen.

Wird dem Schüler keine dieser vier Informationen, sondern nur die fünfte *Information für die Regulation seines Handelns* gegeben, dann kann er mit ihr solange gar nichts anfangen, bis er mindestens auch eine Information zu einer der anderen Positionen bekommt. Eine Information für eine reflexive Tätigkeit setzt eben eine Tätigkeit voraus, auf die sie bezogen werden kann.

Wenn der Schüler, im extremen Gegensatz zu dem bis jetzt berücksichtigten Fall der Minimierung von Aufgabeninformationen, *Informationen zu allen Positionen* bekommt, dann wird seine Freiheit, d.h. hier die Selbstbestimmung von Positionen, am stärksten eingeschränkt. Variabel ist dann aber immer noch, *wie genau der Ausgangszustand, die Gegenstände, das Verfahren, die Ziele und die Selbstregulation durch die Lernaufgabe bestimmt werden*. Weil jede Lernaufgabe aus Begriffen mit sehr unterschiedlichem Abstraktheits- und Allgemeinheitsgrad besteht, ist ihre Fähigkeit, über konkrete Tätigkeiten zu informieren, grundsätzlich begrenzt. Deshalb sind selbst dann, wenn die Schüler Information zu allen Positionen bekommen, die Freiheitsspielräume noch sehr groß, weil das konkrete Geschehen immer nur notdürftig genau durch die wenigen Begriffe einer Lernaufgabe bestimmt werden kann. Es gibt natürlich Grenzfälle, wie Prüfungsfragen für Vokabeln oder für Geschichtszahlen, in denen die Freiheitsgrade im Hinblick auf die erwartete Reaktion ganz unbedeutend sind, weil die einzige Reaktion schon feststeht.

Unterrichtspraktische Aspekte 249

Eine möglichst vollständige Bestimmung aller Positionen in der Struktur der Handlung ist die Form der maximalen pädagogischen Beeinflussung. Rousseau und *Makarenko* z.B. versuchen durch die vollständige Instrumentierung einer Handlungssituation die fundamentale Bereitschaft zu erzielen, im Sinne des Erziehers bzw. des Kollektivs zu handeln. Man wird aber auch in allen Problemfällen des Lernens, z.B. bei Lernbehinderten, aber auch bei schwierigen Aktivitäten im normalen Unterricht, versuchen, "alle Register zu ziehen". Ein autoritärer Lehrer wird sich niemals die dafür erforderliche Mühe machen, sondern nur ein pädagogisch engagierter. Intensiver Unterricht kann Machtausübung sein, wenn die Schüler für einen Zweck instrumentalisiert werden, auch. Im Dienste der Schüler kann er sich dagegen bis zur selbstaufopfernden Liebe steigern. Dann ist er nicht entmündigend, sondern als Bemühen um die Menschwerdung des Educanden einer der großen humanen Dienste, die der Mensch dem Menschen zu leisten vermag. Obwohl beide Formen der Beeinflussung sehr nah, und manchmal zum Verwechseln nah, beieinander liegen, lassen sie sich nicht nur in der Theorie, sondern auch in der Praxis sehr wohl unterscheiden. Auch die Schüler sind dazu oft schon sehr früh in der Lage.

Zwischen den beiden Extremen der minimalen und der maximalen Bestimmung der Positionen des Arbeitsgedächtnisses und des Handelns liegt die Fülle von Möglichkeiten, mehrere, aber nicht alle, Positionen unterschiedlich genau zu bestimmen. - Im durchschnittlichen Unterricht treten keineswegs möglichst vollständige und genaue Bestimmungen für alle Positionen auf, sondern fast ausschließlich Lernaufgaben mit relativ ungenauer *Gegenstands- und Verfahrensinformation*. In einigen Beispielen von Klausuraufgaben aus: "Die Schule in NRW. Eine Schriftenreihe des Kultusministers. Gymnasiale Oberstufe, Materialien zur Leistungsbewertung" zeigt sich diese Differenz der Information, auf die ich noch ausführlich eingehen werde, besonders deutlich (fett = Gegenstandsinformation; unterstrichen = Verfahrensinformation). Es geht hier nur um die grundsätzliche Differenz dieser beiden Informationen und noch nicht um ihre genaue Analyse und auch nicht um ihre sprachliche Fassung. In allen Beispielen wird der Aufgabe selbst eine Information über den Weltausschnitt, in dem ein Gegenstand thematisiert wird, vorausgeschickt.

1. Beispiel
Arbeitsmaterial:
Frisch geschlüpfte Möwenküken verfügen über ein bestimmtes Verhalten, das einen Altvogel zum Hervorwürgen von Futter veranlaßt: Sie betteln ihre Eltern an, indem sie gegen den Schnabel picken.
Tinbergen führte Versuche zu diesem Verhalten der Küken durch; die Ergebnisse sind hier schematisch dargestellt (dtv-Atlas, Band 2, 1968, 392).

Arbeitsaufträge:
1.1 Erläutern Sie **Fragestellung und Untersuchungsmethoden, die zu den Ergebnissen geführt haben**!
1.2 Deuten Sie begründend **die dargestellten Befunde**!

2. Beispiel
Texte:
Le succès du centre Emmanuel (Jean-Charles Rosier, Le Matin, 27-10-1978)

Sujets d'Etude:
1. Faites un résumé **du texte**!
2. Décrivez **les habitués du centre Emmanuel** et expliquez **leurs raisons d'y aller**!
3. Croyez-vous **que le phénomène des S.D.F. et l'existence d'autres groupes marginaux** soit **un problème parisien**?

3. Beispiel
Aufgabenstellung:
Ernährungssituation in Bangladesh.
1. Werten Sie **die beigefügten Tabellen (Anlage 1)** im Hinblick auf die Ernährungssituation und dadurch bedingte Auswirkungen auf den Gesundheitszustand der ländlichen Bevölkerung in Bangladesh aus!
1.1 Beschreiben und erläutern Sie schwerpunktmäßig **die Ernährungslage einzelner Altersgruppen**!
1.2 Erläutern Sie **die ernährungsbedingten Auswirkungen auf den Gesundheitszustand**!
2. Nehmen Sie Stellung **zu dem von der Bundesrepublik Deutschland geförderten Projekt (s. Anlage 2)**. Beziehen Sie **die in Aufgabe 1 gewonnenen Erkenntnisse** ein!

4. Beispiel
Thema:
Das Gleichnis vom großen Gastmahl.
1. Rekonstruieren Sie **die Fassung dieses Gleichnisses bei Jesus**, indem Sie **dessen Fassung im Lukas- und Matthäusevangelium** miteinander vergleichen, und arbeiten Sie die Aussageabsicht Jesu heraus!
2. Stellen Sie dar, **wie Bultmann die Aussageabsicht Jesu beschreibt**, und erläutern Sie **die Zusammenhänge dieser Beschreibung mit Bultmanns Sicht der Verkündigung Jesu vom Kommen der Gottesherrschaft**!
3. Vergleichen Sie **das, was Sie als Aussageabsicht ermittelt haben, mit dem Ergebnis Bultmanns**!

Für die *Reduktion auf Gegenstands- und Verfahrensinformation in den meisten Lernaufgaben in der Schule* gibt es einen doppelten Grund. Im Schulunterricht gibt es im Augenblick einer Aufgabenstellung immer schon beträchtliche *Vorinformation zu allen Positionen*, insbesondere zum Gegenstand des Faches, zum augenblicklich behandelten Gegenstand, zu den üblicherweise eingesetzten Verfahren und zu den Zielen. Zum anderen zwingt die Zeitnot zur Beschränkung auf die *wichtigste Information*, und das ist *die Gegenstands- und Prozeßinformation für die Aktivität des Arbeitsgedächtnisses* (s. **Teil III**). Daß das Arbeitsgedächtnis (**M3** u. **6**) nicht nur ein Speicher für aktuelle zuständliche Information, und deshalb der Bezugspunkt für Gegenstandsinformation, sondern auch ein Prozessor an dieser Information, und deshalb Bezugspunkt für Verfahrensinformation ist, zeigt sich in psychologischen Untersuchungen immer deutlicher.

"Als AG kann der 'Platz' im menschlichen Gedächtnissystem bezeichnet werden, wo die Informationsverarbeitung abläuft. (...) Als AG kann ein komplexes kurzfristiges Gedächtnissystem bezeichnet werden, welches sowohl die zu verarbeitende Information speichert als auch Verarbeitungsprozesse wie z.B. den Einsatz von Lösungsstrategien gewährleistet. Als Struktur weist das AG eine zentrale Exekutive mit Verarbeitungs- und Speicherfunktion sowie ein Speichersubsystem auf, das einzig der kurzzeitigen Speicherung dient. Doch betrachten wir die einzelnen Komponenten des AG nochmals etwas genauer. Die zentrale Exekutive ist sicher kein Allzweck-Prozessor, sondern damit wird eine material- und zielbestimmte Verarbeitung bezeichnet. (...) Speicher- und Verarbeitungsprozesse der zentralen Exekutive haben gemeinsame Ressourcen. Als Ressource kann ganz allgemein die psychische Kapazität bezeichnet werden, die es zur Verarbeitung von Information braucht. Bester Beleg für diese gemeinsamen Ressourcen ist der unter gewissen Bedingungen nachweisbare Tradeoff (Schacher um den Anteil an Kapazität - J.G.) zwischen Verarbeitungs- und Speicherkapazität.

Als zweite Komponente im AG wird das Speichersubsystem bezeichnet. Darunter sind mehrere, modalitätsspezifische kurzfristige Speicher zu verstehen, wo Information für die Weiterverarbeitung oder Wiedergabe behalten wird. Aus der bisherigen Forschung zum AG ist ein artikulatorischer, phonologischer, visueller, visuell-räumlicher und kinästhetischer Subspeicher anzunehmen. (...) Subspeicher sind voneinander ressourcenunabhängig. In der Auslastung mehrerer Subspeicher scheint die einzige Möglichkeit zu liegen, die kurzfristige Speicherkapazität zu erweitern. Über das Training und die Anwendung ziel- und materialadäquater Verarbeitungsstrategien kann hingegen die Kapazität des AG beträchtlich erweitert werden. Hierin ist der naheliegendste pädagogische Anwendungsbereich zu finden. (...) Die Kapazität des AG ist für die Anwendung der Verarbeitungsstrategien praktisch unbeschränkt, wenn sie vom Individuum beherrscht werden und ihm genügend Zeit zur Verfügung steht, sie anzuwenden." (*Baeriswyl* 1989, 193f.)

2. Welche Information erhält der Schüler dafür, daß er lernbereit sein soll?

Durch die Lernaufgabe wird nicht nur Information für die Wahl einer Handlung und für die Entscheidung über Aktivitäten des Arbeitsgedächtnisses mitgeteilt, sondern *der Schüler wird durch sie auch darüber informiert, daß er handeln soll.*

Zu jeder Lernaufgabe gehört die Information über einen Adressaten, einen einzelnen oder eine Lerngruppe. Außerdem ist mit der gesamten übrigen Information die Information der *Aufforderung* verbunden (Beispiel einer Lernaufgabe zur periodischen Bewegung aus einer Physikstunde nach *Grzesik* 1992[2]): "Zu Beginn sehen wir uns ein paar Bewegungen an. Zunächst noch kommentarlos... Wir sollten vielleicht die Bewegungen mal einfach notieren. Schreiben Sie doch bitte an die Tafel!"). Die Adressateninformation stellt die *Beziehung zu den Schülern* her. Die Aufforderungsinformation stellt die *Beziehung aller einzelnen Informationen zur Ganzheit einer Lerntätigkeit* her. So richtet sich jede Lernaufgabe an einen Adressaten und fordert sie ihn zugleich auf, die von ihr vermittelten Informationen in Tätigkeit umzusetzen. Ohne diese beiden Informationen hat deshalb die Information für die Entscheidung über die Ausrichtung des Arbeitsgedächtnisses bei der Ausarbeitung einer Lerntätigkeit keine Steuerungsfunktion. Dies gilt ganz unabhängig von der Wahl des Vermittlungsmediums, z.B. einer Geste oder der sprachlichen Form der Frage.

Die *Adressateninformation* ist sehr einfach. Sie *variiert nur in der Dimension der Personen, denen* die Aufgabe gestellt wird. In der Schulklasse kommen dafür nur einzelne Schüler, Lerngruppen oder die ganze Klasse in Betracht.

Die Aufforderungsinformation variiert auch nur in einer Dimension, nämlich der Art der gesamten Aktivität. Innerhalb dieser Dimension gibt es aber die folgenden Modi des Vollzugs: (1) etwas zu tun oder zu lassen, (2) den Grad der Forderung, von unüberbietbarer Strenge bis hin zum vorsichtigen Rat oder der zaghaften Bitte ("vielleicht könntest du bitte"), (3) die Geschwindigkeit der Aktivität, (4) die Intensität der Aktivität, (5) die Zeitgestaltung der Tätigkeit, z.B. erst langsam (s. Geschwindigkeit) und dann schneller werden. - Die Grenze zwischen Mitteilungsformen aller Art und der Aufforderung zum Lernen sind fließend. Mitteilungen mit impliziter und auch mit verdeckter didaktischer Intention sind in der außerschulischen Praxis häufig und in ihrer Wirkung hochproblematisch, z.B. in literarischen Texten oder im Privatgespräch. Im Schulunterricht scheinen sie aber schon deshalb ziemlich bedeutungslos zu sein, weil selbst der harmlosesten Aussage des Lehrers vom Schüler sehr schnell didaktische Intention unterstellt wird.

Bei der mündlich gestellten Aufgabe enthält der Tonfall wichtige *Information über die Einschätzung der Aufgabe durch den Lehrer.* Für den Schüler spielt diese Information bei der Kalkulation seiner Motivation eine große Rolle. Über den Tonfall werden ihm u.a. vermittelt: Spannung und gähnende Langeweile, großer Ernst und Desinteresse, Ruhe und Hast, Zuversicht und Angst, Sicherheit und Unsicherheit, echte Erwartung und gespielte Neugier, kurz: alle *Möglichkeiten der Einschätzung der Aufgabe durch den Lehrer*, auch die dem Lehrer selbst nicht bewußten.

Alle bisher unterschiedenen Informationen zusammen informieren die Schüler nicht nur über die *Art der von ihnen erwarteten Lerntätigkeit sondern auch über ihren Schwierigkeitsgrad*. Das geschieht ohne jede zusätzliche Auskunft allein durch den Informationsgehalt der Aufgabe.

Für die Schüler haben alle diese Informationen deshalb nicht nur *Steuerungsfunktion für die Entscheidung über die Art einer bestimmten Tätigkeit,* sondern auch *Motivationsfunktion* (vgl. *Grzesik* 1976a, 79f.). Aus ihrer Verarbeitung resultiert dann *das Akzeptieren oder die Ablehnung* der Aufgabe und der *Grad der Anstrengungsbereitschaft*.

3. *Welche psychische Repräsentationsform haben diese Informationen?*

Alle klar unterschiedenen Informationen der Lernaufgabe haben weder die sensorische oder motorische noch die emotionale Repräsentationsform, sondern die begriffliche. Differenzierte Information für ein und dieselbe Tätigkeit kann nur begrifflich vermittelt werden. Das ist sowohl für die Abfassung von Lernaufgaben als auch für ihr Verstehen von grundlegender Bedeutung. Mit der begrifflichen Information werden gleichzeitig auch emotionale Informationen verbunden, wiederum sowohl beim Lehrer als auch beim Schüler. Die emotionale "Färbung" der Information kann auch eigens medial vermittelt werden, z.B. durch den gesamten Tonfall oder eine Geste. Das Zusammenspiel von begrifflicher und emotionaler Information ergibt sich erst aus den psychischen Aktivitäten der beteiligten Personen in der jeweiligen Kommunikationssituation und kann hier wegen seiner Vielfalt nicht weiter erörtert werden. Ich beschränke mich auf *Eigenarten der begrifflichen Information in Lernaufgaben.*

Die Information für das Handeln und die Aktivität des Arbeitsgedächtnisses muß auf einer Hierarchieebene angesiedelt sein, die mindestens eine Stufe höher liegt als die beim Schüler zu aktivierende. So braucht der Schüler z.B. die Information "Inhaltsangabe des ersten Abschnittes", um die Operationen für die Erarbeitung und Zusammenfassung der einzelnen "Inhalte" zu aktualisieren, und er braucht die Information "Gliederung des Textes", um aus Inhaltsangaben der einzelnen Abschnitte eine geordnete Folge von Überschriften zu bilden. Jede Lernaufgabe hat deshalb die *Form eines mehr oder weniger abstrakten Schemas für konkretere Information.* Im psychischen System des Menschen scheint dies "die Möglichkeit der Aktivierung des Systems von der Spitze der Hierarchie..., wo konzeptuelle Vorstellungen angesiedelt sind", zu sein (*Klatzky* 1989, 42). "Der Fluß von den konzeptuellen Repräsentationen nach unten wird 'top-down' oder 'konzeptgeleitete' Verarbeitung genannt" (*Klatzky* 1989, 43).

Das Schema aus begrifflicher Information entsteht dadurch, daß der Lehrer Aspekte der beim Schüler angestrebten Tätigkeit beschreibt. Der Schüler verwendet dann die vom Lehrer hergestellte partielle begriffliche Beschreibung als *Suchschema für die vom Lehrer angestrebte Tätigkeit*: Er füllt das Schema durch seine Wahl aus. Auf die Wahl allgemeiner Begriffe für die Beschreibung einer bestimmten Tätigkeit durch den Lehrer folgt die Konkretisierung oder Respezifizierung der vermittelten Begriffe durch den Schüler. Beide verwenden Begriffe, um Tätigkeitsaspekte zu identifizieren, die man ihnen (als Fälle) unterordnen kann. *Nur über eine "Brücke der Reflexion auf Tätigkeit" sind Lehrer und Schüler miteinander verbunden.* Für Lernaufgaben ist deshalb eine *Beschreibungssprache auf verschiedenen Hierarchieebenen* erforderlich. Der Lehrer kann die von ihm geforderte Beschreibungsleistung in sehr unterschiedlichem Grad erfüllen, was auch für die vom Schüler geforderte Identifizierungsleistung gilt. Es kann deshalb sein, daß eine Verständigung zwischen beiden nicht möglich ist, weil sie nicht über dieselbe Beschreibungssprache verfügen.

Ein kurzer Blick auf *drei Fassungen einer Lernaufgabe* kann diesen wichtigen Zusammenhang mit seinen vielfältigen Aspekten wenigstens z.T. verdeutlichen: "Ingeborg Bachmann: Toter Hafen. Entspricht der Inhalt dieses Gedichts den Vorstellungen, die die Überschrift hervorruft?" oder:"... In welchem Verhältnis stehen Überschrift und Text zueinander?" oder:"... Untersucht die semantische Titel-Text-Relation!"- Lehrer wie Schüler müssen die in den Wörtern encodierten Begriffe so beherrschen, daß sie für die Beschreibung und die Identifizierung von Tätigkeiten gleichsinnig angewendet werden. - Obwohl die drei Formulierungen die gleiche Lerntätigkeit anstreben, ist ihre Begrifflichkeit im Inhalt und Umfang unterschiedlich. - Wieweit Lehrer und Schüler mit den sprachlichen Ausdrücken dieselben Begriffe verbinden, das hängt vom Entwicklungsstand der Begriffswelt und damit von vorhergehenden Verständigungen ab, natürlich besonders bei Fachbegriffen. - Innerhalb der Lernaufgabe selbst ist "Toter Hafen" eine Konkretisierung für "Überschrift" oder "Titel", aber auch für "Vorstellung" und "Semantik".

Die begriffliche Repräsentationsform der durch die Lernaufgabe vermittelten Information folgt der *Logik des Begriffsgebrauchs*. - *Lehrer wie Schüler müssen die Begriffe schon kennen, ehe eine Aufgabe abgefaßt und verstanden werden kann*. Deshalb kann es z.B. bei einer Bildanalyse schon schwierig sein, die Aufmerksamkeit des Schülers auf ein bestimmtes Merkmal zu lenken, etwa auf die *perspektivische* Darstellung der Spitze eines Blattes in einem Stilleben von *Manet*. Dies gilt noch mehr, wenn ein bestimmter Sachverhalt in der Erinnerung aktualisiert werden soll, z.B. in *Kleists* "Prinz Friedrich von Homburg" der *innere Verrat* des Prinzen an seiner Braut in der Todesangst, nachdem er die für ihn ausgehobene Grube gesehen hat. Und das gilt erst recht, wenn für die Identifikation spezifische Termini erforderlich sind, z.B. der Ausdruck "Steigung der Kurve $y = 2x + 3$". Jetzt ist es vorbei mit möglichst wenigen und möglichst einfachen Alltagsbegriffen. Jetzt wird der Bedarf an speziellen Begriffen immer drängender, womit zugleich die Schwierigkeit wächst, ob die Schüler und auch der Lehrer in hinreichendem Maße über solche Begriffe verfügen.

Die Ordnung der Begriffswelt bei Lehrer und Schüler scheint für die Verständigung über die Information einer Lernaufgabe noch wichtiger zu sein als die einzelnen Begriffe. Lehrer und Schüler sind nur dann flexibel in der Wahl von Begriffen für eine Lernaufgabe und deren Verstehen, *wenn sie sich in übersichtlich geordneten Wissenssystemen bewegen können*. Sie können sich dann z.B. in der Struktur hierarchisch geordneter Begriffe soweit an den gemeinten Sachverhalt herantasten, daß eine Verständigung möglich ist, weil sich der gemeinte Tätigkeitsaspekt von einem Begriff aus, der beiden bekannt ist, erschließen läßt. Oder sie besitzen einen Spezialterminus, der einen direkten Zugriff erlaubt. Oder sie haben beide ein ähnliches inneres Bild vor dem inneren Auge, z.B. den Grundriß einer Stadt (kognitive Karte) oder einen Schaltplan (mentales Modell), dann genügen oft einfache Richtungsbegriffe, wie "oben", "unten", "südlich", "östlich" oder "zuerst" und "dann", um sich über den Gegenstand der Aufmerksamkeitsrichtung zu verständigen.

Von besonderer Bedeutung ist für die begriffliche Repräsentation der Information von Lernaufgaben die *Differenz im Begriffsschatz zwischen Lehrer und Schüler*. Der Schüler verfügt zunächst nur über sehr allgemeine Alltagsbegriffe ("Da ist so ein Ding, das bewegt sich auf ein anderes Ding zu."). Der Lehrer kann dann diese Begriffe zunehmend durch spezifischere Fachbegriffe ersetzen ("Ein Eisenspan wird von einem Magneten angezogen"), die dann künftig für die Abfassung von Lernaufgaben verwendet werden können.

Die begriffliche Information entscheidet über die Art und über die Differenziertheit der Steuerung der Lerntätigkeit. Da begriffliche Information nicht direkt vermittelt werden kann, sondern nur durch Zeichen, kommt es nicht nur darauf an, welche Begriffe der Lehrer bei der Formulierung der Aufgabe vor Augen hat, sondern auch, welche Begriffe der Schüler zu den Sprachzeichen (Wortbildern, Begriffsnamen) der Aufgabe aktualisiert. Die begriffliche Information der Lernaufgabe spielt keineswegs nur bei der ersten Mitteilung der Aufgabe eine Rolle, sondern auch in allen Etappen der Aufgabenlösung. Diese Etappen sind nichts anderes als eine Verarbeitung dieser Information mit den Möglichkeiten der menschlichen Informationsverarbeitung. - Die emotio-

Unterrichtspraktische Aspekte 255

nale Information entscheidet *über die Bereitschaft zur Bearbeitung der Aufgabe*. Auch sie unterliegt der Modifikation im Verlaufe der Aufgabenbearbeitung, da von Zeit zu Zeit die Bereitschaft neu kalkuliert wird. - Die Art und Funktion dieser beiden Informationen wird deshalb in den weiteren Überlegungen ständiges Thema sein.

4. Welche Medien stehen für die Vermittlung der Lernaufgabe zur Verfügung?

Für die Vermittlung der Information der Lernaufgabe können alle Medien für die Kommunikation genutzt werden, *soweit es zwischen Lehrer und Schülern Konventionen über die verwendeten Symbole und Zeichen* gibt. Die Medien dienen nur der Mitteilung durch den Lehrer und dem ersten Verstehen der Lernaufgabe durch die Schüler. Sie haben eine schnell vorübergehende Funktion. An sie sind weder die Überlegungen des Lehrers bei der Abfassung der Aufgabe noch die Verarbeitungsprozesse der Lernaufgabe durch die Schüler gebunden. Die flüchtigen Medien, z.B. das lautsprachliche oder das gestische, werden schnell wieder vergessen. Selbst die schriftsprachliche Fixierung tritt beim Übergang der Schüler zur Aufgabenlösung schnell in den Hintergrund und spielt dann nur noch für die Kontrolle der Arbeit eine Rolle.

Mitteilung und Verstehen der Lernaufgabe unterliegen zunächst den *allgemeinen Gesetzen der menschlichen Kommunikation*. Die hier vertretene *konstruktivistische Auffassung der Kommunikation* kann nur in ihren Hauptzügen dargestellt werden. Kommunikationsmedien sind danach sinnlich wahrnehmbare Gegebenheiten, wie z.B. Schriftzeichen oder die Tonzeichen des Morsealphabets. Sie vermitteln nur soweit Information, wie zu ihnen vom Mitteilenden und vom Verstehenden durch psychische Aktivitäten Vorstellungen, Begriffe und Emotionen konstruktiv gebildet werden können. Diese voneinander strikt getrennten Produkte zweier psychischer Systeme müssen sich nur soweit entsprechen, wie es für praktische Zwecke, z.B. für die Verständigung über eine Autoroute, erforderlich ist. Weil eine direkte Übermittlung von Information unmöglich ist, kommt die jeweilige Kommunikation nur durch vorhergehende Konventionen darüber zustande, welcher Sinn welchem medialen Material zugeschrieben werden soll. Solche Konventionen sind keine ausdrücklichen Vereinbarungen, sondern ergeben sich aus der Erfahrung, daß die erwarteten Reaktionen durch den Gebrauch eines bestimmten medialen Materials erreicht worden sind, indem z.B. die Vermittlung der Entschlossenheit in einer bestimmten Körperhaltung zum Zurückweichen des anderen führt. Der Grad der Entsprechung zwischen der vermittelten und der verstandenen Information läßt sich deshalb auch nie direkt durch Vergleich prüfen, sondern nur indirekt durch die Störungsfreiheit im gemeinsamen Handeln, das durch die Kommunikation geregelt wird, indem z.B. jemand eine Aussage macht, die das Verständnis der vorausgehenden Mitteilung eines anderen voraussetzt. Das Gelingen von Kommunikation (**M1**) ist angesichts dieser Indirektheit eigentlich höchst unwahrscheinlich. Es funktioniert aber trotzdem aufgrund der bei allen Menschen gleichen Möglichkeiten der Informationsverarbeitung. Trotz der vielen Quellen für fehlende Übereinstimmung ist das wechselseitige Verständnis für praktische Belange in der Regel zumindest so groß, daß der eine sein Handeln an das Handeln des anderen anschließen kann (s. *Grzesik* 1989, *Rusch* 1992).

Für Lernaufgaben kommen keineswegs alle Materialien in Betracht, die als Medien verwendet werden können, z.B. Rauch oder Fußspuren. Da Lernaufgaben entweder unmittelbar von Mensch zu Mensch vermittelt oder schriftsprachlich mitgeteilt werden, kommen nur die folgenden Medien in Betracht: die gesprochene und die geschriebene

Sprache (auditiv zugänglicher Sprachlaut und visuell zugängliches Schriftbild); parasprachliche stimmliche Möglichkeiten, wie Lautstärke, Stimmhöhe und Tonfall; Mimik, Gestik, Körperhaltung und Körperbewegung; graphische Skizzierungen; etwas vorgeben, vormachen oder physisch an einen Ort führen sowie komplexe beobachtbare Verhaltensweisen als situativ oder sogar langfristig stabilisierte Bedeutungsträger. - Von besonderer Bedeutung ist, daß *alle diese als Medien genutzten Materialien simultan eingesetzt und auch simultan wahrgenommen* werden können. Da es bei Lernaufgaben immer um *möglichst große Eindeutigkeit* des Sinns geht, sind *gleichsinnige Informationen* am wichtigsten, z.B. die Gliederung der Aufgabeninformation zugleich durch den Satzbau, die Verteilung des Schrifttextes, Sprechpausen und Gestik. *Ergänzende Informationen* sind auch hilfreich, solange sie die begriffliche Information nicht in Frage stellen, z.B. stimmliche Signale über die Einschätzung der Bedeutsamkeit. *Gegensinnigkeit* dagegen ist für Lernaufgaben selten geeignet, z.B. der übertreibende und dadurch dem Wortsinn der Rede widersprechende ironische Tonfall. - Soweit die verschiedenen Medien dasselbe leisten, können sie auch alternativ eingesetzt werden, z.B. kann die Information über den Gegenstand der Aufmerksamkeit oft alternativ durch Zeigen, Blickwendung oder unterschiedliche verbale Möglichkeiten vermittelt werden.

Für die Vermittlung der Information von Lernaufgaben scheinen dagegen *Materialien, die durch den Geruchssinn, den Geschmack und den Tastsinn (gesamte Hautoberfläche) wahrgenommen werden, nur in Grenzfällen geeignet* zu sein. So spielt das tastende Identifizieren eines Gegenstandes oder der Schrift für den Taubstummen die entscheidende Rolle und kann man durch Singen oder das Klavier Informationen für musikalische oder tänzerische Aktivitäten vermitteln.

Trotz dieser Einschränkungen *kann der Lehrer seine physischen Möglichkeiten in hohem Maße als Informationsträger für die Anregung von Aktivitäten der Schüler einsetzen*. Eine gewisse Nähe zum Schauspieler, insbesondere gegenüber jüngeren oder nicht über abstrakte Begrifflichkeit zu erreichenden Kindern ist unverkennbar. Vor allem kann die sequentielle sprachliche Information in gewissem Grade durch ganzheitliche nichtsprachliche Informationsträger ergänzt werden. Die Schwierigkeit der begrifflichen Information macht diesen Einsatz oft erforderlich.

Für alle Materialien, die zur Sprache als Medien hinzutreten, gilt, daß es keine allgemeine Konvention über den von ihnen vermittelten Sinn gibt. Im Unterricht stellen sich solche Konventionen für viele Äußerungen des Lehrers dadurch ein, daß sie von den Schülern wiederholt beobachtet werden. Der Lehrer kann auch den Sinn bestimmter graphischer Zeichen, Gesten oder Routinehandlungen bewußt einführen und kultivieren. Dann muß er sich aber dessen bewußt sein, daß ihre Geltung nicht über seinen Unterricht hinausreicht. Deshalb sind für alle Medien, für die es keine allgemeinen Konventionen gibt, wechselnde Vereinbarungen vorzuziehen.

Die Sprache ist fraglos das wichtigste Medium für Lernaufgaben, weil nur durch sie die begriffliche Information jeder Art, jedes Differenzierungsgrades und auch jeder Verknüpfung vermittelt werden kann. Man sollte dabei nicht nur an Lernaufgaben in der Form eines einzelnen Satzes denken, sondern auch an Texte mit ausführlicher Information. Es kann dann u.U. recht genau über die einzelnen Positionen der Handlung und des Arbeitsgedächtnisses informiert werden, z.B. über Ausgangsbedingungen und einzusetzende Verfahren. Auch redundante Formulierungen sind möglich, um mit anderem Sprachmaterial das Verständnis zu erleichtern (z.B. alltagssprachliche Synonyme für Fachbegriffe).

Die Sprache hat aber die *Nachteile,* daß sie immer nur über bestimmte Aspekte einer Lerntätigkeit informieren kann, daß dies nur nacheinander geht, daß die Konventionen über den Wortsinn und den Sinn der grammatischen Verknüpfungen keineswegs eindeutig sind und daß die Verkettung der Sinnträger in Texten, die aus einem Satzgefüge bestehen oder aus mehreren Sätzen bestehen, schnell unübersichtlich werden. Der unbegrenzten seriellen Auflösbarkeit der Information entspricht, daß sie schnell unüberschaubar wird.

Die mündliche und die geschriebene Sprache leisten Unterschiedliches: Die schriftliche Fassung einer Lernaufgabe kann präziser und stichhaltiger ausgearbeitet werden, weil man sie u.U. mehrfach korrigieren kann. - Die mündliche ist allen Störungen des Schalls unterworfen und vergeht mit dem Augenblick. Die schriftliche wird nicht durch andere Sinneswahrnehmungen gestört, und auf sie kann man zurückkommen. - In der mündlichen können nur kurze Mitteilungen von wenigen Wörtern wegen der geringen Kapazität des Arbeitsgedächtnisses gut überblickt und behalten werden. Die schriftliche dagegen erlaubt eine Analyse der Aufgabeninformation durch viele Aktivitäten des Arbeitsgedächtnisses und mit dem individuellen Arbeitstempo der einzelnen Schüler. - Die mündliche läßt den simultanen Einsatz von stimmlichen, gestischen, mimischen und gesamtkörperlichem Ausdruck zu. Die schriftliche erlaubt dies nicht, es sei denn, man liest die schriftlich formulierte Aufgabe auch vor. - Die simultane Information der mündlichen Darbietung kann verwirren oder vom begrifflichen Sinn ablenken. Die schriftliche Darbietung erlaubt dagegen die bestmögliche Konzentration auf die begriffliche Information. - Die mündliche Information kann flexibel auf situative Gegebenheiten und Veränderungen eingehen. Die schriftliche dagegen braucht mehr Zeit zur Herstellung und Veränderung, weshalb sie sich nicht so gut anpassen kann. - So haben das lautsprachliche und das schriftsprachliche Medium trotz ihrer Gemeinsamkeiten eine sehr unterschiedlich zugeschnittene Kapazität für die Mitteilung von Information.

Die Leistung der Informationsvermittlung ist von Medium zu Medium verschieden. Von größter Bedeutung ist deshalb der *kompensatorische Einsatz der Medien*, z.B. der mündlichen und schriftlichen Formulierung einer Lernaufgabe zugleich oder der mündlichen zugleich mit einer gestischen Demonstration an einer graphischen Darstellung. - Die Variationsmöglichkeiten der Medien für ein und dieselbe Information zeigen mit absoluter Sicherheit die Differenz zwischen Medium und Information. *Für die Steuerung der Lerntätigkeit ist allein die Information geeignet. Die Medien dienen allein der jeweils bestmöglichen Vermittlung* dieser Information.

5. *Welche Natur haben die Merkmale der Verstehbarkeit, Akzeptierbarkeit, Transferierbarkeit und Kontrollierbarkeit einer Lernaufgabe?*

Die *Funktion* der Lernaufgabe, Lerntätigkeiten zu steuern, wird nur erfüllt, wenn sie vom Schüler *verstanden, akzeptiert, in eine Lerntätigkeit transformiert und ihre Bearbeitung kontrolliert* werden kann. Ob eine Lernaufgabe diese *Teilfunktionen* erfüllen kann, gehört nicht mehr zu den Merkmalen, die ihr in derselben Weise zugeschrieben werden können wie das Merkmal, daß sie in einem Medium encodiert ist oder daß sie begriffliche Information vermittelt. Die Erfüllung aller *vier Teilfunktionen* wird allein durch die Bearbeitung des Schülers entschieden. Das ist aber keineswegs schon angesichts der Lernaufgabe feststellbar, sondern nur empirisch zu erkennen, d.h. durch die Erfahrungen bei ihrem Gebrauch. Man könnte diese Teilfunktionen deshalb aus der Definition der Lernaufgabe ausschließen, wie es *Brezinka* mit der Eigenschaft der Realisierbarkeit bei Lernzielen getan hat (*Brezinka* 1974, 145f.).

Eine solche Entscheidung hätte nur einen Sinn, wenn man zuvor nominalistisch entschieden hätte: "Die Lernaufgabe ist ein Satz". Sie ist aber sinnlos, wenn man statt dessen *den Prozeß ihrer Abfassung und Bearbeitung als ihre Realität* ansieht, in der das materielle Medium, z.B. der vorübergehende Laut oder das dauerhaftere graphische Bild, nur eine vermittelnde Funktion ausübt. - In der Praxis tritt dieses Problem gar nicht erst auf, denn *sowohl der Lehrer als auch die Schüler sehen alle vier Teilfunktionen als Merkmale der Lernaufgabe an*: Für sie *ist* sie verstehbar, akzeptierbar, transferierbar und kontrollierbar oder sie *ist es nicht*.

Von *Brezinka* kann trotzdem übernommen werden, daß es mit den vier Merkmalen der Verstehbarkeit etc. eine besondere Bewandtnis hat. Betrachtet man die Lernaufgabe aber im Zusammenhang der menschlichen Informationsverarbeitung, dann gehören diese Merkmale zwingend zur Ganzheit der Lernaufgabe hinzu. Wie ist dies vorstellbar?

Zur Ganzheit der Lernaufgabe gehört ihre Funktion, Lerntätigkeiten zu steuern. Ohne diese Funktion wäre sie keine Lernaufgabe, sondern nur eine Mitteilung. *Wenn die Verständigung über Lernaufgaben eine spezifische Form der unterrichtlichen Kommunikation ist,* dann ergibt sich daraus zweierlei: Wie jede Kommunikation besteht sie aus dem Zusammenhang zwischen Mitteilung und Verstehen (**M1**). Spezifisch aber ist für sie, daß *im Unterricht nicht nur Mitteilungen verstanden werden müssen, sondern auch über das Akzeptieren, das Transformieren und die kontrollierende Funktion der Mitteilung kommuniziert werden muß. Die Funktionen der Lernaufgabe für die Schüler gehören deshalb sowohl bei ihrer Abfassung als auch bei ihrer Bearbeitung notwendig zu ihrer vollständigen Bestimmung.*

Die Erfüllung dieser Funktionen (hier hat *Brezinka* recht) ist nur im Nachhinein empirisch erfahrbar. - Aber *diese Erfüllung wird durch psychische Operationen antizipiert, so daß empirisch erfahrbar ist, ob sie erwartet oder nicht erwartet werden kann.* Für die psychische Realität der Erwartungen haben besonders die Kommunikationstheorie und die Theorie der Leistungsmotivation viele Belege erbracht. Empirische Befunde gibt es auch für die Antizipation der Realisierbarkeit von Zielen, was *Brezinka* wegen seiner Abhängigkeit von der Orientierung am äußeren Verhalten in der analytischen Wissen-

Unterrichtspraktische Aspekte 259

schaftstheorie übersieht. Diese psychische Realität der Antizipation erfüllter Funktionen gehört sowohl zur Abfassung einer Lernaufgabe als auch zu ihrer Bearbeitung. *Man kann sie im Begriff der Lösbarkeit der Lernaufgabe zusammenfassen.* - So gibt es gute Gründe für die Annahme, *daß jede Lernaufgabe sowohl für den Lehrer als auch für den Schüler das Merkmal der Lösbarkeit besitzt.*

Wenn *Lösbarkeit* nicht an der Lernaufgabe beobachtbar oder zumindest ihr auf Grund von sprachlichen und begrifflichen Konventionen nicht allgemein zugeschrieben werden kann, sondern nur *durch antizipierende Operationen in jedem einzelnen Fall kalkulierbar* ist, dann unterscheidet sich dieses Merkmal von allen anderen bisher unterschiedenen Merkmalen. Das tut aber seiner Bedeutung keinen Abbruch. Ganz im Gegenteil werden *in der Kalkulation der Lösbarkeit alle anderen Merkmale bewertet. Der Lehrer bewertet sie unter dem Gesichtspunkt, ob die Aufgabe gestellt werden soll, und der Schüler, ob er sie bearbeiten will.* Erst *d*ie Kalkulation der Lösbarkeit führt daher den Lehrer zu der *Lehrentscheidung*, die Aufgabe zu stellen oder nicht zu stellen, und den Schüler zu der *Lernentscheidung*, die Aufgabe zu bearbeiten oder nicht zu bearbeiten.

Kapitel 4:
Der Lehrer kann die Lernaufgaben so abfassen, daß sie verstanden, akzeptiert, in Tätigkeit transformiert werden und jedes Resultat der Tätigkeit an ihr gemessen werden kann

Nach der ersten *Definition* der Lernaufgabe durch die Beschreibung eines Zusammenhangs von Merkmalen gehe ich nun zum *Prozeß der Steuerung der Lerntätigkeiten durch Lernaufgaben* über. Dieser Prozeß wird aus der *Perspektive des Lehrers* betrachtet. Ihm wird Wissen angeboten für die Abfassung von Lernaufgaben und für die Einschätzung ihrer Lösbarkeit.

Die Abfassung von Lernaufgaben ist die Hauptaufgabe des Lehrers, weil er nur durch Lernaufgaben *initiativ auf die Tätigkeiten der Schüler einwirken kann*. Wenn *die Schüler sich völlig selbständig Lernaufgaben stellen*, haben wir es nicht mehr mit Unterricht, sondern mit Selbstunterricht zu tun. Selbst dann, wenn der Lehrer *den Schülern nur noch die Aufgabe stellt, sich selbst in einem bestimmten Lernbereich Aufgaben zu stellen*, handelt es sich immer noch um Unterricht. Diese Verlagerung der Initiative für das eigene Lernen auf den Schüler ist sogar die *wichtigste Aufgabe des Lehrers*, weil das der letzte Schritt zum selbständigen Lernen der Schüler ist. Genau in dem Maße, in dem es gelingt, die Schüler dazu zu bringen, sich selbst die Lernaufgaben zu stellen, die ihnen ein Lehrer bieten könnte, ist Unterricht überflüssig.

Obwohl die Abfassung von Lernaufgaben die Haupttätigkeit des Lehrers ist, ist sie *eingebettet in den Zusammenhang der anderen Tätigkeiten aus dem Gesamtzusammenhang des Lehrens*. Sie setzt voraus, daß der Lehrer den jeweiligen Unterricht soweit überblickt, wie dies für die Plazierung der Aufgabe erforderlich ist (**Teil I**), Lernmöglichkeiten kennt sowie Lerntätigkeiten konzipiert, auf die er sie beziehen kann (**Teil II u. III**). Es müssen ihr aber auch noch Rückmeldungen folgen, wenn ihre Funktion erfüllt werden soll (**Teil V**).

Daß die Konzipierung von Lernaufgaben das Hauptgeschäft des Lehrers im Unterricht ist, zeigt sich am *Umfang dieser Tätigkeit* und an der *Zunahme ihrer Zahl und ihrer Qualität bei erfahrenen und erfolgreichen Lehrern*. Das folgende Zitat vermittelt eine erste Vorstellung von der Häufigkeit und der Qualität von Lernaufgaben bei unerfahrenen und erfahrenen Lehrern und von einigen bezeichnenden Gründen für die festgestellten Unterschiede:

"Much research has been done on questioning. For instance, *Evertson, Emmer, and Brophy* (1980) found that more successful teachers ask more questions. The average number of questions during a successfull mathematics period was 24. Less successful teachers asked only 8.5 questions per period on avarage. Studies concerning the cognitive level of questions have shown that teachers ask more lower-level (factual) than higher level questions (causal) (*Brophy & Good*, 1986, pp. 363). For instance, in *Gall's* (1970) study, factual questions were more popular among experienced teachers than causal questions. According to *Everson et al.* (1980) more successful teachers ask more product (factual) questions than do less successful teachers. Results concerning the level of applied questions seem to be quite consistent." (*Ropo* 1990, 117)

"During the lessons, when practicing with examples, expert teachers divided the original problem into several, cognitively low-level questions asked in order to show the path of the solution." (*Ropo* 1990, 119)

"A first explanation for the experts' greater number of questions might be that experts are better able to direct their attention to monitoring student learning than novices are. The reason for this may lie in the experts' better internal representation of the situation, which enables them to use their attention resources for directing student learning with questions. Novices' incomplete representation requires concentration on their own behavior. A second explanation might be that the experts' knowledge base of the subject matter includes more questions concerning the topic area. As the questions are part of the knowledge base, intellectual resources are not required to formulate and create new questions. A third explanation might be that novices' routines for questioning are not as welldeveloped as those of the experts. Both control of one's own behavior and close monitoring of questioning procedures may restrict the number of novices' questions. The experts' greater number of questions may indicate that their knowledge structure in the problem area is more specific better organized and includes more compenents (e.g., questions) than that of novices.
There may be several other reasons for the novices' smaller number of questions. First, the interactions with the students may include unpredictable factors, for example, incorrect answers which would interfer with the flow of a lesson. Another reason may lie in the quality of the novices' subject matter knowledge or knowledge of the curriculum. As result, novices are not able to perceive the content area as a meaningful entity with goals and subgoals organized into a coherent knowledge structure. The lack of experience with students may also make novices more willing to apply presentation than interaction." (*Ropo* 1990, 119f.)

Theoretische Grundlagen

Die Aufgaben werden im Unterricht keineswegs nur unverbunden aneinandergereiht, sondern ihre Abfolge ist in der Regel in irgendeiner Weise geordnet. Es gibt *übergeordnete und untergeordnete Aufgaben (Hauptaufgaben und Teilaufgaben)*, und das oft *in mehrfacher Staffelung*. Sieht man nämlich etwas genauer hin, dann hat jede Aufgabe ihren Ort in einer *Hierarchie von Aufgaben in der jeweiligen Unterrichtsstunde, im jeweiligen Fach, ja, sogar im gesamten Unterricht des jeweiligen Schülers*. Und der Effekt des Unterrichts hängt entscheidend von der *Ordnung der Aufgaben* ab (*Browne/Anderson 1964; Grassel/Bonnke 1977*). - Man darf deshalb den Blick nicht nur auf eine *einzelne Aufgabe* richten, auf die nur eine einzige Antwort erfolgt, z.B. beim Abfragen einer Vokabel. Das wäre eine höchst problematische Reduktion, weil selbst die einfachsten Reproduktionsaufgaben in andere Aufgaben eingebettet sind. Schüler und auch Lehrer sind sich allerdings keineswegs immer über die hierarchischen Verschachtelungen, die Neben-, Unter- und Überordnungen, und erst recht nicht über die sachlichen Beziehungen und Überschneidungen zwischen Lernaufgaben im klaren. Das ist in seinem ganzen Umfang auch gar nicht zu leisten und offensichtlich für einen geordneten Unterricht in diesem Maße auch nicht erforderlich. Für die Anschlüsse in der Unterrichtskommunikation ist aber wenigstens ein gewisser Überblick über die Ordnung der Lernaufgaben unbedingt nötig. Dazu gehört z.B., daß Lehrer wie Schüler wissen, *auf welcher Ebene einer Aufgabenhierarchie und in welcher Phase der Aufgabenbearbeitung man sich gerade bewegt*. - Für den Ort in der Hierarchie ist in der Regel ein *Dreiebenenschema von Hauptaufgabe, Teilaufgaben und Hilfsaufgaben* hinreichend. Den *Unterschied zwischen der jeweiligen leitenden und der nur episodisch eingeschachtelten oder eingeschalteten Aufgabe* müßte ständig beachtet werden, weil er jederzeit auftreten kann. - Bei der Aufgabenbearbeitung wird man mindestens zwischen *Aufgabenanalyse, Planung, Ausführung und Kontrolle* unterscheiden müssen. - Durch den Hinweis auf die hierarchische Ordnung der sequentiell aneinandergereihten Aufgaben und die Ordnung der aufeinanderfolgenden und ineinandergeschachtelten Bearbeitungsphasen wird nicht nur der Umfang von Lernaufgaben im Unterricht sichtbar, sondern auch deren *Ordnungsfunktion für die gesamte unterrichtliche Kommunikation* (**M1**).

Der Lehrer kann Lernaufgaben nur *konzipieren und formulieren*, soweit ihm *Wissen für die Auswahl ihrer Information, Wissen für die Auswahl der Mitteilungsmedien und Wissen für die Einschätzung ihrer Lösbarkeit* zur Verfügung steht. In allen drei Bereichen sind zwei Arten von Wissen erforderlich: *Wissen für die Beschreibung von Lerntätigkeiten und Wissen für die Entscheidung über ihre Wahl.* Für alle diese Wissensarten gilt: Der Lehrer kann Lernaufgaben nur aus den Beständen seines Langzeitgedächtnisses abfassen. Wer große und vor allem hierarchisch wohlgeordnete Wissensbestände hat, kann deshalb allemal besser Lernaufgaben stellen als der, der nicht über ein solches Wissen verfügt. Daraus erklärt sich die in der Geschichte schon früh erfahrene Paradoxie: Nicht der Unwissende fragt gut, sondern der Wissende.

Bei der Auswahl der *Information, die dem Schüler mitgeteilt werden soll*, ist es keineswegs damit getan, daß der Lehrer *Experte in einem Realitätsbereich der Welt oder des menschlichen Selbst* (z.B. der menschlichen Erkenntnisfähigkeit oder seiner Emotionalität) ist, d.h. sein Fach beherrscht. Er braucht nämlich nicht nur dieses Wissen, sondern er benötigt *Wissen für die Steuerung von psychischen Aktivitäten im gesamten Problemraum der Lerntätigkeit.* Dieses Wissen läßt sich in die folgenden Hauptklassen aufteilen:
(1) möglichst differenziertes, möglichst übersichtlich räumlich (topologisch) geordnetes und möglichst tief hierarchisch gestaffeltes *Gegenstandswissen* vom jeweiligen Ausschnitt der Welt oder des Selbst, damit er für jedes Wissen das *jeweils übergeordnete Beschreibungswissen* besitzt;
(2) möglichst differenziertes Wissen von *Operationen* und von *Verfahren aus sequentiell und simultan geordneten Operationen* für die Bearbeitung des jeweiligen Gegenstandswissens, damit er die Schüler darüber informieren kann, *welche Verfahren sie aktualisieren oder gar erstmals kombinieren können*;
(3) möglichst reiches *Handlungswissen* im jeweiligen Tätigkeitsbereich, d.h. Wissen von Zusammenhängen zwischen Zielzuständen, Ausgangszuständen und transformierenden Verfahren, ihrer Planung und ihrer Kontrolle, damit er auf die *Regulierung des Arbeitsgedächtnisses durch den jeweiligen Handlungszusammenhang* Einfluß nehmen kann;
(4) Wissen von *unbewußten, automatisierten und vor allem von bewußten, willentlich einzusetzenden Selbstregulativen*, damit er sie *nach Bedarf aktivieren kann*.
Insgesamt braucht er Wissen von allem, was zur Regelung der einzelnen Aktivitäten des Arbeitsgedächtnisses und kompletter Handlungen beiträgt, z.B. auch Wissen für die Regelung der Identifikation und Behebung von Barrieren beim Vollzug von Lernhandlungen oder Wissen von allgemeinen Prinzipien für die Wahl von Aktivitäten. - Solches Wissen muß erworben werden, worauf die Unterschiede im Instruktionsverhalten zwischen unerfahrenen und erfahrenen Lehrern deutlich verweisen. Wenn der Lehrer solches Wissen erworben hat, verwendet er es, ist sich dessen aber keinesweg in jedem Fall nochmals reflexiv bewußt.
(5) Der Lehrer braucht außerdem *Maßstäbe*, nach denen er das Wissen auswählt, das er den Schülern für die Regelung ihrer Lerntätigkeiten mitteilt.
Dieses *normative Wissen* dient der *Bewertung der Lerntätigkeiten und auch der einzelnen Wissensbestände, aus denen sie konstruiert wird*, z.B. der Wichtigkeit der Gegen-

stände oder geistigen Operationen. Nur mit Hilfe dieses Wissens kann der Lehrer jeweils seine *Selektionsentscheidungen* fällen, welche Lerntätigkeit bei den Schülern angeregt werden soll und was er ihnen dafür mitteilen will. Auch dieses normative Wissen erwirbt er allmählich, setzt es ein und ist sich dessen in vielen Fällen nicht bewußt.
Über den tatsächlichen *alltäglichen Prozeß der Abfassung* von Lernaufgaben wissen wir noch sehr wenig. In der Regel nimmt man an, daß Lernaufgaben von den Zielen, die beim Schüler erreicht werden sollen, abgeleitet werden. Man stellt sich dann vor, daß sie das *auslösende Mittel für diejenigen Mittel* sind, die auf Seiten der Schüler dem Zweck der Zielerreichung entsprechen. Dem Zweck-Mittel-Schema der Planung entspricht dann als Umkehrung das Ursache-Wirkungs-Schema eines Kausalplanes und seiner Realisierung. Beide Zusammenhänge denkt man sich als Sequenzen, selbst wenn man ein Geflecht von Kausalzusammenhängen annimmt. Lineares Kausaldenken ist für unser Alltagsdenken normal und ist auch bei Erziehern nachgewiesen worden (*Dietrich* 1985). Es ist aber unmöglich, daß die tatsächliche Abfassung von Lernaufgaben sich als konsequente Ableitung aus Zielvorstellungen vollzieht, weil dies für hochkomplexe Zusammenhänge überhaupt nicht zu leisten ist und in der Zeitnot während des Unterrichts erst recht unmöglich ist.

Aus den bisherigen Überlegungen ergibt sich eine *kognitionspsychologische Vorstellung vom Prozeß der Abfassung einer Lernaufgabe mit folgenden Kennzeichen*:

Die Abfassung einer Lernaufgabe scheint im ganzen ein *hochkomplexer Prozeß der Suche und der zunehmenden Präzisierung einer ersten Vorstellung von einer Lerntätigkeit* zu sein. - Diese Arbeit wird aber im jeweiligen Fall *durch viele bereits automatisierte Selektionsprozesse und auch durch bewußte Vorentscheidungen entlastet.* - Die Such- und Präzisierungsläufe werden nach pragmatischen *Stoppregeln* abgebrochen, z.B. nach dem Kriterium des dafür eingeräumten Zeitaufwandes oder nach dem für den jeweiligen Zweck angestrebten Genauigkeitsgrad. Die ausschlaggebende Stoppregel ist die Vermutung, daß die Schüler aufgrund der ihnen vermittelten Information handeln können. Das ist nichts anderes als eine *Antizipation der Funktionserfüllung.* Die Suche geht wie in jedem Problemlöseprozeß von einem *Desiderat* aus, in diesem Fall von einem *beobachteten oder vermuteten Lerndefizit* bei Schülern. Wieweit für die Behebung eines solchen Defizits eine *Lernhandlung konstruiert* wird, das hängt ganz davon ab, wieweit der Lehrer über dazu geeignete Wissenssysteme verfügt und sie auch einsetzt. - Da die Zeit für die Ausarbeitung von antizipierten Lerntätigkeiten immer knapp ist und die Fähigkeiten dazu immer begrenzt sind, kommt alles darauf an, *sich die jeweilige Tätigkeit so genau vorzustellen, daß ein Teil dieser Vorstellung in der Lernaufgabe so beschrieben werden kann, daß der Schüler den beschriebenen Teil zum vollständigen Muster einer Lerntätigkeit ergänzen kann.* - Die Arbeitsökonomie gebietet es, *die in der jeweiligen Situation am besten geeigneten Informationen und Medien* dafür einzusetzen.

Im folgenden stelle ich nicht nur Materialien für die Abfassung von Aufgaben zusammen, sondern versuche, das mir zur Verfügung stehende Material in ein *Prozeßmodell für das Vorgehen des Lehrers* zu integrieren. Die Abfassung von Lernaufgaben verläuft nun aber weder in jedem konkreten Fall in derselben Weise noch läßt sich für die konkreten Fälle wenigstens eine immer gleiche Verlaufsform angeben. - Statt dessen lassen sich nur *Teiltätigkeiten* unterscheiden, die *in unterschiedlicher Reihenfolge bei der tatsächlichen Arbeit* auftreten können. - Es kann sich nur um solche Teiltätigkeiten handeln, die ich unter meinen Prämissen derzeit zu unterscheiden vermag. *Im konkreten Einzelfall* müßte *mindestens eine der von mir unterschiedenen Teiltätigkeiten* erforderlich sein. - Da die Lernaufgabe immer *Information für die Ganzheit einer Lerntätigkeit enthält, kann die in einer Lernaufgabe verbundene Information über unterschiedliche "Positionen" in der Lerntätigkeit in unterschiedlicher Reihenfolge erarbeitet und auch dargeboten werden.* Es kommt hinzu, daß dies *auf unterschiedlichem Abstraktionsniveau und dann noch mit unterschiedlicher Genauigkeit* geschehen kann. Schließlich sind auch *mehrere Durchgänge bis zu Festlegungen auf bestimmte Informationen* möglich. Das ergibt insgesamt eine nicht darstellbare Vielfalt von tatsächlichen Verläufen. - Die *Einheit des Prozeßmodells kann deshalb nur aus den Kombinationsmöglichen der Teiltätigkeiten sowie der Möglichkeiten ihrer Ausgestaltung* bestehen.

Die Materialien für eine Reihe von Teiltätigkeiten der Abfassung von Lernaufgaben haben daher allein den pragmatischen Zweck, einige Hilfen für deren Ausarbeitung zu bieten. Ich meine, daß das eine oder andere direkt verwendbar sein müßte. Vielleicht aber hilft die Art, in der hier die Abfassung von Lernaufgaben behandelt wird, zusätzlich zu eigenen Einfällen. Bei den folgenden Fragen für *Teiltätigkeiten des Lehrers bei der Abfassung von Lernaufgaben* geht es um all das, was allgemein für *jede Lernaufgabe* gilt. **In Kapitel 5** wird dann erörtert, welche *besonderen Aufgaben* für die einzelnen Etappen der Aufgabenbearbeitung gestellt werden können: für das Verstehen von Lernaufgaben, für deren Übernahme durch die Schüler, für ihre Umsetzung in eigene Aktivitäten und für die Kontrolle ihrer Bearbeitung. Diese Aufgaben können als Hilfsaufgaben für die jeweilige Aufgabe bezeichnet werden.

(1) Welchem Bereich ihres Welt- oder Selbstwissens sollen sich die Schüler zuwenden?

Handlungstheoretiker nehmen an, daß jede Regulierung einer Tätigkeit durch Ziele gelenkt wird. So behauptet z.B. *Hacker*:

> "Ziele sind somit jene gespeicherten Invarianten, die für jeden Regulationsvorgang unerläßlich sind (*Ashby* und *Conant* 1970; *Klix* 1976). Ziele regulieren Handlungen zusammen mit internen Repräsentationen der Verfahren zu ihrer Erreichung, d.h. Modellen geeigneter Muster von Operationen." (*Hacker* 1983, 19)

Das trifft für die komplette Aktivität sicher zu. In sehr vielen Fällen ist die Ausgangsinformation für die Konstruktion einer Handlung aber *ein Sachverhalt, der ohne Absicht, d.h. unabhängig von einem Ziel, in den Focus der Aufmerksamkeit gerät, während man etwas ganz anderes im Sinn hat.* Die Aufmerksamkeit kann z.B. paradoxerweise von dem Ziel gelenkt werden, "ziellos zu schweifen", und dann doch von einem Eindruck

Unterrichtspraktische Aspekte 265

"gefesselt" werden, oder aber sich plötzlich auf etwas konzentrieren, was die Erreichung des Zieles stört oder auch gar nichts mit ihm zu tun hat. Ganz offenkundig ist dies z.B. der Fall bei einer unerwarteten Wahrnehmung, etwa der plötzlichen Wahrnehmung eines singenden Geräuschs beim Autofahren. Genau dies geschieht aber, wenn der Lehrer die *Aufmerksamkeit der Schüler auf einen Gegenstand lenkt*: Dieser Gegenstand stört die gerade laufende Handlung, die Schüler wenden sich ihm zu, falls sie das allgemeine Ziel haben, im Unterricht mitzumachen, sie behandeln dann den *Gegenstand als invariant, nicht aber ein Ziel, und konzipieren für diesen Gegenstand eine Handlung.* Lassen wir jede weitere Information, die der Lehrer den Schülern noch zusätzlich geben kann, außer Betracht und beschäftigen wir uns zunächst nur mit der Frage, *durch welche Information der Lehrer die Aufmerksamkeit des Schülers auf einen Gegenstand lenken kann* (vgl. Grzesik 1976a, 37-41; 113-121).

1. Was ist kennzeichnend für die Gegenstandsinformation?

Der Lehrer kann die Aufmerksamkeit der Schüler auf *jeden Ausschnitt der Welt und des Selbst* richten, aber nur *unter der Bedingung, daß der Schüler diesen Ausschnitt schon mit Hilfe der Aufgabeninformation zu identifizieren vermag*. Mit anderen Worten: *Die Information, der er sich zuwenden soll, muß ihm schon zur Verfügung stehen*: ein wahrnehmbares Geräusch, ein Gedanke, ein Gefühl, die Erinnerung an ein früheres Ereignis, eine gerade erprobte Vorgehensweise etc. Ein Schüler, der gar keine Information von der "DNS" oder dem "Genom" aktualisieren kann, kann seine Aufmerksamkeit auch nicht auf die "DNS" oder das "Genom" lenken. Wer die Richtigkeit einer Aussage nicht geprüft hat, kann sich auch nicht auf diesen Prüfprozeß beziehen. - Es genügt außerdem keine vorübergehende Aktualität, z.B. ein sofort wieder vergessener Satz, sondern nur eine so *stabile Aktualisierung*, daß man sie als Invariante zur Grundlage des Handelns machen kann. Ganz gleich, ob es sich um ruhende oder bewegte Sachverhalte handelt, *als Information müssen sie zu einem Zustand "stillgestellt" sein*, was psychisch nur durch ständige, sehr schnelle und deshalb nicht mehr merkbare Wiederholung möglich ist. - Beides ist nur scheinbar selbstverständlich, denn oft genug werden Aufgaben gestellt, bei denen die Sachverhalte, die bearbeitet werden sollen, den Schülern überhaupt noch nicht bekannt sind oder aber sie diese Sachverhalte nur so flüchtig wahrgenommen haben, daß sie sie nicht stabil zu aktualisieren vermögen. Das ist z.B. der Fall, wenn ein Lehrer voraussetzt, daß die Klasse eine bestimmte chemische Verbindung kennt, obwohl sie im Chemieunterricht noch nicht "behandelt" worden ist, oder er ihr etwas nur einmal und flüchtig mündlich erzählt, was sie dann bearbeiten soll.

a) Es ist keineswegs der Normalfall, daß der Gegenstand, dem sich die Aufmerksamkeit zuwenden soll, *den Schülern selbst (originär) vor Augen steht*, d.h. sensomotorisch erfahren werden kann. Dieser Fall tritt nur dann ein, wenn der Gegenstand entweder an den Ort des Unterrichts gebracht wird oder die Schüler zu ihm hingeführt werden, indem z.B. Chemikalien zur Verfügung stehen oder eine Exkursion gemacht wird. Viel häufiger ist die *mediale Repräsentation eines Gegenstandes*, z.B. durch eine geographische Karte oder durch die schriftliche Darstellung eines historischen Geschehens, weil große Teile der Welt den Schülern nur so zugänglich gemacht werden können. Die originären Gegenstände sind dann aber selbst nicht sinnlich erfahrbar, sondern müssen aufgrund der medialen Repräsentation durch geistige Operationen konstruiert werden. Geht es aber um *das Medium selbst*, z.B. um die Darstellungsform einer historischen Quelle oder um die Sprache, dann ist der Gegenstand wieder originär gegeben, d.h. sinnlich erfahrbar. Dasselbe gilt für *fiktionale Literatur*, soweit sie sich nicht auf einen außertextlichen Weltausschnitt beziehen läßt. Die *symbolischen Gegenstände* sind deshalb nicht nur wegen ihrer Vermittlungsleistung, sondern auch wegen ihrer leichten Verfügbarkeit als originäre Gegebenheiten für den Unterricht von größter Bedeutung. Eine wiederum andere Form der Gegebenheit des Gegenstandes der Aufmerksamkeit ist der *Vortrag*. Gegenstand ist jetzt nicht ein Sachverhalt, sondern die Beschreibung und weitergehende geistige Verarbeitung eines Sachverhaltes. - Für alle diese Fälle gilt, *daß die pure Gegebenheit eines Gegenstandes nicht die Funktion einer Lernaufgabe erfüllen kann,* so wichtig sie gegenüber der mentalen Gegebenheit für die

Schüler auch ist. Alle diese Gegebenheiten werden erst durch einen *Hinweis darauf, wem sich die Schüler in ihrer Umgebung zuwenden sollen und was sie mit dieser Gegebenheit machen sollen,* zum Unterrichtsgegenstand. *So tritt die Lernaufgabe zu originären Gegebenheiten hinzu.*

Daraus folgt, daß *die stabile Gegenstandsinformation, der sich die Schüler zuwenden sollen, nicht durch die Lernaufgabe vermittelt* wird. Aber welche Information vermittelt sie ihm dann? *Sie beschreibt nur durch Begriffe, welchem Gegenstand er sich zuwenden soll, und ermöglicht ihm dadurch die Selektion eines bestimmten Gegenstandes aus der Fülle der aktualisierbaren Gegenstandsinformation.* Das Hinzeigen z.B. sagt gar nichts über den Gegenstand, sondern informiert nur über die Richtung, in der er gesucht werden soll, und die Information "der dritte Abschnitt des Textes" sagt über diesen Abschnitt nur soviel, daß man seine Position identifizieren kann. Der Schüler erhält also nur *Information für die Selbststeuerung seiner Aktivität.* Das funktioniert nur, wenn der Schüler *der vermittelten Information andere eigene Information einordnen oder unterordnen* kann. Ein Hinzeigen informiert über einen Raum, in dem etwas eingeordnet werden kann, was die Schüler selbst beobachten müssen. Der Begriffszusammenhang "der dritte Abschnitt des Textes" vermittelt Begriffe, die auf einen Text angewendet werden können, wodurch der Textabschnitt zum konkreten Fall für den Begriffszusammenhang wird. *Man kann die vermittelte Information deshalb auch als ein Schema bezeichnen, das durch eigene Information ausgefüllt werden muß.* Es fungiert als *Suchschema* im ungeheuren Raum der dem Schüler zur Verfügung stehenden Information, und keineswegs nur zur Suche im jeweiligen sensomotorischen Input. - Es genügt deshalb meist nicht, daß der Lehrer den Gegenstand so benennt, wie er ihn kennt ("Tempi des dritten Satzes", "der parabolische Sinn", "der Graph negativer Ordnung"). *Er muß eine Information vermitteln, die der Schüler kennt und mit deren Hilfe er dann die Information suchen kann, die er sich zum Gegenstand machen soll.*

Was gerade für die Gegenstandsinformation gesagt worden ist, gilt für die gesamte durch Lernaufgaben zu vermittelnde Information: Nur durch diese Verbindung der vom Lehrer vermittelten, aber ihnen schon bekannten Information mit eigener, nur durch diesen von den Schülern zu leistenden Prozeß der Informationsverarbeitung kommt erzieherische Beeinflussung zustande. Nur durch sie werden *Fremdsteuerung und Selbststeuerung miteinander verbunden* (**M1**). Nur durch sie wird die *Selektionsleistung des Lehrers*, Informationen für die Selbststeuerung auszuwählen, mit der *Selektionsleistung des Schülers*, mit ihrer Hilfe aus seinem Informationsbestand einen Gegenstand der Aufmerksamkeit und alle anderen für seine Tätigkeit erforderlichen Informationen auszuwählen, verbunden. Nur auf diese Weise greifen die *Exekutive des Lehrers und die Exekutive der Schüler*, d.h. ihre geistigen Aktivitäten, ineinander. Nur durch sie wird die *Verbindung zwischen dem kommunikativen System des Unterrichts und den psychischen Systemen von Lehrer und Schüler* hergestellt. - Dieser Prozeß besteht aus nichts anderem als der psychischen Realität mindestens zweier Individuen, durch deren Zusammenspiel über ein materielles Medium der gesamte Unterricht zustandekommt.

b) *Die vermittelte Information scheint immer von begrifflicher Natur zu sein, weil nur sie konkrete Aktivitäten zu regeln vermag.* Bei verbal codierten Lernaufgaben ist dies offenkundig. Es gilt aber auch in nonverbaler Kommunikation. Selbst das Vormachen besteht nicht nur aus der wahrnehmbaren Aktivität, sondern auch aus der begrifflichen Information "Wende der gezeigten Aktivität deine Aufmerksamkeit zu" oder "Mache dies selbst". Ja, auch das Wahrgenommene wird nur soweit wirksam, wie es symbolisch-begrifflich codiert wird (s. u.a. *Bandura* 1979). Diese Information braucht nicht ausdrücklich verbal gefaßt zu sein, sondern kann durch die demonstrative Art, in der die Aktivität vollzogen wird, oder durch die Situation vermittelt werden. Für die vom Schüler zu leistende Selektion eigener Aktivitäten durch Identifikation ist ausschlaggebend, wie *genau* diese begriffliche Information ist, und für den Verständigungsprozeß, wie *eindeutig* sie ist. Beides hängt primär davon ab, welche Information der Lehrer wählt bzw. zu konstruieren vermag, und erst sekundär von der Kapazität der Medien und von der Verstehensleistung des Schülers. Die *Art der begrifflichen Information ist deshalb entscheidend für die Steuerungsfunktion* der Lernaufgabe. - Für den Lehrer folgt daraus, daß er *vom jeweiligen Sachbereich ein möglichst differenziertes, im Sachzusammenhang und auch in den Abstraktionsebenen wohlgeordnetes Wissen* besitzen muß. In diesem Wissen muß er sich so bewegen können, daß er den Schüler an einen Punkt auf einer Abstraktionsebene der Begriffe über einem Sachzusammenhang führen kann, von dem aus er den Sachverhalt, um den es geht, zu Gesicht bekommen kann.

Dann kann er z.B. Schülern, die noch nicht über den Terminus "Lohnstückkosten" verfügen, sagen: "Es geht darum, was die Herstellung eines Produktes, z.B. eines Autos, kostet. Dabei interessiert uns jetzt, wie hoch der Anteil aller Löhne an den Gesamtkosten für jedes Stück aus der Produktion, z.B. für ein einzelnes Auto, im Mittel ist."

Erläuternd kann er sagen: "Es geht auch um die Lohnkosten der Vorprodukte und der Rohstoffgewinnung. In den Lohnkosten sind alle Arbeitsentgelte enthalten, auch die für die Entwicklung, die Personalverwaltung und das Management."

Man kann auch sagen, daß er in der Lage sein muß, den jeweiligen Sachverhalt zu "umschreiben", ihn von verschiedenen Seiten her "zugänglich" zu machen, ihn je nach Bedarf in unterschiedlicher Weise zu definieren. Der Lehrer muß dazu *begriffliches Wissen benutzen, über das die Schüler verfügen*. Anderenfalls können die Schüler den Sachverhalt überhaupt nicht identifizieren, es sei denn, sie lernen den Begriff noch bei dem Versuch, sich aufgrund der gesamten vom Lehrer vermittelten Information etwas vorzustellen. Theoretisch ist es selbst bei der Anpassung des Lehrers an den Begriffsgebrauch der Schüler ganz unwahrscheinlich, daß Lehrer und Schüler jeweils genau die gleichen Begriffsbestimmungen gebrauchen und damit dasselbe meinen (*Putnam* 1991). In der Praxis ist aber durch viele vorausgehende Stabilisierungen, gleichzeitig stützende und nachfolgend bestätigende Momente eine Verständigung wenigstens soweit möglich, daß sich beide annähernd auf dasselbe beziehen und dadurch ein gemeinsames Handeln möglich ist. Geschieht dies nicht, d.h. beziehen sich Schüler nicht annähernd auf dasselbe, dann reden Lehrer und Schüler aneinander vorbei und gibt es nur noch Mißverständnisse, was im Unterricht gar nicht selten geschieht. - *Genauigkeit der Information und gemeinsame Begrifflichkeit sind deshalb eine notwendige Bedingung dafür, daß Unterricht überhaupt zustandekommt.*

c) *Der durch begriffliche Information ausgegrenzte Gegenstandsbereich kann sehr unterschiedlich groß* sein, z.B. nur die periodische Pendelbewegung gegenüber mehreren anderen periodischen Bewegungen oder ein bestimmtes Wort gegenüber Satz, Abschnitt, Gesamttext. Hier geht es um den *Gegenstandsumfang*, dem sich der Schüler zuwenden soll. Für die Tätigkeit des Schülers spielt es eine wichtige Rolle, wie umfangreich dieser Gegenstand ist. Das Kriterium für das Optimum ist der *Umfang, der für die jeweilige Lerntätigkeit erforderlich ist*. Wird ein zu großer Umfang angegeben, dann muß der Schüler ihn selbst begrenzen, damit er arbeiten kann. Entsprechendes gilt für zu enge Angaben. Der Schüler hat dagegen die geringste Mühe, wenn er nur auf den Gegenstandsumfang verwiesen wird, den er tatsächlich braucht. Geht es z.B. nur um ein Merkmal der Pendelbewegung, dann muß er alle anderen periodischen Bewegungen zunächst ausklammern. Oder geht es nur um eine bestimmte Satzaussage, dann ist ihm die Angabe des Abschnittes oder gar der Zeile hilfreicher als der Hinweis auf den ganzen Text. Für die jeweilige Aufgabe steht hier *überflüssiges Suchen* einem *sinnvollen Suchen* gegenüber.

Ein Sonderfall des Umfangs sind *Quantitäten*, über die eigens durch Quantoren informiert wird.

> "So ist es etwas anderes, den Aufbau *eines* Dialogs, *zweier* oder *mehrerer* Dialoge und den Aufbau *des* Dialogs, d.h. der allgemeinen Dialogform, zu analysieren. Durch bestimmte Zahlangaben (drei, sieben), unbestimmte Zahlangaben (einige, mehrere) und den All-Quantor (alle) läßt sich der Umfang eines Gegenstandsbereiches zusätzlich zu dem Begriffsumfang ausdrücklich festlegen." (*Grzesik* 1976a, 38)

Bei mehreren Sachverhalten ist die begrenzte Kapazität des Arbeitsgedächtnisses besonders zu beachten. Über eine größere Zahl von Gegenständen sollte deshalb so informiert werden, daß die Gegenstände von vornherein in Gruppen aufgegliedert werden können, und zwar in die für den Vergleich optimale Zweiergruppen bis zu den gerade noch überschaubaren Fünfergruppen. Für den Charakter der ganzen Aufgabe ist der Quantor nur *im Zusammenhang mit der Art der Einheiten und der mit diesen Einheiten zu vollziehenden Operationen* von Bedeutung.

d) Die Differenz zwischen dem Gegenstand der Aufmerksamkeit und der Information für die Identifikation dieses Gegenstandes wird noch einmal besonders augenfällig bei der *Prägnanz der Gegenstandsinformation*, die *Duncker* nachgewiesen hat. Das gespeicherte Muster eines Gegenstandes kann durch prägnante Gegenstandsinformation am leichtesten aktiviert werden:

> "'Prägnanz' eines Signalements (hier die Information der Lernaufgabe - J.G.). Wir sahen, nicht jedes 'Einanderentsprechen' von Signalement und Gegenstand ermöglicht schon ein Anklingen des Gegenstandes auf das Signalement. Das Signalement muß dem Gegenstand 'gut sitzen', 'prägnant' sein. Dafür gibt es eine Reihe von Bedingungen:
> 1. Vollständigkeit, Bestimmungsreichtum des Signalements. Ein einfaches Beispiel hierfür wäre die Tatsache, daß das Residuum 'Eiszapfen' um so leichter erregt wird, je mehr der Eigenschaften: lang, spitz, kalt, spröde, herabhängend ... antizipiert sind.

2. Knappheit, Nicht-Überbestimmtheit des Signalements. In ein Signalement sollen möglichst keine Bestimmungen vollwertig eingehen, deren der zu findende Gegenstand zwar fähig aber nicht 'haltig' ist. Ein Beispiel: ich suche etwas, womit sich dieser Messingnagel zwecks Aufhängung dieses Van-Gogh-Porträts in die Wand schlagen läßt. Ein solches Signalement trifft zwar auf 'Hammer' zu, aber es ist offenbar dem Hammer gleichgültig, ob er gerade hic et nunc gerade einen Messingnagel und gerade zu diesem Zweck in die Wand schlägt. Das Finden der Lösung vollzieht sich hier also notwendig in Abstraktion von gewissen überflüssigen Situationsumständen. Ohne solche Abstraktion gäbe es überhaupt keine Verwertbarkeit einschlägiger genereller Erfahrungen.
3. Richtigkeit des Signalements. Das Signalement darf nicht 'falsch' sein, d.h. etwas enthalten, was der Gegenstand nicht nur nicht, sondern anders enthält. Beispiele: ich sehe mich nach einem blauen Briefkasten um - vergeblich, denn die Briefkästen sind in diesem Lande gelb.
(...)
4. 'Triftigkeit' des Signalements. Untriftig war jenes Signalement: 'Städtenamen, dessen viertletzter Buchstabe ein t ist'. Es 'trifft zu', aber es 'trifft' nicht (...)." (*Duncker* 1966, 95f., s. auch *Grzesik* 1976a, 39f.)

Erfüllt eine Gegenstandsinformation für den jeweiligen Schüler nicht die Postulate der Prägnanz, dann kommt es *entweder gar nicht oder erst nach zusätzlichen Transformationen der mitgeteilten Information zur Identifikation*. In jedem Fall ist sie für den Vergleichsprozeß mit gespeicherten Informationen nicht genau genug. Die Aufgabe erscheint dem Schüler als unzulänglich, verschwommen oder nicht passend, oder sogar all dies zugleich. - Informiert der Lehrer nicht sofort oder durch Nachbesserung prägnant, dann kann dies schon dazu führen, daß der Schüler die Aufgabe nicht übernimmt.

e) *An den Gegenstand*, an dem der Schüler operieren soll, kann man oft nur *stufenweise und auf solchen Stufen auch schrittweise* heranführen. Dies geht entweder über topologische Annäherung (vom Portal des Kölner Doms bis zu einer bestimmten Kreuzblume) oder über die hierachische Ordnung der Begriffe (z.B. "Im 2. Text, im 5. Abschnitt der 2. Satz"). Das ist vergleichbar mit dem Zoomen einer Kamera, bei dem der Ausschnitt immer kleiner wird, dagegen der Auflösungsgrad immer mehr wächst. Bleiben wir im Bild, dann hängt es vom Lehrer ab, welche Einstellung der Optik er wählt, weil er sie für die angestrebte Tätigkeit für geeignet hält. Es gibt verschiedene Annäherungen an den Gegenstand, mit dem sich die Schüler beschäftigen sollen, zwischen denen der Lehrer wählen kann: Er kann einen Gegenstand mitbringen oder zu ihm hinführen, er kann sich selbst ihm zuwenden oder auf die Wahl eines Gegenstandes durch den Schüler in einer bestimmten Umgebung warten: immer signalisiert er auf irgendeine Weise, für welchen Gegenstand oder zumindest für welche Umgebung, aus der Gegenstände gewählt werden können, er sich entschieden hat.

f) Er kann aber auch *über eine Abfolge von Gegenständen* informieren, indem er die *Perspektive verschiebt, verengt oder auch erweitert* (Betrachtung einer historischen Epoche unter verschiedenen Perspektiven oder eines Bauwerkes von verschiedenen Standorten aus). Das dient nicht mehr nur der Annäherung an den Gegenstand der Lerntätigkeit, sondern ergibt eine Dynamik der *Gegenstände für Teilaufgaben oder gar schon für unterschiedliche Aufgaben* innerhalb ein und desselben Gesamtgegenstandes.

Unterrichtspraktische Aspekte 271

Auf diese Weise kann man *einen komplexen Gegenstand* (eine Karte, ein Bild, eine Experimentalanordnung, eine größere Zahl von einzelnen Arbeitsresultaten) *durchlaufen,* weil der Gesamteindruck allein nicht genügt, die vielen Details aber nicht in eine "Füllung" des Arbeitsgedächtnisses hineingehen. Das ermöglicht die *zunehmende Analyse von Gegenständen hoher Komplexität,* weil immer kleinere Ausschnitte in Augenschein genommen werden können (z.B. von der ästhetisch allein befriedigenden Fernsicht auf ein Nolde-Gemälde bis zur Nahsicht des für die Maltechnik so wichtigen Pinselstrichs). - Bei jedem solchen Wechsel tritt aber wieder das Problem des identischen Bezugs (Referenten) der vom Lehrer gebrauchten und dem Schüler zu Gebote stehenden Begriffe auf. Wenn es nicht zu heillosen Mißverständnissen kommen soll, muß deshalb für alle klar sein, *daß ein Wechsel zu einem anderen Gegenstand stattgefunden hat und welches der neue Gegenstand ist.*

g) Eine *umfassende Klassifikation der Begriffe für die Gegenstandsinformation ist natürlich ausgeschlossen,* weil dann das gesamte Gegenstandswissen klassifiziert werden müßte. Je spezifischer die Begrifflichkeit für den jeweiligen Bereich ist, über die Lehrer wie Schüler verfügen, desto leichter und schneller ist die Verständigung über den jeweiligen Gegenstand einer Lernaufgabe. Das ist nicht der schwächste Grund dafür, daß im Unterricht die *unscharfen und oft schwankenden Alltagsbegriffe zunehmend von genau und einsinnig definierten wissenschaftlichen Begriffen* abgelöst werden sollten.

Wenn es auch keine allgemeine Klassifikation gibt, so kann jedoch im Unterricht eine *Stabilisierung von Orientierungsbegriffen im jeweiligen Fachgebiet* stattfinden. Häufig erforderliche Gegenstandsbegriffe, z.B. der Himmelsrichtungen beim Kartenlesen, der Abszisse und Ordinate oder der Daten und ihrer Erklärung, sollten nicht nur gebraucht, sondern möglichst *bewußt und genau definiert* werden. Das erleichtert dann im jeweiligen Arbeitsbereich die Verständigung außerordentlich. - In manchen Fällen eignen sich *Rückverweise auf frühere Situationen, Analogien (das ist so wie...) oder Andeutungen,* die sich auf unwesentliche, aber auffällige Merkmale beziehen (z.B. die Erinnerung an einen gelben Luftballon für das spezifische Gewicht eines Gases als Gegenstand) durchaus zur Vergegenwärtigung eines Gegenstandes. Sie sind aber meist unscharf und müssen auch verstanden werden.

h) Der Lehrer muß bei der Abfassung einer Lernaufgabe nicht nur entscheiden, welche Information er vermittelt, sondern auch, *welches Medium für die Mitteilung er wählt.* Die Selektion des Mediums ist für die Übernahme der Lernaufgabe durch Schüler genauso wichtig wie die Selektion der Information. Wenn nämlich der Schüler die für die Information verwendete "Bezeichnung" nicht kennt oder nicht weiß, wofür eine "Bezeichnung" steht, ist die Mitteilung funktionslos. Es kommt deshalb hier alles darauf an, daß es *zwischen Lehrer und Schüler eine möglichst sichere Konvention über den Sinn der Medien, die für eine Lernaufgabe verwendet werden,* gibt. Das gilt vor allem für den Wortschatz, aber auch für alle anderen Ausdrucksmittel. Für die Gegenstandsinformation und auch für jede andere Information der Lernaufgabe stehen ihm verschiedene Möglichkeiten zu Gebote: Tonfall, Gestik, Mimik, graphische Darstellung etc. (vgl. *Grzesik* 1976a, 49-55; 113-121).

Für die Wahl der Medien bei der Vermittlung der Gegenstandsinformation benötigt der Lehrer kein umfangreiches Wissen von Medien, im deutlichen Unterschied gegenüber dem Wissen über den Gegenstandsbereich. Wer den Mitteilungssinn genau vor Augen hat und zu lebendiger Kommunikation in der Lage ist, findet automatisch das passende Medium. Bei dem einen oder anderen aber ist das Repertoire der "natürlichen" Kommunikationsmittel dürftig. Oft wird es auch durch dogmatische Festlegungen eingeschränkt, z.B. durch das Dogma, die Frageform zu vermeiden, oder das gegenteilige Dogma, nur W-Fragen zu stellen. Nicht selten gibt es auch starke Vorbehalte gegen Körpersprache oder, im Gegensatz dazu, die Neigung, ständig mit Händen, Füßen, Grimassen, ausladenden Gesten und hektischem Herumlaufen zu agieren. Nicht nur in diesen Fällen, sondern selbst für den lebendigen und aus der Unterrichtserfahrung rasch lernenden Lehrer ist es aber trotzdem lohnend, sich einige Zusammenhänge beim Mediengebrauch für Lernaufgaben ausdrücklich bewußt zu machen.

Setzen wir beim einfachsten Fall an, *daß ein Gegenstand den Schülern selbst präsentiert wird*. Ob es der originäre Gegenstand ist oder eine Repräsentation, z.B. ein Bild oder ein Modell, spielt in unserem Zusammenhang keine Rolle. Für diesen Fall kommen nur Gegenstände in Frage, die *durch das Zusammenspiel von äußeren Sinnen und Körperbewegungen (sensomotorisch) wahrgenommen* werden können. Das gilt nicht nur für alle *Naturgegenstände*, wozu auch die Lebewesen einschließlich des Menschen gehören, und alle von Menschen hergestellten technischen Gegenstände, sondern auch für *alle Gegenstände mit symbolischer Funktion*, für die Literatur, die Bildende Kunst und die Musik. Es gilt aber nicht für alle Gegenstände, die nur dem inneren Blick zugänglich sind. Die *Gegenstandsinformation der Lernaufgabe besteht auch bei Gegenständen im Wahrnehmungsbereich der äußeren Sinne* keineswegs aus Informationen über diese Gegenstände selbst, wie wir schon oben festgestellt haben, sondern *nur aus hinweisender Information*. Für den Hinweis auf sinnlich gegebene Gegenstände der Aufmerksamkeit, die *deiktische Information*, können alle Medien, körperliche Aktivität (enaktiv), Bilder (ikonographisch) und Sprache (symbolisch) beitragen. Die Frage, wie hinweisende Information vermittelt werden kann, ist das erste Medienproblem der Lernaufgabe.

Der Hinweis auf einen präsenten Gegenstand kann *nonverbal durch Zeigen* geschehen: mit der Hand, einem Finger, einem Schraubenzieher, einem Stock, einem Lichtpfeil, durch Markieren oder Abdecken von Irrelevantem, durch einen Blick, eine Kopfbewegung, ein Hinstellen, ein demonstratives Vormachen u.a.m. Immer dient etwas als *Richtungshinweis für die Aufmerksamkeit*. Der Richtungssinn ist so elementar, daß er in jedem Medium sehr schnell verstanden wird, z.B. der Hinweis auf das Verhalten einer Person durch ein Augenzwinkern oder einen vielsagenden Blick. - Durch deiktische Mittel kann aber *nur ungefähr über den Umfang der Ausdehnung des gemeinten Gegenstandes und nur über seine sichtbare Oberfläche* informiert werden: Das Medium für den Hinweis darf sich ihm nämlich nur so weit nähern, daß es den Gegenstand nicht verdeckt, es sei denn, es ist selbst transparent. Je größer der Abstand ist, desto mehr streut der Richtungssinn. Was das Medium zeigen kann, hängt auch davon ab, wie grob oder fein es selbst ist (Zeigen auf einer Landkarte mit dem Finger). Außerdem kann durch deiktische Medien immer nur ein Ausschnitt aus dem gesamten Wahrnehmungsfeld im ganzen, d.h. unanalysiert, in den Blick gerückt werden. So ist es schon nicht mehr möglich, auf die Dicke einer Linie oder gar auf das Volumen eines Körpers, d.h. implizite Merkmale und nicht nebengeordnete Teile, nonverbal zu verweisen. Auch eine stufenweise Annäherung ist mit ihnen allein nicht möglich, weil dann die Abfolge der Hinweise sprachlich kommentiert werden muß. - Die Vermittlung deiktischer Information durch nonverbale Mittel ist demnach nur in engen Grenzen möglich. Trotzdem ist es für die Verständigung über den Gegenstand der Aufmerksamkeit sehr wichtig, daß *die nonverbalen deiktischen Medien gemäß ihrer Leistung für möglichst genaue und eindeutige Hinweise eingesetzt werden*. Sie können durchaus *allein*, d.h. stumm, verwendet werden. Das aber geschieht wegen ihrer begrenzten Kapazität selten (z.B. beim Notenlesen oder bei einer gemeinsamen handwerklichen Arbeit). Dagegen fungieren sie beim *begleitenden* Einsatz zu sprachlicher Information als zusätzliche analoge Informationsvermittlung (die Handbewegung erfolgt z.B. analog zum Richtungssinn). Diese doppelte und anschauliche Information erleichtert die Identifikation des Gegenstandes der Aufmerksamkeit beträchtlich. Man versuche z.B. einmal, nur mit verbalen Mitteln die Aufmerksamkeit eines anderen auf einer Karte oder auch beim Diavortrag an einen bestimmten Punkt zu führen, für den man keinen sprachlichen Spezialausdruck kennt!

Durch *verbale Mittel* kann dann auf *jeden Gegenstand* verwiesen werden, auf erinnerte und zukünftige, auf reale und ganz phantastische, auf grobe und feine, auf nebengeordnete und implizite, vor allem aber auch auf alle nur innerlich wahrzunehmenden. Das kann sehr umständlich geschehen oder sehr ökonomisch, je nachdem, welche sprachlichen Mittel zur Verfügung stehen. *Fachtermini erlauben stets die direkte Bezeichnung des gemeinten Gegenstandes* (Gesims, Tympanon, Membran der Synapse, Scheitelpunkt der Kurve, Prämisse, Vergleichsoperation). Sie müssen den Schülern aber bekannt sein. - *Synonyme Ausdrücke* (Hypotaxe-Satzgefüge; Kapitell-Säulenkopf; Haus-Gebäude-Behausung) haben eine besondere Problematik: Sie sind nur in ganz seltenen Fällen streng gleichbedeutend (Reziprozität), aber in sehr vielen Fällen für die Verständigung über einen Gegenstand hinreichend gleichbedeutend. Sofern diese pragmatische Übereinstimmung gegeben ist, spielen sie die *allergrößte Rolle für die Verständigung*, weil dann der unterschiedliche Wortschatz zwischen Lehrer und Schüler und auch zwischen Schüler und Schüler ins Spiel gebracht und zugleich erweitert werden kann. Der Lehrer müßte deshalb stets *die den Schülern bekannten synonymen Ausdrücke für seine Terminologie* kennen. Das gilt für alle Teilsprachen: Dialekte, Fremdsprachen, Sprache einer peer-group, etc. Es muß aber stets darauf geachtet werden, daß tatsächlich derselbe Gegenstandsbezug hergestellt wird und sich die Aussagen eines Schülers nicht plötzlich auf einen anderen Referenten beziehen. - Entsprechendes gilt für *redundante Formulierungen des Lehrers für ein und denselben Gegenstand*. Im Bemühen, sich verständlich zu machen oder sich nicht zu wiederholen, werden oft mehrere Ausdrücke für ein und denselben Gegenstand gebraucht. Es ist aber durchaus möglich, daß der Schüler mit den unterschiedlichen Ausdrücken auch unterschiedliche Begriffsinhalte verbindet. Deshalb müssen die Schüler darauf aufmerksam gemacht werden, daß sich nicht die Gegenstandsinformation, sondern nur der Ausdruck ändert.

Anderenfalls gibt es nicht unbedingt gleich Verwechslungen, aber sehr häufig Unschärfen und Unsicherheiten im genauen Gegenstandsbezug.

Für die Gegenstandsinformation wie für ihre mediale Vermittlung gilt in gleicher Weise, daß *sie in mehrere aufeinanderfolgende Mitteilungen aufgegliedert* werden können. Das ist insbesondere sinnvoll bei Annäherungen an sehr kleine Gegenstände oder an schwer zu unterscheidende Sachverhalte, z.B. bei einer impliziten Wertung einer bestimmten Textstelle. Auch bei Arbeitsaufträgen für längere selbständige Arbeiten (z.B. für Klausuren oder umfangreichere Hausarbeiten oder ein Projekt) können umfangreichere Informationen über den Gegenstand oder die Gegenstände, die bearbeitet werden sollen, erforderlich sein. Die Darstellung muß sich dann nach Kriterien für die Verständlichkeit von Texten richten (vgl. *Groeben* 1982). Hier kommt es vor allem darauf an, daß die Gegenstandsinformationen klar voneinander unterschieden und zueinander in Beziehung gesetzt werden. Am folgenden Beispiel aus den Materialien für die Leistungsbewertung in NRW zeigt sich deutlich, wie *stark die Schülertätigkeit über Gegenstandsinformationen gelenkt* werden kann, wie *unterschiedlich die Sachverhalte* sein können, auf die sich die Aufmerksamkeit richten soll und wie *unterschiedlich die Beziehungen sind, in denen sie zueinander stehen.*

"Arbeiten Sie heraus, mit welchen kompositorischen Mitteln Haydn versucht, den Anfang des Schöpfungsberichts sinnfällig vor Augen zu führen!
1. Stellen Sie die Auffälligkeiten in der musikalischen Faktur der Einleitungstakte heraus, und orientieren Sie sich dabei an den Normen klassischer Instrumentalmusik um 1800!
2. Leiten Sie aus Ihren Einzelergebnissen kompositorische Verfahrensweisen ab, die für diese Einleitung prägenden Charakter haben!
3. Setzen Sie Ihren *Befund* in Beziehung zum programmatischen Untertitel bzw. Schöpfungsbericht!" (*Die Schule in NRW*)

Unterrichtspraktische Aspekte

2. Nach welchen Kriterien kann die Gegenstandsinformation ausgewählt werden?

Die *Selektion einer bestimmten Gegenstandsinformation und auch eines bestimmten Mitteilungsmediums* ist nur möglich, wenn der Lehrer *Auswahlkriterien* einsetzt. *Die Abfassung einer Lernaufgabe ist nämlich keineswegs ein wertneutrales Mittel für die Erreichung eines Zieles, sondern bis zur geringfügigsten Information eine Wertentscheidung*, weil mit ihr allein oder im Verbund mit anderen Informationen darüber entschieden wird, ob eine bestimmte Aktivität des Schülers vollzogen werden soll oder nicht. Ja, jede vorgängige Wertentscheidung, z.B. in der jeweiligen veröffentlichten Meinung oder in Richtlinien, wird sogar *erst hier und allein durch den Lehrer für den Schüler Realität*. Mit der Gegenstandsinformation der Lernaufgabe wird die Entscheidung gefällt, was jeweils zum *Gegenstand des Unterrichts* werden soll. Geht es um die Entscheidung über alle Gegenstände eines bestimmten Unterrichts, z.B. der Grundschule, dann haben wir es mit der Entscheidung über den *Fächerkanon* zu tun. Geht es um die Entscheidung über die Abfolge der Gegenstände, dann handelt es sich um ein Problem des *Lehrplans, d.h. der Verteilung der Gegenstände auf die zur Verfügung stehende Unterrichtszeit, oder des Curriculums, d.h. der Abfolge der Gegenstände in größeren oder kleineren Einheiten des Unterrichts.* - Beide Probleme stehen hier nicht zur Debatte, sondern uns interessiert nur der *Entscheidungskalkül für die Gegenstandsinformation bei der Abfassung einer Lernaufgabe*, der im Normalfall eine Angelegenheit des einzelnen Lehrers ist. - *Die Form des Entscheidungskalküls wird für alle Informationen der Lernaufgabe dieselbe bleiben, nur die Entscheidungskriterien werden andere sein.*

Es kann nicht beliebig sein, worauf der Lehrer jeweils die Aufmerksamkeit seiner Schüler lenkt. Er muß *Gründe* dafür haben. Sie brauchen ihm *im Augenblick keineswegs im einzelnen bewußt* zu sein, sondern können längst zur Gewohnheit geworden sein, d.h. automatisch aktualisiert werden. *Ohne eine resultierende positive Bewertung* gibt es aber *keine Entscheidung*, und oft ist auch *der eine oder andere ausschlaggebende Grund bewußt*. Das Abwägen von Wertgewichten für die Entscheidung, der *Entscheidungskalkül*, wird nur bei schwierigeren Entscheidungen, z.B. über die nacheinander zu thematisierenden Aspekte eines Gegenstandes oder über die Aufgabenstellung für eine Klausurarbeit, voll bewußt. Dann kann der Entscheidungskalkül für die Auswahl von Gegenständen zum drückenden Problem für den Lehrer werden. Wie diese Prozesse tatsächlich ablaufen, wissen wir noch kaum. Es spricht aber viel dafür, daß die Zuschreibung eines bestimmten Wertes zu dem ins Auge gefaßten Gegenstand gleichzeitig mit seiner Identifikation verläuft: Er wird nicht nur als Bestandteil eines Wissenssystems identifiziert, sondern auch als Bestandteil eines Wertsystems. Beide Systeme scheinen simultan und sequentiell aktivierbar zu sein, so führen z.B. die ersten Identifikationen eines servierten Essens zugleich auch zu den ersten Wertzuschreibungen. Beides kann aber auch gesondert diskutiert werden (Was ist das? Wie gut wird es mir schmecken?). Wie die Wissenssysteme wären dann auch die Wertsysteme komplexe Gebilde aus verschiedenen Arten von Werten auf verschiedenen Ebenen der Abstraktionshierarchie. Wie diese wären sie gelernt und würden sie in jedem Fall angewendet. Der Entscheidungskalkül müßte dann aus dem *Verfahren* bestehen, *den je-*

weiligen Sachverhalt in ein solches Wertsystem einzuordnen. Für die Zuschreibung eines Wertgewichtes gibt es dann keinen sachlichen und logischen Begründungszusammenhang, sondern eine *Begründung des resultierenden Wertgewichtes durch die Wertgewichte, aus denen es sich zusammensetzt.* Es kommt deshalb bei der Entscheidung über den Wert eines einzelnen Sachverhaltes stets darauf an, *in welchen Zusammenhang von bewerteten anderen Sachverhalten er eingestellt wird.* Welche Wertzusammenhänge das jeweils sind, ist von Zeit zu Zeit und letztlich von Subjekt zu Subjekt und von Situation zu Situation verschieden. Stets aber werden *alle einzelnen Gewichtungen zu einem einzigen Grad des Wertgewichtes für die jeweilige Information verrechnet*, weil nur so für oder gegen seine Selektion entschieden werden kann.

Alle Bemühungen um absolute Kriterien für die Wahl von Lehrgegenständen, z.B. für einen ewigen Kanon des Klassischen, sind nicht nur an den großen historischen Veränderungen gescheitert, sondern sind immer schon von der Subjektivität der Wertentscheidung in jedem einzelnen Moment unterlaufen worden. Wegen der Vielzahl der Beziehungen, in die ein Sachverhalt eingestellt werden kann und außerdem der Vielzahl der Wertgewichte, die diesen Beziehungen gegeben werden können, kann es *keinen allgemeinen Satz von Kriterien für die Wahl eines Unterrichtsgegenstandes* geben. Es ist aber durchaus möglich, *unter dem Gesichtspunkt der Qualifikationsfunktion über systemgerechte Kriterien für die Gegenstandswahl im Unterricht zu diskutieren.* Wenn der Lehrer diesen Gesichtspunkt übernimmt, dann kann er die Wahl eines Unterrichtsgegenstandes damit begründen, daß er *in den Beziehungszusammenhang des jeweiligen Unterrichts hineinpaßt.* Er begründet dann seine Wahl damit, daß er *in die eine oder andere Beziehung gut oder zumindest besser als andere Gegenstände* hineinpaßt, z.B. in die *Vergleichsbeziehung* mit einem anderen Gegenstand, die wiederum in *Beziehung zu Äquivalenzen oder Differenzen* steht, die die Schüler kennenlernen sollen, oder in eine *Anschlußbeziehung* an eine gerade vollzogene Tätigkeit oder in die *Zugehörigkeitsbeziehung* zu einer Klasse von gegenwärtig besonders geschätzten Gegenständen (z.B. der sozialen oder ökologischen statt früher der christlichen oder ethischen) etc. Anders formuliert: *Feststellbare Beziehungen des geprüften Gegenstandes zu einem anderen Sachverhalt im gesamten Beziehungszusammenhang des Unterrichts, die vom Lehrer positiv bewertet werden, sind Gründe für seine Wahl.*

Ehe ich einzelne Kriterien für die Wahl von Gegenständen und Mitteilungsformen unterscheide, liste ich die *allgemeinen Eigenschaften dieser Selektionsentscheidung* auf:

1. *Allgemeine Eigenschaften der Selektionsentscheidung* über die Wahl von Gegenständen der Zuwendung und der Mitteilungsform über sie.
   - *Jede in einem bestimmten Grad als positiv gewichtete Beziehung des jeweiligen in Frage stehenden wählbaren Sachverhaltes zu einem anderen* trägt im Kalkül aller gewichteten Beziehungen zu seiner Wahl bei.
   - Es sind *alle Beziehungen* systemgerecht, die *für die Erfüllung der Qualifikationsfunktion zwischen dem Sachverhalt und anderen Sachverhalten im System des Unterrichts* auftreten, sobald er in dieses System eingestellt wird, d.h. durch die Selektionsentscheidung selbst zum System des Unterrichts gehört.
   - Die *vollständige Erfassung dieser Beziehungen* ist wegen der Komplexität des Systems *unmöglich*.

- Die *Gewichtung jeder Beziehung* erfolgt in der Praxis wahrscheinlich in der Regel *komparativ*, indem sie *als eher besser oder eher schlechter im Vergleich zu anderen Sachverhalten* bezeichnet wird.
- Die einzelnen Gewichtungen müßten systemgerecht *auf die vier Hauptdimensionen des systemischen Zusammenhangs* verteilt sein, d.h. auf das, *was generell gelernt werden kann, was bei einem bestimmten Entwicklungsstand gelernt werden kann, was für Tätigkeiten in anderen gesellschaftlichen Bereichen als der Schule gelernt werden soll und was in der Kommunikationsstruktur der Schüler gelernt werden kann*. In der Praxis wird es viele systemisch unvollständige Verteilungen geben und werden die einzelnen Gewichtungen nur additiv aneinandergereiht und nicht nach dem Ort der Beziehung im systemischen Zusammenhang geordnet.
- Die *Höhe des jeweiligen Wertgewichtes* hängt nicht nur vom relativen Unterschied gegenüber den alternativen Sachverhalten, sondern auch *von Präferenzgesichtspunkten für den Bereich im systemischen Zusammenhang, zu dem die Beziehung hergestellt wird*, ab, z.B. einer Präferenz dessen, was sein soll, oder dessen, was beim Entwicklungsstand sein kann.
- Am jeweiligen Kalkül ist immer nur eine *begrenzte Zahl von Wertgewichtungen im automatisierten oder bewußten Modus* beteiligt. Unter Zeitdruck kann *der gesamte Entscheidungsprozeß für einen bewußten Gesichtspunkt automatisiert* werden und damit eine einzige bewußte positive Gewichtung ausschlaggebend werden.
- Die *Ja- oder die Nein-Entscheidung für einen bestimmten Sachverhalt* ergibt sich aus der *Verrechnung der aktualisierten Gewichtungen.*

2. Für die Gegenstandswahl sind die folgenden Kriterien von besonderem Interesse:
- Der Gegenstand ist repräsentativ für einen bestimmten Realitätsbereich der Welt- oder des Selbst.
- Der Gegenstand ist geeignet als Gegenstand der Aufmerksamkeit für die Realisierung von angestrebten Zielen.
- Der Gegenstand ist dem Lehrer gut bekannt.
- Der Gegenstand ist dem Schüler bekannt, erlaubt die Wiederholung bereits vollzogener Operationen oder den Vollzug neuer Operationen.
- Der Gegenstand ist dem Schüler nicht bekannt, erlaubt aber den Vollzug bereits bekannter Operationen oder auch neuer Operationen.
- Der Gegenstand läßt sich an bereits bekannte oder unmittelbar vorausgehende Gegenstände gut anschließen.
- Der Gegenstand ist ein Teil des Gegenstandes der übergeordneten Aufgabe.
- Der Gegenstand ist für den Schüler nicht zu komplex und nicht zu abstrakt.
- Die Beschäftigung mit dem Gegenstand kann von den Schülern zu eigenen Zielen, Bedürfnissen, Interessen, Wertschätzungen etc., kurz: eigenen Präferenzen (Vorzugsgesichtspunkten), in Beziehung gesetzt werden.

3. Für die Wahl der *Mitteilungsform für die Gegenstandsinformation* sind die folgenden Gesichtspunkte wichtig:
- der für die leichteste oder die erschwerte Suche gewählte Umfang der Gegenstandsbegriffe,
- die Wahl einer Annäherung, an den Gegenstand aus dem Sachzusammenhang (topologisch), z.B. von einem Beispiel oder einem benachbarten Gegenstand, oder von allgemeineren Begriffen aus (hierarchisch),
- die Wahl von Begriffen, die den Schülern bekannt sind,
- möglichst genau und übereinstimmend definierte Begriffe,
- bewußter Wechsel von einem Gegenstand zu einem anderen und bewußter Wechsel innerhalb eines Gegenstandes (Zoomen, Durchmustern, geplante Folge),
- Stabilisierung von Orientierungsbegriffen in einem Fachgebiet,
- Mitteilungsform (synonyme Ausdrücke, mehrere Medien etc.),
- Wahl eines geeigneten nonverbalen Mediums und/oder eines oder mehrerer sprachlicher Ausdrücke,
- Verteilungsmöglichkeiten der Gesamtinformation auf mehrere Mitteilungen nacheinander oder zu verschiedenen Zeiten,
- alternative Formulierung zur Erleichterung des Verstehens.

(2) Welches Verfahren sollen die Schüler für die Bearbeitung eines Gegenstandes, der im Focus ihrer Aufmerksamkeit steht, wählen?

Der Lehrer scheint seinen Schülern dann die größte Freiheit zu geben, wenn er ihnen sagt: "Macht, was ihr wollt!". Aber selbst dann findet noch Unterricht statt, weil es doch der Lehrer ist, der zur freien Wahl einer Tätigkeit aufgefordert hat, und weil natürlich in der jeweiligen Schulsituation keineswegs alles zugelassen und möglich ist. Wie problematisch es für die Schüler ist, auf sich selbst verwiesen zu werden, besonders unter den Bedingungen in einem Klassenraum, weiß jeder Lehrer ("Müssen wir schon wieder machen, was wir wollen?"). - Es kann aber auch nicht die Aufgabe des Unterrichts sein, die Schüler nur das tun zu lassen, was sie selbst möchten, denn die Aufgabe des Lehrers besteht gerade darin, die Schüler das tun zu lassen, was die Menschheit bis jetzt an unterschiedlichen Möglichkeiten der Aktivität entdeckt hat, und nicht nur, was die Schüler jeweils von sich aus tun möchten. Es geht darum, sie zu Tätigkeiten zu bewegen, die für sie neu sind, nicht aber, sie tun zu lassen, was sie von sich aus schon können. - Lernaufgaben müssen deshalb auch darüber informieren, *was man mit einem Gegenstand tun, d.h. wie man ihn bearbeiten oder mit ihm verfahren kann*. Wenn der Lehrer Schüler darüber informieren will, braucht er *Verfahrenswissen* (prozedurales Wissen). Es besteht aus mehr oder weniger genauem *Wissen von den geistigen Operationen*, die man vollziehen muß, z.B. wenn man sich einen Weg merken will oder eine Liste von Gegenständen behalten muß oder ein physikalisches Experiment durchführt.

Verfahrenswissen gehört natürlich *zum Expertenwissen* im Bereich eines Faches. Daß ein Lehrer in seinem Fach über Verfahrenswissen verfügt, ist aber keineswegs mehr so selbstverständlich wie der Besitz von Gegenstandswissen. Die wichtigsten Gründe dafür scheinen mir zu sein, daß Verfahren zu einem großen Teil imitativ übernommene

Unterrichtspraktische Aspekte

Konventionen des jeweiligen Tätigkeitsbereiches sind, daß sie weitgehend automatisch vollzogen werden und genaueres Verfahrenswissen anstrengende Reflexion voraussetzt. Das gilt besonders für den *Übergang von ganz allgemeinem Verfahrenswissen*, z.B. vom Begründen, Beweisen, Erklären, Gliedern oder Messen, *zu differenziertem Verfahrenswissen*, wie es der Forscher im jeweiligen Fachbereich benötigt, und erst recht zu einer *Analyse der geistigen Operationen, aus denen diese Verfahren bestehen.* Das führt oft dazu, daß der Experte seinen Umgang mit den Gegenständen seines Fachgebietes für so selbstverständlich hält, daß er sich nur schwer vorstellen kann, daß jemand nicht weiß, was er tun soll, wenn er ihm z.B. sagt, er solle den Strom *messen*, das Gedicht *interpretieren*, einen Bruch *kürzen*, ein Ergebnis *prognostizieren* etc. Schüler wissen das aber nicht, ehe sie es gelernt haben. Sie lernen auch hier viel durch Versuch und Irrtum, weil Kinder sich nicht nur an wiederholte Aktivitäten gewöhnen, sondern auch schon überraschend früh auf ihr eigenes Vorgehen reflektieren und so metakognitives Wissen gewinnen (*Flavell* 1979; *Weinert/Kluwe* 1984). Wenn der Lehrer ihnen aber helfen will, ihr Vorgehen zu verbessern, dann muß er ihnen *möglichst genau mitteilen* können, was sie jeweils tun können, um ein bestimmtes Ergebnis zu erzielen. Jetzt geht es um *Information für die Suche nach der passenden Aktivität für die Bearbeitung eines Gegenstandes.* Für die Auswahl dieser Information braucht der Lehrer ein möglichst *differenziertes und wohlgeordnetes Wissen von Verfahrensmöglichkeiten in seinem Fachbereich.*

Auch das Verfahrenswissen im jeweiligen Fach oder für die Bearbeitung von Welt- und Selbstwissen aller Art ist unüberschaubar groß. Trotzdem ist sein Umfang prinzipiell beträchtlich geringer als das Welt- und Selbstwissen, weil *jedes Verfahren auf eine unbegrenzt große Zahl von ähnlichen Gegenständen oder Situationen angewendet* werden kann und weil es immer *nur um unterschiedliche Aktivitäten des Menschen* geht. Es gibt deshalb auch Versuche zu seiner Klassifikation. Naheliegend ist der Gedanke, *Grundoperationen* zu unterscheiden, aus denen sich alle komplexen Operationen zusammensetzen müßten, z.B. aus den Operationen "unterscheiden" (Analyse) und "verbinden" (Synthese). Es gibt auch *umfangreiche Theorien über wissenschaftliche Verfahren*, z.B. das Verstehen in den Geisteswissenschaften, das Erklären in den Naturwissenschaften, Beweisverfahren in der Mathematik, Begründungsverfahren für ethische oder politische Entscheidungen, die Möglichkeiten des wissenschaftlichen Experiments u.a.m. Die Darstellung solcher Versuche muß hier von vornherein ausgeschlossen werden. Es ist aber auch problematisch, wieweit sie für den Unterricht relevant sind. Daraus ergibt sich zwingend, daß die Behandlung des Verfahrenswissens auf die Erfordernisse der Lernaufgabe zugeschnitten werden muß.

1. Was ist kennzeichnend für die Verfahrensinformation?

Beginnen wir mit einigen Beispielen für die Verfahrensinformation in Lernaufgaben:

"Kann das jemand noch einmal *mit eigenen Worten sagen*?"
"*Stellt* den Prozeß der Bodenversalzung *mit Hilfe des Arbeitsblattes dar*!"
"Worin *unterscheiden* sich Pflanzenzellen von tierischen Zellen?"
"Wenn Ihnen noch *ein Beispiel* einer ökologischen oder einer sozialen Prägung bei Tieren *einfällt, geben* Sie es bitte *an*!"

In diesen Beispielen soll ein Sachverhalt, der im Zentrum der Aufmerksamkeit steht, *in eigene Worte gefaßt, mit Hilfe eines Arbeitsblattes dargestellt, unterschieden oder durch ein erinnertes Beispiel belegt werden*. Wie es für den Normalfall der Lernaufgabe zu erwarten ist, tritt die Verfahrensinformation zu einer Gegenstandsinformation hinzu. Die Verfahrensinformation ist klar als die *Beschreibung eines Vorgehens* erkennbar, ganz unabhängig von der sprachlichen Form. Ihr Verhältnis zu den sprachlichen Formen der "Prädikatsgruppe", dem Satzteil "Prädikat" oder der Wortart "Verb", ist natürlich interessant, aber für die Praxis der Aufgabenstellung von geringer Bedeutung. Dagegen ist es wichtig, daß die Beschreibung sich auf *unterschiedliche Komponenten des Vorgehens* bezieht, in diesen Beispielen auf ein *Medium*, ein *Arbeitsmittel*, einen *erinnerten Fall* und in jedem Beispiel mindestens auf eine *Operation* (sagen, darstellen, unterscheiden, einfallen, d.h. aktualisieren, und angeben, d.h. mitteilen). Im folgenden Beispiel wird deutlich (durch *Kursivdruck* hervorgehoben), daß zu einer solchen Beschreibung auch *Begriffe* gehören können, *durch die Sachverhalte als Fälle einer Klasse identifiziert, d.h. kategorisiert, werden sollen*.

"Material: Auszug aus 'Jahresbericht der deutschen Bundesbank', Mai 1984, S.35
Aufgabenstellung:
1. Erklären Sie ausführlich die Instrumente, die die Bundesbank 1983 eingesetzt hat.
2. Verdeutlichen Sie, *warum* (Kategorie des Grundes - J.G.) die Bundesbank diese Geldpolitik betrieben hat. Dabei ist zu klären, welche *Rolle* (Einflüsse - J.G.) Devisenzu- und -abflüsse für die Bankenliquidität spielen.
3. Erörtern Sie, ob die Bundesbank im gegebenen Zeitraum eine *antizyklische Geldpolitik* oder *am Produktionspotential orientierte Geldmengenpolitik* (Begriffe, die auf den Fall angewendet werden sollen - J.G.) betrieben hat." (*Die Schule in NRW*)

Ich habe in einer früheren Untersuchung statt von "Verfahrensinformation" von "Methodenkategorie" gesprochen (*Grzesik* 1976a, 41). Beide Ausdrücke beziehen sich auf denselben Sachverhalt, setzen aber den Akzent auf unterschiedliche Aspekte. - Statt die Verfahrensinformation als *Beschreibung unterschiedlicher Komponenten des gesamten Vorgehens* aufzufassen, habe ich damals nur zwischen zwei Arten von Methodeninformation unterschieden: nämlich einem Begriff, der zur Identifikation eingesetzt werden soll, der Sachkategorie, und einem Begriff für eine Operation, der Verfahrenskategorie. Schon damals habe ich gesehen, daß der Sachbegriff zur Verfahrensinformation und nicht zur Gegenstandsinformation gehört, weil er mühelos in eine Verfahrenskategorie umgewandelt werden kann.

Unterrichtspraktische Aspekte 281

> "Nun kann diese Information über die Behandlungsart (die Methodenkategorie - J.G.) in zwei unterschiedlichen Formen auftreten: sie kann entweder die Form eines Sachgesichtspunktes (einer Sachkategorie) besitzen, unter dem der Lernende sich mit dem Gegenstand beschäftigen kann, oder die Form einer Verfahrenskategorie. Suchen wir uns diesen Unterschied an einigen Beispielen zu verdeutlichen:
> (...) '*Wie groß* ist das Volumen dieses Zylinders?' '*Meßt* das Volumen dieses Zylinders!' - 'Was *ist* eine Alternative?' '*Erklärt* das Wort 'Alternative'!' - '*Aus welchen Abschnitten besteht* der Text?' 'Gliedert den Text!'" (*Grzesik 1976a, 41*)

Vom Standpunkt der Kognitionspsychologie kann man heute den Zusammenhang genauer beschreiben, indem man den "Sachgesichtspunkt" als *eine Position in der hierarchischen Ordnung von Wissensnetzen* bezeichnet, *von der aus die Schüler untergeordnete Sachverhalte identifizieren können.*

Diese beiden *Formen ein und derselben Information über eine Aktivität,* die häufig als deklarativ und als prozessual bezeichnet werden (in den eben angeführten Beispielen: "Größe" oder "messen", "Bestimmung" oder "erklären", "Abschnitte" oder "gliedern") treten in der Unterrichtspraxis am häufigsten auf. Sie können *allein oder auch zusammen* verwendet werden.

> "Außer der Alternative 'Sach- oder Verfahrenskategorie' gibt es noch die dritte Möglichkeit, daß man für die Information über die Methode gleichzeitig Sachkategorien und Kategorien für die Verfahrensart verwendet. Ein Beispiel hierfür könnte lauten: 'Wir wollen die Frage *erörtern* (Verfahrenskategorie), ob Arbeit eine *Fron* ist oder der *Selbstverwirklichung* (Wertkategorien, die auf einen Fall angewendet werden sollen) dient. Die bei der *mündlichen Diskussion* (Verfahrenskategorie) aufgetretenen Argumente sucht anschließend jeder *schriftlich in einen Zusammenhang zu bringen* (Verfahrenskategorie)." (Grzesik 1976a, 43)

Die Verfahrensinformation kann aber viel umfangreicher und differenzierter sein als in den bisherigen Beispielen, weil *alle Komponenten des psychischen Systems, die an einer Aktivität beteiligt sind,* in die Beschreibung aufgenommen werden können, und das *für den gesamten Verlauf des Prozesses der Aufgabenlösung.* Damit öffnet sich ein viel *größerer Raum für die Beschreibung des Vorgehens, als er bis jetzt in der Regel genutzt worden ist.* Wieweit es ökonomisch ist, genauer über Arbeitsmittel, Arbeitsschritte, Planungsaktivitäten, Kontrollprozeduren etc. zu informieren, werde ich gleich abwägen, wird sich aber letztlich erst in der Praxis entscheiden.

a) Im Extremfall kann eine Lernaufgabe *aus nichts anderem als einer Verfahrensinformation* bestehen: "Spielt!", "Lest!", "Analysiert!", "Logarithmiert!", "Trainiert!", "Diskutiert!", "Hydriert!" etc. In genauer Entsprechung zur puren Gegenstandsinformation bleibt es dann grundsätzlich dem Schüler überlassen, auf welchen Gegenstand er das Verfahren anwendet. Und doch ist die Sachlage in diesem Fall eine andere: Selbst dann, wenn es dem Lehrer gleichgültig ist, was z.B. gelesen werden soll, muß er dafür sorgen, daß Lesbares in der Nähe ist, damit eine Lerntätigkeit zustandekommen kann. Mit einem vorgegebenen Gegenstand dagegen kann der Schüler fast immer irgendetwas tun. Deshalb eröffnet sich ein großes Spektrum von Aktivitäten, nicht nur bei komplexen und attraktiven Gegenständen, sondern auch schon beim Fangen eines Balles, wenn man die Aufmerksamkeit allein durch Gegenstandsinformationen steuert. *Informiert man aber über eine bestimmte Aktivität, dann ist schon die Wahl des Gegenstandes und der Zugang zu ihm problematisch und hängt es ganz von der Komplexität der angegebenen Tätigkeit ab, was die Schüler tun können* (z.B. "lest vor!" gegenüber "denkt euch etwas aus!"). So ist es doch etwas sehr Verschiedenes, ob man die Schüler für einen vorgegebenen Gegenstand eine Aktivität suchen läßt oder einen Gegenstand für eine vorgegebene Aktivität.

b) Für die tagtägliche Unterrichtspraxis ist aber das *Zusammenspiel von Gegenstandsinformation und Verfahrensinformation* von Bedeutung. - Hier gibt es die wichtige Möglichkeit, daß die *Verständigung über einen Gegenstand stillschweigend vorausgesetzt* werden kann: Immer dann, *wenn ein Gegenstand konstant gehalten wird* und nur über das informiert wird, was man mit ihm tun soll, ist dies der Fall. Das gilt z.B. für die Steuerung der Aktivität des Kleinkindes, weil es für die Zuwendung seiner Aufmerksamkeit nur wenige geeignete Dinge in der Umgebung und noch kaum geistig gegenwärtige Gegenstände gibt, über die man steuern könnte. Es gilt aber auch für jede systematische Analyse ein und desselben Gegenstandes, eines Textes ebenso wie eines chemischen Stoffes. Nur fällt dann Eltern oder Lehrern manchmal nichts mehr ein, was das Kind bzw. der Schüler mit einem solchen Gegenstand noch tun könnte. Auch die partnerschaftliche Arbeit von Lehrer und Schülern, z.B. an ein und demselben Werkstück, gehört in diese Rubrik der Verständigung über Aktivitäten bei stillschweigendem Einverständnis über den Gegenstand. - Es gibt aber auch die wichtige Möglichkeit, das *Verfahren konstant* zu halten, und die Gegenstände zu wechseln. Das ist die Chance für selbständige oder auch angeleitete Übertragungen eines Verfahrens (vgl. Grzesik 1976a, 184-194). - *Der geordnete Wechsel zwischen beiden Möglichkeiten* scheint *eine Grundform des Unterrichtsprozesses* zu sein.

c) *Für alle Arten der Verfahrensinformation gilt in einigen Hinsichten dasselbe wie für die Gegenstandsinformation.* - So sind auch sie *begriffliche Information*. Deshalb kann *jedes Verfahren* begrifflich gefaßt werden, gibt es dafür Begriffe von unterschiedlichem *Umfang*, müssen für die Identifikation des Verfahrens durch den Schüler *wichtige Aspekte möglichst spezifisch gefaßt* werden und sollte die begriffliche Information *prägnant*, d.h. bestimmungsreich, knapp (nicht überbestimmt), richtig und triftig sein. - Auch hier ist die Verständigung abhängig von den Kenntnissen an Verfahrensbegriffen sowohl des Lehrers als auch der Schüler. - Auch die Medien für die Vermittlung der Verfahrensinformation sind dieselben. Es gibt jedoch einen wichtigen Unterschied: *An die Stelle des Zeigens tritt das Vormachen.* Auf diesen und andere *Unterschiede gegenüber der Gegenstandsinformation* gehe ich jetzt ein.

d) *Die grundlegende Differenz ist natürlich die Art der Information*: Statt über Gegenstände, auf die sich die Aufmerksamkeit richten soll, wird jetzt darüber informiert, *wie mit ihnen verfahren werden soll*. Die begriffliche Information erlaubt die *Beschreibung jedes beliebigen Verfahrens, d.h. jeder einzelnen Aktivität und auch jeder noch so komplexen Art des Vorgehens*. Was ich in einer früheren Untersuchung über den Inhalt der Verfahrensbegriffe (ihre Qualität) gesagt habe, gilt für die *gesamte Beschreibung von Verfahren in Lernaufgaben*.

"Als Verfahrenskategorien lassen sich alle Begriffe für menschliche Tätigkeiten verwenden, von den elementarsten bis zu den kompliziertesten. So können z.B. als Verfahrenskategorie auftreten:
Lesen, schreiben, messen, analysieren, berichten, wiedergeben, nennen, verstehen, ausdenken, argumentieren, entscheiden, begründen, potenzieren, übersetzen, beurteilen, bewerten, abschätzen, kritisieren, indirekt beweisen, erörtern, vergleichen, zeichnen, schwimmen, abstrahieren, interpretieren ...
Es handelt sich um die Fülle aller Tätigkeiten, die vom Menschen vollzogen werden können. Verschiedene Tätigkeiten können zu spezifischen Verfahren kombiniert werden. Da jederzeit neue Tätigkeiten auftreten können, wie z.B. eine neue Sportdisziplin, neue Arbeitstechniken, neue wissenschaftliche Methoden, gibt es auch für diese Variable keine absoluten Grenzen." (*Grzesik* 1976a, 43)

e) *Aus der topologischen und hierarchischen Ordnung des Verfahrenswissens ergeben sich wichtige Besonderheiten für die Suche eines konkreten Verfahrens. Der Schüler muß mit jedem Begriff, der für die Beschreibung eines Verfahrens verwendet wird, eine konkrete eigene Aktivität identifizieren können. Das gilt völlig unabhängig davon, wie allgemein der Begriff ist*. Dies muß ihm gelingen: bei einer sehr allgemeinen Information, wie: "*Äußere dich zu diesem Satz!*", bei einer viel genaueren Information, wie: "*Ist dieser Satz wahr?*", bei einer andersartigen Information auf demselben Niveau, wie: "*Ist dieser Satz grammatisch richtig?*" oder bei einer sehr stark spezifizierten Information, wie: "*Überprüfe die in diesem Satz aufgestellte Behauptung (z.B. "Dieser Text ist eine Satire." oder "Das ist Schwefelsäure") mit den dir bekannten Methoden!" Für die Verfahrensinformation gibt es nur den radikalen Durchgriff von der vermittelten Information noch so hoher Abstraktionsstufen auf einen konkreten eigenen Vollzug*, nicht aber die Möglichkeit der Gegenstandsinformation, nur zu einer vorläufigen und vagen Vorstellung des Gegenstandes zu führen. Der Schüler kann so auf eine sehr allgemeine Information unterschiedlich reagieren: durch Hilflosigkeit, durch mehr oder weniger blinden Vollzug von Aktivitäten oder durch die Anforderung von genauerer Information.

Die hierarchische Annäherung an ein bestimmtes Verfahren kann durch die Spezifizierung sehr allgemeiner Verfahrensbegriffe geschehen ("aus einem Text etwas herausfinden" spezifiziert zu: "Aus einem im Text dargestellten Sachverhalt auf Prämissen für ihn schließen"). Die Beschreibung der vom Schüler erwarteten Aktivität muß dann so lange genauer werden, bis der Schüler diese Aktivität finden und vollziehen kann. Allerdings kann bei einer solchen Annäherung das Dilemma auftreten, daß einerseits für das Gelingen der Verständigung über eine Aktivität eine weitere Spezifizierung notwendig wäre, daß andererseits aber dem Lehrer oder den Schülern die Begriffe dafür fehlen. Eine Blockade des Schülers kann dann dadurch vermieden werden, daß man ihn ermuntert, das zu tun, was er für passend hält, und der Vollzug dann zum Ausgangspunkt für eine Modifikation der Tätigkeit oder für eine genauere Verständigung wird.

Zu der hierarchischen Annäherung kommen zwei Formen der topologischen Annäherung: Stehen Aktivitäten in einer *sequentiellen Ordnung*, dann kann man sich besonders *bei Automatismen von vorausgehenden Aktivitäten* annähern (z.B. vom Anfang eines Liedtextes ausgehen, um eine bestimmte Stelle zu aktivieren). *In bewußter Reflexion* kann man sich aber auch *von einem Resultat aus an eine Tätigkeit herantasten, die für das Resultat erforderlich war*. Das ist von jedem Produkt einer Tätigkeit aus möglich, von einer Rolle am Reck aus ebenso wie vom Resultat einer Mathematikaufgabe oder einem fertigen Werkstück. Beide Möglichkeiten können für die Verfahrensinformation genutzt werden, indem der Lehrer auffordert, *den Anfang eines Automatismus aufzusuchen* bzw. ihn selbst vorgibt, oder indem er nach *Tätigkeiten* fragt, *die einem bestimmten Resultat vorausgehen*. - Jede Tätigkeit steht aber auch in einem *Feld von Tätigkeiten*, z.B. von Gartentätigkeiten oder von grammatischen Tätigkeiten. Es kann deshalb für die Suche schon weiterhelfen, wenn *ein Tätigkeitsfeld durch seine Nennung allgemein aktiviert* wird. Für eine genauere Lenkung muß man dann aber das Tätigkeitsfeld einschränken, z.B. auf den Rosenschnitt im Frühjahr. Die einzelnen Tätigkeiten eines solchen Feldes sind keineswegs durchgehend sequentiell geordnet, sondern ihre Reihenfolge kann sogar in einem bestimmten Zeitraum beliebig sein. Für jeden Sachbereich gibt es *Bündel* von Tätigkeiten, die man beliebig aneinander anschließen kann. Der Lehrer kann deshalb auch den Weg einschlagen, sich *über Sachzusammenhänge bis zu der gesuchten Tätigkeit durchzufragen*. - Diese Möglichkeiten der Aktivierung von Tätigkeiten zeigen, *wie wichtig die von Lehrer und Schülern gelernten hierarchischen und topologischen Ordnungen von Tätigkeiten für Verständigungen zwischen ihnen sind*.

f) *Von besonderer Bedeutung für die Tätigkeitssteuerung ist die Differenz zwischen bewußter Aktivität und untergeordneter unbewußter automatisierter Aktivität*. Beide Ordnungen, die hierarchische und die topologische, spielen hier Hand in Hand, weil durch die bewußte Wahl einer Tätigkeit, z.B. "Strümpfe anziehen", eine Vielzahl sequentiell und simultan geordneter automatisierter Aktivitäten aktualisiert wird. - Die Grenze zwischen bewußten und unbewußten Prozessen kann auf der hierarchischen Dimension verschoben werden. Sobald Tätigkeiten automatisiert sind, zieht sich die bewußte Regelung auf eine höhere Ebene zurück, was jeder z.B. vom Autofahren kennt. Im Störungsfall aber muß eine automatisierte Tätigkeit wieder bewußt vollzogen werden. Je versierter jemand in einem Tätigkeitsbereich ist, desto tiefer sind die unbewußten automatisierten Prozesse unter einer bewußten Regelung gestaffelt. Aber auch dann bleibt es ein ständiges Problem, auf welchem Niveau die bewußte Regulierung stattfindet, weil die Genauigkeit und Zuverlässigkeit der Regulierung automatisierter Prozesse abnimmt, je höher das Niveau ist, auf dem die bewußte Steuerung stattfindet. So können Automatismen sogar blind weiterlaufen, wenn man z.B. beim Autofahren ein Ziel anpeilt, das für die Steuerung zu weit entfernt ist.

Unterrichtspraktische Aspekte 285

Für die Verfahrensinformation der Lernaufgabe ergibt sich hieraus eine Reihe von Konsequenzen:
- Nur für die bewußte Regulierung *kann Verfahrensinformation vermittelt werden.*
- *Die bewußte Regulierung muß* in der Hierarchie so "tief hinuntergehen", daß sichere Automatismen zur Verfügung stehen *(z.B. nicht durch die Information "Anfahren" regulieren und auch noch nicht mit der Information "Ersten Gang einlegen", sondern erst mit der Information: "Kupplung treten, die getretene Kupplung festhalten, Schaltknüppel gerade nach vorne legen, Kupplung langsam kommen lassen", wenn diese Tätigkeit neu ist)*
- *Die bewußte Regulierung kann erst dann auf höhere "Stufen" verlagert werden, wenn die jeweils untergeordneten Aktivitäten soweit automatisiert sind, daß sie von dort aus sicher kontrolliert werden können. Für zuverlässige Aktivitäten muß deshalb die* Verfahrensinformation *zunächst relativ spezifisch sein und kann sie allmählich unspezifischer werden ("Fahr los!"), während man bei der Gegenstandsinformation für erste Annäherungen und selbständiges Suchen genau umgekehrt vorgehen kann.*
- Bei Störungen *des automatischen Ablaufs (z.B. bei einer Fehlschaltung) muß sofort auf eine tiefere Ebene gewechselt werden, von der aus wieder sichere Automatismen zur Verfügung stehen (statt der Orientierung für das Schalten an der Verkehrssituation Konzentration auf sorgfältige Steuerung des Einlegens des passenden Ganges).*
- *Falls es keine Folgen hat, wenn eine Tätigkeit zunächst ungenau vollzogen wird oder wenn sie noch nicht genauer vollzogen werden kann, dann kann man auch umgekehrt verfahren und* von allgemeineren Verfahrensinformationen zu spezifischeren übergehen.
- Im jeweiligen Tätigkeitsbereich muß der Schüler auch darüber informiert werden, daß es möglich ist, *das Niveau der bewußten Kontrolle flexibel je nach Bedarf selbst zu bestimmen.*

g) Jetzt komme ich auf die eben angedeutete *Besonderheit für die Medienwahl* zurück. Will man die Aufmerksamkeit auf einen Gegenstand lenken, dann kann man auf ihn zeigen. Will man Schüler *nonverbal über eine Aktivität informieren*, dann kann man sie vormachen. *Auf diese Weise kann nur über solche Tätigkeiten informiert werden, die entweder selbst primär eine äußere Handlung sind oder bis zu einem gewissen Grade in einer äußeren Handlung dargestellt werden können.* Im ersten Fall geht es um eine sensomotorische Aktivität selbst, z.B. eine gymnastische Bewegung, eine Handtätigkeit, eine Arbeit mit dem ganzen Körper, wie z.B. das Umgraben. Zum zweiten Fall gehören Tätigkeiten, wie die schauspielerische Darstellung, die Pantomime und die Geste, aber auch der Vortrag. Was sie alles darzustellen vermögen, kann hier nicht entfaltet werden. Ihre Grenze liegt aber an der folgenden Stelle: Sie können *Gesamtzusammenhänge darstellen*, z.B. einen Handlungsablauf, eine Argumentation oder eine Kontur. Sie sind aber nicht in der Lage, die Schüler über einzelne Aktivitäten in einem solchen Zusammenhang zu informieren. Das kann nur die Sprache. Natürlich können auch nonverbale Medien mit einem speziellen konventionellen Sinn verbunden werden, wie es z.B. beim Dirigieren geschieht. Ihr Repertoire ist aber durch die geringe Zahl an klar unterscheidbaren nonverbalen Ausdrucksmitteln eng begrenzt. Der Lehrer wird deshalb *die nonver-*

balen Medien in der Regel nur ergänzend zur Sprache einsetzen können, weil er nicht nur möglichst differenzierte Verfahrensinformation vermitteln muß, sondern vor allem auch über Verfahren informieren muß, die für den Lernenden noch neu sind.

Obwohl es gänzlich unmöglich ist, alle Begriffe für Verfahrensinformation aufzulisten, braucht der Lehrer doch möglichst genaue Information darüber, *zwischen welchen Verfahren er wählen kann*. Statt eine allgemeine Klassifikation solcher Verfahren zu bieten, versuche ich *drei Klassifikationen* aufzustellen, die *bei der jeweiligen Wahl von Verfahrensinformation unterschiedliche Dienste* leisten können. Es sind dies 1. *eine Klassifikation von universalen Grundoperationen* (im Anschluß an **Teil III, Kap. 2, Abschnitt 1.**), 2. *eine Klassifikation von Handlungsoperationen, d.h. Teiltätigkeiten der Handlung* (**ebd., Abschnitt 2.3**) und 3. *eine Reihe von exemplarischen Beispielen für komplexe Verfahrensinformation im Unterricht* (**ebd., Abschnitt 2**). Das sind drei verschiedene Zugänge zu der "Welt" der Verfahren, die von den einfachsten Verfahren bis zu den kompliziertesten, von den allüberall anwendbaren bis zu den speziellsten reicht. Sie orientieren sich an der Konzeption der menschlichen Informationsverarbeitung. Sie stellen weder den Anspruch, streng nach einer Theorie der Grundoperationen, der Handlungsoperationen und der komplexen Operationen aufgestellt zu sein, noch den Anspruch auf Vollständigkeit. Statt dessen sollen sie nur dazu dienen, *Lehrer auf Wissensbestände für die Entscheidung über die Verfahrensinformation hinzuweisen*.

2. Welche Grundoperationen können unterschieden werden?

Drei Versuche, *elementare kognitive Prozesse* zu unterscheiden, von *Selz, Lompscher* und *Jüngst* erleichtern mir die Erläuterung meines eigenen Klassifikationsversuchs beträchtlich (vgl. **Teil III, Kap. 2, Abschnitt 1**).

Selz hat schon 1913 angenommen, daß Denkprozesse aus spezifischen "intellektuellen Operationen" (**M2, 3**) bestehen und damit als erster die Auffassung durchbrochen, daß die Verbindung zwischen sensorischem Reiz und motorischer Reaktion selbst wiederum nur aus assoziativen physischen Reiz-Reaktionsverbindungen bestehe (**Teil II, Kap. 1, Abschnitt 1**). In seiner Schrift "Die Gesetze der produktiven und reproduktiven Geistestätigkeit" von 1924 beschreibt er die Aufgabenlösung als eine *Gesamtoperation, die aus Teiloperationen bestehe*. Er ersetzt damit die bis dahin angenommenen assoziativen Verknüpfungsformen durch *unterschiedliche geistige Aktivitäten*. Der Anschluß einer Operation an das Resultat einer anderen wird von ihm nur noch insofern als reaktive Verbindung angesehen, als das *Resultat einer Operation nach seiner Position in der Gesamtoperation bestimmte Anschlüsse anderer Operationen* erlaubt. Er behauptet die Verknüpfung sowohl von intellektuellen als auch von motorischen Operationen miteinander, z.B. eines antizipativen Zielschemas mit ausführenden Operationen für die Zielerreichung. Die *Ganzheit der Aufgabenlösung* bildet das Ordnungsgefüge, in dem die einzelne geistige Leistung ihren Platz hat.

"Erteilen wir einer Versuchsperson eine Aufgabe, so bildet die Determination (Willensbestimmung) zur Lösung der Aufgabe den Reiz, durch welchen eine Reihe spezifischer Reaktionen ausgelöst werden. Wir bezeichnen die spezifischen Reaktionen, welche allein oder mit anderen zusammen zur Lösung einer Aufgabe dienen, als *Operationen*, und zwar werden je nach Art der Aufgabe intellektuelle oder motorische Operationen (Bewegungen) oder Operationen beider Art stattfinden. Hierbei wird das Gelingen einer Teiloperation vielfach den auslösenden Reiz für eine weitere Teiloperation bilden (kumulative Zuordnung), z.B. beim Dividieren vielstelliger Zahlen. Oder das *Mißlingen* einer Operation wird als Reiz für die Auslösung einer Ersatzoperation wirken (subsidiäre Zuordnung), insbesondere im probierenden Verhalten. Jeder einzelnen Teiloperation ist also durch einen spezifischen auslösenden Reiz genau ihre Stelle innerhalb der Gesamtoperation bestimmt, so daß eine strenge Ordnung des ganzen Ablaufs gesichert ist. Wir bezeichnen die einzelnen Operationen im Hinblick auf ihre Funktion für die Erfüllung der Aufgabe auch als *Lösungsmethoden*. Lösungsmethoden im engeren Sinne (einsichtige Lösungsmethoden) liegen vor, soweit die Anwendung einer Operation von dem Bewußtsein geleitet ist, daß sie als Mittel der Aufgabenlösung dienen soll. Die wissenschaftlichen Methoden sind besonders vollkommene Spezialfälle einsichtiger Lösungsmethoden. Jede Verwirklichung einer Zielsetzung bis zur Erreichung des Ziels oder zum Aufgeben der Lösung stellt sich sohin als eine Kette teils kumulativ, teils subsidiär einander zugeordneter Lösungsmethoden dar." (*Selz* 1924, 10f.)

Die Zusammenstellung der von *Selz* unterschiedenen Klassen von Operationen übernehme ich von *Dörner*:

"1. *Komplexreproduktion*:
Vergleich eines sensorischen Eingangs mit einem gespeicherten Inhalt, z.B. Erkennen eines Reizes als 'Stuhl', wobei zugleich der Kontext 'zum Sitzen', 'Möbelstück' usw. aktiviert wird.
2. *Komplexergänzung:*
Zu Teilen wird das zugehörige Ganze assoziiert. Das Wortfragment 'Land..gsbr.cke' führt zu 'Landungsbrücke'.
3. *Schemaergänzung*:
Konkretisierung eines abstrakten Suchbildes ('antizipatorisches Schema' in Selz' Redeweise). Man sucht z.B. einen Oberbegriff für 'Rudern'. 'Oberbegriff für Rudern' ist das 'abstrakte Suchbild, 'Sport' dessen Konkretisierung.
4. *Änderung* eines Gedächtnisbildes *durch Abstraktion*, d.h. Entfernung bestimmter Merkmale aus einem Gedächtnisbild.
5. *Änderung* eines Gedächtnisbildes *durch Differenzierung*, d.h. Hinzufügung von Merkmalen ('Konkretisierung').
6. *Komplexbildung*, d.h. Verknüpfung bislang nicht verbundener Gedächtnisinhalte zu einer neuen Einheit.
(Die angegebenen Namen stammen nicht von Selz, der seine elementaren Prozesse auch nicht listenmäßig angegeben hat. Die Prozesse 2 und 3 heißen bei *Selz* beide 'Komplexergänzung' (*Selz* 1913, S.128).)" (*Dörner* 1987[3], 112)

Eine zweite Klassifikation, die von *Lompscher*, übernehme ich auch in der Kurzfassung und Exemplifizierung von *Dörner* (vgl. zur Bedeutung dieser Klassifikation für Begriffslernen *Grzesik* 1992[2], 165-171):

> "Einen neueren Versuch findet man bei *Lompscher* (1972, besonders S.33 ff.). Lompscher unterscheidet acht elementare geistige Operationen, nämlich:
> 1. *Zergliedern* eines Sachverhaltes in seine Teile
> (Beispiel: Übergang von 'Auto' zu 'Rad', 'Karosserie' usw.)
> Diese Operation gibt Antwort auf die Frage: 'Woraus besteht X?'
> 2. *Erfassen der Eigenschaften* eines Sachverhaltes
> (Beispiel: Übergang von 'Ball' zu 'rund', 'elastisch' usw.)
> Diese Operation gibt Antwort auf die Frage: 'Welche Merkmale hat X?'
> 3. *Vergleichen* von Sachverhalten hinsichtlich der Unterschiede und Gemeinsamkeiten
> (Beispiel: 'Kugelschreiber und Füllfederhalter sind beide zum Schreiben, beide sind stabförmig und meist ungefähr 10 cm lang. Der Kugelschreiber schreibt mit einer Füllung länger als der Federhalter, mit dem Federhalter schreibt es sich aber besser, und die Schrift wird ausdrucksvoller, weil Druckunterschiede sich in verschiedenen Strichstärken widerspiegeln...')
> 4. Ordnen einer Reihe von Sachverhalten hinsichtlich eines oder mehrerer Merkmale
> (Beispiel: 'Hans ist größer als Elli, Elli ist größer als Luise; Elli hat das hellste Haar, dann kommt Luise, dann Hans.')
> 5. *Abstrahieren* als Erfassen der in einem bestimmten Kontext wesentlichen Merkmale eines Sachverhaltes und Vernachlässigen der unwesentlichen Merkmale.
> (Beispiel: 'Im Hinblick auf seine Verwendung als Verpackungsmaterial ist ein Schuhkarton ziemlich klein, außerdem leicht verformbar, da seine Pappe nicht sehr stabil ist...')
> 6. *Verallgemeinern* als Erfassen der einer Reihe von Sachverhalten gemeinsamen und *wesentlichen* Eigenschaften.
> (Beispiel: 'Straßenbahn und Eisenbahn sind beide motorgetrieben und schienengebunden.')
> 7. *Klassifizieren* als Einordnung eines Sachverhalts in eine Klasse.
> (Beispiel: 'Eine Straßenbahn ist ein Verkehrsmittel.')
> 8. *Konkretisieren* als Übergang vom Allgemeinen zum Besonderen.
> (Beispiel: 'Ein Beispiel für ein Verkehrsmittel ist die Straßenbahn.')" (*Dörner* 1987[3], 112)

Auch die dritte Klassifikation von *Jüngst* dient dem speziellen Zweck der Schulung des Begriffslernens:

> "Soll aber in solchen Lernaufgaben der Schema-Anreicherung die Handlungs-Verhaltens-Komponente besonders berücksichtigt werden, kann auf das 'System von Operationsgrundtypen beim Aufbau von Konzepten durch Unterricht' (*Jüngst* 1978) zurückgegriffen werden, die sich teilweise auch für andere Schemata (Regeln, Operationen, Handlungen) anwenden lassen. Die dabei vorgeschlagenen Verlaufsmuster (Operationsgrundtypen) können für die Struktur der Lernaufgaben nutzbar gemacht werden. Die folgende Auflistung solcher Anwendungsoperationen ist jeweils an zwei Beispielen zentraler Schemata (ZS: 'Rechteck' und 'zweiseitiger Hebel') erläutert.
> 1. *Klassifizieren* eines gegebenen Objektes als Beispiel/Nichtbeispiel unter das ZS, z.B. 'Ist diese Figur ein Rechteck?' oder 'Ist eine Wippschaukel ein zweiseitiger Hebel?' Der Algorithmus dieser Anwendungsoperation setzt sich aus dem Identifizieren aller wesent-

lichen Merkmale des Schemas am Objekt (ggf. anhand einer Prüfliste) und aus der daraus folgenden Klassifikationsschlußfolgerung zusammen. (...)

2. *Konkretisieren* als Aufzeigen, Explizieren der Merkmale des ZS an einem gegebenen Beispiel, z.B. 'Wie lang ist die Seite d in einem Rechteck, wenn die Seite b 5 cm lang ist?' oder 'Welche Kraft ist bei einem Lastarm von 10 cm und einem Kraftarm von 100 cm aufzuwenden, um mit einem Brecheisen einen Block von 100 kg anzuheben?' Beim Konkretisieren sind alle oder einzelne geforderte Merkmale des Schemas am Objekt zu identifizieren sowie gegebenenfalls bestimmte Voraussetzungen und Folgerungen einzubringen. Je nach Aufgabenstellung und Objekt spielen sich beim Verstehen der Aufgabe und bei der Lösung nicht nur top-down-Prozesse (vom Schema zum Objekt/Aufgabe), sondern auch bottom-up-Prozesse ab. (...)

3. *Komponieren* eines Beispiels zu einem ZS aus gegebenen konkreten Teilen und/oder Eigenschaften, z.B. 'Konstruiere ein Rechteck mit den Seitenlängen 5 cm und 3 cm!' oder 'Baue aus diesem 1 m langen Eisen mit diesem 10 cm dicken Holzstück (Drehpunkt) einen zweiseitigen Hebel!' Der Algorithmus des Komponierens setzt sich - von den gegebenen Teilen und/oder Eigenschaften ausgehend - aus einem spiraligen Wechsel zwischen Konkretisierungen weiterer Merkmale und Klassifizierungen als Kontrollprozessen bezüglich der Vollständigkeit zusammen. Dabei müssen die jeweils nächsten 'gefragten' Merkmale aus dem Schemawissen heraus jeweils selbst gesetzt werden.

4. *Identifizieren* von Beispielen des ZS innerhalb eines gegebenen Komplexionszusammenhangs, z.B. 'Wo gibt es an diesem Gebäude Rechtecke?' oder 'Wo gibt es an dieser Maschine zweiseitige Hebel?' Dabei ist analog dem Klassifizieren und Konkretisieren jedes Merkmal des Schemas in der Komplexion aufzudecken und sind die Merkmale zu einem Objekt/Beispiel zusammenzufügen, wobei wieder top-down und bottom-up-Prozesse eine Rolle spielen.

5. *Ordnen des ZS* innerhalb 'gleichrangiger' Schemata nach einem oder mehreren bestimmten Merkmalen, z.B. 'Ordne das Rechteck und andere Vierecke nach der Anzahl gleicher Winkel!' Hierbei geht es um das Rangieren von Schemata nach einer oder mehreren Dimensionen der Ausprägung von Variablen. (...)

6. *Ordnen von Beispielen* innerhalb des ZS hinsichtlich eines oder mehrerer bestimmter Merkmale, z.B. 'Ordne diese Rechtecke nach der Länge der Seite a !' oder 'Ordne diese zweiseitigen Hebel nach der Größe des Verhältnisses zwischen Kraftarm und Lastarm!' Hier gilt entsprechendes wie bei 5., wobei allerdings zunächst das ordnungsbestimmende Merkmal an allen Beispielen zu konkretisieren ist." (*Jüngst* 1985, 287f.)

Beim Vergleich der drei Klassifikationen springt einiges sofort ins Auge: *Sie stimmen nicht vollständig überein.* Der Grund dafür scheint in Unterschieden der zugrundeliegenden Theorien der psychischen Prozesse zu liegen. *Trotz der Differenzen in den Operationenklassen und in der zugrundeliegenden Theorie gibt es aber ein erstaunlich hohes Maß der Übereinstimmung.* Man ist deshalb versucht, die Differenzen durch einen neuen Versuch zu tilgen. Da es hier nicht darum gehen kann, diese Versuche im einzelnen zu analysieren und zu würdigen, komme ich nur innerhalb der nun folgenden Begründung des eigenen Klassifikationsversuchs auf sie zurück.

Die Frage nach *elementaren psychischen Prozessen, die nicht mehr aus anderen Prozessen zusammengesetzt sind,* stellt sich auch für eine Theorie der gesamten menschlichen Informationsverarbeitung. So sieht es z.B. auch *Dörner*:

> "Zunächst nun zu der ersten Frage, also zu der Frage nach den elementaren mentalen Operationen. Jedem sind bestimmte Denkschritte, die Elemente komplexer Denkprozesse sein können, bekannt. Solche sind z.B. das logische Schließen, der Analogieschluß, das Abstrahieren, das Konkretisieren, das Vergleichen, das Klassifizieren, usw. Diese Liste erhebt keinerlei Anspruch auf Vollständigkeit und soll nur am Beispiel klarmachen, was mit 'mentaler Operation' gemeint ist. In der Umgangssprache sind noch sehr viele andere Ausdrücke für bestimmte Denkschritte üblich, z.B. prüfen, phantasieren, einen Einfall haben, induzieren, sich etwas vorstellen, sich besinnen, verstehen, die wir bezüglich ihres Bedeutungsgehaltes hier nicht untersuchen wollen.
> Es fragt sich nun, ob man in diese Vielzahl geistiger Operationen, die die Umgangssprache kennt, eine Ordnung bringen kann, ob man also eine kleine Zahl von elementaren Operationen angeben kann, aus denen alle anderen Operationen höherer Ordnung und alle Heurismen zusammengesetzt sind." (*Dörner* 1987[3], 39f.)

Dörner stellt die Frage nach elementaren Operationen auch im Zusammenhang mit unserem *Problem des Verfahrenswissens*. Daß er dabei nicht an die Lernaufgabe denkt, sondern an den Problemlöser, ist uns gerade recht, weil für uns der Lernende prinzipiell Problemlöser ist.

> "Gut wäre es, wenn der Problemlöser über eine *Verfahrensbibliothek* verfügen würde, die neben dem soeben geschilderten Probierverfahren eine Menge anderer, den jeweiligen Problemen und Realitätsbereichen angemessene, Konstruktionsverfahren enthielte. Solche Konstruktionsverfahren als mehr oder minder präzise festgelegte Pläne für die Konstruktion von Überführungen eines gegebenen Sachverhalts in den gesuchten wollen wir *Heurismen* (= Findeverfahren) nennen, und die Gesamtmenge solcher Pläne und ihre Organisation im Gedächtnis eines Problemlösers nennen wir heuristische Struktur (kurz HS)." (*Dörner* 1987[3], 27)

Die *Frage nach den elementaren Operationen* ist von *Dörner* aber nicht beantwortet worden, und sie kann auch noch nicht beantwortet werden, weil es noch keine Methode gibt, im psychischen System elementare, d.h. nicht mehr zusammengesetzte Prozesse, empirisch zuverlässig zu identifizieren. Physiologisch (**M3**) gibt es nur Indikatoren für die Höhe des Energieverbrauchs in aktiven Regionen des Gehirns, für den Zeitbedarf einer Gesamtaktivität oder über die Art der elektrischen Erregung im gesamten Gehirn (EEG). Obwohl der Neurophysiologie die Identifikation der kleinsten Aktivität in Gestalt der Signalübertragung von einer Zelle zur anderen am synaptischen Spalt gelungen zu sein scheint (s. **Teil II, Kap.3**), ist es noch nicht gelungen, die kleinste psychische Einheit (**M6**) festzustellen. *Eccles* (1989) ordnet zwar der einzelnen Nervenzelle, dem Neuron, ein Psychon zu, aber die meisten Neurologen neigen dazu, erst ein Modul (ein geordnetes System von Nervenverbindungen mit einigen, vielleicht aber auch mit Hunderten bis Tausenden von Verbindungen) als die physische Basis der kleinsten psychischen Einheiten anzusehen. Eine überprüfbare Zuordnung ist aber noch nicht gelungen. - Auch psychologisch sind nur relativ komplexe Gesamtaktivitäten introspektiv oder durch Messungen, z.B. von Augenbewegungen, faßbar. Bis zu einem gewissen Grade können außerdem in der Reflexion auf Gesamtaktivitäten Teilaktivitäten unterschieden werden. Die Psychologie spricht zwar von Wahrnehmungen, Begriffen, Emotionen und vielem anderen mehr, und natürlich von Reizen und Reaktionen in endloser Verkettung, aber die Frage der elementaren Einheiten in diesen Funktionsbereichen oder gar Einheiten, die allen Funktionen in gleicher Weise zugrundeliegen, ist trotzdem noch völlig ungeklärt. - Es ist auch *offen, ob es in Zukunft gelingt, elementare psychische Einheiten zu identifizieren,* weil selbst dann, wenn es solche Einheiten gibt, die Verwobenheit der simultanen und sequentiellen *Mikrooperationen* so groß sein muß, daß einzelne Operationen weder neuro-

Theoretische Grundlagen 291

physiologisch noch psychologisch eindeutig identifizierbar zu sein scheinen. Es spricht sogar sehr viel dafür, daß *jede unterscheidbare Aktivität eine momentane ausschnitthafte Aktualisierung mit wechselnden und unscharfen "Rändern"* ist, nicht aber eine klar abgegrenzte Einheit.

Zum Glück ist aber die Frage nach elementaren Einheiten im strengen Sinne *nur für die Theorie von Bedeutung, nicht aber für die Praxis von Lernen und Lehren.* In der Unterrichtspraxis nämlich geht es immer nur um die Steuerung der Gesamtaktivität in Zeiteinheiten und um Teilaktivitäten von mindestens einigen Hundert Millisekunden, in der Regel aber von viel längerer Dauer, z.B. um die automatische Identifikation des Buchstabens "Y" in der Gesamtaktivität, die aus dem Lesen des Wortes "physiologisch" oder der Korrektur des Schriftbildes "phüsiologisch" besteht. Der *für die Praxis des Unterrichts erforderliche Auflösungsgrad von Gesamtaktivitäten verbleibt im Makrobereich der Aktivität.* Eine Steuerung von Mikroprozessen durch bewußte Selbstregulierung und Fremdregulation über Kommunikation scheint unmöglich zu sein. Ich verfolge deshalb die Frage nach elementaren psychischen Einheiten nicht weiter, sondern gehe davon aus, daß *die kleinsten Einheiten, die für die Praxis des Unterrichts relevant sind, schon aus einem hochkomplexen Zusammenhang von Aktivitäten im Mikrobereich* bestehen. "*Komplexität*" ist deshalb *in der psychischen Aktivität ein ganz relativer Begriff.* Einfache Operationen sind nur relativ einfach, und grundlegende Operationen sind nur relativ grundlegend im Verhältnis zu komplexeren. Auf dem anderen Pol der relativen Komplexität kann dann von der jeweiligen Gesamtoperation, von Ketten, Bündeln, Verbänden, Netzen, Systemen aus Operationen oder von hochkomplexen psychischen Aktivitäten gesprochen werden, obwohl in jedem Fall wiederum eine höhere Komplexität möglich ist. - Nach diesen Überlegungen ist es klar, daß ich für eine Klassifikation von Operationen *nicht das Kriterium steigender Komplexität von elementaren zu komplexen Operationen wählen* kann, weil Komplexität nur relativ ist und es auf keinen Fall nur eine einzige Ordnung für zunehmende Komplexität geben kann, weshalb die *Bloomsche Taxonomie* (1972) trotz ihrer Verdienste als gescheitert angesehen werden muß.

Für die Praxis des Unterrichts ist es aber sicher wichtig, daß der Lehrer weiß, *was die Schüler überhaupt tun können.* Die Schüler aber können grundsätzlich nur das tun, *was das psychische System erlaubt.* Es soll deshalb der Versuch gemacht werden, solche *Aktivitäten* zu unterscheiden, *die im psychischen System grundsätzlich möglich sind.* Ich bezeichne jede solche Aktivität als *Grundoperation,* weil *jede komplette konkrete Tätigkeit als eine Kombination von simultanen und sequentiellen Aktivitäten dieser Art* verstanden werden kann. Das *Kriterium für die Unterscheidung von Grundoperationen* kann deshalb lauten: Immer dann wird von einer Grundoperation gesprochen, *wenn das Ergebnis einer verarbeitenden Aktivität durch keine andere Aktivität erzielt werden kann.* Jede Grundoperation ist deshalb eine Form der Informationsverarbeitung, die nicht auf eine andere zurückgeführt werden kann.

Ich habe schon für zwei komplexe geistige Aktivitäten, nämlich die Begriffsbildung und das Textverstehen, den Versuch gemacht, diejenigen Aktivitäten aufzuzeigen, die nicht durch andere substituierbar sind. Für die Begriffsbildung habe ich das so formuliert: "Jede Teiloperation muß *relativ unabhängig von allen anderen Teiloperationen* im Prozeß der Begriffsbildung vollzogen werden können und einen eigenen (*unverwechselbaren*) *Beitrag zum Produkt* dieses Prozesses leisten." (*Grzesik* 1992², 56; zur operativen Auffassung vom Textverstehen vgl. *Grzesik* 1990, 52-63). Jetzt unternehme ich den Versuch, *für komplexe psychische Aktivitäten jeder Art* die nicht substituierbaren verarbeitenden Aktivitäten aufzuzeigen. Es ist von vornherein klar, daß dies nur in engen Grenzen gelingen kann. Eine genaue Ausarbeitung der operativen Konzeption war nicht nur in den beiden anderen Büchern unmöglich, sondern verbietet sich auch in diesem Buch. Von der Sache her ist nicht zu erwarten, daß heute bereits empirisch hinreichend zu sichernde Unterscheidungen möglich sind und diejenigen Operationen, zu denen der Mensch grundsätzlich in der Lage ist, vollständig bekannt sind. Ich kann mich deshalb nur darum bemühen, einen solchen Versuch mit einigen Hinweisen auf den Forschungsstand zu rechtfertigen. Ich für meine Person sehe jedenfalls einen außerordentlich hohen Grad der Übereinstimmung über nicht substituierbare Operationen in der heutigen Psychologie und der ihr vorausgehenden philosophischen Selbstreflexion des Menschen. Ich stütze mich auf die Annahmen über den *Möglichkeitsraum des Lernens* in **Teil II** dieses Buches (**M3** u. **6**).

> Ich habe angenommen, daß sich im psychischen System die Systeme der Handlung und des Arbeitsgedächtnisses wechselseitig in einem Regelkreis steuern. Nach dieser Annahme werden im System der Handlung die Wertgewichte der jeweiligen Operationen für die jeweiligen Ziele verrechnet und wird durch das Resultat dieser Verrechnung die Selektion neuer Operationen durch das Arbeitsgedächtnis geregelt. Wird dann die ausgewählte Operation im Arbeitsgedächtnis vollzogen, dann ändert ihr Resultat die Grundlage für die Wertgewichtung durch das System der Handlung. - Wenn dies stimmt, dann müßte *jede Operation eine Informationsverarbeitung im Arbeitsgedächtnis im "Rahmen" einer Handlung sein*. Für diese Operationen steht aber nur die Information zur Verfügung, die im Nervensystem gespeichert ist und vom Arbeitsgedächtnis aktiviert werden kann, von der kurzzeitigen Speicherung einer Wahrnehmung bis zu langzeitig gespeicherten Selbstkonzepten, um nur zwei Arten der Information zu nennen. Es kann deshalb nur so viele Grundoperationen geben, wie es in der gespeicherten Information nicht aufeinander zurückführbare Möglichkeiten der Erarbeitung einer Art von Information aus einer anderen gibt. Ich unterscheide zunächst *Grundoperationen, die in jeder Phase einer Handlung auftreten*, z.B. die Grundoperation der Unterscheidung, die u.a. bei der Analyse von Ausgangsbedingungen, bei der Zielbestimmung oder in der Kette der ausführenden Operationen auftreten kann. Weil sie in jeder konkreten psychischen Aktivität, die ja immer komplex ist, auftreten können, nenne ich sie universale Grundoperationen. - Dann unterscheide ich *Grundoperationen der Handlung*, die insgesamt die Transformation einer unbefriedigenden Ausgangslage, d.h. in unserem Zusammenhang "eine ungelöste Aufgabe", in eine zufriedenstellende Endlage zustandebringen. Schließlich liste ich noch eine *Reihe von komplexen Operationen* auf, die für das Lernen im Unterricht exemplarisch sind.

Für alle drei Klassifikationen gilt, daß sie viel reichhaltiger sind als die drei soeben beispielhaft angeführten Klassifikationen für bestimmte Ausschnitte aus der menschlichen Informationsverarbeitung. Trotz der Intention, größtmögliche Vollständigkeit zu erzielen, ist dies von den drei Autoren natürlich nicht erreicht worden. - Über Abgrenzungen wird man in jedem einzelnen Fall streiten können, zumal die Definition der jeweiligen Klasse von Operationen hier nicht genau ausgearbeitet werden kann. - Jede Operation gibt es in vielen Graden der Komplexität, z.B. den Vergleich zwischen einer Pyramide und einem Kegel ebenso wie den Vergleich zwischen zwei historischen Epochen. - *Jeder Begriff für eine Klasse von Grundoperationen eignet sich als Verfahrensinformation für den Schüler*, und zwar unabhängig davon, wieviele andere Operationen einer solchen Operation unterzuordnen sind, z.B. der Transformation eines mündlich erörterten Sachzusammenhangs in einen schriftsprachlichen Text viele Operationen der Umorganisation des Textsinns.

Erste Klassifikation: Universale Grundoperationen

Was unter Grundoperationen verstanden werden soll, läßt sich *an den folgenden beiden Beispielen ablesen*: Das psychische System verfügt über die Möglichkeit, *Vorstellungen von einem bestimmten Baum*, der durch einen Sturm geschüttelt wird, zu bilden. - Es kann allem Anschein nach sich aus den vielen Bäumen im Sturm, die es schon wahrgenommen hat, *einen oder einzelne Bäume merken, die besonders bezeichnend sind für Bäume im Sturm* und diese in eine stark schematisierte Form transformieren, z.B. in ein Schema von einem Laubbaum auf einem Bergkamm oder hinter den Dünen (Prototypenbildung). - Es kann aber auch seine visuellen Erfahrungen mit Bäumen im Sturm *in Begriffe* unterschiedlicher Art und auf unterschiedlicher Abstraktionsebene für die ganze Klasse der Bäume im Sturm transformieren, z.B. in die Begriffe "Küsten und Berge als Standorte", "Bruchgefahr", "Grenze des Baumwachstums", "groteske Formen, wie sie Caspar David Friedrich oder van Gogh gemalt haben" (ein Biologe würde ganz andere Begriffe nennen!). - Diese Begriffe können zu *Regeln* verknüpft werden, z.B. zu der *Regel* "Bäume, die vorwiegend einer Richtung starker Winde ausgesetzt sind, wachsen schief". - Das psychische System verfügt auch über die Möglichkeit, *das innere Bild eines Schemas der elektrischen Parallelschaltung in eine Beschreibung durch inneres Sprechen zu transformieren*. Es kann *das innere Bild* aber auch *in eine schriftsprachliche Beschreibung transformieren oder in körperliche Tätigkeiten*, durch die Glühbirnen parallel geschaltet werden.

Diese beiden Beispiele zeigen, daß *Transformationen sowohl im Bereich der Formen des Erkennens als auch zwischen den unterschiedlichen Medien, die dem psychischen System zur Verfügung stehen,* möglich sind. Das gilt aber nicht nur für den *Bereich der kognitiven und der medialen Repräsentation,* sondern auch für den Bereich der *sensorischen, der motorischen, der emotionalen und der evaluativen, d.h. werthaften, Repräsentation*. Nach allem, was wir heute wissen, scheinen diese *sechs Möglichkeiten der Informationsverarbeitung* grundlegend für das psychische System zu sein. Man kann deshalb auch von *Grundfunktionen oder Grundarten der Repräsentation von Information* sprechen: *der sensorischen, der motorischen, der kognitiven, der symbolischen, der emotionalen und der evaluativen*. Für diese Funktionen besitzt das psychische System komplizierte Teilsysteme, die sich neurologisch unterscheiden lassen und deren psychologische Charakteristik sich in psychologischen Untersuchungen immer deutlicher abzeichnet. Das ergibt *schon einmal sechs Hauptklassen von Operationen,* zwischen denen Transformationen möglich sind.

Transformationen gibt es aber offensichtlich auch *innerhalb der einzelnen Grundarten der Repräsentation von Information,* z.B. innerhalb des inneren Bildes, etwa vom Kölner Dom, die Operationen des Wechsels zwischen einer Perspektive von einem näheren oder einem weiteren Standpunkt (Zoomen), des Wechsels der Perspektive (Osten oder Westen, aus einem Hubschrauber oder aus dem Zug), der Vergrößerung oder Verkleinerung des Maßstabes und des Durchmusterns (*Kosslyn* 1980). Entsprechendes gilt für den Begriff, z.B. die Transformation vom Bewußtsein seines Inhaltes, d.h. seiner Definition, zum inhaltlich undifferenzierten Verfahrensbewußtsein seiner Anwendung.

So gibt es für *alle Repräsentationsformen unterscheidbare Unterarten*. Die Möglichkeiten der Transformationen reichen offensichtlich bis zu den kleinsten für den Beobachter heute zu unterscheidenden Einheiten. Es gibt allerdings keinen Grund dagegen, auch für den unseren Blicken noch entzogenen Mikrobereich noch Transformationen anzunehmen.

In den letzten beiden Jahrzehnten zeichnet sich immer deutlicher ab, daß es *zwischen diesen sechs Grundarten der Repräsentation Verknüpfungen* zu komplexen dauerhaften Systemen gibt. - Eine solche *Verknüpfung aus Komponenten aller sechs Grundarten* scheinen z.B. die *Einstellungen* zu sein (*Six/Schäfer* 1985). Sie bestehen aus der Verbindung von sensorischen Inputs mit Kategorisierungen, mit symbolischen Repräsentationen, mit Emotionen und mit Wertungen, die reflexhaft schnell zu motorischen Reaktionen in der Form von Taten oder Ausdrucksaktivitäten führen, ohne noch der reflexiven Kontrolle zu bedürfen. Sie sind anscheinend überaus stabil und resistent gegen Veränderungen. Wir verfügen nicht nur im sozialen Bereich über Einstellungen, sondern in jedem Tätigkeitsfeld. Das kann durch einige Beispiele demonstriert werden, die ganz unterschiedlich zugeschnitten sind:

- den anderen zu Wort kommen lassen
- sich Personen und Sachen intensiv zuwenden
- eine gewisse Distanz wahren
- möglichst sachgerecht handeln
- genau beobachten, ehe man kritisiert
- Werturteile gewissenhaft begründen
- eigene Affekte kontrollieren
- sich nichts gefallen lassen
- möglichst viel mit Humor nehmen
- diejenigen, denen man sich überlegen fühlt, nicht herablassend, verletzend oder herrisch behandeln
- Entscheidungen lange hinauszögern
- sich schnell auf neue Verhältnisse einstellen
- an einer einmal übernommenen Aufgabe zäh arbeiten
- sich nicht schnell entmutigen lassen.

Unsere Einstellungen sind anscheinend nicht nur in jedem einzelnen Fall komplexe Informationssysteme des gesamten psychischen Apparates, die schnelle, aber auch stereotype Reaktionen ermöglichen (ein gewisser Ausgleich für das Defizit an Reflexen), sondern sie bilden auch untereinander hierarchisch wohlgeordnete oder aber auch chaotisch verschachtelte Zusammenhänge.

Für die *Abwicklung von Tätigkeiten* lernen wir aus unseren ständigen Aktivitäten *Handlungsprogramme*, die man auch als *Strategien* bezeichnen kann. Auch sie bestehen aus Informationen *aller sechs Bereiche*, haben unterschiedlichen Umfang und sind unterschiedlich tief hierarchisch gestaffelt. *Einstellungen sind in Handlungsprogramme integriert.* Die Programme müssen anscheinend bewußt gewählt werden und bedürfen einer ständigen bewußten Kontrolle bei ihrer Realisierung.

Entsprechendes gilt auch für die *Konzeptualisierungen von uns selbst*, die *Selbstkonzepte*. Sie scheinen durch die *reflexive Verarbeitung unserer Erfahrungen mit der Welt und uns selbst* zu entstehen. Auch sie bestehen aus sensorischen, motorischen, kognitiven, symbolischen, emotionalen und evaluativen Beständen, was sich in den alltäglichen Ausdrücken wie "Selbsterkenntnis", "Selbstbewußtsein", "Selbstgefühl", "Selbstverliebtheit", "Selbstwertgefühl", "Selbstachtung" "Selbsteinschätzung" etc. manifestiert hat. Auch sie sind überaus stabil und resistent gegen Veränderungen. Sie scheinen aber in der Hierarchie unserer Selbstregulative noch höher angesiedelt zu sein als die Einstellungen und die Handlungsprogramme. Möglicherweise sind sie *die höchsten oder letzten Selbstregulative für uns selbst, hinter die wir nicht zurückkönnen* (vgl. Filipp 1984²).

Es spricht nun sehr viel für die Annahme, daß auch in diesen komplexen Systemen der Einstellungen, Handlungsprogramme und Selbstkonzepte *keine anderen Transformationen auftreten als in den sechs Grundarten der Repräsentation,* aus deren Information sie gebildet worden sind. Wie der Verbund zwischen den Operationen aus den einzelnen Repräsentationen zustandekommt, ist noch ganz ungeklärt. Es liegt aber nahe, *simultane und sequentielle Aktivität von Operationen in kompletten konkreten Tätigkeiten als Grund für die Entwicklung solcher Verbindungen* anzunehmen.

In der folgenden Klassifikation versuche ich, *Verfahrenswissen von den Grundoperationen innerhalb der sechs Grundarten der Repräsentation in der menschlichen Informationsverarbeitung* zu vermitteln. - Alle diese Operationen kann der Mensch nicht nur *bei der Erkenntnis seiner jeweiligen Umgebung* einsetzen, sondern auch *reflexiv auf alle einmal selbst vollzogenen Operationen,* und zwar sowohl auf deren Gegenstände als auch auf die Art des Vollzugs (Beispiel für eine reflexive Aussage: "Ich habe mein Vorurteil, für jede Schuld gebe es auch ein Schuldbewußtsein, angesichts der völlig hermetischen Selbstrechtfertigung von Schuldigen in fast allen mir bekannten Fällen revidiert."). Da alle Systeme im psychischen System simultan aktiv sind und eine spezifische Ordnung zwischen ihnen außer dem Zusammenspiel ihrer Funktionen nicht erkennbar ist, reihe ich sie ohne ein Ordnungsprinzip aneinander. - Ich bin mir der vielfältigen Problematik eines solchen Klassifikationsversuchs bewußt, habe aber zu genaueren Beschreibungen und Begründungen keinen Raum.

1. *Sensorische Operationen*
- Veränderung des Focus der Aufmerksamkeit in der äußeren oder inneren Wahrnehmung (Verlagerung der Aufmerksamkeit von einer Sinneswahrnehmung auf eine andere, Veränderung der Richtung der Aufmerksamkeit innerhalb einer Sinneswahrnehmung, Veränderung des Auflösungsgrades der Wahrnehmung, d.h. des Grades der Punktgenauigkeit, Veränderung der Schnelligkeit des Wechsels der Wahrnehmungstätigkeiten)
- Veränderung des Selektionsgesichtspunktes durch Konzentration auf eine Merkmalsdimension des Wahrnehmungsgegenstandes, z.B. auf die Instrumentierung, auf die Tempi, auf das Motiv eines Musikstücks
- Wechsel zur reflexiven Kontrolle des Selektionsgesichtspunktes für die Richtung der Wahrnehmung
- Veränderung der Wahrnehmung durch Kritik der bisherigen Einstellung der "Optik" der Wahrnehmungsorgane (noch einmal in anderer Weise hinsehen)

- Vergleich mehrerer Sinneswahrnehmungen für die Gewinnung einer neuen Wahrnehmung, z.B. den Vergleich zweier Wahrnehmungen eines herannahenden Autos zur Wahrnehmung seiner Geschwindigkeit
- Verknüpfung von Sinneswahrnehmungen aus mehreren Sinnesbereichen zu einer komplexen Wahrnehmung, z.B. bei der Wahrnehmung des Sprechens eines anderen Menschen die Verknüpfung visueller, akustischer und kinästhetischer (eigenes Mitsprechen) Informationen (Synästhesien)
- Koordination vieler Wahrnehmungen zu einer erinnerungsfähigen Wahrnehmungsgestalt, z.B. einem visuellen Wahrnehmungsbild von einem Gemälde oder einem akustischen von einer Melodie oder zu einem Eindruck von einem multimedialen "Gesamtkunstwerk"

2. *Motorische Operationen*
- Konzentration oder Verlagerung der Aufmerksamkeit auf einen bestimmten Bewegungsablauf, z.B. vor einem Weitsprung oder bei der Anpassung einer handwerklichen Tätigkeit an neue Gegebenheiten des Materials, und Maßstäbe für die Güte des angestrebten Resultats
- Veränderungen in bestimmten Dimensionen eines Bewegungsablaufs, z.B. in der Anpassung, der Schnelligkeit, der Phasierung, im Rhythmus und Fluß
- Verlagerung der Aufmerksamkeit vom Ziel der Bewegung auf ihre reflexive Kontrolle, soweit dies während des Vollzugs ohne Beeinträchtigung der Charakteristik einer Bewegung möglich ist oder sogar zu ihrer Profilierung dient, z.B. bei der Führung eines Geigenbogens oder bei einer schauspielerischen Darstellung
- Herauslösung einer Teilbewegung aus einer komplexen Bewegung, z.B. bei einem Konditionstraining oder beim Einstudieren einer Tanzbewegung
- Koordination von Bewegungsmöglichkeiten zu einer neuen Bewegung, z.B. zu einer neuen Tanzfigur oder einer neuen Maltechnik

3. *Kognitive Operationen*
- Aktualisieren einer Information im Modus der figurativen Zuständlichkeit, d.h. die Aufmerksamkeit auf irgendeine komplexe Information im Langzeitgedächtnis richten, z.B. auf eine einmalige Situation (episodisches Gedächtnis), eine Person, einen Bestand an Wissen aus einem Realitätsbereich, eine Vorgehensweise, eine eigene Einstellung, eine Emotion etc.
- Stabilisieren einer solchen Aktualisierung durch Nachsteuern der Aufmerksamkeitsrichtung zur Scharfeinstellung auf den gesuchten Ausschnitt und durch Konstanthaltung der Aufmerksamkeitsrichtung, d.h. durch Wiederholung der Zuwendung in kurzen Abständen
- Unterscheiden (differenzieren), d.h. zwei Sachverhalte beliebiger Komplexität in einem Merkmalsbereich, z.B. dem der Farbe oder der philosophischen Richtung, in qualitativer oder quantitativer Hinsicht zwei unterschiedlichen Kategorien unterordnen, z.B. den Kategorien "blau" und "rot", "Transzendentalphilosophie" und "sensualistischer Empirismus" oder "kleine Arbeit" und "Hauptwerk"
- Verallgemeinern (generalisieren), d.h. wiederum in einem Merkmalsbereich, z.B. des Volumens, das an einem Sachverhalt unterschiedene Merkmal, z.B. 1 Liter, an anderen Sachverhalten als gleich feststellen. Jeder Begriff wird als eine Repräsentation von äquivalenten kritischen Merkmalen, die an den Exemplaren einer endlichen oder indefiniten Klasse von Fällen auftreten, gebildet.
- Vergleichen, d.h. Differenzieren oder Äquivalenzen feststellen oder beides
- Analogisieren, d.h. Herstellung von Äquivalenzen, insbesondere von Strukturäquivalenzen zwischen Sachverhalten aus ganz unterschiedlichen Realitätsbereichen, z.B. der Strukturgleichheit zwischen den Bahnen der Gestirne und den Bahnen der Elementarteilchen des Atoms oder zwischen einem Stil zu essen und einem Stil zu denken.

- Herstellung von Beziehungen (relationieren), d.h. Herstellung von Beziehungen zwischen differenten oder äquivalenten Merkmalen:
  1. räumliche Beziehungen wie: neben, unter, in, über; groß-klein, nah-fern; aus der Perspektive x etc.
  2. zeitliche Beziehungen wie: gewesen, zukünftig, gegenwärtig; Zeitpunkt n vor Zeitpunkt n+1; Zeitdauer von t_1 bis t_n; Takt als wiederkehrende Folge von Zeitdauern; Rhythmus als eine bestimmte Folge von Zeitdauern etc.
  3. modale Beziehungen, d.h. Unterschiede im Status von Informationen: bejaht, verneint; für möglich gehalten, für wirklich gehalten, für realisierbar gehalten, für ideal gehalten, für unmöglich gehalten; für notwendig gehalten, für hinreichend gehalten; gewünscht, nicht gewünscht; für wahr gehalten, für unwahr gehalten; behauptet, in Frage gestellt; wahrscheinlich, unwahrscheinlich; eigene Evidenz, fremde Behauptung; akzeptiert, nicht akzeptiert
  4. assoziative Beziehungen, d.h. Verknüpfungen nach Assoziationsgesetzen wie räumliche und zeitliche Nähe etc.
  5. transitive Beziehungen wie: größer als, kleiner als
  6. reversible Beziehungen wie $2 \times 2 = 4$ und $4 : 2 = 2$ oder von der Quelle eines Stromes zur Mündung oder umgekehrt, ohne daß dies eine Umkehrung der realen Richtung des Stromes bedeutete
  7. reziproke Beziehungen, z.B. "wie du mir, so ich dir"
  8. Wechselbeziehungen, z.B. "Ego erwartet, daß Alter vom ihm etwas erwartet, und Alter erwartet, daß Ego etwas von ihm erwartet" oder wechselseitige Abhängigkeit, z.B. in Symbiosen
  9. Rückkopplung als geregelte Abhängigkeit des einen vom anderen, z.B. der Kesseltemperatur von der Außentemperatur
  10. rekursive Beziehung, d.h. das Ergebnis einer Operation wird wieder derselben Operation unterworfen, z.B. Differenzierung des Unterschiedenen usf.
  11. Integration (einfügen) in einen räumlich strukturierten Zusammenhang (einordnen in topologische oder netzförmige Zusammenhänge)
  12. Integrieren in einen sequentiellen Zusammenhang, d.h. in eine Kette von Operationen
  13. Integration in einen hierarchisch geordneten Zusammenhang, d.h. unterordnen oder überordnen
  14. Konkretisation und Abstraktion, d.h. Herabsteigen oder Hinaufsteigen von einer Stufe einer Hierarchie zu einer anderen, vielleicht auch in einem Sprung zwischen sinnlich wahrnehmbarem Fall und sehr abstrakter Kategorie wie "Lebewesen"
  15. Spezifikation und Generalisation, d.h. von einer Klasse von Fällen zu einer Klasse mit mehreren Unterklassen von Fällen oder umgekehrt wechseln, z.B. von den Säugetieren zu den Lebewesen oder umgekehrt
  16. Definition, d.h. einordnen in einen topologischen und in einen hierarchischen Zusammenhang
  17. Anwendung oder Identifikation, d.h. unterordnen einer Information auf einer niedrigeren Stufe der Hierarchie
  18. Erklärung, d.h. zurückführen auf Gründe als logischer Prozeß in einer Argumentation und zurückführen auf Ursachen als Annahme über einen Kausalzusammenhang in einem Realitätsbereich
  19. Verstehen, d.h. etwas zu etwas anderem in Beziehung setzen, z.B. versteht man ein Wort, wenn man den Wortlaut zu einem Wortsinn in Beziehung setzen kann, oder eine Tat, wenn man sie zu einem Motiv in Beziehung setzen kann

Unterrichtspraktische Aspekte

20. Schließen auf zeitliche, räumliche, sachliche und logische Voraussetzungen und Konsequenzen
21. Vernetzung und Hierarchisierung, d.h. mehrfache Relationierung von Informationen zu Definitionen, Regeln oder Gesetzen
22. Reflektieren, d.h. Anwendung aller Operationen auf vorausgehende Operationen.

4. *Mediale Operationen*
- bildhaft Vorgestelltes in innere Sprache
- innere Sprache in äußere gesprochene Sprache
- äußere gesprochene Sprache in schriftliche Sprache
- sprachlich gefaßte Zusammenhänge in vorgestellte Zusammenhänge (Vorstellungen von einzelnen Gegebenheiten oder mentale Modelle)
- sprachlich gefaßte Zusammenhänge oder vorgestellte Zusammenhänge in äußere bildhafte Medien (graphische Schemata, Film, bildende Kunst, Architektur)
- aus allen anderen Medien in Musik und umgekehrt
- aus allen anderen Medien in Körpersprache (Mimik, Gestik, Körperhaltung, Körperbewegung) und umgekehrt

5. *Emotionale Operationen*
- Emotion verstärken
- Emotion abschwächen
- Emotion durch kognitive Operationen begründen oder in Frage stellen
- Emotion ausklingen lassen oder abrupt unterbrechen
- eine andere Emotion aktualisieren (eine gleichartige, eine ergänzende, eine konfligierende)

6. *Evaluative Operationen*
- Wertrang erhöhen (Überordnen über andere Werte)
- Wertrang senken (Unterordnen unter andere Werte)
- Wertgewicht erhöhen
- Wertgewicht senken
- Wertrang oder Wertgewicht durch kognitive Operationen begründen oder in Frage stellen

7. *Transformationen von Einstellungen, Strategien und Selbstkonzepten*
Diese Transformationen dienen dazu, Veränderungen für die Erreichung von Zielen vorzunehmen, d.h. ihre instrumentelle Funktion zu verbessern. Welche Veränderungen vorgenommen werden, ist damit von Wertentscheidungen abhängig.
- Veränderung der Kategorisierung des Einstellungsgegenstandes, z.B. eines anderen Menschen, eines Sachbereiches, einer Gruppe von Menschen, einer Tätigkeit (Differenzierung der Kategorien, Ergänzung durch Kategorien für bekannte Merkmale, Ergänzung durch Kategorien für positiv besetzte Merkmale)
- Modifizierung der emotionalen Reaktion auf einen Einstellungsgegenstand, z.B. der Bewunderung, des Hasses, der Verachtung, Liebe, der Angst (Minderung oder Erhöhung der Stärke der Emotion, Hinzufügung einer anderen Emotion, Vergleich konkurrierender oder gar gegensätzlicher Emotionen, Mischung einer Emotion mit einer anderen, Verdrängung einer Emotion durch eine andere)
- Veränderung der Bewertung des Einstellungsgegenstandes (Hinzufügen einer positiven oder negativen Bewertung eines Merkmals, Steigerung oder Abschwächung einer pauschalen positiven oder negativen Bewertung, Konfrontieren einer Bewertung mit Bewertungen durch andere, erneutes Kalkulieren der Summe aus positiven und negativen Bewertungen)

- Veränderung des Verhaltens, d.h. einer exekutiven physischen oder symbolischen Operation zum Einstellungsgegenstand (Verstärkung oder Verringerung, z.B. der Lautstärke oder der Schärfe der verbalen Äußerung, Wechsel zu einer anderen Klasse des Verhaltens, z.B. von physischen zu symbolischen)
- Änderung einer Strategie, d.h. einer Verlaufsform des Vorgehens (Änderungen der Zeitform und des Ortes, Änderungen der Abfolge einzelner Operationen, Änderungen der Abfolge großer Einheiten, Änderung der Höhe der Ebene für die bewußte Regelung der automatischen Verläufe)
- Verknüpfen mehrerer Strategien zu einer neuen bzw. Aufgliedern einer Strategie in Teilstrategien
- Veränderung einer Selbstbeurteilung, d.h. der Zuweisung eines Prädikats (einer Merkmalskategorie) zu einem selbst (durch Austausch des Prädikats, z.B. "Ich bin ein Sportler" zu "Ich bin ein Hobby-Sportler"), durch Ergänzung weiterer Prädikate, durch Zusammenfassung von Prädikaten in einer Kategorie höherer Ordnung.

Zweite Klassifikation: Handlungsoperationen

Es gibt nicht nur Transformationen in den verschiedenen Bereichen der menschlichen Informationsverarbeitung und zwischen ihnen, sondern für die Einheit des gesamten psychischen Systems sind besonders geartete Transformationen sequentieller Art notwendig, z.B. der schnelle Wechsel zwischen sensorischen und motorischen Informationen bei der Handhabung eines Werkzeugs oder zwischen den planenden Operationen (Beschreibungen auf unterschiedlichem Abstraktionsniveau) und den ausgeführten kognitiven und sensomotorischen Operationen bei der Niederschrift eines Textes. *Durch diese Transformationen werden alle Operationen, die jeweils in den einzelnen Bereichen vollzogen werden, zur Einheit der jeweiligen Handlung verbunden.* Im Unterschied zu den in jeder beliebigen psychischen Aktivität auftretenden universalen Grundoperationen handelt es sich jetzt um die *immer nur nacheinander auftretenden Teiltätigkeiten der Handlung*, wie z.B. dem zuerst auftretenden Plan für eine bestimmte Arbeit und die dann folgende Ausführung des Plans. Diese Teiltätigkeiten wiederholen sich sehr wahrscheinlich *in jeder Handlung*, was aber häufig dadurch verdeckt wird, daß Teiltätigkeiten entweder bewußt und sehr schnell vollzogen werden oder aber den Modus unbewußter Automatismen besitzen. Im Grenzfall, z.B. dem Auffangen eines aus der Hand gleitenden Glases durch die Koordination beider Hände, hat die ganze Handlung die charakteristischen Merkmale eines angeborenen Reflexes, obwohl sie langwierig als intentionale Handlung mit Ziel, Emotionalität etc. und nicht nur als sensomotorischer Reflex gelernt worden ist. *Ich wähle für diese Transformationen zwischen den Teiltätigkeiten der Handlung den Ausdruck "Handlungsoperationen"* (vgl. hierzu und zu dem folgenden die Beschreibung der Handlung als teleologischen Zusammenhang des Seelenlebens aus Erkennen, Fühlen und Wollen durch *Dilthey* (1961[3], Bd.IX, 167f.). Ich spreche deshalb von "Handlungsoperationen", weil ich in den Begriff "Operation" alle Grade der Komplexität einer Aktivität einbeziehe und auch die durchgängige operative Natur des ganzen Handlungsvollzuges betonen will.

Eine Bestätigung der Annahme, daß die *Teiltätigkeiten der Handlung selbst aus universalen Grundoperationen bestehen*, bietet *Dörner*. Er hat versuchsweise die von ihm unterschiedenen Teiltätigkeiten im Problemlösungsprozeß, die er "Lösungsprozeduren" nennt, als Kombinationen aus Operationen, wie sie von *Lompscher* unterschieden worden sind, zu beschreiben gesucht. Dabei kommt er zu dem Resultat:

> "Man kommt in der Tat erstaunlich weit, wenn man darangeht, geistige Prozesse in die *Lompscher*-Operationen zu zerlegen. So kann man zwanglos viele Teilprozesse der von uns dargestellten Lösungsprozeduren (...) als *Lompscher*-Operationen identifizieren. Es soll nun als Beispiel die Interpolationsprozedur (Herstellen der Verbindung zwischen bekannten Operatoren, d.h. nach *Dörner* Programmen für die Ausführung einer Gruppe von konkreten Operationen, z.B. "Radwechsel", die dem Problemlöser zunächst nicht gelingt. - J.G.) im Hinblick auf die *Lompscher*-Operation untersucht werden.
> Der erste Schritt der Interpolationsprozedur (...) nach der Wahl eines Start- und eines Zielpunktes besteht aus den Operationen, die wir als 'Situations- und Zielanalyse dargestellt haben. Im Kern handelt es sich dabei einmal um die *Erfassung von Eigenschaften* (Operation 2) und zum anderen um den *Vergleich* zweier Sachverhalte zur Ermittlung von Unterschieden (Operation 4).
> Der zweite Schritt ist die Auswahl von Operationen zum Zweck der Beseitigung von Unterschieden (...). Dabei taucht als Teilprozeß das *Ordnen* der Unterschiede nach der Anzahl von Voraussetzungen auf, die die zur Beseitigung zur Verfügung stehenden Operatoren haben (Operation 4). Die Suche nach Operatoren läßt sich darstellen als *Klassifizierungsvorgang* (Operation 7), in dem die Operatoren entsprechend ihrer Geeignetheit oder Ungeeignetheit zur Beseitigung eines bestimmten Unterschiedes zwischen Start- und Zielsituation klassifiziert werden." (*Dörner* 1987^3, 113)

Diese Verwendungsmöglichkeit von *Lompscher*-Operationen ist nicht verwunderlich, weil *Lompscher* sich auf *elementare kognitive Operationen* beschränkt und *Dörner* auch *im Problemlöseprozeß nur die kognitiven Operationen* beachtet. Welche Probleme sich dabei im einzelnen ergeben, ist in unserem Zusammenhang unerheblich. Es hat auch keinen Zweck, zu demonstrieren, daß sich *alle Teiltätigkeiten der Handlung als spezifische Kombinationen von Grundoperationen* beschreiben lassen, weil dies nicht nur langwierig ist, sondern sicher auch die Zusammensetzung von Fall zu Fall variiert. Von großer Bedeutung für die Praxis ist es aber, *zu wissen, daß den Schülern beim Planen, bei der Bewältigung von Schwierigkeiten aller Art im Problemlöseprozeß bis hin zur Wahl der Abfolge exekutiver, d.h. ausführender, Operationen dadurch geholfen werden kann, daß man sie auf Grundoperationen verweist, deren Vollzug ihnen weiterhelfen kann*.

Spricht man von einzelnen Operationen, dann wird der Prozeßcharakter des Verfahrens noch nicht hinreichend sichtbar, weil eine einzelne Transformation momenthaft zu sein scheint. Unerfahrene Lehrer erwarten deshalb auf eine Aufgabenstellung hin prompte Antworten oder zumindest schnell und reibungslos erstellte Lösungen. Sie realisieren zu wenig, daß *auch bei einfachen Aufgaben komplexe Verfahren* abgewickelt werden müssen, die nur der "Experte" automatisiert hat. Erst durch Erfahrung lernen sie, sich in die Schüler hineinzudenken. Die Frage-Antwort-Relation verleitet leicht zu einer *momenthaften und querschnitthaften Auffassung des Unterrichts*, was sich dann in einer schnellen Folge von engen Fragen auswirkt. *Die Aufgliederung der Schülerhandlung in Handlungsoperationen lenkt dagegen den Blick von der einzelnen Operation zu einer längeren selbständigen Tätigkeit der Schüler aus einem komplexen Zusammenhang von Operationen.* Damit kommt die wichtige Differenz *der jeweils übergeordneten Aufgaben und der ihnen untergeordneten Aufgaben* in den Blick. Für diese Differenz ist entscheidend, daß die Schüler *möglichst lange selbständig an einer Hauptaufgabe arbeiten und Hilfsaufgaben erst dann gestellt werden, wenn die Möglichkeiten der Schüler erschöpft sind bzw. Schwierigkeiten auftreten* (s. **Teil V**). In dem Maße, in dem ständige Kommunikation zwischen Lehrer und Schülern zum Prinzip des Unterrichts wird (Kommunikative Didaktik), wird die Möglichkeit zu längeren selbständigen Arbeiten für die Lösung einer Aufgabe eingeschränkt. Dieser Hinweis muß hier genügen, weil es im Augenblick vor allem darum geht, an *längerfristige Verfahren* zu denken.

Bei der folgenden *Unterscheidung und Klassifikation von Handlungsoperationen* orientiere ich mich einerseits an *Dörners* Unterscheidung von Teiltätigkeiten im Problemlöseprozeß, weite aber die Perspektive insofern aus, als ich mich nicht nur wie *Dörner* auf kognitive Aktivitäten beschränke, sondern *alle sechs oben unterschiedenen Systeme des psychischen Apparates in den Problemlöseprozeß mit einbeziehe.* Das gibt insgesamt ein *Repertoire von Handlungsoperationen, das keineswegs bei jeder Aufgabenlösung im Unterricht vollständig in Erscheinung tritt.* Wenn der Lehrer aber über dieses Verfahrenswissen verfügt, kann er *bei Bedarf den Schüler darüber informieren, was er tun kann, um Schwierigkeiten bei der Aufgabenlösung zu überwinden.* Der Lehrer kann aber *bei schwierigen Aufgaben ganz bewußt zusätzlich zur Aufgabenstellung bestimmte Schritte der Aufgabenlösung, d.h. Transformationen in der Gesamthandlung, anstreben.* Schließlich müßte die allgemeine Kompetenz des Schülers, Lernaufgaben zu lösen, darin bestehen, daß er *selbst* nicht nur routinemäßig, sondern *bewußt und flexibel die erforderlichen Handlungsoperationen einsetzen* kann. - Die von mir gewählte Reihenfolge kann als *Sequenz von Handlungsoperationen* verstanden werden. Sie ist aber nur eine von vielen möglichen Sequenzen, weil oft nur über wenige, ja, vielleicht *sogar nur über eine einzige Handlungsoperation informiert* werden muß, z.B. über ein Verfahren zur Behebung einer emotionalen Barriere, weil öfters *Klärungsbedarf nur bei der einen oder anderen Handlungsoperation* besteht, z.B. bei der Klärung von Ausgangsbedingungen und der Wahl einer ersten exekutiven Operation, und vor allem, weil u.U. *über dieselbe Handlungsoperation mehrfach* informiert werden muß, z.B. bei der Klärung mehrerer Teilziele oder bei der Behebung mehrerer Schwierigkeiten.

1. Transformation des sensomotorisch wahrgenommenen Mitteilungsmediums der Lernaufgabe in einen *(kognitiven) Textsinn.* - Diese Transformation führt zum Verstehen des Mitteilungssinns der Lernaufgabe. Dafür muß das psychische System aus den Informationen, die es gespeichert hat, zum sensorischen Input Sinn konstruieren. Dieser Prozeß des Verstehens der Lernaufgabe beginnt mit der elementaren Operation, zu Sinneswahrnehmungen den Sinn zu konstruieren, daß sie Zeichen (z.B. ein "a") sind (semiotische Operationen), und endet damit, daß die begriffliche Information der Aufgabe aus dem Wissensbestand aktiviert wird. So ist z.B. der Textsinn der folgenden Aufgabe soweit verstanden, wie der Schüler über die Begriffe "Zusammenstellen", "Übersicht", "Argumente" etc. verfügt : "Stelle in einer Übersicht die Argumente zusammen, mit

denen der Autor seine These über die Notwendigkeit des Weltfriedens begründet!" (Zum Textverstehen vgl. Grzesik 1990)

2. Transformation des kognitiven Textsinns der Lernaufgabe in ein (erstes) *figuratives antizipierendes Gesamtschema der Aufgabenlösung*. - Aus dem Textsinn "Argumente in einer Übersicht zusammenstellen" kann ein erstes Schema einer Anordnung von zuvor unterschiedenen Sachverhalten gebildet werden, ohne daß man sich schon darüber im klaren ist, wie die Ordnung genau aussehen soll und was in sie (an Argumenten) eingestellt werden soll. Dieses Schema kann von Schüler zu Schüler sehr verschieden sein und hängt in hohem Maße davon ab, was bis dahin schon im Unterricht unter einer "übersichtlichen Zusammenstellung von Argumenten" verstanden worden ist. Diese schematischen Vorstellungen können schon verschiedene Formen haben: Blöcke, Stufen, Ketten, Algorithmen, Kurven etc. Sie antizipieren wahrscheinlich primär die Struktur des Resultates und nicht die Struktur des Prozesses der Aufgabenlösung.

3. Transformation des figurativen Gesamtschemas in zwei *kognitive Teilschemata vom Gegenstand, auf den sich die Aufmerksamkeit bei der Aufgabenlösung richten wird, und dem Verfahren, das auf ihn angewendet werden wird*. - Diese Differenz kann schon durch eine Zuordnung der einzelnen begrifflichen Informationen zum Gegenstand oder zum Verfahren erarbeitet werden. Dabei muß aber die sequentielle Ordnung im Satz aufgehoben und durch zwei *Merkmalsbündel eines Gegenstandes und eines Verfahrens* ersetzt werden. So ergibt sich z.B. aus der Aufgabe: "Erklären Sie die Entstehung von linear polarisiertem Licht bei der Reflexion von unpolarisiertem Licht an durchsichtigen Medien!" möglicherweise schon die folgende geordnete Gruppierung der mitgeteilten Merkmale: Gegenstand: durchsichtiges Medium, unpolarisiertes Licht tritt ein, wird durch das Medium reflektiert, linear polarisiertes Licht tritt aus. - Verfahren: Erklärt werden soll, wie sich am Medium das eine Licht aus dem anderen ergibt. Damit ist die Information der Aufgabe vom Wortlaut der Aufgabe unabhängig geworden. Deshalb kann nun allein im Blick auf die Merkmale von Gegenstand und Verfahren mit allen zu Gebote stehenden Medien (insbesondere eigenen sprachlichen Mitteln und graphischen Mitteln) weitergearbeitet werden. Sobald dies geschehen ist, können zunehmend bereits vorhandene Gegenstands- und Verfahrenskenntnisse aktualisiert werden. Daher beginnt hier schon die Aufgabenlösung oder genügt diese Transformation vielleicht schon zum Übergang zu exekutiven Operationen.

4. Transformation der beiden Teilschemata in ein (erstes) *figuratives Verlaufsschema aus Zielsituation, Ausgangssituation und den zwischen beiden vermittelnden exekutiven Operationen*, d.h. in einen ersten *Plan des Lösungsprozesses*. - Ein Plan ist eine Beschreibung der künftigen Sequenz von ausführenden Operationen auf unterschiedlichen begrifflichen Hierarchieebenen. Er kann z.B. zuerst nur aus der allgemeinen Kennzeichnung umfangreicher Arbeitsabschnitte bestehen, ehe man darangeht, diese Arbeitsabschnitte wiederum in Teilschritte aufzugliedern, bis man schließlich die Kette der mehr oder weniger komplexen exekutiven Operationen festlegen kann. Man kann einen *Plan* deshalb auch als ein *reflexives antizipierendes Schema für die Regulierung* des Prozesses der Aufgabenlösung ansehen. Die erste Konzeption eines Planes besteht sicher aber noch nicht aus einem geordneten begrifflichen Zusammenhang, z.B. in Gestalt einer gut geordneten Gliederung, sondern aus einer *im einzelnen noch unbestimmten schematischen Form*. Gegenüber den Transformationen 2 und 3 werden nun aber schon Ausgangsgegebenheiten, Zielzustand und zwischengeschaltete Operationenfolge, d.h. Bestandteil der Verlaufsform einer Handlung, unterschieden. Gegenstands- und Verfahrensinformationen sind jetzt nicht mehr nur aufeinander bezogen, sondern müssen auf die Zeitachse "gelegt" und "auseinandergezogen" werden. Für das Physikbeispiel (Transformation 3) würde dies bedeuten, daß die Information über die Lichtbrechung an durchsichtigen Medien als *gegebene Ausgangssituation* angesetzt wird und eine fertig formulierte Erklärung als das anzustrebende Ziel. Das scheint eine geringe Veränderung zu sein, und doch impliziert sie eine wichtige neue Sicht:

- Ist der Ausgangszustand hinreichend bestimmt und hat der Schüler eine hinreichend genaue Vorstellung vom Zielzustand, z.B. in Gestalt eines physikalischen Gesetzes, dann kommt es nur noch auf die Operationen an, die "vom Ausgangszustand zum Zielzustand führen". Im Extremfall ist das lediglich eine Frage der sukzessiven Anordnung bekannter Operationen.
- Es kann aber dann doch die Reihenfolge der Operationen Schwierigkeiten machen, obwohl die einzelnen Operationen bekannt sind. *Dörner* nennt diese Form des Hindernisses "Interpolationsproblem" (*Dörner* 1987[3], 56: "Bei einem Interpolationsproblem kommt es darauf an, mit bekannten Operatoren einen 'Pfad' von der bekannten Anfangssituation zu der bekannten Endsituation zu konstruieren.")
- Es kann der Zielzustand nur durch zu allgemeine Kategorien bestimmbar sein oder gar nur aus einer vagen Ahnung bestehen. Dann kann trotzdem das Ziel erreicht werden, indem man sich von einer Operation zu einer anderen weiterhilft.
- Es können Operationen, die für die Lösung erforderlich sind, fehlen, was *Dörner* als Syntheseproblem bezeichnet:

"Probleme mit Synthesebarrieren sind Probleme, bei denen das Operatorinventar offen ist. Man weiß, daß die Lösungsmethoden, die zunächst in Betracht gezogen wurden, nicht ausreichen und daß es erforderlich ist, das Operatorinventar zu ergänzen. Die eigentlich wichtigen Operatoren kennt man noch nicht. Sie bilden gewissermaßen Leerstellen im Operatorinventar. Deshalb kann man hier von Problemen mit offenem Operatorinventar reden." (*Dörner* 1987[3], 13)

- Es kann entweder die Ausgangssituation oder die Zielsituation nicht hinreichend genau bestimmt sein oder gar beides, was *Dörner* als dialektisches Problem bezeichnet.

"Der Grund für die Wahl des Begriffs 'dialektisch' ist, daß die Lösung solcher Probleme meist in einem dialektischen Prozeß gefunden wird, in dem ein Vorschlag oder Entwurf für den Zielzustand auf äußere Widersprüche (Widersprüche des Entwurfs mit Sachverhalten außerhalb seiner selbst) oder innere Widersprüche (Widersprüche der Komponenten des Entwurfs zueinander) überprüft und entsprechend verändert wird." (*Dörner* 1987[3], 13)

Das muß genügen, um zu demonstrieren, daß das "Auftragen" der Gegenstands-Verfahrensrelation auf die Zeitachse den *Zugang zum hochproblematischen Raum des Prozesses der Aufgabenlösung* eröffnet. - Wenn sich bei dieser Transformation der Aufgabeninformation in das Schema eines Planes der Eindruck einstellt, daß der Gesamtzusammenhang der Aufgabenlösung hergestellt werden kann, dann kann sofort mit dem Vollzug der ersten ausführenden Operation begonnen werden (s. **Punkt 8**). Sollte der Schüler dann aber trotzdem ins Stocken geraten, dann muß er erneut den Versuch machen, einen Plan zu erstellen, einen gänzlich neuen oder nur einen abgewandelten. Beides kann sich sehr schnell, fast augenblickshaft abspielen. - Diese neue Sicht kann aber auch dazu führen, daß zum ersten Mal im Problemlöseprozeß nicht nur die gesamte Aufgabe als mehr oder weniger schwer erscheint, sondern bestimmte Schwierigkeiten bewußt werden können. Die bisher angeführten Schwierigkeiten sind aber sicher nur ein Ausschnitt aus der Gesamtheit aller Schwierigkeiten. Selbst wenn man, wie *Dörner* es tut, Probleme nur nach kognitiven Schwierigkeiten klassifiziert, die er plastisch Barrieren nennt, wird man sie nicht alle in den drei Klassen der Interpolations-, Synthese-, und dialektischen Barrieren unterbringen können. Beim ersten Versuch, einen Plan für einen schwierigen Lösungsprozeß zu entwerfen, wird es aber sicher noch nicht zu einer genauen Lokalisation der Barrieren und erst recht nicht zu ihrer Überwindung kommen.

5. Transformation des ersten Planes durch Suchschemata in eine *kognitive Karte von "Barrieren"*, d.h. Hindernissen, aller Art für die reibungslose Lösung der Aufgabe: nämlich *sensorischen, kognitiven, symbolischen, emotionalen, evaluativen und motorischen*. - Die ausdrückliche Konzentration auf Schwierigkeiten und ihre möglichst genau Lokalisierung im Lösungsprozeß sind die Voraussetzung für ihre zielstrebige Behebung. Erst hier kann eine *Analyse der Lernaufgabe* einsetzen, *die zur Entdeckung und zur Behebung von Defiziten führt*. Die Komplexität dieser Prozesse entzieht sich einer knappen Darstellung. Ich liste deshalb lediglich eine Reihe von zusätzlichen Barrieren zu den unter **Punkt 4** bereits genannten auf und weiß, daß zu ihrer Behebung u.U. ein therapeutisches Programm erforderlich ist. Sie müssen aber in den Blick kommen, weil sie, natürlich in unterschiedlichstem Grade, zur Realität der Schwierigkeiten der Aufgabenbewältigung gehören. An jeder von ihnen kann das Gelingen einer Aufgabenlösung scheitern.

- unvollständige Wahrnehmung oder Vorstellung der für die Aufgabenbewältigung hinreichenden Merkmale der Ausgangssituation
- fehlende Begriffe für die Konstruktion eines Planes des Problemlöseprozesses
- zu geringer Wortschatz für die Identifizierung der in der Aufgabe selbst auftretenden Wörter und auch für die Umsetzung der Information in andere Wörter
- zu geringe Abstraktionsfähigkeit für die Konstruktion eines hierarchischen Planes
- zu starke Gebundenheit an sinnlich gegebene Gegenstände, um sich im Möglichkeitsraum von Plänen bewegen zu können
- zu geringe Kenntnisse von exekutiven Operationen unterschiedlicher Komplexität (Strategien, Taktiken, Methoden, Prozeduren, Algorithmen etc.)
- zu große Unbestimmtheiten in allen Bereichen, dem Ausgangsbereich, dem Zielbereich, dem Planungsbereich und dem exekutiven Bereich der Aufgabenlösung, d.h. unzulängliche Wissensbestände, unzulängliche Genauigkeit, unzulängliche Fähigkeit zur Aktualisierung, unzulängliche Fähigkeit zu komplexen Kombinationen von Operationen
- negative emotionale Besetzung des Gegenstandes oder des Verfahrens
- negative emotionale Besetzung von geistiger Anstrengung
- Emotionen, die geistige Konzentration stören
- vorurteilhafte Bewertungen von Komponenten des Problemlöseprozesses
- Schwierigkeiten mit der werthaften Neutralisierung egozentrischer Wertungen für den dezentralen Gesichtspunkt der Aufgabenlösung
- Unsicherheit in der Bewertung von Resultaten und Kontrollergebnissen
- motorische Schwierigkeiten bei medialen Codierungen
- motorische Schwierigkeiten bei exekutiven Operationen.

Wie schwer Lernen ist, wird einem bewußt, wenn man sich vor Augen führt, was alles die Bearbeitung einer Aufgabe behindern kann. Wo sich solche Schwierigkeiten häufen und sich nicht auf wenige Schwierigkeiten reduzieren lassen, die gemeinsam abgearbeitet werden können, muß am Ende auch der beste Lehrer scheitern.

6. Transformation der identifizierten sensorischen etc. Defizite *in Komponenten des Lösungsprozesses*, d.h. Transformation des defizitären Plans in einen *realisierbaren Plan*. - Zu einer solchen Transformation kommt es nicht, wenn nach bruchstückhaften Antizipationen durch Versuch und Irrtum eine Lösung versucht wird. - Für relativ komplexe Lernaufgaben aber lohnt sich die ausdrückliche Ausarbeitung eines Planes, und sei es nur in ganz bescheidenen Vorstrukturierungen des Vorgehens.

7. Falls dies nicht gelingt, empfiehlt sich: Transformation des ersten Planes durch kognitive Operationen in ein *System von differenzierten und hierarchisch geordneten Teilplänen* zur genaueren Lokalisation von Schwierigkeiten und deren Behebung. Was für die gesamte Aufgabe

nicht gelingt, müßte dann für Teilaufgaben versucht werden, indem man z.B. sich auf ein Teilziel beschränkt oder gar die Behebung einer bestimmten Schwierigkeit zum Ziel erklärt.

8. Transformation des gesamten Plans oder von Teilplänen in eine *sequentielle Folge von exekutiven Operationen*. - In der kürzesten Form der Aufgabenlösung folgen auf die Transformation des Aufgabensinns in eine Ausrichtung der Aufmerksamkeit und ein Verfahren (s. **Punkt 3**) sofort eine oder mehrere exekutive Operationen, z.B. beim Hinweis auf ein lateinisches Wort und den Auftrag der Übertragung ins Deutsche das deutsche Wort oder auf die Aufforderung zur Multiplikation von 12 und 12 die Operationen 10 x 12 = 120; 2 x 12 = 24; 120 + 24 = 144. - Der Umfang von Aufgaben stößt im Unterricht schnell an spezifische Grenzen. Je umfangreicher eine Aufgabe ist, von etlichen Minuten bis zu einer Jahresarbeit, desto länger wird die Vorarbeit sein müssen, bis es zur Transformation in eine Sequenz von ausführenden Operationen kommt. In diesen Fällen muß die Planung soweit ausgebaut werden, daß sie die *gesamte Sequenz der exekutiven Operationen regulieren kann*. Der Plan ist dann das speziell für die Lösung einer Aufgabe entwickelte Regulativ. Bei der Ausführung muß der Schüler in der Hierarchie der größeren und der untergeordneten kleineren Einheiten so hinauf- und heruntersteigen können, daß er einerseits die Übersicht behält, er andererseits aber möglichst reibungslos eine exekutive Operation an die andere anschließen kann. Das kann und muß zunächst auch an Aufgaben geringeren Umfangs gelernt werden. - Angesichts des immer größer werdenden Planungsaufwandes für große Projekte in unserer Gesellschaft ist es verwunderlich, wie wenig Schüler heute die geplante Ausführung einer größeren Arbeit lernen.

9. Prüfung, ob sich bereits erzielte Resultate auch *auf anderen Wegen* gewinnen lassen oder ob sie *mit solchen Resultaten vergleichbar* sind, während des gesamten exekutiven Prozesses. - Ganz im Gegenzug zum vorausschauenden Plan ist die Kontrolle retrospektiv. Aber auch sie ist konstruktiv, weil Kontrolle ihrerseits nur möglich ist durch Kontrollverfahren, die gelernt sein wollen. Hier zählt jede Möglichkeit, das Schätzen der Richtigkeit der Aufgabe, der erneute Durchgang, die Gegenrechnung, der Vergleich mit ähnlichen schon bekannten Aufgaben und vieles andere mehr. Ziel muß hier die Selbstkontrolle der Aufgabenlösung und auch die Erhöhung der selbst erzielten Sicherheit in der Beurteilung der Zuverlässigkeit der Lösung sein. Diese Kontrollprozesse können keineswegs nur an bestimmten Stellen des Lösungsprozesses stattfinden, sondern prinzipiell nach jeder Operation. Aus ökonomischen Gründen wird man aber zusätzlich zu den ständigen kleinen Kontrollen *ausführliche Kontrollen nur für Zwischenergebnisse nach einem größeren Arbeitsabschnitt oder aber auch nach besonders schwierigen Operationen* durchführen.

10. Bei Bedarf *Wiederholung der bisher unterschiedenen Transformationen* an jeder Stelle der Aufgabenlösung, d.h. *Einlegung von Schleifen in die Sequenz der exekutiven Operationen*. - Die Vorstellung von einer ununterbrochenen linearen zeitlichen Ordnung der Handlungstransformationen ist unrealistisch. Handlungsoperationen können nicht nur übersprungen oder automatisiert vollzogen werden, sondern sie können an jeder Stelle des resultierenden linearen Lösungsprozesses so oft vollzogen werden, bis die jeweilige exekutive Operation als notwendiges oder hinreichendes Glied in der Kette gefunden ist. Prinzipiell könnte so für jede schwierige Aufgabe das fehlende Wissen Stück um Stück erarbeitet werden. Schon aus zeitlichen Gründen wird man aber die Zahl der Schleifen an einer Stelle möglichst niedrig halten müssen. Wie sehr es aufhält, wenn einzelne Schüler einen größeren Bedarf an Schleifen haben, weiß jeder Lehrer.

11. Transformation des kognitiv oder in einem mentalen Modell repräsentierten Gesamtresultates in *Wertgewichte* (evaluative Repräsentation) durch Vergleichsprozesse zwischen dem Resultat und Sachverhalten, die als Maßstab dienen, d.h. im einzelnen: mit dem Gegenstand und dem Verfahren (Grad der Thematreue), mit den Ausgangsbedingungen (Grad der Berücksichtigung der Ausgangsbedingungen) und mit dem Ziel (Grad der Zielerreichung) (vgl. die "Selbstprüfung"

bei *Kerschensteiner* 1965[16]).- *Ohne diese Bewertungen verfügt der Schüler über keine selbstgewonnene Information über den Wert seiner Aufgabenlösung.* Nur durch Vergleichsoperationen unterschiedlicher Art kann er selbst den Wert seiner Arbeit kalkulieren. Nur wenn er selbst den Wert einer Arbeit zu beurteilen vermag, kann er dann auch einen Vergleich mit Fremdbewertungen anstellen und ist er den Fremdbewertungen nicht hilflos ausgesetzt.

12. Transformation des reflexiv durchmusterten Gesamtverlaufs in *ein oder mehrere Verfahrensschemata*. - Diese Reflexion dient nicht der Kontrolle und auch nicht der Bewertung, sondern dem Lernen der Verfahren, dem *Lernen des Lernens*. Bei dieser Reflexion werden mentale Modelle, d.h. vorgestellte abstrakte Schemata, von Verlaufsstrukturen gebildet. Diese Verfahrensschemata können dann auf die Lösung ähnlicher Aufgaben übertragen werden.

Handlungsoperationen stellen so die Transformationen von der ersten Rezeption einer mitgeteilten Aufgabe bis zu ihrer Lösung dar. Durch sie kann der gesamte "Raum" der menschlichen Problemlösefähigkeiten je nach Bedarf in unterschiedlicher Tiefe genutzt werden. Durch die Mitteilung solcher Verfahrensinformationen kann der Lehrer die Bearbeitung von Lernaufgaben, insbesondere von komplexen und für die Schüler schwierigen Lernaufgaben, erleichtern oder gar erst möglich machen. Diese Möglichkeiten werden im heutigen Schulunterricht nach meinem Eindruck noch kaum genutzt.

Dritte Klassifikation: Im Unterricht häufig auftretende komplexe Operationen

Eine genauere Analyse der operativen Struktur umfangreicher Verfahren, z.B. der Ausarbeitung eines Schriftstückes oder der Kalkulation der Arbeitszeit für die Herstellung eines Produktes verbietet sich hier wegen ihrer Komplexität. *Piagets* Analysen der Genese der operativen Systeme der natürlichen Zahlen, der Zeit, des Raumes etc., zahlreiche Untersuchungen zur Genese komplexer Begriffsstrukturen, z.B. des Eigentumsbegriffs oder des Begriffs der Gerechtigkeit, und auch meine Untersuchungen zur den komplexen Gruppierungen von Operationen im Prozeß des Begriffslernens und des Textverstehens, zeigen, welcher Aufwand dafür erforderlich wäre. Es gibt auch für jede der folgenden Tätigkeiten umfangreiche Literatur unterschiedlicher Herkunft. Ein für den Lehrer geeignetes *Kompendium der Grundstrukturen komplexer Verfahren* fehlt aber bis auf den heutigen Tag. - Weil ich eine Vorstellung davon habe, wie eine informationsreiche Beschreibung jedes einzelnen Verfahrens, z.B. des Beweisens, aussehen müßte, verzichte ich sogar auf eine knappe Definition der Tätigkeit, weil sie unvollständig bleiben müßte, und liste statt dessen nur einige exemplarisch auf:

Verfahren des Textverstehens
- Verfahren der Abfassung von Texten
- Verfahren des Kartenlesens
- Verfahren der Herstellung von Karten
- Verfahren des Lesens von Diagrammen
- Verfahren der Herstellung von Diagrammen
- Verfahren der Erkenntnisgewinnung
- Verfahren der Argumentation, d.h. von Begründungszusammenhängen für eine These
- Verfahren der Ursachenklärung, d.h. der Unterscheidung von Ursachen für ein Ereignis
- Verfahren der Ergebniskontrolle
- Verfahren der Informationsbeschaffung

- Verfahren der kommunikativen Herstellung eines Konsenses für ein einzelnes Vorgehen oder für eine Konvention
- Verfahren der Diskussion eines Themas
- Verfahren der Systemanalyse, d.h. von wechselseitig abhängigen Größen in einem komplexen Zusammenhang, z.B. in einem Wirtschaftssystem, einem politischen System, einem technischen System oder einem Erziehungssystem
- Verfahren des Beweisens
- Verfahren der Kritik (Sachkritik, logische Kritik, Wertkritik, Darstellungskritik).

In einer funktional differenzierten Gesellschaft sind für jeden Arbeitsbereich, der für die Erfüllung einer bestimmten Funktion von anderen unterschieden wird, spezifische Verfahren kennzeichnend, z.B. Wahlverfahren, Verfahren der Rechtsprechung, Verfahren für die Genehmigung eines Bauvorhabens, Verfahren der Steuererhebung, Verfahren der Kostenrechnung, Produktionsverfahren aller Art, medizinische Verfahren, Rechenverfahren. Jedes Verfahren ist auf eine prinzipiell unbestimmt große Zahl von Fällen anwendbar. Es hängt von der Art der Fälle ab, wie starr oder flexibel ein Verfahren zweckmäßigerweise definiert sein muß. Für das einem Automaten überantwortete Verfahren der Bezahlung einer Parkgebühr kann es weder Toleranzen noch Flexibilität geben. Dagegen gibt es viele Toleranzen und flexible Kombinationsmöglichkeiten bei der Diagnose einer neu auftretenden Krankheit oder in politischen Verfahren der weltweiten Konfliktbewältigung. Jeder Arbeitsplatz kann nach Art und Komplexität der für ihn kennzeichnenden Verfahren definiert werden. Mehr noch, die für die Moderne kennzeichnende Entwicklung ständig neuer Verfahren ist ungebrochen und hat längst evolutionären Rang. Statt aber daraus auch für die Schule die Konsequenz zu ziehen, daß die Schüler in größtmöglicher Vielfalt Verfahren lernen und dabei auch die Fähigkeit erwerben, selbständig neue Verfahren zu lernen, ruft man allenthalben immer noch nach einem verbindlichen Kanon von Inhalten, nicht nur für jede Schulart, sondern sogar für alle Schüler. Falls ich mich nicht sehr täusche, ist das noch ein Relikt der Bildungstheorie des 19. Jahrhunderts, die ein absolutes Bildungsideal "dingfest" zu machen suchte, weil ihr die Selbstverständlichkeit eines absoluten religiösen und ethischen Bildungszieles verlorengegangen war (vgl. *Langewand* 1991).

Wenn dies zutrifft, dann müßte auch die Komplexität der in der Schule gelernten Verfahren zunehmen, statt zuviel Lebenszeit mit einem übervollen Katalog von Inhalten oder auch diffusen einmaligen Projekten zu verbringen. Mit der Komplexität der Verfahren nimmt natürlich auch ihre Bereichsspezifik zu. Es ist deshalb gut zu überlegen, an welchem Minimum an spezifischen Gegenständen von den jeweiligen Schülern ein Maximum an bereichsspezifischen Verfahren gelernt werden kann. Noch so spezielle Verfahren haben aber einen höheren Übertragungsradius auf andere Gegenstände als eine noch so genaue Gegenstandskenntnis, weil es eine viel geringere Zahl von Verfahrensmöglichkeiten gibt als von unterschiedlichen Gegenstandsstrukturen. - Wenn aber im Unterricht komplexe spezifische Verfahren gelehrt werden, soweit dies beim jeweiligen Entwicklungsstand der Schüler möglich ist, dann benötigt der Lehrer dazu die Kenntnis der *Teilverfahren, aus denen das Gesamtverfahren zusammengesetzt* ist. Er muß das Gesamtverfahren soweit auflösen können, daß er die Schüler über Teilhandlungen informieren kann, die sie vollziehen können. Erst wenn das sichergestellt ist, genügen allgemeinere Verfahrensinformationen. So wird es den Schülern z.B. unmöglich sein, der Aufforderung zu folgen, ein Experiment durchzuführen, ehe sie nicht wenigstens wissen, welche Teilverfahren für die Planung, die Durchführung und die Ergebnisanalyse im jeweiligen Bereich geeignet sind. - Da eine genauere Erörterung solcher Verfahren hier nicht möglich ist, schließe ich die Überlegungen zum Verfahrenswissen damit ab, daß ich nur einige Beispiele für Verfahren anführe, die in jedem Lebensbereich benötigt werden:

- Verfahren der Kalkulation der eigenen Motivation
- Verfahren der Konfliktbewältigung mit anderen
- Verfahren der Arbeitsplanung und Kontrolle
- Verfahren zur Abwägung von Vor- und Nachteilen einer Entscheidung
- Verfahren der Geschäftsordnung in größeren Gremien
- Verfahren bei Kaufentscheidungen
- Verfahren für die Wahrung eigener Rechte
- Verfahren der Selbstdarstellung
- Verfahren der Gesprächsführung.

3. Nach welchen Kriterien kann die Verfahrensinformation ausgewählt werden?

Die Entscheidung für eine bestimmte Verfahrensinformation muß sich wie die Entscheidung für Gegenstandsinformation nach der Bewertung von solchen *Beziehungen* richten, *in die das Lernen eines Verfahrens in den Unterricht "eingepaßt" werden soll.* Wird dagegen ein Verfahren ohne die Berücksichtigung des jeweiligen Unterrichts nach außerunterrichtlichen Beziehungen gewählt, dann ist die Wahl systemwidrig. Das ist z.B. der Fall, wenn es weniger um die Qualifikationsfunktion als um die Produktionsfunktion der Verfahren geht oder wenn die Lernmöglichkeiten nicht möglichst genau beachtet werden, sondern stereotyp immer wieder ein und dasselbe Verfahren praktiziert wird oder wenn die Verfahren so speziell sind, daß der Radius der Übertragbarkeit unverantwortlich klein ist. - Auch die Verrechnung der Wertgewichte erfolgt wie bei der Wahl der Gegenstandsinformation in einem Kalkül. In genauer Entsprechung zur Wahl der Gegenstandsinformation können deshalb bei dieser Wahl die folgenden Beziehungen berücksichtigt werden:

1. Beziehungen zwischen dem zur Wahl stehenden Verfahren und anderen Verfahren (Position in einem Repertoire von Verfahren)
   - Handelt es sich um ein allgemein anerkanntes oder besonders geschätztes Verfahren in einem Tätigkeitsbereich?
   - Läßt es sich mit anderen Verfahren verbinden?
   - Wie hoch ist der Transferwert? (Anwendungsbereiche, Integrierbarkeit in eine allgemeine Strategie)
2. Beziehungen zwischen dem zur Wahl stehenden Verfahren und Zielen des Unterrichts (Beziehungen zu angestrebten Verfahrenskompetenzen)
   - Ist das Verfahren identisch mit der angestrebten Verfahrenskompetenz oder ein Teil von ihr?

- Ist das Verfahren eine notwendige Voraussetzung für die angestrebte Verfahrenskompetenz? (z.B. die Identifikation von Wortbedeutungen durch Kontextoperationen als notwendige Voraussetzung für jedes Verfahren der Verarbeitung von Satzsinn)
- Kann das Verfahren den Erwerb der angestrebten Verhaltenskompetenz erleichtern? (z.B. Selbstregulation der Motivation bei einem mit Vorurteilen belasteten Verfahren)
- Kann das Verfahren zum Erwerb mehrerer angestrebter Verfahrenskompetenzen beitragen?
3. Beziehungen zwischen dem zur Wahl stehenden Verfahren und den Lernmöglichkeiten der Schüler (Beziehungen zu den subjektiven Bedingungen der Schüler)
- Wie groß ist der Bekanntheitsgrad des Verfahrens für die Schüler?
- Wie anspruchsvoll ist das Verfahren für die kognitive Leistungsfähigkeit der Schüler?
- Wie gern vollziehen die Schüler das Verfahren? (antizipierte Lust der Aktivierung bestimmter Funktionen)
4. Beziehungen des Verfahrens zu den Lehrmöglichkeiten des Lehrers (Beziehungen zu subjektiven Bedingungen des Lehrers)
- Wieweit ist ihm das Verfahren bekannt?
- Wie anspruchsvoll ist das Verfahren für ihn selbst und für die Vermittlung?
- Wie hoch ist sein Interesse an dem Verfahren?
5. Beziehungen des Verfahrens zur Kommunikationsstruktur des Unterrichts
- Ist das Verfahren im Schulunterricht realisierbar?
- Wie groß ist der Zeitbedarf für den Vollzug des Verfahrens?
- An welche bisher trainierten Verfahren kann das Verfahren angeschlossen werden?
- Verträgt das Verfahren die Öffentlichkeit des Schulunterrichts?
- Ist das Verfahren in einer Sozialform, die dem Schulunterricht zur Verfügung steht, realisierbar? (z.B. Dienstleistungen, Arbeitsaufwand, personelle Ausstattung, Team).

Auch die *Verrechnung der Wertgewichte der einzelnen Beziehungen* erfolgt wie bei der Wahl der Gegenstandsinformation in einem *Kalkül*. Für die Alles-oder-Nichts-Entscheidung über ein Verfahren ist ausschlaggebend, *welche Beziehungen der Lehrer berücksichtigt, welches Wertgewicht er ihnen gibt und ob die Summe der Wertgewichte in höherem Maße positiv oder negativ ist*. Bei ausdrücklichen Abwägungen werden auch die feineren Grade der Gewichtung bewußt und kann der Ausschlag zur Wahl oder gegen die Wahl problematisch sein.

In diesem Prozeß gibt es prinzipiell keinen Vorrang einer Beziehung vor einer anderen, sondern hängt auch die Gewichtung zwischen den Gewichtungen der einzelnen Beziehungen wiederum vom subjektiven Wertsystem des Lehrers ab. Trotzdem ist die *Beziehung zwischen Verfahren und Gegenstand für die Wahl von Verfahren von besonderer Bedeutung*. Hat man schon einen bestimmten Gegenstand gewählt, aus welchen Gründen auch immer, dann ist damit schon bis zu einem gewissen Grade über die möglichen Verfahren mitentschieden und umgekehrt. *Die Strenge des Wechselverhältnisses zwischen Gegenstand und Verfahren nimmt offensichtlich mit der Genauigkeit der Gegenstands- und Verfahrensbestimmung zu, so daß Verfahren und Gegenstand schließlich nicht mehr variieren können*. Ein bestimmter Gegenstand ist dann nur zugänglich durch ein bestimmtes Verfahren, und dieses Verfahren ist auch der einzige Zugang zu diesem Gegenstand. (Beispiele: Intelligenz ist, was der Intelligenztest mißt. - Die Art der Unterscheidungsoperation entscheidet darüber, worin sich ein Sachverhalt von einem anderen unterscheidet.) Für die verhältnismäßig groben Gegenstands- und

Verfahrensbestimmungen im Unterricht genügt aber die Vorstellung, daß *die Wahl von Gegenständen die Wahlmöglichkeiten für Verfahren einschränkt und umgekehrt.*

In der Praxis des Unterrichts hat *die Gegenstandswahl* trotz dieser Wechselseitigkeit *meistens Priorität vor der Verfahrenswahl* und ist dementsprechend die Verfahrenswahl eine *abhängige und wenig reflektierte Wahl.* Ich will mich hier nicht auf die lange Diskussion der Priorität der Inhalte einlassen, die zum Postulat der Priorität der Bildungsinhalte (als Gegenstand der Didaktik) vor den Lern- und Lehrmethoden (als Gegenstand der Methodik) geführt hat. Für die Aufstellung dieses Postulats spielt nicht nur die oben erwähnte Bildungstheorie einer Klasse von bevorzugten Gegenständen, sondern auch die Priorität des gegenständlich Bewußten vor der Reflexion auf das eigene Vorgehen und letztlich die Priorität des durch die äußeren Sinne Wahrnehmbaren vor allen anderen möglichen Gegenständen der Aufmerksamkeit eine wichtige Rolle. Diese naive Weltsicht, die für das Alltagsbewußtsein kennzeichnend ist, verträgt sich gut mit der Idealisierung, d.h. der zeitlosen Geltung und höchsten Gewichtung, einer besonderen Gruppe solcher Gegenstände, z.B. der religiösen, der klassischen, der wissenschaftlichen oder der gesellschaftlichen, je nach eigenem Standpunkt oder gerade herrschender veröffentlichter Meinung.

Lassen wir hier die Behauptung der Priorität der sogenannten Inhalte vor den Unterrichtsmethoden, die nicht zu halten ist, außer Betracht und bleiben wir nur bei den vom Schüler zu vollziehenden und damit zu lernenden Verfahren, dann scheint mir der *Verfahrensgewinn wichtiger als der Gegenstandsgewinn* zu sein, weil *mit jedem neuen Verfahren ein neuer Zugang zur Welt oder zum Selbst* erschlossen wird, während mit demselben Verfahren bei neuen Gegenständen immer nur Sachverhalte der gleichen Art, d.h. immer mehr gleiche Gegenstände, hinzugewonnen werden. *Verfahrenswechsel* aber ist nur in dem Maße sinnvoll, in dem die *Verfahrenssicherheit* nicht darunter leidet. Deshalb sollte jedes Verfahren in einem Maße konstant gehalten werden, das für eine Konsolidierung des Verfahrens erforderlich ist, und sollte ein Gegenstand in dem Maße konstant gehalten werden, in dem neue Verfahren an ihm erprobt werden können. Da beides von den Lernmöglichkeiten der Schüler abhängt, kann man nur für eine ausgewogene Verbindung beider Möglichkeiten plädieren: für die *Konsolidierung eines einmal gelernten Verfahrens in einer abnehmenden Zahl von Anwendungen und für die entsprechende Hinzunahme neuer Verfahren für die weitere Erschließung bereits bekannter oder neuer Klassen von Gegenständen.* Das bedeutet aber die *höhere Gewichtung der Verfahrenskompetenz,* die an einer begrenzten Zahl von Gegenständen erworben worden ist, gegenüber einer Vielzahl von Gegenständen, die immer nur in derselben Weise behandelt werden. Eine solche Gewichtung wäre das Ende unserer Supermärkte von Richtlinien und auch von Studienordnungen, die vor lauter Inhalten (Bereichen, Teilgebieten, Teildisziplinen) eine reichhaltige und solide Entwicklung von Verfahren in einem Bereich nicht zulassen. Es kommt noch hinzu, daß nur einmal traktierte Inhalte, die durch Verfahren nicht rekonstruiert werden können, in der Regel sehr schnell wieder vergessen werden.

Es wäre deshalb das mindeste, die absolute Priorität der Gegenstände aufzugeben und ihre Wahl von ihren Beziehungen zum Gebot der Qualifikation, zu Zielen, Voraussetzungen und unterrichtlichen Möglichkeiten im Systemzusammenhang des Unterrichts abhängig zu machen (vgl. *Hermanns* 1992, s. auch **Teil I**). Besser aber wäre es, wenn in diesem Kalkül die *wechselseitige Abstimmung von Gegenstandswahl und Verfahrenswahl* aufeinander eine besondere Rolle spielten. Für die Aktivität des Schülers ist nämlich keineswegs jede einzelne Wahl für sich, sondern sind sie *nur zusammen ausschlaggebend*, und für die Einheit aus einem bestimmten Gegenstand und einem bestimmten Verfahren läßt sich dann leichter *diskutieren, wieweit sie die Qualifikationsfunktion erfüllt, den Eingangsbedingungen des jeweiligen Unterrichts entspricht, zukünftigen Anforderungen gerecht wird und im System des Unterrichts unter schulischen Bedingungen realisiert werden kann*. - Bei einer gesonderten und den anderen Überlegungen vorausgehenden Abstimmung von Gegenstandswahl und Verfahrenswahl können *für die Wahl von Verfahren* die folgenden Beziehungen zwischen Verfahren und Gegenständen berücksichtigt werden:

- Kann ein (schon bekanntes) Verfahren auf den ins Auge gefaßten Gegenstand angewendet werden? (wiederholte Aktivierung des Verfahrens zum Zweck der Stabilisierung seiner dauerhaften Anwendbarkeit gegenüber stereotypen Wiederholungen)
- Können mehrere (schon bekannte) Verfahren auf einen ins Auge gefaßten Gegenstand angewendet werden? (Möglichkeit der Wiederholung und der Verknüpfung von Teilverfahren zu einem komplexeren Verfahren gegenüber geringerem Wiederholungseffekt und besonders geringem Syntheseeffekt)
- Kann ein (schon bekanntes) Verfahren durch die Anwendung auf einen in einigen Hinsichten neuartigen Gegenstand modifiziert werden? (Erweiterung des Anwendungsbereiches gegenüber einer einfachen Anwendung)
- Kann an einem solchen Gegenstand ein neues Verfahren aus bereits bekannten Teilverfahren oder Grundoperationen kombiniert werden? (Erwerb neuer Verfahren)
- Eignet sich der Gegenstand für die Einführung in mehrere neue Verfahren bzw. in einen Komplex von Verfahren, die für die Erschließung des jeweiligen Realitätsbereiches repräsentativ sind?
- Eignet sich der Gegenstand für das Training unspezifischer Verfahren, z.B. Arbeitstechniken oder Arbeitsplanung?
- Oder dies alles in umgekehrter Sicht von einem oder mehreren ins Auge gefaßten Verfahren aus: Welche Gegenstände eignen sich für seine/ihre Stabilisierung, für die gleichzeitige Anwendung mehrerer Verfahren, für Verfahrensmodifikationen, für die Kombination eines neuen Verfahrens aus mehreren bekannten oder für die Einführung in neue Verfahren, und wieweit sind sie den Schülern zugänglich?

Der Gewichtungskalkül für Verfahrensinformation zeigt ebenso wie der für Gegenstandsinformation, daß es für die einzelne Entscheidung *keinen festen Kanon von Kriterien und keine feste Rangordnung der Kriterien* geben kann. Statt dessen stehen dem Lehrer für seine Entscheidung alle Bezüge im Unterrichtssystem zu Gebote, die herzustellen sind, und kann er sie gewichten nach seinem eigenen Wertsystem, sofern er sich nicht an vorgegebene Gewichtungen hält. So ist der Gewichtungskalkül zwar subjektiv jeweils geschlossen, *objektiv*, d.h. für die unterschiedlichen subjektiven Gewichtungen desselben Lehrers oder verschiedener Lehrer aber ist er *ein offenes System*.

(3) Ist die Lernaufgabe für die Schüler lösbar?

Bei der Abfassung einer Lernaufgabe spielen *für den Lehrer* nicht nur die Fragen nach der zu vermittelnden Gegenstands- und Verfahrensinformation, sondern auch die Frage nach der *Lösbarkeit der Aufgabe* eine Rolle. Mit der Beantwortung dieser Frage entscheidet er darüber, *ob er die jeweils von ihm abgefaßte Lernaufgabe an die Schüler weitergibt oder nicht.* Kommt er zu dem Schluß "sie ist *zu schwer*", dann ist das Lernen deshalb in Frage gestellt, weil die Schüler *die Information nicht in die angestrebte Tätigkeit umsetzen* können. Kommt er zu dem Schluß "sie ist *zu leicht*", dann hält er den *Lernertrag* für *zu gering.* In aller Regel entschließen sich Lehrer erst dann dazu, eine Lernaufgabe an die Schüler weiterzugeben, wenn ihre Schätzung der Lösbarkeit *auf einem Grad zwischen den beiden Extremen* liegt. Aber auf welchem Grad sollte sie liegen? Das ist heiß umstritten, worauf ich gleich zurückkomme. - Wie *die Schüler* die Schwierigkeit dieser Aufgabe einschätzen (**M5** u. **10**), ist aber eine neue Frage. Sie kalkulieren, ob und in welchem Grade sie die Aufgabe akzeptieren (s. **Kap. 5**). - In beiden Fällen geht um die Lösbarkeit, jedesmal aber aus einer anderen Perspektive, einmal aus der des Lehrenden und einmal aus der des Lernenden, woraus sich ein unterschiedlicher Kalkül ergibt. Der Grad der vom Lehrer veranschlagten Lösbarkeit wirkt sich unmittelbar auf *sein weiteres Verhalten bei der Lösung der Aufgabe* aus, indem er z.B. für Schwierigkeiten gar kein Verständnis oder aber sehr großes Verständnis zeigt.

Lösbarkeit ist eine *Schätzgröße, die aus der Summe von Gewichtungen derjenigen Schwierigkeiten für den Schüler besteht, deren sich der Lehrer bis zu einem gewissen Grade bewußt ist.* Entscheidend für die Zuverlässigkeit der Schätzung ist natürlich, ob *der für den Schüler auftretende subjektive Schwierigkeitsgrad annähernd genau antizipiert* wird. Subjektive Schwierigkeiten entstehen aber für die Schüler im Lösungsprozeß *beim Verstehen der Aufgabe, im Prozeß der Kalkulation ihrer Akzeptanz, bei ihrer Transformation in eigene Tätigkeiten und bei der reflexiven Kontrolle des Lösungsprozesses.* Um die subjektiven Schwierigkeiten der Schüler einschätzen zu können, muß der Lehrer einen Perspektivenwechsel vornehmen: Er muß seine eigene Position, d.h. die Lage eines Menschen, der die Aufgabe schon gelöst hat oder zumindest weiß, wie man sie lösen kann, verlassen und sich *auf die Position des Schülers vor der Lösung der Aufgabe stellen.* Er muß sich in die jeweiligen Schüler hineindenken und -fühlen. Die Schüler aber kalkulieren in der gleichen Weise die *objektive und die subjektive Schwierigkeit einer Aufgabe* für sich:

"Der Begriff der Aufgabenschwierigkeit hat im alltäglichen Sprachgebrauch zumindest zwei Bedeutungsvarianten. Die Aussage, eine Aufgabe sei schwer, kann einmal beinhalten, daß die Aufgabe *an sich* schwer ist, da man annimmt oder weiß, daß die meisten Personen einer bestimmten Gruppe sie nicht oder nur unter hoher Anstrengung bewältigen können. Die Aussage kann zum anderen beinhalten, daß die Aufgabe *für mich* schwer ist. Wir nennen die erste Bedeutungsvariante 'wahrgenommene objektive Aufgabenschwierigkeit' und sprechen kürzer von objektiver Aufgabenschwierigkeit. Die zweite Variante nennen wir 'subjektive Aufgabenschwierigkeit' oder kürzer subjektive Schwierigkeit. Verschiedene Grade *objektiver Aufgabenschwierigkeit* werden im Experiment durch zwei Techniken induziert. Ein erstes Vorgehen ist, Versuchspersonen mit verschiedenen

Aufgaben der gleichen Art zu konfrontieren und für jede Aufgabe mitzuteilen, wieviel Prozent anderer Personen sie lösen (soziale Normen). So wird eine Aufgabe als objektiv schwer wahrgenommen, wenn sie zum Beispiel nur 5 Prozent anderer Personen lösen. Eine Aufgabe ist objektiv leicht, wenn sie zum Beispiel 95 Prozent anderer Personen lösen. Ein zweites Vorgehen besteht darin, Aufgaben des gleichen Typs in ihrer anschaulichen Schwierigkeit zu staffeln, ohne daß Informationen über den Erfolg anderer Personen gegeben werden. So wird es Erwachsenen als allgemein leicht erscheinen, einen Ring aus 50 Zentimeter Entfernung über einen Stab zu werfen, und als allgemein schwer, aus 10 Metern Entfernung zu treffen, da man annimmt, daß dies beim ersten Mal fast jedem bzw. nur sehr wenigen Erwachsenen gelingt.

Was als objektiv leicht oder schwer angesehen wird, muß nicht auch entsprechend als leicht oder schwer 'für mich' erscheinen. Bezüglich der Entstehung des Eindrucks, daß eine Aufgabe für mich leicht oder schwer ist, sind mindestens zwei Fälle zu unterscheiden. Die *subjektive Aufgabenschwierigkeit* oder die 'Schwierigkeit für mich' kann sich erstens aus der Relation von wahrgenommener objektiver Schwierigkeit und der Einschätzung der eigenen Begabung oder Fähigkeit für diese Aufgabe ergeben. Bei gleicher objektiver Schwierigkeit ist die subjektive Schwierigkeit umso geringer, je höher man die eigene Fähigkeit für diese Aufgabe beurteilt. So mögen zwei Personen der Ansicht sein, daß die meisten anderen eine Aufgabe nicht lösen können; beiden Personen erscheint die objektive Schwierigkeit der Aufgabe daher als sehr hoch. Die eine Person glaubt aber, eine sehr hohe Fähigkeit für diese Art von Aufgaben zu besitzen, und sie beurteilt die Aufgabe daher als für sich persönlich leicht (geringe subjektive Schwierigkeit). Die andere Person schätzt ihre diesbezügliche Fähigkeit als niedrig ein und hält die Aufgabe daher nicht nur für objektiv schwer, sondern auch für subjektiv schwer.

Der Eindruck, daß eine Aufgabe 'für mich' leicht oder schwer ist, muß aber nicht aus einem In-Beziehung-Setzen von wahrgenommener objektiver Aufgabenschwierigkeit und wahrgenommener eigener Fähigkeit resultieren. In vielen Fällen kann man die objektive Schwierigkeit einer Aufgabe nicht einschätzen, und man weiß auch nicht, ob die eigene Fähigkeit höher oder geringer ist als die anderer Personen, weil Informationen über die Handlungsergebnisse anderer nicht zur Verfügung stehen. Trotzdem weiß man häufig aufgrund zurückliegender Erfahrungen mit diesen oder ähnlichen Aufgaben, inwieweit man sie 'kann' oder 'nicht kann'. Dieser Eindruck des Könnens ist eine zweite Variante subjektiver Aufgabenschwierigkeit. Sie setzt im Gegensatz zur ersten keine Kenntnis der objektiven Schwierigkeit und keine Einschätzung der eigenen Fähigkeit als hoch oder niedrig voraus." (*Meyer* 1984, 39f.)

In der Praxis jedes Lehrers gibt es in zahllosen Fällen Schätzungen der Aufgabenschwierigkeit, in denen weder die objektive noch die subjektive Schwierigkeit für die Schüler kalkuliert wird. Solche *intuitiven*, d.h. nicht im einzelnen durchdachten, *Schätzungen haben einen relativ hohen Grad der Zuverlässigkeit*. Das aber nur deshalb, weil sie aller Wahrscheinlichkeit nach auf einem subjektiven Wissenssystem beruhen, das aus Generalisierungen von Erfahrungen mit Schülern besteht. Der Bewußtseinsgrad dieser Wissensbestände wird so unterschiedlich sein, daß nach einer intuitiven Schätzung häufig keineswegs genau Auskunft gegeben werden kann, welche Aspekte einer Lernaufgabe berücksichtigt und wie die einzelnen Aspekte eingeschätzt worden sind.

Die Egozentrik des Schätzenden, die hier darin besteht, seine eigenen Schwierigkeiten zum Maßstab zu machen, spielt in den alltäglichen Schätzungen der Lehrer sicher eine große Rolle, weil es schwierig und anstrengend ist, sich in viele Schüler auf sehr unterschiedlichem Entwicklungsstand hineinzudenken. Einer realistischen Schätzung dient es trotz der Egozentrik stets und besonders für den Anfang sehr, wenn *der Lehrer seine eigenen subjektiven Erfahrungen mit Schwierigkeiten ins Spiel bringt*, statt sich an pauschalen Vorurteilen über die subjektiven Schwierigkeiten für seine jeweiligen Schüler zu orientieren (Beispiele für pauschale Vorurteile: "Im 5. Schuljahr können noch keine abstrakten Sachverhalte zum Gegenstand gemacht werden, sondern nur konkrete."- "Anschauliche Gegenstände sind immer leichter zu bearbeiten."). Anderseits müßten zunehmend mehr die bei Beobachtungen der jeweiligen Schüler gewonnenen Erfahrungen an die Stelle der eigenen Erfahrungen treten. Die Egozentrik müßte der dezentralen Beurteilung aus der Perspektive der Schüler weichen, soweit dies möglich ist. - Auch Lehrer, die Wissenschaftlichkeit für sich in Anspruch nehmen, sind gegen pauschale Vorurteile, was schwer und leicht ist, und gegen Egozentrik nicht gefeit. Es scheint sogar bei Lehrern eine generelle Tendenz zu geben, die tatsächliche Schwierigkeit von Aufgaben für die Schüler zu unterschätzen, wofür nicht nur die Egozentrik, sondern auch die Selbsteinschätzung des eigenen Unterrichtserfolges und Prestigegründe gegenüber anderen ausschlaggebend sein könnten (*Schnotz 1971*). es wird aber sicher auch Lehrer geben, die den Schülern notorisch zu wenig zutrauen, aus welchen Gründen auch immer. Nicht nur die Grenzen unserer subjektiven Fähigkeiten sprechen für die Notwendigkeit der genauen Beobachtung der jeweiligen Schüler durch den Lehrer, sondern auch das Faktum, daß die Einzelfalldiagnose von der Wissenschaft nie eingeholt werden kann.

Auch hier steht der Lehrer wieder vor dem *Problem der großen Zahl und der individuellen Differenzen*. Es kann sich deshalb bei der Kalkulation der Lösbarkeit immer nur um Strategien der Annäherung an einen brauchbaren Wert handeln. Der erfahrene Lehrer wird solche Strategien sehr flexibel einsetzen. Ich versuche einige zu unterscheiden, die einzeln oder auch kombiniert angewendet werden können und jeweils Vor- und Nachteile haben:

1. Man kann eine Aufgabe *versuchsweise* stellen. Auch dann wird eine grobe Kalkulation vorausgehen, weil von vornherein nicht jede Aufgabe in Betracht gezogen wird, sondern schon ein Umkreis von Aufgaben festliegt. - Das geschieht z.B., wenn nach Wiederholungsaufgaben und einfachen Aufgaben, die mit hoher Sicherheit von (fast) allen zu bewältigen sind, versuchsweise schwierigere Aufgaben gestellt werden, die nach und nach immer weniger Schüler aus der Lerngruppe lösen können. Es geschieht aber auch, wenn der Lehrer eine Aufgabe bei auftretenden Schwierigkeiten zunehmend durch Hilfen so lange erleichtert, bis sie für alle lösbar wird.

Im ersten Fall wird das Problem der lösbaren Aufgabe so lange auf die Schüler abgewälzt, bis nur noch ein Schüler reagieren kann, falls nicht sogar der Lehrer die Lösung selbst demonstriert. Dieses Verfahren geht auf Kosten der Ausschaltung einer zunehmend größeren Zahl von Schülern aus dem Unterrichtsprozeß, oder es führt zur Regression auf imitatives und rezeptives Lernen.

Die Ausschaltung einer zunehmend größeren Zahl ist unter dem Gesichtspunkt der Qualifikationsfunktion des Unterrichts nicht zu verantworten, geschieht aber ständig, weil die Klassen zu groß sind, ihre Zusammensetzung zu heterogen ist oder der Lehrer sich gründlich verschätzt hat. Für den Lehrer ist dann nur beobachtbar, wieviele Schüler die Aufgabe nicht bewältigen, eine Form der Selektion, die mit der Qualifikationsfunktion nicht vereinbar ist.

Im sogenannten *"fragend-entwickelnden Unterricht"*, der in unseren Schulen immer noch vorherrscht, kann sich der Schüler leicht dem Unterricht entziehen, indem er sich nicht meldet. Selbst wenn er sich meldet, kann er sich ausrechnen, mit welcher Wahrscheinlichkeit er "drankommt". Wenn er einmal aufgerufen worden ist, kann und muß er in der Regel sogar damit rechnen, daß dies für eine Weile nicht mehr geschieht. Sobald aber ein Schüler allein mit dem Lehrer kommuniziert, sind die anderen stillgestellt. Die Schüler lernen in dieser Art der "Aktivität" natürlich auch etwas, nämlich Taktiken, Beteiligung zu mimen, geduldig auf die nächste Möglichkeit zu einem Beitrag zu warten, Enttäuschung beim Aufruf eines anderen zu verkraften, und vor allem lernen sie, sich geschickt den Überlegungen des Lehrers anzupassen. Über den *Wirkungsgrad eines solchen "unmöglichen" Unterrichts* macht man sich immer noch Illusionen, weil er ja dem äußeren Anschein nach aus einem so lebendigen Diskurs besteht, der dem Lehrer schmeichelt, wenn er immer einen Schüler findet, der in die von ihm gelassene Lücke hineinspringt. Das ist ein wichtiger Grund für die endlich auch öffentlich diskutierte geringe Effektivität unserer Schulen. Der fragend-entwickelnde Unterricht kann eine Grundforderung an jeden Unterricht nur selten hinreichend erfüllen: *Eine Lernaufgabe muß von allen, an die sie adressiert ist, mehr oder weniger gut gelöst oder zumindest bearbeitet werden, anderenfalls ist sie funktionslos, d.h. es findet für diese Zeit für diese Schüler kein Unterricht statt.*

Demonstriert der Lehrer die Lösung oder nur das Resultat der Aufgabe selbst, dann tritt der Nachteil der Ausschließung aus dem Unterricht in denjenigen Fällen nicht ein, in denen *imitatives und rezeptives Lernen* stattfindet. Weil gute Schüler auch diese Möglichkeit nutzen, lernen sie auch aus einem solchen schlechten Unterricht, obwohl sie kein Wort sagen. Greift der Lehrer nur aus kommunikativer Not zum Vormachen oder Vortragen, dann wird dies in der Regel eine mindere Form von Unterricht, weil die Vorteile des Beobachtungslernens und des Lernens aus dem Lehrervortrag wegen ungenügender Vorbereitung des Lehrers oder geringer Eignung des Vortrages für die Lösung der Aufgabe nicht zur Geltung kommen können.

Die versuchsweise Vorgabe hat *nur Sinn, wenn durch Hilfen des Lehrers die möglichst selbständige Bearbeitung der Aufgabe durch alle zustandekommt.* Wieviele entlastende Hilfen geben wir, bis ein Kind laufen kann? Genau dies ist in einem guten Unterricht bei schwierigen Aufgaben erforderlich, wovon **im 5. Kapitel** die Rede sein wird.

2. Man kann an die Stelle der Einschätzung der subjektiven Schwierigkeit der jeweiligen Schüler die Strategie setzen, *den relativen objektiven Schwierigkeitsgrad des Gegenstandes oder des Verfahrens für Erwachsene abzuschätzen.* - Das ist besonders bei Lehrern, die vorwiegend an einer Fachwissenschaft orientiert sind, eine weitverbreitete Strategie. Sie ist aber *nur soweit brauchbar, wie die vom Lehrer geschätzten relativen Schwierigkeiten von Gegenstand und Verfahren auch im subjektiven Kalkül der Schüler eine Rolle spielen.* Man sollte sich deshalb nicht darüber täuschen, daß sie eine *Ersatzstrategie* für die subjektive Kalkulation der Lösbarkeit durch die Schüler ist.

3. Man kann sich an einem *Mittelwert für eine bestimmte Klassenstufe, für ein bestimmtes Entwicklungsstadium oder für die bisher erfahrene Lernfähigkeit einer bestimmten Lerngruppe* orientieren. - Hier handelt es sich um generalisierte Erwartungen für bestimmte Klassenstufen, um die in Entwicklungstheorien unterschiedenen Entwicklungsalter (Robinsonalter, Stufe der konkreten Operationen, Phase der Identitätsfindung etc.) oder generalisierte Erfahrungen mit dem Entwicklungsstand einer bestimmten Lerngruppe. Solche Generalisierungen stellen eine wichtige Hilfe dar für die Annäherung an eine sachgerechte Entscheidung über die Lösbarkeit für die jeweilige Lerngruppe. Man kann sich aber keineswegs nur an ihnen orientieren, weil dies zu pauschalen Einschätzungen führt (z.B. "5. Klasse des Gymnasiums, Stufe der konkreten Operationen, die Grammatik des einfachen Satzes ist gelernt worden"), die die Realität der Lösbarkeit einer bestimmten Aufgabe kräftig verfehlen können. Vor allem gibt es Abweichungen je nach Zusammensetzung der Lerngruppe, in der Entwicklung in bestimmten Entwicklungsbereichen (wer in einem Bereich schon auf der Stufe des formalen Denkens ist, ist in einem anderen noch auf der Stufe des konkreten Denkens) und in bestimmten Lernfeldern. Dazu kommen noch die individuellen Differenzen und natürlich auch die situativen Bedingungen.

4. Man kann sich *an der jeweiligen Situation* orientieren: an der zur Verfügung stehenden Zeit, an der Position des Unterrichts im Stundenplan, an jahreszeitlichen Extremsituationen, an der Möglichkeit zu eigener Vorbereitung und vielem anderen mehr. - Daß diese Orientierung so wichtig sein kann, daß von ihr das Gelingen des Unterrichts abhängt, weiß jeder Lehrer. Er weiß aber auch, daß er seinen Unterricht nicht allein von dieser Orientierung abhängig machen darf. Nur im Verbund mit anderen Orientierungen kann er in einer noch so ungünstigen Situation durch angemessene Aufgaben vielleicht sogar überraschend gute Ergebnisse erzielen. Eindimensionales Denken aber kann hier schnell zum Kollabieren des Unterrichts führen.

5. Man kann *die den jeweiligen Schülern zu Gebote stehenden Möglichkeiten der Informationsverarbeitung* abschätzen. - Das scheint die beste Annäherung zu sein, weil sowohl die tatsächliche Lösbarkeit als auch deren vorausgehende Kalkulation durch den Schüler (s. **Kap. 5**) diejenigen Prozesse sind, die der Lehrer für diese Schätzung von Lösbarkeit antizipieren müßte. Dem steht gegenüber, daß eine solche Kalkulation schwerer zu sein scheint als alle bisher angeführten Strategien. - Damit ist schon ausgemacht, daß auch dieses Verfahren nicht so gut ist, daß es die anderen Strategien überflüssig machen würde. Ja, die Antizipation so schwieriger Prozesse, und dies noch bei einer größeren Zahl von Individuen, scheint letztlich unmöglich zu sein. Manche be-

haupten sogar, sie sei wegen der Freiheit des Menschen, anders als erwartet handeln zu können, sogar prinzipiell unmöglich. Auch wenn beides nicht in der abstrakten Absolutheit stimmt, wie es behauptet wird, so hat doch diese Form der Kalkulation der Lösbarkeit nur eine Chance, wenn es ein vereinfachtes Verfahren der Antizipation gibt.

Für eine solche realistische Kalkulation scheint die *Kapazität des Arbeitsgedächtnisses der jeweiligen Schüler über die ganze Distanz der Aufgabenlösung* die entscheidende Größe zu sein. Wenn dies zutrifft, bleibt das Problem der Kalkulation dieser Kapazität. Die Lösung dieses Problems wird erschwert durch den schon erwähnten Befund, daß die Nutzung der Kapazität des Arbeitsgedächtnisses bei den einzelnen Schülern aufgrund ihrer bisherigen Lerngeschichte sehr unterschiedlich ist. Damit wären wir wieder auf eine nicht bestimmbare Größe zurückgeworfen. So scheint das Problem beim derzeitigen Stand unseres Wissens unlösbar zu sein. Es gibt aber zwei Untersuchungsergebnisse, die vielleicht einen Weg eröffnen: Erstens scheint es für die Kapazität des Arbeitsgedächtnisses entscheidend zu sein, in welchem Maße die Schüler *schon über Verarbeitungsstrategien für die Lösung der Aufgabe* verfügen.

"Die zentrale Exekutive (das Arbeitsgedächtnis - J.G.) übernimmt neben Verarbeitungs- auch Speicherfunktionen. Speicher- und Verarbeitungsprozesse der zentralen Exekutive haben gemeinsame Ressourcen. Als Ressource kann ganz allgemein die psychische Kapazität bezeichnet werden, die es zur Verarbeitung von Information braucht. Bester Beleg für diese gemeinsamen Ressourcen ist der unter gewissen Bedingungen nachweisbare Trade-Off zwischen Verarbeitungs- und Speicherkapazität (weniger Kapazität für Verarbeitung, wenn mehr für das Behalten der verarbeiteten 3 bis 7 Einheiten gebraucht wird, weil diese nicht bereits gut erinnert werden können und umgekehrt)." (*Baeriswyl* 1989, 194)

"Dies läßt die Hypothese zu, daß die zentrale Exekutive in erster Linie verarbeitungszeitlichen Limits unterworfen ist. Steht zur Ausführung von Verarbeitungsprozessen hingegen genügend Zeit zur Verfügung, sind kaum Kapazitätslimits feststellbar (*Chase & Ericsson*, 1982; *Ericson & Polsen*, 1988; *Kliegl et al.*, 1986). Der Zeitfaktor alleine vermag die Kapazitätslimitierung jedoch nicht auszumachen. Kaiser (1984) zeigte, daß Vpn. beim Lösen von schwierigen Mathematikaufgaben Lösungsstrategien inkonsequent und unökonomisch anwenden und als Folge davon die Verarbeitungskapazität überlasten. Bei einer noch laufenden Replikation von Experimenten von *Klapp et al.* (1983) mußte ich feststellen, daß es nicht genügt, den Vpn. nur Zeit für die Verarbeitung der Gedächtnisauslastung zur Verfügung zu stellen. Die Vpn. müssen optimale Verarbeitungsstrategien anwenden, um die Verarbeitungskapazität des AG entlasten zu können. Die Auswahl und die Anwendung von aufgaben- und zieladäquaten Verarbeitungsstrategien wird hier also zum zentralen Merkmal von Kapazitätslimits im Arbeitsgedächtnis oder allgemeiner in der menschlichen Informationsverarbeitung." (*Baeriswyl* 1989, 193)

"Die Erforschung der Verarbeitungsprozesse im AG zeigen der Didaktik insofern eine wichtige Dimension auf, als sie lern- und trainierbar sind. Die Kapazität des AG ist für die Anwendung der Verarbeitungsstrategien praktisch unbeschränkt, wenn sie vom Individuum beherrscht wird und ihm genügend Zeit zur Verfügung steht, sie anzuwenden." (*Baeriswyl* 1989, 195)

Unterrichtspraktische Aspekte 319

Zweitens entsprechen der *Komplexität einer Aufgabe* im Sinne der *Zahl der Operationen, die für die Lösung einer Aufgabe erforderlich ist, die Motivation für die Lösung der Aufgabe und die erlebte Belastung bei der Lösung* selbst:

"Die beabsichtigte Komplexitätssteigerung durch die vorgelegten Aufgabenstufen wurde von den Probanden auch als solche erlebt: Mit den objektiven Stufen steigt die eingeschätzte Schwierigkeit, das erlebte Fehlerrisiko und das wahrgenommene Konzentrationserfordernis." (*Hacker* 1987, 101)

"Mit steigender Komplexität (30 bis 80 Operationen je Aufgabe) steigt die Leistungsmenge ohne eine signifikante Zunahme der Fehlerrate, der erlebten Müdigkeit und ohne Verschlechterung der ausgesagten Motivation. Diese Effektivitätszunahme scheint jedoch begrenzt zu sein. Bei der stichprobenweisen Prüfung sehr hoher Komplexität (400 Operationen pro Aufgabe) verschlechterte sich die Effektivität." (*Hacker* 1987, 94)

"Von besonderem Interesse sind dabei der Anteil von Verarbeitungsoperationen (arithmetische, logische und nichtarithmetische wie Vorbereiten, Organisieren, Prüfen und Korrigieren der ausführenden Haupttätigkeit aus arithmetischen und logischen Operationen - J.G.) im Unterschied zu bloßen Übertragungsoperationen (reines Übertragen von Information - J.G.), sowie der Anteil von Entscheidungen über das eigene Vorgehen.
Wir fanden: Mit Verringern des Anteils der Verarbeitungsoperationen, und zwar speziell der nichtarithmetischen (Vorbereiten, Organisieren, Prüfen und Korrigieren - J.G.), verschlechtern sich Menge und Güte der Leistung sowie die ausgesagte Motivation, wobei die erlebte Müdigkeit tendenziell wächst (...)." (*Hacker* 1987, 94)

"Bei den gleichartig über drei Stunden wiederkehrenden kognitiven Routineaufgaben traten nämlich bei einer steigenden Beanspruchung des Arbeitsgedächtnisses Folgen auf, die im Gegensatz standen zu denen bei einer steigenden Anzahl von Bearbeitungsoperationen pro Aufgabe (bei weitgehender Gedächtnisentlastung). Höhere Anforderungen an das Arbeitsgedächtnis beeinträchtigen die Leistung und steigern die erlebte Müdigkeit. Eine höhere Anzahl von Verarbeitungsoperationen pro Aufgabe führt zu einer höheren Leistung bei einer geringeren erlebten Müdigkeitszunahme und Motivationseinbuße während der Arbeit." (*Hacker* 1987, 93)

Aus diesen beiden Ansätzen, die sich in der Auffassung über das Arbeitsgedächtnis als einem "kapazitätsbegrenzten Prozeß von Verarbeiten *und* Behalten" (*Hacker* 1987, 92) voll entsprechen, ergibt sich für unser Problem die folgende Gesamtkonstellation:
- *Die Schwierigkeit einer Aufgabe hängt auf der einen Seite von der* Zahl von Einheiten *ab, die gedächtnismäßig präsent gehalten werden müssen. Die Kapazität für diese Einheiten kann aber nur dann die Zahl von 3-4 leicht übersteigen, wenn einige Einheiten* gut bekannt *(gut codiert) sind.*
- *Auf der anderen Seite verringert sich die Schwierigkeit, wenn die Zahl der Verarbeitungsoperationen für 3 bis 6 Einheiten sich erhöht, und zwar umso mehr, je mehr von ihnen schon* bekannt und zu gut organisierten Verarbeitungsstrategien verbunden *sind. Die Kapazität für* angewendete Verarbeitungsstrategien *hat nach dem derzeitigen Wissensstand wegen ihrer Automatisierung bzw. äußerst geringen Bewußtseinspflichtigkeit keine erkennbaren Grenzen. Das wird durch den Befund gesichert, "daß trotz zusätzlicher Bearbeitungsvorgänge gleich viele Aufgaben wie zuvor be-*

arbeitet wurden, tatsächlich also pro Zeiteinheit eine größere Operationenzahl abgewickelt wurde." (Hacker 1987, 102)
- *Die gesamte Lösung einer Aufgabe ist leichter, wenn sie vom Schüler durch eine übergreifende Strategie in eine Kette von solchen Einheiten aufgegliedert werden kann, in denen drei bis sechs gegenständlich präsente Sachverhalte mit weitgehend bekannten Verfahren verarbeitet werden können. Sie ist schwerer bzw. überhaupt nicht lösbar, wenn die Schüler versuchen, sie als ganze zu bearbeiten. Deshalb ist die* Aufteilbarkeit in arbeitsgedächtnisgerechte Portionen *durch die Schüler ein Kriterium der Schwierigkeit bzw. Leichtigkeit.*
- Es kann anscheinend die Zahl der verarbeitenden Operationen bis zu einer Größenordnung von etwa 400 Operationen pro Aufgabe erhöht werden, ehe es einen abrupten Leistungsabfall mit Unlust und Ermüdung gibt. Dem entspricht auch das Wahlverhalten der Probanden: "Die Ablehnungen und die Hinweise auf Effektivitätsgrenzen richten sich gegen die komplexeste Aufgabe. Hingegen erzeugen mäßige Komplexitätserhöhungen keine vermehrten Ablehnungen. Sie gehen mit Leistungssteigerungen einher, ohne daß das Befinden beeinträchtigt wird." (*Hacker* 1987, 101)

Aus diesen Überlegungen kann so etwas wie ein ganz vorläufiger Kalkül für die Schätzung der Lösbarkeit einer Aufgabe gebildet werden. Durch ihn können im Komplex der Schwierigkeit verschiedene Bezugsgrößen unterschieden, für sich abgeschätzt und dann in einem Überschlag verrechnet werden:

1. Der entscheidende Gesichtspunkt scheint die *Aufteilbarkeit der Aufgabenlösung in arbeitsgedächtnisgerechte Einheiten* zu sein. Der Lehrer *müßte abschätzen, wieweit die Schüler dazu schon selbständig in der Lage sind.* Können sie die Aufteilung wahrscheinlich vollständig selbst leisten, dann ist die Aufgabe extrem leicht, weil sie den Charakter einer Routine hat. Haben sie dafür noch keine Strategie, so ist sie extrem schwer.
2. Falls noch keine solche Strategie zu erwarten ist, wäre zu überlegen, ob den Schülern überhaupt die Lösung der gesamten Aufgabe zugemutet werden kann oder ob sie sich *in Teilaufgaben aufgliedern* läßt, für die die erste Bedingung wieder zutrifft.
3. Es wäre außerdem zu überlegen, ob beim jeweiligen Entwicklungsstand die *Komplexität der Aufgabe im ganzen im Sinne der Zahl der nacheinander zu vollziehenden Operationen* nicht zu groß ist, so daß mit einem starken Abfall von Leistung und Motivation und einer starken Zunahme von Müdigkeit zu rechnen ist.
4. Für die Lerngruppe müßte in den Blick gefaßt werden, ob die Aufteilbarkeit und die Komplexität für eine möglichst große Zahl von Schülern angemessen ist.
5. Für noch nicht routinierte Teiltätigkeiten müßte genauer die *Aufteilbarkeit in maximal 3 bis 6 jeweils zu bearbeitende Sachverhalte* überdacht werden. Dabei müßte außerdem *die Bekanntheit der einzelnen Sachverhalte bzw. ihre Unbekanntheit* als wichtige Differenz für die Reduktion auf 2 bis 3 Einheiten beachtet werden. Entweder müßten die Schüler selbst zu solch einer Aufteilung in der Lage sein oder diese Schwierigkeit deshalb meistern können, weil sie *durch Hilfsaufgaben* dazu angeleitet werden. Dies kann für den Prozeß der resultierenden Aufgabenlösung selbst geschehen, d.h. für die Folge der exekutiven Operation, z.B. für die Aufeinanderfolge von Sachverhalten, die

bei einer Bildbeschreibung untersucht werden sollen. Darauf ist der Unterricht schon in einem hohen Maße eingestellt. Es kann aber auch dadurch geschehen, daß man nacheinander den Text der Aufgabe, bestimmte Informationen in der Aufgabe, z.B. Zahlenangaben, das Ziel der Aufgabenlösung, die Planung eines Vorgehens, kurz: verschiedene Etappen des Lösungsprozesses der Aufgabe selbst nacheinander zum Gegenstand macht. Das geschieht im Unterricht noch kaum. Maßstab dafür müßten die zu erwartenden Schwierigkeiten, z.B. beim Verstehen einer mathematischen Textaufgabe oder bei der Planung des Aufbaus eines Aufsatzes, sein.- In beiden Fällen würde die Menge der Sachverhalte, die bearbeitet werden muß, in Einheiten zerlegt, die im Arbeitsgedächtnis bearbeitet werden können. Anderenfalls kommt es "zu einem Versuch und Irrtum-Verhalten beim Einsatz von Lösungsstrategien (*Kaiser* 1984), was die Verarbeitungskapazität stark überlastet" (*Baeriswyl* 1989, 195).

6. Bei der *Kalkulation der Schwierigkeit von Verarbeitungsverfahren* kann man den Schülern viel zumuten, soweit schon beherrschte Verfahren aus dem jeweiligen Bereich eingesetzt werden können. Weil diese Erleichterung der Aufgabe nur im subbewußten Bereich zu erwarten ist, wird man umso genauer überlegen müssen, *welche Verfahren neu sind* und zu ihrem erstmaligem Vollzug besonderer Aufmerksamkeit bedürfen. - Im Hinblick auf den Prozeß der Aufgabenlösung wird man sich insbesondere fragen müssen: Können die Schüler die Aufgabe verstehen, akzeptieren, transformieren, kontrollieren? Anderenfalls wird man in diesen "Operationsblöcken" (*Falkenhagen* 1987²) Hilfsaufgaben mit in Betracht ziehen müssen. So wird auch die Kalkulation dieser einzelnen Position schon wieder ganz schön kompliziert.

7. Je nach *Situation* wird man einen Abschlag oder einen Aufschlag an Schwierigkeit einkalkulieren, um die Lernmöglichkeiten so gut wie möglich zu nutzen.

Es gibt sicher noch weitere Möglichkeiten, trotz der Tatsache, daß jeder Schüler immer auch anders handeln kann als erwartet (Kontingenz), mit möglichst geringem Aufwand möglichst zuverlässig die Lösbarkeit einer Aufgabe einzuschätzen. Die aufgezählten Möglichkeiten zeigen aber auch hier, daß es auf keinen Fall ein einziges Verfahren geben wird, weder ein vollständiges noch gar ein einfaches. *Jede tatsächliche Schätzung des Grades der Lösbarkeit einer Aufgabe wird ein Verbund aus mehreren solchen Verfahren der Annäherung an die tatsächliche Lösbarkeit für die Schüler sein*. Wegen der vielen unbestimmten Variablen gibt es bis heute aber keine Theorie über den Gesamtzusammenhang dieses Schätzverfahrens. Trotzdem funktioniert es in der Praxis in vielen Fällen so gut, daß eine Aufgabe Schülern als lösbar erscheint und sie auch tatsächlich für sie lösbar ist. Das zeigt, daß ein exaktes Schätzverfahren nicht erforderlich ist, sondern *Annäherungen hinreichend* sind, *wenn sie nur nahe genug an die tatsächliche subjektive Lösbarkeit für den Schüler herankommen*. Dafür genügt es wahrscheinlich, sich immer nur *auf die Stellen im Gesamtkalkül zu konzentrieren, die unklar sind*, weil alles andere schon als selbstverständlich vorausgesetzt werden kann.

Im ganzen kann man den Schülern ein beträchtliches Maß an Komplexität zumuten, wenn diese verschiedenen Hinsichten beachtet werden. Bei zu leichten Aufgaben läßt man viele Möglichkeiten der Verarbeitung ungenutzt, bei zu schweren riskiert man das Scheitern. Die Möglichkeit, durch Aufteilung in Teilaufgaben und durch Hilfsaufgaben

(Kap. 5) den Schwierigkeitsgrad zu regulieren, sollte man immer mit im Blick behalten. Auch die Differenz zwischen bekannt, und deshalb gut verfügbar, und noch nicht vollzogen, und deshalb voll bewußtseinspflichtig in der Enge des Arbeitsgedächtnisses, sollte man stets im Blick behalten. Über die heiß umkämpfte Frage, ob mittelschwere Aufgaben oder ausschließlich leichte Aufgaben angebracht seien, wird im Zusammenhang mit der Akzeptanz der Aufgabe für die Schüler im **5. Kapitel** und über Aufgabensequenzen **im 6. Kapitel** zu reden sein.

(4) Es können nach unterschiedlichen Gesichtspunkten Klassen von Lernaufgaben gebildet werden, es lassen sich aber nicht alle Klassen in eine einzige hierarchisch geordnete Gesamtklassifikation einordnen

Aus unterschiedlichen Gründen können Lernaufgaben in Klassen zusammengefaßt werden, z.B. in Wiederholungsaufgaben, Problemaufgaben oder kreative Aufgaben. In der Unterrichtspraxis können Klassifikationen bei der Wahl von Aufgaben hilfreich sein und auch der Verständigung mit Schülern und Kollegen, z.B. mit Referendaren, dienen (z.B. "keine Wiederholungsaufgabe, sondern eine Übungsaufgabe"). Aufgabenklassen werden auch gebildet, um das Auftreten von bestimmten Aufgaben im Unterricht zu untersuchen, um unterschiedliche Effekte zu messen oder um die Verwendung bestimmter Aufgaben zu fordern. Die folgende Zusammenfassung enthält eine große Zahl unterschiedlicher Klassifikationen:

> "Die Analyse aller Aufgaben aus dem kognitiven Bereich (N=3485) zeigt, daß der Schüler bei der Hälfte aller Aufgaben dazu angeregt wird, Inhalte historischer Darstellungen in der Interpretation des Lehrbuchautors zu reproduzieren.
> Aufgaben, die sich auf Ergebnisse der Historie beziehen (Begriffe, Regeln/Methoden und Darstellungen der Historie), dominieren mit 84,3 % gegenüber jenen, die das breite Spektrum der verschiedenen Einflüsse auf das historische Bewußtsein berücksichtigen. Unter diesen bilden Aufgaben, mit denen Regeln/Methoden der Historie, also das 'Werkzeug' zur Gewinnung und Darstellung von Erkenntnissen, thematisiert werden, einen verschwindend kleinen Anteil. Eine Reflexion der Voraussetzungen der Historie wird offensichtlich nicht angestrebt." (*Moosbrugger* 1985, 126)

> "Als Fragen höherer Ordnung gelten allgemein solche Fragen und Aufforderungen an den Schüler, die von ihm im Unterschied zu Fragen niederer Ordnung komplexe Denktätigkeiten verlangen. Eine Reihe von Klassifikationen ist dazu auf der Grundlage von *Guilfords* Modell für die "structure of intellect" (*Guilford* 1956), von *Tabas* Kategorien (*Taba* 1966, *Taba* et al. 1964) und denen von *Smith* und *Meux* (1962) oder von *Bellack* et al. (1966) entwickelt worden. Die wohl am meisten verwendete Klassifikation von Fragetypen wurde auf der Grundlage der *Bloom*schen Taxonomie (*Bloom* et al. 1956) vorgenommen und für ein Training des Lehrverhaltens adaptiert (z.B. *Sanders* 1966, *Davis* und *Tinsley* 1968, *Brown* et al. 1968, *Murray*, *Williams* 1971, *Rogers*, *Davis* 1970, *Wilson* 1969, *Gall* et al. 1970, *Gall* et al. 1974 etc.). Als Fragen niederer Ordnung gelten

Theoretische Grundlagen 323

hier Fragen nach Wissen, "Verstehen" und Anwendung; als Fragen höherer Ordnung Fragen, die beim Schüler Analyse, Synthese oder (echte) Beurteilung erfordern. Felduntersuchungen zu Fragen höherer Ordnung aus einem halben Jahrhundert zeigen, daß ihr Anteil in den Klassen 1 bis 6 bei etwa 26%, in höheren Klassen bei etwa 29% liegt; speziell in Unterrichtsgesprächen liegt er in niederen Klassen (1 bis 6) etwa bei 44%, in höheren bei 57%. Trotz zahlreicher entsprechender Empfehlungen, eine solche Praxis zu ändern, wie sie sich in der didaktischen Literatur finden oder aus empirischen Untersuchungen ableiten, hat sich an diesem Ergebnis über den ganzen Zeitraum hinweg kaum etwas geändert (vgl. *Hoetker, Ahlbrand* 1969; *Gall* 1970, *Klinzing-Eurich* und *Klinzing* 1981). Dabei zeigen Untersuchungen zu den direkten Auswirkungen zu Fragen höherer Ordnung, daß durch sie sowohl mehr und längere (und damit, so ist zu vermuten, komplexere) Schülerbeiträge erzielt werden als auch mehr Schülerbeiträge höherer Ordnung (*Borg* 1969, *Langer* 1970, *Hutchinson* 1963, *Miller* 1966, *Gall* et al. 1970, *Murray* und *Williams* 1971, *Acheson* und *Tucker* 1971, *Rogers* und *Davis* 1970, *Williams* 1970). Felduntersuchungen zum Zusammenhang von Fragen höherer Ordnung mit Schülerlernerfolg zeigen insgesamt wenig konsistente Ergebnisse. Während sich in unteren Klassenstufen (1 bis 6), in denen die Vermittlung von grundlegenden Kenntnissen und Fertigkeiten im Vordergrund steht, ein eher negativer Zusammenhang abzeichnet, zeigen Untersuchungen in höheren Klassen, in denen auf solchen Grundkenntnissen und Fertigkeiten aufgebaut wird und diese verarbeitet werden, einen eher positiven Zusammenhang (s.d. Forschungsbericht bei *Klinzing-Eurich* und *Klinzing* 1981). Eine Metaanalyse von fast 20 experimentellen Untersuchungen zu einem Unterricht, in dem mehr Fragen höherer Ordnung als niederer Ordnung gestellt wurden, zeigte, daß die überwiegende Verwendung von Fragen höherer Ordnung zu deutlich größerem Lernerfolg bei den Schülern führt (*Rousseau* und *Redfield* 1981). Die Ergebnisse zeigen insgesamt - wenn auch nicht mit wünschenswerter Konsistenz -, daß es sich bei Fragen höherer Ordnung zumindest dann, wenn es um unterrichtliche Ziele "höherer Ordnung" geht und auf grundlegenden Kenntnissen und Fertigkeiten, die vorher bereits erworben sind, aufgebaut wird, um eine Gruppe von Lehrverhaltensweisen handelt, die in die schulpraktische Ausbildung einbezogen werden sollten." (*Klinzing/Klinzing-Eurich* 1982, 314f.)

Wenn meine Beschreibung der Lernaufgabe zutrifft, dann können Lernaufgaben klassifiziert werden nach der Information, die durch sie vermittelt wird, d.h. nach Gegenstands- und Verfahrensinformation, nach dem Medium, durch die diese Information vermittelt wird und nach dem Grad ihrer Lösbarkeit. Es gibt aber auch andere Gesichtspunkte, nach denen Lernaufgaben klassifiziert werden können. Sehen wir uns daraufhin eine Reihe von Klassifikationen an!

Havighurst (1972³) beschäftigt sich mit sogenannten "Entwicklungsaufgaben" ("developmental task"), wobei er den Terminus wie folgt definiert:

> "A developmental task is a task which arises at or about a certain period in the life of the individual, successful achievement of which leads to his happiness and to success with later tasks, while failure leads to unhappiness in the individual, disapproval by the society, and difficulty with later tasks" (*Havighurst* 1972³, 2).

Eine ausdrückliche Klassifikation seiner "Entwicklunsgaufgaben" nimmt *Havighurst* nur in der Form vor, daß er sie verschiedenen Entwicklungsstufen zuordnet. Die Entwicklungsstufen, z.B. der "middle childhood" oder des "middle age", sind Ausdruck bestimmter biologischer und psychologischer Kompetenzen, deren Niveau sich während der Ontogenese verändert. Zu den biologischen und psychologischen Charakteristika treten kulturelle oder soziale Einflußfaktoren. Mit jeder Entwicklungsstufe entstehen neue Entwicklungsaufgaben, die sowohl interner (Pubertät) als auch externer Natur (Einschulung) sein können und von jedem Menschen bewältigt werden müssen.

An solchen Entwicklungsaufgaben könnte sich die Wahl von Lernaufgaben im Schulunterricht nur dann orientieren, wenn ihre lebensgeschichtliche Abfolge unabhängig von ihm wäre. Die in der Schule zu lösenden Aufgaben sind aber selbst spezifischer Teil der Entwicklungsaufgaben des jungen Menschen, was *Wygotski* (1934/1964⁵) sehr überzeugend nachgewiesen hat. Die Entwicklungsaufgaben von *Havighurst* können deshalb allenfalls Anhaltspunkte für die Kalkulation der Lösbarkeit von Aufgaben bieten.

Gagné (1973) geht es nicht um die Kategorisierung von Aufgaben, sondern um die Kategorisierung von Aufgabensequenzen. Dabei ist die logisch geordnete Sequenz eher an den Eigenschaften des Sachbereiches orientiert, während die hierarchisch geordnete Sequenz von den Fähigkeiten des Aufgabenlösers ausgeht. In beiden Fällen erfolgt eine Klassifikation unter dem Gesichtspunkt des Verfahrens.

Theoretische Grundlagen

> ***Gagné (1973):***
> Kategorisierung anhand der Instruktionsabfolge:
> - ungeordnete Sequenzen
> - logisch geordnete Sequenzen
> - hierarchisch geordnete Sequenzen
>   (nach den intellektuellen Fähigkeiten)

Reither (1977) beschäftigt sich in seiner Arbeit ausschließlich mit Interpolationsproblemen, bei denen Ausgangs- und Zielsituation prinzipiell bekannt sind. Er bietet zwei grundlegende Klassifikationsansätze für solche Aufgaben. Der erste Ansatz differenziert nach dem Grad der Ausprägung des Wissens für die drei wesentlichen Bestandteile einer solchen Aufgabe (Ausgangssituation, Operatoren, Zielsituation); der zweite stellt im Kern eine Fokussierung dieser Betrachtung dar, indem Objekteigenschaften (Ausgangs- und Zielsituation = Sachbereich) und Operatoreigenschaften detaillierter dargestellt werden. Somit kann diese zweiteilige Klassifikation bei der Kalkulation der Lösbarkeit eine Rolle spielen, denn die Lösbarkeit einer Interpolationsaufgabe hängt vom Grad des Wissens von ihren Bestandteilen ab.

> ***Reither (1977):***
> Kategorienschema zur Bestimmung der möglichen Probleme und Problemräume bei Interpolationsaufgaben
> *Abteilung A):*
> DREIDIMENSIONALE PROBLEMKLASSIFIKATION
> - Grad der Offenheit der Anfangssituation
> - Grad der Verfügbarkeit der Operatoren
> - Grad der Offenheit der Zielsituation
>
> *Abteilung B):*
> OBJEKTDIMENSIONEN (Eigenschaften des Realitätsbereiches)
> - Komplexität als Maß für die Zahl der Komponenten, über die ein Objekt verfügt
> - Grad der Intransparenz als Ausdruck für das Vorhandensein verborgener Objektmerkmale
> - Ähnlichkeit der Objekte mit Objekten anderer Problemräume
> - Dynamik der Objekte als Ausdruck immanenter Entwicklungstendenzen
> - Grad der Bekanntheit der Objektdimensionen, also seiner Komponenten, deren Verknüpfungs- und Hierarchieform
>
> OPERATORBEREICH-DIMENSIONEN
> - Grad der Reversibilität im Operatorsystem
> - Wirkungsbreite und Wirkungsbestimmbarkeit von Operatoren
> - Grad der Komplexheit bzw. Elementarität eines Operators
> - Kosten materieller und zeitlicher Art, die mit der Anwendung bestimmter Operatoren verbunden sind

Deckwerth (1983) gibt eine etwas ältere Klassifikation von *Measel* und *Mood* (1972) wieder. In ihr werden Aufgaben, die der Begriffsbildung dienen, von solchen unterschieden, die auf die Interpretation von Daten (das Ziehen von Schlüssen, das Verallgemeinern) und auf die Anwendung von Prinzipien abzielen. Es handelt sich um eine Klassifikation nach dem Verfahren.

> ***Deckwerth (1983):***
> Aufgabenklassifikation nach *Measel* und *Mood* (1972)
> A) BEGRIFFSBILDUNG
> 1. Fragen, die zum Aufzählen auffordern
> 2. Fragen, die dazu auffordern, Sachverhalte zu ordnen
> 3. Fragen, die zum Kategorisieren und zum Einordnen auffordern
> B) DATEN INTERPRETIEREN, SCHLÜSSE ZIEHEN, VERALLGEMEINERN
> 1. Fragen, die dazu auffordern, Informationen zu sammeln
> 2. Fragen, die dazu auffordern, zu erklären und zu begründen
> 3. Fragen, die dazu auffordern, Schlüsse zu ziehen und zu verallgemeinern
> C) ANWENDUNG VON PRINZIPIEN
> 1. Fragen, die dazu auffordern, Konsequenzen vorauszusagen, unbekannte Phänomene zu erklären, Hypothesen zu entwickeln
> 2. Fragen, die dazu auffordern, Hypothesen zu stützen
> 3. Fragen, die dazu auffordern, Hypothesen zu verifizieren

Deckwerth unterscheidet außerdem die Informationsfrage als "echte Frage" von der "unechten" Prüfungsfrage. Der Aufgabengegenstand wird im einen Fall von einer persönlichen Widerstandserfahrung des Nicht-Wissens bestimmt, im anderen Falle von einer dritten Person von außen induziert. Hier wird danach klassifiziert, wie es zu einer Aufgabenstellung kommt.

Moosbrugger (1985) stützt sich bei der Erstellung ihrer zweidimensionalen Taxonomie maßgeblich auf die "Taxonomie für den kognitiven Bereich" von *Bloom* u.a. (1972). Mit dieser Taxonomie, so *Moosbrugger*, wird der Verhaltens- bzw. Handlungsaspekt von Aufgaben aus dem kognitiven Lernzielbereich (den sie vom affektiven und psychomotorischen Bereich unterscheidet) erfaßt. Diese Hierarchie korreliert mit Stufen der (fachspezifischen) inhaltlichen Komplexität, und sie nennt als weitere Klassifikationsfaktoren die "Sozialform" (die angesprochenen sozialen Rahmenbedingungen der Aufgabenlösung, z.B. Einzel- oder Gruppenarbeit) der Aufgaben, und die jeweils gegebenen Hilfen. Wir haben es hier mit dem relativ seltenen Fall einer eindeutig mehrdimensionalen Klassifikation zu tun, in der die Hauptklassen "Verfahren" und "Gegenstand" korreliert werden. Während der Zusatzfaktor der "Sozialform" auch dem Verfahrensbereich zugeordnet werden kann, können unterschiedliche Formen und Intensitäten von Hilfeleistungen für die Kalkulation der Lösbarkeit eine Rolle spielen.

> *Moosbrugger (1985):*
> Zweidimensionale Klassifikation von kognitiven Aufgaben (aus österreichischen Geschichtsbüchern):
> 1. DIMENSION: Taxonomisches Niveau (Verhaltensdim./Komplexität) (nach *Bloom* u.a. 1972: "Taxonomie für den kognitiven Bereich"):
> - Wissen
> - Verstehen
> - Anwenden
> - Analyse
> - Synthese
> - Beurteilen
> 2. DIMENSION: Inhaltliche Komplexität (fachspezifische Dimension):
> - Begriffe der Historie
> - Regeln/Methoden der Historie
> - Historische Darstellungen
> - Systeme der Historie
> - Inhalte anderer Fächer
> - Inhalte besonderer Lernorte
> - Inhalte des außerschulischen Alltags
> - Handlungen aus historischem Bewußtsein
> 3. ZUSÄTZE:
> - Lernbereiche: kognitiv, affektiv, psychomotorisch
> - "Sozialform" der Aufgabe
> - Umfang der Hilfeleistungen bei der Aufgabenlösung

Ropo (1990) unterscheidet zwischen "lower-level questions" und "higher-level questions". Die erste Gruppe bezeichnet er auch als "factual" und kennzeichnet sie als "beschreibend", während er die zweite Gruppe mit "causal" bezeichnet und als ihr Wesensmerkmal den prozessuralen Charakter herausstellt.

Während die erste Aufgabenklasse lediglich die sachliche Erfassung eines Phänomens, eben durch Beschreibung, zum Ziel hat, steht bei der zweiten Aufgabenklasse die Erfassung des ursächlichen Zusammenhangs, d.h. die Genese eines Phänomens (sein Entstehungs- und Wirkungsprozeß), im Vordergrund. Die typischen Fragepronomen sind in diesem Falle "Wie?" oder "Warum?" Es wird deutlich, daß in beiden Fällen die Klassifikation unter dem Gesichtspunkt des Gegenstandes erfolgt.

> *Ropo (1990):*
> lower-level questions   FACTUAL (sachlich)   (descriptive)
> higher-level questions   CAUSAL (ursächlich)   (procedural)

Wie zu erwarten, sind *Klassifikationen im Bereich der Gegenstände der Aufmerksamkeit selten*, nicht etwa, weil es in diesem Bereich keine Unterschiede gäbe, sondern ganz im Gegenteil, weil die Zahl der unterscheidbaren Gegenstände der Aufmerksamkeit unbegrenzt ist (Aufgaben, in denen es um Daten, um Begriffe, um Gesetze, um die eigene Selbstregulation, um Teile, Aspekte, abstrakte Momente geht usw.). – *Verfahrensinformation* wird dagegen viel häufiger klassifiziert (Reproduktionsaufgaben, Gedächtnisaufgaben, Aktualisierungsaufgaben, Identifikationsaufgaben, Entscheidungsaufgaben etc.). – Die Zahl der Aufgabenklassen im Bereich des *Mitteilungsmediums* ist gering, weil es nur eine begrenzte Zahl von allgemein unterscheidbaren Mitteilungsmöglichkeiten gibt. Andererseits ist es nicht verwunderlich, daß offensichtlich zuerst nach Medien klassifiziert worden ist (Lehrerfrage, Aufforderung, Impuls). Im Gebrauch bleibt das Medium zwar unreflektiert, in der Reflexion auf Lernaufgaben aber fällt es zuerst auf. Dazu kommt noch, daß man die Bedeutung des Mitteilungsmediums maßlos überschätzt hat, als ob die Information und die Akzeptanz der Aufgabe allein davon abhänge, ob sie als Frage, als Auftrag oder als Stichwort formuliert wird (*Grzesik 1976a*, 49f.). – Von hohem Interesse war immer die Klassifikation nach *Lösbarkeitsgraden* (leicht, mittlerer Erreichbarkeitsgrad, schwer). Dieses Interesse hat sich noch mit dem Aufschwung der Motivationsforschung seit den sechziger Jahren beträchtlich erhöht.

Damit dürfte plausibel sein, daß es keine vollständige Klassifikation aller Lernaufgaben geben kann und daß sich auch jede Lernaufgabe in unterschiedliche Klassen einordnen läßt. Ganz im Gegenteil zu einem geschlossenen System von Lernaufgaben zeigt sich die *Leistungsfähigkeit der Lernaufgabe gerade in der Offenheit für Gegenstands- und Verfahrensinformation, in den medialen Variationsmöglichkeiten und in ihrer Anpassungsfähigkeit an jeden Lösbarkeitsgrad durch Art und Umfang des Mitgeteilten.* – Es kann deshalb kein theoretisches Interesse an einer vollständigen Klassifikation geben, sondern nur an der Definition von Hauptklassen, durch die sich die Vielfalt ordnen läßt. Einen Definitionsvorschlag für drei Hauptklassen habe ich oben gemacht. – Für den jeweiligen Fall, d.h. für das Handeln in der Unterrichtspraxis, hat die Unterscheidung von Aufgabenklassen den wichtigen Zweck, zu *betonen, auf welchen Aspekt einer Aufgabe es im jeweiligen Zusammenhang ankommt*. Sie hat deshalb eine wichtige *Funktion für die Planung von Unterricht und für die Verständigung über ihn*. Ihr pragmatischer Wert entscheidet sich dann dadurch, ob die jeweilige Aufgabe *den für ihre Klassifikation beanspruchten Aspekt tatsächlich besitzt* und *welche Rolle der betonte Aspekt für den jeweiligen Unterricht spielt*.

Kapitel 5:
Der Lehrer kann für jede Teiltätigkeit im Prozeß der Aufgabenlösung Hilfsaufgaben stellen

Das *Verhältnis zwischen Hauptaufgabe und Hilfsaufgabe* möchte ich nicht als einen substantiellen Unterschied zwischen zwei unterschiedlichen Arten von Aufgaben behandeln, sondern *als den relativen Unterschied zwischen übergeordneter und untergeordneter Aufgabe in der jeweiligen Situation.* Wenn die Schüler für die Bearbeitung einer Aufgabe Hilfe durch eine oder mehrere zusätzliche Aufgaben benötigen, dann werden diese Aufgaben für sie zu Hilfsaufgaben. Sie helfen ihnen, wenn sie nicht "weiterwissen" oder "sich verlaufen" haben, die erforderliche Teiltätigkeit zu finden. Das kann sich natürlich wiederholen. Man könnte dann von *Hilfsaufgaben 1., 2. und n-ten Grades* sprechen. Das ist aber nur dann sinnvoll, wenn es darauf ankommt, das ganze *Gefüge von Aufgaben* im Blick zu behalten, das *einer sehr allgemeinen Aufgabe untergeordnet* ist, z.B. der Aufgabe, ein physikalisches Gesetz oder einen Text zu verstehen. Im jeweiligen Augenblick aber genügt es, nur das *zweistellige Verhältnis zwischen einer übergeordneten und einer oder mehreren untergeordneten Aufgaben* zu beachten, damit man sich nicht in untergeordneten Aufgaben verliert, sondern stets auf die jeweils nächsthöhere zurückkommen kann. Anderenfalls verliert die aus dem Blick geratene Aufgabe ihre Verbindlichkeit und entsteht eine unregulierte Folge von Aufgaben. Wenn sich das wiederholt, nehmen Schüler keine Lernaufgabe mehr ganz ernst. - Für die Orientierung im flüchtigen und oft auch hektischen Unterrichtsgeschehen ist *das Verhältnis zwischen der jeweiligen Hauptaufgabe und der jeweiligen Hilfsaufgabe für ihre Lösung am wichtigsten. Es sollte deshalb sowohl dem Lehrer als auch den Schülern ständig klar sein.* - Überordnung und Unterordnung gibt es bei Lernaufgaben aller Art. Sie sind **im vorausgehenden Kapitel** sowohl für die Gegenstands- als auch für die Prozeßinformation schon bedacht worden.

Jetzt geht es um eine *besondere* Gruppe von *Hilfsaufgaben: Sie vermittelt Informationen für die Regulierung des Prozesses der Aufgabenlösung und kann für die Bearbeitung jeder beliebigen welt- oder selbstbezogenen Aufgabe eingesetzt werden.* - Wenn nämlich Lernen prinzipiell als problemlösende Tätigkeit verstanden wird, wie es hier geschieht, dann *können für unterschiedliche Teiltätigkeiten im Prozeß der Aufgabenbearbeitung verschiedene Arten von Hilfsaufgaben unterschieden werden.* Ich unterscheide deshalb *Hilfsaufgaben für das Verstehen, das Akzeptieren und das Transformieren von Lernaufgaben sowie für die Kontrolle ihrer Lösung.* Diese *Klassen von Hilfsaufgaben* unterscheiden sich keineswegs in ihrer Grundstruktur von Hauptaufgaben, sondern nur darin, *was zum Gegenstand von Operationen gemacht wird.* Das ist jetzt nicht mehr irgendein Sachverhalt im jeweiligen Sachbereich, sondern *ein Sachverhalt im Prozeß der Aufgabenlösung,* z.B. ein Ziel, eine hemmende Einstellung, eine Vorgehensweise oder eine falsche Operation. *Bevor ich auf jede dieser vier Klassen von Hilfsaufgaben eingehe, betrachte ich das Verhältnis zwischen Hauptaufgabe und Hilfsaufgaben dieser Art noch allgemein unter den Gesichtspunkten der Weite der*

Hauptaufgabe, der für die Lösung einer Lernaufgabe von mir unterschiedenen Arten von Hilfsaufgaben und der Bedeutung solcher Hilfsaufgaben für Schüler und Lehrer.

Obwohl es selbstverständlich zu sein scheint, was "*Weite einer Aufgabe*" besagt, möchte ich die Weite einer Aufgabe ausdrücklich als den *Umfang von Teiltätigkeiten, die der Schüler für ihre Lösung vollziehen muß*, definieren. "Weite" oder "Enge" einer Aufgabe bezieht sich damit auf die Aktivitäten der Schüler, für die der Umfang der Begriffe in der mitgeteilten Information sehr unterschiedlich sein kann. Versteht man die "Weite einer Aufgabe" so, dann haben wir es auch nicht nur mit einem abstrakten Umfang eines Sachbereiches oder einer komplexen Aktivität zu tun, sondern dann kommen die konkreten Operationen der Schüler selbst in den Blick. Das sind in unserem gegenwärtigen Zusammenhang diejenigen Operationen, über die die Schüler für die Lösung einer Aufgabe schon verfügen oder aber noch nicht verfügen. *Hilfsaufgaben dienen dann dazu, die noch nicht verfügbaren verfügbar zu machen, d.h. entweder, sie zu finden oder sie neu zu lernen.* Im zweiten Fall geht es um den erstmaligen Vollzug einer Operation, z.B. um die Zuordnung eines bekannten Begriffs zu einem fremdsprachlichen Ausdruck oder um Kontextoperationen für denselben Zweck oder um Operationen, durch die solche Kontextoperationen wiederum geregelt werden.

Es gibt *zwei Grenzfälle von Aufgaben im Unterricht, für die Hilfsaufgaben nicht in Betracht kommen*. - Hilfsaufgaben sind *nicht erforderlich*, wenn die Schüler eine Aufgabe *selbst lösen* können. In diesem Fall ist weiterer Unterricht im Augenblick überflüssig, ja sogar kontraproduktiv. Das gilt für enge Aufgaben, z.B. die Reproduktion eines Wissensbestandes, ebenso wie für sehr weite, z.B. die Ausarbeitung einer Jahresarbeit. - Hilfsaufgaben sind *nicht erwünscht*, wenn es sich um *Prüfungsaufgaben* handelt. Erst an das Ergebnis der Prüfung können sich weitere Lernaufgaben anschließen. - Zwischen diesen beiden Grenzfällen liegen alle Fälle, in denen eine Aufgabe nicht auf Anhieb gelöst werden kann, weil eben dies noch gelernt werden muß und weil dafür Hilfsaufgaben des Lehrers erforderlich sind. Deshalb halte ich *Aufgaben, für deren Lösung Hilfsaufgaben erforderlich sind, für die erzieherisch wertvollsten Aufgaben.* Das läßt sich mit wenigen Argumenten begründen:

- In Aufgaben ohne Hilfsaufgaben für ihre Lösung wird nur aktualisiert, was die Schüler schon können oder von sich aus dazulernen können, z.B. eine selbständige Anwendung einer Regel auf einen neuen Fall.
  Können Schüler Aufgaben selbst lösen, dann bleiben sie u.U. weit hinter den bereits entwickelten Handlungsmöglichkeiten zurück. Es ist für den Lehrer nicht erkennbar, ob sie an die Grenzen dessen stoßen, was sie schon gelernt haben. So gibt es keinen Anhaltspunkt dafür, ob ihre Kapazität für einen Zugewinn an Handlungsmöglichkeiten überhaupt in Anspruch genommen wird oder sogar möglichst stark genutzt wird.
- Bei Aufgaben ohne Hilfsaufgaben für ihre Lösung beschränkt sich die Funktion des Lehrers auf die Vermittlung der Hauptaufgabe. Seine Kapazität, bei der Bewältigung von Schwierigkeiten zu helfen, wird nicht genutzt.
- Stoßen die Schüler bei der Lösung einer Hauptaufgabe auf Schwierigkeiten, dann liegen genau dort Grenzen des bereits Gelernten. Das hat zunächst den diagnostischen Vorteil, daß der Lehrer genau sehen kann, was noch gelernt werden muß, und den lernmethodischen Vorteil, daß die Schüler ein Problembewußtsein entwickeln. Außerdem kann aber der Lehrer dann

durch Hilfsaufgaben seinen Teil dazu beitragen, daß die Schüler solche Schwierigkeiten überwinden und damit zugleich die Grenzen des bereits Gelernten durch den Zugewinn der noch nicht verfügbaren Teiltätigkeiten überschreiten. Wenn dies der kritische Punkt für einen möglichst dynamischen Lernfortschritt ist, dann wird das Maß der Schwierigkeiten, die für den Lernfortschritt günstig und für die Motivation zumutbar sind, zum Hauptproblem für die Abfassung von Lernaufgaben.
- Aufgaben, die Hilfsaufgaben benötigen, ermöglichen die Aktivierung möglichst aller Schüler der Lerngruppe und auch viele Formen der Zusammenarbeit zwischen den Schülern mit Lerneffekten für alle im Bereich der Lernaufgabe, aber auch durch Sozialisation (Kooperation, Hilfen, Diskussion, Solidarität, Selbstbescheidung und Rücksichtnahme).
- Aufgaben sind aus diesen Gründen dann erzieherisch am wertvollsten, wenn die Hilfsmöglichkeiten des Lehrers zu einem möglichst großen Lernfortschritt führen. Dazu reicht eine flüchtige Vorgabe des Fehlenden durch den Lehrer nicht aus, sondern muß das Fehlende von den Schülern selbst erarbeitet werden.

An den Hilfsaufgaben für die Lösung von Aufgaben wird sich besonders eindringlich zeigen, daß die Lernaufgabe keineswegs nur eine von mehreren Formen der absichtlichen erzieherischen Beeinflussung ist, sondern die einzige, weil sie *jede nur mögliche Information für die Wahl von Teiltätigkeiten* vermitteln kann. Sie kann nicht nur, sondern sie muß die Schüler auch darüber informieren, wie sie über ihre Grenzen bei der Lösung von Aufgaben hinauskommen können. Aufgaben für möglichst großen Lerngewinn müßten deshalb so weit sein, daß die Schüler für ihre Lösung die volle fachliche, psychologische und erzieherische Kompetenz des Lehrers in Anspruch nehmen müssen, d.h. soviel wie möglich für sich nutzen können. Genau dies ist der Dienst, den der Lehrer seinen Schülern leisten kann und für die Erfüllung seiner Aufgabe leisten muß. Das gilt für das Kind, das schwimmen lernen soll, ebenso wie für den Meisterschüler: Sie brauchen fachlich, psychologisch und erzieherisch kompetente Hilfe für die Bewältigung neuer Aufgaben, d.h. sie haben die spezifische Klugheit der Lehrer nötig, damit sie lernen, was sie allein nicht lernen würden.

Wenn das zutrifft, dann bleibt die drängende Frage, *ob der Lehrer in der Realität des Schulunterrichts überhaupt zu Hilfsaufgaben für den Lösungsprozeß in diesem Maße in der Lage ist*. Der völlige Verzicht führt zum Extrem der Mitteilung von Wissen mit dem impliziten Auftrag, das Wissen (als Gegenstand der Aufmerksamkeit) zu rezipieren (als Verfahren der Verarbeitung). Diesen extremen Fall, nämlich den Lehrervortrag, beschreiben *Ehlich* und *Rehbein* so:

> "Der Durchlauf durch die verschiedenen Positionen des Problemlösens liefert einen wesentlichen Beitrag dafür, daß das angestrebte Resultat auch individuell tatsächlich erreicht wird: nämlich die Lösungswege, bezogen auf die Zielsetzung und in der Praxis erprobt, zu erarbeiten und damit handlungsrelevantes Wissen in das Vorwissen der Aktanten zu integrieren. Die Beschleunigung oder Akzeleration des Wissenserwerbs hat darin den Widerspruch, daß *vom Abarbeiten einzelner Positionen und Elemente des Problemlösens für den einzelnen Aktanten abgesehen werden muß*. Der Extremfall dafür ist die 'reine' (d.h. auch praxislose) Vermittlung von Wissen als solchem (z.B. in der Mitteilung von Fakten); die entsprechende Rezeption - ebenfalls im Extremfall - ist das Auswendiglernen." (*Ehlich/Rehbein* 1986, 13)

Theoretische Grundlagen 333

Das andere Extrem besteht darin, daß die Schüler ein Problem völlig in eigener Regie lösen. Das aber ist im Unterricht schon deshalb kaum möglich, weil die Schüler keineswegs über den gesamten Problemraum verfügen, sondern der Lehrer als Aufgabensteller über wesentliche Teile des Problemzusammenhanges allein oder zumindest besser verfügt als die Schüler.

> "Anders für den Aufgabenlöser (Schüler). Er nimmt zwar Teil an einer Praxis, nämlich der Herstellung der Aufgabenlösung: er soll ja die Lösung finden. Jedoch hat die Aufspaltung oder Dissoziierung des Problemlösens bei der Form des Aufgabe-Lösungs-Musters für ihn andere, und zwar sehr gravierende Konsequenzen: wesentliche Elemente des Problemlösungsmusters sind für ihn in den Aufgabensteller hinein ausgelagert. Der Aufgabenlöser verfügt weder über die Problemstellung insgesamt, noch über die Zielsetzung, noch über die problemrelevanten Zerlegungsmöglichkeiten der Problematik (...). Trotzdem soll der Aufgabenlöser Lösungen präsentieren (...). Damit ergibt sich ein neuer Widerspruch: Der Aufgabensteller übernimmt die Gesamt- wie die Detailzielsetzungen. Der Schüler dagegen verfügt gerade dadurch nicht über ein Zielbewußtsein, das vielmehr - statt seiner - der Aufgabensteller, der Lehrer, hat.
> Das Zielbewußtsein ist im Muster des Problemlösens aber ein entscheidendes Element. Es bildet nämlich den Steuermechanismus des gesamten Musters. Das Zielbewußtsein leitet die einzelnen Problemlösungsschritte an; es organisiert die Zerlegungen der Problematik; es leitet die Planbildung an; es konstatiert die Erreichung der Lösung für das Problem. Dieser zentrale Steuermechanismus fehlt also dem Aufgabenlöser, dem Schüler, in der Schule. Seine Auslagerung auf die Seite des Aufgabenstellers erweist sich als ein zentrales Problem des ganzen Aufgabe-Lösungs-Musters. (Dieses Problem schlägt sich z.B. in der "Motivationsproblematik" innerhalb der pädagogischen Theorie nieder.)" (*Ehlich/Rehbein* 1986, 15)

In der Schulpraxis wird sehr oft das zweite Extrem angestrebt, die Bearbeitung ohne jede weitere Hilfe. Das endet aber sehr oft mit dem ersten Extrem, nämlich einem Lehrervortrag. Das beginnt damit, daß der Lehrer einige Lösungsversuche ablehnt, weil er sie für unzulänglich hält. Dann entschließt er sich erst zu einigen "Winken", wie *Ehlich/ Rehbein* sagen, statt zu gut überlegten Hilfsaufgaben. Wenn auch diese nicht zu einer Lösung führen, teilt er die Lösung selbst mit. Dieser Ausweg aus der unbefriedigenden Kommunikationssituation der weder allein noch mit zusätzlichen "Winken" gelösten Aufgabe

> "bedeutet den Abbruch des Musters (der allein erzielten Problemlösung - J.G.). Dies wiederum ist andererseits auch unbefriedigend, weil der Zweck des Musters im ganzen nicht erreicht wäre: die akzelerierte Übertragung von Wissen (durch selbständige geistige Arbeit - J.G.)" (*Ehlich/Rehbein* 1986, 27f.).

Zwischen beiden Extremen aber gibt es viele Grade, weil es keineswegs einen absoluten Unterschied zwischen kenntnisreichen und routinierten Tätigkeiten auf der einen Seite und Problemlösen auf der anderen gibt. Es variiert lediglich *die Art und der Umfang der bewußten Regelungen, die für die Ausführung einer Tätigkeit erforderlich sind.*

> "One of the consequences of recent fundamental research in problem solving has been a serious erosion of the distinction between knowledge-based performance and problem

solving. One cause of this erosion has been our increasing ability to identify the knowledge that is used when someone solves a problem - that is, when someone *really* solves a problem. All problem solving is based on knowledge. A person may not have learned exactly what to do in a specific problem situation, but whatever the person is able to do requires some knowledge, even if that knowledge may be in the form of general strategies for analysing situations and attempting solutions.
The other reason that the distinction between knowledge-based performance and problem solving has eroded is that we now can characterize the performance of individuals who solve problems; and when we carefully consider the performance that occurs in more routine situations, we find that the essential characteristics of real problem solving are there also." (*Greeno* 1980, 10)

"It is certainly important to distinguish between: (1) situations in which the performer has relatively specific knowledge that makes problem solving quite easy; and (2) other situations in which the performer must resort to more general knowledge and procedures to solve a problem. However, the specificity of available knowledge is a matter of degree, not kind. It is seriously misleading to label performance in some situation as problem solving and in other situations in which the same kinds of cognitive processes occur as not involving problem solving. A continuum should be called a continuum, not a dichotomy." (*Greeno* 1980, 12)

Die bisherigen Untersuchungen der Unterrichtskommunikation kranken daran, daß man die Funktion der wechselseitigen Mitteilungen für die Lösung von Aufgaben kaum beachtet hat. Fragen die Schüler z.B. mit vollem Recht "Können Sie das Wort bitte noch mal sagen?" oder "Sollen wir das ins Hausheft oder ins Schulheft eintragen?", dann wird dies nur als Indiz dafür genommen, daß sie sich nicht mit dem Gegenstand befassen: "Höchstens 20 Prozent aller Schülerfragen beziehen sich auf den Unterrichtsgegenstand und deuten darauf hin, daß Schüler über den Gegenstand nachdenken" (*Flanders* 1970, 13f., zitiert von *Grell* 1974[3], 63). Und die hohe Zahl von Fragen, angeblich pro Minute 2 bis 4 im Mittel, soll sich zu 80 Prozent auf dem "sehr niedrigen intellektuellen Niveau" bewegen, Fakten zu erinnern und wiederzugeben (*Grell* 1974[3], 63), was durchaus zur Hilfe für die Lösung von Hauptaufgaben sinnvoll sein kann. - Wer Unterricht nur unter dem Gesichtspunkt der symmetrischen Verteilung von Kommunikationsanteilen oder der Fremdbestimmung durch den Lehrer betrachtet, weil er das jeder Erziehung widersprechende Ideal der vollständig unbeeinflußten selbständigen gesellschaftlichen Arbeit oder der therapeutischen Anteilnahme an den Meinungen und Emotionen der Schüler vor Augen hat, der muß nach seinem Erkenntnisinteresse gefragt werden. Unterricht kann nicht mit Kategorien der politischen Kommunikation zwischen mündigen Bürgern und auch nicht mit Kategorien der Sozialtherapie von Erwachsenen beurteilt werden. Statt dessen müßte *die Kommunikation im Unterricht strikt unter dem Gesichtspunkt ihrer Funktion für das Lernen* untersucht werden. Dann ließe sich z.B. vieles aus den fragmentarischen Mitteilungen als durchaus ökonomische Verkürzungen aufgrund von Vorverständigungen verstehen. Andererseits würde erst dann offenkundig, wo systemwidrige Kommunikation stattfindet, wofür *Tausch* in einem Film über einen von ihm selbst gehaltenen Unterricht unfreiwillig ein gutes Beispiel gegeben hat (vgl. *Zinnecker* 1975, 72f.)

Theoretische Grundlagen

Es wird die Aufgabe **dieses Kapitels** sein, einen Ausweg aus dem Dilemma zwischen den beiden Extremen des puren Vortrags und der vollständig ungeleiteten Lösung einer Aufgabe zu suchen. Er kann nur darin bestehen, *Verfahren für den möglichst effektiven und auch ökonomischen Einsatz von Hilfsaufgaben für die Aufgabenlösung* zu finden. Dieses Problem wird von *Ehlich/Rehbein* in der folgenden Weise charakterisiert:

> "Die Hauptschwierigkeit *für den Lehrer* besteht darin, die Auslagerung von Problemlösungsteilen auf seine Handlungsseite tendenziell rückgängig zu machen. Dafür entwickelt er spezifische Strategien, die sich jeweils auf die einzelnen Elemente des Problemlösungs-Musters beziehen und ihre Reintegration in den Handlungsbereich der Schüler nachträglich erreichen sollen.
> Dazu gehören hinsichtlich des Elements der Zielsetzung auch Taktiken des 'Motivierens':
> - Der Lehrer versucht, dem Schüler das Gesamtinteresse für das Problem zu induzieren, die Aufgabenthematik möglichst weitgehend als eine erscheinen zu lassen, die den Schüler brennend interessiert;
> - er versucht, die Problematik in 'schülernaher Weise einzupacken';
> - hinsichtlich der Elemente der Lösungswege gehört dazu die sogenannte 'didaktische Umsetzung' der Problematik in Teilaufgaben (Musterersetzung).
>
> Dies alles zeigt, daß für die Tätigkeit des Lehrers die Rolle und Qualität des *Aufgabe-Lösungs*-Musters selbst ein permanentes Problem darstellt. Der Lehrer steht kontinuierlich vor der Schwierigkeit, die Widersprüchlichkeit dieses Musters in der schulischen Praxis abzuarbeiten. Wir nennen dieses Problem ein *Problem zweiter Stufe*; es enthält alle Kennzeichen des Problemlösens selbst. Indem dieses Problem, das durch die gesellschaftliche Institution Schule produziert wird, permanent ist, führt es zu einer Reihe von Standardlösungen, die in Maximen des Lehrers niedergelegt sind. Die didaktisch-pädagogische Theorie entwickelt derartige Maximen weiter und versucht ihre Systematisierung."
> (*Ehlich/Rehbein* 1986, 21)

Die erzieherische Funktion der Lernaufgabe ist in der Erziehungswissenschaft solange völlig übersehen worden, wie sie die behavioristische Reduktion auf Stimulus und Response übernommen hat. Die Theorie der Verhaltensänderung ignorierte schlicht alle Prozesse zwischen Aufgabe und Reaktion, und die Lernaufgabe wurde gleichgesetzt mit der Prüfungsaufgabe in einem Test. Völlig zu recht weist *Jüngst* auf diese unhaltbare Reduktion hin. Er gibt auch die Richtung an, in der ein angemessenere Auffassung der Lernaufgabe gesucht werden muß: Sie eignet sich nach ihm für jede Transformation im gesamten psychischen System, nicht nur für alle "Wissensveränderungen im Langzeitgedächtnis", sondern auch für die Erreichung von "affektiven und psychomotorischen Zielen", für "Problemlösen und Metakognition/Selbststeuerung" u.a.m. (*Jüngst* 1985, 278). Für den kognitiven Bereich beschreibt er den Forschungsstand so:

"Lehrstoffanalyse makro- und mikroanalytischer Art gelten inzwischen allgemein als erster Schritt bei der Erstellung lehrzielvalider Testaufgaben zur Diagnose kognitiver Strukturen vor und nach dem Lernen. Dabei wird häufig implizit oder gar explizit Testaufgabe mit Lernaufgabe gleichgesetzt (*Seel* 1981, S.59 u. 62; *Klauer* 1978; 1979). Dies kann so generell nicht gelten. Bei Testaufgaben wird eine bestimmte 'kritische Information' als bereits in der kognitiven Struktur integriert oder daraus erschließbar angenommen, während sie durch eine Lernaufgabe erst in die kognitive Struktur integriert werden soll; d.h. im ersten Fall ist sie als Lösung der Aufgabe selbstverständlich nicht darin enthalten (z.B. 'Vasco da Gama fand im Jahre ... den Seeweg nach Indien'), im zweiten Fall muß sie als Bestandteil der Aufgabe oder außerhalb derselben (Geschichtstext, -kartei) beschaffbar oder erschließbar sein, wobei die Aufgabe auf die notwendigen Beschaffungs- oder Erschließungsmittel und auf Wege der Speicherung in die kognitive Struktur hinweisen muß. Bei der Vermittlung von einfachen, verstehbaren Fakten mag es also sicher genügen, zur lehrstoffgenerierten Testaufgabe sensu *Klauer* einfach die notwendigen didaktischen Hinweise oder Rückmeldungen hinzuzufügen, um daraus eine Lernaufgabe zu machen. Wenn es aber um schwierigere Fälle der Veränderung der kognitiven Struktur geht, müssen andere Wege der Konstruktion von Lernaufgaben beschritten werden. Hierzu bedarf es der genauen Diagnose der vorliegenden kognitiven Struktur und Vorstellungen über deren Transformation mittels einer Lerntätigkeit an einer Lernaufgabe. Und dazu reichen die aus der Gedächtnispsychologie bzw. Psycholinguistik abgeleiteten Verfahren der Aufgabengenerierung nicht aus. Es muß auf Modellvorstellungen von Wissensveränderungen im Langzeitgedächtnis zurückgegriffen werden." (*Jüngst* 1985, 278)

Wenn die Lösung von Aufgaben durch Hilfsaufgaben ermöglicht werden soll, dann stellt sich die *Frage nach der Art der Lösungstätigkeiten*. Sie kann hier natürlich nicht für alle bereichsspezifischen Lösungsprozeduren, sondern *nur für den allgemeinen Lösungsprozeß* behandelt werden.

Welche Tätigkeiten die Schüler für die Lösung einer Aufgabe tatsächlich vollziehen, das kann der Lehrer als Beobachter des Lösungsprozesses zunächst nur an der Folge der ausführenden (exekutiven) Operationen erkennen, z.B. am Fortgang der Niederschrift des Lösungsweges einer mathematischen Aufgabe oder eines Deutschaufsatzes. *Die Folge der exekutiven Operationen ist aber nur die vom Lehrer beobachtbare resultative Dimension des ganzen Prozesses der Bearbeitung einer Lernaufgabe.* Die gesamte Informationsverarbeitung besteht dagegen zusätzlich aus vielen *vorgeschalteten und zwischengeschalteten, aber auch aus gleichzeitigen Operationen, die entweder parallel oder hierarchisch geordnet sind.* Parallel verlaufen alle in einer Tätigkeit verbundenen Operationen aus verschiedenen Bereichen des psychischen Systems, z.B. die Entdeckung eines Lösungsschrittes zugleich mit der Bewertung für die Erreichung des gesteckten Zieles (topologische Ordnung). Hierarchisch verlaufen die Operationen, die andere Operationen regeln, in unterschiedlich tiefer Staffelung (Regulierungen der Regulierungen der Regulierungen ...). Nur die jeweils höchsten parallel und hierarchisch vollzogenen Operationen verlaufen bewußt (die "Gipfel und Kämme des Gebirges" der jeweils aktualisierten Operationen).

Theoretische Grundlagen 337

"Das Bearbeiten kognitiver Aufgaben darf nicht gleichgesetzt werden mit dem Abwickeln von psychisch automatisierten kognitiven Vorgängen. In die Aufgaben sind sowohl psychische Automatismen (sog. kognitive Fertigkeiten) als auch nichtautomatisierte (kontrollierte oder bewußtseinspflichtige) Vorgänge eingeschlossen. Diese Unterscheidung wird näher behandelt beispielsweise bei *Simon* (1979), *Shiffring & Dumais* (1981) oder *Bromme* (1985). Das Bearbeiten kognitiver Aufgaben ist ein wissensgestütztes Vorgehen (*Klix* 1984), bei dem das verfügbare Wissen und Können einschließlich nichtproblemhaltiger Auswahlen, Übertragungen und Abwandlungen ausreicht. Gelegentlich kann das Identifizieren der Aufgabe, genauer des Ziels (s. Aufgabenanalyse im folgenden - J.G.), und der situativen Bedingungen unmittelbar mit dem Abrufen bearbeitungsrelevanter Kenntnisse und Handlungsprogramme aus dem Langzeitgedächtnis verknüpft sein (*Resnick & Ford* 1981). Derartige 'Bedingungs-Handlungs-Regeln' als eine Form prozeduralen Wissens sind gut geeignet zum Verwirklichen multipler und heterarchischer Ziele (*Broadbent* 1985). Sie dürften den Hauptteil kognitiver Fertigkeiten ausmachen. Kognitive Fertigkeiten wären demnach - wie die sensumotorischen - als vorwiegend gedächtnisregulierte Vorgänge - im Unterschied zu den aktuell daten- oder verarbeitungsregulierten Vorgängen - zu kennzeichnen (*Lindsay & Norman* 1977). Dieses regulierende Wissen kann nicht mit Kenntnissen gleichgesetzt werden; es hat besondere inhaltliche und strukturelle Merkmale, weil es in der prozeduralen Phase der Fertigkeitsentwicklung Programme in einer festen Zuordnung zu Zielen und Signalen enthält. Es liegen Signal-Ursache-Maßnahmen-Verknüpfungen vor (Proceduralisation im Sinne von *Anderson* 1982). Hochinformataive bereichsspezifische Signale höherer Ordnung, Vorsignale und hierarchisch verdichtete Programme bilden eine weitere Besonderheit dieses regulativen Wissens. Der den Fertigkeitserwerb kennzeichnende Abbau der Bewußtheit der Regulation des Handelns dürfte mit der Verlagerung in der Dominanz der beteiligten Gedächtnisprozesse zusammenhängen. Diese Verlagerung besteht in dem Bedeutungsgewinn der höchstens bewußtseinsfähigen Vorgänge des Langzeitgedächtnisses zu Lasten der bewußtseinspflichtigen Vorgänge des Kurzzeit- und Arbeitsgedächtnisses.

Vorläufig seien dem Bearbeiten kognitiver Aufgaben solche Tätigkeiten zugeordnet, die hauptsächlich die Informationsübertragung als perzeptive Vorgänge einschließlich des kurzzeitigen Behaltens und die vollständig- bzw. unvollständig-algorithmische Informationsverarbeitung in intellektuellen Vorgängen umfassen. Echte Entscheidungen dürften dabei im Unterschied zu Auswahlen selten auftreten. Wir vermuten, daß beim Bearbeiten von Aufgaben intellektuelle Anforderungen auftreten als
- Klassifizieren und Beurteilen,
- Umsetzen von Vorgaben in Handlungen, beispielsweise durch Dekodieren oder durch Drehungen von Bezugssystemen,
- Mittel-Weg-Erwägungen, insbesondere als Auswählen und Modifizieren von vorgegebenen Varianten in Abhängigkeit von wechselnden Bedingungen einschließlich Entscheidungen.

Wir können derzeit nichts darüber aussagen, ob diese drei Anforderungs'arten' durch gemeinsame Basisprozesse konstituiert sind.

Beim Untersuchen des Bearbeitens kompletter kognitiver Aufgaben mit Alltagscharakter stößt man mithin auf Konfigurationen hauptsächlich von Wahrnehmungs-, Gedächtnis-, Schluß- und Entscheidungsprozessen. Sie sind miteinander verflochten." (*Hacker* 1987, 91)

Wir sind noch weit davon entfernt, genau unterscheiden zu können, aus welchen Aktivitäten der gesamte Prozeß der Bearbeitung einer konkreten Lernaufgabe besteht. Wir wissen sicher auch noch wenig über die Arten von Operationen, die an jeder Aufgabenlösung in größerem oder geringerem Maße beteiligt sind. Für die Bedürfnisse des Unterrichts aber zeichnet sich zunehmend eine hinreichend große Auflösung der Gesamttätigkeit jeder Aufgabenlösung in Teiltätigkeiten ab. Zu der Aufgliederung von Teiltätigkeiten in der Linie der Zeit, wie sie von den Gestaltpsychologen und *Dewey* vorgenommen worden ist, kommt seit den sechziger Jahren die simultane Dimension aus parallelen und hierarchisch geordneten Aktivitäten hinzu. Beide zusammen ergeben heute schon eine so differenzierte Struktur des Gesamtprozesses, daß sie vom Lehrer bei keiner Lernaufgabe vollständig berücksichtigt werden kann. Entscheidend ist, daß er die derzeit unterscheidbaren Arten von Teiltätigkeiten kennt und sich im Raum dieser Tätigkeiten geistig so gut bewegen kann, daß er die jeweiligen Schwierigkeiten möglichst gut lokalisieren und damit diagnostizieren kann. Ich lenke den Blick kurz auf erste Ansätze bei *Dewey*, bei den Gestaltpsychologen und in der Handlungstheorie *Kaminskis*. Danach wage ich selbst eine differenziertere Klassifikation der Teiltätigkeiten im Prozeß der Aufgabenlösung. Sie beruht auf der Verbindung des heutigen Theoriestandes der Psychologie des Problemlösens (**M6** u. **7**) mit den in **Teil II** dargelegten Annahmen über die Architektur des psychischen Systems. Eine wissenschaftliche Erörterung dieses Versuchs ist jedoch an dieser Stelle ganz ausgeschlossen.

Dewey ging es um den konkreten Vollzug des Denkens im Lebensvollzug:

> "Das *Denken* ist die Auseinanderlegung der Beziehungen zwischen dem, was wir zu tun versuchen, und dem, was sich aus diesem Versuche ergibt. Es gibt keinerlei sinnvolle Erfahrung, die nicht ein Element des Denkens enthielte." (*Dewey* 1964³, 193).

Philosophische Reflexion auf die Tätigkeiten des Menschen, von den alltäglichsten bis zu den wissenschaftlichen, führte ihn dazu, daß Denken nichts anderes ist als der Gesamtverlauf des Prozesses, durch den wir Erfahrungen machen. Daraus leitete er die Überzeugung ab, "daß die Schule für den Geist der Schüler (d.h. abgesehen von der Pflege gewisser spezieller Muskelfähigkeiten) überhaupt nichts weiter tun kann und zu tun braucht, als ihre Denkfähigkeit zu entwickeln." (*Dewey* 1964³, 201). In diesem Prozeß unterschied er fünf Phasen:

> "Soviel über die allgemeinen Züge der denkenden Erfahrung. Sie sind: 1. Befremdung, Verwirrung, Zweifel - sie treten auf, weil man in eine unabgeschlossene, ihrem Wesen nach noch nicht völlig bestimmte Sachlage verwirkt ist; 2. eine versuchsweise Vorausberechnung - eine probeweise Deutung der gegebenen Elemente, durch die ihnen die Tendenz zu gewissen zukünftigen Folgen zugesprochen wird; 3. eine sorgfältige Erkundung (Erforschung, Feststellung, Prüfung, Zergliederung) aller erreichbaren Umstände, die der bestimmten Erfassung und der Klärung des vorliegenden Problems dient; 4. eine versuchsweise Ausgestaltung der vorläufigen Annahme, durch die sie bestimmter und in sich geschlossener wird, weil sie nun einer größeren Zahl von Tatsachen Rechnung trägt; 5. Entwicklung eines Planes für das eigene Handeln auf der Grundlage der so durchgearbeiteten Annahme, Anwendung dieses Planes auf die gegebene Sachlage, d.h. Handeln in

der Absicht, gewisse Ergebnisse zu erzielen und dadurch die Richtigkeit der Annahme nachzuprüfen." (*Dewey* 1964³, 201)

Auch die Gestaltpsychologen untersuchten den Denkprozeß (**M2**), jedoch gestützt auf psychologische Experimente (vgl. **Teil II, Kap. 2**). Ihr Ergebnis kann in äußerst knapper Form so beschrieben werden:

"Der 'Druck der Aufgabe' wird in der gestalttheoretischen Konzeption durch das 'Sehen des Problems' ausgelöst, und die Lösung der Aufgabe ist im wesentlichen Lösung der Spannung. Der Begriff des Problems impliziert also nicht nur die Motivation zur Lösung, gewissermaßen den 'Denkantrieb', sondern immer auch dessen 'Hemmung' durch ein Hindernis, eine Schwierigkeit, eine Barriere (Lewin). Der Lösungsweg besteht darin, daß zuerst einmal das Gegebene 'sub specie Aufgabe' (*Wertheimer*) angesehen wird." (*Graumann* 1965, 31 in *Ehlich/Rehbein* 1985, 8)

Nach *Rubinstein* ist "die grundlegende Daseinsweise des Psychischen (...) seine Existenz als Prozeß, als Tätigkeit" (*Rubinstein* 1972⁶, 232, in *Thomas* 1976, 1). Die *Einheit jedes kompletten psychischen Prozesses zwischen zwei Zeitpunkten* (**M3, 4, 5, 10**) ist nach seiner Auffassung die Handlung. Seine Gründe für die Wahl dieser Einheit für psychologische Untersuchungen gelten auch für *Lerntätigkeiten im Unterricht* (s. **Teil III**):

"Es hat den Anschein, daß die Anwendung des Konzepts 'Handeln' in bestimmten Phänomenbereichen im besonderen Maße naheliegt; nämlich überall dort, wo kompliziertere umweltverändernde Aktivität 'molar', als Ganzes, betrachtet und bearbeitet werden muß, wo es um praktischer und theoretischer Gründe willen nicht sinnvoll wäre, nur bestimmte Teilprozesse aus dem Funktionieren des Organismus herauszugreifen und sich nur mit Details zu befassen. Das betrifft beispielsweise Aktivitäten wie arbeiten (Hacker 1973), sporttreiben (Volpert 1973), verbalsprachlich oder nichtverbal kommunizieren (Mac Kay 1972), als Wirtschaftssubjekt tätig sein (*Gäfgen* 1968)." (*Kaminski* 1976, 13).

Diese komplette Prozeßeinheit hat nach ihm eine bestimmte konstante Struktur:

"Dabei wird jetzt vorausgesetzt, daß unter 'Handlung' ein in der Zeit ablaufender Vorgang verstanden wird, der vorläufig als zielgerichtete und zielorientierte Aktivität umschrieben werden soll. Diese Bestimmung schließt nämlich bereits etwa folgende Annahmen ein:
- Es gibt Aktivitäten, Operationen, die Veränderungen bewirken.
- Es gibt eine Art Zielsetzung oder Norm.
- Diese Zielsetzung muß in der Zeit überdauern, relativ invariant erhalten werden können und verfügbar bleiben.
- Aktivität bzw. ihre Ergebnisse müssen wahrgenommen und mit der überdauernden und verfügbaren Zielsetzung in Beziehung gebracht, verglichen werden können.
- Für diesen Vergleich muß es Unterscheidungskriterien geben.
- Aus dem Vergleich müssen unterschiedliche Rückwirkungen auf die Aktivität erfolgen können, - beispielsweise - das Einleiten von Korrekturen oder das Abbrechen der Aktivität bei Zielerreichung.

Wer sich mit 'Handlungen' - als in der Zeit erstreckten Einheiten von 'Handeln' - befaßt, nimmt demnach von vornherein an, daß es im Organismus (oder auch in 'handelnden' Systemen anderer Art) Funktionen wie Speicherung, Wahrnehmen, Beurteilen, Entscheiden, umweltveränderndes Operieren gibt, und daß diese Teilprozesse in einem bestimmten Verbund funktionieren." (*Kaminski* 1976, 12)

In dieser vorsichtigen Beschreibung werden wichtige Dimensionen der gesamten Einheit benannt: (1) die Zielgerichtetheit (von diffusen Erwartungen bis zu genau definierten Zwecken), (2) die ständige Verfügbarkeit von Zielen für ihre regulative Funktion, (3) die Regulierung von verändernden Operationen durch die Zielnorm, (4) der Vergleich von Ausgangsdaten mit den Ergebnissen der Operationen, (5) Kriterien für diesen Vergleich und (6) Auswirkungen der Ergebnisse des Vergleichs auf die weitere Aktivität.

Diese Einheit ist aber nicht nur dimensioniert, sondern wiederum *aufteilbar in Teilhandlungen, die entweder hierarchisch in die übergeordnete Handlung eingeschachtelt sind oder gleichzeitig vollzogen werden*. Das ergibt für jede Handlungseinheit eine *komplexe Struktur* nicht nur aus untergeordneten Einheiten, sondern auch von nebengeordneten gleichzeitigen Einheiten, wiederum mit derselben Struktur der Handlung. - Und *dieser Struktur entsprechen* nach Kaminski *Aufgaben und Teilaufgaben*:

> "Das Prinzip der hierarchischen Handlungsgliederung auch hier (im Blick auf das recht kompliziert anmutende Handlungsgeschehen, das man beim Skiläufer beobachten kann - J.G.) konsequent zu verwenden, wurde durch verschiedene Erfahrungen nahegelegt, beispielsweise allein schon durch die Analyse der Aufgabenstellungen, die von den Skilehrern den Skischülern verbal vermittel wurden. Bei genauerem Hinsehen zeigt sich allerdings, daß den Skischülern nicht Aufgabenstellungen vorgegeben werden, die sie nur jeweils in einer einzigen, hierarchisch organisierten Bewegungshandlung abarbeiten könnten. Vielmehr enthalten die Aufgabenstellungen stets mehrere Teilaufgaben, die relativ unabhängig voneinander und dabei in notwendiger zeitlicher Überlappung oder gar Parallelität zu bewältigen sind. Das führte dazu, Skilaufen unter dem Konzept des Mehrfachhandelns, der Mehrfachaufgabenbewältigung zu analysieren (*Kaminski* 1973)" (*Kaminski* 1976, 20)

Es ist unübersehbar: Die Prozeßanalysen des Denkens, des Handelns und des Problemlösens führen auf dieselbe Struktur, nämlich die *umfassende ganzheitliche (molare) Struktur des menschlichen Lebensvollzugs als einer organisch-psychischen Einheit*. In sie lassen sich *alle unterscheidbaren kleineren Einheiten des kompletten Lebensvollzugs, nicht nur die gleichartigen, z.B. der Aufbau von Wissenssystemen in den unterschiedlichsten Realitätsbereichen der Welt und des Selbst, sondern auch die handlungsspezifischen, d.h. die planenden, regelbildenden, wertenden oder ausführenden Operationen, integrieren*. Das ergibt zusammen eine Strukturierung und Unterteilbarkeit des menschlichen Lebensvollzugs, die für eine differenzierte Beeinflussung einerseits notwendig ist, andererseits aber auch vollends ausreicht (vgl. die Überlegungen zur Einheit der Operation sowie zum Verhältnis von Tätigkeit und Teiltätigkeit in **Teil III**).

Theoretische Grundlagen 341

Diese Sicht entspricht der schon 1978 von *Eigler* geäußerten Auffassung vom Prozeß der Bearbeitung einer Lernaufgabe:

> "Offensichtlich ist das Bearbeiten einer Lernaufgabe, also das Lernen, zu unterscheiden von den externen Bedingungen, die in Form der Lernaufgabe das Lernen herausfordern, zum anderen von internen Bedingungen, die - vom Lerner aktiviert - Lernen als Bearbeiten einer Lernaufgabe erst ermöglichen. Dabei wird man zunächst an Wissen und Fähigkeiten, etwa im Sinne *Gagnés*, denken, aber allein die Tatsache, daß damit zwar jeweils notwendige, aber nicht hinreichende Bedingungen für einen weiterreichenden Lernprozeß erfaßt werden (*Klauer* 1974; *Eigler* 1976), macht deutlich, daß anderes hinzutreten muß - wenn es zu selbständigem Bearbeiten neuer Lernaufgaben kommen soll. Daß dies allerdings die Zielperspektive allen Lehrens ist, wird hier unterstellt. Deshalb erscheint es als zweckmäßig, zur Erklärung selbständigen Bearbeitens einerseits - etwa im Anschluß an *Piaget* - eine operative Komponente einzuführen, die als verantwortlich für die Herstellung einer neuen, der Lernaufgabe gemäßen Verknüpfung von Wissen und Fähigkeiten gedacht wird, andererseits eine motivationale Komponente, die über verschiedene Formen von Bewertungen den Lernprozeß im ganzen steuert." (*Eigler* 1978, 279)

Es geht *Eigler* um "die Abfolge der Teillernaufgaben im Rahmen komplexerer Lernaufgaben" (*Eigler* 1978, 285), um die "Lernen herausfordernden und unterstützenden Bedingungen" (ebd., 287), d.h. um eine geordnete Anzahl von Teilaufgaben (taxonomy of task variables), "die die didaktische Struktur einer Lernaufgabe in ihrer zeitlichen Erstreckung zu beschreiben erlaubt" (ebd., 284).

Für die *Unterscheidung unterschiedlicher Klassen von Hilfsaufgaben* für den Prozeß des Problemlösens ist es sinnvoll, nur diejenigen *Teiltätigkeiten im Gesamtprozeß* in den Blick zu fassen, *die ihrer Art nach unterschiedlich sind*, und nicht die vielen Operationen, die in allen von ihnen in gleicher Weise auftreten, z.B. das Klassifizieren oder die Transformation von mündlicher in schriftliche Sprache (s. dazu **Kap. 4**). Die von mir nun versuchte *Aufgliederung des Gesamtprozesses der Aufgabenlösung in unterschiedliche Teiltätigkeiten* liegt auf dem Allgemeinheitsniveau der drei angeführten Prozeßmodelle der Gesamttätigkeit von *Dewey*, der Gestaltpsychologie und *Kaminskis*, grenzt die Teiltätigkeiten aber im Blick auf die Struktur des menschlichen Informationsverarbeitungsprozesses z.T. etwas anders ab. Ich führe jetzt die Hauptklassen von Teiltätigkeiten nur kurz an und erörtere dann jede von ihnen ausführlich in den **Abschnitten 1** bis **4** (vgl. **Kap. 4**; Klassifikation von Grundoperationen).

1. Verstehen der Information, die in der Aufgabenstellung enthalten ist

- Verstehen des Wort- und Satzsinns, d.h. der in der Aufgabe auftretenden Begriffe und der Beziehungen zwischen ihnen, sowie der Aufforderung zur Lösung der Aufgabe
- Bildung eines ersten mentalen Modells für den Sachzusammenhang der Aufgabe (Aufgabe: Wie lange fahren wir noch bis X? Erstes mentales Modell: Visuelle schematische Vorstellung des Weges bis zum Zielort, vielleicht auch mehrere Vorstellungen von Teilstrecken)
- Transformation in ein zweites oder auch drittes etc. mentales Modell bis zu einer Fassung des in der jeweiligen Situation vermutlich intendierten Aufgabensinns (Transformation der Beispielaufgabe in "Ungefähre Zeitdauer für die Strecke über die Landstraße bei durchschnittlich

50 km/h mit dem PKW" bei einer Fahrt mit der Familie oder "Zeit in Stunden, Minuten und Sekunden pro Strecke" in Kilometern und Metern bei einer Durchschnittsgeschwindigkeit von 52,5 km/h", wenn eine möglichst exakte Angabe erwartet wird)
- Gegebenenfalls Klärung von einzelnen Informationen der Aufgabenstellung, z.B. eines mißverständlichen Begriffs, eines in einem Schema zu ergänzenden Sachverhaltes, eines zu berücksichtigenden Umstandes, der intendierten Form der Aufgabe, bis ein hinreichendes Verständnis erreicht zu sein scheint (Stoppregel für den Verstehensprozeß, die den Verstehensprozeß oft zu früh beendet, weil sie eine subjektive Beurteilung impliziert).

Beim Auftreten von Schwierigkeiten im weiteren Prozeß wiederholte Versuche, den Textsinn der Aufgabe so zu verstehen, daß eine Vorstellung vom gemeinten Sachzusammenhang konstruiert werden kann (vgl. zu diesem Punkt *Grzesik* 1976a, 36f. und 1990).

2. *Akzeptieren der durch die Aufgabe vermittelten Information für die Regelung der eigenen Aktivitäten*

Die *Kalkulation der Akzeptanz der Aufgabe* besteht aus einem *kognitiven Kalkül der Verrechnung von Wertgewichten*. Diese Kalkulation führt entweder zu einem Übergewicht der Wertgewichte zugunsten der Entscheidung, die Aufgabe zu lösen, oder zu einem Übergewicht der Wertgewichte zugunsten der Entscheidung, dies nicht zu tun. Diese Regulation der Entscheidung über eigene Aktivitäten ist ständig in Aktion und deshalb auch schon bei der Entscheidung im Spiel, ob man eine Aufgabe zu verstehen sucht oder sich gar nicht erst darum bemüht. Beim Übergang vom Verstehen zur Bearbeitung aber tritt sie häufig in den Vordergrund, weil jetzt der Entschluß gefaßt werden muß, ob man sich für die Lösung der Aufgabe einsetzt und in welchem Maße dies geschehen soll. Das Resultat dieser Kalkulation ist die *jeweilige Zusammensetzung und Stärke der Motivation*. Die Kalkulation der Akzeptanz ist deshalb die *notwendige Voraussetzung für die selbständige Regulation des Lösungsprozesses*. Wird die Entscheidung für die Bearbeitung nachhaltig durch den Grad der Problematik der Lösung belastet, dann muß *erst das Problem der Motivation gesondert bearbeitet werden, ehe man sich wieder mit dem Problem der Aufgabe befassen kann*. Der Motivationskalkül wird von Zeit zu Zeit wieder durchgespielt, um festzustellen, ob es sich lohnt, weiterzuarbeiten. Das geschieht bis zum Ende des Lösungsprozesses, weshalb es jederzeit zum Abbruch der Aufgabenlösung kommen kann.

Die Kalkulation der Motivation und das Lösen einer Aufgabe sind ständig parallel verlaufende Prozesse, solange das notwendige Niveau der Motivationsstärke nicht unterschritten wird. Sobald dies aber geschieht, muß diese Störung vorrangig bearbeitet werden, was zu einer Unterbrechung der Operationen für die Aufgabenlösung führt. Auch das geschieht u.U. so schnell, daß die Aufeinanderfolge der Kalkulation der Akzeptanz und der Lösung nicht nur vom Lehrer, sondern auch durch den Schüler selbst nicht bemerkt werden. Die notwendigen Transformationen für den Kalkül der Wertgewichte und für die Lösung sind dann voll automatisiert und nicht bewußt (z.B. bei der plötzlichen Frage: "Was heißt 'kochen' auf Latein?") oder vollroutinierte bewußte Etappen.
- Kalkulation der Weiterarbeit mit dem erzielten Verständnis der Information
- Transformation des erzielten Verständnisses in ein Suchschema für Aktivitäten, durch die die Aufgabe gelöst werden kann. Vollzieht sich dieser Prozeß nicht voll automatisch oder bewußt, aber störungsfrei, dann entsteht ein Problemdruck und kann das Problembewußtsein zur Ausbildung einer Problemstruktur führen (1. Fall: Suche: Wie weit ist es nach X? Stelle fest: Wie schnell fahren wir z.Zt. und wieviele Kilometer müssen noch gefahren werden? Resultate: 100 km/h, 50 km = ungefähr eine halbe Stunde. - 2. Fall: Wie im ersten, aber mit den Resultaten: 73 km/h, 24 km; Problem: Wie lange brauchen wir? Entwicklung zum numerischen Problem: zwei verschiedene Einheiten, km/h und km)

3. Transformieren des ersten mentalen Modells in einen Lösungsprozeß

Dieser Prozeß wird zunehmend komplexer mit zunehmender Komplexität des Problems. Die Komplexität des Problems ist bei Lernaufgaben allein daran zu messen, welche Teiltätigkeiten noch nicht routiniert, d.h. automatisiert, sind. Ein für den Experten geringfügiges Problem kann deshalb für einen Eleven eine nicht zu bewältigende Komplexität haben. Daher ist die Unterscheidung von Teiltätigkeiten hier von besonderem Gewicht für die Abfassung von Hilfsaufgaben für die Aufgabenlösung.

3.1 Transformation in ein Modell, das für die Lösung geeignet ist

Es geht hier um die *Suche nach demjenigen Wissenssystem im Langzeitgedächtnis, in dem die Aufgabe bearbeitet werden kann*, z.B. die Suche nach dem arithmetischen Schema für das Modell der Alltagssituation eines Kaufvorgangs oder eines philosophischen Schemas für das Problem der Wirklichkeitserkenntnis. Stets geht es darum, den Wissensbereich zu finden, in dem das Problem überhaupt gelöst werden kann oder der einen geeigneten Zugang zum Problembereich eröffnet. Im Blick auf den Gesamtzusammenhang der Informationsverarbeitung gibt es hier wahrscheinlich verschiedene Möglichkeiten:
- den Wechsel von der sprachlich-begrifflichen Repräsentation der Aufgabeninformation zu einer bildhaft-analogen Repräsentation, d.h. einer Vorstellung (inneres Bild, Schema) oder einer graphischen Darstellung,
- den Wechsel der Hierarchieebene der Abstraktheit, d.h. entweder eine oder auch zwei Stufen der Konkretisierung oder aber umgekehrt höhere Stufen der Abstraktheit (Transformation in Unterbegriffe, Prototypen oder Fälle bzw. Transformation in Kategorien, Regeln oder Prinzipien höherer Allgemeinheit),
- Transformation in einen Wissensbereich, in dem eine Lösung möglich ist und der auch häufig schon von der Aufgabe intendiert wird,
- Transformation in ein ganz anderes Gebiet, das aber eine ähnliche Struktur besitzt (Hilfe für die Klärung der Struktur des problematischen Sachverhaltes durch Analogien, "das ist so wie ...")

3.2 Transformation in ein Schema von Zielzustand und Ausgangszustand

In den bis jetzt unterschiedenen Transformationen der Aufgabeninformation tritt in sehr vielen Fällen noch keine *Information über die Zeitdimension des Lösungsprozesses* auf. Das gilt z.B. für ein Thema wie "Welche Handlungszusammenhänge gibt es in diesem Text, und welche Personen spielen in mehreren Handlungszusammenhängen eine Rolle?" Dagegen ist in der folgenden Aufgabe wenigstens ein Dreischritt vorgegeben: "Erläutern Sie die Beugung und Interferenz des Lichtes a) am Einzelspalt, b) am optischen Gitter und leiten Sie entsprechende Bedingungen für Auslöschung bzw. Helligkeit her!". Erst die *Konzentration auf den Ausgangszustand* führt dann zu einer genauen *Bedingungsanalyse* oder aber auch nur zu einer *Sichtung relevanter Wissensbestände*. Die *Konzentration auf den Zielzustand* kann zu einer *Antizipation des Resultats*, z.B. in Form einer Schätzung oder einer Grobgliederung der angestrebten Ausarbeitung oder einer möglichst genauen Beschreibung des angestrebten Resultats (Gütekriterien, Modell eines Produktes, Zeichnung etc.) führen. *Bedingungsanalyse und Zielanalyse* bilden zusammen die *Aufgabenanalyse*, durch die die *Grenzen für den Problemlöseprozeß* markiert werden.

3.3 Transformation von Ausgangszustand und Zielzustand in einen Plan des Lösungsprozesses

In einfachen Fällen besteht der Plan aus der Antizipation einer Folge von Operationen, die vom Ausgangszustand zum Zielzustand führen, z.B. der Reihenfolge von Einkäufen. Steht dafür schon eine komplette Vorgehensweise zur Verfügung, z.B. eine schon häufig vollzogene Abfolge, dann kann fast augenblicklich mit der Ausführung begonnen werden. In anderen Fällen aber vergewissert man sich ausdrücklich, was nacheinander getan werden muß. In komplizierten Fällen aber läßt sich gar nicht auf Anhieb eine Folge von Operationen festlegen, z.B. bei der Abfassung eines Aufsatzes oder der Lösung einer neuen mathematischen Aufgabe, sondern muß der Lösungsprozeß in Teilziele und Teilpläne aufgelöst werden. Daraus kann sich ein kompliziertes Gebilde von ineinandergeschachtelten Plänen ergeben. Sie reichen von allgemeinen Kategorisierungen, z.B. "gliedern", "Probe für das Rechenresultat", bis zu einer minutiösen Festlegung von einzelnen "Schritten". Der Übergang vom Planen zum Ausführen kann insofern fließend sein, als schon mit der Ausführung begonnen wird, ehe auch nur die Hauptphasen allgemein kategorisiert sind, oder wenn umgekehrt Teilresultate zum Anlaß für die Revision eines genauen Planes werden. Die Dynamik des Wechselspiels zwischen Entwürfen und Realisationen hängt von der Komplexität der Aufgabe und von der Lösefähigkeit der Schüler ab.

3.4 Behebung von Schwierigkeiten (Barrieren) im Lösungsprozeß

Der reibungslose Wechsel zwischen planenden und ausführenden Operationen wird jedesmal gestört, wenn keine planende oder ausführende Operation angeschlossen werden kann. Das kann schon der Fall sein, wenn eine erste Kategorisierung der Aufgabe als "grammatische" oder "unbekannte" oder "komplizierte" ein solches Maß an Angst auslöst, daß jede Aktivität blockiert ist, oder die Undurchsichtigkeit der Aufgabeninformation völlige Hilflosigkeit zur Folge hat. Emotionale und kognitive Barrieren können aber nicht nur zu Beginn, sondern in jedem Moment des Lösungsprozesses bis hin zur letzten Kontrolle auftreten. Es kommt dann immer darauf an, durch Selbstregulierung wieder eine Anschlußmöglichkeit zu erreichen, und zwar wiederholt bis zur nächsten Barriere. Ob auf diese Weise die Lösung gelingt, hängt dann davon ab, ob die Operationen, die für die Suche und die Ausführung aktiviert werden können, für die Lösung der Aufgabe taugen.

4. Ausführung des Lösungsprozesses und Kontrolle der erzielten Resultate

Die Ausführung des Lösungsprozesses besteht aus einer Sequenz von exekutiven Operationen. Entscheidend sind allein die Anschlüsse, nicht aber die Unterbrechung der Sequenz durch planende oder ganz andere Aktivitäten. Ob die Anschlüsse zur Lösung der Aufgabe führen und durch welche Verkettungen dies gelingt, das wird durch die Qualität der Anschlüsse entschieden. Transformationsprozesse der Aufgabeninformation bis zu einer Sequenz von exekutiven Operationen werden im Arbeitsgedächnis gleichzeitig mit Kontrollprozessen aktualisiert. Das System der operativen kognitiven Verarbeitung von Informationen und die durch hierarchische Ordnungen eröffneten reflexiven Kontrollmöglichkeiten sind ebenso parallele Prozesse wie Planung und Ausführung. Nur wenn sie gleichzeitig aktualisierbar sind, können die Wechselbezüge im jeweiligen Arbeitsbereich des Arbeitsgedächtnisses auch hergestellt werden. Sie können aber auch ganz bewußt gesondert nacheinander vollzogen werden, allerdings nur bei zeitweiliger Nichtbeachtung, Verlangsamung oder gar Stillstellung des anderen Prozesses. Da das Arbeitsgedächtnis mit seiner begrenzten Kapazität nicht beide Formen der Informationsverarbeitung gleichzeitig in gleichem Maße leisten kann, konzentriert es sich jeweils auf einige von ihnen, in der gerade der größte Verarbeitungsbedarf vorliegt. So kann es z.B. bei der Notwendigkeit, Angst zu verarbeiten, zur Blockade der Aufgabenlösung und jeder Reflexion kommen. Man kann aber auch im

Unterrichtspraktische Aspekte 345

Eifer der Aufgabenlösung die Regulation der Kontrolle so stark vernachlässigen, daß man sich verrennt. Man kann auf der anderen Seite vor lauter Kontrollen nicht von der Stelle kommen und völlig mutlos werden. - Für die optimale Nutzung der eigenen Möglichkeiten scheint es auf eine sorgfältige Abstimmung von Operieren und Kontrollieren, das natürlich auch ein Operieren ist, anzukommen.

(1) Für das Verstehen der Aufgabe können Hilfsaufgaben gestellt werden

Das Verstehen einer Lernaufgabe ist die notwendige Voraussetzung für alle anderen Operationen im Prozeß der Aufgabenlösung (Arbinger 1985, 5). - Es muß der jeweilige Aufgabensinn, in der Regel in einer mündlichen oder schriftlichen Mitteilung, verstanden werden. Das *Verstehen des verbalen Textes* steht so sehr *im Vordergrund*, daß die non-verbalen Medien meist nur verstärkende oder ergänzende Funktion für die verbal vermittelte Information haben. Durch Gesten des Hinzeigens oder durch Vormachen kann keine differenzierte Information für eine Tätigkeit vermittelt werden, sondern müssen die Schüler sie aus dem Gegenstand, auf den die Aufmerksamkeit gelenkt wird, oder dem demonstrierten Vorgehen selbst gewinnen. Differenzierte Information für die Auswahl geistiger Operationen, auf die es beim Vollzug einer Tätigkeit jeweils ankommt, kann nur sprachlich vermittelt werden. Die Flüchtigkeit und die Monotonie des Sprachmaterials in der mündlich gestellten Aufgabe kann aber durch nonverbale Körpersprache bis zu einem gewissen Grade kompensiert werden, indem sie Akzente auf diejenigen Sachverhalte setzt, die unterschieden werden müssen, und Zusammengehöriges zusammenfaßt.

Als Textsorte gehört die Lernaufgabe zu den literarischen Kleinformen. Ihre Charakteristik ergibt sich aus ihrer *Funktion, Information zu vermitteln, die für die Selbststeuerung einer bestimmten Tätigkeit ausreicht*. Diese Funktion verbietet umfangreiche Beschreibungen, Erklärungen, assoziative Ausschmückungen, Redundanzen, Ableitungen, Argumentationen, kurz, alles, was für die Wahl der jeweiligen Tätigkeit überflüssig ist oder sie erschwert. - Aus der Funktion für die Selbstregulierung ergibt sich auch, daß *die vermittelte Information die Schüler immer in die Lage versetzen muß, diese Information zum Muster der jeweiligen Tätigkeit zu ergänzen.* Dazu können verschiedene Wege geeignet sein. Es kann die Erinnerung an eine früher schon einmal vollzogene gleiche oder ähnliche Tätigkeit genügen. Es kann ein Hinweis auf einen Teil der Tätigkeit ausreichen, z.B. auf einen Gegenstandsaspekt oder eine bestimmte Technik, weil in der Situation schon alles weitere gegeben ist. Es kann sogar eine Analogie sinnvoll sein ("das ist so, wie ..."). *Aber in den meisten Fällen wird die vermittelte Information auf einer höheren Stufe der Abstraktheit liegen müssen als die von den Schülern erwarteten geistigen Operationen.* Sie erreichen dann die für die unmittelbare Selbststeuerung geeignete Information u.U. erst durch eine mehrfache Respezifikation der vorher vom Lehrer vorgenommenen Abstraktion. Sobald dem Lehrer für die jeweilige Tätigkeit Beispiele, Komponenten der Tätigkeit oder Analogien nicht einfallen oder die Schüler mit ihrer Hilfe die Tätigkeit nicht vollziehen können, bleibt nichts anderes übrig, als *die Tätigkeit selbst zunehmend genauer zu beschreiben*. Das geht nur durch Begriffe, denen sich die Tätigkeit unterordnen läßt, weil die Begriffe sich auf bestimmte Merkmale der Tätigkeit beziehen, wie wir **im vorausgehenden Kapitel** gesehen haben. Dafür muß der Lehrer die Operationen der Schüler kategorisieren können und müssen die Schüler diese allgemeineren Begriffe verstehen können, damit sie für die Selbstregelung angewendet werden können. Das verlangt vom Lehrer, daß er nicht nur etwas kann, sondern auch weiß, d.h. begrifflich fassen kann, durch welche Operationen das, was er selbst schon kann, von den Schülern erarbeitet werden kann. Von den Schülern aber wird verlangt, daß sie *Begriffe, die sie schon aus dem Alltag oder aus dem Fachunterricht kennen, für die Regelung einer Tätigkeit einsetzen, die sie noch nicht vollzogen haben*. Die Schüler erreichen erst dann die Souveränität, eine Tätigkeit ganz selbständig aus ihrem Repertoire zu ziehen, wenn sie die Tätigkeit schon konstruieren können, wenn sie wie der Lehrer wissen, durch welche Information man die jeweilige Tätigkeit aktivieren kann, und wenn sie außerdem, wiederum wie der Lehrer, für ein bestimmtes Ziel eine bestimmte Tätigkeit auswählen können. *Für die vollständig selbständige Regulierung der eigenen Tätigkeiten* haben danach die Schüler gegenüber dem Verstehen der vom Lehrer gestellten Aufgabe noch zwei weitere Stufen der Regulation zu erarbeiten, nämlich *die eigenständige Regulation der Konstruktion der Tätigkeit und die eigenständige Regulation der Entscheidung über die Wahl einer bestimmten Tätigkeit*. - Diese besondere Struktur der Information in der Lernaufgabe muß sich auf den Verstehensprozeß der Schüler auswirken.

Aus dem Gesamtprozeß des Textverstehens (Grzesik 1990) *kommen* nach dem derzeitigen Kenntnisstand vor allem *die folgenden Teiloperationen* in Betracht: 1. das Verstehen von Wort- und Satzsinn, 2. die Bildung eines ersten mentalen Modells des Aufgabenbereichs aus alltäglichen Wissensbeständen der Schüler, 3. die Transformation des ersten mentalen Modells in ein zweites mentales Modell aus bereichsspezifischem Fachwissen, das erst eine Lösung der Aufgabe erlaubt, 4. die Ausarbeitung und Ergänzung dieses Modells zur Informationsbasis für die Aufgabenlösung durch Schlußfolgerungen und Kritik. - Jede dieser Teiloperationen besteht selbst wieder aus einem mehr oder weniger umfangreichen Komplex von Operationen, weshalb der *Verstehensprozeß an vielen Stellen gestört* sein kann. - Die Aufgabe des Lehrers besteht hier darin, dem durch die Abfassung der Lernaufgabe vorzubauen oder aber im Falle einer Störung die *Schüler zu informieren, wie diese Störung behoben werden kann*. Jede solche Information ist eine *Hilfsaufgabe für das Verstehen von Lernaufgaben*.

Das Verstehen einer Aufgabe ist keineswegs nur ein automatisch verlaufender Prozeß des Sprachverstehens, in dem allenfalls einmal eine unbekanntes Wort Schwierigkeiten machen kann. Das Verstehen gelingt nur, wenn *die Schüler mit der Hilfe von Sprachkonventionen aus ihren Wissensbeständen einen Sachzusammenhang konstruieren können*. Dieser Sachzusammenhang wiederum ist nichts anderes als ein *erstes, stets unvollständiges Schema einer Tätigkeit*. Erst *wenn ein solches Schema gebildet worden ist, ist die Intention des Lehrers, eine Aufgabe zu vermitteln, erfüllt*. Alles, was hinter einem Tätigkeitsschema zurückbleibt, ist für die Schüler lediglich bruchstückhafte Information ohne Aufgabenfunktion. *Ein solches Tätigkeitsschema ist dann die Grundlage für den weiteren Prozeß der Aufgabenbearbeitung,* nicht aber schon die sprachliche Fassung der Aufgabe. Das Tätigkeitsschema muß deshalb auch behalten werden. Dem entspricht die allgemeine Tendenz, daß *das reine Wortverstehen nur ein schnell vorübergehender Prozeß ist:* Die Sinneswahrnehmung des Wortlauts "durchläuft zunächst in Sekundenbruchteilen das sensorische Gedächtnis" (*Thews/Mutschler/Vaupel* 1989³, 490). Aus dem sensorischen Gedächtnis wird die Wortinformation in das "Kurzzeitgedächtnis für Wortbegriffe" (ebd.) übertragen. Dort "verschwindet die Information bereits nach einigen Sekunden, wenn sie nicht durch Üben, d.h. ständiges aufmerksames Wiederholen, festgehalten wird" (ebd.).

Welche *Hilfsaufgaben* kann nun aber der Lehrer für die Behebung von Störungen im Prozeß des Verstehens bis zum Zeitpunkt der Bildung eines ersten Tätigkeitsschemas aus der vermittelten Information stellen?

1. *Beim Verstehen von Wort- und Satzsinn kommt es zuerst darauf an, daß die Schüler über die im Kontext der Aufgabe in Anspruch genommenen Wortbedeutungen (Begriffe) verfügen und sie so verbinden, wie es die Bedeutung der grammatischen Relationen erlaubt.* Das heißt nichts anderes, als die in Wörtern repräsentierten begrifflichen Sachverhalte in die Beziehungen von Gegenstand und Attribut, von Subjekt und Objekt, von Vorzeitigkeit und Nachzeitigkeit etc. zu setzen (s. meine wesentlich genauere Darstellung *Grzesik* 1990, 71f.). Sehen wir uns das an einigen Beispielen, die ich auch noch für weitere Zwecke verwenden werde, an!

> Erstes Beispiel: "In der ersten Arbeitsphase haben wir uns zunächst einmal um den Inhalt, die inhaltliche Paraphrase, die Wiedergabe, die inhaltliche Erfassung des vorliegenden Textes zu kümmern."
> Zweites Beispiel: "Frau Müller tankt an einer Autobahntankstelle 52 l Super. 1 l kostet 1,56 DM. Wieviel muß sie bezahlen?"
> Drittes Beispiel: "Zwei Kraftfahrzeuge, Masse jeweils 1.000 kg, stoßen mit 70 km/h frontal zusammen. Wieviel Energie wird zur Deformation der Autos frei? Vergleiche dies mit einem Auto, das mit 140 km/h gegen eine Mauer rast!"
> Viertes Beispiel: "Orientiere dich über den Bau verschiedener Augenformen!"
> Fünftes Beispiel: "Analysiere die Komposition des Bildes!"
> Sechstes Beispiel: "Ist der Wal ein Säugetier?"
> Siebtes Beispiel: "Beschreiben Sie die Lösung, die der Autor favorisiert, genau, sammeln Sie seine Argumente für diese Lösung und versuchen Sie, diese Argumente in Gruppen zusammenzufassen!"

Der Wortschatz von Lernaufgaben stammt in einem erstaunlich hohem Maße aus der Alltagssprache. Fachspezifische Ausdrücke treten zwar mit fortschreitendem Entwicklungsstand zunehmend häufiger auf, bleiben aber auf die Spezifizierung einzelner Gegenstands- oder Verfahrensaspekte beschränkt. - Dafür gibt es mehrere Gründe: die ständige Notwendigkeit der Verständigung mit einer Lerngruppe, deren Wortschatz sehr heterogen ist; die hinreichende Genauigkeit von Alltagsbegriffen in sehr vielen Fällen, selbst in der Wissenschaftssprache; die Notwendigkeit, Fachbegriffe erst zu lernen, ehe sie für Lernaufgaben verwendet werden können; der allmähliche Wandel von Alltagsbegriffen in Fachbegriffe, weshalb zu ein und demselben Wortlaut sehr unterschiedlich genau definierte Begriffe aktualisiert werden können, z.B. zu "Argument", zu "Lösung" oder zu "Säugetier"; die notwendige Allgemeinheit der Begriffe für die Information über Tätigkeiten von sehr unterschiedlicher Komplexität, z.B. bei den Ausdrücken "analysiere" und "Komposition"; der sehr unterschiedliche Genauigkeitsgrad der Konvention, die in einer Klasse für einen solchen Ausdruck jeweils erzielt worden ist.

Insgesamt ergibt dies das Bild, *daß die sprachlich vermittelte Information einer Lernaufgabe sehr allgemein bzw. wenig spezifiziert sowie wenig exakt und dadurch zugleich interpretierbar und unsicher* ist. Sollen die Schüler sie verstehen, womit eine *gemeinsame Informationsbasis aller Schüler der Lerngruppe und des Lehrers* hergestellt wird, dann bedarf dies zusätzlicher Anstrengungen. Sie müssen zum einen darin bestehen, *langfristig die Konventionen zwischen Lehrer und Schülern über die Bedeutung bestimmter Wörter auszubauen und zu stabilisieren.* Zum anderen müssen sie daraus bestehen, *das Verstehen des jeweiligen Aufgabensinns in der jeweiligen Situation zu gewährleisten.* Für den zweiten Zweck gibt es eine größere Zahl von Hilfsaufgaben, von denen ich einige auflliste.

Einige Hilfsaufgaben können dazu dienen, die *Wahrnehmung von Wortlaut und Wortbild zu verbessern*, weil sie als Basis des Verstehensprozesses solange zur Verfügung stehen müssen, bis die Transformation in Satzsinn und in ein Tätigkeitsschema gelungen ist:
- Schreibt die (Haupt-)Aufgabe auf euer Arbeitsblatt! (Insbesondere bei mündlicher Vorgabe, aber auch bei schriftlicher Vorgabe Vorteile der doppelten medialen Repräsentation)
- Mündliche Formulierung der schriftlich vorgegebenen Aufgabe entweder durch den Lehrer, durch einzelne Schüler, im lauten inneren Lesen oder auch in Kombinationen aus diesen Möglichkeiten (Zu den Vorteilen der doppelten medialen Repräsentation kommen die Möglichkeiten des mündlichen Ausdrucks in einem darstellenden Vorlesen, die viel zum Verstehen beitragen können. vgl. *Grzesik* 1990, 187f.)
- Auswendiglernen des Aufgabentextes (Anscheinend ohne Wirkung auf die Qualität der Aufgabenlösung, wahrscheinlich wegen der eben angeführten vorübergehenden Funktion der sprachlichen Fassung und der primären Bedeutung der mentalen Modellierung von Tätigkeitsschemata (s. *Arbinger* 1985). Nur sinnvoll, wenn man auf die Aufgabenformulierung zurückkommen will und keine schriftliche Fixierung vorgenommen worden ist).

Für das *Wortverstehen* können alle Wege beschritten werden, die es innerhalb des Wortschatzes gibt (lexikalische Hilfen), aber auch alle Bezüge zum bezeichneten Sachverhalt aktualisiert werden (referenzielle Hilfen).
- In welchem Bereich ist der Gegenstand der Aufgabe angesiedelt? (Lenkung der Aufmerksamkeit auf den umfangreicheren Realitätsbereichs, der entweder aus dem bisherigen Unterricht oder aus einem anderen Lebensbereich bekannt ist)
- Zu welchem Vorgehen gehört die in der Aufgabe genannte Tätigkeit? (Auch hier Hinlenkung auf einen bekannten umfassenderen Bereich)
- Worauf bezieht sich die Aufgabe im bisherigen Verlauf der Arbeit? (Hinlenkung auf situative Gegebenheiten, die immer merkmalsreicher sind als die Aufgabeninformation)
- Durch welches Wort oder welchen Text könnte man dieses Wort ersetzen? ("Sucht nach bedeutungsähnlichen Wörtern (Synonymen)!", z.B. "'Wiedergabe' soll heißen, 'den Inhalt des Textes mit eigenen Worten darzustellen'", oder Aufforderung zur Definition des Wortes, z.B.

Unterrichtspraktische Aspekte 349

"Wer kann noch einmal aufzählen, was nach unseren bisherigen Überlegungen alles zur Komposition eines Bildes gehört?")
- Versucht den Sinn dieses Wortes aus dem Zusammenhang der Aufgabe zu erschließen! (Da die Aufgabeninformation meist sehr knapp gehalten ist, erbringen Kontextoperationen oft erst dann etwas, wenn schon ein mentales Modell des Sachbereichs aufgebaut ist)
- Formuliert die Aufgabe selbst auf eurem Arbeitsblatt! Versucht dabei Wörter zu gebrauchen, die euch bekannt sind!
- Hinlenkung der Aufmerksamkeit auf die Sachverhalte, auf die sich die Aufgabeninformation bezieht (z.B. "Woran denken Sie, wenn Sie hören, daß Sie die "Lösung beschreiben" sollen?)
- Hinlenkung auf einen Fall für die Hauptkategorien, die in der Aufgabe auftreten (z.B. "Nennen Sie ein Beispiel für ein Argument!").

Die *Grammatik einer Lernaufgabe* spielt anscheinend keine besondere Rolle für den Verstehensprozeß, solange ihre Form allgemeinen Kriterien gut verständlicher Texte entspricht:

"Die bisherige Forschung hat relativ übereinstimmend zu vier Dimensionen eines Verständlichkeits-Konstrukts geführt: sprachliche Einfachheit, kognitive Gliederung, semantische Kürze/Redundanz, motivationale Stimulanz. Hinsichtlich der Gewichtung der Dimensionen kann man davon ausgehen, daß - zumindest für die Lerneffekte - die kognitive Gliederung-Ordnung am wichtigsten ist, sprachliche Einfachheit nicht unbedeutend, aber weniger relevant als die Aspekte des semantischen Textinhalts ist; motivationale Stimulanz ist nur als zusätzliche Dimension einzuführen, soweit sie die Kognitionsstruktur des Lesers nicht zerstört oder beeinträchtigt." (*Groeben* 1982, 217; s.a. *Langer/Schulz v. Thun/Tausch* 1974, 55; *Groeben* 1972, 145)

Speziell für die Rolle des Satzbaus bei der Lösung von Lernaufgaben kommt eine Untersuchung von *Bösel* zum folgenden Resultat:

"Zum einen zeigte der Satzbau der Aufgabenformulierungen keinen Einfluß auf die Problemlösegüte. Damit liegt die Vermutung nahe, daß der Entscheidungsgehalt der einzelnen Formulierungen durch den unterschiedlichen Satzbau - zumindest in bezug auf den von den Schülern geforderten Entscheidungsprozeß - nicht verändert wurde. Die Unterschiede bestanden darin, daß der (im übrigen nahezu völlig identische) Text durch die Interpunktion einmal in einem Satz zusammengefaßt, das andere Mal in drei (bzw. vier) Sätze und zwei Absätze gegliedert war. Gliederungen in dieser Art erleichtern erfahrungsgemäß die rasche Orientierung in einem Text. Es ist also zu erwarten, daß der dadurch veränderte Entscheidungsgehalt in Situationen relevant wird, in denen eine oberflächliche Orientierung unter Zeitdruck gefordert wird. Die Schüler der vorliegenden Untersuchung waren über die Instruktion mehrmals aufgefordert worden, die Aufgabentexte in Ruhe durchzulesen. Freilich fällt dadurch die speed-Bedingung nicht weg. Wie die Ergebnisse aber zeigen, war die grammatikalische Orientierung offenbar nur unwesentlich erschwert, so daß die Strukturierung des (komplizierten) semantischen Inhalts der Regelhaftigkeiten in den Textformulierungen im Verhältnis weit mehr Zeit erforderten. Die Lösungsdifferenzen sind damit nicht mehr repräsentativ für Entscheidungszeiten über semantische Information auf grammatikalischer Ebene. Die vorhandenen Unterschiede im Satzbau spielten also in der gegebenen Situation keine Rolle." (*Bösel* 1977, 151)

Beide Resultate betonen die *Priorität der kognitiven Struktur der Textinformation für den Verstehensprozeß* vor der grammatischen Struktur. Das bedeutet aber nicht, daß die Satzgrammatik und die Textgrammatik für den Verstehensprozeß unbedeutend wären. *Sie dienen nämlich nur soweit der Verständlichkeit, wie sie den Aufbau der kognitiven Struktur der Aufgabeninformation nicht stören, sondern unterstützen.* Das ist aber nur dann der Fall, wenn sie den drei allgemeinen Kriterien der Verständlichkeit entsprechen:

- *Die grammatische Struktur von Lernaufgaben sollte* einfach *sein,* nicht komplex *(eher parataktisch als hypotaktisch, vor allem keine Nebensätze zweiten Grades; klare Bezüge zwischen Teilsätzen und bei Satzanschlüssen).*
- *Eine Verteilung der Information, die sowohl in der grammatischen Struktur als auch in der graphischen Oberfläche* die Struktur der Aufgabeninformation möglichst gut zur Geltung bringt *(z.B. Aufteilung der unterschiedlichen Informationen soweit wie möglich auf verschiedene Sätze: insbesondere der Information über den Gegenstand der Aufmerksamkeit, über seine Behandlung, über das Ziel, z.B. die Form der Aufgabenlösung, über die Ausgangsgegebenheiten, über Mittel für die Lösung, über Lösungsschritte, über Kontrollen). Mit der Zunahme der Aufgabeninformation wird sehr schnell die Kapazität einfacher Fragen oder Aufforderungen überschritten und tritt an ihre Stelle ein* beschreibender Text, *der sich auf unterschiedliche Aspekte des Prozesses der Aufgabenlösung bezieht.*
- *Funktionslose oder gar* nicht gekennzeichnete Wiederholungen *sollten vermieden werden (keine Wiederholungen, die sich nur aus Mängeln der Formulierung ergeben, aber auch keine, die aus dem Bestreben entstehen, dem Schüler unterschiedliche Ausdrücke für ein und denselben Sachverhalt anzubieten).*

Entspricht die Formulierung der Aufgabe diesen Kriterien, dann kann man damit rechnen, daß bei störungsfreier Rezeption (Recodierung) von Wort- und Satzsinn die sprachliche Form der Aufgabe für den Problemlöseprozeß keine Rolle mehr spielt, weil dann schon *das erzielte Verständnis* (die recodierte Information) zur *Grundlage für den weiteren Verarbeitungsprozeß* wird. Indirekt spricht für die schnell vorübergehende Bedeutung der sprachlichen Fassung, daß der Aufgabentext selbst dann, wenn das Auswendiglernen trainiert worden ist, weder behalten wird noch das Training einen positiven Effekt auf den Lösungsprozeß hat (*Arbinger* 1985). Dementsprechend wird es auch ganz unwesentlich sein, in welcher Satzform die Information der Aufforderung vermittelt wird (Frageform, Aufforderung, Aussagesatz in der Situation der Instruktion durch den Lehrer), weil den Schülern die Aufforderung, mit der vermittelten Information zu arbeiten, längst geläufig ist (vgl. *Grzesik* 1976a, 49f.). - Es kommt deshalb keineswegs auf das genaue Behalten des Aufgabentextes an, obwohl dies zur Sicherung der Aufgabeninformation auch wichtig sein kann, sondern auf seine *Transformation in eine möglichst stabile eigene Informationsbasis.*

Auch bei sorgfältiger Abfassung des Aufgabentextes muß man mit Störungen des Verstehens der grammatischen Struktur rechnen. Die grammatische Struktur der Lernaufgabe wird nämlich gerade wegen ihrer knappen Form hochproblematisch, wenn ihre grammatischen Relationen den Schülern nicht klar oder sie sogar objektiv fehlerhaft sind. Das gilt sicher, wenn Schüler eine hypotaktische Struktur nicht durchschauen oder wenn Redundanzen auftreten, ohne als solche vom Lehrer markiert worden zu sein. Selbstverständlich gilt dies auch für überflüssige Information, weil sie bei der Modellbildung stören kann (*Bösel* 1977). Deshalb gibt es sicher auch Hilfen für die Unterstützung des Verständnisses der grammatischen Struktur einer Lernaufgabe.

- Macht aus dem einen Satz mehrere einfachere Sätze! (Bildung von einfacheren Teilsätzen)
- Schreibt auf die eine Seite, was über den Gegenstand gesagt ist, mit dem ihr euch beschäftigen sollt, und auf die andere, was ihr mit ihm tun sollt! (Bildung von Organisationskernen im Aufgabentext)
- Erschließen und Herausschreiben von impliziter Information, z.B. über stillschweigend vorausgesetzte Bedingungen oder über die zu folgende Form des Resultates der Aufgabe (über Folgerungen aus Textinformation s. *Grzesik* 1990, 94f.)
- Explizite Analyse grammatischer Funktionswörter ("damit", "wenn") und grammatischer Morpheme, z.B. eines temporalen oder modalen Morphems
- Ausdrücklicher Hinweis auf Redundanzen, z.B. "Ihr sollt euch um den Inhalt kümmern. Das kann man auch als Wiedergabe des Inhalts oder als eine inhaltliche Paraphrase bezeichnen."
- Aufforderung zu eigener ausführlicher Beschreibung der Aufgabe, die gelöst werden soll
- Aufforderungen zu selbständiger Umgestaltung der Textstruktur, z.B. in eine Zeitfolge oder eine räumliche Verteilung.

2. Wenn auch jedes Wort- und Satzverstehen nichts anderes ist als eine Transformation in eine Vorstellung oder einen Begriff, die sich auf einen Aspekt der Lösungstätigkeit beziehen, so kommt es trotzdem noch darauf an, *die Information der Lernaufgabe zu einem ersten zusammenhängenden Schema der Lösungstätigkeit zu arrangieren.* Dies gilt für Lernaufgaben aller Art, läßt sich aber besonders gut schon an sehr einfachen mathematischen Textaufgaben demonstrieren, zumal ich mich dabei auf eine Untersuchung stützen kann (*Arbinger* 1985). Als Beispiele nehme ich die beiden Aufgaben:

"Frau Müller tankt an einer Autobahntankstelle 52 l Super. 1 l kostet 1,56 DM. Wieviel muß sie bezahlen?"

"5 Piraten vergraben auf einer Insel ihre Schätze. Jeder Pirat vergräbt einen Schatz, jeder Schatz enthält 520 Goldstücke. Wieviele Goldstücke kannst Du auf der Insel finden?"

Mehrere Serien solcher Aufgaben wurden im Rahmen einer größeren Untersuchung zur Lösung von mathematischen Textaufgaben Schülern aus der 5.Klasse einer Hauptschule auf Kärtchen vorgelegt. Sie bekamen den Auftrag, diejenigen Karten zusammen auf einen Stapel zu legen, die ihrer Meinung nach zueinander paßten. Ihre Wahlen wurden dann daraufhin untersucht, ob sie sich nach der alltäglichen Thematik (in den beiden Beispielen "Einkauf" und "Schatzsuche"), nach den Zahlwerten (DM 1,56 und 52 l; 5 und 520) oder nach der arithmetischen Operation (in beiden Beispielen Multiplikation) richteten. Im gegenwärtigen Zusammenhang interessieren nur drei Ergebnisse, ohne daß ich auf ihre Gewinnung und Funktion im Gesamtzusammenhang der Untersuchung eingehen kann: Bis auf einzelne Schüler, die sich bei der spontanen Sortierung von gleichen Aufgaben mehrfach nach den Zahlenwerten richteten, orientierten sich alle anderen an "oberflächlichen Merkmalen der Aufgaben (gleicher situativer Kontext)" (*Arbinger* 1985, 22) und ließ sich "kein einziger Schüler überwiegend oder ausschließlich von mathematischen Gesichtspunkten (Rechenart) leiten" (*Arbinger* 1985, 23). Die Lösung solcher Multiplikations- und Divisionsaufgaben gelang dann nur wenigen Schülern. Aber nach der Beschäftigung mit der Aufgabe, die durch verschiedene Maßnahmen intensiviert wurde, klassifizierte eine Reihe von Schülern in einem Wiedererkennungstest Aufgaben auch nach ihrem arithmetischen Schema. - Diese Resultate verweisen erstens auf die wichtige *Differenz zwischen der Aktualisierung eines Schemas von einer konkreten Situation und der Aktualisierung eines impliziten arithmetischen Schemas*, zweitens auf einen möglichen *Zusammenhang zwischen der Aktualisierung eines arithmetischen Schemas und der erfolgreichen Lösung einer solchen Aufgabe* und drittens auf den *Einfluß einer intensiveren Beschäftigung mit der Aufgabe auf die Fähigkeit, ein zuerst gebildetes "konkretes" Schema in ein implizites arithmetisches Schema zu transformieren.*

Diese Ergebnisse lassen sich gut mit der Theorie des mentalen Modells erklären. *Johnson-Laird* und seine Mitarbeiter (1983 u. 1991) haben überzeugende experimentelle Befunde dafür erzielt, daß wir beim Lesen eines Textes schon bei den ersten Wörtern *eine Vorstellung von einem uns bekannten Gesamtzusammenhang* aktivieren: z.B. von einer Situation in einem Supermarkt oder in der Schule, in die wir die nachfolgende Information "einlesen" (vgl. dazu *Grzesik* 1990, 96f.). Das geschieht auch beim Lesen einer Lernaufgabe. Es spricht nun sehr viel dafür, daß keineswegs nur Fünftkläßler, sondern alle Leser zuerst solche Sinnzusammenhänge in einem Text modellieren, die ihnen am besten bekannt sind. Sie stammen in der Regel *aus dem Alltagswissen des betreffenden Lesers* und scheinen auch *am leichtesten vorstellbar* zu sein. Selbst bei den beiden simplen Textaufgaben wird kaum jemand sofort das arithmetische Schema "Multiplikation der beiden Zahlen" entwickeln, vielleicht nicht einmal ein Mathematiker, sondern zuerst die Schemata vom "Benzinbezahlen" und "Geldvergraben". Nur das arithmetische Schema aber kann Grundlage für die Lösung sein.

> "Es zeigt sich also, daß die spontane Beachtung tieferliegender Merkmale von Aufgaben (auch wenn sich dies nicht im konkreten Sortierverhalten niederschlägt) wesentlich mitbestimmt, ob ein Schüler den richtigen Ansatz für Lösungsverhalten findet." (*Arbinger* 1985, 33)

Für Aufgabenschemata scheinen zwei Momente ausschlaggebend zu sein, der simultane Zusammenhang von Gegenstand und Aktivität (Geld/vergraben; zwei Zahlen/multiplizieren) und die *relative Konkretheit* (das Schema des Geldvergrabens ist konkreter als das des Zahlenmultiplizierens). - Beide Schemata sind das Ergebnis einer Transformation der im Aufgabentext aufeinanderfolgenden Information *in eine einzige Vorstellung von einer Tätigkeit.* Außerdem muß das konkretere Schema in das abstraktere transformiert werden. Diese Transformation wird aber dadurch erschwert, daß die *Bildung von konkreteren Vorstellungen zum Aufgabentext generell leichter zu sein scheint als die Bildung eines abstrakteren Schemas:*

"Konkrete Worte wirken dann, auch innerhalb von Sätzen bzw. Texten, verständnis- und lernerleichternd, weil zu ihnen schneller anschauliche Vorstellungen entwickelt werden können als zu abstrakten Worten: so konnten z.b. *Paivio & Begg* (1971) sichern, daß die durchschnittliche Vorstellungshäufigkeit und Latenzzeit des Verstehens hoch korrelieren (ca. .80). Dabei gibt es durchaus Wechselwirkungen mit der Fähigkeit des Lesers, solche anschaulichen Vorstellungen zu entwickeln: Leser mit einer ausgeprägten Fähigkeit dazu haben kürzere Verständnis-Latenzzeiten als solche ohne diese ausgeprägte Fähigkeit (*Klee & Eysenck* 1973)." (Groeben 1982, 225)

Das *Verhältnis von konkreterer zu abstrakterer Information* ist für das Verstehen von Lernaufgaben besonders heikel. Ich kann hier nur auf die beiden wichtigsten Probleme verweisen: *Die Tendenz zum leichteren konkreten Schema erschwert die Transformation zu abstrakteren Tätigkeitsschemata, und die Orientierung am konkreteren Schema birgt die Gefahr in sich, daß die Lenkung der Aufmerksamkeit auf irrelevante Merkmale die Ausarbeitung eines brauchbaren Ansatzes verhindert.* Aus beiden (gegensätzlichen) Gründen kann die Transformation in ein brauchbares Tätigkeitsschema blockiert sein. - Auf der anderen Seite kann aber *ein abstrakteres Aufgabenschema*, z.B. das Schema "Interpretation des Textes X", *durch Konkretisierung nicht nur leichter verstanden, sondern auch besser in weitere Aktivitäten transformiert werden.*

Die Transformation des Textsinns der Aufgabe in ein erstes Tätigkeitsschema, d.h. in den ersten Ansatz für die Lösung der Aufgabe, kann durch verschiedene Hilfsaufgaben gestützt werden, oder bzw. dabei auftretende Schwierigkeiten lassen sich oft mit ihrer Hilfe beheben. Stets geht es dann darum, *die Transformation von einem sequentiellen oder stückweisen Verständnis der Aufgabeninformation in ein zusammenhängendes Tätigkeitsschema zu ermöglichen*:

- Unterstreicht in der Aufgabe die wichtigsten Wörter!
- Worauf kommt es in der Aufgabe gar nicht an, und was ist wichtig?
- Was soll dabei herauskommen? (Zielbestimmung, z.B. "Gesamtpreis für 52 l Benzin" oder: für das Thema "Bewertung der Eigenschaften der Figur X" die Aufgabe: "Eine Darstellung von Eigenschaften der literarischen Figur X, unterschieden nach positiv und negativ bewerteten")
- Was muß für die Erreichung dieses Zieles getan werden? (Tätigkeitsschema, z.B. "Multiplikation des Preises für 1 l Benzin mit 52" oder: "Heraussuchen von Eigenschaften der Figur X und ordnen nach positiven und negativen Eigenschaften")
- Umformulieren des ganzen Aufgabentextes in ein Tätigkeitsschema, z.B. mit dem Auftrag: "Formuliert (mündlich oder schriftlich), was ihr für die Lösung dieser Aufgabe tun müßt!"
- Was werdet ihr wahrscheinlich alles machen müssen, um die Aufgabe zu lösen? (Konkretisierung durch die Benennung einzelner noch ungeordneter Aktivitäten)
- Fangt nicht gleich an, sondern überlegt euch erst einmal genau, was ihr tun wollt, und schreibt es auf!
- Erinnerung an ein gleiches oder ähnliches Vorgehen
- Entwicklung eines ersten graphischen Zeitschemas von rechts nach links, bestehend aus dem Ziel und einigen vorausgehenden Tätigkeiten

Das Verstehen einer Lernaufgabe besteht nach diesen Überlegungen einerseits aus einer *Destruktion der sequentiellen sprachlichen Oberfläche* und andererseits aus der *Konstruktion eines Tätigkeitsschemas, dessen Ausarbeitung zur Lösung der Aufgabe führen kann.* - Schon diese Transformation wird von Schülern als problematisch empfunden, wenn sie nicht automatisch abläuft, wie z.B. die Transformation einer vom Lehrer lediglich genannten englischen Vokabel in das Tätigkeitsschema "übersetze in ein deutsches Wort!". Strenggenommen sind aber schon die ersten Verstehensprozesse eine Zumutung von außen, die von Schülern als Störung empfunden werden kann. Daher muß die *Entstehung eines Problembewußtseins* als ein Prozeß verstanden werden, der jedoch meist erst dann den Schülern bewußt wird, wenn sie mit einer Lernaufgabe gar nichts anfangen können oder aber das aus der Lernaufgabe gewonnene Handlungsschema sich nicht auf Anhieb realisieren läßt. - Parallel mit dem Verstehensprozeß und mit der Entwicklung eines Problembewußtseins wird *das jeweils erzielte Aufgabenverständnis auch unter dem Gesichtspunkt bewertet, ob die Aufgabe lösbar ist.* Dieser fortlaufende Bewertungsprozeß spitzt sich zu, sobald ein Tätigkeitsschema erarbeitet ist. Dann muß nämlich entschieden werden, ob es für das eigene Handeln leitend werden soll. Daher geht es *nach dem Verstehen der Aufgabe zuerst um die Akzeptanz der Aufgabe, ehe ihre Bearbeitung beginnt.*

(2) Die Kalkulation der Schüler, in welchem Maße sie sich eine Aufgabe zu eigen machen, kann durch Hilfsaufgaben beeinflußt werden

Letztlich liegt es allein bei den Schülern, ob sie sich dazu entscheiden, eine Lernaufgabe zu bearbeiten, und in welchem Maße sie sich für die Lösung der Aufgabe einsetzen (**M4 u. 5**). Es spricht heute sehr viel dafür, daß diese Entscheidung und der Grad des Einsatzes auf einem *Kalkül* beruht, *in dem die subjektive Gewichtung des Wertes verschiedener Momente der Lösungstätigkeit, z.B. der Erfolgswahrscheinlichkeit und der zu erwartenden Affekte, miteinander verrechnet werden* (vgl. **Teil V, Kap. 1, Abschnitt 3**). Da die Gewichtung der einzelnen Momente sich ständig ändern kann, wird der Kalkül *während der gesamten Dauer der Aufgabenbearbeitung* von Zeit zu Zeit neu überschlagen, was sowohl zum Abbruch der Arbeit als auch zu ihrer Intensivierung oder einer anderen Veränderung der Gesamtaktivität führen kann. *Dieser Kalkül regelt das Maß des persönlichen Einsatzes, d.h. der Motivation, für den Vollzug aller für die Aufgabenlösung geeigneten Operationen. Er regelt nicht, welche Arten von Operationen* für die Lösung der Aufgabe vollzogen werden.

Untersuchungen zur *Kalkulation der Motivation bei der Aufgabenwahl* sind insbesondere in der breit ausgebauten Forschung der Leistungsmotivation zu finden. Die Ergebnisse dieser Forschungsrichtung bekommen immer entschiedener den Zuschnitt einer Theorie der *Regelung des Aktivitätsgrades in jeder Handlung* (**M3**). Deshalb sind mit ihr auch alle Untersuchungen aus dem Gesamtbereich der Handlungstheorie, die einen Beitrag zur Klärung des Motivationsproblems leisten, vereinbar. Schließlich wird die Existenz eines gesonderten Aktivierungssystems auch dadurch wahrscheinlich gemacht, daß die Neurophysiologie das unspezifische Aktivierungssystem des Arbeitsgedächtnisses (formatio reticularis) und die Steuerung dieses Systems durch den Wertvergleich im Gesamtzusammenhang der Handlung (limbisches System) immer genauer nachzuweisen vermag (vgl. **Teil II Kap. 3, 7 u. 8**):

> "Die Tatsache, daß das retikuläre Aktivierungssystem seine eigene Aktivierung (Erregung) auf diese Weise regeln kann und daß ihm praktisch über die Wechselwirkung mit dem Hypothalamus die Energie zur Verfügung steht, die es zur Aktivierung anderer neuronaler Komplexe braucht, die von ihm abhängig sind und gesteuert werden, scheint mir von grundlegender Bedeutung für das unspezifische Aktivierungssystem zu sein - gerade im Hinblick auf die jahrzehntelange Diskussion der Psychoanalytiker, woher das Ich wohl seine Energie beziehe." (*Hernegger* 1982, 391)

Zur spezifischen Situation, daß *Schüler die Information einer Lernaufgabe zur Grundlage für ihr Handeln machen*, gibt es dagegen, soweit ich sehe, kaum Untersuchungen. Die Vereinbarkeit von Resultaten der Motivations- und Handlungsforschung mit der Unterrichtssituation bedarf deshalb eigener Überlegungen, die ich nicht umständlich theoretisch und empirisch absichern kann.

Aus dem Zweck **dieses Abschnittes** und der Forschungslage ergeben sich für mein Vorgehen die folgenden Konsequenzen: Die Resultate zahlreicher Untersuchungen können nur in einem *möglichst differenzierten Überblick über die Struktur des Kalküls* dargestellt werden. Man kann das Ergebnis der jahrzehntelangen Forschung geradezu darin sehen, daß diese Struktur immer reichhaltiger wird. Diese Struktur erlaubt es dann, genauer zu zeigen, *wie durch Hilfsaufgaben auf die Kalkulation des Schülers eingewirkt werden kann.*

Von vornherein ergeben sich einige *wichtige Unterschiede der Unterrichtssituation* gegenüber den momenthaften Aufgabenwahlen von Erwachsenen und Kindern in Laboruntersuchungen: *Durch die schulische Sozialisation ist langfristig gesichert, daß die meisten Schüler die Lösung fast jeder Aufgabe zumindest versuchen. - Eine echte Wahlsituation zwischen mehreren Aufgaben von unterschiedlicher Schwierigkeit gibt es für Schüler fast nie. - Die Struktur der nahfristigen und auch der weitfristigen Ziele ist beim jeweiligen Entwicklungsstand, aber auch individuell sehr unterschiedlich.* Sie ist von großer Bedeutung für die jeweilige Regelung der Intensität der Aufgabenbearbeitung, wurde aber bis jetzt kaum untersucht (*Bandura* 1979, 162f.; *Heckhausen* 1980, 624f.; *Kuhl* 1983, 86f.). - *Die Differenziertheit des jeweiligen Kalküls hängt generell vom jeweiligen faktischen Entwicklungsstand jedes einzelnen Schülers ab* und außerdem von den Bedingungen, unter denen im sozialen System des Schulunterrichts gehandelt werden muß: Bis etwa zum 10. Lebensjahr entwickelt sich erst allmählich die kognitive Fähigkeit, mehrere Wertgewichte miteinander zu verknüpfen ("Entwicklung eines produktbildenden Kalküls" *Heckhausen* 1980, 656). Es führt dann z.B. eine Zentrierung auf die Erfolgserwartung ohne Berücksichtigung des Anreizes in Gestalt der mit dem Resultat verbundenen Konsequenzen zur Bevorzugung von leichten Aufgaben, dagegen die Zentrierung auf den höheren Anreiz zur Bevorzugung zu schwerer Aufgaben (*Heck-*

hausen 1980, 656). Dazu kommt dann in der Schulsituation, daß vor allem die Gewohnheit und die Zeitnot zu *stark vereinfachten Formen der Kalkulation* führen. - Von besonderer Bedeutung ist noch die unvermeidliche *Öffentlichkeit der Schulklasse*, die immer dann peinlich werden kann, wenn das Wissen und das Gefühl von sich selbst (Selbstkonzepte und Selbstwertgefühle) im Kalkül der Aufgabenakzeptanz eine Rolle spielen.

Für alle Hilfen des Lehrers bei dieser Kalkulation muß aus diesen und ähnlichen Gründen *der generelle Vorbehalt gemacht werden, daß von ihnen ein sparsamer und vorsichtiger Gebrauch gemacht werden sollte.* Sie sind nicht nur heikel, weil die Akzeptierung einer Aufgabe eng mit dem *kognitiven und emotionalen Selbstverständnis* verbunden ist, sondern auch, weil *komplizierte Wechselbeziehungen* in diesem Kalkül *zu ganz unerwarteten Reaktionen* der Schüler führen können. Ich führe als Beispiel nur eine Wechselbeziehung zwischen Erwartungen des Lehrers und Erwartungen der Schüler an:

"That is, perhaps teachers typically *attempt* to motivate students in the first place only when they have reason to believe that such an effort is needed (because the class has become difficult to control or the upcoming task is not likely to be well received by the students).

This hypothesis fits well with the research on teacher's preactive planning and interactive thinking and decision making, which indicates that teacher's thoughts tend to concentrate on the anticipated flow of instructional activities and the content presentation planned to occur in conjunction with these activities. Typically, teachers shift conscious attention from this activity flow to student responsiveness only when unanticipated problems develop (*Clark & Yinger,* 1979; *Shavelson & Stern,* 1981). Thus, there is reason to believe that teachers *planned* motivational attempts may be stimulated by anticipated problems with activities and that their *spontaneous* motivational attempts may be stimulated by observed problems in the actual situation. If so, this would explain why student engagement was higher when teachers jumped directly into the task than when they began with a motivational attempt and would help explain why most relationships between motivational attempts and student-engagement measures were negative." (*Brophy/Rohrkemper/Rashid/Goldberger* 1983, 550f.)

Man kann dieses Resultat zu der *Maxime* erweitern, *daß man auf Hilfen für die Anregung der Motivation verzichten sollte, solange die Motivation für den Aktivitätsfluß nicht unter die Schwelle der notwendigen Energie für die Voraktivierung einer Folge von Tätigkeiten,* die für die Schüler überschaubar ist, *fällt.* Wartet man allerdings, bis die Motivation "zusammenbricht", dann hat man große Mühe, sie wieder anzukurbeln", weil dieser Prozeß verhältnismäßig träge ist und schnelle Aktivierung nur bei einem hohen Pegel der Voraktivierung möglich ist. Gelingt es aber, die Motivation dynamisch zu stimulieren, dann braucht man *im normalen Gang des Unterrichts keine besonderen Motivationsphasen.*

Wann kommen dann aber noch Hilfsaufgaben für die Kalkulierung der Akzeptanz in Betracht? *1. Langfristig sollten, unabhängig von der jeweiligen Aufgabe, alle günstigen Gelegenheiten für die Stabilisierung der Lernbereitschaft wahrgenommen werden. 2. Für jede selbständige Lösung einer komplexeren Aufgabe* sollten *spezifische Informa-*

tionen für die Kalkulation ihrer Akzeptanz mit eingeplant werden. *3. Für die Behebung besonderer Schwierigkeiten bei der Kalkulation der Akzeptanz sollten Hilfen angeboten werden und auch auf Dauer von den Schülern erwartet werden können.* - Es wäre wahrscheinlich *optimal, wenn die Schüler wüßten, bei welchen möglichst klar unterschiedenen Anlässen eine ausdrückliche Behandlung der unvermeidlichen Kalkulation sinnvoll ist und erwartet bzw. gefordert werden kann,* so daß es nicht zu Defiziten der Motivation, vielleicht sogar durch unbeabsichtigte Verzerrungen der Kalkulation käme.

Unter diesen einschränkenden Bedingungen kann der Versuch gewagt werden, eine *Vorstellung von der Struktur der Entscheidung für die Übernahme einer Lernaufgabe durch die Schüler* zu vermitteln. Die jeweilige *tatsächliche Entscheidung müßte dann in dieser Struktur ihren Ort haben,* falls sie hinreichend vollständig ist. Wie solche Entscheidungsprozesse, insbesondere auch die verkürzten, tatsächlich ablaufen, wissen wir noch überhaupt nicht. Von der tatsächlichen Entscheidung hängt es aber im Grenzfall ab, ob die Schüler *sich eine Aufgabe überhaupt zu eigen machen* oder sich in irgendeiner Weise vor ihrer Bearbeitung drücken. Im Regelfall aber geht es um den *Grad des Einsatzes, den sie im Augenblick und auf die Dauer für die Lösung der Aufgabe aufbringen.*

Kalkuliert wird der künftige Lösungsprozeß (**M3, 4 u. 5**). *Wie bei jeder Konstruktion künftiger Zusammenhänge beruht auch diese auf bisherigen Erfahrungen: speziell der nachträglichen Selbstbeurteilung eigener Aufgabenlösungen und der Fremdbeurteilungen solcher Resultate durch den Lehrer und andere Schüler* (**M10 u. 11**). Dieser Zusammenhang kommt im **V. Teil** des Buches, in dem es um die *Rückmeldung des Lehrers auf Resultate der Aufgabenlösung* geht, zur Sprache. In beiden Fällen, der Kalkulation des eigenen Einsatzes und der Verarbeitung von Rückmeldungen, aber handelt es sich grundsätzlich um denselben Prozeß, den *kognitiven Prozeß der Unterscheidung bestimmter Merkmale des Lösungsprozesses und den evaluativen Prozeß der Gewichtung dieser Merkmale.* Im einen Falle wird er prospektiv vollzogen, im anderen retrospektiv. - Bei der Unterscheidung von Merkmalen des Lösungsprozesses folge ich im wesentlichen den Darstellungen der Leistungsmotivationsforschung durch *Weiner* und *Heckhausen*.

1. *Nahfristige, mittelfristige und langfristige Ziele* sind Antizipationen positiv bewerteter künftiger Zustände, die über den Zeitpunkt der Aufgabenlösung hinausgreifen. Sie bilden bei jedem Menschen in jedem Augenblick einen mehr oder weniger komplexen Zusammenhang von aufeinanderfolgenden und ineinandergeschachtelten zukünftigen Zuständen. Für diesen Zusammenhang ist charakteristisch: Er ist *aufgabenübergreifend*, weshalb er u.U. für sehr viele Aufgaben relevant sein kann. - Weil die Ziele aufgabenübergreifend sind, besitzen sie häufig einen hohen Grad an *Stabilität*, bis hin zu Lebenszielen in einem bestimmten Realitätsbereich, z.B. einem Beruf oder einer Lebensgemeinschaft mit einem Partner oder aber auch einem sozialen oder politischen Ziel. - Jedes Ziel hat ein *Wertgewicht*. Dieses Wertgewicht ist das Produkt aus den Gewichten derjenigen Werte, die durch den antizipierten künftigen Zustand mehr oder weniger verwirklicht werden. Mit anderen Worten: Der Wert eines Zieles besteht aus einer mehr oder weniger hohen positiven oder negativen Einschätzung bestimmter Merkmale des antizipierten Zustandes. Diese *Werte* bilden selbst allem Anschein nach *ein abstrakteres System als die Ziele*, weil sie nicht an bestimmte zeitlich-räumliche Vorstellungen gebunden sind, sondern auf Merkmale bezogen sind, die in vielen Zielvorstellungen auftreten können. - Das Wertgewicht des jeweiligen Zieles hat einen *Stellenwert in der*

Rangordnung von Zielen. So kann durchaus ein nahfristiges Ziel einen höheren Wertrang haben als ein weitfristiges, aber auch der umgekehrte Fall ist möglich, weshalb es zur Vernachlässigung nahfristiger Ziele kommen kann. Ein einzelnes Ziel kann beherrschend sein, aber es können auch mehrere Ziele gleiches Gewicht haben. - Obwohl faktisch bei jeder Handlung, d.h. jeder bewußten Aktivität, Ziele leitend sind, *entwickelt sich die Komplexität des individuellen Zielgefüges, seine reflexive Bewußtheit und erst recht seine bewußte Steuerung bis zum Jugendalter erst langsam*. Der Ausbau und die Veränderung des individuellen Zielgefüges bleibt dann ein lebenslanger Prozeß. - In der Handlungstheorie wird einhellig die *regulative Funktion von Zielen für die Aktivierung von Operationen, die zu ihrer Erreichung führen*, betont:

> "Die drei Funktionen von Zielen in der Handlungsregulation sind:
> - Ziele sind ein inneres Modell des beabsichtigten Ergebnisses,
> - sie aktivieren zusammen mit ihren antizipativ bewerteten Konsequenzen, d.h., sie wirken als Quasibedürfnisse (*Lewin* 1926),
> - Ziele sind Sollwerte, die dem Vergleich mit dem rückgemeldeten tatsächlichen Resultat zugrunde gelegt werden." (*Hacker* 1983, 19)

Dies gilt auch für diejenigen Ziele, die eine komplexe zukünftige Identität zum Inhalt haben:

> "Man darf sicherlich davon ausgehen, daß eine Person, die sich entschlossen hat, "Arzt" zu werden, nun von der Absicht beseelt ist, dieses Ziel auch zu erreichen. Diese Absicht sollte sie dazu veranlassen, von all den Gelegenheiten Gebrauch zu machen, von denen sie sich eine Annäherung an das intendierte Ziel verspricht. Das von derartigen Identitätsabsichten spezifizierte Ziel läßt sich sehr einfach beschreiben: Man möchte von sich behaupten können, die angestrebte Identität zu besitzen. Die Verpflichtung, die von Identitätsabsichten ausgeht, bezieht sich dadurch nicht nur auf die Ausführung der einen oder anderen identitätsbezogenen Handlung oder auf die daraus resultierenden Handlungsergebnisse. Vielmehr ruht die Verpflichtung auf dem übergeordneten Ziel, die Identität zu besitzen. Das mental repräsentierte Ziel ist also ein idealer, noch zu realisierender Zustand des Selbst, der als eine selbstbezogene Konsequenz verschiedener identitätsbezogener Handlungen und erzielter Handlungsergebnisse verstanden werden kann." (*Gollwitzer* 1987, 178)

> "Es werden also nicht vor jedem Erwerb eines Indikators mögliche positive und negative Konsequenzen gründlich und sorgfältig elaboriert. Vielmehr macht die mit der Identitätsabsicht einhergehende Realisierungsorientierung dieses Abwägen hinfällig und entlastet so die nach Identität strebende Person. Die Stärke der Realisierungsorientierung ist gekoppelt an die momentane Volitionsstärke der Identitätsabsicht." (*Gollwitzer* 1987, 184)

Ziele können aber die für die Aufgabenlösung aufzubringende Aktivität nur regulieren, wenn ersichtlich ist, *welchen Wert die Aufgabenlösung für die Erreichung bestimmter Ziele hat*. Das ist wahrscheinlich nur durch Vergleiche zwischen Zielen und Aufgaben zu erreichen. In diesen Vergleichen muß ermittelt werden, welchen Beitrag die Aufgabenlösung für die Zielerreichung leistet und wie wertvoll er dafür ist. Ziele haben deshalb für die Schüler die Funktion, *sich mit der Lösbarkeit der Aufgabe auseinanderzusetzen*:

"Individuen unterscheiden sich danach, von welchen Inhaltsklassen von Ereignissen und Aktivitäten sie im besonderen Maße zur 'Auseinandersetzung mit Tüchtigkeitsmaßstäben' (*McClelland et al.* 1953) herausgefordert werden. Die Wertbesetztheit inhaltlich definierter Oberziele ist stärker zu beachten." (*Heckhausen* 1980, 624)

2. *Die unmittelbaren Effekte oder Konsequenzen*, die sich aus der Lösung einer Aufgabe ergeben werden, sind bei der Kalkulation der Akzeptanz der Aufgabe nichts anderes als nahfristige Ziele. Sie *haben* aber *die besondere Wertigkeit der zuallererst zu erreichenden Ziele*. Erstens ist mit dem Gelingen oder Mißlingen der Aufgabe eine *kognitive Information über die eigene Leistungstüchtigkeit* verbunden. So scheint es nicht nur bei eher erfolgszuversichtlichen Schülern, sondern auch bei eher mißerfolgsängstlichen eine allgemeine Tendenz zu geben, möglichst positive Information über die eigene Leistungstüchtigkeit zu erhalten. Zweitens ist der mit der Lösung der Aufgabe verbundene *Affekt* entweder *Stolz über das Gelingen* oder *Scham über das Mißlingen*, mit denen etliche andere Emotionen verbunden sind. Beide Effekte, die kognitive Konsequenz und die affektive, scheinen bei der Entscheidung für Aufgaben in gleichem Maße im Spiel zu sein:

"Subjektive Erfolgswahrscheinlichkeiten lassen sich nach dem informationstheoretischen Maß 'H' in ein Maß subjektiver Unsicherheit (Ungewißheit, *uncertainty*) umwandeln. (...) Alle herangezogenen Indikatoren sind im Grunde Transformationen des gleichen Grundsachverhalts, der subjektiven Unsicherheit angesichts eines zu erwartenden Handlungsergebnisses. Dahinter stehen zwei Modelle verschiedener Herkunft, die die Aufgabenwahl gleich gut vorhersagen. Das informationstheoretische Modell (H) sieht das motivierende Agens im Informationsgewinn, in der maximalen Reduzierung von Unsicherheit über die eigene Leistungstüchtigkeit. Das andere, das Risiko-Wahl-Modell ($(1-We) \times We$) sieht das motivierende Agens in der Maximierung positiver Selbstbewertungsfolgen. Eine 'kognitive' und eine 'affektive' Position motivationspsychologischer Theoriebildung kommen so zu analogen Formulierungen und zu gleichen Ergebnissen. Das läßt fragen, ob es sich letztlich nicht bloß um die semantische Disjunktion des kognitiven und des affektiven Aspektes des gleichen motivationspsychologischen Sachverhalts handelt (...). Wie wir im 11. Kapitel sehen werden, gibt es noch einen dritten Modellansatz, der aufgrund attributionstheoretischer Überlegungen wiederum zu den gleichen Ergebnissen wie das 'kognitiv-informationstheoretische' und das 'affektive' Modell führt. Nach dem attributionstheoretischen Modell ist der Handelnde bestrebt, solche Aufgaben zu wählen, bei denen er das Ergebnis maximal auf sich selbst, auf eigene Fähigkeit und Anstrengung zurückführen kann." (*Heckhausen* 1980, 400)

Zu diesen intrinsischen Effekten kommen noch die extrinsischen Effekte hinzu, insbesondere die Anerkennung durch andere Personen, der Gewinn von Gratifikationen bzw. das Vermeiden von Sanktionen sowie die Möglichkeit der Identifikation mit anderen.

3. *Die Kalkulation der Lösbarkeit der Aufgabe, d.h. der subjektiven Wahrscheinlichkeit von Erfolg oder Mißerfolg, bringt gegenüber den Zielen das Können ins Spiel.* Die Wahrscheinlichkeit, ob ich eine Aufgabe lösen kann, hängt schon nach alltäglichem Verständnis davon ab, wie *schwer* die Aufgabe objektiv ist, welche *Fähigkeiten* ich habe, wie sehr ich mich *anstrenge* und ob eventuell ein *Zufall* zur Hilfe kommt oder aber alles zunichte macht. Im Kalkül der Lösbarkeit einer Aufgabe für mich spielen nach der Theorie von diesen vier Ursachen die ersten drei bei der Kalkulation der Lösbarkeit einer Aufgabe wahrscheinlich die entscheidende Rolle. *Heckhausen* betont im folgenden Zitat "Fähigkeit" und "objektive Aufgabenschwierigkeit". *Meyer* betont, daß die "intendierte Anstrengung" mit in den Kalkül hineingehört:

"Das Konstrukt der subjektiven Erfolgswahrscheinlichkeit ist ein schwieriger Begriff, der einerseits einen vollentwickelten (anstrengungsbereinigten) Fähigkeitsbegriff und andererseits die Wahrnehmung der Aufgabenschwierigkeit in objektivierter Weise voraussetzt, d.h. unabhängig von der wahrgenommenen eigenen Fähigkeit. Dazu muß das Kind in der Lage sein, soziale Vergleichsinformationen einschließlich der eigenen Rangposition (Konsens) oder eine gleichmäßig ausgefüllte Matrix von kombinierten Besonderheits- und Konsistenzinformationen zu integrieren (...). Wenn solche Voraussetzungen auch kaum vor 10 Jahren gegeben sind, so lassen sich schon ab 4 Jahren Ansätze von Erfolgserwartungen im Verhalten beobachten. Sie sind allerdings anfangs noch so wunschgeleitet, daß ihr unrealistischer Charakter nicht allein auf die noch unvollkommenen Fähigkeiten zur Integration von Kovariationsinformationen zurückgeführt werden kann." (*Heckhausen* 1980, 679)

"Die Höhe der Erfolgswahrscheinlichkeit hängt vielmehr auch davon ab, welches Ausmaß an Anstrengung man bei einer Aufgabe aufzuwenden beabsichtigt. Eine Aufgabe kann zum Beispiel als subjektiv sehr leicht erscheinen, weil man die objektive Schwierigkeit für gering und die eigene Fähigkeit gleichzeitig für sehr hoch hält. Dieser Aufgabe muß jedoch keineswegs eine Erfolgswahrscheinlichkeit von 1.00 zugeordnet werden. Das wird nur dann der Fall sein, wenn man ein ganz bestimmtes Maß an Anstrengung aufzuwenden beabsichtigt. Je mehr die intendierte Anstrengung dieses Maß unterschreitet, desto niedriger wird die Erfolgswahrscheinlichkeit sein.
Kukla (1972a) und *Meyer* (1973a, 1976) haben angenommen, daß die Höhe der Erfolgserwartung von drei Faktoren abhängt: von der wahrgenommenen objektiven Schwierigkeit einer Aufgabe, von der wahrgenommenen eigenen Begabung oder Fähigkeit und von der intendierten Anstrengung." (*Meyer* 1984, 44)

Zwischen den Schätzungen der unterschiedlichen Faktoren der Lösbarkeit einer Aufgabe gibt es unterschiedliche Beziehungen. Wird die Anstrengungsbereitschaft als eine Funktion von Aufgabenschwierigkeit, von Fähigkeit und Erfolgswahrscheinlichkeit gesehen, dann liegt es beim Schüler, die Anstrengung so zu variieren, daß sich ein mittlerer Wert für die Erfolgswahrscheinlichkeit ergibt. Das ist aber ausgeschlossen, wenn selbst eine sehr hohe Anstrengung die Defizite in den Fähigkeiten und die Schwierigkeit der Aufgabe nicht in dem Maße kompensieren kann, daß ein mittleres Maß an Erfolg dabei herausspringt. Nur die Kalkulation der nahfristigen und vor allem der weitfristigen Effekte könnte auch dann noch zu einer Bearbeitung der Aufgabe motivieren.

"Wir nehmen an, daß der Anstrengungskalkulation ein Sparsamkeits- oder Ökonomie-Prinzip der aufzuwendenden Anstrengung zugrundeliegt und daß das Ergebnis des Kalkulationsprozesses den tatsächlichen Anstrengungsaufwand mitdeterminiert. Das heißt, man geht mit seinen Kräften so um, daß nicht mehr an Energie aufgewendet wird als zum Herbeiführen eines gewünschten Effektes erforderlich erscheint, oder wie *Kukla* (1972a, S. 457) es ausgedrückt hat: 'Die Person wählt den am wenigsten anstrengenden Weg, um den größten Nutzen zu erlangen.' Anstrengung unterbleibt ganz, wenn auch bei maximalem Anstrengungsaufwand ein Effekt als unerreichbar erscheint, es sei denn, man ist 'gezwungen', sich mit einer Aufgabe zu beschäftigen.
Das Konzept der Anstrengungskalkulation besagt nichts darüber, warum man bereit ist, eine Tätigkeit aufzunehmen und dabei Anstrengung aufzuwenden. Hierfür gibt es viele Gründe, und im Rahmen von Motivationstheorien sind sehr unterschiedliche Erklärungen vorgetragen worden. (...) Lassen Sie uns hier zunächst nur annehmen, daß eine Person erstens prinzipiell bereit ist, eine bestimmte Tätigkeit aufzunehmen und dabei Anstrengung anzuwenden und daß sie unter Bedingungen freier Wahl zwischen verschiedenen Aufgaben zweitens bereit ist, eine ihr anspruchsvoll erscheinende Aufgabe aufzunehmen. Das Prinzip der Anstrengungskalkulation läßt dann Vorhersagen über Verhaltensunterschiede zwischen Personen zu, die ihre Fähigkeiten als hoch und niedrig beurteilen, und zwar hinsichtlich Wahlverhalten, beabsichtigter (intendierter) und tatsächlich aufgewendeter Anstrengung sowie hinsichtlich Ausdauer (Persistenz). (*Meyer* 1984, 45)

Welche Formen der Kalkulation es bei Schülern tatsächlich gibt, ist noch kaum bekannt, obwohl eine größere Zahl von Beziehungen untersucht worden ist. Das eröffnet aber die Möglichkeit, daß man sich selbst in den Schüler hineinzuversetzen sucht und Möglichkeiten der Kalkulation im gesamten dargestellten Beziehungsgeflecht erkennt. - Jede Beschreibung des Kalküls für die Übernahme einer Aufgabe, auch die soeben versuchte Skizzierung, erlaubt es, sich Gedanken über Hilfsaufgaben für diesen Prozeß zu machen. Ich unterscheide drei Arten von solchen Hilfsaufgaben:

1. Hilfsaufgaben für die Aktualisierung, Stabilisierung und Veränderung langfristiger Zielhorizonte

An die Stelle der weitgehend folgenlosen episodischen Hinweise auf künftige Verwendungszwecke des Gelernten in der Schullaufbahn, in der weiteren Ausbildung und in den verschiedensten Lebensbereichen müßte eine *nachhaltige Stabilisierung eigener Absichten durch ihre Aktualisierung, ihren Ausbau und ihre Modifikation* treten. Weil die Arten und die Ordnung von Zielen verschiedener Reichweiten eine individuelle und ganz persönliche Angelegenheit jedes Schülers sind, kann der Lehrer nur sehr indirekt zu ihrer Entwicklung anregen. Er müßte darauf hinwirken, *daß jeder Schüler überhaupt auf seine jeweiligen Ziele reflektiert und daß er allmählich zu einem möglichst konsistenten Zusammenhang von Zielen kommt, der sich zunehmend realistischer an seinen eigenen Fähigkeiten, an seiner Anstrengungsbereitschaft und auch an den in der jeweiligen Gesellschaft gegebenen Möglichkeiten, unterschiedliche Tätigkeiten auszuüben, orientiert.* Nicht nur für den besonderen Bereich der eigenen Leistungsfähigkeit, Aufgaben zu bewältigen, sondern für den Gesamtbereich der Regulierung der eigenen Aktivitäten, d.h. die gesamte Persönlichkeitsentwicklung, scheinen Konsistenz und Realitätsgehalt des Bildes und der Gefühle von sich selbst (Selbstkonzept und Selbstwertgefühl) von größter Bedeutung zu sein.

"Unrealistisch hohe oder niedrige Standards haben gegensätzliche Selbstwertungsfolgen (...). Unrealistisch hohe Standards vermindern die Häufigkeit von Erfolg zugunsten von Mißerfolg; sie verringern im Falle von Erfolg die affektwirksame positive Diskrepanz zum erzielten Ergebnis und vergrößern im Falle von Mißerfolg die entsprechend negative Diskrepanz. Ein unrealistisch hoher Standard ist (...) eine *self-defeating-strategy*, die eine positive Selbstbewertungsbilanz - die Befriedigungsmöglichkeit durch Leistungshandeln - mindert. Umgekehrt führt ein unrealistisch niedriger Standard zu einer leistungsthematischen 'Selbstbefriedigung', die es allerdings - im Unterschied zum hohen Standard - schwer hat, im sozialen Leistungsvergleich ernst genommen zu werden.
Außerdem schwächen zu hohe oder zu niedrige Standards die Affektwirksamkeit von Erfolg und Mißerfolg in der Selbstbewertung ab, weil sie das Gewicht des externalen Ursachefaktor einer zu hohen oder zu geringen Aufgabenschwierigkeit erhöhen. Auf diese Weise verlieren die Ergebnisrückmeldungen an Informationsgehalt zur selbstdiagnostischen Einschätzung der eigenen Fähigkeit - eine Möglichkeit, die viele Mißerfolgsmotivierte bevorzugen." (*Heckhausen* 1980, 670f.)

"Eine Person mit einer Realitätstheorie, die relativ wenig inkonsistente Postulate enthält, befindet sich in Harmonie mit sich selbst. (...) Eine Person mit einer Realitätstheorie, die bedeutsame Inkonsistenzen aufweist, erlebt gegensätzliche Gefühle. Um die Belastung zu reduzieren, die durch solche inneren Konflikte erzeugt wird, wird sie zusätzlich zu Mechanismen der Verleugnung und Dissoziation ihren Erfahrungsbereich einschränken und sich selbst und ihre Umwelt in einer sehr einseitigen Weise wahrnehmen. Dadurch vermeidet sie, daß ihr diese Inkonsistenzen bewußt werden." (*Epstein* 1984[2], 25f.)

Das umfangreiche Problem der Aktualisierung, der Stabilisierung und der Veränderung langfristiger Zielhorizonte, die auch die Form von Tendenzen zu bestimmten Erwartungen haben können, kommt durch diese Zitate zumindest in den Blick. Der Unterricht trägt wahrscheinlich viel mehr unabsichtlich (durch Sozialisation) als absichtlich (durch Erziehung) dazu bei. Die *ständige Kultivierung der Zielhorizonte*, auch durch geringfügige Anregungen, aber ist in unserem Zusammenhang von großer Bedeutung: Sie kann *Hilfsaufgaben für die Kalkulation der Aufgabenübernahme weitgehend überflüssig* machen. Wer es sich nämlich zum Ziel gesetzt hat, in bestimmten Realitätsbereichen in einem bestimmten Maße zu lernen, der steuert das Maß seines Einsatzes bei der Bearbeitung von Lernaufgaben selbst. Aufgrund einer *ständigen Lernbereitschaft* ist er unabhängig von Bemühungen des Lehrers um seine Motivation, ja, er kann sie sogar als überflüssig oder störend empfinden. - Für die Aktualisierung, Stabilisierung und Veränderung langfristiger Zielhorizonte können z.B. die folgenden Hilfsaufgaben gestellt werden:

- Interessen an bestimmten Realitätsbereichen und Aktionsformen, die von einzelnen oder auch von der ganzen Gruppe bekannt sind, aktualisieren, z.B. durch Erörterung ihrer Aktualität oder durch die Wahl eines bestimmten Arbeitsbereiches und/oder Vorgehens
- unterschiedliche Interessenrichtungen von einzelnen in der Lerngruppe bei Gelegenheit ausdrücklich diskutieren, z.B. in einem Konfliktfall zwischen zwei Schülern oder bei unterschiedlichen Leistungen, die sich daraus erklären lassen, oder bei einer problematischen Bewertung
- leistungsthematische Zusammenhänge ausdrücklich erörtern, z.B. die Problematik des Vergleichs einer Leistung mit einer früheren Leistung desselben Schülers (Individualnorm), des Vergleichs mit der Leistung der anderen Schüler (Sozialnorm) oder mit einem Standard im

Unterrichtspraktische Aspekte 363

Sachbereich (Sachnorm) bzw. einem bestimmten Kriterium in einem Sachbereich (Kriteriumsnorm) (Heckhausen 1974, Rheinberg 1980) oder die Funktion von Beurteilungskriterien gegenüber Noten oder die Kompensation von Erfolg und Mißerfolg oder den hier im Augenblick erörterten Kalkül der Anstrengung für eine Aufgabe (vgl. hierzu **Teil V**)
- bei passender Gelegenheit ausdrückliche Erörterung der Funktionen von Zielen mit ihrer Problematik (ideale, realistische; ferne, nahe; genaue, unbestimmte; mögliche, unmögliche; ernste, spielerische; geordnete, ungeordnete).

2. Hilfsaufgaben für die Kalkulierung unmittelbarer Effekte der Aufgabenlösung
- selbstgesetzte Normen für die Lösung von Aufgaben aktivieren, z.B. Maßstäbe für den Zeitbedarf, für bestimmte Qualitäten der Lösung oder für ein bestimmtes Anspruchsniveau (z.B. eine bestimmte Verbesserung in einer Übung am Reck gegenüber früheren Leistungen oder einen geringeren Anspruch als in einem vorausgehenden Versuch)
- unmittelbare Verwendbarkeit der Aufgabenlösung ausdrücklich untersuchen lassen oder, noch besser, die Aufgabe für solche Zwecke erst formulieren lassen
- glaubwürdig, weil verläßlich auf zu erwartenden Spaß, Genugtuung über das Resultat, Funktionslust (das habt ihr immer gern gemacht), einen Ertrag für einen bereits angestrebten Zweck verweisen.

3. Hilfsaufgaben für die Kalkulation der Erfolgswahrscheinlichkeit der Aufgabenlösung

In diesem Bereich sind die Möglichkeiten der Unterstützung einer möglichst realistischen Kalkulation am größten, weil er überschaubar ist, direkte Einflußmöglichkeiten vorhanden sind und die Zuverlässigkeit der Kalkulation für die Schüler erfahrbar ist.

Der Lehrer kann die Randbedingungen für die Aufgabenlösung so gestalten, daß durch sie die Kalkulation der Anstrengungsbereitschaft möglichst wenig beeinträchtigt wird, indem er nicht nur im Einzelfall, sondern erwartbar:
- hinreichend Zeit einräumt für die Bearbeitung der Aufgabe,
- den einzelnen Schüler vor Beeinträchtigungen seiner Arbeit durch andere schützt, z.B. durch Geduld beim Zuhören oder durch Sicherstellung vor Belästigungen bei der Stillarbeit,
- neben der Aufgabenspannung möglichst keine andere Spannung aufkommen läßt bzw. sie so schnell wie möglich auflöst (Atmosphäre entspannen),
- außer der Angst, die für Lernen, d.h. die Unsicherheit der Aufgabenbewältigung, unvermeidlich ist, möglichst keine andere Angst aufkommen läßt (zur Frage der Angst im Zusammenhang mit dem Lernen (**M4 u. 5**) vgl. *Bettelheim 1982, 143f., Rogers 1979[3], Krohne 1985;* zur Frage des Notendrucks s. den **V. Teil**). Meidungsängste, die tief in der Biographie verwurzelt sind, oder Ängste vor Personen, Institutionen oder ganzen Realitätsbereichen, die ständig durch die familiäre Sozialisation verstärkt werden, können im Unterricht allenfalls langfristig abgeschwächt werden. Von besonderer Bedeutung ist der Unterschied zwischen selbstbezogenen und aufgabenbezogenen Ängsten. Selbstbezogene Ängste müßten bei der Kalkulation der Aufgabenübernahme möglichst ausgeschaltet werden, indem die Reflexion auf sich selbst durch die Zuwendung zur Aufgabe unterbrochen wird (*Meyer 1984, 98*). Das sind freilich nur Hinweise auf die Richtung einer behutsam abwägenden Auseinandersetzung mit dem heute bei uns sehr weit verbreiteten Postulat der absoluten Angstfreiheit beim Lernen,
- aufgabenfremde Störungen, die die Aufmerksamkeit absorbieren, beseitigt, und zwar sowohl beim einzelnen als auch für die ganze Klasse.

Die Kalkulation der Anstrengungsbereitschaft kann aber auch durch *unmittelbaren Einfluß auf die Gesamtkalkulation oder auf einzelne Größen des Kalküls* beeinflußt werden:
- unter ungünstigen Verhältnissen, z.B. beim Wechsel in ein anderes Arbeitsgebiet oder bei äußeren Beeinträchtigungen, Aufgaben stellen, die subjektiv als relativ leicht empfunden werden, damit ein hinreichender Grad des Einsatzes kalkuliert werden kann,
- Aufgaben stellen, von denen erwartet werden kann, daß sie für die Schüler subjektiv in etwa mittleren Schwierigkeitsgrad besitzen, denn "alle Personen scheinen Aufgaben mittlerer Schwierigkeit zu bevorzugen, obwohl diese Präferenz bei hoch leistungsmotivierten Personen stärker ausgeprägt sein dürfte." (*Weiner* 1984, 162). Solche Aufgaben versprechen den höchsten Informationswert für die eigene Leistungsfähigkeit und auch eine positive affektive Bilanz,
- *die Aufgabenlösung zu einem ersten Versuch erklären und auch so behandeln,*
- *die Aufgabenlösung zur gemeinsamen Sache erklären und auch konsequent so behandeln,*
- *Aufforderung zur ausdrücklichen Schätzung des Schwierigkeitsgrades der Aufgabe (z.B. notieren durch jeden einzelnen für eine nachträgliche Kontrolle, ohne oder mit einer Begründung). - Unter günstigen Bedingungen kann durch reflexive Verarbeitung schon eine differenziertere Beurteilung erreicht werden,*
- *Aufforderung zum Vergleich mit der Einschätzung der Schwierigkeit einer bereits gelösten Aufgabe,*
- *nach Bekanntem im Bereich der Aufgabe suchen lassen,*
- *Schwierigkeiten benennen lassen, erörtern, unberechtigte Befürchtungen beheben und tatsächliche durch erste Klärungen verringern,*
- *nach Hilfen nachfragen lassen, wenn Schwierigkeiten auftreten sollten,*
- *die Gesamtaufgabe in Teilaufgaben zerlegen lassen, damit der Gesamtdruck der Aufgabe verringert wird.*

(3) Für die Transformation der Aufgabeninformation in einen Lösungsprozeß können Hilfsaufgaben gestellt werden

Für den Transformationsprozeß ist im ganzen kennzeichnend: *Er beginnt mit der ersten Umsetzung eines mentalen Modells der Aufgabeninformation in ein erstes Verlaufsschema des Lösungsprozesses, d.h. in einen ersten Plan, durch Planungsoperationen. Er wird fortgesetzt mit der Ausarbeitung des ersten Plans zu einem realisierbaren Gesamtplan bzw. realisierbaren Teilplänen. Er endet mit dem Vollzug einer Abfolge von ausführenden (exekutiven) Operationen, aus denen die Lösung der Aufgabe besteht.* Das Ergebnis der Aufgabenlösung ist dem Lehrer nur dann zugänglich, wenn zu den exekutiven Operationen auch solche gehören, die zu einer Materialisierung in einem sinnlich wahrnehmbaren Gegenstand oder Medium führen. - Die *Planung* kann *mehrfach ineinander verschachtelte Pläne* herstellen, soweit dies für den Lösungsablauf sinnvoll ist und die zur Verfügung stehende Zeit es zuläßt. Die *Sequenz der ausführenden Operationen* kann *sehr unterschiedlich geordnet* sein. Nicht nur die ausführenden, sondern auch die planenden Operationen können nur nacheinander vollzogen werden. Dies kann aber *in vielfältigen Formen des Wechsels* zwischen ihnen geschehen.

Hilfsaufgaben können umso genauer gestellt werden, je genauer man die Transformationen kennt, die von der Aufgabeninformation bis zur Lösung führen. Diese Prozesse sind aber je nach Art der Aufgabe in einem bestimmten Realitätsbereich sehr unterschiedlich. Deshalb kann hier nur vom Lösungsprozeß im allgemeinen gesprochen werden. Will man der Gefahr entgehen, sich in den Wirrnissen der tatsächlichen Prozesse zu verlieren, dann muß man versuchen, *den Gesamtprozeß der Aufgabenlösung in größere Einheiten zu gliedern, die für den Unterricht von praktischer Relevanz sind.* Ich will dies durch die folgende Reihenfolge von Einheiten versuchen: 1. Aufgabenanalyse durch die Unterscheidung von Ziel- und Ausgangssituation, 2. allgemeiner Verlaufsplan durch die Wahl einer Hauptstrategie, 3. Genauere Ausarbeitung des Verlaufsplanes durch die Wahl von Teilstrategien, 4. Steuerung der exekutiven Operationen.

Zu jeder dieser Prozeßeinheiten können unterschiedliche Arten von Hilfsaufgaben gestellt werden. Das Maß, in dem von diesen Möglichkeiten Gebrauch gemacht wird, muß sich allein am Bedarf orientieren. Manchmal genügt schon eine einzige Aufgabe, um gerade die Schwierigkeit zu beheben, die den Ablauf des gesamten Lösungsprozesses blockierte. Stoppregel für Hilfsaufgaben sollte also im gesamten Transformationsprozeß, d.h. auch für die einzelnen Einheiten dieses Prozesses, die folgende Hypothese des Lehrers sein: "Eine selbständige Lösung ist jetzt möglich." Bei schwierigen Aufgaben kann man dagegen auch bei allen vier Etappen durch Hilfsaufgaben die Transformationen erleichtern.

1. Aufgabenanalyse durch die Unterscheidung von Ziel- und Ausgangssituation

Bei relativ einfachen Aufgaben, für die ein Lösungsschema bereitsteht oder durch Versuch und Irrtum gefunden werden kann, ist weder eine Zielanalyse noch eine Bedingungsanalyse erforderlich. Die Aufgabeninformation ist dann hinreichend für die Aktualisierung eines Lösungsschemas, z.B. für das Ablesen eines bestimmten Datums aus einer Matrix, das Ablesen von Daten für eine Klimabestimmung aus einer geographischen Karte, die Auslegung einer Metapher oder die Ermittlung der Änderung des Themas in einem Text. Das aktualisierte Lösungsschema kann dann sofort in exekutive Operationen umgesetzt werden, z.B. in ein bestimmtes Vorgehen für die Lösung einer Multiplikation.

Sobald aber kein komplettes Schema für den Lösungsweg abgerufen werden kann, kann die Unterscheidung von Ausgangs- und Zielsituation weiterhelfen, weil dann die beiden äußersten Daten des Lösungsprozesses in den Focus der Aufmerksamkeit gerückt, für sich genauer untersucht und miteinander verglichen werden können.

> "Die Situations- und Zielanalyse dient im Problemlöseprozeß zur Ermittlung der genauen Eigenschaften der gegebenen und gesuchten Situation. Es soll herausgearbeitet werden, was eigentlich die spezifischen Merkmale der gegebenen und der gesuchten Situation sind. Ist diese Aufgabe gelöst, so weiß man, was gleich und was verschieden ist bei der gegebenen und der gesuchten Situation und kann daraus folgern, welche Operatoren man benutzen kann, um die gegebene in die gesuchte Information umzuwandeln." (*Dörner* 1987[3], 60)

Für *Dörner* ist "ein Operator (...) ein allgemeines Handlungsprogramm, die Operation die konkrete Ausführung" eines solchen Handlungsprogramms (*Dörner* 1987[3], 15). So entspricht z.B. dem Operator "Staubsaugen" eine Folge von konkreten Operationen. Anstelle von "Operator" spreche ich von "Lösungsschema", dessen Umfang und Abstraktheit sehr unterschiedlich sein kann, und die von Dörner gemeinten Operationen nenne ich "exekutiv", und zwar aus folgenden Gründen: Zwischen Planung und Ausführung gibt es die grundsätzlichen Unterschiede zwischen gedachten und ausgeführten Operationen und damit zwischen freier Verfügbarkeit über den Gesamtprozeß und strenger, nicht rückgängig zu machender Abfolge in der Zeit. Operationen gibt es sowohl im Bereich der Planung als auch der Ausführung, und zwar von unterschiedlicher Komplexität. Im ersten Fall wird an Lösungsschemata operiert (z.B. Vergleich, Variation, Verknüpfung), im zweiten Fall wird ein Lösungsweg beschritten. Real sind beide Prozesse, der erste aber produziert Lösungsschemata, die möglicherweise realisiert werden, der zweite dagegen realisiert sie.

Von grundsätzlicher Bedeutung in dieser Transformation ist, daß das mentale Modell des Aufgabensinns in ein erstes Modell des zeitlichen Nacheinanders überführt wird. Was so zeitlich auseinandertritt, muß jedoch keineswegs immer eine komplette konkrete Ausgangs- und Endsituation sein, sondern kann aus *sehr unterschiedlichen Bestandteilen des Angestrebten und des zunächst Gegebenen* bestehen, z.B. einer ersten Antizipation der Konturen eines Aufsatzes als eine Form der Erzählung oder Erörterung und einer ersten Inspektion des Gegenstandes, über den etwas erzählt bzw. der erörtert werden soll, in der Form von Stichworten. Der Aufgabensinn kann aber auch transformiert werden in exakte quantitative Angaben über Bedingungen für den Lösungsprozeß und eine Kategorisierung der geforderten Lösung (z.B. "Kurvendiskussion", "Aufstellung einer Wertetabelle"). Sind Informationen über Materialien, Hilfsquellen, Zwischenergebnisse, bereits bekannte Teilverfahren etc. gegeben, dann müßten sie *in einem ersten Schema des Gesamtverlaufs lokalisiert werden.*

Hilfsaufgaben können hier in folgenden Aufforderungen bestehen: zur Unterscheidung von Ausgangs- und Zielinformation (Was steht zur Verfügung? Was soll erreicht werden? Womit willst du anfangen etc.), zur genaueren Bestimmung der beiden, zu ihrer graphischen Gruppierung (mind mapping, *Kirckhoff* 1992[6]), zur Skizzierung der Verteilung im Handlungsverlauf (Ansatz für einen linearen Lösungsplan oder einen aus der Verknüpfung vieler Teiltätigkeiten bestehenden Netzplan), zur Erörterung fehlender Stücke etc.

2. Allgemeiner Verlaufsplan durch die Wahl einer Hauptstrategie

Oft genügt eine eingehendere Beschäftigung mit dem angestrebten Resultat dafür, *daß eine Strategie oder gar alternative Strategien für den gesamten Lösungsprozeß aktiviert werden* können. Die Gegebenheiten lassen sich dann in die gewählte Strategie integrieren, z.B. Werkzeug und Material für eine bestimmte Maltechnik und beides für ein bestimmtes Motiv. Dies geschieht z.B. auch, wenn bestimmte Leseabsichten leitend werden für die Art der Informationsaufnahme aus Texten (*Gibson/Lewin* 1980, 241; *Grzesik* 1990). Jetzt geht es nicht mehr nur um die beiden Extreme von Ziel und Ausgang bzw. um diverse Bestandteile des Lösungsprozesses, sondern um eine *Vorstellung vom Gesamtzusammenhang des Lösungsprozesses vom Anfang bis zum Ende.* Auch diese Vorstellung hat die Form eines mentalen Modells, *modelliert wird aber kein Zustand, sondern ein Verlauf in Gestalt eines allgemeinen Schemas.* - Eine *Strategie* ist demnach hier nichts anderes als *ein mehr oder weniger umfangreiches schematisches Modell des Verlaufs eines Lösungsprozesses.* Das Verhältnis zwischen Zielvorstellung, d.h. dem antizipierten Ergebnis in der Form eines "inneren Modells" (*Hacker* 1976, 25), und Verlaufsvorstellung kann man sich als Musterergänzung vorstellen: *Die Information über das antizipierte Resultat einer Tätigkeit erlaubt die Ergänzung zu einem schematischen Entwurf der ganzen Tätigkeit.*

> "Ziele sind somit jene gespeicherten Invarianten, die für jeden Regulationsvorgang unerläßlich sind (*Ashby und Conant* 1970, *Klix* 1976). Ziele regulieren Handlungen zusammen mit internen Repräsentationen der Verfahren zu ihrer Erreichung, d.h. Modellen geeigneter Muster von Operationen." (*Hacker* 1983, 19)

> "Die Information über das vorweggenommene Resultat wird in einer Weise recodiert, die kompatibel ist mit der Organisation und Regulation der auszuführenden Operationen (*Claus und Hacker* 1976, *Cavallo* 1978). Damit aus einem Ziel tatsächlich eine mit der Absicht der Verwirklichung verknüpfte Aufgabe wird, muß das vorweggenommene Resultat, das Ziel, wenigstens mit einem groben Plan der Ausführung verknüpft werden." (*Hacker* 1983, 20)

"Interne Repräsentationen der erforderlichen Operationsmuster sind dann Handlungsprogramme, wenn sie Muster der künftig erforderlichen motorischen Impulse einschließen (gilt nur, wenn die exekutiven Operationen sensomotorische sind, dagegen nicht, wenn sie mentale sind, wie dies bei innerlich verbleibenden Handlungen der Fall ist. - J.G.). Demzufolge dürften sowohl die Ziele als auch die Programme interne Repräsentationen darstellen, die sich lediglich im Hinblick auf ihren Inhalt und Kode unterscheiden (motorischer, d.h. kinästhetischer bzw. propositionaler bzw. ikonischer Kode)" (*Hacker 1983, 21*).

Ein solches allgemeines Modell des Lösungsprozesses kann unmittelbar die Abfolge von exekutiven Operationen regulieren. Es kann aber auch die Funktion haben, die Aufteilung in Teilprozesse zu leiten. Fehlt ein solches Modell, dann ist die Koordination der planenden und der exekutiven Operationen in Frage gestellt und kommt es zu versuchsweisen Aneinanderreihungen, die nur selten und dann noch über unnötige Umwege zum Ziel führen.

Hilfsaufgaben können hier die Suche passender bekannter Strategien zu einer Zielvorstellung erleichtern, sie können eine Erörterung der Wahl zwischen unterschiedlichen Strategien provozieren, sie können das Modell des Vorgehens soweit strukturieren lassen, wie dies für die Lösung der Aufgabe erforderlich ist, sie können zu einer Beschreibung des mentalen Modells vom Vorgehen führen, sie können auf Besonderheiten des Vorgehens gegenüber einem früherem Procedere hinarbeiten. Insgesamt müßten sie der Ausarbeitung eines mentalen Modells vom Gesamtprozeß dienen, das die Funktion der Steuerung ohne weitere Hilfe erfüllen kann.

3. Genauere Ausarbeitung des Verlaufsplanes durch die Ausarbeitung von Teilstrategien

Wenn eine Gesamtstrategie für den selbständigen Vollzug des Lösungsprozesses nicht genügt, dann muß mehr Aufwand für die Planung des Ablaufs betrieben werden. Das kann prinzipiell nur durch die *Nutzung der Möglichkeiten der Aufteilung der gesamten Spanne bis zum Ziel der Aufgabenlösung in Teilziele und durch die Zusammenfassung von solchen Einheiten auf unterschiedlichen Hierarchieebenen* geschehen. Das ist nichts anderes als eine Auflösung der Gesamtproblematik in Teilproblematiken. Je komplexer die Aufgaben für die Schüler sind und je weniger sie schon über abrufbare Strategien verfügen, umso mehr muß der gesamte Raum der Aufgabenlösung aufgegliedert werden, wenn eine Lösung durch die Schüler möglich sein soll. Wenn bereits durch die Wahl einer Aufgabe über ihre Komplexität mitentschieden worden ist, dann gibt es nur noch die beiden Alternativen, durch Hilfsaufgaben eine Lösung zu erzielen oder aber die Lösung abzubrechen, was erwiesenermaßen im tagtäglichen Unterricht allzuoft geschieht.

Erst jetzt müssen alle Möglichkeiten im "Raum" des Problemlöseprozesses genutzt werden, weil die Lösung nicht mehr durch den Abruf einer kompletten Strategie allein erzielt werden kann. Mit der direkten Planung und Ausführung einer Abfolge von Operationen ist es jetzt nicht mehr getan, sondern *die Abfolge der exekutiven Operationen kommt erst dann zustande, wenn für sie ein Pfad aus einem Netz von vielen ver-*

zweigten Wegen ausgewählt worden ist. Diese Bahnung aber erfordert zum einen, daß innerhalb der Gesamtaufgabe *viele kleine Aufgaben gelöst und koordiniert* werden. Sie erfordert zum anderen einen *dynamischen Wechsel zwischen planenden und exekutiven Operationen*, weil ein einmal gefaßter Plan nicht ausreicht, sondern die jeweils erzielten Resultate wieder in die weitere Planung einbezogen werden müssen. Für beides aber ist die Ausbildung einer Vorstellung der Gesamtstrategie notwendige Voraussetzung, weil so *flexible Vorgehensweisen nur innerhalb eines konstant gehaltenen Ganzen möglich sind.*

Die Möglichkeiten für derartige komplexe Aufgaben sind im Schulunterricht prinzipiell begrenzt, weil die Schüler nur in denjenigen Aktivitäten lernen, die sie selbst vollziehen, und deshalb für die Lösung komplexer Aufgaben nicht Vorarbeiten anderer in Anspruch nehmen können, weil die Zeit eng begrenzt ist und weil viele Kompetenzen für hochkomplexe Probleme erst noch erworben werden müssen. Die letzte Behauptung gilt insbesondere für die *Kompetenzen, sich im virtuellen Raum der Planung zu bewegen*, statt möglichst schnell die exekutiven Operationen nacheinander vollziehen zu können. Soll ein Schüler oder auch eine Gruppe von Schülern komplexe Aufgaben lösen, wie sie in der Lebenswirklichkeit der Erwachsenen auftreten, was in manchem *Projektunterricht* intendiert wird, dann geraten sie schnell an den Rand des Scheiterns oder eines bodenlosen Dilettantismus mit dem falschen Schein des Gelingens. Gelernt werden dann primär Hilflosigkeit und niveaulose Ansprüche an sich selbst und an andere. Das kann nur soweit vermieden werden, wie es gelingt, die Fähigkeiten aller Schüler so zu organisieren, daß jeder von ihnen in anspruchsvollen Tätigkeiten möglichst viel lernen kann. Das ist ohne beträchtliche Planungsarbeit von Lehrern und Schülern nicht zu erzielen.

Nicht nur im Blick auf diese Grenzen, sondern auch im Blick auf die *Offenheit und Unlösbarkeit vieler realer Lebensprobleme* verbietet es sich, die Problematik komplexer Probleme (*Dörner* 1989) hier voll zu berücksichtigen. Statt dessen kann nur ein sehr stark begrenztes Repertoire von Möglichkeiten, komplexe Problem zu lösen, berücksichtigt werden. Für die Praxis des Unterrichts scheinen mir ansatzweise brauchbar zu sein: *Zwischenzielbildung, Rückwärtssuche, Startpunktwechsel, Vorziehen sequentiell späterer Lösungsschritte und dynamische Planrevision.*

Die *Zwischenzielbildung* dient der Aufgliederung des gesamten Lösungsprozesses in Phasen mit Teillösungen. Sie kann auch speziell dazu dienen, fehlende Voraussetzungen erst zu erarbeiten (*Dörner* 1987[3], 66). Die Funktionen der Zwischenzielbildung bestehen insbesondere in der übersichtlichen Strukturierung des gesamten Lösungsprozesses und der Auflösung des Gesamtproblems in leichter lösbare Teilprobleme.

"Bei komplexen Handlungen erfolgt die Programmbildung vor dem Beginn der Verwirklichungsphase (*Giesen* 1971, *Moog* 1969, *Stadler* 1978).
Schematische Programme werden hypothetisch genutzt. Im Voraus werden nur Rahmenprogramme entworfen, die dann schrittweise vervollständigt werden (*Görner* 1968, *Schindler* 1979). Solche Rahmenprogramme globaler Art verringern die vorzustellenden bzw. zu speichernden Items. Darüber hinaus schränkt der situative Kontext die Entschei-

dungsspielbreite ein und vereinfacht die Einzelschritte der Programmbildung." (*Hacker* 1983, 21)
"Komplexe Ziele können durch unterschiedliche Strategien verwirklicht werden, die unterschiedliche Formen der Zieldifferenzierung erfordern:
(1) Alle Entscheidungen über Ausführungsoperationen werden zielbezogen getroffen, aber jeweils erst in dem Augenblick, in dem die Situation es erfordert (reaktive oder momentane Strategie)
(2) Zusätzlich dazu werden zielbezogene Operationen systematisch mit Hilfe von Teilzielen erzeugt (geplante oder zukunftsbezogene Strategie) (*Poulton* 1971, *Illing* 1960).
Die Zieldifferenzierung wählt die erforderlichen Operationen aus und organisiert sie mit Bezug auf die zu verwirklichende Absicht. Das schließt eine Gruppierung sowohl der Teilziele als auch der zugehörigen Operationen ein (*Blumenfeld* 1932). Jede Operation wird hinsichtlich ihrer Bedeutung für das Erreichen des Ziels bewertet, sie erhält einen sogenannten Zielannäherungswert (*Sydow* 1975, *Siegl* 1973)." (*Hacker* 1983, 20f.)

"Wenn solche Zwischenzielbildungen mehrfach erfolgen, indem z.B. Zwischenziele für Zwischenziele gebildet werden oder Zwischenziele für Zwischenziele für Zwischenziele, so kann sich aus einer solcher Zwischenzielschachtelung eine weitgehende Vorstrukturierung des Lösungsweges ergeben." (*Dörner* 1987³, 6)

Die *Rückwärtssuche* oder gar ihre *Kombination mit der Vorwärtssuche* im antizipierten Raum des Lösungsprozesses erfordert große geistige Beweglichkeit und wird deshalb im Schulunterricht erst relativ spät und dann auch nicht für jeden eine Hilfe sein. *Dörner* beurteilt diese Möglichkeit mit guten Gründen sehr zurückhaltend. Trotzdem wird es auch schon einmal möglich sein, von einem klar konzipierten Ziel (z.B. einem feststehenden Resultat) aus zurückzufragen, was jeweils die nächste Voraussetzung zu seiner Erreichung ist, z.B. bei einer Reiseroute oder der Ausarbeitung einer besonderen Mitteilungsform.

"Nach unseren Beobachtungen kommt die Rückwärtssuche bei Individuen fast nie vor, von der Kombination von Vorwärts- und Rückwärtssuche ganz zu schweigen (...). Diese Tatsache dürfte folgende Gründe haben:
1. Bei vielen Problemen sind die Ziele nur in Form von unscharfen Zielvorstellungen vorhanden, der Startpunkt dagegen ist in allen Einzelheiten bekannt. Von einem genau bekannten Ausgangspunkt läßt es sich besser ausgehen als von einer unscharfen Zielvorstellung. Weil unscharfe Zielvorstellungen bei Alltagsproblemen eher die Regel sind, wird bei Vpn das Ausgehen vom Startpunkt, also die Vorwärtssuche, habituell.
2. Oft sind Operatoren nicht einfach umkehrbar. Es gibt Operatoren, die zwar in einer Richtung eindeutig sind, in der anderen aber mehrdeutig. So entsteht durch die Multiplikation des Faktors mit der Klammer aus dem Ausdruck a(ab+b) eindeutig a2b+ab. 'Rückwärts' aber kann a2b+ab durch Multiplikation entstanden sein aus a(ab+b) oder b(a2+b). Die 'Rückwärtsanwendung' der Multiplikation von Klammern mit Faktoren kann also mehrdeutig sein. Wenn in einem Realitätsbereich diese Mehrdeutigkeit nach rückwärts ziemlich stark ausgeprägt ist, so bedeutet dies, daß die Rückwärtssuche erheblich aufwendiger ist als die Vorwärtssuche. Es wäre dann vernünftig, auf die Vorwärtssuche größeres Gewicht zu legen.
Auch solche - mehr oder weniger explizit vorgenommenen - Überlegungen könnten zu einer Bevorzugung der Vorwärtssuche führen.

Unterrichtspraktische Aspekte 371

3. (...) Offenes Handeln, also Handeln, welches aus beobachtbaren Reaktionen besteht, läuft immer entlang der Zeitachse ab und ist nicht umkehrbar. Es ist natürlich, daß diese zeitliche Ausrichtung des Handelns beibehalten wird. Nach unserer Meinung ist dieser letzte Grund der Hauptgrund für die Bevorzugung der Vorwärtsmethode." (*Dörner* 1987[3], 69f.)

"'Zweiseitiges Problemlösen', wie Lehmann (1972, 51) es nennt, nämlich ein Wechsel zwischen Vorwärtssuche und Rückwärtssuche, kann den gesamten Suchraum sehr wirkungsvoll einschränken. Dies macht man sich leicht klar, wenn man die schwarz gezeichneten Keile der **Abb. 23** betrachtet." (*Dörner* 1987[3], 69; s. **Abb. 20**)

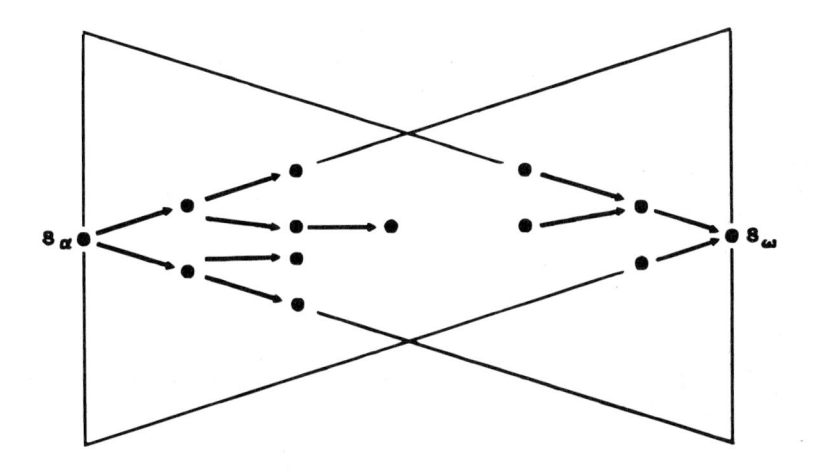

Abb. 20: *Beispiel für eine Start- und eine Zielverzweigung (Dörner 1987[3], 69).* © *Kohlhammer Verlag, Stuttgart*

Treten Schwierigkeiten im Lösungsprozeß auf, dann kann man zum Startpunkt zurückkehren und einen anderen Weg einschlagen, einen früheren oder einen alternativen Startpunkt wählen. *Dörner* hat in einem Fall unter 268 *Startpunktwechseln* nur 64 Startpunktwechsel gezählt, die nicht zum Ausgangspunkt erfolgten (*Dörner* 1987[3], 67). Das verweist darauf, daß auch ein Startpunktwechsel eine große Beweglichkeit voraussetzt, daß er nicht in jedem Fall möglich ist und daß starke Gewohnheiten gegen ihn sprechen. Trotzdem ist die Wahl eines anderen Ansatzpunktes durchaus eine wichtige Möglichkeit für die Lösung von Lernaufgaben.

Sobald eine Aufgabenlösung aus relativ selbständigen Teilen besteht, d.h. nicht jeweils ein Teil zwingend fordert, daß andere vorher bearbeitet werden, kann es weiterhelfen, erst einmal einfache Teile zu bearbeiten oder, gerade umgekehrt, ein besonders schwieriges Stück. So kann auch das *Vorziehen sequentiell späterer Lösungsschritte* dazu beitragen, die hermetisch abgeschlossene diffuse Ganzheit eines Lösungszusammenhanges aufzubrechen.

Die Diskrepanz zwischen Plan und Ausführung (konstruierte Möglichkeit, realer Vollzug) kann in vielen Fällen nur durch *dynamische Planrevisionen* behoben werden. Das starre Festhalten an subjektiven Entwürfen kann eine Lösung der Aufgabe blockieren. Deshalb muß die Vorläufigkeit, der Mittelcharakter aller Pläne, zunehmend in Rechnung gestellt werden, was wiederum eine geistige Beweglichkeit darstellt.

Das sind einige wichtige Möglichkeiten, sich im Lösungsraum zu bewegen, ihn durchsichtiger zu machen. Eine so starke Durchleuchtung des Problemraumes kann nicht mehr allein durch Hilfsaufgaben des Lehrers gesteuert werden. Sie sind dafür zu grob und zu langsam. Für die zahlreichen und individuell hochdifferenten Prozesse muß deshalb zwingend *die viel schnellere und viel anpassungsfähigere Selbststeuerung der Schüler zwischengeschaltet* werden. Dazu kann z.B. gezielt die "fundamentale Funktion des inneren Sprechens, insbesondere der Selbstinstruktion, für die Aufstellung und Ausführung von Aufgaben" (*Hacker* 1983, 19) angeregt werden.

Nach *Oerter* wäre es am besten, "dem Lernenden die Erzeugung von Plänen und Strategien allein zu überlassen. Dies ist in bezug auf die Aneignung der gesamten, im Laufe des Sozialisierungsprozesses nötig werdenden Qualifikationen nicht realisierbar, wohl aber die Zulassung einer größeren Zahl von Freiheitsgraden für die Exekutive", und zwar "für die aktuelle Informationsverarbeitung" (*Oerter* 1973, 65). *Oerter* kommt zu dem Schluß, die freie Benutzung eigener Strategien bringe bei solchen Stoffen oder Aufgaben Vorteile, die viele Strukturierungsmöglichkeiten zulassen, "während bei Aufgaben mit nur einer richtigen (optimalen) Lösung eine extern vorgegebene Strategie rascher zum Ziel führe oder bessere Ergebnisse zeitige" (*Oerter* 1973, 65). Dies kann nur als Hinweis darauf dienen, daß die Frage nach dem Ausmaß der Selbststeuerung der Aufgabenlösung differenzierte Antworten verlangt.

Es darf nicht der Eindruck entstehen, als bedürfe es für die Transformationsprozesse immer aufwendiger Hilfen. Oft genügen schon sehr einfache und sehr allgemeine Instruktionen, z.B. der Rat, eine kurze Pause einzulegen, erst einmal etwas anderes zu machen, sich an eine frühere Situation zu erinnern, das Tempo zu drosseln, Spannung wegzunehmen u.a.m. Sie können direkt oder indirekt den Prozeß der Transformation in eine Abfolge von exekutiven Operationen erleichtern.

4. Steuerung von exekutiven Operationen

Die exekutive Steuerung besteht aus der Selbst- oder Fremdinstruktion "jetzt das, jetzt das, ..." für die aufeinanderfolgenden exekutiven Operationen. Sie kann sehr kleinschrittig sein, kann sich aber auch auf die Regelung der Aktualisierung relativ komplexer Abläufe, d.h. auf Operatoren, beschränken. Sie muß kleinschrittig sein, wenn es darauf ankommt, daß die Schüler überhaupt zum Vollzug der angestrebten Tätigkeit kommen, also am Anfang der Arbeit in einem neuen Bereich, bei schwierigen Passagen und bei chronischen Lernbehinderungen. Sie muß andererseits zunehmend großschrittiger sein, um den Spielraum für die Selbststeuerung der exekutiven Operationen zu erweitern. Die *Hilfen* können hier nur darin bestehen, einzuspringen, wo die Selbststeuerung versagt, und zur Findung der nächsten Operation beizutragen, durch Suchhilfen, durch Benennung oder durch Vormachen.

(4) Für die Kontrolle von Resultaten der Aufgabenlösung können Hilfsaufgaben gestellt werden

Kontrollprozesse (**M10**) bei der Aufgabenlösung setzen stets voraus, daß *schon planende oder exekutive Operationen für die Aufgabenlösung vollzogen* worden sind und daß es *Maßstäbe* gibt, *an denen diese Operationen bzw. ihre Resultate gemessen werden können.* Die Kontrolle der Planung ist naturgemäß prospektiv, die der Ausführung retrospektiv. *Jede Kontrolle ist deshalb reflexiv: Sie ist eine rückbezügliche Verarbeitung schon vollzogener Operationen. Sie vollzieht sich auf einer höheren Ebene der Regulierung als die jeweilige Aktivität und ist insofern metakognitiv.* Kontrollprozesse erfüllen anscheinend *mehrere Funktionen gleichzeitig*:
- *Sie dienen zurückblickend der Fehlersuche, der Identifizierung von Mängeln, der "Korrektur durch Unterdrückung" ("negatives Feedback", Piaget* 1976, 31*)*
- *Sie dienen ebenfalls rückblickend der Verstärkung derjenigen Information, auf die sie sich beziehen, indem sie erneut aktualisiert und in einen übergreifenden Zusammenhang eingestellt wird ("positives Feedback", Piaget* 1976, 31; "Das positive Feedback besteht aus Verstärkungen, das negative aus Korrekturen. Beide Vorgänge sind im allgemeinen für das Funktionieren einer auch noch so wenig komplexen Verhaltensweise notwendig." *Piaget* 1976, 27)
- *Sie dienen zurück- und vorblickend der Handlungskontrolle, von der abhängt,* "ob Handlungsabsichten realisiert werden oder nicht" (*Kuhl* 1983, 2).

Man kann die beiden Richtungen der Kontrolle mit *Kuhl* auch als Lageorientierung und Handlungsorientierung bezeichnen. Dann wird sichtbar, welchen Platz die Kontrolle im

Gesamtzusammenhang der Konstruktion eines Lösungsprozesses, d.h. einer mehr oder weniger komplexen Tätigkeit, einnimmt:

"Sobald eine Motivationstendenz zur Absicht geworden ist, wird zunächst geprüft, ob die in der kognitiven Repräsentation der Absicht beschriebenen Ausführungsbedingungen (...) momentan erfüllt sind (...). Ist dies nicht der Fall, so wird die Absicht als Vorsatz ins Langzeitgedächtnis transferiert. Sind die Ausführungsbedingungen erfüllt, so setzt ein komplexer Prozeß der Handlungskontrolle (...) ein, welcher (1) die Abschirmung der Absicht gegen konkurrierende Motivationstendenzen (*Motivationskontrolle*) und (2) die Steuerung der Ausführung der Absicht (*Ausführungskontrolle*) kontrolliert. Der auf die Realisierung der Absicht gerichtete Prozeß der Handlungskontrolle verleiht der Absicht den im vorliegenden Modell postulierten Sonderstatus gegenüber konkurrierenden Motivationstendenzen." (*Kuhl* 1983, 315)

"Das Modell unterscheidet drei Ebenen, eine metakognitive, eine kognitive und eine Handlungsebene. Auf der *metakognitiven Ebene* werden zwei übergeordnete Direktiven unterschieden, eine lageorientierte, welche z.B. auf die Analyse von Zuständen ausgerichtet ist, und eine handlungsorientierte, die darauf ausgerichtet ist, alle kognitiven und verhaltensmäßigen Schritte anzuregen, die notwendig sind, um die aktuelle Handlungsabsicht 'entschlußreif' zu machen und auszuführen. *Metakognitiv* wird diese Direktive genannt, erstens, weil sie den kognitiven Prozessen insofern übergeordnet ist, als sie die Qualität und Quantität der handlungsbezogenen Kognitionen dadurch mitbestimmt, daß sie eine selektive Bevorzugung solcher Kognitionen (z.B. über den Wert der Folgen verschiedener Handlungsalternativen) anregt, die zur Realisierung der Absicht notwendig erscheinen. Der Begriff *metakognitiv* wird zweitens angewandt, weil die auf die Realisierung der aktuellen Absicht gerichtete Direktive stark auf *metakognitives Wissen* rekurriert (*Flavell* 1976; *Flavell & Wellmann*, 1977), d.h. auf Wissen über die vorbereitende und handlungskontrollierende Funktion verschiedener Kognitionen.
Man muß sich die hier postulierte metakognitive Direktive als ein besonderes Oberziel der zu realisierenden Handlungsabsicht vorstellen, welches sich von den übrigen Inhalten der Absicht (d.h. von dem eigentlichen Ziel und den instrumentellen Instruktionen oder Unterzielen) dadurch unterscheidet, daß es nicht direkt auf die auszuführende Tätigkeit oder auf das zu erreichende Ziel, sondern auf die Ausführung der zur Realisierung von Tätigkeit und Ziel notwendigen voluntionalen Vermittlungsvorgänge ausgerichtet ist. Die motivationale Quelle dieser Direktive dürfte die *Realisierungsmotivation* sein, welche - wie wir gesehen hatten - u.a. von der erkannten Schwierigkeit der Realisation abhängt." (*Kuhl* 1983, 255f.; vgl. *Weiner* 1984)

Kluwe unterscheidet zwischen Kontroll- und Steuerprozessen, ohne daß dies in der Sache gegenüber *Kuhl* eine Differenz ergibt und hält ihre Anregung auch im Schulunterricht für möglich: "Kontrollprozesse führen zu Informationen über das 'Was' des eigenen Denkens. Steuervorgänge führen zu Modifikationen des Verlaufs des eigenen Denkens. Vermutlich kann man in der Schule solche Prozesse anregen. Dies kann zum Beispiel durch systematische Fragen erfolgen, die Kinder während der Bearbeitung von Problemen an sich stellen. *Flavell* (1976) spricht in diesem Zusammenhang von 'Imperativen', die eine Kontrolle und Steuerung des eigenen Problemlöseverlaufs gewährleisten sollen." (*Kluwe* 1982, 126)

Diese Kontrollprozesse können sich prinzipiell auf jeden Punkt des Lösungsprozesses richten. So berichtet z.B. Kluwe über Untersuchungsergebnisse, nach denen Schüler kontrollieren, wieweit sie die vom Lehrer vermittelten Informationen verstanden haben, wieweit sie sich etwas eingeprägt haben und worauf sie ihre Aufmerksamkeit richten sowie, in welchem Maße sie sich konzentrieren (*Kluwe* 1982). *Schiefele* untersucht den "Einfluß von Selbstüberwachung und Selbstaufmerksamkeit" auf die speziellen Beziehungen hin, die es zwischen einer Einstellung auf der einen Seite sowie sozialen Normen, Intentionen (Absichten) und Verhalten auf der anderen Seite gibt (*Schiefele* 1990).

Hilfsaufgaben sind hier erforderlich, weil auch Kontrollprozesse gelernt werden müssen, weil es Schülern zunächst schwerfällt, mannigfache Kontrollen zu vollziehen und weil die Qualität der Aufgabenlösung wahrscheinlich beträchtlich von Kontrollprozessen mitbestimmt wird. So kontrollieren z.B. Fünftkläßler ihre Rechenergebnisse noch so wenig, daß von einzelnen ohne Bedenken das falsche Ergebnis akzeptiert wird, wonach eine Frau an einer Tankstelle für Benzin 8450 DM zahlen muß (*Arbinger* 1985), und man kann erst damit rechnen, "daß sich die Fähigkeit zur Konzentration der eigenen geistigen Tätigkeit auf aufgabenrelevante Information etwa bei Kindern der 6./7. Klassen ausgebildet hat." (*Kluwe* 1982, 125) Auf der anderen Seite gibt es nach einer Untersuchung von *Gorny* (1977, 313) "zwischen der Qualität des Problemlösens und der Stellungnahme zu selbstkritischem Verhalten (...) eine Korrelation R=+0.68" und besitzen "gute Problemlöser auch eine positivere Meinung über die Selbstkritik als Mittel der Selbsterziehung zur Verbesserung der eigenen Leistungen und des Verhaltens" als schlechte Problemlöser.

Es gibt sicher *sehr unterschiedliche Hilfsaufgaben für Kontrollprozesse*, die noch kaum in unserem Blickfeld liegen und auch in der Praxis selten und dann noch meist unreflektiert eingesetzt werden. *Oerter* berichtet von einer Untersuchung, nach der sich nicht so sehr sachliche Hinweise, sondern die "*Blockierung von Operationen*" auf den Leistungsanstieg auswirken. Er führt dies darauf zurück, daß "spontane Handlungsabfolgen an bestimmten Punkten unterbrochen werden und so den Charakter von automatisierten Sequenzen verlieren" und "das Kind stärker als zuvor zu analytischem Vorgehen" gezwungen wird (*Oerter* 1973, 63). Die Unterbrechung von geläufigen Automatismen beim Lösen von Aufgaben ist im Schulunterricht schon durch die Konstruktion der Aufgaben möglich. Sie kann aber auch beim Lösungsprozeß auf verschiedene Weise geschehen, z.B. durch die Aufforderung zur Kontrolle einer bestimmten Aktivität oder auch nur durch eine kurze Pause für das Überdenken eines Planungsvorschlages.

Ich liste nur einige Beispiele für Hilfsaufgaben auf:
- Einüben von einzelnen Selbstinstruktionen, z.B. "Schreibe X, merke Y" (*Arbinger* 1985) oder von kompletten Fragestrategien (*Suchmann* 1973, 252)
- Anregen zu Fragen an sich selbst bei der Aufgabenlösung (inneres lautes Sprechen, schriftlich notieren, gemeinsam erörtern), z.B. Was tue ich eigentlich? Was wird von mir verlangt? Plane ich noch, oder habe ich bereits mit der Lösung begonnen? Ist es gut, was ich hier tue? Arbeite ich planvoll genug? Kann ich etwas verbessern? Arbeite ich schnell genug? Arbeite ich zu schnell? Bin ich noch in der Zeit? Muß ich mich mehr konzentrieren? Gibt es bessere Lösungsmöglichkeiten? Was ist wichtig? Was kann ich weglassen? Wie fahre ich fort? Was muß ich als nächstes ansehen, ausrechnen, lesen? Bin ich abgelenkt? Stört mich etwas? Befasse ich mich mit unwesentlichen Dingen? (*Kluwe* 1982, 126f.)

- Fragen oder Aufforderungen der Lehrer, z.B. Was machst du im Augenblick? Was hast du jetzt vor? Mach dir erst einmal wieder einen Plan! Betrachte noch einmal, was du getan hast!
- Ausdrückliche Reflexion auf die bisherige Tätigkeit in gemeinsamer mündlicher Erörterung, aber auch in ansatzweisen Beschreibungen oder schematischen Darstellungen (Arbeitsrückschau: "Wie sind wir vorgegangen?")
- Erarbeitung von metakognitivem Wissen über Prozeduren einschließlich der beteiligten Unter- oder Elementarprozeduren, speziell von Prozessen der Prüfung und der Kontrolle (*Arbinger* 1985)
- Diagnose von prozeduralen Fehlern (*Arbinger* 1985)
- zur Prüfung des eigenen Lernfortschritts bzw. einer Kontrolle des Lernerfolgs anregen (*Arbinger* 1985)
- zur Kontrolle der Intensität der Tätigkeit anregen (*Arbinger* 1985)
- kontrollieren lassen, ob das Ergebnis innerhalb des beschriebenen Zusammenhangs sinnvoll ist (*Arbinger* 1985)
- Einsatz schon bekannter Kontrollverfahren vorschlagen
- Ermutigung zur Selbstkritik und Schutz von nachteiligen Folgen
- Demonstration von Kontrollprozessen aller Art durch die Lehrer selbst.

Kapitel 6:
Lernaufgaben können im psychischen "Raum" der menschlichen Informationsverarbeitung auf unterschiedliche Weise aneinander angeschlossen werden

Im Schulunterricht geht es im Unterschied zum Gelegenheitsunterricht nie nur um eine einzelne Lernaufgabe, sondern *immer um eine Reihe von Lernaufgaben.* Es kann sehr willkürlich sein, wie sie aneinander angeschlossen werden. *Soll aber möglichst effektiv gelernt werden, dann müssen Lernaufgaben nach Kriterien der Informationsverarbeitung durch jeden einzelnen Schüler und der Zusammenarbeit in der Lerngruppe aneinander angeschlossen werden.* Den Überlegungen **in diesem Kapitel** liegt die Annahme zugrunde, daß es *eine spezifische Anschlußrationalität, d.h. einen Zusammenhang von systemgerechten Anschlüssen, der Lernaufgaben im Schulunterricht* gibt. *Lehrer und Schüler entscheiden durch die Wahl zwischen diesen Anschlußmöglichkeiten darüber, in welcher Weise der Unterricht fortschreitet* (vgl. Luhmann 1984, 62).

Welche Anschlüsse möglich sind, ist durch die "Dimensionen des psychischen Systems", in denen sich die menschliche Informationsverarbeitung abspielt, vorgegeben. Nach meinen bisherigen Überlegungen müßten dies die folgenden Dimensionen sein: 1. die sequentielle Folge von Informationen ("und dann..."), 2. die räumlich vernetzte Ordnung von Informationen ("Teil-Ganzes", "neben", "außerdem" etc.), 3. die hierarchische Ordnung von Informationen ("Fall von einem Begriff" bzw. "Begriff für eine Klasse von Fällen", entsprechend für Regeln, Werte, Ideen, Gesetze, Strukturen), 4. die zum Gegen-

Theoretische Grundlagen 377

stand der Aufmerksamkeit gemachten vorgestellten Ausschnitte aus Realitätsbereichen, 5. die auf diese Vorstellungen angewendeten Verfahren, 6. die planenden Operationen, 7. die exekutiven Operationen und 8. die Folge der Teiltätigkeiten der Handlung. In allen diesen Dimensionen sind Anschlüsse möglich. Aus ihrem Zusammenspiel ergibt sich der jeweilige konkrete Anschluß, z.B. das Herabsteigen von der höheren Planungsebene in Form der Wahl einer Folge von Textsorten auf die niedrigere der Wahl einer Folge von Gedichten. Wenn dies zutrifft, dann müßte *jedes Anschlußproblem und jeder Anschluß im "Raum" dieser Dimensionen lokalisierbar* sein. Welche Möglichkeiten des Anschlusses es gibt, das soll **in diesem Kapitel** erörtert werden.

Im "Raum" der menschlichen Informationsverarbeitung hat auch die *Problematik des Curriculums* ihren Ort, wenn man mit *Dolch* unter den Begriff des Curriculums die "Auswahl und Anordnung der Unterrichtsstoffe" "im Sinne von Ablauf, Zeitabschnitt, ja auch Alljährlichkeit" faßt (*Dolch* 1956², 328). Nach *Dolch* ist der spätlateinische und mittelalterliche Ausdruck "Curriculum" zuerst von *Morhoff* 1688 für den barocken Lehrplan von Schule und Universität ("De curricolo scholastico", "De curricolo academico") verwendet worden. Die Problematik des Curriculums kann und soll hier nicht behandelt werden, weil es mir nicht um die Ausarbeitung irgendeines Curriculums für irgendeinen bestimmten Unterricht (den Unterricht in einer bestimmten Schulart, in einem bestimmten Fach, in einem Schuljahr etc.) geht und auch nicht um das Problem der gesellschaftlichen Entscheidung über ein solches Curriculum (vgl. u.a. *Robinsohn* 1975⁵). Beides gehört m.E. in die Theorie des Schulunterrichts, beschränkt sich in der Regel auf die Abfolge der sogenannten Bildungsinhalte bzw. Lernziele und bezieht sich immer auf schon recht komplexe Unterrichtseinheiten, z.B "einfacher Satz", "erweiterter Satz" und "Satzgefüge". Die tatsächlich vom Schüler herzustellenden Anschlüsse kommen auf dieser Ebene gar nicht in den Blick, weil der komplexe Prozeß auf die Sach- oder Zielkomponente reduziert und diese außerdem durch Begriffe hoher Allgemeinheit gefaßt wird. Auch *die allgemeinen Strukturprobleme jedes Curriculums* können hier nicht ausführlich behandelt werden, z.B. das Problem der Ableitung von Curriculum-Elementen aus obersten Zielen und das Problem ihrer entwicklungsgerechten Anordnung, etwa in der Form eines Spiralencurriculums (Behandlung ein und desselben Realitätsbereiches mehrfach in aufeinanderfolgenden Entwicklungsstadien der Schüler und mit einem höheren Anspruch an ihre Fähigkeiten).

Statt dessen beschränke ich mich hier ganz auf die *Probleme und Möglichkeiten des unmittelbaren Anschlusses von Lernaufgaben aneinander unter dem Gesichtspunkt der Informationsverarbeitung durch die Schüler*. - In der Tradition wird die Frage des Anschlusses entweder im Rahmen der *allgemeinen Methode des Unterrichts* unter den Begriffen "Stufen" oder "Schritte" (**M8**) behandelt oder aber erst bei der *konkreten Ausarbeitung einzelner Unterrichtsphasen, Stunden und Stundenreihen*. - Die sich unter diesem Gesichtspunkte zeigenden Anschlußmöglichkeiten sind aber *notwendige Bedingungen für alle Überlegungen sowohl über bestimmte Curricula als auch über die allgemeinen Entscheidungsprozesse und die Strukturierungsmöglichkeiten bei der Konstruktion von Curricula.* Sie schließen deshalb von vornherein einige Annahmen, die bisher in der Curriculumtheorie aufgetreten sind, aus. Das wird sich im einzelnen bei den folgenden Überlegungen zeigen, soll aber in einigen allgemeinen Punkten vorweggenommen werden.

1. *Es kann keine zwingende Ableitung einer Folge von Lernaufgaben aus Unterrichtszielen geben, weder eine logische noch eine psychologische noch eine soziologische* (vgl. *Grzesik 1976a*). Statt dessen haben *Ziele lediglich Orientierungsfunktion für alle Prozesse der Planung und Ausführung einer Folge von Lernaufgaben, und zwar durch ihre Leistung, einen antizipierten Zustand zu kategorisieren.*

Die begrenzte Leistung von Unterrichtszielen ergibt sich zum einen aus eben dieser Kategorisierungsleistung: Eine vollinhaltliche Vorwegnahme irgendeines einzelnen tatsächlichen zukünftigen konkreten Zustandes ist ebenso unmöglich wie die vollständige Vorwegnahme von solchen Lernresultaten, die in vielen einzelnen konkreten Zuständen aktualisiert werden können, z.B. eines Wissensbestandes, einer Einstellung oder eines Lösungsverfahrens, die oft als Dispositionen für eine Vielzahl von konkreten Verhaltensweisen bezeichnet werden (*Brezinka 1974, 80*). *Ziele konstruieren nur vorweg den einen oder anderen Aspekt solcher künftigen Zustände.* Sie können deshalb nur zur *partiellen antizipierenden Konstruktion eines Zieles und zur Identifizierung des realisierten künftigen Zustandes, der Zielerreichung*, dienen. Keine Zieldefinition, und schon gar nicht die so beliebten allgemeinsten, wie "Mündigkeit", "Emanzipation", "Selbstverwirklichung in sozialer Verantwortung" oder "allseitig gebildete sozialistische Persönlichkeit", ist eine genaue oder gar vollständige Beschreibung eines künftigen Zustandes. Erst recht darf das Ziel als Beschreibung nicht mit der Realität verwechselt werden, indem man von Zielen als Wirkungen auf Ursachen zurückzuschließen sucht. Zu jedem Ziel gehört deshalb die *Unbestimmtheit aller spezifischeren und auch aller durch die Kategorien der Zieldefinition nicht erfaßten Merkmale eines künftigen Zustandes. Daraus folgt unmittelbar, daß jeder künftige Zustand viele Zieldefinitionen zuläßt, ohne daß sie sich zu widersprechen brauchten oder je erschöpfend sein könnten.*

Jeder Versuch der strengen Ableitung einer Folge von Lernaufgaben scheitert aber nicht nur an der begrenzten Leistung von begrifflichen Zieldefinitionen für reale künftige Zustände, sondern zum anderen auch daran, daß es *sehr unterschiedliche Wege* geben kann, *auf denen man zu dem realen Zielzustand gelangen kann*. Im Umkehrschluß bedeutet dies, *daß von einem Ziel aus keineswegs eine einzige Verlaufsform des Unterrichts gewonnen werden kann, die zu diesem Ziel hinführt*. Es kann aus ihm weder ein bestimmter Weg des Lernens noch ein bestimmter Weg des Lehrens gefolgert werden. Statt dessen kann es nur dazu dienen, *aus den eigenen Beständen einen von vielen möglichen Wegen zu konstruieren*. Soweit man durch die Konstruktion des Zielzustandes erkennt, welche Aktivitäten in ihm aktiviert werden müssen, kann man die *Kategorien für den Zielzustand als Selektionskriterien benutzen für die Suche nach Aktivitäten, die noch gelernt werden müssen*. Für das Lernen dieser Aktivitäten müssen Lernaufgaben formuliert werden, was in sehr unterschiedlichen Folgen von Lernaufgaben geschehen kann. Auch die Planung solcher Folgen kann nur in mehr oder weniger *allgemeinen Methodenbegriffen* geschehen, die in demselben Verhältnis zum tatsächlichen Unterrichtsverlauf stehen wie die Zielbegriffe zum tatsächlichen Zielzustand. So ist nicht nur die Antizipation des konkreten Zielzustandes offen im Hinblick

Theoretische Grundlagen 379

auf die Konkretisierung, sondern auch die Antizipation des Unterrichtsverlaufs. - In beiden Fällen haben wir es außerdem nur mit *subjektiven Beschreibungen* zu tun, die aus Begriffen bestehen, über die der Beschreibende jeweils verfügt.

2. Die Interaktion, d.h. der Verlauf der wechselseitigen Aktivitäten, kann nicht unter den *politischen Kategorien von Herrschaft und der Emanzipation von ihr* konzipiert werden. Unterrichten hat mit Macht nur soviel zu tun, wie jede Funktionsausübung "Macht" über ihren Funktionsbereich hat, die Funktionsausübung des Arztes ebenso wie die Funktionsausübung des Müllwerkers. *Der Funktionsbereich des Lehrers ist ausschließlich das Lernen der Schüler und nicht die wie auch immer legitimierte und begrenzte Herrschaft über den Willen aller mündigen Bürger in irgendeinem Gemeinwesen.* Die Curriculumdiskussion der siebziger Jahre liest sich oft mehr wie eine politische Erörterung der Herrschaftsformen autoritärer, liberaler oder basisdemokratischer Art als eine Auseinandersetzung über erzieherische Beeinflussung, weil *das gesellschaftspolitische Ziel der Emanzipation von Herrschaft mit Erziehungszielen verwechselt wird.*

3. *Begriffliche Beschreibungen des Unterrichtsverlaufes* haben durchaus ihre Funktion im Prozeß der Annäherung an die Planung und Ausführung des tatsächlichen Verlaufs, man darf nur nicht mehr von ihnen erwarten, als sie leisten können. Weil noch niemand die tatsächlichen Abläufe hinreichend genau kennt, sind alle Begriffe für den Prozeß des Unterrichts (fragend-entwickelnd, Projektunterricht, entdeckend, indirekt vs. direkt) sehr allgemeine, sehr einseitige oder gar eindimensionale Kategorisierungen, die selbst von unterschiedlichen Gesichtspunkten abhängig sind und vielfältige Konkretisierungen zulassen. Begriffe von hoher Allgemeinheit haben für die dynamischen komplexen konkreten Prozesse bestenfalls einen bescheidenen prognostischen Wert, weil sie die vielfältigen Prozesse in einem allgemeinen Schema nivellieren und erstarren lassen. *Möglichst realitätsnahe nahfristige Pläne (Beschreibungen des antizipierten Prozesses von relativ niedriger Allgemeinheit) haben deshalb immer ein höheres pädagogisches Recht als allgemeine Curriculumkonstruktionen, weil sie den realen Entwicklungsmöglichkeiten der Schüler eher entsprechen können.* Damit wird die Curriculumkonstruktion zwar nicht entwertet, ihr wird aber das Recht abgesprochen, den faktischen Verlauf so genau wie möglich in einer "lückenlosen" Kette von Curriculum-Elementen, d.h. in der Regel Teilzielen, festzulegen. Sie darf für das tatsächliche Geschehen nur eine sehr vorläufige und begrenzte Funktion beanspruchen.

4. *Die Anschlußproblematik kann nur als ein Problem im Nahraum der jeweiligen Planung und Realisierung des Unterrichts, von ganz kurzen Unterrichtseinheiten bis zu einigen wenigen Stunden, angesehen werden. Außerdem ist sie immer von dialektischer Natur, weil sie nur durch den ständigen Wechsel zwischen nahfristigen antizipierten Zuständen und den jeweils gegebenen Ausgangsbedingungen, die beide für Lehrer und Schüler im voraus weitgehend unbekannt sind, gelöst werden kann. Diese Unsicherheit wird noch durch die Notwendigkeit erhöht, handeln zu müssen, ehe eine hinreichende Klärung von Zielen und Ausgangssituationen gelungen ist.* Die Notwendigkeit zum Handeln zwingt dann zur Wahl von Anschlüssen, die keineswegs immer hinreichend durchschaut sind. Das entspricht voll der Auffassung *Deweys* von der Funktion von

Zielen und Ausgangsbedingungen für die Entscheidung über den Anschluß von Handlungen aneinander:

> "Das aufgestellte Ziel muß aus den vorhandenen Bedingungen erwachsen. Es muß auf dem beruhen, was bereits geschieht, auf den Hilfsmitteln und Schwierigkeiten, die die Gesamtlage darbietet." (*Dewey* 1965[3], 142)

> "Das Ziel, wie es zunächst auftaucht, ist nicht mehr als ein 'versuchsweiser Umriß'. Der Wert dieses Umrisses wird geprüft bei dem Versuch, es zu verwirklichen. Wenn er genügt, um das Handeln erfolgreich zu leiten, ist nichts weiter erforderlich, da seine ganze Funktion darin besteht, Richtpunkte zu setzen; gelegentlich mag eine bloße Andeutung dafür ausreichend sein. In den meisten Fällen jedoch - zum mindesten in verwickelteren Sachlagen - bringt das Handeln auf Grund dieses Umrisses Bedingungen zutage, die bisher übersehen worden waren. Dies nötigt zu einer Überprüfung des ursprünglichen Zieles; es muß dies oder jenes hinzugefügt oder abgestrichen werden. Ein Ziel darf demnach nicht starr sein, sondern muß - biegsam - den Umständen angepaßt werden können." (*Dewey* 1965[3], 143)

> "Ein Erziehungsziel muß sich in eine Methode des Zusammenwirkens mit den Betätigungen der zu Erziehenden umsetzen lassen. (...) Wenn es nicht so beschaffen ist, daß sich bestimmte Maßnahmen aus ihm ableiten lassen und wenn diese Maßnahmen das Ziel nicht fortwährend bestätigen, berichtigen oder erweitern, so ist es wertlos." (*Dewey* 1965[3], 148)

> "Je mehr 'allgemeine Ziele' wir haben, um so besser ist es dann. Die eine Formulierung betont das, worüber eine andere hinweggeht. Was eine Mehrheit von Hypothesen für den Forscher bedeutet, mag eine Mehrheit formulierter Ziele für den Bildner leisten." (*Dewey* 1965[3], 150)

Die folgenden Überlegungen halten sich nur in diesem Nahraum auf. Sie befassen sich mit der Anschlußrationalität unter vier Gesichtspunkten, und zwar unter dem Gesichtspunkt des Unterschieds zwischen *psychischer und sozialer Anschlußrationalität* (1), der unterschiedlichen *Arten von Anschlüssen* (2), unterschiedlicher *komplexer Systeme von Anschlüssen* (3) und von *Prinzipien für die Regelung von Anschlüssen* (4).

(1) Der Anschluß von Lernaufgaben kann nach psychischen und nach sozialen Gesichtspunkten geregelt werden

Für die Anschlußrationalität gibt es zwei Hauptprobleme: das *psychische Problem, welche Anschlußmöglichkeiten es im psychischen System gibt*, und das *soziale Problem, welche von ihnen durch den Lehrer und/oder den Schüler gewählt werden* (vgl. Teil I). Beim psychischen Problem geht es um die Frage, *welche Anschlüsse für das jeweilige Ziel ein Höchstmaß an Lerngewinn versprechen* (**M3, 6 u. 7**). Beim sozialen Problem geht es um die Frage, *wie sich die Wahlen der Anschlüsse durch Schüler und Lehrer zueinander verhalten* (**M1**). - Die Lösung des sozialen Problems ist insofern abhängig von der Lösung des psychischen Problems, als nur die gegebenen psychischen Möglichkeiten, soweit sie Schülern und/oder Lehrern jeweils bekannt sind, von den einen oder den anderen jeweils zuerst gewählt werden können. Die Lösung des psychischen Problems ist insofern abhängig von der Lösung des sozialen, als die Realisierung eines Anschlusses erst durch Wahlen geschieht, die sowohl vom Lehrer als auch von den Schülern getätigt werden, soweit von Unterricht die Rede sein kann. Bei der faktischen Wahl eines Anschlusses werden beide Probleme durch Entscheidung, d.h. den Abbruch der weiteren Argumentation beim jeweils erreichten Stand der Begründung, gelöst.

Das psychische Problem der Anschlüsse ist anscheinend erst im 17. Jh. bewußt geworden, das soziale ist erst mit der Entdeckung der Selbständigkeit des Kindes durch Reformbewegungen seit dem Ausgang des 18. Jhs. zunehmend hervorgetreten. Zunächst, und bis auf den heutigen Tag immer noch, ging es bei der Lösung beider Probleme vor allem darum, eine *Verlaufsform* (**M8**) zu finden, die *für jeden Unterricht optimal* ist oder aber sich zumindest *gegenüber anderen Verlaufsformen als die bessere* erweist. Bei *Comenius* ("Große Didaktik", Druck 1657) tauchen unverbundene Richtungsangaben des Fortschreitens auf, von denen ich einige ohne Interpretation als Beispiel anführe:

"Der Anfang der Kenntnis (cognitio) muß immer von den Sinnen ausgehen, denn nichts befindet sich in unserem Verstande (intellectus), das nicht zuvor in einem der Sinne gewesen wäre: warum sollte also nicht die Lehre mit einer Betrachtung der wirklichen Dinge beginnen, statt mit ihrer Beschreibung durch Worte? Dann erst, wenn die Sache gezeigt worden ist, sollte der Vortrag folgen, um die Sache weiter zu erläutern." (*Comenius* 1960^2, 135)

"Alles, was gelehrt wird, muß in seinem Sein und Werden, d.h. in seinen Ursachen gelehrt werden. Denn eine Erkenntnis ist am besten, wenn die Sache erkannt wird wie sie ist. (...) Darum soll die Methode des Lehrens der Methode der Dinge selbst folgen und das Frühere früher, das Spätere später drannehmen." (*Comenius* 1960^2, 139)

"Alles, was der Erkenntnis dargeboten wird, werde zuerst im Allgemeinen, dann in seinen Teilen dargeboten. (...) Ein Ding im allgemeinen der Kenntnis darbieten heißt: das Wesen (essentia) und die Erscheinungsform (accidentia) des ganzen Dinges erläutern. Das Wesen wird entfaltet durch die Fragen Was? Wie? und Warum? Die Frage 'Was' bezieht sich auf Benennung, Gattung, Aufgabe und Zweck des Dings. Das 'Wie' bezieht sich auf die Form oder die Beschaffenheit, kraft derer es für seinen Zweck tauglich ist. Das 'Warum' fragt nach der Ursache (efficiens) oder der Kraft, die das Ding zu seinem Zweck geeignet macht. Wenn ich z.B. einem Lernenden die wahre, allgemeine Kenntnis des Menschen vermitteln will, so sage ich: der Mensch ist 1. das letzte Geschöpf Gottes und zur Herrschaft über alle anderen bestimmt; er hat 2. den freien Willen, etwas zu wählen und auszuführen und ist dafür 3. mit dem Licht der Vernunft ausgerüstet, um seine Wahl und seine Handlungen weise zu leiten. Dies ist die allgemeine Kenntnis des Menschen, und zwar eine grundlegende, die alles Notwendige über den Menschen enthält. (...) Darauf wird man zu den Teilen, dem Körper und der Seele, übergehen und den Körper mit Hilfe der Anatomie der Glieder, die Seele durch die Fähigkeiten, aus denen sie besteht, erläutern, alles in der gehörigen Ordnung." (*Comenius* 1960^2, 139f.)

> "Man muß (...) mit dem Schüler bei jedem Wissensgebiet so lange verweilen, bis er es gut kennt und sich seines Wissens bewußt ist. Dies wird erreicht durch Einprägen, prüfen und wiederholen bis zur Sicherheit (...)" (*Comenius* 1960^2, 140)

Die uneingeschränkte Geltung dieser Maximen ist in mehrfacher Hinsicht problematisch. So ist es schon nicht einzusehen, wie es möglich sein soll, daß immer und gleichzeitig an sinnlich Wahrnehmbares, an das früheste und an das Allgemeine angeschlossen werden soll und man dabei so lange verweilen kann, bis es vollständig verstanden ist und sicher behalten wird (vgl. dazu *Fischer* 1983, 139f.)

Herbart hat 1806 die *Prozeßstruktur* des Unterrichts (**M8**) als eine Folge der vier Stufen "Klarheit", "Association", "System" und "Methode" beschrieben, die für Einheiten jeder Größe gilt. So werden z.B. Sachzusammenhänge miteinander verknüpft (assoziiert), die ihrerseits durch Unterscheidungen ("Klarheit"), Verknüpfungen ("Association"), Systematisierungen ("System") und Anwendungen ("Methode") erarbeitet worden sind. Dasselbe gilt für jeden Sachverhalt, aus denen diese Sachzusammenhänge wiederum bestehen. Das ergibt u.U. eine hochkomplexe Struktur der Einschachtelung. Das ist aber nichts anderes als der Gedanke einer zugleich sequentiellen und hierarchischen Ordnung der vom Schüler zu vollziehenden Operationen bei der geistigen Verarbeitung jedes beliebigen Sachverhalts in der Form ständig wiederkehrender Zyklen:

> "Die grösseren Glieder setzen sich aus kleineren zusammen, wie die kleineren aus den kleinsten. In jedem kleinsten Gliede sind vier Stufen des Unterrichts zu unterscheiden, denn er hat für Klarheit, Association, Anordnung und Durchlaufen dieser Ordnung zu sorgen. Was nun hier schnell nach einander geschieht, das folgt einander langsamer da, wo aus den kleinsten Glieder sich die nächst grössern zusammensetzen, um mit immer grössern Entfernungen in der Zeit, je höhere Bestimmungsstufen erstiegen werden sollen." (*Herbart* 1951, 66f.)

Die vier Stufen definiert *Herbart* an derselben Stelle so:

> 1. "Klarheit jedes Einzelnen" (66) - "Man kann das Gleichzeitig-Umgebende zerlegen in einzelne Sachen; die Sachen in Bestandtheile, die Bestandtheile in Merkmale. Merkmale, Bestandtheile, Sachen, und ganze Umgebungen können der Abstraktion unterworfen werden." (75)
> 2. "Association des Vielen" (66) - Assoziative Verknüpfungen sind nach Herbart möglich aufgrund der Ähnlichkeit, der Kontiguität (dem Beieinandersein in Raum und Zeit) und dem Folgezusammenhang von Ursache und Wirkung.
> 3. "System" (49) - "Ruhende Besinnung sieht das Verhältnis der Mehrern; sie sieht jedes Einzelne, als Glied des Verhältnisses, an seinem rechten Ort. Die reiche Ordnung einer reichen Besinnung heisst System. Aber kein System, keine Ordnung, kein Verhältnis, ohne Klarheit des Einzelnen. Denn Verhältnis ist nicht in der Mischung, es besteht nur unter getrennten und wieder verbundenen Gliedern" (50). Die Stufe des Systems kann der "frühere Unterricht" noch nicht erreichen. "Es giebt aber über der höheren Besinnung noch höhere, und so fort unbestimmt aufwärts bis zur allumfassenden höchsten, die wir durch das System der Systeme suchen, aber nicht erreichen." (66)
> 4. "Methode" - "Sie durchläuft das System; producirt neue Glieder desselben, und wacht über die Consequenz in seiner Anwendung" (50)

Theoretische Grundlagen 383

In psychologisch wenig geklärter Weise parallelisiert er mit den vier Stufen der geistigen Verarbeitung vier "Gemüthszustände", nämlich das "Merken, Erwarten, Fordern, Handeln" (*Herbart* 1951, 52f.). Die ersten beiden versteht er als den Gemüthszustand des Interesses, der in die Gemüthszustände der Begierde und des Willens übergeht (*Herbart* 1951, 52f.). Auf den Bereich des Interesses beschränkt er die vier geistigen Operationen: "Dem Bemerkten, dem Erwarteten gebührt die Klarheit und die Verknüpfung, das System und die Methode" (*Herbart* 1951, 54). Aus meiner Perspektive betrachtet, *hat Herbart mit seinen beiden Stufenfolgen die Aktivität des Arbeitsgedächtnisses in den Handlungsphasen des Erkennens und Planens im Blick.*

Roth unterscheidet sechs Schritte des Lernens (**M8**) auf Grund von Anstößen durch den Lehrer, die ich wiederum zunächst kommentarlos als Beispiel anführe:

"1. Lernschritt" - "Ein Lernprozeß wird angestoßen. Eine Aufgabe wird gestellt. Ein Lernmotiv wird erweckt."
"2. Lernschritt" - "Der Lehrer entdeckt die Schwierigkeiten der Aufgabe für den Schüler, bzw. die kurzschlüssige oder leichtfertige Lösung des Schülers."
"3. Lernschritt" - "Der Lehrer zeigt den Lösungsweg oder läßt ihn finden".
"4. Lernschritt" - "Der Lehrer läßt die neue Leistungsform durchführen und ausgestalten."
"5. Lernschritt" - "Der Lehrer sucht die neue Verhaltens- oder Leistungsform durch Variation der Anwendungsbeispiele einzuprägen und einzuüben. Automatisierung des Gelernten."
"6. Lernschritt" - "Der Lehrer ist erst zufrieden, wenn das Gelernte als neue Einsicht, Verhaltens- oder Leistungsform mit der Persönlichkeit verwachsen ist und jederzeit zum freien Gebrauch im Leben zur Verfügung steht. Die Übertragung des Gelernten von der Schulsituation auf die Lebenssituation wird direkt zu lehren versucht." (*Roth* 1966[9], 223f.)

Vergegenwärtigt man sich die Beweglichkeit des Arbeitsgedächtnisses im gesamten Raum der gespeicherten Information, dann erkennt man sofort, daß es *auf keinen Fall nur eine einzige optimale Anschlußmöglichkeit für Lernaufgaben* geben kann. Statt dessen gibt es *so viele Anschlußmöglichkeiten, wie sich jeweils komplexe Aktivitäten aus den bereits im psychischen System aktualisierbaren Aktivitäten bilden lassen.* Jeder Anschluß besteht dann *aus der durch eine Lernaufgabe vermittelten Information, zu der die Schüler aus ihrem Repertoire von Aktivitäten eine komplette Tätigkeit bilden können.* Die neue Tätigkeit erweitert das Repertoire der aktualisierbaren Aktivitäten genau in dem Maße, in dem in ihr neue Aktivitäten aufgetreten sind. Das können z.B. sein: ein neuer Wortlaut, eine neue Kombination handwerklicher Fähigkeiten, eine veränderte Einstellung, die selbständige Regulierung der Bearbeitung von Hausaufgaben, die Regulierung der Angst bei einer Aufgabenlösung, die Anwendung der Begriffe "Parataxe" und "Hypotaxe" auf eine Reihe von Sätzen, kurz: sämtliche im Ganzen einer Tätigkeit (vgl. **Teil III**) neu aufgetretenen Aktivitäten im gesamten psychischen System. *Die Anschlüsse von Lernaufgaben aneinander leisten deshalb die Realisierung von Aktivitäten im gesamten potentiellen Raum des Lernbaren. Durch sie wird das Repertoire der aktualisierbaren Aktivitäten genau in dem Maße erweitert, in dem sie zu neuen Aktivitäten anregen.* Der Zuschnitt dieser Erweiterungen ist so unterschiedlich, daß wir uns noch keine hinreichende Vorstellung von ihrer Art und ihrer Vielfalt machen können, weil wir noch bei weitem nicht genaugenug wissen, welche Aktivitäten an kompletten Tätigkeiten von unterschiedlichstem Zuschnitt beteiligt sind. Die außerordentlichen Unterschiede im Lernfortschritt des einzelnen Menschen zu verschiedenen Zeiten und der verschiedenen Personen zur gleichen Zeit beruhen allein auf dem Zuschnitt der Tätigkeiten, die sie im jeweiligen Zeitraum vollzogen haben. *Mit jedem Anschluß ändert sich der Zuschnitt der gesamten aktualisierten Aktivität und nicht nur eine Dimension, wie die der Motivation oder des Grades der Anschaulichkeit oder der Differenz zwischen antizipierenden und exekutierenden Operationen.* Jeder Anschluß ist nur *einer von vielen möglichen*. Die bisherigen Phasen- oder Stufenmodelle haben dagegen diese Vielfalt reduziert auf vier oder sechs innerhalb einer linearen Ordnung, die sich überwiegend an der Handlungsstruktur orientierten (s. dazu z.B. die oben zitierten sechs Lernschritte von *Roth*). Jeder Anschluß leistet *einen Beitrag zum Ausbau der mentalen Repräsentation von Welt und Selbst in unabschließbarer Offenheit.* Wonach kann man sich dann aber bei der Wahl des jeweiligen Anschlusses noch richten?

Die Richtung des Ausbaus der mentalen Repräsentation wird erstens bestimmt durch die Ziele, die jeweils angestrebt werden. Insofern ergibt sich die *Rationalität des Anschlusses von Lernaufgaben aneinander aus den Zielen, die im Entwicklungsprozeß der Schüler jeweils erreicht werden sollen.* Die Vorstellung von einem Zielzustand ist dann der *Selektionsgesichtspunkt für die Auswahl einer Reihe von Lernaufgaben,* weil die Lösungen der Aufgaben in möglichst zweckmäßiger Ordnung zur Realisierung des Zieles beitragen sollen. Die im Ziel versammelten Aktivitäten können nämlich entweder schon aktualisiert werden oder müssen *erst durch die Lösung einer Folge von Aufgaben gelernt werden.* Je nach Art des Zieles kann es dann z.B. für seine Realisierung erforderlich sein, aus Fällen eine Regel zu gewinnen, für eine Regel Fälle zu erinnern, zu einer Regel einen Fall zu konstruieren oder herzustellen, einen Fall wiederzuerkennen, einen negativen Fall zu entdecken, an einem analogen Fall zu operieren, die Regel mit anderen in Beziehung zu setzen, eine übergeordnete Regel zu suchen, die Regel bei der Lösung eines Problems anzuwenden u.a.m., kurz: *bestimmte Operationen zu vollziehen, deren Aktualisierung bei der Realisierung des Zielzustandes, d.h. des Vollzugs einer bestimmten Tätigkeit bzw. Klasse von Tätigkeiten, gelingen muß.* Es kann daher für die Erreichung der unterschiedlichsten Ziele weder die allgemeine Maxime geben "von der Anschauung zum Begriff" noch "vom Allgemeinen zum Besonderen", obwohl beide Möglichkeiten für bestimmte Ziele sinnvoll sein können. Besteht das Ziel z.B. darin, einen bestimmten Begriff zu lernen, etwa den geographischen Begriff der Okklusionsfront, dann wird man wohlüberlegt Aufgaben stellen, für deren Lösung mehrere der eben angeführten Operationen vollzogen werden müssen, weil nur so das Ziel, über den voll verwendungsfähigen Begriff der Okklusionsfront zu verfügen, gelernt werden kann (vgl. *Grzesik* 1992[2]).

Die *Folge der Anschlüsse*, d.h. die Struktur des Prozesses, ergibt sich aus den allgemeinen Möglichkeiten des psychischen Systems, *mit dem Arbeitsgedächtnis im Rahmen der Handlung zu operieren, und der von den Schülern jeweils schon langzeitig gespeicherten Information.* Aus dem *Operieren gemäß der verfügbaren Information* müssen sich diejenigen Resultate ergeben, die für die Realisierung des angestrebten

Theoretische Grundlagen 385

Zielzustandes noch fehlen. Dazu stehen alle beschreitbaren Wege zur Verfügung und keineswegs nur einige wenige, in endloser Wiederholung zu vollziehende Schritte, wie es die bisher konstruierten reduktiven Prozeßformen behaupten.

Man kann deshalb alle bisher in der Geschichte der Pädagogik empfohlenen Anschlüsse daraufhin untersuchen, *welche Sequenz von Operationen sie meinen, wo diese Sequenz im Gesamtzusammenhang der Informationsverarbeitung lokalisiert ist und welche Anschlüsse für die Erreichung des jeweiligen Ziels brauchbar sind.* Auf diese Weise läßt sich z.B. zeigen, daß Herbart mit seiner vierten Stufe dasselbe im Blick hatte wie Roth mit seinem sechsten Schritt, nämlich jedes beliebige, voll verwendungsfähige Resultat des Lernens. Trotzdem unterscheidet sich ihre Vorstellung vom Prozeß und vom Resultat des Lernens, weil *Herbart* an eine assoziative Verknüpfung von Vorstellungen, *Roth* an einen Problemlöseprozeß im Sinne der Gestaltpsychologie denkt. Beides ist im Informationsverarbeitungsprozeß lokalisierbar: *Herbart* hat in den berühmten vier "Stufen des Unterrichts" die Operationen im Prozeß des Aufbaus eines Wissenszusammenhangs durch das Arbeitsgedächtnis im Blick, *Roth* dagegen konzentriert sich auf den Handlungszusammenhang, in dem der Erwerb jedes Lernresultats, auch der eines Wissenszusammenhangs im Sinne von *Herbart*, vonstatten geht. *Herbarts* eigener Versuch der Aufgliederung der "Gemütszustände" vom Merken bis zum Handeln spricht für diese Zuordnung zum Operieren im Arbeitsgedächtnis und zum Prozeß des Problemlösens. So widersprechen sie sich keineswegs, sondern ergänzen sie sich. Sie bewegen sich auf zwei verschiedenen "Pfaden" der Informationsverarbeitung, dem Prozeß des Arbeitsgedächtnisses und dem Prozeß der Handlung. Beide sehen einen bestimmten Zusammenhang und halten ihn für den allein bestimmenden. So wichtig beide Zusammenhänge auch sind, so machen sie noch lange nicht den gesamten Informationsverarbeitungsprozeß des psychischen Systems aus, und selbst in ihrem begrenzten Bereich sind sie erste abstrakte Strukturierungsversuche. Die wirklichen Anschlußmöglichkeiten im psychischen System sind reicher, auch reicher als die von mir behaupteten Zusammenhänge, die wahrscheinlich schon bald wieder als vorläufige Strukturierungen erscheinen werden.

Das *soziale Anschlußproblem* (s. **Teil I**) *besteht aus der Frage, wer die Anschlüsse zwischen Lernaufgaben herstellt, der Lehrer oder die Schüler. Völlig selbständiges Lernen ist erreicht, wenn die Schüler die Anschlüsse ohne jede Hilfe des Lehrers herstellen.* Entweder stellt jeder sich selbst eine Folge von Aufgaben, dann kann man von autodidaktischem Lernen sprechen, oder die Schüler stellen sich gegenseitig Aufgaben, dann haben wir es mit einem Tutorsystem zu tun.

Uneingeschränkt selbstgesteuertes Lernen findet nur dann statt, wenn die Schüler sich selbst Ziele setzen und diese Ziele im oben dargestellten Sinne als Selektionskriterien verwenden für das, was sie noch nicht können, und sich dann selbst Aufgaben stellen, durch die sie die fehlenden Aktivitäten lernen können. Über den Schwierigkeitsgrad dieser Operationen scheint weitgehend Einigkeit zu herrschen:

"Grundlagenforscher betonen, daß der für problemlösendes Lernen wohl entscheidendste Schritt im Aufbau einer internen Repräsentation des Problems bzw. der Lernaufgabe in Form eines Problemraums (*Simon*, 1973) oder inneren Modells (*Volpert*, 1980) besteht. Die Art des Problemraums determiniert, ob sich Lösungsstrategien (oder Lösungswissen), über die der Lernende verfügt, einsetzen lassen. Dieser Zusammenhang ließ sich experimentell nachweisen (*Reed & Abrahamson*, 1976). Nun werden nach *Simon* in der realen Welt, in komplexen Lernumwelten überhaupt, Problemräume durch die Person selbst bestimmt (*Simon* 1973). Diese Tätigkeit, die der einer selbständigen Aufgabensetzung bzw. Zielbildung entspricht, ist die schwierigste Phase des problemlösenden Lernens." (*Neber* 1982, 105)

Es kommt hinzu, daß diese Fähigkeiten zur Regulierung der eigenen Tätigkeiten selbst gelernt werden müssen, und zwar in jedem Tätigkeitsbereich und auf jedem neuen Niveau der Regelung bereits beherrschter Regelungen (*Piaget* 1976, 25f.). Sie können deshalb immer nur in dem Maße vorausgesetzt werden, in dem sie bereits gelernt worden sind. Andererseits ist es die höchste Aufgabe des Unterrichts, dieses Lernen zu fördern, da der Grad der Autonomie eines Menschen identisch ist mit dem Grad der Selbstregulierung in allen seinen Tätigkeitsbereichen. Ja, es ist sogar allein der Unterricht, der in den nichtalltäglichen Tätigkeitsbereichen zu selbstregulierten Aktivitäten zu führen vermag. Daraus ergibt sich *das scheinbar unauflösbare Dilemma jeder Selbständigkeitserziehung, daß der Unterricht voraussetzen soll, was erst durch ihn zu der jeweils höchsten Form entwickelt werden kann.* Dieses Dilemma aber löst sich auf, wenn man die *Aufgabe des Lehrers* darin sieht, *den Umfang des "Horizontes" zu regulieren, innerhalb dessen die Schüler den bis dahin erzielten Grad der Selbstregulierung um eine neue Stufe übersteigen können.* Fremdregulierung und Selbstregulierung sind dann nicht mehr ein abstrakter unaufhebbarer Widerspruch und stehen auch nicht in der Beziehung "alles oder nichts". Statt dessen stehen sie widerspruchsfrei in demjenigen Verhältnis zueinander, in dem Erziehung allein möglich ist und besitzen sie die für die Erziehung spezifische relative Verteilung auf Lehrer und Schüler.

Es genügt aber nicht, dieses Verhältnis nur zu realisieren, sondern das Ziel der höchstmöglichen Selbständigkeit der Schüler verlangt, *daß die Beziehung zwischen den durch die Aufgabe zu realisierenden und den weiterreichenden Zielen in Verständigungsprozessen auch für die Schüler durch Reflexion transparent* wird: Nur wenn die Schüler auch die weiterreichenden Ziele des Lehrers kennen, können sie ihre *eigenen langfristigen Ziele dazu in Beziehung setzen* und können sie das *Ziel, die jeweiligen Aufgaben zu lösen, in ein möglichst reichhaltiges Geflecht von eigenen Zielen (Intentionen) einordnen.* Dazu müssen keineswegs alle, auch die weitesten Ziele thematisiert werden, sondern muß man sich auf solche Ziele beschränken, die beim jeweiligen Entwicklungsstand antizipierbar sind und für die Schüler Relevanz besitzen (vgl. *Makarenkos* nahe und mittlere Perspektive). Verständigung setzt auch nicht lange Debatten, deren Ende nur durch Abstimmung erreicht werden kann, voraus. Sie kann in vielen Formen erzielt werden, in denen es primär um die Information und nicht um förmliche Zustimmung geht, z.B. ebenso durch eine sorgfältige Begründung für eine Stundenreihe wie durch kurze Hinweise. Von größter Bedeutung für den Verständigungsaufwand sind langfristige Verständigungen über Sinn und Zweck der gemeinsamen Tätigkeit. Dann wird der Unterricht auf weite Strecken durch stillschweigendes wechselseitiges Einverständnis getragen und nicht zu einem politischen Gremium umfunktioniert.

Zum Glück gibt es aus der Perspektive der Unterrichtspraxis abgewogene Urteile über das Verhältnis von Fremd- und Selbstregulierung bei Lernaufgaben:

> *"Lernaufgaben sollen Schülern die Möglichkeit geben, daß sie selbständig Lernaktivitäten ausführen können.*
> (...) Es ist nicht so, daß die Schüler nur solche Lernaufgaben und Lernaktivitäten ausführen sollen, die sie selbst erfunden und für die sie sich ganz allein entschieden haben. Es ist kein Unterricht, wenn jeder Schüler nur das tut, wozu er gerade Lust hat. Lehrer dürfen und müssen die Initiative ergreifen und Schülern bestimmte Lernaufgaben vorschlagen, ihnen erklären, warum die Aufgaben wichtig sind und wie man bei der Arbeit am besten vorgeht. Aber das heißt wiederum nicht, daß die Schüler dabei kein Wörtchen mitreden dürften. Im Gegenteil! Vom ersten Schultag an haben Schüler das Recht, bei der Auswahl und Gestaltung von Lernaufgaben mitzubestimmen, und wo immer es möglich ist, muß es den Schülern erlaubt sein, ja, von ihnen gefordert werden, sich Lernaktivitäten selbst zu wählen oder eigene Lernaufgaben zu erfinden." (*Grell/ Grell* 1979^2, 236f.)

> "Der 'Laissez-faire'-Führungsstil vergrößert nicht den 'Raum der freien Bewegung', sondern verkleinert ihn, wie schon *Lewin* erkannte: 'In laissez-faire, contrary to expectations, the space of free movement was not larger but smaller than in democracy...' (*Lewin/ Lippitt/White* 1967, 41). Lehrer sollten, wenn sie solche Wirkungen vermeiden möchten, versuchen, den Schülern den Rahmen deutlich zu machen, innerhalb dessen die Schüler Entscheidungen treffen können. In vielen Fällen wird dies bedeuten, daß sich die Lehrer dazu erst einmal selbst diesen Rahmen vergegenwärtigen; denn es ist nicht selten, daß Lehrer *glauben*, den Schülern alle Freiheit lassen zu wollen und trotzdem eine Vorstellung davon im Hinterkopf haben, wie die Schüler möglichst reagieren sollen. Reagieren die Schüler dann völlig unerwartet, dann merken Lehrer manchmal erst an ihrer Verwunderung oder Enttäuschung, daß sie sich doch etwas Bestimmtes vorgestellt hatten. In solchen Fällen - und sie sind in Unterrichtsstunden nicht selten - signalisieren Lehrer den Schülern wahrscheinlich widersprüchliche Botschaften: die Aufforderung, die Schüler möchten sich vollkommen frei äußern, wird dann etwa durch nichtverbales Verhalten (z.B. Gesichtsausdruck, wenn ein Schüler seine Meinung sagt) oder verbale Kommentare wieder aufgehoben, so daß die Schüler das Gefühl haben, daß ihnen doch irgendeine Meinung aufgezwungen werden soll." (*Grell/Grell* 1979^2, 241f.)

Soll die *Lerngruppe* entscheiden, dann multipliziert sich nicht nur das Problem, sondern es kommen noch weitere hinzu: die Aufteilbarkeit einer Aufgabe in Teilaufgaben; die Koordination der einzelnen Aktivitäten in einem Netzplan, d.h. die Festlegung, wer wann was tut; die Unmöglichkeit, daß alle dasselbe tun, und das schwierige Problem der Information der anderen über die eigene Tätigkeit; die begrenzten Möglichkeiten des wechselseitigen Verstehens; der Verständigungsaufwand - um nur einige wichtige zu nennen. Hier liegen die Gründe, weshalb der Gruppenunterricht sich bis jetzt im Alltag so wenig durchsetzen konnte. *Die Lerngruppen sind zu groß und die Lernbereiche zu komplex für die Organisation eines effektiven Gruppenunterrichts ohne unzumutbaren Aufwand der Vorbereitung.*

(2) Für alle Ziele und bei jedem Entwicklungsstand können Lernaufgaben im psychischen System auf unterschiedliche Art aneinander angeschlossen werden

Jeder Anschluß ist eine Veränderung der jeweiligen Tätigkeit. Die Steuerung der Veränderung von Tätigkeiten durch Lernaufgaben ist aber eingeschränkt auf solche *Veränderungen, die der Schüler durch bewußte willkürliche Regelung vornehmen kann.*

> "Ein wichtiger Unterschied zwischen attentionalen und automatischen Prozessen ist der Grad willkürlicher Kontrolle, die wir über sie haben. Attentionale Prozesse können durch Zuwendung von Aufmerksamkeit kontrolliert werden; so sind wir in der Lage, Instruktionen darüber zu befolgen, worauf wir unsere Aufmerksamkeit richten sollen. (...) Im Gegensatz dazu stehen automatische Prozesse nicht unter willkürlicher Kontrolle. Sie laufen auch ab, wenn wir sie nicht wollen." (*Klatzky* 1989, 37)

Aus diesem Unterschied folgt, daß durch Lernaufgaben nur über *die Lenkung der Richtung der Aufmerksamkeit eine Umstellung der gesamten Tätigkeit* erfolgen kann. Eine Änderung der Richtung der Aufmerksamkeit aber ist *nur durch eine Veränderung in den Bereichen* möglich, *die durch das Arbeitsgedächtnis aktiviert werden*. Über die Änderung in einem solchen Bereich muß der Schüler durch die Lernaufgabe informiert werden. Dementsprechend können durch mehrere Informationen *Umstellungen in mehreren Bereichen* erzielt werden.

Im folgenden geht es nur um die *Bereiche*, in denen Umstellungen durch den Schüler gesteuert werden können, und nicht um die einzelnen Sachverhalte innerhalb dieser Bereiche, auf die die Aufmerksamkeit jeweils gerichtet wird, z.B. die Vorstellung von einem Bauwerk, die Schätzung seiner Maße oder die Ziele der Beschäftigung mit ihm. Jeder Bereich ist deshalb eine *Variable, die durch eine prinzipiell unbegrenzt große Zahl von unterschiedlichen Werten belegt werden kann.* Für jeden Bereich wird erörtert, was in ihm möglich ist und wie er mit den anderen simultan kombiniert werden kann (vgl. *Grzesik* 1976a, 174f.; vgl. zu diesen Anschlüssen die Tätigkeitsmodifikationen in **Teil III**).

1. Die unmittelbar anschließende einmalige oder mehrmalige Wiederholung ein und derselben Aufgabe. - Die Veränderung besteht hier lediglich darin, daß die Schüler *an den Anfang einer bereits vollzogenen Tätigkeit zurückkehren.* - Dieser Anschluß eignet sich für das Ziel, daß der Lösungsprozeß der Aufgabe eingeübt, d.h. automatisiert werden soll, damit er jederzeit komplett aktualisiert werden kann. Die Wiederholung dient dem Behalten und auch der zunehmenden Verbesserung der Tätigkeit in ihren variablen Dimensionen (Beispiele: Laufenlernen, Fahrradfahrenlernen, das Lernen aller Sportarten, Nachsprechen der Aussprache eines Wortes, Zehnfingersystem beim Bedienen eines Manuals, Hygienehandlungen, Autofahren, soziale Konventionen, religiöse Riten,

Behalten eines Namens oder einer Zahl oder einer Formel oder einer wichtigen Information).

Die Wiederholung ist keineswegs nur ein monotoner Drill, als die sie in Verruf geraten ist, sondern in ihr wird ein Tätigkeitsmuster stabilisiert, indem alle Möglichkeiten der Verarbeitung genutzt werden (z.B. Memorierhilfen oder Verlagerung der Selbstregulierung). - Zum Zweck der Verbesserung der Gesamtaktivität kann die Wiederholung auf diejenigen Teile des gesamten Lösungsprozesses beschränkt werden, die noch nicht zuverlässig und optimal aktualisiert werden können. - Andererseits kann der zuverlässige und hinreichend gute selbständige Vollzug auch dadurch erreicht werden, daß bei Wiederholungen die anfänglich gegebenen Hilfen versagt werden.

2. Die unmittelbar anschließende einmalige oder mehrfache Wiederholung einer Aufgabe derselben Art. - Die Änderung besteht hier nicht aus der Rückkehr zum Anfang derselben Aufgabe, sondern im *Übergang zu einem neuen Fall aus einer bestimmten Aufgabenklasse.* - Dieser Anschluß eignet sich für das Ziel, die Anwendung eines bestimmten Lösungsverfahrens auf unterschiedliche Fälle der Aufgabenklasse zu beherrschen. In den aufeinanderfolgenden Aufgaben bleibt das Verfahren konstant, während die Fälle, auf die es angewendet wird, variieren. (Beispiele: Textaufgaben für die Grundrechenarten, Satzanalysen, Metaphernanalysen, chemische Analyse von Stoffen mit der Hilfe einer Reihe von Indikatoren, Rechenaufgaben einer bestimmten Art mit variierenden Zahlenwerten, eine Form der schriftlichen Darstellung bei verschiedenen Themen).

3. Der Wechsel des Gegenstandes der Aufmerksamkeit und die Beibehaltung der Form der Verarbeitung. - Geändert wird hier, auf welchen Gegenstand sich die Aufmerksamkeit konzentriert. Versteht man dies in der Strenge des Wechsels der zuständlichen Information, wie sie im Wachzustand in einer ständigen Folgen von "Sprüngen" (s. Augensprung beim Lesen) vom Arbeitsgedächtnis aktiviert wird, dann kann man von der *lückenlosen Folge der bewußten Inhalte* sprechen. Daraus folgt, daß jede gespeicherte und bewußtseinsfähige Information zum neuen Bewußtseinsinhalt werden kann, und zwar durch direkte Ansteuerung. Das bedeutet einen augenblicklichen und durch nichts als die Gesamtheit der aktualisierbaren Informationen begrenzten Wechsel, z.B. von der Beschäftigung mit einem schwingenden Pendel zur Erinnerung an ein Schaukelerlebnis oder zur Wahrnehmung der augenblicklichen Unlust. Dieser Wechsel ist prinzipiell zu jeder beliebigen aktualisierbaren Information möglich. Er ist im einzelnen möglich:

- zu einem Sachverhalt größeren oder geringeren Umfangs (kurzer Text, umfangreicher Text etc.)
- zu Sachverhalten unterschiedlicher Zahl, von denen jedoch immer nur etwa fünf gleichzeitig als getrennte repräsentiert werden können
- zu Sachverhalten, die in allen möglichen Beziehungen zu dem vorausgehenden Gegenstand der Aufmerksamkeit stehen (assoziativen, Teil-Ganzes-Bezügen, Kausalbeziehungen, logischen Beziehungen, analogen etc.)
- zu Sachverhalten einer anderen Abstraktionsebene (Konkretheits- bzw. Abstraktheitsstufen, d.h. Beispielen, Prototypen, Begriffen, Prinzipien als Regularien höchster Ordnung)

- zu Sachverhalten in jeder Modalität (realisiert/geplant, Potentialität/Realität/Irrealität, Utopie/Wunsch, Hoffnung/Ahnung etc.)
- zu Sachverhalten in jeder Zeit (historischen, gegenwärtigen, künftigen)
- zu Sachverhalten jeder Sicherheit (evident, angenommen, geglaubt, ungewiß etc.)
- zu selbstproduzierten Sachverhalten, hier z.B. Schülerleistungen, oder zu Sachverhalten, die andere produziert haben, hier z.B. Lehrerleistungen
- zu Sachverhalten aus Realitätsbereichen ganz anderer Art, die aber in irgendeinem Aspekt strukturgleich, d.h. strukturanalog, sind.

Der Wechsel des Gegenstandes der Aufmerksamkeit richtet sich nicht nur wie jeder Anschluß nach dem jeweiligen Ziel und den jeweiligen Anschlußmöglichkeiten der Schüler, sondern er kann sich auch an der Gegenstandsstruktur orientieren. Einige solche Möglichkeiten seien genannt:

- genetisches Vorgehen. - Der Gegenstand enthält selbst eine Entwicklung, deren Etappen man folgt (z.B. die Veränderungen des lyrischen Ichs, Etappen einer dramatischen Handlung, eines epischen Geschehens, eines historischen Geschehens, eines Naturgeschehens, der Artenentwicklung (Phylogenese), der persönlichen Entwicklung (Ontogenese, Biographie)
- inverses Vorgehen. - Es gibt zu jeder Operation eine gegenläufige Operation (z.B. Addition-Subtraktion; chemische Analyse-Synthese; Entstehung-Zerfall; Zweck-Mittel; Ursache-Wirkung; Prämissen-Schluß)
- Wechsel zwischen Teil und Ganzem - Ein Gegenstand läßt sich in Teile aufgliedern (z.B. Organe, Elemente, Verfassungsorgane, Komponenten, Erwerbszweige)
- Bildung von Pfaden in einem topologischen (netzförmigen) Zusammenhang. - In einem Realitätsbereich gibt es ein Geflecht von Zusammenhängen (z.B. Straßennetz, Netzpläne, Situationen, Romanstrukturen, Begriffsstrukturen, Theoriestrukturen)
- zusätzliche Differenzierung und Integration im selben Gegenstandsbereich nach einiger Zeit (spiraliges Fortschreiten)
- Verfolgen einer spezifischen Aufbaustruktur.

Der Wechsel des Gegenstandes der Aufmerksamkeit eignet sich für den willkürlichen oder begründeten Wechsel des Lernbereichs, für das Training eines Verfahrens durch eine geeignete Varianz der Gegenstände, auf die es angewendet wird, für eine geordnete Folge des Richtungswechsels der Aufmerksamkeit, sowohl in einem größeren Realitätsbereich der Welt und des Selbst als auch im Prozeß einer Aufgabenlösung, für den Abbruch einer Arbeit, für die Auffrischung eines erlahmenden Interesses, zur Vermeidung von Ermüdung u.a.m. - Wegen der prinzipiellen Gerichtetheit unserer Aufmerksamkeit und ihrer Ausrichtung auf die Wahrnehmung der Welt und unserer eigenen Befindlichkeiten ist die Steuerung des Gegenstandswechsels wahrscheinlich die wirkungsvollste Möglichkeit, die Aktivität der Schüler zu verändern (vgl. zu diesem Abschnitt *Grzesik* 1976a, 186f.).

4. Der Wechsel der Bearbeitungsmethode und die Beibehaltung eines Gegenstandes der Aufmerksamkeit. - Dieser Anschluß eignet sich für die Anwendung mehrerer bereits bekannter Operationen auf einen bestimmten Gegenstand oder den erstmaligen Vollzug einer bestimmten Gruppe von Operationen auf ein und denselben Gegenstand. Im ersten Fall geht es um die Identifikation bzw. Analyse eines bestimmten Gegenstandes oder um die Anwendung bzw. Übertragung schon gelernter Methoden oder aber um beides. Im zweiten Fall geht es um die Erkenntnis neuer Aspekte eines Gegenstandes durch neue Methoden. Für diese unterschiedlichen Ziele muß immer eine einzelne Gegebenheit verarbeitet werden, ein Naturereignis, ein Kulturgegenstand, ein historisches Ereignis, eine Biographie, ein eigenes Erlebnis, eine Schülerleistung, ein Begriff, eine Regel, eine Theorie, ein Argument, ein Verfahren, eine Emotion etc. Alles, was vom Arbeitsgedächtnis als Gegenstand der Aufmerksamkeit kurzzeitig zuständlich aktualisiert werden kann, läßt sich so mit allen zur Verfügung stehenden und geeigneten Operationen verarbeiten, z.B. die Angst vor einer Aufgabe durch eine reflexive argumentative Behandlung, um sie zu reduzieren (vgl. zu diesem Abschnitt *Grzesik* 1976a, 191f.).

5. Der Wechsel sowohl des Gegenstandes der Aufmerksamkeit als auch der Methode seiner Bearbeitung.- Werden Gegenstand und Verfahren zugleich gewechselt, dann ist der Wechsel einschneidender, als wenn nur eins von beidem geschieht. Man hält weder einen bestimmten Sachverhalt noch ein Verfahren konstant. Die Effekte, eine Klasse von Gegenständen, eine Klasse von Verfahren oder aber einen einzelnen Realitätsausschnitt zu erarbeiten, können so nicht erzielt werden. - Dieser Anschluß findet statt, wenn ein Wechsel zu einem anderen Gegenstands- *und* Methodenbereich stattfindet. Er eignet sich aber auch dann, wenn für ein übergeordnetes Ziel untergeordnete Sachverhalte *und* Verfahren erarbeitet werden müssen. Es werden dann Aufgaben für heterogene Teiltätigkeiten für die angestrebte Gesamttätigkeit verknüpft.

6. Der Wechsel von einem Bereich des psychischen Systems in einen anderen im Verlaufe des Lösungsprozesses der Aufgabe. - Alle bisher angeführten Anschlüsse können *in jedem Teil der Lösung einer Aufgabe* gewählt werden, falls es nicht ein Standardverfahren gibt, das sofort zur Lösung führt, d.h. vom Verstehen des Aufgabentextes bis hin zu Kontrollen. Diese Anschlüsse sind als Hilfsaufgaben schon dargestellt worden. Jede Teiltätigkeit des Lösungsprozesses kann nur durch das Arbeitsgedächtnis ausgeführt werden, weshalb die Möglichkeiten der "Belegung" des Arbeitsgedächtnisses bei der Abarbeitung der gesamten Aufgabe ständig im Spiel sind, z.B. auch bei der Zielanalyse, bei der Bedingungsanalyse und bei der Erarbeitung der Differenzen und Beziehungen zwischen Ist- und Zielzustand.

Jede der bis jetzt unterschiedenen Anschlußmöglichkeiten kann *beliebig oft in unmittelbarer Folge* gewählt werden. Das ergibt dann jeweils eine *Reihung*, die einseitig nur diejenigen Operationen aktiviert, die für die jeweilige Anschlußmöglichkeit spezifisch sind, z.B. bei der Übersetzung von Sätzen nach dem gleichen Schema, bei der Aneinanderreihung von motivgleichen Gedichten oder gar gleichem Vorgehen in vielen Unterrichtsstunden. Diese Aktivierung kann schon nach wenigen Wiederholungen für das, was gelernt werden soll, überflüssig sein. Außerdem führt sie schnell zu einer Monotonie, die ermüdet und die Lernbereitschaft stark beeinträchtigt. - *Für die meisten Ziele wird deshalb eine Kombination aus verschiedenen Anschlußmöglichkeiten am effektivsten* sein. Dieses Vorgehen kann man als einen *zielabhängigen lernspezifischen Methodenpluralismus* bezeichnen. Jede Einschränkung lernspezifischer Alternativen von Aufgaben und erst recht jeder dogmatische Methodenmonismus wären dann mehr oder weniger starke Beeinträchtigungen der Lernmöglichkeiten.

Die bisher angeführten allgemeinen Anschlußmöglichkeiten für Lernaufgaben können außerdem der momentanen Lernbereitschaft durch eine Reihe von Anschlußmöglichkeiten angepaßt werden. Während die jeweils schon entwickelten Fähigkeiten und die langfristige Lernbereitschaft fixe Größen sind, sind die Anreize für die Kalkulation der jeweiligen Lernbereitschaft von der jeweiligen Situation abhängig. Zur Situation gehört auch die Information der Lernaufgabe. Der Lehrer kann deshalb durch die Art der Lernaufgabe die Kalkulation der Lernbereitschaft (**M4** u. **5**) beeinflussen. Er wird dafür diejenigen *Dimensionen der Lernaufgabe* variieren, durch die *ihre subjektive Schwierigkeit für die Schüler verändert* werden kann. Die Verwaltung dieser Anschlüsse dient dazu, *die ständig vorhandenen Möglichkeiten der Informationsverarbeitung so zuzuschneiden, daß die jeweils vorhandene individuelle Verarbeitungskapazität möglichst gut genutzt werden kann*. Durch eine möglichst flexible Anpassung an die jeweilige Verarbeitungskapazität der Schüler können die tatsächlich vorhandenen Entwicklungsmöglichkeiten dynamisch realisiert werden.

Fürntratt vertritt für den Fall des Trainings einer Problemlösefähigkeit durch eine größere *Zahl* von Aufgaben den Ausgang von leichten Aufgaben:

"Wenn es allgemein zuträfe, daß mittelschwierige, mit einer 50prozentigen Erfolgswahrscheinlichkeit assoziierte Aufgaben *für den Einsatz am Anfang eines Trainingsprozesses* zu schwierig - viel zu schwierig - sind, in dem Sinne, daß nicht wenige Lerner bei der Arbeit an solchen Aufgaben planlos-erratisch-ineffektive Arbeitstechniken sowie die Neigung, bei Schwierigkeiten rasch aufzugeben, einüben und entmutigende, demoralisierende, 'demotivierende' Mißerfolgserfahrungen machen, so ergäbe sich daraus als praktische Konsequenz genau das, was einleitungsweise als These zitiert wurde: die am Anfang eines Trainingsprozesses einzusetzenden Aufgaben müssen konsequent so leicht gewählt werden, daß der Lerner bzw. jedes Mitglied einer lernenden Gruppe sie mit einer Wahrscheinlichkeit von nicht viel weniger als 100% lösen kann (...)." (*Fürntratt* 1978, 229)

Kloep (1982) vertritt die Auffassung, daß *nicht nur am Anfang, sondern immer nur leichte Aufgaben* gestellt werden müßten, um die Verstärkung von Mißerfolgsängstlichkeit, die schnell zu unrealistischen Einschätzungen der eigenen Erfolgswahrscheinlichkeit führt, zu vermeiden. Beide wenden sich gegen die alleinige Wahl von mittelschweren Aufgaben, die die höchste Information über die eigenen Fähigkeiten vermittelt, was aus den Ergebnissen von *Atkinson* und Nachfolgeuntersuchungen immer wieder gefolgert worden ist. An die Stelle einseitiger und nicht selten dogmatisch vertretener Empfehlungen sollte auch hier die realistische Berücksichtigung der Wahlmöglichkeiten treten.

Die subjektive Schwierigkeit läßt sich in der Praxis bei einer Folge von Aufgaben auf keinem Niveau stabil halten, schon gar nicht für die ganze Lerngruppe. Deshalb kann es sich bei der Wahl von Anschlüssen unter dem Gesichtspunkt des Schwierigkeitsgrads immer nur um die *Wahl einer tendenziell schwereren oder leichteren Aufgabe auf der Grundlage von Schätzungen* handeln. Für diese Schätzung sind *in der Aufgabe einige Dimensionen* relevant und gibt es *unterschiedliche methodische Zwecke*, für die man *die*

Unterrichtspraktische Aspekte

Werte in der einen oder anderen Dimension oder aber in mehreren Dimensionen zugleich in der neuen Aufgabe gegenüber der vorausgehenden ändern kann.

Für die Veränderung des Schwierigkeitsgrades von Aufgaben gibt es drei Grundmöglichkeiten, die man aus verschiedenen Gründen wählen kann:
- *Die sukzessive Erhöhung des Schwierigkeitsgrades der Aufgabe bzw. mehrerer Aufgaben. - Für ein solches Vorgehen gibt es unterschiedliche Gründe: das allmähliche Vordringen an Grenzen der Leistungsfähigkeit der Schüler; die Ermöglichung von anfänglichen Erfolgen für die Stabilisierung der Motivation für alle Schüler, besonders aber für die schwächeren; die Vermeidung von Ermüdung und Demotivation durch zu häufige Wiederholungen von Aufgaben desselben Schwierigkeitsgrades; die Antizipation des Lösungsprozesses von anspruchsvolleren Aufgaben, auch wenn sie noch nicht selbständig gelöst werden können; die Erfahrung und Bewältigung spezifischer Schwierigkeiten; dosierte Mißerfolgserfahrungen u.a.m.*
- *Der Beginn mit einer schweren, nicht auf Anhieb lösbaren Aufgabe und der Fortgang mit leichteren Teilaufgaben (Ausgang von "tiefen Ende", Dienes/Golding 1970, 46f.). - Dieser Anschluß dient insbesondere der Maximierung des Umfangs des selbst verwalteten Problemlöseprozesses.*
- *Der Wechsel zwischen schwereren und leichteren Aufgaben in unterschiedlichem Takt. - Dieser Anschluß dient der Anpassung an Ermüdung und Motivation, kann aber auch aus zeitökonomischen Gründen gewählt werden. Von besonderer Bedeutung ist er bei Wiederholungsaufgaben, d.h. beim Üben, und auch zur Entlastung nach anstrengenden Aufgaben.*

Die subjektive Schwierigkeit der Aufgaben für die Schüler kann in folgenden Dimensionen geändert werden:

1. Die Veränderung des Bekanntheitsgrades der Aufgaben. - Bekanntheit meint hier die subjektive Bekanntheit für den einzelnen Schüler im Sinne der Aktualisierbarkeit derjenigen Operationen, die für die Lösung der Aufgabe erforderlich sind. Vollständige Bekanntheit liegt nur dann vor, wenn für den Gesamtprozeß der Aufgabenlösung eine wohlausgebaute Standardmethode aktualisiert werden kann, die ohne Störung durch andere Faktoren zum Ergebnis führt (vgl. *Scholz* 1980, 48f.). Bei der Reproduktion von Wissensbeständen besteht die Standardmethode aus Suchoperationen, die u.U. sehr kompliziert sein können. Sobald eine Störung auftritt, ist zumindest im Augenblick eine Operation, oder wie *Dörner* sagt, ein Operator nicht aktualisierbar (*Dörner* 1987[3]).

Man kann eine Aufgabe mit höheren Anteilen an bekannten Operationen anschließen oder aber mit geringeren. Der erste Fall dient dem methodischen Zweck der Erleichterung der Arbeit für alle Schüler der Lerngruppe oder besonders für einige von ihnen. Schließt man eine Aufgabe mit höheren Anteilen an, dann ist das Umgekehrte der Fall. Kontinuierliche Minderungen und Steigerungen sind nur in bestimmten Fällen möglich, z.B. durch Veränderung der Zahlenwerte im Einmaleins. Im Rahmen umfangreicher Aufgaben gibt es aber immer Aufgaben mit unterschiedlichen Anteilen des Bekannten bis hin zu voll routinierten Aufgaben. - Reguliert wird so das Maß der *Ermüdung* und das *Maß der Wahrscheinlichkeit von Erfolg und Mißerfolg mit der zugehörigen Kal-*

kulation der Akzeptanz der Aufgabe. Es ist ein Gebot der Arbeitsökonomie, die vorhandene Gesamtenergie nicht ununterbrochen bis zum Äußersten zu beanspruchen, weil das zu einer Erschöpfung führt, die den Abbruch der Arbeit erzwingt, sondern durch einen Wechsel des Energiebedarfs eine Erholung des Potentials an Energie zu ermöglichen. Diese durch eigene Erfahrung leicht zu bestätigende Annahme gilt für Schüler in subjektiv anstrengendem Unterricht im selben Maße wie für einen Schwerarbeiter. - Außerdem ist die Möglichkeit, Erfolg zu haben, primär vom Anteil des Bekannten abhängig und erst sekundär vom freien Spiel von Operationen, die man als Kreativität bezeichnen kann. - Wie sehr beides eine Rolle spielt, kann jeder Lehrer besonders in unteren Klassen unmittelbar an der Begeisterung der Schüler erleben, wenn er nach längerer Beschäftigung mit einer schwierigen Aufgabe einige leichte stellt.

2. Die Veränderung des Funktionsbereiches der Lernaufgabe. - In diesem Fall wird eine Lernaufgabe angeschlossen, in der die Anteile von Operationen aus den verschiedenen Teilsystemen des psychischen Systems deutlich verändert sind, z.B. statt einer Aufgabe aus dem Lernbereich der Grammatik die Aufgabe, einen Streit um den Besitz eines Spielzeugs zu malen, oder nach einer Mathematikarbeit eine Diskussion über ein aktuelles politisches Problem in einer möglichst zwanglosen Gesprächsrunde. - Von der generellen Ermüdung und Demotivation kann nämlich unterschieden werden, daß in einem bestimmten Bereich der psychischen Aktivität Ermüdung und Demotivation eintritt, während in anderen Bereichen Energie und Motivation in hohem Maße aktivierbar sind. Durch einen deutlichen Wechsel im Zuschnitt der psychischen Aktivitäten, die für eine Tätigkeit beansprucht werden, kann die Folge der Lernaufgaben an die jeweiligen Lernmöglichkeiten angepaßt werden.

3. Die Veränderung der Komplexität der Aufgaben. - An Aufgaben geringen Umfangs können Aufgaben größeren Umfangs angeschlossen werden und umgekehrt. Hierbei geht es um die Variation der Vielzahl von Teiltätigkeiten, ihrer Verknüpfung und der Übersicht für die Herstellung des Gesamtzusammenhangs. Von einschneidender Bedeutung ist hierfür der Stundentakt unseres Schulunterrichts. Wieviele angefangene und nie zuendegebrachte Aufgabenlösungen gibt es in unseren Schulen? Es gehört natürlich viel Überlegung und auch Entschlußkraft im Unterrichtsverlauf dazu, Aufgaben so zu plazieren, daß die Zeit für ihre Lösung ausreicht und daß ein sinnvoller Wechsel von Aufgaben mit geringerer und größerer Komplexität stattfindet. Das Problem ist aus der persönlichen Arbeitsökonomie jedes umsichtig tätigen Erwachsenen wohlbekannt. Für denjenigen, der Neues lernen soll, ist es noch von ganz anderem Gewicht, weil mit jedem Abbruch, mit jedem unangemessenem Zeitdruck und mit jedem Scheitern an der Komplexität nicht das angestrebte Lernresultat erzielt wird, sondern sich die Fehlformen der Aktivität, die tatsächlich produziert werden, oft viel nachhaltiger auswirken. Das folgende Zitat mag eine gewisse Vorstellung von hoher Komplexität der Aufgabenlösung vermitteln:

"1. Es bedarf einer großen Anzahl von Lösungsschritten bis zur Erreichung des Produkts.
2. Es ergibt sich eine große Anzahl von Unterproblemen, Teilprozessen, Handlungselementen, Verhaltensweisen, Aktivitäten, Aspekten.

3. Es besteht eine hohe Verzweigungsdichte des Löseweges aufgrund von Annahmen-, Thesen- und Hypothesenbildung und -verwerfung, Alternativprüfung, Aufsplitterung in Teilprobleme.
4. Es ist eine große Menge an Information zu verarbeiten, an konkreter Handlung zu vollziehen.
5. Es besteht eine große Variabilität hinsichtlich des zur Lösung als Prozeß und Produkt erforderlichen Kennens und Könnens." (*Scholz* 1980, 63)

Die Komplexität der Aufgabe kann auch durch *Umstrukturierung* verringert werden, indem sie z.B. in Teilaufgaben aufgegliedert wird. Das wird selbst dann als erleichternd empfunden, wenn dafür ein Lösungsweg gewählt wird, für den die Gesamtzahl der Operationen, die für die Lösung der einzelnen Teilaufgaben vollzogen werden muß, erheblich größer ist (*Hacker* 1987).

4. Die Veränderung der Zeitdauer des Lösungsprozesses. - Die Zeitdauer ist natürlich keine selbständige Größe, sondern abhängig vom subjektiven Vollzug bestimmter Operationen. Trotzdem kann die subjektive Schwierigkeit der Lernaufgaben vom Zeitquantum abhängen, weil die Ausdauer in bestimmten Tätigkeitsbereichen und auch von Aufgabe zu Aufgabe individuell sehr unterschiedlich ist. Durch einen Wechsel des Zeitaufwandes für Aufgaben kann man sich diesen individuellen Unterschieden, die auch stark entwicklungsbedingt sind, soweit anpassen, daß einerseits keine unnötigen Belastungen entstehen, andererseits aber auch die Lösung von Aufgaben mit größerem Zeitvolumen gelernt wird. Ich denke dabei nicht nur an die einzelne Unterrichtsstunde, sondern auch an Aufgaben langfristiger Art, z.B. Jahresarbeiten oder ein Ausstellungsprojekt oder auch kontinuierliche Arbeiten in einem Garten, in einem Labor etc.

(3) Es gibt komplexe Systeme des Anschlusses von Lernaufgaben

Im Laufe der Zeit sind in der Geschichte des Unterrichts *unterschiedliche Abfolgen von Aufgaben ausprobiert* und meist als neue Universalmethoden, d.h. Methoden für die Erreichung jeder Art von Lernresultaten, propagiert und auch praktiziert worden, von denen jede aber nur bestimmte Aktivitäten der Schüler aktualisiert, andere dagegen nicht. Sie konstituieren stets *eine spezifische Form des Unterrichts als eines sozialen Systems*. Sie müßten unter dem *Gesichtspunkt der spezifischen Methodeneffekte* genau miteinander verglichen werden. Das kann in diesem Rahmen nicht geleistet werden. Ich führe deshalb nur einige von ihnen an und nenne Ziele, die von ihnen begünstigt werden, *um den Zusammenhang zwischen dem Zuschnitt einer Abfolge von Lernaufgaben und ihren Effekten, d.h. von Struktur und Funktion des Hauptstückes aller Unterrichtsmethoden, plausibel zu machen.* Dabei wird zumindest sichtbar, daß *jede Abfolge von Lernaufgaben ein ganzes Bündel von Zielen* begünstigt und keinesfalls nur eine bestimmte Klasse von Lernzielen, wie z.B. übertragbare Lösungsstrategien. Ich bin davon überzeugt, daß jeder systemische Verbund von Lernaufgaben unterschiedlich genau auf spezifische Ziele abgestellt werden kann, daß die bis jetzt bekannten Systeme nur z.T. aufgrund theoretischer Einsichten, in der Hauptsache aber aufgrund von Versuch und Irrtum konzipiert worden sind und deshalb unser Wissen auf diesem Gebiet trotz einiger Jahrzehnte empirischer Unterrichtsforschung (vgl. *Gage* 1979) noch sehr vorläufig ist. Zu *hinreichend theoretisch begründeten Systemen von Lernaufgaben mit spezifischen Effekten* wird es erst in Zukunft kommen.

1. Aufbau einer neuen Aktivität durch die Entwicklung einer Reihe von Teilaktivitäten durch eine Folge von Aufgaben. - Im Handwerk ist es ganz selbstverständlich, daß sich jede umfangreichere Tätigkeit, wie das Ausbauen eines Automotors, der Bau eines Schrankes oder die Herstellung einer Zahnprothese aus einer Folge von Teiltätigkeiten zusammensetzt, die jede für sich gelernt werden muß, was im Laufe der Zeit jedem oder arbeitsteilig nur bestimmten Personen mehr oder weniger gut gelingt. Das gibt es aber auch in anderen Lernbereichen, z.B. bei der Zusammensetzung der Lösung einer quadratischen Gleichung aus bereits gelernten Teiloperationen oder beim Verstehen bestimmter Zusammenhänge in einem bestimmten Text durch sehr unterschiedliche Textverstehensoperationen (*Grzesik* 1990). Da solche Gesamttätigkeiten aus Verbänden von Teiltätigkeiten bestehen (z.B. dem Lackieren oder den Schlüssen auf räumliche Verhältnisse aus impliziten räumlichen Informationen), die keineswegs sämtlich streng nacheinander vollzogen werden müssen, sondern für deren Anschlüsse es manchmal Alternativen gibt, gebraucht man für diese Form des Anschlusses in Analogie zum Aufbau einer Mauer manchmal das Bild der "*Bausteinmethode*". - Ziel ist immer die Beherrschung einer bestimmten Gesamttätigkeit, die wiederholt vollzogen werden muß. Die Varianz in dieser Gesamttätigkeit kann sehr unterschiedlich sein, bei der Installation von Ölheizungen im Laufe der letzten Jahre ist sie eine andere gewesen als bei der Lösung von Differentialgleichungen oder beim Verstehen von Texten. - Beim Lernen gibt es das Sequenzproblem der einzelnen Teiltätigkeiten und das Problem der Beherrschung ihres Zusammenhangs. Das Ganze kann zwar zuerst, aber dann stets nur vorläufig gelernt werden, z.B. durch Beobachtung, durch einen Versuch mit einem Modell oder Spielzeug, durch die Interpolation eines Wort- oder Satzsinnes aus einem bekannten Kontext, durch einen ersten Versuch. Auch die Teiltätigkeiten können zuerst, aber auch dann immer nur bis zu einer gewissen Perfektion gelernt werden. *Die Entwicklung zu einer hohen Perfektion des Ganzen kann sich deshalb immer nur im Wechsel zwischen einem bestimmten Vollzugsmodus des Ganzen und einem realen Vollzug der Teiltätigkeiten in einem bestimmten Grad der Perfektion vollziehen.* Dieses "Aufschaukeln" hat sein Maß in den jeweils für das Konzipieren des Ganzen und der Ausführung der Teile vorhandenen Fähigkeiten. Ob man mit dem Ganzen oder einem Teil anfängt, ist gar kein entscheidendes Problem (analytische Methode, Ganzheitsmethode), weil das wechselseitige "Hochschaukeln" durch eine überlegte ständige Verlagerung der Aufmerksamkeit, einmal auf eine bestimmte Teilaktivität, ein anderesmal auf den Fluß oder die Struktur des Ganzen etc., ausschlaggebend ist.

Zur Kategorie des Aufbaus einer neuen Aktivität durch eine Folge von Aufgaben kann man auch das *System der direkten Unterweisung* rechnen, weil es Lehrerhandlungen koordiniert, die möglichst direkt den Aufbau oder die Veränderung von Tätigkeiten der Schüler zu bewirken suchen, "um auf diese Weise unterschiedliche Prozesse und Resultate auf dem kürzesten Weg miteinander zu verknüpfen. Beispiele für solches Lehrerverhalten sind: 'Lehrer zeigt Schüler die richtige Antwort', 'Lehrer sorgt für Gelegenheit, daß der Schüler üben kann', 'Lehrer sorgt für Feedback und Korrektur', 'Lehrer überwacht Stillarbeit', dazu gehören aber auch Lehrtechniken, die den zeitlichen Anteil im Unterricht erhöhen, in dem Schüler aktiv lernen. (...) Diese Arten von Lehrerverhaltensweisen werden gern mit dem in Verbindung gebracht, was als 'Modell direkter Instruktion' (*Rosenshine* 1983) oder 'Aktives Unterrichten' (*Good* 1979) bezeichnet wird. Es ist gekennzeichnet durch Frontalunterricht, eine Organisation des Lernens um die Lehrerfrage herum, durch detaillierte und wiederholte Übung, durch die schrittweise Darbietung des Lernstoffes, so daß erst weitergegangen wird, wenn das Vorausgegangene wirklich gelernt ist, und durch ein formelles Arrangement des Klassenzimmers, um Drill und systematische Übung zu ermöglichen (*Rosenshine* 1976; 1983)." (*Borich/Klinzing* 1987, 105f.)

Die Struktur der Anschlüsse im Modell der direkten Unterweisung ist nicht transparent. Die Lernaufgaben scheinen aber nach dem Prinzip aneinander angeschlossen zu werden, jeden einzelnen Schüler möglichst kontinuierlich zu Aktivitäten für die Erreichung des jeweiligen Ziels anzuregen. Welche Aktivitäten dies sind, hängt zum einen vom jeweiligen Ziel und zum anderen von der Kenntnis solcher Aktivitäten ab, für die es in der experimentellen Forschung Indizien gibt, daß sie effektiv sind. Das entspricht der Annahme der Signifikanz des Effektes kombinierter Resultate von *Gage*:

"Zu Bündeln zusammengefaßt, gewinnen die Untersuchungen genügend statistisches Gewicht, um den falschen Eindruck zu zerstreuen, der entsteht, wenn man die Signifikanz der 'schwachen' Einzelstudien zum Maßstab nimmt." (*Gage* 1979, 23)

Es kommt dann ganz darauf an, welche Reihenfolge von Lernaufgaben tatsächlich gewählt wird, ob z.B. zwischen Hauptaufgaben und Hilfsaufgaben unterschieden wird, welche Freiheitsgrade es für eigene Anschlüsse gibt und wieweit die Schüler in Planung und Kontrolle einbezogen werden.

2. Fragend-entwickelnde Aufgabenfolge. - Der Lehrer sucht hier ein bestimmtes Ergebnis dadurch zu erzielen, daß er nacheinander, weitgehend nach Plan, eine bestimmte Reihe von Aufgaben stellt, deren Lösungen sich entweder zum angestrebten Resultat summieren oder einen Zusammenhang von Voraussetzungen und Folgerungen, der zu einem antizipierten Resultat führt, bilden. In aller Regel wird dafür die Form der mündlichen Kommunikation gewählt. - Die Entscheidungen über Ziel und Weg liegen ganz beim Lehrer. Der einzelne Schüler nimmt an der Entwicklung nur teil, soweit er die einzelnen Fragen beantwortet. Die rein mündliche Kommunikation führt dazu, daß immer nur einer oder einige wenige zu einer mündlichen Äußerung der Lösung kommen. - Auf diese Weise können viele Arten von Zielen erreicht werden, z.B. die Erschließung eines Sinnzusammenhangs in einem Text oder die Sammlung und Kategorisierung von Merkmalen beliebiger Gegenstände oder Argumente für und wider eine These. - Im Blick auf jeden einzelnen Schüler der Lerngruppe aber zeigen sich die engen Grenzen der Leistungsfähigkeit diese Kommunikationsstruktur darin, daß keiner von ihnen die Gesamtaufgabe selbst bearbeitet hat, sondern jeder nur Teilaufgaben gelöst hat, und daß daran immer nur wenige mit mündlichen Äußerungen beteiligt sind, während die anderen sie entweder still und unkontrolliert lösen oder sich ganz der Kommunikation entziehen. Selbst eine lebhafte Kommunikation mit relativ vielen Teilnehmern darf über diesen grundlegenden Mangel nicht hinwegtäuschen. Viele lernen in einem solchen Unterricht keineswegs den Zusammenhang, den der Lehrer im Kopf hat, sondern sie lernen nur, eine bestimmte vom Lehrer eröffnete Leerstelle auszufüllen, und das oft noch durch pure Wiederholung von Lehreräußerungen, sowie eine Taktik, die Reihenfolge des Aufrufens so zu nutzen, daß sie nur dann zu Wort kommen, wenn dies mit geringen Kosten möglich ist. Hier und da tun dann die Lehrer einiges, um dies zu vermeiden, indem sie unverhofft aufrufen oder die Beiträge aller sammeln etc. Nach meinen Beobachtungen ist die fragend-entwickelnde Methode seit etlichen Jahren die Hauptform des Unterrichts in unseren Gymnasien.

3. Hierarchisch geordnete Aufgabenfolge. - Diese Form des Anschlusses nutzt die hierarchische Struktur, die Unter-/Überordnung, die alle unsere Informationsbestände zu haben scheinen, ob es sich um das Verhältnis zwischen Vorstellungen von sinnlich wahrnehmbaren einzelnen Sachverhalten und Begriffen, um Regeln unterschiedlicher Allgemeinheit, Werte, Einstellungen, Emotionen oder Selbstkonzepte handelt:

"Erregung können diese Prozesse (in einem aus den drei Ebenen der visuellen Merkmale von Buchstaben, der Buchstaben und der Wortbilder in einem Mustererkennungsmodell von *McClelland & Rumelhart* - J.G.) nicht nur von eintreffenden Stimuli erhalten, sondern auch von den Erwartungen der wahrnehmenden Person hinsichtlich dessen, was im gegenwärtigen Kontext passieren könnte (*Norman* 1969). Dies fügt die Möglichkeit der Aktivierung des Systems von der Spitze der Hierarchie hinzu, wo konzeptuelle Vorstellungen angesiedelt sind." (*Klatzky* 1989, 42)

"Auf dem kognitiven Sektor könnte ein *chunk* (eine Informationseinheit - J.G.) ein Ziel repräsentieren, das zum Lösen eines Problems erreicht werden muß, zum Beispiel: 'Erbringe einen geometrischen Kongruenzbeweis mit Hilfe des Schenkel-Winkel-Schenkel-Gesetzes'. Die von diesem *chunk* gesteuerten Komponenten könnten dann mehrere Unterziele einschließen, wie zum Beispiel die Feststellung, daß zwei Dreiecke einen Schenkel gleicher Länge haben.
Wenn man von hierarchischen Strukturen ausgeht, so kann das Erbringen von Leistungen mit der Aktivierung eines Kontroll-Elements auf höherer Ebene verglichen werden, die dann zu untergeordneten Elementen fortschreitet, und schließlich eine Reaktion bewirkt. (Detaillierte Theorien dieses Prozesses finden sich in: *MacKay,* 1982; *Rosenbaum, Kenny & Derr* 1983) (...) Die Leistung nimmt eine beobachtbare Form an, wenn die Aktivierung den Fuß der Hierarchie erreicht. Dies ist in Modellen kognitiver Fertigkeiten nicht viel anders, wo ein Problem dann gelöst wird, wenn die untersten Ziele erreicht worden sind, die dann ihrerseits die höher angeordneten Ziele befriedigen und in dieser Weise eine Bewegung zurück zur Spitze der Hierarchie bewirken (*Newell & Simon,* 1972)" (*Klatzky* 1989, 85)

Wenn die hierarchische Abspeicherung direkt angestrebt wird, dann können *in jedem hierarchischen System verschiedene Wege* beschritten werden. Man kann von der jeweils untersten Ebene ausgehen, indem ihre Verarbeitung durch die nächsthöhere oder eine noch höhere gesteuert wird (bottom-up). Man kann aber auch von einer mittleren oder einer höheren Ebene ausgehen und nach untergeordneten Einheiten für sie suchen (top-down), und man kann beides vorgeben, Einheiten der untersten Ebene und Einheiten höherer Ebenen, und dann Beziehungen zwischen ihnen herstellen lassen. Auf der Möglichkeit herabzusteigen, beruht z.B. das Verfahren des "advance organizer", erst eine allgemeine Vorstellung zu erarbeiten und dann in sie Teilvorstellungen einzuordnen: "The initial organizers (...) furnish anchorage at a global level before the learner is confronted with any of the new material." (*Ausubel* 1967, 238)

4. Durch die Diskussionsmethode geordnete Folge von Teilaufgaben. - Die Anschlußrationalität der Diskussionsmethode ist die einer Sequenz von mündlichen Beiträgen verschiedener (möglichst aller) Schüler der Lerngruppe zu einem Thema (*Gage/ Berliner* 1977, 450f.; *Luhmann* 1990[10], 329f.). Für diese Form des Anschlusses ist kennzeichnend:
- *Das Thema ist für alle verbindlich. Es hat die Funktion einer Aufgabe, die im Laufe der Diskussion in Teilaufgaben/Teilthemen aufgegliedert werden kann.*
- *Wegen seiner Bedeutung als einziger Konstanten für alle Anschlüsse müßte es so stabil wie möglich fixiert (nicht nur mündlich, sondern von jedem schriftlich) und auch verstanden sein.*
- *Das Thema ist von den Beiträgen her gesehen eine Generalisierung. Die Beiträge sind vom Thema her gesehen eine Spezifizierung.*
- *Das Thema ist für Lehrer und Schüler überindividuell, die Beiträge haben einen subjektiven Geltungsanspruch.*
- *Wer das Thema definiert, ist offen (von außen vorgegeben, Lehrer, Schüler).*
- *Die Reihenfolge der Beiträge ist nicht vorab festgelegt.*
- *Jeder Beitrag müßte gegenüber den vorausgehenden etwas Neues beitragen.*
- *Aufgrund der mündlichen Kommunikationsform kann immer nur ein Schüler der Lerngruppe zu einer Zeit einen Beitrag leisten. Zur gleichen Zeit können die anderen ihren Beitrag für sich formulieren und müssen sie warten, ob sie ihren Beitrag noch anbringen können. Wie beim fragend-entwickelnden Vorgehen können sich Schüler auf pure Rezeption verlegen oder sich gar nicht beteiligen, zumal dann, wenn der Diskussionsleiter sich nur an Meldungen hält und deshalb einzelne Schüler wiederholt zu Wort kommen.*
- *Jeder Schüler muß seinen Beitrag immer an das Thema anschließen.*
- *Der Anschluß an vorausgehende Beiträge ist problematisch: Es geht in der Regel der Beitrag eines anderen voraus, zu dem der eigene Beitrag nicht passen muß, weil er sich nur auf das Thema beziehen muß. Je länger eine Diskussion dauert, umso mehr Beiträge sind erbracht worden, was den Überblick über die Geschichte der Beiträge erschwert. Es kann auch an frühere Beiträge angeschlossen werden.*

Von einer kontinuierlichen Lösung der gesamten Aufgabe durch jeden Schüler kann keine Rede sein. - Ob eine Ordnung der Beiträge hergestellt wird, hängt allein von den Schülern ab, wenn sich der Lehrer auf die Moderatorfunktion des Diskussionsleiters (Aufrechterhaltung des Diskussionssystems durch Beachtung des Themenbezugs und Herstellung der sozialen Abfolge der Beiträge, Beendigung der Diskussion) beschränkt. In einer mündlichen dynamischen, vielleicht sogar erregten Kommunikation mehrerer ist dies sehr schwer, wenn nicht unmöglich. - Das Medium der mündlichen Sprache ist extrem flüchtig, d.h. nur einmal codiert, nicht immer genau akustisch rezipierbar, nicht wiederholt zugänglich, schwer verstehbar, nicht genau zu behalten. - Die Entwicklung eines anspruchsvollen Sachzusammenhangs durch alle Diskutierenden gelingt wohl nur in Grenzfällen zwischen Experten, kaum aber im Schulunterricht.

Diese Figur der Anschlüsse eignet sich für die folgenden Ziele: zur Gewinnung einer möglichst reichhaltigen Zahl von Argumenten bei kontroversen Themen, zur Einübung des Verfahrens der Diskussion (Themenbezug, Bezug zu Beiträgen, Behalten der Geschichte der Beiträge, Beeinflussung des Diskussionsverlaufs, Argumentation an einem bestimmten Punkt der Diskussion, Beiträge stets unter Zeitnot, Abstraktion von der eigenen Biographie und von momentanen Befindlichkeiten zugunsten des Themas, wirkungsvolle Beiträge u.a.m.), zur Aufnahme anderer Argumente, zur knapp begründeten Kritik der Beiträge anderer, zur Verarbeitung der Kritik anderer (peer group), zur Vertretung und eventuell zur Revision eines eigenen Standpunktes.

Sie ist nicht geeignet für die möglichst selbständige Erarbeitung geordneter Zusammenhänge von höherem Anspruch möglichst durch jeden Schüler, weil dies in diesem Modell der Anschlüsse einfach nicht möglich ist.

5. Systematisches Training. - Die Anschlußrationalität besteht in der Wiederholung, gekoppelt mit dem Einsatz vom Hilfsaufgaben nach Bedarf. Die Kompetenz des Trainers besteht in der Kenntnis von Hilfen für die Verbesserung der jeweiligen Gesamtaktivität. Das gilt nicht nur für das Training irgendeiner Sportart, sondern auch für das Training strategischer Fähigkeiten für die Lösung irgendeiner Klasse von Aufgaben, z.B. von mathematischen Textaufgaben in der sphärischen Trigonometrie, von Übersetzungsaufgaben, von Programmieraufgaben etc.

6. Soziale Aufgabenverteilung und -folge in einem Projekt. - Soll ein Projekt nicht chaotisch ablaufen, dann muß die Aufgabenverteilung nicht nur über einen längeren Zeitraum, sondern auch für alle Beteiligten geregelt werden. Es muß für die Koordination der Tätigkeiten ein Netzplan aufgestellt werden, aus dem hervorgeht, wer wann was tun wird. Diese Anschlußform eignet sich für das Ziel, daß jeder selbständig eine Tätigkeit gleichzeitig neben den anderen in einer gemeinsam projektierten Gesamttätigkeit ausübt. Wenn es nicht gelingt, daß alle gleichzeitig tätig sind, jeder etwas anderes tut und der Gesamtzusammenhang möglichst selbständig konzipiert wird, sind andere Anschlußformen effektiver. Im positiven Fall ist der Projektunterricht ein Modell funktional differenzierter selbstorganisierter Arbeit, für die der Lehrer nur tutoriale Funktionen erfüllt.

7. Tutoriale Folge von Hilfsaufgaben. - Das Prinzip der Abfolge ist hier der jeweilige Bedarf. Das Ziel ist die möglichst selbständige Lösung der Hauptaufgabe durch die Schüler. Die Methode hat allein den individuellen Bedarf an Hilfen für den Lösungsweg zum Maßstab (s. **Kap. 5**)

Unterrichtspraktische Aspekte

8. Der sogenannte *indirekte Unterricht* ist weniger ein komplettes System von Anschlüssen als eine Sammlung von hilfsweisen Instruktionen und Reaktionen, die bei Aufgabenlösungen aller Art eingesetzt werden können.

"Solche Verhaltensweisen sind etwa: 'Der Lehrer zeigt den Schülern gegenüber vorbehaltlos Wärme', 'Lehrer greift Schülergedanken auf und verwendet sie' oder 'Lehrer akzeptiert Schülergefühle'. Dahinter steht ein Instruktionsmodell, in dem der Lehrer die Schüler ermutigt, fördert und aktiviert, indem er auf ihre individuellen Fähigkeiten und Interessen eingeht. Diese Arten von unterrichtlichem Verhalten wurden öfter mit einem sogenannten 'Modell indirekter Instruktion' oder des 'angeleiteten entdeckenden Lernens' in Verbindung gebracht. Dieses Modell zeichnet sich aus durch die Verwendung von extensiven visuellen Stimuli zur Weckung des Schülerinteresses, einen Aufbau des Lernens auf Problemen der Schüler, die Verwendung von ausgedehntem Feedback, die Klärung von Schülergedanken, -gefühlen und -interessen sowie die flexible Verwendung der Unterrichtsräume, um ein Höchstmaß an Interesse und Aufmerksamkeit zu erreichen (*Rosenshine* 1976). Diese Unterrichtspraktiken gelten für sich genommen als zu geringfügig, um bei den Schülern sofort beträchtliche Wirkungen zu erzielen. Wenn sie jedoch über einen längeren Zeitraum im Zusammenhang mit anderen Verhaltensweisen angewendet werden, dann, so wird angenommen, haben sie bedeutsame Auswirkungen." (*Borich/Klinzing* 1987, 106)

(4) Bei der Regelung der Anschlüsse von Lernaufgaben sollte sich der Lehrer von einigen Prinzipien leiten lassen

Die Anschlüsse von Lernaufgaben sind die *"Weichen" für den Prozeß des Lernens*. Jeder Anschluß bestimmt für eine bestimmte Strecke die *Richtung der Gesamtaktivität*. Für die Übersicht über den Prozeß des Unterrichts *gliedern* die Anschlüsse den Fluß des Geschehens in Einheiten. Sie sind deshalb das für den Unterricht spezifische Kriterium für die Aufteilung des Zeitkontinuums in *Phasenräume* (**M8**). Die Anschlüsse bilden nicht nur für die Abfolge der Aktivitäten, sondern auch für ihre Über- und Unterordnung das entscheidende *Ordnungsschema*. Durch die Zeitdauer der Phasen entsteht die für den jeweiligen Unterricht kennzeichnende *Artikulation*, ihr Takt und auch ihr Rhythmus. Für die Übersicht der Schüler über ihre Aktivitäten ist nicht nur die *Differenz zwischen Hauptaufgabe und Hilfsaufgaben* eine wichtige Orientierung, sondern auch der *Überblick über den Anschluß an die vorausgehende Aufgabe und mindestens den Anschluß an die nächste Aufgabe*. Mit fortschreitender Entwicklung der Kompetenz der Schüler in einem Tätigkeitsbereich muß der *Horizont des Überblicks auf zurückliegende Aktivitäten und in erhöhtem Maße auf künftige zunehmend erweitert* werden. Nur im Horizont der eigenen Übersicht ist selbständige Regelung der eigenen Tätigkeiten möglich. Der *Horizont des Lehrers* muß sich *weiter erstrecken als der der Schüler, sowohl in die Vergangenheit als auch in die Zukunft*, damit er die Übersicht behält, seinerseits in diesen Horizonten handeln kann und alle Aktivitäten der Schüler in diesen Horizonten zu beeinflussen vermag, indem er sie entweder anregt oder auf sie reagiert.

Wegen ihrer Schlüsselstellung für die Gestaltung des Unterrichts müssen die *Anschlüsse vom Lehrer besonders sorgfältig verwaltet* werden. Eine ausführliche Behandlung dieser Frage kann nur in Methodiken des Unterrichts geleistet werden. Hier muß ich mich auf *einige Prinzipien* beschränken, die sich aus den vorausgehenden Überlegungen ergeben.

1. Strukturiertheit im Sinne einer übersichtlichen Ordnung der Anschlüsse in ihrer Abfolge und in ihrer Unter-/Überordnung scheint mit dem Effekt des Unterrichts hoch zu korrelieren. Es gibt dafür einige Indizien, z.B. in den Studien zur direkten Unterweisung (direct instruction), in einer Untersuchung zum höheren Grad der kinetischen Strukturiertheit der Kommunikation in Unterrichtsstunden, die die Antizipation von wiederkehrenden verbalen Elementen und die Herstellung von Beziehungen zwischen Ideen erlaubt (*Browne/Anderson* 1964, 871) oder in einer Untersuchung zum Sprechen des Lehrers (zusammenhängend, ausführlichere Elaboration der angesprochenen Themen, Herstellung von Beziehungen zwischen den Themen) (*Christmann/Knopf/Wintermantel* 1982, 78). In einer Untersuchung von *Grassel/Bonnke* war der Unterricht der erfolgreicheren Lehrer u.a. dadurch gekennzeichnet, daß sie die Unterrichtsstunde durchschnittlich in eine größere Zahl von Abschnitten gliederten, insbesondere in Übungsstunden, daß sie in stärkerem Maß über Ziele, Teilziele und erreichte Ziele orientierten, daß sie durch zusätzliche Aufgaben das eintönige Aneinanderreihen von Aufgaben vermieden, daß sie zusätzliche Aufgaben mit hohem Schwierigkeitsgrad stellten und daß sie mehr Hilfen bei der Aufgabenlösung gaben, und zwar in Gestalt von Überlegungsimpulsen und durch vielfältigere, eindeutigere allgemeine und aufgabenbezogene orientierende Hinweise (*Grassel/Bonnke* 1977). Das verweist insgesamt auf eine *übersichtliche und wohlüberlegte, d.h. der Art der Lernprozesse und den differentiellen Lernmöglichkeiten angemessene, Ordnung von Lernaufgaben*.

2. Flexible Nutzung unterschiedlicher Vorgehensweisen, d.h. der Anschlüsse von Aufgaben für bestimmte Arbeitsschritte, ist effektiver als die stereotype Anwendung ein und derselben oder einiger weniger Methoden. Der Strukturiertheit im jeweiligen Fall wird hier der Wechsel der Struktur von Fall zu Fall zur Seite gestellt. Dies entspricht der Auffassung, daß eine mit Bedacht strukturierte Vorgehensweise nicht in jeder Hinsicht effektiver ist als alle anderen, sondern immer nur spezifische Effekte begünstigt. Die Effekte einer Vorgehensweise hängen streng davon ab, zu welchen Operationen die Schüler von ihr angeregt werden. Auch die Erhöhung der Selbständigkeit der Schüler durch ein Training der Anwendung einer Reihe von Fragen ist keine universal effektive Methode, sondern ist erstens begrenzt auf einen bestimmten Gegenstandsbereich, für den eine solche Sequenz relevant ist, und zweitens begrenzt durch die Leistungsfähigkeit des Vorgehens mit einer bestimmten Zahl oder gar Folge von Fragen innerhalb des Gesamtzusammenhangs des Lernens (vgl. das in vieler Hinsicht problematische Fragetraining für den "Aufbau von Fertigkeiten zur selbständigen Entdeckung" von *Suchman* 1973).

Durch die *langfristige Stabilität des Prinzips der flexiblen Strukturierung* wird gewährleistet, daß trotz des Wechsels spezifische Vorgehensweisen wiederholt auftreten und als ein Repertoire effektiver Arbeitsformen gelernt werden können.

3. Möglichst weitgehende Verständigung über die Folge, die Über- und Unterordnung und die Begründung der Anschlüsse bedeutet, daß die Reflexion auf das Vorgehen durch die Schüler in jedem Unterricht von Anfang an stattfinden sollte, aber nach dem Maßstab der zunehmenden Kompetenz im jeweiligen Tätigkeitsbereich dynamisch gesteigert wird. Gegenstand dieser Metakognition sind sowohl die Ziele der Tätigkeiten (mit zunehmender Intensität von weiten zu den nächstliegenden Zielen) als auch die Wahl von einzelnen Lernaufgaben und die Entscheidung über ihre Anschlüsse für die Erarbeitung von Teilresultaten für den jeweils angestrebten Zielzustand.

4. Implizite Offenheit des Unterrichts als Maximierung der Selbstregulierung der Definition und Wahl von Zielen sowie von Aufgabensequenzen für die Zielerreichung meint die ständige Verlagerung der Fremdregulierung durch den Lehrer auf höhere Regelungsebenen und die zunehmende Überlassung der untergeordneten Regelungsebenen an die Schüler, und zwar nach Maßgabe zunehmender Kompetenz für diese Regelungen. Je höher die Organisiertheit des psychischen Systems der Schüler ist, desto geringer ist der Regelungsbedarf durch den Lehrer. Das erfordert vom Lehrer ein hohes Maß an Selbstkontrolle: Er muß seine Instruktionen auf eine höhere Regelungsebene verlagern und darf nicht ständig wie am Anfang "jeden Handgriff" regeln wollen. Andererseits muß er aber bei Bedarf auch wieder auf einer niedrigeren Regelungsebene entschieden intervenieren (vgl. *Scholz* 1980).

5. Geschlossenheit oder Offenheit der Zielerreichung je nach Art der Aufgabe. Dieses Prinzip ergibt sich aus dem Ausmaß der Bestimmtheit von Unterrichtszielen. Es gibt Ziele, die definitiv realisiert werden können, und es gibt auch Ziele, an die nur eine Annäherung möglich ist oder die aufgegeben und durch andere ersetzt werden müssen oder die in sehr unterschiedlicher Weise realisiert werden können oder die nur expliziert werden können (vgl. *Scholz* 1980, 85f.; *Gage/Berliner* 1977, 450f.).

6. Ökonomie der Selbst- und der Fremdregelung gebietet eine dem Zweck des Lernens angemessenen Aufwand der Verständigungsprozesse. Der momentane Verständigungsaufwand kann langfristig dadurch verringert werden, daß die Besonderheit der wechselseitigen Information über Lernprozesse sowohl vom Lehrer als auch von den Schülern strikt beachtet wird und daß auf dieser Basis stabile wechselseitige Erwartungen und ein Vertrauen in die Einhaltung der "Spielregeln" des Systems "Unterricht" entwickelt werden können. Der momentane Verständigungsaufwand kann zusätzlich durch spezielle Konventionen für die Regelungen im jeweiligen Tätigkeitsbereich entlastet werden. Schließlich kann er durch die Kultivierung einer direkten und möglichst präzisen Kommunikation von vielen Umständlichkeiten, Selbstbezüglichkeiten, Floskeln, Mißverständnissen, Nachbesserungen etc. befreit werden.

Teil V:
Praxis der Verständigung über Lerntätigkeiten
Lernresultate beurteilen

So wichtig die Verständigung über Lernaufgaben auch ist, zum Gesamtzusammenhang des Lernens und Lehrens gehört mit derselben Notwendigkeit die Verständigung über Resultate, die bei der Lösung von Lernaufgaben erzielt werden: *Die Beurteilung und Bewertung der eigenen Tätigkeit durch die Schüler selbst ist nicht nur die Schlußphase ihrer Tätigkeit, sondern jedes vollständigen Lernprozesses, und der Lehrer erfüllt seine Funktionen nur dann, wenn er mit seiner Beurteilung und Bewertung einen Beitrag zur Selbstbeurteilung und Selbstbewertung der Schüler leistet* (**M10**). Dieser Beitrag besteht nicht nur aus der Beurteilung und Bewertung der vom Schüler erzielten Resultate, sondern auch, was noch kaum beachtet wird, aus der *Unterstützung des Selbstbeurteilungs- und -bewertungsprozesses der Schüler* (**M11**). In diesem Prozeß der *Selbsteinschätzung* kann die *fremde Einschätzung* durch den Lehrer ein wichtiger Faktor sein, nicht mehr, aber auch nicht weniger. Die Stellungnahme des Lehrers wirkt sich deshalb auch nicht unmittelbar auf das Lernen aus, sondern nur durch die Rolle, die sie für die Selbsteinschätzung der Schüler spielt.

Es wird sich zeigen, daß *Selbsteinschätzung ebenso wie Fremdeinschätzung ein Prozeß ist, der aus drei Hauptoperationen* (**M6**) *besteht*: aus der Identifikation einer bestimmten Eigenschaft (eines für wichtig gehaltenen Merkmals) der Schülertätigkeit durch die Anwendung von Begriffen (z.B. durch den Begriff "gedankliche Ordnung"), aus einer Schätzung des Ausprägungsgrades dieses Merkmals, wiederum durch die Anwendung von Begriffen (z.B. "*sehr* differenziert und *durchgehend* konsistent") und aus der Zuweisung eines Wertgrades zu dem geschätzten Ausprägungsgrad durch die Anwendung eines Wertbegriffs (z.B. "befriedigend"). Jede Einschätzung hängt deshalb von der *subjektiven Schätzungskompetenz des Urteilenden* ab, und zwar zum einen von den Begriffssystemen, über die er verfügt, und zum anderen von seiner Fähigkeit, diese Begriffe auf die jeweilige Schülertätigkeit anzuwenden.

Schüler wie Lehrer *schätzen ständig*, d.h. in sehr kurzen Intervallen, die jeweils erzielten Resultate der Schülertätigkeit ein, auch wenn sie dies nicht aussprechen. Jede Einschätzung ist eine *konstruktive subjektive Leistung*. Über den Grad der *Objektivität dieser Schätzungen*, im Sinne der Unabhängigkeit von subjektiven Bedingungen für die Schätzung bei den Urteilenden, kann deshalb nur durch den Vergleich der Schätzungen unterschiedlicher Personen ein Urteil gefällt werden (testtheoretisch: Intercodierreliabilität als Maß der Übereinstimmung zwischen den Schätzungen unterschiedlicher Beurteiler). Ein Vergleich der Einschätzungen durch mehrere Lehrer findet jedoch in der Unterrichtspraxis nur in Grenzfällen statt. Dagegen werden im Unterricht mit großer Häufigkeit *Einschätzungen der Lehrer, Selbsteinschätzungen der Schüler und Einschätzungen von Schülern durch Schüler miteinander verglichen*. Dies geschieht aber primär unter dem Gesichtspunkt der Differenz zwischen eigenem und fremdem Urteil, in zweiter Linie unter dem Gesichtspunkt des gerechten Urteils gegenüber den Leistungen anderer Schüler, keineswegs aber zur Feststellung des Grades der Unabhängigkeit von subjektiven Meßfehlern. Diese Vergleiche führen aber wegen der geringen Zahl der Urteilenden und der Beteiligung des Betroffenen selbst keineswegs im testtheoretischen Sinne zu objektiven Urteilen. Sie können nur zu einer *Verständigung* über Schätzungen zwischen Lehrer und Schülern führen, *bei der die Subjektivität nicht nur der Schülerurteile, sondern auch der Lehrerurteile stets beachtet werden muß*, insbesondere in der Form, daß keiner für sich in Anspruch nimmt, *unbedingt* objektiv zu sein. Man wird sich dann nicht nur über den Mitteilungssinn eines Urteils verständigen müssen, sondern auch über Bedingungen und Funktionen solcher Urteile.

Die Fremdeinschätzung der Resultate von Lerntätigkeiten durch den Lehrer ist *eine wichtige Form der Pädagogischen Diagnostik*, wenn man sie wie *Klauer* definiert:

"Pädagogische Diagnostik ist das Insgesamt von Erkenntnisbemühungen im Dienste aktueller pädagogischer Entscheidungen (...), sei es einer Planungsentscheidung, einer Handlungsentscheidung, einer Feststellungs- und Bewertungsentscheidung (Beurteilung). (...) Bei der Entscheidung muß es sich aber um eine aktuelle handeln, bezogen auf individuelle Lernende." (*Klauer* 1978, 5f.)

Im Schulalltag ist die Feststellungs- bzw. Beurteilungsentscheidung und die Bewertungsentscheidung *sogar die wichtigste Form der pädagogischen Diagnose*, weil sich die Lehrer zwangsläufig primär und oft sofort mit Aufgabenlösungen beschäftigen, sobald sie Aufgaben gestellt haben. Dabei setzen sie in aller Regel *keine Verfahren* ein, *die nach den Anforderungen der Testtheorie objektiv sind* (von der Aufgabenwahl bis zur Eichung für eine Grundgesamtheit). Statt dessen schätzen sie die Schülerresultate durch subjektive Urteile ein (z.B. "richtig", "deine Beschreibung ist schon sehr genau", "ausgezeichnet"). Sie sprechen dann einem Resultat stets *durch die Anwendung von Sach- und Wertbegriffen bestimmte Qualitäten* zu, d.h. sie verwenden die ihnen jeweils zu Gebote stehenden Begriffe für die *Unterscheidung von Merkmalen, von Ausprägungsgraden der Merkmale und von Wertgraden* der Schülerresultate. Sowohl das Repertoire solcher Begriffe als auch ihre Anwendung sind subjektiv, d.h. nicht durch standardisierte Verfahren unterschiedlicher Art weitgehend unabhängig vom subjektiven Akt der Beurteilung, wie dies z.B. bei der Entscheidung über richtige oder falsche Ankreuzung einer vorher schon als richtig oder falsch festgelegten Mehrfachwahlantwort der Fall ist.

Der Unterschied zwischen der Beurteilung von Prüfungsleistungen und den Urteilen im Interaktionsprozeß des Unterrichts ist in dieser Hinsicht nur ein Gradunterschied, selbst wenn der Lehrer die Prüfungsarbeiten sehr sorgfältig korrigiert, beurteilt und bewertet. Im Unterrichtsverlauf aber wird die durch keinen anderen vertretbare subjektive Verantwortung besonders gut sichtbar, weil ausdrückliche Vorbereitungen für den Beurteilungsprozeß, längere zeitliche Verzögerungen und die Verlagerungen der Verantwortung auf Verfahren und auch auf institutionelle Vorgaben, wie Erlasse, Normenbücher und Richtlinien meist nicht möglich sind.

Für das Faktum, daß die für die Theorie der Leistungsmessungen entwickelten Meßverfahren kaum Eingang in die Unterrichtspraxis gefunden haben, gibt es vor allem zwei Gründe: Alle anderen bis jetzt entwickelten Formen der Diagnose, z.B. die systematische Schülerbeobachtung unter einer Reihe von definierten Kategorien, der standardisierte oder informelle Schulleistungstest, Befragungen oder gar Erhebungen über außerschulische Bedingungen für schulisches Lernen, können schon wegen ihres *Aufwandes* nur von episodischer Natur sein (*Heller* 1984[4]; *Wendeler* 1969). Außerdem können alle diese Verfahren *der Dynamik der ständigen vielfältigen Veränderungen* der Schülertätigkeiten überhaupt nicht oder aber nicht flexibel genug folgen, weil sie sich auf einen eng begrenzten Ausschnitt der geschulten Gesamtaktivität beschränken müssen und weil sie diesen Ausschnitt nicht ständig wechseln können, sondern frühestens nach einem Intervall von einigen Unterrichtsstunden einsetzbar sind. Wie radikal sie Lerntätigkeiten reduzieren, ergibt sich schon daraus, daß sie sich auf eine bestimmte, sorgfältig ausgewählte Menge von Prüfaufgaben festlegen müssen (*Gaude/Teschner* 1973[3], *Fricke* 1972, *Heller* 1984[4]). - *Deshalb ist die subjektive Kategorisierung der jeweiligen auf unterschiedliche Weise faßbaren Resultate von individuellen Schülertätigkeiten nicht nur für die Verständigung über Aufgabenlösungen die wichtigste Form der Diagnose, sondern auch für das Verstehen des individuellen Lernfortschritts* (**M3** u. **6**), wie es in **Teil** II gefordert worden ist.

Die Einschätzung von Schülertätigkeiten durch den Lehrer kann *verschiedene Funktionen* erfüllen, z.B. die politische Funktion des Vergleichs von Lernresultaten in einem Bundesland, die gesellschaftliche Funktion der Berechtigung zum Zugang in eine andere Ausbildungsinstitution oder in einen Beruf, die innerschulische organisatorische Funktion der Zuteilung zu einer bestimmten Lerngruppe, die Funktion der Information der Eltern oder die Funktion der Veränderung der Schnelligkeit des weiteren Vorgehens im Unterricht durch den Lehrer. Es gibt *eine große, nie endgültig festzulegende Zahl von Funktionen der Einschätzungen durch den Lehrer*, weil sie Informationen für die Ausübung sehr unterschiedlicher Aktivitäten liefern. Als Beispiel sei eine auf die Bewertung durch die Note eingeschränkte Unterscheidung von Funktionen von *Zielinski* angeführt, ohne daß ich mich mit ihr an dieser Stelle auseinandersetze (vgl. die Erörterung der Funktionen des Schulunterrichts in **Teil I** und die Unterscheidung von Funktionen der Fremdeinschätzung durch den Lehrer in **Abschnitt 3 dieses Kapitels**):

"Im wesentlichen lassen sich folgende Funktionen, die der Notengebung zugeschrieben werden, unterscheiden:
1. Die Rückmeldefunktion für den Lehrer: Er soll an der Zensurenverteilung ablesen können, wie erfolgreich sein Unterricht war.
2. Die Rückmeldefunktion für den Schüler: Die Note soll ihn informieren, wo er mit seinen Leistungen im Vergleich zu seinen Mitschülern steht.
3. Die Berichtsfunktion: Durch Noten sollen die Eltern der Schüler Mitteilung über den Leistungsstand ihrer Kinder erhalten.
4. Die Anreizfunktion: Zensuren sollen Schüler motivieren, sich mit den ihnen zugedachten Lernstoffen zu beschäftigen.

Theoretische Grundlagen

5. Die Disziplinarfunktion: Mit Hilfe schlechter Noten werden leistungsunwillige Schüler bestraft, in der Hoffnung, sie dadurch zu dem erwünschten Leistungsverhalten zu veranlassen.
6. Die Sozialisierungsfunktion: Durch Zensuren werden die Schulanfänger mit Leistungsnormen in Berührung gebracht, die sich von den bisher in der Familie gültigen individuellen Standards z.T. erheblich unterscheiden. Vor allem erfahren die Schüler, daß es als fair gilt, wenn unterschiedliche Leistungen auch unterschiedlich belohnt werden.
7. Die Klassifizierungsfunktion: Durch unterschiedliche Noten werden Schüler unterschiedlichen Bewertungsklassen zugeordnet. Diese Zuordnung ist eine Voraussetzung für Förderungs- und Selektionsmaßnahmen.
8. Die Selektionsfunktion: Besonders gute und schlechte Schüler sollen mit Hilfe von Zensuren ausgelesen und entsprechenden Institutionen zugeleitet werden.
9. Die Zuteilungsfunktion: Mit ihrer Benotung verteilt die Schule Berechtigungen für den weiteren sozialen Aufstieg ihrer Schüler oder verweigert sie ihnen.
10. Die Chancenausgleichsfunktion: Sie wird von jenen Lehrern wahrgenommen, die besonders benachteiligten Schülern bessere Zensuren erteilen, als es die objektiven Leistungen rechtfertigen würden." (*Zielinski* 1974, 881f.; vgl. auch *Dohse* 1967[2])

Welche *Funktionen die Fremdeinschätzung durch den Lehrer* erfüllen kann, hängt deshalb davon ab, auf welche Tätigkeiten die Fremdeinschätzung des Lehrers bezogen wird. *Funktionen sind keine Naturtatsachen, sondern von Beobachtern hergestellte Beziehungen von Einschätzungen einer Lerntätigkeit zu Tätigkeiten unterschiedlichster Art, zu deren Ausübung sie beitragen können.* Die Erfüllung solcher Funktionen wird entweder angestrebt oder für realisiert gehalten. Die Vielzahl der Funktionen der Fremdeinschätzung von Lerntätigkeiten wird für uns jedoch nicht zum Problem, weil die Orientierung an der Qualifikationsfunktion, d.h. dem Lernen, zu einer radikalen Reduktion auf *Rückmeldefunktionen des Lehrerurteils für das Lernen der Schüler und Beratungsfunktionen für die Kalkulation ihrer Selbstbeurteilung* führt. Diese beiden Gruppen von Funktionen sind die *direkten pädagogischen Funktionen*, weil sie *unmittelbar auf die Kalkulation der Selbsteinschätzung bezogen* sind, die den jeweiligen Lernprozeß abschließt. Von *indirekter pädagogischer Bedeutung* sind dagegen alle Funktionen, die solche Einschätzungen für die Gestaltung des künftigen Unterrichts durch den Lehrer (Schnelligkeit des Vorgehens, Wahl von Lernaufgaben etc.) und für die Unterrichtsorganisation haben (insbesondere für die Zuweisung zu Lerngruppen).

Dieser ganze Zusammenhang der Rückmeldung durch Kriterien und der Beratung der Selbsteinschätzung soll in den folgenden zwei Schritten entfaltet werden: Das **erste Kapitel** konzentriert sich auf die *Hauptfragen der Einschätzungsprozesse: ihre Art, ihren Ort im Lernprozeß und ihre Funktionen.* Das **zweite Kapitel** befaßt sich mit der *praktischen Abwicklung des Prozesses* der Leistungsbeurteilung und der Beratung durch den Lehrer.

Kapitel 1:
Die Schüler benötigen die Fremdbeurteilung durch den Lehrer für die Selbstbeurteilung ihrer Tätigkeiten

In diesem Kapitel geht es um eine möglichst genaue Analyse der Informationsverarbeitungsprozesse in der Fremd- und Selbsteinschätzung von Schülertätigkeiten (1), um die Position dieser Fremd- und Selbsteinschätzung im Gesamtprozeß des Lernens (2) und um die Rückmeldefunktionen, die durch Schätzurteile der Lehrer und Schüler erfüllt sowie um die Beratungsfunktionen, die im Verständigungsprozeß über solche Urteile ausgeübt werden können (3).

(1) Sowohl die Fremdeinschätzung als auch die Selbsteinschätzung besteht aus einer Gruppe von Operationen, durch die den Lernleistungen der Schüler zusätzliche Informationen abgewonnen werden

Die für den Unterricht spezifische Fremdeinschätzung und Selbsteinschätzung haben einen eigenen *Beurteilungsgegenstand* und bestehen aus einer *Gruppe von Operationen* von eigenem Zuschnitt.

Beurteilungsgegenstand sind immer *Schülertätigkeiten*, die bereits vollzogen worden sind. Das impliziert zunächst zweierlei: Jede Einschätzung bezieht sich *auf eine Aktivität zurück (retrospektive Reflexion)* und transformiert den dynamischen Vollzug in einen *statischen Beurteilungsgegenstand (zuständlicher Modus des Gegenstandes der Aufmerksamkeit im Arbeitsgedächtnis*; **M3 u. 6**). Im wörtlichen Sinne des Ausdrucks "stellt sie die Aktivität fest", indem sie die gesamte Aktivität oder Teilaktivitäten, die sich auf einen Sachverhalt richten und an ihm operieren, als Resultat vorstellt (z.B. "Ich habe zwei Schaltungen verglichen." oder: "Ihr habt einen richtigen Schluß gezogen."). Durch die Reflexion auf die eigenen Tätigkeiten können nicht nur Zusammenhänge zwischen ihren Gegenständen, sondern auch zwischen den eigenen Operationen an diesen Gegenständen erarbeitet werden. *Die reflexiv auf kognitive Prozesse gerichteten kognitiven Prozesse führen deshalb nicht nur zu Welterkenntnis*, sondern auch zu *Selbsterkenntnis*. Solche metakognitiven Prozesse haben offensichtlich einen höheren Schwierigkeitsgrad als die jeweils zugrundeliegenden Prozesse (Reflexion auf Rechenprozesse ist schwieriger als die Rechenprozesse selbst). Trotzdem machen sich Schulkinder schon in den ersten Klassen z.B. ein erstaunlich realistisches Bild davon, ob sie sich etwas oft genug eingeprägt haben, um es zu behalten (*Flavell* 1979, 252f.). Für die Reflexion auf die eigenen Aktivitäten gibt es die folgenden notwendigen Voraussetzungen: Die soeben oder schon vor einiger Zeit vollzogene Aktivität muß *erinnert* werden können, was nur möglich ist, wenn sie behalten worden ist. *Ein Gedächtnis vom eigenen Vollzug der Aktivität kann es aber nur geben*, wenn *nicht nur der Gegenstand und die an ihm bearbeiteten Merkmale* (z.B. ein Unterschied zwischen zwei Texten), *sondern auch die Operation* (z.B. ein Vergleichsprozeß) *behalten worden sind*. Das wiederum setzt vor-

Theoretische Grundlagen

aus, daß beim Schüler schon während des Vollzugs, d.h. während sich die Aufmerksamkeit auf einen Gegenstand konzentriert hat (z.B. auf einen niedergeschriebenen Satz und nicht auf die an diesem Satz vollzogenen Prüfoperationen), eine *reflexive Repräsentation* gebildet worden ist. Diese Möglichkeit scheint durch die prinzipielle Möglichkeit der Rückkopplung jeder Nervenaktivität an vorausgehende Nervenaktivitäten (**M3**) gegeben zu sein (vgl. **Teil II, Kap. 3**). Die Güte der reflexiven Repräsentation derjenigen Tätigkeiten, die bei der Lösung einer Lernaufgabe vollzogen worden sind, müßte dann vom Grad der Selbstkontrolle während des Lösungsprozesses abhängen: Je höher der Grad der Selbstkontrolle, desto besser müßten sie erinnert werden können.

Während die Schüler eine innere Repräsentation ihrer Tätigkeiten in einer ausdrücklichen Reflexion auf sie beurteilen können, kann für den Lehrer eine Aktivität des Schülers nur soweit zum Beurteilungsgegenstand werden, wie er sie entweder am Schüler selbst unmittelbar sinnlich wahrnehmen kann (Körperbewegungen aller Art) *oder aber sie ihm vom Schüler durch ein wahrnehmbares Medium symbolisch* (visuell, akustisch, mimisch-gestisch-gesamtkörperlich, taktil) *vermittelt werden.* Er kann deshalb nicht auf ein eigenes Gedächtnis der Aktivität zurückgreifen, sondern muß die Aktivität aufgrund von sensomotorischer Information konstruieren. Das ist nichts anderes als der Prozeß des Fremdverstehens (*Grzesik* 1989).

Die zuständliche Fixierung einer Schülertätigkeit als Beurteilungsgegenstand gilt keineswegs nur für die Beurteilung des Endresultats oder einiger Teilresultate der Aufgabenlösung, sondern für die *Beurteilung jedes Aspektes des Lösungsprozesses*. Die Unterscheidung zwischen Lösungsprozeß und Lösungsresultat ist in der Praxis gut brauchbar, wenn man den relativen Unterschied zwischen einem Resultat und dem Prozeß, der zu diesem Resultat geführt hat, zur Verständigung nutzt. Sie rechtfertigt aber nicht die Auffassung, daß es zu beidem unterschiedliche Zugänge gebe, denn auch die Urteile über den Prozeß "stellen" eine Teilaktivität oder einen Aspekt einer Aktivität "fest". Auf der anderen Seite gilt auch für die Urteile über Resultate, daß sie eine Aktivität "feststellen", nämlich exekutive Operationen, zu denen stets Codierungsoperationen in einem Medium gehören. Erst dieses Medium kann, wie im Falle der Laut- und Schriftsprache, von materieller Natur und dauerhaft sein.

Bei der Rückwendung auf den Prozeß der Bearbeitung irgendeiner Aufgabe ist *zunächst nur ein Resultat dieser Tätigkeit Beurteilungsgegenstand, nicht aber die hinzugelernte Differenz gegenüber früheren Tätigkeiten*. Diese Differenz kann nur *durch intraindividuellen Vergleich zwischen früheren und späteren Tätigkeiten ein und desselben Schülers erfaßt werden*. Der durch einen solchen Vergleich ermittelte *Lerngewinn* darf nicht mit einer Beurteilung der Prozesse, in denen er erzielt worden ist, verwechselt werden, weil er nur zwei u.U. weit voneinander entfernte "Stichproben" miteinander vergleicht. Aber auch dieser reduktive Vergleich ist keinesfalls einfach, weshalb es schwierig ist, den eigenen Lernfortschritt festzustellen.

Nach allem, was bis jetzt über die Schülertätigkeit gesagt worden ist, ist *der Beurteilungsgegenstand grundsätzlich nur unter den Bedingungen von Selbst- und Fremdbeobachtung zugänglich und wird die komplexe Realität des Vollzugs schon durch diese*

Bedingungen radikal reduziert. Einen unmittelbaren und vollständigen Zugang zur Schülertätigkeit gibt es nicht. Schon die Herstellung eines Beurteilungsgegenstandes in Gestalt einer Vorstellung von einer Schülertätigkeit ist eine *konstruktive subjektive Leistung des Lehrers oder des Schülers* und damit alles andere als die pure Spiegelung einer Realität. Außerdem sind von der kompletten Tätigkeit immer nur *Bruchstücke erinnerungsfähig oder in einem Medium gegenständlich zugänglich.* Schon hier findet eine Reduktion statt, die in Urteilen über Schülertätigkeiten ständig berücksichtigt werden muß, indem *nur in bezug auf die jeweils gegebenen Beurteilungsgegenstände geurteilt* wird. Weitergehende Urteile über die gesamte Tätigkeit sind bereits problematische Folgerungen, und *einzelne Beurteilungsgegenstände lassen Urteile über die gesamte Person prinzipiell nicht zu.*

Was auf diese Weise konstruierbar ist, insbesondere der Sinn von Schüleraussagen in Schriftform, wird üblicherweise als *Leistung* bezeichnet, und der Prozeß der Einschätzung als *Leistungsbeurteilung* oder schärfer als *Leistungsmessung.* Ich habe die Bezeichnung "Leistung" bis jetzt bewußt vermieden, weil sie die Auseinandersetzung um das *Leistungsprinzip im Schulunterricht* ausgelöst hat, eine Diskussion, die die wichtigen Probleme der Rückmeldung durch Lehrerurteile weitgehend verstellt hat, weil sie die Lernleistung nur als gesellschaftliche Leistung angesehen hat. *Die Diskussion um die Schulleistung läßt sich sachlich angemessen nur führen, wenn anerkannt wird, daß die Resultate von Schülertätigkeiten eine besonders geartete Teilmenge aller menschlichen Leistungen* ist.

Schülerleistungen sind Lernleistungen. Die Resultate von Schülertätigkeiten sind nämlich allein als *Manifestationen von Lerngewinnen* von Interesse. Als Manifestationen von Lerngewinnen unterscheiden sich Lernleistungen grundlegend von anderen menschlichen Leistungen, weil sie *Selbstveränderungen* darstellen. Lernleistungen sind weder materielle Produkte noch Dienstleistungen, die Veränderungen von Materie, von körperlichen Befindlichkeiten anderer, von Gesetzen, Konfliktlagen und auch von Schülertätigkeiten bewirken. Das haben schon *Kerschensteiner* (vgl. seinen Begriff der "Arbeit im pädagogischen Sinn" 1965[16], 30) und *Montessori* (vgl. ihre Auffassung über die "Arbeit des Kindes" 1964[7], 269) aus ihrer jeweiligen Perspektive gesehen. Diese Selbstveränderungen kommen nicht nur anders zustande, sondern spielen auch im gesellschaftlichen Zusammenleben in vielfacher Hinsicht eine andere Rolle als Produkte und Dienstleistungen:
- Lernleistungen kommen nicht durch Routinen zustande, d.h. durch den Einsatz derselben Fähigkeiten in einer weiteren Zeitspanne mit neuem Kraftaufwand, sondern umgekehrt werden *durch Zeit- und Kraftaufwand erst Fähigkeiten entwickelt.*
- Die Schüler können ihre Lernleistungen *nicht unmittelbar gegen Geld eintauschen,* und Lernleistungen lassen sich auch später nur *mittelbar über die Lebenszeit und die Kraft,* die für die Herstellung von Produkten und für Dienstleistungen zur Verfügung gestellt werden, gegen Geld eintauschen, falls es einen gesellschaftlichen Bedarf für sie gibt.

Theoretische Grundlagen

- Keine Lernleistung, auch die speziellste nicht, hat nur eine bestimmte gesellschaftliche Funktion, sondern *ihre primäre Funktion ist die personale*. Sie kann deshalb auch nie nur von einem sozialen System in Anspruch genommen werden, z.B. medizinische Kenntnisse von einer Arbeit im Gesundheitssystem, sondern eignet sich stets auch als personale Leistung für andere soziale Systeme, z.B. für die Familie. Prinzipiell kann die Lernleistung *in allen sozialen Systemen aktualisiert werden, deren Mitglied der Schüler einmal werden wird*. Das gilt auch dann, wenn sie nicht zu den Mitgliedspflichten gehört. Eine Gleichsetzung von Lernleistung und gesellschaftlicher Arbeit verbietet sich schon deshalb, weil persönliches Lernen und gesellschaftlicher Bedarf an Lernleistungen keineswegs dasselbe sind, sondern in komplizierten Beziehungen zueinander stehen.

Was aber ist nun *kennzeichnend für die Lernleistung selbst*? Ich mache den Versuch, solche Merkmale zu unterscheiden, auf die sich die Operationen der Einschätzung beziehen. Dabei orientiere ich mich zum Teil an einer von *Heckhausen* stammenden Definition des "psychologischen Begriffs der Leistung" (*Heckhausen* 1974, 11f.). In höherem Maße aber liegen eigene Überlegungen über das Verhältnis von komplexen Schülerleistungen und Beurteilungskriterien zugrunde (*Grzesik/Fischer* 1984). Ich definiere nun ohne Umschweife den Begriff "Lernleistung im Unterricht", ohne mich erst auf die Problematik der Begriffe "Tätigkeit", "Handlung", "leistungsthematische Handlung" oder "Lernhandlung" einzulassen, die oft als allgemeinere und damit als umfassendere Aktivitätsklassen angesehen werden (s. dazu die Erörterung des Einheitenproblems für das Lernen in **Teil II**). Ich nehme an, daß für *jede Lernleistung* folgendes gilt:

1. Sie ist ein *bereits erzieltes und in einem Medium gegenständlich zugängliches Resultat einer Lerntätigkeit*. – Das ist die bereits beschriebene grundlegende Form, in der Lernleistungen als Beurteilungsgegenstand gegeben sind. Der resultative Charakter und die mediale Repräsentation gelten auch für Zwischenschritte bei der Lösung einer Lernaufgabe, z.B. für das Erkennen einer Schwierigkeit oder für einen ersten Plan der Sequenz von exekutiven Operationen.

2. *Das in einem Medium gegenständlich zugängliche Resultat gehört zum Lösungsprozeß von Lernaufgaben.* – Deshalb ist die Lernaufgabe *allgemeine Bezugsnorm* für die Beurteilung jeder Lernleistung im Unterricht, weil sie den intendierten Bereich des Lernens *in jedem Falle selbst* bestimmt. Das gilt für jeden Unterricht, nicht nur für die vom Lehrer in der Schule gestellte Aufgabe, sondern auch für außerschulischen Unterricht oder Selbstunterricht. Da in Lernleistungen natürlich auch nichtintendierte Lernresultate manifest werden, ist der Aufgabenbezug eine Eigenschaft, die nur der ganzen oder größeren Teilen der Lernleistung global zugeschrieben werden kann.

3. Als Indikator für Selbstveränderungen müssen Lernleistungen *vom jeweiligen Schüler selbst erbracht* werden. Von anderen erbrachte Leistungen können ihm deshalb nicht zugeschrieben werden. Das schließt Gruppenleistungen als unterrichtsmethodisches Ziel keineswegs aus. Aber Gruppenleistungen können nicht als Lernleistungen den einzelnen zugeschrieben werden.

4. Als Lernleistungen kommen nur solche Resultate von Schülertätigkeiten in Betracht, die unter dem *Gesichtspunkt der Entwicklung durch Lernen* betrachtet werden können. Danach gehören alle Routineleistungen, die nicht für den Zweck des Übens erbracht werden, nicht zu den Lernleistungen. Außerdem ist der *Lerngewinn* ein Selektionskriterium dafür, die Einschätzung auf solche Lernleistungen bzw. Teile von Lernleistungen zu richten, in denen sich angestrebte Lernfortschritte am besten zeigen.

5. An der jeweiligen Lernleistung können so viele *Merkmale* unterschieden werden, wie dem Urteilenden dafür Merkmalsbegriffe zur Verfügung stehen, z.B. "Inhalt", "Wortzahl", "logisch richtig/falsch", "folgerichtig", "vollständig" etc. (s. **Kap. 3**). Diese Merkmale sind *Indikatoren für Fähigkeiten, die für die Produktion dieser Merkmale erforderlich sind*, z.B. ist das Merkmal "Inhalt" Indikator für die Fähigkeit "Aktualisierung bestimmter Wissensbestände" oder das Merkmal "folgerichtig" Indikator für die Fähigkeit, "einen bestimmten Schluß ziehen".

6. Die Merkmale haben einen *Ausprägungsgrad*, der geschätzt werden kann. *Die Schätzung ist ein Vergleichsprozeß des in der Leistung festgestellten Merkmals mit einem der folgenden Maßstäbe*: dem *Ausprägungsgrad des gleichen Merkmals in einer früheren Lernleistung* (intraindividueller Vergleich, genannt "Individualnorm"), mit dem *Ausprägungsgrad des gleichen Merkmals in den Lernleistungen anderer Schüler* (interindividueller Vergleich, genannt "Sozialnorm"), mit dem *Ausprägungsgrad des gleichen Merkmals in einer Zielvorstellung, in einem festgelegten Standard oder in einem als Maß dienenden Sachverhalt* (z.B. der Vergleich mit der Wortzahl des zugrundeliegenden fremdsprachlichen Textes), Vergleich mit einem durch Konvention festgelegten Maßstab für den Merkmalsbereich, genannt "Kriteriumsnorm" oder mit einem Maß in der Sache, genannt "Sachnorm") (*Heckhausen* 1974, 48f.; *Rheinberg* 1980). *Über den in einer Lernleistung erzielten individuellen Lernfortschritt gibt allein die Individualnorm Auskunft.*

7. Einem oder mehreren Merkmalen mit einem bestimmten Ausprägungsgrad kann ein bestimmter *Wertgrad* zugeschrieben werden. Die kontinuierliche Skala des Wertgrades wird normalerweise in einige Stufen eingeteilt, z.B. in sechs Notenstufen. Der Beurteilungspraxis stehen aber Begriffe für zahlreiche Wertgrade zur Verfügung, etwa für Höchstwerte (z.B. "ausgezeichnet", "super") oder für mäßige Leistungen (z.B. "gerade noch erträglich", "kaum noch akzeptabel"). - *Jeder Wertgrad, der einer Lernleistung im ganzen zugeschrieben wird, ist die Summe der je nach Zielsetzung unterschiedlich gewichteten Ausprägungsgrade von Merkmalen der Schülerleistung*. An Schülertätigkeiten ist nämlich für den Beurteilenden *nur das von Interesse, was über die Realisierung von Zielvorstellungen von größerem oder geringerem Gewicht informiert*. So kann z.B. für einen Schüler die Erhöhung seiner Schnelligkeit von vordringlichem Interesse sein. Er mißt deshalb den Zeitaufwand für die Lösung einer Teilaufgabe und bewertet ihn als mehr oder weniger gut. Den Lehrer dagegen interessiert vielleicht die Anwendung einer neuerlich gelernten Lösungsstrategie in eben dieser Teilaufgabe.

Ist das Ziel sehr hoch gesetzt, erreicht kaum jemand hohe Wertgrade. Ist es dagegen niedrig angesetzt, erreichen fast alle hohe Wertgrade. *So ist die Zuschreibung eines Wertgrades gegenüber der Schätzung des Ausprägungsgrades eines Merkmals eine Einschätzung zweiter Stufe.* Während die Schätzung des Ausprägungsgrades durch ein

Theoretische Grundlagen 413

gegebenes Merkmal begründet ist, wird das Niveau des angestrebten Zielniveaus durch Sachverhalte bestimmt, die gegenüber der Lernleistung extern sind. Sie reichen von administrativen Vorgaben über das Anspruchsniveau einer Schule bis zur Begründung durch einen Disziplinierungszweck. Die Subjektivität der Einschätzung ist wegen der Vielfalt, der Diffusität und der weitgehenden Unreflektiertheit der externen und als Maßstab dienenden Sachverhalte besonders hoch. Die Differenz zwischen der Fremdeinschätzung durch den Lehrer und der Selbsteinschätzung durch die Schüler kann deshalb sehr groß sein.

Diesen Unsicherheiten steht der hohe Wert differenzierter Zielvorstellungen für die Einschätzung von Lernleistungen gegenüber. Wer, ob Schüler oder Lehrer, reichhaltige Zielvorstellungen hat, kann deshalb auch an einer Lernleistung viele Merkmale unterscheiden, z.B. die sichere Verwendung von Fachbegriffen ebenso wie die Sicherheit, einen komplizierten Zusammenhang geordnet darzustellen. Wer dagegen immer nur eine bestimmte Kompetenz im Sinne hat, wie z.B. die Beherrschung der Rechtschreiberegeln, der unterscheidet auch an Schülertätigkeiten nichts anderes. *Vielfältige Zielvorstellungen sind deshalb die Voraussetzung für die Differenziertheit der Wahrnehmung von Schülertätigkeiten,* sowohl durch den Lehrer als auch durch die Schüler selbst. Entscheidend für die Selbst- und Fremdwahrnehmung von Schülertätigkeiten ist nämlich stets der Zusammenhang, *daß sich Merkmale dieser Tätigkeiten als Mittel für die Realisierung einer zur Norm gesetzten künftigen Tätigkeit ausweisen.*

Versteht man den Ausdruck "Lernleistung" in diesem Sinne, dann kann er nicht mehr mit gesellschaftlicher Arbeit verwechselt werden und ist er natürlich "handlicher" als die umständliche Formulierung "Resultat von Schülertätigkeiten". Für den Ausdruck "Schülerleistung" gilt dasselbe, weil er "Lernleistung im Schulunterricht" meint.

Wenden wir uns nun der *Einschätzung einer Lernleistung* zu: *Auch sie besteht aus einer spezifischen Gruppe von Operationen.* Durch diese Gruppe von Operationen wird den Schülern vermittelt, welche Einschätzung einer Lernleistung der Lehrer vorgenommen hat. Entsprechendes gilt für die stille Selbsteinschätzung der Schüler ebenso wie für Mitteilungen über ihre Selbsteinschätzungen an den Lehrer oder die Mitschüler.

Die Gruppe der *Einschätzungsoperationen* tritt keineswegs immer vollständig auf, sondern wahrscheinlich sogar meist in reduzierten Formen. Entweder genügt für die Schüler im jeweiligen Fall die eine oder andere Information über ihre Lernleistung. Dann ist die vollständige Einschätzung überflüssig. Oder andere Informationen können schon als bekannt vorausgesetzt werden, weil sie sich aus dem situativen Kontext ergeben, was sehr häufig der Fall sein wird. Ist z.B. vorher schon genau geklärt worden, worauf es bei einer Aufgabe ankommt, dann genügt für ihre Lösung schon ein erfreutes "Ja" oder ein enttäuschtes "Nein" als abschließende Bestätigung der Richtigkeit der Aufgabenlösung und ihrer Bewertung. Andererseits genügt oft ein pures Hinzeigen oder ein einfacher sprachlicher Hinweis, um den Schüler darüber zu informieren, welches Merkmal gemeint ist, in welcher Richtung eine Veränderung erwünscht ist und welchen Wertrang diese Veränderung im Augenblick besitzt. Obwohl in der Praxis offensichtlich solche "Kürzel" überwiegen und durch sie auch in vielen Fällen die erforderlichen Rückmeldeinformationen hinreichend sicher mitgeteilt werden, *muß dem Lehrer in Zweifelsfällen und für ausdrückliche Begründungen die Gruppe der Einschätzungsoperationen differenziert zu Gebote stehen*, weil anderenfalls eine möglichst genaue Verständigung mit den Schülern, besonders in Zweifelsfällen, nicht möglich ist.

1. Die grundlegende Operation des ganzen Schätzvorgangs ist die *Identifikation einer Lernleistung, d.h. ihre Unterscheidung von anderen Lernleistungen und von allem übrigen im Beobachtungsraum des Lehrers*. Das regelt sich z.B. für schriftliche Arbeiten automatisch, wenn die ganze Arbeit gemeint ist. Sobald aber nur ein Teil einer solchen Arbeit der Beurteilungsgegenstand (der Referent des Urteils) sein soll, muß bereits bewußt entschieden und auch gesagt werden, worauf sich die Einschätzung bezieht, damit beim Schüler Mißverständnisse vermieden werden. Weil man selbst weiß, worüber man spricht, setzt man dieses Wissen leicht fälschlich auch beim anderen voraus (*Putnam* 1991). Dies gilt insbesondere, wenn sich Urteile während der Aufgabenlösung auf solche Teile des Lösungsprozesses beziehen, die die Schüler selbst noch nicht unterschieden haben und mit deren Beurteilung sie nicht rechnen. Es darf auch nicht übersehen werden, daß die Identifikation der Lernleistung, auf die sich Einschätzungen beziehen, bereits eine *grundlegende Selektionsleistung* darstellt, weil im Klassenunterricht häufig viele Lernleistungen vorliegen, über die geurteilt werden könnte. - Wenn eine Lernleistung zum Beurteilungsgegenstand gewählt wird, dann bedarf es dazu *Selektionskriterien für die jeweils relevante Schülerleistung*. Solche Präferenzgesichtspunkte können sein: der soziale Gesichtspunkt, daß jeder Schüler einmal berücksichtigt wird, der Gesichtspunkt des vordringlichen Lernresultats oder der Gesichtspunkt, einen für mehrere Schüler problematischen Leistungsaspekt paradigmatisch zu behandeln. Die Operation besteht daher nicht nur aus einer Unterscheidung von Lernleistungen nach beliebigen Gesichtspunkten (Auffälligkeit bei der Schülerbeobachtung, Umfang, persönliches Interesse des Lehrers), sondern aus einer *Unterscheidung nach spezifischen Relevanzkriterien für beabsichtigte Einschätzungen*. Diese Relevanzkriterien sind nichts anderes als *Kategorien für den Bereich, in dem die intendierten Lernresultate liegen*. So wird man für die Schreibschulung schriftliche Lernleistungen und nicht mündliche wählen und für ein Training der Ausdauer nicht die Lösung einer Aufgabe von kurzer Dauer.

2. Wenn der Lehrer einen kompletten Beurteilungsgegenstand pauschal als gut oder schlecht bewertet, dann erhalten die Schüler keine Information, worauf sich die Bewertung in diesem Beurteilungsgegenstand genau bezieht, es sei denn, es gibt eine Absprache darüber, daß z.B. eine bestimmte Verbesserung der Aussprache eines Wortes oder einer Turnübung angestrebt wird. Auch die pure Information "richtig" oder "falsch" für die gesamte Aufgabenlösung ist nur eine pauschale Information über die Erfüllung der Aufgabennorm. Ihr kann nicht entnommen werden, was im einzelnen gelungen oder falsch gemacht worden ist. Mit der Komplexität von Leistungen steigt deshalb der Bedarf an Information, worauf sich das "gut" und "schlecht" sowie das "richtig" und "falsch" beziehen. Dieser Bedarf kann nur durch die *Unterscheidung von Merkmalen mit der Hilfe von Kategorien für relevante Leistungsmerkmale* gedeckt werden, z.B. "Schnelligkeit" (die für die Aufgabenlösung benötigte Zeit), "Reichhaltigkeit" (die Zahl der Daten, Argumente, Wörter etc.), "Differenziertheit" (Zahl der Unterscheidungen in einem definierten Bereich), "Gliederung" (unterschiedene und untergeordnete Teile),

Theoretische Grundlagen 415

"Konsistenz" (formallogische und sachlogische Verbundenheit), "terminologische Genauigkeit" (Zahl der richtig verwendeten Fachtermini). Für diese Operation ist kennzeichnend:
- Welche Merkmale unterschieden werden, das hängt davon ab, welche Tätigkeitsmerkmale verbessert werden sollten. *Maßstab ist demnach das angestrebte Ziel, d.h. Merkmale der in der Zieldefinition antizipierten Tätigkeiten.* Danach ist die Unterscheidung von Merkmalen der Lernleistung von der vorausgehenden Entscheidung für bestimmte Lernresultate als Zielen abhängig. Diese Entscheidung ist wiederum begründet durch die vom Lehrer übernommenen Bewertungen in der jeweiligen Gesellschaft und Kultur, nach denen die Entwicklung bestimmter Tätigkeitsmerkmale höher eingeschätzt wird als die Entwicklung anderer.
- Gewählt werden können *Tätigkeitsmerkmale aller Art, soweit sie gegenständlich zugänglich sind und vom Beurteiler kategorisiert werden können.* Danach sind auch Motive, Pläne, hemmende Emotionen etc. unterscheidbare relevante Merkmale, weil sie zum Gelingen einer Tätigkeit dazugehören und weil auch sie durch Lernen verändert werden können. Der Beurteiler kann sie aber nur unterscheiden, soweit es beobachtbare Indizien für sie gibt und soweit er über Begriffe verfügt, die er zur Kategorisierung (Unterordnen von Leistungsmerkmalen unter einen Begriff) und damit als Kriterien (Unterscheidung eines Merkmals von anderen Merkmalen) verwenden kann. Gewählt werden können damit nur solche Merkmale, die der Beurteiler schon kennt. Das ist nichts anderes als die Differenziertheit seines Wissens von der jeweiligen Tätigkeit.
- Es kann sich um *Merkmale einer einzelnen Tätigkeit, einer Klasse von Tätigkeiten, Tätigkeiten in einem bestimmten Bereich (bereichsspezifische Tätigkeitsmerkmale) oder um Merkmale von Tätigkeiten in vielen Bereichen oder gar aller Tätigkeiten (unspezifische, generelle Tätigkeitsmerkmale)* handeln. Danach können Merkmale mit der Hilfe von Kategorien aller Art, jedes Abstraktheitsniveaus und jedes Umfangs unterschieden werden.
- Wieviele Merkmale jeweils unterschieden werden, hängt nicht nur von der vorliegenden Tätigkeit und dem Tätigkeitswissen des Lehrers, sondern auch von der zur Verfügung stehenden Zeit und von der Verarbeitungskapazität der Schüler für solche Kategorien ab. Daraus ergibt sich generell eine *radikale pragmatische Reduktion der jeweils angewendeten Kategorienzahl auf einige wenige, z.B. eher fünf als fünfzehn* (vgl. *Grzesik/Fischer* 1984). Im folgenden von mir konstruierten Beispiel eines Verbalurteils werden acht Leistungsaspekte für die Einschätzung unterschieden: der Themenbezug, die Ordnung des Argumentationszusammenhangs für eine These, die hierarchische und sachliche Art der Ordnung, die Terminologie, die Differenziertheit und Stringenz der Argumentation und die Regeln der Sprachkonvention:

"Sie haben sich konsequent an das Thema gehalten. Ihre Überlegungen sind sinnvoll als Argumentationszusammenhang für Ihre These geordnet. Die einzelnen Argumente werden nicht nur aneinandergereiht, sondern in eine hierarchische Ordnung (logische Ordnung in dezimaler Gliederung) gebracht, wobei die sachlichen Bezüge zwischen ihnen berücksichtigt werden. Sie bemühen sich um eine möglichst genaue Terminologie. Das ergibt im ganzen eine hochdifferenzierte und stimmige Argumentation. Die Regelverstöße im Bereich der Sprachkonvention (Lexikon, Grammatik, Orthographie und Zeichensetzung) halten sich in Grenzen."

3. Auf die diskriminierenden Operationen folgt die erste Schätzung, nämlich die *Schätzoperation des Ausprägungsgrades der unterschiedenen Merkmale*. Diese Schätzung kann verschiedene Formen besitzen:

Erstens: Sie kann eine *Verhältniszahl innerhalb des Leistungsbereichs* sein (drei von fünf Aufgaben, 15 von 25 Daten). Dann wird der Ausprägungsgrad an der *Aufgabennorm* der Lösung aller Teilaufgaben gemessen. Dieses Verhältnis kann auch durch unbestimmte Größenangaben bezeichnet werden. So geht es im Ausdruck "halten sich in Grenzen" im obigen Beispiel vielleicht um das Verhältnis zwischen richtigem und fehlerhaftem Gebrauch sprachlicher Konventionen, kann aber auch eine generell vom Urteilenden tolerierte Größe oder eine relative Größe gegenüber früheren Leistungen oder den Leistungen anderer gemeint sein. Das als Beispiel angeführte Verbalurteil läßt dies unentschieden.

Zweitens: Sie kann eine *Qualität des unterschiedenen Merkmals* angeben, für die es das Gegenteil gibt und die zusätzlich graduell abgestuft werden kann (s. im Beispiel oben "konsequent", "sinnvoll", "möglichst genau", "stimmig"). Diesen Abschätzungen liegt ein in der Sache liegendes Maß (*Sachnorm*) zugrunde, freilich auch nur, soweit der Lehrer den Sachzusammenhang zuverlässig kennt.

Drittens: *Der Ausprägung eines Merkmals kann selbst ein Grad zugeschrieben* werden. Für die Bezeichnung des Grades kann die in der Umgangssprache vorhandene Terminologie für Gradabstufungen verwendet werden, z.B. "hoch-differenziert" oder "wenig differenziert". Man kann das Kontinuum der Grade aber auch in einer Ratingskala (Skala für die Beurteilung eines Merkmals) mit prinzipiell beliebig vielen, praktisch aber relativ wenigen Graden (z.B. sieben Graden) abbilden und dann die Ausprägung eines Merkmals einem solchen Grad zuordnen. Das ändert an der Schätzung nur soviel, daß eine größere Differenzierung über zwei oder drei Grade hinaus angeregt wird (z.B. statt der drei Grade "hoch" - "mittelmäßig" - "niedrig") und die Abhängigkeit von den relativ wenigen und stets sehr undifferenzierten sprachlichen Ausdrücken in einer Sprache aufgehoben oder wenigstens verringert wird (der Grad "vier" in einer siebenstufigen Skala ist sprachlich nur umständlich zu fassen, z.B. durch "nicht ganz mittelmäßig"). Daß die Vermittlung der Information über Grade durch Stufen einer Skala trotzdem in der Praxis selten anzutreffen ist, hat sicher darin seinen Grund, daß ein solcher Differenzierungsgrad oft nicht möglich oder auch nicht nötig ist. Außerdem läßt sich eine Ausprägung oft noch einmal qualitativ benennen, z.B. statt "gut geordnet" die genauere Beschreibung "bis zur zweiten Dezimale sehr genau logisch und sachlich geordnet", die ungleich informationsreicher ist.

4. Von der Einschätzung des Ausprägungsgrades von Merkmalen der Lernleistung kann die *Notengebung als Einschätzung des Wertgrades* unterschieden werden. Die Note als zweite Form der Schätzung bezieht sich nicht mehr auf bestimmte Merkmale der Leistung, sondern *auf das jeweilige Ganze einer Leistung oder gar aller Leistungen in einem Fach während eines bestimmten Zeitraumes*. Die Note besteht selbst aus einem *puren Wertbegriff* (vgl. *Kraft* 1951) *für einen Wertgrad aus einer Ratingskala von Wert-*

Theoretische Grundlagen 417

graden (z.B. die Noten "sehr gut", "gut", "befriedigend", "ausreichend", "mangelhaft", "ungenügend") ohne jede Information über einen Leistungsaspekt. Mit ihr wird aber keineswegs eine neue Dimension der Lernleistung erfaßt, sondern sie ist nichts anderes als eine *Repräsentation der Summe der Höhe der Einschätzungen aller Ausprägungsgrade von Leistungsmerkmalen.* Sie ist deshalb auf der einen Seite abhängig von den Schätzungen der Ausprägungsgrade. Andererseits *abstrahiert* sie von diesen Schätzungen nur *die Höhen der Ausprägungsgrade,* so daß eine Reihe von niedrigen Einschätzungen eine schlechte Note und eine Reihe von hohen Einschätzungen eine gute Note ergibt. Sie erkauft so ihre Repräsentation der Einschätzung der gesamten jeweiligen Leistung mit dem Verzicht auf die Repräsentation von einzelnen Qualitäten der Leistung. Das macht sie auf der einen Seite informationsärmer im Hinblick auf die Art der Leistung und auf der anderen Seite brauchbarer für *Vergleichsprozesse der Einschätzung sehr unterschiedlicher Leistungen.* Das gilt schon für den Schüler selbst, erst recht aber für alle anderen, d.h. z.B. Eltern und Zulassungsbehörden, die keinen Zugang zu den Lernleistungen mit ihren spezifischen Qualitäten haben. Dieser Unterschied wird oft in der Weise nivelliert, daß entweder die Einschätzung von einzelnen Ausprägungsgraden schon als Einschätzung des Wertgrades der gesamten Leistung verstanden wird oder umgekehrt ein pures Werturteil als Urteil über Grade der Ausprägung bestimmter Leistungsmerkmale. Im ersten Fall handelt es sich um eine unzulässige Generalisierung und im zweiten Fall um den Fehlschluß, daß es von einer Note einen Weg zurück gebe zum Profil der Ausprägungsgrade oder gar dem Ausprägungsgrad bestimmter Leistungsmerkmale. Wenn einige Merkmale hoch ausgeprägt sind, ist damit noch lange nicht gesagt, daß die gesamte Leistung sehr gut ist, und eine Note für sich genommen sagt gar nichts mehr darüber aus, was der Betreffende in dem durch die Note eingeschätzten Leistungsbereich tatsächlich kann.

Die grundlegende Problematik der Schätzoperation der Notengebung liegt offensichtlich im Verhältnis zwischen der Note auf der einen Seite und den Schätzungen der Ausprägungsgrade sowie der gesamten Leistung auf der anderen Seite. Die Schätzungen der Ausprägungsgrade sind gegenüber der gesamten Leistung selektiv, auch wenn zahlreiche Teilaufgaben oder Leistungsaspekte durch Kriterien unterschieden werden. Sie können deshalb eigentlich nicht die Grundlage für den Wert der gesamten Leistung sein. Die Summe aller Einschätzungen müßte aber wenigstens leicht zu errechnen sein, wenn da nicht das Problem des unterschiedlichen Einschätzungsgrades und die Unmöglichkeit der Verrechnung von Zahlen für den Ausprägungsgrad verschiedener Leistungsqualitäten wäre. Die beiden *Unsicherheiten der Generalisierung von einzelnen Beobachtungen auf die gesamte Leistung und der Verrechnung von Gewichtungen von Verschiedenem* machen sich bei jeder ernsthaften Abwägung einer Note als Unbehagen bemerkbar. Trotzdem wagen wir eine Schätzung, weil wir offensichtlich allenthalben, von der Wahrnehmung bis zu höchsten philosophischen Schlüssen ständig mit Unschärfen beträchtlicher Größenordnung umgehen müssen. Solche Schätzungen sind freilich in dem Sinne subjektiv, daß nicht einmal ihr Zustandekommen rational dargelegt werden kann. *Man kann die Ersetzung einer Note durch eine andere für dieselbe Leistung nur durch zusätzliche Schätzungen der Ausprägung von einzelnen Merkmalen oder durch Änderungen von Gewichtungen begründen.*

Wenn die Note etwas aussagen soll über das Verhältnis des Wertes einer Lernleistung gegenüber Lernleistungen, die der betreffende Schüler früher schon erbracht hat, oder zum Wert von Lernleistungen anderer Schüler oder gegenüber einem allgemein geltenden oder angestrebten Standard, dann muß sie *außerdem mit den entsprechenden Vergleichsgrößen (Bezugsnormen) verglichen* werden. Diese Berechnungen erweisen sich als außerordentlich schwierig und sind noch keineswegs zufriedenstellend gelöst (vgl. *Klauer* 1987).

Alle Versuche, den Bewertungsprozeß objektiver zu machen, arbeiten mit Reduktionen, um das Problem lösbar zu machen. Da werden Mehrfachwahlantworten genommen oder relativ gleichwertige Einzelaufgaben, um keine Leistungsaspekte unterscheiden zu müssen, da wird jede richtige Ankreuzung mit einem Punkt belegt, damit keine unterschiedlichen Gewichtungen von Ausprägungsgraden ins Spiel kommen, und dann werden diese Punkte über vereinfachte Normalverteilung in einen Wert transformiert, der dann mit dem Wert anderer Arbeiten vergleichbar ist. Wiederum wird eine immer noch recht geringe Objektivität durch einen beträchtlichen Aufwand und durch den herben Verlust wichtiger Information erkauft. Kein Wunder, daß sich solche Bewertungsverfahren in der Praxis nicht durchgesetzt haben. Statt dessen sollte man anstreben, den subjektiven Bewertungsprozeß, wie oben bereits angedeutet, durchsichtiger zu machen und in selbstkontrollierter Weise zu vollziehen. Davon wird **im nächsten Kapitel** die Rede sein.

5. Von der Einschätzung des Wertgrades muß noch *Lob bzw. Tadel für eine Lernleistung mit bestimmten Merkmalsausprägungen und einem bestimmten Wertrang* unterschieden werden. Lob ist eine *soziale Gratifikation* und Tadel eine *soziale Sanktion*, wenn sie vom Lehrer und in wenigen Fällen auch von anderen Schülern ausgesprochen werden. Bei der Selbsteinschätzung entspricht dem *das Selbstlob und der Selbsttadel*. Lob und Tadel sind keine materiellen Gratifikationen oder Sanktionen, sondern haben die Charakteristik von Symbolen. Diese Symbole vermitteln *Informationen der persönlichen Zustimmung*. Der Lehrer verfügt über keine materiellen Ressourcen, sondern kann nur durch Symbole seine persönliche Wertschätzung zum Ausdruck bringen. Lob und Tadel bilden das letzte Glied in der Kette der Einschätzungen, die damit insgesamt die folgende Form hat: "Du hast beim Lernen diese Leistung erbracht, an dieser Leistung sind die Merkmale a, b, c unterscheidbar und für die angestrebten Ziele relevant, sie haben die Ausprägung l, m, n und in bezug auf die Individual-, Sozial- und/oder Kriteriumsnorm den Wert x, y, z. Das gefällt mir außerordentlich, macht mir große Freude und rechne ich dir hoch an." Lob und Tadel können aus sehr unterschiedlichen Aussagen bestehen, z.B. "jetzt hast Du es geschafft", "das hätte ich nicht für möglich gehalten", "darauf kannst du stolz sein", "Mensch, das ist ja prima". Ihnen wird die Wirkung eines *Verstärkers* zugeschrieben, d.h. eines Mittels, die Behaltenswahrscheinlichkeit zu erhöhen. Diese Wirkung kann durch *Bedürfnisbefriedigung* erklärt werden, hier des sozialen Bedürfnisses auf Anerkennung durch andere. Während die Einschätzung des Wertes an den Bezugsnormen orientiert ist, kann der Inhalt und der Grad von Lob und Tadel *an sehr unterschiedlichen Maßstäben orientiert* sein, z.B. an der geleisteten Anstrengung, an der subjektiven Erwartung des Lehrers, an der persönlichen

Theoretische Grundlagen

Freude an jedem Lernfortschritt (pädagogischer Eros), am Grad der Überraschung, an der persönlichen Zuneigung und auch an momentanen Stimmungen und anderen persönlichen Eigenheiten.

Die Unterschiede zwischen dem primären Verstärker, d.h. dem durch die Angabe des Ausprägungsgrades und des Wertes attestierten Erfolg bzw. Mißerfolg einer Tätigkeit, *und dem sekundären Verstärker*, d.h. der Belohnung für Erfolg und der Bestrafung für Mißerfolg, *werden in der Theorie keineswegs immer klar auseinandergehalten.* Sie werden auch in der Praxis oft verwischt, weil die vorausgehenden hohen bzw. positiven Schätzungen gleichsam im Kurzschluß schon als Lob bzw. die niedrigen und negativen Schätzungen als Tadel verstanden werden. Anderseits werden Lob und Tadel ebenso kurzschlüssig mit Leistungsausprägungen und Leistungsbewertungen in eins gesetzt. Dem Lob und dem Tadel kann der Schüler also sowohl Information über soziale Zuwendung zuschreiben als auch über seinen Leistungsstand:

"Sie können einmal als sozialer Verstärker wirken. Sie können aber auch als Informationsquelle dienen und dem Schüler Rückmeldung über die Güte seines Resultates geben und ihn dabei erfahren lassen, was in der Fremdperspektive sanktionswürdig ist und was nicht." (*Rheinberg* 1980, 97)

Diese Mehrdeutigkeit resultiert daraus, daß sich Lob und Tadel *nicht nur pauschal auf die gesamte jeweils aktuelle Lernleistung* beziehen wie schon die Bewertung, sondern außerdem noch deutlich die *persönliche Billigung bzw. Mißbilligung des Urteilenden* zum Ausdruck bringen. Das führt dazu, daß die Schüler auch ihrerseits bei der Interpretation der Information des Tadels die Person des Urteilenden voll in Rechnung stellen. Das kann zu paradoxen Resultaten führen, wie es das folgende Untersuchungsergebnis zeigt:

"Betrachtet man die Befunde zusammenfassend unter dem Aspekt unserer Hypothesen, dann wirkt sich in diesem Experiment die Sanktion nur auf die Beurteilung des eigenen Leistungsstandes im Vergleich zu einer anderen Person aus. Tadel führt zu einer positiveren Beurteilung als kein Tadel ("Tadel für Mißerfolg, insbesondere bei sehr schweren Aufgaben, kann daher besagen, daß die sanktionierende Person die Fähigkeit des Handelnden als sehr hoch beurteilt" - eingefügt von *Meyer/Engler/Mittag* 1982, 265 - J.G.). Derartige Wirkungen von Tadel sind sicherlich nicht in jeder Situation zu erwarten. Wenn man zum Beispiel - wie in der Bedingung 'ohne Testauswertung' - glaubt, daß die sanktionierende Person den Leistungsstand bzw. die Fähigkeit der sanktionierten Person nicht beurteilen kann, dann hat Tadel diese Wirkung nicht. Oder wenn zum Beispiel ein Lehrer jeden Schüler in seiner Klasse für Mißerfolg tadelt, dann führt das wohl nicht zu Schlußfolgerungen darüber, wie der Lehrer über die Fähigkeit eines besonderen Schülers denkt, sondern vermutlich zu Schlußfolgerungen über Eigentümlichkeiten des Lehrers.
Die hier und an anderer Stelle *(Meyer & Plöger*, 1979; *Meyer et al.,* 1979) berichteten Befunde zeigen aber, daß Sanktionsverhalten unter bestimmten Bedingungen dem Handelnden darüber Auskunft geben kann, wie die sanktionierende Person seine Fähigkeiten einschätzt und dann die Selbstwahrnehmung des Handelnden beeinflussen kann. Lob kann zur Wahrnehmung niedriger und Tadel zur Wahrnehmung hoher eigener Tüchtigkeit führen. Sanktionen können daher Wirkungen haben, die aus der vorherrschenden

Perspektive betrachtet paradox erscheinen; denn in der Regel werden positiven und negativen Sanktionen entsprechend positive und negative Wirkungen auf Erwartungen, Affekte und Verhalten zugeschrieben." (*Meyer/Engler/Mittag* 1982, 274f.)

Weil Lob und Tadel primär eine persönliche Zuwendung des Lehrers sind, sind sie in dem Sinne subjektiv, der dem alltäglichen Verständnis entspricht. Hierin liegt einerseits der Nachteil, daß sie stärker von persönlichen Gesichtspunkten als von Gegebenheiten der Leistung bestimmt sein können. Unter dem Gesichtspunkt der Objektivität sind sie deshalb hochproblematisch und *führt die alleinige Rückmeldung über Lob und Tadel zu einer radikalen Reduktion der ganzen Einschätzungsinformation auf eine ganz persönliche, d.h. nicht sachlich begründete, Auszeichnung.* Werden beide angemessen behandelt, dann können sie aber in einem emphatischen Sinn zu pädagogischen Operationen werden, weil sich über sie die Lehrerpersönlichkeit zur Geltung bringen kann. Dabei kommen Wechselseitigkeiten der persönlichen Einschätzung zwischen Lehrer und Schüler ins Spiel, die sich positiv oder auch negativ auswirken können, auf die ich im **nächsten Abschnitt** noch einmal zurückkomme. Nur wenn der Lehrer auch diese Wechselseitigkeiten noch in Rechnung stellt und nicht einfachen Rezepturen ("wenn..., dann...") folgt, kann es zu einem Informationsaustausch kommen, der zu angemessenen Selbsteinschätzungen der Schüler führt.

6. Zu allen Operationen, durch die Urteile über Lernleistungen erzielt werden, kommen *Operationen für die Herstellung einer Mitteilungsform* hinzu. Während für verkürzte Rückmeldeprozesse alle nichtverbalen medialen Vergegenständlichungen eine große Rolle spielen, ist für alle differenzierten Rückmeldungen nur das Medium der mündlichen und schriftlichen Sprache geeignet. Angesichts des im Durchschnitt sehr geringen Umfangs solcher Mitteilungen kommt es dabei weniger auf die Grammatik als *auf einen möglichst großen Wortschatz für Leistungsaspekte und die ihnen zugeschriebenen Schätzwerte* an.

Will man die Schüler möglichst differenziert über die Einschätzung ihrer Leistungen informieren, dann muß man sich dessen bewußt sein, daß die einzelnen Operationen unterschiedliche Informationen erzielen. Die Verwischung der Differenzen zwischen den Informationsarten besitzt die *Vorteile einer möglichst ununterschiedenen Gesamtinformation*, nämlich insbesondere die Vorteile des geringen kognitiven Aufwandes und der Schnelligkeit. Die Unterscheidung zwischen verschiedenen Informationsarten aber erlaubt es, den Schülern *unterschiedliche Rückmeldungen zu vermitteln, die für ihre Selbsteinschätzung* (**M10** u. **11**) *Bedeutung sind*. Nur differenzierte Urteile lassen sich auch differenziert weiterverarbeiten (s. dazu das **nächste Kapitel**).

Die Struktur der Einschätzung von Lernleistungen spricht eindeutig für die *hohe subjektive Selektivität* dieses Prozesses. Die *Subjektivität* tritt mit jeder Operation sowohl des Lehrers als auch des Schülers ins Spiel. Dasselbe gilt für die *Selektivität*, weshalb alle selbstbezüglichen und fremdbezüglichen Urteile nie auf die Totalität der Merkmale einer Lernleistung bezogen sind, sondern immer nur auf bestimmte Merkmale (*Grzesik/Fischer* 1984). - Der Fehler, solche Urteile auf die Totalität einer Lernleistung, darüber hinaus auf die volle Aufgabenlösung oder gar auf die Totalität der Person, die die beurteilte Lernleistung erbracht hat, zu beziehen, ist naheliegend und tritt massenhaft

Theoretische Grundlagen 421

auf. Der systematische Grund dafür ist die außerordentliche Schwierigkeit und der große Aufwand, immer genau zu sagen, worauf sich das Urteil bezieht (vgl. *Putnam* 1991). Die allgemeine menschliche Tendenz, möglichst schnell zu generalisieren, ist sicher ein weiterer wichtiger Grund. Dafür scheint es in der Kommunikation über Wertungen und ihre Begründung durch Urteile noch besondere Zwänge zu geben:

> "In umgangssprachlichen Kommunikationen, vor allem solchen kontroverser Art, werden sehr leicht und sehr rasch *Perfektionsvorstellungen* assoziiert; immer dann wenn Geltungsansprüche zur Diskussion stehen oder Begründungen eingefordert werden, liegt es nahe, Sprachsymbole in einem Sinne zu verwenden, der Vollkommenheit und Maßgeblichkeit impliziert mit der doppelten Möglichkeit, zugleich zu begründen und zu kritisieren: Gott, Reform, Gerechtigkeit, Liebe, Wahrheit, Demokratie, Freiheit usw. Die im Prinzip der Perfektion liegende ambivalente Möglichkeit des Begründens *und* Kritisierens ist auf eine standpunktbezogene Auflösung angelegt, ja angewiesen: Man begründet sich selbst und kritisiert den anderen." (*Luhmann* 1990[10], 334f.).

Solche Fehler sind pädagogisch höchst problematisch, weil Lehrer wie Schüler aus einer falschen Annahme über den Geltungsbereich eines Urteils auch falsche Folgerungen ziehen können, die für den Beurteilten meist sehr folgenreich sind.

Wenn die subjektive Selektivität im Schätzprozeß selbst begründet ist, dann kann sie auch nicht durch die *Eliminierung subjektiver Meßfehler*, wie Reihenfolge-Effekt (Abhängigkeit von der Position einer Leistung in der Reihenfolge der zu beurteilenden Leistungen), Halo-Effekt (Schluß von der Leistungshöhe in einem Bereich auf die Leistungshöhe in einem anderen) oder Milde-Effekt (generelle Tendenz zu höheren Einschätzungen) u.a.m. behoben werden (*Ingenkamp* 1989[8]). *Die individuellen Differenzen in der Gruppe der Schätzoperationen lassen sich grundsätzlich nicht vermeiden.* Das gilt schon für die beiden Identifizierungsoperationen, erst recht aber für die Schätzoperationen. Es gilt natürlich auch für die sprachlichen Operationen. Selbst die standardisierten Schulleistungstests sind keine brauchbare Möglichkeit dafür. Bei den sogenannten objektiven Tests wird der subjektive Einfluß der Fremdbeurteilung auf die Auswahl der Mehrfachwahlaufgaben und auf das Auszählen von richtigen und falschen Wahlen verschoben und reduziert. Da dem Schüler nicht einmal seine einzelnen richtigen oder falschen Wahlen, sondern nur ein aus diesen Wahlen errechneter relativer Wert in der Lerngruppe mitgeteilt wird, ist die Rückmeldeinformation auf einen puren Gesamtwert nach der Sozialnorm geschrumpft. Eine solche Form der Leistungsmessung erkauft die hohe intersubjektive Objektivität (Korrelation zwischen den Auswertungen durch verschiedene Auswerter bei 0.94) mit einer so radikalen Reduktion, daß sie nicht einmal für reine Prüfzwecke ohne Rückmeldung an die Schüler geeignet sind, weil sie für die tatsächlichen Leistungen zu wenig informativ sind.

Objektivität wird immer nur für den Zweck der Vergleichbarkeit von Lehrerurteilen angestrebt. Als Grund für das Streben nach Objektivität wird die *Urteilsgerechtigkeit* in den Vordergrund geschoben. In der täglichen Unterrichtspraxis aber hat es der Schüler immer nur mit den Urteilen eines Lehrers zu tun und steht der Vergleich mit dem Urteil anderer Lehrer überhaupt nicht zur Debatte. Die *Grundlast der Fremdeinschätzung durch den einzelnen Lehrer* würde auch dann nicht tangiert, wenn die Prüfungsarbeiten den Kriterien der objektiven Leistungsmessung entsprächen. Für jeden Schüler ist es deshalb von allergrößter Bedeutung, *auf welche Aspekte seiner Lernleistungen er durch seinen jeweiligen Lehrer aufmerksam gemacht wird*. Das aber hängt völlig von den persönlichen Leistungen der Lehrer ab, die ihm auf seinem Lebensweg begegnen. Diese subjektiven Leistungen können durch kein noch so gutes Beurteilungsverfahren ersetzt werden. Wenn es keine gleich guten Beurteilungen durch Lehrer geben kann, dann kann es auch keine Urteilsgerechtigkeit im abstrakten Sinne der völligen Unabhängigkeit von den Beurteilern geben, sondern nur ein historisches biographisches Schicksal der kontingenten Lehrerurteile, d.h. von Urteilen, die auch anders hätten ausfallen können. Es kommt deshalb alles darauf an, *wie gut, d.h. wie kompetent für differenzierte Identifizierung und Schätzung, der jeweilige Lehrer ist* (vgl. zur Differenz zwischen den Urteilen von Studenten ohne Urteilspraxis und erfahrenen Lehrern *Grzesik/Fischer* 1984, 118 f.). Je höher diese Kompetenz ist, desto höher ist dann auch die Objektivität, d.h. die Vergleichbarkeit zwischen den Beurteilern (*Grzesik/Fischer* 1984, 136f.). Diese Kompetenz kann sich nicht nur während der Beurteilungspraxis durch ständiges reflektiertes Bemühen entwickeln, sondern ist auch durch die Einübung bestimmter Verfahrensschritte (dazu mehr im **nächsten Kapitel**) schulbar. Eine Erhöhung der Objektivität kann deshalb nicht durch die mechanische Anwendung sogenannter objektiver Meßverfahren erzielt werden, sondern nur durch die *Erhöhung der subjektiven Urteilskompetenz*. Wenn dies zutrifft, dann liegt auch die *volle Verantwortung für die Einschätzung der Schülerleistungen beim einzelnen Lehrer und dessen Schulung*.

Angesichts dieser Sachlage erstaunt *das große Interesse an der objektiven Leistungsbeurteilung*. Erklärbar ist es nicht nur aus dem Wunsch nach Leistungsgerechtigkeit, sondern auch aus dem gesellschaftspolitischen und dem administrativen Interesse der *Vergleichbarkeit oder gar Gleichheit*, d.h. dem Interesse des bürokratischen Zentralismus und dem sozialistischen Interesse. - Während in der Bundesrepublik in hitzigen ideologischen Auseinandersetzungen eine reine Lösung des Beurteilungsproblems gesucht wurde, haben sich andere westliche Staaten, auch das testgläubige Amerika, längst einer differenzierten und pragmatischen Behandlung der Schätzung von Lernleistungen zugewendet, die zu viel reichhaltigeren und auch zuverlässigeren Einschätzungen im Sinne der testtheoretischen Gütekriterien "objektiv", "reliabel" und "valide" kommt, als dies in unserem Bildungswesen der Fall ist. - Voraussetzung dafür ist allerdings die grundsätzliche Anerkennung und nicht die Verteufelung der Subjektivität der Einschätzung. Was in unserer Gesellschaft mit der größten Selbstverständlichkeit von jedem Klavierlehrer und jedem Sporttrainer erwartet wird, nämlich die sorgfältige gezielte subjektive Einschätzung nach jedem Versuch, das sollte man prinzipiell auch von jedem Lehrer erwarten können, dem es um die ständige Verbesserung der Aktivitäten seiner Schüler geht.

Theoretische Grundlagen 423

(2) Die Fremd- und Selbsteinschätzung der Lösung von Lernaufgaben ist ein notwendiger Teilprozeß des Lernens im Gesamtvollzug der Lerntätigkeit

Schon während der Lösung einer Aufgabe und erst recht nach dem Abschluß des Lösungsprozesses mit einem Endresultat haben die Schüler das dringende Bedürfnis, zu erfahren, ob die jeweils bereits erzielten Resultate richtig sind. Dieses Bedürfnis resultiert aus der prinzipiellen Unsicherheit der von ihnen konstruktiv hergestellten Zusammenhänge, weil sie entweder ganz neu sind oder ihre Sicherheit noch nicht durch Erfahrung hinreichend groß geworden ist. Das ist *die mit jedem Lernen unaufhebbar verbundene Ungewißheit, ob überhaupt ein Lernzuwachs erzielt worden ist,* und keinesfalls nur eine Frage der gesellschaftlichen Angepaßtheit des Gelernten. Sie gilt ebenso für eine neue Vokabel oder einen neuen Handgriff wie für einen kompletten neuen Lösungsprozeß in einer neuen Klasse von Aufgaben (eine Form des Aufsatzes, eine Klasse von Gleichungen). Mit diesem Bedürfnis ist das zweite Bedürfnis verbunden, zu erfahren, *wie gut das Ergebnis ist.* Selbst wenn ein Resultat bereits als vollständig richtig beurteilt worden ist, möchte man wissen, wie hoch der Wert des Resultats eingeschätzt wird. Auch die *Unsicherheit des Wertes ist unaufhebbar mit dem Lernen verbunden,* weil der Wert bestimmter Lernresultate von der Wertschätzung anderer abhängig, d.h. gesellschaftlich und historisch relativ ist. Eine Befriedigung beider Bedürfnisse kann der Schüler nur durch die Erarbeitung zusätzlicher Information erzielen. Sie besteht aus der *Integration von Fremd- und Selbsteinschätzungen in einer resultierenden eigenen Einschätzung der jeweiligen Lernleistung.* Dafür ist eine reflexive Verarbeitung erforderlich, die zu den Kontroll- und Steuerungsprozessen der Handlung gehören (vgl. *Kluwe* 1982, *Kuhl* 1983 und besonders *Heckhausen* 1980, 566f.)

Dieser Prozeß bildet ein *Zwischenglied* zwischen der jeweils bereits vollzogenen Aufgabenlösung und der zu einem künftigen Zeitpunkt erfolgenden Übernahme einer neuen Aufgabe (**M1**). Das *Ergebnis des Kalküls der Einschätzung der Lösung einer Aufgabe* wird *in künftige Kalkulationen der Bereitschaft, eine Lernaufgabe zu lösen, eingearbeitet* (**M4, 5, 10** u. **11**). So entsteht ein ständig wiederkehrender *Zyklus aus nachfolgendem Kalkül der Einschätzung einer Lernleistung, vorausgehendem Kalkül der Bereitschaft zur Lösung einer neuen Aufgabe und wiederum nachfolgendem Kalkül der Einschätzung ihres Resultats. Das ist die Position der Einschätzung der Lernleistung im Prozeß der aufeinanderfolgenden Lösungen von Lernaufgaben* (**M8** u. **9**).

Diese aktuellen Prozesse werden ihrerseits *gesteuert durch langfristig erworbene und stabilisierte Konzepte und Emotionen von sich selbst, den Selbstkonzepten und den Selbstwertgefühlen* (**M11**). Die Selbstkonzepte oder Selbstschemata kann man sich als "hierarchisch organisierte Wissensstruktur im Langzeitgedächtnis" vorstellen, "die die Verarbeitung von selbstrelevanten Informationen sowohl erleichtert als auch in bestimmte Richtung lenkt, d.h. selektiv beeinflußt." (*Stahlberg/Osnabrügge/Frey* 1985, 110). *Epstein* beschreibt diese Struktur der Selbstkonzepte so:

> "Wie jede Theorie besteht auch eine Selbsttheorie aus der hierarchischen Anordnung von Postulaten unterschiedlicher Ordnung. Ein Postulat unterster Ordnung ist die relativ enge Generalisierung einer unmittelbaren Erfahrung. Solche Postulate werden zu übergeordne-

ten Postulaten zusammengefaßt und diese wiederum zu noch weiter übergeordneten. Ein Beispiel für ein Postulat unterster Stufe ist "Ich bin ein guter Tischtennisspieler", ein Beispiel für ein Postulat höherer Ordnung ist "Ich bin ein guter Athlet". Offensichtlich können Postulate unterer Ordnung ohne ernsthafte Konsequenzen für die Selbsttheorie widerlegt werden, da sie kaum andere Aspekte einschließen. Die Widerlegung eines höherstufigen Postulats ist hingegen von deutlicheren Konsequenzen, da eine Reihe anderer Postulate mitbetroffen ist. Glücklicherweise stellen Postulate höherer Ordnung so breite Generalisierungen dar, daß sie einer unmittelbaren Testung an der Realität nicht unterworfen sind und deshalb nicht so leicht entkräftet werden können. Sie sind vielmehr von entscheidendem Einfluß darauf, welche Erfahrungen ein Individuum aufsucht und wie es diese interpretiert. Insofern scheinen Postulate höherer Ordnung häufig die Funktion von 'sich selbst erfüllenden Prophezeiungen' zu besitzen." (*Epstein* 1984[2], 16)

"Die Selbsttheorie stellt zusammen mit der Umwelttheorie die Realitätstheorie einer Person dar, welche dem gesamten konzeptuellen System der Person entspricht. Diese Theorie wird nicht um ihrer selbst willen konstruiert, sondern sie dient drei grundlegenden Funktionen. Diese sind (1) die Assimilation von Erfahrungsdaten, (2) die Erlangung einer günstigen Lust-Unlust-Balance und (3) die Aufrechterhaltung der Selbstwertschätzung." (*Epstein* 1984[2], 42)

Die *Selbstwertgefühle* stehen in Wechselbeziehungen mit dem Selbstkonzept. Es handelt sich bei ihnen um "selbstbewertende Emotionen wie Zufriedenheit oder Unzufriedenheit mit sich selbst oder ähnliche Emotionsarten wie Stolz auf sich selbst oder Beschämung und Ärger über sich selbst" (*Heckhausen* 1980, 571). Sie repräsentieren ganzheitlich die in einem bestimmten Grad positiv oder negativ selbstbewerteten eigenen Aktivitäten und Konzeptualisierungen des Selbst. Aufgrund der Repräsentation bewerteter Ganzheiten leisten sie auch eine ganzheitliche Steuerung des Handelns, z.B. die Bereitschaft oder die Verweigerung von Aktivitäten. *Epstein* beschreibt den Zusammenhang zwischen Selbstkonzept und Selbstwertgefühl so:

"Im Gegensatz zu anderen Selbstkonzept-Theorien, welche das Streben nach interner Konsistenz im Selbstkonzept und nach Erhöhung des Selbstwertgefühls als ein einziges Bedürfnis postulieren, werden beide im Rahmen der vorgelegten Theorie als voneinander unabhängige und miteinander konfligierende Bedürfnisse betrachtet. Normalerweise wird ein Individuum seine Realitätstheorie um jeden Preis verteidigen, da es ohne sie lebensunfähig wäre. Deshalb werden Mechanismen nicht nur zur Verteidigung des Selbstwertes (wie etwa die Leugnung unakzeptabler Impulse im Sinne der Psychoanalyse), sondern auch Mechanismen zur Erhaltung der Geschlossenheit des konzeptuellen Systems eingesetzt. Oft dominiert das Bedürfnis nach Erhaltung des konzeptuellen Systems gegenüber dem Bedürfnis nach Lustgewinn oder nach Erhaltung des Selbstwertgefühls. (...)
Emotionen sind eng verknüpft mit der Realitätstheorie einer Person, weil die Theorie ursprünglich als konzeptuelles Werkzeug zur Maximierung von Lust und Minimierung von Unlust entwickelt wurde. Sobald das konzeptuelle System entwickelt ist, determiniert es Emotionen: hinter jeder Emotion verbirgt sich eine Kognition. Dementsprechend stellen Emotionen die via regia zu den impliziten Postulaten einer Person dar." (*Epstein* 1984[2], 42f.)

Theoretische Grundlagen 425

Über die *Bedeutung eines positiven Selbstwertgefühls von der gesamten eigenen Person* gibt es die folgenden beiden Grundannahmen, die durch zahlreiche Ergebnisse von Einzeluntersuchungen gestützt werden: 1. "Menschen sind grundsätzlich motiviert, ihr Selbstwertgefühl zu schützen bzw. zu erhöhen", 2. "dieses Bedürfnis nach Selbstwertschutz und Selbstwerterhöhung ist um so stärker, je niedriger das akute Selbstwertgefühl einer Person, d.h. je weniger ihr Bedürfnis nach möglichst positiver Selbstbewertung erfüllt ist" (*Stahlberg/Osnabrügge/Frey* 1985, 79). "Informationen, die das Selbstkonzept tangieren" und das "Selbstwertgefühl stabilisieren, erhöhen oder herabsetzen" können, werden deshalb in den folgenden beiden Formen verarbeitet: 1."Personen suchen selektiv nach positiven Informationen über die eigene Person und vermeiden die Auseinandersetzung mit selbstwertbedrohlichen Rückmeldungen", 2. "Personen reagieren affektiv und kognitiv positiver auf für sie schmeichelhafte Informationen als auf selbstwertbedrohliche Rückmeldungen. D.h. zum Beispiel, sie bewerten Informationen der ersten Art als glaubwürdiger, zutreffender und akzeptabler und finden den Sender sympathischer verglichen mit ihren Reaktionen auf die eigene Person abwertende Informationen." (*Stahlberg/Osnabrügge/Frey* 1985, 80).

Die resultierende Selbsteinschätzung einer einzelnen Lernleistung durch die Schüler beeinflußt demnach nicht nur direkt die künftige Kalkulation der Übernahme neuer Aufgaben durch Erhöhung oder Senkung des Anspruchsniveaus für die angestrebte Lösung, sondern viel stärker und ausschlaggebend *mittelbar über ihr langfristig entwickeltes Selbstkonzept und Selbstwertgefühl*. Beide fungieren als generelle und deshalb allem Anschein nach *sehr stabile Kriterien für relevante eigene Lernleistungen, für relevante Leistungsmerkmale sowie für die Einschätzung ihrer Ausprägung und ihres Gesamtwertes*. Ja, sie enthalten *auch die generellen Kriterien für Selbstlob und Selbsttadel* (**M4, 5, 10 u. 11**). Sie können ebenso zu einer für das weitere Lernen günstigen Verarbeitung der Fremdeinschätzung des Lehrers beitragen wie zu einer ungünstigen. So kann z.B. bei einigen ein überaus positives Urteil eines von ihnen als wenig kompetent eingeschätzten Lehrers ohne Einfluß auf ihre Selbsteinschätzung bleiben, während andere ohne die Relativierung durch die dem Lehrer zugeschriebene geringe Kompetenz ihre Selbsteinschätzung nach oben korrigieren. *Die einzelnen resultierenden Selbsteinschätzungen werden*, nach den in **Teil II** angenommenen Gesetzmäßigkeiten des Lernens (**M3 u. 6**), *dynamisch das langfristig erworbene, relativ stabile allgemeine Selbstkonzept und Selbstwertgefühl verändern*. Diese Entwicklung kann zu Konzeptualisierungen und emotionalen Repräsentationen der eigenen Lernmöglichkeiten führen, die für das weitere Lernen optimal sind. Sie kann aber auch eine Richtung einschlagen, die für das künftige Lernen ungünstig ist, bis hin zu einer kontraproduktiven totalen Blockade (vgl. *Rogers* 1979[3]). Diesen Zusammenhang muß der Lehrer berücksichtigen, wenn er seine Aufgabe nicht schon als erfüllt ansieht, sobald er den Schülern seine Einschätzung mitgeteilt hat, sondern seine Funktion auch noch auf den Prozeß der Verarbeitung seiner Einschätzung durch die Schüler ausdehnt, indem er die Schüler dabei berät.

Bei dieser Beratung geht es nicht mehr um die Vermittlung von Information über ihre Leistungen, sondern *nur noch um Information für die Prozesse der Selbsteinschätzung. Diese selbständige Verarbeitung wird in einem Kalkül vorgenommen, in dem die Infor-*

mationen, die für die Selbsteinschätzung relevant sind und über die die Schüler jeweils verfügen, miteinander verbunden werden. Sie bestehen aus dem jeweils bereits entwickelten Selbstkonzept und Selbstwertgefühl sowie aus den aktuellen eigenen und vom Lehrer erhaltenen Informationen über die jeweilige Lernleistung. Die Beratung kann sich auf alle Zusammenhänge in diesem Kalkül erstrecken. Die pädagogische Bedeutung dieser Beratung kann kaum überschätzt werden, weil sich in diesen Kalkülen eine *Selbsteinschätzung der eigenen Lernmöglichkeiten* entwickelt, die *von lebenslanger Bedeutung* sein kann.

Die Struktur der Zusammenhänge des aktuellen Kalküls der resultierenden Selbsteinschätzung ergibt sich aus der Position jeder Einschätzung einer Lernleistung im Gesamtzusammenhang der vorausgehenden Prozesse der Lösung einer Lernaufgabe und dem nachfolgenden Prozeß der Entscheidung für die Bearbeitung einer neuen Lernaufgabe. Jetzt geht es zunächst nur um diese Struktur und noch nicht um die Gestaltung der Verständigungsprozesse über den Kalkül, der ich mich im **nächsten Kapitel** zuwende.

Der Zusammenhang, in dem jede Einschätzung eines von ihnen selbst erzielten Lernresultats für die Schüler steht, besteht *rückwärts gerichtet* aus der Kalkulation des Wertes der Aufgabenlösung und *vorwärts gerichtet* aus der Kalkulation der Bereitschaft für die Lösung einer neuen Aufgabe. Auch beim rückwärtsgerichteten kommt die Zukunft ins Spiel, und zwar in Gestalt von Zielen, die früher ins Auge gefaßt worden sind und über das Ziel, die Aufgabe zu lösen, hinausgehen. Beim vorwärtsgerichteten gilt diese Überschreitung des Bereiches der jeweiligen Aufgabenlösung für die ganze bisherige Geschichte als Lernender, soweit sie im einzelnen erinnert werden kann oder sich in Selbstkonzept und Selbstwertgefühl "niedergeschlagen" hat. An dieser Stelle der Überlegungen kann es nur um die *Selbsteinschätzung am Ende des Zyklus, genauer: nach dem Vollzug von Lösungsprozessen von Lernaufgaben,* gehen (**M10 u. 11**). Die Kalkulation der Übernahme einer Lernaufgabe geschieht vor ihrer Lösung und ist dementsprechend früher (in **Teil IV**) behandelt worden (**M3, 4 u. 5**).

Bei der *Kalkulation der resultierenden Selbsteinschätzung* scheinen nach dem derzeitigen Kenntnisstand die folgenden Komplexe eine Rolle zu spielen: 1. die Einschätzung der Lernleistung selbst, die, wie eben dargestellt, strukturgleich mit der Fremdeinschätzung ist, 2. der Vergleich zwischen dem angestrebten Anspruchsniveau der Aufgabenlösung und dem tatsächlich erzielten, 3. der Vergleich zwischen Fremdeinschätzung und Selbsteinschätzung, der zu einer resultierenden Selbsteinschätzung oder aber einer nicht behobenen Diskrepanz zwischen ihnen führt, 4. die Erklärung von Erfolg oder Mißerfolg durch ihre Zuschreibung zu bestimmten Ursachen (Kausalattribuierung), 5. der Vergleich des erzielten Erfolges bzw. Mißerfolges samt seiner Ursachen mit weiterreichenden Zielen, was zu ihrer Beibehaltung oder ihrer Modifikation führt.

Theoretische Grundlagen 427

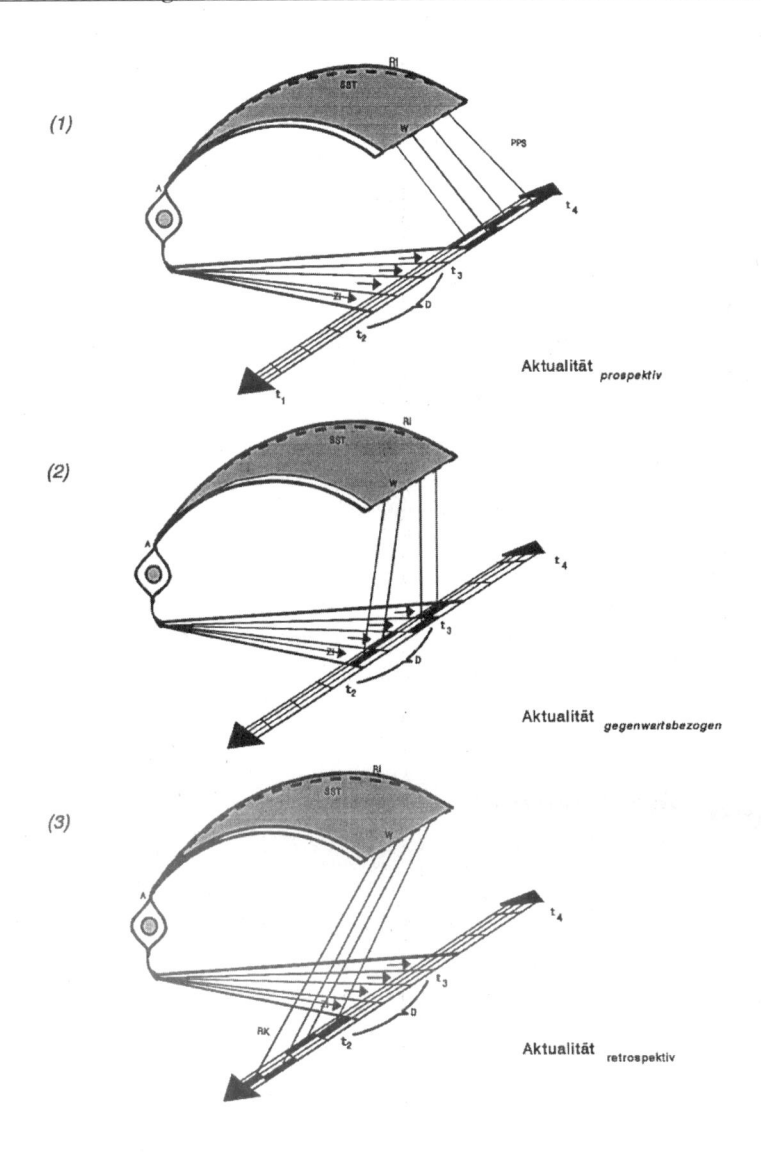

Abb. 21: Vorwärtsgerichtete und rückwärtsgerichtete Kalkulation einer Aufgabe

In dieser Variante des Modells der Tätigkeitsstruktur (**Abb. 18**) werden die vorwärtsgerichtete Kalkulation der Übernahme einer Aufgabe und die rückwärtsgerichtete Kalkulation des Wertes der Aufgabenlösung für die Selbsteinschätzung akzentuiert. Die vorwärtsgerichtete Kalkulation nimmt Momente der Aufgabenlösung vorweg, z.B. ihre Erfolgswahrscheinlichkeit (1). Die Aufgabe wird in einem Prozeß gelöst, in dem der Schüler am Gegenwärtigen operiert (2). Die rückwärtsgerichtete Kalkulation schätzt den Wert der Aufgabenlösung ab und setzt ihn in Beziehung zur allgemeinen Selbsteinschätzung.

1. Obwohl der *Prozeß der Selbsteinschätzung* nicht anders strukturiert sein kann als der der Fremdeinschätzung einer Lernleistung, gibt es *zwischen Schülern und Lehrern einige prinzipielle Unterschiede*: Wer selbst damit beschäftigt ist, eine Lernaufgabe zu lösen, bis hin zur sprachlichen Formulierung von Resultaten, wie die Schüler, hat nicht soviel Zeit und Kraft zur Reflexion auf seine Leistungen wie der Lehrer, der die Aufgabe nicht zu lösen braucht und sie in jedem Fall schon in einem hohen Maße kennt, bis hin zur Kenntnis der vollständigen richtigen Lösung. - Dazu kommt die allgemeine Entwicklungsdifferenz in der Beurteilungskompetenz. Sie läßt sich entwicklungspsychologisch recht genau beschreiben, insbesondere im Hinblick auf die Reflexionsstufe der Operationen, die erforderlichen Begriffskompetenzen und die Schätzoperationen aufgrund von komplizierten Vergleichsprozessen. In der Unterrichtspraxis zeigt sich diese Differenz im allgemeinen Entwicklungsstand auch bei den Schülern sehr deutlich, beim Vergleich zwischen den Selbstbeurteilungen in den ersten und den letzten Klassen, insbesondere bei Diskussionen über die Einschätzung von Klausuren oder mündlichen Prüfungen. - Lehrer wie Schüler lernen das Geschäft der Einschätzung fast nur "on the job". Der Lehrer wird kaum dafür ausgebildet, und dem Schüler wird kaum durch den Lehrer geholfen. Trotzdem hat der Lehrer sicher die besseren Trainingsbedingungen, allein schon durch den Umfang der Beurteilungstätigkeit und den Rechtfertigungsdruck, unter dem er in der Klasse und gegenüber dritten steht. Dazu kommt natürlich noch der jeweilige Umfang seines Wissens und der Grad seiner persönlichen Fähigkeit zu komplexen Relationierungen und Vergleichen. - Die Schüler wiederum haben es nur mit ihrer Leistung zu tun, für die sie außerdem noch einiges vom Entstehungsprozeß kennen, was der Lehrer nicht weiß. Diese Konzentration und die "Sicht von innen" verschafft ihnen beträchtliche Vorteile. Aufgrund der "Perspektive-Diskrepanz der Selbst- und Fremdbeurteilung" stehen dem Handelnden selbst "grundsätzlich mehr Informationen zur Erklärung seines Handelns und dessen Ergebnissen zur Verfügung als dem Beobachter", insbesondere "über die gegenwärtige Situation (Besonderheit), ihr Zustandekommen und die Vorgeschichten (Konsistenz)" (*Heckhausen* 1980, 484) - Bei Lehrern wie Schülern sind nicht nur Selbstkonzeptualisierungen und Selbstwertgefühle, sondern auch Konzeptualisierungen des jeweils anderen im Spiel. Diese meist unreflektierten Einflüsse sind zwar prinzipiell gleich groß, können aber beim Lehrer durch Bemühungen um Professionalität und aufgrund seiner Kompetenz in viel höherem Maße kontrolliert sein. - Solche prinzipiellen Unterschiede erlauben keineswegs den Schluß, daß die Einschätzung durch den Lehrer der Selbsteinschätzung durch die Schüler immer überlegen ist. *Die Frage der höheren Einschätzungskompetenz wird sich letztlich nur im jeweiligen Fall mit einiger Zuverlässigkeit entscheiden lassen.*

2. Die Theorie der Leistungsmotivation definiert den Begriff des *Anspruchsniveaus* als "den für ein Individuum charakteristischen Gütegrad, bezogen auf die erreichte Leistungsfähigkeit, der für die Selbstbewertung eines erzielten Handlungsresultats entscheidend ist" (*Heckhausen* 1980, 220). Die ersten Untersuchungen zum Anspruchsniveau galten dem Phänomen, daß man vor der Übernahme einer Aufgabe sich vornehmen kann, einen bestimmten Gütegrad ihrer Lösung zu erreichen, und daß sich das Niveau dieser Absicht ändert, je nachdem, ob man seine erste Absicht erreicht hat oder nicht (*Heckhausen* 1980, 220). *Kuhl* aber hat dieses Verständnis des Anspruchsniveaus so

erweitert, daß er von einem *persönlichen Standard* spricht, der bei der Selbsteinschätzung in der Form interveniert, daß er "einen Leistungsbereich festlegt, unterhalb oder oberhalb dessen man anfängt, negativen bzw. positiven Affekt zu empfinden" (*Heckhausen* 1980, 405). Dieser Leistungsbereich ist für ihn aber keine feste Leistungsgrenze, "ab der man sich positiv oder negativ bewertet, sondern der Punkt, wo Erfolgs- und Mißerfolgsanreiz mittelstark (0,50) sind. Auch wenn man mit seiner Leistung etwas unterhalb des Standards für die positive Selbstbewertung bleibt, besteht noch ein positiver Erfolgsanreiz (< 0,50). Entsprechendes gilt für den Mißerfolgsanreiz" (*Heckhausen* 1980, 405). Durch die Annahme "einer Art individueller Anspruchsniveau-Norm" (*Heckhausen* 1980, 406) läßt sich erklären, "daß Personen mit schwierigem Standard bei leichten Aufgaben einen negativen (!) Erfolgsanreiz erleben und solche Aufgaben meiden, sofern die Anreizwerte für Erfolg bei ihnen stärker als jene für Mißerfolg gewichtet werden, d.h. sofern sie erfolgsmotiviert sind. Andererseits sollten Personen mit leichten Standards bei einer sehr schweren Aufgabe einen positiven (!) Mißerfolgsanreiz erleben und eine solche Aufgabe bevorzugen, sofern sie mißerfolgsmotiviert sind" (*Heckhausen* 1980, 405; vgl. *Butzkamm/Halisch/Posse* 1984[2]).

Ich halte es für unsere Überlegungen nicht für ausschlaggebend, wieweit diese Form der Kalkulation empirisch gesichert ist. Es genügt die Plausibilität, daß *zum Selbstkonzept zu zählende Standards einen Einfluß auf die aktuelle Kalkulation der Selbsteinschätzung* haben können und daß dieser Einfluß durch eine *Verrechnung mit anderen Größen in einem Kalkül* zustandekommt (Verrechnung mit der ebenfalls zum Selbstkonzept zu zählenden Ausprägung von Erfolgszuversicht/Mißerfolgsangst sowie dem Grad des aktuellem Erfolgs bzw. Mißerfolgs) sowie daß sich das Ergebnis des Kalküls auf den *Grad der positiven bzw. negativen Affekte auswirkt*. Im Unterschied zu diesem grundlegenden Kalkül tritt der ausdrückliche Vergleich zwischen einem vor der Aufgabenlösung angestrebten Anspruchsniveau und dem nach der Aufgabenlösung geschätzten erreichten Anspruchsniveau wahrscheinlich nur in seltenen Fällen auf. Er wäre dann aber wie die einzelnen Anspruchsniveausetzungen auch abhängig von dem relativ stabilen überdauernden persönlichen Standard.

3. Zwischen *Fremdeinschätzung und Selbsteinschätzung* wird es häufig Diskrepanzen geben. Das ist nicht verwunderlich, wenn beide Prozesse tatsächlich aus einem komplizierten Geflecht aus subjektiven Operationen bestehen, wie es sich zunehmend genauer abzeichnet. Problematisch ist dann der Ausgleich zwischen den Differenzen. Daß sich Unterschiede in der Einschätzung sehr oft nicht konfliktfrei beheben lassen, weiß jeder Lehrer, obwohl er nur von einer verschwindend geringen Zahl solcher Diskrepanzen erfährt. *Lernwirksam wird aber allein, welche Selbsteinschätzung beim Schüler schließlich, auch nach Berücksichtigung der Fremdeinschätzung, herauskommt.*

Es ist bereits erwähnt worden, daß der Schüler das Gewicht des Lehrerurteils *abhängig* machen kann *von seiner Einschätzung der Kompetenz des Lehrers* (fachliche Kompetenz, Häufigkeitsverteilung der Einschätzungen, Vorurteile, Einfluß von Sympathie bzw. Antipathie). Durch solche Relativierungen kann schon die gesamte Diskrepanz behoben werden. Dann wird der *Einfluß der Lehrereinschätzung neutralisiert*. Es kann aber auch die verbleibende Diskrepanz so mit der eigenen Einschätzung verrechnet werden, daß diese entweder erhöht oder niedriger angesetzt wird. Dann *beeinflußt das Lehrerurteil den Kalkül der Selbsteinschätzung*. Die Art dieses Einflusses wird davon abhängen, um welche Urteile es sich handelt und welche Information der Schüler ihnen abgewinnen kann, z.B. einer differenzierten Verbalbeurteilung sicher mehr als einer puren Zustimmung. Die Stärke des Einflusses wird wahrscheinlich davon abhängen, wie intensiv die Beschäftigung mit dem Lehrerurteil ausfällt.

Es muß aber auch damit gerechnet werden, *daß die Verarbeitung von Lehrereinschätzungen durch Selbstkonzept und Selbstwertgefühl der Schüler beeinflußt werden*. Auch dies kann dazu führen, daß sie neutralisiert werden. Es ist aber auch denkbar, *daß Selbstkonzept* und *Selbstwertgefühl positive oder negative Einschätzungen von Lehrern verstärken oder vermindern*. Dann findet eine Verrechnung mit relativ stabilen Selbsteinschätzungen statt, wodurch der Einfluß auf die aktuelle Kalkulation modifiziert wird. Es liegt nahe, *daß insbesondere stabile Einschätzungen der eigenen Fähigkeiten den Einfluß einzelner Lehrerurteile relativieren*:

"(...) klinische Psychologen berichten immer wieder, daß unrealistisch niedrige Konzepte eigener Fähigkeit trotz überdurchschnittlicher Leistungen und trotz damit einhergehender sozialer Anerkennung beibehalten werden. Dies resultiert vermutlich daraus, daß einmal etablierte Fähigkeitsbilder Systeme sind, die sich aufgrund ihrer spezifischen Wirkungen auf Erleben und Verhalten selbst aufrechterhalten und stabilisieren oder, wie *Epstein* (1979, S.19) es ausdrückt, 'als sich selbst erfüllende Prophezeiungen wirken'. So werden bei einem negativen Fähigkeitskonzept überdurchschnittliche Leistungen häufig als Zufallsergebnisse betrachtet, Anerkennung von anderen Personen wird als Schmeichelei abgetan, eigene Leistungsergebnisse werden unterschätzt. Auf der anderen Seite werden bei einem positiven Fähigkeitskonzept eigene Leistungen häufig überschätzt, Mißerfolge werden äußeren Umständen zugeschrieben, Erfolg dagegen der hohen eigenen Begabung. Alles dies kann dazu beitragen, daß ein einmal vorhandenes Bild von den eigenen Fähigkeiten aufrechterhalten wird, auch dann, wenn es unrealistisch ist" (*Meyer* 1984, 35).

4. Nach dem Abschluß der Selbsteinschätzung können die Schüler "Warum-Fragen nach Ursachen" von Erfolg oder Mißerfolg stellen, wenn sie ein Interesse an ihrer "Erklärung" haben (*Heckhausen* 1980, 442). Das wird vor allem dann der Fall sein, wenn Einschätzungsresultate erwartungswidrig sind, wenn ein Rechtfertigungsanlaß gegeben ist oder wenn schon eine Selbsterziehungsintention vorhanden ist:

"Vermutlich wird Kausalattribution um so eher und spontan stattfinden, je unerwarteter das Ergebnis ausgefallen ist oder je ungewisser es erscheint. Sie wird wohl auch eher im Falle von Mißerfolg als von Erfolg auftreten, und zwar nicht nur deshalb, weil Mißerfolg in der Regel das Unerwartete ist, sondern auch, weil die Ursachenanalyse von Mißerfolg dessen Überwindung dienlich ist. Mehr als Erfolg veranlaßte Mißerfolg, zu seiner Erklärung nach zusätzlichen Informationen zu suchen (*Frieze* 1976)." (*Heckhausen* 1980, 516)

Die Antworten auf die Warum-Fragen bestehen darin, daß der jeweilige Grad von Erfolg bzw. Mißerfolg bestimmten Ursachen zugeschrieben wird, d.h. sie besteht aus Kausalattribuierungen. Kausalattribuierungen sind keine Einschätzungen von Lernleistungen, sondern *Einschätzungen von Ursachen*, in unserem Falle *der Ursachen von*

Theoretische Grundlagen 431

Lernleistungen. Sie sind genauso subjektiv wie jene, und sie gibt es auch in zwei Formen, der Fremdattribuierung durch den Lehrer und der Selbstattribuierung durch die Schüler. Solange sich die Einschätzung von Lernleistungen streng an ihren Beurteilungsgegenstand hält, wird sie von Kausalattribuierungen nicht beeinflußt. Wenn aber z.B. hohe Anstrengung honoriert werden soll oder geringe Anstrengung bei hoher Fähigkeit, dann können *sowohl die Gesamtbewertung der Lernleistung als auch die Fremd- oder Selbstverstärkung durch Lob oder Tadel durch sie beeinflußt* werden. Das ist in der Praxis nachweislich sehr oft der Fall *(Jopt 1978, Rheinberg 1980, Rheinberg 1982, Weiner 1984, 314). Für die künftige Kalkulation der Anstrengung (Lernbereitschaft) bei der Lösung von Aufgaben scheint von besonderer Bedeutung zu sein, ob gute wie schlechte Ergebnisse auf Anstrengung zurückgeführt werden*, dagegen nicht so sehr auf Fähigkeit und Aufgabenschwierigkeit, und schon gar nicht auf Zufall, *weil Anstrengung durch den Lernenden selbst reguliert werden kann.* Beide Einflüsse, auf die ich gleich und auch **im nächsten Kapitel** zurückkomme, sind anscheinend *für Selbstkonzept und Selbstwertgefühl* von großer Bedeutung. *Die Schüler können sich zunehmend als eine Persönlichkeit verstehen und fühlen, die sich durch Lernen dynamisch entwickelt.*

Die inzwischen stark ausgearbeitete Theorie der Kausalattribuierung scheint mir durchaus hilfreich für die Praxis des Unterrichts zu sein, wenn man sie als einen *Erklärungsversuch für einen sehr komplizierten Zusammenhang* und nicht als abgeschlossene und voll bewährte Theorie versteht. Dann müssen keineswegs alle ihre Einzelbefunde berücksichtigt werden, die noch keinesfalls einen widerspruchsfreien Zusammenhang von gesichertem Erklärungswert ergeben, sondern kann man sie als *sehr instruktive Anregung* verstehen, *sich selbständig in der Logik der Attribuierungen zu bewegen.* Von besonderer Bedeutung sind dabei die *wechselseitigen Abhängigkeiten zwischen Fremd- und Selbstattributionen sowie bei den Schülern zwischen Attributionen und allen anderen selbstbezüglichen Aktivitäten.*

In diesem Abschnitt geht es um die allgemeine Struktur der Kausalattribuierung, um die wichtigsten Einschätzungen von Ursachen für die Lernleistungen und um die Bezüge der Kausalattribuierungen zu anderen selbstbezüglichen Aktivitäten, beides für die Selbsteinschätzung und deren Konsequenzen für die künftige Lernbereitschaft, während **im nächsten Kapitel** die Möglichkeiten des Lehrers zur Sprache kommen, die Kausalattribuierungen der Schüler zu beeinflussen.

Obwohl es für jede alltägliche (naive) psychologische Reflexion evident ist, daß nicht nur Schüler, sondern alle Menschen ihre Erfolge oder Mißerfolge manchmal auf bestimmte Ursachen zurückführen, ist es keineswegs ausgemacht, *ob dies immer in einem strengen Kalkül geschieht:*

> "Obwohl die Konzeption des 'rationalen Menschen' durch eine Vielzahl von Befunden gestützt wird, hat sich zunehmend die Überzeugung durchgesetzt, daß Menschen weniger logisch denken, als dies von Attributionstheoretikern angenommen wurde. Individuen verzerren ihre Attributionen, um ihr Selbstwertgefühl zu steigern oder zu verteidigen (obwohl vielleicht in geringerem Maße, als man annehmen möchte); sie glauben, daß andere dieselben Entscheidungen treffen würden wie sie selbst und tendieren daher dazu,

abweichendes Verhalten anderer auf deren 'Persönlichkeitseigenschaften' zurückzuführen; und sie nehmen zufallsbestimmte Ereignisse als fähigkeitsabhängig wahr. Ferner werden Beurteilungen von Kovariation nur auf einen geringen Teil der verfügbaren Daten gegründet, insbesondere auf positiv bestätigende Fälle; und in sozialen Interaktionen dürfte weniger Information verarbeitet werden, als es für einen naiven Beobachter den Anschein hat." (*Weiner* 1984, 255f.)

Auch die *Art und Zahl der Ursachen* liegt keineswegs fest, sondern sie hängen zumindest zum Teil vom *Bereich*, in dem die Leistung auftritt, und von der jeweiligen *Person* ab. Der Psychologie scheint es aber im Laufe der Zeit (seit *Heiders* naiver Handlungsanalyse von 1958) gelungen zu sein, *universelle Ursache-Dimensionen* für Leistungsergebnisse aufzuzeigen (*Heckhausen* 1980, 517) und auch *unter den prinzipiell variablen Ursachen besonders häufig auftretende Ursachen* zu unterscheiden.

In der Theorie der Leistungsmotivation sind vor allem die folgenden *Ursachen* unterschieden worden: "Fähigkeit", "Anstrengung", "Aufgabenschwierigkeit", "Zufall", "Arbeitshaltung (Fleiß, Faulheit)" und "leibseelische Verfassung (Stimmung, Müdigkeit)". Aus einer Befragung von älteren Hauptschülern zu insgesamt 15 möglichen Ursachenquellen für ihre letzte Zeugnisnote in Mathematik und Deutsch haben sich die folgenden sieben mit absteigendem Gewicht als die wichtigsten erwiesen: *Interesse, Begabung, Anstrengung, Unterrichtsqualität, außerschulische Unterstützung (Freunde, Verein), Aufgabenschwierigkeit und Umstände (z.B. Schulwechsel)* (*Jopt* 1978, 149). Ganz offensichtlich stimmt es, daß Ergebnisse von Lerntätigkeiten auf verschiedene Ursachen zurückgeführt werden und daß ihre Wahl auch vom Handlungsbereich abhängt, aber eine kleine Gruppe von Ursachen in der Regel von besonderer Bedeutung ist.

Sie sind in der folgenden Weise zu einer Struktur verbunden (vgl. **Abb. 21** und **Abb. 22**): Interesse, Fähigkeit, Anstrengung, Arbeitshaltung, leibseelische Verfassung etc. sind innere Ursachen (*internal*). Aufgabenschwierigkeit, Unterrichtsqualität, außerschulische Unterstützung und Zufall bzw. Umstände etc. sind äußere Ursachen (*external*). Als unveränderlich (*stabil*) für die jeweilige Lernleistung, aber auch für die Zukunft werden Fähigkeit und Aufgabenschwierigkeit angesehen. Als veränderlich (*variabel*) gelten Anstrengung, Stimmung, Müdigkeit, Krankheit. Als steuerbar (*kontrollierbar*) werden klassifiziert Arbeitshaltung und Anstrengung. Schließlich werden als nicht steuerbar (*unkontrollierbar*) eingeschätzt Fähigkeit und leibseelische Verfassung. - Die Einordnung der einzelnen Ursachen in diese drei Dimensionen ergibt jeweils drei Eigenschaften jeder Ursache, so gilt z.B. Fähigkeit als internal, stabil und nicht steuerbar. Dementsprechend sind die möglichen Beziehungen zwischen den einzelnen Ursachen vielfältig. Andererseits gehen auf jede der drei Dimensionen bestimmte Wirkungen zurück:

"Die Stabilitätsdimension beeinflußt die Erfolgserwartung (...). Die Lokationsdimension hat motivierende und affektive Konsequenzen. Sie ist entscheidend für die selbstbewertenden Emotionen nach Erfolg und Mißerfolg; (...) Steuerbarkeit, die wir kurz als Kontrolldimension bezeichnen wollen, ist entscheidend für die Fremdbewertung von Leistungsergebnissen" (*Heckhausen* 1980, 525)

Theoretische Grundlagen 433

	Lokation	
Stabilität	internal	external
stabil	Fähigkeit	Aufgaben-schwierigkeit
variabel	Anstrengung, Stimmung, Müdigkeit, Krankheit	Zufall

Abb. 22: Zweidimensionales Klassifikationsschema für die wahrgenommenen Ursachen von Leistungsergebnissen. Legende: Weiner (1984, 270). © Psychologie Verlags Union, Weinheim

Stabilität	Steuerbarkeit	
	steuerbar	nicht steuerbar
stabil	Arbeitshaltung (Fleiß, Faulheit)	Fähigkeit
variabel	Anstrengung (momentan)	leibseelische Verfassung (Stimmung, Müdigkeit)

Abb. 23: Klassifikation internaler Ursachen nach den Dimensionen der Stabilität und der Steuerbarkeit. Legende: Heckhausen (1980, 517). © Springer-Verlag, Berlin u.a.

Erfolg und Mißerfolg scheinen nach den bisherigen Untersuchungen in der folgenden Weise Ursachen zugeschrieben zu werden:

"Hoch Leistungsmotivierte schrieben Erfolg also eher *internalen* und Mißerfolg eher *kontrollierbaren* und *instabilen* Faktoren zu als niedrig Leistungsmotivierte. D.h. Hochmotivierte attribuierten Mißerfolg auf mangelnde Anstrengung - eine Ursache, die veränderbar ist - während niedrig Leistungsmotivierte ihren Mißerfolg auf mangelnde Fähigkeit, einen unveränderlichen und unbeeinflußbaren Faktor zurückführten. (...) Abbildung 8.7 zeigt auch, daß Erfolgsmotivierte ihre Fähigkeit hoch einschätzen und glauben, daß Anstrengung mit dem Ergebnis kovariiere. Der Glaube an die Kovariation von aufgewendeter Anstrengung und erzielter Leistung, d.h. die Überzeugung, daß Erfolg davon abhängig ist, wie sehr man sich bemüht, ist dagegen uncharakteristisch für niedrig Leistungsmotivierte." (*Weiner* 1984, 265f.)

Die *Fremdattribuierung* scheint sich in der folgenden Weise auf die Prozesse der Selbsteinschätzung auszuwirken:

"Die Kontrollierbarkeitsdimension hängt mit der Bewertung anderer Personen zusammen. Erfolg auf Grund hoher Anstrengung wird besonders hoch belohnt. Mißerfolg auf Grund mangelnder Anstrengung besonders hart bestraft. Dies ist allem Anschein nach deshalb der Fall, weil Anstrengung als willentlich kontrollierbar angesehen wird." (*Weiner* 1984, 314)

Intraindividuell wirken sich die Selbstattributionen in den folgenden Weisen aus:

"Neben interpersonellen Bewertungen beeinflussen Attributionen auch die persönlichen emotionalen Reaktionen auf Erfolg und Mißerfolg. Bestimmte Kausalattributionen hängen mit spezifischen emotionalen Reaktionen zusammen. Attribution von Erfolg auf eigene Fähigkeit gibt zum Beispiel zu Gefühlen der Kompetenz Anlaß, Attribution auf hilfreiche andere Personen führt zu Gefühlen der Dankbarkeit, und Attribution auf Glück erzeugt Überraschung. Attribution von Mißerfolg auf mangelnde Fähigkeit erzeugt Gefühle der Inkompetenz, Attribution von Mißerfolg auf Behinderung durch andere führt zu aggressiven Gefühlen und Attribution auf mangelnde Anstrengung zu Gefühlen der Schuld und Scham usw." (*Weiner* 1984, 314)

"Schließlich beeinflussen Erwartung und Emotion, welche beide durch Kausalattribution vermittelt werden, die Aufgabenwahl sowie die Intensität und Ausdauer des Leistungsverhaltens. Attribution von Mißerfolg auf mangelnde Fähigkeit ist besonders beeinträchtigend, und zwar vielleicht deshalb, weil Fähigkeit als stabile Ursache angesehen wird und außerdem auch Gefühle der Inkompetenz hervorruft. Dagegen scheint die Kausalattribution von Mißerfolg auf mangelnde Anstrengung das Leistungsverhalten zu intensivieren." (*Weiner* 1984, 314)

So hat die Selbstattribution eine bestimmte *Position im Gesamtzusammenhang der Selbsteinschätzung und auch in der Selbstregulierung der Lernbereitschaft bei der Übernahme neuer Aufgaben* (vgl. *Heckhausens* Darlegungen zur Selbstbewertung 1980, 566f.).

5. *Das jeweils erreichte Resultat kann mit selbstgesetzten Zielen, die über die Aufgabenlösung hinausgehen, verglichen werden.* - Bei diesem Vergleich kann es um die Frage gehen, für welche Ziele das Resultat einen Beitrag leistet und wie groß der Grad der Annäherung ist. Dann wird *die Einschätzung des Resultats relativ zu dem jeweils in den Blick gefaßten Ziel erneut gewichtet*, so daß ein großartiger Augenblickserfolg sich, gemessen an einem Lebensziel, als geringfügig und umgekehrt ein schwerer Mißerfolg als weniger gewichtig ausnimmt. - Aus den Ergebnissen dieses Vergleichs können dann in umgekehrter Richtung Schlüsse für die Beibehaltung oder Veränderung von Zielen gezogen werden. Die Veränderung kann sich auf alle Komponenten eines Zieles beziehen, z.B. auf den Zeitpunkt seiner Realisierung oder auf die Art der angestrebten Tätigkeit. - *Nur die Orientierung an weitreichenden hoch eingeschätzten Zielen, nicht aber der momentane Kalkül nach und vor einer Aufgabenübernahme kann erklären*, wenn

Theoretische Grundlagen 435

trotz ganzer Serien von Mißerfolgen weitergearbeitet wird. Sie kann auch *zu einer gelasseneren Einschätzung augenblicklicher Mißerfolge und Erfolge* führen. Der Zusammenhang zwischen Zielen und den aktuellen Kalkülen ist auch deshalb so wichtig, weil sich aus ihm Informationen über günstigere und ungünstigere persönliche Lernmöglichkeiten gewinnen lassen, die zu Korrekturen der angestrebten Ziele führen können.

Die empirische Motivationsforschung hat sich bisher wenig mit der "Wertbesetztheit inhaltlich definierter Oberziele" (*Heckhausen* 1980, 624) befaßt, obwohl es dafür wichtige Ansätze gibt (*Heckhausen* 1980, 421f.), hauptsächlich deshalb, weil sie in kurzfristigen Laborexperimenten nicht prüfbar sind. Es gibt aber in der sozial-kognitiven Psychologie *Banduras* einen überaus informationsreichen knappen Aufriß der Rolle von Zielen sowohl für die Selbsteinschätzung als auch für die Selbstmotivierung zur Übernahme von Aufgaben:

> "Eine zweite kognitiv bestimmte Motivationsquelle wirkt sich über den intervenierenden Einfluß von Zielsetzungen und selbstregulierter Bekräftigung aus. Die Selbstmotivierung verlangt Standards, an denen die Leistung gemessen wird. Wenn die Menschen sich eindeutig zu bestimmten Zielsetzungen bekennen, führt die Wahrnehmung, daß es eine negative Diskrepanz zwischen dem gibt, was sie tun, und dem, was sie anstreben, zur Unzufriedenheit. Sie motiviert zur Verhaltensänderung.
> Die Motivationseffekte erwachsen nicht aus den Zielen selbst, sondern aus der Tatsache, daß Menschen auf ihr eigenes Verhalten evaluativ reagieren. Die Ziele definieren die Voraussetzungen positiver Selbstbewertung. Wenn die Individuen die Selbstzufriedenheit von der Zielerreichung abhängig gemacht haben, neigen sie dazu, ihre Anstrengungen solange beizubehalten, bis ihre Leistungen den Standards entsprechen, die sie sich gesetzt haben. Die antizipierte Zufriedenheit mit der angezielten Leistung dient ebenso wie die negative Einschätzung unzureichender Leistungen als Handlungsanreiz. Selbst der größte Erfolg schafft keine andauernde Befriedigung. Wenn die Menschen ein bestimmtes Leistungsniveau erreicht haben, geben sie sich gewöhnlich nicht mehr mit ihm zufrieden. Künftige positive Selbstwertung wird an höhere Ziele gebunden.
> Zielsetzungen aktivieren die leistungsbestimmenden Wertungsprozesse nicht automatisch. Bestimmte Zieleigenschaften entscheiden darüber, mit welcher Wahrscheinlichkeit Selbstbewertungen durch eine gegebene Tätigkeit ausgelöst werden. In welchem Maße Ziele Handlungsanreize schaffen, wird unter anderem durch die *Zielspezifität* bestimmt. Explizit definierte Ziele steuern die Ausführung dadurch, daß sie festlegen, welche Tätigkeit und wieviel Anstrengung erforderlich ist. Außerdem dienen sie der Selbstzufriedenheit, da sie deutlich erkennbare Zeichen persönlicher Leistung setzen. Allgemeine Absichten dagegen bieten kaum die Möglichkeit, die eigenen Bemühungen zu regulieren, oder einzuschätzen, was man leistet.
> Wieviel Mühe für unterschiedliche Zielsetzungen aufgewandt wird und wieviel Befriedigung ihre Erreichung einträgt, hängt vom *Niveau* ab, auf dem sie angesiedelt sind. Wenn die Selbstzufriedenheit von der Erreichung schwieriger Ziele abhängig gemacht wird, muß mehr Mühe aufgewandt werden, als wenn man sich mit leichten zufrieden gibt. Für Tätigkeiten, die der willensmäßigen Kontrolle leicht unterworfen werden können, gilt die Regel: je höher die Ziele, umso höher das Leistungsniveau (*Locke*, 1968). Bei schwierigeren Aufgaben darf man jedoch keine lineare Beziehung zwischen Absicht und Leistung erwarten. Wenn die Ziele unrealistisch hoch angesetzt werden, erweisen sich die meisten Leistungen als enttäuschend. Wenn intensive Anstrengungen wiederholt zu Miß-

erfolgen führen, nehmen die Leistungseffizienzerwartungen ab. Dadurch verringert sich die Motivation, die Tätigkeit auszuführen. Unterziele von gemäßigtem Schwierigkeitsgrad werden sich deshalb am ehesten als motivierend und befriedigend erweisen.

Zielnähe ist ein weiterer relevanter Faktor. Wie wirksam sich Intentionen für die Verhaltensregulierung erweisen, hängt unter anderem davon ab, wie weit sie in die Zukunft hineinreichen. Unmittelbare Ziele mobilisieren die Energie der Person und steuern, was sie hier und jetzt tut. Richten sich die Intentionen auf zu fernliegende Dinge, erweisen diese sich gewöhnlich nicht als wirksame Handlungsanreize, besonders wenn in der betreffenden Situation viele andere Einflüsse mit ihnen konkurrieren. Geht es um eine sehr ferne Zukunft, lassen sich die Vorhaben in der Gegenwart leicht beiseite schieben: man kann morgen immer noch ernsthaft damit beginnen. Die Selbstmotivierung wird am ehesten beibehalten, wenn explizite, nahe Unterziele gesetzt werden, die dazu dienen, größere und weiter in der Zukunft liegende zu erreichen. Unterziele schaffen gegenwärtige Handlungsanreize, und ihre Erreichung liefert jene Zufriedenheit mit der eigenen Person, die die Anstrengungen der Zwischenzeit verstärken und aufrechterhalten.

Menschen können sich selbst motivieren mittels selbstreaktiver Einflüsse: Sie beobachten ihr Verhalten, setzen sich Ziele und bekräftigen ihre Leistungen. Die Selbstmotivation ist ein wesentlicher Faktor vieler Motivationsphänomene. Leistungsmotivation ist ein Beispiel dafür. Je höher die Leistungsstandards sind, die die Menschen sich selbst setzen, um so mehr werden sie in der Regel erreichen. Hochleistungsmotivierte Menschen neigen dazu, erst dann mit sich zufrieden zu sein, wenn sie schwierige Ziele erreicht haben. Schwachleistungsmotivierte Personen geben sich mit leichten Zielen zufrieden.

Der Einfluß der Selbstreaktionen vermittelt als Mediatorvariable die Wirkungen vieler Erscheinungsweisen des extrinsischen Feedbacks, denen man Bekräftigungseffekte zuschreibt. Die Erkenntnis, daß man richtig oder falsch handelt, kann ein Verhalten über längere Zeit verbessern und aufrechterhalten. Einige der Vorteile eines solchen Feedbacks liegen darin, daß es die Person darüber informiert, welche Fehler sie macht und wie sie sie korrigieren kann. Doch auch wenn die Feedback-Information nur den Leistungsgrad spezifiziert, ohne die Voraussetzung dafür zu schaffen, daß die Person die Fehler korrigieren kann, verbessert sich die Leistung der Person. In diesen Fällen dient das Informations-Feedback als Motivationsfaktor, nicht als Reaktionskorrektiv.

Das Informations-Feedback ist an sich noch nicht belohnend, sondern die Leistungserkenntnis gewinnt ihre Bedeutung aus ihrer Beziehung zu den Standards des Handelnden. Auf dieser Grundlage kann er sich selbstbewertend bekräftigen. Deshalb ist das Leistungs-Feedback bei Aufgaben überflüssig, die persönlich abgewertet oder für belanglos gehalten werden. Wenn es hier überhaupt irgendeine Wirkung zeitigt, wird es höchstens die aufgewendete Mühe drosseln. Zeigt das Informations-Feedback hingegen, daß die eigenen Leistungen den persönlichen Standards gerecht werden, wird die Person mit sich zufrieden sein, weil sie ihre Unterziele erreicht hat. Sie wird ihre Anstrengung beibehalten und für ihr nachfolgendes Handeln die Ziele höher ansetzen.

Es gibt einigen Grund zu der Annahme, daß der Einfluß von Selbstreaktionen auch partiell erklären kann, wie extrinsische Konsequenzen zur Verhaltensbeeinflussung führen. Wenn Menschen für ihre Leistungen von anderen bekräftigt werden, setzen sie sich selbst bestimmte Ziele. Sie reagieren dann auf ihre Leistungen evaluativ. Wenn die Veränderungen der Zielsetzung, die die Bekräftigung begleiten, im Experiment kontrolliert oder ausgeschlossen werden, wirken sich die extrinsischen Anreize erheblich schwächer auf die Leistung aus (*Locke, Cartledge & Knerr*, 1970). Äußere Anreize in Form externer Bekräftigungen motivieren also zum Teil dadurch, daß sie auf die persönlichen Ziele und

Intentionen einwirken." (*Bandura* 1979, 163f.; vgl. auch *Bergius* 1957 und *Cronbach* 1971, 511f.)

Wie kompliziert diese Prozesse der Selbstregulierung durch ein Gefüge von Zielen sein können, wird zunehmend sichtbar, z.B. in der neueren Entwicklung der Psychologie des Willens (*Heckhausen/Gollwitzer/Weinert* 1987). Wie sie bei Schülern tatsächlich ablaufen, wissen wir noch kaum. Es spricht aber viel dafür, daß sie *bei Kindern und Jugendlichen sehr konfliktreich* sind, weil die Spannungen zwischen unterschiedlichen Zielen, zwischen Zielvorstellungen und konkreter Situation und auch bei der konsequenten Einhaltung eines einmal gesetzten Zieles bewältigt werden müssen.

Die in diesem Abschnitt dargestellte Struktur der Position der Selbsteinschätzung im Gesamtzusammenhang des Lernens zeigt, daß das *Lehrerurteil* keineswegs eine isolierte Unterrichtstechnik oder eine durch eine bestimmte Gesellschaftsform aufgezwungene Selektionspraxis ist. Es ist *eine unverzichtbare Information für jeden Lernprozeß im Schulunterricht*. Mehr noch, *selbstbezügliche Informationen werden, sobald sie als wichtig für die eigene Person angesehen werden, auch besonders gut behalten*:

"Die meisten Autoren gehen davon aus, daß das allgemeine Selbstkonzept nicht die bloße Summe seiner Elemente ist, sondern daß die Elemente Struktur bzw. Organisation aufweisen und daß die besondere Organisation der Elemente das Selbstkonzept ausmacht. *Combs & Syngg* (1959, S.126) sprechen vom Selbstkonzept als der 'geordneten Beziehung oder Gestalt' der Teile. Ähnlich besteht nach Epstein (1979, S.16) 'eine Selbsttheorie aus der hierarchischen Anordnung von Postulaten unterschiedlicher Ordnung'. Struktur ergibt sich unter anderem daraus, daß einige Elemente für ein Individuum von hoher persönlicher Wichtigkeit und daher zentral sind, andere dagegen unwichtig und daher mehr peripher sind (s. *Rosenberg*, 1979). So mag für jemanden ein zentraler Aspekt sein, eine Persönlichkeit von hoher Leistungstüchtigkeit zu sein, während sozial anerkannt zu sein eher peripher ist. Für eine andere Person dagegen kann soziale Anerkennung vergleichsweise wichtiger sein.
Bei gleicher Ausprägung von Elementen hängt das Selbstwert*gefühl* in hohem Maße davon ab, inwieweit die Elemente zentral oder peripher sind. (...) Erfolg und Mißerfolg werden sich ganz unterschiedlich auf das Selbstwertgefühl auswirken, je nachdem, ob sie einen Fähigkeitsbereich von hoher oder geringer subjektiver Bedeutsamkeit betreffen. *William James* hat dies so veranschaulicht: 'Ich, der ich bis jetzt alles von mir dafür gegeben habe, Psychologe zu sein, bin zutiefst erniedrigt, wenn andere viel mehr über Psychologie wissen als ich. Aber es macht mir nichts aus, mich in tiefster Ignoranz hinsichtlich Griechisch zu befinden." (*Meyer* 1984, 20f.)

"Es wurden Befunde zur Zentralität (Grad der Bedeutsamkeit selbstbezüglicher Informationen für den Betreffenden - J.G.) in verschiedenen Forschungsfeldern der Psychologie unter Rekurs auf einige Stadien und Prozesse der kognitiven Informationsverarbeitung gesichtet und systematisiert.
Es zeigte sich, daß die Zentralität (a) mit der Aufmerksamkeitsfocussierung, (b) mit erhöhter Anstrengung und der Nutzung komplexerer Informationsverarbeitungsstrategien und (c) mit der leichteren Verfügbarkeit von Gedächtnisinhalten positiv kovariiert." (*Thomas* 1989, 13)

Es gehört zu den verantwortungsvollsten Aufgaben jedes Lehrers, daß er durch seine Einschätzungen von Lernleistungen am Erziehungsauftrag jeder Generation in der jeweiligen Kultur und gesellschaftlichen Formation partizipiert. Wenn er sich nicht selbst aufgeben will, muß er den Schülern diesen Dienst leisten und die mit ihm verbundenen Belastungen tragen. Die Bedeutung, aber auch die Grenzen des Einflusses von Lehrerurteilen werden besser überschaubar, wenn man sich vor Augen führt, welche *Funktionen* sie im einzelnen für das Lernen erfüllen können.

(3) Durch Rückmeldung und Beratung kann der Lehrer den Kalkül der Selbstbeurteilung einer Aufgabenlösung durch die Schüler, ihre Kalkulation der Lernbereitschaft bei neuen Aufgaben und die Entwicklung ihres Selbstkonzeptes sowie ihres Selbstwertgefühls beeinflussen

Die Rückmelde- und die Beratungsfunktionen über Schülerleistungen ergeben sich aus ihrer Position im Gesamtzusammenhang der Schülertätigkeit. *Die Rückmeldefunktionen beziehen sich auf die jeweils zugrundeliegende Schülerleistung. Die Beratungsfunktionen dagegen beziehen sich nur auf die mentalen Prozesse der Schüler*, in denen sie sich mit den Voraussetzungen für die Entstehung der Leistungen, mit eigenen und fremden Einschätzungen der Leistungen und Konsequenzen für die Zukunft auseinandersetzen. Im ersten Fall geht es um die Lernleistung selbst, im zweiten um die subjektiven Zusammenhänge, in die sie beim Schüler eingeordnet werden. *Beide Funktionen stehen aber insofern in Wechselbeziehungen zueinander, als sich der Beratungsbedarf aus der Verarbeitung von Rückmeldeinformationen ergibt und als die durch Beratung erzielten Resultate die Selbsteinschätzung der Schüler beeinflussen können.*

Jede Fremd- und Selbsteinschätzung kann *Funktionen der Rückmeldung* erfüllen. Sie bestehen darin, daß die Schüler *Informationen über ihre Lernleistungen erarbeiten* können. Rückmeldefunktionen sind damit an die resultative mediale Form, in der Lernleistungen gegeben sind, gebunden. In welchem Maße sie erfüllt werden, hängt davon ab, wie durch Lehrer und Schüler die in den Lernleistungen manifeste Informationsverarbeitung erneut verarbeitet wird. Die Rückmeldefunktionen lassen sich aufgliedern in *rückwärtsgewandte Kontrollfunktionen* und *vorwärtsgewandte Steuerungsfunktionen* (*Kluwe* 1982, 125f.; s.a. **Teil IV, Kap. 5, 2**). Beide sind dadurch miteinander verbunden, daß die Ergebnisse der rückwärtsgerichteten Vergleichsprozesse in die vorwärtsgerichtete Kalkulation künftiger Aktivität eingehen (**Abb. 21**). Im ersten Fall wird *ein Kreis durch die Rückkopplung von Resultaten der Lerntätigkeit mit ihren Ausgangsgegebenheiten geschlossen. Im zweiten Fall wird ein neuer Rückkopplungskreis durch die Festsetzung von Ausgangsgebenheiten, wie Anspruchsniveausetzungen oder weiterreichenden Zielen, eröffnet.* Damit ergeben sich die Steuerungsfunktionen der Rückmeldung erst aus den Kontrollfunktionen. Beides spielt sich auf der Reflexionsebene über bereits vollzogene oder über erst in Zukunft zu vollziehende Aktivitäten ab. In beiden Fällen haben wir es mit *Operationen* zu tun, die sich auf *untergeordnete Operationen* beziehen. Die kontrollierenden oder steuernden Operationen des Rückmeldeprozesses können außerdem auf *unterschiedlichen Hierarchieebenen* angesiedelt sein. Diese "Rückwendung" und "Vorwendung" des psychischen Systems auf sich selbst besteht aus

Unterrichtspraktische Aspekte 439

erkennenden, wertenden und fühlenden Prozessen (kognitiv, evaluativ, emotional). Alle Teilsysteme des psychischen Systems sind danach an der Verarbeitung von Rückmeldeinformationen beteiligt. Deshalb müßte der Ausdruck "Metakognition" durch die Ausdrücke "Metaevaluation" und "Metaemotion" ergänzt werden. - Der relativ hohe Schwierigkeitsgrad dieser Verarbeitungsprozesse resultiert aus der Reflexivität, d.h. dem Operieren, das sich bereits auf Operationen und nicht auf sensorische und motorische Informationen bezieht, und aus der Höhe der Hierarchieebene, auf der sich diese Operationen jeweils abspielen. Dieses Operieren 2., 3. oder 4. Grades hat *Piaget* als formales Operieren (Denken) bezeichnet und als höchste Stufe der Intelligenz angesehen. Es ist deshalb durchaus eine Frage des Entwicklungsstandes, zu welchen Verarbeitungsprozessen die jeweiligen Schüler in der Lage sind.

Sobald der Lehrer eine Einschätzung einer Lernleistung äußert, können die Schüler der Einschätzung durch eigene Verarbeitung der Mitteilung spezifische Informationen abgewinnen. Die Mitteilungen der Lehrer können deshalb bei den Schülern bestimmte Funktionen ausüben. Was von diesen Funktionen tatsächlich erfüllt wird, das sind dann *Resultate der Rückmeldungen und Beratungen für das Lernen der Schüler.* Ich führe eine Reihe von ihnen an:

Rückmeldefunktionen mit Kontrollfunktion

1. Jede Einschätzung kann als *Zuwendung zur eigenen Person* identifiziert, als solche positiv oder negativ eingeschätzt werden und dementsprechend unterschiedliche Emotionen auslösen.
2. Jede Einschätzung kann die *Aufmerksamkeit auf einen oder mehrere Aspekte der Lernleistung lenken.* Sie indizieren für den Schüler das, was er mehr oder weniger gut kann.
3. Die Lenkung der Aufmerksamkeit kann für die Schüler die *Information* enthalten, *daß die eingeschätzten Aspekte dem Lehrer aus irgendeinem Grunde wichtiger sind als alle anderen Aspekte der Lernleistung.* Die Schüler können außerdem versuchen, die *Gründe für diese Selektion durch den Lehrer* zu rekonstruieren. Die Gründe können als langfristige oder kurzfristige Intentionen des Lehrers bekannt sein. Es können aber auch sehr unterschiedliche Vermutungen darüber angestellt werden, warum er gerade diese Aspekte beachtet.
4. In jeder Einschätzung sind *Kategorien für Leistungsaspekte* im Gebrauch, die den Schülern entweder bekannt oder neu sind. Sofern es den Schülern gelingt, die gebrauchten Kategorien richtig auf die gemeinten Leistungsaspekte zu beziehen, lernen sie diese Kategorien. Das bedeutet, daß sie zunehmend ein System von Kategorien für diejenigen Aspekte einer bestimmten Klasse von Lernleistungen lernen können, die für diese Leistungen relevant sind. Systeme von Relevanzkriterien sind Metasysteme, die eine Klassifikation der Lernleistungen erlauben, weshalb ihnen Lernleistungen untergeordnet werden können. Sie erweitern deshalb nicht nur die Information des Schülers von einer Lernleistung, sondern sie erlauben auch, Lernleistungen zu ordnen, und sie können von den Schülern als Relevanzkriterien anerkannt und für sich selbst übernommen werden.

5. Die Schüler erhalten eine Information über den *geschätzten Ausprägungsgrad eines Aspektes* einer Lernleistung (z.B. "sehr differenziert gegliedert"). Der Maßstab für eine solche Schätzung wird aber meist nicht mitgeteilt, weshalb der Eindruck entsteht, es handele sich um ein absolutes Maß, obwohl es sich immer nur um eine relative Schätzung handeln kann. Statt dessen oder zusätzlich können den Schülern aber auch die Beziehungen zu einem Maßstab durch komparative Begriffe mitgeteilt werden ("erheblich differenzierter als in der letzten Arbeit gegliedert", "weniger differenziert gegliedert als bei einem anderen Schüler", "gegenüber einem Standard oder einem Ziel noch nicht differenziert genug gegliedert").

6. Die Schüler erhalten eine Information über den Wert mehrerer Leistungsaspekte mit einer bestimmten Ausprägung durch *einen reinen Wertbegriff* ("Das ist eine Eins", "Das gefällt mir ausgesprochen gut"). Diese Wertung kann nicht nur in sehr verschiedenen Formen auftreten, sondern auch in eins mit der sozialen Verstärkung von Lob und Tadel, von Freundlichkeit und Unfreundlichkeit, von Sympathie und Antipathie, von Achtungsbezeugung und Mißachtung. da jedes Urteil eine Abstraktion von Leistungsaspekten darstellt, gleichzeitig aber auf die gesamte Arbeit bezogen wird, besteht die Gefahr der Generalisierung auf alle Aspekte einer Lernleistung durch die Schüler. Die durch die Fremdeinschätzung ausgesprochene Wertung hat bei Lernleistungen den Charakter einer primären Gratifikation oder Sanktion, weil sie die einzige Ressource ist, über die der Lehrer verfügt (primäre externe Verstärkung).

7. Zu der vom Lehrer mit seinem Werturteil gegebenen primären externen Verstärkung können *andere externe Verstärker* kommen, insbesondere von den Mitschülern, den Eltern und der Gesellschaft. *Sie bestehen nicht nur aus Wertungen, sondern auch aus positiven und negativen materiellen und sozialen Konsequenzen, z.B. Berechtigungen, ausgesetzten Belohnungen, persönlichen Zuwendungen und ihrem negativen Gegenstück* (sekundäre externe Verstärkung).

8. Jede vom Lehrer geäußerte Einschätzung kann von den Schülern als *öffentliches Urteil* verstanden werden, d.h. als das Urteil einer öffentlich dazu bestellten Person, als ein Urteil in der Öffentlichkeit der Klasse, als ein Urteil für eine weitere Öffentlichkeit (Eltern, Freunde etc.). Die Öffentlichkeit des Urteils muß von den Schülern in irgendeiner Form verarbeitet werden.

9. *Die Fremdeinschätzung einer Lernleistung kann unterschiedliche Selbstwertgefühle hervorrufen*, alle Formen von Stolz und Scham, z.B. freudige Überraschung, tiefen Selbstzweifel, Wut auf den Lehrer. Je nach Verarbeitung der Einschätzung ändern sich auch die Selbstwertgefühle.

10. *Die gesamte Fremdeinschätzung einer Lernleistung kann von den Schülern mit ihrer Selbsteinschätzung verglichen und zu einer resultierenden Selbsteinschätzung verrechnet werden. - Die Selbsteinschätzung richtet sich nach selbstgesetzten Normen*: dem angestrebten Anspruchsniveau, sowohl im Hinblick auf den eigenen Lernfortschritt als auch auf andere, einem anerkannten Standard für die Güte eines Handlungsresultats oder einem angestrebten Ziel und auch weitergesteckten Intentionen (Oberzielen, Lebenszielen) oder allgemeinen Prinzipien (Leistungsoptimierung oder Erfolg mit minimalem Kraftaufwand). Dabei kann das Gewicht der Fremdeinschätzung durch den Vergleich mit der Einschätzung der Kompetenz des Urteilenden erhöht oder erniedrigt

Unterrichtspraktische Aspekte 441

werden und kann auch die erste Selbsteinschätzung bei ihrer Verarbeitung durch Relativierungen (nur einmal, nur in einer von vielen Aufgaben, langfristig unbedeutend, andere auch, Aufgabe unwichtig etc.) erhöht und erniedrigt werden. Beim Vergleich beider kann die Selbsteinschätzung durch allgemeine Konzepte vom eigenen Wert erhöht oder erniedrigt werden. So ist die resultierende Selbsteinschätzung das Resultat spezifischer Vergleichsprozesse.

11. *Die Fremdeinschätzung erhöht die Behaltenswahrscheinlichkeit der Lernleistung.* Es spricht sehr viel dafür, daß dies kein geheimnisvoller Zusammenhang ist, sondern daß die Höhe des Behaltenseffektes abhängig ist von der Zahl der zusätzlichen Aktualisierungen des Resultats bei seiner Einschätzung, von der Integration in bereits gelernte Zusammenhänge und vom Grad der positiven oder negativen Selbsteinschätzung. Ein einmaliges Erlebnis, das die "gesamte Existenz" betroffen hat, das extrem positiv oder negativ bewertet worden ist und das man sich ungezählte Mal vergegenwärtigt, auch nach langer Zeit immer wieder, wird u.U. lebenslang nicht vergessen.

Rückmeldefunktionen mit Steuerungsfunktion

1. *Die resultierende Selbsteinschätzung der Lösung einer Aufgabe hat die Funktion, bei der Lösung von Aufgaben derselben Art die Wahrscheinlichkeit der Erwartung von Erfolg bzw. Mißerfolg zu beeinflussen.* Dasselbe gilt für eine bewußte Setzung des anzustrebenden *Anspruchsniveaus* der Aufgabenlösung.
2. Sie hat die Funktion, *bei neuen Aufgaben derselben oder einer ähnlichen Art die Kalkulation der Bereitschaft, die Aufgabe zu übernehmen (Lernbereitschaft), zu beeinflussen.*
3. Sie hat die Funktion, bei Aufgaben derselben oder ähnlichen Art *das Maß der Anstrengung zu beeinflussen.*
4. Sie hat die Funktion, *die Selbstkonzeptualisierung in einem Lernbereich und das entsprechende Selbstwertgefühl zu beeinflussen.*
5. Sie hat die Funktion, *das Verfahren der Selbsteinschätzung,* einschließlich der Verrechnung der Fremdeinschätzung, *zunehmend übertragbar auf andere Aufgabenklassen im selben Bereich und auch auf Aufgaben in anderen Bereichen zu machen.*

Beratungsfunktionen

1. In Konfliktfällen der Verarbeitung der Fremdeinschätzung mit der Selbsteinschätzung können die Schüler die *Zuwendung des Lehrers erfahren.*
2. Es können ihnen *die bereits ausgeübten Formen* der Einarbeitung der Fremdeinschätzung in den Zusammenhang der Selbsteinschätzung *reflexiv bewußt werden.*
3. Sie können ihre *Kenntnisse von Zusammenhängen und Verfahren* der Verarbeitung von Fremdeinschätzungen des Lehrers und des Gesamtzusammenhangs der Selbsteinschätzung *erweitern.*
4. Sie können ihre *Fähigkeiten zur Analyse von Problemen der Einschätzung von Lernleistungen*, z.B. der Richtigkeit von Lehrerurteilen, der Notengerechtigkeit, der Leistungsdifferenzen in der Lerngruppe, *verbessern.*

5. Sie können *zu möglichst realistischen Erklärungen für Erfolg und Mißerfolg* durch die objektive Aufgabenschwierigkeit (intersubjektiver Vergleich), den erkennbaren Entwicklungsstand von Fähigkeiten und das erkennbare Maß der Anstrengung *gelangen*. Unrealistische Kausalattribuierungen auf Aufgabenschwierigkeit, auf unzulängliche oder überragende Fähigkeiten können überwunden werden.

6. *Fehler im gesamten Prozeß der Einschätzung*, z.B. falsche Generalisierungen, falsche Vergleiche, Mißverständnisse der vermittelten Information, Fehler der Lehrer bei der Einschätzung und ihrer Mitteilung, definitionswidriger Kriteriengebrauch u.a.m., *können behoben werden*.

7. *Übermäßige Emotionen können abgemildert werden*, z.B. durch realistische Relativierungen, durch Wechseln zur kognitiven Verarbeitung, durch Wechsel der Tätigkeit insgesamt, durch Verlangsamung der laufenden Aktivitäten oder Pausen.

8. *Die Einstellung zu selbstbezüglichen öffentlich geäußerten Informationen kann geändert werden.* - Taktiken der Schüler zum Umgehen von Situationen mit selbstbezüglichen Informationen oder zu ihrem Ignorieren sind schwer zu erkennen und nur schwer zu ändern. Oft kann nur langfristig eine Auseinandersetzung mit solchen Informationen erreicht werden. Notwendige Voraussetzung scheint dafür zu sein, daß das Selbstkonzept nicht im ganzen in Frage gestellt wird und das Selbstwertgefühl sich nicht dementsprechend zu einem allbeherrschenden Minderwertigkeitsgefühl entwickelt. Vertrauen auf die zuverlässige Zuwendung und die grundsätzliche Anerkennung scheinen die notwendigen positiven Voraussetzungen für ein Abbauen der Verweigerung, selbstbezügliche Informationen zu verarbeiten, zu sein. Allem Anschein nach kann das notwendige Vertrauen nur durch ausnahmslose Zuverlässigkeit der Zuwendung, falls diese Forderung überhaupt und unter den jeweiligen Umständen erfüllbar ist, erreicht werden. In diesem Punkt stimmen viele Pädagogen und Psychologen überein, z.B. *Pestalozzi, Makarenko, Bettelheim, Rogers, Erikson* und *Epstein*.

9. *Die Schüler können ein möglichst realistisches, in seinen Hauptzügen positives Selbstkonzept entwickeln*, was die allgemeine Voraussetzung für weiteres Lernen zu sein scheint. Diese allgemeine Norm wird nur überboten durch die *spezifische Norm, daß die dynamische Selbstveränderung durch Lernen selbst zu einem Hauptzug des Selbstkonzeptes* wird, d.h. zu einem stabilen Selbstverständnis der Persönlichkeit.

10. Die jeweils erworbenen *Kenntnisse und Verfahren der Einarbeitung von Fremdurteilen in die Selbstbeurteilung können in andere Lernbereiche und auch auf Urteile von Gleichaltrigen oder Familienangehörigen übertragen werden*.

11. Durch die behutsame Ausdehnung der Beratung in Fragen der Selbsteinschätzung durch *Hinweise auf Entwicklungstendenzen, Entwicklungsstärken, Entwicklungsmöglichkeiten und Horizonte künftiger Entwicklung* kann *ein wichtiger Beitrag zur Persönlichkeitsentwicklung* erbracht werden. Dies gilt insbesondere für erkennbare Entwicklungsschwierigkeiten.

Kapitel 2:
Für die Rückmeldung und die Beratung kann der Lehrer besondere Einstellungen einnehmen, sich spezielle Ziele setzen, und es stehen ihm spezifische Möglichkeiten der Beurteilung, Benotung, Belohnung/Bestrafung und Beratung zur Verfügung

Die **im vorausgehenden Kapitel** dargestellte Sicht der Rückmeldung erlaubt eine *einheitliche Praxis der Einschätzung von Lernleistungen*, mit und ohne zeugnisrelevantem Prüfzweck. Durch unterschiedlichen Zuschnitt der Rückmeldung kann man den Schülern nämlich entweder *ein Höchstmaß an selbstbezüglicher Information* vermitteln oder ein *Höchstmaß an Objektivität* erzielen. Beides ist nicht gleichzeitig und in gleichem Maße zu haben: Die *Maximierung der Selbstinformation führt bis zu ganz persönlichen Ratschlägen im Einzelfall*, die *Maximierung der Objektivität zu einem puren Notenwert mit der auf einen allgemeinen Vergleichswert reduzierten selbstbezüglichen Information, aber einem hohen Grad der Vergleichbarkeit in einer bestimmten Schülerpopulation*. Mischformen führen zu einer geringeren Erfüllung beider Funktionen und sehr oft zu funktionslosem Aufwand, z.B. zu Positivkorrekturen in Abituraufsätzen, die kein Schüler mehr zu Gesicht bekommt, oder zur Ausarbeitung von informellen Tests, obwohl zur Überprüfung der Lernzielerreichung auch die wesentlich weniger aufwendigen subjektiven Einschätzungen des Lehrers mit der Hilfe des Lernziels als Kriterium durchaus ausreichen. Mischformen führen außerdem beim Lehrer oft zu einem schlechten Gewissen, entweder im Hinblick auf die Notengerechtigkeit oder im Hinblick auf differenzierte Information für die Schüler.

Der Prozeß der Rückmeldung läßt sich in zwei große aufeinander folgende Phasen gliedern: die vom Lehrer zu vollziehenden Operationen bis zur *Mitteilung seiner Einschätzungen* an die Schüler und die daran anschließenden *Beratungsgespräche* über die Integration von Fremdeinschätzungen und Selbsteinschätzungen in einer resultierenden Selbsteinschätzung. - In der Praxis werden *Mischformen* vorherrschen, in denen sich z.B. Beratungsmitteilungen zwischen Mitteilungen über Einschätzungen des Lehrers schieben oder vor einer Fremdeinschätzung schon Selbsteinschätzungen der Schüler stattfinden. *Für ausdrückliche Übungszwecke* wird man *aber die zwei Teilprozesse deutlich voneinander absetzen* müssen, damit den Schülern die Einschätzungen der Lehrer transparent werden, damit sie selbst Zeit genug für Selbsteinschätzungen haben und die Beratungsgespräche ihre eigene Charakteristik entfalten können. Man wird dann den einen oder anderen Einschätzungsprozeß zu einer *typischen Phase des Unterrichts* von unterschiedlichem Zeitumfang ausbauen müssen (vgl. *Grzesik* 1992² u. 1990), in der bestimmte Lernresultate ausdrücklich angestrebt und methodisch geschult werden. Solche Phasen, z.B. für den Erwerb von Beurteilungskriterien, für die Analyse von Zielen oder für den Vergleich von Urteilen, können hier nicht erörtert werden. Natürlich gibt es auch *Wechselbeziehungen* zwischen Operationen aus den verschiedenen Phasen, so daß z.B. ein Lehrer aufgrund der vom Schüler erhaltenen Informationen ein Urteil revidiert oder durch Beratung ein Schüler seinerseits erste Einschätzungen verändert. -

Da bis auf die Mitteilungen alle Operationen innerlich ablaufen, *unterschätzen Lehrer wie Schüler den benötigten Zeitaufwand beim jeweils anderen zwangsläufig*. Soll die Einschätzungspraxis der Lehrer sich verbessern und sollen die Schüler in diesem Bereich lernen, dann muß dafür *Zeit veranschlagt* werden (das gilt übrigens auch für die himmelschreiende lebenslange Ungerechtigkeit zwischen den Lehrern, die Fächer und Klassen mit hohem oder niedrigem Beurteilungsaufwand haben). Ich behandele deshalb die zwei Gruppen von Operationen auch im Blick auf die Möglichkeit ihrer Ausgestaltung zu Phasen gesondert. **In diesem Kapitel** geht es um *Hilfen für die Praxis des Lehrers*.

(1) Die gesamte Praxis der Rückmeldung und Beratung kann durch besondere Einstellungen und Ziele gelenkt werden

So wichtig es für die Praxis ist, möglichst differenziert zu wissen, was Lehrer und Schüler in diesem Bereich alles tun können, ist es noch wichtiger zu wissen, *in welcher Einstellung und mit welchen Zielen vom Lehrer Rückmeldung und Beratung praktiziert werden können*. Die einzelnen Prozesse der Einschätzung und Beratung werden sich weder vollständig unterscheiden lassen, noch kann sich jeder die theoretisch unterschiedenen sämtlich merken und im Fall des Falles sein Detailwissen einsetzen. Einstellungen und Ziele aber geben auch dann Verhaltenssicherheit, wenn man sich eine eigene Vorgehensweise ausdenken oder ein überraschendes Vorgehen von Schülern verstehen will. Man kann sich dann beides selbst konstruieren. Deshalb sollen diese beiden *umfassenden und überdauernden Orientierungen* zuerst erörtert werden.

Daß Lehrer bei ihren einzelnen Einschätzungen und Ratschlägen, die auf Lernleistungen bezogen sind, *stark von Einstellungen bestimmt* werden, kann jeder nicht nur an sich selbst und anderen beobachten, sondern wird auch an empirisch belegten überindividuellen Tendenzen faßbar. So gibt es z.B. die *häufig auftretende Tendenz*, gleiche Leistungen unter der Annahme, daß Anstrengung bei geringer Fähigkeit vorliege, höher zu bewerten als unter der Annahme, daß geringe Anstrengung bei hoher Fähigkeit vorliege. Stets wird dann *eine Lernleistung in spezifischer Weise kategorisiert und in ihrer Ausprägung eingeschätzt* (Kategorisierung und Schätzung der Ausprägung der Leistungsursachen in der Form: "hohe Anstrengung, niedrige Fähigkeit"), wird die so kategorisierte Lernleistung vor jeder weiteren Überlegung schon *mit einem bestimmten Bonus oder Malus an Wert ausgestattet* und fungieren beide als *Kategorien für die Auswahl von Reaktionen auf die Lernleistung*, z.B. auf die Wahl des Grades von Lob bzw. Tadel und auf die Entscheidung, etwas zur Höhe der Fähigkeiten oder der Anstrengung zu sagen (vgl. *Six/Schäfer* 1985, 25 f.). Es gibt den Versuch, *Beurteilertypen* zu unterscheiden. *Grzesik/Fischer* berichten darüber, konnten aber in ihrer Versuchsgruppe von 30 Beurteilern keine Beurteilertypen nachweisen:

> "*Cast* (1940, S.59) unterscheidet aufgrund seiner Resultate zwei Typen von Beurteilern':(...) those who mark better (i) by analytic and (ii) by intuitive or impressionistic methods respectively ' (...) Schon beinahe klassisch ist *Lehmanns* (1951) Unterscheidung

von Hoch-, Tief- bzw. Mittel- und Extrembeurteilern. Diese Kennzeichnungen haben allgemein Eingang in die Literatur gefunden. Obwohl diese Klassifikation m.W. nur soweit empirisch überprüft ist, daß man einzelne Lehrer in einzelnen Untersuchungen diesen Kategorien zuordnen konnte, führt sie zu der weitreichenden Forderung, solche Extrembeurteiler vom Benotungsgeschäft, vor allem beim multiple marking (s.u. Mehrfachbeurteilung - J.G.), fernzuhalten.
Bohusch (1972) zitiert, wenn auch unter Bedenken, eine andere Typologie, die z.B. Begriffe wie 'Fehlerarithmetiker' oder 'großzügiger Ganzheitsbetrachter', 'objektiver' oder 'subjektiver Typus' enthält. Solche Kategorien lassen sich jedoch ebenso wie viele andere denkbare, z.B. Fähigkeit zu einem hohen oder geringen Maß an Konzentration, positive oder negative Einstellung zur Aufsatzbewertung, nur sehr schwer in der Weise operationalisieren, daß Indikatoren für die Ausprägung des betreffenden Merkmals des Beurteilungsverhaltens beobachtet und gemessen werden können." (*Grzesik/Fischer* 1984, 129)

"Zusammenfassend läßt sich festhalten, daß man von Hoch- oder Tiefbeurteilern eigentlich nur sprechen kann, wenn die Beurteilung des einzelnen Aufsatzes unberücksichtigt bleibt und lediglich eine sich in den Noten ausdrückende Gesamttendenz gesucht wird. Ansonsten ist offensichtlich jeder Lehrer dazu fähig, während der Bewertung eines Samples von Aufsätzen scheinbar willkürlich den Standard zu wechseln, so daß seine Noten, gemessen an Einschätzungen der Kollegen, jederzeit sowohl extrem streng wie auch extrem mild ausfallen können." (*Grzesik/Fischer* 1984, 153)

Regelrechte Einstellungsuntersuchungen zum Bereich der Einschätzung von Lernresultaten scheint es aber nicht zu geben. Falls ich sie übersehen haben sollte, werden auf keinen Fall sämtliche einschlägigen Einstellungen untersucht worden sein. Ich unterscheide deshalb recht ungeschützt *eine Reihe von Einstellungen* und nehme an, daß sich einige von ihnen *bei jedem Lehrer zu einer Gesamteinstellung mit bestimmtem Zuschnitt verbinden.*

Es gibt sicher unterschiedliche Einstellungen auf der Skala zwischen der Tendenz zu ständiger, d.h. möglichst häufiger, Beurteilung und der Tendenz zu möglichst starker Meidung jeder Art von Beurteilung. Die Gründe für die Wahl eines bestimmten Grades der *Bereitschaft zu urteilen* sind sicher vielschichtig (persönliche Gründe und Zeitgeist, Anpassung oder Widerstand etc.). *Ich halte eine Einstellung für angemessen, die prinzipiell für Rückmeldungen mit höchstmöglichem Informationswert ist und die die Häufigkeit am vermuteten Bedarf der Schüler orientiert.* Eine solche Einstellung hat nicht die Form eines starren Vorurteils, sondern orientiert sich am dynamischen Lernbedarf. Sie weiß sich verantwortlich für die bestmögliche Information, weil dies die Verantwortung der jeweils älteren Generation ist und unabweisbar zur professionellen Funktion des Lehrers gehört. Weder autoritäres Gehabe oder Rechthaberei noch die Verweigerung aufgrund eines falschen Verständnisses von Selbstverwirklichung der Schüler oder gar Bequemlichkeit sind dann die Gründe für die Praxis von Einschätzung und Beratung.

Die Routine des Unterrichtens kann leicht dazu führen, daß das persönliche Gewicht jeder Art von Einschätzung durch den Lehrer für den Schüler sehr hoch sein kann, zumal in der Öffentlichkeit der Lerngruppe. Da Verletzungen zu irrationalen Lernhemmungen führen können, sollte man sie als Lehrer möglichst zu vermeiden suchen. Das läßt sich, soweit es beim Lehrer liegt, durch die *Einstellung* erreichen, *die Einschätzung in der Regel ganz auf die jeweilige Lernleistung zu begrenzen, nur sehr vorsichtig (induktiv) zu generalisieren, jede Generalisierung auf allgemeine Eigenschaften zu vermeiden ("du bist...") und die Emotionen ebenso wie die Wahl der Formulierungen in diesen Grenzen zu halten.* All dies läßt sich am besten erreichen, wenn man der *Ausbildung einer realistischen Selbsteinschätzung der Schüler im jeweiligen spezifischen Bereich von Lerntätigkeiten* den klaren Vorrang gibt vor der Ausbildung allgemeiner Konzeptualisierungen und Wertungen der eigenen Person. Es ist der Bereich, in dem sich Lehrer wie Schüler jeweils ohnehin bewegen müssen, für den eine angemessene Selbsteinschätzung zwingend erforderlich ist und in dem die Entwicklung von Selbstkonzept und Selbstwertgefühl am besten beobachtet werden kann. - Wenn diese Grundlinie eingehalten wird, kann damit gerechnet werden, daß einzelne Ausnahmen von den Schülern entweder als besonders wichtig oder als geringfügig eingestuft werden. Selbst mehrfacher Verstoß gegen diese Regel wird sich meist noch nicht negativ auswirken, wenn die folgende positive Grundeinstellung nicht tangiert wird.

Es kann sehr viel dafür angeführt werden, daß alle Einschätzungen und Ratschläge von der *Einstellung der Achtung des Schülers als Person, der Anerkennung seines Wertes als Individuum und der Zuschreibung einer prinzipiell offenen Entwicklungsfähigkeit durch Lernen* getragen sein müssen. Nur unter diesen Bedingungen kann der Schüler seine Selbstachtung bei jedem gescheiterten Versuch, etwas zu lernen, und erst recht bei häufigem Scheitern aufrechterhalten. Diese Einstellung läßt sich begründen durch die platonische Auffassung des pädagogischen Eros, durch die Theorie des pädagogischen Bezugs, durch psychoanalytische Theorien, durch Theorien des Selbstkonzepts und nicht zuletzt durch Biographien von erfolgreichen Pädagogen. Die für die volle Wirksamkeit von Fremdeinschätzung erforderliche Akzeptanz durch die Schüler wird unter dieser Voraussetzung in dem Maße zu erwarten sein, in dem es noch ein Interesse an der eigenen Entwicklung gibt.

Keineswegs unbedeutend, aber sicher nicht von so hohem Gewicht wie die bis jetzt angeführten sind *Einstellungen für die Ausführung von Fremdeinschätzung und Beratung: deutliche Unterscheidung der Wichtigkeit* (Geringfügiges nicht genau so behandeln wie Leistungsaspekte von großer Tragweite), *möglichst hohe Konsistenz und Transparenz der eigenen Einschätzungspraxis* (keine fahrlässige Willkür und keine hermetische Abschließung gegenüber den Schülern), *Anpassung der Rückmeldeformen an die Dynamik der Entwicklung* (in Frühstadien nicht der Maßstab der Perfektion, keine ständig gleichen Schablonen, Verlagerung auf andere Leistungsaspekte und Zurücknahme der Häufigkeit und Dringlichkeit in entwickelten Stadien), *ein gewisses Maß an Toleranzen* (keine Exaktheit vortäuschen in einem Gebiet des Schätzens), *vorbehaltlose Bereitschaft zur Rücknahme eigener Fehleinschätzungen* (kein Prestigestandpunkt), *unverstellter und klarer Ausdruck nicht nur der kognitiven, sondern auch der emotionalen Information* (kein Zieren wegen der Peinlichkeit, beurteilt zu werden; keine Unaufrichtigkeit oder gar Doppelbödigkeit; kein Schweigen aus Eigensinn).

Theoretische Grundlagen 447

Diese und vermutlich noch weitere Beurteiler-Einstellungen der Lehrer können aufgrund ihrer Ständigkeit gegenüber der Vielfalt unterschiedlichster Einschätzungen ein Verhältnis zwischen Lehrer und Schülern schaffen, das dem Prozeß der Fremdeinschätzung angemessen ist und zuverlässig erwartet werden kann. Es ist ausschließlich schülerbezogen, weil es sich allein an seinen Lernbedürfnissen orientiert. Andererseits täuscht es die Schüler nicht über das unhintergehbare Faktum der Fremdbeurteilung durch scheinbare Urteilsenthaltung hinweg, wie dies nicht nur im laisser-faire und auch im sozial-integrativen Stil geschieht. Selbst wenn ein Lehrer sich über seine Einstellungen nicht äußert, werden sie von den Schülern in aller Regel erschlossen. Der Prozeß der wechselseitigen Unterstellung von Einstellungen findet nämlich in jeder Kommunikation statt (*Watzlawick/Beavin/Jackson* 1974[4]; *McCall/Simmons* 1974). Er ist jedoch keineswegs täuschungsfrei, weil es sich um Schlüsse aus beobachtetem Verhalten handelt. Er führt auch keineswegs immer zur Verständigung, weil Einstellungen unreflektiert Verhalten regulieren können und weil es oft Gründe gibt, sie zu leugnen.

Nicht nur Einstellungen, sondern *auch Ziele geben der Verständigung über Einschätzungen Orientierung und langfristige Stabilität.* Es gibt nämlich auch *Ziele für das Lernen im Bereich der Selbsteinschätzungen und ihrer Verarbeitung*. Stabile Einstellungen des Lehrers und klare langfristige Ziele, die er sich für das Lernen der Schüler im Bereich ihrer Selbsteinschätzung setzt, geben ihm selbst ein hohes Maß an Verhaltenssicherheit und sind für die Schüler sicher erwartbar. Beide zusammen bilden deshalb eine relativ stabile Grundlage für die durch mannigfache Unsicherheiten gekennzeichneten einzelnen Einschätzungen. Diese Einstellungen und Ziele können nämlich dazu beitragen, daß zwischen Lehrer und Schülern ein *Vertrauensverhältnis* entsteht, in dem auch über heikle Beurteilungen eine Verständigung erzielt werden kann. Ohne eine Verständigung aber verliert jede Fremdbeurteilung durch den Lehrer ihre Funktion, auf das Lernen der Schüler Einfluß zu nehmen.

Es geht in diesen Zielen nicht um das, was die Schüler an Weltwissen lernen sollen, sondern *darum, was sie an Selbstwissen und Selbstregulierung lernen können*. Wenn von Lern-, Lehr- oder Unterrichtszielen die Rede ist, geht es dagegen in aller Regel entweder um das, was in den Fächern gelernt werden kann, oder um soziales Lernen, insbesondere im Gruppenunterricht und im Schulleben. Auf das, was an Selbstwissen und Selbstregulierung gelernt werden kann, wird allenfalls unter dem Gesichtspunkt der Erziehung, die der Unterricht auch noch zu leisten habe, in unbestimmter Weise verwiesen. *Für die Persönlichkeitsentwicklung der Schüler ist aber die Konzeptualisierung und das Selbstwertgefühl als Lernender sowie die Selbststeuerung seiner Lerntätigkeiten der zentrale Bereich seines Selbst, für den in erster Linie Schulunterricht zuständig ist.* Andere Bereiche der Persönlichkeitsentwicklung liegen ganz außerhalb des Einflusses der Schule, z.B. der intime Umgang mit anderen, oder liegen weitgehend außerhalb seiner Aufgabe und seiner Möglichkeiten, wie z.B. die Wahl der Hauptperspektiven für Welt- und Selbstbild. Aber das *Selbstverständnis als Lernender entwickelt sich ohnehin dort am stärksten, wo Lernen die ausdrückliche Aufgabe ist, d.h. in der Schule*. Es ist deshalb nicht zu verantworten, wenn Lehrer der Auffassung sind, die Entwicklung des Selbstverständnisses als Lernender gehe sie nichts an, entweder weil sie sich nicht als

Pädagogen, sondern als Fachwissenschaftler verstehen oder weil sie diese Entwicklung sich selbst überlassen wollen, und zwar im Interesse des Kindes, dem sie ihr eigenes "progressives" Interesse der Emanzipation von Konventionen der bestehenden Gesellschaft unterstellen (s. zu dieser notorischen egozentrischen Vereinnahmung von Interessen der jungen Generation durch Interessen der Erwachsenen *Litt* 1964).

Es wundert deshalb nicht, daß die *Entwicklung des Selbstverständnisses als Lernender* weder in der Psychologie noch in der Pädagogik ausdrücklich behandelt wird. So soll z.B. bei der Öffnung der Schule für das Leben ein buntes Vielerlei gelernt werden, von ökologischen Kenntnissen bis zu künstlerischer Kreativität. Nur das Selbstverständnis als Lernender, das für den Schüler wahrhaftig das vordringlichste Problem ist, wird in den Lernzielkatalogen mit keinem Wort erwähnt. Nur *Heckhausen* hat einmal den Versuch gemacht, "Leistungsthematische Lernziele zur Persönlichkeitsentwicklung" zu formulieren (1974), versteckt hinter den politischen Reizwörtern "Leistung und Chancengleichheit" im Buchtitel, ein Versuch ohne jedes Echo.

Ich mache nun meinerseits den Versuch, einen Zusammenhang von *Zielen für die Entwicklung des Selbstverständnisses als lernender Mensch* zu beschreiben, die der Lehrer anstreben kann. Die Übernahme solcher Ziele setzt voraus, daß man meiner Begründung zustimmen kann. Ich begründe die von mir formulierten Ziele mit der Annahme, daß es eine *Form der Selbstbewertung* gibt, *die für die Entwicklung durch Lernen optimal ist.* Diese Annahme stützt sich auf Befunde aus der Motivations- und Selbstkonzeptforschung (**M3, 4, 5, 10** u. **11**). Sie legen nahe, *daß das Selbstbewertungssystem die Verbindung herstellt zwischen erbrachten Lernleistungen und der Motivation für die Lösung künftiger Lernaufgaben und daß eine möglichst realistische Selbstbewertung die besten Folgen für das weitere Lernen hat*:

"Unrealistisch hohe oder niedrige Standards haben gegensätzliche Selbstbewertungsfolgen (...). Unrealistisch hohe Standards vermindern die Häufigkeit von Erfolg zugunsten von Mißerfolg; sie verringern im Falle von Erfolg die affektwirksame positive Diskrepanz zum erzielten Ergebnis und vergrößern im Falle von Mißerfolg die entsprechend negative Diskrepanz. Ein unrealistisch hoher Standard ist (wie das Attribuierungsmuster der Mißerfolgsmotivierten (...)) eine *self-defeating-strategy*, die eine positive Selbstbewertungsbilanz - die Befriedigungsmöglichkeit durch Leistungshandeln - mindert. Umgekehrt führt ein unrealistisch niedriger Standard zu einer leistungsthematischen 'Selbstbefriedigung', die es allerdings - im Unterschied zu hohem Standard - schwer hat, im sozialen Leistungsvergleich ernst genommen und anerkannt zu werden.
Außerdem schwächen zu hohe oder zu niedrige Standards die Affektwirksamkeit von Erfolg und Mißerfolg in der Selbstbewertung ab, weil sie das Gewicht des externalen Ursachfaktors einer zu hohen oder zu geringen Aufgabenschwierigkeit erhöhen. Auf diese Weise verlieren die Ergebnisrückmeldungen an Informationsgehalt zur selbstdiagnostischen Einschätzung der eigenen Fähigkeit - eine Möglichkeit, die viele Mißerfolgsmotivierte bevorzugen." (*Heckhausen* 1980, 671)

Ziele für die Selbsteinschätzung müssen sich am Beziehungszusammenhang der Schätzoperationen und ihrer Lernbarkeit orientieren. Die Schwierigkeit des Zusammenhangs der Schätzoperationen besteht offensichtlich darin, daß sich eine möglichst realistische

Theoretische Grundlagen

Selbsteinschätzung keineswegs durch eine einzige Operation erzielen läßt, sondern nur durch ein *System von Vergleichsoperationen*. Jedes Vergleichsresultat muß wieder verglichen werden mit anderen Vergleichsresultaten, kann durch sie relativiert werden. Daß dies erst allmählich gelernt wird, ist durch entwicklungspsychologische Studien erwiesen. Wie kompliziert diese blitzschnell ablaufenden Vergleichsprozesse zwischen allen beteiligten Informationen der Fremd- und Selbsteinschätzung sind, läßt sich ahnen, wenn man die folgende Zusammenfassung der Entwicklung dieser Prozesse zu *"Attributionsmustern"* liest. Wenn der Lehrer dies prinzipiell weiß, kann er solche Zusammenhänge auch dann in Rechnung stellen, wenn er keineswegs jeden von ihnen im einzelnen kennt:

"Entscheidend ist hierfür (für die Attributionsmuster - J.G.) die Entwicklung von kausalen Schemata, d.h. von Hypothesenkonzepten über das Zustandekommen von Leistungsergebnissen bei verschieden schweren Aufgaben, wenn - eher ein Normalfall - ungenügende Informationen über Fähigkeit und Anstrengung vorliegen (sei es, daß die Stärke eines der beiden oder beider Kausalfaktoren unbekannt oder unklar ist). Kausale Schemata sind bisher das bestuntersuchte Merkmal der Motivationsentwicklung. Wir kennen die voraussetzungslogische Abfolge der einzelnen Entwicklungsstadien zwischen 4 und 9 Jahren: die einfache Kovariation (früher für Anstrengung als für Fähigkeit), die kombinierte Kovariation bei der Ergebnisvorhersage, dann Anstrengungskompensation bei der Ergebniserklärung nach Überwindung der zentrierten Kovariation, schließlich auch die Fähigkeitskompensation nach Überwindung der Kopplung von Fähigkeit an Anstrengung; alles zunächst früher für Erfolgs- als für Mißerfolgsergebnisse und auch - im intra- und interindividuellen Vergleich - früher für die Erklärung gleicher Ergebnisse als für die Erklärung ungleicher Ergebnisse.

Ab 9 bis 10 Jahren können so mit Hilfe der Kompensationsschemata für abgestufte Effekte Mehrdeutigkeiten in der Verursachung eines Ergebnisses in verschiedene Proportions-Kombinationen von Fähigkeit und Anstrengung aufgelöst werden. Damit eröffnet sich die Möglichkeit für individuelle Unterschiede des bevorzugten Attributionsmusters nach Erfolg und Mißerfolg. Ob die unterschiedlichen Attributionsmuster Erfolg vornehmlich auf hohe Fähigkeit und weniger auf große Anstrengung als auf geringe Fähigkeit und hohe Anstrengung zurückführen lassen (erster Extremfall) - in jedem Fall sind die Attributionsmuster nach dem Kompensationsprinzip in *logischer* Hinsicht äquivalent. Aber sie sind es nicht in *psychologischer* Hinsicht. Denn sobald die Affektwirksamkeit von Fähigkeits- und Anstrengungsattribution sich in der Selbstbewertung (und im Gegensatz zur Fremdbewertung) zugunsten der Fähigkeitsattribution verändert (9. Merkmal), begünstigt der erste Extremfall eines Attributionsmusters auf Dauer positive Selbstbewertungsbilanzen und der zweite negative Bilanzen - mit all ihren motivationspsychologischen Folgen für Erfolgszuversicht, Ausdauer usw. im Leistungshandeln.

Die größere Affektwirksamkeit von Fähigkeitsattribution in der Selbstbewertung scheint das am spätesten, erst ab etwa 11 Jahren, auftretende Entwicklungsmerkmal zu sein; vorher ist eher noch - wie in der Fremdbewertung auch später noch - die Anstrengungsattribution affektwirksamer. Nun sind die letzten Voraussetzungen dafür gegeben, daß sich das Leistungsmotiv aufgrund einseitiger Informationsverarbeitung (Attributionsmuster) selbst bestätigt und bekräftigt. Es perpetuiert sich selbst, weil es sich nicht zuletzt auch gegen Erfahrungen immunisieren kann, die der eigenen Attributionsvoreingenommenheit zu widersprechen scheinen." (*Heckhausen* 1980, 680f.)

Insgesamt haben wir es auch im Bereich der Selbsteinschätzung mit *lernbaren Prozessen der Verarbeitung von Information* zu tun. So kommt *Heckhausen* bei einer Würdigung der bisherigen Untersuchungen zum Leistungsmotiv zu dem Schluß:

> "So betrachtet ist Motiv nicht ein summarischer und ein-für-allemal fixierter Persönlichkeitszug, sondern ein System von motivationsrelevanter Informationsverarbeitung, das sich durch einen eingebauten, individuell verfestigten Interpretationsmechanismus (hier aufgrund von Attributionsvoreingenommenheiten) immer wieder von neuem durch 'Selbstbekräftigung' (Selbstbewertung) stabilisiert - auch gegen Erfahrung, die mit der eigenen, motivgebundenen Sichtweise in Widerspruch steht." (*Heckhausen* 1980, 570f.)

Ich gliedere die folgende Unterscheidung von Zielen für die Entwicklung der Kompetenz für die Selbsteinschätzung nach *Hauptbeziehungen im System der Schätzoperationen*: 1. der Unterscheidung von Leistungsaspekten, 2. dem intraindividuellen Vergleich von Ausprägungs- und Wertgraden, 3. dem entsprechenden interindividuellen Vergleich, 4. dem entsprechenden Vergleich mit Sach- oder Zielstandard 5. der Erklärung der Lernleistung durch Kausalattribuierung und 6. dem Vergleich zwischen Selbst- und Fremdeinschätzungen des Lehrers und der anderen Schüler. - Alle Definitionen werden als *Beschreibungen künftig aktualisierbarer Fähigkeiten* verstanden. - *Wenn die Ziele erreicht werden, hat sich ein realistisches Profil der eigenen lernenden Person entwickelt, das sich von den Profilen anderer deutlich unterscheidet, aber in angemessene Beziehungen zu ihnen gesetzt ist.* Dadurch werden Verzerrungen in der Selbsteinschätzung und der Einschätzung anderer vermieden und gibt es mehrere Möglichkeiten der Kompensation von Unterschieden für die Regulierung des Selbstwertgefühls. Das harte Faktum von individuellen Unterschieden läßt sich aber nicht vertuschen, sondern muß im Gesamtkontext des Welt- und Selbstverständnisses verarbeitet werden.

1. Ziele für die Unterscheidung von Leistungsaspekten

- Kenntnis einer größeren Zahl von Begriffen für die Unterscheidung von Lernleistungen, z.B. "Interpretation einer geologischen Karte", "Verstehen von metaphorischen Ausdrücken" oder "Technik des Steindrucks" (Kriterien für Klassen von Lernresultaten).
- Kenntnis von überschaubaren Kriterienkatalogen (3 bis 7 Kriterien) für die charakteristischen Merkmale einer bestimmten Klasse von Lernleistungen (z.B. für die Lösung von Textaufgaben zur Multiplikation, für Inhaltsangaben, für die qualitative Analyse eines chemischen Stoffes, für die Beschreibung eines Werkes der bildenden Kunst).
- Kenntnis von skalierbaren Ausprägungsgraden, insbesondere ihrer Minima und Maxima, falls sie exakt oder wenigstens ungefähr bestimmbar sind (z.B. die Zeitmaße Schnelligkeit und Dauer, festlegbarer Umfang einer Leistung, Zahl von Vokabeln aus einem Grundwortschatz, Ordnungen).
- Den Referenten, d.h. den jeweiligen Bezugsgegenstand, für Schätzurteile konstant halten können, damit ein gleitender Übergang zu einem anderen Bezugsgegenstand vermieden und der Geltungsumfang des Urteils nicht unbemerkt verändert wird.
- Kenntnis von der "Natur" von Kriterien, ihrer Abstraktheit, ihres Geltungsbereiches, ihrer Abhängigkeit von Zielen, ihres Definitionsgehaltes, der Verständigung über sie.

Unterrichtspraktische Aspekte 451

2. Ziele für den Vergleich von Lernleistungen mit früheren eigenen Lernleistungen

- Nur den Ausprägungsgrad bestimmter Leistungsaspekte bzw. Aufgabenlösungen derselben Art miteinander vergleichen, um den Lernfortschritt festzustellen, nicht aber die Noten für die gesamte Lernleistung bzw. für mehrere Aufgaben verschiedener Art.
- Längerfristige Vergleiche eigener Lernleistungen durchführen können, um den Zeitbedarf für eine Fähigkeitssteigerung festzustellen.
- Steigerungsmöglichkeiten der Lernleistung (Effekt in einer bestimmten Zeit) durch Veränderung der Anstrengung (bis zur Schmerzgrenze im jeweiligen Funktionsbereich und der Gesamtenergie, aber sorgfältiger Beachtung von Ermüdungs- und Erschöpfungssymptomen) erproben können (Selbsterfahrungen der eigenen Möglichkeiten und Grenzen gewinnen können).
- Das Verhältnis zwischen Fähigkeitssteigerung und Zeitbedarf in mehreren Lernbereichen miteinander vergleichen können, um Gebiete mit höherer und geringerer Lerngeschwindigkeit für die Einschätzung der eigenen Begabung zu erkennen.
- Sich selbst ein zunehmend differenzierteres und realistischeres Bild von den eigenen Lernmöglichkeiten in verschiedenen Tätigkeitsbereichen bilden und sich dem entsprechende anspruchsvolle, aber realistische Ziele setzen können.

3. Ziele für den Vergleich von eigenen Lernleistungen mit den Lernleistungen anderer Schüler in der Lerngruppe

- Für den Vergleich der eigenen Lernleistungen und des eigenen Lernfortschritts mit anderen den Ausprägungsgrad gleicher Leistungsaspekte und nicht nur die Noten für die Gesamtleistungen vergleichen können.
- Für den relativen und vom Lehrer geschätzten Gesamtwert einer Lernleistung in der Lerngruppe die Noten miteinander vergleichen und auf die Kompetenz des Lehrers zurückbeziehen können.
- Indizien für Anstrengung bei anderen wahrnehmen, möglichst täuschungsfrei ihren Grad einschätzen und sie mit eigenen Anstrengungen vergleichen können, damit es nicht aufgrund von Verschleierungen der tatsächlich aufgebrachten Anstrengung und übertreibenden Darstellungen zu Fehlschlüssen über die eigenen Fähigkeiten kommt.
- Fähigkeit, den Zeitraum der Kontrollen und den Umfang der Kontrollverfahren des eigenen Lernfortschritts zunehmend auszudehnen.
- Die selbstgesetzten Standards bzw. ständigen Interessen oder längerfristigen Ziele anderer Schüler mit den eigenen vergleichen können.
- Höhere Fähigkeiten anderer ohne Neid anerkennen und auf niedrigere Leistungen ohne Hochmut reagieren können (genaue Berücksichtigung des Lernbereichs, damit es nicht zu extremen Über- und Unterschätzungen kommt).
- Das Problem der Angemessenheit von Gratifikationen und Sanktionen von Fall zu Fall erörtern können, und zwar mit dem Wissen um die allgemeine Problematik des leistungsgerechten Maßstabes und für den Zweck der Reflexion auf eigene Mißgunst oder zu harte Sanktionsforderungen gegen andere.
- Die Fähigkeiten anderer und eigene Fähigkeiten in verschiedenen Leistungsbereichen kompensierend miteinander vergleichen können.
- Für ein "angemessenes Selbstbild der eigenen Leistungstüchtigkeit im sozialen Vergleich" (*Heckhausen* 1974, 54) nicht nur die Lerngruppe als Bezugsnorm wählen, sondern auch Vergleiche mit Beobachtungen der Fähigkeiten anderer Personen anstellen und den Bedarf in

einer hochgradig arbeitsteiligen Gesellschaft für Fähigkeiten vieler Art und vieler Grade berücksichtigen können (die eigenen Tüchtigkeiten möglichst genau sozial positionieren).
- Sich mit dem eigenen Fähigkeitsprofil nach sorgfältigen Abwägungen und auch unter Berücksichtigung der künftigen Entwicklungsmöglichkeiten identifizieren können, damit sich kein objektiv, d.h. im sozialen Vergleich, nicht haltbares und auch sich selbst gegenüber unwahrhaftiges Selbstbild entwickelt.
- Sich offen halten für Kommunikation mit anderen über Beurteilungen und Bewertungen und für die aktive Wahrnehmung und die Auseinandersetzung mit Einschätzungen durch andere.

4. *Ziele für den Vergleich von Lernleistungen mit allgemein geltenden Standards oder selbstgesetzten Zielen (Normen, Anspruchsniveaus)*

- Möglichst differenzierte Kenntnisse und die Anerkennung von Sachnormen, "das heißt von solchen (Gütemaßstäben - J.G.), die 'in der Natur der Sache liegen' und die Forderungen stellen, die von Faktoren der eigenen Leistungstüchtigkeit, von Fähigkeit wie Anstrengung, unabhängig sind. (Z.B. verantwortungsvolle Wartungsaufgaben, von denen die Instandhaltung von Sachen, die Sicherheit anderer Menschen abhängt.) Einsicht in und Anerkennung von Gütestandards, die hinreichend oder nicht-hinreichend sind für die Erledigung bestimmter Aufgaben." (*Heckhausen* 1974, 54). Professionelle Standards kennen, anerkennen und im Maße der eigenen Möglichkeiten auch realisieren.
- Sich selbst realistische, aber anspruchsvolle Ziele setzen, "d.h. solche, die aufgrund der eigenen Fähigkeiten weder Über- noch Unterforderungen darstellen" (*Heckhausen* 1974, 53).
- Für längerfristige Ziele auf die Befriedigung augenblicklicher Bedürfnisse nach sorgfältigem Wertvergleich zwischen nahfristig und weitfristig zu realisierenden Zielen bis zu einem gewissen Grade verzichten können (Realitätsprinzip statt Lustprinzip, s. *Bettelheim* 1982, 143f.).
- Für hochrangige längerfristige Ziele Mißerfolge mit ihren negativen Folgen hinnehmen können, d.h. eine relativ große Frustrationstoleranz besitzen.
- "Fähigkeit, für verschiedene leistungsthematische Aufgabenfelder auch unterschiedliche Wertverbindlichkeiten einzugehen, d.h. den persönlichen Anspruch an eigene Leistungstüchtigkeit auf verschiedenen Aufgabenfeldern differenzieren und abwägen zu können (eingegangene Selbstverantwortlichkeiten)" (*Heckhausen* 1974, 53).
- Fähigkeit zur Regulierung übermäßiger Selbstbewertungsemotionen, z.B. von Minderwertigkeitsgefühlen oder Überlegenheitsgefühlen, und zur vorsichtigen Dosierung von Selbstlob und -tadel. - *Heckhausen* sieht "die bekräftigenden Ereignisse der Selbstbewertung in den selbstbewertenden Emotionen wie Zufriedenheit oder Unzufriedenheit mit sich selbst oder ähnlicher Emotionsarten wie Stolz auf sich selbst oder Beschämung und Ärger über sich selbst. (...) Selbstbewertungsemotionen können auch von Akten der Selbstbelohnung oder Selbstbestrafung begleitet sein." (*Heckhausen* 1980, 570f.)
- Bemühen um Gelassenheit bei der Reflexion auf Zielerreichung, damit Distanziertheit, Flexibilität und Souveränität möglich sind (*Kuhl* 1983) und nicht ein unangemessener Erfolgsdruck entsteht.

5. *Ziele für die Erklärung des Erfolgs bzw. Mißerfolgs durch seine Zurückführung auf Ursachen*

- Fähigkeit zu einer möglichst realistischen Einschätzung des Anteils externer Ursachen (insbesondere: Aufgabenschwierigkeit, der Unterricht des Lehrers, widrige situative Umstände, langfristige ungünstige Lernbedingungen) von Erfolg bzw. Mißerfolg (Vermeidung von lernhemmenden Rechtfertigungsstrategien).

Unterrichtspraktische Aspekte 453

- Fähigkeit zu einer möglichst täuschungsfreien Einschätzung des Maßes an Anstrengung, weil es selbst zu verantworten und auch selbst kurzfristig zu verändern ist (intern/variabel) (s. u.a. *Heckhausen* 1974, 53).
- Möglichst genau den Anteil der Fähigkeiten abschätzen können, weil dies wichtige Information über den gegenwärtigen Entwicklungsstand ergibt und weil Fähigkeiten durch Lernen verändert werden können (intern/veränderbar).
- Fähigkeit zum genauen Abwägen zwischen den Anteilen von Anstrengung und veränderbaren Fähigkeiten, damit nicht den Fähigkeiten zugeschrieben wird, was Sache der Anstrengung ist, aber auch nicht der Anstrengung, was an der Fähigkeit liegt. Beide Fälle führen zu negativen Konsequenzen, insbesondere dann, wenn die Fähigkeit auch noch als nicht veränderbar angesetzt wird.

6. Ziele für den Vergleich von Selbst- und Fremdeinschätzung

- "Fähigkeit, fremdgesetzte Bezugsnormen (primär: vom Lehrer gesetzte Maßstäbe für Lernleistungen im jeweiligen Lernbereich, und sekundär: darüber hinausgehende weiterreichende fremdgesetzte Ziele für den Unterricht, für die Arbeitswelt, für den politischen Bereich etc. - J.G.) für die eigene Leistungstüchtigkeit im Hinblick auf die Begründetheit ihrer Ansprüche nach individuellen, sachlichen und sozialen Bezugsnormen zu beurteilen." (*Heckhausen* 1974, 54)
- Fähigkeit, die Einschätzungen des Lehrers und der anderen Schüler von Ausprägungsgraden und Werträngen einer Lernleistung mit den eigenen Einschätzungen zu vergleichen, Differenzen daraufhin zu untersuchen, auf welche Normen sie zurückzuführen sind, und die Berechtigung dieser Maßstäbe wiederum zu prüfen. "Das heißt die Beziehung von Fremdbeurteilung und Selbstbeurteilung eigener Leistungstüchtigkeit kritisch zu erwägen (nicht nur kritisch gegenüber anderen, sondern auch kritisch gegenüber sich selbst)" (*Heckhausen* 1974, 54).
- Anerkannte abweichende Urteile anderer zur Grundlage für Schlußfolgerungen für die Kalkulation der resultierenden Selbsteinschätzung der eigenen Lernleistung machen, statt sie aus Gründen des Selbstschutzes in irgendeiner Form zu ignorieren oder abzufälschen.
- Fremde Einschätzungen auf Urteilsfehler aller Art (ungenauer Bezug, ungenaue Gradangabe, Übertragungen auf andere Bereiche, Generalisierungen aller Art, unangemessene Mitteilungsform) überprüfen können, um fehlerhafte Beurteilungen abwehren zu können.
- Eigene Einschätzungen gegenüber anderen argumentativ verteidigen können, d.h. durch ihren Bezug auf einen bestimmten Leistungsaspekt und mit Normen für die Schätzung.

7. Gesamtziel: Fähigkeit zur Selbstregulation einer möglichst realistischen differenzierten Selbsteinschätzung

Differenzen und Widersprüchlichkeiten zwischen den Ergebnissen der verschiedenen Vergleichsoperationen müssen verarbeitet oder ausgehalten werden. "Dabei sollen individuelle Bezugsnormen (Vergleiche mit früheren eigenen Lernleistungen - J.G.) die Führung übernehmen, soweit sie auf realistischer Selbsteinschätzung, auf angemessener Ursachenerklärung für eigene Handlungsergebnisse und auf eingegangenen Wertverbindlichkeiten für einzelne Aufgabenfelder beruhen." (Heckhausen 1974, 54f.) Das ist insgesamt die Fähigkeit zu einer eigenen Selbsteinschätzung durch sorgfältiges Abwägen der verschiedenen Schätzungen. Alle diese Vergleichsoperationen haben als letzten Maßstab selbstgesetzte Ziele, so daß auch langsamer Lernfortschritt in einem Bereich sinnvoll sein kann. Das Maß für die realistische Einschätzung der eigenen Lernfortschritte aber ergibt sich aus dem Vergleich mit anderen. Die einzelnen und die generalisierten

Resultate aus solchen Schätzungen bilden dann dasjenige System des Selbstkonzepts, innerhalb dessen die Kalkulation der Lernbereitschaft für neue Aufgaben stattfindet.

Die Erreichung dieser Ziele erfüllt nicht nur Funktionen für das weitere Lernen, sondern auch für die *lebenslange Wahl von Tätigkeiten*. Werden die Entscheidungen über sie aufgrund einer realistischen Selbsteinschätzung gefällt, ist die *Wahrscheinlichkeit von Erfolg größer als die für Mißerfolg*. Damit wird *zugleich eine positive Lust-Unlust-Bilanz der Affekte* erzielt, was insgesamt zu *Zufriedenheit* führt.

Bei einer überhöhten oder einer zu niedrigen Selbsteinschätzung aber sind Mißerfolge und ein Überwiegen der negativen Affekte vorprogrammiert. Treten solche Mißverhältnisse häufig auf, dann erhöht dies nicht nur das Risiko der Wahlen, sondern kann es auch zu einer beträchtlichen psychischen Belastung führen, bis hin zur Suche nach mildernder Kompensation in der Form von ersatzweisen Befriedigungen verschiedener Art. Von einem gewissen Grad an haben Mißverhältnisse zwischen Selbstbild und Realität mit ihren Folgen und Folgefolgen das Erscheinungsbild einer psychischen Krankheit. Die Pathologie des unangemessenen Selbstbildes aber muß noch geschrieben werden. Die Ursachen dafür können keineswegs nur in zu hohen Anforderungen einer Schule gesucht werden oder im Fehlverhalten des Schülers, sondern können auch bei den Eltern und dem Schulsystem liegen, die den Schüler ständig zu hohen Forderungen aussetzen, weil sie ihn im Schulsystem nicht in der passenden Lerngruppe unterbringen (zu frühe und auch zu späte Einschulung, Anmeldung am Gymnasium gegen begründetes Abraten und auch Insistieren auf Verbleib trotz nachweislicher Lerndefizite).

Derjenige, dessen Selbstbild dagegen weitgehend mit der eigenen Realität übereinstimmt, hat eine wichtige Grundlage für innere Ausgeglichenheit geschaffen und vermeidet die negativen Folgen eines verzerrten Selbstbildes für sich und andere. Das will aber erst gelernt sein und könnte deshalb auch ein wesentlicher Beitrag der Erziehung zur Entwicklung einer *autonomen, d.h. sich selbst regelnden, Persönlichkeit* sein:

> "Ein zutreffendes Bild von den eigenen Begabungen und Fähigkeiten zu haben, ist von hohem funktionalen Wert. Es macht das Individuum unabhängig von der Aufsicht und Führung durch andere Personen; es bewahrt davor, daß man sich in Situationen begibt, in denen man Schaden nehmen könnte, und ermöglicht es dem Individuum, sich mit seiner Umgebung in angemessener Weise auseinanderzusetzen. 'Sehr junge Kinder wissen noch nicht um ihre Fähigkeiten und um die Erfordernisse und möglichen Gefahren verschiedener Handlungsverläufe. Sie würden sich wiederholt in ernstliche Gefahren begeben, wenn sie nicht die Anleitung anderer hätten (...) Die Wachsamkeit und Führung Erwachsener begleitet junge Kinder während dieser frühen Entwicklungsperiode, bis sie hinreichend Wissen darüber erlangt haben, was sie bewältigen können und welche Fertigkeiten verschiedene Situationen verlangen.' (*Bandura*, 1981, S.210/11)" (*Meyer* 1984, 160)

Theoretische Grundlagen

(2) Im Prozeß der Rückmeldung sind die drei Rückmeldetätigkeiten der Beurteilung, der Benotung und der Belohnung bzw. Bestrafung zu unterscheiden

Der Rückmeldeprozeß beginnt damit, daß der Lehrer Einschätzungen von Lernleistungen vornimmt und den Schülern mitteilt. *Jede einzelne Einschätzung einer Lernleistung durch einen Lehrer kann als eine Selektion aus dem gesamten "Raum" aller möglichen Einschätzungen der jeweiligen Lernleistung verstanden werden.* Der "Raum" der möglichen Einschätzungen jeder Lernleistung hat die folgenden "Dimensionen":

Die *erste Dimension* erstreckt sich von der Unterscheidung von Merkmalen der Lernleistung über die Einschätzung ihres Ausprägungsgrades und des Wertes der Gesamtleistung bis zu Lob oder Tadel über alle *unterschiedlichen Einschätzungsoperationen* samt ihren Mitteilungsformen. Jede einzelne Einschätzung ist auf dieser ersten Dimension angesiedelt.

Die *zweite Dimension* besteht aus den *Maßstäben*, die für die einzelnen Arten von Einschätzungen die notwendige Voraussetzung sind. Als Maßstäbe dienen die Begriffe für Merkmale von Lernleistungen (*Sachnormen*), die Begriffe für Ausprägungsgrade (*Sachnormen der Extension und der Intensi*on) und die Begriffe für Grade der Wertschätzung der Ausprägung von Leistungsmerkmalen (*Wertnormen*). Wenn der Lehrer seine Rückmeldefunktionen zu erfüllen sucht, muß er den Sachgehalt und den Wertgrad solcher Begriffe kennen.

Die *dritte Dimension* besteht aus denjenigen *Sachverhalten, auf die das jeweilige Merkmal einer Lernleistung bezogen wird,* aus den sogenannten *Bezugsnormen*: der Aufgabe als Norm, frühere individuelle Leistungen als Norm, die Leistungen anderer als Norm, ein in der Sache liegender Standard als Norm und Ziele als Norm. Durch diese Bezüge wird geregelt, welche Sach- und Wertbegriffe auf die jeweilige Lernleistung angewendet werden. *Jede einzelne Einschätzung hat* deshalb *ihren Ort im System dieser Bezüge.*

Schließlich hat jede Einschätzung (mit ihren drei Dimensionen) ihren Ort in der Abfolge der Zeitmomente und in den Horizonten von Vergangenheit und Zukunft. Die Zeit bildet deshalb die *vierte Dimension* für die Entscheidung des Lehrers, Schülern eine bestimmte Einschätzung mitzuteilen.

Der "Raum" der Einschätzungen ist dann aber nichts anderes als ein *System* (**M1, 3, 6** u. **7**), *innerhalb und mittels dessen der Lehrer operiert, wenn er Lernleistungen einschätzt* (**M10**).

Eine solche Betrachtungsweise der gesamten Tätigkeit des Lehrers, sich über Lernleistungen zu äußern, vermag einiges zu erklären: Sie kann erklären, daß es zwischen Leistungsfeststellung, Leistungsbeurteilung, Leistungsbewertung und sozialer Verstärkung einerseits klare Unterschiede gibt, diese Unterschiede aber andererseits in der Realität der Einschätzungen in mehrfacher Weise überspielt werden können. Bei der Leistungsfeststellung etc. handelt es sich einerseits gewiß um unterschiedliche Operationen. Andererseits können aber ihre Ergebnisse in unterschiedlicher Weise in einer

Mitteilung zusammengefaßt werden, weil die Schüler die Position der jeweiligen Information im Gesamtsystem kennen und deshalb z.B. aus einem Lob ihre Schlüsse auf zugrundeliegende Einschätzungen ziehen können oder die Feststellung schon als Lob auffassen. - Sie kann auch erklären, warum es so schwer ist, die einzelnen Schätzleistungen säuberlich auseinanderzuhalten (z.B. Feststellung und negative Wertung), weil sie sich wechselseitig beeinflussen können (z.B. Übertragung der Wertschätzung eines Leistungsaspektes auf die gesamte Leistung) und weil sie leicht verwechselt werden (z.B. ein relativer Notenwert mit einem absoluten Grad an Kompetenz). - Sie zeigt, daß jede Einschätzung abhängig ist vom System der Bezüge, in das eine Lernleistung eingestellt wird. Sie ist deshalb grundsätzlich relativ und nicht absolut. - Es ist dann auch unübersehbar, daß die Subjektivität der Leistungseinschätzung und ihres Verstehens durch die Schüler unaufhebbar ist, weil jede Operation von Personen unterschiedlich gut vollzogen werden kann, weil Schätzoperationen prinzipiell unscharf sind und weil die Mitteilungen des Lehrers von den Schülern interpretiert werden müssen und sie ihnen einen mehrfachen Sinn zuschreiben können. Nur durch große Anstrengungen kann *über Konventionen unterschiedlicher Art* (gemeinsamer Wortschatz, Vereinbarungen für den Unterricht, besondere Abstimmungen) *ein recht hoher Grad an Objektivität zwischen Beurteilern oder auch zwischen beurteilendem Lehrer und beurteiltem Schüler* hergestellt werden. - Verstehbar ist dann auch, daß die Objektivität mit der Kompetenz der Beurteiler steigt (*Grzesik/Fischer* 1984, 128f.). Das gilt sicher auch für die Beurteilungskompetenz der Schüler. - Schließlich ist auch erklärbar, daß es jeder Form von standardisierten Tests eben nur durch die extreme Reduktion von Unsicherheiten und durch einen großen Aufwand für die Herstellung von Vergleichbarkeit gelingt, hohe Übereinstimmungen der Resultate beim selben Schüler zu verschiedenen Zeitpunkten und bei Anwendungen auf verschiedene Schüler zu erzielen.

Aus dieser Sicht ergeben sich einige *generelle Konsequenzen für das ganze Geschäft der Einschätzung von Lernleistungen*, ehe einzelne Schlüsse für diese gezogen werden: Man sollte sich weder falschen Hoffnungen hingeben, daß es einmal ein mechanisch anwendbares Verfahren geben wird, das allen Wünschen gerecht wird, noch resigniert über Unsicherheiten jammern, sondern die Einschätzungen so betreiben, wie sie ihrer Natur nach betrieben werden können: durch den *Vollzug einer Vielzahl von Einschätzungsoperationen, für die beträchtliche geistige Anstrengung aufgebracht werden muß* (Der Stempel "Mit Erfolg teilgenommen. Eine differenzierte Leistungsbewertung wurde generell nicht versucht" unter Seminararbeiten von Studenten zeugt nicht von einem hohen wissenschaftlichen und pädagogischen Ethos, sondern von Bequemlichkeit, Verantwortungslosigkeit und nur manchmal von unzumutbarer Überlastung). - Der bedrückende Zustand der Orientierungslosigkeit bei der Beurteilung kann nur dadurch behoben werden, daß man sich *im System der Einschätzungsmöglichkeiten, so wie es ist, flexibel bewegt* und sich nicht in eine starre, stark vereinfachende Routine flüchtet. Aus dem System ergeben sich dann auch *Möglichkeiten der sicheren Orientierung und Vereinfachung*, von denen gleich einige dargestellt werden. - Wenn wieder einmal, wie schon so oft, die Verabsolutierung einer Möglichkeit als die Lösung aller Probleme angepriesen wird (z.B. der völlige Verzicht auf Ziffernzeugnisse oder die Beschränkung auf die soziale Verstärkung der Zustimmung zu jeder Aktivität), was auch in Zukunft periodisch immer wieder der Fall sein wird, sollte man die jeweils gepriesene Möglichkeit auf ihre *Position im Gesamtzusammenhang des Systems der Einschätzungen* hin beurteilen. Dabei wird sichtbar werden, wieweit sie systemgerecht und wieweit sie systemwidrig ist.

Es gibt gute Gründe dafür, die Praxis der Einschätzung von Lernleistungen in drei Formen einzuteilen, die man als *Beurteilung, Benotung und Belohnung bzw. Bestrafung* bezeichnen kann, aber nicht so bezeichnen muß. So könnte man auch sagen: Leistungsfeststellung, Leistungsbewertung und soziale Verstärkung, ohne an der gemeinten begrifflichen Abgrenzung Entscheidendes zu ändern. Die guten Gründe ergeben sich aus der *Dominanz der Qualifikationsfunktion* für den Unterricht.

In der *Beurteilung* geht es um die Unterscheidung von Leistungsmerkmalen und die Schätzung ihres Ausprägungsgrades. Beides wird der Leistung als faktisch gegeben zugeschrieben, weshalb man mit einem gewissen Recht von Feststellung sprechen kann. Die Feststellung des Ausprägungsgrades ist aber in Wirklichkeit bereits ein komplizierter Schätzprozeß. Die Schüler benötigen die Beurteilung für die Selbsteinschätzung der Vor- und Nachteile ihrer Lösung der jeweiligen Lernaufgabe. Deshalb enthält die Beurteilung die *wichtigste Information für das Lernen*.

Die *Benotung* vermittelt keine Information mehr über Leistungsaspekte, sondern informiert nur über *einen relativen Wert der gesamten jeweiligen Lernleistung*. Obwohl der Wertrang auch der Leistung zugeschrieben wird, wird der Wert wohl von niemand als Eigenschaft der Leistung, sondern von allen als Schätzung des Beurteilers verstanden. In der Lerngruppe ist diese Information nochmals eingeschränkt auf den *Vergleichswert gegenüber den Leistungen der anderen Schüler*, dem die Individual- und die Sachnorm in der Regel untergeordnet sind. Diese Information ist für die Selbsteinschätzung der Schüler keineswegs unwichtig. Über Art und Grad des Lernfortschritts aber sagt sie wenig oder nichts (Problem der Vergleichbarkeit mit früheren Leistungen und ihren Noten). Ihre Hauptfunktion besteht in der Unterscheidung individueller Differenzen des Leistungsniveaus in relativ umfangreichen Leistungsbereichen für den innerschulischen und den außerschulischen gesellschaftlichen Gebrauch. Die Information der Note ist deshalb für das Lernen *nur mittelbar über die Selbstkonzeptualisierung im sozialen Vergleich von Interesse*.

Die *Belohnung und Bestrafung* durch den Lehrer für eine Lernleistung vermittelt den Schülern Information über die *Wichtigkeit, die der Lehrer dieser Leistung beimißt*. Für das Lernen ist dies *nur mittelbar über den Stellenwert des Lehrers für die Selbsteinschätzung von Interesse*. Ihre Bedeutung für das Lernen vermindert sich nochmals dadurch, daß die Gratifikation und Sanktion sich im Schulunterricht für den Schüler schon weitgehend mit der Note verbindet und daß der Lehrer nur über wenige Ressourcen verfügt, die sich für die Gratifikation oder Sanktion von Lernleistungen eignen (keine materiellen Ressourcen, "Liebe" als Ressource mißverstanden als Bewertungsvorteil durch Sympathie, nur begrenzte Verfügung über außerschulische Zeit und ihre Gestaltung). - Die praktische Ausübung der drei Rückmeldetätigkeiten soll jetzt erörtert werden.

(3) Für die Beurteilung von Lernleistungen benötigt der Lehrer Beurteilungskriterien

Durch die Fixierung auf die Gerechtigkeit der Notengebung in den letzten Jahrzehnten ist die *Beurteilung* der Lernleistungen durch den Lehrer stark in den Hintergrund getreten, um nicht zu sagen, von der Theorie der Leistungsmessung schlicht als subjektiv abgetan worden. Man stellte sie als subjektives Verfahren den Tests als objektiven oder messenden Verfahren gegenüber, verwies auf ihren deutlich geringeren Grad an Testgüte (Objektivität, Reliabilität und Validität) und warnte großzügig vor dem Fehlschluß, schon jetzt "auf die sog. subjektiven Beurteilungsmethoden zu verzichten" (*Heller* 1984[4], 28). Aus einer Untersuchung der Leistung von Kriterien für die Aufsatzbeurteilung von *Grzesik/Fischer* (1984) lassen sich aber einige Schlüsse für den Prozeß der Beurteilung in jedem Lernbereich ziehen, die durch eine Reihe von Untersuchungen gestützt werden können. Aus ihnen ergibt sich *ein Bild für die Handhabung der Beurteilung*.

1. *Es gibt für jede Lernleistung*, z.B. für die Lösung einer Mathematikaufgabe ebenso wie für die Anfertigung einer technischen Zeichnung oder die Abfassung eines Essays, *eine große, prinzipiell nicht abschließend bestimmbare Zahl von Begriffen für unterschiedliche Leistungsmerkmale*. Dafür gibt es den doppelten Grund, daß an jeder Lernleistung wegen ihrer *Komplexität* eine sehr große Zahl von Merkmalen unterschieden werden kann und daß jeweils *nur eine begrenzte Zahl von ihnen für die Erreichung bestimmter Ziele relevant* ist. Die begrenzte Kapazität für die jeweilige Beurteilung und für die Verarbeitung der Beurteilung durch die Schüler zwingt außerdem zu dem *ökonomischen Prinzip, jeweils nur eine kleine Zahl der wichtigsten Merkmale zu unterscheiden*. Die Begriffe für diese Merkmale fungieren dann als *Beurteilungskriterien*.

Es ist infolgedessen ganz *unmöglich, die Fülle der möglichen Beurteilungskriterien aufzulisten*. Andererseits kann sich auch der Traum vieler Lehrer, mit einer kleinen Zahl von Kriterien das ganze Geschäft der Leistungsbeurteilung zu betreiben, nicht erfüllen. So fordert z.B. *Jäger*:

> "daß sich Vertreter der verschiedensten wissenschaftlichen Disziplinen zusammentun (Didaktik, Linguistik, Psychologie, Soziologie, etc.), um eine Grundlage für die Beurteilung von Schüleraufsätzen zu erarbeiten. Das Ergebnis hätte eine 'allgemeinverbindliche Übereinkunft' zu sein, die so beschaffen sein müßte, daß sie für den Beurteilenden auch handhabbar wäre und dem einzelnen Beurteilten möglichst gerecht würde." (*Jäger* 1970, 72)

Diese Unmöglichkeit gilt selbst für bereichsspezifische Kriterien für relativ schmale Lernbereiche, z.B. für die Multiplikation oder für das Aquarellieren, und gilt erst recht für Kriterien, die sich auf komplexe, auf mehrere oder gar alle Lerntätigkeiten beziehen. Welche Leistungsmerkmale jeweils erworben und verbessert werden sollen, das ist eine *Frage des jeweiligen Selbstverständnisses jedes Faches oder jedes Lernbereiches in einem Fach*. Letztlich entscheidet dann der Lehrer im Unterricht, welche Kriterien tatsächlich ins Spiel kommen, oft, ohne sich dessen bewußt zu sein. - Ich demonstriere diese Sachlage exemplarisch an einigen *Kriterienkatalogen von unterschiedlichem Zu-*

Unterrichtspraktische Aspekte 459

schnitt und formuliere dann eine Reihe von *Regeln für die Handhabung der Kriterienwahl durch den einzelnen Lehrer.*

Wen die grundsätzlichen Überlegungen über die Vielzahl von möglichen Kriterien nicht überzeugen, der müßte durch den *Vergleich von Kriterienkatalogen* zu demselben Resultat kommen. Jeder, der einen Kriteriensatz ausarbeitet, ist von der Relevanz seiner Kriterien überzeugt und hofft auf Anerkennung. Aber kein Kriteriensatz hat bis jetzt allgemeine Anerkennung gefunden, sondern jede Auswahl von Kriterien ist kritisiert worden. Ich wähle zur Demonstration *einige Kriteriensätze aus dem Bereich der Schreibschulung und einen von mir zusammengestellten bereichsübergreifenden Kriteriensatz* aus (Übersichten über Kriterienkataloge aus dem Bereich der Schreibschulung bieten *Beck* 1974; *Beck* 1979, 126f.; *Grzesik/Fischer* 1984).

Will man die Lösung einer bestimmten Aufgabe möglichst genau beurteilen, dann kann man versuchen, *alle Merkmale* aufzulisten, die man *für die Lösung einer bestimmten Schreibaufgabe* für wichtig hält. Das ist im folgenden Beispiel geschehen:

"Aufgabe:
Stellen Sie die Doppelrolle der Frau als Hausfrau und Berufstätige dar und zeigen Sie einige sich daraus ergebende Probleme auf.
Berücksichtigen Sie bei Ihrer Niederschrift folgende Aufträge:
1. Beginnen Sie mit einer Analyse des Themas, wie Sie es gelernt haben. Schreiben Sie das Ergebnis Ihrer Analyse nieder.
2. Belegen Sie Ihre Darstellung mit einem ausführlichen Beispiel, das passend ist.
3. Belegen Sie die Probleme ebenfalls mit einem ausführlichen Beispiel, und zwei weniger ausführlichen Beispielen.
4. Ihre Darstellung und das Aufzeigen von Problemen muß sachlich richtig sein.
5. Schreiben Sie wenigstens 2 DIN A 4-Seiten.
6. Sie sollen pro Seite nicht mehr als vier Rechtschreibungs bzw. Interpunktionsfehler machen.
Der Beurteiler schätzt nach folgender 'Checkliste' ein:
1 Punkt: Analyse ist durchgeführt.
1 Punkt: Analyse ist richtig.
1 Punkt: Darstellung ist durch ein ausführliches Beispiel belegt.
1 Punkt: Dieses Beispiel ist richtig/passend/typisch.
1 Punkt: Darstellung ist durch zwei weitere kürzere Beispiele belegt.
1 Punkt: Diese Beispiele sind richtig/passend/typisch.
1 Punkt: Darstellung ist zusammengefaßt (mit Begriffen).
1 Punkt: Darstellung ist zusammenfassend problematisiert.
1 Punkt: Probleme sind durch ein ausführliches Beispiel konkretisiert.
1 Punkt: Probleme sind durch zusätzliche kürzere Beispiele konkretisiert.
1 Punkt: Die Probleme sind sachlich richtig gesehen (sie entsprechen den tatsächlichen Gegebenheiten).
2 Punkte: Die Probleme sind zusammengefaßt (mit Begriffen).
1 Punkt: Der Text umfaßt mindestens 2 Seiten (DIN A 4).
1 Punkt: Der Text enthält pro Seite nicht mehr als 4 Fehler.
15 Gesamtpunkte." (*Flössner* 1973, 92)

Einige Nachteile einer solchen Unterscheidung von Leistungsmerkmalen liegen auf der Hand: Der Aufwand für die Unterscheidung von Leistungsmerkmalen der Lösung einer Aufgabe ist groß und die Übertragbarkeit auf andere Aufgaben gering. Außerdem wird sicher nicht jeder der Wahl gerade dieser Leistungsmerkmale zustimmen und die gleiche Gewichtung aller Leistungsaspekte akzeptieren.

Man kann versuchen, solche *Merkmale* aufzulisten, die man für die *Lösung einer bestimmten Klasse von Schreibaufgaben* für wichtig hält. Im folgenden Beispiel geht es um die Fähigkeit, Kenntnisse vom allgemeinen Format eines Geschäftsbriefes für eine bestimmte Mitteilung anzuwenden:

"Kriterienkatalog

Lfd.Nr.	Kriterien	Punkte
1.0	*Briefumschlag*	
1.1	Empfängerangaben vollständig und postalisch richtig	2
1.2	Absenderangaben vollständig und postalisch richtig	2
2.0	*Briefkopf*	
2.1	Absenderangaben in richtiger Reihenfolge (Konvention) vollständig aufgeführt	2
2.2	Empfängerangaben siehe 2.1	2
2.3	Reihenfolge Absenderangaben - Empfängerangaben	2
2.4	Kurzinformation: "Betrifft" vorhanden	2
2.5	Kurzinformation situationsadäquat	2
2.6	Anrede vorhanden	2
2.7	Anrede situationsadäquat (z.B. Sehr geehrte Damen und Herren! Sehr geehrter Herr Sterenberg!)	2
2.8	Ort und Datum an richtiger Stelle - oben rechts	2
3.0	*Kerninhalt*	
3.1	Hyperthema I (oder II) überhaupt ansatzweise vorhanden	2
3.1.1	Information: Klassenfahrt/Ausflug/Lehrfahrt vorhanden	2
3.1.2	Information: Dauer der Fahrt	2
3.1.3	Information: Termin der Fahrt richtig angeführt	2
3.1.4	Information: Zielorte der Fahrt	2
3.1.5	Information: Anzahl der mitfahrenden Personen	2
3.1.6	Grammatikalität der Sätze korrekt/verständlich	2
3.2	Hyperthema II (oder I) überhaupt ansatzweise vorhanden	2
3.2.1	Frage nach den anfallenden Kosten gestellt	2
3.2.2	Frage nach Bereitschaft zu fahren gestellt	2
3.3	Hyperthemen I und II im Block aufgeführt	2
3.4	Bitte um schnelle, umgehende Nachricht	2
3.5	Absätze zwischen 3.1, 3.2 und 3.4 gemacht	2
4.0	*Schluß*	
4.1	Schlußformel überhaupt vorhanden	2
4.2	Schlußformel situationsadäquat (z.B. mit freundlichem Gruß)	2
4.3	Unterschrift vorhanden	2

5.0   Lay-out
5.1   Schrift eindeutig identifizierbar   2
5.2   Anordnung auf Briefbogen übersichtlich   2
5.3   Rechtschreibung einwandfrei   2
---" (*Meier* 1978, 6)

Die beim vorausgehenden Beispiel angeführten Nachteile sind hier durch das Ausmaß der Übertragbarkeit der Unterscheidungen auf alle Geschäftsbriefe abgeschwächt. Über die Art und den Differenzierungsgrad der Kriterien aber kann man sich streiten.

Das folgende Kriteriensystem ist für den Prätest (50 Minuten zum Thema 'High Schools') und den Posttest (zum Thema 'My Opinion') eines Experiments zusammen mit zwei Beurteilern entwickelt worden, die mehr als zwölf Jahre Erfahrung im Englischunterricht an einer High-School hatten. Dadurch war gewährleistet, daß sie den Begriffsgehalt der Kriterien nicht nur verstanden, sondern ihm auch zustimmten und ihn anwendeten. Für jede der fünfzehn Kriterien konnte ein Maximum an Punkten vergeben werden.

"In addition, each paper received a 'basic mark' of 75 points, and deductions amounting to as much altogether as 100 points could be made for spelling, punctuation, usage, grammar, sentence and form. The maximum total theoretically possible was 300 points.

"Score Sheet to Be Used by Rating Committee
A.   MARKS AWARD
1.   Basic Mark (Give every paper):   75
2.   Material:
a.   Significance   30
b.   Evidence of Critical Thinking (defining; terms; recognizing; generalization; providing evidence; etc):   30
c.   Originality (use of humor; exaggeration for effect; mock seriousness; anticlimax; understatement; pretentious language used for effect; etc):   30
3.   Organization:
a.   Title (interest and appropriateness):   5
b.   Introduction: 10
c.   Logical sequence of paragraphs: 10
d.   Unity within paragraphs: 10
e.   Transition within paragraphs   10
f.   General coherence: 10
g.   Effective conclusion: 10
4.   Sentences:
a.   Variety in sentence structure: 20
b.   General fluency: 10
5.   Diction:
a.   Exactness and vividness of nouns, verbs, adjectives, etc: 20
b.   Interesting and appropriate figures of speech, comparisons, illustrations, allusions, quotations: 20

                                                                                 300

B. DEDUCTIONS:

Spelling	1111111111111111111111111[3]
Punctuation	111111111111111[3]
Usage	111111111111111[3]
Grammar	111111111111111[3]
Sentence	111111111111111[3]
Form 111111111111111[3]	
	TOTAL:[3]

"
(*Braddock/Lloyd-Jones/Schoer* 1963, 64).

Hier sind die Kriterien systematisch geordnet, unterscheiden sie spezifische Aspekte der gesamten Schreibleistung, sind sie unterschiedlich komplex und werden sie unterschiedlich gewichtet. Sie sind auf viele Schreibleistungen, aber keineswegs auf alle übertragbar.

Beck hat ein "Allgemeines Kriteriensystem zur Aufsatzbeurteilung" aufgestellt, in dem einigen "Hauptkriterien" "Kriterienbereiche" aus zahlreichen Kriterien zugeordnet sind. Die Hauptkriterien lauten: Schreibersituation, -intention. - Adressaten oder Partnerbezogenheit; Situationsangemessenheit. - Inhaltlich-sachlich-methodische Bewältigung. - Sprachliche Bewältigung. - Gesamteindruck (*Beck* 1979, 145f.). Obwohl er möglichst alle ihm bekannten Kriterienkataloge zu berücksichtigen suchte, läßt sich an den Hauptkriterien z.B. schon ablesen, daß ihnen eine kommunikationstheoretische Auffassung der Aufsatzleistung zugrundeliegt und daß der Ordnungsaspekt nicht gesondert berücksichtigt ist.

Grzesik/Fischer haben einer Untersuchung des Beurteilerverhaltens 17 Kriterien zugrundegelegt. Sie gingen von der texttheoretischen Überlegung aus, daß es in jedem Aufsatz, unabhängig davon, worüber geschrieben wird, innere und äußere Leistungsdimensionen gibt, deren Ausprägung variieren kann. Es sollten Dimensionen sein, deren Ausprägung sich am ganzen Aufsatz einschätzen läßt, ohne daß er in Einheiten aufgegliedert werden müßte. Sie nahmen an, daß diese Dimensionen für die Güte jedes Aufsatzes relevant sind, ohne jedoch auszuschließen, daß sie noch durch weitere Dimensionen dieser allgemeinen Relevanz ergänzt werden können und daß es natürlich viele Leistungsaspekte für einzelne Arten von Aufsätzen gibt:

"INNENKRITERIEN
1. differenziert - pauschal
2. widerspruchsfrei - widersprüchlich
3. redundanzfrei - redundant
4. argumentativ - unbegründet
5. (in sich) stimmig - (in sich) unstimmig
6. ganzheitlich strukturiert - zusammenhanglos
7. regelrechte Orthographie und Interpunktion - regelwidrige Orthographie und Interpunktion
8. verständlich - nicht verständlich
9. prägnant - nicht prägnant
10. stilistisch reichhaltig - ausdrucksarm
11. situationsgemäß - situationsunangemessen

AUSSENKRITERIEN
12. gegenstandsnah - ohne Gegenstandsbezug
13. differenziert im Gegenstandsbezug - pauschal im Gegenstandsbezug
14. sachhaltig - wenig sachhaltig
15. zutreffend - unzutreffend
16. weiterführend - nicht weiterführend
17. stellungnehmend - nicht stellungnehmend"
(*Grzesik/Fischer* 1984, 36f.)

Durch Faktorenanalysen des Beurteilerverhaltens ergaben sich drei Hauptfaktoren, deren sprachliche Fassung man als die drei Hauptkriterien bezeichnen kann, nach denen sich die Beurteiler bei der Anwendung der 17 Kriterien richteten: textanalytisch gut - textanalytisch schlecht; sprachlich gut - sprachlich schlecht; in Kontextbezügen gut - in Kontextbezügen schlecht.

Der folgende, von mir zusammengestellte Kriteriensatz hat einen ganz anderen Zuschnitt. Hier wird der Versuch gemacht, Kriterien für Aspekte jeder Lerntätigkeit aufzulisten. Die Auflistung ist nicht als Kriteriensatz gedacht, sondern als eine Sammlung, aus der von Fall zu Fall das eine oder andere Kriterium angewendet werden kann. Die Kriterien sind deshalb nicht trennscharf, sondern überlappen sich mehr oder weniger. Auf ihre Definition und die Begründung ihrer Relevanz für Lernen muß verzichtet werden. Von Vollständigkeit kann natürlich keine Rede sein, sie können aber auf die Vielfalt möglicher Kriterien verweisen verweisen und zu anders zugeschnittenen oder weiteren Kriterien anregen:

1. Kriterien für die Erfüllung einer speziellen Konvention zwischen Lehrer und Schülern
- themenbezogen - nicht themenbezogen
- aufgabenbezogen - nicht aufgabenbezogen
- vereinbarten Regeln für den speziellen Fall gemäß - nicht gemäß
- längerfristig vereinbarten Regeln gemäß - nicht gemäß

2. Kriterien für den Sachgehalt der Leistungen
- differenziert (relativ genau unterscheidend) - undifferenziert (relativ grobe Unterscheidungen, pauschal)

- Beziehungen hergestellt - nicht hergestellt
- Allgemeinheitsgrad angemessen - nicht angemessen
- beurteilende und/oder bewertende Stellungnahme - ohne Stellungnahme
- zusätzlich weiterführende Teilleistungen - nur die geforderte Teilleistung
- oberflächlich - gründlich
- trivial - originell
- plausibel - nicht plausibel; z.B. die Begründung eines Werturteils
- vertretbar - nicht vertretbar; z.B. bei der Ausfüllung von Unbestimmtheitsstellen eines Textes
- angemessen - unangemessen
- genau - ungenau
- sehr kompetent (durch ein hohes Maß an Fähigkeiten gekennzeichnet) - wenig kompetent
- Wesentliches erfaßt - Unwesentliches mitgeteilt
- sachbezogen - nicht sachbezogen
- sachlich zutreffend (richtig) - sachlich nicht zutreffend (falsch)

3. Kriterien für logische Beziehungen im Sachgehalt der Leistungen
- die Abstraktionsebene des Prädikatbegriffs entspricht der des Subjektbegriffs - überbestimmter Prädikatbegriff (zu speziell) oder unterbestimmter Prädikatbegriff (zu allgemein)
- logisch richtige Begründung bzw. Rechtfertigung (notwendig, hinreichend) - logisch falsche Begründung bzw. Rechtfertigung
- richtige Modalität - falsche Modalität (realis, potentialis, irrealis, konditional, optativ, fiktiv, hypothetisch)
- folgerichtig - nicht folgerichtig (richtige oder falsche Folgerungen und Schlüsse)
- logisch richtig (stimmig, konsistent) - logisch nicht richtig (nicht stimmig, inkonsistent)
- widerspruchsfrei - widersprüchlich (kontradiktorisch für ein und dasselbe)
- stringent (zwingend, strenge Beweiskraft) - nicht stringent

4. Kriterien für die gedankliche Form der Leistung
- exemplifiziert (mit zutreffenden Beispielen belegt) - nicht exemplifiziert (nicht mit zutreffenden Beispielen belegt)
- klar - verschwommen
- Akzentuierung von Graden der Wichtigkeit - ohne Akzentuierung von Graden der Wichtigkeit
- begründet - nicht begründet
- konzentriert - weitläufig, umschweifig

5. Kriterien für die Struktur der Leistung
- Mit Konzept - ohne Konzept / erkennbar strukturiert - wirr
- sachgemäße Systematik (z.B. Vorgang - Resultat - Reaktion auf das Resultat) - unsachgemäße Zusammenstellung
- gegliedert - ungegliedert
- geordnete Gedankenfolge - ungeordnete Gedankenfolge

6. Quantitative Kriterien für die Aspekte des Sachgehalts, der logischen Beziehungen und des Operativen
- reichhaltig - dürftig (Zahl der Beobachtungen, Thesen, Argumente, Einfälle, Beispiele, Akzentuierungen etc.; Gesamtheit aller unterscheidbaren Einheiten in diesen Hauptdimensionen)

- einfach - komplex (Zahl der Verknüpfungen von unterscheidbaren Argumenten etc. sowie ihre Hierarchisierung)
- vollständig - unvollständig (relativ zu anderen Leistungen oder zu einer Sachnorm)
- beziehungsreich - beziehungsarm
- geringer Umfang von Teilleistungen - großer Umfang von Teilleistungen
- Zahl der gelösten Aufgaben
- Zahl der Sätze
- Zahl der Wörter, z.B. in einer Fremdsprache
- terminologisch reich - terminologisch arm
- gedankenreich - gedankenarm

7. Kriterien für die Darstellungsform
- Schriftsprache - Umgangssprache
- flüssig - holprig
- Sprachgebrauch differenziert - nicht differenziert; z.B. großer Wortschatz; oder voller Gebrauch der grammatischen Möglichkeiten
- stilistisch geschickt - stilistisch ungeschickt
- knapp - umständlich (Grad des erforderlichen sprachlichen Aufwandes für eine Darstellung)
- scharf - unscharf (Grad des treffenden Ausdrucks)
- eindeutig - mehrdeutig (Wahl der semantischen und grammatischen Mittel)
- unterteilt (z.B. in Abschnitte) - nicht unterteilt
- angemessen - unangemessen
- richtiger oder falscher Gebrauch von Darstellungstechniken
- Zitattechniken
- sachgerecht - unsachgemäß
- gewandt - unbeholfen
- fragmentarisch - ganzheitlich
- verständlich (voll nachvollziehbarer Zusammenhang sprachlicher Bedeutung) - unverständlich (nicht voll nachvollziehbarer Zusammenhang sprachlicher Bedeutung)
- einer Sprachkonvention entsprechend (sprachlich richtig) - der Sprachkonvention nicht entsprechend (falsch)
- richtige Orthographie - falsche Orthographie
- richtige grammatische Form - falsche grammatische Form
- richtige Redewendung - falsche Redewendung
- richtiger Gebrauch von sekundären Zeichensystemen (mathematische, logische Zeichenlegenden) - falscher Gebrauch

8. Qualitative Kriterien für den operativen Aspekt der Leistungen
- souverän - hilflos
- produktiv - reproduktiv
- selbständig - unselbständig
- sachgemäßer Methodengebrauch - unsachgemäßer Methodengebrauch
- Gebrauch ergiebiger Methoden - Gebrauch unergiebiger Methoden
- urteilsfähig - nicht urteilsfähig (Grad der Abgewogenheit bei Schätzungen, Generalisierungen, Anwendung allgemeiner Begriffe auf Fälle)
- reflektiert (durch Überlegungen über die eigene Leistung kontrolliert) - nicht reflektiert (ohne Überlegungen über die eigene Leistung)

9. Kriterien für den Vollzug des Leistungshandelns
- schnell - langsam
- flüssig - stockend
- gründlich - flüchtig
- ausdauernd - schnell ermüdend
- stetig - unstetig (sprunghaft)
- spontan - reaktiv
- intensiv - ohne sich einzusetzen (kraftlos, desinteressiert)
- sorgfältig - sorglos
- geschickt - ungeschickt
- selbständig (unabhängig von anderen) - unselbständig
- ruhig - nervös
- überlegt - intuitiv

10. Kriterien für die Leistungsmoral
- Leistung selbst erbracht - vorgetäuschte eigene Leistung
- Zuverlässigkeit bei der Lösung einer übernommenen Aufgabe - unzuverlässig, ob eine übernommene Aufgabe gelöst wird
- Rücksichtnahme auf die Leistung anderer - ohne Rücksichtnahme auf die Leistung anderer (Herkunft nicht angegeben, nicht zur Kenntnis genommen)

11. Kriterien für die Gesamtleistung
- formal korrekt - formal unkorrekt
- materialreich - materialarm
- durchdacht - nicht durchdacht
- geschickt angelegt - ungeschickt angelegt.

Angesichts der Vielfalt von Möglichkeiten, Merkmalsdimensionen von Lernleistungen zu unterscheiden, ist es ganz *unmöglich, allgemeingültige Kriteriensätze aufzustellen.* Zum einen ändert sich die Begrifflichkeit für Leistungsmerkmale, weil sich die Theorien der jeweiligen Leistung, d.h. das Wissen von Leistungsaspekten, ändern. Das ist *eine Frage der Entwicklung des Wissens, speziell des wissenschaftlichen Wissens.* Zum anderen ändern sich die Auffassungen über die Relevanz oder Irrelevanz von Leistungsmerkmalen, weil sich die Ziele ändern. Das ist *eine Frage der Geschichte der gesellschaftlichen Wertschätzung von Lernresultaten.* Dazu kommen noch die unterschiedlichen Abgrenzungen von Bereichen, auf die sie bezogen sein können, die unterschiedlichen Abstraktionsebenen, auf denen sie angesiedelt sind, und die unterschiedlichen pragmatischen Rücksichten (z.B. Entwicklungsstand der Schüler, Zeitnot, unreflektierte Selbstverständlichkeiten in einem Kulturkreis etc.). So ist der Schatz von Kriterien nicht nur von Individuum zu Individuum unterschiedlich, sondern auch im ganzen *kulturell und historisch relativ.* In den Kriterien für die Beurteilung von Lernleistungen manifestiert sich sogar das, was jeweils tatsächlich für *überlieferungswert* angesehen wird.

Wenn es keine materielle Sicherheit in der Form von allgemeinverbindlichen und zeitstabilen Kriteriensätzen, gleichsam einer auf Ewigkeit gestellten Deutschen Industrienorm (DIN) für das Lernen geben kann, dann muß wenigstens der Versuch gemacht werden, eine gewisse *Stabilität durch Regeln für die Anwendung von Kriterien, d.h. durch Verfahrensregeln,* zu gewinnen. Die folgenden *Regeln* haben aber nicht nur den Zweck, die *Handhabung von Kriterien zu erleichtern,* sondern sie können auch der *Verbesserung des Kriteriengebrauchs* dienen:

1. *Die Zahl der vom Lehrer angewendeten Kriterien sollte im jeweiligen Fall so niedrig sein, daß die einzelnen Kriterien von den Schülern unter den gegebenen Umständen verstanden, an ihrer Leistung überprüft und im Selbstbewertungsprozeß verwendet werden können.* - Diese Regel warnt nicht nur vor einer Überbürdung der Schüler, sondern dient auch der Arbeitsökonomie des Lehrers. Sie legt den Kriteriengebrauch im jeweiligen Fall nicht auf eine bestimmte Anzahl fest, sondern macht ihre Art und Zahl von den situativen Umständen abhängig. So kann es z.B. sinnvoll sein, sich in den mündlichen Rückmeldungen in einer Unterrichtsstunde nur auf ein einziges Leistungsmerkmal zu konzentrieren. Dagegen kann es Fälle geben, in denen eine größere Zahl von Kriterien in einer ausführlichen schriftlichen Rückmeldung für einen Schüler oder in einer gemeinsam erarbeiteten Kritik für die ganze Klasse von hohem Wert für das weitere Lernen ist. Während für die einmalige mündliche Mitteilung die Kapazität des Arbeitsgedächtnisses eine Richtgröße für gleichzeitig zu bedenkende Leistungsmerkmale sein kann, entfällt diese Grenze für schriftliche Mitteilungen oder kompletten Unterrichtsphasen, die nur der kritischen Auseinandersetzung mit Lernleistungen dienen.
2. *Es muß sorgfältig darauf geachtet werden, daß der vom Lehrer gemeinte Definitionsgehalt der Kriterien auch von den Schülern verstanden wird.* Das erfordert Definitionsarbeit und wiederholten Gebrauch der Kriterien mit denselben sprachlichen Ausdrücken.
3. *Diejenigen Kriterien, die für die Lösung einer Aufgabe relevant sind, müssen schon vor der Aufgabenübernahme den Schülern bekannt sein und müssen auch mit den Kriterien übereinstimmen, die nach der Lösung der Aufgabe angewendet werden.* Das schließt natürlich nicht aus, daß der tatsächliche Verlauf der Aufgabenlösung zusätzliche Kriterien erforderlich macht oder sich auch das eine oder andere Kriterium als nicht so wichtig erweist.
4. *Der Kriteriengebrauch des Lehrers sollte insofern stabil sein, als ein einmal verwendetes Kriterium im Wiederholungsfall möglichst immer in demselben Sinne gebraucht wird.* Nur durch die Einhaltung persönlicher Standards des Lehrers (intraindividuelle Reliabilität), hier im Sinne der Stabilität des Definitionsgehaltes eines Kriteriums, sind die folgenden Effekte zu erzielen: Erstens wird an Lernleistungen derselben Schüler zu verschiedenen Zeiten derselbe Leistungsaspekt in den Blick gefaßt, was für ihren Vergleich zur Feststellung eines Lernfortschritts unbedingt erforderlich ist. Zweitens setzt auch ein Vergleich zwischen den Lernleistungen verschiedener Schüler voraus, daß in jeder Lernleistung das gleiche Merkmal in den Blick gefaßt wird. Drittens können die Schüler nur bei einem möglichst stabilen Gebrauch des Definitionsgehaltes von Kriterien selbst sich ein System von stabilen Kriterien für die Selbsteinschätzung bilden. Viertens setzt jeder Vergleich zwischen verschiedenen Beurteilern einen vergleichbaren individuellen Gebrauch von Kriterien voraus (interindividuelle Reliabilität oder Objektivität).

Die intraindividuelle Stabilität des Definitionsgehaltes eines Kriteriums ist demnach eine notwendige Bedingung (*Grzesik/Fischer* 1984, 142f.) sowohl für die Objektivität der Beurteilung als auch für den Wert der Rückmeldeinformation für den Schüler. - Es kann nicht erwartet werden, daß eine völlige Stabilität des Gebrauchs eines Kriteriums erreicht wird, weil dies sowohl durch die Unterschiedlichkeit der Lernleistungen als auch durch die schwierigen subjektiven Leistungen der Definition und des Behaltens ausgeschlossen ist. Im Alltag ist der Begriffsgebrauch immer unscharf, und auch die Schüler lernen in gewissen Grenzen damit zurechtzukommen. Im Bemühen um wechselseitiges Verständnis werden durch eigenes Weltwissen und eigene Vergleichs- und Kontrolloperationen die Unschärfen der Mitteilungen soweit behoben, daß an sie Tätigkeiten angeschlossen werden können und der Mitteilende sich durch sie verstanden fühlt. Tatsächlich aber scheinen die Schwankungen im Definitionsgehalt der Kriterien ein und desselben Beurteilers schon bei der Beurteilung von 12 Aufsätzen außerordentlich groß zu sein, so daß z.B. unter "prägnant" oder "konsistent" von Aufsatz zu Aufsatz Unterschiedliches verstanden wird. (*Grzesik/Fischer* 1984, 153f.). - Hier hilft nur eins: *das gewissenhafte Selbsttraining jedes Lehrers für einen möglichst stabilen Gebrauch der verwendeten Kriterien.*

5. *Stabil sollte auch ein Kriteriensatz für die jeweilige Aufgabenart gehalten werden*, z.B. für eine bestimmte Rechenart, für den Aufbau von Versuchsanordnungen etc. Für solche Kriteriensätze gilt dasselbe wie für die Stabilität der einzelnen Kriterien. Sie haben aber deshalb eine besondere Bedeutung, weil durch jeden derartigen Satz von Kriterien das *Profil einer spezifischen Lernleistung charakterisiert* wird. Ein solche Charakterisierung erlaubt es dem Schüler, sich ein Bild von der Tätigkeit zu machen, die er lernen bzw. durch Lernen verbessern soll.

6. *Flexibel sollte sein, welche Kriteriensätze der jeweilige Lehrer gebraucht, und zwar je nach Art der angestrebten Ziele, je nach Art der Aufgabenklasse und je nach Entwicklungsstand der Schüler.* Das ergibt dann insgesamt für den Schüler das Repertoire an Profilen derjenigen Kompetenzen, über die er verfügt. Das ist aber nichts anderes als das *Selbstkonzept seiner Fähigkeiten.*

7. *Mehrere Gründe gebieten einen ökonomischen Gebrauch von Kriterien*: die knappe Zeit, die begrenzten Ressourcen für die Erarbeitung bzw. Verarbeitung von Kriterien bei Lehrern wie Schülern, die Vielzahl der zu lernenden Kriterien und die Notwendigkeit übersichtlicher Ordnung für Behalten und Anwendung. Es sollte deshalb alles genutzt werden, was die Ökonomie des Gebrauchs erhöht: Erstens sollten die vielen *Selbstverständlichkeiten im jeweiligen Tätigkeitsbereich* auch als solche vorausgesetzt und nicht ausdrücklich bewußt gemacht werden, sondern durch weiteren Gebrauch als Automatismen erhalten werden (Genauigkeit, Sorgfalt, Zeitrhythmus, Sparsamkeit der Mittel etc.). Im Zweifelsfall wird man sie zur Sprache bringen und auch zur Selbstvergewisserung kann dies einmal geschehen. - Zweitens sollte man die Zahl der Kriterien für eine bestimmte Aufgabenklasse zunehmend *um diejenigen Kriterien reduzieren, über die zwischen Lehrer und Schülern bereits eine Übereinkunft erzielt ist oder die bereits für andere Aufgabenklassen eingeführt worden sind.*- Drittens genügt für einen eingeführten Kriteriensatz oft nur eine *zusammenfassende Bestätigung* auf der Ebene einer positiven globalen Bewertung in einer knappen Mitteilungsform. Im negativen Fall

gilt Entsprechendes, dann muß der Schüler nur suchen, worauf sich das negative Signal bezieht.

8. *Für die Einschätzung des Ausprägungsgrades eines Leistungsaspektes sollte man entweder auch wieder Kriterien verwenden* ("*genau* begründet", "*scharfes* Argument", "*exakt* definiert") *oder aber nur ungefähre Maßangaben* ("hoch-niedrig", "stark-schwach", "enorm-mäßig") gebrauchen. Der Schüler braucht in der Regel keine Information über einen exakten Grad der Ausprägung, sondern über die *Art oder die Tendenz zur höheren oder geringeren Ausprägung*. Außerdem sollte man schwache Ausprägungen etwas höher einschätzen und starke Ausprägungen etwas niedriger, um nicht zu entmutigen oder, umgekehrt, eine unangebrachte Selbstzufriedenheit zu nähren. Da im Normalfall keine Ratingskala (z.B. mit sieben Rängen) angewendet wird, braucht man nur zwei oder drei Grade, um hinreichend differenzieren zu können und um ungefähr anzuzeigen, wieweit die Ausprägung der jeweils angelegten Norm entspricht. Für die Selbsteinschätzung und die Kalkulation der weiteren Anstrengungen genügen in der Regel solche ungefähren Informationen. Man kann auch je nach Norm verschieden einschätzen, z.B. "großer Fortschritt, aber im Vergleich mit dem professionellen Standard noch recht schwach". In der Schulpraxis aber herrscht ohnehin eine Mischform zwischen den verschiedenen Bezugsnormen vor.

9. *Die wichtigste Mitteilungsform eines Kriteriums ist die der verbalen und expliziten Definition.* Häufig wird aber ein Kriterium nur durch ein Beispiel definiert, auf das es angewendet werden kann (*exemplarische Definition*). Beide haben ihre Vor- und Nachteile. Am besten verwendet man beide Definitionsarten zusammen, weil dadurch zugleich die Merkmale, die ihrerseits das relevante Merkmal definieren, ausdrücklich genannt werden, andererseits auch die Anwendung geprobt wird. Die Reihenfolge ist ziemlich unwichtig (vgl. zur Anwendung von Begriffen *Grzesik* 1992[2]). Sobald aber eine Verständigung über ein Kriterium erzielt ist, genügen *Kürzel*. Im Grunde ist schon die pure Bezeichnung für ein Kriterium, z.B. "konsistent", ein Kürzel in der Form eines einzigen Wortlautes für eine mehr oder weniger umfangreiche Definition. Es gibt aber viele Fälle, in denen ein Hinweis genügt, z.B. ein Hinzeigen, ein Rückbezug oder ein Verweis auf den Kontext für die Unterstellung, daß die Schüler schon wissen, worum es geht. Von besonderer Bedeutung sind *kontrollierte emotionale Reaktionen des Lehrers* (*Meyer* 1984, 188f.). Sie informieren die Schüler sehr direkt über eine Bewertung der ganzen jeweiligen Lernleistung. Eben darin liegt aber auch die Grenze ihrer Leistungsfähigkeit, daß sie nicht über Leistungsaspekte informieren können. Sie können deshalb nur als Kürzel dienen, wenn schon klar ist, worauf sich die Emotion genau bezieht. - Man sollte sich bei der Mitteilung über Leistungsaspekte *möglichst aller Mitteilungsmöglichkeiten bedienen*, weil so alle Vermittlungskanäle benutzt werden. Man sollte aber *jede Mitteilungsmöglichkeit so* benutzen, *wie es ihrer Funktion entspricht*. Das ergibt insgesamt das Bild einer lebhaften und differenzierten Teilnahme ohne funktionslose Theatralik und langwierige Debatten mit minimalem Informationsgehalt für die Schüler. Wird dies ständig praktiziert, dann verlieren Prüfungen den Charakter exzeptioneller Situationen mit entsprechend ungünstigen Emotionen (*Kuhl* 1983).

Richtet man sich nach diesen Regeln, dann wird die Rückmeldung durch Kriterien zu einem hochflexiblen Instrument, Schüler über das Profil ihrer Lernleistungen zu infor-

mieren. Dies entspricht insofern dem operanten Konditionieren *Skinners*, als die externe Reaktion auf eine bestimmte vorausgehende Aktivität des Schülers erfolgt. Sie unterscheidet sich aber darin entscheidend von ihr, daß es sich keineswegs um eine Gratifikation oder Sanktion handelt, sondern um eine *Information über einen relevanten Leistungsaspekt* und daß *erst die Verarbeitung dieser Information durch die Schüler Funktionen für das vorausgehende und das künftige Lernen* erfüllen kann. Wenn dies geschieht, *dann wird nicht nur durch die Aufgabenstellung, sondern auch durch die Rückmeldung die jeweilige Lerntätigkeit so "modelliert", daß sie am Ende derjenigen Tätigkeit nahekommt, die angestrebt worden ist*. Die *Wechselbeziehungen zwischen Lernaufgabe und Rückmeldung* bilden dann denjenigen *Beziehungszusammenhang, durch den der Lehrer die Entwicklung der Schüler durch Lernen beeinflussen kann*. Die differenzierte Rückmeldung führt zu höheren Lerneffekten (*Lißmann* 1981, 263).

(4) Für das Lernen liefert die Benotung andere und weniger wichtige Informationen als die Beurteilung

Zur Beurteilung kommt die *Benotung* hinzu. Ihre Bedeutung für das Lernen tritt weit hinter die der Beurteilung zurück. *Die Gesamteinschätzung einer Lernleistung und deren Vergleich mit der Gesamteinschätzung anderer Lernleistungen kann nämlich in den meisten Fällen ganz entfallen*. Sie ist aber in dem Maße notwendig, in dem Noten für die Position des einzelnen in der Lerngruppe, für die Selbsteinschätzung der Schüler und für Folgeentscheidungen der Gesellschaft erforderlich sind. Im Einzelunterricht tritt dies ganz deutlich hervor, weil Vergleichsmöglichkeiten mit anderen nicht direkt gegeben sind. Es gilt aber auch für den Klassenunterricht, weil im Unterrichtsverlauf jeweils nur Einzelleistungen zu beurteilen sind und nur selten zwischen Leistungen einiger Schüler verglichen werden kann. *Deshalb sollte die Benotung so weit wie möglich auf den gesellschaftlich notwendigen Prüfungszweck eingeschränkt werden, d.h. auf die vorgeschriebenen Klassenarbeiten und auf Abschlußprüfungen*. Dann sollte der Prüfungszweck im Vordergrund stehen und nicht die möglichst differenzierte Rückmeldung über Leistungsmerkmale. Eine differenzierte Beurteilung sollte dabei nur soweit vorgenommen werden, wie sie der Findung einer möglichst gerechten Note dient. Das könnte so aussehen:

Für eine Verbesserung der Vergleichbarkeit müßten *gleiche Aufgaben* gestellt werden, d.h. für alle entweder eine Aufgabe oder eine Reihe von Aufgaben. Werden mehrere Aufgaben zur Wahl gegeben, dann sinkt die Vergleichbarkeit schnell mit der Zahl der Schüler, die eine Aufgabe wählen. Das kann man u.U. in Kauf nehmen, muß es aber beachten. Am besten vergleichbar sind freilich solche Aufgaben, deren Lösung durch ein Standardverfahren möglich ist und an deren Lösung nur unterschieden werden kann, ob sie richtig oder falsch ist. Auf die pure Feststellung einer richtigen oder falschen Antwort läuft auch die Ankreuzung einer Antwort in einer Mehrfachwahlantwort hinaus, obwohl die Überlegungen bis zur Entscheidung über die richtige Antwort unterschiedlich verlaufen können. Einen gewissen Vorteil bringen mehrere Aufgaben, weil ihre Lösung überschaubarer und dann die Merkmalsfülle nicht so groß ist. Man sollte sich aber nicht darüber hinwegtäuschen, daß schon ein einzelner Satz als Antwort unterschiedlich interpretierbar ist und daß selbst bei multiple-choice-Aufgaben dasselbe Kreuz keineswegs die gleiche Aufgabenlösung bedeutet. Selbst ein purer Zahlenwert kann durch sehr unterschiedliche Operationen zustandegekommen sein. *Es gibt keine absolute Gleichheit der Lösung derselben Aufgabe*, sondern nur *mehr oder weniger ähnliche Lösungen*. Man sollte deshalb ohne Zögern auf mehrere Aufgaben verzichten, wenn den Lernresultaten, die geprüft werden sollen, eine Aufgabe entspricht.

Wenn nicht nur geprüft wird, ob eine Aufgabe richtig oder falsch gelöst worden ist, sondern an den Lösungen Leistungsaspekte unterschieden werden sollen, sollte man nicht eine große Zahl von Kriterien verwenden, sondern sich auf eine *kleine Zahl von Kriterien beschränken*. Man sollte dazu *Kriterien für globale Leistungsaspekte* wählen, z.B. "Umfang der berücksichtigten Daten", "Argumentationszusammenhang", "erzielte Resultate", "Darstellungsform". Die Zahl sollte zwischen drei und höchstens sechs Kriterien liegen. Dieses Vorgehen läßt sich damit begründen, daß es auf eine differenzierte Rückmeldung ja nicht ankommt und daß die Beurteilerübereinstimmung, d.h. Objektivität oder Notengerechtigkeit, bei wenigen globalen Kriterien allem Anschein nach genauso groß ist wie bei einer großen Zahl hochdifferenzierter Kriterien:

> "Die Beurteilung durch die drei aus der Faktorenanalyse hervorgegangenen Kriterien führt fast zu derselben Gesamtbewertung der Aufsätze wie die Beurteilung durch die 17 Kriterien. Für die Bewertung könnte deshalb die viel aufwendigere Beurteilung durch den großen Kriteriensatz durch die viel einfachere Beurteilung durch den kleinen Kriteriensatz ersetzt werden. (...)
> Die Hauptthese, daß die Bewertung durch wenige Kriterien einer Bewertung durch viele Kriterien äquivalent ist, läßt sich auch durch Überlegungen über den Beurteilungsprozeß stützen: Die Tendenz, den ganzen Bewertungsprozeß auf wenige Schwerpunkte zu beschränken, entspricht der Enge unseres Bewußtseins darin, daß es uns unmöglich ist, ständig eine große Zahl von Sachverhalten unterschieden zu halten. Dies wird begünstigt durch die Eigentümlichkeit des Wertungsbereichs, daß es in ihm keine festen Grenzen gibt, sondern einzelne Wertungen stets die Tendenz haben, mit anderen zusammenzufließen. Aufgrund dieser psychischen Gegebenheiten kann sich bei der Aufsatzbeurteilung eine Gewohnheit oder Vorurteilsstruktur herausbilden, aufgrund derer sich immer wieder bestimmte Schwerpunkte bei der Bewertung durchsetzen, unabhängig davon, mit welchen Kriterien im einzelnen gearbeitet wird." (*Grzesik/Fischer* 1984, 206f.)

Die Beschränkung auf wenige Kriterien bei Prüfungsarbeiten braucht für die Schüler kein Nachteil zu sein. Das ist z.B. dann der Fall, wenn der Lehrer zusätzlich zu den für die Bewertung in Anspruch genommenen Kriterien bei der Durchsicht der Arbeiten sich einige Probleme oder regelrechte Fehler merkt, die von allgemeinem Interesse für die Klasse sind. Die gemeinsame Besprechung solcher Aspekte der Aufgabe wird in der Regel ergiebiger sein als umfangreiche Lehrerkommentare in jeder Arbeit, von denen man nicht weiß, wieweit der Schüler sie verarbeitet.

Im Extrem von Schlußprüfungen, deren Einzelresultate keine Funktion mehr für die Schüler haben, sollte man sogar zu der objektiveren globalen Mehrfachbeurteilung übergehen, in der drei kompetente Beurteiler ohne Einzelkorrektur die gesamte Arbeit einschätzen und dann der Mittelwert ihrer Einschätzungen als Note gewählt wird. Die Objektivität dieses Verfahrens ist viel größer als die Benotung durch einzelne Lehrer nach der ausdrücklichen Anwendung von Kriterien (zwischen mehreren Beurteilergruppen konnte eine Intercoderreliabilität von .78 und eine Retestreliabilität von .87 ermittelt werden) (s. dazu *Grzesik/Fischer* 1984, 92f., 214f. u. 241). Damit entfällt die Einzelkorrektur und erst recht die Positivkorrektur, d.h. die Verbesserung aller Fehler durch den Lehrer, weil die Schüler ohnehin keinen Nutzen mehr aus ihr ziehen können. Der Mehraufwand durch drei Beurteiler muß mit dem Aufwand bei detaillierter Einzelkorrektur verglichen werden.

Für die Lösung von Aufgaben können Punktwerte vergeben werden, bei mehreren Aufgaben für jede einzelne Aufgabe und bei einer Aufgabe für jeden unterschiedenen Leistungsaspekt. Für die einfachere Berechnung der Note wird gern derselbe Punktwert für eine gelöste Teilaufgabe oder einen vorhandenen Teilaspekt der Leistung gegeben. Man kann sich auch für *unterschiedliche Punktwerte gemäß einer Ratingskala* (z.B. von 1 bis 7 Punkten) entscheiden. Diese Punkte kann man außerdem noch gewichten, so daß bei dem einen Leistungsaspekt die Punkte für den Ausprägungsgrad doppelt gewichtet werden, bei einem anderen vielleicht sogar dreifach. - Man darf den Beitrag der Punktwerte zur Objektivität nicht überschätzen, selbst wenn man eine Ratingskala einsetzt und sogar unterschiedlich gewichtet. *Jede Punktzuweisung bleibt eine Wertung, Punkte strukturieren nur den sonst diffus bleibenden Gesamtwert.* Sie erleichtern deshalb den Schätzprozeß genau in diesem Grade. - Man kann Schülern nur die Summe ihrer Punkte mitteilen. Dann können sie ihre Punktwerte nach "hoch", "niedrig" etc. ungefähr vergleichen. Sie erhalten dann aber keine Information über ihren Rangplatz in der Lerngruppe, weil sie weder wissen, wieviel Punkte insgesamt verteilt worden sind, noch, in welchem Verhältnis die von ihnen erzielte Punktzahl zu den Punktzahlen aller anderen steht. Dazu müssen die Punktzahlen erst in Notenwerte transformiert werden.

Die Verrechnung von Punktwerten zu einer Note ist bei genauerem Hinsehen nicht unproblematisch (Verrechnung von Rohpunktwerten in Prozentränge und Normalverteilung). In der Praxis aber wird es genügen, wenn man die Punkte jedes Schülers addiert, die Schüler nach den erreichten Punktsummen ordnet und dann ihnen in etwa nach der Normalverteilung die Noten 1 bis 5 zuordnet (10% mit den höchsten Punktwerten = 1, die nächsten 23,3% =2, die nächsten 33,3% = 3, die nächsten 23,3% = 4, die nächsten 10% = 5). Die in diesem Vorgehen liegenden Probleme können hier nicht erörtert werden (vgl. *Wendeler* 1969). Abweichungen von der Normalverteilung der Punktwerte auf Noten können aus verschiedenen Gründen vorgenommen werden, die dann allerdings die strenge Orientierung an der Position in der Lerngruppe (Sozialbezug als Norm) relativieren. - *Erst die Note vermittelt dem Schüler die Information, auf welchem Rang die gesamte benotete Leistung vergleichsweise zu allen anderen Schülern der Klasse liegt.* Das ist für sein Selbstverständnis und auch für seine Laufbahn wahrhaftig keine unwichtige Information. Es darf aber nicht übersehen werden, daß die jeweilige Klasse keineswegs repräsentativ ist für eine größere Population, weshalb die Orientierung an der Position in einer Klasse zu ganz falschen Selbsteinschätzungen führen kann. Die Note ist aber aufgrund der Problematik der Objektivität schon innerhalb der Lerngruppe selbst *unsicher* und gegenüber den vielfältigen qualitativen Merkmalen der tatsächlichen Leistung ganz *abstrakt*. Aber gerade dies, daß sie im Unterschied zu einem Verbalzeugnis nur aus einer Ziffer besteht, macht sie für alle, die die Leistung selbst nicht kennen, gut handhabbar.

(5) Belohnung und Bestrafung sind problematische Mittel für die Beeinflussung des Lernens durch den Lehrer

Das Maß und die Häufigkeit von Belohnung oder Bestrafung sollte ihrem niedrigen Rang für das Lernen entsprechen. Im Normalfall müßte Lernen auf weite Strecken hin ohne Belohnung und Bestrafung gewährleistet sein, weil es seinen Wert im Entwicklungsfortschritt des Schülers selbst hat, was alle Schüler auch mehr oder weniger genau wissen. Außerdem hat für die Schüler sehr schnell die *Benotung schon die Funktion von Belohnung bzw. Bestrafung in der Schule*, weil sie dasjenige positive bzw. negative Medium ist, über das nur die Schule verfügt, und zwar in außerordentlichem Maße, und weil Noten auch noch belohnende oder bestrafende Konsequenzen haben (vgl. *Dreeben* 1980, 34f.). Zu den Noten hinzukommende Belohnungen oder Bestrafungen für Lernfortschritte oder -defizite kann auch der Lehrer vergeben. Nur sind seine Ressourcen dafür gering, weil er weder durch Liebe oder Liebesentzug noch durch materielle Güter und nur in einem geringen Maße mit dem Angebot attraktiver Tätigkeiten oder der hochproblematischen Verurteilung zu unbeliebten belohnen oder bestrafen kann. *Er kann sich nur selbst als Person einsetzen, durch Zuwendung, Zuspruch, Hilfe, besondere Anerkennung*. Diese wenigen Mittel sollte er deshalb sparsam und überlegt ins Spiel bringen.

Anstrengung zu loben und Faulheit zu tadeln, gehört offensichtlich zum Standardverhalten von Lehrern:

"Viele Studien haben übereinstimmend gezeigt, daß das wahrgenommene Ausmaß an Anstrengung zu den Hauptdeterminanten von Lob und Tadel gehört. Lob bzw. Tadel sind am ausgeprägtesten, wenn ein Resultat auf hohe bzw. niedrige Anstrengung zurückgeführt wird (siehe z.B. *Lanzetta & Hannah*, 1969; *Rest, Nierenberg, Weiner & Heckhausen* 1973; *Weiner & Kukla*, 1970). Darüber hinaus wird Erfolg dann besonders ausgeprägt belohnt, wenn die Begabung des Handelnden gering und dessen Anstrengung gleichzeitig als hoch beurteilt wird. Mißerfolg wird dagegen bei gleichzeitig hoher Begabung und geringer Anstrengung besonders ausgeprägt negativ sanktioniert." (*Meyer* 1984, 165; s.a. *Heckhausen* 1980, 541)

"Kinder in der Gruppe mit niedriger Lesefähigkeit erhielten deutlich mehr Lob und weniger Tadel als Kinder in der Gruppe mit hoher Lesefähigkeit, obwohl letztere bessere Leistungen aufwiesen." (*Meyer* 1984, 183 über eine Untersuchung von *Weinstein* (1976) und eine von *Boteram* (1976))

Da Anstrengung nach der Attributionstheorie eine subjektiv zu variierende Größe ist, Fähigkeit aber nicht, halten es die Vertreter dieser Theorie auch durchaus für richtig, daß so verfahren wird, ja, sie sehen in dieser ungleichen Verteilung von Lob und Tadel sogar ein Mittel, den weniger Begabten den Mißerfolg erträglicher zu machen und ihnen durch die Betonung von Anstrengung außerdem aus ihrer Misere zu helfen.

> "Loben und Tadeln, das Zuweisen von Aufgaben bestimmter Schwierigkeit, Hilfegeben und das Äußern von Emotionen wie Ärger, Zufriedenheit oder Überraschung sind nicht wegzudenkende Bestandteile der alltäglichen schulischen Unterrichtssituation. Wenn es zutreffend ist, daß das Auftreten dieser Verhaltensweisen unter anderem davon abhängig ist, wie Lehrer die Fähigkeit ihrer Schüler einschätzen (...), dann sollten Schüler, die der Lehrer für unfähig oder unbegabt hält, bei gleicher Leistung mehr gelobt werden; diese Schüler sollten auch leichtere Aufgaben erhalten, häufiger Hilfe bekommen und nach Mißerfolg zum Beispiel mehr Mitleid erfahren als andere Schüler, die der Lehrer für begabt hält." (*Meyer* 1984, 214)

Lob und Tadel können durchaus auf diese Weise kompensierend eingesetzt werden, um soziale Ungleichheiten zu mildern und um zu übermäßigem Stolz oder gar Überheblichkeit bei den einen oder zu großer Beschämung bei anderen vorzubeugen. Das wird der pädagogische Impetus für dieses Verhalten der Lehrer sein. Andererseits aber darf dieses Verhalten nicht zu stark ausgeprägt sein, *weil dann die Information über Fähigkeit zugedeckt werden kann und eine Verbesserung der Fähigkeit, die in der Schule ja gerade nicht als konstant anzusetzen ist, uninteressant werden könnte.* Es müßte deshalb nicht nur die Anstrengung, sondern *auch die deutliche Verbesserung von Fähigkeiten bei niedrigen Fähigkeiten ebenso wie bei hohen Fähigkeiten in gleicher Weise gelobt und im Gegenfall getadelt werden.* Auf Fähigkeit bezogenes Lob ist besonders dann von hoher Bedeutung, wenn nur geringe Fähigkeitsverbesserungen vorliegen, aber die Anstrengung, ganz im Gegensatz zu den Annahmen der Attribuierungstheorie, nicht mehr gesteigert werden kann. Wenn ein Schüler die Taktik des Lehrers, durch Lob für Anstrengung den geringen Fähigkeitszuwachs zu verschleiern, nicht durchschaut, wovon gleich die Rede sein wird, steigert sich doch nur die Verzweiflung, wenn bei äußerster Anstrengung nur diese gelobt wird, nicht aber das noch so kleine Resultat. In diesem Falle ist es für den Augenblick entlastender und für eine Verstärkung des Interesses an der Entwicklung einer Fähigkeit besser, *das Maß der erreichten Fähigkeitsverbesserung durch Lob zu übertreiben* (*Jopt* 1987). Ein ausschließlich und sehr stark auf Anstrengung abgestelltes Lob bei objektiv geringem Fähigkeitsfortschritt kann als Ausweichmanöver und Verlegenheitsreaktion des Lehrers verstanden werden. - Diese Überlegungen zeigen, daß man Untersuchungsergebnisse, die durch Versuchsanordnungen für Erwachsene gewonnen worden sind, nicht in unsachgemäßer Weise auf das Lernen in der Schule übertragen darf, daß es sich aber lohnt, in der von ihnen aufgedeckten Logik von Wechselbeziehungen zwischen Lehrer und Schülern bei Lob und Tadel weiterzudenken.

> "Da die Fremdbewertung sich vom vermuteten Anstrengungsaufwand leiten läßt, stecken in Lob und Tadel auch implizite Fähigkeitsurteile, die der Beurteilte nach dem kompensatorischen Kausalschema für abgestufte Effekte erschließen kann. Wird man etwa für Erfolg bei einer leichten Aufgabe überschwenglich gelobt, so kann man nur folgern, daß man vom Beurteiler für wenig befähigt angesehen wird. Und wird man wegen Mißerfolg

Theoretische Grundlagen 475

bei einer schweren Aufgabe getadelt, so muß man in den Augen des Beurteilers eine hohe Fähigkeit besitzen. Voraussetzung für diese logische Schlußfolgerungsfigur ist die Verknüpfung von zwei Prämissen: (1) die der Anstrengungsorientierung in der Fremdbewertung und (2) die des kompensatorischen Kausalschemas. Dazu sind Kinder ab 10 bis 12 Lebensjahren in der Lage (...). Hält der Beurteilte den Beurteilenden für kompetent und dessen Urteil für valide, so kann er sich durchaus veranlaßt sehen, die Selbsteinschätzung der eigenen Fähigkeit nach Lob zu senken und nach Tadel zu steigern." (*Heckhausen* 1980, 542f.)

Daß auch die Effekte von Lob und Tadel davon abhängig sind, wie die Schüler sie interpretieren, zeigen Untersuchungen zu der wichtigen Differenz, ob Schüler sie *mehr als kontrollierend oder mehr als informierend* verstehen. Untersucht wurde Lob und Tadel in der Form des sozialen Vergleichs ("schneller als die anderen" o.ä.):

"Intrinsische Motivation kann nach *Deci* durch äußere (extrinsische) Belohnungen und Bestrafungen auf zweierlei Weise beeinflußt werden (...), je nachdem ob Belohnungen und Bestrafungen vom Handelnden als mehr kontrollierend oder mehr informierend angesehen werden. Ist der kontrollierende Aspekt herausragend, soll eine Verminderung des Gefühls von Selbstbestimmung und daher eine Schwächung intrinsischer Motivation eintreten. Ist auf der anderen Seite der informierende Aspekt herausragend, soll es zu einer Veränderung des Erlebens eigener Kompetenz und daher entweder zu einer Stärkung oder zu einer Schwächung intrinsischer Motivation kommen, je nachdem ob die eigene Kompetenz nun als höher oder niedriger angesehen wird." (*Meyer* 1984, 211)

(6) Die Lehrer können in Beratungsgesprächen mit den Schülern dazu beitragen, daß die Selbstbewertungsprozesse einen Verlauf nehmen, der für das weitere Lernen günstig ist

Der Lehrer kann den Schülern nicht nur seine Einschätzung ihrer Lernleistung mitteilen, sondern sie auch noch bei der Verarbeitung dieser Information in ihrem Selbsteinschätzungsprozeß beraten. Was der Lehrer den Schülern jetzt noch mitteilen kann, unterscheidet sich aber in mehrfacher Hinsicht von der Mitteilung seiner Einschätzungen von Lernleistungen:

Er kann sich jetzt nicht mehr auf eine objektiv vorliegende Lernleistung beziehen, sondern muß sich *zu inneren Prozessen der Schüler äußern*. Über diese inneren Prozesse, z.B. die Anstrengung, die eingesetzten Fähigkeiten oder die selbstgesetzten Ziele, teilen die Schüler dem Lehrer, wenn überhaupt, nur wenig mit, zumal sie sich keineswegs aller Operationen der Selbsteinschätzung bewußt sind. Es gibt aber auch für diese Operationen das eine oder andere beobachtbare Indiz, z.B. für ein starkes Interesse, eine geringe Anstrengung oder Stolz und Enttäuschung. Diese Indizien treten außerdem keineswegs nur bei der Lösung der jeweiligen Aufgabe auf, sondern oft weitverstreut in unterschiedlichen Situationen, z.B. in einem Pausengespräch. Vieles aber bleibt dem Lehrer im Normalfall ganz verborgen, z.B. die gesamte Selbstbewertung, die abschätzige Beurteilung der Urteilskompetenz des Lehrers oder die langfristigen Ziele. Ja, die Schüler haben sogar Gründe, diese Vorgänge zu verbergen, insbesondere befürchtete

Nachteile und die Scheu, einem Fremden Einblick in den Intimbereich der Selbstbewertungsprozesse zu gewähren. - So sind die Grundlagen für solche Äußerungen insgesamt noch problematischer als bei Lernleistungen. Es wird deshalb nicht selten vorkommen, daß der Lehrer einem Schüler etwas unterstellt, was überhaupt nicht zutrifft, z.B. langfristige Ziele, hohe Fähigkeit bei geringer Anstrengung oder große Freude über die Note "befriedigend", oder daß er über etwas spricht, was für den Schüler überhaupt kein Thema ist.

Der Lehrer kann sich umso besser zu Selbstbewertungsprozessen äußern, je mehr er davon versteht. Dieses Wissen kann er aus Erfahrungen mit sich selbst und mit den Schülern gewinnen. Er kann aber auch einschlägige Untersuchungsergebnisse berücksichtigen, z.B. über die Tendenzen zum Schutz des Selbstwertgefühls, wovon noch die Rede sein wird:

> "Attributionstheoretische Kenntnisse sind für den Lehrer in zweierlei Hinsicht wichtig. Zum einen sind sie für ihn ein entscheidendes Korrektiv als 'naiver Attribuierer', der er sowohl als Privatperson als auch professionell schon immer gewesen ist. Darüber hinaus haben aber gerade die letzten Ausführungen deutlich gemacht, daß er für eine bestimmte Gruppe von Schülern ein *unverzichtbarer* Informationsträger sein kann, der allein es in der Hand hat, den der schulischen Lernsituation strukturell autochthonen Tendenzen zur Einsicht in die Irrelevanz von Anstrengungsinvestitionen entgegenzuwirken (Wenn Fähigkeit von Lehrern als fixe Begabung behandelt wird, wofür es viele Befunde gibt, lohnt sich keine Anstrengung mehr. - J.G)." (*Jopt* 1978, 201)

Es kann aber keine Rede davon sein, daß es schon eine hinreichend entwickelte Theorie der Selbstbewertungsprozesse gibt. Außerdem können selbst die schon vorliegenden Ansätze dazu hier nicht systematisch aufgearbeitet werden. Das ist aber keineswegs ein Grund zur Resignation, denn *die Selbstbewertungsprozesse scheinen ein Zusammenhang zu sein, in den man sich, angeregt durch Erfahrungen und wissenschaftliche Befunde, hineindenken kann.* Es ist z.B. durchaus plausibel und vernünftig, ja, sogar zu wünschen, daß Schüler dem Urteil eines Lehrers, dessen Kompetenz sie hoch einschätzen, ein höheres Gewicht beimessen als dem Urteil eines Lehrers, den sie für inkompetent halten. Es ist plausibel und vernünftig, wenn Schüler ihr Anspruchsniveau für weitere Aufgaben nicht nach jedem Mißerfolg ändern etc. Wenn angenommen worden ist, daß jedes Fremdurteil sich ohne eigene Verrechnungen direkt auswirkt und jeder Mißerfolg sich sofort in einer Veränderung des Anspruchsniveaus niederschlägt, dann liegt das an der Reduktion der Realität, die in diesen Versuchen vorgenommen worden ist. Je mehr die Reduktionen in jüngeren Untersuchungen aufgehoben werden, desto mehr zeigt sich, *daß Schüler durchaus in den ihnen zugänglichen Bezügen denken, soweit sie diese Denkoperationen jeweils schon bewältigen können.* Der Lehrer kann auch hier wie immer seine Erfahrungen und sein Wissen nutzen, um den Schülern zu raten, wie sie ihre Überlegungen verbessern können. Die wissenschaftlichen Theoreme lesen sich heute weitgehend als gute naive Theorien, d.h. als das, worauf ein nachdenklicher Lehrer oft schon von sich aus gekommen ist.

Das zentrale Problem der Beratung scheint das *Paradox* zu sein, *ein Scheitern realistisch wahrzunehmen und doch ein positives Selbstwertgefühl zu bewahren.* Wenn man

Theoretische Grundlagen 477

vom Scheitern spricht, sollte man nicht nur an diejenigen denken, die besonders wenig Erfolg haben, sondern auch daran, *daß jedes Lernen mit der Möglichkeit des Scheiterns verbunden ist, und zwar umso mehr, je stärker die momentanen Lernmöglichkeiten in einem Bereich ausgereizt sind, was für jeden gilt.* Außerdem wird Scheitern immer *relativ zu den gesetzten Zielen* erlebt. - Es gibt deshalb zwei Teufelskreise für das Lernen und nicht nur einen, nämlich nicht nur die sich *unrealistisch immer mehr verstärkende Mißerfolgsängstlichkeit*, sondern auch die sich ebenso *unrealistisch immer mehr verstärkende Erfolgszuversicht*. Beide führen zu einer zunehmenden Immunisierung gegen Realitätswahrnehmung und infolgedessen zu einer zunehmenden Beeinträchtigung des Lernens bis hin zu seiner fast vollständigen Blockierung. Das ist für überwiegend Mißerfolgsängstliche gut belegt.

Die Lernbehinderung hat anscheinend vor allem darin ihren Grund, daß Selbstbewertungsprozesse gegen Information von außen abgeschottet werden, und zwar sowohl über Lernleistungen als auch über ihre Bezüge, indem man sie meidet, statt sie zu suchen:

"Zusammenfassend holen in dieser Studie Personen mit einem Konzept hoher eigener Begabung überwiegend Informationen über ihre im Intelligenztest erzielten Leistungen ein, während Personen mit einem Konzept niedriger eigener Begabung diese Information überwiegend nicht einholen. (...) *Meyer & Starke* nahmen daher an, daß das Verhalten von Personen mit einem niedrigen Begabungskonzept auf ein aktives Vermeiden von fähigkeitsrelevanter Information hinweist (und nicht darauf, daß man sich über seine geringen eigenen Fähigkeiten bereits hinreichend informiert glaubt - J.G.)." (*Meyer* 1984, 93f.)

Im Schulunterricht aber spielt ein ganz anderer Faktor eine entscheidende Rolle für das Desinteresse an Rückmeldungen über die eigene Leistung, nämlich das Desinteresse an einem bestimmten Lernbereich oder dem Lernen überhaupt:

"Deshalb erscheint es am angemessensten, grundsätzlich von der Annahme auszugehen, daß der leistungs- und selbstkonzeptschwache Schüler von der Verbesserungsmöglichkeit durch Anstrengung durchaus 'weiß'. Daß er aber dennoch in dieser Richtung nur sehr wenig unternimmt, liegt an seinem äußerst geringen *Interesse* an der erforderlichen fachlichen Fähigkeit." (*Jopt* 1978, 203)

Diese Unterschiede zwischen Erfolgs- und Mißerfolgsorientierten sind in den kurzzeitigen Versuchsanordnungen zwar gut belegt. Was geschieht aber bei denjenigen, die langfristig in einem bestimmten Lebensbereich mit Erfolg verwöhnt worden sind? Stehen sie nicht auch in Gefahr, sich gegen die Wahrnehmung von Mißerfolgen oder zumindest vor dem Gedanken an mögliche Mißerfolge zu immunisieren? Längsschnittuntersuchungen dazu gibt es (vorwiegend wegen ihres hohen Aufwandes) nicht. Aber die Lebenserfahrung und auch Untersuchungen über die Meidung selbstwertbedrohender Informationen in der Selbstkonzeptforschung sprechen dafür (*Frey/Irle* 1985). In diesem Falle haben auch Erfolgsgewohnte, und deshalb Erfolgszuversichtliche, kaum noch und am Ende gar keinen Grund mehr zu lernen.

Aus dem Paradox führt nur eine solche Selbstkonzeptualisierung und eine solche Regulierung des Selbstwertgefühls heraus, die dazu tendieren, Mißerfolge ebenso wie ein Übermaß an Erfolgen realistisch wahrzunehmen sowie die Enttäuschung zu ertragen bzw. den Stolz zu mäßigen. Realistische Wahrnehmung erfordert den Vergleich der eigenen Leistung mit allen drei Bezugspunkten, den eigenen früheren Leistungen, denjenigen der anderen und mit Standards im jeweiligen Bereich. Eine höhere Frustrationstoleranz wäre z.B. in der Form möglich, daß man die realistische Selbsteinschätzung zu einem zentralen Postulat des eigenen Selbstkonzepts (*Epstein* 1984[2], *Thomas* 1989) macht und die unausbleibliche Frustration bei den dann in höherem Maße erfahrenen Mißerfolgen im Blick auf den Erfolg bei der Erreichung weitgesteckter Ziele relativiert. Die Blockierung der Lernmöglichkeiten, sei es durch falsche Schätzung des Erfolges, durch unzulängliche Nutzung der eigenen Möglichkeiten oder durch Weigerung, bleibt dann aus. Wenn dies stimmt, *dann kommt alles auf die Art der Verarbeitung von leistungsbezogenen Informationen an, ob Mißerfolg oder Erfolg sich lernhemmend oder lernfördernd auswirken.* Wenn Lehrer durch ihre Beratung die oben angeführten Ziele erreichen wollen, dann müßten sie den Schülern *zu Verarbeitungsformen raten, durch die Lernen, und damit ihre weitere Entwicklung und ihre künftige Anpassungsfähigkeit an neue Anforderungen, nicht beeinträchtigt, sondern gefördert werden.*

Da es die Funktion des Unterrichts ist, dem Lernen zu dienen, sind dem Unterricht unabhängig von allen historischen Entscheidungen über Lernziele ständig alle Ziele immanent, die allgemein als Lernzuwachs angestrebt werden können. Zu diesen Zielen zählen auch die für das jeweils gegenwärtige und das künftige Lernen günstigen Selbstkonzeptualisierungen. Grundlegend ist hier, *daß der Schüler von sich selbst denkt, daß er in allen Lebensbereichen ohne Ausnahme (ohne Tabu) ein Lernender ist und daß dies auch lebenslang in keinem Bereich zu einem vollständigen Abschluß kommt.* Zu dieser Selbstkonzeptualisierung gehören dann auch Formen des Selbstverständnisses wie die: aufgaben- und kriterienadäquat zu lernen, diese Einstellung auch auf außerschulische und selbstgestellte Aufgaben zu übertragen und das jeweils Erreichte nicht absolut zu setzen, sondern flexibel zu halten.

Die Beratung hat aber auch noch eine Verstärkungsfunktion für die vorausgehende Lerntätigkeit. Es werden jetzt nämlich nicht nur die in einem Medium vergegenständlichten Lernresultate in den Blick gefaßt, sondern *Zusammenhänge der gesamten Lerntätigkeit, in denen diese Aktivitäten stehen.* Nach den in **Teil II** angenommenen allgemeinen Gesetzmäßigkeiten des Lernens (**M3 u. 6**) wird dadurch primär das Lernen ebendieser Zusammenhänge betrieben. Gleichzeitig werden dadurch auch diejenigen *Aktivitäten, die in diesen Zusammenhängen vollzogen worden sind, bis zu einem gewissen Grade wiederum aktiviert*, was in eben diesem Maße ihre Behaltenswahrscheinlichkeit erhöht. Außerdem wird *die Verbindung dieser Aktivitäten mit den anderen Teilsystemen des psychischen Systems, die am Vollzug der Lerntätigkeit beteiligt waren, durch diese Verarbeitungsprozesse ausgebaut*, was auch noch die Behaltenswahrscheinlichkeit der ganzen Lerntätigkeit erhöht. Kurz: Die Beratung für die Durchführung von Selbstbewertungsoperationen hat aller Wahrscheinlichkeit nach auch den *Effekt des besseren Behaltens der beurteilten Teilprozesse und auch der gesamten Lerntätigkeit.*

Im Sinne dieser Überlegungen kann der Lehrer das Lernen in allen Selbstbewertungsprozessen durch seinen Rat beschleunigen und auch in eine Richtung lenken, die für das weitere Lernen im jeweiligen Lernbereich und darüber hinaus günstig ist. Ich konzentriere mich im folgenden auf das, *was der Lehrer den Schülern in den heute erkennbaren Hauptkomplexen der Selbstbewertung raten kann*: 1. bei der Einschätzung der Lernleistung selbst, 2. bei der Frage nach den Ursachen von Erfolg oder Mißerfolg, 3. bei der Einschätzung des relativen Wertes seiner Leistung unter verschiedenen Maßstäben, 4. bei der Frage nach Konsequenzen aus der jeweils erzielten Leistung für das künftige Lernen und 5. bei der Auswertung des jeweiligen Resultats für die Selbstkonzeptualisierung und für die Regulierung des Selbstwertgefühls (vgl. zu allen Komplexen *Heckhausen/Rheinberg* 1980a u. *Rheinberg* 1980).

1. Ratschläge bei der Selbsteinschätzung einer Lernleistung

Die Selbsteinschätzung hat prinzipiell *dieselbe Form wie die Fremdeinschätzung*: Leistungsmerkmale werden unterschieden, ihre Ausprägung wird geschätzt, die Leistung wird bewertet, und der Erfolg oder Mißerfolg erhält Selbstlob oder Selbsttadel. Dieser Prozeß verläuft meist ganz in der Innerlichkeit des Schülers ab. Er wird deshalb vom Lehrer in der Regel nur dann beachtet, wenn der Schüler der Einschätzung des Lehrers widerspricht. Bei der Einschätzung seiner Leistungen hat der Schüler vor dem Lehrer keinen Vorteil, weil die Leistung beiden in gleicher Form vorliegt. Nur in wenigen Fällen kennt der Schüler besser, was er produziert hat, als der Lehrer. Der Schüler muß deshalb ebenso wie der Lehrer den ganzen Prozeß der Einschätzung beherrschen. Dafür muß er aber erst *die Fähigkeiten zur Selbsteinschätzung mühsam lernen*. Dabei kann der Lehrer ihm mit seinem Rat helfen.

Die Lehrer können zuallererst die von ihnen selbst stammenden Einschätzungen den Schülern durchsichtig machen. Sie können ihnen helfen, ihr jeweiliges Urteil zu verstehen, d.h. den Bezug des Urteils auf die Leistung zu erkennen und seinen Geltungsanspruch richtig einzuschätzen. Dazu können die Lehrer den Definitionsgehalt ihrer Kriterien und ihrer Bezeichnungen für den Ausprägungsgrad von Leistungsaspekten erläutern. Sie können die Bezugsnormen für ihre Einschätzungen offenlegen. Punktvergabe und Notenfindung können erläutert und Gründe für Lob und Tadel angegeben werden. *Allgemeine Erklärungen des Einschätzungsprozesses, Information in strittigen Fällen und auch die Diskussion einzelner Einschätzungen* können dazu führen, daß wenigstens grobe Mißverständnisse der Einschätzungen des Lehrers abnehmen. Dazu bedarf es keiner Dauerdebatten der Einschätzungen durch den Lehrer. Ganz im Gegenteil dazu vermindert eine möglichst zuverlässige Information sowohl die Zahl der strittigen Fälle als auch den Debattierbedarf. Langfristig sollten es die Lehrer erreichen, daß die Schüler einen Schatz von Beurteilungskriterien im jeweiligen Lernbereich lernen, weil er die Grundlage der Urteilsfähigkeit im jeweiligen Bereich ist. Die Schüler sollten erkennen können, an welchen Maßstäben der einzelne Lehrer sich jeweils oder vorwiegend orientiert. Sie sollten möglichst genau verstehen, welchen Grad der Einschätzung von Ausprägung, Wert, Lob und Tadel er jeweils meint. Von besonderer Wichtigkeit ist die allmähliche Entwicklung eines Bewußtseins von den Problemen, die mit jeder Einschätzung zu lösen sind. Die Schüler müßten erkennen, daß keine Einschätzung eine absolute Größe ist, daß aber auch keine verantwortlich gefällte Einschätzung völlig willkürlich ist. Daraus ergibt sich der Schluß, daß es zwischen unbedingter Geltung und

Willkür einen Spielraum subjektiver Geltung gibt, der durchaus rational diskutiert werden kann.

Die Erläuterungen der eigenen Einschätzungen durch die Lehrer vermitteln den Schülern zugleich notwendige Kenntnisse für die Durchführung der eigenen Einschätzungen. Auch das Problembewußtsein, das bei der Erörterung von Lehrerurteilen erworben worden ist, muß auf die eigenen Einschätzungen übertragen werden. Auch die eigenen Einschätzungen müssen es sich dann gefallen lassen, geprüft und gegebenenfalls in Frage gestellt zu werden. - Es gibt außer dieser ständigen Möglichkeit der Übertragung *in der Praxis der Selbsteinschätzungen auch noch Fälle für sinnvolle Interventionen.* Dazu gehören alle *Urteilsfehler in der Selbsteinschätzung der Schüler*: unrichtige oder ungenaue Bezüge auf Leistungsaspekte, falsches Kriterienverständnis, falsche Generalisierungen über den jeweiligen Leistungsaspekt hinaus, unkontrollierte Hoch- oder Tiefschätzungen, undifferenzierte Bezugsnormen und unangemessen hohes Selbstlob oder Selbsttadel. Dazu gehören auch die *vom Lehrerurteil abweichenden Beurteilungsperspektiven*: die Wahrnehmung anderer Leistungsaspekte, die Anlegung anderer Maßstäbe, Formen der Selbstzufriedenheit oder der Selbstkritik. Auch die notorische *Unsicherheit* über die Tragweite eines Urteils müßte öfters Anlaß zu klärender Hilfe sein.

Von besonderer Bedeutung, aber auch besonders heikel ist die Beratung beim Vergleich von Fremd- und Selbsteinschätzung für die resultierende Selbsteinschätzung. Wenn zwei Schüler unterschiedlicher Meinung sind, kann der Lehrer noch als nichtbetroffene Instanz zu klären suchen. Sobald aber Lehrerurteil und Schülerurteil sich gegenüberstehen, sind beide grundsätzlich gleichberechtigt und kann der Lehrer, selbst wenn er es anstrebt, das abschließende Schülerurteil nicht mehr bestimmen. Ob ein Schüler das Urteil eines Lehrers akzeptiert oder nicht, wird zum einen von seinem persönlichen Verhältnis zu diesem Lehrer und zum anderen von der Begründung des Urteils abhängen. Beides steht insofern in Wechselbeziehung zueinander, als ein ständiges Bemühen um sachliche Begründung das allein angemessene Vertrauensverhältnis des Schülers zum Lehrer erreichen kann, nicht aber mit Sicherheit erreichen wird. In diesem günstigsten Fall wird das Lehrerurteil ernst genommen und im eigenen Kalkül voll in Rechnung gestellt, d.h. keineswegs vorbehaltlos übernommen, sondern nach den gelernten Gesichtspunkten verglichen. Das wäre *die angemessene Form der Überlieferung von Relevanzkriterien für Lernleistungen*, weil die Parität zwischen Übernahme eines fremden und eigenem Urteil zwischen den Generationen gemäß der subjektiven Leistungsfähigkeit gewahrt ist. Die Lehrer können zum Gelingen dieses Prozesses nicht nur durch sachliche Erklärungsleistungen, sondern auch durch Unempfindlichkeit gegen Kritik, durch rückhaltlose Anerkennung des eigenen Urteilsrechtes der Schüler und das Tolerieren und Ertragen abweichender Urteile beträchtliche Beiträge leisten.

2. Ratschläge für die Kausalattribution

Die Frage nach dem Warum von Erfolg oder Mißerfolg ist keineswegs nur eine Angelegenheit der nachträglichen Rechtfertigung, sondern auch *eine Frage des Selbstverständnisses mit weitgehenden Folgen für das künftige Handeln*:

> "Auf welche Ursachen man die Resultate eigenen Handelns zurückführt, hat Auswirkungen auf den mit Erfolg oder Mißerfolg einhergehenden Affekt (s. Weiner, Russel & Lerman, 1978, 1979), auf Erwartungen zukünftiger Handlungsausgänge (s. Meyer, 1973a; Weiner, Heckhausen, Meyer & Cook, 1972) und auf die Tendenz, nach Mißerfolg bei einer Aufgabe zu verweilen oder aufzugeben (s. Andrews & Debus, 1978; Dweck & Repucci, 1973). Die unterschiedlichen Ursachenerklärungen von Personen mit einem Konzept hoher und niedriger Begabung dürften daher auch unterschiedliches Erleben und Verhalten bewirken." (*Meyer* 1984, 126)

In der Selbstattribuierung entscheidet sich auch auf Dauer, *wieweit sich der Schüler als Lernender realistisch wahrnimmt* oder ein unangemessenes Bild von sich selbst entwickelt. Der Lehrer kann auf die Selbstattribuierung *durch Fremdattribuierung und auch noch durch Beratung der resultierenden Selbstattribuierung Einfluß nehmen*. Unter dem Gesichtspunkt des Lernens muß er sich in beiden Fällen das Ziel setzen, die Schüler durch realistische Einschätzung der eigenen Lernmöglichkeiten sowohl *zur Ausbildung realisierbarer Interessen, Ziele und Anspruchsniveaus als auch zur bestmöglichen Verteilung der Lernbereitschaft, d.h. der aufgewendeten Anstrengung, zu führen* (**M4**).

Für den Lerneffekt der Selbstattribution scheint die Antwort auf zwei eng miteinander verbundene Fragen ausschlaggebend zu sein: Die erste Frage lautet: *"Nehmen die Schüler sich selbst als Verursacher des Lernens in angemessener Weise wahr* oder machen sie andere und von ihnen nicht beeinflußbare Ursachen für Erfolg oder Mißerfolg des Lernens verantwortlich?" Die zweite Frage lautet: *"Schreiben sie veränderbaren Ursachen den größeren Anteil am Zustandekommen von Lernleistungen zu oder nicht veränderbaren?"* Nimmt man beide Fragen zusammen, dann kommt alles darauf an, ob die Schüler denjenigen Ursachen die größte Bedeutung beimessen, die *bei ihnen selbst liegen und von ihnen selbst verändert werden können*. Nur in diesem Fall können sie *aus ihren Erfolgen und Mißerfolgen die für die Selbstregulierung des Lernens bestmögliche Information gewinnen*.

Die *zentrale Bedeutung des Erlebens, selbst der Verursacher zu sein*, für die gesamte Entwicklung der Leistungsmotivation, und damit insbesondere für Lernleistungen, wird in der Literatur übereinstimmend betont:

> "Hier liegt der Brennpunkt des 'Verursacher-Erlebens' nach *deCharms* (1968), das Aktivität und Selbstbestimmung fördert. Das Gefühl, daß man das, was man tut, selbst bestimmt hat und das, was man erreicht hat, der eigenen willentlichen Kontrolle verdankt, wird (...) von einigen Autoren wie *deCharms* (1968) und *Deci* (1975) als ein Bestimmungsmerkmal der intrinsischen (und nicht extrinsischen) Motivation angesehen." (*Heckhausen* 1980, 543f.)

In der Leistungsmotivationsforschung ist dann ganz überwiegend die *Anstrengung als ausschlaggebende Ursache* untersucht worden, weil sie gegenüber der unveränderbaren momentanen Fähigkeit die *kurzfristig selbst zu verändernde Ursache* ist:

> "Anstrengung ist nicht nur internal, sondern unterliegt auch willentlicher Kontrolle. Für die aufgewendete Anstrengung ist man deshalb verantwortlich, ein Mangel daran ist vorwerfbar. Deshalb kann auch in der Selbstbewertung, wie wir gesehen haben, Anstrengungsattribution affektwirksamer sein als Fähigkeitsattribution, wenn die Aufgabe in stärkerem Maße anstrengungsabhängig ist und sofern es sich um Emotionen mit moralischer Zusatzbedeutung wie Stolz und Scham handelt. In der Fremdbewertung ist dieses Bild völlig eindeutig. Eine Affektwirksamkeit geht allein von der Anstrengungsattribution aus. Sofern der Fremdbeurteiler über ein bloßes Urteil hinaus durch Lob und Tadel den Beurteilten beeinflussen will, ist es auch nur sinnvoll, jenen Ursachfaktor dabei zu berücksichtigen, den der Beurteilte willentlich steuern kann, die Anstrengung." (*Heckhausen* 1980, 541)

Für Lernleistungen aber ist dies zu einseitig, weil *auch die Veränderung von Fähigkeiten intendiert und auch realisiert, d.h. willentlich kontrolliert*, werden kann. *Es geht keineswegs darum, in einem stabilen Fähigkeitsbereich durch größere Anstrengung eine höhere Leistung zu erzielen*, wie dies z.B. bei einer beruflichen Tätigkeit der Fall sein kann, *sondern um die Veränderung einer eigenen Fähigkeit*. Mehr noch, *die Veränderung der Anstrengung ist nur ein Mittel, die eigene Fähigkeit zu verändern*, was *Jopt* gesehen hat:

> "*Weiner* (1973c) ist grundsätzlich zuzustimmen, wenn er darauf hinweist, daß nur durch die Betonung von Anstrengung eine gerechte und moralische Welt zu erreichen sei (wobei er sich im Rahmen philosophischer Überlegungen sogar auf Marx beruft). Die damit verbundene Forderung nach einer *Abkehr vom Fähigkeitskonzept* scheint uns jedoch im Hinblick auf die Schulsituation gerade *umgekehrt* werden zu müssen. So paradox es zunächst klingen mag: im nächsten Abschnitt sollen auf dem Hintergrund der hier berichteten Ergebnisse Überlegungen angestellt werden, wonach gerade in der Schule durch die Hervorhebung von (subjektiver) Fähigkeit Anstrengungsattributionen freigesetzt werden können." (*Jopt* 1978, 201)

Untersuchungen von *Jopt* haben gezeigt, daß Schüler sich tatsächlich überwiegend so (vernünftig) verhalten, *bei sich selbst die Hauptursachen* zu sehen, während sie unter den fremden Ursachen den *Unterricht* besonders verantwortlich machen:

> "Diese ersten Ergebnisse deuteten bereits an, daß alle Schüler ganz unabhängig von ihrem Leistungsstand den personalen Kräften größeres Gewicht beimaßen als Einflüssen, für die sie nicht unmittelbar verantwortlich waren. Bemerkenswert ist darüber hinaus, daß der Faktor *Unterricht*, der von Lehrern entweder völlig ignoriert oder nur von solchen mit charakteristischer Schülerorientierung erwähnt wurde (s. *Rheinberg* 1977) hier nicht nur Beachtung fand, sondern sogar in der Gruppe der höchstgewichteten Variablen auftauchte. Das macht deutlich, daß aus der Perspektive von Schülern Lernerfolg und Lernsituation, die von der didaktischen Kompetenz und anderen Fähigkeiten des Lehrers mitbestimmt werden, relativ eng miteinander zusammenhängen.

Im nächsten Analyseschritt wurde deutlich, daß Unterrichtsattribuierungen nicht etwa verstärkt von guten oder schlechten Schülern vorgenommen wurden, sondern über das gesamte Leistungskontinuum verteilt waren. Ebenso war die Ausprägung von *Anstrengung* und *Interesse* zensurenunabhängig. D.h., daß *alle* Probanden diesen drei Faktoren die gleiche Bedeutung beimaßen, wobei Interesse aber möglicherweise keine eigene orthogonale Dimension darstellt, da sich vermuten läßt, daß hiermit eher intentionale Folgen von Leistungserfahrungen als wirkliche kausale Begründungen angesprochen sind. (...) Als zweite zensurenbezogene Verlaufsform von Attribuierungen ergaben sich mit der Note linear ansteigende Beziehungen zu den Faktoren *Sympathie, Zufall* und *Ablenkung,* die alle in ihrer Bedeutung um so höher eingestuft wurden, je schlechter der Leistungsstand des Schülers war. (...) Häusliche Unterstützung, deren Bedeutung bis hin zu den Vierern zunächst anstieg, von den Fünfern jedoch wieder deutlich geringer eingeschätzt wurde." (*Jopt* 1978, 186)

Das Interesse aber scheint der Ansatzpunkt für die subjektive Wahrnehmung der Fähigkeit als einer Ursache von Erfolg oder Mißerfolg und der Möglichkeit ihrer Verbesserung zu sein. Interesse ist eine intrinsische Ursache, es kann willkürlich verändert werden, es richtet sich auf einen Fähigkeitsbereich. Schüler nehmen also an, daß sich durch eine Veränderung des Interesses auch *Erfolg oder Mißerfolg in einem bestimmten Fähigkeitsbereich* ändern lassen. Wenn aber eine Veränderung von Fähigkeiten über verändertes Interesse gelingt, dann sind die beiden Teufelskreise durchbrochen: Es wird auch gelernt nach Mißerfolg, und es wird wieder gelernt trotz der Verwöhnung durch zuviel Erfolg. Man kann *Jopt* nur zustimmen, wenn er sagt, daß die *Fähigkeitsattribuierung im Unterricht von höchster Bedeutung* ist. Sie könnte aus dem folgenden Wirkungszusammenhang bestehen: Höheres Interesse führt zu höherer Fähigkeitswahrnehmung, "mit höherer Fähigkeitswahrnehmung steigt auch die subjektive Erfolgszuversicht an", weil der affektive Anreiz einer Fähigkeitsverbesserung, auch einer kleinen, groß ist und man dafür auch bereit ist, mehr Anstrengung zu investieren, erzielter Erfolg (auch kleiner Teilerfolg) ergibt dann tatsächlich eine "Anhebung seines *Selbstkonzepts*" mit affektiven Selbstbekräftigungsprozessen, das aber ergibt wiederum ein Ansteigen des Interesses für den Fähigkeitsbereich, in dem sich Anstrengung wieder lohnt, womit schließlich wieder eine höhere "Bewertungsstabilität" erreicht wird (vgl. *Jopt* 1978, 205f.). *So kann durch Fähigkeitsattribuierung eine Umkehrung der Teufelskreise erreicht werden.*

Man muß aber erst wieder in den anderen, den "göttlichen", Kreislauf hineinkommen. Das kann durch strenge Selbstkontrolle erreicht werden, wofür jeder Autodidakt, der unter ungünstigsten Bedingungen lernt, ein Beispiel ist. In aller Regel aber bedarf es dazu der Unterstützung. Diese Unterstützung können uneingeschränkt nur Vater und Mutter oder entsprechende ständige Bezugspersonen bieten, weil nur sie den individuellen Fortschritt genau genug beobachten können. Der Lehrer ist dazu nur bedingt in der Lage, weil er nicht so sehr die Lernentwicklung des einzelnen Schülers, sondern die ganze Gruppe und den einzelnen im sozialen Vergleich beachten muß, wenn er dies nicht sogar wider alle Vernunft zur Hauptsache macht. Der Lehrer hat trotzdem für die Unterstützung einer günstigen individuellen Entwicklung die folgenden Möglichkeiten:

Er muß unbedingt die durch ihn ausgeübte Fremdattribuierung der Schüler streng kontrollieren, damit er nicht notorische Fehler macht. Das gilt nicht nur für die expressis verbis ausgesprochenen Attribuierungen ("Du bist nun einmal dumm und faul"), sondern auch und vor allem für die indirekt in seinem Verhalten zum Ausdruck kommenden Attribuierungen: Er darf nicht die Erfolge der Schüler auf sich, dagegen die Mißerfolge der Schüler diesen zuschreiben, und er darf nicht die in der Eigenverantwortung der Schüler liegenden Ursachen der *Anstrengung*, aber auch des *Interesses* und der *Fähigkeit* als konstant ansetzen, sondern muß sie als *grundsätzlich und stets variabel* ansehen. - Deshalb sollte er so verfahren: Er sollte primär *den Schüler von allen negativen Ursachen entlasten, die er nicht zu verantworten hat*: Krankheit, Hitze, miserables Elternhaus, schlechte Lehrer, zu schwierige Aufgabe, blödsinnige Zufälle. Die *steigerbare Fähigkeit* muß dann aber die Hauptursache für Erfolg und Mißerfolg für ihn sein, selbst in denjenigen Fällen, in denen die Erfolge gering sind. Der *Anstrengung* sollte er möglichst genau das Gewicht zusprechen, das sie tatsächlich hat, weil alles andere nur zu Komplikationen in der Selbstattribuierung führt. Den Anteil von Desinteresse sollte er sehr sorgfältig gewichten, weil *Interesse* nicht für jede Tätigkeit in gleicher Weise vorhanden sein kann und keineswegs kurzfristig zu Gebote steht, sondern nur langfristig verändert werden kann.

Zusätzlich zur Fremdattribuierung kann er auch noch bei der Selbstattribuierung raten. Die Ratschläge müßten auf eine *ausgewogene möglichst realistische Gewichtung der Ursachen* hinauslaufen. Sie müßten die Tendenz der Schüler verstärken, sich nicht in unangemessenem Maße auf unveränderbare Ursachen zu berufen, sondern die *von ihnen selbst zu ändernden* verantwortlich zu machen. Sie müßten alles tun, um *den positiven Zyklus des allmählichen Lernfortschritts aufrechtzuerhalten* und die Teufelskreise, die zur Lernverweigerung führen, zu vermeiden. Das kann durch viele Informationen geschehen: die Betonung auch des kleinen Lernfortschritts, die Aufrechterhaltung der Zuversicht auf Veränderung, die Mäßigung zu hoher Ziele usw. bis hin zum Rat, die Schule zu wechseln oder gar zu verlassen, um wieder nach den eigenen Möglichkeiten lernen zu können.

3. Ratschläge für den Umgang mit dem relativen Wert einer Lernleistung je nach Bezugsnorm

Die Differenz zwischen verschiedenen Bezugsnormen wird den Schülern überhaupt erst bewußt, wenn der Lehrer sie darauf aufmerksam macht. Schüler halten zunächst jede Fremdeinschätzung und auch jede Selbsteinschätzung für absolute Größen. Kommt es zu unübersehbaren Unterschieden zwischen Einschätzungen, dann halten sie folgerichtig eine für richtig und alle anderen für falsch. Daß man zwar im Hinblick auf frühere Leistungen gut, aber im Hinblick auf einen in der Sache liegenden Standard oder auf andere schlecht sein kann, ist grundsätzlich einsehbar, hat man aber selten zugleich im Blick. Die Unterscheidung zwischen drei oder sogar noch einem vierten oder fünften Maßstab, an dem man eine Lernleistung messen kann, und vor allem der kompensatorische Umgang mit solchen Differenzen muß jedoch erst allmählich gelernt werden. Dies wird während der gesamten Schulzeit kaum ohne die Hilfe des Lehrers hinlänglich gelingen. Dazu muß freilich der Lehrer dies erst einmal können und auch im Unterricht umsichtig praktizieren.

Ehe der Lehrer die Schüler über die Bezugsnormen seiner eigenen Urteile ausdrücklich informiert, machen sich die von ihm gewählten Bezugsnormen schon in seinen Erwartungen geltend. Ob sie aber von den Schülern aus den Erwartungen erschlossen werden können, scheint mir problematisch zu sein.

> "Lehrererwartungen können auf verschiedene Weise mehr oder weniger korrekt vom Schüler wahrgenommen werden. Wenn sie starr genug sind, ist nicht auszuschließen, daß sie den Schüler auf Dauer so beeinflussen, daß er den Erwartungen des Lehrers entspricht (*Pygmalion-Effekt*). Solche starren Erwartungen treten eher bei Lehrern mit sozialer Bezugsnorm-Orientierung auf. Da sie Leistungen von zeitstabilen Ursachen abhängig sehen, halten sie Schulleistung auch eher für längerfristig vorhersagbar. Als Erwartungsanker dient ihnen dabei weniger der jeweils aktuelle Leistungsstand eines Schülers, sondern eher das generelle Leistungsniveau, auf dem der Schüler seit langem steht. Bei Lehrern mit individueller Bezugsnorm-Orientierung ist letzteres umgekehrt. Sie glauben auch nicht, daß Schulleistungsentwicklungen langfristig vorhersagbar sind. *Pygmalion-Effekte* sind deshalb bei ihnen nicht wahrscheinlich. Im Hinblick auf die Effekte starrer Erwartungen von Lehrern mit sozialer Bezugsnorm-Orientierung wurden einige Fälle diskutiert, wonach nicht jede negative Lehrererwartung sich zwangsläufig ungünstig und jede positive sich zwangsläufig günstig auswirken muß, sofern man kurzfristige Motivierungs-Effekte ins Auge faßt. Es wurde vermutet, daß solche Effekte mit davon abhängen, was der Schüler von seiner eigenen Tüchtigkeit hält. Auf lange Sicht aber werden sich starre negative Lehrererwartungen insgesamt eher ungünstig auf die Lernmotivation des Schülers auswirken." (*Rheinberg* 1980, 91)

Wiederum kann der Lehrer für die Selbsteinschätzung zum Modell werden, indem er *den Schülern selbst die Bezugsnormen für seine Einschätzungen offenlegt*, soweit dies möglich ist. Am wichtigsten ist hier die Differenz zwischen individueller und sozialer Bezugsnorm. Es stimmt einfach nicht, daß der Lehrer die Schüler in der Klasse zwangsläufig nur nach der sozialen Bezugsnorm einschätzen muß. In den meisten Fällen der Einschätzung während des Unterrichts hat er gar nicht die Möglichkeit zum Vergleich, weil er gar nicht weiß, wie gut die Leistungen der anderen sind. Und nur ein Lehrer, der diesen Namen nicht verdient, wird einen Lernfortschritt, nur weil er von einem Schüler erzielt worden ist, der vergleichsweise schlecht ist, nach dem Rang bewerten, den dieser Schüler nach seinem Dafürhalten derzeit in der Klasse hat. *Man wird deshalb die Forderung, während des Unterrichts bis auf deutlich markierte Ausnahmen nur den individuellen Lernfortschritt bzw. das Gelingen einer Aufgabenlösung zu bewerten, realisieren können.*

> "(1) Wenn es im Verlauf des Lerngeschehens in größeren Abständen zu mitunter folgenschweren Beurteilungen unter sozialen Bezugsnormen kommt, so ist dies kein hinreichender Grund, diese Beurteilungsweise als allein verbindliche in jede Unterrichtsstunde hineinzutragen und andere Beurteilungsweisen auszuschließen, wenn man bedenkt, daß dies zumindest für einen Teil der Schüler ungünstige motivationale Folgen hat.

(2) Zudem bedeutet eine Stärkung der individuellen Bezugsnorm nicht, daß soziale Bezugsnormen völlig verschwinden. So etwas könnte - wenn überhaupt - am ehesten zu Beginn der Schulzeit, also auf den untersten Klassenstufen, noch sinnvoll und vertretbar sein (vgl. *Schwarzer* 1978). Je mehr Schüler aber auf den oberen Klassenstufen selbst entscheiden sollen, in welchen Fächern sie sich spezialisieren sollten, umso eher müssen sie in die Lage versetzt werden, ihren momentanen Tüchtigkeitsstand in einem Fach unter mehreren Bezugsnormen sehen zu können. Wichtig ist dabei nur, daß die soziale Bezugsnorm nicht als allein vorherrschend im Unterricht regiert. Vielmehr müssen gleichberechtigt und als ebenso wichtig individuelle Bezugsnormen zur Geltung kommen (*Heckhausen* 1974a). Dies ist sicher nicht zuletzt eine Frage glaubhafter Verbindlichkeit, die der Lehrer individuellen Bezugsnormen seinen Schülern gegenüber beimißt - trotz institutionalisierter Dominanz sozialer Bezugsnormen." (*Rheinberg* 1980, 180)

"Ergebnisse von Quer- und Längsschnittstudien wie auch ein Unterrichtsexperiment zeigen, daß Lehrer mit individueller Bezugsnorm-Orientierung eine wünschbare Ausrichtung des Leistungsmotivs fördern. Im Unterricht unter sozialen Bezugsnormen ist das nicht der Fall, besonders was leistungsschwache Schüler betrifft. Sie sind hier auch besonders ängstlich. Schüler aller Fähigkeitsgruppen sehen in diesem Unterricht weniger deutlich, wie sich die eigenen Tüchtigkeiten steigern. Es gibt Grund zu der Annahme, daß die Bezugsnorm-Orientierung des Lehrers die seiner Schüler beeinflußt, womit man die soziale Bezugsnorm-Orientierung auf der Sekundarstufe in gewisser Beziehung als entwicklungshinderlich ansehen kann." (*Rheinberg* 1980, 157)

Was *Rheinberg* an dieser Stelle nur für den intraindividuellen und den sozialen Vergleich sagt, kann *für alle Normen gefordert werden: der Lehrer sollte sie ihrer Art gemäß und in Entsprechung zu ihrer Bedeutung für den Schüler ins Spiel bringen.* Das könnte in der folgenden Form geschehen:
- *Der Lehrer informiert die ganze Klasse von Zeit zu Zeit darüber, was sie hinzugelernt hat, wie bedeutsam das Gelernte ist und für wie groß er diesen Fortschritt hält.* Er informiert dann allein über den individuellen Lernfortschritt, den alle mehr oder weniger erzielt haben. Dafür eignen sich besonders die Zäsur vor dem Übergang zu einer neuen Klasse von Lernaufgaben, die Bewältigung einer besonders schwierigen, mühseligen oder ermüdenden Aufgabe, eine selbstgewählte Pause oder eine von außen aufgezwungene Unterbrechung.
- *Soweit es zeitlich möglich ist, sollte der Lehrer auch den einzelnen Schülern Informationen über die Distanz und die Schnelligkeit ihrer Fortschritte geben.* Dies gilt insbesondere bei wirklich schnellen Fortschritten und bei mühsam errungenen kleinen Fortschritten. Manchmal genügen pure Bestätigungen ("es geht doch"), ein diffuses Lob ("prima") oder einfach eine freundliche Zuwendung. Verwertbare Information über den Grad der persönlichen Leistungsverbesserung enthalten solche Reaktionen aber allenfalls aufgrund des Kontextes der Äußerung. Sie können deshalb auch nicht zur Konzeptualisierung von Stärken und Schwächen genutzt werden.
- *Ganz unregelmäßig und nur bei überzeugenden Gelegenheiten kann er den Schülern einen professionellen Standard der Lösung demonstrieren oder mitteilen.* Eine Demonstration kann der Lehrer auch einmal selbst leisten, auch auf die Gefahr hin, daß die Schüler ihn trotz beachtlicher Leistung vehement kritisieren. Überzeugender ist allerdings stets die Leistung eines Unbeteiligten, falls sie in irgendeiner Form zu-

gänglich ist oder gar der Betreffende selbst beobachtet werden kann. Das wird selten genug der Fall sein. In sehr vielen Fällen, z.B. wissenschaftlichen, künstlerischen, wirtschaftlichen, politischen oder handwerklichen Leistungen können die Schüler die Höhe eines professionellen Standards noch gar nicht ermessen, selbst in oberen Klassen nicht. Dann hilft es gar nichts, ihren hohen Grad zu betonen. - Wichtig scheint hier vor allem zu sein, daß die Schüler überhaupt ein Bewußtsein von professionellen Standards entwickeln, die weit über dem von ihnen erreichten Niveau liegen, damit sie nicht sich selbst zum Maßstab machen oder ihnen beigebracht wird, liebenswerten Dilettantismus mit Professionalität zu verwechseln.
- *Der Lehrer kann exemplarisch an dem einen oder anderen Fall zeigen, wie unterschiedlich die verschiedenen Normen zusammenspielen können*, je nachdem wo man sie im Gesamtzusammenhang des Lernens ansetzt. So kann z.B. die Kriteriumsnorm der richtigen Anwendung einer Regel voll erreicht sein, als Anwendung auch im sozialen Vergleich eine ausgesprochen gute Leistung darstellen und trotzdem als Lernfortschritt nur eine geringe Leistung sein, entweder weil diese Regel von diesem Schüler schon seit langem beherrscht wird oder weil es nur ein kleiner Fortschritt ist im Blick auf ein selbstgesetztes Ziel. Die Zeit und der Umfang der zum Maßstab gewählten früheren oder künftigen Leistung spielen doch auch eine Rolle für den stets relativen Fortschritt.

Wenn der Lehrer in seinem Unterricht selbst die Bezugsnormorientierung sinnvoll praktiziert und den Schülern durchsichtig macht, dann kann er ihnen zusätzlich *raten, wie sie selbst mit den Bezugsnormen umgehen sollen*:
- Primär *die eigenen Fortschritte beobachten* und erst sekundär und wesentlich seltener das Verhältnis zwischen den eigenen Leistungen und den Leistungen der anderen (Vorrangigkeit, daß sie tatsächlich etwas lernen und daß sie sich dessen auch bewußt sind, vor der relativen Position in der Lerngruppe; Erkenntnisvorteil bei den eigenen Leistungen).
- Sorgfältig beobachten, in welchem Maße der größere oder geringere Fortschritt von verschiedenen Ursachen tatsächlich abhängt, d.h. zu einer *realistischen Kausalattribuierung* kommen.
- Die festgestellten Fortschritte primär *an selbstgesetzten nahfristigen Zielen messen* und nicht an fremdgesetzten Standards oder an weitfristigen Zielen, die oft als kaum erreichbar erscheinen und deshalb entmutigend sind.
- Die *Maßstäbe* des Fortschritts gegenüber früheren Leistungen, der Annäherung an selbstgesetzte Ziele und des Verhältnisses zu anderen Leistungen in der Lerngruppe und über sie hinaus bei anderen Personen *auseinanderhalten*.
- *Die Werte der eigenen Leistungen nach den verschiedenen Bezugsnormen miteinander verbinden* ("Im Leistungsbereich A bin ich im Vergleich mit den anderen gut, habe aber nur wenig dazugelernt und das mir selbst gesteckte Ziel noch lange nicht erreicht"; "im Leistungsbereich B bin ich vergleichsweise schlecht, habe aber viel dazugelernt und mehr erreicht, als ich es für möglich gehalten habe").
- *Die Werte aus den verschiedenen Lernbereichen miteinander kompensieren* ("Im Leistungsbereich A lerne ich langsam, im Lernbereich B geht es schneller"; "Während X im Leistungsbereich A besser ist als ich, bin ich es im Leistungsbereich

B"). In diese Kompensation sollten auch außerschulische Leistungen einbezogen werden. Die Kompensation zwischen individuell differierenden Leistungen in unterschiedlichen Leistungsbereichen oder -aspekten ist nicht nur realistisch, sondern nimmt dem jeweiligen Leistungsvergleich auch viel von seiner Schärfe. Mit diesem Faktum der unterschiedlichen Talente müssen wir alle leben. Seine Leugnung führt zu schweren Selbsttäuschungen mit all ihren Konsequenzen.

4. Ratschläge für Schlußfolgerungen aus der resultierenden Selbsteinschätzung für das künftige Lernen

Schlußfolgerungen aus Selbsteinschätzungen werden allein durch den Schüler gezogen, der sie ja auch ertragen oder ausführen muß. Deshalb kann der Lehrer den Schülern nur einige *Ratschläge geben für die Ausrichtung ihrer Schlußfolgerungen*:

- *Sie sollten Mißerfolge*, die weder auf zu schwierige Aufgaben noch auf unzureichende Anstrengung oder auf besondere Umstände zurückgeführt werden können (Fehler des Lehrers, schlechte gesundheitliche Verfassung) und auch durch zusätzliche häusliche Arbeiten nicht zu beheben sind, je nach Situation *durch eine der folgenden Kompensationen bewältigen*: ertragen und sich mit Erfolg in anderen Bereichen trösten, ertragen zugunsten einer langfristigen Zielsetzung, selbstgesetzte Ziele niedriger setzen, den Lernbereich, wenn möglich, aufgeben. Durch solche Kompensationen kann der Mißerfolg nicht aus der Welt geschafft werden. Er kann aber in vielen Fällen erträglich werden oder zu einer Korrektur der Entwicklungsrichtung führen. Dazu gehört auch ein zeitiger Wechsel in eine andere Ausbildungsrichtung, die erfolgversprechender ist.
- *Sie sollten ihre tägliche Energie im Unterricht und außerhalb des Unterrichts ökonomisch nach selbstgesetzten Zielen aufzuteilen lernen*, z.B. nach Bedarf der vorgegebenen Aufgaben, durch besondere Konzentration der Kräfte auf Lernbereiche mit größtem Interesse, auf Lernbereiche mit größten Erfolgsaussichten, auf Lernbereiche mit größten Schwierigkeiten. Es geht darum, auf Zeit oder längerfristig Prioritäten für den Einsatz der zur Verfügung stehenden Energie setzen zu können.
- *Sie sollten ihre Erwartungen so realistisch kalkulieren lernen, daß die Enttäuschungen nicht zu hoch ausfallen.*
- *Sie sollten sich nicht abhängig machen von fremdgesetzten Zielen* (durch Eltern, durch die Lehrer), *sondern* nach genauem Vergleich dieser Ziele mit den eigenen Möglichkeiten *sich selbst Ziele setzen, die sich deutlich von den fremdgesetzten unterscheiden können, nicht aber unterscheiden müssen.* So können unrealistische Ziele von Eltern oder Lehrern korrigiert werden. Schüler können sich aber auch im jeweiligen Lernbereich Ziele setzen, die von denen des Lehrers deutlich abweichen, was zu Konflikten führen kann, was sich aber auch günstig auf die Erreichung der vom Lehrer angestrebten Ziele auswirken kann. So können im Schulunterricht Ziele verfolgt werden, die in keinem Curriculum vorkommen, z.B. zu lernen, mit Mitschülern differenzierte Beziehungen herzustellen, für ein eigenes Interesse Anregungen zu erhalten oder hinter die Motivation eines Lehrers zu kommen. Die Möglichkeiten selbständiger Auseinandersetzung mit fremdgesetzten Zielen wachsen

proportional mit der eigenen Entwicklung. Sie müssen deshalb erst selbst auch im Schulunterricht allmählich gelernt werden.

5. *Ratschläge für die Selbstkonzeptualisierung und die Regulierung des Selbstwertgefühls*

Wenn die Annahme stimmt, daß sich Selbstkonzepte langfristig aus vielen selbstbezüglichen Erfahrungen entwickeln, dann können sie nicht durch einzelne Selbstbewertungen beeinflußt werden, sondern nur durch ihre große Zahl (*Jopt* 1978, 119). Es ist deshalb anzunehmen, *daß sich durchgehende Züge der Behandlung von Lernleistungen durch Lehrer wie Schüler in den Selbstkonzeptualisierungen von Schülern niederschlagen.* Bei so langfristigen und noch kaum erforschten Zusammenhängen ist freilich bei Annahmen äußerste Vorsicht geboten. - *Selbstwertgefühle kann man als emotionale Repräsentation positiv bzw. negativ gewerteter Selbstkonzeptualisierungen bezeichnen.* Für sie gilt deshalb dasselbe wie für die Entwicklung von Selbstkonzepten, wegen der Globalität von Wertungen und der Trägheit von emotionalen Entwicklungen wahrscheinlich noch in gesteigertem Maße. Es sollen deshalb hier eher *einige Hinweise auf ständige Grundlagen des Lehrerverhaltens bei Einschätzungen und Beratungen* gegeben werden als eine Analyse durchgängiger Züge dieses ganzen Bereichs.

Im deutlichen Unterschied zur Attribuierungstheorie dürfen Fähigkeiten im Unterricht nicht für unveränderlich gehalten werden (s. oben 2.) und sollten sich die Schüler sogar von sich *das Bild eines Menschen machen, dessen Fähigkeiten sich durch Lernen ständig verändern können.* Das darf nicht von den jeweils bereits ausgeübten Fähigkeiten aus gesehen werden, gleichsam durch ihre Hochrechnung, sondern muß auch für einen *Wechsel in einen anderen Bereich von Fähigkeiten* gelten.

Zwingende Voraussetzung dafür ist, daß es *nicht zu einer subjektiv für absolut gehaltenen Wertrangordnung zwischen Fähigkeiten* kommt. Anderenfalls wäre jeder Wechsel zu einer anderen Tätigkeit, die auf einer niedrigeren Rangstufe steht, mit einem gravierenden Selbstwertverlust verbunden, weshalb das Lernen in einem solchen Bereich blockiert wird. Es gibt relativ wenige Menschen ohne solche Blockaden und mit der Bereitschaft, in jedem Bereich so gut wie möglich zu lernen. Für den einen ist die Technik tabu, für den anderen der Haushalt, für einen dritten alles Handwerkliche, für einen vierten alles Finanzielle, für einen fünften das Lesen von Büchern, für einen sechsten eine seinen Kräften gemäße Regelung des Tages usf. endlos. Oft gibt es mehrere solcher Blockaden zugleich. Man handelt sich durch eine solche Einstellung unweigerlich große Schwierigkeiten ein, weil dann dringend erforderliche Anpassungen in solchen Bereichen nicht zustande kommen können. Viele scheitern beruflich und privat an einem solchen Eigensinn. Solche Lernblockaden lassen sich nur beheben durch eine *prinzipielle Gleichwertigkeit des Lernens in jedem Bereich,* unabhängig vom jeweiligen gesellschaftlichen Wert, der sich bei Mangel oder Überschuß von geeigneten Kandidaten für die zur Verfügung stehenden Positionen sehr schnell ändert. Erst in zweiter Linie wird man *dann das Ausmaß des Lernens nach den jeweiligen Tätigkeitsbereichen, die man aufsucht oder die man ausüben muß,* richten, z.B. zu lernen, Mutter oder Vater zu sein. Wer sich *in allem, was er tut, als Lernender konzeptualisiert*, entwickelt sich hochdynamisch, erzielt zahlreiche Kompetenzen, stagniert nicht, hat keinen Grund zur Resignation, aber auch keinen Grund zu Überheblichkeit und ist extrem anpassungsfähig an neue Situationen, weshalb er in vielen Bereichen gut zurechtkommt. - Diesen prinzipiellen Entwicklungsmöglichkeiten steht aber die harte Realität der Notwendigkeit, Tätigkeiten auszuwählen und nicht alle zugleich ausüben zu können, sowie das gesellschaftliche Schicksal, das in jeder Biographie erkennbar ist, gegenüber.

Wer sich als Lernender konzeptualisiert, dessen Selbst kann durch eine veränderte Realität nicht vollständig in Frage gestellt werden, weil es breite Bereiche gibt, die ohne Selbstwertverlust verändert werden können. Er kann sogar in dem Sinne sich entwickeln, daß er aufgrund dessen, was er gelernt hat, zentrale Stücke seines Selbstverständnisses verändern kann: natürlich weder auf einmal, noch alle zugleich, noch opportunistisch von Fall zu Fall. Das ist das Konzept einer *flexiblen und reichen Persönlichkeitsentwicklung*, über deren konkrete Ausrichtung letztlich der einzelne selbst entscheiden muß. Eine solche Persönlichkeit verwirklicht sich nicht selbst im Sinne eines eingeborenen Telos, sondern bewahrt ihre Identität im Wechsel einer konkreten einmaligen Entwicklung, die unter anderen Bedingungen anders verlaufen würde. Man denke nur an das Aufwachsen in einer anderen Kultur.

Der Lehrer könnte durch die folgenden Einstellungen dazu beitragen:
- die *Erfahrbarkeit von Lernzuwachs* so gut wie möglich fördern
- so oft wie möglich *Aufgaben von unterschiedlichem Schwierigkeitsgrad stellen*, damit auch bei unterschiedlichem Entwicklungsstand Lernzuwachs erfahren wird
- Die *Ansprüche möglichst eng an den individuellen Entwicklungsstand anpassen*, damit unnötige Enttäuschungen durch das Verfehlen zu hoher Standards vermieden werden
- *nicht mehr Hilfe geben, als auch von den Schülern gewünscht wird*, damit nicht der Schluß gezogen wird, daß vom Lehrer die Befähigung des Schülers für sehr gering gehalten wird (*Meyer* 1984, 187)
- *das Gefüge der vom Lehrer angestrebten Ziele möglichst transparent machen*
- *Hilfen bei der Einschätzung der Schwierigkeit von Aufgaben geben* (vgl. Heckhausen 1974, 55f.)
- *mehr Anerkennung/Lob geben*, um Freude/Zufriedenheit zu wecken, *als Mißbilligung/Tadel*, die Ärger/Beschämung hervorrufen
- den Schülern *einen Vorschuß durch positive Voreingenommenheiten gewähren*, damit sie interessiert sind, sich anstrengen, motiviert sind und durch eigenes Handeln Lernfortschritt möglich ist.

Was ist aber nach all dem für die Tätigkeit des Lehrers in diesem Bereich am wichtigsten? Vielleicht kann man es mit wenigen Worten so beschreiben: *die verantwortungsvolle, selbstkritische und behutsame Bemühung, den Schülern im jeweiligen Tätigkeitsbereich zu einer möglichst differenzierten Selbstwahrnehmung zu verhelfen*. Das könnte die grundlegende Fähigkeit für ein lebenslanges Lernen sein. Nur durch Lernen aber verwirklichen wir, was wir als Möglichkeiten haben, werden wir zu unserem individuellen und historischen, sich ständig verändernden Selbst.

Schluß

Mit der Einschätzung von Schülerleistungen und der Beratung bei ihrer Selbsteinschätzung *schließt sich der Zyklus der Tätigkeiten des Lehrers*, der aus dem Verstehen von Lernmöglichkeiten (**Teil II**), dem Konzipieren von Lerntätigkeiten (**Teil III**), der Mitteilung von Lernaufgaben (**Teil IV**) und den Rückmeldungen auf die erzielten Lösungen der Aufgaben sowie der Beratung bei ihrer Verarbeitung besteht (**Teil V**). Dieser Zyklus bildet die Struktur des Unterrichts als eines sozialen Systems (**Teil I**). *Mit dem letzten Glied des Zyklus beginnt aber schon wieder das erste Glied des nächsten Zyklus, weil alle Äußerungen der Schüler über ihre Lerntätigkeiten für den Lehrer die einzige direkte Erkenntnisquelle für ihren Lernfortschritt* sind. Was er sonst über die Lernmöglichkeiten der Schüler weiß, ist allgemeines Erfahrungswissen und psychologisches Wissen oder von Eltern und anderen Lehrern mitgeteiltes Wissen von individuellen Lernbedingungen. Diese Erkenntnisquellen sind gemäß ihrer Art von hohem Wert, aber ohne die ständige und möglichst genaue Beobachtung tatsächlicher Lerntätigkeiten doch ganz wertlos. Wer sich nur an seinen generalisierten Erfahrungen oder an allgemeinem psychologischem Wissen oder gar an Mittelwerten über soziale (schichtenspezifische) Bedingungen orientiert, kann für die tatsächlichen Lernschwierigkeiten und -fortschritte ganz blind sein. Umgekehrt kann durch die anderen Erkenntnisquellen die Enge der momentanen Beobachtungen aufgebrochen und können subjektive Einseitigkeiten behoben werden. Wer keine Wissensart absolut setzt, aber jede ihrer Art gemäß in Anspruch nimmt, nutzt das geringe Wissen, das uns für das Verstehen der jeweiligen Lernmöglichkeiten der Schüler zu Gebote steht, am besten.

Wer Lernleistungen nicht nur unter den Gesichtspunkten der Rückmeldung und der Beratung, sondern auch unter dem Gesichtspunkt des Verstehens von Lernmöglichkeiten sieht, für den werden sie zu einer reichen Quelle vielfältiger Beobachtungen. Ein solcher Lehrer erfüllt dann auch bei der Leistungseinschätzung *die primäre Funktion des Unterrichts, dem Lernen der Schüler zu dienen*. Die Prüfungen haben dann nur die Funktion, das, was gelernt worden ist, in eine für den gesellschaftlichen Vergleich brauchbare reduktive Form zu bringen. Das ist notwendig, weil der Schulunterricht Leistungen für andere Teilsysteme der Gesellschaft erbringen muß. Daß die tatsächlichen Leistungen des Unterrichts für die Gesellschaft durch Zeugnisse nur in einer sehr reduktiven und problematischen Form präsentiert werden, ist offenkundig.

Wenn Sie, verehrter Leser, sich die Mühe gemacht haben, meinen Überlegungen bis zu diesen letzten Zeilen zu folgen, dann hoffentlich mit einigem Gewinn. Wenn Sie sich aber noch besser in die Zusammenhänge des Unterrichts hineindenken wollen, auch besser als ich es selbst darzustellen vermochte, dann sollten Sie das Buch noch einmal von vorne lesen. Natürlich bei Gelegenheit, aber des gründlichen Lernens wegen bei einer nicht zu fernen Gelegenheit. *Im Wissen um das Ende des Zyklus kann auch sein Anfang besser verstanden werden.*

Literaturverzeichnis

Aebli, H.: Psychologische Didaktik. Stuttgart 1963.
Aebli, H.: Zwölf Grundformen des Lehrens. Stuttgart 1983.
Aebli, H.: Denken. Das Ordnen des Tuns. Bd. II: Denkprozesse. Stuttgart 1991.
Aebli, H./U. Ruthemann: Angewandte Metakognition: Schüler vom Nutzen der Problemlösestrategien überzeugen. In: Zeitschrift für Entwicklungspsychologie und Pädagogische Psychologie, 1987, 1, 46-64.
Alkon, D.L.: Gedächtnisspuren in Nervensystemen und künstliche neuronale Netze. In: Spektrum der Wissenschaft: Gehirn und Kognition. Heidelberg 1990, 84-93.
Amit, D.J.: Modeling Brain Function. Cambridge 1989.
Anderson, G.C.: Der Ursprung der Intelligenz und die sensomotorische Entwicklung des Kindes. In: Steiner, G. (Hrsg.): Die Psychologie des 20. Jahrhunderts, Bd. VII, Piaget und die Folgen. Zürich 1978, 94-120.
Anderson, R.C.: Schema-Directed Processes in Language Comprehension. In: A.M. Lesgold u.a. (Hrsg.): Cognitive Psychology and Instruction. New York 1978, 67-82.
Arbib, M.A.: The Metaphorical Brain. New York 1989.
Arbinger, R.: Gedächtnis. Darmstadt 1984.
Arbinger, R.: Lernen, Lösen und Behalten von mathematischen Textaufgaben. Eine Untersuchung an Schülern des 5. Schuljahrs. Bericht Nr. 12. Zentrum für Empirische Pädagogische Forschung. Landau, Pfalz 1985.
Arendt, H.: Die Krise in der Erziehung. Bremen 1958.
Arendt, H.: Vita Activa oder Vom tätigen Leben. München, Zürich 1987 [5].
Ariès, Ph.: Geschichte der Kindheit. München, Wien 1977 [4].
Ausubel, D.P.: A Cognitive-Structure View of School Learning. In: Siegel, L. (Ed.): Instruction. San Francisco 1967, 207-260.
Baeriswyl, F.: Verarbeitungsprozesse und Behalten im Arbeitsgedächnis. Heidelberg 1989.
Bandura, A.: Sozial-kognitive Lerntheorie. Stuttgart 1979.
Beck, O.: Kriterien zur Aufsatzbeurteilung. Mainz 1974.
Beck, O.: Theorie und Praxis der Aufsatzbeurteilung. Bochum 1979.
Berlyne, D.E.: Neugier und Erziehung. In: H. Neber (Hrsg.): Entdeckendes Lernen. Weinheim, Basel 1981 [3], 222-238.
Bettelheim, B.: Erziehen zum Überleben. Stuttgart 1982.
Bettelheim, B.: Liebe allein genügt nicht. Die Erziehung emotional gestörter Kinder. Stuttgart 1990.
Bjorklund, D.F.: The Role of Conceptual Knowledge in the Development of Organization in Childrens' Memory. In: Brainerd, Ch.J./M. Pressley (Ed.): Basic Processes in Memory Development. New York 1985, 103-142.
Bloch, K.-H.: Der Streit um die Lehrerfrage in der Pädagogik der Neuzeit. Problemgeschichtliche Untersuchung. Wuppertal 1969.
Blochmann, E. u.a. (Hrsg.): Die Pädagogik Herbarts. Allgemeine Pädagogik aus dem Zweck der Erziehung abgeleitet. Weinheim 1963[5].
Bloom, B.S. u.a. (Hrsg.): Taxonomie von Lernzielen im kognitiven Bereich. Weinheim, Basel 1976[5].
Bösel, R.: Der Einfluß der Informationsqualitäten in einer Aufgabenstellung auf die Problemlösegüte. In: Psychologie in Erziehung und Unterricht, 24, 1977, 144-153.

Literaturverzeichnis 493

Borich, G.D./H.G. Klinzing: Paradigmen der Lehrereffektivitätsforschung und ihr Einfluß auf die Auffassung von effektivem Unterricht. In: Unterrichtswissenschaft 1987, 1, 90-111.

Bower, G.H./E. Hilgard: Theorien des Lernens. Band 1:Stuttgart 1984 (3. veränderte. Aufl.; 1. Aufl.: Hilgard E./G.H. Bower: Theorien des Lernens. Stuttgart 1970) [Orig.: Theories of Learning. New York 1981^5; 1. Aufl.: New York 1948]; Band 2: Stuttgart 1984 (3. veränderte Aufl.; 1. Aufl.: 1970) [Orig. s. o.]

Braddock, R./R. Lloyd-Jones/L. Schoer: Research in Written Composition. Champaign, Ill.: National Council of Teachers of English 1963.

Braitenberg V./A. Schütz: Cortex: Hohe Ordnung oder größtmögliches Durcheinander? In: Spektrum der Wissenschaft: Gehirn und Kognition. Heidelberg 1990, 182-194.

Brander S./A. Kompa/U. Peltzer: Denken und Problemlösen. Opladen 1985.

Bransford, J.D.: Human Cognition: Learning, Understanding, and Remembering. Belmont, Calif. 1979.

Breer, P./E.A. Locke: A Theory of Task Experience as a Source of Attitudes. A Discussion of Related Theories. In: Dies. (Eds.): Task Experience as a Source of Attitudes. Homewood, Ill. 1965, 6-46.

Brezinka, W.: Grundbegriffe der Erziehungswissenschaft. München, Basel 1974.

Brophy, J.E./M. Rohrkemper/M. Rashid/M. Goldberger: Relationships Between Teacher's Presentation of Classroom Tasks and Student's Engagement in those Tasks. In: Journal of Educational Psychology 75, 1983, 4, 544-552.

Browne, R.J./O.R. Anderson: Lesson Kinetic Structure Analysis as Related to Pupil Awareness and Achievement. In: Journal of Educational Psychology 55, 1965, 864-871.

Butzkamm, I./F. Halisch/N. Posse: Selbstkonzepte und die Selbstregulation des Verhaltens. In: S.-H. Filipp (Hrsg.): Selbstkonzept-Forschung. Probleme, Befunde, Perspektiven. Stuttgart 1984 ^{2}, 203-220.

Case, R.: Intellectual Development. Birth to Adulthood. Orlando, San Diego, New York 1985.

Changeux, J.-P.: Der neuronale Mensch. Wie die Seele funktioniert - die Entdeckungen der neuen Gehirnforschung. Reinbek bei Hamburg 1984.

Christmann, U./M. Knopf/M. Wintermantel: Sprache im Unterricht: Textstrukturelle Analyse und Aspekte des Verstehens. In: Sprache und Kognition 1, 1982, 67-80.

Comenius, J.A.: Große Didaktik. Übers. und hrsg. v. A. Flitner. Düsseldorf, München 1960^2.

Copei, F.: Der fruchtbare Moment im Bildungsprozeß. Heidelberg 1966.

Cronbach, L.J.: Einführung in die pädagogische Psychologie. Weinheim, Berlin, Basel 1971.

Damasio A.R./H. Damasio: Sprache und Gehirn. In: Spektrum der Wissenschaft 11, 1992, 80-92.

Deckwerth, M.: Zur Entscheidungsfrage im Unterricht. In: K. Ehlich/J. Rehbein (Hrsg.): Kommunikation in der Schule und Hochschule. Tübingen 1983, 29-38.

De Mey, M.: The Cognitive Paradigm. Dordrecht 1982.

Dewey, J.: Demokratie und Erziehung. Eine Einleitung in die philosophische Pädagogik. Braunschweig 1964^3.

Dienes, Z.P./E.W. Golding: Methodik der modernen Mathematik. Freiburg 1970.

Dietrich, G.: Erziehungsvorstellungen von Eltern. Göttingen, Toronto, Zürich 1985.

Dilthey, J.: Gesammelte Schriften. Bd. IX. Stuttgart 1961 ^{3}.

Dörner, D.: Problemlösen als Informationsverarbeitung. Stuttgart 1987 ^{3}

Dörner, D.: Die Logik des Mißlingens. Reinbek bei Hamburg 1989.

Dohse, W.: Das Schulzeugnis. Weinheim 1967 ^{2}.

Dolch, Josef: Lehrplan des Abendlandes. Zweieinhalb Jahrtausende seiner Geschichte. Ratingen 1965 ^{2}.

Dreeben, R.: Was wir in der Schule lernen. Frankfurt a. M. 1980.

Duncker, K.: Zur Psychologie des produktiven Denkens. Berlin 1966.
Ebbinghaus, H.: Über das Gedächtnis. Darmstadt 1971.
Eccles, J.C.: Die Evolution des Gehirns - die Erschaffung des Selbst. München, Zürich 1989.
Eco, U.: Semiotik. Entwurf einer Theorie der Zeichen. München 1987.
Einsiedler, W.: Lehrstrategien und Lernerfolg. Weinheim, Basel 1976.
Einsiedler, W.: Lehrmethoden. Probleme und Ergebnisse der Lehrmethodenforschung. München, Wien 1981.
Ehlich, K./J. Rehbein: Muster und Institution. Untersuchungen zur schulischen Kommunikation. Tübingen 1986.
Eigler, G.: Kognitive Struktur - Kognitive Strukturen. Zur Funktion des Konstrukts "Kognitive Struktur" in der Lehr-Lern- Forschung. In: Unterrichtswissenschaft, 1978, 6, H.4, 277-290.
Eigler, G.: Über Verändern und Weiterentwickeln von Fragestellungen. In: Unterrichtswissenschaft 1981, 4, 337-361.
Epstein, S.: Entwurf einer Integrativen Persönlichkeitstheorie. In: S.-H. Filipp (Hrsg.): Selbstkonzeptforschung, Probleme, Befunde, Perspektiven. Stuttgart 1984², 15-45.
Erikson, E.H.: Kindheit und Gesellschaft. Stuttgart 1976⁶.
Eysenck, H.J.: A Model for Personality. Berlin, Heidelberg, New York 1981.
Eysenck, H.J./M.W. Eysenck: Persönlichkeit und Individualität. München, Weinheim 1987.
Falkenhagen, H.: Zur Selbstregulation in der Lerntätigkeit. In: H. Falkenhagen, u.a. (Hrsg.): Zur Psychologie selbständigen Lernens. Halle (Saale) 1987², 106-118.
Faw, H.W./T.G. Waller: Mathemagenic Behaviours and Efficiency in Learning from Prose Materials. Review, Critique and Recommendations, In: Review of Educational Research 46, 1976, 4, 691-720.
Festinger, L.: Theorie der kognitiven Dissonanz. Bern 1978.
Filipp, S.-H. (Hrsg.): Selbstkonzeptforschung. Probleme, Befunde, Perspektiven. Stuttgart 1984².
Fischbach, G.D.: Gehirn und Geist. In: Spektrum der Wissenschaft 11, 1992, 30-41.
Fischer, M.: Die Unterrichtsmethode des Comenius. Theoriegeleitete Analyse und Hypothesenbildung für empirische Unterrichtsforschung. Köln 1983.
Flavell, J.H.: Kognitive Entwicklung. Stuttgart 1979.
Flavell, J.H.: Annahmen zum Begriff Metakognition sowie zur Entwicklung von Metakognition. In: F.E., Weinert/R.H. Kluwe (Hrsg.): Metakognition und Lernen. Stuttgart, Berlin, Köln 1984, 23-31.
Flössner, W.: Zielorientierte Bewertung von Aufsätzen. In: Neue Unterrichtspraxis, 2, 1973, 84-93.
Foerster, H. von: Sicht und Einsicht. Braunschweig, Wiesbaden 1985.
Fodor, J.A.: The Modularity of Mind. Cambridge, Mass. 1983.
Frey, D./M. Irle (Hrsg.): Theorien der Sozialpsychologie. Bd. III: Motivation- und Informationsverarbeitungstheorien. Bern, Stuttgart, Toronto 1985.
Fricke, R.: Über Meßmodelle in der Schulleistungsdiagnostik. Düsseldorf 1972.
Fricke, R.: Zielorientierte Messung mit Hilfe stochastischer Meßmodelle. In: K.J. Klauer, u.a. (Hrsg.): Lernzielorientierte Tests. Düsseldorf 1972, 126-160.
Fürntratt, E.: Aufgabenschwierigkeit, Übungsfortschritt und Arbeitsmotivation. In: Psychologie in Erziehung und Unterricht 25, 1978, 221-230.
Gage, N.L.: Unterrichten - Kunst oder Wissenschaft? München, Wien, Baltimore 1979.
Gage, N.L./D.C. Berliner: Pädagogische Psychologie. Lehrerhandbuch der pädagogischen Psychologie. Erziehungswissenschaftliche Grundlagen für die Unterrichtspraxis. München 1977.
Gagné, R.M.: Die Bedingungen des menschlichen Lernens. Hannover 1980³ (Orig.: 1965; deutsch: 1980, 5. neu bearbeitete Auflage nach der 3. amerikanischen Auflage von 1977).

Literaturverzeichnis

Gagné, R.M.: Learning and Instructional Sequence. In: F.N. Kerlinger (Ed.): Review of Research in Education 1. Itasca, Ill. 1973, 3-33.

Gaude, P./W. Teschner: Objektivierte Leistungsbemessung in der Schule. Frankfurt a. M. 1970.

Gaudig, H.: Didaktische Präludien. Leipzig, Berlin 1909.

Geulen, D. (Hrsg.): Perspektivenübernahme und soziales Handeln. Texte zur sozial-kognitiven Entwicklung. Frankfurt a. M. 1982.

Gibson, E.J./H. Lewin: Die Psychologie des Lesens. Stuttgart 1980.

Glasersfeld, E. von: Wissen, Sprache und Wirklichkeit. Arbeiten zum radikalen Konstruktivismus. Braunschweig, Wiesbaden 1987.

Gollwitzer, P.M.: Suchen, Finden und Festigen der eigenen Identität: Unstillbare Zielintentionen. In: H. Heckhausen/P.M. Gollwitzer/F.E. Weinert (Hrsg.): Jenseits des Rubikon. Der Wille in den Humanwissenschaften. Berlin 1987, 176-189.

Gorny, E.: Selbständigkeit, Anstrengungsbereitschaft und Selbstkontrolle im Problemverhalten von Schülern 8. Klassen. In: J. Lompscher (Hrsg.): Zur Psychologie der Lerntätigkeit. Berlin (Ost) 1977, 311-318.

Grassel, H./R. Bonnke: Die Lehrertätigkeit als Bedingung für die Lerntätigkeit der Schüler. In: J. Lompscher (Hrsg.): Zur Psychologie der Lerntätigkeit. Berlin (Ost) 1977, 192-199.

Greeno, I.: Trends in the Theory of Knowledge for Problem Solving. In: D.T. Tuma/F. Reif (Ed.): Problem Solving and Education: Issues in Teaching and Research. Hillsdale, N.J. 1980, 9-23.

Grell, J./M. Grell: Unterrichtsrezepte. München, Wien, Baltimore, 1979^2.

Grell, J.: Techniken des Lehrerverhaltens. Weinheim, Basel, 1974^3.

Groeben, N.: Die Verständlichkeit von Unterrichtstexten. Münster 1972.

Groeben, N.: Leserpsychologie: Textverständnis - Textverständlichkeit. Münster 1982.

Grzesik, J.: Zur didaktischen Relevanz der von Hans Aebli entwickelten Formel für den Schwierigkeitsgrad der geistigen Leistung. In: Pädagogische Rundschau 23, 1969, 1-23.

Grzesik, J.: Steuerung von Lernprozessen im Unterricht. Heidelberg 1976a.

Grzesik, J.: Planung des Literaturunterrichts. Grundlagen für die Praxis der Unterrichtsvorbereitung. Kastellaun, Saarbrücken 1976b.

Grzesik, J.: Unterrichtsplanung. Eine Einführung in ihre Theorie und Praxis. Heidelberg 1979.

Grzesik, J.: Begriffe lernen und lehren. Stuttgart 1992^2.

Grzesik, J.: Geistige Operationen beim Fremdverstehen im Literaturunterricht. In: Der Deutschunterricht 1989, 4, 7-18.

Grzesik, J.: Textverstehen lernen und lehren. Stuttgart 1990.

Grzesik, J./M. Fischer: Was leisten Kriterien für die Aufsatzbeurteilung? Opladen 1984.

Guilford, J.P.: The Structure of Intellect. In: Psychological Bulletin 53, 1956, 267-293.

Guilford, J.P.: /R. Hoepfner: Analyse der Intelligenz. Weinheim, Basel 1976.

Hacker, W.: Psychische Regulation von Arbeitstätigkeiten: Innere Modelle, Strategien in Mensch-Maschine-Systemen, Belastungswirkungen. In: Ders. (Hrsg.): Psychische Regulation von Arbeitstätigkeiten. Berlin 1976, 21-38.

Hacker, W.: Allgemeine Arbeits- und Ingenieurpsychologie. Stuttgart 1978^2.

Hacker, W.: Gibt es eine Grammatik des Handelns? Kognitive Regulation zielgerichteter Handlungen. In: W. Hacker/W. Volpert/M. v. Cranach: Kognitive und motivationale Aspekte der Handlung. Bern, Stuttgart 1983, 18-25.

Hacker, W.: Bearbeiten kognitiver Aufgaben: Zu Anforderung und Beanspruchungen. In: Sprache und Kognition, 1987, 2, 90-104.

Havighurst, R.J.: Developmental Tasks and Education. New York 1948.

Heckhausen, H.: Leistung und Chancengleichheit. Göttingen 1974.

Heckhausen, H.: Motivation und Handeln. Berlin, Heidelberg, New York 1980.

Heckhausen, H./F. Rheinberg: Lernmotivation im Unterricht, erneut betrachtet. In: Unterrichtswissenschschaft, 1980, 1, 7-47.
Heckhausen H./P.M. Gollwitzer/F.E. Weinert (Hrsg.): Jenseits des Rubikon. Der Wille in den Humanwissenschaften. Berlin 1987.
Heider, F.: Psychologie der interpersonalen Erziehung. Stuttgart 1978.
Heller, K.: Leistungsdiagnostik in der Schule. Bern, Stuttgart, Toronto 1984[4].
Herbart, W.: Allgemeine Pädagogik aus dem Zweck der Erziehung abgeleitet. Zitiert nach: E. Blochmann u.a. (Hrsg.): Die Pädagogik Herbarts. Weinheim 1963 [5].
Hermanns, A.: Systemanalytisches Denken. Frankfurt a. M. 1992.
Hernegger, R.: Psychologische Anthropologie. Von der Vorprogrammierung zur Selbststeuerung. Weinheim/Basel 1982.
Heun, H.-G.: Die Aufgabenfolge im Unterricht. In: Pädagogik 20, 1965, 894-903.
Hoetker, J./W.P. Ahlbrand: The Persistence of the Recitation. In: American Educational Research Journal 6, 1969, 145-167.
Hoffmann, J.: Das aktive Gedächnis. Psychologische Experimente und Theorien der menschlichen Gedächtnistätigkeit. New York 1983.
Hoffmann, J.: Die Welt der Begriffe. Psychologische Untersuchungen zur Organisation des menschlichen Wissens. Weinheim 1986.
Hoffmann, J.: Wird Wissen in Begriffen repräsentiert? In: Sprache und Kognition, 1988, 4, 193-204.
Humboldt, W. v.: Gesammelte Schriften. Bd. III. Darmstadt 1963.
Hussy, W.: Denkpsychologie. Bd. I. Stuttgart 1984.
Ingenkamp, K. (Hrsg.): Die Fragwürdigkeit der Zensurengebung. Weinheim, Basel 1989 [9].
Iversen, L.L.: Die Chemie der Signalübertragung im Gehirn. In: Spektrum der Wissenschaft: Gehirn und Nervensystem. Heidelberg 1988, 20-31.
Jäger, S.: Die Beurteilung des sprachlichen Könnens im Rahmen des Problems der Aufsatzbeurteilung. In: Linguistische Berichte 1970, 8, 64-75.
Johnson-Laird, P.N.: Mental Models. Towards a Cognitive Science of Language, Inference and Consciousness. Cambridge, Mass. 1983.
Johnson-Laird, P.N.: The Computer and the Mind. An Introduction to Cognitive Science. Cambridge, Mass. 1988.
Johnson-Laird, P.N./R.M.J. Byrne: Deduction. London 1991.
Jopt, U.-J.: Selbstkonzept und Ursachenerklärung in der Schule. Zur Attribuierung von Schulleistungen. Bochum 1978.
Jopt, U.-J.: Schulische Tüchtigkeitserziehung und Indentitätsentwicklung - eine Gratwanderung. In: H.-P. Frey/K. Haußer (Hrsg.): Identität. Entwicklungen psychologischer und soziologischer Forschung. Stuttgart 1987, 59-70.
Jüngst, K.L.: Ein System von Operationsgrundtypen beim Aufbau von Konzepten durch Unterricht. Arbeitsberichte aus der Fachrichtung Allgemeine Erziehungswissenschaft - Erziehungswissenschaft I: Prof. Dr. L. Kötter - Nr. 3. Saarbrücken 1978.
Jüngst K.L: Zur Konstruktion von Aufgaben unter dem Aspekt der Optimierung von Lernprozessen. In: Unterrichtswissenschaft 1985, 3, 277-289.
Just M.A./P.A. Carpenter: A Theory of Reading: From Eye Frixations to Comprehension. In: Psychological Review 87, 1980, 329-353.
Kaminski, G.: Theoretische Komponenten handlungpsychologischer Ansätze. In: Thomas, A. (Hrsg.): Psychologie der Handlung und Bewegung. Meisenheim am Glan 1976, 11-22.
Kant, I.: Kritik der reinen Vernunft. Werke in sechs Bänden. Hrsg. v. W. Weischedel. Bd. II. Darmstadt 1956.

Kerschensteiner, G.: Wesen und Wert des naturwissenschaftlichen Unterrichts. München, Düsseldorf, Stuttgart 1963 [6].

Kerschensteiner, G.: Begriff der Arbeitschule. München, Düsseldorf, Stuttgart 1965 [16]

Kirckhoff, M.: Mind-Mapping. Die Synthese von sprachlichem und bildhaftem Denken. Berlin 1992 [6].

Klahr, D.: Transition Processes in Quantitative Development. In: R.J. Sternberg (Ed.): Mechanisms of Cognitive Development. New York 1984, 101-139.

Klatzky, R.L.: Gedächtnis und Bewußtsein. Stuttgart 1989.

Klauer, K.J.: Methodik der Lehrzieldefinition und Lehrstoffanalyse. Düsseldorf 1974.

Klauer, K.J.: Handbuch der pädagogischen Diagnostik. Bd. 1-4. Düsseldorf 1978.

Klauer, K.J.: Zielorientierte Lehren und Lernen bei Lehrtexten. In: Unterrichtswissenschaft 1981, 4, 300-318.

Klauer, K.J.: Fördernde Notengebung durch Benotung unter drei Bezugsnormen. In: R. Olschewsky/L. Persy (Hrsg.): Effektiver Unterricht. Wien, München 1987, 180-207.

Klix, F.: Psychologische Beiträge zur Analyse kognitiver Prozesse. Berlin/Ost 1976.

Klinzing, H.G./G. Klinzing-Eurich: Die Klarheit der Lehrerfrage. In: Unterrichtswissenschaft 1982, 4, 313-328.

Kloep, M.: Zur Psychologie der Aufgabenschwierigkeit. Frankfurt a. M., Bern 1982.

Kluwe R.H.: Kontrolle eigenen Denkens und Unterricht. In: B. Treiber/F.E. Weinert (Hrsg.): Lehr- Lern-Forschung. Ein Überblick in Einzeldarstellungen. München, Wien, Baltimore 1982, 113-133.

Knapp, T.J./L.C. Robertson: Approaches to Cognition. Contrasts and Controverses. Hillsdale, N.J. 1986.

Kosslyn, S.M.: Image and Mind. Cambridge, Mass. 1980.

Kraft, V.: Die Grundlagen einer wissenschaftlichen Wertlehre. Wien 1951 [2].

Krohne, H.W.: Angstbewältigung in Leistungssituationen. Weinheim 1985.

Krumm, V.: Anmerkungen zur Rolle der Aufgaben in Didaktik, Unterricht und Unterrichtsforschung. In: Unterrichtswissenschaft 1985, 2, 102-115.

Kuhl, J.: Motivation, Konflikt und Handlungskontrolle. Berlin u.a. 1983.

Kuhn, H.: Text und Theorie. 22 Aufsätze. Stuttgart 1969.

Kutzner, M.: Mentale Konstruktion von Begriffen. Eine Untersuchung auf der Grundlage der genetischen Erkenntnistheorie Jean Piagets. Frankfurt a. M. 1991.

Ladas, H.: The Mathemagenic Effects of Factual Rewiew Questions on the Learning of Incidental Information. A Critical Review. In: Review of Educational Research 43, 1973, 71-82.

Langer, K./F. Schulz v. Thun/R. Tausch: Verständlichkeit in Schule, Verwaltung, Politik und Wissenschaft. München, Basel 1974.

Langewand, A.: Moralische Verbindlichkeit oder Erziehung. Herbarts frühe Subjektivitätskritik und die Entstehung des ethisch-edukativen Dilemmas. Freiburg, München 1991.

Lass, K./G. Lüer: Psychologische Problemforschung. In: Unterrichtswissenschaft 1990, 4, 295-312.

Lassen N.A./D.H. Ingvar/ E. Skinhoj: Gehirnfunktion und Gehirndurchblutung. In: Spektrum der Wissenschaft: Gehirn und Nervensystem. Heidelberg 1988 [9], 134-143.

Lewin, K.: Die Psychologische Situation bei Lohn und Strafe. Darmstadt 1964.

Lißmann, K.: Zur Wirkung verschiedener Rückmeldetechniken auf Lernende. Ein Literaturbericht. In: K. Ingenkamp, (Hrsg.): Wert und Wirkung von Beurteilungsverfahren. Weinheim, Basel 1981, 233-289

Litt, Th.: Führen oder Wachsenlassen. Stuttgart 1964 [11].

Lompscher, J.V. u.a.: Theoretische und experimentelle Untersuchungen zur Entwicklung geistiger Fähigkeiten. Berlin (Ost) 1972.
Lompscher, J.V. (Hrsg.): Persönlichkeitsentwicklung in der Lerntätigkeit. Berlin (Ost) 1985.
Lorenz, S./W. Schröder: Lernen. In: J. Ritter/K. Gründer (Hrsg.): Historisches Wörterbuch der Philosophie. Bd. 5. Darmstadt 1980, 241-242.
Loser F./E. Terhart (Hrsg.): Theorien des Lehrens. Stuttgart 1977.
Luhmann, N.: Schematismen der Interaktion. In: Kölner Zeitschrift für Soziologie und Sozialpsychologie 31, 1979, 2, 199-236.
Luhmann, N.: Soziale Systeme. Frankfurt a. M. 1984.
Luhmann, N.: Die Autopoiesis des Bewußtseins. In: Soziale Welt 36, 1985, 4, 402-446.
Luhmann, N.: Codierung und Programmierung. Bildung und Selektion im Erziehungssystem. In: H.-E. Tenorth (Hrsg.): Allgemeine Bildung. Weinheim, München 1986, 154-182.
Luhmann, N.: Sozialisation und Erziehung. In: Ders.: Soziologische Aufklärung. Bd. 4. Opladen 1987, 173-181.
Luhmann, N.: Diskussion als System. In: J. Habermas/N. Luhmann: Theorie der Gesellschaft oder Sozialtechnologie. Frankfurt a. M. 1990 [10], 316-341.
Luhmann, N./K.-E. Schorr: Reflexionsprobleme im Erziehungssystem. Stuttgart 1979.
McCall, C./J.L. Simmons: Identität und Interaktion. Düsseldorf 1974
McClelland, J.L./D.E. Rumelhart/PDP Research Group: Parallel Distributed Processing: Explorations in the Microstructure of Cognition. Vol. 1: Foundations. Vol. 2: Psychological and Biological Models. Cambridge, Mass., London 1986
Macke, G.: Lernen als Prozeß. Überlegungen zur Konzeption einer operativen Lehr-Lern-Methode. Weinheim 1978a.
Macke, G.: Entwicklungsarbeiten an einem Text zur Erfassung von Operationen (Lernbereich Mathematik). In: Unterrichtswissenschaft 1978b, 6, H.4, 298-306.
Makarenko, A.S.: Ein pädagogisches Poem "Der Weg ins Leben". Frankfurt, Berlin, Wien 1972.
Malson, L./J. Itard/O. Mannoni: Die wilden Kinder. Frankfurt a. M. 1972.
Markowitsch, H.J.: Neurophysiologie des Gedächtnisses. Göttingen, Toronto, Zürich 1992.
Markowitz, J.: Verhalten im Systemkontext. Zum Begriff des sozialen Epigramms. Frankfurt a. M. 1986.
Maturana, H.R.: Erkennen: Die Organisation und Verkörperung von Wirklichkeit. Braunschweig, Wiesbaden 1985.
Maturana, R.H.: The Biological Foundations of Self-consciousness and the Physical Domain of Existence. In: N. Luhmann, u.a.: Beobachter. Konvergenz der Erkenntnistheorien? München 1990, 47-117.
Measel, W./D.W. Mood: The Verbal Behavior and Teacher and Pupil Thinking in Elementary School. In: The Journal of Educational Research 66, 1972, 3, 99-102.
Meder, N.: Kognitve Entwicklung in Zeitgestalten. Eine transzendental-philosophische Untersuchung zur Genesis des Zeitbewußtseins. Frankfurt a. M. 1989.
Meier, H.: Zur Bewertung von Texten im Lernbereich Schreiben. Ansätze zu einem operativen Verfahren. In: Die Schule 1978, 2-9.
Merrill M.D./R.C. Boutwell: Instructional Development: Methodology and Research. In: F.N. Kerlinger (Ed.): Review of Research and Education 1. Itasca, Ill. 1973, 95-131.
Meyer, W.-U.: Das Konzept von der eigenen Begabung. Bern, Stuttgart, Toronto 1984.
Meyer, W.-U./U. Engler/W. Mittag: Auswirkungen von Tadel auf die Beurteilung des eigenen Leistungsstandes und auf das Interesse an Aufgaben. In: Zeitschrift für Entwicklungspsychologie und Pädagogische Psychologie 14, 1982, 4, 263-276.

Literaturverzeichnis

Miller G.A.: The Magical Number Seven, Plus or Minus Two: Some Limits on our Capacity for Processing Information. In: The Psychological Review 63, 1956, 2, 81-97.
Miller G.A./E. Galanter/K.-H. Pribam: Strategien des Handelns. Pläne und Strukturen des Verhaltens. Stuttgart 1973 (Orig.: 1960).
Miller, R.: Cortico-Hypocampal Interplay and the Representation of Contexts in Brain. Berlin, Heidelberg u.a. 1990.
Montessori, M.: Kinder sind anders. Stuttgart 1964 [7].
Moosbrugger, M.: Das Niveau der Aufgaben in Lehrbüchern. In: Unterrichtswissenschaft 1985, 2, 116-129.
Nauta, W.J.H. /M. Feirtag: Neuroanatomie. Eine Einführung. Heidelberg 1990.
Neber, H.: Selbstgesteuertes Lernen. In: B. Treiber/F.E. Weinert (Hrsg.). Lehr-Lern-Forschung. Ein Überblick in Einzeldarstellungen. München, Wien, Baltimore 1982, 89-112.
Norman, D.A./D.E. Rumelhart: Strukturen des Wissens. Stuttgart 1978.
Oerter, R.: Steuerungskomponenten bei kognitiven Prozessen im Bereich schulischen Lernens. In: K. Frey/M. Lang (Hrsg.): Kognitionspsychologie und naturwissenschaftlicher Unterricht. Stuttgart 1973, 56-77.
Palm, G.: Modellvorstellungen auf der Basis neuronaler Netzwerke. In: H. Mandl/H. Spada (Hrsg.): Wissenspsychologie. München, Weinheim 1988, 488-502.
Palm, G.: Cell Assemblies as a Guide for Brain Research. In: Concepts in Neuroscience 1, 1990, 133-147.
Palmer, S.E./R. Kimchi: The Information Processing Approach to Cognition. In: T.H. Knapp/L.L. Robertson (Ed.): Approaches to Cognition: Contrasts and Controverses. Hillsdale, N.J. 1986, 37-77.
Parreren, C.F. van: Lernprozeß und Lernerfolg. Braunschweig 1972[2].
Parsons, T.: Beiträge zur soziologischen Theorie. Neuwied am Rhein, Berlin 1964.
Pestalozzi, J.H.: Wie Gertrud ihre Kinder lehrt oder ausgewählte Schriften zur Methode. Paderborn 1961.
Piaget, J.: Die Bildung des Zeitbegriffs beim Kind. Zürich 1955.
Piaget, J.: Psychologie der Intelligenz. München 1966[2].
Piaget, J.: The Mechanisms of Perception. London 1969.
Piaget, J.: Urteil und Denkprozeß. Düsseldorf 1972.
Piaget, J.: Der Aufbau der Wirklichkeit beim Kinde. Stuttgart 1974.
Piaget, J.: Die Äquilibration der kognitiven Strukturen. Stuttgart 1976.
Piaget, J./B. Inhelder: Die Psychologie des Kindes. München 1993[5].
Piaget, J./B. Inhelder: Die Entwicklung des inneren Bildes beim Kind. Frankfurt a. M. 1979.
Popper, K./J.C. Eccles: Das Ich und sein Gehirn. München, Zürich 1977.
Portele, G.: Schwierigkeiten der Aufgabe, Aktivitäten und Leistung. In: Ders.: Lernen und Motivation. Weinheim 1975, 137-141.
Prosser, G.V.: The Role of Relevant Active Questions in Learning Based upon Successive Presentations. In: Instructional Science, 7, 1978, 359-383.
Putnam, H.: Repräsentation und Realität. Frankfurt 1991.
Rahmann, H./M. Rahmann: Das Gedächtnis. Neurobiologische Grundlagen. München 1988.
Reither, F.: Der Einfluß der Selbstreflexion auf Strategie und Qualität des Problemlösens. In: H.-K. Garthen (Hrsg.): Diagnose von Lernprozessen. Braunschweig 1977, 137-151.
Remane, A./V. Storch/U. Welsch: Kurzes Lehrbuch der Zoologie. Stuttgart 1981[4].
Rheinberg, F.: Leistungsbewertung und Lernmotivation. Göttingen 1980.
Rickards, J.P.: Interaction of Position an Conceptual Level of Adjunct Questions on Immediate and Delayed Retention of Text. In: Journal of Educational Psychology 68, 1976, 210-217.

Robinsohn, S.B.: Bildungsreform als Revision des Curriculum. Neuwied, Berlin 1975[5].
Rogers C.R.: Über das Lernen und wie man es fördern kann. In: Ders.: Lernen in Freiheit. Zur Bildungsreform in Schule und Universität. München 1979[3], 156-166.
Ropo, E.: Teacher's Questions: Some Differences Between Experienced and Novice Teachers. In: H. Mandl u.a. (Eds.): Learning and instruction. Oxford, N.Y. 1990, 113-128.
Roth, H.: Pädagogische Psychologie des Lehrens und Lernens. Hannover 1966[9].
Rothkopf E.Z.: Learning from Written Instructive Materials: An Exploration of the Control of Inspection Behavior by Testlike Events. In: American Educational Research Journal 1966, 3, 241-249.
Rothkopf, E.L.: Writing to Teach and Reading to Learn: A Perspective on the Psychology of Written Instructions. In: N.L. Gage (Ed.): The Psychology of Teaching Methods. The seventy-fifth Yearbook of the National Society for the Study of Education. Part I, Chicago 1976, 91-129.
Rubinstein, S.L.: Sein und Bewußtsein. Berlin 1972[6].
Rusch, G.: Auffassen, Begreifen und Verstehen. Neue Überlegungen zu einer konstruktivistischen Theorie des Verstehens. In: S.J. Schmidt (Hrsg.): Kognition und Gesellschaft. Der Diskurs des Radikalen Konstruktivismus, Bd. 2. Frankfurt a. M. 1992, 214-156.
Salzmann, C.: Impuls-Denkanstoß-Lehrerfrage. Zum Problem der Aufgabenstellung im Unterricht. Essen 1976[3].
Sartre, J.-P.: Das Sein und das Nichts. Hamburg 1952.
Schiefele, H.: Literatur-Interesse. Ansatzpunkte einer Literaturdidaktik. Weinheim, Basel 1990.
Schmidt R.F./G. Thews (Hrsg.): Physiologie des Menschen. Berlin, Heidelberg, New York 1987[23].
Schnotz, W.: Schätzung von Aufgabenschwierigkeiten durch Lehrer. In: Zeitschrift für Entwicklungspsychologie und Pädagogische Psychologie 1971, 2, 106-120.
Scholz, F.: Problemlösender Unterricht und Aufgabenstellungen mit einer Klassifikation von Problemlöseaufgaben(stellungen). Essen 1980.
Schott, F.: Die Konstruktion valider Lernaufgaben. In: Unterrichtswissenschaft 1985, 2, 149-168.
Die Schule in Nordrhein-Westfalen. Eine Schriftenreihe des Kultusministers. Gymnasiale Oberstufe. Materialien zur Leistungsbewertung, hrsg. vom Kultusminister des Landes Nordrhein-Westfalen, Frechen 1989.
Schütz, A.: Der sinnhafte Aufbau der sozialen Welt. Eine Einleitung in die verstehende Soziologie. Frankfurt a. M. 1974.
Seel, H.-J.: Wissenschaft und soziale Praxis. Zur Grundlegung eines Dialogs über die normativen Implikationen sozialwissenschaftlicher Methodologie. Weinheim, Basel 1981.
Seitelberger, F.: Neurobiologische Aspekte der Intelligenz. In: K. Lorenz/F. Wuketits (Hrsg.): Die Evolution des Denkens. München, Zürich 1984, 167-196.
Selz, O.: Über die Gesetze des geordneten Denkverlaufs. Stuttgart 1913.
Selz, O.: Die Gesetze der produktiven und reproduktiven Geistestätigkeit. Bonn 1924.
Shiffrin R.M./W. Schneider: Controlled and Automatic Human Information Processing II: Perceptual Learning, Automatic Attending, and a General Theory. In: Psychological Review 84, 1977, 127-190.
Singer, W.: Hirnentwicklung und Umwelt. In: Spektrum der Wissenschaft: Gehirn und Kognition. Heidelberg 1990, 50-65.
Six, B./B. Schäfer: Einstellungsänderung. Stuttgart 1985.
Smith, B.O.: Ein Modell des Lehrens. In: F. Loser/E. Terhart (Hrsg.): Theorien des Lehrens. Stuttgart 1977, 198-215 (Orig. 1961).
Smith, B.O./M.O. Mieux: A Study of the Logic of Teaching. Urbana, Ill. 1962.

Literaturverzeichnis

Stäudel, T.: Problemlösen, Emotionen und Kompetenz. Die Überprüfung eines integrativen Konstrukts. Regensburg 1987.

Stahlberg, D./G. Osnabrügge/D. Frey: Die Theorie des Selbstwertschutzes und der Selbstwerterhöhung. In: D. Frey/M. Irle (Hrsg.): Theorien der Sozialpsychologie. Bd. 3: Motivations- und Informationsverarbeitungstheorien. Bern, Stuttgart, Toronto 1985, 79-124.

Stöcker, K.: Neuzeitliche Unterrichtsgestaltung. München 1970[14].

Suchman, J.R.: Ein Modell für die Analyse des Fragens. In: H. Neber (Hrsg.): Entdeckendes Lernen. Weinheim Basel 1973, 78-88.

Tausch, R./A.-M. Tausch: Erziehungspsychologie. Göttingen 1973[7].

Thews, G./E. Mutschler/P.Vaupel: Anatomie, Physiologie, Pathophysiologie der Menschen. Stuttgart 1989.

Thomas, A. (Hrsg.): Psychologie der Handlung und Bewegung. Meisenheim a. Glan 1976.

Thomas, M.: Zentralität und Selbstkonzept. Bern, Stuttgart, Toronto 1989.

Thorndike, E.L.: Psychologie der Erziehung. Darmstadt 1970.

Tyler, R.W.: Curriculum und Unterricht. Düsseldorf 1973 (Orig. 1950).

Vester, F.: Denken, Lernen, Vergessen. München 1988[15].

Watzlawick, P. (Hrsg.): Die erfundene Wirklichkeit. Wie wissen wir was wir zu wissen glauben? Beiträge zum Konstruktivismus. München/Zürich 1991[7].

Watzlawick, P./I.H. Beavin/D.J. Jackson: Menschliche Kommunikation. Bern 1974[4].

Weiner, B.: Motivationspsychologie. München, Weinheim 1984.

Weinert, F.E./R.H. Kluwe (Hrsg.): Metakognition, Motivation und Lernen. Stuttgart 1984.

Wendeler, J.: Standardarbeiten - Verfahren zur Objektivierung der Notengebung. Weinheim 1969.

Wertheimer, M.: Produktives Denken. Frankfurt a. M. 1964[2].

Wittrock, M.C./A.A. Lumsdaine: Instructional Psychology. In: Annual Review of Psychology 28, 1977, 417-459.

Wygotski, L.S.: Denken und Sprechen. Berlin (Ost) 1964[5] (Orig.: 1934).

Zielinski, W.: Die Beurteilung von Schülerleistungen. In: F.E. Weinert u.a. (Hrsg.): Funk-Kolleg Pädagogische Psychologie, Band 2. Frankfurt a.M. 1974, 877-900.

Zinnecker, J. (Hrsg.): Der heimliche Lehrplan. Weinheim, Basel 1975.

Sachregister

A

Allokationsfunktion	42 f.
Anschlußrationalität	78
– psychologische Logik der Anschlüsse	78 f.
– und Curriculum	377 f.
– als psychisches und soziales Problem	380 f., 385 f.
Arbeitsgedächtnis	130 f.
– als Aktivierung von Information durch Aufmerksamkeit	130 f.
– Kapazität	130 f.
– automatisierte Mitaktivierung von Information	133 f.
– Zustands- und Prozeßinformation	134 f.
– seine Steuerung	136 f.
– Information für die Selbststeuerung von Lerntätigkeiten	236 f., 244 f.
– Fremdsteuerung durch Lernaufgaben	236 f.
– als Mikroprozessor der Handlung	241
Assoziation	95 f.
Aufgabenlösung (s. Lernaufgabe)	341 f.
– ihre affektiven Konsequenzen	359 f.
Aufgabenschwierigkeit (s. Lernaufgabe)	313 f., 319 f.
Aufmerksamkeit (s. Arbeitsgedächtnis)	130 f.
– Aufmerksamkeitserregung, -lenkung	131, 136 f.
– Aufmerksamkeitsrichtung	132 f.
– vergegenwärtigte zuständliche Information	134 f.
– aktualisierte operierende Information	134 f.

B

Beeinflussung des Schülers durch den Lehrer	48 f., 215 f.
Beeinflussung, pädagogische	248
Begriffe und Begriffszusammenhänge	183 f.
Beratung der Schüler bei ihrer Selbsteinschätzung	426 f.
– Beratungsfunktionen	442 f.
– Einstellungen und Ziele für die Praxis der Beratung	445 f.
– Beratungsgespräche über Selbstbewertungsprozesse	476 f.
Beurteilungskriterien	409 f., 459 f.

C

Curriculum	75, 377 f.
– als Folge von Phasenanschlüssen	75
– als Folge von Lerntätigkeiten durch gesellschaftliche Wahl	78
– als Folge von Lerntätigkeiten nach Gesichtspunkten der psychischen Entwicklung	78 f.
– als Folge von Lernaufgaben	376, 388 f.
– das Problem der Ableitung aus Zielen	378 f.

Sachregister

– psychisches und soziales Anschlußproblem	379 f.
– von leichten zu schweren Aufgaben	392 f.
– von bekannten zu weniger bekannten Aufgaben	393
– Aufbau einer neuen Aktivität aus Teilaktivitäten	396
– fragend-entwickelnde Aufgabenfolge	397
– hierarchisch geordnete Aufgabenfolge	398
– Anschlußrationalität der Diskussionsmethode, des systematischen Trainings, der sozialen Verteilung etc.	399 f.

D
Dekomposition (s. Operation)

– von Tätigkeiten in Teiltätigkeiten	166 f.
– Extrem der Elementarisierung	167 f.
– Extrem höchster Komplexität	168
– Eingliederung von Gesamtaktivitäten in andere	171

Denkende Erfahrung (s. Handlungsvollzug)   338 f.

Differenzierung, funktionale, der Gesellschaft   39 f., 308

E
Effekt des Unterrichts   63

Entscheidungskriterien

– für die Wahl von Gegenstandsinformation	275
– für die Wahl der Mitteilungsform für Gegenstandsinformation	278
– für die Wahl von Verfahrensinformation	309

Einstellung

– als Verknüpfung von Komponenten aller sechs Grundoperationen	295
– Transformation von Einstellungen	299
– und Rückmeldung	445 f.
– des Lehrers	491

Emotionalität

– und Aktivität des Arbeitsgedächtnisses	142 f.
– und Lernen	144 f.
– des Lehrers	150
– Liebe	150
– als veränderbare Dimension der Tätigkeit	164
– System der Emotionalität	187
– Reflexion auf Gefühle	196
– Lernhemmung und Lernbereitschaft	222 f.
– emotionale Operationen	299
– Selbstwertgefühle	425 f., 431, 478 f.
– Erfolgszuversicht	359
– Mißerfolgsangst	359
– Stolz über Erfolg	359
– Scham über Mißerfolg	359

Erziehung

– als Dauerproblem der Gesellschaft	33
– im historischen Kontext der Ausdifferenzierung	38 f.

- in den Formen von Sozialisation und Unterricht ... 39 f., 42
- und Allokation ... 42 f.
- und Personalisation ... 42 f.
- als Übergang von kommunikativen psychischen Operationen zu innerpsychischen Operationen ... 49

F
Formatio reticularis (s. Arbeitsgedächtnis, Aufmerksamkeit u. Prozessor) ... 139 f., 355

Fremdeinschätzung der Lernresultate durch den Lehrer ... 405 f., 429 f.
- ihre Funktionen ... 407 f.
- ihre Rückmeldefunktion ... 421
- ihre Beurteilungsoperationen ... 414 f.
- ihre Bewertungsoperationen ... 417 f.
- Lob und Tadel ... 419 f.
- ihre Subjektivität ... 421 f.
- ihre Objektivität ... 422 f.
- Fremdattribuierung ... 435 f.

Fremdsteuerung der Lerntätigkeit ... 236 f.
- der exekutiven Operationen ... 373

Fremdverstehen von Lernmöglichkeiten der Schüler durch den Lehrer ... 85 f.
- Orientierung am Entwicklungsstand

funktionale Differenzierung der Gesellschaft ... 39 f., 308

G
Gesellschaft ... 31 f.

Gewichtungskalkül (s. Kalkül) ... 312

H
Handlungsvollzug ... 200, 338

Handlung als Makroprozessor ... 241, 339 f.
- Handlungsoperationen ... 302 f.
- Handlungskontrolle ... 373 f.

Hauptaufgabe und Hilfsaufgabe ... 330 f.

Hilfsaufgaben für die Regulierung des Prozesses der Aufgabenlösung ... 330 f.
- für das Verstehen der Aufgabe ... 345 f.
- für die Kalkulation der Aufgabenübernahme ... 361 f.
- für die Transformation in ein Modell der Lösung ... 364
- für die Kontrolle von Resultaten der Aufgabenlösung ... 373

I/J
Informationsverarbeitung ... 100
- im gesamten neuronalen bzw. psychischen System ... 100
- als komplexe konstruktive Prozesse ... 103 f.

Integration
- aller psychischen Teilsysteme in die Struktur des menschlichen Lebensvollzuges ... 340

Sachregister

K

Kalkül	310
– der Schätzung der Aufgabenschwierigkeit durch den Lehrer (s. Lehrertätigkeit)	312 f., 320 f.
– der Aufgabenübernahme durch den Schüler (s. Kalkulation der Lernbereitschaft und Schülertätigkeit)	313 f., 360 f.
– der resultierenden Selbsteinschätzung durch den Schüler	427 f.
Kalkulation der Lernbereitschaft	222 f.
– der Lösbarkeit der Aufgabe	361 f.
Kausalattribuierung	431 f., 482 f.
Kausalität, erzieherische	53, 68
kognitive Wissenschaft	100 f.
– als Theorie der menschlichen Informationsverarbeitung	104 f.
– als konsistente Theorie des Lernens	100 f.
Kommunikation	46 f.
– als Operationseinheit von Information, Mitteilung und Verstehen	46 f.
– als Informationsverarbeitungsprozeß	48
– als Struktur von Elementen und Relationen	50
– in sozialer, sachlicher und zeitlicher Hinsicht	51
– ungestörte Kommunikation	55 f.
– und Entwicklungsstand des Schülers	57 f.
– über ein Medium	62 f.
– als konstante zyklische Struktur	65
– als Lehrer-Schüler-Interaktion	67, 73 f.
Kommunikationsstruktur des Unterrichts	46, 49 f.
– als Verständigung zwischen Lehrer und Schülern (Sozialdimension)	51
– als wechselseitige Verständigung über Lerntätigkeiten (Sachdimension)	49, 51, 332 f.
– als Abfolge, Pro- und Retrospektion von Verständigungen (Zeitdimension)	51
– Regelung der Anschlüsse durch den Lehrer	402 f.
Kriterien	
– Entscheidungskriterien (s. dort)	277, 309
– Beurteilungskriterien	459 f.
– Gebrauch von Beurteilungskriterien	469 f.

L

Langzeitgedächtnis	143
– limbisches System (s. Arbeitsgedächtnis, Steuerung)	140
Lehren (s. Lehrertätigkeit)	18 f.
– als Problemlösen	71 f.
Lehrerentscheidungen	
– allgemeine Eigenschaften von Selektionsentscheidungen	276 f.
– Kriterien für Selektionsentscheidungen (s. Kriterien)	
Lehrertätigkeit	236 f.
– als Inbegriff der Kompetenz des Lehrers	21

– als Problemlöseprozeß	70 f.
– als Verstehen von Lernmöglichkeiten, Initiieren von Lerntätigkeiten, Rückmeldung über Lernresultate	81
– als Mitteilung von Informationen für die Selbststeuerung von Lerntätigkeiten durch die Schüler	236
– als Abfassung von Lernaufgaben	259 f.
– Zahl und Qualität von Lernaufgaben bei erfahrenen und erfolgreichen Lehrern	260 f.
– Voraussetzungen an Wissen	262 f.
– als Entscheidungskalkül	310
– als Schätzung der Aufgabenschwierigkeit	312 f., 320 f.
– als Regelung der Anschlüsse	402 f.
– als Beurteilung von Lernresultaten	405 f., 456 f.
– als Beratung	456 f., 471 f.
– als Belohnung bzw. Bestrafung	456 f., 474 f.
– als Beratung der Schüler bei ihrer Selbsteinschätzung	426 f., 476 f.
Lernaufgabe	61 f., 215 f.
– die sie definierenden Merkmale	242 f.
– als Generalisierung psychischer Aktivitäten	232
– als begriffliche Information verschiedener Art und Abstraktheit für den Vollzug einer Lerntätigkeit	254, 268
– als Information für die Selbststeuerung des Arbeitsgedächtnisses	218 f.
– als offenes System	329
– als Störung	219 f.
– als Information für das Arbeitsgedächtnis an einer Stelle im Handlungsvollzug	244 f.
– Arten der Aufgabeninformation	245
– Gegenstandsinformation	266 f.
– Verfahrensinformation	278 f.
– Gegenstands- und Verfahrensinformation	312 f.
– Minimierung und Maximierung der Information	247 f.
– Information für die Lernbereitschaft	251 f.
– als Schema aus begrifflicher Information	252 f.
– Medien für die Vermittlung von Aufgabeninformation	255 f.
– Simultaneität und relative Konkretheit von Gegenstands- und Verfahrensinformation	352
– ihre Ableitung aus Unterrichtszielen	378 f.
– ihr Anschluß aneinander	395 f.
– Unterricht als Abfolge von Lernaufgaben	234, 395 f.
– Prinzipien für die Regelung von Anschlüssen	401 f.
– ihre Verstehbarkeit, Akzeptierbarkeit, Transferierbarkeit und Kontrollierbarkeit	257 f.
– ihre Abfassung (s. Lehren)	259 f.
– die Abschätzung ihrer Lösbarkeit	313 f.
– ihre Schwierigkeit bzw. Lösbarkeit	233 f., 313 f.
– ihre Klassifikation	322 f.
– als Haupt- und Hilfsaufgabe	330
– mit großem Lerngewinn	332
– die Praxis ihrer Abfassung	334 f.
– ihre Lösung (s. Aufgabenlösung)	341
– ihre Effekte	234 f.

Sachregister

Lernbereitschaft	221 f.
– langfristige	221 f.
– ihre Kalkulation	221 f.
Lernen	18 f., 26
– als Problemlösen	71 f.
– als neuronaler und psychischer Prozeß	105 f.
– als Funktion aller Organismen	108
– als Veränderung organismischer Reaktionsmöglichkeiten auf ihre Umwelt	108 f.
– als Signalübermittlung zwischen Nervenzellen	106 f.
– als Prozeß der Totalität der Psyche	120
– seine Auslösung durch Störungen	144 f., 219 f.
– seine Regelung durch positive und negative Emotionen	144 f.
– als Behalten	128
– als Veränderungen der jeweiligen Gesamtaktivität	213 f.
– Möglichkeiten des Lernens in der kompletten Tätigkeit	161 f.
– seine Gleichzeitigkeit in der kompletten jeweiligen Aktivität	121
– in allen aktivierten Teiltätigkeiten	123 f.
– seine Beeinflussung durch Lernaufgaben	216 f.
– seine Abhängigkeit von Fremd- und Selbsteinschätzung	424 f.
– seine Selbstregulierung im Arbeitsgedächtnis	139, 226 f.
– als Prozeß der Entwicklung höchster Regularien	127
– durch die Komposition komplexer Tätigkeiten	203 f.
– die Unmöglichkeit des Nichtlernens	213
Lernleistungen	411 f.
Lernmöglichkeiten	83
– im psychischen „Raum"	91
– im Nervensystem	106 f.
– im Möglichkeitsraum des Nervensystems	114 f., 145 f.
– im gesamten Fortschreiten der Aktivitäten, die an jedem Schritt beteiligt sind	123
Lernpsychologie	94
– als Philosophie des Wissenserwerbs	94
– als Assoziationspsychologie	94 f.
– als Gestaltpsychologie	96 f.
– als kognitive Psychologie	103 f.
Limbisches System (s. Handlung als Makroprozessor)	355
Lob (s. Fremd- und Selbsteinschätzung)	419 f.

M

menschliche Informationsverarbeitung (s. Informationsverarbeitung)	25
Methoden (s. Curriculum, Lernaufgabe, Operation, Tätigkeit)	
– der Annäherung der Aufgabeninformation an den Gegenstand, auf den sich die Schüler konzentrieren sollen	270 f.
– der Annäherung der Verfahrensinformation an das gewünschte Vorgehen	283 f.
– der Annäherung an einen brauchbaren Wert der Aufgabenschwierigkeit	315 f.
– Aufgabenanalyse	366 f.
– Wahl einer Hauptstrategie	367 f.

– Ausarbeitung von Teilstrategien   368 f.
– Steuerung von exekutiven Operationen   373

Methodeneffekte
– spezifische   17
– mentale Modelle   180 f.

Motivation
– Kalkulation der Lernbereitschaft   222 f.
– Kalkulation der resultierenden Selbsteinschätzung durch den Schüler   427 f.
– Motivationshilfen   354 f.

Muster der Aktivität   127
– behaltene komplexe Einheiten von psychischen Aktivitäten bzw. Vernetzungen von Netzwerken   127 f.

N

Nervensystem
– Grundstruktur seiner Informationsverarbeitung   124

Neuron (Nervenzelle)   109 f.

neuronales Netzwerk   118, 124 f.
– als Einheit, der eine psychische Regung entspricht   118, 125

O

Operation   97
– planende innerpsychische   66
  kommunikative in einem externen Medium   66
– intellektuelle   97
– motorische   97
– als psychische Aktivität   116 f., 145 f.
– als simultane psychische Aktivitäten   116 f., 336
– als Teiltätigkeit   172 f.
– Klassifikation von Operationen   173 f., 188 f.
– universale Grundoperationen   186 f.
– elementare Operationen   296 f.
– komplexe Operationen   307
– Handlungsoperationen   300 f.
– exekutive (ausführende)   336, 373 f.
– Einschätzungsoperationen

P/Q

pädagogische Beeinflussung (pädagogische Kausalität)   278 f.

Personalisationsfunktion   42 f.

Prototypen   179 f.

Prozessor
– Arbeitsgedächtnis als Mikroprozessor   241, 293, 355
– Handlung als Makroprozessor   241, 293, 355

psychische Aktivitäten (s. Operation)   116

Sachregister

psychisches System
- als Einheit aller möglichen simultanen Aktivitäten   116 f.
- als Einheit aller möglichen sequentiellen Aktivitäten   121 f.
- als operative Einheit   145 f.
- Teilsysteme des psychischen Systems   184 f.
- seine Dimensionen   376 f.

Qualifikationsfunktion   28 f., 39 f.

R
Rollenverteilung im Unterricht   84

Rückkopplung
- einer Lernleistung mit vorausgehenden Lerntätigkeiten   63
- einer Lernleistung mit einer Lernaufgabe   63
- wechselseitige zwischen den Systemen des Arbeitsgedächtnisses und der Handlung   241, 293

Rückmeldung   62 f., 439 f.
- als Verständigung über Resultate von Lerntätigkeiten   62 f.
- Rückmeldefunktionen mit Kontrollfunktion   440 f.
- Rückmeldefunktionen mit Steuerungsfunktion   442 f.
- Einstellungen und Ziele für die Praxis der Rückmeldung   445 f.
- über Lob und Tadel   421, 475 f.
- über Belohnung und Bestrafung   458

S
Schülertätigkeit
- als Verstehen der Aufgabeninformation   341, 345 f.
- als Kalkulation der Aufgabenübernahme   313 f., 342 f., 354 f., 360 f.
- als Transformation in ein Modell der Lösung   343
- als Prozeß der Problemlösung   343 f.
- als Kontrollprozeß   344 f.

Selbständigkeit
- als Regulation der Gesamtaktivität   153 f., 164, 455

selbstbezügliche Information
- über eigene Leistungstüchtigkeit   359
- aus der Fremdeinschätzung   408 f., 421 f., 438 f.
- aus der Selbsteinschätzung   408 f., 421 f.
- aus resultierender Selbsteinschätzung   426 f., 489

Selbsteinschätzung der Schüler   405 f., 429
- Erkenntnisquellen   87 f.
- der Aufgabenschwierigkeit   314 f.
- ihre Beurteilungsoperationen   414 f.
- ihre Bewertungsoperationen   417 f.
- Selbstlob und Selbsttadel   419 f.
- Selbstattribuierung   435 f.

Selbstregulierung (-steuerung) der Aktivitäten des Schülers   216 f., 385 f.
- der Lernbereitschaft   223 f.
- des Lernens   226 f.
- der exekutiven Operationen

selbststeuernde Systeme	137
– Selbstkonzepte	424 f., 490 f.
– Selbstwertgefühle	424 f., 490 f.
senso-motorische Tätigkeiten	176 f.
soziales System	28 f., 31
Sozialisation	
– als unbeabsichtigte Erziehung	34 f.
Störungen als Auslöser für Lernen	219 f.
subjektive Theorie von Unterricht	15 f.
System des Unterrichts	28 f.

T

Tadel (s. Fremd- und Selbsteinschätzung)	419 f.
Tätigkeit	
– als jeweilige Kombination von simultanen neuro-psychischen Aktivitäten	120
– als jeweilige sequentielle Aktivitäten zwischen zwei Zeitpunkten	121 f.
– als simultane und sequentielle Komplexität	207
– als Gesamteinheit des jeweiligen Lernens	120 f.
– ihr Format (Zuschnitt)	146 f.
– ihre Regulation	154 f.
– ihre Wiederholung	156 f.
– ihre Modifikation	160 f.
– ihre Dekomposition	165 f.
– ihre Komposition	165 f.
– ihre Auflösung in Teiltätigkeiten	170 f.
– ihre Klassifikation	176 f.
– ihre Komplexität	203 f.
– ihre Struktur	217
– Lernen durch ihre Veränderung	213 f.
– senso-motorische	176 f., 184 f.
– Bildung von mentalen Modellen	180 f.
– Verknüpfen von Zeichen zu Zeichenzusammenhängen	181 f.
– Bilden von Begriffen und Begriffszusammenhängen	183 f.
– Unterscheiden von Sachverhalten	189 f.
– Gleichheiten erkennen	191 f.
– Graduieren durch Vergleich	192
– Bildung von Analogien	192 f.
– Relationieren durch Vergleich	193
– temporale Transformation	194
– modale Transformation	194
– mediale Transformation	194 f.
– axiologische Transformation	195 f.
– Selbstregulation	196 f.
– Identifikation und Integration	197 f.
– rekursives Operieren	198

Sachregister 511

– Transformation eines Systems in ein anderes	199
– Teiltätigkeiten im Handlungsvollzug	200 f.
Theorie und Praxis	15 f., 24 f.
TOTE-Modell	69 f.
Transformation (s. Operation)	188 f.

U
Üben	128 f., 156 f.
Überlieferung	33
Unterricht	18, 20 f., 25
– als soziales System	28 f., 51 f.
– als Teilsystem der Gesellschaft	32
– als absichtliche Erziehung	34 f.
– als absichtliche Reproduktion der Lebensform einer Gesellschaft	33 f.
– als funktionale Differenzierung der Gesellschaft	37 f.
– als momenthafte wechselseitige Verständigung zwischen Lehrer und Schüler	20, 53 f.
– als Struktur eines Problemlöseprozesses	44
– als asymmetrische soziale Beziehung	60, 77 f.
– als symmetrische Beziehung der Verständigung	60, 77 f.
Unterrichtsphase	74
– von Lehren und Lernen als Problemlöseprozeß	70 f.
– ihre Zeitstruktur	75 f.
Unterrichtspraxis	15 f.
– als zirkulärer Prozeß der Verständigung über Lerntätigkeiten	65
– als Ineinandergreifen der Handlungszyklen von Lehrern und Schülern	69 f.
Unterrichtsstufen	382 f.
Unterrichtstheorie	15 f., 27
– Prozeßbeschreibung	22 f.
– Strukturbeschreibung	22 f.

V
Verständigung	53 f.
– über die Rollenverteilung	84
– über Lerntätigkeiten	151 f.
Verständigungen über Lerntätigkeiten	57
– über Lernmöglichkeiten (Entwicklungsstand und Anschlußmöglichkeiten an ihn)	57, 87 f.
– über den Vollzug von Lerntätigkeiten	60 f.
– über Resultate von Lerntätigkeiten	62 f.
Verstehen	48
– von Lernmöglichkeiten	83, 149 f.
– als Fremdverstehen	85
– als Selbstverstehen	87
Vorstellungen	178 f.

W

Wertproblem (s. Qualifikationsfunktion, Beurteilung und Bewertung von Lernresultaten) 33

Wiederholung (s. Lernen als Behalten) 128 f.

Wissen
- deklarativ und prozessual 134 f., 281
- als Verfahrensinformation 281 f.

X/Y/Z

Zeichen, Zeichensysteme, Zeichenzusammenhänge 181 f.

Zeitdimension des Unterrichts 75 f.
- als Lehrzeit 76 f.
- als Lernzeit 76 f.

Ziele des Unterrichts
- Wert und Ziel 357 f.
- Erwartungsstruktur 360 f.
- Kalkulation 361 f.
- entwicklungsabhängig und individuell 355
- Zwischenzielbildung 369 f.
- und mentale Repräsentation 384
- und Anschlußfähigkeit 388 f.
- und Kausalattribution 432 f.
- und Einstellungen 445 f.
- Ziele von Lerntätigkeiten einschätzen 451 f.
- realistische differenzierte Selbsteinschätzung als Ziel 451 f.

Zyklus des Unterrichts 65 f.
- wechselseitige Vorgabe von Selektionskriterien für das Arbeitsgedächtnis als Mikroprozessor 68
- Handlungszyklus als Makroprozessor für die wechselseitigen Vorgaben 69